《中国水泥年鉴》2012～2013卷
协办单位

（排名不分先后）

中国建材

中国联合水泥集团有限公司

新疆天山水泥股份有限公司

冀东发展集团有限责任公司

拉法基瑞安水泥有限公司

中国中材国际工程股份有限公司

中国中材装备集团有限公司

徐州徐工施维英机械有限公司

中国水泥年鉴(2012～2013)

China Cement Almanac

中国水泥协会　编

中国建材工业出版社

图书在版编目(CIP)数据

中国水泥年鉴. 2012～2013 / 中国水泥协会主编
—北京：中国建材工业出版社，2014.4.
ISBN 978－7－5160－0759－4

Ⅰ. ①中… Ⅱ. ①中… Ⅲ. ①水泥工业－中国－2012～2013－年鉴 Ⅳ. ①F426.7－54

中国版本图书馆 CIP 数据核字(2014)第 035237 号

中国水泥年鉴(2012～2013)
China Cement Almanac
中国水泥协会 编

出版发行：中国建材工业出版社
地　　址：北京市西城区车公庄大街 6 号
邮　　编：100044
经　　销：全国各地新华书店
印　　刷：北京久仁印刷厂
开　　本：880 mm×1230mm　1/16
印　　张：40
字　　数：1200 千字
版　　次：2014 年 3 月第 1 版
印　　次：2014 年 3 月第 1 次
定　　价：580.00 元

ISBN 978-7-5160-0759-4

本社网址：www.jccbs.com.cn　**微信公众号**：zgjcgycbs
广告经营许可证号：京西工商广字第 8143 号
本书如出现印装质量问题，由中国水泥协会《年鉴》编辑部负责调换。联系电话：(010)57811195

编辑说明

《中国水泥年鉴》(下称《年鉴》)由中国水泥协会组织编纂，是一部全面反映中国水泥工业发展情况的史志性权威工具书，也是作为中国水泥行业面向国际市场敞开窗口、进行宣传交流的一个重要平台。《年鉴》(2012～2013卷)收录的内容自2011年1月至2012年12月31日止。

本《年鉴》于2005年创刊，至今连续出版8年，在此期间得到了国家有关政府部门和中国建材联合会领导的关注和支持。本《年鉴》是在中国水泥协会的领导下，联合全国各省市水泥协会、部分大型水泥企业和中国建材数量经济监理学会，共同进行编写工作。本《年鉴》由中国建材联合会会长、中国水泥协会会长乔龙德，中国水泥协会名誉会长雷前治担任编委会主任，特邀请张人为、王燕谋、蒋明麟等12名行业专家及企业家作为高级顾问，中国水泥协会副会长、秘书长孔祥忠担任编委会常务副主任，中国水泥协会32位副会长担任编委会副主任，并特邀各省、区、市水泥协会、部分大型水泥集团、水泥院所的代表担任编委。

本《年鉴》内容共分六大篇章。第一篇是特载，主要介绍2011～2012年国家出台的政策法规，发表的重要文章、领导关怀，从政策层面、分不同角度阐述行业发展状况。第二篇是综述，反映33个省、市水泥工业概况，以便读者深入了解地方发展情况。第三篇是2011～2012年公布的水泥行业标准、专利、科技成果。第四篇是企业篇，选择在行业内有影响力、技术先进、国家重点支持结构调整的部分大型水泥企业进行形象宣传，在行业史上记录领军企业的风采。同时，对2011～2012年全国投产新型干法生产线、部分新建水泥生产线项目进行公布。第五篇是记事篇，详实记录水泥业2011～2012年来国内发生的大事、要事以及环球信息。第六篇是统计数据，准确统计了2011～2012年中国水泥产品产量、进出口情况、产品价格、煤电购进价格、财务状况等数据及主要财务指标。

本《年鉴》中收录的全国各地水泥行业有关情况和统计数据，来源于各省、自治区、直辖市经贸委、建材行管办或水泥协会。某些主题和数据可能在不同部分和不同篇章中有所涉及，应综合对照才能更全面掌握有关情况。统计数据以中国建材数量经济监理学会提供材料为准。

本《年鉴》分部类、栏目、条目3个层次，根据资料分类的需要，在少数栏目下设有类目。条目为本《年鉴》的基本文献形式。条头一律用黑体字加"【】"表示。"★"表示本部分有注解说明。

本《年鉴》收集资料的范围是全国性的，暂未包括中国台湾省、香港特别行政区和澳门特别行政区。

本《年鉴》在搜集资料、编辑、整理、校对的过程中，承蒙编委会、特约编委、特约编辑及各地方行管办、水泥协会的大力支持和帮助，为本《年鉴》的出版做了大量的收录工作，在此谨致谢忱！

由于收录的资料繁杂，难免有所遗漏，望广大读者对本卷《年鉴》中的不足之处给予批评、指正！

《中国水泥年鉴》编辑部

2013年12月30日

《中国水泥年鉴》(2012~ 2013)
编委会和编辑部工作人员

2011年水泥行业经济运行情况

中国水泥协会

2011年水泥工业的经济运行情况高于预期，这得益于国家的宏观调控政策，在保证经济平稳较快发展的前提下，全社会固定资产投资增速仍然保持在高位，总体保持了市场对水泥较大的需求，此外也得益于水泥企业的成熟。据国家统计局统计，全国水泥产量达到20.85亿吨(规模以上20.63亿吨)，净增2.05亿吨，同比增长11.00%。水泥全行业效益都大幅高于去年水平。规模以上水泥企业利润实现1 020亿，为历史最高。2011年的水泥的良好业绩来之不易，在新增产能集中释放及受固定资产投资增速放缓的双重影响下，行业协会和地方市场主导企业在加强行业自律、稳定供需平衡方面做了大量有成效的工作。保持了行业持续稳定的发展。

一、宏观经济：固定资产投资、房地产投资继续回落

从影响水泥需求的固定资产和房地产投资增速来看，2011年延续2010年投资走弱趋势，继续下降，增速分别为23.8%和27.9%。固定资产投资增速更为2003年以来新低。

历年固定资产投资（除农村农户外）、房地产投资

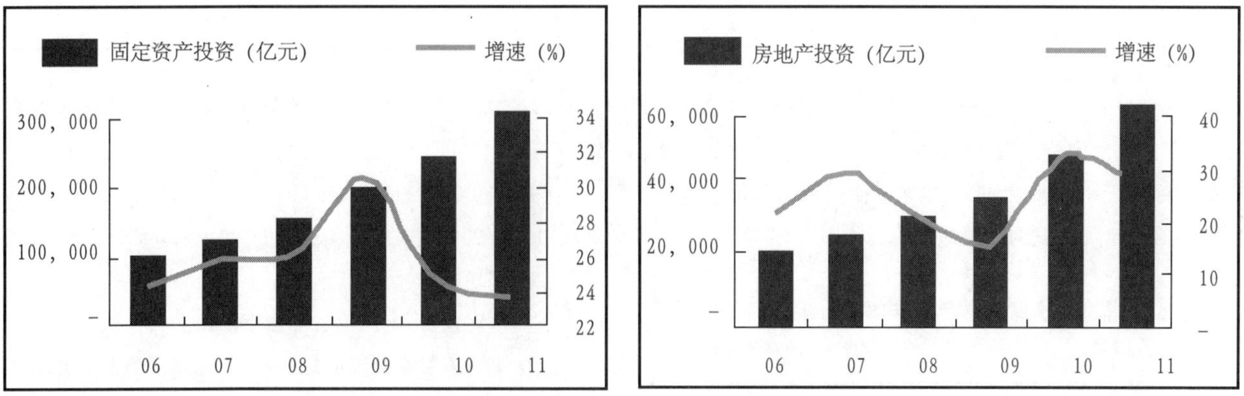

数据来源：国家统计局、中国水泥协会·数字水泥

（一）固定资产投资：西部投资增速表现依然较强

2011年从东中西部地区来看，西部投资增长表现依然高于中部、东部地区。中部和东部呈逐月下行走弱趋势，而西部地区为逐月增长走势，且全年西部地区累计投资增速已经超过中部、东部地区。

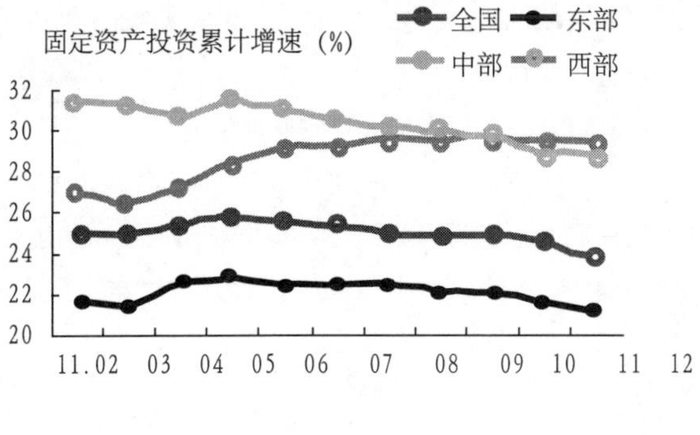

（二）房地产投资：全国及东中西区域投资增速均下滑

2011年，全国累计房地产投资额61 739亿元，同比增长27.9%。自2010年房地产投资回升后，2011年又受到“房贷紧缩”“限购”等政策影响，房地产投资大幅下滑，从去年的33.2%下滑到27.9%，下滑了5.3个百分点。从2011年全年东中西部地区投资趋势来看，无一幸免均呈下滑趋势。

二、水泥产业：产量延续高速增长　水泥投资降速不降温

2011年水泥产量延续2位数增长，全国水泥产量达到20.85亿吨，净增2.05亿吨，同比增长11.00%。

水泥投资在38号文的影响下，增速迅速虽然下降8.29%，但依旧完成了1 439亿元的高投资额，仅比2009年和2010年低。产能过剩压力正在加剧。

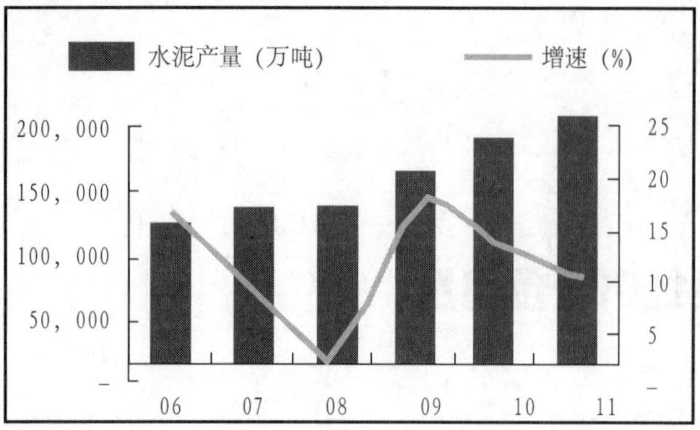

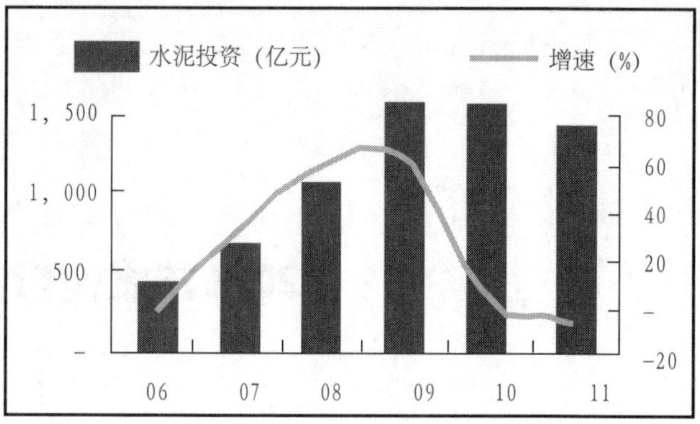

数据来源：国家统计局、中国水泥协会·数字水泥

（一）水泥产量：月度趋势走弱，四季度旺季不旺

2011年全年增速虽然表现出2位数的高增长，但趋势是从2季度开始逐季度走弱，四季度更是表现出旺季不旺，出现水泥产量四季度低于三季度历史少见的情况，是市场“需求”走弱是四季度产量下降的主因。

2005～2011年水泥产量

单位：吨

年度	2005	2006	2007	2008	2009	2010	2011	
一季度	17,305	21,502	24,180	25,549	28,077	33,497	36,885	
二季度	27,846	32,534	37,246	38,868	45,326	50,921	57,978	走弱 ↓
三季度	27,808	32,870	36,350	37,110	45,093	50,319	55,582	
四季度	29,972	33,989	37,255	37,516	45,229	51,654	55,377	
三、四季度相差	2,164	1,119	906	406	136	1,336	－205	

从各区域看：西南西北依旧是增速最快的两个区域，主要是西部地区固定资产投资增速较快，产能释放导致。产量区域份额与2010年变化不大，华东和中南依旧是最大的产销地区，合计水泥产量为全国的58%以上。

2011年度水泥产量（规模以上）

单位：万吨

地区	2011		2010		增长（%）
	产　量	比重（%）	产量	比重（%）	
全国	206,316.43	100.00	177,676.46	100.00	16.12
华北	25,981.47	12.59	21,718.16	12.22	19.63
东北	14,125.28	6.85	12,036.69	6.77	17.35
华东	65,420.93	31.71	59,114.17	33.27	10.67
中南	54,992.61	26.65	47,665.66	26.83	15.37
西南	31,126.59	15.09	25,269.85	14.22	23.18
西北	14,669.54	7.11	11,871.93	6.68	23.56

从省份来看：山东（去年为江苏）、安徽两省分别在水泥、熟料产量夺冠，江苏、四川列第二、第三。有七个省份水泥产量超过1亿吨，湖北、湖南和安徽水泥产量也超过9000万吨。

水泥产量增速超过20%有13个省份，均大部分在西部地区占9个省。熟料产量增速超过20%有11个省份，均大部分在西部地区占8个省。

（二）水泥投资：水泥投资降速不降温

在国家政策对新建产能的严控下，水泥虽然投资增长下降8.29%，2011年全国水泥累计依旧完成了1,439亿元的高投资额。

从各区域绝对投资额来看，除东北较少外，中南和华东最大合计超过600亿元，华北、西北、西南相当，平均也超过230亿元。

从各省市情况来看，新疆投资额和增速均排名第一，投资额接近100亿，增速达93%。河北、内蒙、安徽、湖南、河南、四川等地投资额也均超过70亿，2012年这些地区产能过剩压力将进一步加大。

三、经济指标：各项指标均处较好水平

2011年全行业收入、利润、毛利率指标，均处在历史较好水平。规模以上企业利润总额达到历史新高的1 020亿元。吨水泥利润49.44元，毛利率19.45%（超过03年），众多水泥企业大幅度盈利。

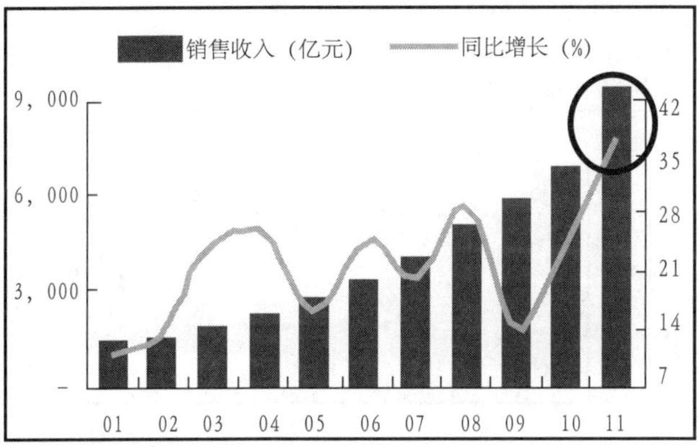

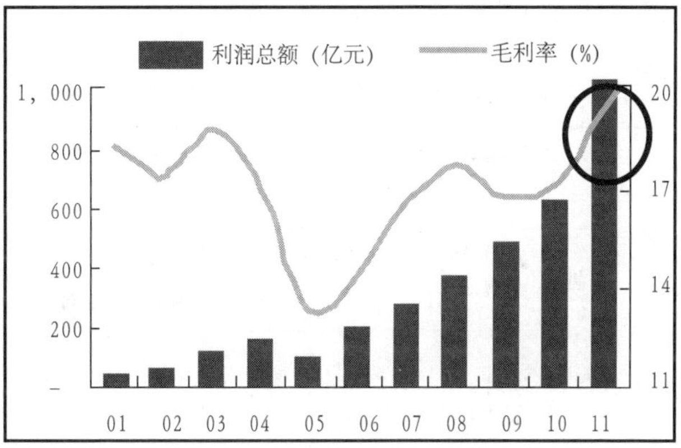

数据来源：国家统计局、中国水泥协会 · 数字水泥

近年全国水泥主要经济指标

年度	水泥销售收入		水泥利润总额		毛利率（%）
	销售收入（亿元）	同比增长（%）	利润总额（亿元）	同比增长（%）	
01	1,296	10.95	30	368.49	18.34
02	1,440	13.59	46	56.85	17.45
03	1,796	24.28	110	137.47	18.77
04	2,290	25.50	136	23.41	17.06
05	2,608	16.19	80	−40.91	13.30
06	3,217	24.73	150	86.81	14.40
07	3,859	19.97	251	67.02	16.61
08	4,977	28.97	356	41.87	17.74
09	5,684	14.19	478	34.23	16.65
10	6,716	23.50	610	48.91	17.11
11	9,198	36.96	1,020	67.07	19.45

2011 年～12 月度水泥利润总额

单位：亿元

地区	2011		2010		增长（%）
	利润总额	比重（%）	利润总额	比重（%）	
全国	1,019.66	100.00	610.34	100.00	67.07
华北	96.43	9.46	77.04	12.62	25.16
东北	84.11	8.25	33.50	5.49	151.10
华东	446.76	43.81	213.79	35.03	108.97
中南	272.92	26.77	164.29	26.92	66.12
西南	60.84	5.97	50.27	8.24	21.02
西北	58.60	5.75	71.44	11.71	−17.98

数据来源：国家统计局、中国水泥协会 · 数字水泥

（一）销售收入：增速大幅增长，西北部增速下滑明显

2011 年水泥行业实现销售收入 9 197 亿元，同比增长 36.96%，近年来新高。收入增速高出水泥产量增速 20 个百分点，说明收入的增长主要原因是价格上涨带来的。

山东继续领衔收入第一大省，达到 841 亿元，河南省超过江苏位居第二，为 648 亿元，江苏第三 626 亿元。

从销售收入增速看，江西、安徽位居前两位，除宁夏外，其余地区都为正增长。

（二）利润总额：华东和中南地区贡献最大

2011 年全国水泥行业利润总额达 1,020 亿元，超出 2010 年同期 409 亿元，同比增长 67.07%。西北受新增产能释放影响，相比 2010 年利润呈现负增长，效益下滑。

从地区利润贡献来看，华东地区贡献了 446.76 亿的利润，同比增长 108%。从份额来看，华东和中南两个地区利润贡献占全国超过 70%。华东地区贡献了 43.8%的利润份额，比 2010 年又提高了 8.8 个点，已经连续两年提高。

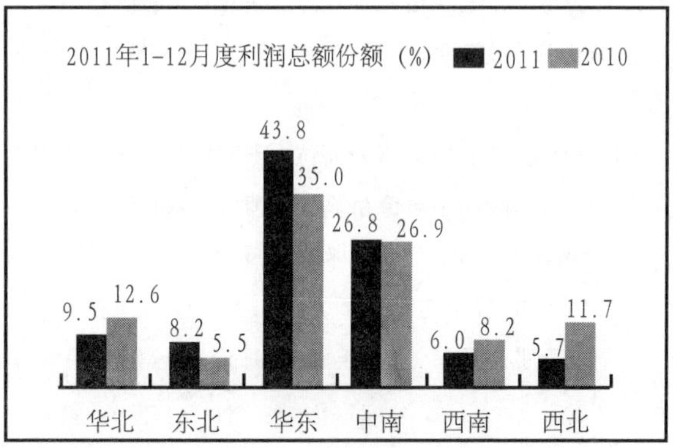

数据来源：国家统计局、中国水泥协会 · 数字水泥

利润总额排名前 10 位的省区对全国利润总额贡献率达到 70%。安徽超过山东称为是利润贡献第一大省，利润总额 115 亿元，较去年同期增加了近 64 个亿元，也是增长最快的省份。

利润下降幅度最大的几个省份主要集中在西北地区，以陕西、宁夏最为严重，下滑幅度均超过 50%。

2011 年度水泥利润总额排名　　单位：亿元

排名	水泥利润总额排名（前 10）			水泥利润总额排名（后 10）		
	地区	利润总额	上年同期	地区	利润总额	上年同期
1	安徽省	115.51	51.77	贵州省	2.02	—0.54
2	山东省	97.74	53.23	天津市	2.15	1.79
3	浙江省	88.27	36.75	上海市	2.80	2.09
4	江苏省	72.20	40.77	西藏区	2.86	2.60
5	河南省	69.60	39.13	宁夏区	4.05	8.16
6	河北省	62.65	51.07	山西省	4.61	1.08
7	广东省	57.62	44.06	青海省	4.73	5.11
8	湖北省	49.67	19.50	北京市	5.14	4.15
9	江西省	48.41	21.68	重庆市	7.11	3.28
10	广西区	45.69	37.12	甘肃省	10.27	12.97

数据来源：国家统计局、中国水泥协会·数字水泥

（三）毛利率、销售利润率双双提升 但全年趋势走弱

2011 年全国水泥产业销售毛利率比去年同期有较大提高，但月度走势与去年表现相反，6 月份后呈逐月递减的趋势。

从省份来看，陕西、宁夏、甘肃、青海、云南地区毛利率负增长。

四、全年水泥平均价格处高位，但下半年呈下滑趋势

2011 年的水泥平均价格高于 2010 年，以 P·O42.5 散装水泥价格为例，2011 年 31 省会价格高于 2010 年 33 元/吨，从 12 月份的价格走势来看，2011 年高位出现在 5～6 月份，之后呈逐月下降趋势，到年底 12 月份环比下降 10%，同比 2010 年同期价格下降近 50 元/吨。

2011年与2010年全国31各省会地区P·042.5散水泥价格走势对比

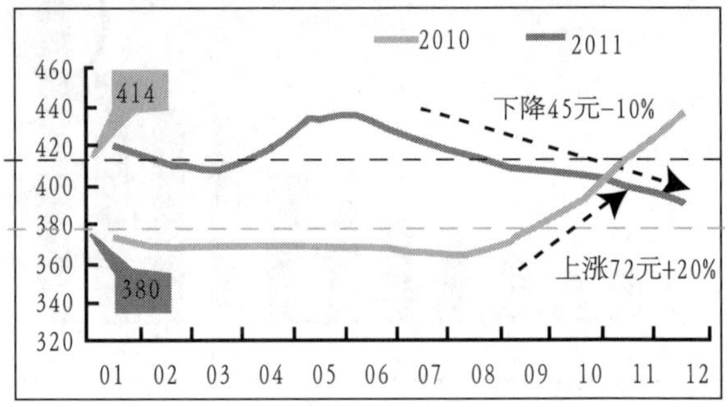

2011 年的水泥价格各大区域价位虽随各异，但除东北地区外，在下半年各大区价格均呈现走弱趋势，下滑幅度最大的是西北地区下降幅度超过 100 元/吨。

2011年全国六大区的P·042.5水泥价格对比图

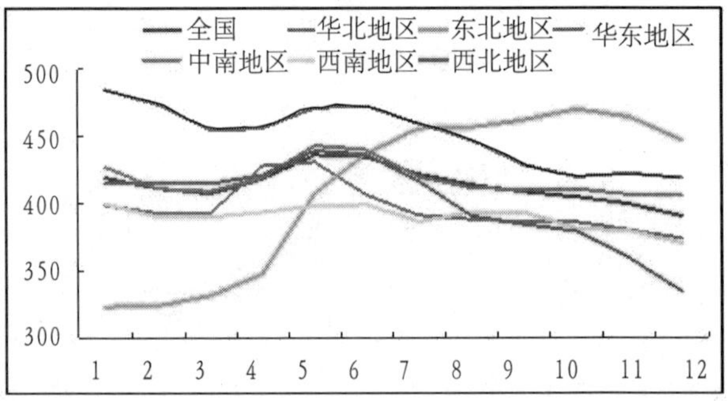

五、中国水泥出口下降明显

中国自 2008 年后水泥及熟料出口逐年下降，2010 年开始好转，出口量略有回升，2011 年又呈下降趋势，共出口水泥和熟料 1,060 万吨，同比下降 34%，预计在当前国际市场需求无明显改观的情况下，出口量将不会有太大起色。

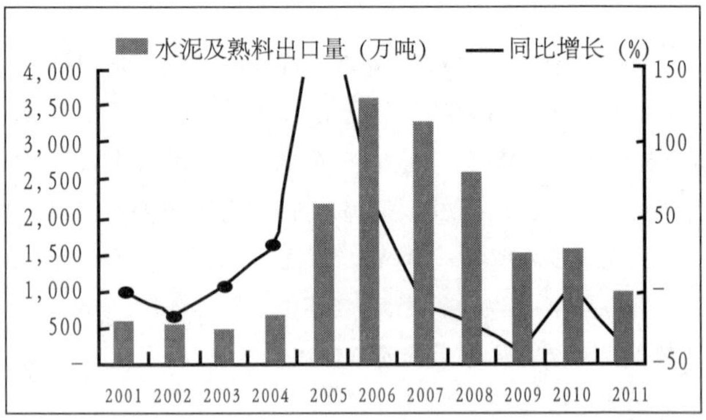

Economic Operation Status of Cement Industry in 2011

China Cement Association

The economic operation status of cement industry in 2011 is better than expected as benefited from the macro control policy of the state.Under the precondition of guaranteeing stable and comparatively rapid economic development, the growing speed of the fixed assets investment of the society as a whole still keeps at high level and maintains quite big demand of the market to cement in general as benefited from the mature cement enterprises. According to the statistics of State Statistics Bureau, the national cement output reaches 2.085 billion tons (2.063 billion tons of above scale); net increase of 205 million tons and year—on - year growth of 11.00% . The benefit of entire cement industry is higher than last year by big margin. The profit of above scale cement enterprises realized 102 billion, the highest in history. The good cement achievement in 2011 was hard won. With the dual influence of the concentrated release of newly added capacity and slow down investment growing speed of fixed assets, industrial association and leading enterprises of local market have conducted a large amount of fruitful work in strengthening industrial self—regulation and stabilizing supply and demand balance thus maintaining the sustainable and stable industrial development.

I. Macro Economy: Continued dropping of fixed assets investment and real estates investment

Judging from the cement demand affecting growing speed of fixed assetsinvestment and real estates investment, the weakening investment trend of the year 2010 lasted to 2011 and continued to drop down with growing speed of 23.8% and 27.9% respectively. The growing speed of fixed assets investment has been the lowest since 2003.

Fixed assets investment over the years Excluding rural village and households Real estates investment

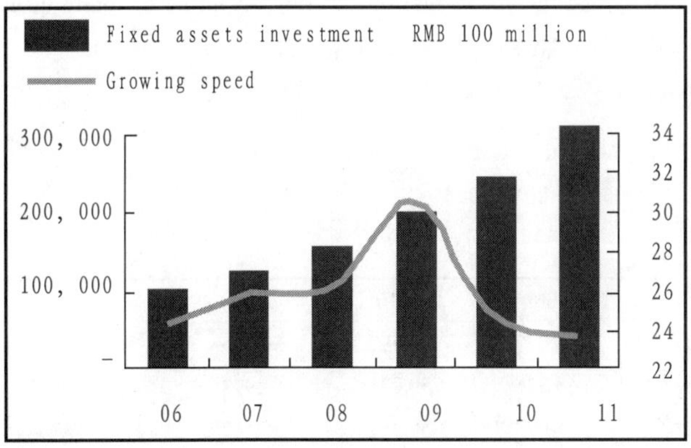

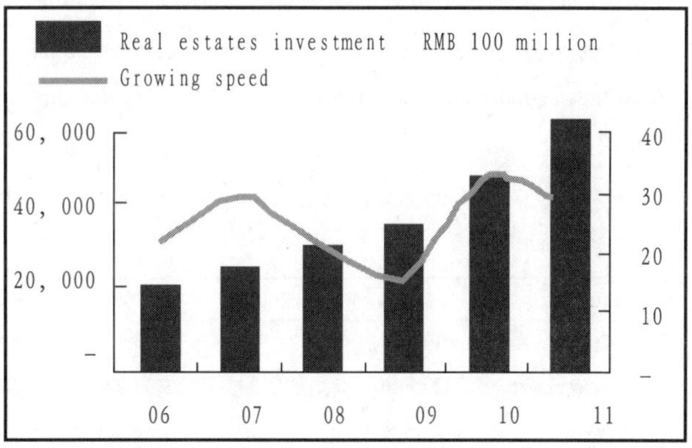

Data source:State Statistics Bureau;China Cement Association;Digital Cement

(1) Fixed assets investment: The growing speed of western investment is still quite powerful

Judging from the region in eastern, middle and western part in 2011, theinvestment growth in the west is still higher than that of middle and eastern region. The middle and eastern parts showed the weakening trend month by month whereas western region showed the monthly growing trend and the accumulated total investment growing speed in western region in the whole year has exceeded middle and eastern regions.

Accumulated total growing speed of fixed assets investment

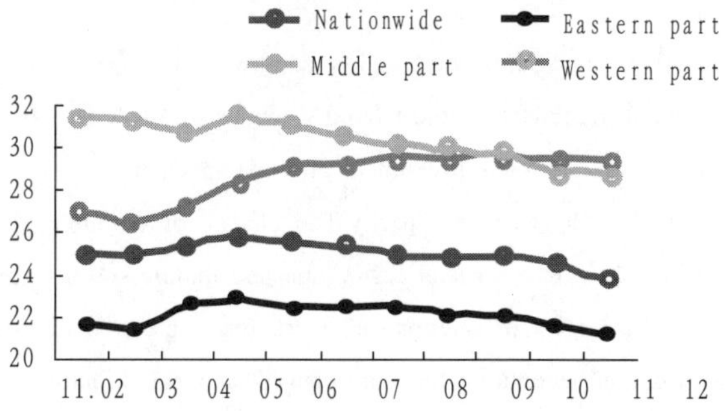

(2) Real estates investment: The investment growing speed of whole nation and eastern, middle and western parts all dropped down

The accumulatednational real estates investment in 2011 is RMB 6173.9 billion, a year on year growth of 27.9%. Starting from the real estates investment picking up in 2010, the real estates investment again dropped down by large extent as affected by such policies as "tightened mortgage" and "purchase restriction" in 2011 and it dropped from 33.2% of last year to 27.9%, a drop of 5.3 percentage point. Judging from the investment trend in eastern, middle and western regions in the whole year of 2011, all showed the dropping down trend with no exception.

II. Cement industry: The output continues high speed growth while cement investment lowers speed but not cools down

The cement output in 2011 continues double digit growth and national cement output reaches 2.085 billion tons with a net growth of 205 million tons and a year on year growth of 11.00%.

As affected by the Document No.38, the growing speed of cement investment drops by 8.29% but it still completed the high investment of RMB 143.9 billion, only lower than that of 2009 and 2010. The over capacity pressure is intensifying.

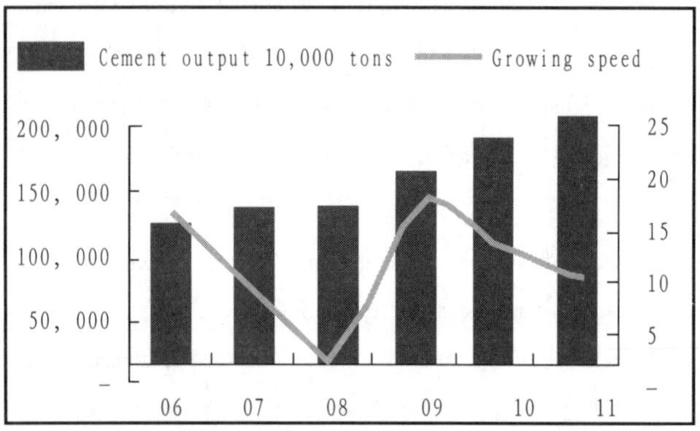

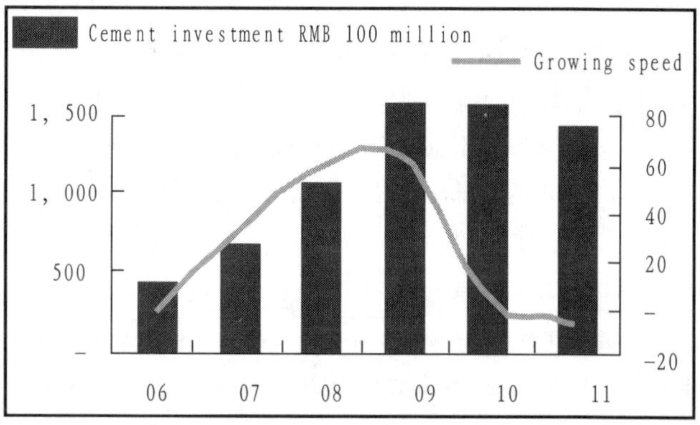

Data source:State Statistics Bureau China Cement AssociationDigital Cement

(1) Cement output: Monthly trend weakens; peak season of the fourth quarter not thrives

Although the annual growing speed in 2011 shows the double digit high growth, the trend begins to weaken quarter by quarter from the second quarter and the fourth quarter does not show the thriving trend of a peak season. The scarce status of cement output in the fourth quarter lower than the third quarter appears in history and the main cause of lowering output in the fourth quarter is the weakening market "demand".

Annual cement output of 2005——2011

Unit: Ton

Year	2005	2006	2007	2008	2009	2010	2011	
Quarter 1	17,305	21,502	24,180	25,549	28,077	33,497	36,885	
Quarter 2	27,846	32,534	37,246	38,868	45,326	50,921	57,978	↓
Quarter 3	27,808	32,870	36,350	37,110	45,093	50,319	55,582	Weakening
Quarter 4	29,972	33,989	37,255	37,516	45,229	51,654	55,377	
Difference with Quarter 4	2,164	1,119	906	406	136	1,336	−205	

When judging from each region: southwest and northwest are still the two regions with most rapid growing speed. It is mainly because the fixed assets investment growing speed in the west is quite rapid with released capacity. The change of output region quota in 2010 is not big and east China and middle south China are still the largest production and marketing regions with total cement output accounting for more than 58% of whole nation.

When judging from the provinces: Shandong (Jiangsu in last year) and Anhui provinces take the first place respectively in cement and clinker output while Jiangsu and Sichuan take the second and the third place. There are seven provinces with cement output over 100 million tons and the cement output of Hubei, Hunan and Anhui also exceeds 90 million tons.

There are 13 provinces with growing speed of cement output

exceeding 20%, mostly in western region of 9 provinces. There are 11 provinces with growing speed of clinker output exceeding 20%, mostly in western region of 8 provinces.

(2) Cement investment: Cement investment lowers speed but not cools down

With the strict control of state policy to newly built capacity, although the cement investment growth lowers by 8.29%, the accumulated total national cement in 2011 still completed high investment of RMB 143.9 million.

Judging from absolute investment of each region, except for the comparatively low amount of northeast, the biggest ones are middle south and east China with total amount exceeding RMB 60 billion. North China, northwest and southwest are fairly equal with average amount also exceeding RMB 23 billion.

Judging from the status of each province and city, Xinjiang ranks the first in both investment amount and growing speed with investment close to 10 billion and growing speed up to 93%. The investment of such regions as Hebei, Inner Mongolia, Anhui, Hunan, Henan and Sichuan also exceeds RMB 7 billion and the over capacity pressure in these regions in 2012 will increase further.

III. Economic index: All indexes are at comparatively good level

The whole industrial indexes of revenue, profit and gross profit rate in 2011 are all atcomparatively good level in history, The above scale total enterprise profit reaches new historic height of RMB 102 billion. The cement profit per ton is RMB 49.44; gross profit rate is 19.45% (more than that in the year 2003) and many cement enterprises made profit by large margin.

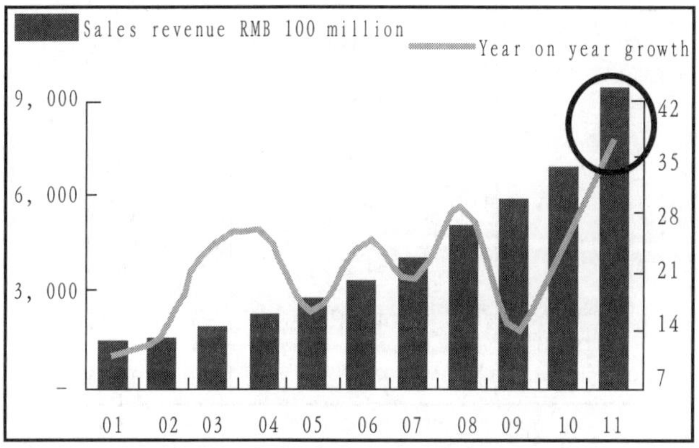

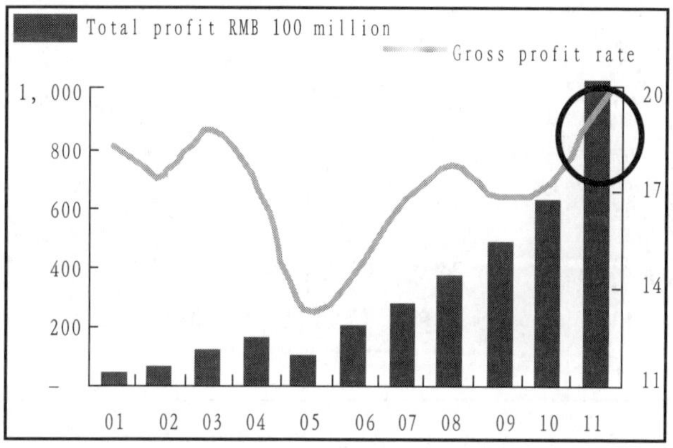

Data source:State Statistics Bureau China Cement Association Digital Cement

2011 annual cement production scale (above)

Units 10,000 tons

Region	2011		2010		growth (%)
	production	Proportion (%)	production	Proportion (%)	
Nation	206,316.43	100.00	177,676.46	100.00	16.12
North China	25,981.47	12.59	21,718.16	12.22	19.63
Northeast	14,125.28	6.85	12,036.69	6.77	17.35
East China	65,420.93	31.71	59,114.17	33.27	10.67
Middle south	54,992.61	26.65	47,665.66	26.83	15.37
Southwest	31,126.59	15.09	25,269.85	14.22	23.18
Northwest	14,669.54	7.11	11,871.93	6.68	23.56

(1) Sales revenue: Growing speed increases by large margin, evident growing speed drop in northwest region

Cement industry realized sales revenue of RMB 919.7 Billion in 2011, a year on year growth of 36.96% and a new height in recent years. The revenue growing speed is higher than cement output growing speed by 20 percentage points which shows the main cause of revenue growth is the rising price.

Shandong continues to lead the revenue as the biggest province, reaching RMB 84.1 billion; Henan exceeding Jiangsu for the second place of RMB 64.8 billion and Jiangsu being the third of RMB 62.6 billion.

Judging from the growing speed of sales revenue,Jiangxi and Anhui take the first two places and all other regions are of positive growth except for Ningxia.

(2) Total profit: East China and middle south region accounts for the biggest contribution

The total profit of national cement industry in 2011 reaches RMB 102 billion, exceeding the same period of 2010 by RMB 40.9 billion, a year on year growth of 67.07%. The northwest profit showed negative growth comparedwith that of 2010 with falling benefit as affected by newly added capacity release.

Judging from regional profit contribution, eastChina region contributes profit of RMB 44.676 billion, a year on year growth of 108%. When judging from the quota, the profit contribution of the two regions of east China and middle south accounts for more than 70% of the whole nation. East China region contributes profit quota of 43.8%, another increase of 8.8 percentage points than 2010 and an increase of two years running.

For the top ten 10 provinces and regions ranking in total profit, their contribution rate to national total profit reaches 70%. Anhui surpasses Shandong as the biggest province in profit contribution with total profit of RMB 11.5 billion. It gained a year on year growth of about RMB 6.4 billion compared with the same period last year and it is also the most rapid province in growth.

The several provinces with the biggest profit dropping extent are mainly in northwest region, withShaanxi and Ningxia being the worst with dropping extent all over 50%.

Main economic index of national cement in recent years

Year	Cement sales revenue		Total profit of cement		Gross profit rate (%)
	Sales revenue (RMB 100 million)	Year on year growth (%)	Total profit (RMB 100 million)	Year on year growth (%)	
01	1,296	10.95	30	368.49	18.34
02	1,440	13.59	46	56.85	17.45
03	1,796	24.28	110	137.47	18.77
04	2,290	25.50	136	23.41	17.06
05	2,608	16.19	80	−40.91	13.30
06	3,217	24.73	150	86.81	14.40
07	3,859	19.97	251	67.02	16.61
08	4,977	28.97	356	41.87	17.74
09	5,684	14.19	478	34.23	16.65
10	6,716	23.50	610	48.91	17.11
11	9,198	36.96	1,020	67.07	19.45

Ranking of total cement profit in 2011 Unit RMB 100 million

Ranking	Cement total profit ranked 10 Top 10			Cement total profit ranked 10 Last 10		
	Region	Total profit	Same period last year	Region	Total profit	Same period last year
	Nation	1019.66	610.34			
1	In anhui province	115.51	51.77	guizhou province	2.02	−0.54
2	shandong province	97.74	53.23	tianjin	2.15	1.79
3	Zhejiang province	88.27	36.75	Shanghai	2.80	2.09
4	Jiangsu province	72.20	40.77	Tibet area	2.86	2.60
5	Henan province	69.60	39.13	Ningxia area	4.05	8.16
6	In hebei province	62.65	51.07	Shanxi Province	4.61	1.08
7	Guangdong province	57.62	44.06	Qinghai province	4.73	5.11
8	Hubei province	49.67	19.50	Beijing municipal	5.14	4.15
9	Jiangxi province	48.41	21.68	chongqing	7.11	3.28
10	Guang Xi District	45.69	37.12	Gansu province	10.27	12.97

Data source State Statistics Bureau China Cement Association Digital Cement

(3) Gross profit rate and sales profit rate both increased but the annual trend weakened

The sales gross profit rate of national cementindustry has significantly increased in 2011 compared with the same period last year but the monthly trend shows the opposite trend of last year and it showed descending trend month by month after June.

Judging from provinces, the gross profit rate ofShaanxi, Ningxia, Gansu, Qinghai and Yunnan regions shows negative growth.

IV. The average annual cement price is at high level but it shows dropping trend in the second half of the year

The average cement price in 2011 is higher than that of 2010. Take po42.5 bulk cement price for example, the price of 31 provincial capitals in 2011 is higher than RMB 33/ton of 2010. Judging from the price trend in December, the peak price in 2011 appears in May—June and it then shows descending trend month by month afterward. It drops 10% by December at the end of the year and the price drops about RMB 50/ton compared with the same period of 2010.

January 2011–12 monthly profit share (%)

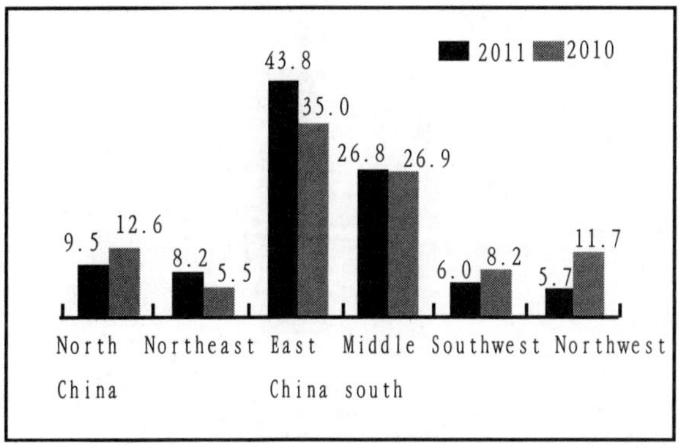

Data source State Statistics Bureau China Cement Association Digital Cement

The cement price in each large region in 2011 is different except for northeast region. Except northeast region the price in each large region all shows weakening trend in the second half of the year and the most descending one is northwest region with dropping extent over RMB100/ton.

The price trend comparison of P·O42.5 bulk cement in 31 Chinese provincial capitals in 2011 and 2010

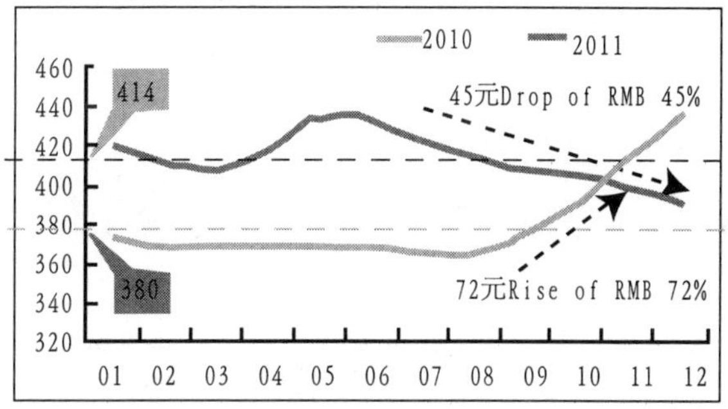

V. Evident decline of Chinese cement export

Chinese cement and clinker export declined year by year after 2008 and in 2010 it began to turn for the better with slight rise of export amount.It showed descending trend again in 2011 with total cement and clinker export of 10.60 million tons, a year on year drop of 34% . It is predicted that the export amount will not show significant improvement without evident change of current international market demand.

The comparison chart of P·O42.5 cement price in six large Chinese regions in 2011

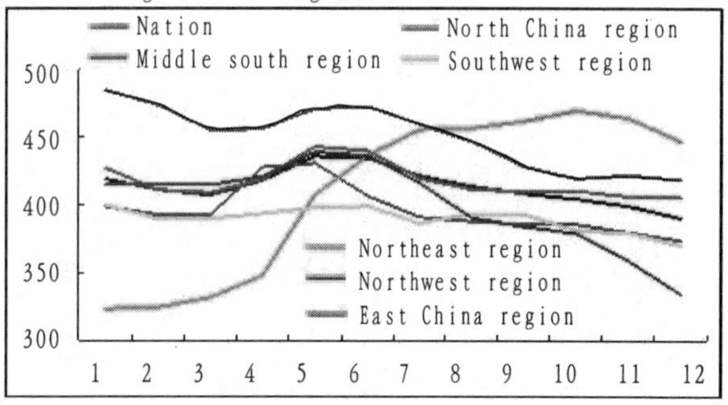

2012年水泥行业经济运行情况

中国水泥协会

2012年对水泥行业来说，是不平凡的一年，是转折的一年，全年水泥产量达22.1亿吨，虽然水泥总产量继续增长，但增速已经从去年13%下滑至5.74%。水泥行业告别了的高速增长时期，进入到平稳低速增长期。

在固定资产投资增长速度放缓，水泥需求增长速度明显下降，行业新增产能集中释放，造成产能过剩进一步加剧的背景下，行业效益和价格滑入低谷，前三季度行业利润下滑幅度均超过50%。四季度后，在投资需求有明显恢复和行业企业的共同努力下，效益有所好转，行业利润下滑幅度也明显收窄，全年行业利润下滑幅度下降为32.8%，虽然今年全行业经济效益相比2011年下滑幅度较大，但行业利润总额依旧处于历史较高位的657亿元，是除2011和2010年外，第三个最好的年份。

一、国内经济运行总体平稳，十八大坚定经济发展前景

2012年，全国固定资产投资(不含农户)364 835亿元，同比名义增长20.6%，增速虽与2011年明显下降，但四季度已经比三季度比较明显的企稳回升。分地区看，华北是六大区中唯一一个投资增速低于全国的区域，华东、中南基本持平，西南略高于全国，西北仍是投资增速最高区，东北也仍旧保持较高的投资增速。

“十八大”后强调城镇化建设是未来中国经济增长动力，或是未来内需扩张的潜力，预计投资仍是主要稳经济力量，未来的固定资产投资保持平稳增长的前景可期。

1～12月累计固定资产投资　　单位：亿元，%

区域	累计完成额	同比增速	占比
全国	364,835	20.60	100.00
华北	53,399	19.60	14.64
东北	40,374	26.71	11.07
华东	121,319	21.58	33.25
中南	79,637	21.48	21.83
西南	38,662	23.51	10.60
西北	26,411	29.59	7.24

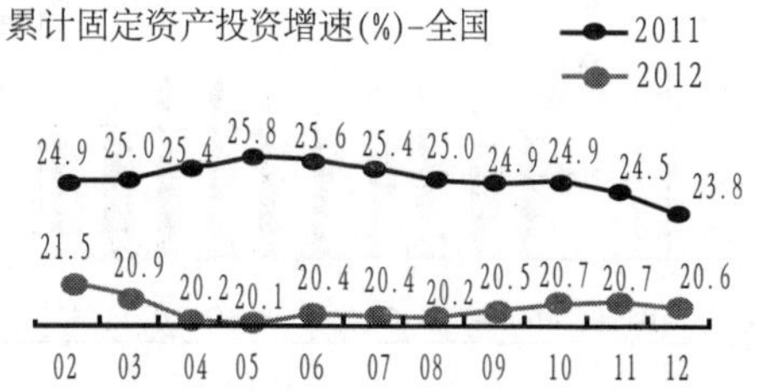

2012年，全国房地产开发投资71,804亿元，同比名义增长16.20%，增速较11月份虽下降了0.5个百分点，但全国房地产投资已经由下行转为底部趋稳，分区域看，华北区房地产投资总额与去年同期基本持平，而基础薄弱的地区仍保持较高的投资速度。

1～12月累计房地产开发资产投资　单位：亿元，%

区域	完成额	同比增速	占比
全国	71,804	16.20	11.40
华北	9,802	2.61	13.65
东北	8,302	20.15	11.56
华东	25,467	16.03	35.47
中南	15,580	14.44	21.70
西南	9,031	29.17	12.58
西北	3,622	30.50	5.04

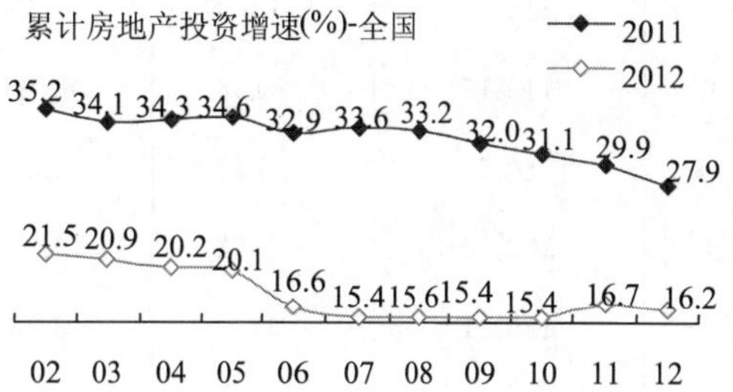

二、产量：水泥低速增长，熟料产量与2011年基本持平

2012年全国累计完成水泥产量达22.1亿吨，同比增长5.74%，虽然呈现本世纪以来少有的低速增长，但由于基数较大，绝对增量比2011年依旧增长超过1亿吨水泥。

国家统计局统计，规模以上企业水泥熟料产量12.79亿吨，同比增长1.04%，与2011年基本持平。根据中国水泥协会统计，2012年新增水泥熟料产能1.6亿吨，在熟料产能明显大幅度增长情况下，熟料产量却基本没有增长，并且在1月、2月、8月、12月均比2011年同期明显下降。说明2012的窑运转率进一步下降，产能过剩加剧，停窑限产在多数地区已经成为一种常态。

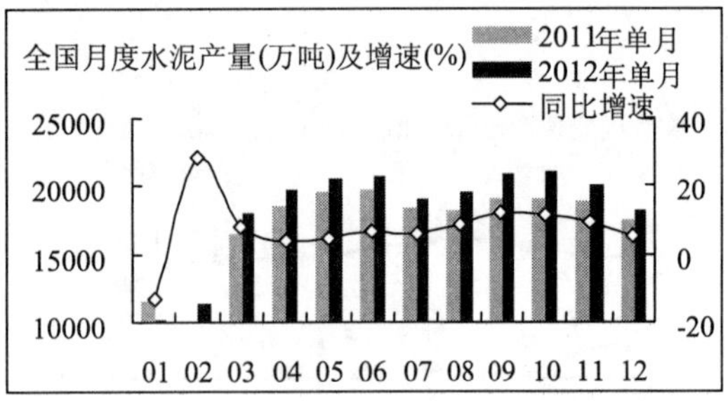

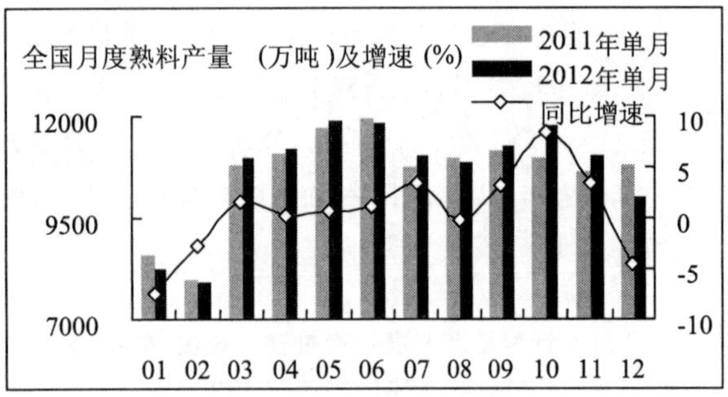

三、水泥投资：降幅趋于平稳 区域存差异

2012年全国水泥投资完成1379亿元，同比下降6.95%。是继2011年的大幅下滑后，连续第二年下降。目前水泥投资跌幅已基本平稳。除西北地区外，其余五大区均为负增长，特别是西南地区，在高速增长后，迅速回落，各省市中新疆仍以121亿元居首位。

1～12月累计水泥投资　单位：亿元，%

区域	完成额	同比增速	占比
全国	1379.31	－6.95	100.00
华北	214.67	－12.88	15.56
东北	119.17	－4.98	8.64
华东	280.55	－5.31	20.34
中南	306.20	－2.52	22.20
西南	183.21	－21.10	13.28
西北	275.51	2.84	19.97

2012年1～12月累计水泥投资排名

排名	地区	水泥投资	增长(%)
	全国	1379.31	－6.95
1	新疆区	121.30	12.10
2	河北省	84.03	－10.30
3	山东省	82.64	35.70
4	湖南省	80.85	1.80
5	内蒙古	64.14	－25.40
6	安徽省	63.44	－17.90
7	山西省	57.66	3.20
8	河南省	57.31	－22.70
9	甘肃省	57.05	－8.20
10	陕西省	52.70	－5.70

四、经济指标：虽比2011年下滑明显，但效益为历史第三好年

2012年水泥产业实现销售收入8,833亿元，同比增长0.06%，与2011年基本持平。收入增长明显低于产量增长，说明2012年价格水平低于2011年。

从六大区来看，东北、西北、西南和中南四个区域保持收入增长，其中东北最快10%以上增长，其次是西北、西南、中南分别保持8.95%、7.04%、0.09%的增长，东北在产量负增长情况下，收入保持10%增长，说明东北的价格水平要好于2011年，而西北和西南虽然收入也有明显增长，但增长低于产量增长，说明其收入增长是依靠量的增长。华东和华北收入负增长更是说明该地区价格处于低水平。

2012年销售收入　单位：亿元，%

区域	销售收入	同比增速	产量同比增速
全国	8,833	0.06	5.74
华北	1,000	－4.41	－0.78
东北	981	10.21	－6.10
华东	3,010	－5.38	6.32
中南	2,283	0.90	10.54
西南	1,037	7.04	11.04
西北	522	8.95	21.43

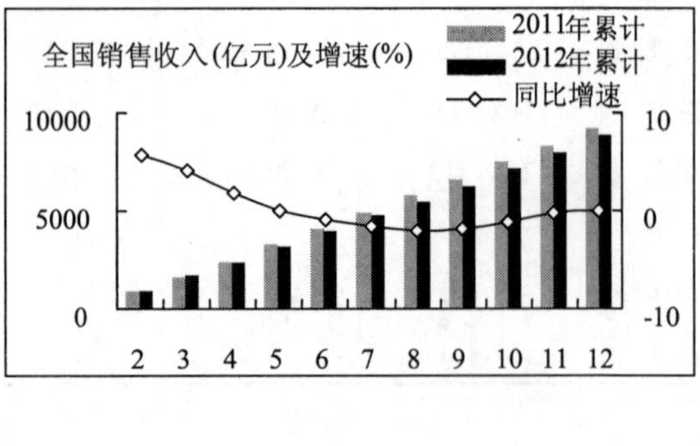

历年行业利润

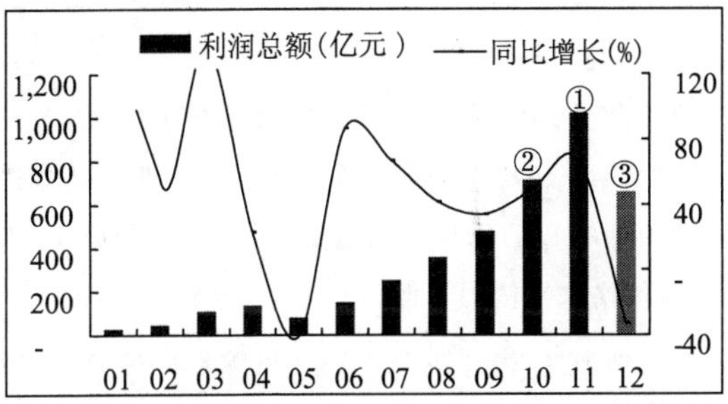

2012年全国水泥行业实现利润总额657亿元，低于2011年和2010年，位居历史第三位。同比增长下降32.81%，下滑幅度仅次于2005年，位居历史第二位。

分区域来看，除东北的略有增长外，其余区域均大幅下滑，华北、西北和华东下滑最大，下滑幅度均超过40%。华东、中南仍是利润贡献大区，利润总额分别为258和192亿元，合计占全国接近70%。

2012年利润总额　　　　单位：亿元，%

区域	利润总额	同比增速	占比
全国	657.41	－32.81	100.00
华北	46.65	－50.47	7.10
东北	89.53	6.66	13.62
华东	258.47	－42.31	39.32
中南	192.37	－23.27	29.26
西南	40.12	－15.32	6.10
西北	30.28	－44.11	4.61

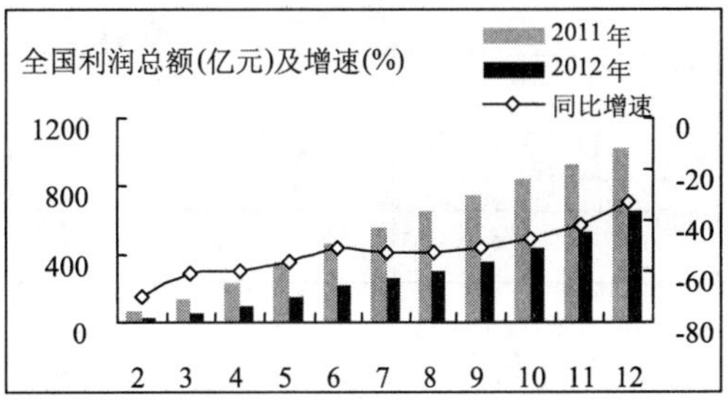

分省来看，31个省有24个省同比去年下降，仅7个省同比去年增长。重庆、青海和北京全行业亏损，山东省表现稳健，以82亿元位居各省排名第一位，其次是河南和江苏，分别为64和51亿元位居第二和第三。与2011年相比，在利润损失最大的是安徽省和浙江省，安徽省从2011年利润第一下滑至第四，浙江省从2011年第三下滑至第九位。两个省的利润同比2011年相比分别减少67亿元和53亿元，合计减少超过120亿元。

吉林、黑龙江近些年罕见进入排名前十，尤其是黑龙江是利润正增长区。东北地区作为全国限产保价较为成功的区域，值得行业进一步的探索和学习。为在需求萎缩状况下，如何保持较好利润这一课题，提供了方向。

2012年水泥利润总额排名　　　　单位：亿元

排名	水泥利润总额排名(前10)			水泥利润总额排名(后10)		
	地区全国	利润总额 657.41	2011年同期 －32.81	地区	利润总额	2011年同期
1	山东省	82.16	－14.53	重庆市	－1.05	－122.89
2	河南省	63.86	3.69	青海省	－0.64	－113.67
3	江苏省	51.01	－29.75	北京市	－0.01	－100.23
4	安徽省	47.72	－58.80	上海市	0.20	－92.92
5	广西区	35.74	－20.97	宁夏区	0.71	－82.54
6	江西省	35.68	－27.98	贵州省	1.69	0.40
7	湖北省	35.33	－28.73	天津市	2.78	－13.95
8	吉林省	35.27	－5.95	山西省	3.72	－19.25
9	浙江省	34.64	－60.71	西藏区	3.90	35.74
10	黑龙江	32.44	22.92	甘肃省	4.90	－51.15

五、水泥价格：起伏大，8月历史低点，四季度回升

2008-2012年全国(P·O 42.5散)月度水泥价格 (元/吨)

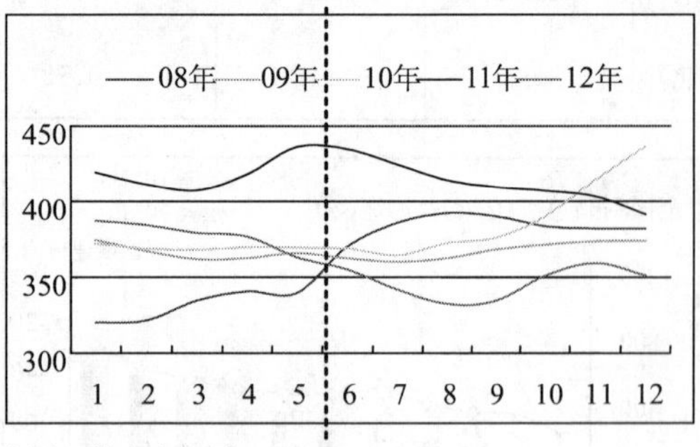

来源：数字水泥网

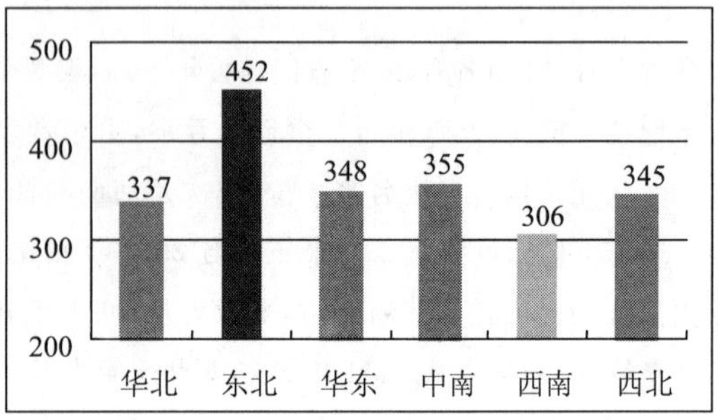

来源：数字水泥网

2012年度全国水泥整体水泥平均价格低于2011、2010、2009三年，与2008年基本持平。

2012年1月份开始，价格连续九个月下滑，到8月份已经接近10年来历史低点，全国大部分区域进入到亏损和微利阶段，9月份以后价格有明显复苏回升，但经历11周上涨后，整体价格水平依旧较低。

分区域来看，东北是六大区域价格最高地区，西南为价格最低地区。

六、进出口情况

2012年水泥出口市场相比2011年表现有所好转，水泥和熟料共计出口1 200万吨，同比增长13.18%。其中，水泥出口924万吨，同比增长5.02%。熟料出口275万吨，同比增长52.16%。熟料出口虽然涨幅较大，但价格已经有所下降。

2012 水泥及熟料出口情况

品　种	累计出口量		累计出口额		平均离岸价格(美元/吨)	
	数值(万吨)	增速(万美元)	金额(万美元)	增速(%)	2012.12	2011.12
水泥	924.01	5.02	56,133.29	5.99	60.75	60.20
其中：硅酸盐水泥	906.01	4.69	52,141.57	5.65	57.50	56.98
白水泥	9.74	71.53	932.48	40.14	95.72	117.16
水凝水泥	2.16	−20.77	327.13	−10.87	151.42	134.60
矾土水泥	5.33	2.29	2,732.12	6.04	512.91	494.80
水泥熟料	275.67	52.16	12,229.40	34.80	44.36	50.08

Economic Operation Status of Cement Industry in 2012

China Cement Association

The year 2012 is an extraordinary and a transitions year for cement industry with annual cement output reaching 2.21 billion tons.Although total cement output continues to grow the growing speed already drops from 13% of last year to5.74%. The cement industry bid farewell to the high growth period and entered the stable and low speed growth period.

With background of slow down growing speed of fixed assets investment, evident descending of growing speed of cement demand, concentrated release of newly added capacity in the industry and subsequent intensifying over capacity, the industrial benefit and price slip into low ebb with descending extent of industrial profit in the first three quarters all above 50%. After the fourth quarter, the benefit turns for the better and the descending extent also narrows significantly with the evident recovery of investment demand and joint effort of industrial enterprises. The descending extent of annual industrial profit is 32.8%. Although the descending extent of the overall industrial economic benefit this year is quite big compared with 2011 the total industrial profit is still at comparatively high historic level of RMB 65.7 billion, being the third best year next to the year 2011 and 2010.

I. The domestic economic operation is stable as a whole and the 18th CPC Congress confirms economic developing prospect

The national fixed assetsinvestment (excluding rural households) in 2012 is RMB 36483.5 billion, a nominal year on year growth of 20.6%. Although the growing speed descends significantly compared with 2011, which of the fourth quarter evidently stabilizes and rises compared with the third quarter. When judging by region, north China is the only region with investment growing speed lower than the whole nation. East China and middle south are basically in the equal level and southwest is slightly higher than the whole nation. Northwest is still the region with the highest investment growing speed and northeast also maintains quite high investment growing speed.

Itemphasizes after "the 18th CPC Congress" that urbanization construction is the impetus of future Chinese economic growth or the potential of future domestic demand expansion. It predicts that investment is still the main power of economic stabilization and the prospect of future fixed assets investment maintaining stable growth can be expected.

Accumulated fixed assets investment from Jan to Dec

Unit RMB100 million%

Region	Accumulated completing amount	Year on year growing speed	Percentage
Nation	364,835	20.60	100.00
North China	53,399	19.60	14.64
Northeast	40,374	26.71	11.07
East China	121,319	21.58	33.25
Middle south	79,637	21.48	21.83
Southwest	38,662	23.51	10.60
Northwest	26,411	29.59	7.24

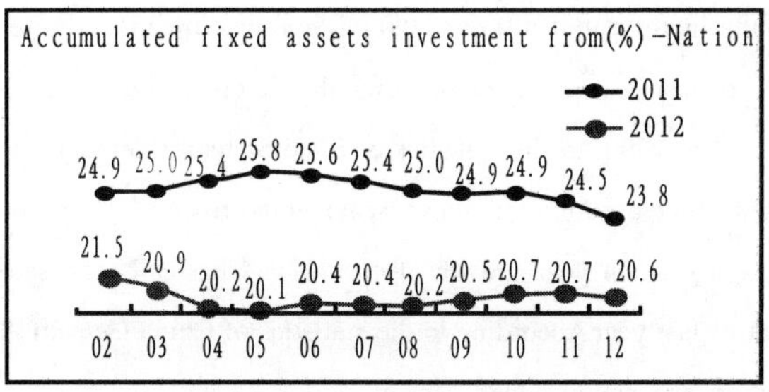

The national real estates development investment in 2012 is RMB 7,180.4 billion, a year on year nominal growth of 16.20%. Although the growing speed drops by 0.5 percentage point compared with November the national real estates investment already turns from descending to bottom toward being stable. Judging from each region, the total real estates investment amount in north

China is about the same as the same period last year and the regions with weak base still maintain quite high investment speed.

Accumulated real estates development investment from Jan to Dec

Unit RMB100 million %

Region	Completing amount	Year on year growing speed	Percentage
Nation	71,804	16.20	11.40
North China	9,802	2.61	13.65
Northeast	8,302	20.15	11.56
East China	25,467	16.03	35.47
Middle south	15,580	14.44	21.70
Southwest	9,031	29.17	12.58
Northwest	3,622	30.50	5.04

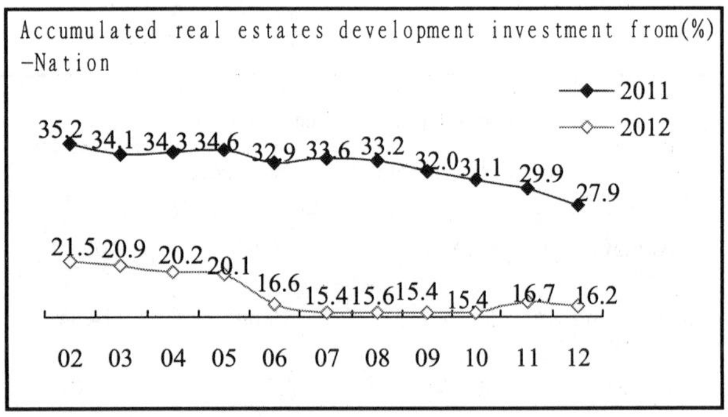

I. Output: Cement grows in low speed; clinker output is basically the same as last year

The national accumulated completing cement output reaches 2.21 billion tons in 2012, a year on year growth of 5.74%. Although it shows the rare low speed growth in thiscentury, the absolute increment is still over 100 million tons of cement more than that of last year as the cardinal number is quite big.

According to the statistics of State Statistics Bureau, the cement clinker output of above scale enterprises is 1.279 billion tons, a year on year growth of 1.04% and basically the same as that of last year.According to the statistics of China Cement Association, the newly added cement clinker capacity in 2012 is 160 million tons. The clinker output does not grow basically whereas the clinker capacity significantly grows by large extent and the clinker output evidently drops in Jan., Feb., Aug. and Dec. compared with the same period last year. It shows the kiln operating rate further drops in 2012, the over capacity intensifies and kiln shutdown to limit production has become a normal state in many regions.

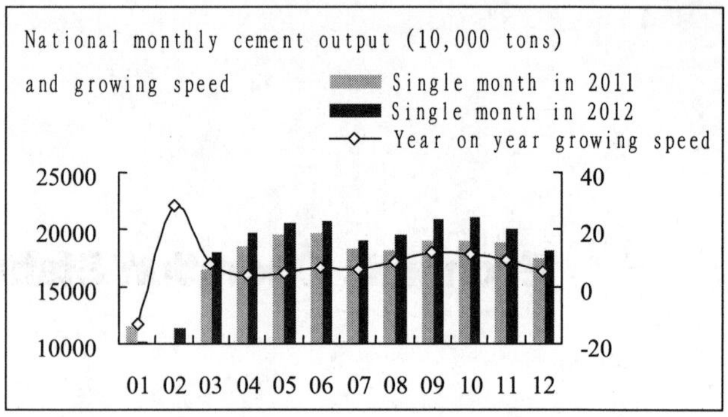

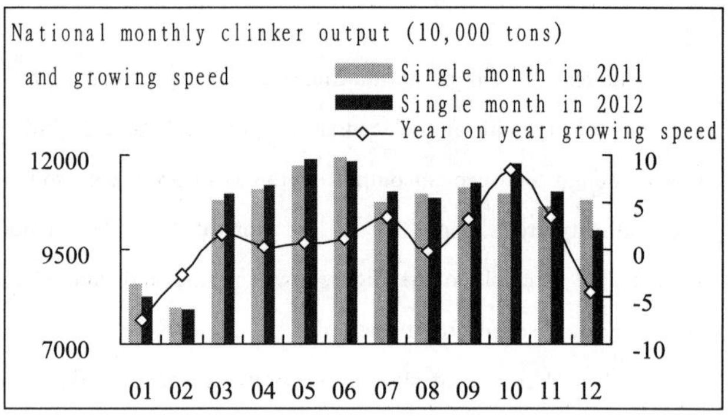

II. Cement investment: Descending extent tends to be stable and difference exists among regions

The national cement investment accomplished RMB 137.9 billion in 2012, a year on year drop of 6.95%. It is the descending of the second year running after the big drop of 2011. The descending extent of cement investment is basically stable at present. Except for northwest region, all other five major regions all showed negative growth especially the southwest region which descended rapidly after the high speed growth. Xinjiang still ranks the first in each province and city with RMB 12.1 billion.

1～12月 Accumulated cement investment from Jan. to Dec.

Unit RMB100 million%

Region	Completing amount	Year on year growing speed	Percentage
Nation	1379.31	－6.95	100.00
North China	214.67	－12.88	15.56
Northeast	119.17	－4.98	8.64
East China	280.55	－5.31	20.34
Middle south	306.20	－2.52	22.20
Southwest	183.21	－21.10	13.28
Northwest	275.51	2.84	19.97

Ranking of accumulated cement investment from Jan. to Dec., 2012

Ranking	Region	Cement investment	Growth(%)
	Nation	1379.31	−6.95
1	Xinjiang region	121.30	12.10
2	hebei province	84.03	−10.30
3	shandong province	82.64	35.70
4	Hunan province	80.85	1.80
5	Inner Mongolia	64.14	−25.40
6	anhui province	63.44	−17.90
7	Shanxi Province	57.66	3.20
8	Henan province	57.31	−22.70
9	Gansu province	57.05	−8.20
10	Shaanxi province	52.70	−5.70

IV. Economic Index: Although descending evidently compared with 2011 the benefit still being the third best year in history

The cement industry accomplished sales revenue of RMB 883.3 billion in 2012, a year on year growth of 0.06% and basically the same as last year.The revenue growth is evidently lower than output growth which shows the price level of 2012 is lower than that of last year.

When judging from the six major regions, the four regions of northeast, northwest, southwest and middle south maintained revenue growth, where northeast is the rapidest with growth over 10% and the next are northwest, southwest and middle south with growth holding of 8.95%, 7.04% and 0.09% respectively. The northeast maintained 10% revenue growth under the condition of negative output growth which shows the price level of northeast is better than that of 2011. Although the revenue of northwest and southwest also showed evident growth, the growth is lower than output growth which shows the revenue growth relies on the output growth. The negative revenue growth of eastChina and north China further shows the price in these regions is at low level.

S ales revenue in 2012 Unit RMB100 million %

Region	Sales revenue	Year on year growing speed	Year on year growing speed of output
Nation	8,833	0.06	5.74
North China	1,000	−4.41	−0.78
Northeast	981	10.21	−6.10
East China	3,010	−5.38	6.32
Middle south	2,283	0.90	10.54
Southwest	1,037	7.04	11.04
Northwest	522	8.95	21.43

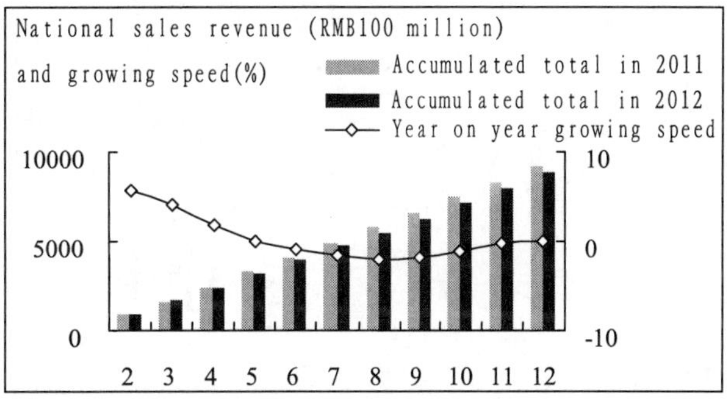

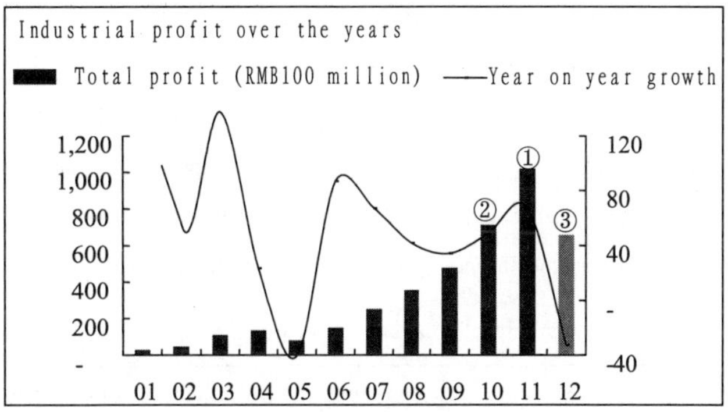

The national cement industry realized total profit of RMB 65.7 billion in 2012, which is lower than that of 2011 and 2010 and ranks the third in history.The year on year growth descends by 32.81% with descending extent only next to the year 2005 and ranking the second in history.

When judging from the regions, except for northeast with slight growth all other regions showed large extent descending with north China, northwest and east Chiba being the worst with descending extent all over 40% .East China and middle south are still the big profit contributing regions with total profit of RMB 25.8 billion and 19.2 billion respectively, accounting for near 70% of the whole nation.

Total profit in 2012 Unit RMB100 million %

Region	Total profit	Year on year growing speed	Percentage
Nation	657.41	−32.81	100.00
North China	46.65	−50.47	7.10
Northeast	89.53	6.66	13.62
East China	258.47	−42.31	39.32
Middle south	192.37	−23.27	29.26
Southwest	40.12	−15.32	6.10
Northwest	30.28	−44.11	4.61

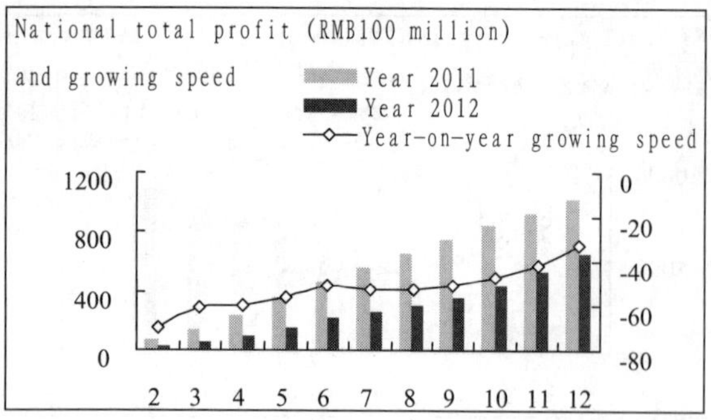

Judging from the provinces, 24 provinces of the 31 provinces showed year—on—year descending compared with last year and only 7 provinces showed year — on — year growth. Chongqing, Qinghai and Beijing showed loss of entire industry. Shandong Province is stable and ranks the first of all provinces with RMB 8. 2 billion. And the next are Henan and Jiangsu with RMB 6.4 billion and 5.1 billion respectively and ranking the second and the third place. Compared with the year 2011, the provinces with the most profit loss are Anhui and Zhejiang. Anhui dropped from the first place of profit making in 2011 to the fourth and Zhejiang from the third to the ninth. The year—on—year profit of the two provinces decreased by RMB 6.7 billion and 5.3 billion respectively compared with 2011, a total reduction over RMB 12 billion.

Jilin and Heilongjiang rarely marched into top ten in recent years, especially Heilongjiang being the positive profit growth region. As the relatively successful region of production restriction and price keeping in the nation, northeast region is worth being further explored and learned from by the industry. It provides the direction as how to keep fairly good profit under the demand shrinking status.

Ranking of total cement profit in 2012

Unit RMB100 million

Ranking	Ranking of total cement profit (top ten)			Ranking of total cement profit (last ten)		
	Region	Total profit	Same period last year	Region	Total profit	Same period last year
	Nation	657.41	—32.81			
1	Shandong	82.16	—14.53	Chongqing	—1.05	—122.89
2	Henan	63.86	3.69	Qinghai	—0.64	—113.67
3	Jiangsu	51.01	—29.75	Beijing	—0.01	—100.23
4	Anhui	47.72	—58.80	Shanghai	0.20	—92.92
5	Guangxi	35.74	—20.97	Ningxia	0.71	—82.54
6	Jiangxi	35.68	—27.98	Guizhou	1.69	0.40
7	Hubei	35.33	—28.73	Tianjin	2.78	—13.95
8	Jilin	35.27	—5.95	Shanxi	3.72	—19.25
9	Zhejiang	34.64	—60.71	Xizang	3.90	35.74
10	Heilongjiang	32.44	22.92	Gansu	4.90	—51.15

V. Cement price: Big fluctuation, low historic poin in Aug., rise in the fourth quarter

National (P·O42.5 bulk) monthly cement price (BMB/ton) from 2008 to 2012

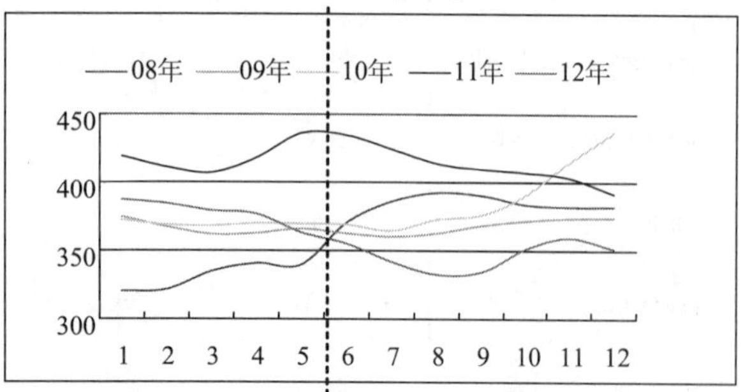

Source: Digital Cement.com

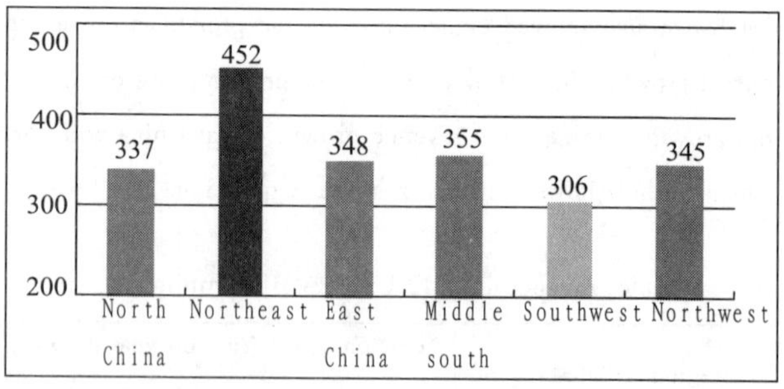

Source: Digital Cement.com

The averagenational cement price as a whole is lower than that of the three years of 2011, 2010 and 2009 and is basically the same as that in 2008.

Starting from Jan. 2012, the price descends for nine months running and approaches to low historic point of last ten years by Aug. Most regions in the nation entered loss and meager profit period.The price shows evident reviving and rise after September but the overall price level is still relatively low after the rise of 11 weeks.

Judging from the regions, the northeast price is the highest region of the six major regions and the price in southwest region is the lowest.

VI. Import and export status

The cement export market in 2012 showed the turn for the better compared with 2011 and the total export of cement and clinker is 12 million tons, a year on year growth of 13. 18%. Where, cement export is 9.24 million tons, a year on year growth of 5.02% and clinker export is 2.75 million tons, a year on year growth of 52.16%. Although the rising extent of clinker export is quite big the price already drops to some extent.

C ement and clinker export in 2012

Variety	Accumulated export volume		Accumulated export amount		Average FOB price (USD/Ton)	
	Quantity (10,000 tons)	Growing speed (%)	Amount (USD 10,000)	Growing speed (%)	2012.12	2011.12
Cement	924.01	5.02	56,133.29	5.99	60.75	60.20
Where Portland cement	906.01	4.69	52,141.57	5.65	57.50	56.98
White cement	9.74	71.53	932.48	40.14	95.72	117.16
Hydraulic cement	2.16	−20.77	327.13	−10.87	151.42	134.60
Alumina cement	5.33	2.29	2,732.12	6.04	512.91	494.80
Cement clinker	275.67	52.16	12,229.40	34.80	44.36	50.08

目 录

Content

第一篇 特载

Chapter I Special Edition

政策法规

Policy and Regulations

2011 年

2012 年

第二篇　综述

Chapter II Outline

各省水泥工业概况

Cement industry profile in each province

2011～2012 年

第三篇 标准、专利、科技成果

Chapter III Standard，Patent，Technical Achievement

科技成果

Technical achievement

2011 年

2012 年

第四篇 企业篇

Chapter IV Enterprise

企业明星录

Enterprise Star Catalogue

第五篇 记事篇

Chapter V Memorandum

第六篇　统计数据

Chapter VI　Statistics

2011年统计数据

Statistics in 2011

水泥及相关产业主要统计指标

Main statistics and index of cement and related industry

水泥及商品混凝土产量

Cement and commercial concrete output

固定资产投资和生产能力

Fixed assets investment and production capacity

能源消耗

Energy Consumption

进出口

Import and Export

主要经济指标

Main economic indicator

2012年统计数据

Statistics in 2012

水泥及相关产业主要统计指标

Main statistics and index of cement and related industry

水泥及商品混凝土产量

Cement and commercial concrete output

固定资产投资和生产能力

Fixed assets investment and production capacity

能源消耗

Energy Consumption

进出口

Import and Export

主要经济指标

Main economic indicator

第一篇

特　载

2011～2012年　政策法规
2011～2012年　领导关怀
2011～2012年　重要文章

政策法规

Policy and Regulations

2011年

关于进一步加强污泥处理处置工作组织实施示范项目的通知★

Notice for the organization and implementation demonstration project of further strengthening sludge disposal work

各省、自治区、直辖市及计划单列市、新疆生产建设兵团发展改革委、住房城乡建设厅(建委、市政管委、水务厅、水务局、城建局、市政公用局、市政园林局):

近年来,我国城镇污水处理能力快速增长,污泥产生量也持续增加,污泥能否得到妥善的处理处置,直接关系到环境安全和公众健康。为进一步推进城镇生活污水处理厂污泥处理处置工作,现就有关事项通知如下:

一、提高认识,高度重视污泥处理处置工作

污泥富集了污水中的污染物,含有大量的氮、磷等营养物质以及有机物、病毒微生物、寄生虫卵、重金属等有毒有害物质,不经有效处理处置,将对环境产生严重的危害,日益成为困扰我国城市环境的主要难题之一。因此,做好污泥处理处置工作,是确保污水处理效果、防止污染物进入自然环境的重要措施,是改善城镇居民生存环境、提高人民生活质量的必然要求,也是贯彻落实科学发展观、建设资源节约型、环境友好型社会的重要举措。各地要切实提高认识,高度重视污泥处理处置工作,将污泥处理处置工作列入重要议事日程,做出全面部署。各级发展改革、住房城乡建设部门要加强工作指导,抓紧制定规划,明确目标,落实措施,花大力气做好污泥处理处置工作。

二、全面部署,扎实推进污泥处理处置工作

(一)统筹制定规划

各地要在对污泥处理处置现状进行详细调查的基础上,综合分析本地区污泥泥质特征、自然环境条件、经济社会发展水平等因素,全面统筹,制定科学合理的污泥处理处置规划和实施计划,明确"十二五"期间污泥处理处置的规划目标、技术路线、重点任务、设施布局及保障措施等要求。

(二)合理选择技术

各地应充分结合本地实际,积极借鉴国内外的成功经验,以"资源化、无害化、节能降耗和低碳环保相结合"为基本原则,研究制定适合本地区的污泥处理处置技术路线。在筛选确定污泥处理处置工程具体技术方案时,应按照国家有关技术政策和相关标准规范的要求,在综合分析评价各方案的经济性、环境影响和碳减排情况的基础上,选择合适的技术,确定合理可行的工程建设方案。

(三)加快设施建设

各地要把污泥处理处置设施作为城镇基础设施建设的重点,明确目标,提出融资策略和保障措施,确保设施建设顺利进行。加大协调力度,确保污泥处理处置设施建设项目尽快完成土地征用、环境影响评价、可行性研究、初步设计等环节审批;对于已开工建设的项目,要抓紧施工,保证进度,尽早发挥效益。进一步加强污泥处理处置设施建设市场管理,按照基本建设程序,落实项目法人制、招投标制、质量监督制、合同管理制、工程监理制、工程竣工验收制等管理制度,对招投标、勘察、设计、施工、监理、竣工验收等关键环节严格把关,保证按时高质量完成工程建设。

(四)规范运营管理

运营单位要严格执行各项工程技术规范、导则和操作指南,保证污泥处理处置设施安全稳定运行;加强制度建设,建立污泥管理台账制度,建立完善的检测、记录、存档和报告制度,对处理处置后的污泥及其副产物的去向、用途、用量等进行跟踪、记录和报告。应制定应急预案,积极预防和妥善处置突发环境事件,保证设施安全运行和运营质量。应配置必要的检验检测条件,加大监管投入,加强技术管理人员培训。相关单位应及时将污泥处理处置项目立项、建设、运营管理等相关信息报送全国污水处理信息系统。各地行业主管部门要对非正规污泥堆放点和不达标污泥处理处置设施进行排查和环境风险评估,制定限期治理方案和计划。

(五)加强监督检查

政府部门的有效监管是解决污泥处理处置问题的关键。

要进一步加强排水许可管理，强化对污泥的源头监管。相关部门要加强协调配合，各负其责，加强对污泥处理处置全过程的监督。行业主管部门要切实履行对污泥处理处置设施建设和运行的监管职能，做好对污泥处理处置工作的监督、检查、管理，确保设施高效运行。定期开展污泥处理处置设施监督性检查，必要时加密监测。建立信息公开制度，主要监测数据和结果定期公示，接受社会监督。

三、积极示范，引导污泥处理处置工作全面开展

为更好地指导各地开展污泥处理处置工作，国家发展改革委、住房城乡建设部将在部门推荐和地方上报城镇污水垃圾处理设施建设备选项目的基础上，选择一批技术工艺和治理效果等方面具有典型性的污泥处理处置项目进行示范。在加强跟踪检查，组织专家对项目的环保效果、技术经济可行性、节能降耗、运行稳定性等方面进行评估的基础上，对示范效果好、技术先进、经济适用、并在行业内具有较好推广前景的处理处置装置和工艺，采取适当方式予以推广。

四、定期总结，及时上报污泥处理处置工作进展

各省、自治区、直辖市及计划单列市、新疆生产建设兵团发展改革委、住房城乡建设厅（建委、市政管委、水务厅、水务局、城建局、市政公用局、市政园林局）要定期对本辖区内污泥处理处置工作进行总结，并于每年1月31日前将总结情况上报国家发展改革委（环资司）和住房城乡建设部（城建司）。

★国家发展和改革委员会办公厅、住房城乡建设部2011年3月3日发布的发改办环资[2011]461号文。

产业结构调整指导目录（2011年本）★

Catalogue of industrial restructuring guidance (2011 edition)

为加快转变经济发展方式，推动产业结构调整和优化升级，完善和发展现代产业体系，根据《国务院关于发布实施〈促进产业结构调整暂行规定〉的决定》（国发[2005]40号），我委会同国务院有关部门对《产业结构调整指导目录（2005年本）》进行了修订，形成了《产业结构调整指导目录（2011年本）》，现予公布，自2011年6月1日起施行。《产业结构调整指导目录（2005年本）》同时废止。法律、行政法规和国务院文件对产业结构调整另有规定的，从其规定。（节选水泥部分）

第一类　鼓励类

1.利用现有2 000吨/日及以上新型干法水泥窑炉处置工业废弃物、城市污泥和生活垃圾，纯低温余热发电；粉磨系统等节能改造。

2.开采；矿石碎料和板材边角料综合利用生产及工艺装备开发。

第二类　限制类

2 000吨/日以下熟料新型干法水泥生产线，60万吨/年以下水泥粉磨站 。

第三类　淘汰类

1.窑径3米及以上水泥机立窑（2012年）、干法中空窑（生产高铝水泥、硫铝酸盐水泥等特种水泥除外）、立波尔窑、湿法窑。

2.直径3米以下水泥粉磨设备。

★国家发展和改革委员会2011年3月27日发布的第9号令。

关于印发水泥行业准入公告管理暂行办法的通知★

Notice for printing and distributing interim procedures of announcement management of cement industry access

各省、自治区、直辖市及计划单列市、新疆生产建设兵团工业和信息化主管部门：

根据《水泥行业准入条件》（工原〔2010〕第127号）规定，为规范准入公告管理，便于社会监督符合水泥行业准入条件的生产企业和生产线，我部制定了《水泥行业准入公告管理暂行办法》，现印发你们，请遵照执行。

请及时将本地区（单位）符合《水泥行业准入条件》和《水泥行业准入公告管理暂行办法》规定的企业申报材料及审核

意见(一式两份,并提交电子文档)报送我部(原材料工业司)。

联系人:陈立新 陈恺民

电 话:010—68205578,68205569

邮 箱:chenkm@miit.gov.cn

附件:1.水泥行业准入公告管理暂行办法

2.水泥行业准入公告申请书(略)

水泥行业准入公告管理暂行办法

第一章　总则

第一条　为加强水泥行业准入管理,发挥先进企业的引导和示范作用,促进水泥行业结构调整和转型升级,依据《水泥行业准入条件》(工原〔2010〕第127号)有关规定,制定本办法。

第二条　各省、自治区、直辖市及计划单列市、新疆生产建设兵团工业和信息化主管部门(以下简称省级工业主管部门)负责本地区(单位)水泥企业准入公告申请的受理、审核和推荐工作,监督检查准入条件保持情况。

工业和信息化部负责组织对省级工业主管部门审核推荐的申请材料进行复核、查验和公告,并动态管理公告名单。

第二章　申请与审查

第三条　申请准入公告的水泥生产线所属企业应当具备以下基本条件:

(一)具有独立法人资格;

(二)布局符合国家有关法律法规、土地利用总体规划和产业发展规划;

(三)具有符合国家产业政策和标准规范的生产线,以及污染物治理和资源综合利用设施;

(四)符合《水泥行业准入条件》和《水泥企业质量管理规程》要求;

(五)按规定淘汰落后产能;

(六)无重大违法行为。

第四条　具备以上条件的水泥生产线所属企业可向生产线所在地省级工业主管部门提出公告申请,并按照要求提交《水泥行业准入公告申请书》(见附件)及相关材料。

申请企业应当对申请材料真实性负责。

第五条　申请准入公告应当提交以下材料:

(一)水泥行业准入公告申请书;

(二)企业法人营业执照副本复印件;

(三)项目建设核准文件复印件;

(四)项目建设土地审批文件或建设用地使用权证复印件;

(五)项目建设环境保护审批和验收文件复印件;

(六)采矿权证复印件,或长期供货合同及供货方采矿权证复印件;

(七)安全生产许可证复印件(矿山企业);

(八)生产许可证复印件;

(九)化验室合格证和质量管理体系有效证明文件;

(十)能源审计或能效评价检验测试报告(年耗标准煤5000吨及以上的企业);

(十一)清洁生产审核报告及通过验收的证明文件;

(十二)职业健康安全管理体系有效证明文件;

(十三)生产线运行情况。

第六条　省级工业主管部门对申请材料齐全、符合规定形式要求的,予以受理,并出具受理通知书。对申请材料不全或不符合规定的,应在10个工作日内一次性告知申请企业需要补充的全部内容。

省级工业主管部门会同同级国土和环保等相关部门对申请材料进行审核,并及时将申请材料和审核意见报工业和信息化部。

省级工业主管部门审核意见应当对照准入条件,明确建设布局、建设条件、生产规模、工艺与装备、产品质量、资源综合利用、能源消耗、环境保护、安全生产、职业卫生、社会责任以及淘汰落后等方面是否符合要求。

第七条　工业和信息化部收到省级工业主管部门报送的审核意见和申请材料之日起3个月内,组织开展复核。

符合准入条件的水泥生产线和所属企业名单,在工业和信息化部网站上公示10个工作日后,以公告方式予以发布。

第八条　工业和信息化部、省级工业主管部门在受理和审查过程中对申请材料存有质疑的,可以对申请企业有关情况进行实地查验,查验时应当指派两名以上工作人员进行。申请企业应当配合查验活动。

第三章　监督管理

第九条　进入公告名单的生产线所属企业要严格按照准入条件每年开展一次自查,并形成企业自查报告。每年1月31日前将上年度自查报告报送省级工业主管部门。自查报告主要内容包括企业生产经营情况,质量管理、安全生产、节能降耗、环境保护等制度建设及运行情况,企业法人和法人代表、股权或资本金、资质、主要产品品种及生产能力等变更情况。

第十条　省级工业主管部门会同同级国土和环保等相

关部门对公告企业保持准入条件情况进行监督检查，审查企业自查报告。每年2月28日前将上年度监督检查结果和企业自查报告报送工业和信息化部。

第十一条　省级工业主管部门对进入公告生产线和所属企业实行监督检查时，应当记录监督检查的情况和处理结果，由监督检查人员和企业代表签字确认。

第十二条　任何单位和个人发现正在申请公告企业或已公告企业有不符合规定的，可向各级工业主管部门举报或投诉。

第十三条　已经公告的生产线和所属企业有下列情况之一，省级工业主管部门应责令其限期整改，整改不合格者，报请工业和信息化部撤销其公告资格。

(一)不能保持准入条件；

(二)报送的相关材料有弄虚作假行为；

(三)拒不接受监督检查；

(四)发生重大违反国家法律法规、产业政策和规划要求的行为；

(五)发生重大质量、安全生产和污染环境事故；

(六)不按期淘汰落后产能。

被撤销公告资格的生产线和所属企业，经整改合格满一年后方可重新提出公告申请。

第十四条　对公告企业在投融资、技术改造、兼并重组、节能减排、循环经济等方面优先予以支持；政府采购和招投标优先选择公告企业。

第四章　附　则

第十五条　本办法适用于中华人民共和国境内(香港、澳门、台湾地区除外)所有类型的水泥生产企业。

第十六条　受理准入公告申请不得向申请企业收取费用。

第十七条　本办法由工业和信息化部负责解释。

第十八条　本办法自印发之日起施行。

★工业和信息化部2011年8月24日发布的工信部原【2011】406号文。

水泥工业“十二五”发展规划★

“The 12th five-year” development plan of cement industry

一、发展现状

“十一五”期间，水泥工业持续快速发展，整体素质明显提高，较好地满足了国民经济和社会发展需要。

(一)产量效益同步增长

2010年全国水泥产量18.8亿吨，是2005年的1.7倍，年均增长11.9%。规模以上工业企业完成销售收入7 100亿元，利润总额650亿元，年均分别增长22%和58%。

(二)结构调整取得重大进展

2010年新型干法水泥熟料产能为12.6亿吨，是2005年的2.6倍。新型干法水泥熟料产能占总产能的81%，比2005年提高41个百分点。日产4 000吨及以上熟料的产能占57%。五年淘汰落后产能3.4亿吨。2010年新增新型干法水泥熟料产能中，中部地区占25%，西部地区占56%，中西部布局进一步优化。

(三)生产集中度进一步提高

企业兼并重组步伐加快，大企业快速成长。2010年熟料产量过千万吨的水泥企业有22家，合计产量5.4亿吨，占水泥熟料总产量的45.8%，其中有2家产量超过1亿吨。前10家企业水泥产量4.7亿吨，占水泥总产量的25.3%，较2005年提高10个百分点。

(四)节能减排成效显著

通过淘汰落后，推广余热发电、节能粉磨、变频调速、水泥助磨剂、废渣综合利用等技术，2010年每吨新型干法水泥熟料综合能耗降至115千克标准煤，比2005年下降12%。年综合利用固体废弃物超过4亿吨。55%的新型干法水泥生产线配套建设了余热发电装置。建成一批利用水泥窑无害化最终协同处置城市生活垃圾、城市污泥、各类固体废弃物(以下简称协同处置)示范工程。

(五)技术进步加快

大型立磨及其配套减速机、高效篦冷机、窑尾斗提机等关键设备取得重大突破。低温余热发电技术与装备、辊压机粉磨系统、变频调速系统、袋式除尘、水泥助磨剂等技术广泛推广应用。协同处置技术取得重大进展。

(六)装备水平明显提高

实现了日产万吨级水泥熟料生产装备国产化。水泥大型装备设计、制造、安装等已达到国际先进水平，依托自主开发的成套技术，广泛参与海外水泥生产线建设工程总承包，带动了大型成套水泥装备批量出口。2010年我国水泥工程建设占国际市场40%以上的份额。

但与此同时，当前我国水泥工业仍然存在以下主要问题：一是水泥基材料及制品发展滞后，产业链短，附加值低。二是落后产能规模仍然较大，节能减排任务艰巨。三是部分地区重复建设，产能严重过剩。四是产品质量检测和市场监管薄弱，部分企业社会责任意识仍待提高。五是行业管理亟待加强。

专栏 1 水泥行业"十一五"发展情况

指　　标	2005 年	2010 年	年均增长
水泥产量(亿吨)	10.7	18.8	11.9
新型干法水泥熟料比重(%)	40	81	[41]*
淘汰落后水泥产能(亿吨)		[3.4]	
前 10 家企业平均规模(万吨)	1600	4730	24.2
前 10 家企业生产集中度(%)	15	25	[10]*
新型干法水泥熟料综合能耗降低(%)			2.4
低温余热发电装置比例(%)	——	55	
水泥散装率(%)	36.6	48.1	[11.5]*
年利用工业废渣量(亿吨)	2.3	4	11.7

备注:[]内五年累计数:*2010 年比 2005 年增加或减少的百分点。

二、发展环境

(一)环境分析

"十二五"是全面建设小康社会的关键时期,国民经济仍将保持平稳较快增长,水泥工业面临着发展机遇,也面临更大的挑战。一是工业化、城镇化和新农村建设进一步拉动内需,保障性安居工程以及高速铁路、轨道交通、水利、农业及农村等基础设施建设带动水泥需求继续增长。二是人民生活水平不断提高,防灾减灾意识增强,对水泥、水泥基材料及制品在质量、品种、功能等方面提出了更高要求。三是建设资源节约型、环境友好型社会,应对气候变化,迫切需要水泥工业加快转变发展方式,大力推进节能减排,发展循环经济。

(二)需求预测

"十二五"期间,随着经济发展方式加快转变,国内市场对水泥总量需求将由高速增长逐步转为平稳增长,增速明显趋缓,但水泥基材料及制品发展加快。预测水泥年均增长 3%～4%,2015 年国内水泥需求量为 22 亿吨左右。

三、指导思想、基本原则和主要目标

(一)指导思想

深入贯彻落实科学发展观,加快转变水泥工业发展方式,立足国内需求,严格控制产能扩张,以调整结构为重点,大力推进节能减排、兼并重组、淘汰落后和技术进步,发展循环经济,着力开发水泥基材料及制品,延伸产业链,提高发展质量和效益,建设资源节约型、环境友好型产业,促进水泥工业转型升级。

(二)基本原则

坚持总量控制。严格控制水泥工业产能过快增长,把调整水泥工业结构放在更加突出位置,加快推进联合重组,调整产品结构,淘汰落后产能。坚持绿色发展。全面推进清洁生产,大力推进节能减排,发展循环经济,推广协同处置,加大二氧化碳以及二氧化硫、氮氧化物等污染物减排力度,实现绿色发展。坚持创新发展。开发高效适用的节能减排新技术,拓展水泥基材料及制品应用领域,创新水泥行业经营模式,优化资源配置,促进工业化和信息化融合,实现创新发展。坚持协调发展。注重发展速度与质量、效益相统一,与资源、环境相协调,实现合理布局,进一步提高产业集中度,促进有序发展。

(三)主要目标

到 2015 年,规模以上企业工业增加值年均增长 10%以上,淘汰落后水泥产能,主要污染物实现达标排放,协同处置取得明显进展,综合利用废弃物总量提高 20%,42.5 级及以上产品消费比例力争达到 50%以上,前 10 家企业生产集中度达到 35%以上。

专栏 2 水泥工业"十二五"主要发展目标

指　　标	2010 年	2015 年	年均增长
规模以上工业增加值年均增长(%)			>10
淘汰落后产能(亿吨)		[2.5]	
前 10 家企业生产集中度(%)	25	35	[10]*
水泥散袋率(%)	48	65	[17]*
低温余热发电生产线比例(%)	55	65	[10]*
协同处置生产线比例(%)		10	
单位工业增加值二氧化碳排放量降低(%)			[17]
氯氧化物排放总量降低(%)			[10]
规模以上企业研究与试验发展经费支出占销售收入的比重(%)		>1.5	[8]

备注:[]内为五年累计数:*为 2010 年比 2005 年增加或减少的百分点。

四、发展重点

(一)推进绿色发展

1.加强资源保护

加强矿产资源的科学开发与保护。鼓励水泥企业拥有自备矿山,稳定矿产资源保障,加大矿产资源综合利用,提高低品位矿和尾矿利用水平。实施矿山生态、地质环境恢复治理和矿区土地复垦。

2.推进节能减排

大力实施节能减排技术改造,建立健全能源计量管理体系,推行清洁生产,降低综合能耗,减少污染物排放。着力减少二氧化碳及氮氧化物、二氧化硫等主要污染物排放。新建生产线必须配套建设效率不低于 60% 的烟气脱硝装置。严格控制粉尘排放,推广减排降噪新技术、新设备。积极开展清洁生产审核,完善清洁生产评价体系。进一步提高散装水泥使用比例。

3.推动延寿减量

加快提升水泥基材料及制品的综合性能,延长安全使用寿命。鼓励使用高性能、高标号混凝土,减少普通水泥使用量,力争2015年42.5级及以上产品消费比例达到50%以上。逐步增加铝酸盐水泥、低碱水泥、白水泥、抗盐卤水泥、油井水泥、硫铝酸盐水泥等特种水泥,满足重点工程建设的特殊需求。

4.发展循环经济

继续推进矿渣、粉煤灰、钢渣、电石渣、煤矸石、脱硫石膏、磷石膏、建筑垃圾等固体废弃物综合利用,发展循环经济。选择大中型城市周边已有水泥生产线,建设协同处置示范项目,并逐步推广普及和应用。推广应用水泥窑尾气生产轻质碳酸钙、养殖藻类减排二氧化碳并再生能源等技术。

专栏3　节能减排工作重点

> 继续推广余热发电、布袋收尘器、高效篦冷机、立磨、辊压机、低阻高效预热器及分解炉系统、实时质量调控系统、变频调速等技术。开发推广高效氮氧化物、二氧化硫减排装置。
>
> 重点研发水泥窑炉高效节能工艺技术及装备,余热梯度利用技术及装备,新型节能粉磨技术与装备,粉尘、氮氧化物、低成本综合减排工艺及装备,二氧化碳的分离、捕获及转化利用技术。

(二)调整优化结构

1.延伸产业链

支持优势企业以提高竞争力为核心,优化技术、品牌、管理、资源、市场等要素配置,着力做强以水泥熟料为龙头的主业,加快拓展骨料市场,重点发展水泥基材料及制品,统筹发展研发设计、工程服务、商储物流等生产性服务业,延伸产业链,做大相关多元产业。

专栏4　重点发展的水泥基材料及制品

> 推广预拌砂浆、水泥混凝土建筑构件和工程预制件等产品。
>
> 推广高标号混凝土、高性能混凝土、特种工程需要的混凝土、混凝土外加剂等。开发满足建筑施工所需各种性能的装饰装修砂浆、特种聚合物干粉砂浆、抗裂砂浆等高端预拌砂浆产品。
>
> 开发满足城市建设、基础设施建设所需的各种水泥基材料制品。研发集成拼装式预制建筑梁柱,水泥复合多功能保温墙体和屋面,功能性水泥部品构件等产品,以及轻质混凝土、泡沫混凝土等节能型水泥基材料及制品。

2.提高产业集中度

支持优势企业跨地区、跨行业、跨所有制实施联合重组,大力整合中小水泥企业和水泥粉磨站,提高产业集中度。培育若干家集研发、设计、生产、装备制造、工程服务、物流贸易等于一体的国际化程度较高的大型企业。2015年末,力争水泥企业户数比2010年减少三分之一。

3.优化区域布局

以满足区域市场需求和抑制产能过剩为目标,严格控制水泥熟料产能增长,统筹资源、能源、环境、交通和市场等要素,着力降低物流成本,提高资源综合利用水平,优化生产力布局。在石灰石资源丰富地区集中布局熟料生产基地。支持大型熟料生产企业,在有混合材来源的消费集中地区合理布局水泥粉磨站、水泥基材料及制品生产线。人均新型干法水泥熟料产能超过900千克的省份,要严格控制产能扩张,坚持减量置换落后产能,着重改造提升现有企业。人均新型干法水泥熟料产能不足900千克的省份,结合技术改造、淘汰落后和兼并重组,适度发展新型干法水泥熟料。

专栏5　水泥产业区域布局

> 华北。京津冀统筹发展,北京、天津原则上不再新增水泥熟料产能,由河北等周边地区统筹供给。河北、山西资源丰富,要在减量置换的前提下,依托现有企业适度发展新型干法水泥熟料。内蒙古可结合当地建设需求,着重调整优化结构,适度发展新型干法水泥熟料。
>
> 东北。重点调整优化结构,通过淘汰落后、兼并重组、减量置换、技术改造,提高新型干法比重,满足当地需要。
>
> 华东。长三角区域统筹发展,上海原则上不再新增水泥产能,由周边地区统筹供给。江苏、浙江、安徽、山东水泥工业规模较大,要严格控制产能扩张,着重改造提升现有企业。江西资源、交通具有优势,坚持减量置换,依托现有企业适度发展新型干法水泥熟料。福建可立足海西建设需要,加快结构调整,淘汰落后产能,适度发展新型干法水泥熟料。
>
> 中南。广东、广西统筹发展,珠三角中心城市原则上不再新增水泥产能,由周边地区统筹供给。广东着重改造提升现有企业,优化结构。广西具有资源、交通优势,在控制现有总量基础上,可立足当地需求并适度兼顾周边供给。湖北、湖南、河南应控制总量、淘汰落后。海南是国际旅游岛,原则上保持基本自给,少部分外进,应严控新上水泥熟料生产线项目。
>
> 西南。着重淘汰落后水泥产能。川渝要严格控制产能扩张,在加快淘汰落后产能的同时,着重改造提升现有企业。其他地区要结合当地建设需要,坚持减量置换,加快淘汰落后产能,调整优化结构。
>
> 西北。可立足当地建设需求,加快淘汰落后,适度建设规模适宜的新型干法水泥生产线。

(三)推进技术进步

1.加快自主创新

围绕节能减排、综合利用、协同处置、绿色发展等行业共性和基础性的重大问题，建立以企业为主体、市场为导向、产学研用相结合的技术创新体系。着力研发水泥基材料及制品、窑炉烟气脱硫脱硝等方面的新技术、新材料、新工艺和新装备。支持专业科研设计单位和高等院校建立行业研究中心，提高水泥工业关键技术及核心装备研发制造能力。推进水泥产品销售商业模式创新。推动检测、咨询、培训、投融资等高端生产性服务业发展，构建现代生产性服务业体系。

2.完善标准规范

以重大工程应用为依托，依据科技创新成果，制修订与水泥质量安全、重大工程用水泥基材料、应对气候变化密切相关的标准规范。

3.推进两化融合

提高行业信息化水平，推动工业化与信息化深度融合。利用信息技术改造提升水泥工业，提高决策水平、工作效率、产品质量、市场反应能力、自动控制水平。制订信息技术规范和标准，建立两化融合发展水平评价指标体系。利用现代信息管理手段建立和完善物流系统，降低物流运输成本。

专栏6 标准制修订重点

水泥质量安全标准。水泥及原料中有害物质限量及测试方法，协同处置技术规范，工业废渣在水泥中的合理利用等方面的标准。

重大工程用水泥基材料标准。水电工程用高镁低收缩水泥，核电工程专用水泥，海洋工程用硅酸盐水泥、管桩水泥等产品标准。

应对气候变化系列标准。制订水泥行业二氧化碳排放计算方法标准。

完善水泥、水泥基材料及制品产品质量国家标准体系。制修订水泥、水泥混凝土、干混砂浆、水泥混凝土外加剂、水泥混凝土骨料等产品质量国家标准。

五、重点工程

(一)协同处置示范工程

工程目标：开展协同处置，利用水泥窑缓解城市生活垃圾处置压力，减少土地占用，实现城市垃圾无害化处置，加快水泥工业向绿色功能产业转变。

主要内容：在若干座大中型城市周边，依托并适应性改造现有水泥熟料生产线，配套建设城市生活垃圾、污泥和各类废弃物的预处理设施，开展协同处置试点示范和推广应用。

(二)淘汰落后工程

工程目标：完成2.5亿吨落后产能淘汰任务。到2015年，基本淘汰落后产能。

主要内容：依据水泥行业准入条件和淘汰落后产能计划，严格控制新增产能，加快淘汰窑径3米以下的立窑生产线、窑径2.5米以下水泥干法中空窑(生产高铝水泥的除外)、水泥湿法窑生产线(主要用于处理污泥、电石渣等的除外)，以及无稳定熟料来源、单位产品能耗高、主要污染物超标排放的粉磨站。2012年底，东部地区基本完成淘汰落后任务，2015年，中西部地区基本完成淘汰落后任务。

(三)节能减排工程

工程目标：推动节能减排，力争2015年行业平均节能减排水平接近世界先进水平。

主要内容：建设企业能源管理中心，建立企业能源计量管理制度，推进合同能源管理，提升能效水平，最大限度实现能源梯度利用。开展能效对标，加大技术改造力度，推广余热发电、节能粉磨、变频调速等先进技术，提高综合节能水平。推广高效减排技术与装备，重点推进氮氧化物治理，削减大气污染物排放总量。新建新型干法水泥生产线，要配套建设烟气脱硝装置。对已建成的日产4 000吨及以上熟料生产线，应尽快实施烟气脱硝改造。

六、保障措施

(一)强化规划指导

各地工业主管部门要遵循本地区功能区划定位，加强与相邻地区及相关规划的衔接，按照本规划要求，制定和调整本地区水泥工业发展规划，并报国家工业主管部门备案。将规划提出的目标任务落实到年度计划，按规划要求审核水泥投资项目，促进本地区水泥工业平稳有序发展。

(二)严格行业准入

严格执行水泥工业产业政策、水泥行业准入条件及相关政策法规，公告符合准入条件的企业名单。新增扩能项目坚持减量置换落后产能，适度有序发展新型干法水泥，杜绝低水平重复建设。

(三)加强质量监管

规范水泥及原辅料、水泥基材料及制品生产过程质量管理制度，强化过程管理，监控生产过程质量。各级工业主管部门加强生产质量监管，监督执行《水泥企业质量管理规程》，未获得水泥企业化验室合格证的，不得申请办理水泥生产许可证。

(四)加大政策支持

研究制定协同处置项目在布局、准入、土地、财税、信贷等方面的扶持政策。加大对联合重组、淘汰落后、节能减排、综合利用和实施"走出去"战略等方面的政策支持。

(五)加强行业管理

完善运行监测网络和指标体系，定期发布行业信息，促进行业平稳运行。发挥行业协会等中介组织在加强信息交流、行业自律、企业维权等方面的积极作用。

★工业和信息化部2011年11月8日发布的工信部规【2011】513号文。

国家重点节能技术推广目录（第四批）★

Promotion catalogue of key national energy saving technology (Group 4)

为贯彻落实《中华人民共和国节约能源法》《国务院关于加强节能工作的决定》和《国务院关于印发"十二五"节能减排综合性工作方案的通知》，加快重点节能技术的推广普及，引导用能单位采用先进的节能新工艺、新技术和新设备，提高能源利用效率，我们组织编制了《国家重点节能技术推广目录（第四批）》，现予公布。

本目录涉及煤炭、电力、钢铁、有色金属、石油石化、化工、建材、机械、纺织、轻工、建筑、交通、通信等13个行业，共22项重点节能技术。

附件：国家重点节能技术推广目录（第四批）

序号	节能技术名称	适用范围	主要技术内容	典型项目				单位节能量	目前推广比例（%）
				适用的技术条件	项目建设规模	投资额（万元）	项目节能量（tce/a）		
11	高固气比水泥悬浮预热分解技术	建材行业水泥熟料煅烧领域并可拓展应用于粉体的换热与反应工程	1)采用高固气比预热技术，大幅提高气固换热效率，提升余热利用水平； 2)采用外循环式高固气比分解炉技术实现小体积、低温分解炉内碳酸盐的高分解率且炉内热稳定性大幅提高，SO_2和NO_x等有害气体的排放量大幅降低。	1)改造现有新型干法水泥烧成系统； 2)新建水泥熟料烧成系统	2 500t/d水泥熟料生产线	3 500	19 500	14.3 kgce/t.cl	＜1
16	曲叶型系列离风机技术	建材（水泥）、电力（火电）、钢铁、有色金属、化工等行业	采用等减速设计方法将叶片设计为等减速曲叶型；改变气流由轴向到径向的气流转折角度，改变进风口端壁线；提高风机效率，节能效果较好。	主要用于干法水泥生产线中的转炉风机、水泥磨风机、收尘风机、煤粉风机等	4 500t/d水泥窑生产线使用的窑尾风机、煤粉通风机、水泥磨尾风机	248	968	风机效率提高4.5%	1

★国家发展和改革委员会2011年12月30日发布的第34号公告。

2012 年

关于实施《环境空气质量标准》(GB 3095—2012) 的通知★

Notice about implementing "Ambient air quality standard" (GB 3095—2012)

各省、自治区、直辖市环境保护厅(局),新疆生产建设兵团环境保护局,解放军环境保护局,辽河保护区管理局,各计划单列市、副省级城市环境保护局,各派出机构、直属单位:

为贯彻落实第七次全国环境保护大会和 2012 年全国环境保护工作会议精神,加快推进我国大气污染治理,切实保障人民群众身体健康,我部批准发布了《环境空气质量标准》(GB 3095—2012)。现就分期实施该标准通知如下:

一、充分认识实施《环境空气质量标准》的重要意义

实施《环境空气质量标准》是新时期加强大气环境治理的客观需求。随着我国经济社会的快速发展,以煤炭为主的能源消耗大幅攀升,机动车保有量急剧增加,经济发达地区氮氧化物(NO_x)和挥发性有机物(VOCs)排放量显著增长,臭氧(O_3)和细颗粒物(PM2.5)污染加剧,在可吸入颗粒物(PM10)和总悬浮颗粒物(TSP)污染还未全面解决的情况下,京津冀、长江三角洲、珠江三角洲等区域 PM2.5 和 O_3 污染加重,灰霾现象频繁发生,能见度降低,迫切需要实施新的《环境空气质量标准》,增加污染物监测项目,加严部分污染物限值,以客观反映我国环境空气质量状况,推动大气污染防治。

实施《环境空气质量标准》是完善环境质量评价体系的重要内容。健全环境质量评价体系,建立科学合理的环境评价指标,使评价结果与人民群众切身感受相一致,逐步与国际标准接轨,是探索环保新道路的重要任务。实施《环境空气质量标准》是落实《国务院关于加强环境保护重点工作的意见》《关于推进大气污染联防联控工作改善区域空气质量的指导意见》以及《重金属污染综合防治"十二五"规划》中关于完善空气质量标准及其评价体系,加强大气污染治理,改善环境空气质量的工作要求。

实施《环境空气质量标准》是满足公众需求和提高政府公信力的必然要求。与新标准同步实施的《环境空气质量指数(AQI)技术规定(试行)》增加了环境质量评价的污染物因子,可以更好地表征我国环境空气质量状况,反映当前复合型大气污染形势;调整了指数分级分类表述方式,完善了空气质量指数发布方式,有利于提高环境空气质量评价工作的科学水平,更好地为公众提供健康指引,努力消除公众主观感观与监测评价结果不完全一致的现象。

二、分期实施新修订的《环境空气质量标准》

我国不同地区的空气污染特征、经济发展水平和环境管理要求差异较大,新增指标监测需要开展仪器设备安装、数据质量控制、专业人员培训等一系列准备工作。为确保各地有仪器、有人员、有资金,做到测得出、测得准、说得清,确保按期实施新修订的《环境空气质量标准》,现提出如下要求:

(一)分期实施新标准的时间要求

2012 年,京津冀、长三角、珠三角等重点区域以及直辖市和省会城市;

2013 年,113 个环境保护重点城市和国家环保模范城市;

2015 年,所有地级以上城市;

2016 年 1 月 1 日,全国实施新标准。

(二)鼓励各省、自治区、直辖市人民政府根据实际情况和当地环境保护的需要,在上述规定的时间要求之前实施新标准。

(三)经济技术基础较好且复合型大气污染比较突出的地区,如京津冀、长三角、珠三角等重点区域,要做到率先实施环境空气质量新标准,率先使监测结果与人民群众感受相一致,率先争取早日和国际接轨。

三、大力推进大气污染防治,不断改善环境空气质量

当前,我国大气污染形势十分严峻,突出表现在大气污染物排放量大、大气环境污染物浓度高、区域性大气复合型污染严重。实施环境空气质量标准、开展监测和公布数据只是解决大气环境问题的第一步,必须大力推进大气污染防治,采取切实措施改善空气质量。近期,环保部门应积极联合有关部门,重点做好以下工作:

(一)开展科学研究,制定达标规划

在抓紧开展监测与信息发布的基础上，组织力量尽快开展达标减排相关科研，摸清规律，明确排放清单和控制对策，针对空气质量改善途径和阶段目标以及相应的控制工程技术进行科学、系统、深入地研究，探索建立辖区大气环境质量预报系统、逐步形成风险信息研判和预警能力，进一步增强大气污染防治科技支撑。未达到环境空气质量标准的大气污染防治重点城市，要制定达标规划报上级部门批准实施。

（二）提高环境准入门槛

严把新建项目准入关，严格控制“两高一资”项目和产能过剩行业的过快增长及产品出口。加强区域产业发展规划环境影响评价，严格控制钢铁、水泥、平板玻璃、传统煤化工、多晶硅、电解铝、造船等产能过剩行业扩大产能项目建设。

（三）深入开展重点区域大气污染联防联控

在京津冀、长三角、珠三角等重点区域实施大气污染防治规划，加大产业调整力度，加快淘汰落后产能。积极推广清洁能源，开展煤炭消费总量控制试点。实施多污染物协同控制，制定并实施更加严格的火电、钢铁、石化等重点行业大气污染物排放限值，大力削减二氧化硫、氮氧化物、颗粒物和挥发性有机物排放总量。

（四）切实加强机动车污染防治

采取激励与约束并举的经济调节手段，加快推进车用燃油品质与机动车排放标准实施进度同步，提升车用燃油清洁化水平。全面落实第四阶段机动车排放标准，鼓励重点地区提前实施第五阶段排放标准。全面推行机动车环保标志管理，加快淘汰“黄标车”，到 2015 年基本淘汰 2005 年以前注册运营的“黄标车”。加强机动车环保监管能力建设，强化在用车环保检验机构监管，全面提高机动车排放控制水平。

（五）建立健全极端不利气象条件下大气污染监测报告和预警体系

地级以上城市环保部门要按照《环境空气质量指数（AQI）技术规定（试行）》开展环境空气监测结果日报和实时报工作，为公众提供健康指引，引导当地居民合理安排出行和生活。结合当地实际情况，研究制定大气污染防治预警应急预案、构建区域应急体系，出现重污染天气时及时启动应急机制，实行重点排放源限产限排、建筑工地停止土方作业、机动车限行等应急措施，向公众提出防护措施建议。

各地应尽快做好实施新标准的相关准备工作，按期实施，并将实施情况及时报告我部。

★环境保护部 2012 年 2 月 29 日发布的环发【2012】11 号文。

国家鼓励的循环经济技术、工艺和设备名录（第一批）★

Directory of state encouraged recycling economy technology, process and equipment (Group 1)

为贯彻落实《循环经济促进法》，推广先进技术、工艺和设备，提升循环经济发展技术支撑能力和装备水平，提高资源产出率，我们组织编制了《国家鼓励的循环经济技术、工艺和设备名录（第一批）》，现予公布。

本名录涉及减量化、再利用和再制造、资源化、产业共生与链接四个方面、共 42 项重点循环经济技术、工艺和设备。（节选水泥部分）

附件：《国家鼓励的循环经济技术、工艺和设备名录（第一批）》

序号	名称	主要内容	主要指标	适用行业及范围	所处阶段
一	减量化技术、工艺及设备				
9	低水泥用量堆石混凝土技术	针对常规混凝土水泥用量大、施工能耗高等问题，采用高流动性、抗分离性能好的自密实混凝土浇筑粒径较大的块石堆积体表面，依靠自密实混凝土自重完全充填块石空隙形成完整、密实、低水化热的大体积混凝土，施工过程不需要采取振捣密实和温控措施，既提高浇筑速度也可保证浇筑质量。实现源头减少水泥用量与降低能耗	与传统混凝土工艺相比，每立方米混凝土水泥用量减少 50%以上；单位体积混凝土比传统混凝土施工能耗降低 35%以上	大中型建设工程领域混凝土浇筑	推广

续　表

序号	名称	主要内容	主要指标	适用行业及范围	所处阶段
四	产业共生与链接技术、工艺及设备				
40	生活垃圾预处理及水泥窑协同处理技术	针对国内生活垃圾混合收集、水分高、热值低、难处理等问题，采用双轴机械破碎方式对生活垃圾进行破碎和生物干化利用综合分选技术分离可燃部分、无机灰渣部分、金属部分其中可燃部分制成可燃性垃圾固体燃料（RDF）；采用多点协同喂料工艺和技术，将 RDF 替代部分燃料用于干法水泥生产无机灰渣用作水泥填料。实现 工业与社会间产业链接	生活垃圾预处理后可燃部分低位热值 ≥ 2 000 kcal/kg，无机灰渣中可燃物(塑料、纸张等) ≤ 15%（干基）；水泥窑处置过程无废渣、废水外排，二噁英/呋喃 ≤ 0.1 ngTEQ/Nm^3；水泥熟料质量符合国家标准	城市垃圾水泥窑协同处理与资源化利用	推广

★国家发展改革委、环境保护部、科技部、工业和信息化部 2012 年 6 月 1 日发布的第 13 号公告。

2012 年 19 个工业行业淘汰落后产能企业名单（第一批）公告★

Announcement for the list of eliminating backward capacity enterprises in 19 industries in 2012 (Group 1)

按照《国务院关于进一步加强淘汰落后产能工作的通知》(国发【2010】7 号)和《关于下达 2012 年 19 个工业行业淘汰落后产能目标任务的通知》(工信部产业【2012】159 号)要求，各省、自治区、直辖市已将 2012 年工业行业淘汰落后产能目标任务分解落实到企业，并在当地政府网站和主流媒体上公告了企业名单。

现将 2012 年炼铁、炼钢、焦炭、电石、铁合金、电解铝、铜冶炼、铅冶炼、锌冶炼、水泥、平板玻璃、造纸、酒精、味精、柠檬酸、制革、印染、化纤、铅蓄电池等 19 个行业淘汰落后产能企业名单(第一批)予以公告(见附件)。有关方面要采取有效措施，力争在 2012 年 9 月底前全部关停列入公告名单内企业的落后产能，确保在 2012 年年底前彻底拆除淘汰，并不得向其他地区和周边国家转移。各地要按照《关于印发〈淘汰落后产能工作考核实施方案〉的通知》(工信部联产业【2011】46 号)要求，做好对淘汰落后产能企业的现场检查验收和任务完成公告工作。

附件：2012 年 19 个工业行业淘汰落后产能企业名单(第一批)略

★中华人民共和国工业和信息化部 2012 年 6 月 26 日发布的 2012 年 第 26 号公告。

2012 年工业行业淘汰落后产能企业名单（第二批）★

List of eliminating backward capacity enterprises in the industry in 2012 (Group 2)

按照《国务院关于进一步加强淘汰落后产能工作的通知》(国发【2010】7 号)和《关于下达 2012 年 19 个工业行业淘汰落后产能目标任务的通知》(工信部产业【2012】159 号)要求，现将 2012 年工业行业淘汰落后产能企业名单(第二批)予以公告(见附件)。有关省(区、市)要采取有效措施，力争在 2012 年 9 月底前全部关停列入公告名单内企业的落后产能，确保在 2012 年年底前彻底拆除淘汰，不得向其他地区和周边国家转移，并按照《关于印发〈淘汰落后产能工作考核实施方案〉的通知》(工信部联产业【2011】46 号)要求，做好对淘汰落后产能企业的现场检查验收和任务完成情况公告工作。

附件：2012 年工业行业淘汰落后产能企业名单(第二批)略

★中华人民共和国工业和信息化部 2012 年 9 月 9 日发布的 2012 年第 39 号公告。

国务院关于印发节能减排"十二五"规划的通知★

Notice of State Council about printing and distributing "The 12th Five－year" plan of energy conservation and emission reduction

各省、自治区、直辖市人民政府，国务院各部委、各直属机构：

现将《节能减排"十二五"规划》印发给你们，请认真贯彻执行。

国务院

2012年8月6日

节能减排"十二五"规划

为确保实现"十二五"节能减排约束性目标，缓解资源环境约束，应对全球气候变化，促进经济发展方式转变，建设资源节约型、环境友好型社会，增强可持续发展能力，根据《中华人民共和国国民经济和社会发展第十二个五年规划纲要》，制定本规划。

一、现状与形势

（一）"十一五"节能减排取得显著成效

"十一五"时期，国家把能源消耗强度降低和主要污染物排放总量减少确定为国民经济和社会发展的约束性指标，把节能减排作为调整经济结构、加快转变经济发展方式的重要抓手和突破口。各地区、各部门认真贯彻落实党中央、国务院的决策部署，采取有效措施，切实加大工作力度，基本实现了"十一五"规划纲要确定的节能减排约束性目标，节能减排工作取得了显著成效。

——为保持经济平稳较快发展提供了有力支撑。"十一五"期间，我国以能源消费年均6.6%的增速支撑了国民经济年均11.2%的增长，能源消费弹性系数由"十五"时期的1.04下降到0.59，节约能源6.3亿吨标准煤。

——扭转了我国工业化、城镇化快速发展阶段能源消耗强度和主要污染物排放量上升的趋势。"十一五"期间，我国单位国内生产总值能耗由"十五"后三年上升9.8%转为下降19.1%；二氧化硫和化学需氧量排放总量分别由"十五"后三年上升32.3%、3.5%转为下降14.29%、12.45%。

——促进了产业结构优化升级。2010年与2005年相比，电力行业300兆瓦以上火电机组占火电装机容量比重由50%上升到73%，钢铁行业1 000立方米以上大型高炉产能比重由48%上升到61%，建材行业新型干法水泥熟料产量比重由39%上升到81%。

——推动了技术进步。2010年与2005年相比，钢铁行业干熄焦技术普及率由不足30%提高到80%以上，水泥行业低温余热回收发电技术普及率由开始起步提高到55%，烧碱行业离子膜法烧碱技术普及率由29%提高到84%。

——节能减排能力明显增强。"十一五"时期，通过实施节能减排重点工程，形成节能能力3.4亿吨标准煤；新增城镇污水日处理能力6 500万吨，城市污水处理率达到77%；燃煤电厂投产运行脱硫机组容量达5.78亿千瓦，占全部火电机组容量的82.6%。

——能效水平大幅度提高。2010年与2005年相比，火电供电煤耗由370克标准煤/千瓦时降到333克标准煤/千瓦时，下降10.0%；吨钢综合能耗由688千克标准煤降到605千克标准煤，下降12.1%；水泥综合能耗下降28.6%；乙烯综合能耗下降11.3%；合成氨综合能耗下降14.3%。

——环境质量有所改善。2010年与2005年相比，环保重点城市二氧化硫年均浓度下降26.3%，地表水国控断面劣五类水质比例由27.4%下降到20.8%，七大水系国控断面好于三类水质比例由41%上升到59.9%。

——为应对全球气候变化作出了重要贡献。"十一五"期间，我国通过节能降耗减少二氧化碳排放14.6亿吨，得到国际社会的广泛赞誉，展示了我负责任大国的良好形象。

"十一五"时期，我国节能法规标准体系、政策支持体系、技术支撑体系、监督管理体系初步形成，重点污染源在线监控与环保执法监察相结合的减排监督管理体系初步建立，全社会节能环保意识进一步增强。

（二）存在的主要问题

一是一些地方对节能减排的紧迫性和艰巨性认识不足，片面追求经济增长，对调结构、转方式重视不够，不能正确处理经济发展与节能减排的关系，节能减排工作还存在思想认识不深入、政策措施不落实、监督检查不力、激励约束不强等问题。

二是产业结构调整进展缓慢。"十一五"期间，第三产业增加值占国内生产总值的比重低于预期目标，重工业占工业总产值比重由68.1%上升到70.9%，高耗能、高排放产业增长过快，结构节能目标没有实现。

三是能源利用效率总体偏低。我国国内生产总值约占世界的8.6%，但能源消耗占世界的19.3%，单位国内生产总值能耗仍是世界平均水平的2倍以上。2010年全国钢铁、建材、化工等行业单位产品能耗比国际先进水平高出10%～20%。

四是政策机制不完善。有利于节能减排的价格、财税、金融等经济政策还不完善，基于市场的激励和约束机制不健全，创新驱动不足，企业缺乏节能减排内生动力。

五是基础工作薄弱。节能减排标准不完善，能源消费和污染物排放计量、统计体系建设滞后，监测、监察能力亟待加强，节能减排管理能力还不能适应工作需要。

（三）面临的形势

“十二五”时期如未能采取更加有效的应对措施，我国面临的资源环境约束将日益强化。从国内看，随着工业化、城镇化进程加快和消费结构升级，我国能源需求呈刚性增长，受国内资源保障能力和环境容量制约，我国经济社会发展面临的资源环境瓶颈约束更加突出，节能减排工作难度不断加大。从国际看，围绕能源安全和气候变化的博弈更加激烈。一方面，贸易保护主义抬头，部分发达国家凭借技术优势开征碳税并计划实施碳关税，绿色贸易壁垒日益突出。另一方面，全球范围内绿色经济、低碳技术正在兴起，不少发达国家大幅增加投入，支持节能环保、新能源和低碳技术等领域创新发展，抢占未来发展制高点的竞争日趋激烈。

虽然我国节能减排面临巨大挑战，但也面临难得的历史机遇。科学发展观深入人心，全民节能环保意识不断提高，各方面对节能减排的重视程度明显增强，产业结构调整力度不断加大，科技创新能力不断提升，节能减排激励约束机制不断完善，这些都为“十二五”推进节能减排创造了有利条件。要充分认识节能减排的极端重要性和紧迫性，增强忧患意识和危机意识，抓住机遇，大力推进节能减排，促进经济社会发展与资源环境相协调，切实增强可持续发展能力。

二、指导思想、基本原则和主要目标

（一）指导思想

以邓小平理论和“三个代表”重要思想为指导，深入贯彻落实科学发展观，坚持大幅降低能源消耗强度、显著减少主要污染物排放总量、合理控制能源消费总量相结合，形成加快转变经济发展方式的倒逼机制；坚持强化责任、健全法制、完善政策、加强监管相结合，建立健全有效的激励和约束机制；坚持优化产业结构、推动技术进步、强化工程措施、加强管理引导相结合，大幅度提高能源利用效率，显著减少污染物排放；加快构建政府为主导、企业为主体、市场有效驱动、全社会共同参与的推进节能减排工作格局，确保实现“十二五”节能减排约束性目标，加快建设资源节约型、环境友好型社会。

（二）基本原则

强化约束，推动转型。通过逐级分解目标任务，加强评价考核，强化节能减排目标的约束性作用，加快转变经济发展方式，调整优化产业结构，增强可持续发展能力。

控制增量，优化存量。进一步完善和落实相关产业政策，提高产业准入门槛，严格能评、环评审查，抑制高耗能、高排放行业过快增长，合理控制能源消费总量和污染物排放增量。加快淘汰落后产能，实施节能减排重点工程，改造提升传统产业。

完善机制，创新驱动。健全节能环保法律、法规和标准，完善有利于节能减排的价格、财税、金融等经济政策，充分发挥市场配置资源的基础性作用，形成有效的激励和约束机制，增强用能、排污单位和公民自觉节能减排的内生动力。加快节能减排技术创新、管理创新和制度创新，建立长效机制，实现节能减排效益最大化。

分类指导，突出重点。根据各地区、各有关行业特点，实施有针对性的政策措施。突出抓好工业、建筑、交通、公共机构等重点领域和重点用能单位节能，大幅提高能源利用效率。加强环境基础设施建设，推动重点行业、重点流域、农业源和机动车污染防治，有效减少主要污染物排放总量。

（三）总体目标

到2015年，全国万元国内生产总值能耗下降到0.869吨标准煤（按2005年价格计算），比2010年的1.034吨标准煤下降16%（比2005年的1.276吨标准煤下降32%）。“十二五”期间，实现节约能源6.7亿吨标准煤。

2015年，全国化学需氧量和二氧化硫排放总量分别控制在2 347.6万吨、2 086.4万吨，比2010年的2 551.7万吨、2 267.8万吨各减少8%，分别新增削减能力601万吨、654万吨；全国氨氮和氮氧化物排放总量分别控制在238万吨、2 046.2万吨，比2010年的264.4万吨、2 273.6万吨各减少10%，分别新增削减能力69万吨、794万吨。

（四）具体目标

到2015年，单位工业增加值（规模以上）能耗比2010年下降21%左右，建筑、交通运输、公共机构等重点领域能耗增幅得到有效控制，主要产品（工作量）单位能耗指标达到先进节能标准的比例大幅提高，部分行业和大中型企业节能指标达到世界先进水平（见表1）。风机、水泵、空压机、变压器等新增主要耗能设备能效指标达到国内或国际先进水平，空调、电冰箱、洗衣机等国产家用电器和一些类型的电动机能效指标达到国际领先水平。工业重点行业、农业主要污染物排放总量大幅降低（见表2）。

表1　“十二五”时期主要节能指标

指　标	单　位	2010年	2015年	变化幅度/变化率
工　业				
单位工业增加值（规模以上）能耗	%			[−21%左右]

续 表

指 标	单 位	2010年	2015年	变化幅度/变化率
火电供电煤耗	克标准煤/千瓦时	333	325	−8
火电厂厂用电率	%	6.33	6.2	−0.13
电网综合线损率	%	6.53	6.3	−0.23
吨钢综合能耗	千克标准煤	605	580	−25
铝锭综合交流电耗	千瓦时/吨	14013	13300	−713
铜冶炼综合能耗	千克标准煤/吨	350	300	−50
原油加工综合能耗	千克标准煤/吨	99	86	−13
乙烯综合能耗	千克标准煤/吨	886	857	−29
合成氨综合能耗	千克标准煤/吨	1402	1350	−52
烧碱(离子膜)综合能耗	千克标准煤/吨	351	330	−21
水泥熟料综合能耗	千克标准煤/吨	115	112	−3
平板玻璃综合能耗	千克标准煤/重量箱	17	15	−2
纸及纸板综合能耗	千克标准煤/吨	680	530	−150
纸浆综合能耗	千克标准煤/吨	450	370	−80
日用陶瓷综合能耗	千克标准煤/吨	1190	1110	−80
建筑				
北方采暖地区既有居住建筑改造面积	亿平方米	1.8	5.8	4
城镇新建绿色建筑标准执行率	%	1	15	14
交通运输				
铁路单位运输工作量综合能耗	吨标准煤/百万换算吨公里	5.01	4.76	[−5%]
营运车辆单位运输周转量能耗	千克标准煤/百吨公里	7.9	7.5	[−5%]
营运船舶单位运输周转量能耗	千克标准煤/千吨公里	6.99	6.29	[−10%]
民航业单位运输周转量能耗	千克标准煤/吨公里	0.450	0.428	[−5%]
公共机构				
公共机构单位建筑面积能耗	千克标准煤/平方米	23.9	21	[−12%]
公共机构人均能耗	千克标准煤/人	447.4	380	[15%]
终端用能设备能效				
燃煤工业锅炉(运行)	%	65	70～75	5～10
三相异步电动机(设计)	%	90	92～94	2～4
容积式空气压缩机输入比功率	千瓦/(立方米・分−1)	10.7	8.5～9.3	−1.4～−2.2
电力变压器损耗	千瓦	空载:43 负载:170	空载:30～33 负载:151～153	−10～−13 −17～−19
汽车(乘用车)平均油耗	升/百公里	8	6.9	−1.1
房间空调器(能效比)	—	3.3	3.5～4.5	0.2～1.2
电冰箱(能效指数)	%	49	40～46	−3～−9
家用燃气热水器(热效率)	%	87～90	93～97	3～10

注:[ ]内为变化率。

表 2　“十二五”时期主要减排指标

指　标	单　位	2010 年	2015 年	变化幅度/变化率
工业				
工业化学需氧量排放量	万吨	355	319	[−10%]
工业二氧化硫排放量	万吨	2 073	1 866	[−10%]
工业氨氮排放量	万吨	28.5	24.2	[−15%]
工业氮氧化物排放量	万吨	1 637	1 391	[−15%]
火电行业二氧化硫排放量	万吨	956	800	[−16%]
火电行业氮氧化物排放量	万吨	1 055	750	[−29%]
钢铁行业二氧化硫排放量	万吨	248	180	[−27%]
水泥行业氮氧化物排放量	万吨	170	150	[−12%]
造纸行业化学需氧量排放量	万吨	72	64.8	[−10%]
造纸行业氨氮排放量	万吨	2.14	1.93	[−10%]
纺织印染行业化学需氧量排放量	万吨	29.9	26.9	[−10%]
纺织印染行业氨氮排放量	万吨	1.99	1.75	[−12%]
农业				
农业化学需氧量排放量	万吨	1 204	1 108	[−8%]
农业氨氮排放量	万吨	82.9	74.6	[−10%]
城市				
城市污水处理率	%	77	85	8

注：[　]内为变化率。

三、主要任务

（一）调整优化产业结构

——抑制高耗能、高排放行业过快增长。合理控制固定资产投资增速和火电、钢铁、水泥、造纸、印染等重点行业发展规模，提高新建项目节能、环保、土地、安全等准入门槛，严格固定资产投资项目节能评估审查、环境影响评价和建设项目用地预审，完善新开工项目管理部门联动机制和项目审批问责制。对违规在建的高耗能、高排放项目，有关部门要责令停止建设，金融机构一律不得发放贷款。对违规建成的项目，要责令停止生产，金融机构一律不得发放流动资金贷款，有关部门要停止供电供水。严格控制高耗能、高排放和资源性产品出口。把能源消费总量、污染物排放总量作为能评和环评审批的重要依据，对电力、钢铁、造纸、印染行业实行主要污染物排放总量控制，对新建、扩建项目实施排污量等量或减量置换。优化电力、钢铁、水泥、玻璃、陶瓷、造纸等重点行业区域空间布局。中西部地区承接产业转移必须坚持高标准，严禁高污染产业和落后生产能力转入。

——淘汰落后产能。严格落实《产业结构调整指导目录（2011 年本）》和《部分工业行业淘汰落后生产工艺装备和产品指导目录（2010 年本）》，重点淘汰小火电 2 000 万千瓦、炼铁产能 4 800 万吨、炼钢产能 4 800 万吨、水泥产能 3.7 亿吨、焦炭产能 4 200 万吨、造纸产能 1 500 万吨等（见表 3）。制定年度淘汰计划，并逐级分解落实。对稀土行业实施更严格的节能环保准入标准，加快淘汰落后生产工艺和生产线，推进形成合理开发、有序生产、高效利用、技术先进、集约发展的稀土行业持续健康发展格局。完善落后产能退出机制，对未完成淘汰任务的地区和企业，依法落实惩罚措施。鼓励各地区制定更严格的能耗和排放标准，加大淘汰落后产能力度。

表 3　“十二五”时期淘汰落后产能一览表

行　业	主要内容	单位	产能
电力	大电网覆盖范围内，单机容量在 10 万千瓦及以下的常规燃煤火电机组，单机容量在 5 万千瓦及以下的常规小火电机组，以发电为主的燃油锅炉及发电机组（5 万千瓦及以下）；大电网覆盖范围内，设计寿命期满的单机容量在 20 万千瓦及以下的常规燃煤火电机组	万千瓦	2 000
炼铁	400 立方米及以下炼铁高炉等	万吨	4 800
炼钢	30 吨及以下转炉、电炉等	万吨	4 800
铁合金	6 300 千伏安以下铁合金矿热电炉，3 000 千伏安以下铁合金半封闭直流电炉、铁合金精炼电炉等	万吨	740

续 表

行 业	主要内容	单位	产能
电石	单台炉容量小于12 500千伏安电石炉及开放式电石炉	万吨	380
铜(含再生铜)冶炼	鼓风炉、电炉、反射炉炼铜工艺及设备等	万吨	80
电解铝	100千安及以下预焙槽等	万吨	90
铅(含再生铅)冶炼	采用烧结锅、烧结盘、简易高炉等落后方式炼铅工艺及设备,未配套建设制酸及尾气吸收系统的烧结机炼铅工艺等	万吨	130
锌(含再生锌)冶炼	采用马弗炉、马槽炉、横罐、小竖罐等进行焙烧、简易冷凝设施进行收尘等落后方式炼锌或生产氧化锌工艺装备等	万吨	65
焦炭	土法炼焦(含改良焦炉),单炉产能7.5万吨/年以下的半焦(兰炭)生产装置,炭化室高度小于4.3米焦炉(3.8米及以上捣固焦炉除外)	万吨	4 200
水泥(含熟料及磨机)	立窑,干法中空窑,直径3米以下水泥粉磨设备等	万吨	37 000
平板玻璃	平拉工艺平板玻璃生产线(含格法)	万重量箱	9 000
造纸	无碱回收的碱法(硫酸盐法)制浆生产线,单条产能小于3.4万吨的非木浆生产线,单条产能小于1万吨的废纸浆生产线,年生产能力5.1万吨以下的化学木浆生产线等	万吨	1 500
化纤	2万吨/年及以下粘胶常规短纤维生产线,湿法氨纶工艺生产线,二甲基酰胺溶剂法氨纶及腈纶工艺生产线,硝酸法腈纶常规纤维生产线等	万吨	59
印染	未经改造的74型染整生产线,使用年限超过15年的国产和使用年限超过20年的进口前处理设备、拉幅和定形设备、圆网和平网印花机、连续染色机,使用年限超过15年的浴比大于1∶10的棉及化纤间歇式染色设备等	亿米	55.8
制革	年加工生皮能力5万标张牛皮、年加工蓝湿皮能力3万标张牛皮以下的制革生产线	万标张	1 100
酒精	3万吨/年以下酒精生产线(废糖蜜制酒精除外)	万吨	100
味精	3万吨/年以下味精生产线	万吨	18.2
柠檬酸	2万吨/年及以下柠檬酸生产线	万吨	4.75
铅蓄电池(含极板及组装)	开口式普通铅蓄电池生产线,含镉高于0.002%的铅蓄电池生产线,20万千伏安时/年规模以下的铅蓄电池生产线	万千伏安时	746
白炽灯	60瓦以上普通照明用白炽灯	亿只	6

——促进传统产业优化升级。运用高新技术和先进适用技术改造提升传统产业,促进信息化和工业化深度融合。加大企业技术改造力度,重点支持对产业升级带动作用大的重点项目和重污染企业搬迁改造。调整加工贸易禁止类商品目录,提高加工贸易准入门槛。提升产品节能环保性能,打造绿色低碳品牌。合理引导企业兼并重组,提高产业集中度,培育具有自主创新能力和核心竞争力的企业。

——调整能源消费结构。促进天然气产量快速增长,推进煤层气、页岩气等非常规油气资源开发利用,加强油气战略进口通道、国内主干管网、城市配网和储备库建设。结合产业布局调整,有序引导高耗能企业向能源产地适度集中,减少长距离输煤输电。在做好生态保护和移民安置的前提下积极发展水电,在确保安全的基础上有序发展核电。加快风能、太阳能、地热能、生物质能、煤层气等清洁能源商业化利用,加快分布式能源发展,提高电网对非化石能源和清洁能源发电的接纳能力。到2015年,非化石能源消费总量占一次能源消费比重达到11.4%。

——推动服务业和战略性新兴产业发展。加快发展生产性服务业和生活性服务业,推进规模化、品牌化、网络化经营。到2015年,服务业增加值占国内生产总值比重比2010年提高4个百分点。推动节能环保、新一代信息技术、生物、高端装备制造、新能源、新材料、新能源汽车等战略性新兴产业发展。到2015年,战略性新兴产业增加值占国内生产总值比重达到8%左右。

（二）推动能效水平提高

——加强工业节能。坚持走新型工业化道路，通过明确目标任务、加强行业指导、推动技术进步、强化监督管理，推进工业重点行业节能。

电力。鼓励建设高效燃气－蒸汽联合循环电站，加强示范整体煤气化联合循环技术（IGCC）和以煤气化为龙头的多联产技术。发展热电联产，加快智能电网建设。加快现役机组和电网技术改造，降低厂用电率和输配电线损。

煤炭。推广年产400万吨选煤系统成套技术与装备，到2015年原煤入洗率达到60％以上，鼓励高硫、高灰动力煤入洗，灰分大于25％的商品煤就近销售。积极发展动力配煤，合理选择具有区位和市场优势的矿区、港口等煤炭集散地建设煤炭储配基地。发展煤炭地下气化、脱硫、水煤浆、型煤等洁净煤技术。实施煤矿节能技术改造。加强煤矸石综合利用。

钢铁。优化高炉炼铁炉料结构，降低铁钢比。推广连铸坯热送热装和直接轧制技术。推动干熄焦、高炉煤气、转炉煤气和焦炉煤气等二次能源高效回收利用，鼓励烧结机余热发电，到2015年重点大中型企业余热余压利用率达到50％以上。支持大中型钢铁企业建设能源管理中心。

有色金属。重点推广新型阴极结构铝电解槽、低温高效铝电解等先进节能生产工艺技术。推进氧气底吹熔炼技术、闪速技术等广泛应用。加快短流程连续炼铅冶金技术、连续铸轧短流程有色金属深加工工艺、液态铅渣直接还原炼铅工艺与装备产业化技术开发和推广应用。加强有色金属资源回收利用。提高能源管理信息化水平。

石油石化。原油开采行业要全面实施抽油机驱动电机节能改造，推广不加热集油技术和油田采出水余热回收利用技术，提高油田伴生气回收水平。鼓励符合条件的新建炼油项目发展炼化一体化。原油加工行业重点推广高效换热器并优化换热流程、优化中段回流取热比例、降低汽化率、塔顶循环回流换热等节能技术。

化工。合成氨行业重点推广先进煤气化技术、节能高效脱硫脱碳、低位能余热吸收制冷等技术，实施综合节能改造。烧碱行业提高离子膜法烧碱比例，加快零极距、氧阴极等先进节能技术的开发应用。纯碱行业重点推广蒸汽多级利用、变换气制碱、新型盐析结晶器及高效节能循环泵等节能技术。电石行业加快采用密闭式电石炉，全面推行电石炉炉气综合利用，积极推进新型电石生产技术研发和应用。

建材。推广大型新型干法水泥生产线。普及纯低温余热发电技术，到2015年水泥纯低温余热发电比例提高到70％以上。推进水泥粉磨、熟料生产等节能改造。推进玻璃生产线余热发电，到2015年余热发电比例提高到30％以上。加快开发推广高效阻燃保温材料、低辐射节能玻璃等新型节能产品。推进墙体材料革新，城市城区限制使用粘土制品，县城禁止使用实心粘土砖。加快新型墙体材料发展，到2015年新型墙体材料比重达到65％以上。

——强化建筑节能。开展绿色建筑行动，从规划、法规、技术、标准、设计等方面全面推进建筑节能，提高建筑能效水平。

强化新建建筑节能。严把设计关口，加强施工图审查，城镇建筑设计阶段100％达到节能标准要求。加强施工阶段监管和稽查，施工阶段节能标准执行率达到95％以上。严格建筑节能专项验收，对达不到节能标准要求的不得通过竣工验收。鼓励有条件的地区适当提高建筑节能标准。加强新区绿色规划，重点推动各级机关、学校和医院建筑，以及影剧院、博物馆、科技馆、体育馆等执行绿色建筑标准；在商业房地产、工业厂房中推广绿色建筑。

加大既有建筑节能改造力度。以围护结构、供热计量、管网热平衡改造为重点，大力推进北方采暖地区既有居住建筑供热计量及节能改造，加快实施“节能暖房”工程。开展大型公共建筑采暖、空调、通风、照明等节能改造，推行用电分项计量。以建筑门窗、外遮阳、自然通风等为重点，在夏热冬冷地区和夏热冬暖地区开展居住建筑节能改造试点。在具备条件的情况下，鼓励在旧城区综合改造、城市市容整治、既有建筑抗震加固中，采用加层、扩容等方式开展节能改造。

——推进交通运输节能。加快构建便捷、安全、高效的综合交通运输体系，不断优化运输结构，推进科技和管理创新，进一步提升运输工具能源效率。

铁路运输。大力发展电气化铁路，进一步提高铁路运输能力。加强运输组织管理。加快淘汰老旧机车机型，推广铁路机车节油、节电技术，对铁路运输设备实施节能改造。积极推进货运重载化。推进客运站节能优化设计，加强大型客运站能耗综合管理。

公路运输。全面实施营运车辆燃料消耗量限值标准。建立物流公共信息平台，优化货运组织。推行高速公路不停车收费，继续开展公路甩挂运输试点。实施城乡道路客运一体化试点。推广节能驾驶和绿色维修。

水路运输。建设以国家高等级航道网为主体的内河航道网，推进航电枢纽建设，优化港口布局。推进船舶大型化、专业化，淘汰老旧船舶，加快实施内河船型标准化。发展大宗散货专业化运输和多式联运等现代运输组织方式。推进港口码头节能设计和改造。加快港口物流信息平台建设。

航空运输。优化航线网络和运力配备，改善机队结构，加强联盟合作，提高运输效率。优化空域结构，提高空域资源配置使用效率。开发应用航空器飞行及地面运行节油相关实用技术，推进航空生物燃油研发与应用。加强机场建设和运营中的节能管理，推进高耗能设施、设备的节油节电改造。

城市交通。合理规划城市布局，优化配置交通资源，建立以公共交通为重点的城市交通发展模式。优先发展公共交通，有序推进轨道交通建设，加快发展快速公交。探索城市调控机动车保有总量。开展低碳交通运输体系建设城市试点。推行节能驾驶，倡导绿色出行。积极推广节能与新能源汽车，加快加气站、充电站等配套设施规划和建设。抓好城市步行、自行车交通系统建设。发展智能交通，建立公众出行信息服务系统，加大交通疏堵力度。

——推进农业和农村节能。完善农业机械节能标准体系。依法加强大型农机年检、年审，加快老旧农业机械和渔船淘汰更新。鼓励农民购买高效节能农业机械。推广节能新产品、新技术，加快农业机电设备节能改造，加强用能设备定期维修保养。推进节能型农宅建设，结合农村危房改造加大建筑节能示范力度。推动省柴节煤灶更新换代。开展农村水电增效扩容改造。推进农业节水增效，推广高效节水灌溉技术。因地制宜、多能互补发展小水电、风能、太阳能和秸秆综合利用。科学规划农村沼气建设布局，完善服务机制，加强沼气设施的运行管理和维护。

——强化商用和民用节能。开展零售业等流通领域节能减排行动。商业、旅游业、餐饮等行业建立并完善能源管理制度，开展能源审计，加快用能设施节能改造。宾馆、商厦、写字楼、机场、车站严格执行公共建筑空调温度控制标准，优化空调运行管理。鼓励消费者购买节能环保型汽车和节能型住宅，推广高效节能家用电器、办公设备和高效照明产品。减少待机能耗，减少使用一次性用品，严格执行限制商品过度包装和超薄塑料购物袋生产、销售和使用的相关规定。

——实施公共机构节能。新建公共建筑严格实施建筑节能标准。实施供热计量改造，国家机关率先实行按热量收费。推进公共机构办公区节能改造，推广应用可再生能源。全面推进公务用车制度改革，严格油耗定额管理，推广节能和新能源汽车。在各级机关和教科文卫体等系统开展节约型公共机构示范单位建设，创建2000家节约型公共机构。健全公共机构能源管理、统计监测考核和培训体系，建立完善公共机构能源审计、能效公示、能源计量和能耗定额管理制度，加强能耗监测平台和节能监管体系建设。

（三）强化主要污染物减排

——加强城镇生活污水处理设施建设。加强城镇环境基础设施建设，以城镇污水处理设施及配套管网建设、现有设施升级改造、污泥处理处置设施建设为重点，提升脱氮除磷能力。到2015年，城市污水处理率和污泥无害化处置率分别达到85%和70%，县城污水处理率达到70%，基本实现每个县和重点建制镇建成污水集中处理设施，全国城镇污水处理厂再生水利用率达到15%以上。

——加强重点行业污染物减排。

加强重点行业污染预防。以钢铁、水泥、氮肥、造纸、印染行业为重点，大力推行清洁生产，加快重大、共性技术的示范和推广，完善清洁生产评价指标体系，开展工业产品生态设计、农业和服务业清洁生产试点。以汞、铬、铅等重金属污染防治为重点，在重点行业实施技术改造。示范和推广一批无毒无害或低毒低害原料（产品），对高耗能、高排放企业及排放有毒有害废物的重点企业开展强制性清洁生产审核。

加大工业废水治理力度。以制浆造纸、印染、食品加工、农副产品加工等行业为重点，继续加大水污染深度治理和工艺技术改造。制浆造纸企业加快建设碱回收装置；纺织印染行业推行废水集中处理和实施综合治理，大中型造纸企业、有脱墨的废纸造纸企业和采用碱减量工艺的化纤布印染企业实施废水三级深度处理；发酵行业推广高浓度废液综合利用技术、废醪液制备生物有机肥及液态肥技术；制糖行业推广闭合循环用水技术；氮肥行业推广稀氨水浓缩回收利用技术、尿素工艺冷凝液深度水解技术，加大生化处理设施建设力度；农药行业推广清污分流和高浓度废水预处理技术。

推进电力行业脱硫脱硝。新建燃煤机组全面实施脱硫脱硝，实现达标排放。尚未安装脱硫设施的现役燃煤机组要配套建设烟气脱硫设施，不能稳定达标排放的燃煤机组要实施脱硫改造。加快燃煤机组低氮燃烧技术改造和烟气脱硝设施建设，对单机容量30万千瓦及以上的燃煤机组、东部地区和其他省会城市单机容量20万千瓦及以上的燃煤机组，均要实行脱硝改造，综合脱硝效率达到75%以上。

加强非电行业脱硫脱硝。实施钢铁烧结机烟气脱硫，到2015年，所有烧结机和位于城市建成区的球团生产设备烟气脱硫效率达到95%以上。有色金属行业冶炼烟气中二氧化硫含量大于3.5%的冶炼设施，要安装硫回收装置。石油炼制行业新建催化裂化装置要配套建设烟气脱硫设施，现有硫磺回收装置硫回收率达到99%。建材行业建筑陶瓷规模大于70万平方米/年且燃料含硫率大于0.5%的窑炉，应安装脱硫设施或改用清洁能源，浮法玻璃生产线要实施烟气脱硫或改用天然气。焦化行业炼焦炉荒煤气硫化氢脱除效率达到95%。水泥行业实施新型干法窑降氮脱硝，新建、改扩建水泥生产线综合脱硝效率不低于60%。燃煤锅炉蒸汽量大于35吨/小时且二氧化硫超标排放的，要实施烟气脱硫改造，改造后脱硫效率应达到70%以上。

——开展农业源污染防治。

加强农村污染治理。推进农村生态示范建设标准化、规范化、制度化。因地制宜建设农村生活污水处理设施，分散居住地区采用低能耗小型分散式污水处理方式，人口密集、污水排放相对集中地区采用集中处理方式。实施农村清洁工程，开展农村环境综合整治，推行农业清洁生产，鼓励生活垃圾分类收集和就地减量无害化处理。选择经济、适用、安全的处理处置技术，提高垃圾无害化处理水平，城镇周边和环境敏感区的农村逐步推广城乡一体化垃圾处理模式。推广测土配方施肥，发展有机肥采集利用技术，减少不合理的化肥施用。

推进畜禽清洁养殖。结合土地消纳能力，推进畜禽养殖适度规模化，合理优化养殖布局，鼓励采取种养结合养殖方式。以规模化养殖场和养殖小区为重点，因地制宜推行干清粪收集方法，养殖场区实施雨污分流，发展废物循环利用，鼓励粪污、沼渣等废弃物发酵生产有机肥料。在散养密集区推行粪污集中处理。

推行水产健康养殖。规范水产养殖行为，优化水产养殖区域布局，国家重点流域以及各地确定的重点保护水体要合理减少网箱、围网养殖规模。加快养殖池塘改造和循环水设施配套建设，推广水质调控技术与环保设备。鼓励发展人工生态环境、多品种立体、开放式流水或微流水、全封闭循环水工厂化、水产品与农作物共生互利等水产生态养殖方式。

——控制机动车污染物排放。提高机动车污染物排放准入门槛。加强机动车排放对环境影响的评估审查。加快淘汰老旧车辆，基本淘汰2005年以前注册的用于运营的"黄标车"。推进报废农用车换购载货汽车工作。全面推行机动车环保标志管理，严格实施机动车一致性检查制度，不符合国家机动车排放标准的车辆禁止生产、销售和注册登记。实施第四阶段机动车排放标准，在有条件的重点城市和地区逐步推动实施第五阶段排放标准。"十二五"末实现低速车与载货汽车实施同一排放标准。全面提升车用燃油品质。研究制定国家第四、第五阶段车用燃油标准，推动落实标准实施条件，强化车用燃油监管。全面供应符合国家第四阶段标准的车用燃油，部分重点城市供应国家第五阶段标准车用燃油。大型炼化项目应以国家第五阶段车用燃油标准作为设计目标，加快成品油生产技术改造。

——推进大气中细颗粒污染物（PM2.5）治理。促进煤炭清洁利用，建设低硫、低灰配煤场，提高煤炭洗选比例，重点区域淘汰低效燃煤锅炉。推广使用天然气、煤制气、生物质成型燃料等清洁能源。加大工业烟粉尘污染防治力度，对火电、钢铁、水泥等高排放行业以及燃煤工业锅炉实施高效除尘改造。大力削减石油石化、化工等行业挥发性有机物的排放。推动柴油车尿素加注基础设施建设。实施大气联防联控重点区域城区内重污染企业搬迁改造。加强建设施工、植被破坏等因素造成的扬尘污染防治。

四、节能减排重点工程

（一）节能改造工程

——锅炉（窑炉）改造和热电联产。实施燃煤锅炉和锅炉房系统节能改造，提高锅炉热效率和运行管理水平；在部分地区开展锅炉专用煤集中加工，提高锅炉燃煤质量；推动老旧供热管网、换热站改造。推广四通道喷煤燃烧、并流蓄热石灰窑煅烧等高效窑炉节能技术。到2015年工业锅炉、窑炉平均运行效率分别比2010年提高5个和2个百分点。东北、华北、西北地区大城市居民采暖除有条件采用可再生能源外基本实行集中供热，中小城市因地制宜发展背压式热电或集中供热改造，提高热电联产在集中供热中的比重。"十二五"时期形成7 500万吨标准煤的节能能力。

——电机系统节能。采用高效节能电动机、风机、水泵、变压器等更新淘汰落后耗电设备。对电机系统实施变频调速、永磁调速、无功补偿等节能改造，优化系统运行和控制，提高系统整体运行效率。开展大型水利排灌设备、电机总容量10万千瓦以上电机系统示范改造。2015年电机系统运行效率比2010年提高2－3个百分点，"十二五"时期形成800亿千瓦时的节电能力。

——能量系统优化。加强电力、钢铁、有色金属、合成氨、炼油、乙烯等行业企业能量梯级利用和能源系统整体优化改造，开展发电机组通流改造、冷却塔循环水系统优化、冷凝水回收利用等，优化蒸汽、热水等载能介质的管网配置，实施输配电设备节能改造，深入挖掘系统节能潜力，大幅度提升系统能源效率。"十二五"时期形成4 600万吨标准煤的节能能力。

——余热余压利用。能源行业实施煤矿低浓度瓦斯、油田伴生气回收利用；钢铁行业推广干熄焦、干式炉顶压差发电、高炉和转炉煤气回收发电、烧结机余热发电；有色金属行业推广冶金炉窑余热回收；建材行业推行新型干法水泥纯低温余热发电、玻璃熔窑余热发电；化工行业推行炭黑余热利用、硫酸生产低品位热能利用；积极利用工业低品位余热作为城市供热热源。到2015年新增余热余压发电能力2 000万千瓦，"十二五"时期形成5 700万吨标准煤的节能能力。

——节约和替代石油。推广燃煤机组无油和微油点火、内燃机系统节能、玻璃窑炉全氧燃烧和富氧燃烧、炼油含氢尾气膜法回收等技术。开展交通运输节油技术改造，鼓励以洁净煤、石油焦、天然气替代燃料油。在有条件的城市公交客车、出租车、城际客货运输车辆等推广使用天然气和煤层气。因地制宜推广醇醚燃料、生物柴油等车用替代燃料。实施乘用车制造企业平均油耗管理制度。"十二五"时期节约和替代石油800万吨，相当于1120万吨标准煤。

——建筑节能。到2015年，累计完成北方采暖地区既有居住建筑供热计量和节能改造4亿平方米以上，夏热冬冷地区既有居住建筑节能改造5 000万平方米，公共建筑节能改造6 000万平方米，公共机构办公建筑节能改造6 000万平方米。"十二五"时期形成600万吨标准煤的节能能力。

——交通运输节能。铁路运输实施内燃机车、电力机车和空调发电车节油节电、动态无功补偿以及谐波负序治理等技术改造；公路运输实施电子不停车收费技术改造；水运推广港口轮胎式集装箱门式起重机油改电、靠港船舶使用岸电、港区运输车辆和装卸机械节能改造、油码头油气回收等；民航实施机场和地面服务设备节能改造，推广地面电源系统代替辅助动力装置等措施；加快信息技术在城市交通中的应用。深入开展"车船路港"千家企业低碳交通运输专项行动。"十二五"时期形成100万吨标准煤的节能能力。

——绿色照明。实施"中国逐步淘汰白炽灯路线图"，分阶段淘汰普通照明用白炽灯等低效照明产品。推动白炽灯生产企业转型改造，支持荧光灯生产企业实施低汞、固汞技术改造。积极发展半导体照明节能产业，加快半导体照明关键设备、核心材料和共性关键技术研发，支持技术成熟的半导体通用照明产品在宾馆、商厦、道路、隧道、机场等领域的应用。推动标准检测平台建设。加快城市道路照明系统改造，控制过度装饰和亮化。"十二五"时期形成2 100万吨标准煤的节能能力。

(二)节能产品惠民工程

加大高效节能产品推广力度。民用领域重点推广高效照明产品、节能家用电器、节能与新能源汽车等,商用领域重点推广单元式空调器等,工业领域重点推广高效电动机等,产品能效水平提高10%以上,市场占有率提高到50%以上。完善节能产品惠民工程实施机制,扩大实施范围,健全组织管理体系,强化监督检查。"十二五"时期形成1 000亿千瓦时的节电能力。

(三)合同能源管理推广工程

扎实推进《国务院办公厅转发发展改革委等部门关于加快推行合同能源管理促进节能服务产业发展意见的通知》(国办发〔2010〕25号)的贯彻落实,引导节能服务公司加强技术研发、服务创新、人才培养和品牌建设,提高融资能力,不断探索和完善商业模式。鼓励大型重点用能单位利用自身技术优势和管理经验,组建专业化节能服务公司。支持重点用能单位采用合同能源管理方式实施节能改造。公共机构实施节能改造要优先采用合同能源管理方式。加强对合同能源管理项目的融资扶持,鼓励银行等金融机构为合同能源管理项目提供灵活多样的金融服务。积极培育第三方认证、评估机构。到2015年,建立比较完善的节能服务体系,节能服务公司发展到2 000多家,其中龙头骨干企业达到20家;节能服务产业总产值达到3 000亿元,从业人员达到50万人。"十二五"时期形成6 000万吨标准煤的节能能力。

(四)节能技术产业化示范工程

示范推广低品位余能利用、高效环保煤粉工业锅炉、稀土永磁电机、新能源汽车、半导体照明、太阳能光伏发电、零排放和产业链接等一批重大、关键节能技术。建立节能技术评价认定体系,形成节能技术分类遴选、示范和推广的动态管理机制。对节能效果好、应用前景广阔的关键产品或核心部件组织规模化生产,提高研发、制造、系统集成和产业化能力。"十二五"时期产业化推广30项以上重大节能技术,培育一批拥有自主知识产权和自主品牌、具有核心竞争力、世界领先的节能产品制造企业,形成1 500万吨标准煤的节能能力。

(五)城镇生活污水处理设施建设工程

加大城镇污水处理设施和配套管网建设力度。"十二五"时期新建配套管网16万公里,新增污水日处理能力4 200万吨,升级改造污水日处理能力2 600万吨,新增再生水利用能力2 700万吨/日。加快城镇生活垃圾处理处置设施建设,强化垃圾渗滤液处置。"十二五"时期分别新增化学需氧量和氨氮削减能力280万吨、30万吨。

(六)重点流域水污染防治工程

加强"三河三湖"、松花江、三峡库区及上游、丹江口库区及上游、黄河中上游等重点流域和城镇饮用水水源地的综合治理,加大长江中下游和珠江流域水污染防治力度,加强湖泊生态环境保护,推进渤海等重点海域综合治理。实施一批水污染综合治理项目。推动受污染场地、土壤及其周边地下水污染治理,重点推进湘江流域重金属污染治理。大力推进重点行业污水处理设施建设,"十二五"时期造纸、纺织、食品加工、农副产品加工、化工、石化等行业分别新增污水日处理能力300万吨、60万吨、60万吨、600万吨、200万吨、300万吨。

(七)脱硫脱硝工程

完成5 056万千瓦现役燃煤机组脱硫设施配套建设,对已安装脱硫设施但不能稳定达标的4 267万千瓦燃煤机组实施脱硫改造;完成4亿千瓦现役燃煤机组脱硝设施建设,对7 000万千瓦燃煤机组实施低氮燃烧技术改造。到2015年燃煤机组脱硫效率达到95%,脱硝效率达到75%以上。钢铁烧结机、有色金属窑炉、建材新型干法水泥窑、石化催化裂化装置、焦化炼焦炉配套实施低氮燃烧改造或安装脱硫脱硝设施,高速公路沿线逐步建设柴油车脱硝尿素加注站。"十二五"时期新增二氧化硫和氮氧化物削减能力277万吨、358万吨。

(八)规模化畜禽养殖污染防治工程

以规模化养殖场和养殖小区为重点,鼓励废弃物统一收集,集中治理。建设雨污分离污水收集系统和厌氧发酵处理设施,配套建设分布式粪污贮存及处理设施。加强规模化养殖场沼气预处理设施、发酵装置、沼气和沼肥利用设施建设,实现畜禽养殖场废弃物的资源化利用。到2015年,50%以上规模化养殖场和养殖小区配套建设废弃物处理设施,分别新增化学需氧量和氨氮削减能力140万吨、10万吨。

(九)循环经济示范推广工程

开展资源综合利用、废旧商品回收体系示范、"城市矿产"示范基地、再制造产业化、餐厨废弃物资源化、产业园区循环化改造、资源循环利用技术示范推广等循环经济重点工程建设,实现减量化、再利用、资源化。在农业、工业、建筑、商贸服务等重点领域,以及重点行业、重点流域、中西部产业承接园区实施清洁生产示范工程,加大清洁生产技术改造实施力度。加快共性、关键清洁生产技术示范和推广,培育一批清洁生产企业和工业园区。

(十)节能减排能力建设工程

推进节能监测平台建设,建立能源消耗数据库和数据交换系统,强化数据收集、数据分类汇总、预测预警和信息交流能力。开展重点用能单位能源消耗在线监测体系建设试点和城市能源计量示范建设。建设县级污染源监控中心,加强污染源监督性监测,完善区域污染源在线监控网络,建立减排监测数据库并实现数据共享。加强氨氮、氮氧化物统计监测,提高农业源污染监测和机动车污染监控能力。推进节能减排监管机构标准化和执法能力建设,加强省、市、县节能减排监测取证设备、能耗和污染物排放测试分析仪器配备。

初步测算,"十二五"时期实施节能减排重点工程需投资约23 660亿元,可形成节能能力3亿吨标准煤,新增化学需氧量、二氧化硫、氨氮、氮氧化物削减能力分别为420万吨、277万吨、40万吨、358万吨(见表4)。

表4　"十二五"节能减排规划投资需求

工程名称	投资需求(亿元)	节能减排能力(万吨)
节能重点工程	9 820	30 000(标准煤)
减排重点工程	8 160	420(化学需氧量)、277(二氧化硫)、40(氨氮)、358(氮氧化物)
循环经济重点工程	5 680	支撑实现上述节能减排能力
总　计	23 660	

五、保障措施

(一)坚持绿色低碳发展

深入贯彻节约资源和保护环境基本国策,坚持绿色发展和低碳发展。坚持把节能减排作为落实科学发展观、加快转变经济发展方式的重要着力点,加快构建资源节约、环境友好的生产方式和消费模式,增强可持续发展能力。在制定实施国家有关发展战略、专项规划、产业政策以及财政、税收、金融、价格和土地等政策过程中,要体现节能减排要求,发展目标要与节能减排约束性指标衔接,政策措施要有利于推进节能减排。

(二)强化目标责任评价考核

综合考虑经济发展水平、产业结构、节能潜力、环境容量及国家产业布局等因素,合理确定各地区、各行业节能减排目标。进一步完善节能减排统计、监测、考核体系,健全节能减排预警机制,建立健全行业节能减排工作评价制度。各地区要将国家下达的节能减排目标分解落实到下一级政府、有关部门和重点单位。国务院每年组织开展省级人民政府节能减排目标责任评价考核,考核结果作为领导班子和领导干部综合考核评价的重要内容,纳入政府绩效管理,实行问责制,并按照有关规定对作出突出成绩的地区、单位和个人给予表彰奖励。地方各级人民政府要切实抓好本地区节能减排目标责任评价考核。

(三)加强用能节能管理

明确总量控制目标和分解落实机制,实行目标责任管理。建立能源消费总量预测预警机制,对能源消费总量增长过快的地区及时预警调控。在工业、建筑、交通运输、公共机构以及城乡建设和消费领域全面加强用能管理,切实改变敞开供应能源、无约束使用能源的现象。依法加强年耗能万吨标准煤以上用能单位节能管理,开展万家企业节能低碳行动,落实目标责任,实行能源审计,开展能效水平对标活动,建立能源管理师制度,提高企业能源管理水平。在大气联防联控重点区域开展煤炭消费总量控制试点,从严控制京津唐、长三角、珠三角地区新建燃煤火电机组。

(四)健全节能环保法律、法规和标准

完善节能环保法律、法规和标准体系。推动加快制修订大气污染防治法、排污许可证管理条例、畜禽养殖污染防治条例、重点用能单位节能管理办法、节能产品认证管理办法等。加快节能环保标准体系建设,扩大标准覆盖面,提高准入门槛。组织制修订粗钢、铁合金、焦炭、多晶硅、纯碱等50余项高耗能产品强制性能耗限额标准,高压三相异步电动机、平板电视机等40余项终端用能产品强制性能效标准,制定钢铁、水泥等行业能源管理体系标准等。健全节能和环保产品及装备标准。完善环境质量标准。加快重点行业污染物排放标准的制修订工作,根据氨氮、氮氧化物控制目标要求制定实施排放标准,加强标准实施的后评估工作。

(五)完善节能减排投入机制

加大中央预算内投资和中央节能减排专项资金对节能减排重点工程和能力建设的支持力度,继续安排国有资本经营预算支出支持企业实施节能减排项目。完善"以奖代补"、"以奖促治"以及采用财政补贴方式推广高效节能产品和合同能源管理等支持机制,强化财政资金的引导作用。支持军队重点用能设施设备节能改造。地方各级人民政府要进一步加大对节能减排的投入,创新投入机制,发挥多层次资本市场融资功能,多渠道引导企业、社会资金积极投入节能减排。完善财政补贴方式和资金管理办法,强化财政资金的安全性和有效性,提高财政资金使用效率。

(六)完善促进节能减排的经济政策

深化资源性产品价格改革,理顺煤、电、油、气、水、矿产等资源类产品价格关系,建立充分反映市场供求、资源稀缺程度以及环境损害成本的价格形成机制。完善差别电价、峰谷电价、惩罚性电价,尽快出台鼓励余热余压发电和煤层气发电的上网政策,全面推行居民用电阶梯价格。严格落实脱硫电价,研究完善燃煤电厂烟气脱硝电价政策。完善矿业权有偿取得制度。加快供热体制改革,全面实施热计量收费制度。完善污水处理费政策。改革垃圾处理收费方式,提高收缴率,降低征收成本。完善节能产品政府采购制度。扩大环境标志产品政府采购范围,完善促进节能环保服务的政府采购政策。落实国家支持节能减排的税收优惠政策,改革资源税,加快推进环境保护税立法工作,调整进出口税收政策,合理调整消费税范围和税率结构。推进金融产品和服务方式创新,积极改进和完善节能环保领域的金融服务,建立企业节能环保水平与企业信用等级评定、贷款联动机制,探索建立绿色银行评级制度。推行重点区域涉重金属企业环境污染责任保险。

(七)推广节能减排市场化机制

加大能效标识和节能环保产品认证实施力度,扩大能效标识和节能产品认证实施范围。建立高耗能产品(工序)和主要终端用能产品能效"领跑者"制度,明确实施时限。推进节能发电调度。强化电力需求侧管理,开展城市综合试点。加快建立电能管理服务平台,充分运用电力负荷管理系统,完善鼓励电网企业积极参与电力需求侧管理的考核与奖惩机制。加强政策落实和引导,鼓励采用合同能源管理实施节能改造,推动城镇污水、垃圾处理以及企业污染治理等环保设施社会化、专业化运营。深化排污权有偿使用和交易制度改革，建立完善排污权有偿使用和交易政策体系，研究制定排污权交易初始价格和交易价格政策。开展碳排放交易试点。推进资源型经济转型改革试验。健全污染者付费制度，完善矿产资源补偿制度，加快建立生态补偿机制。

(八)推动节能减排技术创新和推广应用

深入实施节能减排科技专项行动，通过国家科技重大专项和国家科技计划(专项)等对节能减排相关科研工作给予支持。完善节能环保技术创新体系，加强基础性、前沿性和共性技术研发，在节能环保关键技术领域取得突破。加强政府指导，推动建立以企业为主体、市场为导向、多种形式的产学研战略联盟，鼓励企业加大研发投入。重点支持成熟的节能减排关键、共性技术与装备产业化示范和应用，加快产业化基地建设。发布节能环保技术推广目录，加快推广先进、成熟的新技术、新工艺、新设备和新材料。加强节能环保领域国际交流合作，加快国外先进适用节能减排技术的引进吸收和推广应用。

(九)强化节能减排监督检查和能力建设

加强节能减排执法监督，依法从严惩处各类违反节能减排法律法规的行为，实行执法责任制。强化重点用能单位、重点污染源和治理设施运行监管，推动污染源自动监控数据联网共享。完善工业能源消费统计，建立建筑、交通运输、公共机构能源消费统计制度、地区单位生产总值能耗指标季度统计制度，强化统计核算与监测。健全节能管理、监察、服务"三位一体"节能管理体系，形成覆盖全国的省、市、县三级节能监察体系。突出抓好重点用能单位能源利用状况报告、能源计量管理、能耗限额标准执行情况等监督检查。

(十)开展节能减排全民行动

深入开展节能减排全民行动，抓好家庭社区、青少年、企业、学校、军营、农村、政府机构、科技、科普和媒体等十个专项行动。把节能减排纳入社会主义核心价值观宣传教育以及基础教育、文化教育、职业教育体系，增强危机意识。充分发挥广播影视、文化教育等部门以及新闻媒体和相关社会团体的作用，组织好节能宣传周、世界环境日等主题宣传活动。加强日常宣传和舆论监督，宣传先进、曝光落后、普及知识，崇尚勤俭节约、反对奢侈浪费，推动节能、节水、节地、节材、节粮，倡导与我国国情相适应的文明、节约、绿色、低碳生产方式和消费模式，积极营造良好的节能减排社会氛围。

六、规划实施

节约资源和保护环境是我国的基本国策，推进节能减排工作，加快建设资源节约型、环境友好型社会是我国经济社会发展的重大战略任务。各级人民政府和有关部门要切实履行职责，扎实工作，进一步强化目标责任评价考核，加强监督检查，保障规划目标和任务的完成。地方各级人民政府要对本地区节能减排工作负总责，切实加强组织领导和统筹协调，做好本地区节能减排规划与本规划主要目标、重点任务的协调，特别要加强约束性指标的衔接，抓好各项目标任务的分解落实，强化政策统筹协调，做好相关规划实施的跟踪分析。发展改革委、环境保护部要会同有关部门加强对本规划执行的支持和指导，认真做好规划实施的监督评估，重视研究新情况，解决新问题，总结新经验，重大问题及时向国务院报告。

★国务院 2012 年 8 月 6 日发布的国发【2012】40 号文。

符合《水泥行业准入条件》生产线名单（第一批）★

List of production lines conforming to "cement industry access conditions" (Group 1)

根据《水泥行业准入条件》和《水泥行业准入公告管理暂行办法》，经企业申报，省级工业和信息化主管部门核实以及专家复核，现将符合《水泥行业准入条件》生产线名单(第一批)予以公告。

附件：符合《水泥行业准入条件》生产线名单(第一批)

序号	公司名称	拟公告生产线名称	建设地点	产能规模 (t/d)
1	天津振兴水泥有限公司	2 000t/d 熟料生产线(一线)	天津市北辰经济开发区	2 000
2	天津振兴水泥有限公司	2 000t/d 熟料生产线(二线)	天津市北辰经济开发区	2 000
3	唐山冀东水泥股份有限公司	4 000t/d 新型干法熟料水泥生产线一线	河北省唐山市丰润区林荫路	4 000

续 表

序号	公司名称	拟公告生产线名称	建设地点	产能规模(t/d)
4	唐山冀东水泥股份有限公司	4 000t/d 新型干法熟料水泥生产线二线	河北省唐山市丰润区林荫路	4 000
5	唐山冀东水泥股份有限公司	4 500t/d 新型干法熟料水泥生产线 A 线	河北省唐山市丰润区林荫路	4 500
6	唐山冀东水泥股份有限公司	4 500t/d 新型干法熟料水泥生产线 B 线	河北省唐山市丰润区林荫路	4 500
7	唐山冀东水泥股份有限公司	4 500t/d 新型干法熟料水泥生产线 C 线	河北省唐山市丰润区林荫路	4 500
8	唐山冀东水泥三友有限公司	2 500t/d 熟料生产线	河北省唐山市古冶区赵各庄西	2 500
9	冀东水泥滦县有限责任公司	4 000t/d 新型干法熟料水泥生产线	河北省滦县杨柳庄镇	4 000
10	保定太行和益水泥有限公司	2 000t/d 新型干法熟料水泥生产线	河北省保定市易县城南八里庄	2 000
11	曲阳金隅水泥有限公司	4 000t/d 新型干法熟料水泥生产线	河北省曲阳县灵山镇野北村村北	4 000
12	鹿泉金隅鼎鑫水泥有限公司	2 000t/d 新型干法熟料水泥生产线(一分公司一线)	河北省鹿泉市同阁工业区	2 000
13	鹿泉金隅鼎鑫水泥有限公司	2 000t/d 新型干法熟料水泥生产线(一分公司二线)	河北省鹿泉市同阁工业区	2 000
14	鹿泉金隅鼎鑫水泥有限公司	4 000t/d 新型干法熟料水泥生产线(二分公司一线)	河北省鹿泉市宜安镇东焦村	4 000
15	鹿泉金隅鼎鑫水泥有限公司	4 000t/d 新型干法熟料水泥生产线(二分公司二线)	河北省鹿泉市宜安镇东焦村	4 000
16	鹿泉金隅鼎鑫水泥有限公司	4 000t/d 新型干法熟料水泥生产线(三分公司)	河北省鹿泉市宜安镇牛山村西	4 000
17	吉林亚泰明城水泥有限公司	5 000t/d 新型干法水熟料生产线(一线)	吉林省磐石市明城镇矿山街	5 000
18	吉林亚泰明城水泥有限公司	5 000t/d 新型干法水熟料生产线(二线)	吉林省磐石市明城镇矿山街	5 000
19	辽源渭津金刚水泥有限公司	4 000t/d 新型干法水泥熟料 1 号线生产线	吉林省辽源市渭津镇渭滨村一组	4 000
20	辽源渭津金刚水泥有限公司	4 000t/d 新型干法水泥熟料 2 号线生产线	吉林省辽源市渭津镇渭滨村一组	4 000
21	吉林德全水泥集团汪清有限责任公司	4 000t/d 新型干法水泥熟料生产线	吉林省汪清县大兴沟镇庙岭村	4 000
22	金刚(集团)白山水泥有限公司	4 000t/d 新型干法水泥熟料生产线	吉林省白山市浑江区六道江镇江沿村	4 000
23	淮海中联水泥有限公司	5 000t/d 水泥熟料生产线(1#线)	江苏省徐州市北郊茅村北	5 000
24	淮海中联水泥有限公司	5 000t/d 水泥熟料生产线(2#线)	江苏省徐州市北郊茅村北	5 000
25	徐州中联水泥有限公司	10 000t/d 熟料生产线	江苏省徐州市贾汪区龙泉路128号	10 000

续 表

序号	公司名称	拟公告生产线名称	建设地点	产能规模 (t/d)
26	江苏徐舍南方水泥有限公司	2 000t/d 新型干法水泥熟料生产线	江苏省宜兴市徐舍镇捻头村	2 000
27	富阳南方水泥有限公司	4 000t/d 水泥熟料生产线	浙江省富阳市新桐乡黄金湾	4 000
28	富阳山亚南方水泥有限公司	5 000t/d 熟料水泥生产线	浙江省富阳市渌渚镇上港码头	5 000
29	建德南方水泥有限公司	4 000t/d 新型干法水泥熟料生产线	浙江省建德市更楼街道黄岙村	4 000
30	浙江杭州大马水泥有限公司	4 000t/d 熟料水泥生产线	浙江省临安市板桥镇灵溪村	4 000
31	江山南方水泥有限公司	4 000t/d 水泥熟料生产线	浙江省江山市上铺	4 000
32	江山南方水泥有限公司	2 000t/d 水泥熟料综合利用生产线	浙江省江山市上铺	2 000
33	江山市何家山水泥有限公司	2 000t/d 熟料新型干法水泥生产线	浙江省江山市虎山街道彭里89号	2 000
34	浙江江山虎球水泥有限公司	4 000t/d 熟料新型干法水泥生产线	浙江省江山市十里牌16号	4 000
35	浙江江山虎球水泥有限公司	2 000t/d 熟料新型干法水泥生产线	浙江省江山市十里牌16号	2 000
36	安徽皖维高新材料股份有限公司	1 000t/d 水泥熟料生产线(特种水泥)	安徽省巢湖市皖维路56号	1 000
37	安徽皖维高新材料股份有限公司	4 500t/d 水泥熟料生产线(3号线)	安徽省巢湖市皖维路56号	4 500
38	芜湖海螺水泥有限公司	4 500t/d 水泥熟料生产线(1号线)	安徽省芜湖市繁昌县阳镇代冲村	4 500
39	芜湖海螺水泥有限公司	4 500t/d 水泥熟料生产线(2号线)	安徽省芜湖市繁昌县阳镇代冲村	4 500
40	芜湖海螺水泥有限公司	4 500t/d 水泥熟料生产线(3号线)	安徽省芜湖市繁昌县阳镇代冲村	4 500
41	芜湖海螺水泥有限公司	4 500t/d 水泥熟料生产线(4号线)	安徽省芜湖市繁昌县阳镇代冲村	4 500
42	安徽荻港海螺水泥股份有限公司	2 500t/d 水泥熟料生产线(1号线)	安徽省芜湖市繁昌县荻港镇杨湾村	2 500
43	安徽荻港海螺水泥股份有限公司	2 500t/d 水泥熟料生产线(2号线)	安徽省芜湖市繁昌县荻港镇杨湾村	2 500
44	安徽荻港海螺水泥股份有限公司	5 000t/d 水泥熟料生产线(3号线)	安徽省芜湖市繁昌县荻港镇杨湾村	5 000
45	安徽荻港海螺水泥股份有限公司	4 500t/d 水泥熟料生产线(4号线)	安徽省芜湖市繁昌县荻港镇杨湾村	4 500
46	安徽荻港海螺水泥股份有限公司	4 500t/d 水泥熟料生产线(5号线)	安徽省芜湖市繁昌县荻港镇杨湾村	4 500
47	安徽海螺水泥股份有限公司白马山水泥厂	2 000t/d 水泥熟料生产线	安徽省芜湖市九华南路1013号	2 000
48	安徽海螺水泥股份有限公司白马山水泥厂	4 000t/d 水泥熟料生产线	安徽省芜湖市九华南路1013号	4 000
49	安徽枞阳海螺水泥股份有限公司	2 500t/d 水泥熟料生产线(1号线)	安徽省枞阳县山山镇	2 500

续 表

序号	公司名称	拟公告生产线名称	建设地点	产能规模(t/d)
50	安徽枞阳海螺水泥股份有限公司	5 000t/d 水泥熟料生产线(3 号线)	安徽省枞阳县山山镇	5 000
51	安徽枞阳海螺水泥股份有限公司	7 200t/d 水泥熟料生产线(4 号线)	安徽省枞阳县山山镇	7 200
52	安徽枞阳海螺水泥股份有限公司	4 500t/d 水泥熟料生产线(5 号线)	安徽省枞阳县山山镇	4 500
53	安徽枞阳海螺水泥股份有限公司	4 500t/d 水泥熟料生产线(6 号线)	安徽省枞阳县山山镇	4 500
54	江西省圣塔实业集团有限公司	4 000t/d 新型干法水泥生产线	江西省信丰县工业区	4 000
55	江西万年青水泥股份有限公司	4 500t/d 熟料生产线	江西省万年县城东郊	4 500
56	江西瑞金万年青水泥有限责任公司	4 000t/d 新型干法熟料生产线(2＃线)	江西省瑞金市云石山乡	4 000
57	江西瑞金万年青水泥有限责任公司	4 000t/d 新型干法熟料生产线(1＃线)	江西省瑞金市云石山乡	4 000
58	青州中联水泥有限公司	6 000t/d 水泥熟料生产线	山东省青州市邵庄镇普通村西邻	6 000
59	天瑞集团郑州水泥有限公司	10 000t/d 水泥熟料生产线	河南省荥阳市崔庙镇邵寨镇	10 000
60	卫辉市天瑞水泥有限公司	5 000t/d 新型干法生产线(一期)	河南省卫辉市铁西工业区	5 000
61	卫辉市天瑞水泥有限公司	5 000t/d 新型干法生产线(二期)	河南省卫辉市铁西工业区	5 000
62	天瑞集团水泥有限公司	4 000t/d 回转窑生产线	河南省汝州市临汝镇东营村北	4 000
63	天瑞集团汝州水泥有限公司	2 000t/d 新型干法水泥生产线	河南省汝州市汝南工业区戎工路北段	2 000
64	天瑞集团汝州水泥有限公司	5 000t/d 新型干法水泥生产线	河南省汝州市汝南工业区戎工路北段	5 000
65	天瑞集团光山水泥有限公司	4 500t/d 熟料新型干法水泥生产线	河南省光山县官渡河产业集聚区航空中路 1 号	4 500
66	禹州市中锦水泥有限公司	5 000t/d 熟料水泥生产线	河南省禹州市经济开发区	5 000
67	驻马店市场豫龙同力水泥有限公司	5 000t/d 水泥熟料生产线(一期)	河南省驻马店市确山县确正路	5 000
68	洛阳黄河同力水泥有限责任公司	5 000t/d 熟料干法水泥生产线	河南省洛阳市宜阳县城关乡城东开发区	5 000
69	河南省同力水泥有限公司	2 000t/d 水泥熟料干法旋窑生产线	河南省鹤壁市春雷南路	2 000
70	河南省同力水泥有限公司	2 500t/d 水泥熟料干法旋窑生产线	河南省鹤壁市春雷南路	2 500
71	河南省豫鹤同力水泥有限公司	5 000t/d 熟料生产线	河南省鹤壁市春雷南路	5 000
72	中国联合水泥集团有限公司南阳分公司	3 000t/d 新型干法水泥熟料生产线	河南省镇平县工业园区北部	3 000

续 表

序号	公司名称	拟公告生产线名称	建设地点	产能规模(t/d)
73	中国联合水泥集团有限公司南阳分公司	6 000t/d 新型干法水泥熟料生产线	河南省镇平县工业园区北部	6 000
74	淅川中联水泥有限公司	4 500t/d 干法熟料水泥生产线	河南省淅川县城灌河路 405 号	4 500
75	郏县中联天广水泥有限公司	2 500t/d 熟料干法生产线(一线)	河南省郏县黄道万花山	2 500
76	郏县中联天广水泥有限公司	2 000t/d 熟料干法生产线(二线)	河南省郏县黄道万花山	2 000
77	南阳中联卧龙水泥有限公司	4 500t/d 水泥熟料生产线	河南省南阳市卧龙区蒲山镇	4 500
78	邓州中联水泥有限公司	4 500t/d 熟料新型干法水泥生产线	河南省邓州市杏山开发区	4 500
79	河南省大地水泥有限公司	4 500t/d 熟料新型干法水泥生产线项目(一期)	河南省宝丰县杨庄镇	4 500
80	焦作千业水泥有限责任公司	5 000t/d 熟料新型干法水泥生产线	河南省马村区安阳城乡田门村北	5 000
81	华新水泥(河南信阳)有限公司	4 500t/d 熟料水泥生产线	河南省信阳市浉河区柳林乡	4 500
82	河南锦荣水泥有限公司	4 500t/d 水泥熟料生产线	河南省陕县张茅后崖村	4 500
83	国投新登郑州水泥有限公司	4 500t/d 干法熟料水泥生产线	河南省郑州市宣化镇	4 500
84	登封市宏昌水泥有限公司	4 500t/d 新型干法水泥生产线	河南省登封市送表矿区东送表村	4 500
85	登封中联登电水泥有限公司	5 000t/d 熟料新型干法水泥生产线	河南省登封市东华镇	5 000
86	新乡平原同力水泥有限责任公司	5 000t/d 熟料新型干法水泥生产线	河南省新乡市凤泉区建材路 10 号	5 000
87	内乡宝天曼水泥有限公司	4 500t/d 水泥熟料生产线	河南省内乡县建材工业园区	4 500
88	宜昌花林水泥有限公司	2 500t/d 新型干法熟料水泥生产线	湖北省宜昌市夷陵区黄花乡黄花场村	2 500
89	华新水泥股份有限公司黄石分公司	4 000t/d 新型干法熟料水泥生产线	湖北省黄石市黄石大道 897 号	4 000
90	华新水泥股份有限公司黄石分公司	2 000t/d 新型干法熟料水泥生产线	湖北省黄石市黄石大道 897 号	2 000
91	葛洲坝宜城水泥有限公司	4 800t/d 新型干法熟料水泥生产线	湖北省宜城市板桥店镇	4 800
92	中国葛洲坝集团股份有限公司水泥厂	2 500t/d 新型干法熟料水泥生产线	湖北省荆门市东宝区泉口路 21 号	2 500
93	中国葛洲坝集团股份有限公司水泥厂	2 000t/d 新型干法熟料水泥生产线	湖北省荆门市东宝区泉口路 21 号	2 000
94	华新水泥(襄阳)有限公司	4 000t/d 新型干法熟料水泥生产线(一期)	湖北省南漳县华新大道 1 号	4 000
95	华新水泥(襄阳)有限公司	4 000t/d 新型干法熟料水泥生产线(二期)	湖北省南漳县华新大道 1 号	4 000
96	云南昆钢嘉华水泥建材有限公司	2 000t/d 水泥熟料生产线	云南省安宁市昆钢洛阳池	2 000

续　表

序号	公司名称	拟公告生产线名称	建设地点	产能规模（t/d）
97	云南昆钢嘉华水泥建材有限公司	4 000t/d 水泥熟料生产线	云南省安宁市昆钢洛阳池	4 000
98	华新水泥（昭通）有限公司	4 000t/d 新型干法水泥熟料生产线	云南省昭通市昭阳区北闸镇塘房村	4 000
99	保山市昆钢嘉华水泥建材有限公司	3 000t/d 水泥熟料生产线	云南省保山市施甸县水长乡七零七工业园区	3 000
100	曲靖市宣威宇恒水泥有限公司	3 000t/d 新型干法水泥熟料生产线	云南省宣威市宛水办事处凤凰村	3 000
101	云南国资水泥剑川有限公司	2 000t/d 熟料生产线	云南省剑川县城北梅园建材工业园区	2 000
102	西安蓝田尧柏水泥有限公司	2 500t/d 新型干法熟料水泥生产线	陕西省蓝田县小寨乡西坡村	2 500
103	西安蓝田尧柏水泥有限公司	2 500t/d 新型干法熟料水泥生产线	陕西省蓝田县小寨乡西坡村	2 500
104	宁夏建材集团	2 300t/d 水泥熟料生产线	宁夏回族自治区银川市西夏区新小线 2 公里处	2 300
105	宁夏建材集团	2 500t/d 水泥熟料生产线（一期）	宁夏回族自治区银川市西夏区贺兰山套门沟	2 500
106	宁夏建材集团	2 500t/d 水泥熟料生产线（二期）	宁夏回族自治区银川市西夏区贺兰山套门沟	2 500
107	宁夏建材集团	4 500t/d 水泥熟料生产线	宁夏回族自治区银川市西夏区贺兰山套门沟	4 500
108	新疆天山水泥股份有限公司	2 000t/d 熟料生产线	新疆维吾尔自治区乌鲁木齐市水泥厂街 242 号	2 000

★工业和信息化部 2012 年 9 月 11 日发布的 2012 年第 42 号公告。

关于规范水泥窑低温余热发电机组并网运营的意见★

Advice about standardizing gridding operation of low temperature and waste heat generator sets of cement kiln

各派出机构，国家电网公司、南方电网公司、内蒙古电力（集团）公司，中国建筑材料联合会、中国资源综合利用协会发电分会、中国水泥协会，有关水泥生产企业：

近年来，为落实国家节能减排的总体战略，全国水泥窑低温余热发电技术推广很快。据统计，目前已建成投产的水泥窑低温余热发电机组达 700 多台套，装机容量 580 多万千瓦，年发电量 350 多亿度。为规范水泥窑低温余热发电机组并网运营工作，维护企业合法权益，促进资源节约和综合利用，根据《中华人民共和国循环经济促进法》、《中华人民共和国节约能源法》、《电力监管条例》等法律法规，现提出以下意见。

一、水泥窑低温余热发电机组并网运营管理工作，应依照国家有关资源综合利用法律法规，落实有关优惠政策。

二、电网企业应按照有关法律法规，为水泥窑低温余热发电机组提供并网接入服务和并网技术支持。

三、电网企业要规范水泥窑低温余热发电机组并网程序，公开并网工作流程、办理时限及受理部门等，为其接入电网提供便利条件。

四、水泥窑低温余热发电机组接入系统设计和接入工程建设中，电网企业不得指定设计、施工和设备材料供应单位。

五、电网企业在接到水泥窑低温余热发电机组接入电网申请后，应及时组织接入系统方案审核及并网验收，审核结果应书面通知相关企业。经审核不能通过的，电网企业应说明具体原因，并积极协助其解决并网问题。

六、水泥窑低温余热发电的电量实行“自发自用”，不纳入电网统一销售，不与电网企业签订《购售电合同》，并网运行的，应签订《并网调度协议》。

七、拥有水泥窑低温余热发电机组的水泥企业应按国家有关规定向电网企业支付系统备用费。系统备用费标准应按照合理补偿成本的原则确定。电网企业应披露系统备用费收取方式和标准等信息，并接受监督。

八、电网企业不得自行规定向水泥窑低温余热发电机组收费。

九、水泥窑低温余热发电企业应遵守国家的有关法律法规、行业标准和规程，接受电网企业的专业管理和技术指导，服从电网统一调度。

十、钢铁、玻璃、化工等其他行业类似的低温余热余压发电机组，可参照执行。

十一、各电力监管机构要加强对水泥窑低温余热发电机组并网运营工作的监管，促进水泥窑低温余热发电健康发展。工作中的重大问题应及时向电监会报告。

★国家电力监管委员会市场监管部2012年12月7日发布的电监市场[2012]65号文。

国家重点节能技术推广目录（第五批）★

Promotion catalogue of key national energy saving technology（Group 5）

为贯彻落实《中华人民共和国节约能源法》《国务院关于加强节能工作的决定》和《国务院关于印发"十二五"节能减排综合性工作方案的通知》，加快重点节能技术的推广普及，引导用能单位采用先进的节能新工艺、新技术和新设备，提高能源利用效率，我们组织编制了《国家重点节能技术推广目录（第五批）》，现予以公告，在国家发展改革委网站（www.ndrc.gov.cn）上发布，请有关部门、单位及企业到网站查阅、下载。

第五批目录涉及煤炭、电力、钢铁、有色、石油石化、化工、建材、机械、轻工、建筑、交通、通信等12个行业，共49项重点节能技术。

附件：国家重点节能技术推广目录（第五批）

序号	节能技术名称	适用范围	主要技术内容	典型项目				单位节能量	目前推广比例（%）
				适用的技术条件	项目建设规模	投资额（万元）	项目节能量（tce/a）		
19	高效优化粉磨节能技术	建材、矿山等行业粉磨生产系统	采用高效冲击、挤压、碾压粉碎原理，配合适当的分级设备，使入磨物料粒度控制在3mm以下，并优化球磨机内部构造和研磨体级配方案，从而有效降低系统粉磨电耗	改造或新建粉磨生产线系统	MB32130水泥球磨机生产系统改造	470	4 170	13.58 kgce/t水泥	<1
22	新型干法水泥窑生产运行节能监控优化系统技术	建材行业新型干法水泥生产线	构建大规模节能减排监测网络，采集水泥窑炉废气；根据废气成分计算燃烧状态和能源消耗及排放量；利用专家系统提供操作指导，并优化调控生产工艺参数	现场具有计算机网络基础设施	1条4 500 t/d新型干法水泥生产线节能监控系统改造	98	13 500	70 kcal/kg·cl	1

★国家发展和改革委员会2012年12月13日发布的第42号公告。

领导关怀

Caring Leadership

2011 年

Year 2011

中国机冶建材工会主席刘海华到集团伊拉克、土耳其项目考察

4 月 11～14 **日**，全国总工会中国机冶建材工会主席刘海华在集团党委副书记、工会主席张江的陪同下，到集团土耳其和伊拉克项目考察慰问。

张江高度评价 SCP 一线项目，总结了 SCP 一线项目的"五个第一"：苏州中材第一个真正意义上的境外总承包项目；集团第一个采用全套国产设备和中国标准建设的水泥生产线；我国公司在伊拉克战后完成的第一条日产 5 000 吨水泥生产线；集团第一个在海外从水泥向其它领域拓展的项目（承接了水泥保产和电厂项目）；集团第一个国外业主向中国灾区捐款的项目（由于对苏州中材 SCP 一线项目的高度认可，MASS 公司 2010 年为中国玉树灾区捐款 100 万人民币）。

刘淇调研金隅新北水

4 月 16 日，中共中央政治局委员、中共北京市委书记刘淇，中共北京市委副书记、市长郭金龙就"加快转变经济发展方式，率先形成创新驱动发展格局"主题，到金隅集团新北水公司调研。刘淇一行听取了金隅集团党委书记、董事长蒋卫平，北京市政府专家顾问、中国建材联合会副会长徐永模，新北水公司经理赵雍等关于金隅集团及所属企业转变经济发展方式、不断创新发展循环经济、实现整体可持续发展等情况的汇报和介绍，对金隅集团依托自主创新，大力发展循环经济的成果给予充分肯定。

中国建材集团签约印尼大型水泥投资项目

4 **月** 28～30 **日**，在国务院总理温家宝对印度尼西亚进行正式访问期间，中国建材集团董事长宋志平率队随团访问了印度尼西亚，受到了温家宝总理的亲切接见。在两国领导人的见证下，中国建材集团与印尼佳通集团正式签订了印尼日产 6 000 吨水泥熟料项目合作协议书。

该项目位于印尼三宝垄市附近，项目总投资约 3.5 亿美元，建设工期 27 个月，为印尼国内产能最大的单线水泥熟料生产线。项目的签约标志着中国建材集团"走出去"战略的加快实施，提高了中国水泥工业的国际影响力。项目的签约得到了温家宝总理的充分肯定，他在"中国－印尼战略经济对话会议"上发表演讲时特别指出，中国建材集团以最快的速度与印尼企业合作建设水泥生产线项目，将为印尼下一步扩大水泥产能、加快基础设施建设提供可靠的帮助。

乔龙德赴南方水泥考察调研

5 **月** 10 **日**，中国建材联合会会长乔龙德一行专程赶赴浙江，来到"南方水泥"深入调查研究。

乔龙德先后来到湖州南方水泥有限公司，听取"湖州南方"总裁林国荣的工作汇报；深入"湖州南方"所属企业"槐坎南方"了解生产运行情况；在杭州与"南方水泥"管理团队座谈，并听取"南方水泥"总裁肖家祥的工作汇报。

乔龙德在听取了大家的意见后指出，在转变经济发展方式的今天，科学发展已经成为当今我国社会发展的主题。"南方水泥"联合重组、管理整合和经营效果的实践，是"中国建材"战略决策的成功和"南方水泥"能够系统创新管理、系统组织推进的结果；在贯彻落实"中国建材"的战略构想时，"南方水泥"的管理团队执行得力、得法、得当，有勇气、有执行力、有创造性；实践证明，"南方水泥"通过联合重组、管理整合，强化了管理，降低了成本，提高了资源配置的效率，符合科学发展的客观要求；"南方水泥"创立 3 年多来，联合重组时间不长、管理整合效果显著，较好地回答了企业怎么管理、背景不同怎样整合的难题，经验值得总结、借鉴和学习。

工信部巡视员贾银松考察尼日利亚项目部

8 **月** 25 **日**，工业与信息化部巡视员贾银松代表团一行 4 人在集团副总经理于国波等陪同下，考察了中材国际（天津）尼日利亚拉法基项目部。

贾银松一行到达项目部后，首先驱车参观了工程施工现场，从原料系统到窑中，从水泥磨车间到水泥包装系统。贾银松巡视员不时地仔细询问施工进展情况，并向项目经理李明了解水泥工艺流程、设备试运转状态、对周边环境影响等状况。在会议室，李明就项目的运作模式、进展状况、机具材料、人员管理、安全管理、安全保卫、后勤保障、项目经济运行、党团工会等方面向贾银松巡视员一行做了详细汇报。

听取汇报后，贾银松对辛勤工作在施工生产第一线的广大员工表示亲切慰问和衷心感谢！对现场的施工进展、安全生产、文明施工表示赞赏。他要求，一是按发达国家标准在发展中国家建设精品工程，坚持以人为本，充分发挥发扬了中国和中材特色；二是根据"十二五"规划，狠抓结构调整，促进企业转型调整的落实，拓展新型市场，坚持互惠共赢，坚持

国际化，走出去战略；三是通过和国际高水平企业的交手，提高自己水平，坚持信誉、安全、品牌战略；四是通过工程总承包走出去达到三个作用：即给相关行业和企业、人员、观念的带动作用，工程的示范作用，与国际先进企业、本土化合作沟通的作用。并要求中材集团所属企业，通过过硬的进度和质量管理及过硬的技术技能塑造了过硬的队伍团体。他希望和勉励项目部员工，一定要注重人身安全，注重企业信誉和品牌建设，通过注重塑造中材的形象，继而塑造中国形象。

于国波随后发表讲话，他对贾银松到尼日利亚项目考察表示感谢。他说，中材国际(天津)作为中国水泥建设行业第一个走出去，第一个总承包，第一个吃螃蟹的团队，队伍很过硬，对集团、对国家都有突出贡献，现在又能在非洲尼日利亚这个环境复杂，社会复杂，关系复杂的地方建设这么好的工程，给 SINOMA 创造了品牌。希望大家继续努力，贡献经验和力量，同时总结经验、在系统内部互相借鉴学习，实现企业的可持续发展。

张春贤视察尧柏集团于田项目

9 **月** 10 **日**，新疆自治区党委书记张春贤在自治区党委常委秘书长白志杰、和田地区地委书记闫汾新、副书记张建国、行署专员巨艾提·伊明的陪同下，莅临陕西尧柏特种水泥集团有限公司于田县日产 4 500 吨新型干法熟料水泥生产线项目视察指导工作。

在项目现场，于田县委书记李建军向张春贤书记一行简要介绍了县工业园区的总体规划和布局，张书记对园区的规划布局以及发展前景表示肯定，并希望县委县政府加强企地共建，携手共进，尽快实现工业区的规模效应。随后，尧柏集团和田公司常务副经理罗先波对日产 4 500 吨新型干法熟料水泥生产线项目规划及建设情况作了详细汇报，张书记在听取汇报后，认真询问了公司近几年的发展情况，当听到尧柏集团是香港上市公司时，张书记对尧柏集团入疆在于田投资兴业表示热烈的欢迎，并指出，尧柏集团入驻新疆于田县将有利于推进县域经济社会的发展，这对于田县和尧柏集团来说都是个难得机遇，一定要把握住。同时，张书记对当地政府负责人提出了工作要求，希望在政策上能给予企业更多优惠，促使项目早日达产达效，开创企业发展和政府工作的新局面。

最后，张书记希望尧柏集团在国家西部大开发的广阔前景下，积极响应国家号召，抢抓新疆经济社会大发展的宝贵机遇，努力打造精品工程，制造优质产品，造福一方百姓。

孙伟考察枣庄中联时提出大力发展生态水泥业

9 **月** 15 **日**，山东省委常委、副省长孙伟带领省政府有关部门负责同志在枣庄市委书记、市人大常委会主任刘玉祥，枣庄市委副书记、市长陈伟，副市长、市政府秘书长张鲁军，枣庄市中区区委、区政府领导及市、区直有关部门负责人的陪同下到公司视察指导工作。

视察期间，中国联合水泥集团副总经理、山东运营管理区总裁、公司董事长冯耀银向孙伟副省长介绍了近年来中联水泥在山东的发展和枣庄中联认真贯彻科学发展观、积极淘汰落后产能、大力发展循环经济、建设生态水泥企业等情况。孙伟希望公司在取得成绩的基础上进一步改进管理，加大科技创新力度，提升企业综合竞争力，努力争当产品质量高、经济效益好、和谐发展的行业先锋，为山东省水泥工业的可持续发展发挥引领和示范作用。

罗汉一行赴南方水泥检查指导工作

12 **月** 14 **日**，国务院国有大型重点企业监事会主席罗汉一行赴“南方水泥”检查指导工作，听取了“南方水泥”的专题汇报，并深入企业进行调研。罗汉对南方公司取得的成绩给予高度肯定。他指出，未来水泥行业的健康发展还存在着诸多风险和挑战，希望“南方水泥”经营班子能够冷静分析、积极应对，在实现企业可持续发展的基础上，充分发挥规模、科技、人才等优势，积极开发环保应用技术，研制高标号和高附加值产品，引领水泥行业的科技创新和技术进步。

倪坚大使考察中材国际(南京)伊拉克 SCP 项目部

12 **月** 20 **日**，中国驻伊拉克新任大使倪坚与商务参赞寿海龙一行前往中材国际(南京)承建的伊拉克苏莱曼尼亚 SCP 项目进行考察。

在项目经理秦玮、龚腾等人的陪同下，倪坚一行参观了 SCP 一二线现场，对水泥生产线的工艺流程进行了解并对项目建设及生产管理给予了充分肯定。随后倪坚一行人员来到中央控制室，与技术人员就有关问题进行了交流并欣然题词。

参观完现场后，倪坚与驻伊的中资机构代表进行了座谈和交流。座谈期间，就安全问题，倪坚指出，相对于中东地区动荡不安的形势，库尔德地区相对安全稳定，各中资企业要充分认识到所处国度及地域的特殊性，务必处理好与当地民众的关系，切实加强各方面的安全管理工作；同时，要积极弘扬中国文化，打造中国优质产品，吸收他国长处，发挥自己特长，树立良好的中国企业形象。

最后，倪坚希望各中资企业机构在工作上遇到问题要积极沟通、合作并与大使馆保持联系，共同为打造良好的中国企业形象而努力奋斗。

2012 年
Year 2012

甘肃武山县委书记张建杰走访慰问天水祁连山水泥

1 月 17 日，武山县委书记张建杰深入天水祁连山水泥有限公司，亲切看望慰问了企业领导和职工，并送去了县四大组织和全县人民节日的问候和新春的祝福。县委常委、纪委书记苟钟灵，副县长张庆元，以及县委办、工信局等单位负责人一同参加了慰问。

张建杰与企业负责人进行了亲切的座谈交流，详细了解企业的生产经营状况和职工基本生活情况，并代表县委、县政府对近年来公司为武山经济建设做出的贡献表示衷心的感谢。张建杰说，天水祁连山水泥有限公司是武山境内最大的企业，对全县经济社会发展起着十分重要的作用。张建杰表示，县委、县政府将一如既往的关注、关心公司的发展，进一步加大对公司的扶持力度，努力帮助解决企业和职工的实际困难，为县域经济和公司实现共同发展、互利双赢做出积极努力。

陕西省工信厅调研走访冀东水泥泾阳公司

2 月 17 日，陕西省工信厅副厅长许蒲生率省、市、县相关部门到冀东水泥泾阳公司进行调研。主要是落实年初陕西省工信厅工作会上蒋跃厅长所做的“保增长、抓投资、促升级”的工作报告，对重点企业进行调研，进一步促进陕西经济的发展。

冀东水泥泾阳公司副总经理刘宗山介绍了冀东发展集团“十二五”超千亿的发展目标、2011 年陕西大区生产经营状况及下一步在陕西加大商混、骨料及物流投资力度的相关情况。同时向来访领导反映了陕西区域水泥市场价格过低，行业亟待整顿协调的相关问题。希望省工信厅及各级政府部门在商混、骨料等新领域发展上给予企业大力支持，促进企业快速发展。另外协调水泥市场，促进企业间合理竞争，确保水泥行业各企业诚信为先、公平竞争、健康发展。

最后许蒲生副厅长对冀东水泥加大在陕西省的投资表示欢迎和感谢，并表示将尽快落实企业反映的问题，帮助促进企业健康、快速发展。

西藏山南地区政协主席调研华新水泥西藏公司

2 月 20 日，西藏山南地区政协主席边巴在桑日县委副书记巴桑欧珠等领导的陪同下，到华新水泥西藏公司调研。

边巴主席强调，维稳工作是目前头等大事，没有稳定的发展环境，企业不可能发展，华新作为自治区知名建材企业，落户山南以来对推动当地经济发展起到了重要的推动作用，希望企业抓好安全稳定工作。随后，他指示桑日县政府相关职能部门做好与企业的沟通、协调和引导工作，为企业营造稳定的环境。

新疆维吾尔自治区党委书记张春贤到青松集团克州青松水泥有限责任公司调研

2 月 25 日，新疆维吾尔自治区党委书记、新疆生产建设兵团第一书记、第一政委张春贤在克州党委书记、人大党组书记曾存，克州、阿图什市党政领导及青松集团总裁杨万川等公司领导的陪同下，专程到青松集团克州青松水泥有限责任公司技改项目施工现场考察调研。

张春贤书记到达青松集团克州青松水泥有限责任公司技改项目施工现场后，与青松集团总裁杨万川亲切握手，杨万川向张春贤书记详细介绍了青松集团发展史和近几年来所取得的成就，同时简要介绍了项目建设的相关情况。

听完汇报后，张春贤书记仔细询问了克州青松年产 260 万吨熟料新型干法水泥生产线改扩建项目投资、进展情况，公司水泥产品研发、销售情况，克州青松水泥有限责任公司负责人认真向张春贤书记进行了解答。在听到公司以成本价向当地安居抗震工程提供水泥产品时，张春贤书记十分高兴。

临行前，张春贤书记说：“青松集团是兵团建材行业龙头企业，在新疆享有较高的知名度，对于青松集团的基本情况，我有一定的了解，这是我第二次来(张春贤书记于 2010 年 6 月 5 日到克州青松水泥有限责任公司视察)，每一次来都有新变化、新发展，希望企业以时不我待的新疆速度、只争朝夕的新疆效率，大干快上，争取项目早日完工，为实现新疆跨越式发展和长治久安、加快推进新型工业化做出新的更大的贡献。

安徽省联合调研组到海螺集团就垃圾处理项目推广作专题调研

3 月 19 日，安徽省住建厅副厅长吴桂和、城建处处长刘梅生会同安徽省发改委、环保厅、经信委、财政厅、地税局、国税局、物价局等有关领导组成联合调研组，来公司就海螺利用水泥窑协同处理城市生活垃圾项目推广工作进行调研交流。

公司相关部门负责人就海螺利用水泥窑协同处理城市生活垃圾项目(简称“CKK 项目”)的工艺技术、运行情况、投资运行成本、以及需要省政府给予的扶持政策等进行了详细的汇报。调研组一行就各自需要调研了解的事宜作了深入询问，公司相关部门负责人一一进行了详细解答。

在双方深入交流后，吴桂和副厅长作了总结。

他指出，海螺集团作为以水泥为主业的企业，能够花费了大量精力开发社会效益、环保效益显著的 CKK 项目，充分体现了大企业的社会责任感。CKK 项目处理的垃圾不需要分拣，特别适合中国国情，与填埋、焚烧发电相比，可以高效地降解二噁英，能全部处置垃圾渗滤液，防止恶臭扩散，固化处理垃圾中的重金属，处理尾渣又能做水泥生产原料，将生活垃圾“吃干榨净”，真正实现了“减量化、资源化、无害化”处理的要求。这么好的项目应该大力推广，而且项目也得到了国家领导人的高度关注和肯定，我们将利用一切机会宣传和推广海螺 CKK 项目。吴厅长还肯定了公司提出的政策扶持建议，同意在财税政策上尽量给予扶持。

山东省副省长孙伟一行到山水集团调研

4 月 7 日，上午山东省委常委、副省长孙伟在省委常委、济南市市委书记王敏的陪同下，实地考察了山水集团。山水集团党委书记、董事长张才奎作了工作汇报。

在山水集团六楼调度监控中心，孙伟副省长认真听取企业工作汇报，详细询问了当前的投资发展与生产经营情况。得知山水集团山东区域一季度经济运行继续保持良好态势后，孙伟高兴地说：山水集团产业布局很好，企业管理过硬，成绩来之不易。他勉励山水集团，要进一步发挥自身优势，提高产业集中度，推动全省水泥产业结构调整；要进一步加大科技创新力度，优化提升传统产业，增强核心竞争力；要着力推进节能减排工作，走可持续的绿色发展道路，促进生态山东建设。

工信部规划司副司长吴磊考察调研海螺集团

4 月 10 日，国家工信部规划司副司长吴磊一行在安徽省经信委副主任吴韦人，芜湖市常务副市长丁祖荣、副市长杨燚等领导和相关部门人员陪同下，来海螺集团考察调研。

海螺集团公司总经理任勇简要汇报了集团基本情况以及 2012 年以来的生产经营形势，介绍了当前企业经营中面临的形势，并就降氮脱硝、利用水泥窑处理城市生活垃圾项目政策支持、余热发电收费、淘汰落后产能、企业建设能源管理中心试点等提出了建议。

听取汇报后，吴磊副司长作了总结讲话。他说，这次来海螺集团调研，现场了解了海螺改革发展历程、新型干法水泥生产工艺流程和节能环保技术研发、应用推广和产业发展等情况，收获颇多。通过三十多年的发展，海螺从无到有，从小到大，从昔日的山区工厂发展成现在的大型现代化企业集团，令人钦佩。他表示，在市场竞争较为激烈的水泥行业，海螺集团充分发挥管理、区位、资源和品牌等优势，不断提高企业核心竞争力，保障了企业的可持续发展和较好的盈利水平，成功经验值得研究。对公司提出的相关问题和建议，吴副司长表示将进行研究和反映。

甘肃省委书记王三运视察平凉海螺公司

4 月 12 日，甘肃省委书记王三运视察平凉海螺公司。

平凉市委常委、崆峒区委书记王大睿介绍了平凉海螺投资和发展情况。平凉海螺项目在建设过程中有四个特点：一是规模大。二是无污染。三是速度快。四是效益好。

王三运说：海螺发展循环经济很有经验，一是自主研发的纯低温余热发电，不需补燃；二是利用水泥窑处理城市生活垃圾，不需分拣，完全实现垃圾的无害化处理。甘肃是全国唯一的循环经济示范省，只要海螺到甘肃投资，无论在哪里，省委、省政府将给予支持。

内蒙古自治区党委书记到冀东水泥内蒙公司考察指导

4 月 12 日，内蒙古自治区党委书记、人大常委会主任胡春华一行来到冀东水泥内蒙公司考察指导工作。

胡春华一行来到内蒙公司武川厂区一楼中控室，驻足观摩了公司熟料生产线模型，详细询问了内蒙公司熟料生产线产能规模、技术工艺、环保节能、资源综合利用等方面的情况后，给予了充分肯定。看到墙壁上悬挂的公司企业文化宣传板，对冀东水泥企业文化的做法表示认同。他说："企业文化作为企业的灵魂和根基，必须与时俱进，与实际相结合，使其成为助推企业发展的强大精神力量。"

内蒙公司总经理陈士功详细汇报了公司近年来企业发展、生产经营、节能减排、矿产资源及企业责任等情况。胡春华又询问了公司近期市场销售、产品质量、税收贡献等方面情况，对冀东水泥先进的管理模式和在生产经营中取得的成绩给予了高度评价，同时强调，冀东水泥内蒙公司作为区域水泥龙头企业，要在带动当地经济发展方面发挥重要作用，对公司的未来发展寄予厚望。

甘肃省副省长虞海燕参观海螺集团

4 月 14 日，甘肃省副省长虞海燕率团来海螺集团参观考察。

海螺集团总经理任勇等公司领导陪同下，虞副省长一行首先观看了《中国海螺 三十而立》专题片，随后参观了图书馆。任总介绍了图书馆的存书、类别及图书馆建设等。

参观过程中，任总向虞副省长介绍了集团在安徽省委、省政府的支持下，从宁国水泥厂起步，先后兼并铜陵水泥厂，整体承债式收购白马山水泥厂，伴随着我国改革开放发展的步伐，海螺集团不断改革创新、突破发展，从小到大，逐步成长为现代化大型企业集团的历史进程。虞副省长对海螺在甘肃的快速发展表示赞赏，对海螺集团多年来认真贯彻落实科学发展观，坚持技术先导，市场先导，大力发展新型干法水泥、推进余热发电、垃圾焚烧等循环经济项目所付出的努力和取得的成绩表示钦佩。

参观结束后，虞副省长说：甘肃是全国唯一的循环经济示范省，资源丰富，投资发展空间大，希望海螺集团领导多到甘肃考察，将海螺资金、技术、管理等综合优势与甘肃省的资源、市场和承接产业转移项目等相结合，优势互补，深化合作，实现更大的互利共赢，省政府将全力给予支持。

国家节能减排现场考评组到华新西藏公司调研

4 月 20 日，交通部政策法规司司长朱伽林率领的国家节能减排现场考评组在西藏自治区发改委、自治区交通运输厅及山南地区发改委领导的陪同下，到华新西藏公司调研节能减排工作。

华新西藏公司执行总经理倪卫东等领导陪同考评组一行参观了生产线现场、中央控制室和余热发电系统，并就该公司在节能减排上所做的努力进行了详细汇报。朱伽林司长及相关随行领导特别关注华新西藏公司余热发电、高低压电机变频技术改造、生产消耗改进等节能减排措施实施情况，并听取了华新窑协同处理市政垃圾技术思路，对该公司节能减排工作取得的成果给予了充分肯定。

考评组表示，华新西藏公司在高原将厂区建设成漂亮的花园式工厂不容易，花巨资完成了西藏自治区第一个余热发电节能项目值得肯定，山南地区政府应对华新这样有前景、能积极履行社会责任的重点企业加大节能减排项目资金扶持，希望华新能再接再厉，为西藏经济腾飞做出更大的贡献！

财政部、环保部专家调研都江堰拉法基水泥脱硝工作

5月9日，财政部经建司副司长张学文，环保部规划财务司副司长尤艳磬、科技司副司长刘志全等专家组一行在四川省财政厅副厅长陈炜，环保厅副厅长隋川成，成都市环保局局长王文斌等陪同下对都江堰拉法基水泥公司脱硝技改工作进行调研。

专家组一行先后通过听取汇报、召开座谈会、实地察看等形式，详细了解了公司环境治理和脱硝技改工作建设情况。专家组对公司高度重视环保管理工作和卓有成效的现场环境治理工作表示肯定，并鼓励和支持公司不断加强脱销技改工作。

专家组强调全国水泥行业脱硝工作已全面启动，都江堰拉法基水泥公司拥有四川省水泥行业首台投运的脱硝设施，是四川省水泥行业脱硝技改治理的排头兵，对于带动、推进四川乃至全国水泥行业脱硝治理具有十分重要的作用。各部门要积极密切配合，确保脱硝工程顺利实施，为“十二五”节能减排工作开好头。

甘肃省政府调研组调研祁连山水泥

5月23日，甘肃省政府调研组一行在省国资委副主任姚国庆的带领下前往祁连山水泥股份有限公司进行调研，董事长脱利成就公司1～4月份经济运行情况以及确保全面完成全年生产经营目标任务的思路措施等作了专题汇报。

姚国庆指出，今年是祁连山面临困难较多、发展任务繁重、经营压力较大的一年。省政府和省国资委将认真研究企业在经营发展方面面临的问题和困难，积极协调有关部门，切实为企业在生产经营和建设发展等方面提供有力支持，共同推动祁连山又好又快发展。

王珉主任视察大鹰水泥集团

10月16日，中共辽宁省委书记、省人大常委会主任王珉率团到位于阜新市阜蒙县的阜新大鹰水泥集团进行视察。王珉书记此行的目的之一便是了解企业的发展状况、考察基层党组织在企业发展中所发挥的战斗堡垒作用。

国资委第三巡视组视察合肥水泥研究设计院

12月4日，国资委第三巡视组组长韩修国一行到合肥水泥研究设计院巡视调研。周云峰院长作题为《改革创新谋发展 凝心聚力促和谐》的工作汇报。针对合肥院发展，韩修国组长提出了三点要求：一是要进一步制定战略发展目标；二是要加大科研投入，实现第二步转型；三是要利用现代管理观念，实现合肥院管理的提升。

重要文章

Important articles

2011 年

Year 2011

集中行业智慧 引领水泥工业发展★

——在 2011 年中国水泥协会会长扩大会议上的讲话

Concentrate industrial wisdom to lead cement industry development

◎中国建筑材料联合会会长 乔龙德

Qiao Longde Chairman of China Building Material Federation

各位理事、代表，各位企业家：

这次会议我听了很多同志的发言，大家分析了形势和对策，对我也有很多的启发。水泥行业是建材大产业，水泥发展好了，就会稳定和影响其他建材产业的发展。今天的会，对解决当前的问题和应对明年的挑战，分析得都很充分，大部分同志的意见趋向一致，对于这样有收获的会议要充分肯定。水泥行业下一步具体的工作安排和这次会议的总结由前治同志来讲。

我今天想讲两方面的问题。首先是站在中国建材联合会的角度上，看中国水泥工业的发展，并对中国水泥协会的工作做个评价；其次是分析一下建材行业和水泥工业下一步转型发展的目标和任务，与大家交流。

一、十年来，尤其是“十一五”以来，我国水泥工业取得的主要成绩与进步

一是技术装备的提升与发展。

第一，技术装备的提升和配套，以日产 5 000～10 000t/d 的大型预热预分解窑炉、立磨、篦冷机、辊压机、联合粉磨系统等大型先进设备的研发制造为代表，形成了我国新型干法水泥装备技术的核心竞争力，进而使我国水泥工业步入世界水泥工业先进行列，增加了国际影响力，提高了国际地位。

第二，在生产工艺上，悬浮预热分解技术优化和协同处置各种工业废弃物、城市污泥、生活垃圾，为水泥工业向具有绿色环保功能的产业发展，为绿色建筑材料奠定了基础。

第三，以袋收尘、低温余热发电和资源化处置大宗固体废弃物为代表的技术创新和产业链延伸，为我国水泥工业实现清洁生产和绿色制造奠定了“两型”产业的现实可能的理论与实践基础。

二是水泥产业结构调整取得了巨大进步，结构优化和产业升级上了一个大台阶。

作为水泥工业先进生产力代表的新型干法工艺，在自身不断提升水平的同时，改变了我国水泥工业的结构、经营规模、生产集中度和新型干法水泥占水泥总产量的比例。单个企业的产能分别由 2000 年的几百万吨增加到一个企业集团可达上亿吨；新型干法 4 000 吨以上的生产线从 2000 年的 12 条增加到 2011 年的 500 余条；目前年产能力 500 万吨以上的企业占全国总产量的 44.9%，熟料产量占全国总产量的 63.7%；新型干法水泥产量在全国水泥总产量的占比从 2000 年的 11%上升至现在的 87%。

三是水泥工业的发展满足了国民经济快速增长的需求。我国的经济建设是以基础设施建设、工业化和城市化进程、改善城乡居民居住条件等为特征的，这就决定了对水泥用量刚性需求的增加。整个经济发展中处处都能见到水泥和钢材等原材料支撑的建设载体。在满足国民经济发展需求，支持经济建设中，水泥工业作出了巨大贡献。同时应该看到现在的主要矛盾是产能过剩，需要我们认真研究、积极应对。

与此同时，水泥企业的经济效益也得到提高。职工收入有了大幅度上升，企业自身的环境设施、企业面貌焕然一新。水泥行业主营业务销售收入由 2000 年的 1 086 亿元增加到 2011 年的 9 000 亿元，增加了 8 倍多；利润总额由 2000 年的 6.3 亿元增加到 2011 年的 1 000 亿元，增加了许多倍；上交税收由 2000 年的 25 亿元增加到 2011 年的 100 多亿

元；职工人均年收入由2000年的7 684元增加到2011年的4万元，增加了近6倍。水泥企业的厂区面貌、办公条件、职工住宿条件都发生了今非昔比的巨大变化。

二、水泥协会的工作在五个方面取得了比较出色的成绩

中国建材联合会的专业协会中，水泥协会工作做得比较好。我曾多次跟前治同志说水泥行业把握得不错。我有时常在思考为什么一些专业协会在标准、规划、产业政策等方面工作做的不到位？效果不理想？今天听了大家的发言交流以后，我的心里更有底了。那是因为水泥协会有一个好的掌门人，前治同志在企业工作过，了解企业实际需求，能够贴近企业考虑问题，这是一个非常重要的原因。同时水泥界有一批骨干龙头企业和企业家精英，对水泥协会工作很支持。负责具体工作的两位副会长、秘书长也都积极努力、尽职尽责。正是在大家的共同努力下，水泥协会工作开展得扎实顺利、水泥行业的发展态势良好。虽然应该看到存在的问题，但是更应首先肯定过去的成绩和进步。水泥作为量大面广、影响力巨大的产业，水泥协会的工作有效的引领和服务了行业健康发展，这具体表现在：

第一，对水泥行业整体发展形势把握得比较好。对于每个时期的行业发展都进行了适时必要的引导、预警、调控和协调。在争取国家有关部门支持和产业政策制定等环节都把握得比较好，在关键时刻影响政府，争取政府支持出台产业政策和有关法规文件，引导行业发展。

第二，与国际水泥界的交往合作的频率增加，合作范围扩大，交流层次提升，增加了协作和交流的渠道，增进了国外水泥界对我国水泥的了解，提升了我国水泥工业的国际影响力，为我国水泥工业争了光。通过与国外水泥界的联合协作、合作沟通，为我国水泥企业的产品和工程建设走向国际市场拓宽了渠道，为下一步在国际舞台上赢得更多的发言权奠定了基础。

第三，引导企业联合重组、市场协同。不仅增加了水泥行业集中度，调整了结构布局。尤其是以大企业为依托，提高被联合重组企业的技术、管理水平和经营理念。如果要依靠行业通过逐步发展先进生产力去实现产业升级，则要用更漫长的时间。所以水泥行业的联合重组为整个产业升级加速了进程，缩短了时间。今年水泥行业实现了利润大幅度提高，一部分来源于水泥行业产业链延伸带来的收益，一部分是源于水泥企业联合重组，集中度提高后市场协同，自觉节能限产。

第四，水泥协会开展工作是有计划性的，通过孔祥忠同志的工作报告，我们可以看到几乎每个月都有一次规模较大、具有针对性的活动。协会工作的有序开展保持了行业声音与导向的不中断，保持了与企业对共性问题的探讨，不断形成共识，尤其在产能过剩的情况下，发挥行业协会作用，有效遏制无序竞争的出现。

第五，发挥大企业、副会长单位的引领带头作用，在技术创新、联合重组、市场协同、信息化管理、废弃物协同处置、节能减排、发展水泥制品业等方面都由大企业示范与带领，为全国众多的水泥企业作出了表率。总之，水泥协会在协调政府、服务企业和联系国际水泥界“三条线”上通过扎实的工作，使水泥工业这样一个量大面广、企业数量众多的产业得到了有序和健康发展。

三、建材行业的总体结构调整、产业升级目标与工作设想

现在我国的水泥、平板玻璃、建筑卫生陶瓷产品、玻璃纤维及制品等传统建材的产量都已经占到全球产量的50%以上，还有相当一部分产能没有发挥，而且还有一些新建项目尚未投产。因此在这种情况下再进行增量式的发展，就等于我们自觉进入了“盲目式”的发展了。但是“总量过剩，不进行增量发展”不等于“不发展”，而且要使建材行业发展得更好更快！因为传统建材产业是我国建材工业的主要载体和主导力量，整个建材行业2003年占全国规模以上工业增加值2.5%，2010年占全国规模以上工业增加值5%。传统建材产业不发展，整个建材行业必将出现萎缩，在我国国民经济中所占比重必将会减少，与其他工业系统相比就会落后。因此在坚持发展的同时不能再用过去的模式去发展，发展的方式、路径和模式必须要改变。在控制新的增量同时，通过转变发展方式进一步加快发展。这个发展的基点原则上应该建立在不增加产量、不增加能耗、不增加物耗和资源消耗，不增加排放的前提下，使总产值、销售收入和经济效益仍然要超过以增量为主要手段的发展时期，发展要变“资源能源消耗型”转向“资源能源附加值型”，这就是我们的目标。这关键就在于提升技术、以新技术支撑新发展。要依靠提升产品标准和档次，做精品，做品牌，深加工，延伸产业链，增加附加值和功能价值，去增加经济总量。以水泥为例，如果从中拿出四分之一左右的水泥产量自已来搞商品混凝土，水泥产值就会翻一番。所以水泥行业不能光生产原材料不进军商品混凝土和水泥制品业。一个行业、一个产业关起来门治理是没有前途的，必须在发展中解决发展的新问题，发展是硬道理，但不能延续现在的模式去发展，要实现转型发展。

转变发展方式的两个关键点：一是要花大力气去提升标准，提升市场准入门槛，出台有用的产业政策和法规，使新发展有新的标准，使相对落后的、已经落后的产能提早实现淘汰，使产业升级有较强的调控手段。最近开了个标准化工作会，在会议上我提出标准的制定不能完全只满足于功能质量的需求，而是既要符合质量功能的要求，还要满足调整结构、提升产业和宏观调控的需要。只有标准提升、进入门槛提高，才能有效控制住重复建设和产能过剩。二是下大决心开展技术创新。组织行业的产学研联盟，攻克制约行业发展的瓶颈，为新材料、新兴产业、绿色节能建筑材料提供技术和

产品目录，使转型有转向通道。老路不能走，新路在哪里？一定要以新技术来提供转型出路，没有新技术，转型就会落空。所以技术创新与标准提升是转型升级的关键点，这是建材行业实现转型发展的关键所在。控制新的增量依靠标准，实现转型发展依靠技术支撑。

目前整个建材行业面临六大挑战：结构调整仍然是重点；工艺装备和技术创新是薄弱点；节能减排是攻坚点；资源配置是提高效益的关键点；与建设、环保等相关部门的合作是拓宽发展空间的着力点；开发国际市场，走出去，提高国际竞争力，增加话语权是要点。这六大挑战是我们的主要矛盾。在日前的联合会全体会长会上，我又提出在六大挑战中包含着三大矛盾：第一，传统建材产量发展到一定程度后不能继续按原有方式发展了，但是不发展建材行业就会萎缩，这是必须发展和不能延续过去的发展方式之间的矛盾，必须转型升级。第二，转型升级要发展新材料、新兴产业、绿色建材等，但是我们缺乏技术储备、缺乏新产品目录和研发投入，这是需要与短缺之间的矛盾。第三，节能减排的要求日渐严格，制约性政策和措施会不断加强，而以窑炉加矿业为产业特征的建材行业是客观上的能耗和排放大户，但是既缺乏资金、也缺乏系统技术、更缺乏独特的政策扶持，这是客观上巨大压力与主观上能力不足，顶不上去的矛盾。

总的来说现在到了一个历史转折的关键，认识问题是第一步，拿出措施是第二步，组织实施是第三步。建材联合会要集全行业的智慧力量去迎接新的挑战。

四、水泥工业发展转型的五大目标任务

关于水泥工业发展和转型发展从总体上来说有五大目标：

第一，我国的新型干法水泥要在进一步提升技术装备水平的基础上，以节能减排为主要目标，用5年左右的时间，通过在工艺创新、装备提升等方面的攻坚，要成为超越与引领世界水泥工业发展的水泥大国和水泥强国。改变目前以“大”为特征，转变为“强”“大”一体。这是我国作为占世界水泥产量50%以上的水泥大国的历史责任，也是我国几代水泥工业工作者的共同愿望。现在已经有了基础与条件，再努力一把就有实现的可能。也就是说在“十二五”时期要控制现有技术水平的新型干法水泥生产线新建，重点要发展“第二代新型干法水泥”。以节能减为主要目标，以主要技术装备系统达到世界顶级水平为目标，以合理配置资源为前提，实现资源能源效益型发展。目前建材联合会正在设计合作平台与利益共享机制，将综合各家水泥设计院所的技术创新，集成汇总到第二代新型干法水泥生产线的设计制造中来。

第二，不再依靠增量发展，而要依靠向产业链两端延伸，上游向骨料矿业，下游向商品混凝土和水泥制品业延伸，求得新的发展。总体不再新增生产线。即使以后新的一代新型干法水泥工艺技术推广，也要通过淘汰落后、等量置换去发展，这样才能实现水泥产业总量控制的同时实现结构优化升级。要把商品混凝土和上游骨料、矿业发展作为目标，尤其是对于商品混凝土不仅要积极介入，而且要将其作为产业链延伸的重点目标，努力发挥水泥在产业链中的比较优势，争取将商品混凝土归拢到水泥产业的统计范畴中来。水泥制品业能延伸到什么部位就要延伸到什么部位。要发挥水泥主导水泥制品业和商业混凝土，牵引石灰石矿业等骨料的作用，拓宽自身的发展空间。以后分析水泥产业发展形势好不好，不能以产量增长作为主要指标，而要以水泥制品业、商品混凝土、特种水泥、产业链两端延伸发展来判断水泥行业形势。今年1～10月份轻质建材、商品混凝土和水泥制品增长28%高于建材整体27%的增长幅度，说明建材行业形势向好。

第三，打通标准应用渠道，引导水泥工业向高标号、减量化发展。将水泥标号提高，延长建筑寿命，是最大的节能减排和资源节约措施。这需要通过大量的数据统计和分析论证，联合会与建设部门联手合作才能实现。大家都知道，如果建筑使用寿命延长一倍，水泥向高标号和减量化发展就有了基础，提升附加值也就有了支撑。如果建筑设计标准不改变，目前水泥制造技术能力富裕、标号富裕，不但高标号和减量化无法实现，而且落后产能的淘汰将面临阻力。所以要有一个专门的协调机构，要有专人负责研究与推进，希望等到国家有关方面的支持。这次建材联合会会长会上专门讨论了这个工作方案，正在广泛征求意见建议，未来将在联合会内设置专门机构和专人负责推进与建设部门联手合作的工作。

第四，淘汰落后产能的时间要提速，低标号的水泥淘汰也要进入工作日程表。一方面先进的产能都过剩了，落后产能就更应该加速淘汰。要制定新的产业政策和标准，使结构优化和产业升级有法规保障。当然现在讲的这种淘汰落后产能应该更加科学，不仅要看工艺和规模，也要看节能减排的指标，要通过细致周详地设计淘汰指标体系实现科学的优胜劣汰。

第五，加大水泥企业之间的联合重组，进一步调整优化产业布局。大企业通过联合重组中小企业去发展，增加水泥行业集中度，使资源配置更加合理，结构调整的组织基础更加牢靠。在这一过程中要充分依靠大企业的示范引领作用和行业控制力。水泥行业的大企业更要具有行业战略视野和长远发展眼光，不能仅限于局部和近期利益。要在转变经济发展方式的同时，积极转变企业经营模式，运用现代化管理技术和设备，通过工业化和信息化的两化融合，提高资源配置效率和使用效率，不断挖掘内部潜力，推进企业管理规范化和经营效益优化。同时通过联合重组对水泥行业进行存量整合，而不是增量发展。在联合重组和整合的过程中推广先进的经营管理理念，提升水泥企业的运营管理水平。在这个过程中遵循市场规律，发展大企业集团，同时推动水泥

行业的发展。

要实现这些宏伟而艰巨的目标，不能仅仅依靠提高认识，认识与实践还有一段距离，要紧的是找到路径和支撑点。每一件事情必须有认识的统一、体制的突破、机制的创立、工作载体的搭建和工作体系的形成。成功不仅仅是有了目标，成功是建立在正确的路径和支撑体系之上，建立在符合实际需求的工作载体和体系之上，建立在有责任心、事业心的人们身上。否则必然是一事无成或者半途而废。

我们发展的基点要放在转变发展方式上。建材联合会将与水泥协会一起深化工作方案，找到突破口，一一推进各项重点工作。协会工作要积极协调外部资源，“政府出牌子，工作靠协会”，即行业协会要从行业利益出发，积极争取政府，协调外部资源，用政府的“牌子”做好自己的事情，为行业发展服务。争取出台一些标准、政策、法规，为行业起引领作用，调控作用。希望水泥行业在水泥协会的引领下继续一马当先，取得更大成绩。希望大企业、副会长们一起努力，集中全行业智慧去引领水泥行业的发展！

★（注：文章标题为本刊编辑时所加）

推动水泥产业向高质量发展★

Promote high quality development of cement industry

◎国家发改委产业协调司　刘　明

Liu Ming　Industrial Harmony Department of NDRC

水泥作为基础原材料，与国民经济和社会发展密切相关。温家宝总理在刚刚闭幕的第十一届全国人民代表大会第五次会议上所做的《政府工作报告》中，对去年我国经济发展的情况进行了回顾，对今年国民经济发展总体工作进行了部署。今年经济发展的总基调是“稳中求进”，经济发展速度增幅调整到7.5%，其目的是为了保证中国经济做到更有质量的增长，这将对中国水泥工业今后的发展具有重要指导意义。

“十二五”时期，是中国调结构转方式的关键时期，我认为中国水泥产业在取得巨大成绩的基础上，应该围绕合理布局、延长产业链、节能减排、联合重组、精细化管理、淘汰落后、提高竞争力等几个方面做文章，进一步转变发展方式，推动中国水泥工业的高质量发展。

一、严格控制新增产能的投资

为了促进水泥产业健康发展，中国近10年来一直对水泥行业实施宏观调控政策。据统计，自2003年12月23日国办发[2003]103号文件开始对钢铁、水泥、电解铝等产能过剩行业实施宏观调控以来，国家发布了与水泥产业有关的宏观调控政策文件多达38个，这些调控政策对水泥产业健康发展起到了重要指导作用。水泥产业良好的运行态势表明，宏观调控政策是非常有效的。尤其是今年国家下达淘汰落后水泥及小粉磨站指标3.7亿吨，这种淘汰落后水泥的力度在水泥发展史上是从未有过的，这也表明了政府转方式调结构的决心。到今年底，水泥行业淘汰落后任务基本完成，产业结构得到进一步调整，但同时也还存在局部地区水泥产能仍然较快增长问题，在水泥总产能29亿吨、产量20.9亿吨、全国人均熟料产能已超过1吨的情况下，“十二五”将面临全国性水泥产能过剩，在目前的形势下，抑制水泥产能过快增长仍是我们的主要任务。不惜严格控制新增水泥投资，执行好国发38号文件，对确有必要建设的水泥项目一定要依法依规进行核准。在编制重点产业生产力布局规划时，我们已经考虑了落后产能较多的省份的实际情况，拟按水泥总量不增、彻底淘汰落后水泥、控制能源消费总量、减少污染物排放的原则，合理布局大型新型干法水泥生产线，这对支持落后水泥较多的省份调整水泥产业结构有着重要意义。产能过剩的省份必须坚定不移地执行更加严格的调控政策，控制新上项目。

二、加大企业兼并重组投资

温家宝总理今年所做的政府工作报告已将水泥作为宏观调控的重点行业，并明确要求“控制增量，优化存量，推动企业兼并重组，提高产业集中度和规模效益”。行业发展的实践证明，水泥产业兼并重组优化了产业布局，更合理配置了资源，产生了较好的经济效益。只有通过兼并重组才能促使水泥产业高质量发展。企业兼并重组不是目的，而是促进结构调整的手段，不能为了重组而重组；兼并重组要围绕做强主业，通过完善产业链、提高自主创新能力和品牌价值，发展拥有知名品牌和核心竞争力的大型企业。现在看，一个地方的央企之间、地方国有企业之间的兼并重组相对容易，而跨行业、跨地区和跨所有制企业间的兼并重组则存在较大难度，各地区、企业间的分配格局很难打破。我们要下决心以改革创新思维，不断破除限制跨行业、跨地区和跨所有制企业兼并重组的制度障碍，尽快理顺各相关主题的利益分配关系，实现资源要素合理流动。中国建筑材料集团正是通过对水泥企业的兼并重组做大了企业规模，增强了企业竞争实力，2011年进入了世界500强，企联合重组与管理证和经验成为美国哈佛商学院案例。兼并重组使得生产集中度得以提升,截止到2011年10家大型水泥企业的熟料产量已占全国总量的42%,新型干法水泥比重达到了89%。也正是兼并重组形成了多个区域的市场主导企业,加强了行业自律,使得水泥价值得以回归。

"十二五"期间政府鼓励水泥行业兼并重组,继续加大对兼并重组淘汰落后产能,同时切实防止以兼并重组为名盲目扩张产能和低水平重复建设。

三、提高节能减排的投资

"十二五"期间,水泥行业要继续加大节能减排的投资,通过技术创新,不断提高技术装备水平,减少污染物排放,保护环境。在能源价格居高不下的情况下,企业只有加大节能减排的投入,不断降低能源消耗,追求最大的能源效率,通过精细化管理,降低生产成本,才能使自己的产品更有竞争力,从而有更好的经济效益。海螺集团2011年吨水泥利润在100元左右,并在节能减排、循环经济以及精细化管理等方面做出了表率。华润水泥通过积极实践与国际接轨的标准体系,在节能减排工作方面做了许多有益的探索。他们的经验值得全行业学习。

"十二五"期间,希望更多的企业推广世界工商理事会水泥可持续发展组织(WBCSD)倡议的CSI标准建立的节能减排统计体系,鼓励大型企业集团定期公布集团年度可持续发展报告。

水泥工业消纳各种废弃物的能力强,有着其他行业不可取代的优势,是发展循环经济的重点行业。"十二五"期间,水泥工业要在处置工业固体废弃物、水泥窑协同处置城市垃圾、城市污泥、危险废弃物方面取得全面进展。要加大二氧化碳以及氮氧化物等污染物减排力度,实现绿色发展。建设资源节约型、环境友好型社会。水泥产业大有可为。中国要让7亿农村人口"住得舒适,不走泥巴路"任重道远,要实现中国"天蓝水清地干净",水泥产业大有用武之地。

四、鼓励产业链延伸的投资

国家支持优势企业以提高竞争力为核心,优化技术、品牌、管理、资源、市场等要素配置,着力做强以水泥熟料为龙头的主业的同时,上游向骨料,下游向商品混凝土和水泥制品业的两端延伸,生产商品混凝土及水泥预制品等,不但能增加产品附加值,也能大大增强企业竞争力。国际上跨国水泥企业集团,他们都有自己的骨料、商品混凝土及预制品工厂,我国水泥企业也要向骨料、商品混凝土及制品方向发展。

中小水泥企业有石灰石资源但又不能满足建设大型新型干法水泥生产线需要时,要淘汰经济技术指标不先进、环保不能达到排放要求、能耗指标达不到行业准入门槛的水泥生产线,向水泥上下游延伸,建设骨料厂、干粉砂浆厂、外加剂厂、混凝土搅拌站、水泥制品厂等。发展现代水泥制品也是中小水泥企业转型的有效途径。只有这样,小水泥企业才有出路。水泥企业通过延长产业链,使其企业组织结构得到调整,才能提高企业发展质量和效益,促进产业转型升级。

★该篇文章是国家发改委产业协调司刘明在3月29日举办的2012年中国国际水泥峰会上的讲话。

抓住机遇转变水泥工业发展方式★

Seize the opportunity to transform cement industry developing mode

◎中国水泥协会会长　雷前治

Lei Qianzhi　Chairman of China Cement Association

在刚刚过去的"十一五"期间,我国水泥行业抓住了国民经济高速发展拉动水泥需求高速增长的机遇,水泥产业结构得到迅速调整。在此期间,中国水泥工业创造了世界水泥发展史上的诸多奇迹:水泥产量快速增长;连年创下历史新高;新型干法窑高速发展;落后产能快速退出;节能减排成效显著;产业集中度明显提升;大型企业加快成长;国际竞争力显著增强,全面完成"十一五"的规划目标。这些成就凝聚了全行业的智慧和汗水,将成为镌刻在中国水泥发展史上浓墨重彩的章节。与此同时,这些成就也向全行业发出了嘹亮的集结号,中国向世界水泥强国迈进的步伐更加强劲有力。

今年是"十二五"开局之年,举国上下都在学习、贯彻、落实党的十七届五中全会审议通过的《中共中央关于制定国民经济和社会发展第十二个五年规划的建议》和《第十一届全国人民代表大会第四次会议关于国民经济和社会发展第十二个五年规划纲要》,全国人民倍感振奋,无疑给水泥工业带来巨大的发展机遇,但随着经济转型也面临许多挑战,我的判断是机遇大于挑战。

回顾"十一五"精彩纷呈亮点频出

上个世纪末,中国水泥产量虽然已经达到5.95亿吨,但生产水泥的技术和装备仍然还是以立窑和湿法窑为主,新型干法的比重只有11%,各项技术经济指标落后于全球平均水平。

进入新世纪以来,国家把水泥列入全国重点调控的产业,出台一系列政策措施,全行业抓住了国民经济高速发展拉动水泥需求高速增长的机遇,水泥产业结构得到迅速调整。"十一五"的五年,是我国水泥行业发展最为辉煌、发展质量最好的五年，是水泥行业发展的"黄金"五年。可以说，"十一五"时期是改革开放30多年来，水泥工业发展最好最快的时期。特别是在"十一五"期间，水泥工业在突飞猛进的发展过程中，创造了世界水泥发展史上诸多奇迹。

主要成就：

一、产量快速增长

2010年生产水泥18.8亿吨，年均增长11.7%。5年间共生产水泥75亿吨，占建国60年来水泥总产量的40%，有力地保障了国民经济大规模快速建设的需要。

二、新型干法窑高速发展

5年间全行业固定资产投资总额高达5 755亿元，已经建成投产的新型干法生产线696条，新增熟料产能7.7亿吨，分别占总量的55.55%和61.45%。

三、落后产能迅速退出

5年间共淘汰各种落后产能4.34亿吨，占全部落后产能的55.50%。

四、节能减排成效显著

到"十一五"末已经有700余条新型干法生产线增设了余热发电，已经建成561台(套)机组总装机容量达4 786兆瓦，2010年发电177亿千瓦时。

5年间水泥产量年均增长11.7%而总能耗只增长了7.6%，万元增加值综合能耗比2005年下降了41%，二氧化碳排放强度下降35%，国家统计局抽样的大型水泥企业吨水泥综合能耗下降到85千克标准煤，比2005年大幅度下降。

五、行业整体效益得到改善

2010年前全国水泥行业实现利润550亿元，同比增长34.61%，创历史新高。"十一五"期间，全行业共实现利润近1 500亿元，刷新了历史纪录。

六、大企业快速成长，生产集中度明显提高

中国建材、海螺水泥等前10强企业迅速崛起，新型干法窑熟料总产能由"十五"末的1.41亿吨提高到5.28亿吨，产业集中度由32.5%提高到43.5%。中国建材已经进入世界前三强，海螺水泥也进入世界前五强。

七、国际竞争力明显增强

中国的水泥产品以质优、价廉深受国际市场的欢迎，也让国际同行感到忧虑和压力，更令行业骄傲和国人欣慰的是中国的水泥技术、装备和工程总承包在国际市场上厚积薄发，异军突起，在与国际最强的公司同台竞争中，已具备较强的竞争能力。据不完全统计，五年来国外采用以中国设备为主建设的生产线已经有140余条，中国的市场份额已接近50%，中材国际工程公司已经成为国际市场占有率最高的企业。

中国水泥工业"十一五"取得了辉煌的成就，全面完成了规划目标，其中最突出的是全行业基本完成了技术结构调整的任务。其主要标志是：

一是新型干法窑的比重已经达到81%；

二是达到经济规模即4 000t/d以上新型干法生产线的熟料产能突破55%(见图1)；

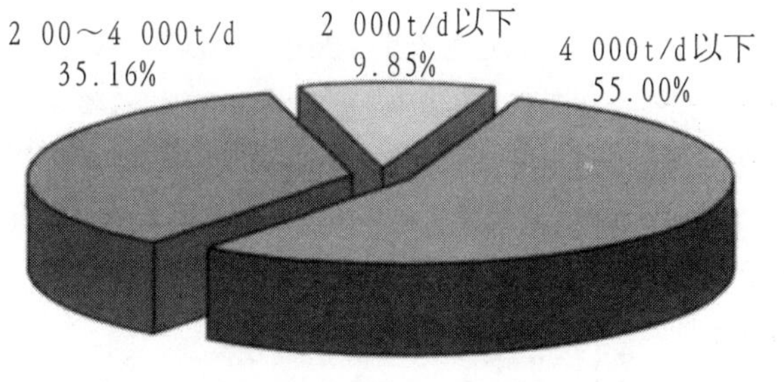

图1　2010年底我国新型干法窑规模结构

三是中国水泥行业主要技术经济指标步入国际先进行列。据联合国能源署和CSI的统计数据显示，我国水泥产业的能耗等技术指标已位列世界水泥业的第三或第四。其中，吨熟料能耗印度第一，日本第二，中国第三，巴西第四；吨水泥综合情况印度第一，日本第二，巴西第三，中国第四。中国吨水泥的电耗已经跑赢全球，二氧化碳排放强度中国好于全球平均水平。

"十二五"规划建议和发展纲要明确了今后五年的发展方向、目标和重点，全国人民都为之感到振奋，这是一个催人奋进的规划。

对水泥行业来说，"十二五"无疑给我们带来了令人兴奋的发展与调整机会，但是我们也要十分清醒地看到，我们也将面临严峻的挑战。

主要机遇：

一、市场需求持续增长

"十二五"虽然把促进经济转型提高到非常重要的位置，但是还将加快推进工业化的进程，并着力推进城市化，要把城市化率从"十一五"的47.5%提高到51.5%，这几个百分点给水泥工业带来的市场需求是非常可观的，由此可以推断固定资产投资仍然是推动国民经济高速发展并实现7%的增长率的主动力。虽然"十一五"末水泥市场容量已经达到18.8亿吨如此高的水准，但大规模的基础设施建设、经济适用保障房的建设、西部大开发的重点项目建设等等，必然拉动水泥市场需求保持适度的增长。

二、盲目和重复建设必然得到有效遏制

随着深入贯彻落实科学发展观，国家对高能耗产业的新开工项目建设实行严格的管理，这对已经出现全国范围内产能过剩的水泥行业来说无疑是个福音，对几年来部分地方政府招商引资出现的盲目投资、重复建设会得到有效遏制，这会为水泥工业健康可持续发展提供了政策保证。

三、有利推进企业战略重组

"十一五"期间虽然出现了像中国建材、海螺水泥等这样初具国际竞争能力的大企业，已经有 60 家企业的年产能突破 500 万吨，年产能超过 1 000 万吨的 20 家企业已经控制了全国 45%新型干法窑的熟料产能，但是到 2010 年年末全国仍然有水泥企业 5 114 家，众多的小企业，尤其是小粉磨站，规模偏小、装备落后、产品质量差、竞争无序，导致销售利润率只有 10%左右。水泥与冶金、有色等行业比，在原材料行业中还是一个企业平均规模偏小，市场秩序混乱，整体效益不高的行业。最近国家把水泥列入重点支持战略重组的行业，“十一五”在加快推进工业化的进程中重点推进结构调整，这无疑对有志于做强做大的水泥企业是一个千载难逢的好机会。

四、有利于做长产业链

水泥从原料开采到最终变为混凝土或建筑物有一个完整的产业链，但在中国却被原来的行政管理体制分割得支离破碎，在新修订的《产业政策》中鼓励水泥生产企业打破行政管理界限，向产业链的两端延伸，把吨石灰石效益最大化作为水泥行业生产经营的终极目标，对此许多大企业已经有了初步尝试，并在“十二五”企业发展规划中作为企业发展的一个新重点。

五、有利于进一步降低成本

自京都议定书以来，特别是哥本哈根会议以后，国家出台了一系列鼓励利废的政策。利用水泥窑协同处置各类废弃物具有独特的优势，为此，水泥行业已经在技术、装备和投资等方面作了充分的准备，可以说万事俱备，只欠东风，东风就是配套政策，一旦政策到位，就可以大面积推广。近日国务院就循环经济和处置城市垃圾的工作进一步明确了责任、权益和具体政策措施，为利用水泥窑协同处置废弃物送来了东风，可以预计，处置废弃物成为水泥行业“十二五”进一步降低成本投资新亮点。

主要挑战：

一、产能过剩的压力与日俱增 2009 年 6 月，发改委组织调研小组赴华东地区调研，那里竞争激烈、价格低迷、效益低下，在与各地的政府主管部门、协会和企业座谈时基本形成共识，即以江浙沪为代表的华东地区水泥市场已经出现过剩，我们把它称之为区域性过剩。为了警示全国，2009 年国务院批转了发改委等 10 个部门《关于抑制部分行业产能过剩和重复建设，引导产业健康发若干意见的通知》(国发[2009]38 号)。文件对新时期水泥工业发展提出新的要求，大力发展新型干法向控制产能、淘汰落后转变，企业间的联合重组和高附加值，低耗、低排的新工艺新产品得到政策的支持和鼓励。当时华东地区的人均新型干法窑熟料产能接近 1 吨。为此，业内曾把人均 1 吨熟料产能作为黄线希望各地能与控制，但不曾想到在汶川地震的灾后重建的催生下、在 4 万亿投资的拉动下、在各地招商引资浪潮的推动下，西南、西北快速追上华东，超过华东(见表 1)，使全国迅速向黄线靠近，尽管目前还有 3.48 亿吨落后产能需要淘汰，市场需求还有一定的自然增长空间，但是 2009 年建成投产的 200 多条生产线新增 2.5 亿吨熟料产能要在今年释放，全国已经开工建设的还有 100 多条生产线，再增加 2 亿多吨产能，因此出现全国性的产能过剩的压力与日俱增。

表 1　2010 年末我国水泥新型干法窑分布一览

地区	人口 (万人)	窑数量 (条)	熟料产能 (万吨)	人均产能 (千克)
全国	134 100	1 273	125 573	936.41
东北	10 936	86	8 344	762.07
华北	15 940	155	13 620	859.85
华东	38 667	358	40 436	1045.75
中南	37 144	272	33 804	910.07
西南	19 706	260	21 245	1 078.10
西北	9 786	143	10 535	1 076.54

二、成本上升的压力与日俱增

随着国际油价不断飙升，生产水泥的原燃材料价格也快速上扬，特别是国家要扩大内需提高职工收入已经是刻不容缓，因此生产水泥成本刚性上升的压力与日俱增。

三、水泥生产外部条件的压力与日俱增

国际同行对中国水泥高速增长深感忧虑，对中国水泥进入国际市场尤为敏感，特别是那些产能相对过剩的国家和地区均采取了一系列措施防止中国水泥涌入，随着我国水泥外销的增长，贸易摩擦不断增加，国际市场的压力与日俱增。

随着能源、资源和环境问题的日益突出，国家对高能耗、高排放和资源消耗型产业的要

求越来越高。特别是融资上市和排放等方面对水泥企业的要求越来越苛刻，水泥生产环境压力与日俱增。

四、水泥现有价格与价值背离造成企业与行业的损益与日俱增

2010 年，虽然中国水泥行业实现利润突破 550 亿元，创造历史新高，但吨水泥创利水平还没有恢复到 1993 年的水平。从全球水泥市场看，中国水泥的价格是最低的，吨水泥的平均利润水平也是最低的，尽管从去年三季度以后，水泥价格缓慢上扬，但仍远低于国际水

平，还没有达到一个应有的合理价位。中国吨水泥能耗、二氧化碳排放强度指标在国际上已进入中等偏上水平，但以万元 GDP 来衡量，我们在全球又是最落后的，关键是价格太低。因此，我们这个产业要在国民经济中找到自己合理的位置，应该把我们的价格恢复其应该有的价值地位。在推进水泥价格向价值回归到过程中，各地的龙头企业、水泥协会要注意既合法又合理，即要反对垄断和哄抬物价，又要反对无序竞争，低价倾销；要科学定价，既要保持合理价位，又要防止大起大落。

“十二五”水泥市场需求预测

尽管中国已经进入工业化的中后期，“十二五”成为中国经济转型的重要历史时期，但是依靠固定资产拉动经济增长的基本格局不会有太大的变化，主要理由：一是经济发展不平衡，虽然沿海地区已经基本完成了工业化，但中西部地区的经济刚步入发展的快车道，固定资产投资规模还会继续高速增长；二是快速推进城市化建设努力提高城市化率，特别是庞大的经济适用房建设规模，是“十二五”固定资产投资的新重点；三是加大三农投入。因此，根据前二十年统计数据的规律看，“十二五”期间国民经济保持7％的增长速度，不考虑通货膨胀的因素，固定资产投资的增长速度不能低于17％，万元固定资产投资消费水泥的水平预计下降到0.4吨(见图2)，由此来推算，“十二五”水泥还会有5％～6％的增长速度，年最高需求量预计会扩大到24亿吨左右；若考虑年均3％通涨，国民经济增长速度仍然保持7％，水泥需求基本上就是零增长，水泥市场容量也保持2010年的水平上下波动；若通货膨胀率年均为3％左右，国民经济增长速度提升到9％，那么水泥市场容量将保持3～4的增长幅度，年最高需求量可能在22亿吨左右。

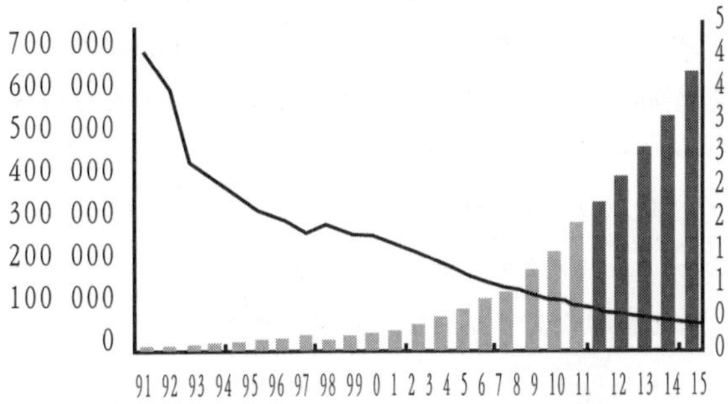

图2 万元固定资产投资消费水泥水平

由此可以推算出在“十二五”期间，年人均消费的水平达到1 600千克，到2015年末人均消费水泥的累积达到22 990千克。即使按最不乐观的方式计算，人均消费水泥的平均水平也要达到1 300千克以上，人均消费水泥的累积为21 598千克。

根据以上三个方案的测算，“十二五”期间扣除通货膨胀的因素后国民经济保持年均7％的速度发展，固定资产投资大约会在年均17％速度增长，那么水泥市场需求会保持4％～6％速度增长，最高需求量可能在22～24亿吨，经过5年的发展，人均消费水泥累积量向23吨靠近(见图3)，这就意味着向水泥消费需求的拐点靠近。

“十二五”水泥工业结构调整主要任务

“十二五”中国经济处在转型的重要时期，对水泥行业来说，无论是广大企业还是企业家能否抓住机遇，迎接挑战，加快调整，过好产业和企业转型关都将是严峻的考验。

在调整与转型中主要把握好以下三个方面。

一是转变经济增长方式。水泥行业要紧紧围绕调整结构、转变经济增长方式、实现可持续发展这个主线，基本实现：行业发展主要依靠量的增长向质的提高的转变；企业经营理念和管理模式要从单纯追求高台时产量、高运转率、高销售量向单位产品效益最大化转变；大企业的成长主要依靠建设新线向进行战略重组转变；广大企业要从单纯经营水泥产品向经营完整的产业链转变；全行业要从高能耗、高排放、资源消耗型产业向最大限度消纳人类生活和工业生产废弃物的清洁产业的转变。企业的管理理念都要随着这些转变进行根本的调整。

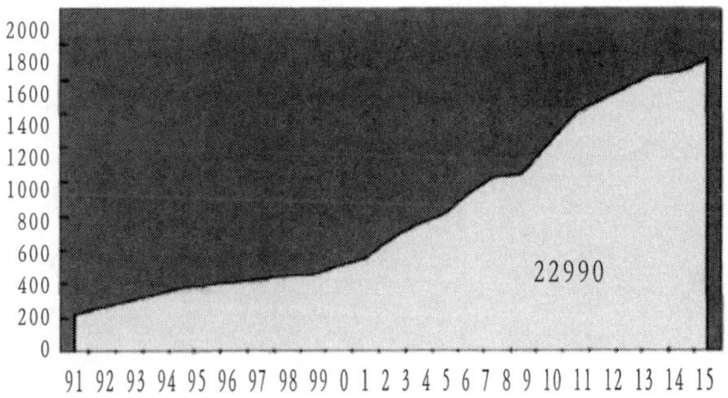

图3 人均消费水泥累积

二是要调整结构。在全行业基本完成水泥技术层面的结构调整后，规模结构调整、产业布局结构调整、组织结构调整的任务还很重。这些都是我们在“十二五”期间调整结构的着力重点。要实现从新建到收购的发展方式转变，大企业还有很大的发展空间，水泥行

业还要进一步提高生产集中度，还要支持大企业的发展。印度的水泥产业集中度在国际上是一个比较好的水平，它的经验表明生产集中度是非常重要的指标，但中国水泥行业现在的市场集中度还很低，不要说在全国，在一个区域内要达到这个结构水平也很难，战略重组是下一步大企业发展非常有效的途径。

并购中的激烈竞争不可避免，各家企业都想做大、都想占住市场，但不能像钢铁行业一样对并购行使行政干预。关键是水泥企业的老板们要逐步走向理性，不要单纯追求企业规

模，而是要从如何提高集团核心竞争力下手，围绕这个中心展开并购，营造小区域里的小气候。“现存的就是合理的”，其他企业已经在区域内生存、形成势力，在前面走过的十几年道路中，很多大企业总想把小企业消灭，但最后反而两败俱伤。在今后的大企业并购中，小企业、大企业之间都要走重组联合、多赢、共赢的路，用利益机制把大小企业联系在一起。“十二五”不仅要在联合重组的机制上去做调整以适应经济转型，在思想观念上也要做一个转变，形成共同的利益机制才是可能的。

三是贯彻落实科学发展观，实现可持续发展。我们可以大胆地判断，中国经济的转型使得水泥产量接近市场拐点的时间不会太长，我们必须面对由此带来的机遇和挑战

问题。现在国际上都在争夺绿色能源或低碳经济这个制高点，各个国家纷纷出台新的政策推动绿色能源或低碳经济。中国也不例外，给我们水泥行业同样带来机遇也增加压力，机遇是围绕低碳经济或新能源可以做很多事情，尤其是利用水泥窑协同处置废弃物方面，可能是下一个五年水泥行业新投资的亮点，像这一个五年计划的亮点——余热发电一样，这个还需要做很多工作。作为政府的层面要出台政策，作为所有为水泥行业服务的层面，我们设计研究院、技术装备等要做好技术储备，“十二五”的大幕正在徐徐打开，在这个历史性的舞台上，水泥产业将会承担起庄严的历史使命，在中国转变发展方式的恢宏交响乐中，一定会有水泥产业响亮的音符。

使命在心，责任在肩，我们任重而道远。

★该篇文章发表于 2011 年 5 期《中国水泥》杂志。

积极应对产能过剩促进水泥产业升级★

——“十二五”水泥工业发展规划思考

Positively cope with excess capacity and promote cement industry upgrading

◎中国水泥协会会长　雷前治

Lei Qianzhi　Chairman of China Cement Association

刚刚过去的“十一五”，中国水泥工业得到了突飞猛进的发展，水泥产量持续增长，新型干法窑高速发展，落后产能迅速退出，大企业迅速崛起，节能减排成效显着，行业整体效益有所改善，国际竞争力明显增强。到 2010 年末，新型干法窑的比重突破了 80%，日产 4000 吨以上新型干法生产线的熟料产能突破 50%，主要技术经济指标步入国际先进行列，这充分说明水泥行业技术结构调整的任务基本完成了。

“十一五”水泥工业取得了辉煌的成就，但已经成为过去，经历连续十多年高速增长，2010 年我国水泥产量已经达到 18.8 亿吨，约占世界水泥产量的 56%，水泥工业还有机会吗？

在认真学习和领会中共中央关于《中共中央关于制定国民经济和社会发展第十二个五年计划的建议》和中国政府发布的《国民经济和社会发展第十二个五年规划纲要》以后，结合与新疆、甘肃、青海、陕西、山西、四川、贵州、重庆、黑龙江、广东等省区市的有关部门、水泥协会、部分企业进行的深入交流、探讨和分析，最终形成一个共识，即“十二五”对中国水泥工业来说市场需求还会持续增长，还有良好的发展机遇，但也面临着全国性产能过剩的挑战。

一、“十二五”水泥市场需求预测

尽管中国已经进入工业化的中后期，“十二五”成为中国经济转型的重要历史时期，但是依靠固定资产拉动经济增长的基本格局不会有太大变化，固定资产投资仍然是拉动中国水泥经济发展的火车头。主要理由：一是经济发展不平衡。虽然沿海地区已经基本完成了工业化进程，华东地区已进入后工业化时期，提高城市化率对华东地区市场需求拉动作用很大，比如 2009～2011 年城际铁路的建设，大大拉动了对水泥的需求。但中西部地区的经济刚步入发展的快车道，其工业化和城市化同步进行，固定资产投资规模还会继续高速增长；二是快速推进城市化建设努力提高城市化率，特别是庞大的经济适用房建设规模，是“十二五”固定资产投资的新重点；三是加大“三农”投入，尤其是农村基本设施建设，也是吃水泥的“老虎”。因此，根据前二十年统计数据的规律看，“十二五”期间国民经济保持 7%的增长速度，不考虑通货膨胀的因素，固定资产投资的增长速度将不低于 17%，由此来推算，到 2015 年全社会年度固定资产投资总规模可能高达 55 万亿元，比 2010 年几乎要翻一番。

如此高的投资规模究竟需要多少水泥？

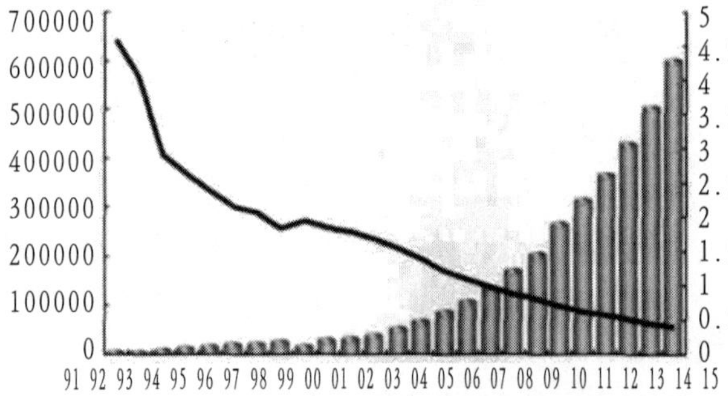

图 1　万元固定资产投资消费水泥

经过多年的潜心研究，发现水泥市场需求与固定资产投资的关联度最大，并且有规律可循。由可以看出，在 1991 年，万元投资消费水泥还高达 4.59 吨，但到 2000 年就下降到 1.83 吨，到 2010 年进一步下降到 0.7 吨，这主要是投资结构在急剧变化。据有关专家介绍，2010 年万元高速铁路投资消费水泥 3～3.3 吨，而万元房地产投资消费水泥不足 0.7 吨。随着工业化进程的发展，全社会固定资产投资消费水泥的量预计按 10%的速度递减。由此可以预测，“十二五”期间扣除通货膨胀的因素后，国民经济保持年均 7%的速度发展，固定资产投资大约会在年均 17%速度增长，那么水泥市

场需求年均会保持 4%～6 %速度增长，最高需求量可能会达到 24～25 亿吨。（见图 2）

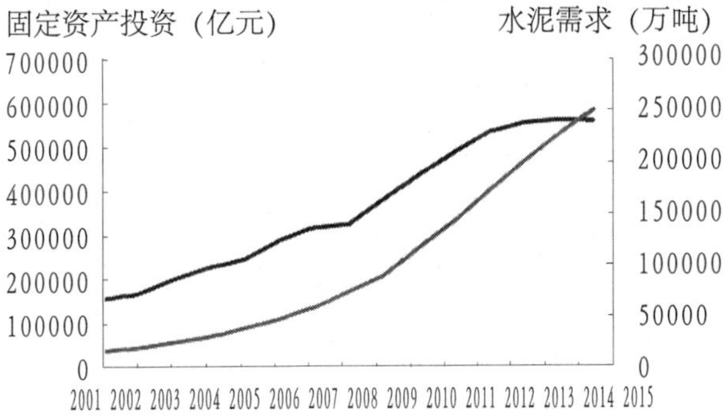

图 2 固定资产投资与水泥需求

经过 5 年的发展，人均消费水泥累积量向 23 吨靠近，这就意味着向水泥消费需求的拐点靠近。

上世纪末，国际工程咨询公司曾组织业内专家论证，根据人均消费水泥增长规律推算中国的水泥消费拐点可能会在 2020 年前后出现，届时人均消费水泥的累积可能会到 22～24 吨。但由于为应对世界金融危机，投入 4 万亿投资拉动国民经济发展，很多“十二五”甚至是“十三五”的项目提到“十一五”运作，整个消费期提前，有可能促使水泥需求量的拐点前移。不管消费拐点如何前移，但“十二五”期间，只要不出现大的意外，水泥市场需求还会持续增长，对此我充满信心。

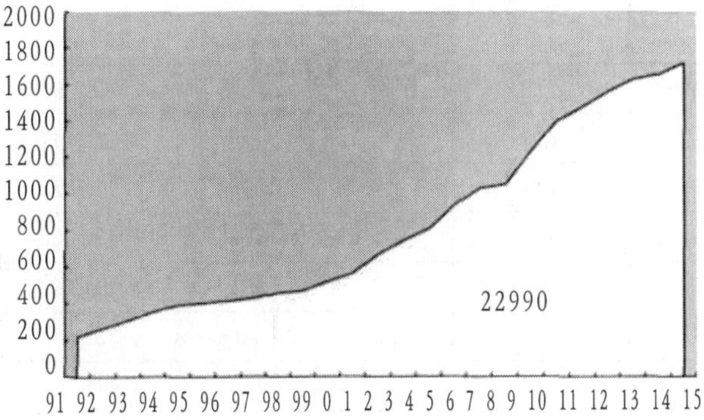

图 3　人均消费水泥示意图

二、“十二五”将面临全国性产能过剩的挑战

2010 年年末，我国已经拥有新型干法生产线 1273 条，熟料产能 125573 万吨，人均产能 936 千克。

据不完全统计，目前已经开工建设，预计今明两年还有 253 条线建成投产，新增熟料产能 3.1842 亿吨，届时，熟料总产能将达 16 亿吨，按 0.61 吨熟料生产 1 吨水泥折算，2012 年水泥总产能将达 26 亿吨。但是目前水泥企业的管理水平都很好，实际生产线的产能都增长 10%～15%，日产 2500 吨生产线，产量可达到 2700 吨；日产 5000～6000 吨生产线达到日产 7200～8000 吨；万吨窑的年产量都在 360 万吨以上。根据测算，即使全国固定资产年度投资总规模达 55 万亿元，水泥总需求也不过 24.55 亿吨。

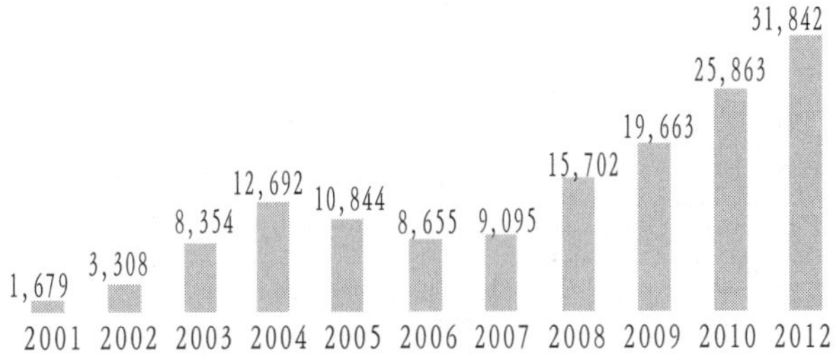

图 4　全国年度新增熟料产能（万吨）

由此可以推断，到 2015 年即使全社会固定资产投资总规模达到 55 万亿元，所有落后产能全部淘汰出局，现在已经建成和已经开工建设，预计在今明两年投产的新型干法生产线的产能完全可以满足需求，而且略有富余。

2008 年，根据两位总理的批示，国家发改委组织对以浙江为代表的长三角地区水泥市场调研，调研结果报国务院后，为防止该区域已经出现的水泥产能过剩向全国蔓延，国务院迅速下发国办发 38 号文，为制止水泥行业高水平重复建设，防止出现全国性严重产能过剩下了一付猛药，取得了良好的效果。

根据长三角的经验和 38 号文的判断，当一个区域的人均新型干法窑的熟料产能达到 1 吨时，就会出现产能过剩。今年上半年，虽然以长三角为代表的华东地区的水泥价格比较稳定，效益逐步回升，但全行业所付出的代价还是沉重的，据南方水泥等许多大企业的报告，他们的水泥窑利用率已经不足 70%。这个数字越过传统所说的“黄线”。令人担忧的是中西部地区由于种种原因，这几年新型干法窑过快发展，后来居上，到明年末，有 18 个省区市人均新型干法窑熟料产能超过华东地区（见表 1 和图 5）。

表 1　各地新型干法窑熟料产能

地　区	2010 年末（注 1）			2011～2012 年新增（注 1）			2012 年末（注 1）		
	生产线	熟料产能（kg/人）	人均产能（kg/人）	生产线（条）	熟料产能（万吨）	人均产能（kg/人）	生产线（条）	熟料产能（万吨）	人均产能（kg/人）
黑龙江	22	1 529	397.76		388	101		1917	498.70
吉　林	27	2 672	970.58		155	56		2 827	1 044.33
辽　宁	37	4 133	939.54		—	—		4 133	929.81
东　北	86	8 334	706.50	4	543	50	90	8 877	744.78

续 表

地 区	2010 年末(注 1)			2011～2012 年新增(注 1)			2012 年末(注 1)		
	生产线	熟料产能（kg/人）	人均产能（kg/人）	生产线（条）	熟料产能（万吨）	人均产能（kg/人）	生产线（条）	熟料产能（万吨）	人均产能（kg/人）
北 京	12	826	468.52		—	—		826	463.78
天 津	3	185	149.92		—	—		185	148.36
河 北	50	5 380	761.29		1 804	251		7 184	1 006.02
山 西	47	3 317	963.40		1 835	514		5 152	1 480.89
内蒙古	40	3 912	1 607.89		1 928	753		5 840	2 375.92
华 北	155	13 620	859.85	46	5 568	334	201	19 188	1 198.88
上 海	5	180	93.26		—	—		180	92.31
江 苏	50	6 414	826.44		930	118		7 344	936.50
浙 江	77	7 247	1 392.58		155	28		7 402	1 407.76
安 徽	73	9 829	1 595.62		2 976	500		12 805	2 057.36
福 建	30	2 958	811.75		1 085	294		4 043	1 098.04
江 西	50	5 141	1 154.24		620	139		5 761	1 280.08
山 东	73	8 667	910.88		1 504	157		10 171	1 057.94
华 东	358	40 436	1 045.75	42	7 270	185	400	47 706	1 221.04
河 南	66	8 667	910.07		1 473	157		10 140	1 053.73
湖 北	60	7 225	1 265.88		—	—		7225	1 252.82
湖 南	50	5 038	782.38		1 277	191		6 315	970.49
广 东	47	6 187	638.95		1 550	190		7 737	790.78
广 西	43	5 939	1 217.26		1 209	263		7 148	1 450.10
海 南	6	698	804.15		—	—		698	795.90
中 南	272	33 804	805.37	38	3 455		310	37 259	878.52
重 庆	42	4 071	1 474.80		1 649	572		5 720	2 050.91
四 川	92	8 859	1 072.21		1 147	143		10 006	1 198.47
云 南	87	5 362	1 167.43		837	147		6 199	1 335.70
贵 州	33	3 543	1 020		1 829	526		5 372	1 530.48
西 藏	5	253	723		—	—		253	714.69
西 南	260	21 245	1 076.54	51	5 462	288	311	26 707	1 339.30
陕 西	42	4 625	1 125.33		1 194	309		5 819	1 415.82
甘 肃	31	2 026	765.39		946	367		2 972	1 111.03
青 海	9	578	1 032.14		543	966		1 121	1 980.57
宁 夏	21	1 368	2 178.34		—	—		1 368	2 154.33
新 疆	40	2 298	1 063.34		4 810	2 226		7 108	3 254.58
西 北	143	10 535	1 076.67	72	7 492	768	215	18 027	1 823.30
全 国	1 273	125 573	936.41	253	31 842	237.25	1 526	157 415	1 161.73

注 1：本栏数据由中国建材数量经济监理学会提供，其中人口总数按 13.41 亿人计算。

注 2：本栏数据由数字水泥网提供，人口计算方法与注(1)略不有同。

注 3：本栏数据由中国水泥协会在注(1)、注(2)基础上推算，人口总数按 2012 年末 13.55 亿人估算。

在调研中发现更令人不安的是在东部地区产业结构调整和诸多工业西移的潮流中，水泥仍然是地方招商引资的热点项目，许多水泥项目还是“首长项目”“大集团项目”“区域重点项目”，盲目发展，高水平重复建设的趋势正在继续蔓延！

前不久我到东方希望重庆水泥公司调研，该厂于 2008 年开工建设，已经有 2 条日产 5000 吨生产线投产，还有 3 条日产 5000 吨正在建设，预计年内能竣工投产。在现场我戏称他们是水泥行业的“哪吒”，一生出来就能闹海。这个厂在布局上我不敢苟同，但他们在技术和装备上却敢于吃螃蟹，采用了许多新技术，起点很高，据南京水泥院的专家介绍，5 条线全部投产后，吨石灰石的成本只有 2.11 元，吨熟料用电量仅有 8.18 千瓦时，可与国内技术最先进的海螺媲美抗衡。在目前同质化、竞争激烈的市场中具有明显优势。我问他们这么多的熟料要销到哪里去呢？据说他们还要在南通建设 3 条万吨生产线，“东方希望现象”值得各级政府、协会、企业和投资者认真研究。

在此，我要呼吁各级政府、协会、大企业和投资者，面对即将出现的全国性水泥产量过剩的挑战，要冷静思考，悉心研究，采取相应措施，认真应对。

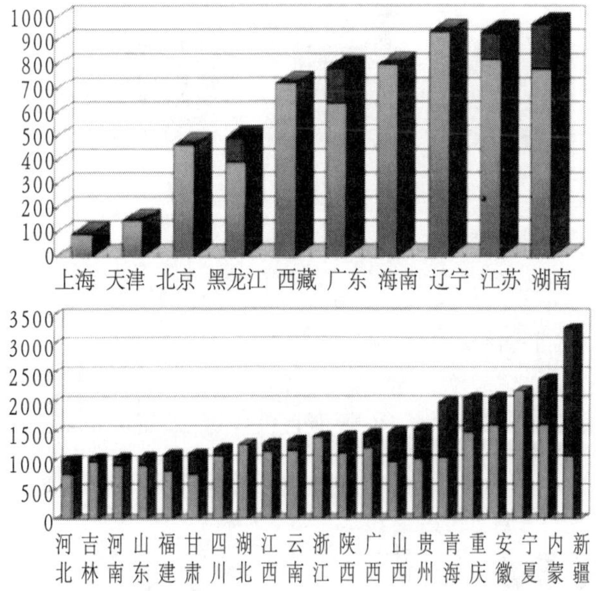

图 5　各地区人均占有新型干法窑熟料产能

在经历这半年多的奔波，经过与业内专家和企业家广泛的交流，我提出几点应对的建议供同行们参考。

三、应对产能过剩的建议

产能过剩是市场经济的必然产物，是推动结构调整、促进社会进步的原动力。

我国水泥行业在发展中曾经历过三次产能过剩。

邓小平同志南巡讲话以后，以深圳和珠海为代表的珠三角经济区成为推动全国经济高速发展的领头羊，由于基本建设的拉动，水泥行业得到快速发展。然而到 1995 年下半年水泥市场疲软，价格低迷，并逐步向全国蔓延，造成全行业亏损，这是建国以来水泥行业第一次出现产能过剩。当时立窑水泥的比重曾经高达 82%，过剩主要表现为立窑水泥开始供过于求，业内称其为结构性、低水平过剩，这一轮过剩促进了新型干法窑的大发展。可以断言没有立窑的产能过剩，就没有新型干法的大发展。

第二次是 2008 年以浙江为代表的长三角的产能过剩。当时宁波地区的水泥价格从 2003 年的 520 元/吨跌破 300 元/吨，南京市成全国省会城市水泥价格的最低谷，浙江已经出现全行业亏损，当时浙江省新干法熟料产能达到 6847.9 万吨，人均熟料产能 1353 千克，业内称之为区域性过剩。华东地区尤其是浙江的水泥企业经过这一场过剩逐步从痛苦中觉醒，认识到传统产业特别像水泥这样的短腿产品只有联合重组，努力提高生产集中度才是科学的发展之路，因此平地一声春雷响，南方水泥横空出世，创造了水泥行业发展的奇迹。

第三次是 2010 年以成都和绵阳为代表的西南地区，由于种种原因，这几年新型干法窑超常规发展，造成产能增长的速度大大高于市场需求增长的速度。去年我曾多次到西南地区。3 月份，成都的水泥价格还维持在 480 元/吨左右，4 月跌到 420 元/吨、6 月跌破 300 元/吨，9 月份重庆水泥协会组织一次别开生面的论坛，大幅标题“当水泥价格跌破 190 元以后怎么办？”马泽民同志要我为会议介绍“浙江现象”。经过认真分析就能发现西南地区出现的过剩与华东地区有本质的区别，华东人均消费水泥的累积量已经接近 20～24 吨，西南像贵州还只有 9 吨，重庆也不过 11 吨多一点，尽管价格严重下滑，但需求还在高速增长，因此我们把西南出现的过剩称之为阶段性过剩，离消费拐点的出现还有一定的距离。这种阶段性过剩也要引起政府、企业家的高度重视，也要防止走得太快了！这一轮阶段性过剩正在推动该区域的战略重组，催生新的联合体的诞生。

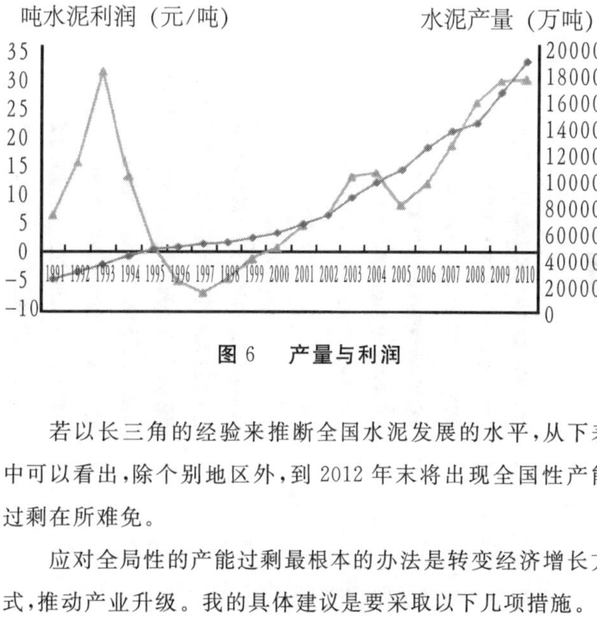

图 6　产量与利润

若以长三角的经验来推断全国水泥发展的水平，从下表中可以看出，除个别地区外，到 2012 年末将出现全国性产能过剩在所难免。

应对全局性的产能过剩最根本的办法是转变经济增长方式，推动产业升级。我的具体建议是要采取以下几项措施。

一、各级政府要切实贯彻科学发展观，各地在编制“十二五”水泥工业发展规划时，协会要与专家、企业家和政府官员经过科学论证，共同确立发展目标，一方面是控制总量，另一方面更要严格控制新上项目。我建议在相当长的时间里要坚决贯彻执行 38 号文，不可松动项目审批。个别地区特殊问题可以个案解决。

二、加快淘汰落后的步伐，扩大落后产能的范围，加大环境保护执法力度，坚决制止以各种名目保护落后。淘汰落后的概念绝不光是立窑，以前一些日产 1000 吨、2000 吨生产线也包括在内，都要扒掉重来。过去配置的装备落后，无法与新窑相比较，所有的技术都老化了。在新的历史条件下，对落后产能不能一刀切，可能在西部先进的，在东部已经落后了。

三、加快推进战略重组的步伐，尤其要引导和支持大企业之间有进有退，努力提高区域产业集中度，稳定市场秩序、稳定价格，逐步推动水泥价值历史回归。我国水泥行业在节能减排、利废等方面为国家实施循环经济和清洁生产做出了重要贡献，尤其是新型干法水泥窑的高速发展，使我国水泥行业的能耗水平和排放强度已经进入世界先进行列，得到联合国能源署总干事和CSI秘书长的高度赞扬（见图7）。但在哥本哈根会议上却受到众多责难。问题出在哪里？我认为一是排放总量过大，二是按万元GDP为单位计算能耗，我们的水平太低，问题就在于中国的水泥价格太低！太低！太低！

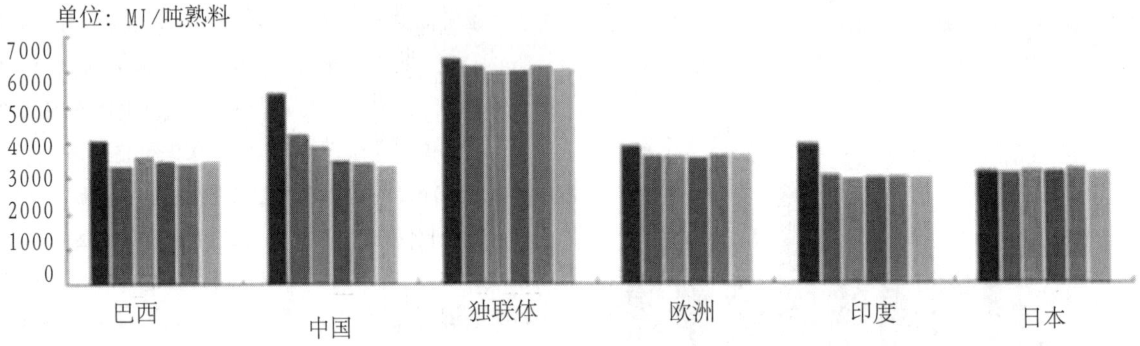

图7　吨熟料的加权平均热耗

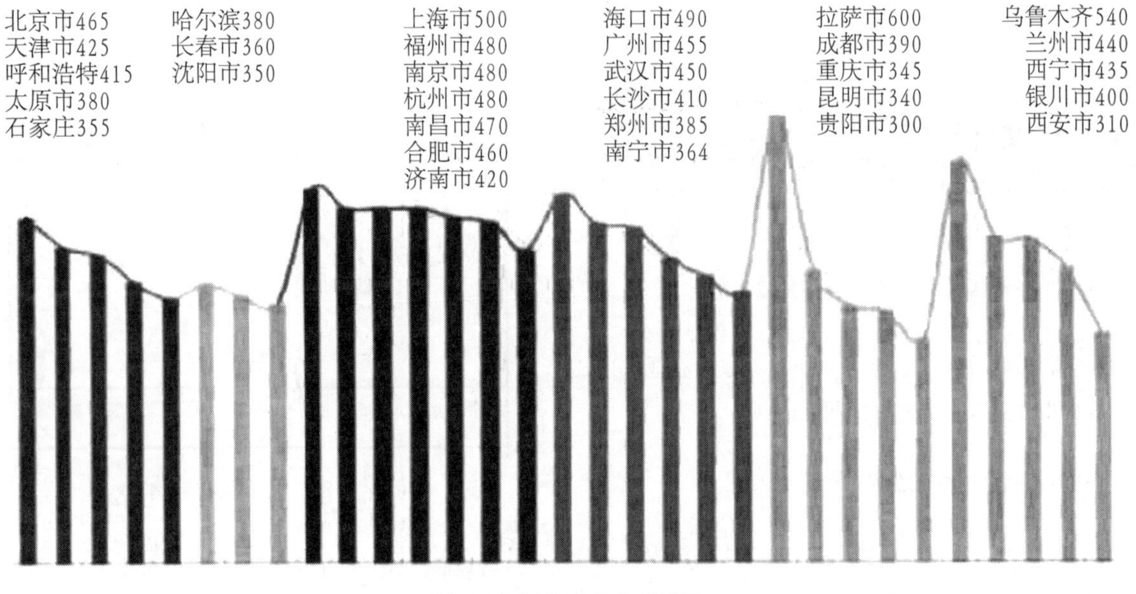

图8　今年上半年水泥价格

实现水泥价值回归任重道远，关键是要身体力行。华东地区尽管从2008年就开始出现过剩，到今年上半年该地区的水泥窑利用率不足70%，但价格仍然比较稳定（见图8），经济效益还比较可观，这说明了什么？他们究竟采取了哪些办法？积累了什么经验？我建议全国水泥行业都要研究浙江现象，学习浙江经验。归根到底，就是要转变观念，转变企业经营战略，修改和完善企业管理制度和模式。企业管理要从以量为核心转变到以经济效益为核心的轨道上来。因此我们要学习中国建材集团的先进经验，转变观念，把企业的利益置身于行业的利益之中，这是我们的历史责任。水泥工业的节能减排、技术改造的潜力非常大，如何将水泥生产过程中所消耗的能源价值转变为产品价值需要行业的共同探索。在这方面，东方希望在各项新技术特别是节能减排上所做的工作，对于水泥行业有很大的示范作用。其水泥主机设备没有采用高压电机，而是采用了工业汽轮机驱动。这样的一增一减相抵后，大量节约了成本。

四、把投资引导到大力采用新工艺、新技术、新装备对老厂进行改造，努力推动产业升级。2005年以前建设的400多条线与目前新建的生产线还是有较大的差距。因此要大力推进行业技术进步，做强水泥行业。钱要花在企业的整合上，花在老线的改造上，何必非要建新厂不可？

“十二五”水泥行业处于经济转型期，大企业能否成为弄潮儿？回顾中国水泥工业发展的历程，在计划经济时代，华新曾经是水泥行业皇冠上的明珠，以后被峨眉替代，柳泥引进丹麦史密斯公司成套装备建设一条日产3200吨生产线后也曾经当过火车头，但很快被冀东所替代。改革开放以来，海螺的崛起更是令人刮目相看，“十五”期间，海螺当之无愧是中国水泥行业的佼佼者，把中国水泥行业带入一个全新的时代；“十一五”中国建材异军突起，2010年一跃进入世界500强，成为行业与国人的骄傲。

“十二五”谁能独领风骚？经济转型如大浪淘沙，我们期待着水泥行业新的弄潮儿，把中国水泥工业推向一个健康和可持续发展的新时代！

★该篇文章为中国水泥协会会长雷前治在2011年8月29日召开的全国各省区市水泥协会会长、秘书长和部分大企业集团办公室主任联席会议上的讲话。

共同为水泥企业产业链延伸献计献策★

Joint suggestion contribution for industrial chain extension of cement enterprises

◎中国水泥协会会长 雷前治

Lei Qianzhi Chairman of China Cement Association

2012年中国国际水泥峰会即将于3月29日在北京召开。每年一届的“中国国际水泥峰会”得到了中国政界、产业界、金融界以及更多国际组织、水泥同行的高度关注与响应，为全球水泥行业搭建了一个非常有意义的沟通和交流平台，让同行们共同分享行业的智慧与经验，目前，中国国际水泥峰会已成为最具影响力的全球水泥行业年度盛会。

本届峰会的主题是“延伸水泥产业链 促进企业升级转型”。中国水泥行业发展至今，转变依靠单一水泥产品规模来取胜市场的传统发展方式，延伸产业链、做大相关多元产业，已成为增强企业综合竞争力的最佳途径。延伸水泥产业链既是中国水泥工业“十二五”规划的发展重点，也是促进中国水泥企业升级转型的必由之路。

本届峰会将“延伸水泥产业链 促进企业升级转型”作为主题的背景和初衷是什么？行业企业若想在此突破需要着力的重点在哪里？本届峰会将如何围绕此主题搭建广泛的交流平台？带着这些问题，数字水泥网专访了中国水泥协会会长雷前治。

雷会长认为，延伸产业链、促进企业升级转型的问题亟待突破。一方面，从行业自身发展阶段来看，前十年中国水泥工业的重点在大力发展新型干法窑，这是在当时的历史背景、行业背景下所进行的正确选择。不光水泥企业自身全都以发展新型干法窑、扩大产品规模为重点，其他的服务型企业包括技术研究院、装备企业等也都将精力集中在这上面，为进一步提高新型干法窑的效益、节能减排技术等做出了重大贡献。而今，水泥行业发展到现在，延伸产业链、做大相关多元产业已经摆上日程了，水泥企业应该如何突破？服务企业又该如何调整战略、在新一轮发展中分一杯羹？这就是我们此次会议将要重点讨论的。

另一方面，从国际上来看，衡量一个水泥企业效益的标准不是吨水泥利润，而是吨石灰石利润。世界上大的水泥集团都是以石灰石为原料，形成精致的、完善的产业链，来做到利润最大化的。在这方面，我们中国的水泥企业还有很大差距，要想与国际接轨，就需要在产业链上下功夫。当然，国内一些优秀的水泥企业如华润、华新、冀东、中国建材等都已在产业链延伸上花了很大力气，也取得了很大成就。这次的会议上就会有一些优秀企业来介绍经验。

雷会长表示，虽然我们在产业链延伸方面起步较晚，但是希望我们的起点能高，瞄准国际上最一流的技术、装备、工程，做最一流的产业链。这也是这次会议最大的意图。因此，这次会议既有拉法基、西麦斯等国际上产业链做得较好的企业来介绍经验，也有国内做得较好的华润水泥、华新水泥等来介绍探索历程，还有优秀的技术、装备、工程公司来展示产品。相关政府部门也会参与，为日后制定政策导向做积累。可以说，这是一个全方位的盛会，希望大家都齐聚一堂，共同为中国水泥企业延伸产业链、更好更快地升级转型而献计献策。

★该篇文章发表于2012年3月27日《中国建材报》。

延伸水泥产业链 实现可持续发展★

Extend cement industrial chain and realize sustainable development

◎中国水泥协会会长 雷前治

Lei Qianzhi Chairman of China Cement Association

2011年是我国“十二五”发展规划的开局之年，面对国内外经济环境复杂多变的情况，我国经济仍然保持了稳定增长，水泥工业也实现了可持续发展。2011 年水泥产量达到 20.9 亿吨，同比增长 11%，前 10 强企业的熟料产量占全国的 42%，其中中国建筑材料集团有限公司和安徽海螺集团有限责任公司均突破亿吨大关，中国建筑材料集团有限公司首次进入世界 500 强。全国新增新型干法生产线 166 条，熟料设计产能 2.02 亿吨.已建成投产的新型干法生产线 1513 条，熟料设计产能 14.37 亿吨，新型干法水泥比重已达 89%。随着大型化新型干法窑的快速发展，大量采用余热发电、分别粉磨等技术，吨水泥的能耗水平进一步下降，利用水泥窑协同处置城市生活垃圾和各种废弃物工作开始起步，部分省市和企业已经获得突破性进展，使水泥工业在能效利用和环境保护方面的形象得到提升。企业间的战略重组风起云涌，中国建筑材料集团旗下的西南水泥公司 2011 年年底挂牌，水泥产能接近 7000 万吨，台泥水泥收购瑞安建业旗下贵州凯里、海螺水泥收购陕西重喜这类超亿元的重组案例有数十起之多，中国建筑材料集团的并购整合经验进入了美国哈佛大学商学院的教学案例库。随着市场集中度不断提高，大企业主动担负起节能减排和社会稳定的责任，市场成熟程度有所提高，经济效益稳步回升，全年规模以上企业实现利润 1020 亿元。

“十二五”的开局十分可喜，2012 年中央经济工作会议确定了“稳中求进”的方针。为水泥工业实现可持续发展创造了良好的外部环境。为应对产能过剩的挑战，在刚刚结束的十一届全国人大五次会议上，温家宝总理所作政府工作报告中确立了以水泥等 4 个行业为重点，“控制增量，优化存量，推动企业兼并重组，提高产业集中度和规模效益”的指导方针。为此，2012 年中国国际水泥峰会的主题是“延伸水泥产业链，促进企业转型升级”。延伸水泥产业链是《水泥工业“十二五”发展规划》的重点，也是促进我国水泥企业转型升级的必由之路。峰会旨在搭建国际交流平台，学习世界优秀水泥企业的先进理念，探讨我国水泥企业延伸产业链的发展方式。

面对世界复杂多变的局面，针对我国水泥工业发展中的问题，我们要研究新的形势，制定新的目标，迎接新的挑战，再上新的台阶。只有加快转变发展方式，我国水泥行业才能迎来更加广阔的发展前景。

★该篇文章是中国水泥协会会长雷前治在 2012 年中国国际水泥峰会上的开幕词。

以科学发展观为指导　走可持续发展之道路★

——“十二五”水泥产业发展的思考

Walk on the sustainable development road with guidance of scientific development perspective

◎全国政协常委、国务院参事　蒋明麟

Jiang Minglin　Standing Committee member of CPPCC and counselor of State Council

今年是执行“十二五”规划的第一年，意味着我们将开始新世纪第二个 10 年的新的征程。站在这个重要的历史时刻，回顾“十一五”期间水泥产业发展历程，总结分析其中的规律，结合当前和今后一个时期国内、国际经济社会发展趋势，以《中共中央关于制定国民经济和社会发展第十二个五年发展规划的建议》精神为指导，认真思考“十二五”水泥产业的发展思路、政策措施和具体举措，进一步统一思想，明确工作重点，对水泥产业在“十二五”乃至今后的长远发展都是极为重要的。本文将提出笔者在这方面的一些思考，供业内外有关方面和人士参考。

“十一五”水泥产业发展回顾

在党中央、国务院的正确领导下，全国人民以邓小平理论和“三个代表”重要思想为指导，以科学发展观统领经济社会发展全局，加大宏观经济调控力度，增强调控的有效性、针对性，加快转变经济发展方式，提高自主创新能力，促进城乡区域协调发展，深化改革开放，积极应对国际金融危机冲击和克服严重自然灾害的影响，全面胜利完成了“十一五”规划的各项任务，为我国在新世纪下一个十年的发展奠定了坚实的基础。

水泥产业作为建材产业的重要组成部分，在“十一五”期间按照规划提出的“节约能源资源、保护生态环境和提高产品质量档次为重点，促进建材工业结构调整和产业升级。在有条件的地区发展 5000 吨及以上的新型干法水泥，逐步淘汰立窑等落后生产能力”为总体要求，针对我国水泥产业的现状，以控制总量、淘汰落后、加快重组、提升水平为工作重点，加快推进调整结构和产业布局，大力开展节能减排，努力提高产品质量和产业集中度。在“十一五”期间，水泥产业不但满足了国民经济社会发展的需求，而且在产业自身发展中发生了重大的变化。“十一五”水泥产业的发展呈现出以下 6 个主要特点：

1. 水泥产业产能、产量继续快速大幅提高

“十一五”前 4 年，虽然遭遇了国际金融危机对我国经济的冲击和多起严重自然灾害的影响，我国国民经济仍然保持强劲的增长势头。我国国内生产总值年均实际增长 11.4%，比“十五”期间年平均增速高 1.6 个百分点。2010 年全年 GDP 增长 10.3%。在我国经济增长的三大驱动力（投资、出

口、消费)对经济增长贡献率中,固定投资占有较大比重。这是与我国所处的经济发展阶段所决定的。我国经济基础薄弱,基础设施落后,人民生活和消费水平相对较低,因此固定资产投资拉动经济增长的内生动力强劲。特别是在应对国际金融危机对我国经济影响,实行积极的财政政策和适度宽松的货币政策,实施一揽子应对计划后,内需有效扩大,固定资产投资也呈较快增长。“十一五”期间,年固定资产投资增长一般在25%~30%左右。由于固定资产投资增长与水泥需求量增加有密切的关联(一般用水泥产量弹性系数来表示,该系数一般为0.5~0.6),因此在“十一五”期间,水泥不论是产能还是产量均有较大增长。水泥产量从2006年的12.4亿吨快速增加到2010年的18.68亿吨。

在水泥产能方面,有统计数据显示,2010年产能达到23亿吨以上。生产设备利用率约在80%左右,这意味着有近5亿吨产能的富余度。

2. 产业结构得到有效调整

随着水泥产业的科技进步、装备制造水平的提高、新型干法水泥工程建设和运行管理经验的不断积累,我国新型干法水泥生产日益显示出其在产品质量、劳动生产率、节能环保、企业效益方面的优越性,在激烈的市场竞争中具有很强的竞争力,新型干法在“十一五”期间得到迅猛发展。通过近5年来激烈的市场竞争,并通过政府运用产品质量、环保、节能标准及必要的行政手段,淘汰落后水泥产能的力度不断加大,2006~2009年淘汰落后水泥产能2.14亿吨,2010年淘汰落后水泥产能1.07亿吨,有效减少了落后水泥产能在水泥产能中的比重。从2005年新型干法水泥熟料年产3亿吨,占我国水泥熟料的比重为38.6%,到2010年,新型干法水泥熟料产量占我国水泥熟料的比重超过80%。2010年新型干法生产线达到1310条,水泥熟料产能突破13亿吨。

3. 水泥产业布局得到改善

根据“十一五”规划提出的促进区域协调发展的要求,国家坚持实施推进西部大开发,振兴东北地区等老工业基地,促进中部地区崛起,鼓励东部地区率先发展的区域发展总体战略。根据区域发展战略和市场需求,5年来水泥产业布局发生了积极的变化。过去传统的水泥生产大省,如广东、山东、河北、河南、江苏等东部省份继续保持快速发展,新增水泥生产能力逐步向中西部发展。例如,在四川汶川地震恢复重建和西南地区基础设施建设的拉动下,四川、贵州、云南等省水泥生产能力大幅增加;在中央发布加快新疆实现跨越式发展的文件后,新疆的水泥项目大幅增加,产能迅速提高。2009年以来,在12个区域经济社会发展规划上升为国家层面战略规划的影响下,目前全国水泥产能布局相对平衡,有些地区出现产能过剩的情况。

4. 生产集中度提高,大企业集团发展迅速

为了解决水泥产业企业数量多、实力弱、竞争力低的问题,通过政府政策引导和企业自身努力,在市场竞争的环境下,大企业和企业集团5年来得到壮大发展。在2006年“十一五”规划起步之年,政府有关部门邀请业内专家,通过认真分析研究,筛选出12家大型水泥企业为国家重点扶持的企业、48家水泥企业为省级地方政府重点扶持的企业,在政策上给予适当的倾斜,促使其在市场竞争中根据市场需求,通过新建改建、资本运作、兼并重组迅速发展壮大,生产力快速向这些行业龙头或地区龙头企业集中。例如,安徽海螺集团、南方水泥集团、山东水泥集团、冀东水泥集团、华新水泥集团等大型水泥企业都成为跨区域的大型水泥企业。

5. 节能减排工作取得明显成效

水泥生产是耗能大户,也是废气和污染物排放大户。水泥制造业能源消耗占建材工业的70%左右,占全国工业能源能源消耗的7%以上;废气排放量占全国工业废气排放量的15%左右;二氧化硫排放量占全国工业二氧化硫排放量的5%;烟、粉尘排放量占全国烟粉尘排放量的30%。根据“十一五”规划关于建立“两型”社会的要求,水泥产业的节能减排任务繁重。5年来,一是通过淘汰落后产能,把能源消耗高、烟尘和污染物排放不达标的水泥生产线关闭,或通过技术改造减少能源消耗和污染物排放。二是大力发展技术指标先进的新型干法水泥生产工艺。重点在高效煅烧、节能粉磨、清洁生产、自动控制等方面加大科研开发力度,通过优化设计、鼓励企业采用新工艺、新技术、新装备,加强生产管理,使我国单位水泥生产能耗总体呈下降趋势,大型水泥企业的单位水泥能耗已接近或相当于国际先进水平。三是积极推进余热和废弃物回收利用,努力为发展循环经济做贡献。开始于我国“八五”计划的新型干法水泥窑余热发电技术,经过20年的不断攻关、实践、完善和发展,在“十一五”期间,新型干法水泥窑纯低温余热发电技术和装备日臻成熟,在熟料热耗达标的前提下,每吨熟料余热发电量一般可在40千瓦时以上,扣除余热发电系统自用电外,可使单位水泥产品电耗下降20%~30%。目前,大约有60%以上的生产线配套建设了余热发电装置,为水泥产业节能减排发挥了重要作用。水泥产业历来重视消纳和利用各种工业废弃物作为水泥生产替代原料的工作,高炉矿渣、粉煤灰、硫酸渣、电石渣、赤泥、脱硫石膏等工业废渣在水泥生产中都得到了充分的循环利用。实现这些工业废渣的资源化,减少了环境污染,增加了企业的经济效益。据统计,由水泥制造业综合利用的固体废弃物量为全国工业固体废弃物利用量的30%左右,占全国当年工业固体废物产生量的17%左右。近年来,水泥窑处置和利用工业废弃物、生活垃圾作为生产水泥用的替代燃料方面取得一定进展,已分别在北京金隅集团所属的北京新北水水泥公司、广州越秀集团所属的越堡水泥厂、海螺集团所属的芜湖水泥厂等生产线,新建投产了处置和利用下水污泥、工业废弃物和生活垃圾的装置,进行了这方面工作的探索与实践,取得了良好的环境效益、社会效益和经济效益。

6. 企业实施“走出去”战略取得实效

在国家实施支持有条件的企业"走出去"的政策指导下，水泥产业已从过去只有单纯的水泥、熟料产品出口，到人力资源的劳务出口，发展到今天以水泥建设工程带动水泥技术、装备和服务出口。由于我国的水泥技术和装备先进实用，性能价格比具有优势，技术服务认真周到，在建设过程中充分关注业主利益和需求，认真兑现我们的社会责任，实现双方共赢，目前我国企业在国际水泥工程建设项目中的市场份额已超过30%。许多国际水泥工程建设项目，取得良好的业绩，受到中央领导同志的充分肯定。

"十二五"水泥产业发展展望

在认真总结"十一五"水泥产业取得巨大成就的同时，我们也必须清醒地看到水泥产业在发展中存在的问题，主要反映为水泥产能增长过快，一些区域产能过剩问题突出；产业结构调整任务仍然艰巨；产业生产集中度不高，大集团、大企业的实力和竞争力仍需进一步加强；水泥产业的节能减排的任务繁重、潜力巨大；水泥产业的国际化战略有待加强；水泥企业的运行和精细化管理水平尚有较大提升空间，企业社会责任意识不强；水泥技术和装备的科研开发工作缺乏自主创新的能力等。针对这些存在的问题，我们需要在科学发展观的指导下，把握国际、国内宏观经济发展趋势和要求，结合水泥产业自身发展规律特点，理清发展思路，坚持科学发展、可持续发展，不断提高科技和创新水平，真正使我国由水泥生产大国走向水泥产业强国。

未来5年我国仍处在可以大有作为的重要战略机遇期，水泥产业作为重要的原材料产业，应当以调整优化结构、促进产业升级为主线，以加大节能减排工作为重点，以自主创新、科技进步为动力，积极支持企业实施"走出去"战略，全面提升水泥产业的核心竞争力，为把水泥产业建成现代原材料加工和制品业奠定基础。

1. 调整优化产业结构

我们要在过去工作的基础上，更加注重优化产业结构，淘汰落后产能，提高产品的实物质量，增强产业配套能力，要从过去重视量的增长转变到要更加重视质的提高。这里所指的"量"和"质"既包括水泥产品，同时也包含水泥企业的数量和企业竞争力。"十二五"期间，随着工业化、城镇化的深入，我国经济仍将保持平稳较快发展，GDP仍会增长，只是增速会有所趋缓。作为经济发展主要驱动力的固定资产投资的增长速度，虽然随着国家促进消费、拉动内需政策的实施会有所下降，但固定资产投资的增长量仍会很大。因此，水泥的需求量仍然会增加。如何满足水泥需求量的增长？目前我国水泥产能已有23亿吨，我们应当在控制产能总量的前提下，加大淘汰落后产能的力度，充分发挥现有产能的利用率，而不要重复走过度扩大产能总量的老路，特别是在一些水泥产能已经严重过剩的地区，更要严格控制产能总量。当然，我们也应当控制一个合理的产业产能利用率。通过淘汰落后产能和发展新型干法水泥，力争到2015年年末新型干法水泥生产能力占总生产能力的90%以上。

在水泥产品结构上，要努力提高产品的实物质量，延长建筑物、构筑物的使用寿命。通过与建设业的合作，切实提高我国运用在建筑物、构筑物中混凝土的标号，增加高强度等及水泥的用量，从而减少水泥产品用量和石灰石资源的消耗。要注重特种水泥的开发研究，增加特种水泥的品种和应用。努力探索开发研制非钙硅系列的新型胶凝材料，满足经济社会发展的多方面特殊要求。

在企业结构上，要合理引导企业兼并重组，通过市场竞争显示大企业的竞争优势，进一步提高水泥产业的生产集中度。力争到2015年年末，位列前10家的水泥产量达到总量的35%以上。

2. 加大节能减排工作力度

面对日益强化的资源环境压力，必须增强危机意识，树立绿色、低碳发展理念，以节能减排为重点，健全激励和约束机制，开发和运用节能环保的新技术、新产品、新装备，使水泥产业向低碳化、环保化、清洁化方向转变，为建设"两型社会"做贡献。一是要进一步降低水泥产品综合能耗。虽然我国一些设备先进、运行管理水平高、单条生产线规模大的企业单位水泥产品的综合能耗已经接近或相当于国际先进水平，但是我国还有占全国新型干法水泥产能30%的中小型或在上世纪八九十年代早期设计建设的新型干法生产线，它们的技术和装备水平已经落后，单位水泥产品的综合能耗和排放指标均与国内先进水平有较大差距，必须在市场竞争环境中加以改造提升或淘汰。另外，我国现有的大中型新型干法水泥生产线单位水泥产品综合能耗和排放指标与国际先进水平仍有一定差距，应当通过节能环保改造和精细管理，努力挖掘节能潜力，提高环保质量。二是要进一步开展余热和资源的综合利用。要在水泥工业自身降低一次能源消耗的基础上大力推广水泥窑余热发电技术，进一步改进余热发电的工艺流程，提高装备水平和发电效率，增加水泥烧成工艺和余热发电操作的协调性和稳定性。在"十二五"期间，力争有条件的生产线都装配余热发电装置新建的生产线要做到水泥生产线与余热发电装置同时设计、同时建设。要大力开展低品位矿石原料和燃料的合理利用，提高原燃材料的利用率，以节约资源和降低生产成本。要继续利用水泥工艺特点开展资源的综合利用，消纳其他工业的废弃物作为水泥的原料和混合材，为发展循环经济做贡献。三是要大力推广水泥窑处置和利用工业废弃物及生活垃圾作为替代燃料技术。经过近10年的研究、探索和工业实践，我们对这项技术的工艺、装备和运行操作有了突破和提高，应当在"十二五"期间根据各地的具体情况，积极而稳妥地加以推广。政府应当根据我国情况，制订在采取应用工业废弃物和生活垃圾作为水泥窑替代燃料时的水泥熟料质量标准、水泥窑废气排放标准。为支持企业推广和运用这项技术，政府需要制定"谁排放、谁付费，谁处置、谁收费"的具体政策措施，这样可以调动处置企业的积极性，在完成社会责任和提高环境效益的同时，企业本身也能取得应有的经济补偿，同时政府在税收、信贷等方面给予必要的优惠，支持企业应用这项技术。“十二五”期间的重点应放在对大中城市污水处理厂污泥和城市生活垃圾的处置和利用及对工业危险废弃物的处置上，以解环境保护工作的燃眉之急和难题，为我国环保事业做出积极贡献。四是要着眼于未来愈加严格的环保要求和排放标准，开展相应的研究开发工作，加强对水泥窑废气中氮氧化物成分的控制，减少氮氧化物的排放量。这需要进一步改进窑头和分解炉燃烧器的结构，优化分解炉的型式和构造，以达到煤粉的充分燃烧和氮氧化物的减少。对水泥厂粉尘排放总量的控制，无论是有组织排放还是无组织排放，都要严格控制，加强绿化、美化，营造清洁优美的生产环境。要特别注意矿山开采后的地貌恢复工作，有条件的可以做好植树造林恢复生态工程。水泥工业是二氧化碳排放大户，二氧化碳既是一种温室气体，同时也是重要的化工原料。我们应当对二氧化碳的储存和应用进行研究和探索，为减少温室气体排放、提高应对气候变化能力对作好准备。

3. 加快推进水泥产业国际化战略步伐

根据党中央关于“十二五”规划的建议中有关加快实施“走出去”战略的总体要求，水泥产业应当在过去取得成绩的基础上，全面推进国际化战略步伐。虽然我国不少水泥企业在国际市场(水泥产品出口、劳务服务和工程承包等方面)取得显著成绩，但还没有形成真正意义上的国际跨国企业，这是因为我国大企业集团的资本组成、经营收入、人力资源、管理团队、技术来源等方面还没有真正形成国际化。因此，在经济全球化步伐加快的时候，水泥产业应当从战略高度调整发展思路，充分利用“两种资源、两个市场”，按照市场导向和企业自主决策的原则，有序到境外投资合作。要充分利用我国外汇储备充裕的条件，在金融机构的支持下，发挥我国水泥技术装备先进实用、性能优越、价格合理等优势，采取独资、合资、参股、收购等方式，积极参与国际水泥产业的竞争。为推进水泥产业国际化战略的实施，企业要加快适应“走出去”战略所需人才的培养，做好海外投资环境研究，强化投资项目的科学评估，加强项目管理，履行好企业的社会责任，努力实现“本土化”，以及投资方和企业所在地的互利双赢。为提高投资效益，减少投资风险，政府要加强宏观指导和服务，完善政府有关部门的统筹协调，制定相应的优惠政策，支持企业“走出去”战略的实施。

4. 延长水泥产业链，扩大发展空间

水泥只是一种建筑材料的半成品，是制备混凝土的重要成分之一，在建筑物、构筑物的混凝土中发挥胶凝材料的作用。要想提高建筑物、构筑物的质量，延长建筑物、构筑物的使用寿命，除了提高水泥产品的质量外，还必须关注应用在混凝土中骨料的质量和性能，从而提高混凝土的质量和性能。当前我国预拌混凝土产业发展迅速，大多是由建筑施工企业兴办或由一些中小企业投资兴办。其中混凝土的骨料(石料和砂子)，大多向地方上采购，其质量还难以保证。不少建筑工程因混凝土质量问题，造成建筑物、构筑物出现问题或使用寿命减少，因此，水泥产业应当向水泥产业的下游混凝土产业发展。

随着水泥预制构件在建筑物和构筑物的广泛采用，水泥制品的应用空间越来越广，水泥产业应当逐步由半成品生产向制成品产业扩充，逐步形成矿山开采—水泥生产—混凝土制备和水泥制品的较为完整的生产链，真正实现建筑材料产业与建筑业的充分融合。

我国的水泥产业中，除了上述主产业链外，还包括研究、设计、装备制造、施工安装、物流运输等业务，它们都是围绕主产业链来开展和拓宽业务的，这些业务也应当根据市场需求来单独扩展市场。

这里特别指出的是，由于水泥生产工艺的特点，其在处置和利用工业、生活废弃物方面具有独特优势。在未来的发展中，水泥企业有可能成为环保产业的重要组成部分。

5. 大力提高自主创新能力

要实现上述发展思路，必须推动水泥产业发展向主要依靠科技进步、劳动者素质提高和管理创新转变，其核心是自主创新能力的培养和提高。

近年来，我们通过工作实践和激烈的市场竞争，已经认识到自主创新的重要性。但认真总结起来，我们会发现在自主创新能力方面，形势仍不能盲目乐观。我们对自主创新的重要性强调得多，要达到创新目标任务布置得多，但对如何通过培养和提高创新能力、达到创新的目标研究得少，对创新人材、创新思维、创新方法、创新环境、创新工具等方面所组成的创新体系还缺乏系统的研究和改进。因此导致自主创新能力不足，多为跟随国外的步子走，缺乏超越式或原始创新；个别技术和产品的性能改进多，系统技术的创新少；科研成果理论水平高，但转化为生产力和商品的难度大、时间长等现象。要改变这种现状，必须把如何进行自主创新作为一个系统来研究，切实在一些薄弱环节上加以改进，才能取得实实在在的效果。

水泥产业要在未来 10 年科学发展、可持续发展，必须以科技创新为强大动力，着力培养和提高自主创新能力，为创新型人才营造“创新生态环境”，提供个人成长发展空间。要在创新思维、创新方法、创新工具方面有所突破，要在产、学、研合作的机制、体制上有所改进，为科技成果尽快转化为生产力、提升产业竞争力做出贡献。

综上所述，“十一五”期间我国水泥产业既取得了巨大成就，同时也面临资源能源消耗大、环境负荷重、全球气候变化和产能过剩等诸多挑战。在“十二五”乃至今后 10 年，我国水泥产业必须坚持以科学发展观为指导，以加快转变发展方式为主线，以科技进步和创新为支撑，优化调整产业结构，大力推进节能减排工作，加快水泥产业国际化战略步伐，延长水泥产业链扩展发展空间，提高自主创新能力，从而实现水泥产业的科学发展、可持续发展。

水泥产业是基础原材料产业，是国民经济和社会发展不可缺少的重要产业，在赋予其科学发展、可持续发展的内涵后，必将是大有作为的产业，拥有无限美好的未来。

★该篇文章发表于2011年4月12日《中国建材报》。

中国水泥企业实施“走出去”战略的思考★

Reflection on the“walking out” strategy of Chinese cement enterprises

◎全国政协常委、国务院参事　蒋明麟

Jiang Minglin　Standing Committee member of CPPCC and counselor of State Council

我国“十二五”发展规划纲要中明确指出：“按照市场导向和企业自主决策原则，引导各类所有制企业有序开展境外投资合作。深化国际能源资源开发和加工互利合作。支持在境外开展技术研发投资合作，鼓励制造业优势企业有效对外投资，创建国际化营销网络和知名品牌。扩大农业国际合作，发展海外工程承包和劳务合作，积极开展有利于改善当地民生的项目合作。逐步发展我国大型跨国公司和跨国金融机构，提高国际化经营水平。”

一、当前我国对外投资的特点

经历了“十一五”期间的快速发展，我国对外投资呈现以下几个特点：

1. 投资区域不断扩大，遍及世界各大洲；投资方式不断增加。从直接投资建厂到合资经营、收购股权、并购企业等；

2. 投资对象发生变化。从对单个企业投资到目前在多个国家和地区集中的开发区和经济合作园区，进行适当集中的投资活动；

3. 投资企业类型变化。从比较重视投资能源、资源企业，到目前投资能源、资源企业获取能源、资源份额，与通过投资获取技术、品牌、人才等目的的并重，高新技术和先进制造业等重点领域投资成果突出；

4. 投资流量和存量均呈现增长态势。特别是在2008年～2009年受世界金融危机的影响，全球经济发展步入低谷，我国企业抓住机遇，适时参与国际投资合作，对外投资取得更大进展。

二、中国水泥“走出去”战略实践

中国水泥产业在经历了“十一五”期间的快速发展后，2011年水泥产量达到20.9亿吨，其中新型干法水泥熟料的产量占到89%左右。水泥产业结构调整和优化升级取得明显进展。我国水泥产业在工艺装备研发制造水平、基本建设水平、生产管理水平、水泥生产的节能环保和资源综合利用等诸多方面都有着显著提高，有些方面达到国际先进水平，表现出很强的市场竞争力。经过“十一五”的大发展，在规模、资金、技术和人才等方面，中国水泥业“走出去”已经初步具备了条件。水泥行业在国内由于产能过剩被严格控制，向海外市场拓展业务成为中国水泥企业发展的重要选择。

在国家实施支持有条件的企业“走出去”的政策指导下，水泥企业从过去只有单纯的水泥、熟料产品出口，到劳务出口、生产运行管理承包，发展到今天的以水泥建设工程带动水泥技术、装备和服务出口。由于我国的水泥技术和装备先进实用，性能价格比具有优势，技术服务认真周到，在建设过程中充分关注业主利益和需求，认真兑现我们的社会责任，达到双方共赢。目前我国企业在国际水泥工程建设项目市场份额中所占比例已超过35%以上。许多国际水泥工程建设项目，取得良好的业绩，受到中央领导同志的充分肯定。

伴随着我国对外投资力度的加大，中国的水泥企业也在实施国家提倡的“走出去”战略中又迈出了新步伐。继郑州仓西实业开发有限公司成功试水尼日利亚和埃塞俄比亚后，2010年，冀东发展集团就联手中非发展基金帮助南非建造一个价值15亿兰特(合2亿美元)的水泥厂。2011年同力水泥发布公告，称公司拟募集资金总额不超过8.04亿元，用于投资义马水泥增资项目、莫桑比克水泥生产线项目建设及偿还银行贷款，这是同力水泥首个海外水泥项目。2011年8月，华新水泥的控股子公司——华新中亚投资(武汉)有限公司与塔吉克斯坦亚湾水泥有限公司就合作建设年产100万吨新型干法水泥生产线项目签署协议。这是华新向海外拓展的第一个项目，标志着华新国际化战略由此正式启动。同年6月海螺集团发布消息，计划在印尼建设四家水泥厂，投资规模为23.5亿美元，现正在等待印尼政府的最终批准。目前，海螺集团也在探索巴西和蒙古的其他海外投资项目。还有许多大企业或企业集团跃跃欲试，酝酿到海外进行投资活动。

三、挑战与机遇并存

在中国的水泥产业“走出去”参与国际竞争与合作的道路上，从单一的水泥及熟料产品出口数量上的辉煌，到国际水泥建设工程带动水泥技术和装备出口，再到对外投资建厂直接参与国际水泥市场竞争，中国的水泥企业一路走来，步步维艰。与“十五”期间外资进入我国水泥产业的实收资本金年均9.41%的增长速度相比，中国水泥企业对外投资可谓“小心翼翼，慎之又慎”。

从整体情况看，我国对外投资合作还处于起步阶段，面临着严重的挑战和承受着多种风险，主要表现在以下几个方面：一是国际投资环境复杂多变，机遇与风险并存。国际上对我国企业正常投资活动疑虑日渐增多，特别是发达国家对我国的崛起存有担心、偏见，大肆炒作“中国威胁”论，借口“国家安全”对我国的投资并购活动横加阻拦，使我国企业境外投资并购面临一些国家的限制性措施。二是一些国家和地区政局动荡不安，政策稳定性差，投资合作面临不确定性，安全风险加大。三是受世界金融危机的影响，世界经济复苏缓慢，我国企业在境外投资成本提高，投资回报风险增加。

此外，还有一个很重要的问题是，政府支持和服务企业对外投资工作仍严重滞后。集中反映在以下几方面。一是法律法规滞后实践；二是政府引导和扶持滞后企业需求。三是境外投资中介服务体系建设滞后；四是境外投资应急援助机制建设滞后，对外投资企业自身实力和国际化经营经验欠缺也是不容忽视的问题。

四、利用两个资源　开拓两个市场

从我国水泥产业发展的现实状况和所处的国际、国内经济环境出发，根据国家宏观经济调控的方针政策，中国水泥产业应如何实施国务院提出的“走出去”战略，充分利用好“两个市场、两种资源”，走出国门直接参与和应对国际经济竞争与合作，这是构建和实施中国水泥产业的国际化战略需要重点研究和解决的问题。

近年来，我国水泥大型企业或企业集团在市场经济的环境下有了长足的发展，企业的生产能力和产量都有了较大的提高，对于市场的控制力也显著增强。但是这些企业不论是水泥生产企业还是水泥工程建设企业，仍然缺乏国际竞争力。我们在国际市场中还没有真正形成一个或几个大型跨国企业去参与国际竞争。突出表现在，我们的企业或企业集团在企业的经营收入和利润增长点、企业技术来源、企业的领导和执行团队等方面还没有真正实现国际化，我们企业领导者的视野和经营理念还缺乏全球化的观念。因此，我国的大型水泥企业集团应当从战略高度调整发展思路，要充分利用国际、国内“两种资源”“两个市场”，创新企业发展战略，按照市场导向和企业自主决策的原则，有序到境外开展经济技术合作，并提高到一个新的水平。在国家政策导向和金融机构的支持下，我们应当充分发挥我国水泥技术装备先进实用、性能优越、价格合理等优势，采取独资、合资、参股、收购等方式，积极参与国际水泥产业的竞争。通过同业并购和股权置换、资产重组和规模扩张等方式，逐步壮大企业的实力和竞争力。要创新企业经营管理模式，通过建立现代企业制度，构建规范的公司法人治理结构，实施符合国际化经营目标的运行机制和考核、监督机制。通过创新企业人才培养和用人机制，建立新型人力资源开发和用人模式，大力培养适合国际化经营管理的复合型人才，建立以考核实际经营管理能力和业绩为主要目标的用人机制，大胆把具有开拓进取、善于谋略、科学决策、业绩卓著的，在工作实践中成长起来的人才充实到关键的领导岗位，以国际化经营管理实现投资方和企业所在地的互利双赢。

五、“国际化”企业的几个标志

中国大型水泥企业要进入实施“走出去”战略的企业行列，提升企业国际综合竞争力。2011 年，我曾建议政府支持有条件的企业对外直接投资的“走出去”战略的实施。企业完全可以通过收购、兼并重组、资产置换等方式，实现外向拓展目标。真正有本事的企业不应只在国内“逞英雄”，要参与激烈的国际竞争，与国外的大企业叫板，争取在国际市场中分得一杯羹。实施“走出去”战略，企业就要“国际化”，企业国际化包括四个方面：

——生产销售国际化。企业要在世界范围内进行采购、运输和生产，利用海外资源提高生产效率。企业通过国内外的销售网络进行销售，能根据实际范围内不同的地区提供从售前到售后，并且符合当地文化习俗、法律规章的服务。企业的总收入起码 30％以上来自海外市场。

——研发创新国际化。加强研发创新，采用最新的先进装备与技术，按照性价比的情况，企业要在世界范围内进行设备采购。

——技术标准国际化。企业要在世界范围内进行设备采购，加强研发创新，采用 DIN、IEC 和 ISO 等国际标准，建立了适应国际市场的质量技术控制标准体系和质量管理运行体系。

——管理人才国际化。企业的各级管理人才要国际化，不能只限于本土人才。更重要的是企业高管思考问题要具有国际视角，管理决策符合国际惯例和行业发展趋势，企业有能力在世界范围内寻找成本低、风险小的融资机会，能在世界范围内有效配置资源。

六、政策建议

在鼓励和支持企业实施“走出去”战略的同时，政府一方则要利用当前我国外汇储备充裕的条件，从信贷、税收、海关监管、外汇管理等方面支持有条件的企业到境外投资建立生产企业或收购境外有发展潜力的企业股权，真正实现跨国经营，在国际市场的大环境中发展壮大。为此建议，政府有关部门应在以下几个方面加强和改进工作以适应实施“走出去”战略的新要求。

1. 加快对外直接投资的立法进程。使《境外投资条例》尽早出台。可开展《境内个人境外投资试点管理办法》，为规范和促进境外投资提供法律依据。

2. 加大境外投资管理制度改革。建议本着“一般不审、特殊审批”和“项目审批、其他备案”的原则，大幅简化审核程序，强化企业自主决策，政府提供高效的便利服务。

3. 强化境外投资管理制度改革。进一步完善《境外投资产业指导目录》；进一步强化财政、金融扶持力度；鼓励和引导民营企业有序对外投资；由业务主管部门同意建立“境外投资合作公共服务"信息平台或门户网站，提供及时有效的信息服务；尽快出版我国现行技术标准的英文（或主要外文）版本。为对外投资企业做好信息服务和技术支持。

4. 把支持对外投资合作融入我国整体外交贸易工作中。外交部配合有关职能部门，根据对外投资的需要，进一步完善国际投资促进和保护磋商协调机制。内容包括建立多边的国际贸易促进机制；进一步完善国家驻外使馆的服务功能，加强对外投资企业在所在国各项事务的咨询与协调，确保境外人员的人身安全、减少财产损失。

5. 加强顶层设计和部门协调。充分发挥《国务院"走出去"部级联系会议制度》在推进对外投资合作中的重要作用。

综上所述，我国水泥企业要充分利用当前国际国内有利于"走出去"的时机，进一步增强自身竞争实力，在过去国际经济技术合作取得成绩和经验的基础上，把握机遇、周密谋划、科学决策、开拓进取，努力在实施"走出去"战略的过程中，打造出一片新天地、创造新业绩，在激烈的国际市场竞争中一定会成长为真正意义上的中国具有强大竞争实力的国际化的企业或企业集团。

★该篇文章发表于2012年8期《中国水泥》杂志。

中国水泥工业转变发展方式的思路探讨★

Study on the idea of Chinese cement industry transforming developing mode

◎中国水泥协会副会长兼秘书长　孔祥忠

Kong Xiangzhong　Vice Chairman and Secretary General of China Cement Association

2010年，中国水泥产量18.8亿吨，消费量18.6亿吨，中国水泥产量占全球水泥总量的56%。巨大的消费得益于近10年中国经济的快速发展，尤其是国家重点项目投资、城镇化进程、高速公路、高速铁路、大型机场、港口码头的兴建、农田水利建设，拉动了市场对水泥的大量需求。

2000年以来，中国水泥工业的发展走的是一条结构调整的政策引导路线。通过大力发展新型干法水泥，使中国水泥工业的技术结构得到显著改观，2011年的新型干法水泥产量比重将超过总量的90%；鼓励企业间的兼并重组，提高市场集中度，2011年，前10家大企业的市场集中度将超过35%；不断追求企业的节能减排，绝大多数新型干法水泥生产线的能源消耗、环境指标已进入国际先进行列；应对全球气候变化，倡导水泥工业的低碳经济、循环经济转型；支持有实力的水泥企业参与国际投资、承接国外工程，将中国水泥工业的技术、装备、资金国际化。

一、持续多年投资水泥工业

早在1995年，中国水泥产量的82%是由立窑生产的，全国水泥企业7 000多家，企业年产能平均不足20万吨，为改变这种技术落后、环境污染、劳动生产率低的局面，中国政府制定了"上大压小"、发展新型干法水泥、淘汰落后产能的产业发展政策，引导企业投资新建日产5 000吨新型干法水泥熟料生产线，支持金融机构对水泥工业的投资，尤其在2006年，政府选择了全国60家具有发展潜力的水泥企业作为"国家重点支持企业"，金融机构和国家土地管理等部门对"国家重点支持企业"给予投资和立项的支持，使得部分企业在短时间内规模迅速扩大。

近10年，中国GDP一直保持着较高的增长，而GDP的增长又以投资为主，是GDP的增速拉动了水泥市场的需求，带来了水泥企业的持续投资（见图1、表1）。企业投资的资金来源主要是：银行信贷、上市融资、引进国内外投资机构资金。从2008年开始，中国水泥的年投资额突破1 000亿元人民币，2010年和2011年水泥投资额基本稳定在近2 000亿元人民币。政府为抑制水泥产能过剩，早在2009年已颁布了停止新建水泥项目的核准政策（见图2）。

图1　近10年水泥投资和增速图

表1　中国近10年水泥投资表

年　度	水泥投资(亿元 RMB)	增速(%)
2001	113.97	39.53
2002	159.58	40.02
2003	321.07	101.20
2004	433.40	34.99
2005	412.51	-4.82
2006	402.77	-2.36
2007	654.07	32.98
2008	1 051.46	60.76
2009	1 700.72	61.75
2010	1 950.00	14.66

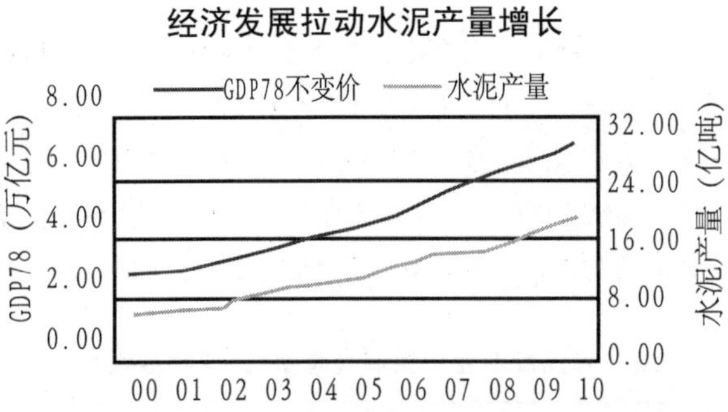

图 2　GDP(78 年不变价)与水泥产量的关系(来源:数字水泥)

从 2012 年起,中国水泥工业的新线建设投资将趋于快速下降态势。

二、新型干法水泥产能已满足国内市场需求

2010 年底,中国新型干法水泥生产线已达 1 300 多条,熟料总产能达到 12.75 亿吨,预计 2011 年底将达到 14 亿吨,可形成实际水泥产能近 22 亿吨,已满足国内市场需求。2011 年中国人均年水泥消费将超过 1 500kg,已达到发达国家在经济高速发展时期的年人均水泥消费最高水平(见图 3)。自 2010 年以来,水泥产量增速已明显回落,多数省市已出现水泥产能过剩、市场竞争加剧,预计今后中国人均水泥年消费上升的空间已不大。按照国际上经济发达国家人均累计水泥消费达到 24 吨之后,水泥的需求才出现拐点的推算,中国未来水泥市场的高需求至少维持 10 年。由于中国的国情决定了人均累计水泥消费要在 30 吨或更多。

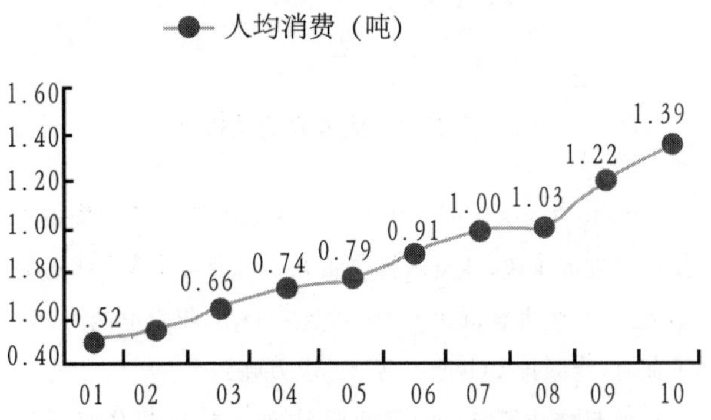

图 3　近 10 年来中国人均消费量走势图

在大力发展新型干法水泥的过去 5 年里,政府同时推进了淘汰落后水泥产能政策,预计 2013 年之前,中国将基本淘汰立窑、中空窑、湿法窑生产的落后水泥产能。淘汰落后水泥产能是中国水泥工业结构调整的主要内容,它不仅推动了水泥工业技术进步、环境保护,也为新型干法水泥提供了增长空间。

我国水泥工业随经济增长而快速发展,作为基础原材料有力支撑着国民经济发展的需要。水泥年产量由 2000 年的 5.97 亿吨增长到 2010 年的 18.8 亿吨,2001～2010 年的 10 间,累计生产水泥 118 亿吨,是上个世纪 1949～2000 年 51 年总和的 1.74 倍(见图 4、表 2)。新型干法水泥的发展带动了中国水泥技术创新,从引进技术和装备,到基本完成国产化,中国走过了持续 20 年的研发历程。目前,中国的水泥技术和装备不仅满足了本国的市场需要,也出口世界各地。近几年,中国在承接国外水泥工程项目中,大多数采用的是国内技术和装备。

表 2　15 年来水泥产量和增速表

年　度	水泥产量(万吨)	增速(%)
96	49 119	3.28
97	51 174	4.78
98	53 600	4.74
99	57 300	6.90
00	59 700	4.19
01	66 400	11.22
02	72 500	9.19
03	86 200	18.90
04	97 000	12.53
05	106 000	9.28
06	124 000	16.98
07	136 000	9.68
08	140 000	2.94
09	165 000	17.86
10	188 000	13.94

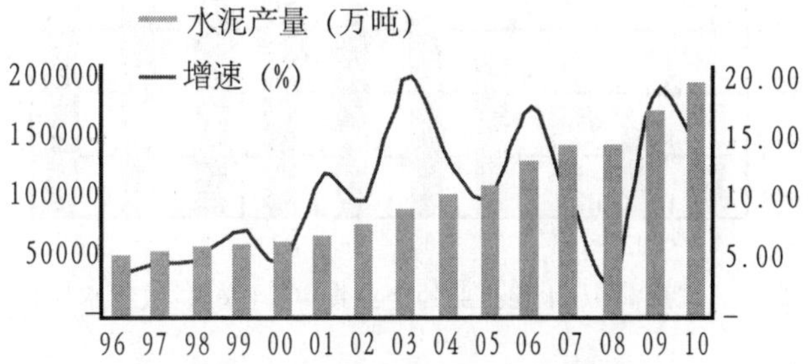

图 4　近 15 年来水泥产量和增速图

三、鼓励水泥企业间兼并重组,提高市场集中度

鉴于中国水泥企业数量众多,市场竞争激烈,产品价格低廉,有必要鼓励部分水泥企业通过兼并重组扩大规模,提高市场集中度,实现行业价值理性回归。

尤其是近 10 年,随着企业规模的放大,具备了技术、管理、市场和资本的优势,走兼并重组的道路是迅速做大企业、抢占市场、完成布局的有效的企业发展战略。企业规模、融资能力、政策支持是推动企业兼并重组的关键因素。企业规模是参与市场整合的基础;融资能力反映出对市场整合的力度;政策支持反映出政府对市场的调控方向。

全球排名第 2 到第 7 的国家水泥产业生产集中度 CR_4 普遍超过 30%,一般在 55%左右。全球 10 大水泥企业在全

球的市场份额达到 30%，在除中国以外地区 CR10 近 60%。我国 2010 年前 10 家企业熟料的市场集中度虽然达到 43%，而水泥市场集中度 CR10 不到 30%。鼓励企业间的兼并重组是加快提升市场集中度的关键(见图 5)。

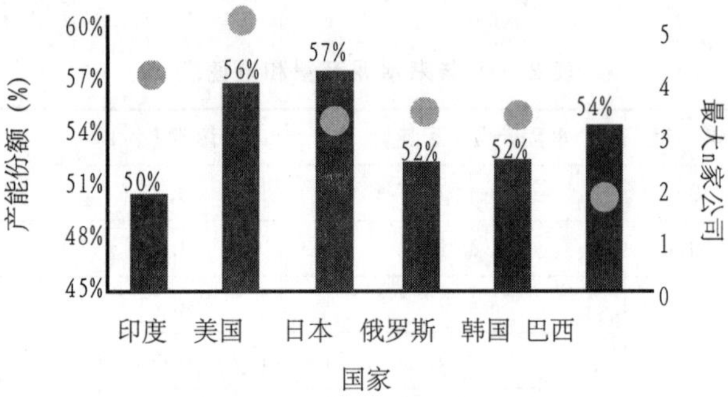

图 5 世界第 2～7 大水泥生产国产业集中度

市场集中度的提高，增强了企业之间的协同效应和对市场的调控能力，直接体现在行业盈利能力提升，为技术创新奠定基础。政府为引导水泥企业的兼并重组已制订了鼓励政策，未来中国水泥市场将出现前 10 家水泥大企业的市场集中度达到 60%的局面。2010 年底，中国建材集团、安徽海螺集团的年水泥产量都超过 1 亿吨；前 10 家水泥大企业最低的年产量已超过 2 000 万吨(见图 6、图 7)。

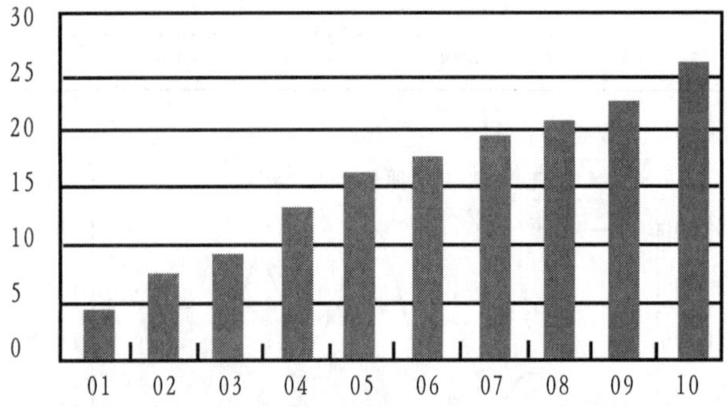

图 6 产量前 10 水泥企业的产业集中度(来源：数字水泥)

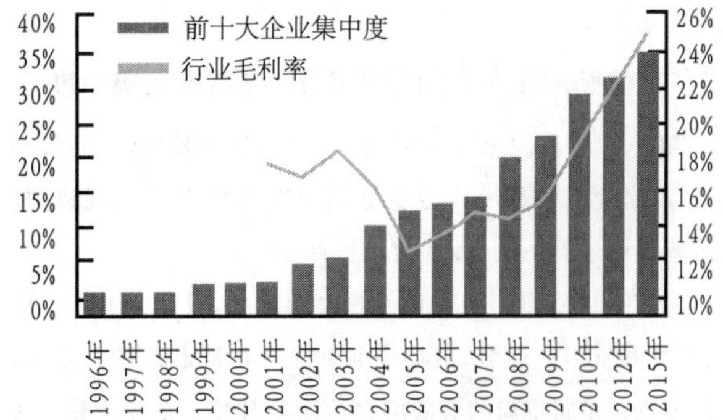

图 7 前 10 大企业集中度及行业毛利率走势图

2011 年 7 月，中国建筑材料集团有限公司被评为"2011 年世界 500 强企业"，位列第 485 位，在世界建材行业中，位于法国圣戈班集团、爱尔兰 CRH 集团、法国拉法基集团、瑞士豪西蒙集团之后，居全球第 5 位。

四、注重企业节能减排，推进循环经济

如此大的水泥产能势必消耗大量的资源，中国水泥的能源消耗中煤炭占到 86%以上，电力占到 11%以上(见图 8)。能源紧缺和环境污染是中国经济发展的瓶颈，水泥生产是一个能源、资源消耗以及带来较大环境负荷的行业，水泥企业的节能减排历来是一项长期而艰巨的任务(见表 3)。

表 3 水泥制造业能源消耗总量(万吨标准煤)

年　度	能源消耗总量	增长率(%)
2002	8 309	
2003	9 281	11.70
2004	10 940	17.88
2005	11 730	7.22
2006	13 102	11.70
2007	14 191	8.31
2008	14 323	0.94
2009	15 348	7.15
年平均增长率		10.61

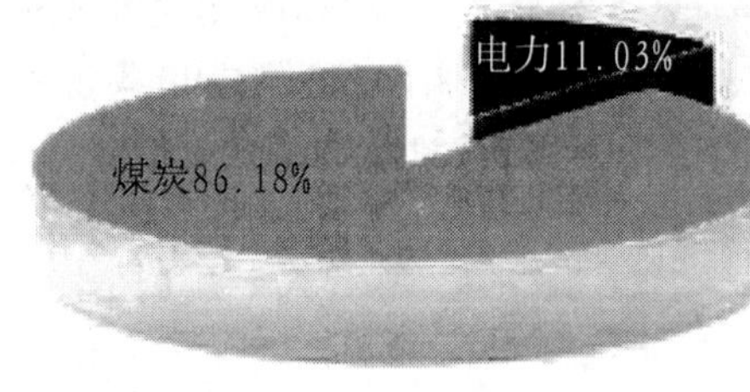

图 8 水泥制造业能源消耗构成

到 2010 年底，中国已有 692 条新型干法生产线增设了窑尾余热发电系统，涉及熟料产能 8.54 亿吨，建成 561 台套发电机组，总装机容量达 4 786 兆瓦(MW)，年发电能力 326 亿千瓦时，年减排 CO_2 能力达 2 522 万吨。

在熟料烧成系统，采用低阻高效的预热预分解炉技术、第四代篦冷机技术，使得先进企业的熟料生产的单位热耗达到 2 885 兆焦耳/吨熟料；单位熟料综合燃料消耗 107kgce/ t. cl；吨熟料电耗 53kWh。

在原料粉磨系统采用立式磨技术，使得吨生料粉磨系统的电耗控制在 17kWh 以下；在水泥粉磨系统普遍采用辊压机加球磨机技术，使得吨水泥粉磨系统的电耗控制在 30kWh 以下；水泥助磨剂的推广使用，使得水泥粉磨进一步节能，同时改善了水泥的性能。

在电气自动化方面，全部采用 CSD 集散系统，中央控制室监控和操作生产线；采用高压变频技术，使得大型风机节能 30%以上。

在环境保护方面，窑尾普遍采用袋式收尘器，先进企业

的粉尘排放可以控制在 20mg/Nm^3；大量采用矿渣、粉煤灰等工业废渣作为水泥的混合材，水泥工业消纳了近 50%的工业废渣。

从 2006 年～2010 年这 5 年间，中国水泥产量年均增长 11.7%，而总能耗只增长了 7.6%，万元增加值综合能耗比 2005 年下降了 41%，二氧化碳排放强度下降 35%；吨水泥的综合能耗预计下降到 97.6 千克标准煤，比 2005 年下降了 24.6%，年均下降 5.5%。

五、水泥工业未来发展的主要制约因素

2011 年末，中国水泥的总产能(含尚待淘汰的落后产能)将达到 27 亿吨，水泥产量也将接近 21 亿吨，这个数字将逼近全球水泥总量的 60%。庞大的水泥帝国，未来的发展必将受到诸多因素的制约。

首先，水泥工业的资源和能源消耗，以及温室气体排放是发展的瓶颈。

石灰石是生产水泥的主要矿物原料，按每年 20 亿吨水泥产量要消耗约 25 亿吨石灰石；煤炭消耗约 1.65 亿吨标准煤；电力消耗约 1 700 亿千瓦时；二氧化碳排放约 13 亿吨；还有原料进厂和产品发送庞大的物流消费。因此，单从能源的消耗和造成的环境负荷这两大因素来说，水泥产能规模的放大势必带来自然环境和社会环境的负担。

其次，水泥工业市场集中度低。2011 年，前 10 家大企业的水泥市场集中度也就刚刚超过 30%，与国外 50%～70%还相差甚远。过低的生产集中度势必造成市场供需平衡不稳定，恶性竞争时有发生。

再次，企业节能减排任务艰巨。近 10 年，中国水泥行业在国内各行业中的节能减排工作可以说是做得非常好，尤其是新型干法水泥生产线的能耗指标已达到国际先进水平。但为完成国家的减排指标和应对市场竞争局面，企业还在不遗余力的进行着节能减排工作，技术改造投资逐年增加。水泥企业有些节能减排技术的应用因涉及到上下游行业，出于行业利益保护，推广应用时有困难。如利用水泥窑尾低温废气进行余热发电技术改造，国家政策鼓励，但在部分省市，因水泥厂减少了网上用电，当地供电部门不予支持；利用化工行业排放的电石渣代替石灰石生产水泥，以及大量利用各种工业废渣，水泥企业还要付出高昂成本购进。

最后，单一的国内市场、单一的产品结构，国际化程度低，制约了企业的发展空间。

六、水泥行业将在转变发展方式上迈出较大步伐

“十二五”期间，国家经济结构战略性调整要求水泥行业在转变发展方式上有所突破。单一的产品结构、重复建设的扩张模式、囿于国内市场的经营对水泥企业进一步发展的制约已日益显现，资源、能源的约束和环境压力与日俱增。在这种形势下，水泥工业要走上可持续发展道路就必须转变发展方式。

水泥工业的转变发展方式就是要向“资源节约型、环境友好型”转变，把推进绿色发展作为发展重点就是突出了转变发展方式。转变发展方式的主要内容涵盖以下方面：

1. 坚持总量控制，抑制水泥产能严重过剩

从市场需求角度，现有水泥产能已满足社会需求，严格控制总量、尤其是控制新增水泥熟料产能是必须的；从资源和能源消耗角度，只有减量化才是可持续发展的，要减少低标号水泥生产、增加高性能混凝土应用。转变靠投资建设新生产线来扩大企业规模的发展方式。

2. 加快淘汰落后水泥产能，进一步改善行业技术结构

对环保不达标、产品质量不稳定、资源利用率低、缺少市场竞争能力的落后企业要加快淘汰，这里还包括 1 000 多家小型水泥粉磨站。淘汰落后水泥产能要靠市场，要动态管理。转变对落后产能进行改造升级的发展方式。

3. 鼓励企业兼并重组，提高市场集中度

兼并重组是水泥工业“十二五”结构调整的重点内容，这是做大企业规模、稳定市场供需平衡和提升成本转嫁能力的基础，也是维护和提升行业整体效益的必备条件。只有鼓励优势企业兼并重组才能做到资源优化配置、市场布局合理。转变体制和区域的保护观念、靠市场无序竞争的发展方式。

4. 推广水泥窑协同处置，发展循环经济

水泥工业在消纳工业废渣、处置城市垃圾和危险废物方面比其它行业更有明显优势。利用水泥窑开展协同处置将使未来水泥工业在循环经济中发挥更积极的作用，水泥工业也是环保工业。转变水泥生产只是单一消耗资源和能源的发展方式。

5. 延伸水泥企业的产业链，提高市场竞争能力

水泥生产在矿山开采时可以制造骨料，提供给公路、铁路、商混、钢铁、火电行业，水泥产品可以延伸到混凝土、水泥制品等行业。相关的多元化发展有利于提高水泥企业的市场竞争能力，减少上下游行业的制约因素。转变水泥产品单一、靠量大取胜的发展方式。

6. 提高资源和能源利用效率、减少温室气体排放

节能减排是水泥企业的永恒主题，面对全球减少温室气体排放的趋势，水泥工业的资源利用和环保标准将不断提高，这是水泥工业为建立和谐社会要作出更大的贡献。转变片面重生产过程、重经济效益的发展方式。

7. 提高自主创新能力，加大自主创新研发投入

注重企业的技术创新、管理创新，“两化融合”，加大对自主创新研发的投入是打造拥有自主知识产权的优势企业的关键，是转变经济发展方式的重要支撑。转变仅靠引进消化吸收的传统管理发展方式。

8. 鼓励水泥企业国际化，参与国际投资与合作

虽然我国前几位水泥企业的规模已很大，但基本是在国内的封闭市场；国际水泥工程我们承接了 40%的市场份额，但都是别人投资我们打工。探索以“国际化”带动和完善公司治理结构变革，瞄准国外新兴市场，走出去、国际化是中国水泥工业做强的标志，是转变经济发展方式的重要途径。转变只注重国内竞争力提升发展方式。

★该篇文章发表于 2012 年 1 期《中国水泥》杂志。

2011年水泥科技发展报告★

Report on cement technology development 2011

◎中国水泥协会副会长兼秘书长 周清浩 孔祥忠

Zhou Qinghao Kong Xiangzhong Vice Chairman and Secretary General of China Cement Association

一、前言

中华人民共和国国民经济和社会发展第十二个五年规划纲要明确要求:以科学发展为主题,是时代的要求,关系改革开放和现代化建设全局;以加快转变经济发展方式为主线,是推动科学发展的必由之路。

2011年,围绕节能减排的主题,水泥行业在政府相关法规和政策的引领下,不断技术创新,涌现出一批具有自主知识产权的科技成果,并获得国家级科技进步类二等奖1项;获得行业科学技术奖科技进步类一等奖1项,科技进步类二等奖4项、科技进步类三等奖5项,占建材行业年度科学技术奖获奖总数的31.25%。自主研发的技术和装备不仅为国内企业的技术进步和节能减排做出了贡献,也增强中国水泥技术和装备出口的竞争力。

二、政府出台相关政策法规 引领水泥工业结构调整

水泥行业作为政府长期关注的宏观调控行业之一,从结构调整、转型升级、节能减排、抑制产能过剩等诸多方面,历年政府都会出台相关水泥行业发展的政策法规,对水泥工业的可持续发展起到了引领作用。

1. 工业和信息化部

科学技术部联合发布[2011]54号《国家鼓励发展的重大环保技术装备目录(2011年版)》

为满足“十二五”期间环境保护对环保技术装备的需求,加强技术研发与产业化对接,提高我国环保技术装备水平,引导环保装备产业发展,2011年1月24日工信部和科技部联合发布《国家鼓励发展的重大环保技术装备目录(2011年版)》。其中,涉及到水泥生产企业、环保装备制造企业及其与水泥生产配套的相关产业的有:生活垃圾焚烧飞灰稳定处理设备、袋式除尘器高压无膜脉冲阀、袋式除尘器专用聚四氟乙烯(PTFE)滤料、电袋复合除尘设备、大流量高温长袋脉冲袋式除尘设备、高温高压大流量电除尘器、工业副产品石膏综合利用设备、建筑废弃物综合利用设备、城市生活垃圾处理成套设备、城市污水厂污泥半干法处理装备、噪音控制设备及集成控制技术。

2. 国务院批转住房城乡建设部等部门关于进一步加强城市生活垃圾处理工作意见的通知

为切实加大城市生活垃圾处理工作力度,提高城市生活垃圾处理减量化、资源化和无害化水平,改善城市人居环境,深刻认识城市生活垃圾处理工作的重要意义。2011年4月10日,国务院同意住房城乡建设部、环境保护部、发展改革委、教育部、科技部、工业和信息化部、监察部、财政部、人力资源社会保障部、国土资源部、农业部、商务部、卫生部、税务总局、广电总局、中央宣传部《关于进一步加强城市生活垃圾处理工作的意见》[2011]9号。《意见》中指出:把城市生活垃圾处理作为维护群众利益的重要工作和城市管理的重要内容,作为政府公共服务的一项重要职责,切实加强全过程控制和管理,突出重点工作环节,综合运用法律、行政、经济和技术等手段,不断提高城市生活垃圾处理水平。综合利用,变废为宝。坚持发展循环经济,推动生活垃圾分类工作,提高生活垃圾中有机成分和热能的利用水平,全面提升生活垃圾资源化利用工作。要科学制定标准,注重技术创新,因地制宜地选择先进适用的生活垃圾处理技术。

《意见》要求:到2015年,全国城市生活垃圾无害化处理率达到80%以上,直辖市、省会城市和计划单列市生活垃圾全部实现无害化处理。每个省(区)建成一个以上生活垃圾分类示范城市。50%的设区城市初步实现餐厨垃圾分类收运处理。城市生活垃圾资源化利用比例达到30%,直辖市、省会城市和计划单列市达到50%。建立完善的城市生活垃圾处理监管体制机制。到2030年,全国城市生活垃圾基本实现无害化处理,全面实行生活垃圾分类收集、处置。城市生活垃圾处理设施和服务向小城镇和乡村延伸,城乡生活垃圾处理接近发达国家平均水平。建立生活垃圾处理技术评估制度,新的生活垃圾处理技术经评估后方可推广使用。城市人民政府要按照生活垃圾处理技术指南,因地制宜地选择先进适用、符合节约集约用地要求的无害化生活垃圾处理技术。土地资源紧缺、人口密度高的城市要优先采用焚烧处理技术,生活垃圾管理水平较高的城市可采用生物处理技术,土地资源和污染控制条件较好的城市可采用填埋处理技术。鼓励有条件的城市集成多种处理技术,统筹解决生活垃圾处理问题,提高运行水平,控制设施周边的垃圾异味,防止废液渗漏和填埋气体无序排放。焚烧设施运营单位要足额使用石灰、活性炭等辅助材料,去除烟气中的酸性物质、重金属离子、二噁英等污染物,保证达标排放。新建生活垃圾焚烧设施,应安装排放自动监测系统和超标报警装置。城市生活垃圾处理投入以地方为主,中央以适当方式给予支持。地方政府要加大投入力度,加快生活垃圾分类体系、处理设施和监管能力建设。开展生活

垃圾管理示范、城市和生活垃圾处理设施示范项目活动，支持北京等城市先行先试。建立激励机制。严格执行并不断完善城市生活垃圾处理税收优惠政策。研究制定生活垃圾分类收集和减量激励政策，建立利益导向机制，鼓励对生活垃圾实行就地、就近充分回收和合理利用。研究建立有机垃圾资源化处理推进机制和废品回收补贴机制。提高创新能力。加大对生活垃圾处理技术研发的支持力度，加快国家级和区域性生活垃圾处理技术研究中心建设，加强生活垃圾处理基础性技术研究，重点突破清洁焚烧、二口恶英控制、飞灰无害化处置、填埋气收集利用、渗沥液处理、臭气控制、非正规生活垃圾堆放点治理等关键性技术，鼓励地方采用低碳技术处理生活垃圾。重点支持生活垃圾生物质燃气利用成套技术装备和大型生活垃圾焚烧设备研发，努力实现生活垃圾处理装备自主化。开展城市生活垃圾处理技术应用示范工程和资源化利用产业基地建设，带动市场需求，促进先进适用技术推广应用和装备自主化。

3.《产业结构调整指导目录(2011 年本)》发布(第 9 号)

为加快转变经济发展方式，推动产业结构调整和优化升级，完善和发展现代产业体系，根据《国务院关于发布实施〈促进产业结构调整暂行规定〉的决定》(国发[2005]40 号)，国家发展和改革委员会会同国务院有关部门对《产业结构调整指导目录(2005 年本)》进行了修订，形成了《产业结构调整指导目录(2011 年本)》，自 2011 年 6 月 1 日起施行。《产业结构调整指导目录(2005 年本)》同时废止。涉及到水泥行业的有鼓励类：利用现有 2 000t/d 及以上新型干法水泥窑炉处置工业废弃物、城市污泥和生活垃圾，纯低温余热发电，粉磨系统等节能改造；限制类：2 000t/d 以下熟料新型干法水泥生产线、60 万吨/年以下水泥粉磨站；淘汰类：窑径 3 米以上机立窑(2012 年)、干法中空窑(生产高铝水泥、硫铝酸盐水泥等特种水泥除外)、立波尔窑、湿法窑、直径 3 米以下水泥粉磨设备。

4.《生活垃圾处理技术指南》

发布为进一步提高我国生活垃圾无害化处理的能力和水平，指导各地选择适宜的生活垃圾处理技术路线，有序开展生活垃圾处理设施规划、建设、运行和监管工作，2010 年 4 月 22 日住房和城乡建设部、国家发展和改革委员会、环境保护部共同组织编写了《生活垃圾处理技术指南》(城[2010]61 号)。《指南》是根据《中华人民共和国固体废物污染环境防治法》等相关法律法规、标准规范和技术政策而制定。《指南》提出生活垃圾处理技术的适用性：(1)卫生填埋：采用卫生填埋技术，应通过生活垃圾分类回收、资源化处理、焚烧减量等多种手段，逐步减少进入卫生填埋场的生活垃圾量，特别是有机物数量；(2)焚烧处理：对于土地资源紧张、生活垃圾热值满足要求的地区，可采用焚烧处理技术，采用焚烧处理技术，应严格按照国家和地方相关标准处理焚烧烟气，并妥善处置焚烧炉渣和飞灰；(3)其他技术：其他技术主要包括生物处理、水泥窑协同处置等技术。生物处理适用于处理可降解有机垃圾，采用生物处理技术，应严格控制生物处理过程中产生的臭气，并妥善处置生物处理产生的污水和残渣。经过分类的生活垃圾，可作为替代燃料进入城市附近大型水泥厂的新型干法水泥窑处理，水泥窑协同处置要符合国家产业政策和准入条件，并按照相关标准严格控制污染物的产生和排放。

《指南》明确了生活垃圾处理设施建设技术要求：生活垃圾焚烧厂选址应符合国家和行业相关标准的要求，生活垃圾焚烧厂设计和建设应满足《生活垃圾焚烧处理工程技术规范 CJJ 90》、《生活垃圾焚烧处理工程项目建设标准》和《生活垃圾焚烧污染控制标准 GB 18485》等相关标准以及各地地方标准的要求。生活垃圾焚烧厂年工作日应为 365 日，每条生产线的年运行时间应在 8 000 小时以上。生活垃圾焚烧系统设计服务期限不应低于 20 年。生活垃圾池有效容积宜按 5～7 天额定生活垃圾焚烧量确定。生活垃圾池应设置垃圾渗滤液收集设施。生活垃圾池内壁和池底的饰面材料应满足耐腐蚀、耐冲击负荷、防渗水等要求，外壁及池底应作防水处理。生活垃圾在焚烧炉内应得到充分燃烧，二次燃烧室内的烟气在不低于 850℃的条件下滞留时间不小于 2s，焚烧炉渣热灼减率应控制在 5%以内。烟气净化系统必须设置袋式除尘器，去除焚烧烟气中的粉尘污染物。酸性污染物包括氯化氢、氟化氢、硫氧化物、氮氧化物等，应选用干法、半干法、湿法或其组合处理工艺对其进行去除。应优先考虑通过生活垃圾焚烧过程的燃烧控制，抑制氮氧化物的产生，并宜设置脱氮氧化物系统或预留该系统安装位置。生活垃圾焚烧过程应采取有效措施控制烟气中二口恶英的排放，具体措施包括：严格控制燃烧室内焚烧烟气的温度、停留时间与气流扰动工况；减少烟气在 200～500℃温度区的滞留时间；设置活性炭粉等吸附剂喷入装置，去除烟气中的二口恶英和重金属。规模为 300 吨/日及以上的焚烧炉烟囱高度不得小于 60 米，烟囱周围半径 200 米距离内有建筑物时，烟囱应高出最高建筑物 3 米以上。

5. 工业和信息化部、财政部出台《技术创新示范企业认定管理办法(试行)》

为深入贯彻中央关于建设创新型国家的战略部署，落实国家中长期科技发展规划纲要任务要求，促进和完善以企业为主体、市场为导向、产学研相结合的技术创新体系的建设，鼓励工业企业开展技术创新，增强企业的核心竞争力，加快转变经济发展方式，工业和信息化部与财政部联合组织开展“技术创新示范企业”认定工作，并依据《中华人民共和国科学技术进步法》、《国家中长期科学和技术发展规划纲要(2006～2020 年)》、《国家产业技术政策》，制订了《技术创新示范企业认定管理办法(试行)》。示范企业的认定每年组织一次，《管理办法》对申报示范企业的基本条件提出了明确要求，同时还提出了认定基本标准内容。

6.“十二五”和今年工业节能减排约束性指标出台

2011 年 3 月 28 日工业和信息化部公布了“十二五”时期和今年我国工业节能减排 4 大约束性指标，明确 2015 年我国单位工业增加值能耗、二氧化碳排放量和用水量分别要比“十一五”末降低18%、18%以上和30%，工业固体废物综合利用率要提高到72%左右；明确今年这4项指标同比要分别降低4%以上和7%左右以及提高工作效率2个百分点。为工业领域完成国家“十二五”节能减排各项目标任务，工信部正编制的工业转型升级规划确定“十二五”时期拟采用单位工业增加值能耗、用水量、二氧化碳排放强度及工业二氧化硫、化学需氧量、氮氧化物和氨氮排放量等约束性指标。这些指标比上年底全国工业和信息化工作会议上确定的目标略有调整，除工业固体废物综合利用率之外，其他3项指标要求更高。

7. 国务院发布“十二五”节能减排综合性工作方案

2011年8月31日国务院发布《“十二五”节能减排综合性工作方案》(国发[2011]26号)。“十一五”时期，全国单位国内生产总值能耗降低19.1%，二氧化硫、化学需氧量排放总量分别下降14.29%和12.45%，基本实现了“十一五”规划纲要确定的约束性目标。“十二五”时期，我国发展仍处于可以大有作为的重要战略机遇期。随着工业化、城镇化进程加快和消费结构持续升级，我国能源需求呈刚性增长，受国内资源保障能力和环境容量制约以及全球性能源安全和应对气候变化影响，资源环境约束日趋强化，“十二五”时期节能减排形势仍然十分严峻，任务十分艰巨。“十二五”节能减排综合性工作方案主要目标：到2015年，全国万元国内生产总值能耗下降到0.869吨标准煤(按2005年价格计算)，比2010年的1.034吨标准煤下降16%，比2005年的1.276吨标准煤下降32%；“十二五”期间，实现节约能源6.7亿吨标准煤。2015年，全国化学需氧量和二氧化硫排放总量分别控制在2 347.6万吨、2086.4万吨，比2010年的2 551.7万吨、2 267.8万吨分别下降8%；全国氨氮和氮氧化物排放总量分别控制在238.0万吨、2 046.2万吨，比2010年的264.4万吨、2 273.6万吨分别下降10%。

8. GB/T《水泥助磨剂》(报批稿)国家标准出台

近几年，我国水泥助磨剂产业发展很快，2010年的产值达到40亿元。助磨剂行业标准首次制定是1997年，现行版本为JC/T 667.2004《水泥助磨剂》。助磨剂行业标准的建立和实施对生产、使用及保证水泥质量上起到很大的作用。但随着我国水泥行业结构调整和工程建设的发展，现行标准已不适合当前的实际情况。同时为进一步规范助磨剂行业生产行为，提高助磨剂产品质量，2007年，中国水泥协会委托中国建筑材料科学研究总院申报了《水泥助磨剂》国家标准制定工作。2008年11月，国家标准化管理委员会下达了该项目计划。标准研究参考了ASTMC 465—99《水硬性水泥生产用工艺外加剂》、GB 8076－19《混凝土外加剂》、GB/T 8077－2000《混凝土外加剂匀质性试验方法》标准，结合实际情况对助磨剂的匀质性品质进行了规定。

本标准力图通过国家标准的制订，引导助磨剂行业的发展以提高粉磨效率为主，性能改善为辅。与国外先进标准指标对比，本标准达到国际先进水平。

9. 水泥助磨剂企业质量管理规程(试行)制订

为配合《水泥助磨剂》新标准的贯彻实施，2011年，中国水泥协会委托中国建筑材料科学研究总院组织起草《水泥助磨剂企业质量管理(试行)》，其目的为加强水泥助磨剂企业管理，提高水泥助磨剂产品质量，也是对2010年新颁布的《水泥企业产品质量管理规程》内容的补充。《规程》根据《中华人民共和国产品质量法》及相关水泥、水泥助磨剂产品标准制定。《规程》在2011年底上报了工业和信息化部原材料司。

三、国家领导人和有关政府负责人关注水泥工业的节能减排和环保工作

1. 2011年5月6日，中共中央政治局常委、中央政法委书记周永康到新疆天山水泥股份有限公司所属哈密天山公司调研，考察了天山股份采用新型干法预分解生产工艺和纯低温余热发电项目。

2. 2011年4月16日，中共中央政治局委员、北京市委书记刘淇，就“加快转变经济发展方式，率先形成驱动发展格局”到金隅集团北京新北水水泥有限责任公司调研。对金隅集团依托自主创新、大力发展循环经济转变经济发展方式、实现整体可持续发展给予了充分肯定。

3. 2011年11月2日下午，国家住房和城乡建设部副部长、党组成员齐骥一行在铜陵市住建委相关人员陪同下到铜陵海螺考察垃圾处理项目。齐副部长说，目前城市生活垃圾处理是政府面临的一大难题，很多城市的垃圾处理方式都存在极大的卫生隐患，城市生活垃圾的处理问题也是“十二五”规划时期需要着重考虑的一个重要方面。

4. 2011年8月18日下午，国家发改委副主任、党组成员徐宪平一行在安徽省委常委、常务副省长詹夏来，省发改委主任沈卫国，铜陵市委书记姚玉舟，市长侯淅珉等省、市有关部门负责人的陪同下莅临铜陵海螺视察指导工作。徐副主任指出，该项目可以考虑申报相关的优惠及税收减免政策，并表示将会把考察调研情况带回去进行研究。希望海螺集团能在“十二五”期间为人民做一件大事，彻底解决城市生活垃圾处理所带来的诸多问题，走出一条绿色、清洁、环保的循环经济发展道路。

四、中国水泥技术和成套装备走向国外

1. 中材国际与尼日利亚舟格特集团签约

2011年4月，中国中材国际工程股份有限公司在尼日利亚拉各斯与丹格特(Dangote)集团签署了7条水泥生产线EPC工程和1座水泥粉磨站EPC工程总承包合同，合同金额14.26亿美元。这是中材国际继2008年以来与Dangote集团的又一次广泛合作。在此之前，中材国际已承建该集团4条新型干法水泥生产线，涉及项目金额9亿美元。此次签订的项目包括尼日利亚Ibese 2条日产6 000吨水泥生产线、Obajal条日产6 000吨水泥生产线的EPC工程，刚果(布)、加蓬、坦桑尼亚3条日产3 000吨水泥生产线和埃塞俄比亚1条日产3 000吨水泥生产线加配套粉磨站EPC工程，以及喀麦隆1

座年产 100 万吨水泥粉磨站 EPC 工程。

迄今为止，中材国际已在非洲近 40 个国家和地区水泥建设项目获得订单和效益。中材国际一直坚持“走出去”战略，带动了中国水泥技术和装备走向世界。

2. 中国建材集团签约印尼大型水泥投资项目

2011 年 4 月 28～30 日，在国务院总理温家宝对印度尼西亚进行正式访问期间，中国建材集团与印尼佳通集团正式签订了印尼日产 6 000 吨水泥熟料项目合作协议书。印尼水泥熟料项目的签约是中国建材集团落实国资委“走出去”工作会议精神的重要举措和良好开端。

项目位于印尼三宝垄市附近，项目总投资约 3.5 亿美元，建设工期 27 个月，为印尼国内产能最大的单线水泥熟料生产线。项目的签约标志着中国建材集团“走出去”战略的加快实施，提高了中国水泥工业的国际影响力。温家宝总理给予了充分肯定并特别指出，中国建材集团以最快的速度与印尼企业合作建设水泥生产线项目，将为印尼下一步扩大水泥产能、加快基础设施建设提供可靠的帮助。

3. 成都建筑材料工业设计研究院有限公司与海德堡签署水泥生产线总承包意向函

中材集团成都建筑材料工业设计研究院有限公司与海德堡水泥集团 Scancem International DA 签署了 Scantogo 日产 5 000 吨熟料生产线工程总承包意向函。项目总金额为 1.49 亿美元加 820 万欧元。该项目位于多哥境内 Tabligbo 地区。多哥项目公司设立完成后，将与成都院签署正式的工程总承包合同。

4. 中材节能股份有限公司余热发电项目纷纷与海外签约

2011 年 2 月 10 日，中材节能股份有限公司成功签约土耳其 Nuh Cimento Sanayi A. s. 水泥公司余热发电总承包项目。这是继与海德堡土耳其 AKCANSA 水泥公司、BATICIM 水泥公司及 BATISORK 水泥公司顺利签约后，中材节能再次成功拓展土耳其市场。目前，采用中材节能先进技术进行设计并由中材节能承建的余热发电项目遍布中国国内 30 个省、自治区和直辖市，并出口到欧洲、非洲、东南亚等 10 多个国家和地区，为国家的节能减排技术和装备出口做出了积极贡献。

2011 年 2 月 17 日，中材节能股份有限公司与中国国际基金有限公司在北京成功签约该公司在莫桑比克水泥生产线配套的自备电站和余热发电的项目，这是中材节能首次进入非洲市场，中材节能通过与拉法基、瑞士豪瑞、德国海德堡、泰国水泥公司等世界知名企业进行余热发电项目的成功合作，得到了国内外客户的广泛认可。

2011 年 8 月，中材节能股份有限公司与印度 ACC(HOLCIM)水泥公司在印度孟买共同签署了余热发电项目相关技术及商务协议，标志着中材节能余热发电技术及装备正式进入印度市场。印度 ACC(HOLCIM)水泥公司是世界第二大水泥集团瑞士豪瑞集团在印度的控股企业，在印度拥有 16 个水泥企业，年产能近 3 000 万吨，这次签约是瑞士豪瑞集团在其旗下的水泥制造工厂继泰国 SIAM 水泥公司、越南 HON CHONG 水泥公司实施低温余热发电并与中材节能开展合作的第三次，充分表明了瑞士豪瑞集团对中材节能作为其合格承包商的项目管理能力的高度肯定，也为中材节能进一步打开印度水泥大国市场打下良好基础。

5. 合肥水泥研究设计院承建苏丹最大水泥项目竣工

2011 年 1 月 25 日至 26 日，合肥水泥研究设计院承建的非洲最大的水泥厂——苏丹阿特巴拉 5 300t/d 水泥厂和柏柏尔 5 000t/d 水泥厂分别在尼罗河东西两岸举行隆重竣工典礼。在此前进行的 72 小时达标测试中，两条生产线均超过了实际设计能力。苏丹柏柏尔项目熟料产量 5 019t/d，熟料 28 天强度 56MPa、水泥 28 天强度 55MPa、熟料热耗 685kcal/kg、吨水泥综合电耗 97kWh、废气排放含尘浓度＜25mg/Nm^3；阿特巴拉项目熟料产量 5 600t/d、熟料 28 天强度 56MPa、水泥 28 天强度 54.9MPa、熟料热耗 705kcal/kg、吨水泥综合电耗 97.5kWh；废气排放含尘浓度＜25mg/Nm^3。苏丹阿特巴拉水泥厂项目和柏柏尔水泥厂项目是目前为止非洲已经建成的最大的水泥项目。

柏柏尔项目业主对合肥院的努力也给予充分肯定，称赞柏柏尔水泥厂项目在非洲创造了多项行业第一：横跨尼罗河 3.5km 的物料输送系统及 4.5km 的输送长皮带、立磨研磨水泥系统、水泥自动装车系统及苏丹首个火车水泥发运系统。此次竣工典礼在项目建设上具有里程碑式的意义，对进入非洲的国际化经营具有重大意义。

6. 中材国际总承包沙特阿拉伯延布水泥公司(YCC)万吨熟料生产线投产

2011 年 8 月 8 日，由中材国际工程股份有限总承包(EPC)沙特阿拉伯延布水泥公司(YCC)日产万吨熟料生产线投产，沙特阿拉伯延布水泥公司(YCC)10 000t/d 熟料生产线工程项目位于沙特阿拉伯延布市西北 70 公里处，由沙特阿拉伯延布水泥公司投资，YCC 这一重大项目能做到安全平稳推进，并按照欧洲标准和合同约定达到业主满意，体现了中材国际工程股份有限公司品牌的精神和自信。

7. 华新水泥股份有限公司积极实施走出去战略

华新水泥股份有限公司走出国门的第一个水泥生产线项目—华新塔吉克斯坦年产 100 万吨新型干法水泥生产线项目于 2011 年 8 月 28 日签署了合作协议，2011 年 10 月在塔吉克斯坦哈特隆州亚湾市开工，这是华新水泥股份有限公司向海外拓展的第一个项目，也是积极实施走出去同际化战略的开始。华新塔吉克斯坦年产 100 万吨新型干法水泥项目是塔吉克斯坦国内第一条新型干法水泥生产线，也是历史上最大的单体投资项目，项目总投资 1 亿美元，项目计划在 2012 年投产。

五、2011 年水泥行业重要科技成果和节能减排项目

1. HJGX 奥通燃烧器开发及其应用

由郑州奥通热力工程公司开发的 HJGX 奥通燃烧器，通

过通道及喷嘴结构、工艺参数的合理设计和选择，来降低一次风用量、强化风煤混合、灵活方便地调节火焰温度和形状、提高关键部件的使用寿命，使它在应用时具有节能、环保、对煤质适应性好、提高燃烧器整机及耐火砖的使用寿命等性能。取得的主要成果与创新点：

(1)HJGX奥通燃烧器以一次风高推力、高动量高速引射二次风和各风道的速差为出发点，同时依据无烟煤的燃烧特性，合理设计喷嘴结构和正确选择各风道供风工艺参数，保证了风煤混合和煤粉的良好燃烧；

(2)HJGX奥通燃烧器结构新颖。各净风管道设置头部截面调节机构，通过蜗轮蜗杆进行调节，装配后调节方便、灵活，能进行无级调节。在煤风道与内轴流风道之间增设外旋流风道，从而更方便和有效地调节火焰力度和形状，强化煤粉燃烧，提高对煤质的适应性，降低一次风用量，降低 NO_x 等有害气体的排放；

(3)HJGX奥通燃烧器关键部位采用特殊材料制成。各风道头部在耐热钢的基础上，采用热喷涂技术，喷涂耐热、隔热材料，从而大大提高关键部位的使用寿命。

HJGX奥通燃烧器经十余家水泥厂应用表明：节能效果显著，对煤质适应性强，提高了回转窑熟料产、质量，火焰形状可调控，有效地提高了耐火材料的寿命；充分利用高温二次风，有效地减少了 NO_x 的排量。2011年4月23日，中国建筑材料联合会在郑州组织召开了由郑州奥通热力工程有限公司完成的“HJGX奥通煤粉燃烧器”新产品鉴定会，与会专家认为HJGX煤粉燃烧器具有以下主要特点：(1)燃烧器外轴流风出口由离散方孔喷嘴组成，能够利用较少的高压风卷吸高温二次风迅速与煤粉混合，提高煤粉燃烧速度；(2)燃烧器头部耐热、耐磨材料采用热喷涂工艺，提高了燃烧器的使用寿命；(3)燃烧器头部截面采用无级调节机构，可在线灵活调节火焰力度和形状，提高生产操作适应性，降低一次风用量，有利于降低氮氧化物排放，提高窑衬使用寿命。

HJGX奥通煤粉燃烧器经富阳南方水泥有限公司5 000t/d新型干法熟料生产线使用一年表明：一次风机电机配备由原来的110kW降低到90kW，熟料烧成标准煤耗降低2kg/t，延长了烧成带耐火砖使用寿命，提高了熟料强度。产品性能指标达到国际先进水平。

2. 新型干法水泥窑用湿法喷涂料及施工技术的研究与应用

选择合适的耐火材料和其施工方式，不仅会延长水泥窑寿命、缩减水泥窑维修时间，减少耐火材料的消耗，增加水泥厂家的经济效益。耐火喷涂料是不定形耐火材料中的重要品种，是近十几年来发展较快的一种材料，其产量仅低于耐火浇注料。

2011年5月15日，中国建筑材料联合会在北京组织召开了由通达耐火技术股份有限公司完成的“水泥窑用湿法喷涂料及施工技术的研究与应用”成果鉴定会，与会专家认为该项目的关键技术和主要创新如下：(1)通过颗粒级配、基质原料和减水剂的优化选择及配比研究，解决了系列湿法喷涂料可泵送的系列技术难题；(2)通过缓凝和絮凝技术的研究，解决了湿法喷涂料达到2小时可泵送时间、絮凝时间、可塑性保持时间和快速硬化时间的平衡匹配的技术难题，实现喷涂料的快捷施工；(3)开发的湿法喷涂料耐磨性不大于 $5cm^3$，耐碱性能达一级。施工反弹率小、施工无粉尘，与传统浇注料比，具有无模喷涂施工、无需养护即可烘烤的优点。

产品经国家建筑材料工业耐火材料产品质量监督检验测试中心检测表明：其性能指标达到了同类浇注料的质量水平。该产品已在内蒙锡林浩特中联金河水泥有限公司水泥窑窑门罩应用18个月，使用表明：产品目前磨损和侵蚀小、无脱落。该成果综合技术达到国际先进水平。该项目的开发促进了水泥窑用耐火材料产业的技术进步，对水泥窑提高运转率，缩短耐火材料的施工及检修时间，降低生产成本，效果显著，市场前景广阔。

3. 水泥窑协同处理污泥的技术研究及应用

本项目是天津水泥工业设计研究院有限公司根据社会发展带来的环境问题，结合水泥工业的特点及多年来从事水泥处置废弃物探索性研究的优势，承担的国家科技支撑计划《工业及城市废弃物在水泥窑中的处置技术及装备研究》(课题编号：2008BAJ05803)。

本项目的创新点：(1)首次确立了不同干化度污泥与水泥工艺协同处置相关性关系、确立了污泥在水泥窑处置经济适宜的干度。

(2)在国内外水泥行业首次开发出利用水泥窑废热烟气作为热源大规模干化污泥并利用水泥窑焚烧处置干化污泥工艺，为污泥处置寻找到有效的方法，率先建立大规模处置、运行优良的示范工程。

(3)首次开发出利用水泥窑余热直接干化污泥的大型高效的干燥机，实现装备国产化。

(4)首次用经济、合理的方法实现污泥处置过程中臭气及有害气体有效处置。

2011年1月9日，中国建筑材料联合会在北京组织召开了由中材国际(天津)公司和广州越堡水泥有限公司共同完成的“水泥窑协同处理污泥的技术研究及应用”项目成果鉴定会，与会专家评价该成果的意见：

项目组开展了大量的基础研究工作，解决的关键技术如下：开发了利用水泥窑安全无害化处置污泥的集成技术；开发了利用水泥窑余热干化污泥的核心装备；实现了水泥窑协同处置污泥的工程化应用，建成年处理18.6万吨城市污泥的示范线工程。本项目的主要创新点：

确定了利用水泥窑协同处置不同干化度污泥的工艺相关性关系和污泥的经济适宜干度；开发出利用水泥窑烟气余热作为热源大规模干化污泥并利用水泥窑协同处置干化污泥工艺，达到了日均处理污泥(含水率80%左右)600吨以上的能力；开发了具有自主知识产权的利用水泥窑余热直接干化污泥的大型高效干燥设备；显著降低了水泥窑 NO_x 有害气体排放;、实现了生物除臭技术在较高温度条件下的有效应用。

该技术成果在广州越堡水泥有限公司处置600t/d湿污泥的示范线上使用一年多表明:系统可靠,操作简便,对污泥的适应性强。经热工标定,处置能力达736t/d,污泥干化后可替代燃料和作为脱硝材料使用。经检测,系统 NO_x 排放值 $230mg/Nm^3$($10\%O^2$);污泥协同处置过程中二恶英的排放量 0.026ng TEQ/Nm^3,优于欧洲标准要求。主要技术经济指标达到国际领先水平。该技术成果实现了水泥窑规模化、自动化、一站式协同处置城市污泥,对我国水泥工业向环境友好型和生态环保方向发展具有重要意义,可直接应用于新型干法水泥生产线协同处置污泥的技术改造,社会经济效益显著,市场前景广阔。

4. 钢渣粉磨用KHM170卧辊磨系统的开发

我国是钢铁生产大国,钢铁产量2010年达6.2吨,年产生钢渣已接近1亿吨。其中一部分被一些小企业进一步破碎后,作为水泥生产中铁质校正原料使用,或被钢厂自身回炉处理作为熔剂使用。而绝大部分都是作为路基填埋料或干脆堆置在野外,占用大量农田,还污染环境。国家对工业废渣综合利用有一系列的政策规定,包括《资源综合利用目录》、《国有鼓励发展的资源节约综合利用和环境保护技术(综合利用部分)》、《用于水泥和混凝土中的钢渣粉》(GB/T 20491—2006)等。目前,将钢渣作为烧结配料及钢渣水泥生产技术已经成为国家冶金环保重点推广技术。

项目解决的关键技术:根据料床挤压粉磨理论,应用反求设计技术,开发了卧辊磨钢渣终粉磨系统参数化设计软件包,为大型辊磨的研制提供了技术支撑;率先解决了物料在磨机内部可控性的难题,实现了对不同物料的终粉磨;突破了卧辊磨同步加压的外国专利技术保护,自主研发了卧磨的同步加压机构,优化转速设计,改进传动机构,提高节能效果,适当增大钳入角,提高了料床的稳定性,进一步改进了衬板安装方式和密封技术,在KHM170卧辊磨钢渣超细终粉磨系统的设计中,根据物料的理化性能和成品的级配要求等因素,对料层厚度变化的影响,计算出钢渣粉磨的料层角,提出了"锥辊、平衬"和"直辊、斜衬"两种实现技术,保证了钢渣粉料床在轴向的平衡性和压力的均匀性,在流程上合理设置除铁器,渣铁分离效果良好,本项目获得发明专利5项、实用新型专利43项。

2011年5月7日,中国建筑材料联合会在江苏盐城组织召开了由江苏科行环境工程技术有限公司完成的"钢渣粉磨用KHM170卧辊磨系统的开发"成果鉴定会。与会专家认为:项目组通过大量的理论探索与实验研究,开发了KHM170卧辊磨钢渣粉磨系统,其关键技术与主要创新点如下:通过对卧辊磨的料层角、临界嵌入角、最佳转速等运行参数的研究,为卧辊磨的设计提供了理论依据;研制的导料机构、同步加压机构、传动机构等均具有自主知识产权,提高了料床的稳定性和粉磨效率;优化集成的粉磨系统,集粉磨、烘干、分级、捕集等技术装备于一体,自主研发的卧辊磨用于钢渣的终粉磨,属国内首创。利用该成果已建成年生产能力6万吨的钢渣粉磨生产线,在入料粒度小于5mm占97%时,该系统经国家建筑材料工业水泥能效环保评价检验测试中心测定:三天日均产量181.63t/d,比表面积为425m2/kg的情况下,主机电耗35.5kWh/t,系统电耗64.49kWh/t。经江苏大丰市草堰水泥制造有限公司使用近一年表明,系统运行稳定、操作方便。KHM170卧辊磨主要技术经济指标达到国际先进水平。该项目的研制成功,对于我国钢渣的资源化利用及工业固废的粉磨节能具有重要作用,市场前景广阔,社会经济效益显著。

5. 利用新型干法水泥窑处置生活垃圾系统的开发与应用

针对我国城市生活垃圾未分选的实际,安徽海螺集团有限责任公司开发了一系列破碎、均化、计量、防堵、喂料设备,对生活垃圾无需分选,可直接进入处置系统,对垃圾适应性很强,项目开发了《异构DCS集成中间件》《智能报表采集系统》《垃圾焚烧生产数据远程监控系统》等信息软件,实现了CKK系统与水泥窑生产工艺的无缝对接,保证了水泥熟料烧成系统和CKK系统的稳定、安全、高效运行。本项目在研发过程中申请了一系列国内、国际专利。2010年7月以来,共申报专利24项,其中发明13项(含3项拟申请国际专利PCT),实用新型10项,外观设计1项,计算机软件著作权1项。现10项实用新型已授权,计算机软件著作权已获得登记。自2010年4月10日试运行以来,系统运行稳定,已全部处理铜陵市每天运送的垃圾。

2011年5月28日,中国建筑材料联合会在安徽芜湖市组织召开了由安徽海螺集团有限责任公司完成的"利用新型干法水泥窑处置生活垃圾系统的开发与应用"鉴定会,与会专家认为:该项目采用封闭式垃圾气化处理方法,利用水泥烧成系统协同处置城市生活垃圾,其关键技术和创新点如下:(1)开发了流化床垃圾气化工艺及装置,利用水泥烧成系统代替垃圾焚烧工艺的尾气净化系统,实现了垃圾处理与水泥生产工艺的有机结合;(2)开发了垃圾防堵、喂料等设备,集成了破碎、均化、计量等装置,形成了完整的生活垃圾处理系统,适应性强,解决了生活垃圾分选难题;(3)开发了气化炉炉渣分选装置,可回收铁、铝质等材料,其他废渣作为水泥原料回收,实现了垃圾中可回收物的有效利用;(4)开发了专用计算机控制软件,实现了CKK系统与水泥窑工艺的无缝对接。

该成果已经在安徽铜陵海螺5 000t/d(2#窑)新型干法水泥熟料生产线上配套建成了处理300t/d生活垃圾处置系统。投产一年多运行实践表明:生产工艺合理、运行稳定,到目前为止已无害化处置生活垃圾9.15万吨;经国家建筑材料工业环境监测中心和江苏省优联检测技术服务有限公司的检测,二噁英终端排放浓度为0.0376ngTEQ/Nm^3,各项排放指标均符合国家标准要求;该成果简化了垃圾处理流程,实现了生活垃圾的一站式、无害化处置,系统技术先进、实用性强,开辟了我国利用新型干法水泥窑协同处置生活垃圾的新工艺,综合技术性能指标达到国际先进水平。对我国水泥工业向

"两型"化转变具有积极作用，社会、环保和经济效益显著。

6. 新型干法水泥生产线的节能减排动态监控系统

目前，国内水泥行业由于缺乏先进的新型干法水泥生产节能减排监测技术，尤其是实时量化监控技术。唐山奥特机电设备有限公司自主研发了新型干法水泥生产线节能减排实时量化监控系统。该技术研发自 2008 年 1 月开始，在冀东水泥股份有限公司的配合下，历时 3 年完成技术研发，产品制造及研究成果应用，取得较好的经济和社会效益。

2011 年 5 月 31 日，中国建筑材料联合会组织有关专家组成鉴定委员会，对唐山奥特机电设备有限公司完成的《干法水泥生产线节能减排实时量化监控系统》项目进行了技术成果鉴定。鉴定委员会认为：

该项目在大量调研分析新型干法水泥生产数据的基础上，开发出了窑尾废气新型监控系统，其特点与创新点如下：(1)对水泥生产工艺控制系统和窑尾废气监测(检测)系统、物联网技术等进行了协同研究和集成创新。开发了一种实时量化监控系统，并可实现与 DCS 系统联网对接；(2)通过应用物联网技术，实现了新型干法水泥生产线实时监控系统显示的动态曲线及有关数据的画面的远程传输；(3)开发了现场仪表小屋产品，使本课题产品性能可靠、经久耐用。

该项目开发使用的气体分析成套仪器仪表已经通过国家计量检测部门的检测。达到设计性能要求。该成果对我国新型干法水泥生产精确控制、提高管理水平，节能减排，具有积极作用，经济社会效益明显，已经获得了国家发明专利(专利号:ZL 200910008913.7)和软件著作权(软著登字第 0190434 号)各 1 项，拥有完全自主的知识产权。综合技术性能指标达到国际先进水平。经在冀东水泥集团 5 000t/d 新型干法水泥生产线上使用，经用测定的数据精度与现场实测数据吻合，为水泥厂生产控制和节能减排提供了可靠的依据。

7. 粉煤灰计量与控制系统工艺和装备研究

国际上目前主导粉体计量与控制设备的生产厂家主要有德国菲斯特公司、日本粉研株式会社和德国申克公司。针对目前国内外粉煤灰计量和控制技术现状和市场对相关技术的迫切需求，合肥水泥研究设计院成功开发了粉煤灰计量与控制系统工艺和装备，性能价格比高，有自主知识产权、适应粉煤灰掺量大、中、小流量在线计量与控制，打破依赖进口局面。

项目主要研究内容：根据市场需求，结合中国水泥企业生产、管理、工人操作水平等参差不齐的实际状况，针对粉煤灰计量与控制难题，提出系统完整的工艺解决方案；研制满足大、中、小不同流量，适应不同粉煤灰种类和特性的在线计量与控制装备，同时配套研究远程监控技术；研究开发计量秤测量盘专用复合耐磨材料及防沾料涂层材料；研制开发高可靠性控制系统软件和硬件；研究开发远程监控配套技术。

2011 年 4 月 9 日，中国建筑材料联合会在安徽合肥市组织召开了由合肥水泥研究设计院完成的"粉煤灰计量与控制系统工艺和装备研究"成果鉴定会，与会专家认为该项目针对我国粉煤灰品质复杂的现状，对粉煤灰物性及粉煤灰储存、输送、计量、控制等进行系统研究，提出了粉煤灰计量与控制的系统解决方案。主要关键技术和创新点如下：(1)设计的多种组合形式的助流、稳流给料装置，可以因地制宜、灵活组配，满足不同粉煤灰特性、给料能力和工艺条件的要求；(2)研发的测量盘表面特种防粘结材料和特种耐磨材料的覆层处理技术，使测量盘表面洛氏硬度 HRC＞68，极大地减少了粘料和磨损对计量精度的影响，延长了设备使用寿命；(3)该系统适用各种复杂工况条件下的粉煤灰和矿渣微粉等干粉状物料计量，计量精度优于±0.5%、控制精度±1.0%、量程范围 3～400m^3/h，满足大流量粉煤灰在线计量与控制的要求；(4)采用远程监控技术，可以对用户现场的技术装备进行远程监控和远程诊断。

该成果的研发，改变了国内粉煤灰计量设备长期以来存在的计量精度低、波动大、控制难、无法进行大流量计量的局面，拥有自主知识产权。在海螺、冀东、中联、南方水泥、天瑞、蒙自瀛洲、金隅水泥等 100 余条新型干法水泥熟料生产线和粉磨站使用，效果良好，并出口到巴西、越南等国家。应用效果表明，该成果技术经济指标达到国际先进水平。该成果的成功应用对提高粉状物料计量精确度、稳定水泥产品质量具有重要作用，经济社会效益显著。

8. 中材集团与江苏溧阳市签订水泥窑协同处置生活垃圾示范线项目

2011 年1月 8 日，中国中材集团有限公司与江苏溧阳市政府签订利用水泥窑无害化协同处置 500 吨/日生活垃圾示范线项目。项目总投资超过 7 000 万元，是中材集团在水泥窑协同处置废弃物应用上取得的新进展，具有里程碑意义，此前，中材集团的水泥窑处置工业废弃物和城市污泥技求已经在国内外一些项目上得到应用。该示范线是落实国资委要求、央企加快实施技术创新战略发展低碳环保经济的重要举措，将为我国废弃物处置寻找一条无害化处理新途径，为我国低碳循环经济和生态城市建设起到示范作用；为溧阳市生态城市建设做出重要贡献。示范线可日处理 500 吨城市生活垃圾，年处理总量为 18.25 万吨，由中材国际工程股份有限公司和新疆天山水泥股份有公司共同出资建设并管理运营，相关装备在溧阳中材重型机器有限公司制造。该项目符合生活垃圾处理无害化、减量化、资源化、集约化原则，建成后将对垃圾无害化处理起到积极示范和推广作用。示范线建设期为 1 年，将采用国际先进的城市生活垃圾预处理技术，可实现整个处理过程焚烧废渣排放。

9. 溧阳中材新型矿渣微粉立磨投入运行

由中材国际工程股份有限公司(南京)与溧阳中材重型机器有限公司共同研制开发的 LRMS46.4 新型高效节能矿渣微粉立磨，在江苏友邦新型建材有限公司年产 60 万吨矿渣微粉生产线(一期)上正式投入运行。经检测，该矿渣立磨设计能力为 90t/h，目前实际产量已达到 96.7t/h。除此之外，该矿渣微粉立磨其他各项指标也实现整体突破，单机吨矿渣粉磨电耗≤31kWh，系统电耗每吨≤42kWh，矿渣微粉成品比表面积≥420m2/kg，耐磨材料消耗≤15g/t，整机性能达到国际先进水平。

主要特点：开发出具有自主知识产权的新型高效节能矿渣微粉立磨。一是对磨辊密封装置进行了创新设计，加脂方式设计为智能集中润滑，可根据运行要求定期定量加油；油封套出油孔设计为双排异径四孔，使黏度较大的油脂得以均匀分布；三件油封隔板设计，增加储油空间，并减少检修拆装工作量；防尘防渗设计；通过减小油封压板、透盖与油封套之间的间隙，减少污染与漏油；通过这一系列创新设计，可延长密封寿命80%以上。二是减振阻尼液压缸设计。该新型矿渣微粉立磨液压缸采用减振阻尼器后，可有效降低液压缸的振动，延长液压缸的使用寿命。经检测，该立磨运行时振动<1.8mm/s，噪音低于80dB。三是研究开发磨辊、磨盘衬板在线连续堆焊技术；设计出磨辊、磨盘自动堆焊专用装备，从而实现了磨辊、磨盘在线连续堆焊的技术要求。与此同时，还研究开发出具有高耐磨性能的合金材料焊丝，大大提高了耐磨层的使用寿命。四是对该矿渣微粉磨专用选粉机下料管进行优化设计，可有效改变磨内方向，提高选粉效率，减少堵料现象，并提高产品质量。五是磨盘衬板结构优化设计，进一步提高粉磨效率，降低磨耗。

10. 洛阳黄河同力水泥窑消纳生活垃圾示范线开工

洛阳黄河同力水泥有限责任公司利用日产4 500吨水泥熟料生产线消纳城市生活垃圾于今年年初在河南省宜阳县开工。该示范线也成为河南省首条消纳城市生活垃圾示范线。对促进河南省水泥产业升级。推动河南省节能减排工作、建设环境友好型社会具有重大意义。洛阳黄河同力水泥公司消纳城市生活垃圾示范线，是公司依托企业一期新型干法水泥回转窑，配套建设的日消纳500吨城市生活垃圾的封闭处理系统。项目总投资约为5 120万元，建设工期为7个月，由中信重工洛阳矿山机械工程设计研究院总承包。项目包括垃圾存储及破碎、垃圾输送、垃圾焚烧、灰渣储存利用、旁路放风、异味处理和渗滤液处理等部分。一期配套建设的消纳城市生活垃圾项目建成后，每年可处理洛阳市产生的城市生活垃圾16.5万吨。一期和二期配套建设的消纳城市生活垃圾项目全部建成后，年可处理生活垃圾33万吨。

11. 新型反击式破碎机的开发和应用

随着近年来水泥行业的飞速发展，与大型水泥生产线配套使用的大型破碎设备的选型变得很困难。南京凯盛国际工程有限公司在2008年提出了开发具有自主知识产权的石灰石反击式破碎机，开发的破碎机整个转子体具有结构简洁、实用可靠、转动惯量大、冲击力大、安全性高、对物料适应性强、破碎比大、单位能耗小等特点。

2011年1月23日，中国建筑材料联合会在南京组织召开了由南京凯盛国际工程有限公司完成的"KGP新型水泥熟料辊式破碎机开发"项目鉴定会，专家们认为：该项目的主要特点是研制的壳体端板组合密封装置减少了端板密封处的窜灰漏料，增强了设备的密封效果；新型辊套保证了辊子工作的可靠性，half型端板定位和拆装方便，结构简单；自动化控制实现了破碎机的稳定运行。研制的KGP新型水泥熟料辊式破碎机于2009年11月在淮海中联水泥有限公司的熟料技改工程(5 000t/d生产线)上投入使用，在烧成系统产量稳定在5475t/d时，轴承温升<20℃，单位电耗为0.10kWh/t熟料，电耗比锤式破碎机降低45%，破碎熟料的成品率>90%，出料粒度均匀，运行一年多没有更换过任何零部件。结果表明：该破碎机设计合理、运行平稳、电耗低、故障率低。整体性能达到了国内同类熟料辊式破碎机技术的先进水平，部分指标达到了国际先进水平。

12. 降低水泥窑氮氧化物排放的技术开发及应用

我国水泥行业氮氧化物的排放占总排放量的10%左右，是我国氮氧化物排放的第三大源。随着水泥行业落后产能淘汰工作的推进，新型干法窑的比例将大幅增加，在提高能源使用效率的同时，由于燃烧温度高等原因，氮氧化物排放量将显著增加。"十二五"期间需大力开展水泥行业新型干法窑降氮脱硝工作，根据水泥窑的现状和特性，推进烟气脱硝工程建设，要求长三角、珠三角、京津冀鲁等重点区域氮氧化物年排放量在1 000吨以上或熟料生产规模在2 000t/d以上的现役新型干法窑实行脱硝改造。

目前烟气脱硝的一些关键技术仍受制于发达国家，技术的消化及引进处于无序及观望阶段，水泥行业氮氧化物排放控制技术也处于研究阶段，其研发及应用的发展水平将影响"十二五"氮氧化物的减排效果。中材国际环境工程有限公司为降低水泥窑氮氧化物排放，在技术开发及应用上，通过在窑头主燃烧器采用大推力高射流低风量的低NO_x燃烧器有效抑制窑内热力型NO的形成、采用与生产兼容的分级燃烧技术的低NO_x分解炉实现对系统已形成氮氧化物的还原组织燃烧，进一步降低系统的氮氧化物排放水平，在必要时采用选择性非催化还原技术，实现系统氮氧化物排放指标的稳定。通过采用低NO_x燃烧器、低NO_x分解炉、选择性催化还原装置等多项低NO_x技术的联合使用或组合满足不同层面的环保要求，确保系统氮氧化物排放稳定达到国家或地方的环保标准，并能适应环保指标的不断提升的长远需求。

2011年8月23日，中国建筑材料联合会在北京组织召开了由中材国际环境工程(北京)有限公司、中材国际工程股份公司天津分公司和中材湘潭水泥公司共同完成的"降低水泥窑氮氧化物排放的技术研发及应用"项目成果鉴定会，与会专家认为项目组在大量的研究工作基础上，通过对低NO_x燃烧器、基于分级燃烧技术的低NO_x分解炉、选择性非催化还原技术(SNCR)等研发和系统集成，降低了水泥窑NO_x排放，关键技术和主要创新点：(1)开发出适应于不同煤种，特别是无烟煤的三次风分级燃烧工艺技术和低NO_x分解炉，分级燃烧脱硝效率稳定在30%以上；(2)开发出适应于预分解水泥窑的选择性非催化还原技术，利用氨水、尿素等作为还原剂，在不影响水泥窑系统正常生产运行的前提下，系统脱硝效率达到60%～80%，系统可连续稳定运行；(3)结合采用污泥、可燃废弃物等生物质燃料作为脱硝燃料，可进一步提高脱硝效率，显著降低水泥窑 NO_x 减排的运行成本；(4)开发了专用的控制软件和控制模块，采用与现有中央控制系统兼容的电气化集成控制，实现了选择性非催化还原系统的全自动控制。

该技术在中材湘潭水泥公司 5 000t/d 新型干法水泥熟料生产线上使用一年多表明：多种脱硝技术组合集成的低 NO_x 系统运行可靠，运行成本低，操作简便，NO_x 减排效果显著。经湖南省环境监测中心站监测，通过不同的脱硝技术组合，系统 NO_x 排放值在 200～500mg/Nm^3(10% O_2)，主要技术经济指标达到国际先进水平。该成果可直接应用于新建水泥生产线，也可用于既有水泥熟料生产线改造，社会、环保效益显著，应用前景广阔，对水泥工业 NO_x 减排意义重大。

六、我国水泥行业科技发展方向

1. 坚持绿色发展，支撑资源节约型环境友好型社会的建设

“十二五”规划纲要提出，面对日趋强化的资源环境约束，必须增强危机意识，树立绿色、低碳发展理念，以节能减排为重点，健全激励与约束机制，加快构建资源节约、环境友好的生产方式和消费模式；增强可持续发展能力，提高生态文明水平。十二五”规划纲要一大亮点就是首次把绿色发展，建设资源节约型、环境友好型社会写入其中，把节约资源、保护环境作为约束性指标，为我国经济社会可持续发展指明了方向。建设资源节约型、环境友好型社会是加快转变经济发展方式的重要着力点。大幅度提高能源资源利用效率，同时，实现绿色发展，构建资源节约型、环境友好型社会也是建立在转变经济发展方式基础之上的。水泥工业要适应市场需求变化，根据科技进步新趋势，健全节能减排激励约束机制。把资源节约和环境保护贯穿于生产。流通、消费、建设各领域各环节，提升可持续发展能力。

因此，水泥工业一要深入抓好节能降耗。要综合运用调整产业结构和能源结构、节约能源和提高能效、大幅度降低能源消耗强度和温室气体排放强度，有效控制温室气体排放；合理控制能源消费总量，严格用能管理，大幅度提高能源资源利用效率，大力发展循环经济；二是要加大环境保护力度；加强综合治理，明显改善环境质量；强化污染物减排和治理，防范环境风险，促进生态保护和修复。

2. 发展循环经济，推动水泥工业持续发展发展

循环经济，推广低碳技术，走可持续发展之路，是深入贯彻落实科学发展观的必然要求，对于推进水泥工业结构调整意义重大。大力发展循环经济，推行清洁生产，可以最少的资源消耗、最小的环境代价实现经济的可持续增长，从根本上解决经济发展与环境保护之间的矛盾，走出一条水泥生产发展与生态和谐的文明发展道路。大力发展循环经济，需要提高循环经济技术支撑能力和创新能力。要加大科技投入，加大循环经济技术开发和推广应用的力度，着力开发和推广节约、替代、循环利用和治理污染的先进适用技术，努力突破制约循环经济发展的技术瓶颈。组织产学研以及企业等各方面力量，努力开发包括共伴生矿产资源和尾矿综合利用技术、能源节约和替代技术、能量梯级利用技术、废物综合利用技术、循环经济发展中延长产业链和相关产业链技术、“零排放”技术、有毒有害原材料替代技术、可回收利用材料和回收处理技术、绿色再制造技术在内的有利于资源循环利用和集约利用的技术。积极推广先进适用的开采技术、工艺和设备，提高矿山回采率、减少能源消耗和污染物排放。

3. 节能减排、发展低碳经济是水泥行业永恒的主题

应用创新技术与创新机制，通过低碳经济模式与低碳生活方式，实现经济社会可持续发展，越来越成为人们普遍共识。我国对发展低碳经济，很早就给予了高度重视。近年来，水泥行业充分发挥科技在节能减排、发展低碳经济中的支撑和引领作用，积极抢占具有低碳经济特征的前沿技术制高点，攻克技术难关，积极推动节能减排新技术在建材等重点领域的推广应用。低碳经济，是以低能耗、低污染、低排放为基础的经济发展模式。发展低碳经济不仅可以节能减排，而且能够更加有效地利用资源。当前和今后一个时期，我们一定要抓住当今世界开始重视低碳经济发展的机遇，推进技术进步，提高能源利用效率，为建设资源节约型、环境友好型社会，实现经济社会可持续发展提供新的不竭动力。水泥行业要坚持以科技创新和技术进步推动节能减排，加快建立节能减排的技术支撑体系，攻克一批共性和关键技术，引进消化吸收国外先进节能减排技术和管理经验。建立节能减排技术的遴选、评定及推广机制，促进产业化示范和推广应用。抓紧制订完善能源消耗、污染排放方面的强制性国家标准和设计规范。

4. 水泥工业要积极探索国际化发展战略

新型干法水泥经过近几年的快速发展，已经在我国大部份地区达到饱和状态，从水泥生产的特点要求，必须具有石灰石矿山、市场需求、和合理的运输范围，从水泥的性能考虑，水泥产品既不适合长距离运输，也不适应长时间存放，即使海外市场需求旺盛，往往也要受到运输船队、单位时间内供货能力的制约，同时水泥生产必竟要消耗大量的一次性的矿山资源和日趋紧张、价格昂贵的燃料，所以，坚持走出去发展战略，不仅解决了上述问题，也可以化解或避免贸易磨擦与纠纷。继2010年冀东集团在南非投资建设首家日产 2 500 吨新型干法水泥生产线后，2011 年上半年，中国建材集团与印尼佳通集团正式签订了印尼日产 6 000 吨水泥熟料项目合作协议书，安徽海螺水泥股份有限公司积极探索国际化发展战略，已经在推进印度尼西亚等海外水泥项目的前期工作，此外，还有华新水泥等，我国大型水泥企业集团要想成为真正意义上的跨国公司，必须具有布局全球的战略眼光。

5. 为实现水泥工业科学发展提供强大科技支撑

水泥工业在今后的发展中,最根本的是要靠科技的力量,最关键的是要大幅提高自主创新能力。水泥行业正处于必须转变发展方式、调整结构才能实现可持续发展的重要阶段,要把自主创新摆在更加突出的位置,大幅度提高科技进步对水泥经济效益增长的贡献率,使自主创新成为水泥工业又好又快发展的内在动力。

6. 培育代表国家创新力的世界一流企业

到"十二五"末,水泥行业中的中央企业和大企业集团要实现创新能力大幅度提升,科技投入稳步增长,创新体系和体制机制更加完善,发展成为国家级创新型企业,一批重大科技成果达到世界先进水平,科技进步贡献率达到60%以上,真正实现引领和超越世界水泥工业的发展。加快科技创新,央企应当有更大作为,中央企业代表着行业和国家的创新能力和水平,在国家技术创新体系中占有重要地位,是引导和推动行业技术进步的主要力量。面对新的竞争形势,中央企业有责任、有义务发挥科技创新的骨干带动作用,把自主创新和科技进步作为企业发展的首要推动力。国际金融危机以来,许多国家把加强科技创新,加强前沿基础研究,加强人才培养,加快培育和发展新兴产业,抢占未来经济和科技发展的战略制高点。美国出台"创新战略",欧盟"2020战略"明确将"研发投入强度达到3%"作为五大战略目标之一,日本提出了"未来开拓战略",俄罗斯提出了发展可再生能源的"国家政策重点方向"。而在这一轮创新布局中,以跨国公司为代表的各国大企业正在成为新一轮技术革命和产业竞争的主角。欧盟发布2010年度全球企业研发投放排行榜,上榜的1 400家公司净销售额下降10.1%,利润下降21%,而研发投入仅减少1.9%,充分显示跨国企业仍把研发投入放到优先位置。美、欧、日等发达国家的大企业在研发投放强度高的行业中仍占主导地位。

7. 专利是衡量科技创新产出的重要指标

我国"十二五"规划纲要中明确提出,到2015年,每万人口发明专利拥有量提高到3.3件,这是我国首次将专利统计指标写入五年规划纲要,充分反映了我国建设创新型国家的决心,更反映出我国对知识产权在促进创新、保障创新方面认识的深化。每万人口发明专利拥有量指标的提出,丰富和完善了科技创新能力指标体系。"研究与试验发展经费支出占国内生产总值比重"是衡量科技创新能力的传统指标,但仅局限于科技创新投入,无法反映科技创新产出情况。如今,"十二五"规划纲要中提出的专利指标,正是衡量科技创新产出的一个重要指标。投入指标和产出指标的结合,有效克服了科技创新指标的单一和失真。同时,"十二五"规划纲要中专利指标的提出,反映我国现在和今后将更加注重科技创新投入的产出绩效。每万人口发明专利拥有量指标的提出,有效实现了专利数量指标与专利质量指标的统一。首先,以专利拥有量为指标,消除了专利有效维持期短而带来的弊端;其次,每万人口发明专利拥有量区分了3种专利,以发明专利为指标,反映了对专利质量的注重,消除了专利结构失衡的问题。从专利本身所能体现的创新价值来看,在发明专利、实用新型专利和外观设计专利中,发明专利无疑最具创新性和价值性。每万人口发明专利拥有量3.3件,其实质意义和最终目标是增强科技创新能力。实现每万人口发明专利拥有量3.3件的目的是增强科技创新能力、转变经济发展方式以增加社会总财富。因此,水泥行业就必须大力提高自主创新能力,在全行业大力普及知识产权,使知识产权的创造、运用、保护、管理真正落实到创新的全过程中。

★该篇文章发表于2012年4期《中国水泥》杂志。

学习政府工作报告 加速水泥行业结构调整★

Study government work report and speed up cement industrial restructuring

◎中国水泥协会副会长兼秘书长　孔祥忠

Kong Xiangzhong　Vice Chairman and Secretary General of China Cement Association

认真细读温家宝总理在十一届全国人大五次会议上所作的政府工作报告,令人兴奋和鼓舞。温总理的报告中两次提到了水泥行业,这是在中国历史上的首次,显示了水泥行业在国家经济建设中的重要地位进一步提升,更表明了水泥行业的发展得到了政府的高度重视和社会的深度关注。作为行业协会,我们在享受兴奋和鼓舞的同时,更多的是深感所肩负的历史责任重大。

政府工作报告中提及的2011年"淘汰落后水泥产能1.5亿吨"、以及在2012年加快转变经济发展方式任务中,要"以汽车、钢铁、造船、水泥等行业为重点,控制增量,优化存量,推动企业兼并重组,提高产业集中度和规模效益。"报告既肯定了水泥行业已取得的成绩,也明确了今后发展的重点。

通阅政府工作报告,涉及水泥行业发展相关内容的还有:1处"鼓励资源综合利用";1处"产业转型升级";1处"控制温室气体排放";2处"推动企业兼并重组";3处节能环保:"加强重点节能环保工程建设、加大对节能环保的支持、大力发展节能环保产业";4处环境保护:"推进节能减排和生态环境保护、加强环境保护重点工作、开展湖泊生态环境保护试点。推进节能减排和生态环境保护";8处节能减排:"推进节能减排和生态环境保护、着力加强自主创新和节能减排、突出抓好工业、交通、建筑、公共机构、居民生活等重点领域和千家重点耗能企业节能减排等"。这些内容为中国水泥行业今后深化结构调整指明了方向，提出了行业结构调整的具体任务和目标。

自“十五”以来的十多年时间，中国水泥行业积极推进结构调整，并取得了可喜的成效。首先是鼓励采用世界先进的新型干法水泥技术取代了落后水泥生产方式，2011年，新型干法水泥产量占水泥总产量的89%，基本完成了行业的技术结构调整。按照产业政策和规划目标，2012年将基本完成落后产能的淘汰任务。

其次是引导企业兼并重组，提高生产集中度，做大企业规模效益，进行行业组织结构的调整。2011年，前10家大型水泥企业(集团)水泥熟料产量已占全国总量的42%，按照行业规划目标达到60%以上还有差距。

再次是行业产品结构的调整，即水泥的减量化、产业链的延伸，以提高行业的综合竞争能力。

完成上述结构调整的任务，才能奠定中国水泥行业可持续发展的基础。

2011年，中国水泥产量20.9亿吨，占世界水泥总量的56%以上，连续26年世界水泥产量第一。按照初步测算，已投产和在建新线的实际水泥产能约27亿吨，产能过剩已成为行业发展的最大障碍。

为应对水泥产能过剩，早在2009年国发38号文件就提出了对水泥产业“要坚决严格控制总量、抑制产能过剩”，“严格控制新增水泥产能，执行等量淘汰落后产能的原则”。这次政府工作报告再次提出“控制增量，优化存量”，就是要转变投资方式，避免重复建设，淘汰落后水泥产能，将投资方向转向企业兼并重组上，这正是水泥行业“十二五”期间组织结构调整的重点。以中国建材集团为主的几家大型水泥企业已纷纷调整了企业“十二五”战略发展规划的目标值，通过兼并重组做大企业规模的指标被进一步放大，生产集中度的提升已明显加快，大企业在区域市场上的主导能力在加强。近两年，水泥行业盈利水平能逐年提高，也正是得益于企业兼并重组、产能规模做大的结果。

“推动企业兼并重组”才能“控制增量，优化存量”，达到“提高产业集中度和规模效益”的目的，才能实现水泥工业“十二五”规划中提出的前10家大企业的产能要占总量的60%的目标。优化投资结构，推进兼并重组这正是水泥行业组织结构调整的重要内容。

在满足我国经济高速增长期对原材料需求的同时，也显现出如此大的水泥产量，势必带来过大的环境负荷，能源和环境因素是制约行业发展的主要瓶颈，控制温室气体排放已成为水泥行业响应政府完成减排指标的重要任务。

我国新型干法水泥企业在有组织的颗粒物排放指标都达到了国家标准，许多企业指标还达到了世界先进水平，但部分企业的无组织排放指标有待改善。尤其在控制温室气体排放方面，二氧化碳和氮氧化物的降低是行业今后面临的艰巨任务。及时修订环保标准内容，一步达到发达国家标准中的先进指标，是我们水泥企业必须要接受的现实，这样的标准指标也能得到国际社会的公认。作为一个发展中国家的水泥企业，执行世界最先进的环保指标，突显水泥行业在中国环保事业中所作出的贡献。70%的水泥窑余热发电，减少了三分之一的水泥生产用电，降低了二氧化碳排放。“十二五”期间，水泥行业还将开展水泥窑协调处置，为中国的城镇化建设和循环经济的发展做出新的贡献。“推进节能减排和生态环境保护、着力加强自主创新和节能减排”就是将水泥企业建设成资源节约型、环境友好型企业，正是水泥行业完成技术结构调整需要补课的内容。最后，通过减量化和产业链延伸来实现水泥行业的产品结构调整。水泥行业的减量化不能仅仅理解为水泥产量的减少，因为水泥用量决定于市场需求，受制于施工标准和规范。减量化是要提高水泥熟料的质量，增加工业废渣的利用量，扩大资源综合利用。要通过修订水泥标准和加强混合材性能研究来引领水泥行业的资源综合利用水平。减量化是要在水泥生产、营销物流过程中减少资源消耗和废物产生，不断淘汰新的落后产能，通过技术创新、管理创新来实现行业持续节能减排的目的。减量化是在现有水泥消费量中扩大特种水泥使用的比例，以满足不同类型工程的需求和提高建筑、构筑物的使用寿命，达到引领市场合理消费的目的。减量化是在企业营业收入总额中降低水泥销售收入的比例，通过水泥企业的产业链延伸，引领水泥行业的产品结构调整。学习政府工作报告的内容，贯彻国家“十二五”规划纲要的精神，完成水泥行业结构调整的目标，中国水泥协会必须履行服务政府、服务企业的职责，为中国水泥行业的可持续发展做出应有的贡献。

★该篇发表于2012年4期《中国水泥》杂志。

坚持稳中求进　加快转型升级★

Persist in stable improvement and speed up transformation and upgrading

◎工信部原材料司司长　陈燕海

Chen Yanhai　Director of Material Department of Industry and Information Technology Ministry

水泥工业是国民经济的基础产业，在建材行业中经济总量大，从业人员多，产业关联度高，是反映宏观经济形势变化的晴雨表。2011年水泥行业发展态势良好，量增价涨，效益全面提升。但我国水泥工业仍然存在着产业链短、附加值低、水泥基材料制品发展滞后，能耗物耗高、排放总量大、节能减排和应对气候变化任务艰巨等问题，结构性矛盾依然突出，转变粗放型增长方式的任务仍很艰巨。

去年国务院发布了《工业转型升级规划》，我部发布了《建材工业"十二五"发展规划》，其中包括《水泥工业"十二五"发展规划》。这些规划对水泥工业发展均提出了明确方向。纵观水泥产业发展态势和我国经济社会发展的大环境，当前乃至整个"十二五"时期，水泥工业要坚持稳中求进，加快转型升级。所谓转型，就是要通过转变工业发展方式，加快实现由传统工业化向新型工业化道路转变；所谓升级，就是要通过全面优化技术结构、组织结构、布局结构和行业结果，促进工业结果整体优化提升。加快转型升级，关键是把转方式、调结构、拓功能、促和谐结合起来，全面提升发展的质量和效益。转方式，就是要把行业经济发展方式由以扩规模、拼产量为主要特征的粗放式，转变为以提质量、重效益为主要特征的内涵式；调结构，就是要优化水泥工业结构组织、产品结构和布局结果；拓功能，就是要肩负保障供给的同时，充分发挥水泥窑炉高温煅烧和碱性还原气氛特长，开展无害化最终协同处置城市生活垃圾、污泥和废弃物，向绿色功能产业发展；促和谐，就是要与相关产业协调发展，适应提质、减量、延寿的新要求，促进经济社会发展和谐。

2011年是全面实施"十二五"规划的关键年。刚刚闭幕的两会，确定了我国经济社会今年发展的主要预期目标，决定继续实施积极的财政政策，继续实施稳健的货币贷款。对高能耗、高污染和产能过剩行业继续严格控制贷款，促进经济平稳较快发展。

水泥作为宏观调控的重点行业，要"控制增量，优化存量，推动企业兼并重组，提高产业集中度和规模效益。"要实现这一目标，我们将进一步加强规划引导，认真研究和落实控制增量，优化存量，推动企业兼并重组的政策措施，强化行业管理，注重政策导向，促进水泥行业结构优化升级。

本年度国际水泥峰会以"延伸水泥产业链，促进企业转型升级"为主题，交流国内外同行的成功做法，结合国情探讨国内企业延伸产业链的可行途径，不仅符合规划确定的发展方向，也有利于2011年重点工作的推进，还可以帮助企业强化提升质量和效益的理念，引导企业以水泥熟料为核心，努力增加单位熟料创造的工业增加值，降低单位熟料伴生的二氧化硫、氮氧化物和粉尘等污染物，往上延伸发展矿山和骨料，往下延伸发展商品混凝土、干粉砂浆、水泥基材料制品，横向兼顾发展装备制造、工程总包、外加剂等，并结合联合重组、淘汰落后、技术改造等工作，严格控制总量，调整优化存量，提高产业集中度，实现规模效益，做优做大做强，增强综合竞争能力。我们将会同中国建筑材料联合会、中国水泥协会针对水泥产业链延伸、转型升级中的脱硝除尘、协同处置、提质延寿、新品种和节能装备等关键环节组织技术创新。

★该篇文章为作者在2012年中国国际水泥峰会上的发言。

水泥窑协同燃烧废弃物的环境综合治理★

Comprehensive environment treatment of cement kiln with waste burning

◎中国水泥协会高级顾问 高长明

Gao Changming Senior consultant of China Cement Association

最近，在全国人大环境与资源保护委员会、国家发展和改革委员会、环境保护部等单位召开的"十二五"环保规划工作座谈会上，有些研究机构和专家学者提出了一些有关我国今后环保工作的新理念或新提法，其中最引起笔者共鸣和赞同的有2个理念，那就是《建立大中城市圈环保综合治理体制》和《试行区域煤炭消费总量控制》。这是因为我国水泥工业可以在这2个理念的实践过程中发挥积极的作用，为全社会的环保做出应有的贡献。现在将笔者的观点进行阐述，与业界同仁共同探讨。

关于《建立大中城市圈环保综合治理体制》

大中城市圈的环保综合治理中有一项重要的任务就是必须消纳相应数量的城市生活垃圾、下水污泥，各种可燃的工业废料、医疗垃圾、危险性废料，以及已堆存于垃圾填埋场多年的陈腐垃圾和废渣等。这固然需要从源头尽可能地减量开始做起。而当前更需要新增垃圾处置能力，争取早日做到"日产日清"，还要还清历史欠账，把陈腐垃圾都逐渐消纳干净。

2009年我国600多个大中城市中的城镇居民为6.22亿人，每年产生生活垃圾高达1.5亿吨、下水污泥3000万吨。许多城市周围的垃圾填埋场均趋于胀满，垃圾围城之势日益严峻。如何才能既安全又经济地解决垃圾为患的"城市病"？我国虽然已有焚烧发电和堆肥等多种技术途径，然而利用已有的新型干法水泥窑协同焚烧消纳城市垃圾、陈腐垃圾、下水污泥及各种工业废料，可谓是一种经济（投资少）、安全（无二次污染和二噁英之患）、高效（燃烧热能有效利用率很高）的途径，因此《建立大中城市圈环保综合治理体制》，必须正确认识并发挥水泥工业在这方面的固有优势。现在的新型干法水泥窑与二十世纪七八十年代我国那时的“小立窑”完全是两回事，不可同日而语。希望社会各界不要再被“小立窑”的历史阴影所误导。发达国家近30年的实践表明，在全部重化工业中，至今已被科学论证（德国科技部和环境部2004年发布）并公认对生态环境基本达到零污染的就只有水泥工业这一个行业。尤其是在北欧诸国，水泥工业的大众形象和口碑是相当不错的，这恰恰与我国的情况形成了巨大的反差。2010年我国新型干法窑水泥的产量已经占总产量的80%，随着“小立窑水泥”的进一步淘汰干净，盼望各级政府和广大民众能逐步消除“小水泥”给我国水泥工业所蒙上的不良影响，重新审视我国现代水泥工业的本色容貌，以作出自己的正确认识与判断。

2005年笔者曾提出“在我国每一定方圆内（如400公里×400公里）的重化工业区域内，或者每一定人口（如500～1000万人以上）的大城市附近都应该设有相应规模的新型干法水泥厂，用以协同消纳该地区的工业废料和生活垃圾”，这与当今拟建立大中城市环保圈的理念不谋而合。实际上，我国许多新建的现代水泥厂都是伴随城市的发展而建立的，因此在大中城市附近并不难找到适于协同消纳其生活垃圾和其他工业废料的水泥厂。现在的一般情况是，仅需投资约7000万元，建设1套垃圾预处理系统，在1台日产熟料5000吨的水泥窑上稍作修改，就可每天消纳热值5400千焦/千克，以及含水量30%的生活垃圾300吨，而且在不影响水泥质量和水泥窑正常运转的前提下，水泥窑还能每年节省标煤近1万吨，减排 CO_2 万吨左右。总投资只有同规模垃圾发电厂的1/3，而且建设工期仅需7～8个月，缩短了一年半。今后随着垃圾预处理运转的熟练，以及陈腐垃圾比例的增加，分拣打包后垃圾热值提高到1.2万千焦/千克，含水量降低到20%，一台日产熟料5000吨的水泥窑，每天消纳500吨垃圾是完全可能的。届时其垃圾对煤的替代率可望达到20%，各项节能减排的效益将更益显著。

关于《试行区域煤炭消费总量控制》

环保部环境规划院的调查表明，我国巨大的煤炭消费量造成了温室气体和大气污染物的大量排放，严重地影响了生态环境。2009年，我国 SO_2 排放量的90%、NO_x 排放量的67%、烟尘排放量的70%、人为源大气Hg排放量的40%，以及 CO_2 排放量的70%都来自于燃煤。由于煤炭消费在一次能源中的比例过高，数量巨大，我国 SO_2、NO_x 和大气中Hg的排放量高居全球首位，CO_2 的排放量仅比美国稍低，名列世界第二。大量的煤炭消费严重地损害了城市的环境空气质量。2009年，全国有612个大陆城市上报了空气质量监测数据，未达到二级质量标准的城市有107个，其中劣三级城市有8个，还有近50个城市没有空气质量监测数据可查。总体的城市空气质量情况亟待改善。

同时我国不同地区的煤炭消费量又是极不均衡的，随着各地区经济发展程度的不同而相差悬殊。东部沿海地区面积仅占国土面积的11.1%，而其煤炭消费量竟占全国总量的59.5%，单位面积各种大气污染的排放量均为全国平均值的3～6倍。因此东部地区的煤炭消费量必须严格控制，而且应该逐年递减。

对中部、东北和西南地区，就其区域内整体而言，尚有一些环境容量，但分布不均。西北地区地广人稀，生态环境脆弱，理论上虽有较多环境容量，但是其煤炭消费量也应予以控制。

总之，国家能源战略理念必须转变，从过去偏重保障供给，多产多烧煤炭为主，转向科学调控能源生产，控制煤炭消费总量为主。发展可再生能源，依靠科技创新，提高效率，降低煤炭在一次能源中的比例，控制煤炭消费总量。按各地区经济和工业发展程度及其生态环境的合理承载量，科学地分配允许燃煤总量。这样就能抓住大气污染的主要源头，逐步改善城市空气质量，抑制区域性生态环境衰退的趋势。我们必须严格把守这一关。

我国水泥工业所消耗的能源，无论是热量或电量，几乎全部来自燃煤，水泥工业的能耗约占全国工业总能耗的6%，CO_2、NO_x 和 SO_2 的排放量分别约占全国工业总排放量的12%、8%和5%。

为了配合按地区煤炭消费总量控制理念的实践，水泥工业应该抓紧做好2方面的努力。第一是研发创新，提高工艺效率，节能降耗，尽量少消费煤炭。这是一个“永恒”的主题。第二是最大可能地采用各种可燃废弃物替代煤炭来烧制水泥熟料。目前德国水泥工业采用废料对煤炭的替代率按热耗计已达60%以上。德国已立法规定水泥厂采用可燃废料对煤的替代率必须达到50%，否则就要依法交纳燃煤税；反之替代率超过50%的，政府就有相应的奖励。而我国水泥工业的燃煤替代率竟还不到1%，所幸的是最近已有若干水泥窑烧垃圾替代煤的工程项目启动。这事转辗至今已有10多年，好不容易争取到一些省市政府的认同与支持，加上客观形势的需求，现在终于开始有所突破，这是值得庆幸的。可以肯定的是，这一市场的需求很大，发展前景广阔，我国水泥工业在这方面理应做出更多的贡献，水泥窑推广采用各种替代燃料大有可为。

应该说明，虽然水泥窑协同消纳可燃废料和城市垃圾具有诸多优势，但是水泥厂毕竟是以生产水泥为主业的，它不可能也没有义务要承担起把社会废弃物和城市垃圾全部消纳处置的能力和责任。水泥工业虽然可以协同全社会妥善消纳一定数量的废料和垃圾，但不能排斥其他各种多元化处置的途径，应该相互补充，殊途同归，达到保护环境的共同目的。至于水泥厂、发电厂和堆肥等各行业在消纳城市垃圾与废料问题上如何分工协作，还要根据各省市的具体情况，打破城建环卫行业的垃圾专营链，统筹规划发挥各有关行业的优势，取长补短，理顺其相互间的利益关系，明确各自的职责，制定最佳的实施方案。可以说，按我国现有的技术水平，对城市垃圾的消纳治理在技术与装备上并没有什么难题。实际上一直束手的难题，就卡在如何科学协调并合理解决传统"专营"垃圾的部门与其他后来者之间的"同贡献、共得益"的公平、公开原则。这正是各级政府应该有所作为的职责，更何况客观形势也已经到了难容我们再继续拖延的时候了。

笔者分析认为，"十二五"期间我国水泥工业焚烧消纳各种废弃物，按全行业的熟料总热耗计，替代燃料对煤炭总消费量的替代率可达到20%以上。相信我国水泥工业是有能力、有信心可以付诸实现的。但要各级政府予以必要的、公平的扶持政策，国家的技术政策导向是至关重要的。

该篇文章发表于2011年4月12日《中国建材报》。

低碳技术引领水泥混凝土行业科学发展★

Low carbon technology leads scientific development ofcement concrete industry

◎中国建筑材料集团有限公司总经理 中国建筑材料科学研究总院院长　姚　燕

Yao Yan　General Manager of CNBM and Dean of China Building Material Scientific Research Institute

随着我国国民经济的快速发展，水泥混凝土作为重要的基础材料，其需求不断增长，而资源、能源和环境的制约，使得提高相关产业的集中度和研发推广低碳技术成为重要的关注点。"十一五"以来，国家发改委、工信部、科技部、住房和城乡建设部等多个部门出台的各种政策法规和设立的科技计划，积极引导水泥混凝土行业的发展，使水泥行业的联合重组成为力度最大的5年，大大提高了水泥企业的集中度，对淘汰落后起到了重要作用，使水泥混凝土领域低碳技术的研究和推广应用显着加快，对科学发展做出了贡献。

水泥混凝土行业现状

到"十一五"末年的2010年，全国的水泥产能已达到18.7亿吨，熟料产量为11.52亿吨，其中新型干法水泥生产熟料8.2亿吨，熟料的产能比例已经超过80%。据统计，2010年，4000吨及以上水泥新型干法工艺生产线吨熟料标准煤耗预计下降到107千克以内，一些先进水泥生产企业的部分生产线已低于100千克，新型干法工艺平均水平下降到112千克标准煤。目前新的日产5000吨新型干法生产线粉尘排放基本达到100毫克，行业最好水平居国际中等偏上。近700条新型干法水泥生产线建设了余热发电系统，装机容量4786兆瓦。"十一五"期间，累计淘汰落后水泥熟料生产能力4.34亿吨，落后水泥生产能力4.03亿吨。

高性能混凝土已广泛应用于我国重点工程建设，三峡等大型水利工程采用的上千万方的中低热水泥混凝土、碱骨料反应研究成果解决了客观条件苛刻的青藏铁路建设难题，超早强高性能混凝土技术制作替代德国技术的无砟轨道板大量应用于高速铁路，高品质的聚羧酸系高性能减水剂轨道交通和道路建设等等，高性能混凝土为我国重点工程建设发挥着越来越大的作用。

取得上述优异成绩得益于我国水泥混凝土工业在自主创新、集成创新和引进消化吸收再创新方面所取得的长足进步。

水泥混凝土行业技术发展现状及"十一五"取得的成绩

"十一五"期间，在科技部的领导下，我国水泥混凝土行业围绕节能减排的相关低碳技术研究全面进入国家三大科技计划体系，成功申报多项国家科技支撑计划、国家重点基础研究计划("973"计划)、高技术发展规划("863"计划)的重大项目或重点项目，并取得了一批水泥混凝土行业节能减排重大技术成果，进一步推动了水泥混凝土行业的科学技术创新，为"十二五"及今后一段时间的我国新型干法工艺技术实施节能减排、资源综合利用的技术发展、高性能混凝土技术的不断深化和有效应用奠定了雄厚的基础。同时在国家发改委和工信部的支持下实施了一批节能减排科技示范项目，国家自然基金委也对应用基础研究给予了支持。

1.水泥生产制造过程的节能减排技术

水泥生产仍以高效、优质、清洁、节省资源的加工制造技术为总体发展趋势。其中包括采用工业废弃物和尾矿替代原、燃料技术、调整原料组成使之达到产品的性能与结构最优化；绿色制造技术与装备，清洁生产技术等。

在替代原、燃料技术方面，主要是利用工业废弃物和尾矿等替代建筑材料生产中的原、燃料。利用方式主要有两种：一是利用粉煤灰、煤矸石、赤泥、电石渣、各类尾矿渣等作为替代原料；二是利用废轮胎、废油、废塑料等可燃废弃物作为替代燃料。由于我国各类废渣种类多、数量大,我国水泥制造业在利用工业废渣作混合材方面,无论是理论研究还是实际应用已经处于世界领先水平,粉煤灰、矿渣已广泛应用于水泥和混凝土中,近年来通过物理和热态的化学活化等技术途径提升了钢渣的活性,磨细钢渣在水泥和混凝土中的应用得以实现。根据欧共体的统计,在其成员国中利用二次燃料替代天然燃料用于水泥生产的替代率平均为12%,全球最大的水泥制造商 Laftilge 公司可燃废弃物的燃料替代率在50%以上。但我国目前利用废弃物作替代燃料还没有进行系统研究。

目前我国许多种类危险废弃物、城市污泥、城市生活垃圾等没有得到很好的处置。中材集团牵头完成的“十一五”国家科技支撑计划项目“新型干法水泥生产线节能减排技术与装备研究”项目包括城市生活垃圾在水泥窑中的处置技术与装备研究,以及电石渣制水泥规模化应用技术及装备研究。北京金隅集团也已经进行了水泥窑炉协同处理废弃物的实践。

在调整原料组成技术方面,国内外最新成果多侧重于微观与宏观相结合的研究思路,具体说就是先深入研究原材料的微观组成与结构,通过设计对材料成品的微观与宏观结构进行最优化构造,最后在资源能源消耗最小化的前提下探讨材料的宏观制造方法,从而获取高性能水泥。

在由中国建筑材料科学研究总院(以下简称中国建材总院)牵头的“973”计划“高性能水泥制备和应用的基础研究”项目研究在受到各种外来离子固溶诱导下的 C_3S 晶体晶型结构变异对 C_3S 晶体胶凝活性的影响,后通过宏观设计将这种变异在工业化过程中加以实现。该项目在高阿利特含量的高胶凝性熟料研究方面取得实质性进展,通过提高阿利特水化活性和含量可以提高熟料强度 5～10 兆帕。此项技术实现了工业化生产。利用高强水泥熟料与水泥性能优化工艺技术可以使 42.5 等级水泥中的活化废渣混合材掺量达30%～50%,混合材掺量较国内平均水平(约 20%)提高10%～30%,水泥生产综合电耗为每吨 90～100 千瓦时,低于目前国内新型干法水泥生产的平均电耗。在“十一五”中期立项的“973”计划“水泥低能耗制备与高效应用的基础研究”中,南京工业大学承担的“高介稳阿利特微结构和熟料矿物相组成优化”课题侧重通过提高阿利特高度介稳化和熟料相组成匹配,建立熟料相组成匹配模型和阿利特介稳化控制准则,获得高胶凝性水泥熟料。

其他体系水泥,如贝利特水泥(以 C_2S 为主)、第三系列水泥—硫铝酸盐水泥都是通过调整熟料矿物组成、引入少量其他矿物组成等手段达到降低熟料烧成热耗、减少 CO_2 排放的目的。中国建材总院和南京工业大学拥有相关发明专利并在新型干法窑成功生产,并已作为“低能耗水泥”用于水工水泥混凝土、预制混凝土、自应力混凝土等。

在绿色制造技术与装备方面,国内外的最新研究和应用主要包括新一代高能效预分解窑炉工艺技术、高固气比节能技术、无球化粉磨技术、高效冷却装备、低温高效余热发电技术等。目前国内在已有基础上研究开发了六级旋风预热器、二支承回转窑、新型高效低污染水泥工业用燃烧器等节能新技术和装备,技术指标达到国际先进水平。

西安建筑科技大学先进的高固气比技术在“十一五”期间得到了推广,节能减排效果显着。更新一代的预烧成窑炉工艺结合短窑燃烧技术目前已由中国建材总院承担的国家“973”计划“熟料分段烧成动力学及过程控制”课题开展相关基础研究。该项目将建立熟料形成过程的最佳热、动力学机制和最佳能量配置,从而建立新一代、高能效水泥窑炉工艺原型,该项目对降低熟料烧成热耗,提高熟料产量和质量具有重要意义。

“十一五”期间,国产节能粉磨装备的生产能力、技术水平大幅提高,原料立磨、煤磨立磨、水泥辊磨技术已臻成熟,已实现规模化和产业化,大量配套于新建和改建水泥生产线。由中国建材总院和合肥水泥工业设计院承担的“十一五”科技支撑计划课题“高性能水泥绿色制造工艺和装备”着重开展了水泥粉磨技术和装备的研究。该课题研发的 HFCG160 大型辊压机及粉磨系统有效地解决了辊压机大型化后带来的分级效率下降的问题,并在主动调整水泥成品的颗粒分布方面取得了成功的经验,整体性能与技术经济指标达到国际先进水平,超过 200 套的大型辊压机及其配套设备已投入运行,并已应用在铁矿石选矿、钢渣粉磨中。HRM4800 大型生料立式磨粉磨技术是目前国产台时产量最高的生料立式磨,适应了不同易磨性原料的配套要求,立式磨系统单位产品吨电耗为 13.53 千瓦时,主要技术经济指标达到国际先进水平。该装备可替代进口,满足日产 5000 吨级水泥熟料生产线配套要求。突破现有粉粹理论的高效节能粉磨技术也正开展应用基础研究,南京工业大学承担的“973”计划“水泥粉磨动力学及过程控制”课题着重研究多频次小能量振动破碎和离心力场下的粉磨动力学与能量传递,得到了小能量粉碎功耗试验与理论模拟研究离心力场作用下的粉磨过程能量传递规律,在小能量粉碎功耗试验与理论模拟研究基础上,提出了分流循环粉磨工艺模型。

耐火材料在使用寿命及带来的环境污染被逐步提上议事日程。近 10 年来,国内外耐火材料界在寻找镁铬砖的替代材料及延长耐火材料寿命方面做了大量工作,但效果均不十分理想。在国家“863”计划的支持下,北京瑞泰科技股份有限公司研制出具有良好抗热震性和挂窑皮性能的新型镁质复相材料,并建成了 1.5 万吨/年的高端碱性耐火材料生产线,成为国家“863”成果产业化基地。在“十一五”期间又得到国家“863”计划的立项支持,研究水泥窑用长寿命多功能系列不定形耐火材料。已成功研制出三种具有可快速烘烤、耐高温、抗热震、耐磨、高强、优良耐碱侵蚀性能、抗剥落等优异性能的长寿命系列耐火材料,可成功解决大中型水泥窑窑口、喷煤管耐火材料寿命低下的问题，先后在数条5000吨级水泥窑上应用，取得满意的使用效果。

除此之外，水泥工业在余热发电、协同处置废弃物、清洁生产及资源综合利用等方面也取得了很多成果，并逐步在水泥行业实施或推广。

2.高性能混凝土研究和应用技术

我国对高性能混凝土的研究基本与国际同步。在多个国家大型科研项目的支持下，我国在高性能混凝土新材料研发，耐久性控制、设计和施工技术等方面取得突破，开发了多品种的工业废渣掺合料，通过物理活化和化学活化解决早期活性、抗裂、收缩等问题，并大量应用；从控制各种原材料的氯离子和含碱量入手控制混凝土的碱集料反应和钢筋锈蚀反应，全国很多地区和大型工程都建立了碱集料反应分布图和安全集料矿山；清水混凝土技术及自流平混凝土制作的大型体育馆看台、盾构管片、大口径预应力钢筒混凝土管都达到国际领先水平。高性能混凝土技术已推广应用到三峡工程、青藏铁路、南水北调、田湾核电站、首都机场新航站楼、煤矿建井等多个国家重点工程中，并取得了显着成绩。

高性能混凝土取得的进展为：(1)通过系统研究对混凝土结构耐久性设计提出了基本规定。混凝土结构耐久性的损伤主要是结构在使用期间环境有害介质的物理化学侵蚀伤害，随着环境条件与设计使用年限不同，其可能出现的侵蚀伤害程度也不同。对于重大、重要工程应该按照100年寿命来设计混凝土。这其中预防碱集料反应和钢筋锈蚀的措施在耐久性工程中最为重视。目前，工程界已经可以按照单一破坏原因来提出长寿命材料保证措施。(2)高性能混凝土用化学外加剂快速发展。其中发展最突出的是聚羧酸系高性能减水剂，它具有较高的减水率、良好的坍落度保持性能和一定的引气性，生产工艺比萘系简单。国内科研单位开发了多种具有创新性和实用性的外加剂产品。这些外加剂对控制混凝土体积变形、促进早期强度发展、减少动态坍落度损失等方面有特殊功能，成果在多家企业生产，在国家高铁等重要工程中大量应用，获得了很高的技术经济和社会效益。(3)长寿命混凝土的研究和应用范围日渐扩大。我国将高性能混凝土的研究范围由高强度高性能混凝土扩大到中等强度等级高性能混凝土，针对C30～C50强度范围内的混凝土的高性能化进行了系统的研究。结果表明：中等强度等级的C30～C50混凝土可以通过材料优选、混凝土配合比设计、严格的施工管理达到高性能化，不仅材料成本没有大的增加，而且从延长混凝土使用寿命，减少工程维修费用的角度来说意义更为重大。

在针对工程实际情况开展的多因素协同作用下水泥基材料耐久性研究越来越多，东南大学、中国建材总院等单位都开展了多因素协同作用条件下水泥基材料失效机理的研究。中国建材总院借助国家“973”计划的支持，结合工程实际研究揭示了高性能水泥基材料在化学介质腐蚀、冻融循环、荷载等环境因素及其在二因素、三因素和四因素协同作用下的损伤失效行为规律，并指导工程应用。

目前全世界都已经把高性能混凝土的研究重点集中到混凝土服役寿命的设计方面。国际结构混凝土联合会在2006年6月提出了全概率方法的寿命设计流程图，法国土木工程师学会在2007年提出了混凝土结构服役寿命设计指南，欧盟也正在研究提出一个过渡的基于性能的耐久性设计方法。我国的《混凝土结构耐久性设计规范》GB/T50476—2008也是吸纳了最新的国内高性能混凝土耐久性研究最新成果，根据混凝土的环境条件进行分级，规定混凝土的最大水胶比和最小水泥用量等参数来进行耐久性设计。混凝土服役寿命的设计研究建立的耐久性模型尚有许多不确定因素，有些模型参数还不能量化，确定这些参数的难度较大，另外还缺少重复性好的测试方法，对有些破坏类型还缺少可靠的模型，如干湿循环和硫酸盐腐蚀等。针对这些问题，在以中国建材总院为主承担的“973”计划“水泥基材料的产物与结构稳定性及服役行为”课题，以提高水泥基材料耐久性为研究重点，研究服役条件下水泥基材料的行为表现及其耐久性变化规律，阐明水泥基材料的性能劣化机理，建立基于混凝土耐久性的材料组成设计和寿命预测的理论与方法，建立混凝土寿命预测模型。为水泥的组成优化制备和使用提供理论指导。

针对我国目前水泥混凝土路面寿命短、行车舒适性差的问题，中国建材总院在“十一五”科技支撑计划“高性能道路水泥混凝土路面关键技术”课题研究中，应用现代高强混凝土技术、弹性混凝土技术、轻集料混凝土技术，结合路用特点，研究开发高性能水泥混凝土路面、防滑降噪柔韧型水泥混凝土路面、轻集料混凝土在桥面上的铺装技术，在实现大量利用工业废弃物的同时，开发出抗弯拉强度大于7～8兆帕(韧性保持不变)、高耐磨性能、使用年限超过30年的路面材料，有效解决了混凝土路面的耐久性问题。

混凝土废弃后的循环利用也是近年混凝土行业研究的热点。日本全国建筑废弃物实现资源再利用率已超过50%，其中废弃混凝土利用率更高，目前，日本已经形成成熟的建筑垃圾处理技术。美国、德国等国家凭借经济实力与科技优势，采用高新技术处理建筑垃圾。如美国采用微波技术处理回收的沥青混凝土路面，利用率达100%，成本降低且质量相同。德国的干馏燃烧垃圾处理工艺，可以使垃圾中各种再生材料干净地分离出来，再回收利用，有效地解决了垃圾占用土地的问题。我国建筑垃圾的研究和利用相比发达国家重视不够，研究水平和应用情况差距很大，研究成果比较集中是通过物理手段将废弃混凝土、砖瓦制成再生集料替代天然砂石生产商品混凝土、新型墙体材料等并实现产业化。四川大地震后，中国建材总院组织完成了国家科技支撑计划“地震灾区建筑垃圾资源化与抗震节能房屋示范”项目。通过集成创新，在地震灾区实现了建筑垃圾资源化，并建设了两条具有一定规模的示范生产线，并以建筑垃圾为原料生产了多种再生混凝土制品（砌块、墙板、构件）示范生产线，为灾区重建和建筑垃圾应用起到了示范作用。

“十二五”水泥混凝土技术发展方向

围绕《国家中长期科技发展规划纲要》“重点领域”中的优先主题“制造业”等方向，针对水泥混凝土制造业节能减排和国家重大工程对水泥混凝土材料功能化、长寿命的需求，大力研究推广低碳技术，满足国家建设需求，使水泥混凝土行业科学、可持续发展。对水泥窑炉及工艺技术、降低成本减排技术进行创新研究和示范，使水泥工业的节能减排指标达到国际先进水平。开展重大工程用水泥混凝土材料的研究及应用，满足核电、水电、高速铁（公）路等重大工程的迫切需求。发展水泥工业协同处置大宗、难以处置、环境危害较大的废弃物技术，体现建材工业在循环经济中的作用，实现建材工业的可持续发展。

“十二五”水泥混凝土领域技术重点发展方向

1.继续开展水泥制造低碳技术的研究与推广

继续推广已有的节能减排新技术，为水泥工业结构调整和转型提供科技支撑。在水泥窑炉设计、工艺技术、替代原燃料与原料减量化技术、高效燃烧技术、耐高温材料研究与制备、余热高效利用、粉尘、NO_x、CO_2 减排、提高质量等方面开展创新性研究，取得一批具有自主知识产权、赶超国际先进水平的技术创新成果，提升我国在建材制造业领域自主和持续创新能力，实现我国建材制造技术领域的跨越式发展。

2.重点开发重大工程水泥与混凝土应用技术

继续围绕提高混凝土工程使用寿命开展研究与应用。特别是由于国家重大工程结构形式复杂化、使用环境劣化，对基础材料的功能和耐久性提出了更新、更高的要求，针对现有水泥与混凝土性能不能满足工程质量和使用寿命的特殊要求等重大问题，开发一批整体达到国际先进水平的新材料并在工程中应用，攻克满足重大工程高质量、长寿命需求的水泥混凝土关键技术，建立新材料产业化基地及重大工程实施项目，实现重大工程安全使用寿命提高 1 倍，形成我国自主知识产权的技术体系。

3.突破综合利用和协同处理技术

通过研究水泥窑炉综合利用和协同处置废弃物关键技术和装备，一方面充分利用废弃物的残余热值，另一方面协同处置了大宗、难以处置、环境危害较大的工农业和生活废弃物，体现了绿色建材在社会大循环中的作用和价值，实现水泥混凝土行业的可持续发展。

4.发展可替代原、燃料的利用

低碳经济时期水泥行业节能减排的重点更多的要转向可替代原、燃料的利用，这是水泥生产的大势所趋，在这方面我国企业与国际一流企业还有差距。可以预期随着煤炭价格继续上涨，成本压力的增大，水泥企业会考虑减少煤炭的使用量，寻求一些可替代原、燃料，不但可以降低成本，也是低碳发展的途径。科技创新、发展低碳技术既是应对危机、解除“近忧”的手段，也是调整经济结构、转变发展方式、实现科学发展的最好方法。刚刚闭幕的全国人大十一届四次会议上，温家宝总理提出了科学发展、转型调结构和关注民生，再一次给水泥混凝土行业的发展带来了机遇和挑战。今后的 10 年是建材行业发展的黄金 10 年，也是需要低碳技术支撑建材行业可持续发展的 10 年。我们要以科技创新和低碳技术引领行业的科学发展，为我国国民经济的发展做出应有的贡献。

★该篇文章发表于 2011 年 4 月 12 日《中国建材报》。

水泥行业是打造节能减排低碳产业链的典范★

Cement industry is the model for creating low carbon industrial chain of energy conservation and emission reduction

◎中国水泥协会　曾学敏

Zeng Xuemin　vice standing Chairman of China Cement Association

始于 2007 年底的世界性金融危机，重创了世界各国经济的发展。我国采取了积极的财政政策和宽松的货币政策，启动 4 万亿投资刺激经济发展，为我国和世界经济走出经济危机的影响作出了巨大贡献。因果关系导致了我国“十一五”期间单位 GDP 能耗下降 20％的指标受到很大冲击。为此在收官的 2010 年，全国范围内开展了节能减排攻坚战，采取了高耗能行业拉闸限电措施，水泥行业首当其冲。经过各行各业及全国人民的一致努力，“十一五”期间，我国单位 GDP 能耗下降了 19.06％，可以说基本完成节能降耗目标，其中水泥行业作出了突出贡献，以下成绩可以佐证。

一、“十一五”：水泥行业打造节能减排低碳产业链成绩卓著

例证之一：废渣利用量大

水泥制造业固体废渣利用量每年都有统计（表 1），种种原因很难准确统计，本人认为统计的量和实际用量差距较大。通过现场和抽样调查，加上专家咨询，采取估算的方法

计算出水泥配料和混合材中固体废渣利用量2010年为7.5亿吨，本人认为和实际用量比较接近。

水泥制造业固体废渣利用量(表1)

年度	固体废物利用量(万吨)	
	利用量	增长率(%)
2000	7517	
2001	10583	40.78
2002	12752	20.49
2003	14713	15.38
2004	22207	50.93
2005	22905	3.15
2006	28359	23.81
2007	34122	21.32
2008	33255	−2.54

注：数据来源中国水泥年鉴(2009)

1.水泥混合材废渣利用量

2010年熟料产量11.8亿吨，水泥产量18.8亿吨，二者比值为0.63，即水泥中参加其他辅料占37%，刨去部分天然矿物石灰石和石膏，其余均为废渣。抽样调查(同力集团利用脱硫石膏比例高达80%；海螺集团部分企业100%使用脱硫石膏，全集团平均达到60%；南方水泥使用脱硫石膏和氟石膏的比例占石膏总用量61.5%；中国中材旗下的水泥企业使用脱硫石膏等比例占石膏总用量65%)，结果估算全国使用脱硫石膏和氟石膏占石膏用量平均占50%左右。水泥中石灰石掺加量以3%计，天然石膏掺加量以2.5%计，说明水泥中有31.5%是利用其他工业废渣，即年用工业废渣量为5.9亿吨(包括矿渣)，相当于节约了5.9亿吨的熟料，以吨熟料耗标煤115kg计算，相当节约了6,785万吨的标准煤。

2.原料配料废渣利用量

11.8亿吨水泥熟料需要各种原料17.7亿吨(料耗按1.5计算)，烧制水泥熟料的主要原料为石灰石，其余为硅质、铝质和铁质校正原料。替代石灰石的废渣主要是电石渣，目前全国电石渣年产出量为2000万吨。国家发改委环资司《关于鼓励利用电石渣生产水泥有关问题的通知》[发改办环资(2008)981号]要求："新建、改扩建电石法聚氯乙烯项目，必须同时配套建设电石渣生产水泥等电石渣综合利用装置，其电石渣生产水泥装置单套生产规模必须达到2000吨/日及以上。"据此可以判定水泥配料使用电石渣将超过2000万吨(化工等行业利用量很少可忽略不计，水泥企业还使用了以前堆积的电石渣)；全国水泥企业基本上是利用硫酸渣、铁矿石尾矿、铜矿渣等作为铁质校正原料，参入量以3%计，利用废渣量为5310万吨；配料中使用粉煤灰、炉渣和煤矸石作为铝质校正的企业以50%计算，参入量以7%计，利用废渣量为6200万吨；还有一些企业利用钢渣、翻砂铸造的废砂、河泥、污泥配料，这部分用量不好定量计算。估算全国水泥企业配料中年使用废渣量超过1.5亿吨。利用这些废渣不仅节约了宝贵的天然石灰石、砂岩、粘土等资源，还降低了熟料烧成热耗。

例证之二：废热利用非常好

2010年全国192条新型干法熟料生产线建设投运了余热电站，总装机容量1321MW，涉及熟料产能2.22亿吨。

截止2010年底，全国建设余热电站的水泥生产线总计690条，余热电站的总装机容量4638MW，涉及熟料产能8.03亿吨。

截止2010年底，水泥余热发电年发电能力已达到325亿度。若2010当年投运的余热电站实施发电的装机容量按1/3计，2010年水泥余热发电有效总装机容量为4210MW，年发电量为294亿度。2010年单位火力发电标煤耗以336克计，2010年水泥余热发电相当节标煤991万吨。

与此同时还收获了CDM项目效益，截止2010年底，国家发改委批准的水泥行业CDM项目(表2)总计230个，余热发电为217个，占94.3%；EB注册为42个，余热发电占37个，比例为88.1%；EB签发总计18个，100%为余热发电项目；效益估算为3.55亿元人民币，其中余热发电为2.54亿元人民币，占71.5%。

中国水泥行业CDM项目统计(表2)

项目类型	水泥行业CDM数量			减排量估算(万吨)		收益估算(万元)	
	发改委批准	EB注册	EB签发	发改委批准	EB注册	发改委批准	EB注册
余热发电	217	37	18	1285	317	102775	25376
生料替代—电石渣	11	5	0	319	127	25529	10156
熟料替代—混合材	2	0	0	12	0	960	0
合计	230	42	18	1616	444	129265	35532

注：1. 数据统计截止到2010年12月31日

2. 减排量属于粗略估算，(余热发电减排量是精确计算，生料和熟料替代项目粗略估算)；

3. 收益估算是按照发改委最低8欧元计算；

4. 欧元汇率按1欧元=10元人民币换算；

5. 数据来源：国家发改委统计数据来源于 http://cdm.ccchina.gov.cn/web/；EB注册项目数据来源于 http://cdm.unfccc.int/；

6. 以上数据邀请中材节能魏晶博士统计。

例证之三：结构调整成效显著，单位产品综合能耗大幅下降

“十五”新增熟料能力及淘汰水泥能力

生产平均能耗水平/年份	新增熟料能力生产线		淘汰水泥生产能力（万吨）
	条数	能力(万吨)	
2006	89	8 339	7 500
2007	88	8 940	5 200
2008	133	14 917	5 300
2009	176	19 490	7 416
2010	210	24 884	9 155
合　计	696	76 570	34 571

注：淘汰熟料生产能力大于水泥生产能力的主要原因是保留了粉磨能力。

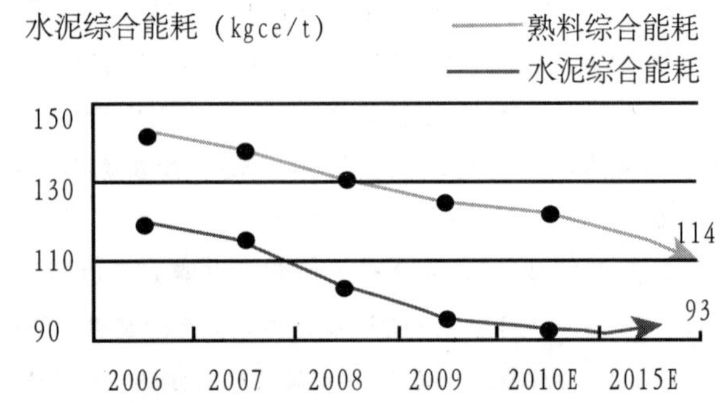

“十一五”期间，发展和淘汰并举，新型干法快速发展，落后生产能力迅速退出。“十一五”期间，累计关停立窑等落后熟料生产能力4亿吨，新增新型干法熟料生产能力7.7亿吨，新型干法熟料生产线烧成标煤耗比落后生产工艺能耗低20%左右，淘汰和发展并举，使2010年全国吨熟料烧成标煤耗比“十五”末期降低28公斤标煤，降低率18.9%。

例证之四：装备大型化促进了节能减排

“十一五”期间，水泥工业技术装备进步特别是围绕节能减排、发展循环经济、资源综合利用有很大突破。我国自行研发、设计、制造的大型水泥装备水平达到或接近世界先进水平，水泥技术装备可以满足12000t/d及以下不同规模生产线建设的需要。水泥技术装备已具备从原料矿山计算机控制开采、原料预均化、生料均化、节能选粉及粉磨、高效预热器和分解炉、新型高效篦式冷却机、高耐热耐磨及隔热材料、计算机与网络化信息等技术的集成能力装备。以使用国产5000t/d原料立磨为例，对于易磨性中等的原料，采用立磨比采用球磨节电5～7kWh/t生料左右。

例证之五：技术创新及装备大型化带动装备大量出口

我国水泥技术装备水平进入世界先进行列，加上国内大型新型干法水泥生产线迅速发展和稳定、长期、安全运转，使水泥行业成为国内为数不多具有自主知识产权技术装备大量出口的行业。“十一五”末，国外水泥项目工程总承包已占国际市场份额的50%，自主研发的工艺技术和装备已出口到世界多个国家，并且打入到欧美市场。2010年底，采用我国水泥技术和装备累计建成投产、正在实施和已签合同的水泥生产线达140多条，已经建成的生产线120多条。与此同时余热发电工程总承包项目也大量走出国门。

2010年底投运国外水泥余热发电工程

（中材、海螺、易世达、合肥院、中信）

国　别	生产线(条)	机组(台)	装机(兆瓦)	熟料产能(年/万吨)
泰　国	15	11	174.1	3054
巴基斯坦	10	5	59.9	1281
印　度	7	4	31.5	756
越　南	1	1	7.5	140
菲律宾	1	1	4.5	78
土耳其	2	1	6.2	310
缅　甸	1	1	18	124
合　计	37	24	301.7	5743

例证之六：节能减排标准规范硕果累累

“十一五”期间，是水泥工业发展最快的时期，节能减排从源头抓起，首先从工程建设设计开始，首个工业领域专门的节能设计规范就是水泥。《水泥工厂节能设计规范》(GB 50443—2007)于5008年5月1日正式实施，紧接着《水泥工厂余热发电设计规范》(GB 50558—2010)、水泥工厂环境保护设计规范(GB 50558—2010)水泥窑协同处置工业废物设计规范(已完成送审稿)、水泥窑处置水处理污泥设计规范(已完成征求意见稿)等，与此同时生产管理节能、产品节能、节能监测等方面的标准规范也相继出台，《水泥单位产品能源消耗限额》(GB 16780—2007)《水泥工业清洁生产技术要求》《水泥工业清洁生产评价体系》《水泥回转窑热平衡、热效率、综合能耗测试和计算方法》《水泥生产电能测试方法》等标准规范也相继出台。

例证之七：节能减排技术装备研发储备充足

加快转变发展方式是行业的核心问题。一方面行业要向生态化方面发展，围绕这一主题主要开发高性能、低消耗水泥产品和品种，开发推广水泥窑协同处置废物、废渣资源化技术与装备、再循环利用分选技术、重金属分选与分离、有害元素的检测与其他；另一方面是节能技术装备的开发和推广，主要集中在余热利用技术与设备、高效低耗烧成节能技术与设备、高效固气分离装置、减少NO_x排放技术、网络和信息化技术、大型高效粉磨及选粉技术与设备、系统优化集成技术；第三方面是评价方法以及标准、规范等组成的法律法规技术保障体系；第四方面是鼓励水泥企业向水泥行业的上、下游产业发展，围绕发展商品骨料(包括利用建筑废弃物制成的骨料)、预拌砂浆、商品混凝土和水泥制品构件化、集成化、模式化的相关技术、装备、外加剂、检测仪器仪表等优化集成系统的研究开发。

例证之八：节能减排深入人心，能效对标成为企业自觉行为水泥作为

高耗能行业，其节能减排工作备受国家重视，第一批EUEEP（国家发展和改革委、联合国开发计划署、全球环境基金（NDRC/UNDP/GEF）共同组织实施的"中国终端能效项目"）将水泥行业列入其中。水泥协会组织编写的《水泥企业能效对标指南》于2009年初完成并印发。水泥企业实施能效对标促进了水泥行业节能技术推广、强化节能管理，促进水泥工业能效水平提高；引导广大水泥企业科学用能、合理用能、节约用能，促进生产方式向高效率、低消耗、低排放转变；通过宣传和推广《水泥企业能效对标指南》活动，利用《水泥企业能效对标指南》中的"专家"系统，为企业提供节能理念、人员培训、寻找差距、节能技术、使用"工具"、解决问题等方面指导，达到充分挖掘企业节能潜力，提高能源利用效率的目的。

"十一五"期间，能效水平对标活动是水泥行业继结构调整之后的一大亮点，能效对标已成为企业自觉行为，由于能效对标工作取得是名利双收的效果，企业对能效对标工作已经"上瘾"，能效对标工作的PDCA循环系统是企业管理的重点工作之一。

二、"十二五"：节能减排低碳产业链更长贡献更大

"十二五"规划纲要提出，单位国内生产总值能源消耗到2015年降低16%的约束性目标；"推进建材行业SO_2、NO_x治理，强化脱硫脱硝设施稳定运行"，"新建水泥生产线安装效率不低于60%的脱硝装置"；

3月28日工业和信息化部公布"十二五"期间和今年工业节能减排四大约束性指标：2015年我国单位工业增加值能耗、CO_2排放量和用水量分别要比2010年降低18%、18%以上和30%；工业固体废弃物综合利用率提高到72%左右；今年这四项指标同比分别降低4%、4%以上、7%左右、提高2.2%；

工业和信息化部编制的《工业转型和升级规划》初步确定"十二五"期间，采用工业增加值能耗、用水量、CO_2排放强度及SO_2、化学需氧量、氮氧化物 和氨氮排放量等约束性指标；

2011年3月27日国家发展和改革委员主任签发了9号令：《产业结构调整 指导目录（2011年本）》，自2011年6月1日起施行。

鼓励类：利用现有2000吨/日及以上新型干法水泥窑炉处置工业废弃物、城市污泥和生活垃圾，纯低温余热发电；粉磨系统等节能改造；尾矿、废渣等资源综合利用；

限制类：2000t/d以下熟料新型干法水泥生产线；60万吨/年以下水泥粉磨站；

淘汰类：水泥机立窑（2012年）窑径3米及以上、干法中空窑（生产高铝水泥 硫铝酸盐水泥等特种水泥除外）、立波尔窑、湿法窑；直径3米以下水泥粉磨设备；

《关于水泥工业节能减排的指导意见》（工信部[2010]582号）中敲定了"十二五"水泥工业的节能减排的目标："十二五"末，全国水泥生产平均可比熟料综合能耗小于114千克标准煤/吨，水泥综合能耗小于93千克标准煤/吨，水泥颗粒物排放在2009年基础上降低50%，氮氧化物在2009年基础上降低25%，二氧化碳排放强度进一步下降，大城市周边的水泥企业基本形成协同处置城市生活垃圾和城市污泥的能力，使水泥工业转变为兼顾污染物处置的新兴环保产业。国家对水泥行业发展的定位和节能减排目标值的要求会使水泥行业节能减排的冲锋号吹得更响。

第一、"十一五"节能技术将创新延续采用。首先矿山开采、装载、输送装备向大型化发展。具备条件的矿山应优先采用竖井平峒开采方案，推广连续化开采技术，根据地质和生产勘探结果，由计算机控制搭配开采，实现数字化均化开采，配合"两头延伸"的水泥产业政策，可利用废石作骨料等；原料系统以各种工业废弃物替代原料、利用电石渣替代石灰石等；烧成系统推广六级预热器预分解炉系统、二支承短回转窑、高性能大推力燃烧器、煤粉助燃（催化）剂、无漏料冷却机、窑头窑尾密封技术、高性能耐火衬料、各种废弃物替代燃料、焚烧垃圾、处置污泥等；粉磨系统推广高效粉磨技术设备、使用水泥助磨剂等；通用设备节能技术推广电机拖动系统变频调速改造、提高生料和煤粉计量设备的精度、窑尾系统设置气体分析仪、提高生料和煤粉计量设备的精度、优化压缩空气系统、简化系统流程、改变袋收尘器的滤袋材质，降低阻力、优化生产过程物料输送等；电气节能技术推广绿色照明、高压电压等级采用110kV电压供电、中压电压采用10kV、选用低损耗节能型变压器及高效电动机，采用无功功率补偿提高功率因数、抑制配电系统中的高次谐波等。

第二、新型干法水泥生产线增设余热发电装置仍将是"十二五"的亮点。原因有三：

1. 2010年底已实施余热发电的熟料生产线690条，在运行的1273条新型干法熟料生产线中，可实施余热发电2000t/d及以上生产线 共973条，实施比例为71%。水泥还有近30%的市场空间，近300条生产线可实施余热发电。

2. 根据"十二五"水泥需求预测，保守估计水泥还有4～5亿吨的发展空间，加上继续淘汰1.5亿吨熟料生产能力，计新增熟料4.5～5亿吨，还要新建300多条5000t/d新型干法熟料生产线；

3. 随着余热发电技术装备的不断进步，前些年投运的余热发电组不管是设备性能还是系统热效率水平相对较低，因此余热发电技术改造提上了议事日程，红狮、华润集团已开始了改造工作，预计有300个左右余热发电项目可实施技术改造。

实际上，2011年水泥余热发电市场已大大超过预期，预计2011年全国上余热电站的水泥生产线252条，总装机容量1 927MW，涉及熟料产能29 952万吨。主要原因是2010

年投运了210条新型干法生产线，这些生产线均配套建设余热发电。一方面余热发电建设本身滞后于生产线的建设，另一方面建设资金筹措等原因，至使这些生产线的余热发电并不是与生产线同步投运，而是延后到今年投运。

第三、水泥窑协同处置污泥和生活垃圾将成为水泥工业节能减排低碳新的闪光点。

从建设部获悉，2010年我国城市生活垃圾清运（清扫运出）量为1.6亿吨，含水80%的污泥近3000万吨。温家宝总理3月24日召开的国务院常务会议提出："力争到2015年全国城镇垃圾无害化处理率达到80%以上。"据此水泥行业可以利用自身工艺的独特优势，在垃圾无害化处理、处置上大显身手。

广州市越堡水泥有限公司2008年在6000t/d生产线上新建一座日处理污泥600t（含水率80%）的干化处置中心，2009年正式投入运营，利用水泥窑废热将污泥干化后作为燃料进行焚烧，焚烧残渣替代黏土做为硅质、铝质原料，使废弃物变成能源和资源。减少了熟料煅烧的燃料用量和配料中对黏土的使用量，保护了土地和环境。本项目为国内有机废弃物的处理和处置，提供了节能减排低碳延伸产业链的实践，对污泥资源化利用起到了示范作用。越堡水泥有限公司2009年进厂污泥平均热值（干燥基低位热值）；13.79MJ/kg，实测每吨湿污泥可节省原煤170kg。

北京水泥厂经过3年多的研究试验和近1年的生产实践，干化后的吨污泥热值2600大卡左右，折标煤371kg，原料替代率8%左右。

以北京水泥厂为例，若以全国水泥窑每年处理1000万吨污泥进行计算，每年可节约各种天然原料80万吨，标煤37万吨。

根据湖北华新水泥已建的生活垃圾预处理厂运行数据和上海建材公司多年对上海生活垃圾的调研和实测数据，情况很一致。原生态生活垃圾（含水40～60%，冬春季40%、夏秋季50%、雨季60%），可燃物的分拣量约占25%左右，拣出垃圾热值4500大卡，原生态垃圾热值1100大卡，替代原料的部分（含水10%）占30%。

以水泥窑每年处理、处置原生态生活垃圾3000万吨进行计算，每年可节约各种天然原料600万吨，标煤480万吨。

第四、关注节能技术装备新动向

山东鲁中耐火材料公司和北京科技大学合作，先后开发了"水泥窑预热器陶瓷套筒"和"镁铁铝尖晶石砖"，两产品可替代含铬元素的耐热钢套筒和"镁铬砖"。耐热钢套筒和镁铬砖经磨损后，在窑内高温气氛中易生成六价铬熔融在水泥熟料中，特别是镁铬砖拆除后造成的污染危害极大。两个产品的共同特点一是避免了六价铬的污染；二是节能降耗显著；三是提高水泥窑运转率。"镁铁铝尖晶石砖"挂窑皮性能好：表现挂窑皮快、窑皮稳定、停窑时不剥落；抗侵蚀性好：表现耐火砖不出现碱裂、疏松现象；砖导热率低；非金属基陶瓷材料具有耐高温、耐氧化，高温强度高、耐磨性好以及受酸碱气氛影响小等优点；

北京四方联科技溜槽式熟料冷却机是熟料冷却设备的新突破。其主体结构由溜料篦床、料层控制、料位控制、卸料输送、大块处理、终端破碎组成。与传统篦冷机相比，具有体积小、长度短、重量轻、无动力运行、冷却效果好、运转率高、维护费用低、投资省的特点，因而达到增加熟料产量、提高质量、提升效益、节能环保的效果。以5000t/d熟料生产线为例，第四代篦冷机与溜槽式冷却机比较，单位用风由2.7 m^3/kg·cl降为1.8 m^3/kg·cl；单位电耗由7.5kWh/t－cl降为5.0kWh/t·cl。没年 配件费节约100万元；电费节约200万元；停产损失费节约300万元，相当每年增加收益600万元。

北京赫宸环境工程有限公司开发的静态清灰袋收尘技术无需清灰气源设备，以引风机出口的净烟气为气源，清灰气压小，滤袋在清灰过程中静止不动，因此称为净烟气微压静态清灰。静态清灰技术路线是通过清灰气流透过滤袋后会在粉尘层与滤布之间形成气化层从而破坏粉尘层与滤布之间的粘附力，使粉尘在自身重力的作用下，以大量饼、块形式向下滑落，达到有效清灰。运用了气力输灰系统中的空气斜槽输灰原理，解决了清灰后二次粉尘飞扬问题。出口粉尘排放浓度≤20 mg/Nm^3；滤袋的使用寿命≥30000小时；初期阻力正常运行时为700～1000Pa，最终阻力≤1200Pa；除尘器漏风率≤2%。河南丰博自动化有限公司开发的粉煤灰喂入计量系统——FB－CWLF型连续式失重称，解决了传统粉煤灰计量设备的易结拱、窜仓，计量准确度较差，标定难等问题，将计量精度提高到±0.4%。为企业稳定、准确加入粉煤灰提供装备系统，从而保证了产品质量，为提高粉煤灰掺加量、减少设备事故创造了条件。按平均增加1.0%粉煤灰，相应减少1%熟料计算，一个年产200万吨的水泥厂，因此将增加400万元以上的收入。

水泥行业可以骄傲地说，城镇的建设和发展离不开水泥工业的发展，水泥行业不仅仅是提供了建设用水泥产品，主要因为她是城镇的"清洁工"，水泥生产可消纳各种工业固体（含有毒有害）废弃物最多和处置各种垃圾潜力最大的行业。"十一五"已经将开发研究的成果产业化，华新、金隅、越堡、海螺、拉法基瑞安、亚泰、舜江等众多水泥企业都相继实施了水泥窑处置污泥和各种垃圾，并已取得了可喜的成果。但受政策措施不到位等方面的影响，全国范围污泥和垃圾处理工程还没有大范围、大规模展开。随着"十二五"提高百姓幸福指数、推进惠民工程和全民环保意识的提高，国家肯定会从法规、政策、财政、金融、税收、标准上给予大力支持，再加上"十一五"的技术创新储备打下的良好基础，水泥行业将更长拉伸产业链条，为国家节能减排低碳作出更大贡献！

★该篇文章是作者在2011年中国国际水泥峰会上发表的文章。

我国利用水泥窑协同处置危险废物和城市生活垃圾现状*

The status quo of our country in utilizing comprehensive treatment ofhazardous waste and urban garbage by cement kiln

◎中国建筑材料科学研究总院 绿色建筑材料国家重点实验室 汪澜 徐迅 刘姚君 魏丽颖

Wang Lan, Xu Xun, Liu Yaojun and Wei Liying National Key Lab of green building material of China Building Material Scientific Research Institute

一、引言

随着现代工业的发展，固体废弃物的产生量逐年增多，对人类环境造成的危害也越来越严重。尤其是现代电子信息技术、医药化工技术的发展，导致产生了许多危险废物。同时我国城市化进程的加快，城市人口有了很大的发展，因此作为城市公害的生活垃圾发生量与日剧增。无论是工业发达国家，还是发展中国家，都面临着危险废物和城市生活垃圾处置的问题。消除危险废物和城市生活垃圾的污染，实现其无害化、减量化和资源化，已成为我国必须解决的重大问题。

焚烧法处理危险废物和城市生活垃圾是众多处理方法中实现减量化、无害化和资源化最好的一种方法。焚烧处置可以分为两种途径：一种是建立专门的焚烧设备，这种方法处理的危险废物和城市生活垃圾种类多，但是对焚烧设备的设计要求很高，并且面临诸如选址、运行投资以及如何处理二次污染等问题；另外一种是在现有工艺的改造基础上进行危险废物和城市生活垃圾的焚烧处理。

水泥窑是发达国家焚烧处理危险废物和城市生活垃圾的重要设施，得到了广泛的认可和应用。德国、瑞士、法国、英国、意大利、挪威、瑞典、美国、加拿大、日本等发达国家利用水泥窑处置危险废物和城市生活垃圾已经有 30 多年的历史，积累了丰富的经验。随着水泥窑焚烧废物的理论与实践的发展与各国相关环保法规的健全，该项技术在经济和环保两方面的显示出了巨大优势，形成产业规模，在发达国家城市危险废物和城市生活垃圾处理中发挥着重要作用。

二、我国废物的特性

据《2009 年中国环境状况公报》统计，2009 年全国工业同体废物产生量为 204094.2 万吨，比上年增加 7.3%；排放量为 710.7 万吨，比上年减少 9.1%；综合利用量（含利用往年贮存量）、贮存量、处置量分别为 138348.6 万吨、20888.6 万吨、47513.7 万吨。危险废物产生量为 1429.8 万吨，综合利用量（含利用往年贮存量）、贮存量、处置量分别为 830.7 万吨、218.9 万吨、428.2 万吨。2009 年城市生活垃圾清运量 1.56 亿吨，粪便清运量 0.21 亿吨。建有生活垃圾无害化处理厂 562 座，无害化处理能力 34.7 万吨/日，无害化处理量 1.12 亿吨，无害化处理率 71.6%。

巴塞尔公约规定：危险废物包括有毒性、反应性、腐蚀性和易燃易爆性的废弃物，《国家危险废弃物名录》中共列出了 49 类危险废物。危险废物篱理是全球环境问题的一个重要组成部分，也是我国环境保护的一个突出矛盾。危险废物如不加以处理不仅是资源的浪费，而且是水、大气和土壤的重要污染源。与水和大气相比。我国对固体废弃物的管理与污染控制相对薄弱，至今没有建立废物最小量化管理制度。

生活垃圾成分比较复杂，包括厨房厨余物、废纸、废塑料、废织物、废金属、废玻璃陶瓷碎片、废渣土、粪便、庭院废弃物；以及废弃的家具、电脑、电视、电冰箱等生活用品；废旧轮胎、绿化废弃物等。资料显示，历年来堆积的垃圾已经超过 60 亿吨，侵占了 300 多万亩的土地并对周边产生严重的环境污染甚至灾难，全国 660 多座城市有三分之二被垃圾包围。据统计，目前我国每年城市垃圾产生量在 1.8 亿吨左右，90% 为填埋，只有 7% 为焚烧，其余为堆肥等处理方式。在全国 1636 个县城里，每年的垃圾产生量在 5000 万吨左右。在全国 660 多座城市当中，325 个城市还没有建设生活垃圾处理设施。大量的垃圾只是做简单的堆放，在城市里产生了大量的异味以及一氧化碳等，严重污染了水体、大气、土壤。据专家预测，2015 和 2020 年中国城市垃圾年产量将达 1.79 亿吨和 2.1 亿吨。3 我国利用水泥窑协同处置危险废物和城市生活垃圾的研究和实践

我用从 20 世纪 90 年代开始广泛开展利用水泥窑处置危险废弃物和城市生活垃圾的研究工作，如中美合作项目《水泥窑炉持久性有机污染物排放的检测及控制》、中挪合作项目《水泥窑炉协同处置废弃物技术指南》、中瑞合作项目《水泥窑炉处置过期农药》、北京市项目《北京市水泥厂水泥窑炉焚烧危险废弃物》、广东省项目《广州珠江水泥厂废弃皮革替代燃料》、其他地方政府项目《生活垃圾由水泥回转窑协同处理系统的研究》《利用水泥回转窑处置城市污水处理厂污泥试验性研究及应用》《城市垃圾焚烧飞灰无害化技术的研究》等。相关的国际合作项目注重学习国外的前沿科学技术，包括二恶英的控制和检测技术、废物协同处置的技术程序及管理体系。地方项目则是对具体种类的废弃物进行尝试性资源化综合利用，这些废弃物包括生活垃圾、污泥、焚烧飞灰等。

一些水泥生产企业在科研院所的协作指导下，已经成功地实施了危险废物和城市生活垃圾的处置实践。

1.原北京水泥厂（现为新北水水泥有限责任公司，下简称新北水）从 1995 年 5 月开始用水泥回转窑试烧废油墨渣、树脂渣、油漆渣、有机废液，研发了全国第一条处置工业废弃物环保示范线，并成功将废弃物处置技术与水泥熟料煅烧技术结合；自主研发了浆渣制备系统、废液处置系统、污泥泵处置系统等 8 条具有自主知识产权的废弃物预处理工艺线，可处置工业污泥、燃料、漆料、工业垃圾、有毒有害品、化学试剂、废塑料、废轮胎等，实现了原料替代、燃料替代等多种利用方式，具备了处置《国家危险废物名录》中所列 49 类中的 30 类废物的能力，年处置量达 10 万吨。经有关环保机构对废气排放进行监测，排出废气中有害物及重金属的排放浓度和排放量远远低于允许排放标准；对试烧过程中的熟料和回灰做重金属浸出试验，其浸出量低于地表水二级标准；对熟料和水泥的质量无影响。

2.2008 年海螺集团和铜陵市政府合作。在铜陵海螺建设世界首条利用水泥工业新型干法窑和气化炉相结合处理城市生活垃圾示范项目。铜陵市政府负责垃圾收集、运输系统建设、运营、支付给铜陵海螺垃圾处理费用；铜陵海螺负责垃圾处理系统建设、运营。原计划整个项目投资利用日元贷款资金，因日元贷款流程繁杂不能满足工程建设工期的要求，铜陵市政府委托铜陵海螺投资建设垃圾处理系统。

该项目利用铜陵海螺公司 2 条日产 5000 吨干法水泥熟料生产线，日处理垃圾能力 600 吨（2×300t/d 系列），年处理总量达 20 万吨。项目于 2008 年 10 月开工建设，20lO 年 4 月 10 日第一套 300t/d 垃圾处理系统正式建成投运。项目工程总投资 1.6 亿元左右，每吨垃圾处理运行费用约 70 元，每吨垃圾处理总成本约 200 元。目前，项目各系统运行正常，截止到 2010 年 11 月底，垃圾处理量已达 5.5 万吨，经检测各项环保指标完全合格，物料和水泥产品重金属浸出法含量控制在国家相关标准范围内。

3.华新水泥股份有限公司充分利用公司战略合作伙伴——瑞士 Holcim 公司在水泥窑协同处置废弃物领域中 30 多年的经验，大力发展可替代原燃料事业。承担了在同内首次采用水泥窑协同处理技术处置农药废弃物的重任。

应湖北省政府要求，华新水泥股份有限公司分别于 2007 年、2008 年、2009 年对湖北省收缴的含甲胺磷、对硫磷、甲基对硫磷、久效磷、磷胺等 5 种高毒农药在内的共 l650 余吨废弃及高毒农药进行了水泥窑协同处理。

2008 年初，华新投资 500 万元建立了具有世界水平 AFR 实验室。2008 年底，湖北省环保局批准华新环保（武穴）公司对 HW02 医药废物、HW03 废药物药品、HW04 农药废物、HW06 有机溶剂废物、HW09 油/水等 13 类有害废弃物进行无害化处理。

从 2008 年开始，华新水泥与三峡总公司接触，就利用水泥窑协同处理三峡库区漂浮物事宜进行技术沟通。经过多次技术和商务谈判，该项目于 2009 年初正式开工建设并与 2010 年初投人试运行。该处置设施的年漂浮物处理能力为 15 万立方米、日接收处置能力 1000 立方米。从 2010 年 7 月起至 9 月中旬，已累计接收和处置漂浮物约 5 万方。

4.上海建材集团总公司所属万安企业总公司（原金山水泥厂）1996 年开始利用上海先灵葆制药有限公司生产氟洛氛产品过程中产生的氟洛氛废液（含氟异丙醇，按照危险废弃物的定义，它是一种有害废物），进行了替代部分燃料生产水泥的试验。万安企业总公司采用的技术路线是：液体废料贮存在专用贮库内，然后用泵从窑头将其直接送人窑内燃烧；将其他固体废料与煤一起入煤磨，与煤粉混用；将半固体的废料装人小编织袋，每袋 5kg，用本厂自己开发的“窑炮”从窑头打入烧成带焚烧，已经做到节能 25%。上海市环境监测中 l 心对试烧过程中排放的废气进行了跟踪监测，测试结果表明，废气中的有害成分含量均低于上海市的排放标准，不存在对大气污染的问题；经中国建筑材料检验认证中心测定，试烧的水泥产品质量指标均在同家标准控制范围内，说明掺烧一定比例的氟洛氛废液。对水泥产品质最无影响，对环境大气亦无污染。

四、我国利用水泥窑协同处置危险废物和城市生活垃圾相关标准、规范制定情况

从 20 世纪 70 年代开始，德国、日本、美国、瑞士、加拿大等发达国家就已经积累了大量的经验，已经建立起从废物产生源头到水泥厂处置的质量保证体系，该体系既考虑污染物排放、又要保证水泥和混凝土的质量，是一种基于全生命周期考虑的系统。欧盟国家利用水泥窑处置废物的技术与应用居于世界前列，此方面的法规、标准也比较完备，对可以在水泥厂处置的废物种类作了规定，并分门别类地规定了在水泥厂具有不同用途（替代燃料、替代原料、混合材料）的废物中各种重金属的最高含最限值，对部分重金属还给出了其在熟料和水泥中的最高含量限值，同时也制定了焚烧危险废物的水泥窑大气污染物排放标准。与发达国家相比，我国还没有建立适用于水泥工业处置废弃物的法规、标准体系。我同于 1996 年 4 月颁布并实施《中华人民共和国固体废弃物污染环境防治法》，其中对危险废弃物污染防治进行了特别规定。国家环境保护总局、国家经济贸易委员会和科学技术部于 2001 年 12 月出台了《危险废弃物污染防治技术政策》，指出“危险废弃物的焚烧宜采用以旋转窑炉为基础的焚烧技术，可根据危险废弃物种类和特征选用其他不同炉型，鼓励改造并采用生产水泥的旋转窑炉附烧或专烧危险废弃物”。《危险废弃物焚烧污染控制标准》GB 18484—2001 规定的 10 种重金属元素中，汞为易挥发物，镉及铅为难挥发物，砷、镍、铬、锡、锑、铜、锰为不挥发物，这些重金属离子大部分固熔于熟料中，小部分在水泥窑及其后续除尘系统问通过回灰等方式形成循环，气态形式的排放量较低。该标准中规定的危险废弃

物焚烧炉大气污染物排放限值中，砷的限值是与镍一起计算的，为砷、镍及其化合物在不同焚烧容量时的最高允许排放浓度限值取 1.0mg/m^3（以 11%O_2（干气）作为换算基准）。

为了科学、规范地推动水泥工业处置废弃物的发展，国家相关部门近几年也开始组织制定相关法规、标准。近几年来全国人大、科技部、发改委等中央政府部门都先后出台了相关的法律法规及技术政策以支持生活废弃物资源化综合利用。国家住房和城乡建设部下达，由天津水泥工业设计研究院承担的国家标准《水泥窑协同处置工业废物设计规范》GB 50634－2010 已颁布，自 2011 年 10 月 1 日起实施。

国家环保局目前正在组织制定水泥窑协同处置危险废弃物方面的标准规范。

国家标准化管理委员会下达，由中国建筑材料科学研究总院承担的同家强制性标准《水泥生产协同处置废弃物技术规范》的制订工作也正在进行中，与之配套的《水泥中浸出重金属的测定方法》国家标准已完成起草工作，目前正在送审阶段。

五、结语

水泥窑协同处置废弃物在世界上一些发达同家（如欧洲各国、日本、美国），在政府法规政策的推动和全社会的支持下，经过水泥企业的努力，目前已经得到广泛地开展，达到了较高的水平，取得了良好的社会效益、环境效益和经济效益。

国内外的理论和实践已经证明利用水泥窑协同处置废弃物是无害化、减量化和资源化处置危险废物和城市生活垃圾的重要技术途径，也是低成本化大规模处置上述废物的重要措施。并且近年来我国水泥行业蓬勃发展，具备广泛处置危险废物和城市生活垃圾的物质条件，如截止 2008 年底我国共有水泥窑（预分解窑）913 条（日生产熟料规模达 244 万吨）。借鉴发达国家的先进经验，将废物处置与水泥工业的可持续发展结合起来，利用水泥窑协同处置废弃物，是较为适合中国国情的做法。我国利用水泥窑协同处置危险废物和城市生活垃圾在全国各地刚刚起步，要达到发达同家的处置水平具有广阔的发展空间，并将为循环经济的发展做出重要贡献。

★该篇文章是作者在 2011 年中国国际水泥峰会上发表的文章。

“十二五”水泥标准化工作展望★

Work prospect for“the 12th Five－year” cement standardization

◎全国水泥标准化技术委员会 颜碧兰 刘 晨

Yan Bilan and Liu Chen National Technical Committee for Cement Standardization

一、“十一五”期间水泥行业发展和标准化工作回顾

“十一五”期间水泥工业的快速发展不仅有力地支撑了国家经济建设，而且行业自身在结构调整、节能减排、科技创新、兼并重组、资源综合利用和发展循环经济等方面成绩斐然。5 年间新建成的近 1300 条新型干法生产线中 4000t/d 及以上的生产线有 400 多条，熟料产能占新型干法总量的 60%以上，实现了生产规模的大型化。5 年间生产的水泥达到 75 亿吨，用 1/12 的时间生产了建国以来近 5/12 的产量，现有生产能力 20 亿吨以上，不仅满足了我国大规模经济建设的需要，而且为保证水泥供给下的淘汰落后提供了操作空间，并实现水泥产量和质量的稳定增长。5 年间关停落后产能 4.34 亿吨，前 20 家生产能力千万吨的企业集团生产了 45%的熟料，实现了产业集中度不断提高的目标。2010 年水泥行业能耗总量预计 1.65 亿吨标准煤，5 年来能耗总量年平均只增长 7.6%，而同时水泥产量的年平均值增长达到 11.7%，5 年以来万元增加值综合能耗预计 8.2 吨标准煤，比 2005 年下降 41%，节能减排效果显著。通过科技创新和技术进步，万元增加值 CO_2 排放强度下降 35%，成为水泥行业的亮点。

为应对全球气候变化，我国政府承诺到 2020 年单位国内生产总值 CO_2 排放要比 2005 年下降 40%～45%，节能提高能效的贡献率要达到 85%以上。“十一五”期间要完成 20%的减排目标，这给节能减排工作带来巨大挑战。水泥行业作为能源资源消耗大户，对该约束性指标的完成意义重大。

基于水泥工业面临的形势，全国水泥标准化技术委员会（下简称水泥标委会）提出了“以水泥工业节能减排、矿产资源综合利用、替代原燃料、协同处置工业和城市废弃物以及提高水泥产品综合性能和使用寿命等相关技术成果为依托，建立健全标准评价体系，为建材行业实现节能减排目标提供支撑”的指导思想和“制修订有利于水泥工业节能减排新技术、新装备、新产品应用的标准，进一步健全水泥工业节能减排标准体系”的主要目标，在国家相关主管部门和行业协会的大力支持和广大水泥行业标准化工作者的共同努力下，水泥行业很好地完成了标准化工作目标，先后制修定了 42 项方法标准、22 项产品标准、3 项基础标准，不仅使水泥标委会归口的标准标龄大大缩短，体现了标准的实用性、先进性和适用性，同时根据“十五”、“十一五”所取得的科技成果提出了许多重要标准制

修定建议，如：

1.组织修订《通用硅酸盐水泥》及相关配套标准

《通用硅酸盐水泥》的修订是涉及水泥生产、使用、科研、设计及行业管理等各方面的一件大事。建国以来，我国水泥标准经过6次修订，每一次修订和实施水泥新标准都对我国水泥产品质量的提高和保证建设工程质量起到了促进与保障作用。此次标准修订一方面通过取消普通硅酸盐水泥中32.5强度等级以及增加普通硅酸盐水泥中混合材料的允许掺量，从而对水泥企业烧成的熟料品质提出了更高的要求，在一定程度上将部分只能生产出P·O32.5的水泥企业挤出了高等级硅酸盐水泥的市场，促进了产业结构的调整；另一方面通过规范复合硅酸盐水泥中混合材料的种类以及增加Cl^-限量的要求，提高了水泥的质量要求，从而为延长建筑物寿命提供了保障。

2.组织修订水泥单位产品能源消耗限额标准

为配合国家《能源法》的实施，2005年开始组织天津水泥研究设计院等单位开展《水泥单位产品能源消耗限额》GB 16780－2007的修订工作，该标准得到了中国建材联合会的大力支持及国家科技计划经费资助，成为国标委第一批发布实施的能耗标准，于2008年6月1日实施。此次标准修订最核心的内容就是将水泥单位产品能耗限额标准规定了3类能耗限额指标，包括现有企业单位产品能耗限额限定值，新建企业单位产品能耗限额准入值和企业单位产品能耗限额先进值。其中，现有企业能耗限额限定值指标和新建企业能耗限额准入值指标是强制性要求，单位产品能耗限额先进值指标是推荐性要求。该标准的颁布实施，对落实国家节能减排工作要求、促进我国水泥行业能源利用水平的提高、完善高耗能产业能耗限额标准体系具有重要的意义。

3.组织制修定用于水泥中的工业废渣系列标准

虽然水泥可以大量利用工业废渣，但水泥品质直接关系到人民生命财产安全，工业废渣在水泥中的利用科学、安全、合理和有标可循。我们建立了冶金渣、燃烧渣、化工渣、尾矿等不同类型工业废渣在水泥中利用的标准体系。使包括粒化高炉矿渣、钢渣、钛矿渣、增钙液态渣、镁渣、粉煤灰、磷石膏、钛石膏、氟石膏、盐石膏、柠檬酸渣、硼石膏、脱硫石膏、模型石膏、火山灰、凝灰岩、沸石岩、浮石、硅藻土、煤矸石、烧页岩、烧黏土、煤渣、硅质渣等在水泥中得到有效利用。相关标准的建立对保证水泥品质，实现循环经济具有重要意义。

4.组织制定《硫铝酸钙改性硅酸盐水泥》行业标准

硫铝酸钙改性硅酸盐水泥(即阿利特硫铝酸盐水泥，简称改性硅酸盐水泥)是熟料矿物中含有少量无水硫铝酸钙矿物的硅酸盐水泥。由于熟料中矿物含量低(约3%～13%)，因而其本质上仍属硅酸盐系列水泥，并具有强度高和微膨胀特点。与传统硅酸盐熟料相比，改性硅酸盐水泥生产工艺与其基本一致，煅烧温度在(1280±50)℃，比传统硅酸盐熟料低150℃～200℃，窑机产量可提高20%，节煤约15%以上；同时还可大量利用煤矸石、粉煤灰、页岩等铝含量较高的硅铝质原料或废渣，生产的水泥具有早强高，抗冻、抗渗、耐磨性能良好等特点。因而，早在上世纪80年代中期，中国建筑材料科学研究总院就曾对其进行广泛深入的研究，并成功地利用$\phi1.6m\times30.5m$中空干法回转窑生产出阿利特硫铝酸钙熟料及其水泥，取得了一定效果。目前随着现代科技水平的发展与提高，该水泥已在内蒙古、甘肃、山东等地逐步实现工业化生产，并取得良好社会和经济效益。《硫铝酸钙改性硅酸盐水泥》JC/T 1099－2009的颁布实施对进一步推广该品种水泥具有重要意义。

5.提出并组织制定《水泥窑协同处置废弃物技术规范》国家标准

利用水泥窑协同处置废弃物技术在西方发达国家已经得到了广泛的认可和应用。在《巴塞尔公约》的条文中，水泥生产过程中危险废弃物的协同处理方法已被认为是对环境无害的处理方法。国外从1970年开始研究，到1984年逐渐在发达国家推广。我国从20世纪90年代开始利用水泥窑处理危险废弃物的研究和实践工作，并已取得一定的成绩。2006年国家发布了《关于加快水泥工业结构调整的若干意见》，指出“抓紧研究制定鼓励水泥工业资源综合利用和处理工业、城市垃圾方面的配套政策措施。加强低热质燃料的应用、城市垃圾处理、工业废渣及可燃废弃物的应用等研究。在充分试验研究的基础上完善标准体系，引导水泥工业科学、合理利用和处理废弃物”。

根据国家有关产业政策意见，水泥标委会及时组织中国建筑材料科学研究总院等单位制定《水泥生产协同处置废弃物技术规范》和《水泥和墙体材料中浸出重金属的测定方法》国家标准，这两项标准的研究、制定和实施，对于规范水泥窑协同处置废弃物工作，防止环境二次污染，保证水泥产品质量，引导水泥工业安全、科学、合理处置废弃物无疑有极大的作用，目前两项标准正在研究中。

6.组织制定《水泥窑余热发电系统能效评价方法》标准

纯低温余热发电技术的推广应用，一方面可以综合利用水泥生产线排放的废热资源，回收高温烟气的热量，变废为宝，降低水泥生产成本和提高企业的经济效益，部分缓解水泥制造厂用电的紧张，另一方面可降低排烟温度和排尘浓度，减轻对环境的影响。

由于余热发电能效评价标准的缺乏，使很多数据没有可比性，在一定程度上制约了新技术的推广，因此通过制定标准，在规范统一的测定条件下测定其能效参数，作为能效评定的基础对该技术的推广应用非常有意义，该标准正在研究中。

7.组织制定《水泥生产电能能效测试及评价方法》标准

已经颁布实施的《水泥单位产品能源消耗限额》GB 16780－2007国家标准中对水泥生产的单位产品电能消耗、电耗的统计范围、统计方法做了规定。该标准规定统计范围是："从原燃材料进入生产厂区开始，到水泥（水泥熟料）出厂的整个水泥生产过程消耗的电量。"由于水泥生产过程涉及的工序较多、各工序所用设备也不尽相同，各工序的电能计量分段也有差异；各企业的生产规模（生产线数量）、原料种类、产品种类的不同，尤其是原料及其预处理和混合材预处理部分差别较大，而如何测试水泥厂电能能效目前尚无统一方法，这样对同一产品就没有统一的比较标准。鉴于此，合肥水泥研究设计院等单位提出制定水泥企业电能能效测试方法的国家标准，使各水泥生产企业的生产工序和产品电能消耗的统计或测试数据具有可比性，该标准已通过水泥标委会审议。

"十一五"期间，水泥标准化工作在解决水泥工业的难点问题，促进新技术、新成果的推广应用和支撑水泥工业的可持续发展方面起到了重要作用。

二、"十二五"水泥标准化工作面临的形势

"十二五"时期是深入贯彻落实科学发展观、加快经济发展方式转变和结构调整、实现全面建设小康社会奋斗目标的关键时期，在这一阶段，消费结构不断升级，城市化进程进一步加快，基础设施建设、房地产开发以及大规模的经济建设都将继续拉动水泥产业的发展，尽管随着新型干法生产、余热发电、高效粉磨等技术的迅速发展，水泥工业节能减排工作也因此取得明显成效。但由于我国的工程建设量处于世界的前列，众多的建设工程都需要大量使用水泥混凝土，因此水泥总量的持续增长，使产业的污染物排放量和能源消耗量在国民经济各行业中仍居于前列。

为应对全球气候变化，我国政府承诺到2020年单位国内生产总值CO_2排放要比2005年下降40%～45%，节能提高能效的贡献率要达到85%以上，因此水泥工业面临的形势非常严峻。

通过科技创新促进产业升级仍是水泥工业实现节能减排的重要途径。"十五""十一五"期间，在国家重大科技计划的支持下，国内在已有基础上研究开发了六级旋风预热器、二支承回转窑、新型高效低污染水泥工业用燃烧器、低温余热发电、高效冷却机等节能新技术和装备，技术指标达到国际先进水平；而更新一代的预烧成窑炉工艺技术正开展应用基础研究。目前国内研发的以辊压机系统和立磨为代表的节能粉磨技术也已实现规模化和产业化，技术指标接近国际先进水平，与目前的球磨系统相比，可降低粉磨能耗20%。我国在粉煤灰、矿渣已广泛应用于水泥和混凝土的基础上，近年来通过物理和热态的化学活化等技术途径提高了钢渣的活性，使磨细钢渣在水泥和混凝土中的应用得以实现。

"十二五"期间，水泥工业将继续深入开展节能减排技术的研究开发、推广和应用，同时将结合核电站、高等级公路、水工大坝、高速铁路、煤炭深井等国家重大工程，针对现有水泥与混凝土性能不能满足工程质量和使用寿命的特殊要求等重大问题，开发一批新材料和新技术。

科学技术的进步是推动标准化工作发展的动力，大量生产和建设实践经验的总结和科学技术的发展是标准化工作的基础，标准规范的制定需要吸取有关科学技术的成就和科研成果，制定标准就是为了最佳的秩序和效益，确保科技创新的持续发展。同时标准化也是促进科技成果转化和推进产业化经营的有效途径。标准化既源于科技创新，又是创新技术转化为现实生产力的桥梁。因此，标准化是科技创新的必然需求。

三、"十二五"标准化工作的主要任务

"十二五"期间水泥标准化工作将继续从水泥工业的可持续发展出发，以重大工程应用为背景，以科技创新成果为基础，重点开展水泥质量安全标准、重大工程用水泥基材料评价标准、支撑水泥工业应对气候变化系列标准等方面标准的研究，促进水泥工业大幅度节能减排，实现水泥工业绿色制造。重点领域有：

1.水泥质量安全标准

水泥生产在利用和协同处置工业废渣、城市污泥、生活垃圾及危险废弃物方面有很大的潜力。但水泥是关系到人民生命财产安全的产品，任何的综合利用和协同处置其品质应以保证水泥质量安全为基础。同时还要考虑处置的过程和产品在使用过程是否会造成二次污染，因此需要建立相应技术规范，有害物质检测方法和限量的标准体系。主要包括：水泥及原料中有害物质限量及测试方法；水泥协同处置废弃物技术要求；工业废渣在水泥中的合理利用方面的标准。

2.重大工程用水泥基材料及评价

随着我国基础建设的不断深入和扩大，工程技术水平和使用寿命要求的提高，在大坝工程、核电建设、煤炭超深井建设、西部建设、海洋及地下空间开发等重大工程建设领域，现有的水泥和混凝土材料不能满足工程建设的需求，因此在研究开发新材料、新技术的同时，标准化工作研究必须同步实施。主要包括：水电工程用高镁低收缩水泥、核电工程专用水泥、海工硅酸盐水泥、管桩水泥等。

3.支撑水泥工业应对气候变化系列标准

气候变化是当前国际社会普遍关注的重大全球性问题，气候变化在很大程度上与温室气体排放总量有关，而温室气体（主要指CO_2等气体）的排放量主要来自煤炭、石油产品等化石能源的燃烧和消费。我国已经超越美国成为世界上最大的碳排放国家。在中国的产业部门中，水泥工业CO_2的减排有着举足轻重的作用。2010年中国水泥产量已超过18亿吨，按照单位水泥CO_2排放指标为$0.7188tCO_2/t$水泥计算，水泥工业产生的CO_2排放量也超过13亿吨。因此，开展水泥制造和应用领域碳排放减缓技术、废气的高效分离、捕获及转化技术以及开发应用低碳排放的胶凝材料是水泥工业科技创新的趋势，但首先要制定科学、合理的水泥CO_2排放计算方法标准。

标准作为经济和社会发展的重要技术支撑，对水泥工业

结构调整和产业升级取得实效有着重要的作用。进入“十二五”,我们将紧跟国家“低碳经济”和“自主创新”两条政策主线,进一步加强标准化与国家重大科技项目和产业化项目的结合,使标准化工作为实现水泥工业可持续稳定健康发展做出更大的贡献!

★该篇文章发表于2011年4月12日《中国建材报》。

中国水泥工业的强盛之路★

——纪念中国共产党成立九十周年

The powerful andprosperous road of Chinese cement industry

◎原国家建材局局长 王燕谋

Wang Yanmou Director of previous National Building Material Bureau

1949年,中国人民在中国共产党领导下取得了伟大胜利,创建了中华人民共和国新中国成立六十多年来,中国水泥行业在党中央和国务院的正确领导下,经历了几代人的努力奋斗,取得了辉煌成就特别是在改革开放后,由于各级政府部门政策法规的引导与推动市场机制的激励协会和有关单位的积极助推及大家的努力,开展引进消化吸收和自主开拓创新,实行产品经营和资本经营两手抓,随着经济高速发展和市场需求大幅增长,使水泥工业由小到大由弱变强一个强大的中国水泥工业已巍然屹立在世界东方,令世人刮目相看中国水泥工业强大的标志主要有五个方面。

一、新型干法水泥产量稳居世界第一

新型干法是当今世界最先进的水泥生产方法。二十世纪七十年代到九十年代中期,中国水泥新型干法的发展处于技术开发阶段。1973年中国建材研究院立项研究预分解窑。1979年“冀东”和“海螺”向国外购买日产4 000吨熟料新型干法成套设备各一套。此后,“鱼峰”“珠江”和“福建”陆续购买外国成套设备建设新型干法生产线。1983年国家建材局制订发展新型干法的技术政策。从此,水泥科技、设计、装备、地质、建设和生产等单位都转向新型干法。在制订技术政策的同年,决定在日产700吨到1 000吨熟料生产线研究开发的基础上,对“江西”日产2 000吨熟料生产线进行科技攻关。此后,又决定引进新型干法13项关键设备的设计、制造专利技术,并采用消化吸收这些引进技术制造的装备,建设“亚泰”引进吸收项目“一条龙”生产线。接着,建设了冀东日产4 000吨熟料新型干法国产设备示范线。通过对外国成套设备和外国专利技术的引进、消化吸收,进行不断开发和自主创新,最终实现了新型干法技术装备的国产化。

在技术开发阶段,利用外国装备建设了一些新型干法生产线,同时采用国产装备建设了一批日产700吨熟料和日产1 000吨熟料的小型新型干法生产线。这些生产线的产量不大,1996年我国新型干法水泥产量近4 000万吨,占全国总产量约8%。

1995年到1996年间,“海螺”、“山水”与中国中材天津水泥设计研究院和中国中材南京水泥设计研究院合作,突破了日产2 000吨熟料新型干法生产线低投资建设的难关。低投资生产线的推广使我国新型干法水泥产量增长较快,2002年达到1.1亿吨,占全国总产量的近15%。

2001年到2002年间,海螺与中国中材天津水泥设计研究院、中国中材南京水泥设计研究院和装备制造企业合作,对日产5 000吨熟料新型干法生产线低投资建设进行攻关,先后建成海螺铜陵、海螺池州两条日产5 000吨熟料低投资示范线。由于低投资建设难关的突破、调整结构政策的推进、市场需求快速增长的拉动和水泥协会的助推,在全国范围内掀起了新型干法水泥生产线建设的热潮,我国新型干法水泥产量迅速提高。2003年到2010年新增新型干法水泥熟料年生产能力11.5亿吨,占新型干法水泥熟料总年产能力的91%。

世界工业发达国家的新型干法水泥生产线大都建于二十世纪七十年代到九十年代,其总体技术水平与二十一世纪新建的生产线相比有一定差距。我国新型干法水泥生产线绝大部分是2002年以后建设的,不仅规模大,而且技术先进。生产线上普遍采用了生料辊压磨、带五级预热器和新型分解炉的回转窑、第三代冷却机、水泥挤压磨和高效选粉机等先进设备,使新建的新型干法水泥生产装备和工艺都达到了当今国际先进水平。

2010年我国新型干法生产线有1 273条,熟料年生产能力为12.6亿吨,水泥产量16亿吨,占全国水泥总产量的85%,是全球水泥产量的一半,稳居世界各国水泥产量排名第一位。

二、优秀大型企业的崛起

改革开放三十多年来,中国水泥企业遇到两个历史性的大转变:一个是经济体制的转变,由计划经济转为社会主义市场经济;二是生产技术的转变,由立窑、湿法、半干法等落后技术转为预分解窑新型干法先进技术。在这两大转变中,

有些企业被淘汰或被兼并，有些企业则发展壮大。以海螺水泥为代表的“中国建材”“中国中材”“山水”“冀东”“华新”“华润”“金隅”“亚泰”“天瑞”“红狮”和“祁连山”等一批水泥企业，在这大转变的历史潮流中，锐意改革，转变经营思想，坚持技术进步，积极采用先进技术，在产品市场中不断取胜，在资本市场上融资屡获成功，使自己发展成优秀大型企业集团，在国际大型企业之林中迅速崛起。

海螺水泥股份公司是走中国特色新型工业化道路的典型，是中国水泥行业发展新型干法的领头羊。海螺始终坚持技术进步，与设计制造单位合作，在引进成套装备的基础上，消化、吸收和不断开发创新，攻克低投资难关，推进了中国水泥新型干法的快速发展。

海螺在经济体制转变中，不断改革，较快适应市场经济新形势，开展产品经营和资本经营两手抓。1995 年利用境外财务资本扩建日产 2000 吨熟料新型干法生产线，跨出了资本经营的第一步。1997 年 10 月，在香港联交所成功发行中国水泥行业在境外的第一只 H 股，2002 年 1 月在上海证交所成功发行 A 股，建立了两个融资渠道，为企业高速发展提供大量资金。在资本经营的同时，进行企业制度改革，2001 年经安徽省政府批准，成立由职工持股的海螺创业投资公司。2003 年，在中共安徽省委和省政府领导下，将国有独资的海螺集团公司改制成国有控股公司，作为省政府出资人的安徽省投资集团持股 51%，海创持股 49%，海螺集团对海螺水泥股份公司相对控股，从而建立了有效的激励机制和约束机制。由于较早转变经营思想，及时适应市场经济发展新形势，海螺在市场竞争中水泥生产发展非常迅速。

海螺在 2002 年攻克低投资建设日产 5000 吨熟料新型干法生产线的难关后，接着，与中国中材天津水泥设计研究院、中国中材南京水泥设计研究院和有关国际著名水泥装备公司密切合作，开发日产 1 万吨熟料新型干法生产线。2004 年 5 月，中国第一条日产 1 万吨熟料生产线在海螺铜陵水泥公司点火投产，三个月后便达产达标。此后，又有三条日产 1 万吨熟料生产线相继成功投产。由于烧成系统的重大改进，海螺水泥日产 1 万吨熟料生产技术水平与当时世界仅有的三条日产 1 万吨熟料生产线相比要高出一筹。近期海螺又开发世界上规模最大的日产 1.2 万吨熟料生产线，三条日产 1.2 万吨熟料生产线正在建设中，在 2011 年全部建成投产。海螺水泥生产技术已处于国际领先水平。

海螺有一个东西向长江与南北向沿海组成的 T 型物流系统，在这个系统的长江中游建立了三个千万吨级和二个 500 万吨级熟料基地，在长江下游和沿海建立了众多水泥粉磨站，形成一个生产物流体系，大大提高了企业生产集中度，充分发挥了水运的优势，对降低生产和经营成本非常有效。一个水泥企业具有如此庞大的生产物流体系，在世界上独一无二。

海螺具有得天独厚的生产物流体系，世界领先的生产技术，先进的现代企业制度，有效的激励机制和约束机制，以及优秀的管理团队，因此，其技术经济指标和财务指标，除由于国别原因造成的个别指标不可比外，都不亚于世界排名前列的国外大型企业，部分指标还优于国外大型企业。

海螺截止 2010 年底有新型干法生产线 76 条，熟料生产能力 1.3 亿吨，水泥产能 1.5 亿吨。2010 年全年水泥和商品熟料合计净销售量为 1.42 亿吨，生产规模位居世界大型水泥企业的前列。

世界水泥看中国，中国水泥看海螺，已成为共识。海螺对中国现代水泥工业发展作出了巨大贡献。

中国建材集团公司是中国水泥行业采用兼并重组方式为主取得快速发展的典型。该集团公司原是以新型房建材料为主业的一家建材企业，2003 年决定发展水泥业务，打算快速扩大水泥产能。中国建材在分析了当时水泥工业发展的形势和自身央企的优势后作出判断，为快速扩大水泥产能须采用以兼并重组为主的发展方式。中国建材抓住中国水泥工业发展过程中的各种机遇，冲破了工作中的思想束缚，在全国范围内大胆开展兼并重组工作，很快取得了成效。

随着水泥业务的扩大，中国建材先后创建了“中联”、“南方”和“北方”三个水泥公司，分布于全国各地。中国建材南方水泥公司成立于 2007 年，是利用当时这些地区水泥产能过剩、许多企业陷入困境的形势，从零起步，通过兼并重组而组建起来的，其所属企业分布于东南沿海和南方中部地区。成立三年来，该公司采用市场方式和混合经济型模式兼并重组了 150 多个不同所有制水泥企业；为兼并重组，在资本市场上利用多种方法和多种渠道开展了卓有成效的融资活动；对进入公司的企业进行以“五集中”为重点、“三五”管理模式为核心的分阶段整合。通过上述工作，南方水泥公司盘活了不良资产，大幅提高了企业经济效益和社会效益，取得了优异成绩。南方水泥在兼并重组中创立了新模式，提供了宝贵经验。中国建材为水泥工业结构调整作出了突出贡献。

2003 年中国建材决定发展水泥业务时的水泥产量仅 164 万吨，通过以兼并重组为主的企业扩张，2010 年水泥和商品熟料的合计净销量达到 15 227 万吨，在世界大型水泥企业排名中位居前列。八年间，中国建材扩大水泥年产量 1.5 亿吨，创造了水泥发展史上的奇迹。

中国中材集团公司是既有水泥技术装备与工程服务业务，又有水泥生产业务的典型。中国中材有三个业务分部，其中两个就是水泥技术装备与工程服务分部和水泥分部。2010 年，这两个分部的营业额占集团总营业额的 85% 以上，水泥技术装备与工程服务营业额对水泥营业额的比例为 1：0.55，在中国中材的营业收入中都占重要地位。国际著名水泥技术装备与工程服务公司都不兼营水泥生产，国际著名水泥生产公司也都不兼营技术装备与工程服务业务。一个企业兼营技术装备与工程服务业务和水泥生产业务的优势是，水泥生产企业可为技术装备与工程服务企业进行工艺和装备技术开发提供长期稳定可靠的试验场所，这对水泥新技术的开发和推广有利。同样，技术装备与工程服务企业可对水泥企业提供最先进的生产技术，这对企业不断提高技术水平、增加市场竞争力有利。技术装备与工程服务和水泥生产相结合，目前已成为中国大型水泥企业的发展趋势。

中国中材水泥技术装备与工程服务分部各企业，为国内外水泥新型干法生产线建设提供装备、设计、安装和施工等服务，在全国其力量最强，占国内市场90%以上的份额。建设国际先进水平的日产5 000吨熟料新型干法生产线非常熟练，可以说是得心应手。近几年在国内外已建成多条世界上最大的日产1万吨和1.2万吨熟料新型干法生产线。中国中材水泥技术装备与工程服务队伍是中国水泥工业强大的重要力量，为水泥工业发展新技术和生产建设作出了重大的贡献。

中国中材的水泥业务是从零开始，由兼并重组起步的。2003年收购第一家水泥企业汉中水泥厂，2004年成功兼并了新疆最大的水泥企业天山水泥股份公司，2007年通过联合重组宁夏建材集团而间接控股宁夏最大水泥企业赛马实业股份公司。近几年中国中材在这些企业的基础上进行扩建和新建，以及进一步兼并重组，水泥生产规模迅速扩大，已成为新疆、甘肃和宁夏等地最大的水泥销售商，在市场上具有举足轻重的地位。2010年中国中材水泥销量为3 607万吨，商品熟料销量为1 000万吨，水泥和商品熟料合计净销量为4 607万吨，是国家重点大型水泥企业。

中国中材拥有强大的科研、设计和施工队伍，以及大型水泥生产基地，建立了科研设计与生产建设相结合的最佳机制，有利于技术进步和生产发展。中国中材为水泥工业发展新技术和生产建设作出了重大贡献。

中国山水水泥集团股份公司是国企改制为民企、坚持技术进步和快速发展的典型。山水前身是直属中央建材部的水泥试验厂，建于二十世纪七十年代初的“文革”期间，仅有一条准3m×45m立筒预热器窑生产线，年产水泥熟料11万吨。由于技术不成熟，生产经营十分困难，企业连年亏损，靠政府接济度日，在中央水泥企业效益排名中倒数第一。为克服困难，山水坚持正确技术方向，发展预分解窑新型干法。将预热器窑改造成预分解窑，1996年对低投资建设日产2 000吨熟料新型干法生产线进行攻关，取得了成功。2003年到2004年间，世界著名大型水泥企业法国Lafage公司曾三次派员去山水集团长清厂考察低投资和高速度建设的日产2 000吨熟料新型干法生产线，对该生产线建设的成功表示高度赞赏。

山水在发展新型干法技术的同时，坚持企业制度改革。2008年7月，山水在香港联交所成功发行中国水泥行业在境外的第一只红筹股。建立与国际资本市场接轨的融资渠道，除能较方便地融资外，还有力地推动企业建立现代管理制度。山水生产管理的高效率闻名全国，其战略管理也很出色。在山东省，沿胶济铁路布局；在辽宁省，沿沈大高速公路布局；在山西省，实施C形布局；在内蒙，依靠辽宁和山西基地向蒙东和蒙中延伸布局；在新疆，立足喀什向东亚各国扩散的布局。在市场竞争中，这些布局有的已显示出强大优势，有的已看出具有良好前景。

山水冒着各种风险，坚持技术进步和制度改革，数十年如一日地把握正确方向，百折不挠地奋发图强，在市场竞争中迅速成长壮大。2010年山水全国水泥销量3 932万吨，商品熟料销量984万吨，水泥与商品熟料合计净销量达4 916万吨，已发展成为非常优秀的国家重点大型水泥企业。山水的发展和成功经验在水泥史上写下了光辉的篇章。

天瑞水泥公司是民营企业转变落后生产方法采用新型干法先进技术而迅速壮大的典型。进入二十一世纪时，该公司有九条立窑和一条湿法窑生产线，年产水泥200多万吨。2001年天瑞决定转变生产技术方向，淘汰落后的立窑和湿法窑，发展先进的水泥新型干法。为此所采取的措施，首先是引进人才，然后是引进外资。引进了国际著名私募基金KKR和世界银行系统的IFC的资金，组成由国际财务资本持股的股份公司。2002年天瑞开始建设日产2 000吨熟料新型干法生产线，2006年开始建设日产5 000吨熟料生产线。2009年在郑州市郏建成投产日产1万吨熟料的大型新型干法生产线。该生产线不仅能耗省、劳动生产率高，而且其产品质量非常好，深受用户欢迎。郑州市所有混凝土搅拌站都采用天瑞水泥公司万吨生产线生产的水泥。

2010年天瑞水泥销售量为2 211万吨，商品熟料销售量为610万吨，水泥和商品熟料合计净销量为2 821万吨，已进入国家重点大型企业之列。

中国以海螺为代表的12个大型水泥企业都很优秀。世界排名前列的某些外国大型企业现在仍沿用落后的立波尔窑和预热器窑等。我国的优秀大型企业全都采用先进的预分解窑新型干法，生产规模除个别企业为年产熟料2 000多万吨外都是年产熟料3 000万吨以上。12个大型企业的熟料生产能力占全国新型干法熟料总产能的近50%，行业集中度大幅提高，她们是中国水泥工业的脊梁，是技术进步、调整结构、节能减排和市场有序竞争的主力军，在可持续发展中发挥着至关重要的作用。

中国具有世界最大的水泥市场，也是一个开放的市场。世界排名前列的法国、瑞士、德国、意大利和日本等国的水泥企业都已进入中国。外国企业在中国水泥市场所占份额很低，不到4%。在这同一个国际性水泥大市场中，中国优秀大型水泥企业与外国水泥企业相比，无论在市场竞争中还是在技术水平、企业经营管理和社会责任方面，都毫不逊色。

三、创立国际驰名品牌

新中国成立后，随着水泥工业快速发展，水泥技术和工程队伍从无到有、由小到大地成长壮大。二十世纪五十年代，这支队伍通过艰苦学习和不断实践，逐步掌握了当时流行的水泥湿法和半干法技术，用此技术建设了一批生产线。二十世纪七十年代，世界水泥技术发生划时代转变，他们顺应形势，坚持技术进步，很快掌握了水泥预分解窑新型干法技术，与水泥生产企业合作用该先进技术建设了众多现代化水泥生产线。六十多年来，他们为中国水泥工业发展作出了重要贡献。二十世纪末，经过多次变更，国家建材局所属的水泥技术和工程队伍主要包括天津水泥设计研究院、南京水泥设计研究院、成都建材设计研究院、合肥水泥研究设计院、中国建材建设工程公司和中国建材装备公司等单位。他们是引进、消化吸收和自主开发新技术的主力军，是推广和不断开发新技术的骨干力量。在二十一世纪初的政府机构改革中，除合肥水泥院进入中国建材集团外，其他单位都进入中国中材集团。按系统集成理念，中国中材将进入的这些单位进行重组，创立中材国际工程公司，持 Sinoma 品牌，开展水泥生产线建设的装备和工程承包业务。

2002 年后，由于日产 5 000 吨熟料新型干法低投资建设的难关被攻克，中国水泥工程建设进入新一轮发展高潮。此时，国内水泥工程业务已很饱满的中材国际，居安思危，开拓进取，开始跨出国门，走向世界。他们从大力培养国际人才着手，克服各种困难，依靠自身优势，很快就打开了国际市场，并不断扩大。

中材国际在政府机构改革中，集中了全国实力最雄厚的水泥技术开发和工程服务力量，通过重组，实施了水泥装备开发、设计、制造和成套的集成，以及工厂设计、施工和试投产的集成，形成了“一条龙”式的技术开发链和工程建设服务链，这为不断创新技术、保证质量、节省投资和缩短工期创造了条件，大大增强了市场竞争力。目前国际上尚无这样的企业能像中材国际那样的高度集成和紧密衔接。技术开发链使装备国产化率达到 90%以上，并保证装备与工艺不断提高，始终保持国际最先进水平。工程服务链确保了自己的优势，在国际市场竞争中，与国际著名水泥装备与工程公司相比，在工程质量同等条件下，工期可缩短 20%，投资可节省 25%。

2007 年以来，中材国际在国外承包的装备与工程项目遍及亚洲、非洲、中东、欧洲和美洲的 46 个国家，包括工业发达国家和发展中国家。世界排名前列的著名大型水泥公司，如法国 Lafarge 和瑞士的 Holcim 等都已成为中材国际的客户。

中材国际国外承包建设的新型干法生产线规模是从日产 700 吨到 1 万吨熟料，绝大部分是日产 2 000 吨熟料以上的，包括三条当时世界最大的日产 1 万吨熟料生产线。承包建设的阿联酋日产 1 万吨熟料生产线于 2007 年建成投产，通过验收后正式交付甲方运营。国际竞争对手、世界著名装备与工程承包商云集阿联酋日产 1 万吨熟料生产线所在地，对该工程进行评估。经过考核，他们肯定了中方在工程质量和施工期等方面都完成了合同要求，生产线技术经济指标和环保指标都达到国际先进水平，承认中方具有投资省和工期短的优势。

国际水泥装备和工程市场长期以来被丹麦 Smith、德国 Polysius 和德国 KHD 等公司所垄断，占市场份额在 80%以上。现在，中材国际完全打破了延续半个多世纪的垄断格局，如表 1 所示。

表 1　中材国际全球(除中国)新签合同市场份额

年 份	国际水泥装备与工程承包公司(%)				其他
	中材国际	丹麦 Smith	德国 Polysius	德国 KHD	
2009	36	33	14	5	12
2010	37	29	8	12	14

从表 1 可看到，中材国际于 2009 年和 2010 年在全球水泥装备和工程市场所占份额分别是 36%和 37%，都高于 Smith、Polysius 和 KHD 公司，占世界第一位。市场分布、国际竞争对手的评价和市场占有率都充分说明，中材国际 Sinoma已成为国际水泥装备和工程市场的驰名品牌。

当中材国际走向世界的同时，中国建材合肥水泥院、中国建材国际工程公司和中国建材凯盛工程公司也相继跨出国门，开发国际水泥工程市场，取得很好业绩。近几年他们与中材国际一起共占国际水泥工程市场份额 40%～50%。

中国企业在世界水泥装备和工程承包市场创立了国际驰名品牌，占有近一半的市场份额，在国际市场竞争中充分展现了优势和强大。

四、创建资源节约型和环境友好型社会

节约资源、保护环境是当今人类社会面临的重大课题，中国水泥行业为此进行了不断努力。

新中国成立后，制订全国统一的通用水泥国家标准时选用了多品种、多等级的产品结构模式，这为我国水泥工业利用工业废渣、少用熟料、节能减排创造了条件。钢铁厂的高炉矿渣和电厂的粉煤灰都已大量用作水泥混合材。2009 年以来，用作水泥混合材的工业废渣数量每年在 4 亿吨以上，节能减排相当可观。

二十世纪六十年代，中国水泥工业成功利用工业废渣作原料。吉林化工厂利用电石渣替代石灰石原料，山东淄博制铝厂采用赤泥替代部分石灰石和黏土原料，一直沿用至今。近期新建了若干个利用电石渣作原料的水泥厂，大型化工厂的电石渣基本上都已被利用。利用工业废渣替代水泥原料，不仅节能减排，还可节省资源。

进入二十一世纪后，我国水泥工业技术结构快速调整，新型干法水泥产量占总产量的比例由 2001 年的 11%提高到 2010 年的 85%，从而使水泥熟料烧成煤耗大幅下降。一些优秀大型水泥企业的熟料标准煤耗已达到或超过 104kgce/t 的国际先进水平。全国水泥熟料平均标准煤耗由 2001 年的

150kgce/t 下降到 2010 年的 115kgce/t。技术结构调整导致节能减排的效果非常显著。

近期，水泥工业低温余热发电技术迅速发展并大量推广。水泥窑余热发电技术在我国经历了三个发展阶段。第一阶段是高温余热发电，即利用水泥中空干法回转窑排出的高温气体进行发电。1923 年大连水泥厂建成我国第一个高温余热发电装置。第二阶段是中低温余热发电，即利用水泥预分解窑排出的低温气体与补燃锅炉烧的高温气体混合成中低温气体进行发电。中国中材天津水泥设计研究院开发出的第一套带补燃锅炉的中低温余热发电装置于 1996 年在中国建材鲁南水泥厂建成运行。第三阶段是低温余热发电，即利用水泥预分解窑窑尾预热器和窑头冷却机排出的低温气体进行发电。1998 年海螺与中国中材天津水泥设计研究院合作，利用日本川崎重工公司赠送的全套低温余热发电装备，在海螺宁国水泥厂建成我国第一个水泥窑低温余热发电装置。自投产之日到 2007 年的十年间的平均吨熟料发电量为 36.24kWh，效果良好。这套装置的成功建成运行具有示范作用，推动了我国低温余热发电技术的发展和应用。

中国中材节能发展公司是由天津水泥设计研究院改组而成，是我国各阶段水泥窑余热发电技术开发和推广的基本力量。2003 年在中低温余热发电技术的基础上开发出具有自主知识产权的第一代低温余热发电技术，其主要特征是吨熟料发电能力为 3 140kJ/kg－ 28～35kWh。2006 年，开发出第二代低温余热发电技术，其主要特征是吨熟料发电能力为 3 140kJ/kg－ 38～42kWh。目前正在开发吨熟料发电能力更大的第三代低温余热发电技术。中国中材节能发展公司将低温余热发电技术成功地进行了推广应用，至今已在国内外 300 多条水泥新型干法生产线上建成低温余热发电装置，都取得良好效果。海螺创新投资公司与日本川崎重工公司组建了海螺川崎节能设备制造公司和海螺川崎工程公司两个中外合资企业，分别从事低温余热发电的设备制造和工程建设业务。海螺川崎设备公司引进了国际先进水平的川崎重工低温余热发电技术，根据海螺多年来积累的运行经验和中国装备制造技术的最新发展，对引进技术进行完善和创新，开发出具有多种独特优势的新一代低温余热发电技术。海螺川崎工程公司至今已在国内外建成投产了 141 套水泥窑低温余热发电机组。大连易世达新能源发展股份公司是 2005 年组建的合资公司，其主要业务之一是开发和承建水泥窑低温余热发电技术和工程。该公司在第一代低温余热发电技术的基础上已开发出第二代低温余热发电技术，至今已在国内外完成了 143 条水泥新型干法生产线的低温余热发电项目。我国从事水泥窑低温余热发电技术开发和工程的单位还有中国建材南京凯盛工程公司、中信重型机械公司和华效资源有限公司等。上述各单位的建立和发展使我国水泥行业低温余热发电技术迅速发展和推广。

由于政府部门节能减排政策的导向、煤价和电价的高涨，2005 年以来水泥企业低温余热发电技术的推广应用非常迅猛。到 2010 年，已有 692 条新型干法生产线上建设低温余热发电装置，占可设置生产线的 75%；已设置低温余热发电装置的生产线熟料产量为 8.54 亿吨，占同年新型干法熟料产量的 68%。2010 年水泥企业低温余热发电总装机容量为 4 210MW，发电 295 亿 kWh，节省标煤 991 万吨，减排 CO_2 2 378 万吨。中国水泥工业低温余热发电的装机容量、节煤量和 CO_2 减排量，与世界各国的水泥工业相比，都是首屈一指。

中国水泥行业在普遍推广低温余热发电技术的同时，协同处置城市废弃物方面也取得很大进展。人类社会在活动中会产生各种废弃物。随着社会进步，废弃物的数量和组成都发生变化。社会废弃物可分城市废弃物和农村废弃物。城市废弃物又可分为工业废渣、包括危险废物在内的工业废弃物、城市污泥、城市生活垃圾和城市建筑垃圾等。经研究和开发，水泥工业根据自身特点可以协同处置某些城市废弃物。长期以来，利用工业废渣作原料或混合材，消纳了大量工业废渣。近期在处置城市工业废弃物、城市污泥和城市生活垃圾方面取得了技术突破。

1995 年 10 月北京金隅集团北京水泥厂和中国中材天津水泥设计研究院合作建设的年处理 10 万吨城市工业废弃物作业线成功投产，开始处理包括危险废物在内的各种流体状或固体状的工业废弃物。此后，上海建材集团的金山水泥厂、湖北的华新水泥厂都相继开始处置本地的各种工业废弃物，华新还协同处置组成比较特殊的三峡库区漂浮物。2009 年 8 月中国中材天津水泥设计研究院和广州越堡水泥公司设计建设的日处理 600 吨污泥作业线建成投产，开始连续处置广州市污水厂污泥。其后，金隅集团北京水泥厂日处理 500 吨污泥作业线相继投产并连续运转。长期存在的污水厂污泥处理的难题得到破解。2010 年 4 月，海螺与日本川崎重工合作，在海螺铜陵厂建设的日处理 600 吨城市生活垃圾作业线成功投产，与通常采用的掩埋方法和焚烧炉处理方法相比，具有很大优越性。这条作业线具有自己的技术特点，属世界首创，已引起各界人士的重视。水泥企业协同处置城市废弃物不仅有助于保护环境，还能节省部分燃料，减少 CO_2 排放。预计未来几年，我国水泥工业协同处置城市废弃物的技术将迅速推广。

政府政策的导向和支持、多方的密切协作、不断研发和推广，使创建资源节约型和环境友好型社会的工作取得了显著成效。这是中国水泥工业强大的必然结果。

五、具有中国特色的特种水泥体系的形成

以中国建材研究总院为核心的科研、院校等单位，与生产企业密切合作，已开发出特种硅酸盐水泥、铝酸盐水泥和

硫铝酸盐水泥等三个品种系列，以此形成具有中国特色的特种水泥体系。

特种硅酸盐水泥品种系列中的大坝水泥应用于举世闻名的长江三峡大坝工程；油井水泥用于我国不同自然条件的油田固井；核电水泥用于核电站建造核反应堆的混凝土外壳；白水泥用于广大公用建筑和民用建筑的装饰装修工程。

铝酸盐水泥品种系列中的耐火铝酸盐水泥应用于水泥、石化、化工和冶金等工业的高温窑炉工程，以及航天地面工程；铝酸盐水泥用于制造现代建筑业中流行的干拌砂浆。

硫铝酸盐水泥品种系列中的普通硫铝酸盐水泥应用于南极长城站和中山站工程负温施工，用于为迎接建国六十周年而进行的北京天安门金水桥和长安街的抢修工程，用于玻璃纤维增强水泥制品；铁铝酸盐水泥用于北京燕莎桥、三元桥和航天桥的快速施工，用于高层建筑的冬季施工，用于东南沿海的海洋工程。

硫铝酸盐水泥品种系列是由中国建材研究总院于二十世纪七十年代到八十年代发明的，是中国拥有知识产权的品种。硫铝酸盐水泥品种系列已有三十多年的应用历史，近二十多年来年产量一直保持在100万吨到200万吨。在冬季施工、快速施工和海洋工程方面具有巨大应用潜力，有着良好的发展前景。硫铝酸盐水泥品种系列的产生和发展，给特种水泥体系赋以中国特色。

中国特种水泥体系完全满足了国民经济高速发展的需要，像油井水泥、白水泥和硫铝酸盐水泥等还出口到国外。

特种水泥是社会工业产品中不可缺少的组成部分。发展特种水泥是水泥工业转变增长方式进行可持续发展的重要措施。特种水泥品种体系的形成是中国水泥工业强大的重要方面。

中国已建立强大的水泥工业，但尚有不足之处，须在党中央科学发展观指引下继续努力。

1.坚持企业制度改革

在技术经济指标和财务指标方面企业间有一定差距，水泥行业提高效益的潜力很大。为提高效益，须通过进一步改革产权制度，完善激励机制与约束机制，充分调动管理层和员工积极性；通过管理制度不断改革，进一步建立和完善现代管理制度，提高科学管理水平。

2.理性开展企业扩张

近期水泥行业盲目扩张造成的不良后果屡见不鲜。当前一些水泥企业，特别是大型企业，都在两个层面进行扩张，一个是扩大产能，另一个是延伸产业链。扩大产能时，无论是新建扩建还是兼并重组，都须做好战略管理。新建扩建时应充分研究水泥厂建设三要素，即市场、资源和运输；兼并重组应把握好兼并三环节，即重组、融资和整合。为延伸产业链，目前许多水泥企业正在发展砂、石和商品混凝土等水泥上、下游产业，对此同样要做好战略管理，在市场分析的基础上充公发挥自身优势，克服不利因素，做到理性扩张。

3.继续调整工业结构

2010年水泥行业尚有15%的落后产量，要通过政府干预和市场竞争，加速淘汰落后产能，调整技术结构。此外，还要通过兼并和淘汰，进一步提高行业生产集中度，调整组织结构；通过市场开发，增加通用水泥高等级水泥销售比例和提高特种水泥产量，调整品种结构。

4.对创建资源节约型和环境友好型社会给力

水泥工业节能环保工作尚有很大空间。低温余热发电技术要继续推广和提高。协同处置城市废弃物已有良好开端，今后须在各级政府的支持下加速向深度和广度的方向发展。水泥生产须通过技术开发，进一步节能减排。水泥工业节能环保工作潜力很大，面临诸多新课题，任务艰巨，有待进一步研究开发，不断创新。

今年是中国共产党成立九十周年，又是“十二五”规划开局之年，在新形势下，面临新问题和新挑战，让我们在党中央和国务院的领导下，坚持科学发展，与时俱进，不断开拓创新，为中国水泥工业的更加强大而继续奋进。

★该篇文章发表于2011年7期《中国水泥》杂志。

欧洲水泥窑使用替代燃料的准则★

The norm of European cement kiln in using alternative fuel

◎建筑材料工业技术情报研究所 王新春

Wang Xinchun Technical Intelligence Research Institute of Building Material Industry

欧洲针对水泥窑替代燃料的质量有着较严格的要求，其主要体现在重金属和热值方面，政府、行业协会和企业都有相应的入厂要求，同时，水泥厂也要满足污染物排放方面的要求。

替代燃料质量要求

2007年欧洲污染物控制委员会的水泥工业最佳实用技术指南中总结了欧盟成员国对水泥窑替代燃料的重金属要

求，这些参数是基于单位热值提出的(见表 1)。

表 1　欧洲对水泥窑替代燃料中重金属含量的限定值范围

重金属	含量 mg/MJ
Pb	0.09～25
Cd	0.01～0.7
Cr	0.09～21
Ni	0.1～25
Hg	0.01～0.1
Tl	<0.01
Zn	0.5～625

在针对废物原料中的有害物限量问题上，欧洲没有统一的规定，各国根据以下情况设定本地区的限量标准，总的趋势是废物原料的有害物限量有放宽的趋势。欧盟国家对不同燃料品种中有害物含量的限定值举例(见表 2)。

表 2　欧盟国家对不同燃料品种中有害物含量的限定值举例(mg/kg)

	一般可燃废物①②	塑料、纸、纺织品、木等，一般废物的高热值组分	废溶剂、废油和废油漆
As	5～15	0.5～15	15～20
Sb	5	0.5～120(2001)	10～100
Be	5	2	2
Pb	200	300～800	150～800
Cd	2	5～27	1.0～20
Cr	100	250～300	50～300
Cu	100	500～700	180～500
Co	20	12～100	25
Mn		150～300	70～100
Ni	100	80～200	30～100
Hg	0.5	0.6～3.0	1.0～2.0
Tl	3	2～10	1～5
V	100	15～60	10～100
Zn	400	<2000	300～3000
Sn	10	70	30～100
Cl	1%	0.5～2.0%	0.4%
PCBs	50～100		100

注：①净热值 25MJ/kg。
②平均净热值 18 MJ/kg。

各国在制定限量时考虑的因素有：

1. 全国的环保标准和政策。

2. 在当地工业发展中水泥行业对环境造成的影响(因其他行业也造成影响，要考虑所有行业的累积影响，所以不能孤立地制定水泥行业的限定指标)。

3 与当地环保法规和标准协调考虑。

4. 传统原料中的有害物水平。

5. 废物处置的其他替代方法。

6. 废物的中位热值。

7. 废物中有害物的毒害性。

8. 水泥质量的要求。

除了欧盟和各国制定的标准外，欧洲特殊废物热处理企业协会也发布过一份水泥窑处置废物的要求，但水泥行业认为该要求过高，尤其是热值方面。

水泥行业污染物排放控制的准则

欧盟针对水泥行业污染物排放控制的法规有主要两部。一个是，欧盟委员会制定的综合污染预防与控制准则(IPPC)。另一个是，欧盟委员会制定的废物焚烧准则(WID)。

欧盟委员会《96/61/EC 关于综合污染预防与控制准则(IPPC)》旨在对能源工业、金属生产及加工、无机非金属矿业和制造业等各种活动所产生的污染实现综合预防和控制，规定了相应的措施进行预防，或和在预防措施不可行时，减少上述活动向大气、水体和土壤中的排放，包括有关预防和减少废物的措施，有效地保护生态环境。该准则规定的污染物排放限值依据是以最佳实用技术(Best Available Technology,BAT)作为基础，“最佳实用技术”是指生产发展的最先进、最有效的阶段及其运行方法，展示一些普遍适合作为排放限值设定基础的特定技术，从而阻止排放及其对生态环境的影响，如果无法阻止排放，那么通常可以减少排放及其对生态环境的影响，达到高标准的排放要求。该准则规定成员国应当确保主管机关密切地关注或知悉最佳可行技术的发展，据此，各行业根据技术进展修订《最佳可行技术参考》供环境主管部门和本行业参考，各成员国还根据本国情况规定了各行业的污染物排放限值。该准则规定的核心是污染排放许可证的申请、审查、颁发和持证保持方面的管理规定。对于水泥行业，不适用替代燃料的水泥窑，许可证受 IPPC 管理，各国设定相应的的污染物排放限值。

对于使用替代燃料的水泥窑，要满足欧盟焚烧方面的规定。欧盟委员会《关于废物焚烧的准则(2000/76/EC)》(WASTE INCINERATION DIRECTIVE,WID)整合和替代了原有的《垃圾焚烧厂准则》(Directives on municipal waste in－cineration plants89/369/EEC 和 89/429/EEC)和《危险废物焚烧准则》(Directiveon the incineration of hazardous waste ,规定焚烧炉和工业窑炉(co－incinerationplant,被称为共烧)焚烧废物(含危险废物)的技术和管理规定，其核心的管理规定是不论是焚烧还是共烧，都要获得经营许可证，为保证操作和技术水平规定排放限值。排放限值不再根据废物是否危险废物进行划分，而是根据焚烧炉或共烧的技术设备和监测设备而定。不过，当燃烧废物产生热量大于总热量 40%时，工业窑炉的污染物排放和管理要求按照焚烧炉执行。WID 对水泥窑处置废物的污染物排放提出限值要求，总体上看，焚烧炉的排放限值和监测频度比水泥窑的严格，主要是固体颗粒物、SO_2 和 NO_x 浓度及排放量、排放浓度方面要求的严格。而处置废物的水泥窑的要求要比不处置废物的水泥窑要求严格。纳入许可证管理的不只是废物排放限值。WID 对焚烧和共烧厂废物检验、接收、预处理提出要求，尤其对危险废物提出更多要求，此外设定焚烧和共烧的操作设备的最低技术条件，以及监控方面的要求，例如，要求 NO_x、CO、总固体颗粒物、TOC、HCl、HF 和 SO_2 连续监测，但对 HC1、HF 和 SO_2 可以在确保排放不超标的条件下定期检测，每年 2 次检测重金属、二 英和呋喃等。

此外，WID 还有公众信息获得、信息报送、执法、处罚、非正常生产等方面的要求。WID 还要求欧盟成员国根据本国实际制定排放限值和本国管理规定，例如，同时考虑 1999/30/EC准则设定固体颗粒物、SO_2、NO_x 和 Pb 的排放限量，对于水泥企业 CO 排放，各国环保机构可自己设定。基于 WID 各成员国设定了水泥窑处置废物的污染物排放限值，总体上来说，各国的指标并不比 WID 严格，其中德国和瑞典是欧洲也是世界最严格的，从 2002 年 10 月 1 日起德国规定（TA－Luft），水泥窑使用替代燃料时即按焚烧炉的粉尘排放标准执行。

WID 关于重金属的规定遵从联合国欧洲经济委员会于 1979 年《关于长距离跨界空气污染物中重金属的协议》（1979 Convention Onlong － Range Transboundaryair Pollution on Heavymetals）。WID 对 Hg、Cd＋T1 及其他重金属总的排放做了要求，德国、葡萄牙、西班牙和英国按照此分类设定限值，其他国家有所不同，瑞典还对每种重金属的排放量进行了限定（见表 3）。

表 3　瑞典对水泥窑处置废物的重金属排放要求

参数	限值（mg/m^3）	控制周期	控制方式
Cd	0.0002	3 小时	现场
T1	0.006	3 小时	现场
Hg	0.001	3 小时	现场
Sb	0.004	3 小时	现场
As	0.01	3 小时	现场
Pb	0.04	3 小时	现场
Cr	0.1	3 小时	现场
Co	0.004	3 小时	现场
Cu	0.06	3 小时	现场
Mn	0.16	3 小时	现场
Ni	0.065	3 小时	现场
v	0.01	3 小时	现场
sn	0.08	3 小时	现场

《废物准则》（2006/12/EC）（Directive 2006/12/EC of the European Par－Liament And of the Council of 5 April 2006 on waste）整合了 1975 年颁发的欧共体废物框架文件（1975/442/EC）及其修订版，在欧盟范围和成员国内建立预防、再利用为指导原则的管理体系。

2003 年 2 月 13 日欧盟的裁决法庭判定水泥窑使用替代燃料是资源回收，而替代燃料在焚烧炉中焚烧归为废物处置。这将有利于欧盟的下一个的版本焚烧法规继续提倡共烧。比较 IPPC 和 WID 各国对水泥窑污染物排放的要求，烧废物的严格于不烧废物的。欧盟的《废物填埋准则（1999/31/EC）》限制填埋可生物降解的废物，禁止液态和未处理的废物填埋。德国、荷兰和瑞士法规更加严格地限定废物填埋处置，使这几个国家焚烧成为废物处置的主要手段。这一规定促进了包括水泥窑在内各行业废物焚烧比例的提高。

★该篇文章发表于 2011 年 7 月 18 日《中国建材报》。

2010 年度世界水泥 6 强发布★

——对我国水泥企业集团在国际上如何做强的思考

The release of the top 6 in world cement 2010

◎中国水泥协会高级顾问　高长明

Gao Changming　Senior Consultant of ChinaCement Association

按照近 40 年以来的惯例，今年 8 月初世界公认的三大水泥评议机构——欧洲水泥统计局、国际水泥评论杂志社（ICR）和世界水泥杂志社（World Cement）分别发布了 2010 年度世界水泥 6 强的名单，三者的排名完全一致。

这三家世界水泥评议机构认为，称得上世界水泥顶尖级的企业集团与 2009 年度的相同，2010 年度也只有 6 家，分别为瑞士的 Holcim、法国的 Lafarge、德国的 Heidelberg、墨西哥的 Cemex、意大利的 Italcementi 和 BuzziUnicem。除此 6 强之外，它们均首先提到了中国的中国建材集团（CNBM）和安徽海螺集团（Conch），认为这两家的发展势头强劲，值得关注；其次还提到了 Vicat、CRH、Dangote、山水、中材（Sinoma）及印度等国的大型水泥集团，认为这些水泥企业的发展也不可小视，最后才提到了 Votoran－tim、Eurocement 和太平洋水泥集团。

表1　2010 年度世界水泥 6 强

公司名称	Holcim	Lafarge	Heiclelberg	Cemex	Italcementi	Buzzi Unicem
水泥销售(亿吨)	1.367	1.357	0.784	0.657	0.544	0.266
水泥产能(亿吨)	2.115	2.132	1.121	0.961	0.807	0.425
水泥厂数目	156	168	86	63	60	39
商品混凝土销售(万立方米)	4 590	3 400	3 500	5 100	1 140	1 440
搅拌站数目	825	1 139	617	1 997	348	563
集料销售(亿吨)	1.579	1.932	2.397	1.585	0.367	0.107
采矿点数目	456	579	～690	367	90	33
总营业额(亿欧元)	156.91	161.69	117.62	140.69 亿美元	47.91	26.48
净利润(亿欧元)	8.57	8.27	3.43	13.04 亿美元	0.46	0.64
员工总数	～81 000	～68 000	～52 000	～47 000	～21 000	～12 000

表2　2010 年度世界水泥 6 强的利废与污染物排放概况(全公司平均值)

公司名称	熟料热耗	水泥的熟料系数	替代原料占总用量	替代燃料占总用量	单位污染物排放			
					粉尘	SO_2	NO_x	CO_2
	kJ/kg·cl	%	%	%	g/t·cl	g/t·cl	g/t·cl	g/t·cl 水泥
Holcim	3558	71.5	11.0	12	112	252	1530	599
Lafarge	3660	74	11	11.7	149	425	1791	606
Heidelberg	3770	76.1	11.6	22.7	265	418	1210	601
Cemex	3656	76	11.8	20.3	89	334	1134	629
Italcementi	3867	81.6	5.7	5.4	193	360	1672	714
Buzzi Unicem	3954	79.8	6.5	18.4	184	237	1760	690
德国排放标准					30～90	150～600	600～1200	
中国排放标准					150～300	600～1200	2400	

对于每年一度的所谓世界水泥诸强名单的发布，我国水泥界有些人士一直存有一种不理解以至不理睬的心态，认为一家年销售水泥不足 3000 万吨的公司竟然被名列世界水泥诸强，实在难以想象，而中国早就有好几家产量超过 5000 万吨的水泥集团却没有一家能挤身世界水泥诸强之列，岂非有失公平、公正；既然你不承认我，我也就可以挑战你的权威。所以就自我宣称本公司为世界水泥第×等。加之有些媒体的过度渲染，一时间关于如何评议中国水泥集团在世界排名中的位置，就成为中外水泥界双方颇具敏感的话题。

为此从本世纪开始，本人就一直在做中外水泥界双方的沟通交流，互尊互学，合作共赢的促进工作，相继发表了《世界水泥 10 强评议的基本标准与要求》《跻身世界水泥 10 强不仅仅靠产量》等系列文章(见《预分解窑水泥生产技术及进展》P. 182～192，化工出版社，2005 年)。向我国水泥界基本上解释清楚了所谓的不公正'疑问，开始扭转了中外水泥界双方缺乏互相了解与交流合作的局面。我国的一些特大型水泥企业集团开始集中精力苦练内功，夯实基础，对外宣传方面渐趋低调，告诫媒体无需再去自说自话地给自己冠以虚。不多时，国际评议机构对此也作出了积极的回应。虽然尚未将我国的龙头企业集团评为世界水泥诸强之列，但已将中国建材和海螺集团置于其相应的地位，表明了这些机构的科学性和公正性。事实证明，只要我们自己把各方面的工作都做好了，随着知名度和影响力的日益提升，国际社会是不可能视而不见的。

关于我国水泥企业集团在国际上如何做强，名至实归地跻身世界水泥诸强的问题，结合当今国内外水泥工业的具体格局及其发展趋势，笔者重申下述殷切期望。

首先，花大力气认真做好并书面提交每一年度本企业针对水泥行业的三大报告，即社会责任报告、环境及能耗报告、员工身心健康与生产安全报告；这是现今入围世界水泥列强的必需条件，否则就有可能被一票否决，丧失入围资质。实际上，这三个报告也正是我国每一家水泥企业意欲整体提升到一个更高层次所必需做好的基础工作。我国中国建材从 2009

年开始已提交了年度社会责任报告，获得业界好评。这是一个良好的开端，虽然在该社会责任报告中包含了若干涉及环境、能耗、排放和安全生产方面的内容，但它仍属本企业集团所涉诸多不同行业的综合性报告，希望今后能逐步细化为水泥行业的三大报告就更臻完善了。显然我国的水泥企业在这方面应向中国建材看齐，尤其是那些特大型水泥企业更应加紧部署，努力赶上。

其次，对于所有的应公之于众的信息，我国水泥企业都应做到尽量透明及时，不要只报喜不报忧，尤其是涉及人身安全或工伤事故等更要透明，要与国际惯例接轨，摒弃习惯于'私了'的陋弊，特别要注意应将每百万工时（约 500 人工作 1 年）的工伤死亡数控制在 1 人以下。增加安全生产方面的投入，确保全体员工的身心健康。

最后，谨向我国水泥行业龙头企业的掌门诸公们进一言，因为若干年以后，在您们的这些企业中很可能会有几家跻身世界水泥诸强之列，从策略出发，笔者谏请您们保持适当的低调，韬光养晦，婉绝媒体溢美之词，加强国际交流合作，早日拿出高质量、高水平的三大年度报告来。届时，中国企业名列世界水泥诸强也就是顺理成章，水到渠成之事。反之，如果我们操之过急，万一有所疏漏，造成欲速而不达，岂不又要多付出一大笔不必要的'学费'和一段漫长的时光？从长计议，综合权衡各种可能出现的利弊和风险，稳扎稳打当属上策。

★该篇文章发表于 2011 年 9 月 19 日《中国建材报》。

中国水泥工业挺进国际市场的思考★

Reflection on Chinese cement industry advancing into international market

◎中国水泥协会高级顾问　高长明

Gao Changming　Senior consultant of China Cement Association

从上世纪末开始，我国逐渐开拓现代化水泥厂成套生产线装备出口业务以来，经历了 10 多年的努力，现今已占有国际市场 1/3 的份额，而且增长势头仍在继续之中。这里所谓的国际市场系指除中国大陆以外的全部海外市场。最初，我国的出口对象大多是一些发展中的南亚国家，水泥装备的产能及其技术含量都较低，而现今的出口对象已上升到中东、北非、拉美，甚至欧美等发达国家，装备技术水平已达到国际先进之列，熟料产能可达 5000t/d 或 10000t/d。至今已创建了数百条海外水泥生产线的业绩，全都运转良好，客户满意，因而颇具国际竞争力。对此许多欧洲经济专家、水泥专家、世界着名的大型跨国水泥集团，以及欧洲老牌的水泥装备供应厂商等感受颇深。中国水泥工业的崛起，对他们的传统市场范畴是一个严峻的挑战。

2011 年 10 月在庆祝国际水泥界最享盛誉的德国 ZKG 国际杂志创刊 100 周年的集会上，着名德国水泥经济技术专家 Joachim Harder 博士发表了长篇书面报告，题为《中国发现世界》，其实他的核心意思就是中国水泥工业挺进世界市场。兹将其主要内容摘要整理如下，供我国水泥界同仁参照思考。

1.表 1 列举了 2005～2009 年世界主要国家直接对外贸易中涉及机械装备和工厂建设方面的金额及其在总额中的占比。

表 1　各国在机械装备及工厂建设方面对外贸易的金额　　单位：亿欧元

年　份	2005		2006		2007		2008		2009		平均年复合率%
国　别	金额	占比%	金额	占比%	金额	占比%	金额	占比%	金额	占比%	
中　国	1220	9.5	1600	11.1	2090	13.4	2710	16.9	3400	24.7	+29.5
德　国	1740	13.5	1920	13.4	2150	13.7	2320	14.5	1780	12.9	+0.6
欧洲各国	3710	28.7	4160	29.1	4600	29.4	4730	29.6	3620	26.3	−0.7
美　国	2580	20.0	2760	19.2	2690	17.2	2370	14.8	1990	14.4	−6.3
日　本	2020	15.7	2040	14.2	2030	12.9	1970	12.3	1390	10.1	−8.9
世界其他各国	1630	12.6	1870	13.0	2090	13.4	1900	11.9	1590	11.6	−0.7
合　计	12900	100	14350	100	15650	100	16000	100	13700	100	+1.2

表一：各国在机械装备及工厂建设方面对外贸易的金额可以看出，中国在该项对外贸易中由 2005 年的 1220 亿欧元，占全球 9.5%，上升到 2009 年的 400 亿欧元，占全球 24.7%，平均复合年增长为 29.5%。相反地，除德国和欧洲各

国基本维持原状外，日本和美国均有较大的下降，其平均复合年削减率分别为8.9%～6.3%。这方面，中国可谓是一枝独秀。在这样的大背景下，中国成套水泥装备及水泥厂建设总承包(EPC)出口工程项目也实现了长足的发展。

以中材国际Sinoma为例，其2010年已签署的水泥EPC海外项目合同金额为22.5亿美元，再加上中国其他各有关水泥企业集团所签约的金额，中国在国际水泥工程项目中的市场份额已达36%；如果以合同的熟料总产能计，中国则占国际市场的近40%。

应该指出，中国公司提供的服务为EPC。而欧洲公司仅提供EP，不含水泥厂的土建工程费用。如果以欧洲惯用的单纯以成套水泥装备的金额来比较的话，那么中国在国际市场上的份额约为26%左右。由此可见，仅就水泥装备和工程服务费的价格而言，中国的比欧洲的约便宜30%。这是中国供应商在国际市场上颇具竞争力的一个主要原因。

在成套水泥装备生产线中，包含所有工艺、机械、电气、自动控制、化验检测等全部主辅机，以及备配件供应等，中国制造的装备在成套装备中所占的比例正在日益提升之中。这表明中国在研发大型先进的关键装备，例如立磨、篦冷机、辊压机、袋收尘器、喷煤管、快速提升机、熟料拉链机等方面已经取得实效。对若干欧洲供应商的“补缺”性依赖逐渐减少。

2005年纯中国制造的装备，在其成套出口装备总金额中平均为45%，2010年已上升到65%。如果2015年将达到85%以上，那么曾经多年来因帮助中国供应商在关键装备方面“补缺”而得益的Loesche、LKN、C－p、Pfeiffer、Pillard、Siemens ABB等大公司，估计他们今后来自中国海外项目的订单将会逐渐减少。显然，中国制造装备的比例越大。则中国供应商的竞争力、盈利能力、市场影响力将随之上升。这对欧洲老牌供应商FLSmidth、P0lvsius、KHD等无疑是多了一个有力的竞争对手。

2.面对这样严峻的形势，所有西方供应商只有一条有效的对策，那就是大力推行革命性全方位的重大技术创新，增加研发投入，才能确保技术领位。竞争是好事，竞争促创新，创新促科技进步，促发展，促共赢。相信现今世界水泥工业正孕育着若干重大的技术创新，酝酿着一场更大的科技变革。

欧洲的水泥装备公司与中国的新兴公司相比。其历史悠久，品牌价值高。目前，除了工艺技术和装备制造等方面仍占有一定优势以外，在国际水泥工程项目的高端市场也占有相当的优势。高端市场严格的环保标准，追求长期效益的客户，较高的品牌忠诚度，以及文化与价值观的认同等，这些都是对欧洲供应商有利的因素。但是应该看到，这些因素并不是确定性的，当然也不能依赖他们来赢得或保持市场份额。

2010年中国水泥产量18.6亿吨，占世界总量的53%，预计2011年将达21亿吨以上，占世界总量58%。然而中国人口13.46亿，占世界人口19.3%。2011年中国人均水泥消耗将为156吨。是世界平均值的3倍。如此巨大的产量，足以保证中国在水泥产量方面的绝对优势。一般预测。中国水泥消费量的拐点可能出现在2015年前后，届时水泥产量近25亿吨，之后才会缓慢地下行。因而中国水泥产量世界第一的地位还将保持一段相当长的岁月，然后可能会被印度所替代。

Harder博士在报告的结尾，讲了一段似乎是调侃的话，“如果中国制造的装备在国际水泥工程项目中的比例持续不断地增长，那么留给西方水泥装备供应商的似乎就只有一个企望，那就是等中国水泥产量发展到拐点以后，随着其国内对水泥需求的减少，中国水泥工业也会像上世纪90年代的日本水泥工业那样，逐渐地对水泥成套装备的国际市场失去兴趣”。

这是一段十分耐人寻味之言，Harder先生到底是持悲观或乐观的态度，还是一种无可奈何花落去，但求力争维持现状的心情，令人捉摸不透。但是有一点是肯定的，当时的日本水泥工业无论在产量、装备制造和国际市场份额等各方面均远远不及我国现有的规模和实力。在那种国内外各种因素制约下，当时日本水泥工业才无奈地逐渐淡出了国际市场。显然，企望这种情况将会在我国重演，这种可能性及其渺茫。Harder先生应该不难作出正确的判断。但是他又为何还要如此说呢？或许是为了激励西方供应商努力创新，抓紧研发，确保技术领先，才能谋求生存发展。

★该篇文章发表于2011年10月31日《中国建材报》。

我国水泥行业并购重组现状和特征★

Status quo and feature ofChinese cement industry in acquisition and reorganization

◎中国水泥协会课题研究组

Project Research Group of China Cement Association

本研究报告共计搜集到了262个案例，涉及约4亿多吨的水泥产能。初步统计分析，“十一五”之前水泥行业发生的并购案例不多，“十一五”期间并购才开始逐渐增多并呈快速上升态势。与国外水泥大集团之间的并购不同，国内水泥并购还处于较低层次，大部分被收购的企业规模都不大。水泥行业以横向并购为主，而对产业链上下游的资源进行的垂直并购仍鲜见，主要集中在熟料生产领域，对混凝土、集料、乃至煤炭、房地产业务相对涉及很少。

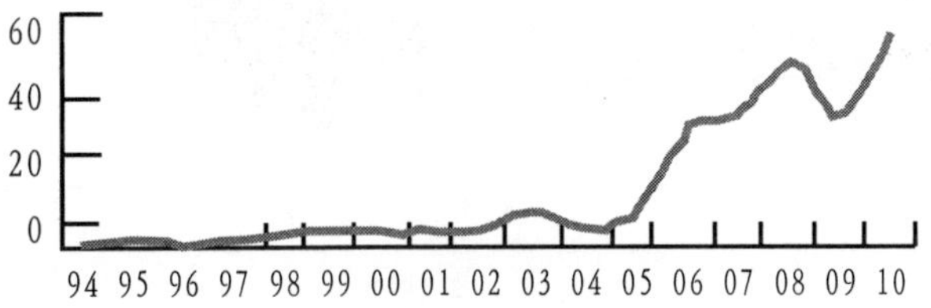

历年水泥并购案例数(个)

来源：中国水泥协会·数字水泥

一、行业并购还处于初级阶段

由于中国水泥工业的产品市场处于需求增长期、技术市场处于淘汰落后阶段，按照并购发展时间和发展程度判断，我国水泥产业的并购还刚刚处于初级阶段，基本上是大企业收购小企业扩大生产规模；而发达国家水泥市场已相对成熟，需求增量空间不大，甚至出现持续下滑，为维护利润，大企业联合势在必行。

二、集中度虽逐步提升，但仍然偏低

在国家发改委等八部委2006年发布的《关于加快水泥工业结构调整的若干意见》中提出，到2010年"企业平均生产规模由2005年的20万吨提高到40万吨左右，企业户数减少到3 500家左右。水泥产量前10位企业的生产集中度提高到30%；前50位企业生产集中度提高到50%以上"。

近年来随着并购的进行，水泥企业的平均规模与集中度明显提高，但与国外相比仍处于较低水平。以2010年的数据分析，企业平均规模达38万吨，前10大企业的水泥生产集中度为25.5%，距此前提出目标还有一定差距。

三、并购主体以央企、国企为主

从1994～2010年发生的兼并重组案件来看，根据统计央企占的比例最高为47%，其次为国企30%，之后为民企12%、境外资本为11%。央企的代表企业为中国建材、中国中材、华润水泥。国企也是国内水泥收购的主体之一，起步较早，主要以海螺水泥为代表。国外企业在境内发生并购的主要分为两类，一是国外产业资本收购国内水泥企业。如Lafarge收购四川双马，Holcim控股华新水泥，Heidelberg参股冀东扶风和冀东泾阳，CRH收购小岭、参股亚泰水泥等；二是国际金融资本参股国内水泥企业。如摩根、鼎辉入股山东山水，高盛参股蒙西水泥、红狮水泥，KKR参股天瑞水泥等。

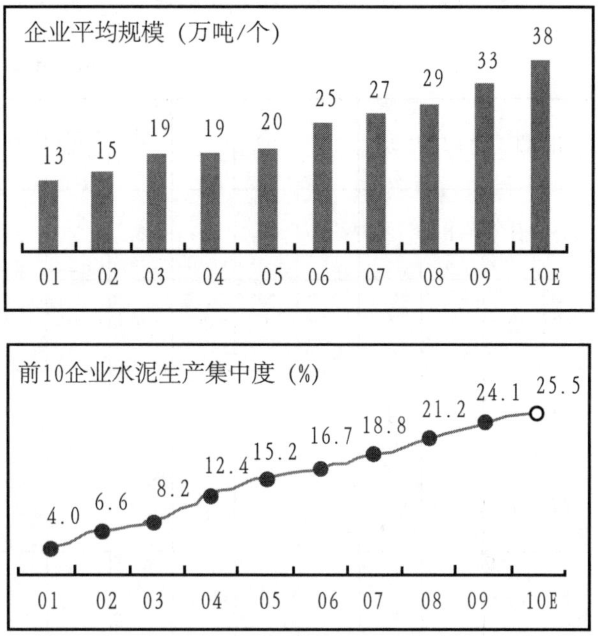

图2

各类型企业并购案例数目

细　目	94	95	96	97	98	99	00	01	02	03	04	05	06	07	08	09	10	合　计
合　计	1	2	1	2	4	5	5	4	6	10	6	11	31	35	49	35	55	262
央　企						3		1		1	2	1	20	20	33	17	26	124
国　企		1	1	2	4	1	4	1	3	7	4	4	8	4	10	10	15	79
民　企							1	2	1	2		1	1	6	2	6	9	31
境外资本	1	1				1			2			5	2	5	4	2	5	28

来源：中国水泥协会·数字水泥

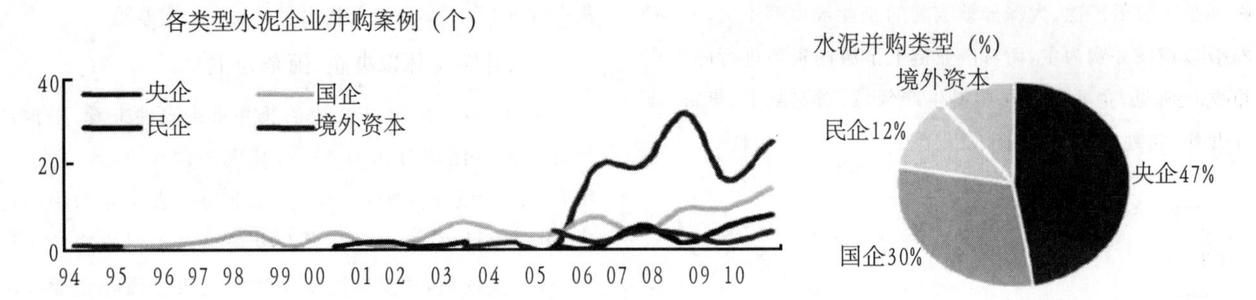

图 3

四、从自然竞争走向区域市场控制

水泥供应量大，运输成本很高，销售半径扩大意味着运输成本增加，因而形成区域性主导企业的整合并购就成了行业并购的重要特征，达到对区域市场的控制。

从 1994～2010 年发生的兼并重组案件统计来看，华东区域占 43.1%，中南区域占 17.6%，华北占 14.5%，东北、西北、西南依次为 11.5%、9.9%、3.1%。

华东是我国经济最先启动和最发达的地区，也是水泥产业活跃地区，中联水泥、南方水泥，山水集团等强势企业都聚集在这里，从而成为了行业并购案例发生的主要区域。

各区域企业并购案例数目

细目	94	95	96	97	98	99	00	01	02	03	04	05	06	07	08	09	10	合计
合计	1	2	1	2	4	5	5	4	6	10	6	11	31	35	49	35	55	262
华南				1	3	2	3	4	3	3	3	2	18	25	25	10	11	113
中南		2	1		1	3	1		1	1	1	3	4	1	13	7	7	46
西北										4	2	3	4	2	4	3	4	26
西南									1			2			1	2	2	8
华北	1								1	1			3	4	3	5	20	38
东北				1			1			1		1	2	2	4	8	10	30
跨区域																	1	1

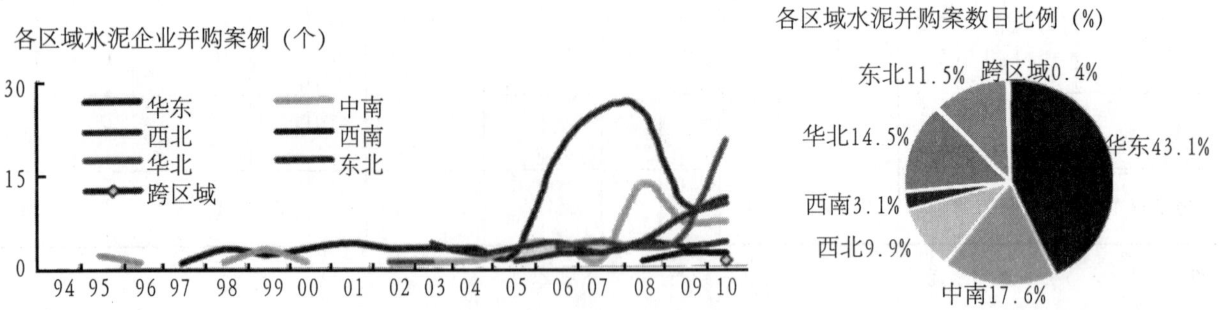

图 4

来源：中国水泥协会·数字水泥

从历年发生的兼并重组案例看，华东排在第一位，兼并重组的数量远高于其他区域，后面依次中南、华北、东北、西北和西南。

地处中部的安徽海螺水泥是我国最早开始大规模并购的企业之一，从上个世纪90年代开始，海螺水泥立足安徽本地拓展，并在浙江、江苏、上海收购了一批企业，甚至是落后立窑，进行改造，转型粉磨站，实现了沿长江一线挑起安徽生产基地和长三角水泥市场的布局。之后，企业布局的形成、技术的稳定、管理的提高，使海螺的发展战略从并购转向新建。

山水集团同步于中联水泥加大在鲁北的收购，从而形成了两大集团划分山东市场的格局。随后向东北的辽宁、华北的内蒙古和山西推进。

华润水泥继成功进入两广区域之后，于2008年收购海南国投并落子福建，形成华南市场的连线布局，并通过垂直收购山西、内蒙古煤炭资源，建立山西大区，控股蒙西水泥。

以冀东、金隅为主基本完成了京津冀水泥市场整合；中联水泥、冀东、山水、华润、金隅等大企业一致看好华北市场。2010年华北并购案例达20多个，成为全国并购案最多的区域。

相比之下，东北的并购刚刚起步。主要原因是东北地区水泥需求市场无明显上升，加上亚泰、冀东早已在此站稳脚跟，并购发展一直较为缓慢。2009年北方水泥成立，成为东北区域并购的重要事件，推动了东北市场的并购。长期扎根东北的亚泰水泥开始整合黑龙江和吉林市场，山水集团则通过收购老牌企业工源水泥，成功进入辽宁市场。

西北水泥市场虽然启动滞后，但区域龙头企业在中材集团的引领下，采用在市场启动前期先行整合的先进理念，成功完成了新疆天山、甘肃祁连山、宁夏赛马的并购，从而形成新、甘、宁、青一统格局。

西南市场目前企业布局相对分散、竞争激烈，由于缺乏区域性龙头企业，市场基本上处于分散和无序竞争状态。目前在云贵川渝三省一市范围内，大规模的行业整合尚无明显迹象。海螺、冀东、中联等大型企业虽已进入布点，但到目前，还仅限于单点收购状态，下一步是否有大动作尚待观察。拉法基瑞安水泥虽然在三省一市都有布点，但由于规模优势不凸显，对市场的调控能力有限。

在水泥行业"十一五"期间的并购重组中，台泥一次收购昌兴矿业2 000万吨水泥规模项目成为水泥行业的重大事件。与国内并购仍处于大企业并购小企业的初级阶段不同，此次并购双方均已具有相当的规模实力，属大集团之间的强强联合，呈现出打造跨大区域水泥大集团的态势。在一定程度上符合国际水泥行业完全垄断特征，从而显现出国内企业并购的差距。

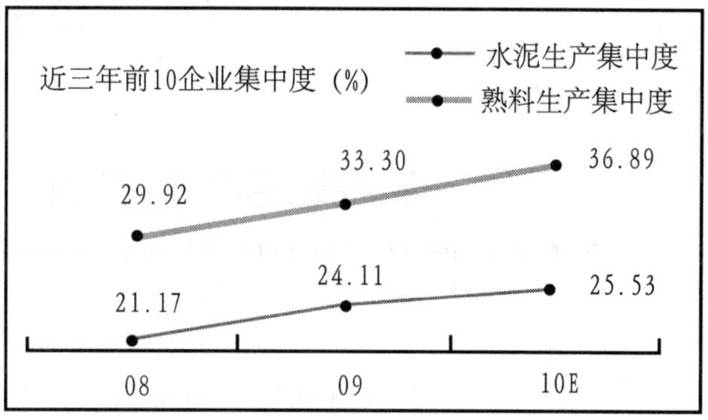

图5

五、企业兼并重组中存在的两大问题

对"十五"和"十一五"期间水泥行业并购重组案例分析可以看出，多数并购的目的旨在企业自身产能的扩张，虽然这是企业发展阶段必不可少的过程，但也带来两个方面的突出问题，影响了并购重组后企业竞争能力的增长。

1.习惯于外延性的发展模式，不够重视内部整合

已发生的绝大多数的企业兼并重组基本上停留在资本市场层面上，大集团利用资本和技术的优势对中小企业进行兼并重组，对重组后的小企业再通过新线建设或技改扩大产能，基本上走的是外延式的规模扩张模式。而随着规模的扩张，普遍存在企业内部资源的整合进度相对缓慢，企业的管理、文化建设和更新速度跟不上规模放大后的管控，效益的增长低于规模增长的速率。

2.熟料产能与水泥粉磨能力不配套

企业在收购时大多注重石灰石矿山储量和熟料生产线能力等方面，但对配套的水泥粉磨能力往往忽略。收购后还要完善水泥粉磨配套能力或再投资兴建水泥粉磨站。根据对近三年前10家企业的水泥生产集中度和熟料生产集中度的调查分析，水泥生产集中度持续低于熟料生产集中度，且差距有逐渐拉大的趋势。2010年熟料生产集中度达到41.3%，而水泥生产集中度为25.53%，相差15.77个百分点。

大企业把水泥熟料外卖给水泥粉磨站（特别是由淘汰落后产能转产的中、小型水泥粉磨站），失去了大企业对水泥终端市场的调控能力，也减少了大企业产品品牌对市场的影响力，甚至为假冒伪劣水泥产品提供了契机，没有同步实现产能规模扩张、市场调控加强的兼并重组目的。

★该篇文章发表于2011年11期《中国水泥》杂志。

2012 年
Year 2012

加快转变发展方式　推进行业转型升级★

Speed up transformation and development mode and boost industrial transformation and upgrading

◎ 中国建筑材料联合会会长　乔龙德

Qiao Longde　Chairman of China Building Material Federation

2012 年中国国际水泥峰会的主题是"延伸水泥产业链，促进企业转型升级"。这个主题切中了水泥工业发展历史进程中的要害，是水泥界同仁对水泥工业发展客观规律的认识与把握，是全球水泥工业发展的探索与共同需要。我国政府在"十二五"发展目标中，把加快转变发展方式作为发展经济和促进社会进步的主线，建材行业及水泥行业更是坚定不移地要把加快转变发展方式、推进行业转型升级作为行业发展进步的主旋律，作为当前经济稳中求进的支撑点，作为奠定行业未来发展的根本前提。这是我国建材工业，尤其是我国水泥工业在总产量占到全球产量 50%之后如何继续发展、如何实现更好的发展所面临的转折性的必然选择。

十一届全国人大五次会议确定了 2012 年我国经济社会发展的主要预期目标是：国内生产总值增长 7.5%。其目标略微调低，主要是与"十二五"规划目标逐步衔接，引导各方面把工作着力点放到加快转变经济发展方式、切实提高经济发展质量和效益上来，以利于实现更长时期、更高水平、更好质量的发展。

从总体上看，我国发展仍处于重要战略机遇期，在较长时期内继续保持经济平稳较快发展具备不少有利条件。工业化、城镇化和农业现代化快速推进，消费结构和产业结构升级蕴藏巨大的需求潜力；经过 30 多年改革开放，我国经济发展建立了良好的物质基础和体制条件，宏观调控经验不断丰富，企业竞争力和抗风险能力明显提高；东部地区创新发展能力增强，中西部地区和东北等老工业基地发展潜力有序释放；经济发展的传统优势依然存在，劳动力资源丰富、素质提高；财政收支状况良好，金融体系运行稳健，社会资金比较充裕，经济发展具有潜在的优势。

我国建材工业 2012 年总体上仍然会保持平稳较快增长，只是在产业之间和产业内部的增长结构上有所调整。就水泥行业来说，整体的产量、销售收入等主要指标都还会有一定程度的增长。但是这种增长一定要贯彻落实政府工作报告中提出的"控制总量，优化存量，推动企业兼并重组，提高产业集中度和规模效益"的要求，在严格控制新的增量、加快淘汰落后产能、延长产业链、挖掘内部潜力、合理配置资源的前提下实现更高质量的发展。延伸水泥产业链，促进企业升级转型，是我国水泥界正在面对与探索的一个热门话题，这是因为我国水泥界的同仁已经认识到了水泥工业的发展不能再继续原来的发展模式，从根本上来说是要进一步创新技术，围绕节能减排将新技术作用于降低能耗和减少排放。从现阶段来说，要创造条件主动延伸水泥产业链，发展骨料、商品混凝土、水泥制品，以至发展粉体加工、矿业开采、绿色生态建设和节能环保产业等。但是推进这个具有深刻意义的举措，无论从思想认识、社会资源配置与协调、市场布局与建设应用、与节能减排的结合点、相关政策与管理体制、统计归口等许多方面都还存在一些问题与困难。

我国建材行业在借鉴国外水泥界的宝贵经验与做法的同时，要结合水泥行业的实际情况加以深化和落实。中国建材联合会和中国水泥协会要在汲取国内外水泥企业成功经验的基础上，培育一批延伸水泥产业链、促进企业转型升级的试点企业，在取得成功之后予以推广。

转型升级、延伸产业链是我国建材行业的战略任务和工作重心，在"十二五"期间，一定要有所作为、有所突破、有所发展。尤其是水泥行业，再延用现在的技术水平，再延续目前的资源能源消耗水平，再延续现有的排放水平。再僵持资源能源消耗型的发展方式不变，将成为历史的"罪人"。我们一定要遏制重复建设和改变靠增量求发展的发展方式，既要保证控制总量，更要严格控制新的增量，并淘汰落后。但是绝不能因为不增总量和不再允许新的增量而放慢或者停止发展，从根本上来说还要加快发展，关键是要在改变发展方式、以提升技术促进节能减排为主要目标的前提下加快发展，提升发展水平。我们要把加快发展的支撑点和落脚点定位在转变发展方式，延长产业链，增加产品深加工和制品业，从而提高附加值，做品牌、做精品。最终真正实现资源能源效益型和低碳排放，走向绿色节能效益，使建材工业成为体现绿色和促进社会进步型的行业。这是我们必须的选择，因此我们要不惜一切代价，致力于攻坚并达到转型升级的目的，使我国建材工业尤其是水泥工业通过新一轮的发展与提升，不仅要向国际最先进的大企业对标，而且要在不远的将来超越与引领世界水泥工业的发展，为建材工业的发展和人类进步做出应有的贡献，为我国朝着由"大而较强"转型升级为"又大又强"的建材工业强国而努力。

★该篇文章是中国建材联合会会长乔龙德在3月29日举办的2012年中国国际水泥峰会上的讲话。

控制增量 创新技术 转型升级 向国外转移产能★

Control increment, innovate technology, transform and upgrade and shift capacity abroad

◎中国建筑材料联合会会长 乔龙德

Qiao Longde Chairman of China Building Material Federation

我国水泥工业的发展，在总体方向和发展目标方面已经有了共识，但是在不同的阶段，不同时期采用什么发展方式和途径很有必要进一步统一认识。中国建材报"2012中国水泥工业要览"围绕"转型升级，遏制过剩"的讨论很有必要，对于中国水泥工业总量过剩之后，如何转型升级、减少曲折、少走弯路很有现实意义。

一、在正确认识水泥工业取得的成绩和进步的同时，更要看到目前产能严重过剩带来的危害，才能冷静地认真地能动地对之

我国水泥工业，截至2011年年底，总产量已经达到20.85亿吨，占到全球总产量的58%。其中代表先进生产力的新型干法水泥比例占到总产量的89%。在结构不断优化的同时，产业集中度不断增强，位列前十位的水泥企业产量已经达到5.9亿吨，占全国水泥总产量的28.3%。吨熟料的平均热耗折标煤≤110公斤，平均粉尘排放浓度小于50毫克。尤其是我国大型的装备水平接近和已经达到国际先进水平，以建设整条水泥生产线为特征的工程总承包已经在全世界几十个国家和地区建成工程项目。在满足了我国国民经济快速发展的同时，水泥企业自身的技术装备水平、环境治理表现、经济实力、员工收入等诸多方面都取得了巨大的进步和变化。

但是在看到成绩和进步的同时，还必须看到发展中的问题。现阶段的发展以已有水平的重复为主体，造成了产能过剩和技术创新提升不足同时存在。在水泥生产主要技术装备得到提高和进步的同时，辅件、软件、配套件的发展相对滞后，使主机应有的效能不能完全发挥。在国内市场增量的强劲拉动下，产业布局和生产能力基本都在国内形成，当国内市场需求减弱时，过剩的产能导致一些企业限产停产，既浪费投资效能，又影响效率发挥。虽然产业集中度有了很大的提升，"大企业时代"已经开始形成，但是从总体上看，企业数量仍然偏多，众多小型企业节能减排不达标，影响了产业升级的步伐。多数企业单一的产品结构导致了转型升级慢，产业链延伸步伐不快，除少数大型企业外，多数企业回旋余地很小，外部环境一变化，就显得十分被动。

面对目前存在的突出矛盾，我们既要客观地认识到这是水泥工业发展中的问题，不用惊慌失措，只要处置得当，合理应对，现有问题是可以有效解决的。但是也必须清醒地看到，如果这种状况不及时加以改变与调整，任其继续恶化，那么整个水泥工业的发展将会走进夭折期。遏制新增产能既是宏观经济对水泥工业发展到一定阶段的客观制约，也是水泥工业自身发展到一定阶段必须改变发展方式和转型升级的历史必然。我们必须学会从过去已经适应了的环境中摆脱出来，适应新形势和新环境的变化，找到新的定位。

二、正确认识产能过剩是有度的，过度过剩则是社会资源的浪费，由此必须理智地控制新增产量的冲动

产能多于市场需求也是一种常规，在供不应求的时代已经结束之后，在一定的量的过剩前提下才能形成市场竞争，实现优胜劣汰，这是市场经济形态的必然规律，也是市场竞争的前提。适度的产能过剩将促进市场竞争，促进企业提高产品质量，降低生产成本，优化资源配置，这是运用市场机制提高经济效能和企业竞争力的有效途径。但是产能过剩是有度的！

一个国家的水泥产能利用率达到75%～80%之间，一般属于比较合理的程度，但这是对一些水泥总量本身相对有限的国家而言。对于有20亿多吨水泥的中国来说，目前过剩的产能已是一个天文数字，绝非一般国家可比。据有关数字分析表明，我国现有过剩产能将有约2.6亿吨，按5000t/d熟料生产线折算，有约105条熟料生产线闲置。如果按照吨投资350元来计算，仅浪费的投资就将达到910亿元。加之现在还在新建的和尚未点火的生产线，过剩产能远不止这个数。再加上限产、停产，开开停停对设备运转的损失，能耗、排放指标的相对增高，经营成本和固定费用在成本中有的比例增加等一系列的经济损失，这些损失对国家而言是投资和资源的浪费，对企业而言是过剩产品价格下跌和收入减少，也进一步导致国家税收的减少。这充分说明我国的水泥产

能过剩已经过度。

有的企业领导仅仅从自身的角度看问题，偏见地认为即使产能过剩、即使价格下跌，我也不害怕，反正市场经济就是竞争，多挣利润不行了，少挣点也行，等我倒了的时候，一大批企业都已经倒了，由此说，“我怕什么”！但是他们没有想到，如果全行业的企业都用这种心态对待，将全盘皆输，会造成不可收拾的局面。如果整个行业都不景气，都到了亏损的边缘，哪有企业的抬头之日呢？所以，减少盲目的冲动，理智地回到科学发展的轨道才是水泥行业兴旺之举。

三、正确认识发展的一般规律和特殊的阶段规律，才能自觉把着力点转向创新技术和追求更高的发展目标

发展是永恒的课题，发展是硬道理，这已经是被人们普遍地认识并不再争议的问题了。无论是竞争力的增强还是企业内部一切历史的现实的问题的解决，或是行业发展中瓶颈问题的攻克，都必须立足于发展。发展是社会进步和人们生存的基本依赖，发展的无止境决定了人类进步与社会发展。但是，马克思主义辩证法告诉我们，任何事物的发展都是必须有一定条件与前提的，任何事物的发展往往不是直线上升的，而是表现为螺旋式上升、波浪式前进。任何事物的发展都有普遍性与特殊性，事物发展是有阶段性的。从根本上说发展是无限的，但在具体的阶段而言，发展是有条件的、有限的。按照这一规律，中国水泥工业从长远来说，还需要长期的、持久的发展与进步，当然发展不仅仅是量的增长，更是内在的质的提升和水平的提高。当今水泥已经进入到发展的阶段性转折期。这一阶段的特征，一是水泥总量已经全方位的、全局性的过剩。在这种背景下，水泥工业的发展应该转向产业链两头延伸，即一方面向混凝土、水泥制品和房屋预制品延伸，另一方面向矿山骨料及与自身相关的燃料动力等相关产业延伸发展。二是新型干法水泥的产量已经占到总量的近90%，而近20年来的发展一直本着增量为主，以上世纪八九十年代技术创新的水平为发展的主体。如果继续沿用现有的技术发展，既不能从根本上进一步提升我国水泥工业的水平，也挤占了未来节能减排和技术创新的空间和时间。为了实现新的更高水平的发展，中国建材联合会已准备组织与聚集行业力量研发“第二代新型干法水泥”，使水泥工业的发展进入一个新的阶段。届时，新一代的技术推广了，淘汰落后产能的标准将随之升级，我国水泥工业的技术结构、产品结构将进一步优化。三是随着科技与时代的进步，建筑、环保等领域对于提高水泥质量、延长建筑物寿命提出了更高要求，环保也对水泥生产的烟尘减排、废气处理和脱硫脱销等有新的约束，水泥工业的发展必须转向与转型，着力于提高质量和减量化生产。因为只有符合社会进步需求的产业才有生命力，一味追求重复建设和现有水平的发展，发展本身就会失去社会意义。

因此事实告诉我们，水泥工业发展必须转型升级，过去的发展模式将告一段落，今天讲发展必须有新的内涵、新的水平、新的技术与经济指标要求。如果再坚持与依赖在重复雷同的技术水平上发展，则实际上已经拖了发展的后腿。

四、正确认识水泥工业转型升级的关键点在于优化存量，提高资源能源效能

温家宝总理在十一届全国人大五次会议《政府工作报告》中明确指出，以汽车、钢铁、造船、水泥等行业为重点，控制增量，优化存量，推动企业兼并重组，提高产业集中度和规模效益。温总理的报告切中了水泥工业发展问题的要害，指明了发展的方向和途径。这是最高的定论，也是最明确的方向。如果我们对已经变化了的形势缺乏认识与应对，还仅仅站在局部的利益上，暗暗地准备与同行兄弟企业一比“量”的高低，这就缺乏与时俱进的时代观念了。优化存量，是拓展新的市场、提高资源利用效率、增加新的增长点的能动举措，是发展理念的拓展与延伸，也是最可靠、最有效的生产力。优化存量就是利用自身的优势，科学配置社会资源和其他行业的资源，以最小的资源投入带来最佳的经济和社会效益。海螺水泥在资源效能、成本管理、规模效益等方面为水泥企业树立了典范，水泥企业的生产经营要学海螺。我们一方面要把注意力和工作重点转向存量资产的盘活与优化，合理组织与整合内部资源，优化资源配置，提高能源、资源的利用率，提高信息化、自动化在生产和经营过程中的应用，提高智能化集成与提升，进而提高集约化经营水平；另一方面要加快兼并重组的步伐，实施企业间的联合重组，加快产业集中度提高的步伐，使优势企业的技术、经营管理理念、先进的企业文化和管理制度，对进入联合重组的众多中小企业发挥整合效应，使之提前提升经营管理和节能减排水平，这又是一大笔财富等待我们去开发和拥有。中国建材集团在这方面已成为成功的典范，其他一些大企业也应学习效仿。

事实证明，发展并不只有“增加增量”这一条途径，在总量控制的今天，增量通道已经没有空间。而优化存量则大有文章可做。在新的形势下，市场间的竞争和企业间的交手，关键就要在优化存量方面显高低。

五、正确认识水泥大国的责任，要超越与引领世界水泥工业的发展，并且向国外转移生产能力

中国是一个水泥生产大国，在全球有没有发言权和主导权？在世界水泥工业发展中当一个什么样的角色？这不仅是中国水泥界的同仁们共同关心的问题，也是世界水泥界的朋友们所关注的焦点。中国水泥工业经过几十年的发展，从技术引进、消化吸收到自主创新，已经当了几十年的徒弟了，这个徒弟满师之后的责任是什么呢？这就是不能一辈子当徒弟，现在应该到了自己当师傅的时候了。中国中材国际工程股份有限公司在海外工程总承包项目方面，向全球展示了中国水泥工业的水平，成为中国企业国际化的成功代表。但这还不够，当师傅的目标是超越与引领世界水泥工业的发展！这就是在主要技术装备已经达到世界先进水平的同时，通过进一步创新与提升，达到世界领先水平。不仅硬件系统要领先，而且配套材料与设施、辅件和软件系统，包括控制、检测等系统也要全方位达到世界先进水平，节能减排的各项经济指标更要达到世界先进水平。要在水泥标准的制修订和国际水泥发展的事务中有一定的发言权。也就是不仅能与发达国家在技术、质量、排放等方面一比高下，而且使发展中国家都能认可中国的技术与装备，为中国水泥向国外市场转移、投资兴建水泥厂、提高国际市场占有率奠定基础。

所以，我们如果停留在原有水平的基础上继续追求新的量的增长，既不是一个水泥大国的责任，更不是全球水泥界所期待的。我们应该站在一个占有55%以上产量的大国的角度，自觉地肩负起创新技术，提升总体水平，建设具有国际化水平和国际竞争力、有国际市场占有率、在发展中国家有一定生产能力的中国水泥工业。共同肩负起把世界水泥工业带进一个新的发展时代的使命。

★该篇发表于2012年8月21日《中国建材报》。

加快转型升级 挑战世界领先★

——乔龙德会长在中国水泥协会第七届理事会议上的讲话

Speed up transformation and upgrading and challenge world leader

◎ **中国建筑材料联合会会长** 乔龙德

Qiao Longde Chairman of China Building Material Federation

各位理事、常务理事、副会长，同志们：

首先感谢大家对我的信任，推选我担任中国水泥协会会长，我深知担子之重，责任之大，但我愿意与全体理事、全体副会长和水泥企业的同志们一道，共同把水泥行业的各项事业做好。

中国水泥协会自1987年成立以来，在历届协会同志的努力下，在协助政府制定产业政策，加快产业结构调整，推进新型干法水泥发展，促进节能减排和企业兼并重组方面发挥了重要作用。特别是雷前治同志担任会长期间，既是我国新型干法水泥快速发展的时期，又是技术装备不断创新提升的时期，使我国新型干法水泥的主要技术与装备水平达到了国际先进水平。下面讲三点意见：

一、中国水泥协会的工作是积极主动的，并且取得了较好的实效

中国水泥工业的发展前后共用了二三十年的时间，达到了世界上一般国家需要上百年才能达到的水平。我刚出国考察回来，在与国外大的企业集团交往中，人家评价我们：中国水泥工业的发展确实很惊人，我们需要100多年才能达到的水平，你们几十年就做到了。可见我们的进步不是自吹自擂，是得到了国外企业特别是一些大企业的认可，我认为这是最好的证明。这是由于全国水泥行业的科技工作者、专家、企业家共同坚持不懈努力的结果，是水泥行业几代精英努力和历届国家建材部、局领导有方的结果，也是政府有关部门、中国建材联合会的支持、帮助的结果，当然更有我们中国水泥协会各届理事和会员的作为与努力，这是中国水泥协会会长的正确引领与中国水泥协会全体同志共同努力的结果。

中国水泥协会的工作，最为有效的是能够适时地争取并协助政府出台有利于行业发展和结构调整的相关政策，把握行业每个关键时期的发展方向。从水泥工业发展规划、产业政策、水泥行业准入条件到抑制产能过剩相关政策的出台和国办[2009]38号文件的产生；从水泥工业环保技术政策、水泥行业效能国家标准的起草与效能对标、氮氧化物减排标准的修订等方面，中国水泥协会都积极主动地与政府有关部门沟通，并在取得政府认可和支持的前提下对行业发展产生了引领效果。中国水泥协会又一项值得肯定的工作是：主动与国际水泥界的组织和全球知名度高的水泥企业进行多方面的合作和交流，使中国水泥工业在国际上的影响力和地位得到明显提升。包括主办“中国国际水泥峰会”，组织亚洲水泥论坛，积极推荐与组织骨干水泥企业参加世界水泥可持续发展组织、构筑各种洽谈和合作平台，参与国家发改委组织的APP工作项目，开展中美、中澳政府水泥合作项目，包括积极支持推进中国中材国际走向世界，承建几十个国家的工程总承包项目建设等，使中国水泥工业在国际上的地位显著提升，有力地推动了中国水泥走向世界。再有，中国水泥协会在为行业、为企业服务方面做了很多有用的、有效的实事。在推进新型干法水泥发展与提升的同时，始终把淘汰落后产能和兼并重组贯穿于产业结构调整的始终，经过多年的引导与努力，使新型干法水泥的比重达到水泥总产量的90%；积极推动骨干企业重组兼并中小企业，使水泥行业生产集中度不断提高，前十大企业集团的水泥熟料产量已经达到全行业产量的30%；多次组织召开水泥行业大型企业领导人圆桌会议，分析形势，商讨对策，发挥协调作用；积极向政府部门反映情况，争取政策，两次延缓出口退税政策；向财政部建议取消散装水泥基金，多次向国家税务总局反映水泥企业利用工业废渣，争取税收优惠政策等，这些工作多数得到了政府部门的认可和支持。由于中国水泥协会把争取与协助政府出台产业政策和服务行业、服务企业当作自己的基本职责，所以其工作得到了社会、市场和会员单位的广泛认可。2012年7月，在人民大会堂召开的中国行业协会发展论坛会议上，中国水泥协会作为唯一的专业协会被推荐到大会做典型发言。

中国水泥协会还有不少成功的做法，这里不一一阐述了。总之，这些充分说明了以雷前治同志为会长的中国水泥协会的工作是积极进取的，取得的成绩也是较为显著的。雷前治同志不仅熟悉和了解水泥行业，更是对水泥行业有着深厚的感情。每当行业环境发生变化，每当需要政府出台政策调控的时候，他总是以自己的责任心和对行业的负责精神挺身而出，并且敢于坚持原则，敢于坚持行业的利益。每当企业处于困难的关头，尤其是在一些共性问题困扰行业发展的时候，他总是不辞劳苦地身处协调帮助解决问题的第一线，常常苦口婆心地说服企业以行业利益为重，由此得到了企业的认可和爱戴。在这里，我代表新一届的中国水泥协会理事会，向雷前治同志和上一届的各位理事、各位常务理事和各位副会长，对水泥工业的发展所做出的努力与贡献，表示衷心的感谢！鉴于水泥行业目前正处在转型升级的关键阶段，面临的困难和问题还比较多，我们仍然要与具有行业影响力的老同志一起攻坚克难，所以在雷前治同志卸任中国水泥协会会长之际，我提议由雷前治同志担任中国水泥协会的名誉会长。在行业发展、应对外部环境变化、向政府提出有关政策建议方面，尤其在有关的区域协调、平衡市场方面，仍请雷前治同志抓好相关工作。为此，我们以热烈的掌声聘请雷前治同志为中国水泥协会的名誉会长！

二、中国水泥工业发展的主要任务和面对的历史挑战

中国水泥工业经过几十年的发展，特别是近10年来的快速发展和提高，有其四大标志：一是总产量已经达到了21亿吨，占全球水泥总产量的58%，而且已经在国内显示出总量过剩和严重过剩；二是新型窑外分解工艺的水泥产量达到18.9亿吨，占到国内水泥总产量的90%，产品结构优化的主要目标已经接近实现；三是主要技术装备达到了世界先进水平，在总体产能规模和单线生产能力不断扩大的同时，技术水平不断提升，不仅从总体上改变了水泥工业的形象，还满足了世界上水泥用量最大的中国经济建设的需要，并且已经在全球几十个国家和地区成套地建成了124条生产线；四是重点骨干企业的生产集中度不断提高，大企业集团已经开始形成，前10户水泥生产企业的产量达到全行业产量的30%。这四大标志充分说明了中国水泥工业不仅是一个水泥生产的大国，而且已经开始向水泥强国迈进。

中国水泥工业发展到今天，面对的问题是今后怎么发展，往什么方向发展，新的发展的目标和实现路径是什么，主要支撑的基础和条件是什么，这是当前水泥行业面临的共同关心、也是必须解决的首要问题。毫无疑问，再延续过去的发展方式，再继续用过去的标准去发展，无论市场空间还是技术空间，都已经受到局限了。如果再去以雷同的现有技术在数量上继续攀高，则必然违背发展的规律，将会受到历史的惩罚。因为，国内市场的量的空间、已有的与目前储备的技术提升空间、目前实施节能减排的总体能力空间都已经有限了，所以必须实施创新提升、超越引领的战略。为此，我们必须毫无悬念地、坚定地加快转变发展方式，实现以创新技术为主要支撑的产业转型升级。要实现行业转型升级，首先要实现思维方式和思想观念、发展方式和经营理念的全方位转变。同时要回答好两大问题：一是中国水泥工业总产量达到21亿吨，而且产能已经严重过剩的情况下，在中国经济快速增长走向平稳增长的背景下，中国水泥工业怎么发展，还要不要发展；二是现有的21亿吨产量和富余的生产能力的存量要不要优化和怎么优化，优化存量与调整结构的定位是什么，这两大问题的思路清楚了，未来的发展目标和任务就明确了，转型升级的抓手自然就有了。

关于要不要发展的问题，回答很简单，不仅要发展，而且要发展得更好，要在更高的水平、更广阔的领域发展。只不过是发展的方式、发展的格局、发展的阶段和发展的水平不同罢了。所谓发展方式的不同，就是不再依靠量的增加作为发展的主要手段和衡量发展的主要标志，而以创新技术在技术水平更高的基点上带动节能减排、资源能源效能提高、各项主要指标达到国际领先，整个行业跃上国际先进水平为宗旨。以后的新增产能再不允许沿用现有的技术装备去翻版和重复建设。所谓改变发展格局，就是将单一的在本国发展的水泥产能格局转向国际化发展，使中国水泥占世界50%至60%比例的产能产量由在一国发展的格局转向多国发展，甚至朝着在几十个国家发展的国际大格局努力。既充分发挥中国水泥工业的优势，又真正履行一个水泥大国应有的责任。所谓发展的阶段不同，也就是说在目前总量已经严重过剩和目前第二代新型干法水泥技术尚未研发出来之前，要严格控制用原有的技术去增加新的增量，待第二代新型干法水泥技术研发成熟和对已有产能有了新的淘汰目标之后（不仅以工艺与规模作为淘汰标准，而且更重要的是以节能减排是否达标作为制定下一轮淘汰标准的政策依据），视市场和发展进入新一代的发展，明确新一轮的淘汰。

关于现有的21亿吨产量和更多的产能存量如何优化，这是未来发展中的又一个重大问题。首先必须明确，优化存量也是最现实、最有效、最低成本的发展。21亿吨的存量优化了，质量和水平提高了，生产要素组合与配置更合理了，效能效益实现了，这就是中国水泥工业的最大发展和进步。由于过去较长一个时期，靠市场需求的拉动，以增量可以实现增效的目的，因此在优化存量、发挥存量产能优势方面，无论是重视的程度、倾注的精力和资本的投入都不足。现在增量控制了，进入转型升级了，而转型升级的标志就在于存量如

何优化并发挥最佳作用。存量优化要围绕三大目标进行：一是围绕市场新的需求，尤其是质量提高的需求和品种增加的需求，以及建筑寿命延长的需求，使现有的生产能力建立在技术装备先进、产品质量优良、消耗合理科学、投入产出效能的支撑点上。二是围绕节能环保在降低能耗和排放、履行社会责任、实现清洁生产和两化融合方面登上一个大台阶。不仅通过努力使各项指标达标，摆脱环保政策的制约，而且在推广废料废弃物利用，降低生产成本方面取得巨大进步。三是围绕节约资源能源促进各项生产要素合理配置，使经营与运行更加效能。再进一步具体地说，水泥工业要延长产业链，实现两头延伸，既利用水泥生产处于主导和能够控制上下游的产业链位置优势，又能增加市场占有和降低企业生产成本；要从创新技术着手，提升现有的工艺设备，或有机选择其他行业的工艺技术的有用部分，提升生产要素效能，利用废弃物替代燃料、脱硫脱硝等实现节能减排，降低生产成本，提高效益，一举多得；要提升管理、控制和运行水平，实施生产过程的工艺控制、质量控制、消耗控制和生产过程的配置优化控制，提高监测与计量水平，实现全线自动化、智能化的管控运行；要加大力度实现优势企业对一些经营不善的和规模小、不经济的企业实施重组与兼并，这既能降低兼并企业成本，又能提升被兼并的资产的效能，是最好的优化存量的举措。凡此等等，优化存量的空间还很大，潜力也很大。这篇“文章”做好了，做实了，水泥企业的管理水平和整体素质会得到极大的提高与改观。

为了实现创新提升、超越引领世界水泥工业发展的战略目标和优化存量、促进水泥工业转型升级全面提升的两大任务，我们必须有明确的工作目标与可靠的实施措施。第一、全行业都要围绕创新提升、超越引领的战略目标，全面提升创新能力，集行业智慧和力量，向世界领先挑战，用 4 到 5 年的时间，达到超越与引领世界水泥工业发展的水平，由水泥生产大国进入水泥强国，并由基本单一的在中国境内发展转向在其他国家建设水泥生产线。第二、组织与调动全行业的重点大企业和科研单位、高校的技术、人才和资金，围绕以关键技术和关键装备的提升、节能减排的追赶与超越、全线自动化运行和智能化管理、各项经济技术指标的刷新为主要目标的第二代新型干法水泥的研发和创新，在实现与世界顶级技术装备对标的基础上达到超越，为优化水泥存量提供技术支撑，为节能减排达到和超越世界先进水平提供支撑。第三、坚决控制新增产能，继续控制总量，淘汰落后产能。用“三新”促进水泥工业转型升级，创新技术提升水泥技术装备水平，优化存量，提升发展的门槛；制定水泥行业节能减排新标准，用以控制新增产能和加快淘汰落后产能；用新的产业政策遏制新增产能，优化产业结构，扶持先进，抑制落后；在继续提升与优化产品结构的同时，推进产业结构、组织结构、企业结构的优化与调整，全面提升水泥行业的整体水平。第四、发挥大企业的优势，加快兼并重组的步伐。在中国建材等一批大企业兼并重组取得成功的基础上，根据工信部等政府部门关于对水泥等 8 个行业加快兼并重组的要求，大企业和地方水泥协会都要进一步积极行动起来，将其作为优化水泥工业存量、高效配置资源、实现新的发展的动力。中国建材联合会和中国水泥协会将提出指导性的操作方案，并争取相关政策，协调各级政府的力量推进水泥企业兼并重组。规模比较小、效率比较低和能耗排放不达标的企业，应尽早主动走出去联手大企业，加快兼并重组，为实现资源效能赢得时间。

三、中国水泥协会和驻会工作团队的改革创新目标

中国水泥协会在中国建筑材料联合会管理的专业协会中，是工作做得比较好的专业协会。中国水泥协会在把握和分析宏观形势、争取国家出台有关政策、市场协调等方面，都做了很多有效的工作。中国水泥协会的工作即便在全国工业系统的专业协会中，相比较也是做得比较好的。但是，随着协会职能定位的变化，引领行业科学发展、转型升级、调整结构、节能减排和推动“三新”的需要，中国水泥协会的组织作用和管理机制也需要进一步创新和提升；驻会工作人员的思想观念、价值观和责任担当意识与激励控制机制也要加强和提升；内部管理制度包括用人制度、分配制度也要创新和调整。这样才能适应和担当起引领、协调、服务一个大行业的责任，才能肩负起走向超越和引领世界水泥工业发展的历史重任。为此，我们新的协会班子和协会工作团队，必须做好四个方面的工作。

1.创新思想，提升对协会工作性质与作用的认识

协会是民间的社团组织，是政府和企业的桥梁，一方面承担着协助政府管理行业的某些职能，另一方面根据协会章程和有关规定必须遵循法律与承担相关民事的责任，同时又肩负着代表会员向政府反映诉求、为会员单位创造良好的发展环境和条件的责任，这是每个协会共同的宗旨。由此，国家和各级民政部门对所有协会都有注册的条件，组织管理的章程、组织活动的原则和应遵守的法律法规等基本要求。但是，各级民政部门不可能具体界定与明确每个协会的主要作用、职能定位和发展的目标任务。因此作为一个以企业为群体组建起来的、以产业发展为主要目标的、以经济效益和有效运行为主要特征的产业协会，显然不能以满足注册登记的要求作为协会的工作目标，不能停留在“遵循什么、不违反什么”的层面去管理与运行一个生动活泼的行业协会。经济类型的行业协会是在企业基础上构筑产生的协会，主要职能自然是服务于行业发展和服务于企业的经济运行，所以要以行业的发展和企业追求最佳的经济效益作为行业协会考虑问题的出发点。民政部门的规定一定要认真贯彻实施，但是其要求中没有的内容不等于不需要、不必要。如果没有行业特征和引领作用就没有独立成立协会的必要了。

行业发展和企业经济运行离不开市场和政府。企业的需求有一部分可以通过直接找市场和政府，直接见面解决问

题，但也有相当一部分需要行业协会牵线搭桥，尤其是面对行业独特需要的，即使政府出面但也必须由行业提出和靠行业争取的，例如行业发展的规划、引领发展的产业政策、产品标准、技术创新目录、经济运行信息、有关行业发展环境的改善与条件的创造、行业发展阶段目标的提出与瓶颈问题的组织攻坚、企业诉求和市场协同等等一系列事关行业发展的重大事项，行业协会是责无旁贷的。尤其是政府不便直接做或者不能具体做的，企业不能独立做成的情况下，如果行业协会袖手旁观，只守住一条“不违规”的底线，那行业协会就没有存在的意义了。行业协会距离企业最近，最了解行业的情况，如果协会工作不到位，就会缺位；如果只是僵化地守住协会注册登记的条款，把自己放在“摆设”的位置，不敢迎难而上，不敢挑战矛盾，就不能发挥协会应有的作用，就会辜负广大会员的期望。行业发展的实际决定了协会工作必须创新，协会的工作要引领，要超前，要主动协调解决问题，要服从于发展大局做好服务，如果认识不到位，行动就无作为。

2.进一步明确定位，转变工作方式

行业协会的工作定位，大家在理论上都是清楚的，“连接两头、服务企业”，但对服务的理解要不断深化与创新。服务是一个大概念，包括用规划、政策、技术、标准引领行业发展，这也是一种共性的、最大的服务。面对今天的行业发展形势，则要明确服务的重点定位是要站在行业发展的前沿，解决行业转型升级中的突出矛盾和制约行业发展的瓶颈问题。坦诚地说，在市场经济不断发育的条件下，在众多企业尤其是一些大企业的技术、经济实力和协调功能不断完善与自身能力不断提升的今天，企业要求协会解决具体事项的服务越来越少了。因此如果不引领，不前移，不主动协调的话，协会就没有多少事情可做，也做不成什么事情，因为很多事情企业已经直接对接市场和政府，不需要协会插手了。因此，协会真正要发挥作用，首先要定位在引领层面解决行业发展中的共性问题，有了这样的定位，在协会职能上就必然要求“引领”了。

有的同志思想比较封闭，观念比较传统，仍沿用政府官员的思维方式和事业单位的管理理念，去承担协会工作和应对已经变化了的新形势。他们被动地等着别人找上门来，做一些熟人请托的小事，而真正要做的大事往往在思想和行动上远离，结果做了不少不应该做的事。事实上，协会早就不是事业单位了，既没有正规编制，也没有资金来源。以企业为会员组成的行业协会的运行与管理，就是要以市场为导向实行企业化管理，以行业的需求为需求，改变工作方式和改进工作作风，凡事要主动，遇事要超前，顶层设计要前移，以做实事、做成事、做行业大事作为协会工作的主要宗旨。

在明了行业协会的主要职能、职责和宗旨之后，协会的作用显然就很清楚了。对于这个问题不仅驻会的工作团队要明白，各位常务理事，尤其各位副会长更要明确。大家在当选之前是企业代表，当选之后的身份必须转变，即你已经是行业的代表，是行业的领军人物，是行业利益的代表，有责任承担协会的有关工作，有责任维护行业的整体利益，有必要接受协会组织的管理。这就是位置与责任的对等。除了自身的企业带头执行国家方针政策与产业政策，还要模范地成为行业表率，同时要为行业发展献计献策，要做行业发展的领头人，而不仅仅是提意见的角色，这也是协会组织改革创新的需要。

3.抓住水泥工业发展的几件大事，做到一年一步，一步一个脚印

目前水泥工业到了一个十分关键的转折时期，创新提升、超越引领世界水泥工业发展是我们的战略目标。以关键技术创新提升、节能减排追赶与超越、全线自动化运行与智能化管理、各项经济技术指标刷新为主要目标的第二代新型干法水泥的研发创新，作为近4至5年的中期目标。以控制新的增量、优化存量、利用废弃物替代燃料、低碳运行、两化融合、淘汰落后产能、实现中国水泥工业转型升级为全行业的主要工作目标。以推进国内水泥企业的重组兼并、减少企业户数，增加产业集中度和将中国水泥工业产能向国际化发展，作为中国水泥工业调整战略布局、改变市场格局、调整结构布局的发展目标。这四大目标是中国水泥大国的责任，也是中国水泥协会全体会员和全体副会长以及协会工作团队的责任，务必抓住抓好。在中国水泥协会今后工作中，上述工作重点是必保的，其他工作则是服从上述工作而展开。

4.按照联合会的统一部署，扎扎实实推进“三新”工作

创新技术、创新标准、创新产业政策是提升产业，实现行业转型升级的主要手段，也是淘汰落后产能，发展新产品，推动产业结构调整的重要手段。联合会已经有了统一的部署，中国水泥协会应该认真贯彻实施。水泥工业当前最重要的是提出创新技术的目录和途径，并认真组织实施，要明确下一步淘汰落后产能的目标，包括节能减排达标标准，设定新的发展的门槛；制定控制产能新增，上收项目核准的规定等。这些大事一定要抓好，工作思路一定要清晰。一个总计划，年年有目标，年年有推进。一年一大步，一步一个脚印，推进“三新”工作。

5.抓好中国水泥协会本部的“三定”工作和制度、机制的创新

首先，会长的职责、秘书长的职责要界定，实现各负其责。会长必须定期亲自向理事会和副会长报告工作，秘书长应每季度通过书面形式向各副会长通报工作情况，秘书长和秘书处的每月工作计划须报会长审定。协会副会长也要有分工，为了形成合力，可以考虑将副会长组成若干个小组承担某一方面的专项工作，分别针对创新技术、节能减排、会员诉求、产业政策等行业发展重大事项分别承担相关任务。中国水泥协会是中国建材联合会代管的23家专业协会中，产业最大、协会工作团队人数最多的专业协会，无论是职能定位还是运行管理都要发挥老大的表率和带动作用，要在改革

创新、超越引领方面起表率作用。要扎扎实实做好“三定”工作，在定位正确、设置科学的基础上根据职能和岗位需要，选择热爱协会工作、敢担当、有责任、有工作能力的人上岗工作，采用竞聘的办法对主要部门负责人和主要岗位进行竞聘或招聘，促进队伍结构优化和能力的提升。对原有的制度要增补和修补，已经不适用的要进行重新修订。以创新管理、提升管理为前提，进行制度的修订与严格执行。在用人方面采取择优录用、能上能下、定期述职与考核的原则；在分配方面改变大锅饭，采取与重点工作的工作量和工作成果挂钩的原则；在经济创收方面采取以中国水泥协会利益为重，兼顾个人利益的原则；在资金管理上强化集中管理、合理支配，强化成本管理和审批程序的原则。在整体管理方面建立公开、公正、合理的制度和坚持按照规则运行的原则。要加强职工的培训、考核和文化建设，强化思想工作和思想行为管理，加强职工的思想建设和精神文明建设，营造一个努力奋发、团结向上、工作有原则又氛围和谐的工作环境。在提高工作质量效率的前提下也要增加职工收入，以充分调动和发挥大家的聪明才智。

上述工作也希望得到广大水泥企业，特别是理事单位和副会长单位的支持与监督。谢谢大家！

关于水泥产能过剩与行业协会功能发挥的思考★

Discussion on the position of China in world cement industry

◎中国水泥协会副会长兼秘书长　孔祥忠

Gao Changming　Senior consultant of China Cement Association

与2009年4万亿投资拉动不同，2012年5月份以来，国家为“稳增长”的投资松动没有带来明显的市场面转好，股市依然低迷，前两年领涨的水泥板块也加入了领跌行情。这其中，水泥产能过剩在未来消费低增长的空间盈利能力，资本市场持怀疑、谨慎态度，加之国际背景的经济危机依存，市场不景气，水泥行业短期难续2011年的辉煌业绩。

在2012年初的“两会”上，温总理所作的政府报告中提出：“以汽车、钢铁、造船、水泥等行业为重点，控制增量，优化存量，推动企业兼并重组，提高产业集中度和规模效益”，“控制增量”就是要遏制产能过剩，这充分指明了水泥工业今后发展的重点。

本人认同行业中多数企业领导和专家的判断：中国水泥行业的产能过剩已不是阶段性的过剩。造成水泥产能过剩的成因有投资的冲动，也有非市场化的因素；水泥的产能过剩已形成对未来中国水泥行业的可持续发展最大的障碍；地方政府是遏制水泥产能过剩的主体，企业应在产能过剩期寻求转型升级，变挑战为机遇；行业协会的引导作用和市场协调功能将显得越来越重要。

一、对水泥产能过剩的理解

欧美等国家一般用产能利用率或设备利用率作为产能是否过剩的评价指标。设备利用率的正常值在79%～83%之间，超过90%则认为产能不够，有超设备能力发挥现象。若设备开工低于79%，则说明可能存在产能过剩的现象。通常理解是，长期均衡中的实际产量低于最低成本或最佳产量，其表现为产品的供给或潜在供给能力大于实际需求。

国内外文献中对产能过剩的定义并不统一，也没用一种公认的最好的度量方法，对适合中国国情的水泥行业的产能过剩更没有适用的方法去描述。在我国水泥行业结构调整没有完成，生产布局还没有完全建立的时刻，想去描述中国水泥产能过剩的变量函数太多，因此，准确定量水泥产能过剩是很难做到的。

2011年中国水泥产量20.9亿吨，人均消费水泥1 490公斤，按当年新型干法水泥能提供的有效产能测算达25亿吨，如加上尚待淘汰的2亿吨水泥，总产能达到了27亿吨，可提供人均消费1930公斤的能力。根据统计数据，发达国家在完成工业化和基础建设后的年人均水泥消费水平基本维持在500公斤左右，即使在历史消费最高峰时的年人均消费量也没有超过1 400千克。按此经验推理，在不考虑2012年还会有新增产能的情况下，供需能力超出30%。但中国有自己的国情，只要投资拉动经济发展的方式不变，今年的GDP能在7.5%以上，水泥消费增长还会有6%～8%，年人均消费水泥量就会接近1 600千克，这也许就接近顶峰了。根据在建项目估算，2012年将有1.65亿吨新增熟料产能，约2.4亿吨水泥产能，即使淘汰1亿吨落后产能，可提供年人均消费2 000千克能力，超最高消费量25%。只要国家今后投资结构改变，水泥产能过剩情况就会相当严重。

必须指出，现有的水泥产能过剩的判断是基于国内市场的消费结构，如果国际市场出现需求增大，水泥出口大幅增加，产能过剩的指标就会下降。其次，未来可能在水泥企业与商品混凝土企业联合重组后，低标号水泥产量减少，会出现水泥产品结构性变化，这样的减量化也会减少产能过剩指数。再次，水泥消费需求与政府的经济投资周期有关，投资集中的年份，市场需求就高，产能过剩状况也会改观。以上三种情况很好的印证了水泥产能过剩的阶段性、结构性和相对性。

除了上述阶段性、结构性和相对性以外，中国地域辽阔，有5个气象带，常年可施工期各有不同，再加上东部、中西部经济发展水平有差异、各地人口密度的不同，所以，水泥市场的需求和人均消费水平也是有波动和差异的，产能利用率在不同地区和时段是不一样的。

目前，控制水泥产能过剩从根本上是要遏制新增产能、优化存量。从理论和实际上分析我国水泥设备利用率25%是一个“适度产能过剩”值。美国和欧盟制造业的生产能力利用率都只有70%左右，有近30%的产能是闲置的。同样，我国黑色金属行业、有色金属行业、石化炼焦行业、化学原料行业的产能利用率都在70%以下。问题是这个适度值是个变量，市场需求一下降，这个值就会很快放大，呈现“超度产能过剩”，整个行业就有灾难。

我们必须清醒的认识到，水泥行业现有的产能和即将新增的产能，在未来经济平稳发展时期是不能支撑行业的可持续发展的。短期不可怕，长期甚堪忧。

二、造成水泥产能过剩的原因分析

1. 国家投资拉动经济增长，水泥投资加剧产能过剩

政府多年以投资拉动经济增长的方式，造成市场对水泥产品的高消费、高投资。国内固定资产投资多年以平均25%以上的速度增长，在市场高需求的引导下，水泥投资也持续过快增长，产能扩张速度远远超过需求扩张速度。从2007～2011年的5年期间，水泥建设总投资额6 600亿，年平均投资增速达30.08%。2009年9月30日到2011年底，全国共新建了463条水泥生产线，新增熟料设计产能达5.47亿吨，新增有效水泥产能超8亿吨以上。连续超需求增量的过度投资，让本已产能过剩的水泥行业加剧了水泥产能过剩现象。

2. 水泥市场集中度不高，造成产能过剩

2011年，新型干法水泥生产线1513条，新型干法水泥企业有1 100家，前10家大企业集团的熟料集中度有42%，而水泥的集中度仅28%。2011年中国水泥协会开展的“市场主导企业”调查中，全国勉强有19个省市区满足6家以内企业合计产能占该省市区水泥总量的60%的市场主导企业的基本条件。企业众多，大小企业都在投资建新线，市场布局不合理，新增产能难以控制。

3. 水泥产业链短，资金投资多在水泥量能的扩张上，价格的竞争上

多年来，为调整水泥工业的技术结构，从政府的政策引导和企业的投资都在新建新型干法水泥生产线，截止2011年末，我国的新型干法水泥产量已达到了总产量的89%，成长起来的大企业多数资金都投资在水泥产能的扩张上，产业链的延伸刚刚起步。在水泥产业链短板的情况下，竞争主要靠规模，做大规模除了兼并重组就是新线投资增加产能，即使有区域市场协同，价格战依然难免。

4. 利益驱动导致外行业跟进投资，投资的投机性也带来了新增产能

近五年，水泥行业的销售毛利率平均在17.5%，而水泥上市公司2011年的平均毛利率高达24.88%，加上水泥行业还是个资源性行业，投资资源性行业的风险性相对要小，不少投资者也加入了水泥新线的建设，导致新增水泥产能基数放大。尤其在38号文件发布之后，有了项目核准文件就发财，高价转手批文已是潜规则；还有个别投资者建好生产线就等着大企业来收购，高价待售，这些投机者的做法，加大了企业兼并重组的成本，也加剧了水泥产能过剩现象。

5. 国家发改委严控水泥投资，不等于地方政府不变相核准水泥项目

从国家层面对水泥投资是严控的，但地方政府有关部门的“异地改造”、项目核准很难控制。在现有体制下，难免存在地方政府对企业投资的干预和利用，推出的优惠招商引资政策，甚至绑架企业投资，以增加财政收入，缓解就业压力。由于地方政府手里掌握着重要的土地、资源和生产要素，提供优惠的建厂服务条件，降低了企业投资成本，也无意中导致了企业的过度投资行为，加大行业产能过剩。这些非市场化因素对水泥行业产能过剩起着推波助澜的作用。

6. 政府缺少推动企业兼并重组的优惠政策，使得产能过剩继续

投资建新线比兼并重组的回报率高，因此在38号文件发布后依然出现新线建设高潮，产能增速加快。一年内可以建设一条新的生产线，投产后就产生利润，而且产生的是100%的投资者利润，而兼并重组的企业有一个漫长的整合期，整合期间还要继续投入，利润也是分成的，没有单独投资建新线高。政府缺少对兼并重组的优惠政策支持力度，也使得新增产能继续。

7. 在生产要素价格偏低的情况下，部分企业在产能过剩期间仍然有利可图

许多企业在投资时从政府手中拿到的土地资源廉价，还有优惠政策，使得新建的生产线比老企业成本低、竞争力强，造成企业感到投资建线有利可图。这种“有利可图”的个体理性导致投资的规模化，重复建设和产能过剩的问题越演越烈。这期间也不乏部分水泥大企业，不断投资新线，扩充新的过剩的产能。正当的理由是，决策者对投资持乐观态度，为强化自身在市场上的“进攻与防御”的需要，所以要投资扩大产能。

8. 淘汰落后产能反而造成产能增加

被淘汰的落后水泥产能统计中包括了小型熟料生产企业，还包括了许多小型水泥粉磨站，落后产能的统计数据是把两者总量相加。按“等量淘汰”原则，新建生产线的熟料产能往往部分取代了被淘汰的总量，实际上水泥熟料产能是增加的。一个直径3米以下磨机要淘汰的政策，使得国内几乎绝大多数水泥粉磨站都更新为3.5米、3.8米的大磨机，全国现有水泥粉磨站的实际水泥粉磨产能可能比2008年统计数翻一番。同样，企业技术改造升级也会增加新的熟料产能，只要不是“异地改造”，只要被改造窑的规格尺寸不变，技改

后的产能增加是应该可以接受和允许的。

9. 国家的产业政策从宏观上对水泥行业的产能过剩进行了干预，这是非常必要的，但事实上缺少干预手段的有效性

2009 年的国发 38 号文对水泥产能过剩起到了非常好的抑制作用，但“上有政策，下有对策”，38 号文和一系列涉及水泥行业的政策对地方政府的约束力值得考量，文件和政策中所列出的所有资源和行政手段都在省市政府，只有要求而缺少监管手段，政策还是落实不了，不然怎么会出现中央政府要抑制新增产能、淘汰落后产能，而水泥产能照样出现新增现象？

10. 缺少行业协会对新增水泥产能项目投资的监督和咨询

可以查一查，近几年，各地政府核准的几百个水泥项目中有多少是经行业协会监督和咨询的，在现有的项目核准程序中就很少考虑要听取行业协会的意见，有意见也不能行使否决权。即使在国家抑制部分行业产能过剩和重复建设的 38 号文件里，对发挥行业协会作用也仅限于“为企业提供信息服务”。投资项目的核准权是政府，造成产能过剩，行业协会只能“及时反映行业问题和企业诉求”。更何况，还有部分省市行业协会的负责人是在职政府官员兼任，政府领导同意建新线，他怎么能反对，监督也是空话。

三、水泥产能过剩的主要利弊分析

产能过剩带来的危害有许多，如造成能源供应紧张、加剧生态环境恶化、贸易摩擦加剧、金融风险增加、利润大幅下降、库存加大、亏损企业增多、阻碍行业结构调整、转型升级等等。而就我国水泥行业的产能过剩而言，产能过剩的危害最主要点是：

1. 影响水泥行业结构调整目标的完成

“十二五”期间，水泥行业结构调整的重点是企业兼并重组，通过兼并重组来实现市场集中度的提高，完成市场整合，减少恶性竞争。虽然在产能过剩情况下有利于企业收购，但收购后投资的回报期要延长，风险增大，后续市场和企业的整合所需资金也困难得多。

2. 使企业的技术创新、节能减排乏力

技术创新和节能减排都需要一个长期不断的资金投入，产能过剩情况下企业再投资的力度就要减弱。没有技术创新，行业转型升级就困难，随着今年底《水泥工业大气污染排放标准》修订的指标公布，所有企业还将投入大量资金用于环境保护设施建设，没有资金投入就不能改变行业的环境污染局面。同样，水泥产能过剩也势必影响国内几大水泥研究和设计院所的正常业务。

3. 产能过剩将水泥股板块拖入熊市

我国的钢铁、煤炭、水泥、工程机械等行业产量都达到或超过了全球的一半，尤其是 2009 年至 2011 年的水泥投资快速扩张，从 2012 年起将是一个较大的产能释放期，而市场需求并没有随着产能的增长而增长。水泥上市公司的销售毛利率、净利润率的明显下降，直接影响了公司的融资能力，对行业中大企业的成长产生了不利因素。

4. 阻碍了水泥行业产业链延伸和国际化

还是资金问题，水泥行业的产业链延伸刚刚起步，国际化的步伐还没迈出，产能过剩使得水泥行业对上下游的产业链延伸受阻，国际化的投资和人才培养受阻。

与石化、钢铁、有色行业不同，水泥产品的市场在国内，原燃料资源在本土，建设项目周期短，投资力度小，一条日产 5 000 吨水泥生产线 7 个亿就完成，一个工厂也就解决三五百人的就业，产品品种相对单一。而石化、钢铁、有色等行业则不同，他们要兼顾国内外两个市场，许多原燃料靠进口，项目建设周期长，投资力度少则几百亿，多则上千亿，就业人数按上千上万人计，产品品种繁多。因此，同样是产能过剩，水泥行业产能过剩带来的企业风险和对社会影响要小的多。

凡事都有利弊，水泥行业可谓产能过剩行业的“老运动员”，在国家历次产能过剩调控行业名单中曾多次上榜。水泥行业就是在这样的长期产能过剩背景下，完成了新型干法水泥比重占 90%的技术结构调整；造就了能进入世界 500 强的中国建材企业；快速成长了一批年产能规模达 5 000 万吨的大型水泥集团；促进了行业科技进步、节能减排，水泥行业的能源消耗指标跻身世界先进水平；拿下了国际水泥工程市场上 40%以上的份额，水泥设备出口量占中国机械产品出口排名第一；单从规模上来说，中国前 10 强的水泥企业每家的年产能拿到国际上都是大规模企业……。历史的演变结果是：先进的新型干法生产技术淘汰落后工艺技术；规模化的大企业淘汰劳动生产率低的小企业；管理优异的现代化企业淘汰经营水平差的体制落后企业；注重节能减排的创新企业淘汰落后的耗能污染企业；拥有生产资源的企业淘汰原料匮乏的企业。适度的产能过剩有利于行业发展：

1. 在一定程度上阻止新的竞争者进入该行业，抑制新增产能的投资；

2. 可以促使行业形成优胜劣汰的机制，有利于加快淘汰落后产能，优化产业结构；

3. 给优势企业带来兼并重组的机会，收购成本会适度降低；

4. 有利于企业提高效率和调整产品结构；

5. 促使企业开拓新的市场，寻求新的利润增长点。

产能过剩是只狼，与狼共舞，我们行业成长壮大了。但这次的水泥产能过剩是不是一只大狼、恶狼，如何将水泥的过度产能过剩化解为适度产能过剩是关键。

四、如何抑制产能过剩

产能过剩是市场经济运行的常态，从根本上来说是个市场问题，这个由市场产生的问题，最好也只能最终交给市场来解决。但对市场环境的改变我们总不能是被动的，分析了产生产能过剩的诸多因素，我们就应该主动找出应对产能过剩的办法。

1. 加强市场引导和宏观调控

政府应出台类似38号文件，加强对水泥产能过剩的调控力度，完善对新上项目干预手段的有效性。38号文件在坚决抑制产能过剩和重复建设中的对策措施中提出“在新的核准目录出台前，上述产能过剩行业确有必要建设的项目，需报国家发展改革委组织论证和核准”。可是文件发布后诸多新上项目有多少是上报经组织论证后核准的，政策干预手段的有效性就在于落实加强监管力度，弱化监管的政策是很难有效抑制产能过剩的。

2. 尽快出台有利于企业兼并重组的优惠政策

优化存量，加快企业兼并重组是控制增量的关键。今年政府工作报告提出“控制增量，优化存量”，就是要转变投资方式，避免重复建设，淘汰落后水泥产能，将投资方向转向企业兼并重组上，这正是水泥行业“十二五”期间结构调整的重点。应尽快出台新的优惠政策，推进企业兼并重组，减少新增项目投资。

3. 减少地方政府对水泥投资的干预

产能过剩的根源是投资拉动GDP的制度，只有尽快改革现有财政分权制度，才能从根本上消除水泥产能过剩问题。将已经产能过剩的水泥新上项目的环境评估权利上收到国家环保部门，将新上水泥项目上报国家主管部门组织论证、核准后才能开工、建成后由国家核发生产许可证的做法是必要的。

4. 坚决加快淘汰落后水泥产能

淘汰落后水泥产能要锁定水泥熟料产能，将环保不达标，能源消耗超标，产品质量不稳定，生产过程存在安全隐患，市场竞争能力差的企业，通过政策的引导退出机制和市场竞争而淘汰出局，以减少行业产能过剩的压力。除了淘汰落后立窑外，还有340条日产2 000吨以下规模的干法生产线(2亿吨产能)，也可通过政策引导、市场竞争逐步淘汰。

5. 发挥行业协会的监督、自律职能

政府要重视和授权行业协会参与新增产能的审查、监督、表决，参与淘汰落后水泥产能的核查。政府应建立对水泥投资项目的公开、透明的核准制度，听取行业协会的意见，接受社会舆论监督。

五、发挥行业协会功能，遏制水泥产能过剩

目前乃至今后一个时期，产能过剩不仅仅是水泥行业一家的事，中国的所有制造业大都存在着不同程度的产能过剩问题，国外同样也有产能过剩。产能过剩也是一种经济现象，是导致经济危机的一个风险因素，应对和处理本行业产能过剩问题自然也就成了行业协会义不容辞的职责。行业协会具有增强企业抵御市场风险的能力，维护企业共同的经济权益，规范行业自律行为，维护市场的公平竞争的义务。面对水泥产能过剩问题，水泥协会应发挥化解产能过剩的协调功能。

1. 抑制产能过剩协会要发挥政企间的双向服务功能

产能过剩既有害企业利益和行业发展，也使得政府的调控力度和监管效率下降。行业协会本身就有着服务政府、服务企业的定位功能，发挥好协会的政企双向服务功能，对抑制水泥产能过剩能起到积极地作用。

面对水泥产能过剩的危机，中国水泥协会在今年初召开了第二次“中国水泥行业大型企业领导人圆桌会议(C12+3会议)”，发布了《共识意见书》，向政府和社会反映了企业对产能过剩的忧虑，对控制增量、优化存量提出了建议，呼吁强化协会功能来维护行业利益。面对水泥工业大气污染标准中NO_x排放值的修订，协会广泛听取企业意见，发表行业协会的意见，组织企业出国考察，主动向环保部有关部门汇报国内外水泥NO_x排放现状；与环保部的环科院联合起草《水泥工业污染防治技术政策》；参与环保部《水泥工业大气污染排放标准》修订的审议。去年底，协会组织专家组前往广东省调研，针对广东省“十二五”期间新增水泥产能和淘汰落后水泥问题撰写了调研报告，提出了广东省水泥工业发展的政策建议，调研报告得到了广东省委领导和国家发改委领导的认可。

协会领导还定期主动与国家发改委、工信部的行业主管领导分别进行信息沟通，争取政府部门加大抑制水泥产能过剩和淘汰落后水泥产能的力度。协会只有认真听取企业意见，组织会员统一对产能过剩危害的认识，贯彻国家对行业发展的规划和政策，主动与政府部门沟通，寻求政策支持，为企业、为行业发展正确表达行业利益，真正发挥协会的桥梁纽带作用，才能起到上下合力共同化解产能过剩。

2. 应对产能过剩协会要发挥自身的市场协调功能

产能过剩带来了产品价格走低，企业盈利水平下降，在这个时候协会尤其要加强行业自律，维护市场公平竞争，支持市场协同，加快淘汰落后产能，这样才能使优势企业在产能过剩的情形下得到不断的发展壮大，完成行业集中度的提高和区域市场的建立，最终消除产能过剩的影响。中国水泥协会旗帜鲜明地参与和支持各省市自治区协会为企业搭建市场协调和信息沟通的平台，支持各区域市场主导企业为维护市场公平竞争而设立的自律行规，讲究共赢合作，反对恶性竞争。在中国水泥协会的倡导下，各省市自治区水泥(建材)协会把发挥市场协调功能作为工作重点。近两年华东市场、东北和华北的市场协调取得了良好的结果，稳定了市场供需平衡，减少了价格波动。成熟健康的市场一定是一个供需平衡的有序协同市场。协会每年都组织全国水泥协会秘书长联席会议，分析协调各省市水泥工业发展情况，促进相邻省份之间的市场信息交流。每年组织召开全国和重点区域的水泥市场研讨会，分析生产发展走势，协调企业经营行为。由中国水泥协会和部分省市水泥协会组织的“泛珠三角水泥市场论坛”、“长三角流域水泥市场论坛”、“西部水泥市场论坛”等活动都很好的促进了各区域水泥市场的健康发展。

3. 促进行业健康发展协会要发挥信息引导功能

从行业协会的职能上讲，行业发展信息的传递、交流是

协会提供的最主要的服务之一。发挥行业信息协调功能就是协会在主动做好自己的信息统计、媒体宣传、行业交流同时，更重要是协调行业媒体和专业机构，乃至各省市协会共同开展调研、收集、统计、整理、分析行业动态，定期发布行业信息，研究行业发展的方向和目标，为政府决策提供强有力的实践依据，为企业经营提供有价值的资讯，引导行业结构调整和健康发展。行业信息协调功能发挥得好就能统一对产能过剩的认识，加速企业的转型升级。

中国水泥协会联手业内机构和人士认真办好《中国水泥》杂志、数字水泥网、《中国水泥年鉴》的同时，每年召开“全国水泥行业媒体研讨会”，意在统一行业媒体正面宣传行业结构调整业绩，贯彻政府制定的水泥产业调控政策与方针，真实反映市场动态，引导企业理性投资应对产能过剩，促进行业健康发展。协会还联合不同组织机构共同举办一系列的国际会展、技术研讨、新闻发布会、新技术新产品推介会，为企业提供最新政策、信息和技术，推动企业节能减排和国际交流。

4. 推动企业兼并重组

协会要发挥利益协调功能推动企业兼并重组是水泥行业“十二五”期间结构调整的重点，是优化存量、化解产能过剩的关键。兼并重组客观上存在着不同地区的利益分割，以及兼并企业之间的竞争矛盾，行业协会可以很好的利用其中介、非盈利的性质去游说化解矛盾，协调地区之间、企业之间的利益均衡问题，实现产业结构的有效调整与重组，实现资源的优化配置。推动企业兼并重组，共赢是利益协调的最终目的，要将参与兼并重组的各方利益找到平衡点，要实现政府、企业、金融多方的共赢。

在现有体制和经济环境下，地方政府的投资冲动很大，招商引资中地区利益放在首位，对企业的产品在市场上产能过剩的因素关注较少，少数领导们甚至主观经验预测未来市场很大，对资源的支撑、产品市场分布考虑的也少。协会作为一个行业咨询机构，有义务说服地方政府控制水泥新增产能，建议政府多为企业兼并重组创作条件，坚定淘汰落后水泥产能的决心。实际上，尤其是跨地区、跨所有制的兼并重组行为，没有被收购企业的地方政府支持是很难实现的。

另一个是企业间实施兼并重组时发生的相互竞购的矛盾，协会应出面积极协调，化解矛盾。只要企业有要求，协会领导就要穿针引线，促使企业间理性竞争，建立竞合关系，既要推进兼并重组进行，又要均衡并购者之间和被并购者的各方利益。

六、结语

水泥的产能过剩是市场经济的结果，没有必要去责怪谁，去恐惧它。水泥工业已经成为一个竞争充分、市场透明度相当高的产业，所以，这个由市场产生的问题还是交给市场来解决。要将由政府控制投资、配置资源转向由市场优化资源配置还有一个过程。我们要主动找出产生过剩的原因，应能动地去设法制止和化解产能过剩带来的不利因素，在困境中寻出路，变挑战为机遇。

应该相信我们水泥企业家和行业的智慧，应该相信市场的力量和魔力，引领世界水泥发展的中国水泥工业必将是健康和可持续发展的。

（说明：本文仅代表个人观点，作者以一个行业分析师和协会工作者的身份，所撰本文内容仅供同行探讨）

★该篇文章发表于2012年7期《中国水泥》杂志。

试论中国在世界水泥工业中的地位★

Discussion on the position of China in world cement industry

◎中国水泥协会高级顾问　高长明

Gao Changming　Senior consultant of China Cement Association

2012年元旦，世界水泥工业公认的评议机构之一，英国《国际水泥评论，ICR》杂志社在其2012年第1期上发表了“2011年世界新建成投入生产的主要水泥生产线(不含中国)快报”，如表1所列。虽然该表的统计并非很完全，但已涵盖了近95%新投产的日产熟料2 000吨以上的技术先进的水泥生产线。如果补上该快报所遗漏的2011年分别在乌克兰Mykolaiv市拉法基公司所属水泥厂和沙特SPCC公司Riyadh水泥厂的两条日产熟料5 000吨水泥生产线。2011年世界(不含中国)新投产的水泥产能为6 000万吨。这里如果我们按熟料产能计，则中国中材集团Sinoma的市场份额为37.8%，名列首位；第二位是丹麦史密斯公司FLSmidth，占16.9%；第三位为中国建材集团CNBM，占14.5%；第四位是德国伯力休斯公司Polysius，占10.9%；第五位是德国洪堡公司KHD，占7.5%；其他各国的公司占12.4%。由此可知，中国的中材和中建材两家公司在海外水泥成套装备的市场份额已超过50%。中国在国际水泥装备行业中的影响力、话语权和重要性日益显著，令世人瞩目。众所周知，丹麦史密斯公司和德国的伯力休斯公司以及洪堡公司已称雄世界水泥装备行业百年，而今中国的中材和中建材后来居上，已经在国际市场份额上超过了它们。这是我国水泥界几代人坚持数十年艰苦奋斗，努力创新，在国家改革开放经济发展的大形势下取得的丰硕成果。本文试就其中国特色综述之。

一、市场占有率的明显优势

2011 年国际上新建投产的先进水泥生产线世界五大水泥成套装备供应商之间的市场份额公布情况基本反映了过去三年来的实际情况及其发展趋向。中材集团 2000 年开始谋划开拓国际市场，2004 年拿到第一单沙特 SPCC 公司首条日产熟料 5 000 吨水泥生产线的 EPC 合同。至今已有 100 余条水泥生产线在海外投产的业绩，其水泥产能近 1.5 亿吨，中材在国际市场的占有率一路稳步上升，2008 年达 35%，2010～2011 年为 37%～38%，超过了雄居国际市场占有率 50%以上近 20 年之久的史密斯公司，而且这种彼此消长的趋势仍在继续之中。如果把近年来我国新建投产的先进水泥生产线一并列入全球的统计数据中，则 2011 年全世界新投产的水泥产能共计为 2.5 亿吨，其中海外为 6 000 万吨。中国为 1.9 亿吨。这 1.9 亿吨的产能除少数从国外采购若干单机以外，100%是中国公司承建的。所以中国公司对 2011 年全世界新增水泥产能的市场占有率已高达 85%以上。亦即全球新建成的现代化水泥厂有 85%是由中国公司提供全厂的设计、制造、建设、安装、调试和达产的。显然，如此广泛而强劲的市场占有率必然有其厚实的物质基础以及先进的技术与管理方面的支撑，滴水石穿非一日之功。

二、国际先进水平的工艺技术与装备

要与国际巨头同台竞技，没有国际先进水平的技术与装备根本就拿不到“入场券”的，中材集团的主要成员——以前的天津院 TCDRI、南京院 NDI 和成都院 CDI 对此都有极其深切的感受。因而对各项关键技术设备的赶超与创新方面始终不渝地坚持了近 30 年，克服了许多难关，在 21 世纪初终于逐步收获了一批拥有自主知识产权又达到国际先进水平的科技研发产品，例如大型高效低阻低排放的新型干法窑烧成系统，熟料产能 5 000～12 000t/d，以及与之配套的第四代熟料篦冷机，辊压机和立磨粉磨系统，高效电收器和袋收尘器等等。这些关键设备在可靠性、经济性和技术指标等各方面都可以和国际巨头的相媲美。中材总承建的阿联酋 UCC 日产熟料万吨水泥生产线，2007 年 3 月获得业主颁发的全面验收证书以后，西方水泥界的重量级人物约 80 人在该线现场 KhorKuwair 开了三天的内部会议，对该生产线进行了严格的评议。之后笔者曾遇到几位当时的参会者，他们几乎都采用了类似的幽默方式表达了评议的基本结论——Sinoma 果然厉害，后生可畏。

表 1　2011 年世界新建成的主要水泥生产线(除中国以外)快报

区别	业主	水泥窑产能(t/d)	EPC 承包商	试生产日期
非洲地区				
1.埃塞俄比亚	Derba 水泥公司	8 000	中建材	2011.12
2.摩洛哥	l'Atlas 水泥公司	3 800	Polysius	2011.01
3.摩洛哥	l'Atlas 水泥公司	3 800	Polysius	2011.07
4.纳米比亚	Ohorongo 水泥公司	2 100	Polysius	2011.02
5.尼日利亚	Dangote 水泥公司	2×9 000	中材	2011.12
6.尼日利亚	Lafarge Wapco 公司	7 600	中材	2011.07
7.北苏丹	Atbara 水泥公司	5 300	中建材	2011.01
8.北苏丹	Berber 水泥公司	5 000	中建材	2011.01
合 计		53 200		
中东地区				
1.阿尔及利亚	ASEC.ACC	4 500	FLSmidth	2011
2.塞浦瑞斯	Vassiliko 水泥公司	6 000	中材	2011.02
3.埃及	Wadi El Nile 公司	5 000	FLSmidth	2011.08
4.埃及	El Nahda 公司	5 500	中材	2011.09
5.埃及	South Valley 公司	5 000	ASEC	2011.07
6.约旦	MCMC 公司	3 500	FLSmidth	2011.03
7.沙特	Yanbu 水泥公司	10 000	中材	2011.10
8.叙利亚	Al Badia 公司	4 900	中材	2011.12
合 计		44 400		

续　表

区别	业主	水泥窑产能(t/d)	EPC 承包商	试生产日期
亚洲(除中国以外)地区				
1.印度	JSW 水泥公司	13 600	KHD	2011.12
2.印度	Chettinad 水泥公司	4 000	FLSmidth	2011.03
3. 印度	ACC 公司	12 500	FLSmidth	2011.03
4.哈萨克斯坦	Vacat 水泥公司	3 000	中建材	2011.06
5.土库曼斯坦	Polimeks 公司	3 000	Polysius	2011.11
6.越南	But Son 水泥公司	4 000	Kawasaki	2011.02
合 计		27 800		
欧洲地区				
1.阿塞拜疆	Garadagh 水泥公司	4 000	中材	2011.12
2.匈牙利	Lafarage/Strabag 公司	2 500	中材	2011.09
3.波兰	Gorazdze 水泥公司	6 000		2011.04
4.俄罗斯	Heidelberg/Tula 公司	6 000		2011.07
5.俄罗斯	Heidelberg/Slantsy 公司	5 000	中建材	2011.08
6.俄罗斯	Holcim/Shurovo 公司	6 300		2011.07
7.俄罗斯	JSC Verhnebckansky 公司	6 200	FLSmidth	2011.06
8.乌克兰	CRH 公司	7 500	Polysius	2011.08
合 计		43 500		

截止 2012 年 1 月 31 日,全世界已投产的万吨级水泥生产线有 20 条,其中有 4 条是中材为主,第三方参与合作建设的,由中材单独总承建的有 8 条。最近铜陵海螺 12 000t/ d 生产线,2011 年 12 月 30 日大窑点火,2012 年 1 月 7 日全窑系统通过了 72 小时性能考核,仅用了 9 天就达标,身在现场的史密斯公司专家说:“这真是非常令人惊奇的!”充分彰显了我国水泥生产的实力和水平。还有一点对于保障技术装备高质量高水平特别重要的就是在整个技术环节每一道工序中都要认真对待每一个细节,坚持一丝不苟,彻底杜绝“差不多”的陋习。中材充分吸取了“细节决定成败”的经验教训。凡事都要力争精益求精,决不马虎,作好预案,有备无患。这也是中材成功地开拓国际市场的一个要素。

三、服务及时到位,建设工期短,达标达产快

谈到为客户做好各项技术和管理方面的服务工作,有些巨头可能是因其称雄世界水泥行业数十年,老字号的“派头”不少。相比之下,我们中国“敬事礼人”、“和为贵,信为重”的客户服务理念,加以“急客户所急”的实际行动,更容易获得客户的认同与欢迎。现有的百余条海外水泥生产线的实践完全证实了中国中材和中建材两大集团所承建的水泥项目,其建设工期最短,仅须 24 个月左右,比海外平均工期缩短 6～12 个月。尤其重要的是试生产调试时间更短,一般仅 2～3 个月就可达标达产,比海外平均调试时间缩短了一半以上。这样的效率除了中国技术装备质量一流以外,与现场施工、安装、调试团队技术熟练,组织管理有方是分不开的。长期工作于异国他乡,中国员工的种种优秀表现,为中材和中建材集团赢得了广大客户的称赞以及当地水泥界的良好口碑。工期短,达产快都可以换算成经济效益,但是好口碑更值得珍贵,其精神价值更高,经济效益则难以直接估量。

四、性价比高,信誉好,履约能力强

10 多年以前,我国有些出口水泥技术装备的质量不够上乘,可靠性稍差,但是价格却十分低廉,有点类似于上世纪 30 年代的“东洋货”那样。那时是在所谓“便宜无好货”的国际压力下,中国水泥装备企业一面坚持科研开发提升质量,一面坚持开拓海外市场。现今我国终于在自主创新和技术装备质量稳步达到国际先进水平的同时,成套水泥装备也逐步由国际市场的低端挺进到了其中端和高端。另一方面,本着“优质优价”的原则,中国水泥装备的价格也由仅及世界巨头的 2/ 3 稳步提高到了与其大致接近的程度。这是“中国制造”已经达到高标准高品质的又一佐证。在水泥成套生产线的性价比竞争方面,中国企业的强项之一就在于 EPC 总承包,得以充分发挥高效的组织实施能力和中华民族刻苦耐劳的特质,可以有效地降低建设成本,一般比国际平均成本减少 25%左右。加之中国企业经营之道,对于赚钱之心似乎并不是特别“狠”,合同条款比较宽松,不搞“小动作”,诚信优良,说到做到,履约好,风险小,客户比较放心。显然这些优势或许是西方那种“大刀阔斧,直截了当”,一味追求利润最大化的经营之道所难望其项背的。

五、节能减排，环境友好

笔者统计2006～2011年中国企业（中材、中建材、中钢、中水、中建、中铁、中仪、中电……）在海外承建的规模1 000～10 000t/ d的成套水泥生产线将近140条，其中约100条大中型的生产线均达到国际先进水平。只有少数2 500t/ d以下的生产线属国际一般水平。所谓国际先进水平，其主要技经指标和废气排放标准如下：熟料热耗（700－730）×4.18kJ/ kg；水泥（OPC）综合电耗90～98kWh/ t；全员劳动生产率～10 000吨/年·人；粉尘排放＜10～30mg/m^3（标）；SO_2排放：50～150mg/m^3（标），NO_x排放200～500mg/m^3（标）。水泥窑可以烧油、气、煤或石油焦，或者多种燃料混合燃烧；如果需要，水泥窑的旁路放风量可高达30%；所生产的水泥完全保证符合欧美和ISO标准的要求。中材节能公司和中国的一些有关公司可以为新建成或已有的水泥窑提供成套余热发电技术装备，吨熟料发电量可达36kWh/ t，相当于回收水泥综合电耗1/ 3左右。

以上各项指标充分表明，中国企业在海外总承建的水泥生产线，无论在节能减排或环境友好方面的表现都属国际一流的，而且对各种原料（干湿、软硬、粘堵、磨蚀等）和各种燃料的适应性很广，对建厂地区的气候自然条件也没有任何苛求，“全天候”的适用，所生产的水泥性能完全能满足业内主要求。因而具有相当强的国际竞争力，已令国际巨头颇感压力。

六、结语

虽然我国在水泥成套装备和水泥厂建设方面已有较大优势，但是我们必须清醒地认识到，对水泥工业总体来说，我国在基础理论、水泥化学、水泥矿物学、地聚胶凝材料、废弃物处置、替代燃料利用和可持续发展等领域的科学研究与应用成果，无论在深度或广度方面与国际顶尖水平尚有一定差距。即使在水泥工艺生产技术方面我国现今也只是绝大部分赶上和达到了国际先进水平，至于更高更深层次的科技研发与创新，我国仍处于筹备或酝酿之中，远未达到超越和领先的程度。

总之，我国要把优势从水泥成套装备扩展到整个水泥科学技术，从应用技术提升到基础理论研究，从“中国制造”转型成“中国创造”，我们还须继续努力勇攀世界科学高峰，任重而道远矣。

★该篇文章发表于2012年2期《中国水泥》杂志。

践行新型干法可持续发展新阶段★

Carry on the new stage of sustainable development of new type dry process

◎原国家建材局局长　王燕谋

Wang Yanmou　Director of previous National Building Material Bureau

2011年我国水泥总产量为20.9亿吨，新型干法水泥产量占总产量近90%，水泥生产技术基本实现由立窑、湿法等落后技术向新型干法先进技术的划时代转变。同时，创建了一系列国际领先水平的生产、流通和环保设施。

截至2011年底，中国拥有4条日产1万吨熟料和3条日产1.2万吨熟料新型干法生产线，是世界上建设万吨生产线最多的国家。海螺已投产世界上最大的Φ7.2m×6.2m×69m水泥预分解窑。华润已运行世界上最长的42km石灰石皮带运输长廊。海螺的长江生产物流体系和华润的西江生产物流体系，其规模之大和效益之高属世界罕见。全国水泥企业普遍推广预分解窑低温余热发电，2010年发电装机总容量达4210MW，其容量之大为世界之最。

经过几代人努力，一个强大的中国现代水泥工业在21世纪初已经诞生。

一、中国水泥工业现代化历程

中国水泥工业现代化历程可分三个阶段：新型干法发展准备阶段、新型干法生产大发展阶段和新型干法可持续发展新阶段。

1.新型干法发展准备阶段

新型干法装备国产化是准备阶段的主要工作内容。20世纪70年代，我国工业水平较低，水泥生产技术未经历预热器窑发展阶段，预分解窑新型干法装备基础非常薄弱，新型干法装备国产化过程延续了近30载漫长岁月。在改革开放政策指引下，向国外购买新型干法成套设备建设日产2000t和4000t熟料生产线；引进和消化吸收国外16项新型干法关键装备设计与制造技术；不断开发创新，自主建设日产1000～2500t和4000～5000t熟料新型干法国产装备示范生产线。通过设计、科研和企业等单位的密切合作和长期不懈努力，2000年前后，基本实现日产2500～5000t熟料新型干法成套装备国产化。

全面建设市场经济体制是准备阶段的一个重要方面。20世纪90年代，随着经济体制改革深入，投资体制改革逐步到位，实行项目法人负责制。法人要对自己的行为负责，不仅负责贷款，还要负责还款。这就建立起投资行为中“精打细算”的约束机制，克服了计划经济体制“吃大锅饭”的浪费弊端。

由于装备国产化和投资体制等主要问题的解决，在生产企业、设计、科研和装备企业等单位的统力合作下，1996 年和 1997 年海螺宁国水泥厂和山水山东水泥厂在我国相继突破日产 2000t 熟料生产线低投资建设难关；2003 年海螺铜陵水泥厂和池州水泥厂先后突破日产 5000t 熟料生产线低投资建设难关。低投资建设难关的攻克为水泥新型干法在全国普遍推广铺平了道路。

在投资体制改革不断深化的同时，中国资本市场逐步形成并迅速发育壮大。国有企业纷纷建立与资本市场接通的融资渠道，可自行募集资金用于扩大生产。中共十四届三中全会后，民营企业快速发展，民间资本积累日益扩大，逐渐成长为重要投资者。进入 21 世纪，各方投资者都看到水泥工业技术转型带来的巨大商机已经成熟，将大量资金投向新型干法生产线建设，水泥工业现代化进程由准备阶段开始进入生产大发展阶段。

2.生产大发展阶段

从 2003 年开始，在国民经济高速发展和市场需求拉动下，全国各地区从东部沿海到西部内陆依次掀起前所未有的水泥新型干法生产线建设高潮，全国水泥产量迅猛增长。2002 年我国新型干法水泥产量为 1.1 亿吨，占总产量的 15%。到 2010 年新型干法水泥产量猛增到 16 亿吨，占总量的 85%。

3.新型干法可持续发展新阶段节能减排、保护环境已成为全球共识

水泥工业属资源型产业，有害气体排放量较大。CO_2 气体排放量占全球人类总排放量的 5%；NO_x 气体排放量仅次于火力发电、汽车尾气，排名第三。节能减排、保护环境是水泥工业生存和发展的必然选择。中国政府高度重视节能减排、保护环境，发出了建设资源节约型环境友好型社会的号召，规定了生产发展中保护环境的一系列强制性控制指标。中国水泥行业在生产大发展进程中积极响应政府号召，努力开发节能和环保技术，主动采取各种可持续发展措施，将现代化进程逐步提升到新型干法可持续发展新阶段。

二、新型干法可持续发展新阶段的特征

新阶段的特征是以节约资源和环境友好为目标，开发新技术、采取新措施，深化调整结构，实现生产方式向更高层次转变。当前主要表现在如下几个方面。

1.推广水泥窑低温余热发电

2010 年我国已在 692 条新型干法生产线上建设低温余热发电装置，占可设置生产线的 75%；已设置低温余热发电装置的生产线熟料产量为 8.5 亿吨，占当年新型干法熟料产量的 68%；同年水泥企业低温余热发电 295 亿 kWh，节省标煤 991 万吨；减排 CO_2 2378 万吨。

2.水泥企业协同处置城市废弃物取得进展

金隅北京水泥厂已建成年处理 10 万吨城市工业废弃物作业线和日处理 600t 污水厂污泥作业线；海螺铜陵水泥厂建成日处理 600t 城市生活垃圾作业线；广州越堡水泥厂建成日处理 600t 污水厂污泥作业线；上海金山水泥厂和湖北华新水泥厂也都相继建成处置本地区各种废弃物的作业线。这些作业线的成功投产和高效运行，使水泥企业协同处置废弃物的工作有了良好的开端，在推广中发挥着重要的示范作用。

3.开发节能减排型预分解窑烧成系统

2011 年年末，海螺芜湖水泥厂和铜陵水泥厂分别成功投产了日产 12000t 熟料预分解窑新型干法生产线。生产线烧成系统的预热器、分解炉、燃烧器和熟料冷却机等系列设备，按节能减排要求都作了改进。芜湖厂日产 12000t 熟料生产线于 2011 年 12 月 26 日完成的 72 小时达标考核结果是，回转窑日产量 12046t；熟料工序电耗 24.63kWh/t；熟料热耗 2947kJ/kg。2012 年 3 月 19 日该生产线实时监测的排放数据为：窑尾粉尘排放浓度 25mg/Nm^3；NO_x 浓度 500mg/Nm^3。应当指出的是，生产线热耗目前已达较低指标，在今后长期运转中热耗还将进一步下降；各种排放指标优异，特别是 NO_x 的排放量远低于我国国家规定限值的 800mg/Nm^3，已达到国际先进水平。我国节能减排型预分解窑烧成系统的技术开发已取得重大进展。

4.开发低电耗粉磨系统

水泥生产的粉磨系统分生料粉磨系统和水泥粉磨系统两类。在现代水泥生产中，这两类粉磨系统的工艺和装备是不同的。我国新型干法生料粉磨系统，早期曾是中卸磨闭路循环系统，近期都是立式辊磨系统，其电耗为 15～20kWh/t。最近已开发出电耗更低的粉磨兼烘干的生料挤压磨终粉磨系统。山水在全国最早采用该粉磨系统，长期运行的数据表明，其电耗为 10～12kWh/t，比立式辊磨系统更低。目前，生料挤压磨终粉磨系统正在逐步推广。

在新型干法生产线上常用的水泥粉磨系统有管磨闭路循环粉磨系统、挤压磨预粉磨系统和立式辊磨预粉磨系统。为降低电耗，近期国外已开发出水泥立式辊磨终粉磨系统，台资亚东武汉水泥厂已引进该种粉磨系统。为妥善解决立式辊磨终粉磨系统存在的水泥质量问题，中建材中联公司已开发出水泥立式辊磨与管磨联合粉磨系统。立式辊磨的功能是粉磨，管磨的功能主要是改善产品颗粒形态和级配。该系统既能降低电耗又能保证水泥质量，是一个很好的技术构思。

5.开发新能源

2011 年 12 月海螺济宁水泥厂 6×1.5MW 微风发电项目的第一台发电机组顺利吊装完成，2012 年 3 月六台机组全部投入运行，并入本厂电网用于生产。该项目是利用当地的微风资源开发 3.5～20m/s 风速的发电技术，为水泥行业可持续发展开辟新的途径。中国水泥企业利用自己条件开发新能源的工作已经起步。

6.开发脱氮技术

2010 年底工业和信息化部在《关于水泥产业节能减排的指导意见》中提出，到 2015 年底全国水泥工业的 NO_x 排出量要比 2009 年减少 25%。从此，我国水泥工业 NO_x 减排同

题提上议事日程。水泥企业减少 NO_x 排放的措施有两个方面:第一是改进烧成系统中相关设备,减少 NO_x 的生成量;第二是增添脱氮装置,降低废气中 NO_x 的含量。目前已开发出的脱氮装置有两种:一种叫选择性催化还原法(即SCR);另一种是选择性非催化还原性(即 SNCR)。我国有关单位正在修订水泥企业 NO_x 排放标准。如果采用第一方面的措施不能达标,就须增添脱氮装置。所用脱氮技术,一般是 SNCR 法。中国中材已开发出 SNCR 法脱氮装置,并成功应用于本集团的湘潭水泥厂。我国水泥厂脱氮装置的开发和应用已经启动。

7.开发特种水泥

特种水泥是资源节约型工程结构材料,又是环境友好型工业产品。在我国已开发出的特种水泥分特种硅酸盐水泥、铝酸盐水泥和硫铝酸盐水泥三大类。硫铝酸盐水泥熟料生产比硅酸盐水泥熟料可减排 CO_2 量约 30%,生产中还可大量利用废弃的低品位矾土和工业废渣。应用硫铝酸盐水泥时,在冬季施工中不须现场蒸汽养护,在水泥制品生产中不须蒸汽养护工序,在泡沫轻质外墙保温板生产中不须压蒸处理,可节省能源和缩短工期。在海洋工程中使用硫铝酸盐水泥不须海水侵蚀防护处理,可节约昂贵的防护材料和大量工时。当前,特种水泥的开发已得到越来越多科研、设计和生产单位的重视。

8.优化水泥品种结构和熟料质量

在世界各国,按建筑工程要求,通常都有一个相应的高、中、低等级匹配的水泥品种结构。在工业发达国家,建筑工程使用的混凝土等级平均为 C50～C60,相应的水泥品种结构是以 52.5 和 62.5 高等级水泥为主。我国的混凝土使用等级平均为 C30～C40,企业相应生产的水泥品种主要是 32.5 和 42.5 中低等级水泥。采用高等级混凝土可使工程构件截面积减小,降低混凝土用量,减少水泥耗量,从而节省资源和减少排放。因此,提高混凝土使用等级,增大高等级水泥比例,可推进全社会的节能减排。我国混凝土使用等级低,高等级水泥比例较小,在这方面具有很大节能减排的潜力。近几年,随着大型重要工程建设数量增多,我国高等级水泥生产和销售比例已有所提高。

为生产高等级水泥,须改善熟料质量,提高熟料等级。在生产中、低等级水泥时,改善熟料质量可多掺混合材,减少熟料用量,进一步节能减排。当前,我国各厂的新型干法水泥熟料质量正在不断改善。优化水泥品种结构和熟料质量是水泥工业和全社会节能减排不可忽视的重要方面。

9.延伸产业链

为制作混凝土,1t 水泥需配 5t 粗、细骨料,其消费量很大。我国混凝土骨料大都是民采,采集方法落后,造成矿山资源浪费、自然环境和河道破坏,后果很严重。并且,细骨料自然资源越来越稀缺,急须寻找新的取代品。在节省资源、保护环境的国策指引下,一些水泥企业看到了新的发展机遇,综合利用本厂矿山和人力资源,延伸上游产业链,开创混凝土骨料产业。为进一步提高社会效益和经济效益,这些水泥企业往往还整合本厂资源,延伸下游产业——商品混凝土。水泥企业延伸上、下游产业的做法正在全国逐步展开。

10.企业兼并重组

新型干法生产在全国由东到西进行大发展过程中,到 2007 年东部地区浙江等南方各省水泥产量严重过剩,水泥市场恶性竞争剧烈,水泥企业全面亏损,生存困难。此时,中国建材成立南方水泥公司,兼并重组浙江等南方各省的困难企业,在该地区形成由若干大企业主导水泥市场的格局,使市场秩序恢复正常,价格回归到合理水平。南方公司的生产实践表明,通过整合,使企业资源得到合理配置;通过改造,使企业节能减排。兼并重组引领众多企业走上可持续发展道路。从国际水泥行业发展历史看,兼并重组是市场经济发育过程中常见的现象,若干大企业主导地区市场的格局是市场经济成熟的表现之一。目前水泥企业兼并重组正在产能严重过剩的西南和西北地区迅速开展。

从上可见,新型干法可持续发展新阶段已初步形成,并且正在深入发展。

三、践行新型干法可持续发展新阶段

中国水泥行业经历了经济体制和生产技术的两大转变。在转变中,许多企业被淘汰,有的企业则胜出。分析这些企业的发展过程,可得出许多经验教训。在当今由生产大发展阶段向可持续发展新阶段的又一次转变中,应总结经验,吸取教训,迎接挑战,以确保企业继续成长并有更大发展。为此,须着重做好以下几项工作。

1.正确把握企业发展方向

在水泥生产技术转变过程中,众多立窑水泥企业被淘汰,但有些立窑企业能正确把握技术方向,尽力发展新型干法,顺利渡过了技术转变的难关并迅速壮大。如天瑞、红狮和塔牌等企业在转型中发展成全国闻名的大中型新型干法企业,塔牌和天瑞还先后在境内外成功发行股票,已成为上市企业。

20 世纪 90 年代初,许多大中型水泥企业都开展多种经营。不久,便两极分化,有些企业陷入困境而无法自拔;另一些企业则能及时调整经营方向,确定主业,重点发展水泥业务,从此获得顺利发展。

当前,水泥行业正进入可持续发展新阶段,面临又一次发展方向的决择。各企业应继续正确把握方向,在新型干法生产的基础上选择节省资源、减少排放和保护环境的可持续发展道路,以适应新形势,开创新局面,更上一层楼。

2.及时更新经营理念

在水泥行业由计划经济向社会主义市场经济转型过程中,20 世纪 80 年代的国家重点大中型企业,即产品由国家统一分配的所谓统配企业,大部分已被兼并重组,不复独立存在。但有小部分企业,它们能及时转变经营理念,由单一的产品经营转变为产品经营与资本经营两者同时并举，较早地建立融资渠道，为技术转型创造了资金条件，成功闯过经济体制转型的难关，从而使自身获得飞跃发展。

在当前水泥行业正进入新型干法可持续发展阶段时期，有些企业已进一步更新经营理念，实行产品经营、资本经营和可持续发展三者同时并举，使生产方式与世界先进潮流接轨，继续健康顺利发展。

1993 年 11 月中共十四届三中全会后，海螺领导层随即组织全厂干部学习全会“决定”，动员职工树立资本经营理念，在产品经营的同时开展资本经营。1995 年 4 月利用外资进行老厂改造；1995 年 7 月兼并重组铜陵水泥厂；1997 年在香港成功发行 H 股。资本经营促使企业迅速扩张。近期，海螺领导层又引领职工树立可持续发展理念，走节能减排、保护环境的发展道路。建立了全国第一个水泥窑纯低温余热发电装置、全国第一条水泥厂协同处置城市生活垃圾作业线、全国第一个水泥厂微风发电场和世界第一条节能减排型日产 12000t 熟料烧成系统。海螺是发展新型干法生产的领头羊，在新型干法可持续发展新阶段又是一马当先，已成为国际一流水平的优秀大型水泥企业。

3.坚持技术开发和创新

技术开发和创新是中国水泥工业现代化的基础，生产与科研相结合是技术开发和创新取得成功的重要措施。中国中材属科技和工程服务型企业，在水泥工业现代化进程中实行产研结合，开发出日产 2500t、5000t 和 10000～12000t 熟料新型干法工艺和成套设备，为生产大发展创造了技术条件。近期又开发出低温余热发电、协同处置城市废弃物、污水厂污泥和水泥窑尾气脱氮等环保技术，正推动着水泥行业践行新型干法可持续发展新阶段。中建材的凯盛和合肥院在新型干法技术开发中也都创建了重大业绩。目前，有些大型水泥生产企业已进入技术开发领域，并取得很多成果，这是水泥行业创新体系建设的可喜进步。在可持续发展新阶段中，将有诸多课题需要解决，技术开发任务仍十分艰巨。

水泥生产企业采用先进技术进行创新改造是水泥行业现代化工作的重要方面。经历了生产大发展阶段后发现，众多新型干法生产线须要改造，特别是在节能减排、保护环境的新形势下更须进行技术创新。中建材南方公司兼并重组的企业，虽然都采用新型干法，但它们的工艺和设备参差不齐，按可持续发展要求都有差距。南方公司作为整合工作的重要内容，对被兼并企业的生产线分步进行了资源重组、创新改造。目前已初见成效，企业的经济效益和社会效益显著提高。

4.深化改革开放

体制改革释放了水泥工业现代化的动力。水泥是竞争性行业，又是一个重要原材料产业。通过改革，已由单一的国有经济改变成国有经济、民营经济和混合经济共存的经济体制。国家重点支持的 12 个大型水泥企业，除民营企业红狮外，都已改制成在境内外发行股票的股份制公司。中国建材南方公司经过大规模兼并重组形成了混合经济体制的大型企业。有些大型企业通过职工持股或期权设置建立了有效的激励机制和约束机制。水泥行业产权制度改革已取得巨大进展。

水泥企业发行股票后都按证券交易所要求进行管理制度改革。如：建立职能分明的分级管理制度；按地区设立的分区管理制度；实施财务预算管理制度和内控制度等等。重点大型水泥企业通过改革都已建立适合本企业情况的现代管理制度。

从当前水泥行业整体情况看，国有经济、民营经济和混合经济三种经济体制并存的经济结构，促进了生产力发展，加快了现代化进程，因此是合理的。水泥行业经济体制改革虽已取得成效，但尚有不足之处，突出表现在各企业之间的生产技术经济指标、环境保护水平和经济效益的差别很大。这些差别的产生有多种原因，其中最主要的是企业间改革的深度有很大不同。有些未能建立起有效的激励机制和约束机制，另一些则在管理制度上存在缺陷。为解决这些问题，须不断深化改革，建立起适合自身的产权制度和现代管理制度。

引进资金和技术是对外开放的一个方面，也是中国水泥工业现代化的重要措施。20 世纪 80 年代到 90 年代，利用外资建设新型干法生产线进行示范，这对当时统一发展新型干法的认识和提高国有企业的市场竞争意识有很大帮助。购买外国成套设备建设新型干法生产线和引进关键设备设计与制造技术，大大加快了新型干法成套设备的国产化进程，这对我国水泥工业现代化发挥了重要作用。在当前，应当看到，西方工业发达国家较早地树立了可持续发展理念，已开发许多相应的先进技术，在践行可持续发展新阶段过程中，应继续对外开放，学习先进的理念，引进先进的技术。

技术和资本跨出国门走向世界是对外开放的另一方面，也是我国水泥工业强大的必由之路。进入新世纪后，中国水泥新型干法成套装备和工程服务成功进入国际市场。中国中材已成为世界上最大的水泥工程建设承包商。近几年，中国水泥资本已开始登上国际投资舞台，冀东、海螺和中建材等正在国外筹建新型干法生产线，在世界范围内配置资源。为实现企业效益最大化，随着国内水泥市场饱和，走出去的步伐将加快。在可持续发展新阶段，以输出技术和资本为主要内容的对外开放必将进一步发展。

在当前形势下，中国水泥行业将面临许多新挑战和新机遇。让我们在党中央、国务院正确领导下，坚持科学发展观，与时俱进，践行水泥新型干法可持续发展新阶段，为创建资源节约型环境友好型社会作出新贡献，为中国现代水泥工业更加繁荣昌盛努力奋斗。

★该篇文章发表于 2012 年 4 月 3 日《中国建材报》。

我国水泥工业 NO_X 减排的正确步骤和措施★

The correct procedure and measure of NO_x reduction in Chinese cement industry

◎中国水泥协会高级顾问 高长明

Gao Changming Senior consultant of China Cement Association

近一年来，我国水泥工业的 NO_x 排放问题已成为国家环保部门和媒体关注的热点，各种数据、观点、议论、主张屡见于诸多传媒，敦促或指示水泥工业必须大幅减排 NO_x 的声音高涨。笔者完全同意随着国家环保形势的发展，现行水泥工业 NO_x 排放 800mg/m³(标)的国家标准应该修订。

我国水泥工业 NO_x 排放量究竟是多少

根据中国水泥年鉴所载，2006～2008 年我国水泥工业的 NO_x 排放量分别为 59.84 万吨、68.48 万吨、.46 万吨。据悉这些数据均来自国家统计局和环保部门的公报。2009 年水泥工业 NO_x 排放量曾有过说法 87 万吨，后来一直没有确认，故从 2009 年开始笔者就再也没有找到国家权威机构公布的水泥工业 NO_x 排放量的数据。但从国家环保部公布的数据得知，我国 2009 年和 2010 年的 NO_x 总排放量分别是 1692.7 万吨和 2273.6 万吨，同时却提出水泥工业的 NO_x 排放为总量的 10%，于是就造成了现今我国水泥工业 NO_x 排放超过 220 万吨的结果，因此必须大幅削减。

2009 年中国建材科研总院和合肥水泥研究设计院共同对我国具有代表性的 9 条 1500～5000t/d 新型干法水泥窑进行了 NO_x 排放检测。结果表明，≥5000t/d、≥2500t/d 和 ≤1500t/d 窑的 NO_x 排放分别平均为 600mg/m³(标)、1100mg/m³(标)和 1600mg/m³(标)。此外已知水泥立窑的 NO_x 排放一般为 360mg/m³(标)，即吨熟料排放 NO_x 为 0.58kg。加权计算可得水泥工业 2009 年 NO_x 排放总平均值约为 700mg/m³(标)，如吨熟料废气量按 1600～2000m³(标)计，则吨熟料 NO_x 排放为 1.12～1.40kg。2009 年熟料产量 10.1 亿吨，于是 2009 年水泥工业 NO_x 排放量为 113 万吨～141 万吨，该值与 2008 年 76.46 万吨的衔接似乎勉强还能说得过去。

查阅 2006～2008 年全国工业 NO_x 排放的数据，那些年我国水泥工业 NO_x 排放约为全国工业总排放的 5%。而如今我国水泥工业 NO_x 排放突然飙升，总量从 76.46 万吨猛增到 220 万吨以上，占比从工业排放的 5%为全国排放的 10%。如此近乎 3 倍的翻番，笔者百思不得其解。

2012 年 2 月浙江兰溪市公布了位于其境内的南方水泥、红狮、金圆、双狮、虎鹰等水泥公司所属 10 余台新型干法水泥窑 NO_x 排放的检测数据，其平均值为 669mg/m³(标)，即吨熟料 NO_x 排放为 1.07～.34kg，与上述建材总院的数据基本吻合。

我国水泥工业 NO_x 排放标准应怎样修订

我们主张在国家经济和环保发展需要的宏观前提下，结合水泥工业与其他重化工业的国情，适当考虑不同地区经济发展程度、环境允许容量和水泥企业剩余服役期限的差异，通过科学综合的方法，各有关领域充分研讨协调，寻求最佳的可操作的分阶段实施方案，建立在线检测、第三者核查、奖惩分明的长效机制。显然，这是一项涉及社会各方面因素的较复杂的系统工程，需要精心的组织和领导，更需要决策层的视野和智慧。

开题之前，肯定会有来自各界的各种想法和说法，各抒己见完全正常，只是希望媒体报道时请不要超越事实的底线。例如说我国水泥厂的环保排放全都不合格，而事实上我国新型干法水泥厂绝大多数均已全面符合现行的国家排放标准。只不过是，假设将现行的 NO_x 排放标准由 800mg/m³(标)改为 300mg/m³(标)的话，那么现在的水泥厂在这一指标上就可能全都不合格了。很显然国家环保排放标准也不是仅仅只有 NO_x 一项指标，更何妨 NO_x 减排到多少为宜，尚未开题研讨，怎么就能以此自诩为国标，声称所有水泥厂的环保排放都不合格呢?

至于我国水泥工业 NO_x 排放标准修订到多少为宜，建议借鉴参考欧盟和德日美发达国家和地区的标准(欧盟 500～800mg/m³(标)，约吨熟料 NO_x 排放 0.8～1.28kg；德国 200～400mg/m³(标)，约吨熟料 NO_x 排放 032～0.64kg；日本 300～600mg/m³(标)，约吨熟料 NO_x 排放 0.48～0.96kg；美国 400～700mg/m³(标)，约吨熟料 NO_x 排放 0.64～1.12k)酌情而定，分地区分阶段地实施为宜。其实多少 mg/m³(标)的限值只是表观检测指标，真正具有控制 NO_x 排放总量的是吨熟料 NO_x 排放多少千克，这项限值才是根本的关键所在。

笔者承认，水泥行业对突然降临的所谓“最严环保标准”(正确地说应是“最严 NO_x 排放标准”)，虽然已在酝酿 NO_x 减排问题，但并未料到竟会要求降得这么“狠”。但为了公众利益付出一定的代价也是履行社会责任而必须承担的义务，这义不容辞。国家也应像对待火力发电厂

NO_x减排一样予以水泥厂适当的脱硝激励政策，以引导各行业的共同可持续发展。

水泥企业减排 NO_x的正确步骤和措施

凭借笔者上世纪八九十年代在欧美和中东从事生产管理大型 PC 窑水泥厂，包括 SNCR 脱硝系统的经验，真诚地忠告我国现今的水泥企业，最好先冷静地面对有关厂商的宣传和促销，把主导精力先转向自己的水泥窑生产系统上来，结合自己原、燃料成分性能的分析，探求窑系统的最佳操作参数，找出问题所在。首先把现有全窑系统调整到稳定优化状态，其 NO_x排放就会有相此两项先进行升级技改，更新采用高燃烧推动力、低一次风量、低 NO_x的新型燃烧器，分解炉及煤料风管均改造成拥有 NO_x还原区的阶段燃烧型式。经验表明，仅此两项措施加之窑系统的稳定优化操作，可将 NO_x排放削减到 500mg/m^3(标)左右，而且费用较低，见效快，长期效益较显着。这就是笔者所推荐的 NO_x减排的第一步骤。事实上，我国许多操作管理良好的大型水泥窑对此都已经践行了多年，效果显着。只有在圆满地完成了第一步骤以后，如果还需要进一步削减 NO_x排放，才可考虑进入第二步骤，即选择装设了 SNCR 或 SCR 脱硝装置。

最后说明两点：第一，笔者最近调研得知，SNCR 系统自上世纪 80 年代末首次应用于水泥厂脱硝以来，至今在全世界水泥窑上正规投运的约有 70 余套，占全球投产水泥窑总数的 2%(70/3700)，其中运转在欧洲的约有 60 余套，占欧洲投产水泥窑总数的 9.2%(60/650)，在德国的约有 28 套，占德国投产水泥窑总数的 40%(28/68)，远非流传所说“普及率达 70%”的情况。至于 SCR 系统，第一套工业规模试验装置 2006 年在意大利 MonseliCe 水泥厂投试，第二套 2011 年 3 月在德国 Rohrddorf 市 Siidbayer 水泥厂(SPZ)投产，由于这是一家老厂的全面升级技改工程，该 SCR 系统仍处于研究性调试阶段。全球水泥企业已采用 SCR 系统的至今仅此两套。第二，笔者估计，当 SNCR 系统操作熟练、运行正常，还原剂和 NO_x克分子浓度比值处于 1～1.25 的条件下，其运行成本可以控制在吨熟料 10 元左右；否则其还原剂的逃逸率太高，非但不经济提高成本，而且还会引起氮氢排放污染，纯属非正常操作状态，必须尽力避免。此外，根据丹麦史密斯公司 FLSmidth 和瑞典 PetroMilio 公司 20 多年的实践经验，SNCR 系统采用氨水为还原剂时，其 NO_x削减率可达 80%，氨水消耗的成本约为每吨熟料 1.2 欧元，折合成市场水泥售价约增加 2.7%；如果采用尿素为还原剂，则 SNCR 对 NO_x的削减率将会下降到 70%左右，而尿素的成本则提高为每吨熟料 2 欧元，水泥售价将增加 4.3%。而我国的情况、价格和对氨水的管理能力等与欧洲的差别较大，上述数据仅供参考而已。

★该篇文章发表于 2012 年 3 月 3 日《中国建材报》.

认真落实政府工作报告精神 坚决遏制水泥新增产能加快水泥转型升级倡议书★

Proposal for earnest implementation of government work report spirit, resolute restriction of newly increased cement capacity and speeding up cement transformation and upgrading

◎中国建筑材料联合会 中国水泥协会

China Building Material Federation and China Cement Association

全国水泥行业的企业家、专家、同仁和一切关心水泥行业发展的同志们：

温家宝总理在十一届全国人大五次会议所做的《政府工作报告》中明确指出，“以汽车、钢铁、造船、水泥等行业为重点，控制增量，优化存量，推动企业兼并重组，提高产业集中度和规模效益”，要求政府有关部门“把好土地、信贷、节能、环保、安全、质量等准入和审核关”，“进一步淘汰落后产能”。对此，我们应该理解为既是对中国水泥工业长期发展做出的充分肯定，更是指明了水泥工业未来发展的方向，是水泥行业加快转变发展方式、产业转型升级、调整结构的行动纲领。当前我国水泥行业产能已经出现全局性、全方位的过剩，一部分水泥企业部分生产线已限产、停产，竞争加剧，企业效益明显下滑。但是，另一方面，新增产能却屡禁不止，目前仍在新建的新型干法水泥生产线 210 条，将新增熟料产能 3 亿吨。自 2009 年国务院批转国家发展改革委等部门《关于抑制部分行业产能过剩和重复建设引导产业健康发展的若干意见》(国发[2009]38 号)下发以来，截止 2011 年底全国共新建了 463 条生产线，新增熟料产能 5.47 亿吨。事实充分表明，水泥产能总量已经绝对性、全面性过剩。更令人担忧的是一些地方政府为了局部利益和近期政绩，一些企业为了近期利益，不顾宏观政策和法规的调控，不顾市场严重供大于求的局面，仍在盲目地重复建设新线，将会扰乱行业发展的战略布局，浪费国家的能源、资源财力，拖延行业转型升级，阻碍节能减排进程，影响存量优化，加剧不必要的竞争，直接影响企业的经济利益，乃至影响水泥行业的长远发展。为此，我们认为，认真贯彻落实温家宝总理所做的《政府工作报告》精神，坚决遏制新增产能，是一场巩固改革开放以来水泥工业发展成果的保卫战，是维护全行业所有水泥企业共同利益的明智举措，是为长远发展留出提升技术、节能减排空间的长期利益所在。为了防止出现类似平板玻璃行业出现的严峻局面，很多企业和专家发出了呼声与要求。在这关系到水泥行业发展转向和转折的关键时刻，在关系到水泥行业能否平稳增长、稳中求进的关键时刻，在关系到行业兴衰成败的关键时刻，中国建筑材料联合会、中国水泥协会共同向全国水泥行业的所有企业发出呼吁并倡议如下：

一、认真学习、贯彻、落实《政府工作报告》精神，严格执行《关于抑制部分行业产能过剩和重复建设引导产业健康发展的若干意见》（国发[2009]38号），坚决遏制新建水泥生产线，呼吁全社会、全行业对一些地方政府和水泥企业违规建设新生产线的行为进行披露，要求政府部门对违规建设生产线进行清理和公示；呼吁全行业共同监督和揭发新建水泥生产线的违规行为；呼吁各级行业协会将本地区新建水泥生产线的行为在媒体揭露与公示；从现在起所有的建材媒体不再正面报道新线建设情况，而要揭露其违规行为；呼吁各级领导和行业协会领导不再出席新建线的庆典活动。

二、引导、支持和鼓励水泥企业，发展水泥混凝土制品、商品混凝土等加工产品和骨料产业，延伸水泥产业链、提高附加值，把发展的重点转向提升技术、推进节能减排和开发高标号特种水泥方面。

三、实施“走出去”战略，积极推动水泥企业跨国、跨境发展，向国外市场转移，在国外扩展建设企业自有或控股的水泥生产线，增加我国水泥产品在国际市场的占有率和影响力。

四、优化存量，通过出台一批新产业政策、新标准、新技术目录，提升水泥行业的整体技术水平和节能减排水平，对现有正在生产的工艺、装备和整个生产线，本着优化的原则进行重新审视，进一步优化设计，改进工艺流程，及时更换、更新能耗高、排放高的设备，果断调整不科学的生产要素配置，使现有同样规模、同样消耗的生产能力提高效能，带来新的增长点，这是贯彻优化存量的实际举措，企业的注意力应转向内部资源的组合与效应上来。

五、加快淘汰落后产能的步伐，在代表先进生产力的新型干法产能严重过剩的今天，淘汰落后产能的步伐必须加快，为此贯彻国家发改委淘汰落后产能的决心要坚定，一方面要加大对原定的淘汰落后产能的力度，另一方面要加快新标准的制定，提高门槛，凡是能耗、排放不达标的不管什么工艺、不管何时建的都应列入下一轮淘汰的范围，这是贯彻优化存量的又一举措。

六、积极组织产学研联盟，组织和集行业的力量研发我国新一代新型干法水泥工业技术，为“十三五”新的发展做准备，使我国新型干法水泥技术达到超越与引领世界水泥工业的发展，为下一轮淘汰相对落后的新型干法水泥做好储备。

七、倡导企业利益融于行业利益，行业利益基于企业利益的发展理念。全行业要本着行业发展的共同目标、本着行业发展的共同利益携手前进。尤其是大企业集团要充分发挥引领与带头作用，更多地肩负起引领行业遏制新增产能、优化存量、推进兼并重组、提高产业集中度、加快水泥行业整体素质提高的社会责任。中小企业要本着资源效能和企业提升的客观需要，紧靠大企业，使企业得到更多的实惠，通过提升企业素质为社会做出更大的贡献。我们呼吁水泥行业的企业家、专家、学者、科研院所、政府主管部门、行业协会和水泥界的同仁们，积极行动起来，认清形势，统一思想，形成共识。将思想统一到《政府工作报告》精神上来，统一到促进建材行业加快转变发展方式上来。集全行业之智，聚全行业之力，携起手来，共同行动，坚决遏制新增水泥产能，推动水泥行业科学发展！

二〇一二年五月六日

★该篇文章发表于2012年5期《中国建材》杂志。

中国水泥产业要走绿色创新转型发展道路★

Chinese cement industry shall march on the road of green innovation and transformation and development

◎中国建材联合会副会长、中国混凝土与水泥制品协会会长　徐永模

Xu Yongmo　Vice Chairman of China Building Material Federation and Chairman of China Concrete and Cement Product Association

对于像水泥行业这样的传统制造业在政策调控时要明确三个方向：一要坚持结构调整：转型升级，淘汰落后，发展大企；二要坚持绿色发展：节能减排，清洁生产，循环经济；三要坚持创新发展：专精特新，知识产权，品牌突破。同时，水泥行业也属于建筑业范畴，建筑业明确政策调控方向时，徐永模表示也要牢记三点：一是以绿色建筑为导向，发展绿色环保建材；二是以建筑节能为重点，发展节能建材；三是以建筑工业化为导向，发展建材部品。

中国水泥发展面临着四大挑战

一、同质化与产能过剩

2003 年后，低成本、国产化 NSP 技术和装备取得重大突破和长足发展，国内产能呈爆发式增长，2008 年已明显呈过剩之态。2008 年为应对全球金融危机，中国政府采取积极的财政政策和宽松的货币政策，拉动水泥产能持续快速增长。2009 年 9 月国务院 38 号文发布，部分企业想方设法获批新上项目，再次加重产能过剩状态。徐永模在报告中表示，经济发展回归常态，行业呈现全面、严重、永久性产能过剩，这是水泥企业面临的问题。2010 年新型干法熟料设计产能规模已达 12.56 亿吨，2012 年还将有 100 余条线投产，实际水泥产能可能已超过 28 亿吨。2012 年水泥市场需求总体上仍会有所增长，投资结构的调整使得需求增速下降，这种趋势有可能在"十二五"期间持续下去。从经济学规律来看，由于资本的趋利性，非垄断性技术最终走向社会的平均利润率，但是产能过剩容易导致价格战，全行业亏损。纵观全局，同质化新型干法水泥技术的普及和产能的过剩，是中国现代水泥工业发展的一大特点。

二、权宜之计的市场协同

市场协同成为 2011 年行业发展的中心词，其行为在浙江、东北、山东等地成效显著，相关水泥企业也大受其益，而且协同行为已经转变为政府和协会的协同(政府因缺电而进行的节能限电；行业协会通过协调，水泥企业自律性临时停产)。但同时价格普涨、市场协同涉嫌价格同盟和反暴利等相关问题也暴露而出。因此，徐永模认为在不违规前提下，市场协同对于维护正当竞争和行业利益来说是有益的，但这也只能是权宜之计，绝不是水泥企业可持续发展之路。水泥企业最终需要回归到对市场的研究和创新发展层面上来。

三、共性基础材料，无近忧有远虑

水泥作为共性基础材料，与石油、煤炭、电力、化工、海洋工程、水利、铁路、公路、桥梁、机场、建筑、环保等行业都有关联性。从长远出发，徐永模指出，水泥、混凝土面临钢铁、复合材料、木材等许多结构材料产业的竞争，并且，随着基础设施的不断完善，需求也将逐渐减少。但是，他也认为，水泥混凝土材料在未来一个较长时期内仍然是最适合中国国情的工程建设用结构和功能材料。

四、不断演变的企业竞争环境

节能减排、环保法规、应对气候变化的各项政策对水泥产业的发展都提出了苛求。由于能耗和排放指标限制，水泥在一些地方被列入不受欢迎的产业。建筑业推崇钢结构，绿色建筑标准中将水泥混凝土列为不可循环材料，不能进入绿色建材选项。各省市区逐渐形成了以 3～5 家大型企业为主导的市场格局，产业集中度不断提高，规模化优势被演绎到极致。这一系列问题都表明水泥企业发展所面临的挑战是巨大的。对于这些问题，徐永模从长远和战略高度两个方面来表明他的看法。从长远看，在产能过剩前提下，水泥企业的生存条件和发展能力主要取决于在技术创新、资源条件、产业功能、市场份额等方面是否有竞争优势；从战略高度来看，当前的产业结构调整、提高产业集中度、发展大型企业集团都不是终极目的，中国水泥产业和企业的可持续发展，不论规模大小，都必须要走绿色、创新转型发展道路。将来企业能否持续发展，取决于对社会经济的定位。

水泥企业转型要遵循四条模式

一、转变观念，向环保型企业转型

这一转型模式的确立主要受到国家政策导向的影响。国家要求企业向资源节约型、环境友好型企业发展。环保部也即将对水泥产业实施新的更严格的氮氧化物减排标准，企业将被迫增大成本，先进与落后企业的成本差异将进一步放大。工信部鼓励水泥企业协同处置污泥、工业废物和城市生活垃圾，环保部也开始认同和接受，并开始"试点、示范"。同时，徐永模也表示，向环保型企业转型过程中，水泥企业也应该吸取之前的一些教训。比如对于处置和利用工业固体废物这一环保行为来看，长期以来只在节能节约资源，发展循环经济层面上被赋予了正面意义，并获得国家财政税收政策优惠。又如在处置和利废上，包括企业在发展循环经济意义上的利废行为，被社会误解为是企业逐利的资源综合利用的经济行为。因此，水泥企业一定要重塑企业的社会形象，要通过环保功能重新认识水泥企业的社会功能和定位，从而获得社会的尊重、信赖、依靠。徐永模同时也认为，在向环保型企业转变过程中，可采用协同处置模式，即利用水泥生产过程的特殊高温环境，同步处置废物。处置过程不能影响水泥正常生产、也不能影响水泥质量，否则会造成更大的能源和资源浪费。因协同处置具有安全、无害化、一站式、资源化的特点，已成为新型干法水泥产业向绿色环保型产业发展的竞争优势。

二、高性能化，向先进材料产业转型

水泥基材料作为复合胶凝材料，具有深厚和广阔的开发潜力。通过与其他矿物粉体材料、纤维材料、聚合物材料、金属材料的复合，可大大提高水泥基材料的性价比和适用性。因此，徐永模认为，高性能水泥基材料在各种超高、超长、超深结构、核电、深海、地下、严寒等严酷环境中都能使用，因此应用前景广泛。中国的水泥企业应向拉法基、豪瑞、太平洋这样的跨国公司学习，承担起发展先进水泥基材料及其应用技术，推动高性能水泥基材料的创新发展。住建部在《建筑业"十二五"发展规划》中提出，"十二五"期间高性能混凝土

的用量要达到10%以上，因而这一行为也对发展此种新型材料形成了市场倒逼机制，有助于推动其发展。

三、延伸产业，向多元一体化转型

水泥企业进入上游骨料和下游混凝土产业，通过发展混凝土产业来支持水泥产业的可持续发展，徐永模表示，这是一种战略行为。他也认为，水泥企业主导预拌商品混凝土产业后，将改变商品混凝土产业的属性，使之从建筑的附属变为主要的建材制造产业。混凝土的材料特性、产业形态和经营管理方式都显著不同于水泥产业。但是，混凝土在很大程度上仍然是规模主导型产业，是发展水泥产业的一些重要经验模式。

四、厚积薄发，向跨国企业转型

在这一点上，徐永模表示，历经改革开放30多年的发展和市场培育，中国已是名副其实的水泥制造大国、水泥技术装备出口大国，大型水泥企业不能做走不出国门的“山大王”。此外，中国在水泥领域的研究开发机构规模之大、研发技术人员和从业人员之多也是世界其他国家所不能比拟的。因此，基于种种优势，中国的水泥企业走出国门，向跨国企业转型这一道路是势在必行的。同时，徐永模对于国际化也表达了他的看法，他认为，国际化也应多元产业一体化，才能充分发挥材料产业链的竞争优势。中国水泥企业走向世界，既是经济全球化发展的必然，也是中国水泥技术和产业为世界的和谐和发展。因此，中国水泥企业应向进入中国的拉法基、豪瑞、海德堡、老城堡、太平洋等跨国企业学习，在国际化进程中做得更好。

★该篇文章发表于2012年5月15日《中国建材报》。

技术创新是应对产能过剩的重要手段★

Technical innovation is the important means of coping with excess capacity

◎中国水泥协会副会长兼秘书长　孔祥忠

Kong Xiangzhong　Vice Chairman and Secretary General of China Cement Association

对于我们水泥这个传统行业，企业的技术创新和技术创新能力，不仅直接决定企业竞争力，而且对整个水泥行业和国家经济的发展有着重要的基础作用。中国近年来的工业化和城市化进程拉高了水泥产品的市场需求，水泥项目投资持续增长，新增熟料产能的集中释放，打破了市场供需关系，造成了产能过剩困境。中国水泥产能过剩的成因有市场的因素，也有非市场的因素。要改变产能过剩现象，一是坚持行业结构调整，二是加大技术创新。技术创新将加速企业做大做强，加速产业链延伸，提升企业品牌和国际化水准，增强企业综合竞争实力，实现行业的可持续化发展。

一、技术创新是推动行业结构调整的动力，是应对产能过剩的重要手段

2012年7月6日至7日，全国科技创新大会在北京举行。胡锦涛主席在会议上发表重要讲话强调，科技是人类智慧的伟大结晶，创新是文明进步的不竭动力。充分发挥科技在转变经济发展方式和调整经济结构中的支撑引领作用。温家宝总理指出，深化科技体制改革的中心任务，是解决科技与经济结合问题，推动企业成为技术创新主体，增强企业创新能力。企业的创新能力，很大程度上决定我国经济的发展前景。

技术创新是一种生产要素的重新组合，这种新的组合包括了新产品、新技术、新材料、新工艺。技术创新的过程就是将新思想、新概念付诸实践并服务于市场的过程。

一个企业要有竞争力必须具有自主创新能力，只有重视技术创新，才能树立品牌形象，提高企业市场竞争力，形成自己的竞争优势。

自主创新是一个国家经济发展的决定性因素，是国家竞争力和参与经济全球化并分享全球化的成果的核心。中国水泥行业新型干法水泥的技术创新大体经历了三个阶段，第一个阶段在80年代中期的技术引进，主要是日本和欧洲的技术和装备，有了进口的日产2 000吨、4 000吨新型干法水泥生产线；第二阶段是90年代初到2005年前后，是一个消化吸收、装备国产化的过程；之后进入了一个自主创新、快速发展的第三阶段。到2010年，我国的新型干法水泥日产2 000吨、5 000吨、10 000吨生产线技术基本定型，完全做到了技术的自主知识产权，所有主机装备实现了国产化，工程勘探设计、施工安装、调试服务日臻娴熟，尤其是近年的国际水泥工程业务凸显了中国水泥行业的竞争能力。水泥行业在这三个技术创新阶段过程中，总是连续伴随着产能过剩问题，国家控制水泥产能过剩的红色令牌一直不断，但每个阶段重大技术创新、提升和发展都为化解行业产能过剩做出了决定性的贡献。

通过《通用硅酸盐水泥》(GB 175－2007)标准和《水泥工业大气污染排放标准》(GB 4915－2004)的修订，对水泥工业的产品质量和污染减排发挥了重要作用，标准的制订和修订本身就是一种技术创新；

通过对预热器为主的水泥窑煅烧系统的工艺技术、监控技术不断创新，完成了以日产5000吨级水泥熟料生产线为主力窑型的规模定型，加速了淘汰以立窑为主的落后产能，实现了新型干法水泥占总量89%的行业技术结构调整的成绩。

在引进技术的基础上，研发了大型原料立式磨和水泥辊压机装备及工艺技术，完成了5000吨规模生产线配套装备的国产化，实现了水泥行业粉磨节能技术水平国际一流；

水泥窑余热发电的大量应用，使得水泥行业能源消耗大为下降。到2011年底，全行业可改造的水泥窑80%都配套了余热发电装置，实现了企业经济效益和社会环境效益的同步发展。

从技术进步的角度考察，行业意义上的产能过剩往往是无法避免的。2012年以来，大多数水泥企业采取了“去库存、量本位”的销售策略，水泥产品的市场低价竞争日加激烈，在这样的情形下，企业没有先进技术做支撑，就没有低成本，也就没有低价竞争优势。低价营销就是微利，这是应对市场供需变化，在经济下行使产能过剩严重时，企业求得生存度难关的手段。竞争的结果，一部分企业生存下来，一部分企业退出了市场，而优势企业会借机收购兼并，做大自己的规模，取得更大的市场份额，而整个行业也就此得到了结构调整的发展。道理就这么简单，市场竞争的本质就是企业技术创新的结果。

今天在座的各位企业技术主管，在全国水泥企业总工程师论坛上看似交流的是纯技术内容，但你们的工作，你们在企业的技术创新实践，不仅仅给本企业带来竞争力，也对行业结构调整做出了贡献，为化解产能过剩做出了贡献。水泥行业技术创新步伐越快，其产能过剩的现象也越“严重”。前三年，全国投新建新型干法水泥生产线产463条，新增熟料产能达5.47亿吨，这也就意味着，至少约有2亿吨的落后技术产能被挤兑出来，沦为过剩产能，将在今后市场竞争中逐步被淘汰。这种产能过剩是技术进步带来的，真是“祸兮福所至”。人类社会自工业革命以来生产能力空前提高，虽不同行业屡屡出现产能过剩，但经济发展反而更快了，其关键就在于技术创新降低了成本，提高了质量，拓展了市场的广度与深度。

正是水泥行业出现的产能过剩，增强了水泥企业追求技术进步和改进管理的动力，充分的市场竞争优化了资源配置。应对产能过剩严重，大力推进技术创新是一个具有最本质意义的核心要素。

二、改变产能过剩最终靠企业创新能力

企业和行业的创新能力包含了创新技术、创新产品、创新服务、创新思维、创新管理。

为什么说改变产能过剩最终要靠企业自主创新能力呢？

首先，我国水泥行业的产能过剩不能只看产能的总量，行业的组织结构调整刚刚开始，10大企业集团的水泥产量只占总量的25%，市场集中度还很低，要达到60%目标还有很大距离，大企业对各个区域市场的调控力度有限。用创新思维、创新管理去调整企业战略发展规划，发挥大企业优势，推进企业兼并重组，提升行业的市场集中度就能改变产能过剩；

其次，从水泥产业链条延伸角度看，水泥企业最终应该向社会提供水泥基材料，而不仅仅是前段的水泥产品，将资源消耗、能源消耗、污染排放都集中记在水泥厂的生产阶段，在产品价格低廉时，统计企业万元GDP的能源消耗、排放总量最高。创新技术、创新产品、创新服务，向水泥产品的产业链两端延伸后，企业万元GDP的能源消耗、排放总量立马改观。引导资本向水泥的上下游投资，本身就起到了抑制水泥产能过剩。

当代美国用技术创新和并购重组多策并举来治理产能过剩。而在中国特色社会主义的市场经济情景中，中国应对产能过剩又比美国等发达国家增加了政府对市场的宏观和微观的调整力度。

从技术创新来说，中国政府制定了雄心勃勃的目标和未来数十年的发展蓝图，计划到2020年让中国成为“创新型国家”，到2050年成为“科技强国”。政府的科技研发投入已连续多年以每年约10%的速度递增，2011年研发支出超过1500亿美元，位居世界第二，仅次于美国(4000亿美元)。2010年中国申请专利数量达到39.1万件，同比增长24%，首次超越日本排名世界第二。

从政府干预产能过剩来说，2000年之后，政府提出“低投资、国产化、上大压小”政策，国产化低投资，解决了投资瓶颈问题。紧跟着2003年是“避免投资盲目扩张，清理水泥行业项目”的政策，抑制了低水平重复建设带来的落后产能过剩，提出了结构调整，淘汰落后目标。2009年政府又发布38号文，为抑制水泥产能过剩和重复建设，国家停止核准水泥新建项目。下一步，政府将引导水泥行业在循环经济上为社会发展多做贡献，将在环境负荷指标上加大企业的监控。

要改变产能过剩我们水泥企业要在理念、在人才、在管理、在流程、更要在创新和技术上下功夫。行业协会——中国水泥协会和各省市自治区水泥协会，要把引领企业走上可持续道路作为历史责任，这样整个行业才能可持续发展。水泥企业的可持续发展，不仅仅是企业要有可持续的创新和盈利能力，可持续的环境和资源支撑基础，此外还应该有更深一层的含义，还要在制度建设，文化底蕴，企业公民，社会责任等方面有所创新，使企业之树常青，枝繁叶茂，延绵长存。

水泥行业的可持续发展是建立在众多水泥企业的可持续发展之上，行业协会是行业发展的旗帜，是争取企业利益的代言组织，是引领行业可持续发展的思想者，是服务政府、服务企业、服务行业、服务社会的行动者。行业利益高于企业利益，企业利益孕育于行业利益之中。

有了这样可持续发展的企业和行业组织，何愁应对不了产能过剩？

我们的优势企业应从产能过剩的挑战中看到发展的机遇，用技术创新去提高能效和资源利用，用创新机制去提高企业的综合竞争实力。一家人才能“抱团过冬”，企业兼并重

组才能抵抗产能过剩的严寒，而抵抗这种“严寒”的能量正是技术创新！

参考资料：

1、《2012 年推动中国经济发展的因素》毕马威全球中国业务发展中心主席冯定豪、彭亚利

2、《产能过剩是个伪命题》2009 年 12 月 29 日《小康．财智》记者黄君发

3、《产能过剩是个伪命题，制度的隐形成本阻碍资源配置》2010、03、12 每经评论员叶檀

4、《产能过剩若干问题辨析》——2011 年 09 月 08 日《中国投资》国家发改委投资研究所研究员罗云毅

★该篇文章是孔祥忠在 2012 年 7 月 26 日召开的全国水泥企业总工程师论坛上的讲话。

我国水泥窑协同处置技术规范研究进展★

Research progress of Chinese cement kiln technical specification in comprehensive treatment

◎全国水泥标准化技术委员会秘书长 颜碧兰 ◎中国建筑材料科学研究总院 汪澜 魏丽颖 刘姚君

Yan Bilan Secretary General of National Technical Committee for Cement Standardization

Wang Lan, Wei Liying and Liu Yao China Building Material Scientific Research Institute

一、概述

国家环保部于 2010 年 2 月发布的《第一次全国污染源普查公报》：2007 年我国工业固体废弃物产生量 38.52 亿吨，工业源中危险废弃物 4 573 万吨，此外，我国每年还产生生活垃圾等各种废弃物约 2 亿吨。如何科学合理地利用或处理这些废弃物，是我国工业及经济健康发展的关键。

目前，对废弃物的处理方式主要是填埋法、堆肥法和焚烧法。填埋法占地大，减容化、资源化程度低，容易产生二次污染。堆肥法规模小，周期长，质量不稳定。焚烧法可以达到废物处理的无害化、减容化、资源化的目标，但烟气和灰渣中的有毒成分(尤其是二噁英)还需要处理，增加了投资和处置成本。利用水泥窑协同处置废弃物是近年来水泥行业提出的一条新的废弃物处理方法。该方法一方面可以利用水泥窑系统吸收废弃物燃烧产生的有毒有害气体，另一方面废弃物焚烧后产生的灰渣可以作为水泥原料煅烧水泥熟料，真正实现零排放。工业发达国家从上世纪 70 年代开始研究水泥窑协同处置废弃物技术，至今已有 30 多年的研究和应用历史，积累了大量的经验，已经得到了广泛的认可和应用。随着水泥窑协同处置废弃物的理论及实践的发展与各国相关法规标准的健全，该项技术在经济和环保方面显示出了巨大优势，逐渐形成了产业规模，在发达国家废弃物处理中发挥着重要作用。我国从 20 世纪 90 年代开始利用水泥窑处理危险废弃物的研究和实践工作，目前一些大型水泥生产企业，如北京新北水水泥有限责任公司、海螺集团、华新水泥集团、拉法基瑞安水泥有限公司等纷纷开展水泥窑协同处置工业危险废弃物、污泥、城市垃圾等的实践。以新北水水泥公司为例，从 1995 年发展至今，已具备了处置 30 余种危险废物的能力，年处置量可达 10 万吨，树立了水泥工业作为环保产业的新形象。

2006 年国家相关部门发布了《关于加快水泥工业结构调整的若干意见》，指出“抓紧研究制定鼓励水泥工业资源综合利用和处理工业、城市垃圾方面的配套政策措施。加强低热质燃料的应用、城市垃圾处理、工业废渣及可燃废弃物的应用等研究。在充分试验研究的基础上完善标准体系，引导水泥工业科学、合理利用和处理废弃物”。国家发改委等部门在《关于抑制部分行业产能过剩和重复建设引导产业健康发展若干意见的通知》中针对水泥行业，明确提出“支持企业在现有生产线上进行余热发电、粉磨系统节能改造和处置工业废弃物、城市污泥及垃圾等”。为了将水泥窑处置废弃物纳入规范管理的轨道，引导水泥企业安全、科学、合理地处理废弃物，中国建筑材料科学研究总院于 2006 年国家标准化管理委员会提出制定国家标准《水泥生产协同处置废物技术规范》(下简称《技术规范》)项目建议书。2007 年 12 月国家标准化管理委员会下达了标准制定计划，经过 3 年多深入细致的研究以及多次与国内外专家的研讨，起草小组提出了《水泥窑协同处置废物技术规范(征求意见稿)》，现将主要内容进行简要介绍，希望大家提出意见和建议，以便进一步完善。

二、《技术规范》制定原则及总体思路

《技术规范》制定原则包括以下几点：与我国有关的环境法律法规、标准协调配套，与环境保护的方针政策相一致；与我国产业结构调整政策相一致，与水泥企业技术发展状况相一致；在参照国际先进标准的基础上，结合我国水泥企业实际情况，制订符合我国国情的标准；以先进的技术为依托，力求使标准做到技术上可行、经济上合理、具有可操作性。《技术规范》制定的总体思路：推动水泥窑协同处置废弃物技术在我

国的推广应用，保障废弃物在水泥窑中无害化安全处置；为水泥企业处置废弃物提供技术支持；控制生料、熟料、水泥产品及烟气中有害元素含量，遏制“二次污染”。

三、《技术规范》总体框架和主要内容

《技术规范》规定了水泥生产协同处置废弃物的术语和定义、废弃物的鉴别和检测、处置工艺技术和管理要求，相应的重金属及其他污染物排放量限值及检测、检测组批及频率等内容。《技术规范》主要内容包括废弃物安全控制方法，水泥窑协同处置废弃物工艺技术和管理要求，污染物排放量限值及监测方法，以及对水泥产品重金属含量限值和浸出量限值及检测方法。

1.协同处置废物的鉴别和检测

首先《技术规范》规定了禁止水泥窑协同处置的废物：(1)来源不清的废物不能进行协同处置；(2)未经鉴定或检测的废物不能进行协同处置；(3)具有感染性、反应性(易爆性)的废物不能进行协同处置；(4)汞(Hg)含量超过5mg/kg的单一种类废物，不能进行协同处置，也不能与其他种类的废物混合后再进行协同处置；(5)未经分离处理的各种废弃的电子废物和废弃电池不能进行协同处置；(6)根据《放射性废物的分类》确定具有放射性的废物不能进行协同处置。其次《技术规范》规定了水泥生产企业在接受废物之前，应对废物进行评估和检测，以确定该种类的废物是否适宜于协同处置标准规定。在接受废弃物之前，应对废弃物进行评估和检测，具体流程见图1。

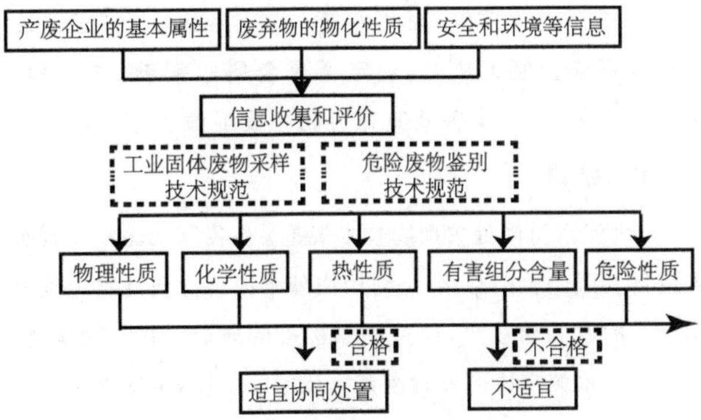

图1　废弃物评估和检测程序

2.处置工艺技术和管理要求

《技术规范》对处置工艺技术和管理要求作了相关的规定：对窑型(预分解窑)、产能(2 000t/d)、生产控制的技术水平(DCS控制系统 连续监测等)、高效除尘系统及其运转率(100%)进行了明确规定；对废弃物在厂区内的预处理及输送的要求有防尘、防异味发散、防腐蚀、防暴等技术措施；废弃物的投料点可根据废弃物的特性设在生料制备系统、分解炉和回转窑等。明确要求处置废弃物的水泥生产企业要严格执行国家和地方的环境法律、法规，达到达标排放；处置危险废弃物应有国家主管部门发放的许可证，并严格按照许可证管理要求执行。另外，要求企业在岗位设置，人员培训等方面也应有完善的管理保障制度。

3.水泥产品重金属浸出量限值

为了确保水泥产品重金属浸出量满足要求，《技术规范》对生料中重金属含量限值和熟料中重金属含量限值及检测方法也作了相应的规定，水泥产品的重金属安全性过程控制见图2。

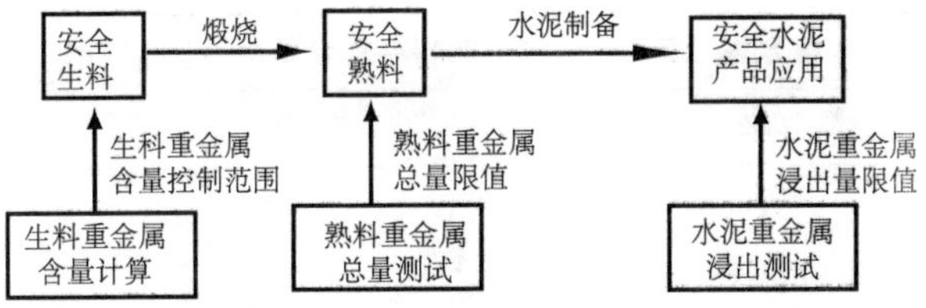

图2　水泥窑协同处置废弃物中重金属安全性过程控制

(1)生料中重金属含量限值

生料中重金属含量限值是由熟料中重金属含量限值除以重金属在熟料中的固化率计算后取下限，通过实验室研究模拟得到各种重金属在熟料中的固化率见表1。

表1　重金属在熟料中的固化率

重金属元素	在熟料中的固化率(%)
砷(As)	83～91
铅(Pb)	72～95
镉(Cd)	80～99
铬(Cr)	91～97
铜(Cu)	80～99
镍(Ni)	87～97
锌(Zn)	74～88
钡(Ba)	80～99
锰(Mn)	80～99

按照下式计算得到生料中重金属含量限值见表2。

表2　生料中重金属含量限值

重金属元素	在生料中的限值(mg/kg)
砷(As)	20(28～31)
铅(Pb)	60(67～89)
镉(Cd)	1(1.0～1.2)
铬(Cr)	90(98～105)
铜(Cu)	60(65～80)
镍(Ni)	60(66～73)
锌(Zn)	300(361～429)
钡(Ba)	200(257～318)
锰(Mn)	60(64～80)

$$S=\frac{\frac{k}{G}}{1\text{-Loss}}$$

式中：S—生料中重金属含量，mg/kg；k—熟料中重金属含量，mg/kg；Loss—生料烧失量，取0.365；G—重金属在熟料中的固化率，%。

(2)水泥熟料中重金属含量限值《技术规范》中熟料重金属含量限值主要参考了瑞士环境、森林与地形局(SAEFL)于1998年4月颁布并于2005年修订的《水泥厂处置废弃物导则》,而熟料中钡与锰的总量限值则是通过水泥产品浸出量限值和试验研究总结的浸出率(约1%)换算得到,见表3。

表3 熟料中重金属含量限值

重金属元素	熟料中重金属限值(mg/kg)
砷(As)	40
铅(Pb)	100
镉(Cd)	1.5
铬(Cr)	150
铜(Cu)	100
镍(Ni)	100
锌(Zn)	500
钡(Ba)	400
锰(Mn)	100

熟料重金属含量的检测方法则参照了美国环保署发布的评估固体废弃物检测方法中的硅酸和有机基体的微波辅助酸消解方法(EPA SW846－3052)。该方法适用于要求样品物质安全消解的情况,但是此方法应用于水泥熟料重金属含量测定时,相应的消解程序和方法要进行细化和修改。《技术规范》中将熟料重金属含量的检测方法列为附录,初步确定水泥熟料的试验取样量为0.25g,并把原方法中的硝酸－氢氟酸体系中根据EPASW846－3052的说明更改为硝酸－氢氟酸－盐酸－硼酸体系(盐酸是为了稳定钡等重金属,硼酸是为了络合氟化物),并把高温保温时间由原来的9.5min延长为30min。试验验证修改后的方法可实现水泥熟料的彻底消解。

(3)水泥产品中重金属浸出量限值《技术规范》规定水泥产品中重金属浸出含量限值是考虑了水泥及水泥基材料在实际使用过程和废弃后对地下水的影响,因此依据地下水Ⅳ类水体的要求作为水泥窑协同处置废物水泥产品重金属浸出限值,见表4。

表4 水泥中重金属浸出限值

重金属元素	重金属浸出的限值(mg/L)
砷(As)	0.05
铅(Pb)	0.1
镉(Cd)	0.01
铬(Cr)	0.1
铜(Cu)	1.5
镍(Ni)	0.1
锌(Zn)	5.0
钡(Ba)	4.0
锰(Mn)	1.0

水泥产品中重金属浸出量检测方法参照美国环保署发布的评估固体废弃物检测方法中的毒性浸出程序方法(EPASW846－1311)。该方法是美国环保署资源保护和再生法唯一认可的危险废物毒性浸出方法,是废物毒性鉴别的标准方法。同时该方法考虑到了实际酸性降水对毒性浸出的影响,且保护的目标是地下水和地表水。我们的试验研究结果也表明该方法能模拟出水泥及水泥基材料实际毒性浸出状况。所以,《技术规范》拟定引用EPASW846－1311作为水泥产品中重金属浸出量检测方法。污染物排放量限值及监测《技术规范》也规定了污染物排放量限值及监测方法。水泥生产企业在协同处置废弃物时,应满足相应的排放标准。其中《水泥工业大气污染排放标准》规定了颗粒物和气态污染物(二氧化硫、氮氧化物、氟化物、二噁英等)排放量限值以及颗粒物无组织排放监控点浓度限值;但在处置废弃物时,还应考虑重金属污染物排放,因此《技术规范》引用了《危险废物焚烧污染控制标准》,规定了重金属元素砷、铅、镉、铬、铜、镍、锌、汞等及其化合物排放限值。

四、结语

《水泥窑协同处置废物技术规范》是我国水泥窑协同处置废物实践经验的总结,是对国内外水泥窑协同处置废物技术标准的发展和进步,通过国家标准的研究、制定和实施,对于推动水泥窑协同处置废弃物技术的发展,引导水泥工业安全、经济处置废弃物将起到积极的作用。

★该篇发表于2012年8月21日《中国建材报》。

论我国水泥行业的技术创新与产能过剩★

On technical innovation and excess capacity of Chinese cement industry

◎中国水泥协会副会长兼秘书长　孔祥忠

Kong Xiangzhong　Vice Chairman and Secretary General of China Cement Association

对于我们水泥这个传统行业,企业的技术创新和技术创新能力,不仅直接决定企业竞争力,而且对整个水泥行业和国家经济的发展有着重要的基础作用。中国近年来的工业化和城市化进程拉高了水泥产品的市场需求，水泥项目投资持续增长，新增熟料产能的集中释放，打破了市场供需关系，造成了产能过剩困境。中国水泥产能过剩的成因有市场的因素，也有非市场的因素。要改变产能过剩现象，一是坚持行业结构调整，二是加大技术创新。技术创新将加速企业做大做强，加速产业链延伸，提升企业品牌和国际化水准，增强企业综合竞争实力，实现行业的可持续化发展。

一、技术创新是推动行业结构调整的动力，是应对产能过剩的重要手段

2012年7月6日至7日，全国科技创新大会在北京举行。胡锦涛主席在会议上发表重要讲话强调，科技是人类智慧的伟大结晶，创新是文明进步的不竭动力。充分发挥科技在转变经济发展方式和调整经济结构中的支撑引领作用。温家宝总理指出，深化科技体制改革的中心任务，是解决科技与经济结合问题，推动企业成为技术创新主体，增强企业创新能力。企业的创新能力，很大程度上决定我国经济的发展前景。

技术创新是一种生产要素的重新组合，这种新的组合包括了新产品、新技术、新材料、新工艺。技术创新的过程就是将新思想、新概念付诸实践并服务于市场的过程。

一个企业要有竞争力必须具有自主创新能力，只有重视技术创新，才能树立品牌形象，提高企业市场竞争力，形成自己的竞争优势。

自主创新是一个国家经济发展的决定性因素，是国家竞争力和参与经济全球化并分享全球化的成果的核心。

中国水泥行业新型干法水泥的技术创新大体经历了三个阶段，第一个阶段在80年代中期的技术引进，主要是日本和欧洲的技术和装备，有了进口的日产2000吨、4000吨新型干法水泥生产线；第二阶段是90年代初到2005年前后，是一个消化吸收、装备国产化的过程；之后进入了一个自主创新、快速发展的第三阶段。到2010年，我国的新型干法水泥日产2000吨、5000吨、10000吨生产线技术基本定型，完全做到了技术的自主知识产权，所有主机装备实现了国产化，工程勘探设计、施工安装、调试服务日臻娴熟，尤其是近年的国际水泥工程业务凸显了中国水泥行业的竞争能力。

水泥行业在这三个技术创新阶段过程中，总是连续伴随着产能过剩问题，国家控制水泥产能过剩的红色令牌一直不断，但每个阶段重大技术创新、提升和发展都为化解行业产能过剩做出了决定性的贡献。

通过《通用硅酸盐水泥》(GB 175－2007)标准和《水泥工业大气污染排放标准》(GB 4915－2004)的修订，对水泥工业的产品质量和污染减排发挥了重要作用，标准的制订和修订本身就是一种技术创新；

通过对预热器为主的水泥窑煅烧系统的工艺技术、监控技术不断创新，完成了以日产5000吨级水泥熟料生产线为主力窑型的规模定型，加速了淘汰以立窑为主的落后产能，实现了新型干法水泥占总量89%的行业技术结构调整的成绩。

在引进技术的基础上，研发了大型原料立式磨和水泥辊压机装备及工艺技术，完成了5000吨规模生产线配套装备的国产化，实现了水泥行业粉磨节能技术水平国际一流；

水泥窑余热发电的大量应用，使得水泥行业能源消耗大为下降。到2011年底，全行业可改造的水泥窑80%都配套了余热发电装置，取得了企业经济效益和社会环境效益同步发展。

从技术进步角度考察，行业意义上的产能过剩往往是无法避免的。2012年以来，大多数水泥企业采取了“去库存、量本位”的销售策略，水泥产品的市场低价竞争日加激烈，在这样的情形下，企业没有先进技术做支撑，就没有低成本，也就没有低价竞争优势。低价营销就是微利，这是应对市场供需变化，在经济下行使产能过剩严重时，企业求生存度难关的手段。竞争的结果，一部分企业生存下来，一部分企业退出了市场，而优势企业会借机收购兼并，做大自己的规模，取得更大的市场份额，而整个行业也就此得到了结构调整的发展。道理就这么简单，市场竞争的本质就是企业技术创新的结果。

今天在座的各位企业技术主管，在全国水泥企业总工程师论坛上看似交流的是纯技术内容，但你们的工作，你们在企业的技术创新实践，不仅仅给本企业带来竞争力，也对行业结构调整做出了贡献，为化解产能过剩做出了贡献。

水泥行业技术创新步伐越快，其产能过剩的现象也越“严重”。前三年，全国投新建新型干法水泥生产线产463条，新增熟料产能达5.47亿吨，这也就意味着，至少约有2亿吨的落后技术产能被挤兑出来，沦为过剩产能，将在今后市场竞争中逐步被淘汰。这种产能过剩是技术进步带来的，真是“祸兮福所至”。人类社会自工业革命以来生产能力空前提高，虽不同行业屡屡出现产能过剩，但经济发展反而更快了，其关键就在于技术创新降低了成本，提高了质量，拓展了市场的广度与深度。

正是水泥行业出现的产能过剩，增强了水泥企业追求技术进步和改进管理的动力，充分的市场竞争优化了资源配置。应对产能过剩严重，大力推进技术创新是一个具有最本质意义的核心要素。

二、改变产能过剩最终靠企业创新能力

企业和行业的创新能力包含了创新技术、创新产品、创新服务、创新思维、创新管理。

为什么说改变产能过剩最终要靠企业自主创新能力呢？

首先，我国水泥行业的产能过剩不能只看产能的总量，行业的组织结构调整刚刚开始，10大企业集团的水泥产量只占总量的25%，市场集中度还很低，要达到60%目标还有很大距离，大企业对各个区域市场的调控力度有限。用创新思维、创新管理去调整企业战略发展规划，发挥大企业优势，推

进企业兼并重组，提升行业的市场集中度就能改变产能过剩；

其次，从水泥产业链条延伸角度看，水泥企业最终应该向社会提供水泥基材料，而不仅仅是前段的水泥产品，将资源消耗、能源消耗、污染排放都集中记在水泥厂的生产阶段，在产品价格低廉时，统计企业万元 GDP 的能源消耗、排放总量最高。创新技术、创新产品、创新服务，向水泥产品的产业链两端延伸后，企业万元 GDP 的能源消耗、排放总量立马改观。引导资本向水泥的上下游投资，本身就起到了抑制水泥产能过剩。当代美国用技术创新和并购重组多策并举来治理产能过剩。

而在中国特色社会主义的市场经济情景中，中国应对产能过剩又比美国等发达国家增加了政府对市场的宏观和微观的调整力度。

从技术创新来说，中国政府制定了雄心勃勃的目标和未来数十年的发展蓝图，计划到 2020 年让中国成为"创新型国家"，到 2050 年成为"科技强国"。政府的科技研发投入已连续多年以每年约 10％的速度递增，2011 年研发支出超过 1500 亿美元，位居世界第二，仅次于美国(4000 亿美元)。2010 年中国申请专利数量达到 39.1 万件，同比增长 24％，首次超越日本排名世界第二。

从政府干预产能过剩来说，2000 年之后，政府提出"低投资、国产化、上大压小"政策，国产化低投资，解决了投资瓶颈问题。紧跟着 2003 年是"避免投资盲目扩张，清理水泥行业项目"的政策，抑制了低水平重复建设带来的落后产能过剩，提出了结构调整，淘汰落后目标。2009 年政府又发布 38 号文，为抑制水泥产能过剩和重复建设，国家停止核准水泥新建项目。下一步，政府将引导水泥行业在循环经济上为社会发展多做贡献，将在环境负荷指标上加大企业的监控。

要改变产能过剩我们水泥企业要在理念，在人才，在管理，在流程，更要在创新和技术上下功夫。行业协会——中国水泥协会和各省市自治区水泥协会，要把引领企业走上可持续道路作为历史责任，这样整个行业才能可持续发展。

水泥企业的可持续发展，不仅仅是企业要有可持续的创新和盈利能力，可持续的环境和资源支撑基础，此外还应该有更深一层的含义，还要在制度建设，文化底蕴，企业公民，社会责任等方面有所创新，使企业之树常青，枝繁叶茂，延绵长存。

水泥行业的可持续发展是建立在众多水泥企业的可持续发展之上，行业协会是行业发展的旗帜，是争取企业利益的代言组织，是引领行业可持续发展的思想者，是服务政府、服务企业、服务行业、服务社会的行动者。行业利益高于企业利益，企业利益孕育于行业利益之中。

有了这样可持续发展的企业和行业组织，何愁应对不了产能过剩？

我们的优势企业应从产能过剩的挑战中看到发展的机遇，用技术创新去提高能效和资源利用，用创新机制去提高企业的综合竞争实力。一家人才能"抱团过冬"，企业兼并重组才能抵抗产能过剩的严寒，而抵抗这种"严寒"的能量正是技术创新！

★该篇文章是中国水泥协会副会长兼秘书长孔祥忠在 2012 年全国水泥企业总工程师论坛上的讲话。

大企业要发挥在行业结构调整中的作用★

——在中国水泥协会第七次会员代表大会上的发言

Large enterprises should give play to industrial restructuring

◎国家发展改革委产业协调司　刘　明

Liu Ming　Industrial Harmony Department of NDRC

各位领导、各位代表：

大家上午好！很高兴参加水泥协会第七次会员代表大会。首先我谨代表国家发展改革委产业协调司对会议的召开表示热烈地祝贺！

水泥是重要的基础原材料，中国城乡发生了翻天覆地的变化，水泥产业功不可没。近年来，我国水泥产业发展取得了很大成绩，产量持续增长，质量不断提高，为国民经济和社会发展作出了重要贡献。中国水泥协会作为水泥企业、科研、设计、建设等众多单位共同组成的行业性组织，在积极贯彻国家产业发展方针政策，提供政府决策支持，发挥政府与企业之间的桥梁纽带作用，开展行业调查研究，促进国际交流合作等方面开展了大量工作，为水泥产业健康有序发展作出了重要贡献。值此金秋时节，水泥行业新老朋友齐聚一起，共商协会"转型创新发展，引领服务交流"，这是协会的盛事，也是行业的大事。衷心希望协会工作能够百尺竿头更进一步，为产业发展作出更大贡献。也借此机会，对中国水泥协会多年来为我们提供的工作支持表示诚挚地感谢！

“十一五”期间，水泥产业在结构调整方面取得了长足进步。新型干法水泥熟料产能比重已达90%，低温余热发电等节能减排技术广泛运用，自主创新和技术进步不断加快，生产力布局日益优化，行业主要技术经济指标已步入国际先进行列。在骄傲与自豪的同时，我们也要看到，水泥产业结构调整工作仍然任重道远。一方面是产能总量过剩严重。截至2011年底，全国水泥(含粉磨站)产能已达到29亿吨。按照预测，“十二五”末我国水泥需求量仅为22亿吨左右，在淘汰掉所有的不符合产业政策的3亿吨落后产能后，现有产能已能满足市场需求。但目前水泥(不含粉磨站)还有在建产能约4.5亿吨，建成后产能总量将达到33.5亿吨，供求失衡矛盾突出。另一方面是产业结构优化不足。产业链短，向上下游延伸不够；技术研发投入较少；落后产能仍占有一定比重，资源能源使用效率还有待提高，节能减排与世界先进水平相比还有一定差距；企业过多过散，产业集中度低；部分地区产能过于集中；企业国际化程度不高；等等。在目前市场需求放缓、企业成本上升等因素的影响下，行业效益不断下滑。今年上半年，水泥产品平均价格同比下降7.2%；规模以上水泥制造业利润同比下降51.4%；截至8月底，全国330多家水泥企业(包括粉磨企业)停产，涉及产能9000多万吨。行业发展形势严峻。

当前，国内影响经济平稳运行的不利因素仍然较多，经济发展面临诸多困难和挑战。从外部环境看，国际金融危机的深层次影响还在不断显现，世界经济下行压力加大，不稳定不确定因素增多。随着资源、能源、环境约束的不断增强，水泥行业加快推进结构调整、实现可持续发展的必要性、重要性、紧迫性日益凸显。

加快结构调整，需要政府、协会、企业、社会各方面的努力。其中，企业作为市场经济的主体，理所当然的成为促进产业调结构转方式的主体。政府调控、协会引导、行业发展的目标能否实现，归根结底还是要落实到企业的具体行动上。特别是作为行业发展“领头羊”的大型水泥企业集团，对行业发展的影响更是重大。大企业是贯彻落实国家产业政策的重要力量；大企业的技术进步、技术路径、战略转型、管理提升能够对产业发展起到巨大的辐射作用和引领作用；大企业能够承担对产业发展具有重大带动作用的技术研究和项目建设；大企业的规模效应能够实现对资源的有效配置；大企业发起的兼并重组也是结构调整的有效助推器。水泥产业的发展历程，充分见证了这一点。无论是水泥产业技术结构调整的深化，还是组织结构的优化；无论是维护市场秩序，促进良性竞争，还是“走出去”，在国际水泥装备出口和水泥工程总承包中占据主导地位，水泥大型企业集团做出了重大贡献。

近年来，水泥产业集中度有了一定提升，前10家大型企业集团的熟料产能已近50%，大企业集团无论是资产规模，还是经济效益，都上了新台阶，对行业的影响力也逐步加大。大企业有能力、也需要在产业结构调整中发挥更大的作用。

一是要自觉控制产能总量。要带头执行国家严控水泥新增产能的产业政策，不靠新建生产线扩大产能规模。可淘汰早期建设的指标不先进、装备水平低、污染物排放不达标的生产线，在产能不增或者减少的情况下，依法依规建设先进的生产线，减少能源消费总量和二氧化碳的排放，促进产业升级。

二是要积极推动技术进步。要加大研发投入，注重培养技术人才，开发出更多的拥有自主知识产权的新技术，成为技术创新的引领者。要积极参与行业实施的重大、关键、共性技术、工艺、产品的研发攻关。

三是要主动促进节能减排。要围绕资源综合利用，降低能耗和污染物排放，加快现有生产线的脱硫脱硝、余热利用、以及水泥窑协同处置废弃物等节能环保技术改造，优化存量产能，提高资源能源使用效率和效益，提升环境质量。

四是要不断提升竞争力。要合理组织与整合内部资源，优化资源配置，提高信息化、自动化在生产和经营过程中的应用，促进智能化集成与提升。着力延伸产业链，改善产品结构，注重与上下游产业的联合。通过产业集群建设推动大中小企业之间的分工合作和产业升级。坚持市场化运作，在维护市场公平竞争上作出表率，促使缺乏竞争力的产能加速退出市场。

五是要更好发挥在产业集中度提升中的作用。通过合并、股权收购、资产收购、资产置换、债务重组等多种形式，实施企业间的联合重组，促进规模化、集约化经营。使先进技术、经营管理理念、企业文化和管理制度影响进入联合重组的众多中小企业，发挥整合效应。

六是要加快“走出去”步伐。积极参与国际竞争，积累国际市场运作经验，提高国际市场占有率，在更大的舞台上施展拳脚。

发挥大企业在行业结构调整中的作用，需要大企业自身努力，也需要政府，协会等各方面给予更多的引导和支持。我们产业司长期以来，与委内有关司局一起，在政策导向、项目核准、资金支持、企业融资、境内外并购重组等各方面，都注重发挥大企业对行业的示范和引领作用。我们也将继续与有关部门一起，努力为大企业发挥在行业结构调整中的作用营造更好的政策环境。

同志们，朋友们，秋天是收获的季节。今天的会议必将为水泥行业的可持续发展注入新的活力，将引领水泥产业在更高的层级上又好又快发展。

谢谢大家！

★该篇文章是作者在2012年10月31日召开的中国水泥协会第七次会员代表大会上的发言。

水泥工业的转型升级★

Transformation and upgrading of cement industry

◎原国家建材局局长　王燕谋

Wang Yanmou　Director of previous National Building Material Bureau

2011年，中国水泥产量20.8亿吨，人均产量达1.6吨，大大超过了工业发达国家在经济高速增长期曾经达到过1.0吨左右的水平。去年，中国水泥新型干法产量点总产量比例近90%，生产技术基本实现由立窑、湿法窑和立波尔窑等落后技术向新型干法先进技术的转型升级。

中国水泥工业取得了巨大进步，但当前面临的节约资源、保护环境和市场竞争压力，与日俱增，必须进一步转型升级。

近期，国务院发布和开始实施《工业转型升级规划(2010～2015年)》，规定了工业转型升级的总体思路、目标、任务和保障措施，为水泥工业转型升级指明了方向。水泥工业如何按规划要求继续转型升级，既要有内容又要有措施，还能具体操作，须到生产实践践中去寻找答案。本人根据所了解的情况，对水泥工业转型升级提些看法，仅供参考。

一、认清发展形势

现代水泥工业发展经历了新型干法准备阶段和新型干法生产大发展阶段后，现在已进入一个新型干法可持续发展的新阶段。

准备阶段的主要内容是新型干法装备国产化。20世纪70年代，我国开始试验新型干法。当时国家工业水平较低，水泥装备基础非常薄弱，新型干法装备的国产化有一个较长的过程。在改革开放政策指引下，向国外购买新型干法成套设备建设日产4000t和2000t熟料生产线；引进和消化吸收外国16项新型干法关键装备设计与制造技术；不断开发创新，自主建设日产1000～2500t和4000～5000t熟料新型干法国产装备示范生产线。通过设计、科研和企业等单位的密切合作和长期不懈努力，2000年前后基本实现日产2500～5000t熟料新型干法成套装备国产化。

全面建设市场经济体制是准备阶段的一个重要方面。随着经济体制改革深入，投资体制改革逐步到位。实行项目法人负责制。这就建立起投资行为中“精打细算”的约束机制，克服了计划经济体制“吃大锅饭”的浪费弊端。

由于装备国产化和投资体制等主要问题的解决，在生产企业、设计、科研和装备企业等单位的统力合作下，1996年和1997年海螺宁国水泥厂和山水山东水泥厂相继突破日产2000t熟料生产线低投资建设难关；2003年海螺铜陵水泥厂和池州水泥厂先后突破日产5000t熟料生产线低投资建设难关。低投资建设难关的攻克为水泥新型干法在全国普遍推广铺平了道路。

在投资体制改革不断深化的同时，中国资本市场逐步形成并迅速发育壮大。国有企业纷纷建立与资本市场接轨的融资渠道，可自行募集资金用于扩大生产。同时，民营企业快速发展，民间资本积累日益扩大，逐渐成长为投资者。进入21世纪，各方投资者都看到水泥工业技术转型带来的巨大商机已经成熟，将大量资金投向新型干法生产线建设，现代中国水泥工业发展由准备阶段开始进入生产大发展阶段。

从2003年开始，在国民经济高速发展和市场需求拉动下，全国各地从东部沿海到西部内陆依次掀起前所未有的水泥新型干法生产线建设高潮，水泥产量迅猛增长。2002年我国新型干法水泥产量为1.1亿吨，占总产量的15%。到2010年新型干法水泥产量猛增到16亿吨，占总产量的85%。

新型干法水泥产量快速增长的同时，大批立窑等落后水泥企业被淘汰。河北省鹿泉市是全国水泥界著名的“立窑水泥之乡”，曾有166家立窑水泥企业，在省、市政府的大力支持下，经过转型升级，现在仅有曲寨和金隅鼎鑫两家新型干法水泥企业。在新型干法生产大发展阶段，当代水泥工业基本实现了落后生产方式转为新型干法的第一次转型升级。

当前，节能减排、保护环境已成全球共识。水泥工业属资源型产业，有害气体排放量较大。CO_2气体排放量占全球人类总排放量的5%；NO_x气体排放量仅次于火力发电、汽车尾气，排名第三。节能减排、保护环境是水泥工业生存和发展的必然选择。中国政府高度重视节能减排、保护环境，发出了建设资源节约型环境友好型社会的号召，规定了生产发展中节能和保护环境的一系列强制性指标。中国水泥行业在生产大发展进程中积极响应政府号召，努力开发节能和环保技术，主动采取各种可持续发展措施，将现代化进程逐步提升到新型干法可持续发展新阶段，开始践行当代水泥工业的第二次转型升级。

二、第二次转型升级的主要内容

水泥行业第二次转型升级的特征是以节约资源和环境友好为目标，开发新技术、采取新措施，深化调整结构，实现生产方式向更高层次转变。当前，水泥企业转型升级的主要内容有如下几个方面：

1.推广水泥窑低温余热发电

2010年我国已有692条新型干法生产线上建设低温余热发电装置，占可设置生产线的75%；已设置低温余热发电装置的生产线熟料产量为8.5亿吨，占当年新型干法熟料产量的68%；同年水泥企业低温余热发电295亿KWh，节省标煤991万吨；减排CO_2 2378万吨。

2.水泥企业协同处置城市废弃物取得进展

金隅北京水泥厂已建成年处理10万吨城市工业废弃物作业线和日处理600吨污水厂污泥作业线；海螺铜陵水泥厂建成日处理600吨城市生活垃圾作业线；广州越堡水泥厂建成日处理600吨污水厂污泥作业线；上海金山水泥厂和湖北华新水泥厂也都相继建成处置本地区各种废弃物的作业线。这些作业线的成功投产和高效运行，使水泥企业协同处置废弃物的工作有了良好的开端，在推广中发挥着重要的示范作用。

3.开发节能减排型预分解窑烧成系统

2011年年末，海螺芜湖水泥厂和铜陵水泥厂分别成功投产了日产12000t熟料预分解窑新型干法生产线。生产线烧成系统的预热器、分解炉、燃烧器和熟料冷却机等系列设备，按节能减排要求都作了改进。芜湖厂日产12000t熟料生产线于2011年12月26日完成的72小时达标考核结果是：回转窑日产量12046t；熟料工序电耗24.63 kWh/t，熟料热耗2947kJ/kg。2012年3月19日该生产线实时监测的排放数据为：窑尾粉尘排放浓度25mg/Nm^3；NO_x浓度500mg/Nm^3。应当指出的是，生产线热耗目前已达较低指标，在今后长期运转中热耗还将进一步下降；各种排放指标优异，特别是NO_x的排放量远低于我国国家规定限值的800mg/Nm^3，已达到国际先进水平。我国节能减排型预分解窑烧成系统的技术开发已取得重大进展。

4.开发低电耗粉磨系统

水泥生产的粉磨系统分生料粉磨系统和水泥粉磨系统两类。在现代水泥生产中，这两类粉磨系统的工艺和装备是不同的。我国新型干法生料粉磨系统，早期曾是中卸磨闭路循环系统，近期都是立式辊磨系统，其电耗为15～20kWh/t。最近已开发出电耗更低的粉磨兼烘干的生料挤压磨终粉磨系统。山水在全国最早采用该粉磨系统，长期运行的数据表明，其电耗为10～12kWh/t，比立式辊磨系统更低。目前，生料挤压磨终粉磨系统正在逐步推广。

在新型干法生产线上常用的水泥粉磨系统有管磨闭路循环粉磨系统、挤压磨预粉磨系统和立式辊磨预粉磨系统。为降低电耗，近期国外已开发出水泥立式辊磨终粉磨系统，台资亚东武汉水泥厂已引进该种粉磨系统。为妥善解决立式辊磨终粉磨系统存在的水泥质量问题，中建材中联公司已开发出水泥立式辊磨与管磨联合粉磨系统。立式辊磨的功能是粉磨，管磨的功能主要是改善产品颗粒形态和级配。该系统既能降低电耗又能保证水泥质量，是一个很好的技术构思。

5.开发新能源

2011年12月海螺济宁水泥厂6×1.5MW微风发电项目的第一台发电机组顺利吊装完成，2012年3月六台机组全部投入运行，并入本厂电网用于生产。该项目是利用当地的微风资源开发3.5～20m/s风速的发电技术，为水泥行业可持续发展开辟新的途径。中国水泥企业利用自己条件开发新能源的工作已经起步。

6.开发脱氮技术

2010年底工业和信息化部在《关于水泥产业节能减排的指导意见》中提出，到2015年底全国水泥工业的NO_x排出量要比2009年减少25%。从此，我国水泥工业NO_x减排问题提上议事日程。水泥企业减少NO_x排放的方法有两种。第一是改进烧成系统中相关设备，减少NO_x的生成量；第二是增添脱氮装置，降低废气中NO_x的含量。目前已开发出的脱氮装置有两种：一种叫选择性催化还原法（即SCR）；另一种是选择性非催化还原法（即SNCR）。我国有关单位正在修订水泥企业NO_x排放标准。如果采用第一种措施不能达标，就须增添脱氮装置。所用脱氮技术，一般是SNCR法。中国中材已开发出SNCR法脱氮装置，并成功应用于本集团的湘潭水泥厂。我国水泥厂脱氮装置的开发和应用已经启动。为降低NO_x排放量，一般都尽可能采用第一种方法。

7.开发特种水泥

特种水泥是资源节约型工程结构材料，又是环境友好型工业产品。在我国已开发出的特种水泥分特种硅酸盐水泥、铝酸盐水泥和硫铝酸盐水泥三大类。硫铝酸盐水泥熟料生产比硅酸盐水泥熟料可减排CO_2量约30%，生产中还可大量利用废弃的低品位矾土和工业废渣。应用硫铝酸盐水泥时，在冬季施工中不须现场蒸汽养护，在水泥制品生产中不须蒸汽养护工序，在泡沫轻质外墙保温板生产中不须压蒸处理，可节省能源和缩短工期。在海洋工程中使用硫铝酸盐水泥不须海水侵蚀防护处理，可节约昂贵的防护材料和大量工时。当前。特种水泥的开发已得到越来越多科研、设计和生产单位的重视。

8.优化水泥品种结构和熟料质量

在世界各国，按建筑工程要求，通常都有一个相应的高、中、低等级匹配的水泥品种结构。在工业发达国家，建筑工程使用的混凝土等级平均为C50～C60，相应的水泥品种结构是以52.5和62.5高等级水泥为主。我国的混凝土使用等级平均为C30～C40，企业相应生产的水泥品种主要是32.5和42.5中低等级水泥。采用高等级混凝土可使工程构件截面积减小。降低混凝土用量，减少水泥耗量，从而节省资源和减少排放。因此，提高混凝土使用等级，增大高等级水泥比例，可推进全社会的节能减排。我国混凝土使用等级低，高等级水泥比例较小，在这方面具有很大节能减排的潜力。近几年，随着大型重要工程建设数量增多，我国高等级水泥生产和销售比例已有所提高。

为生产高等级水泥，须改善熟料质量，提高熟料等级。在生产中、低等级水泥时，改善熟料质量可多掺混合材，减少熟料用量，进一步节能减排。当前，我国各厂的新型干法水泥熟料质量正在不断改善。优化水泥品种结构和熟料质量是水泥工业和全社会节能减排不可忽视的重要方面。

9.延伸产业链

为制作混凝土，1t水泥需配5t粗、细骨料。其消费量很大。我国混凝土骨料大都是民采，采集方法落后，造成矿山资源浪费、自然环境和河道破坏，后果很严重。并且，细骨料自然资源越来越稀缺，急须寻找新的取代品。在节省资源、保护环境的国策指引下，一些水泥企业看到了新的发展机遇，综合利用本厂矿山和人力资源，延伸上游产业链，开创混凝土骨料产业。为进一步提高社会效益和经济效益，这些水泥企业往往还整合本厂资源，延伸下游产业——商品混凝土。水泥企业延伸上、下游产业的做法正在全国逐步展开。

10.全面提高矿山开采水平

我国水泥矿山开采技术和管理已取得巨大进步。建成了能满足千万吨级熟料基地生产的现代化大型矿山；世界上最长的43km石灰石运输长廊已投入运行；部分企业通过计算机管理大大提高了资源综合利用率；少数企业对矿山适时进行绿化植被，保持与周边环境相协调。然而，从当前新型干法水泥企业的情况看，各矿山之间的技术和管理水平有较大差距。为保护环境和节省资源，许多矿山须进一步提高开采技术、改善管理、做好植被和复垦工作。这也是水泥工业转型升级的一项重要内容。

11.加快淘汰落后产能

2011年我国水泥工业尚有占总产量10%左右的立窑落后产能。立窑生产的产品质量低下，粉尘排放量很大，石灰石民采对环境破坏非常严重，与可持续发展背道而驰，必须淘汰。根据近年行之有效的经验，淘汰立窑必须是政府依法行政和运用市场竞争机制双管齐下。在水泥工业转型升级中，应加快速度，彻底淘汰立窑落后产能。

除上述内容外，企业生产和管理的信息化工作还须进一步加强。在新型干法生产大发展阶段，由于计算机控制技术和网络技术的广泛采用，水泥企业的信息化水平迅速提高，但与国际先进水泥企业相比尚有差距。在今后的转型升级中水泥企业仍应进一步提高信息化水平。

随着科技创新的进展，第二次转型升级的内容将不断扩展和深化。

三、践行转型升级的保障措施

水泥行业在第一次和第二次转型升级中积累了许多经验。总结这些经验后得出，水泥企业转型升级须有如下保障措施。

1.正确把握企业发展方向

在第一次转型升级过程中，众多立窑水泥企业被淘汰，但有些立窑企业能正确把握技术方向，尽力发展新型干法，顺利渡过了技术转变的难关并迅速壮大。如天瑞、红狮和塔牌等企业在转型中发展成全国闻名的大中型新型干法企业，塔牌和天瑞还先后在境内外成功发行股票，已成为上市企业。

20世纪90年代初，许多大中型水泥企业都开展多种经营。不久，便发生变化，少数企业陷入困境而无法自拔；许多企业则能及时调整经营方向，确定主业，重点发展水泥业务。从此获得顺利发展。

当前，水泥行业正进行第二次转型升级，面临又一次发展方向的决择。各企业能继续正确把握方向，在新型干法生产的基础上选择节省资源、减少排放和保护环境的可持续发展道路，以适应新形势，开创新局面，继续健康发展。

2.及时更新经营理念

在水泥行业由计划经济向社会主义市场经济转型过程中，20世纪80年代的国家重点大中型企业，即产品由国家统一分配的所谓统配企业，大部分已被兼并重组，不复独立存在但有小部分企业，它们能及时转变经营理念，由单一的产品经营转变为产品经营与资本经营两者同时并举，较早地建立融资渠道，为技术转型创造了资金条件，成功实现经济体制转型。从而使自身获得飞速发展。

在当前水泥行业正进入第二次转型升级时期，有些企业已进一步更新经营理念，实行产品经营、资本经营和可持续发展三者同时并举，使企业发展更上一层楼。

1993年11月中共十四届三中全会后，海螺领导层随即组织全厂干部学习全会“决定”，动员职工树立资本经营理念，在产品经营的同时开展资本经营。1995年4月利用外资进行老厂改造；1995年7月兼并重组铜陵水泥厂；1997年在香港成功发行H股。资本经营促使企业迅速扩张。近期，海螺领导层又引领职工树立可持续发展经营理念，走节能减排、保护环境的发展道路。建立了全国第一个水泥窑纯低温余热发电装置、全国第一条水泥厂协同处置城市生活垃圾作业线、全国第一个水泥厂微风发电场和世界第一条节能减排型日产 12000t 熟料烧成系统。

3.坚持技术开发和创新

技术开发和创新是中国水泥企业转型升级的基础，生产与科研相结合是技术开发和创新的重要措施。中国中材是由科研、设计和工程等单位改制而成，属科技和工程服务型企业，在水泥工业现代化进程中实行产研结合，开发出日产 2500t、5000t 和 10000～12000t 熟料新型干法工艺和成套设备，为第一次转型升级创造了技术条件。近期又开发出低温余热发电、协同处置城市废弃物、污水厂污泥和水泥窑尾气脱氮等环保技术，正推动着水泥行业践行水泥工业第二次转型升级。中建材的凯盛和合肥院在新型干法技术开发中也都创建了重大业绩。目前，有些大型水泥生产企业已进入技术开发领域，并取得很多成果，这是水泥行业创新体系建设的可喜进步。在第二次转型升级中，将有诸多课题需要解决，技术开发任务仍十分艰巨。

水泥生产企业采用先进技术进行创新改造是水泥行业转型升级的重要方面。经历了生产大发展阶段后，众多新型干法生产线还须要改造，特别是在节能减排、保护环境的新形势下更须进行技术创新。中建材南方公司兼并重组的企业，虽然都采用新型干法，但它们的工艺和设备参差不齐，按转型升级要求都有差距。南方公司作为整合工作的重要内容，对被兼并企业的生产线分步进行了资源重组、创新改造。目前已初见成效，企业的经济效益和社会效益显著提高。

4.兼并重组

兼并重组是市场经济发展过程中常见的一种企业行为，可提高企业集中度，有利于建立正常的市场秩序，还可促进企业的转型升级。中共十四大决定在我国实行社会主义市场经济后，许多新型干法企业进行了兼并重组，取得了显着效果。

2007 年东部地区浙江等南方各省水泥产量过剩，水泥市场恶性竞争剧烈，水泥企业全面亏损，生存困难。此时，中国建材成立南方水泥公司，兼并重组浙江等南方各省的困难企业，在该地区形成由若干大企业主导水泥市场的格局，使市场秩序恢复正常，价格回归到合理水平。南方公司的生产实践表明，通过整合，使企业资源得到合理配置；通过改造，使企业节能减排，实现转型升级。

在产品产量过度过剩时，企业兼并重组在建立正常市场秩序方面能发挥一定作用。但是。解决产量过剩的基本方法应当是政府监管下的市场机制，通过市场竞争进行优胜劣汰。

目前我国水泥企业的兼并重组，主要是国有企业，更多的是中央国有企业对民营企业的兼并，还应鼓励以民营企业为主体的兼并重组，优化资产结构，在水泥产业领域内充分发挥社会主义市场经济的优势。

5.深化改革开放

体制改革释放了水泥工业现代化的动力。水泥是竞争性行业，又是一个重要原材料产业。通过改革，已由单一的国有经济改变成国有经济、民营经济和混合经济共存的经济体制。国家重点支持的 12 个大型水泥企业，除民营企业红狮外，都已改制成在境内外发行股票的股份制公司。中国建材南方公司经过大规模兼并重组形成了混合经济体制的大型企业。有些大型企业通过职工持股或期权设置建立了有效的激励机制和约束机制。水泥行业产权制度改革已取得巨大进展。

水泥企业发行股票后都按证券交易所要求进行管理制度改革。如：建立职能分明的分级管理制度；按地区设立的分区管理制度；实施财务预算管理制度和内控制度等等。重点大型水泥企业通过改革都已初步建立适合本企业情况的现代管理制度。

从当前水泥行业整体情况看：国有经济、民营经济和混合经济三种经济体制并存的经济结构。促进了生产力发展，加快了现代化进程。因此是合理的。水泥行业经济体制改革虽已取得成效，但尚有不足之处，突出表现在各企业之间的生产技术经济指标、环境保护水平和经济效益的差别很大。这些差别的产生有多种原因，其中最主要的是企业间改革的深度有很大不同。有些未能建立起有效的激励机制和约束机制，另一些则在管理制度上存在缺陷。为解决这些问题，须不断深化改革，建立起适合自身的产权制度和现代管理制度。

引进资金和技术是对外开放的一个方面，也是中国水泥工业现代化的重要措施。20 世纪 80 年代到 90 年代，利用外资建设新型干法生产线进行示范，这对当时统一发展新型干法的认识和提高国有企业的市场竞争意识有很大帮助。购买外国成套设备建设新型干法生产线租引进关键设备设计与制造技术，大大加快了新型干法成套设备的国产化进程，这对我国水泥工业转型升级发挥了重要作用。在当前，应当看到，西方工业发达国家较早地树立了可持续发展理念，已开发许多相应的先进技术，中国水泥行业仍须继续对外开放，学习先进理念，引进先进技术。

改革开放是水泥工业转型升级取得成功的关键性保障措施。在第二次转型升级过程中仍须深化改革、坚持开放。

6.加强政府政策的引导和支持

中国水泥工业转型升级离不开政府政策的引导和支持。为发展现代最先进的水泥新型干法技术，1979 年国家计委动用当时非常紧缺的外汇从国外购买两套日产 4000t 熟料水泥新型干法成套装备建设生产线。20 世纪 80 年代国家计委又动用外汇支持引进新型干法关键装备设计和制造专利技术，大大加快了新型干法装备的国产化进程。自 2000 年开始连续数年国家经贸委用“国债贴息”支持水泥企业发展新型干法生产，促进 21 世纪初掀起新型干法生产建设高潮，推动水泥工业技术结构的快速调整，实现第一次转型升级。近期，许多水泥企业建设了协同处置城市废弃物和污水厂污泥作业线，凡是能顺利长期运行的作业线都由当地政府的有效政策作后盾。水泥企业开发新能源已有良好开端，为进一步发展，须有相关的政策支持。在第二次转型升级的发展新阶段，水泥企业的节能环保技术开发和推广，不仅为提高企业效益，也是尽社会责任，进一步加强政府政策引导和支持更有必要。

在当前形势下，中国水泥行业将面临许多新挑战和新机遇。让我们在党中央、国务院正确领导下，坚持科学发展观，与时俱进，践行水泥工业转型升级，为创建资源节约型环境友好型社会作出新贡献，为中国现代水泥工业更加繁荣昌盛而奋斗。

★该篇文章发表于2012年8月21日《中国建材报》。

水泥生产线协同处置生活垃圾技术及装备★

Comprehensive treatment of household garbage technology and equipment by cement production lines

◎南京凯盛国际工程有限公司　康宇　陈艳征　李安平　吴荫尹　祁亚军

Kang Yu, Chen Yanzheng, Li Anping, Wu Yinyin and Qi Yajun

Nanjing Kaisheng International Engineering Co. Ltd

一、垃圾焚烧技术

对生活垃圾采取焚烧处理是国内外普遍认可和采用的方法，具有处理量大、减容性好、无害化彻底等优点，且具有热能回收作用。国内外垃圾焚烧技术主要有三大类：层状燃烧技术、流化床燃烧技术和旋转式燃烧技术。根据生活垃圾的物理、化学特性，采用水泥生产线协同处理或处置生活垃圾是垃圾焚烧法中较为优越的方法，因此水泥生产线处置生活垃圾有着天然的优势。本文对垃圾焚烧技术与水泥生产线协同处置生活垃圾技术进行探讨分析。

1.垃圾层状燃烧技术及设备

垃圾层状燃烧技术是由炉排炉燃煤发电技术发展而来的，而炉排炉燃煤技术经历了近百年的发展和改进，使得层状燃烧技术成为最成熟的垃圾焚烧技术，大多数国家都采用这种燃烧技术。炉排式焚烧炉的关键在于炉排，垃圾在炉排上通过三个区：烘干区、主燃区和燃烬区。垃圾在炉排的推动作用下翻动和搅动，使垃圾层松动，通风和换热加强，更有助于垃圾的着火和燃烧。炉排底部的配风设计确保空气在垃圾层分布合理，以利于垃圾焚烧。

垃圾层状燃烧技术主要有以下优点：

(1)生活垃圾不需分拣，适合我国生活垃圾的特点，针对我国的城市垃圾含水量大、发热值低、成分繁杂等特点，炉排炉的适应性较强。

(2)对城市生活垃圾的粒度要求低，不需对生活垃圾进行预处理和破碎，工艺流程简单。

(3)操作易控制，可通过一次风温和风量的调节来适应垃圾的变化。

(4)出口烟气温度较高，能很好地将有害物分解或裂解，能彻底地将二恶英等有害物质分解掉。

(5)设备所需动力较小、运行可靠、故障率低。

(6)烟气含尘量低，对设备磨损较小，有利于延长设备的寿命。垃圾层状燃烧技术的缺点是：为了保证烟气温度在850℃以上维持2s以上(典型应用在垃圾焚烧发电行业)，垃圾热值较低时需要补燃，烟气需要后处理以达到废气排放要求。

2.流化床燃烧技术及设备

流化床焚烧垃圾技术的主要工艺过程为：将生活垃圾破碎到小于15cm的尺寸，然后送入流化床焚烧炉进行燃烧，流化床焚烧炉低层铺设石英砂并预热，以保证焚烧炉的热稳定性，垃圾焚烧后石英砂与灰渣混在一起，然后进行灰渣、石英砂的混合物的筛分处理，石英砂能循环利用。流化床焚烧炉内燃烧温度控制在800～900℃，气流断面流速控制在8m/s左右；采用燃油预热料层(石英砂)，当料层温度达到600℃左右时投入垃圾进行焚烧，当垃圾热值较高时，垃圾自身的热值能够维持垃圾焚烧，当垃圾热值较低时需要另外补充燃料，通常辅助补充的燃料为煤粉。

流化床燃烧技术具有以下优点：

(1)热力强度大，供热稳定，启动迅速。

(2)出口烟气温度高且稳定，分解垃圾较为彻底。

(3)焚烧炉本身没有运动部件，结构简单。

流化床燃烧技术的缺点：

(1)工艺系统流程复杂，操作复杂，焚烧炉后需加设石英砂分选循环系统，操作难度较高。

(2)对垃圾粒度要求高,垃圾需要破碎至15cm以下方可入炉燃烧以达到流化焚烧目的,且对垃圾破碎机要求高,破碎机的刀轴维修和更换周期较短。

(3)出口烟气中含有细石英砂,使得系统设备受冲刷磨损较为严重,大大降低了设备的寿命。

(4)焚烧炉内流化风量较大,配置风机的动力消耗大。

3.回转燃烧技术及设备

旋转燃烧技术的燃烧设备主要是一个缓慢旋转的回转窑,其内壁可采用耐火砖砌筑,也可采用管式水冷壁,用以保护旋转滚筒。旋转式垃圾焚烧炉最初主要用于处理有毒有害的医疗垃圾和化工垃圾,在垃圾焚烧发电行业应用不多。由于国内的垃圾水分高、热值低且变化较大,为了维护旋转焚烧系统的正常运转,常采用添加大量辅助燃料的方式进行补燃,使得运行成本大幅度提高。旋转燃烧技术还存在通风较差、燃烧不彻底等特征。

4.三种焚烧技术的共性与区别

以上三种垃圾燃烧技术的共性:将垃圾焚烧掉,将焚烧热作为热源进行发电或另作他用;三种焚烧技术在垃圾发电行业都需要对烟气、飞灰及灰渣进行处理,需要增设烟气处理系统,对灰渣大多是制砖或用水泥固化,有的送到水泥厂处理,对飞灰处理基本都是水泥固化后填埋;对垃圾渗沥液多为单独建设渗沥液处理厂进行处理,渗滤液量较小时喷到垃圾焚烧炉处理掉。

三种垃圾焚烧技术的区别:层状燃烧技术通风性和垃圾翻滚性较好,流化床燃烧技术热稳定性较好,旋转燃烧技术垃圾翻滚性和气体密封性较好;层状燃烧技术运行成本较低,流化床燃烧技术运行成本较高,旋转燃烧技术一次投资成本较低;层燃焚烧炉容易实现单机大型化,而流化床和旋转焚烧炉大型化空间有限;层燃焚烧技术和流化床焚烧技术焚烧垃圾较为彻底,烟气中二噁英较低,而旋转焚烧技术烟气量较小;层燃燃烧技术与旋转燃烧技术流程简单、易操作控制,流化床燃烧技术流程复杂、难以操作控制。

综上对比三类垃圾燃烧技术,层状燃烧技术应用较为广泛,适应中国生活垃圾水分高、热值低、不分类等特点,流化床燃烧技术适合分类较好、热值高、粒径小的垃圾,旋转燃烧技术适合处理量小、难焚烧、毒性大的医疗等垃圾。我国生活垃圾来源与组成复杂,具有分类差、含水率高、热值低等特点。生活垃圾的工业分析组成同煤燃料等类似,由水分、挥发分、灰分和固定碳组成,垃圾主要元素为C、H、O、S、N等,垃圾焚烧后的灰渣主要成分与煤灰类似,主要有SiO_2、Al_2O_3、Fe_2O_3、CaO、MgO、Na_2O、K_2O等成分,都是水泥原料所需的成分,垃圾焚烧后重金属元素主要含在飞灰中,熟料在烧成中具有固溶重金属的特点和优势,这些都为水泥生产线协同处置生活垃圾提供了理论基础。

二、水泥生产线协同处置生活垃圾

层状燃烧技术、流化床燃烧技术和旋转燃烧技术各自与水泥生产线联合,都可实现垃圾的无害化处置,通常国内生活垃圾水分高、热值低,为了维持水泥窑的稳定运行和保证熟料产质量,垃圾焚烧相对水泥熟料煅烧均采取离线的形式,都是将垃圾在专门的焚烧炉焚烧,产生的烟气和灰渣分别被水泥生产线协同处置和利用。国外由于生活垃圾分类较好,垃圾的水分低、热值高、易于破碎和粉碎,可作为替代燃料在水泥生产线的烧成系统加以利用,或直接采取“在线形式(相对水泥烧成系统)”完成垃圾的处置和利用。

1.“层燃焚烧炉+分解炉”技术

垃圾在层燃焚烧炉里进行烘干、燃烧、燃烬,产生的烟气通入水泥烧成系统的分解炉里(可供生料分解),飞灰随烟气一起进分解炉,与生料一起烧制成水泥熟料,垃圾焚烧后产生的灰渣作为部分原料被磨制成生料,然后烧制成水泥熟料,烟气中未分解完全的有机物在分解炉850℃以上温度环境下再次进行分解,烟气中垃圾焚烧产生的酸性气体被碱性生料吸收并以盐的形式掺加在生料中被烧制成水泥熟料,烟气中的二噁英在850℃以上烟气中彻底分解掉,垃圾中的重金属元素多数随飞灰一起进入分解炉,然后在水泥回转窑里被固溶于熟料中,极少数重金属元素含在灰渣里,最终也被固溶在熟料中,实现生活垃圾的无害化处置和资源化利用。

该技术的优点是:生活垃圾不需破碎与分拣,分解炉的高温碱性环境可以弥补层燃焚烧炉的不足,对层燃焚烧炉里未完全燃烬和分解的垃圾进行二次焚烧、分解,对层燃焚烧炉里产生的烟气进行碱性吸收和二噁英分解,达到净化烟气的目的。与垃圾焚烧发电相比,节省了烟气净化系统,还实现了焚烧灰渣的处置与利用,对垃圾中的二噁英和重金属也实现了无害化处理。

2.“流化床式焚烧炉+分解炉”技术

将破碎好的垃圾片喂入焚烧炉进行流化焚烧;垃圾焚烧后产生的灰渣与石英砂混在一起,对混合物进行石英砂分选和重复利用,将分离出的灰渣作为部分原料来生产水泥熟料或作为混合材磨制成水泥;流化床焚烧炉里产生的烟气通入水泥烧成系统的分解炉里,实现烟气、飞灰的处理与利用;垃圾中的二噁英经过流化床焚烧炉与分解炉的二次焚烧分解,达到无害化处置的目的;重金属被固溶在水泥熟料里,烟气中的酸性气体被分解炉里的碱性生料吸收,并以盐的形式随生料一起被烧制成水泥熟料。该技术的优点是:流化床焚烧炉里热强度高,垃圾焚烧稳定,产生的烟气温度波动小。与垃圾焚烧发电相比,同样节省了烟气净化系统并实现灰渣的处置、利用,对垃圾中的二噁英和重金属也实现了无害化处置。

3.“回转式焚烧炉+分解炉”技术

将生活垃圾喂入旋转式焚烧炉,从窑头或篦冷机抽取热风供焚烧炉烘干、燃烧垃圾使用，垃圾焚烧产生的烟气通入水泥烧成系统的分解炉，或经三次风管回到分解炉，垃圾焚烧灰渣喂入回转窑或分解炉里烧制成水泥熟料，或者作为混合材磨制成水泥。

该技术与“层燃焚烧炉＋分解炉”思路基本一致，垃圾不需预处理(分拣和破碎)，直接喂入焚烧炉焚烧，并实现垃圾焚烧灰渣和烟气的彻底处理，但受通风量和旋转式焚烧炉直径的限制，旋转式焚烧炉的焚烧效果不如层燃焚烧炉且大型化受限。

4.在线焚烧技术

层状燃烧技术、流化床燃烧技术和旋转燃烧技术各自与水泥生产线联合处置生活垃圾，垃圾焚烧炉通常采取离线的形式(相对水泥烧成系统)，灰渣与烟气分开在烧成系统处理，主要是从维持水泥烧成系统稳定和保证熟料质量的角度考虑。垃圾焚烧炉相对分解炉采取离线的形式处置生活垃圾，是与垃圾种类复杂、热值低、水分大等特点相适应的(如国内的生活垃圾)。

本文所指的在线焚烧技术是:垃圾焚烧炉或预处理炉与水泥烧成系统(以分解炉为主)实行在线布置，垃圾经过焚烧炉或预处理炉处理完成垃圾的烘干、部分燃烧，然后直接喂入分解炉或烟室，在分解炉和回转窑里完成垃圾的燃烬并将焚烧灰渣固溶在熟料里，焚烧烟气直接在烧成系统里被处理并随窑尾烟气一起排出预热器。

该技术垃圾热值利用率较高，但对水泥烧成系统和熟料产质量影响较大，特别是块状较大、不易灼烧的垃圾(如建筑垃圾)会严重影响熟料的质量，水分较大垃圾会导致水泥烧成系统的稳定性变差，进而影响工艺操作和熟料质量。此外，将垃圾种类相对较少、热值较高、水分较低的生活垃圾加工成碎片状，作为替代燃料用燃烧器从窑头和(或)窑尾喷入烧成系统，来替代部分烧成燃料；对于热值高、颗粒大、无机物含量少的垃圾可以从水泥烧成窑尾直接喂入，也可节省部分烧成燃料。该技术必须将生活垃圾加工成片状或粉末状，以方便燃烧器喷入窑头或窑尾；对于颗粒较大的以有机物为主的生活垃圾，可以作为部分替代燃料喂入窑尾，但对水分、热值有较高要求；该技术不适合种类繁杂、水分较大、热值较低的生活垃圾。

5.水泥窑协同处置生活垃圾技术

分析从生活垃圾的减量化、资源化以及烟气处理、二噁英控制、重金属处理等方面考虑，以上方案都能达到无害化处置目的。

通过分析，层燃焚烧炉(炉排炉)和流化床焚烧炉是垃圾焚烧炉发展的主流，层状燃烧技术是垃圾焚烧技术中最为成熟、应用最多的技术，水泥生产线协同处置生活垃圾是最为环保可靠、投资较少的途径。在利用水泥生产线协同处置生活垃圾时，要根据垃圾的物理、化学性质、成分复杂程度、热值、水分以及分捡率的高低，进行“量体载衣”，选择最合适的水泥窑协同处置技术，以实现生活垃圾的资源化、无害化、减量化、环保化处置。

三、水泥生产线协同处置生活垃圾的特点

(1)处理温度高。预热器系统的分解炉操作温度在850℃以上；回转窑内物料温度在1 450～1 550℃，而气体温度则高达1 700～1 800℃左右。在如此高温下，垃圾中有机物得到彻底的分解，有毒有害成分得到彻底的“摧毁”和“解毒”。

(2)焚烧停留时间长。焚烧烟气通入分解炉，气体在高于850℃以上温度的停留时间在4s以上，更有利于有机物的燃烧和彻底分解，二恶英几乎完全被分解。

(3)碱性气氛。烧成系统的生料为碱性物料，有效地抑制酸性物质的排放，使得 SO_2 和 HCl 等以化合盐类固定下来，减弱了二噁英的再次合成。

(4)无废渣排出。垃圾灰渣作为水泥原料烧制成熟料，无废渣排出，实现全部资源化利用。

(5)固化重金属离子。水泥回转窑煅烧过程中，垃圾中重金属离子被固化在熟料中，避免其再次污染。

(6)节约燃料与原料。垃圾焚烧放出的热量被水泥生产线利用，可以节约部分燃料；垃圾焚烧灰渣作为部分原料烧成水泥熟料，可以节约部分原料。

(7)废气得到净化处理。水泥烧成及废气处理系统，使垃圾焚烧后的烟气经过水泥生产线本身自带的碱性环境、收尘器与冷却技术，无需再加设烟气处理系统，排入大气的有害物质能达到排放标准。

(8)节省投资。相对垃圾焚烧发电行业，水泥生产线协同处置生活垃圾节省了烟气处理系统，大大降低了投资和运行成本。

四、水泥生产线协同处置生活垃圾应注意问题

在利用水泥生产线协同处置生活垃圾时，要根据垃圾的具体特性选择最为合适的方案，对于热值较高、不易破碎、易燃烧的垃圾(如轮胎、橡胶等)采取直接投入窑尾较为合适，对于含水率低、易破碎或粉碎的垃圾采取替代燃料技术较合适，对于塑料垃圾与有毒的医疗垃圾采取“旋转式焚烧炉＋分解炉”技术较为合适，对于成分复杂、热值低、水分高的国内普通生活垃圾采取“层燃气化炉＋分解炉”技术较为合适；对于垃圾焚烧发电行业，采取“流化床焚烧炉或层燃气化炉＋烟气处理系统”较为合适。

另外在利用水泥生产线协同处置生活垃圾时，要根据水泥熟料生产线的规模控制垃圾处置量，注意垃圾焚烧

给水泥生产线带来的影响（水分、氧含量、废气增加量等）；防止有害成分对熟料及烧成制度的危害（氯离子、硫含量过高等，必要时设计旁路放风减小其不良影响），特别是采用流化床焚烧炉方案时，飞灰量较其他方案大幅增加，有害成分的带入往往足以影响系统正常运行；在垃圾协同处置工厂运行时，需时刻监测废气排放中的有害成分（酸性气体、二 英、粉尘等），注意检测垃圾有害成分对熟料及水泥性能带来的影响（重金属危害等，要增加重金属离子浸出实验）。

★该篇文章发表于 2012 年 9 期《中国水泥》杂志。

加快行业结构调整促进企业转型升级★

——中国水泥协会第六届理事会工作报告

Speed up industrial restructuring and promote enterprise transformation and upgrading

◎中国水泥协会副会长兼秘书长　孔祥忠

Kong Xiangzhong　Vice Chairman and Secretary General of China Cement Association

各位会员、各位代表、同志们：

现在，我受中国水泥协会第六届理事会的委托，向大会作工作报告，并对今后工作提出建议，请代表们审议。

第一部分　五年来行业发展情况综述

本届理事会任期，正值我国“十一五”经济高速增长时期和“十二五”启动之时。2008 年以来，是我国经济发展极为不平凡的 5 年。国内冰冻、地震、泥石流等自然灾害接连发生；国际从美国次贷危机到全球的金融海啸，从希腊的主权债务危机到欧洲债务风暴接踵而来。特别是进入 2012 年，受国际经济下滑，我国经济增速下降，市场需求萎缩的影响，这一切都对我国水泥行业经济运行造成了巨大影响。在党中央、国务院的正确领导下，在水泥行业全体员工的共同努力下，我们经受住了市场大幅波动的考验，保持了健康发展的良好态势。2011 年，中国水泥产量达到 20.9 亿吨，同比增长 11%；全年实现利税 1464.3 亿元，同比增长 58%；实现利润 1020 亿元，同比增长 67%，全年产销率达 96.9%。5 年来，我国水泥行业发展主要呈现以下几个特点。

一、技术结构调整取得重大突破

5 年来，中国水泥工业技术创新取得了长足发展，整个行业的技术结构得到了充分优化升级。2011 年新型干法工艺比例已经达到 89%，比 2007 年提高 43 个百分点，提前超额完成了行业规划的目标，使水泥工业真正进入新型工业化产业行列。水泥行业通过引进消化吸收，到再创新，无论是生产工艺还是技术装备均上了一个新台阶。我们基本上能够完全依靠自主集成、自主创新建设最现代化的水泥企业，满足和推动了水泥工业快速发展建设的需要。目前，我国已经具备了自主建设世界一流水平的 12000t/d 及以下不同规格新型干法水泥生产线的能力，不光在国内建设了 9 条 10000t/d 生产线，包括 2 条 12000t/d 生产线，在海外也采用国产技术设备帮助其他国家建设多条万吨级现代化生产线。

二、淘汰落后节能减排效果显着

5 年来，大量落后产能被淘汰。据工信部披露的数据，“十一五”期间共淘汰落后水泥产能 3.3 亿吨，2011－2012 年，淘汰落后水泥产能 3.5 亿吨左右。同时，我国自行研发的大型破碎机、大型立磨、回转窑、第四代冷却机、辊压机、新型高效环保设备等一大批技术含量高的水泥装备技术广泛应用，水泥生产工艺和规模结构的优化，大幅度提高了能源利用效率。2010 年我国吨水泥熟料烧成耗标煤预计 115 千克标准煤（熟料热耗 805 千卡/千克，3366 千焦尔/千克），比 2005 年下降 20%；万元增加值综合能耗预计 8.2 吨标准煤，比 2005 年下降 41%，万元增加值二氧化碳排放强度下降 35%。水泥窑余热发电异军突起，据统计，到 2011 年底，已投产新型干法水泥生产线 1513 条，有 950 条生产线已经建设了余热发电生产线，总装机容量 6374MW，年发电 460 亿度，相当于年节约标准煤 1125 多万吨，减少二氧化碳排放 3342 万吨，节能减排成效显着。水泥窑余热发电技术对行业发展所做贡献功不可没。

三、兼并重组大企业集团迅速壮大

5 年来，国家大力推进企业组织结构调整和兼并重组，水泥企业兼并重组步伐加快，产业集中度大幅增强。中国建材、海螺、中材、冀东、山水、华新、台泥、华润、天瑞、红狮、金隅等一批大型水泥集团在并购重组方面表现突出，中国建材、海螺的熟料、水泥生产能力和产量均超过1亿吨。2011年,产能规模1000万吨的企业有18家,前10家大型企业的水泥熟料产能占全国总量的43.5%。南方水泥是个典型案例,2007年,南方水泥成立,以市场化的方式,在东南经济区推动了一场跨地区、跨所有制的战略性重组。几年来,南方水泥联合重组了近150多不同所有制的企业,将产能做到1亿吨。在这么短时间内演绎了一个联合重组、市场协同、管理整合的快速成长故事。南方水泥为中国水泥工业联合重组创造了一个全新的模式,为水泥行业今后的联合重组积累了宝贵的经验。

四、产业链延伸企业转型取得进展

5年来,诸多大企业纷纷探索城市垃圾焚烧、污泥处理、工业危险废物协同处置等新技术、新工艺、新产业,不少企业还投资和收购水泥混凝土搅拌站、建筑骨料、水泥机械等,在延伸产业链方面有了新的突破。国内一些优秀的水泥企业如华润、华新、冀东、中国建材、金隅集团等都已在产业链延伸上花了很大力气,也取得了很大成就。中国水泥行业发展至今,转变依靠单一水泥产品规模来取胜市场的传统发展方式,延伸产业链、做大相关多元产业,已成为增强企业综合竞争力的最佳途径。延伸水泥产业链既是中国水泥工业当前的发展重点,也是促进中国水泥企业升级转型的必由之路。

五、国际地位和作用明显提高

中国水泥技术装备、工程总承包在国际市场上厚积薄发、异军突起,伴随国际水泥工程项目总承包,国产的成套水泥技术装备开始大量出口,与国际最强的公司同台竞争,我国水泥产业国际竞争力也大幅提高,自主研发的工艺技术和装备已出口到世界多个国家,并且已打入到欧美市场。据统计,目前我国的水泥装备已占国际市场份额40%左右。采用我国水泥技术和装备累计建成投产、正在实施和已签合同的水泥成套生产线150余条,建设规模基本都是2000t/d至10000t/d新型干法水泥生产线。我国水泥技术和装备在世界水泥产业发展中已起到重要作用。中国的水泥技术装备工程公司以先进的技术水平、成本优势、可靠质量、优质服务和工期控制能力等竞争优势进军欧美国际高端市场。中国水泥的快速发展,国际地位稳步提高,在许多国际会议、国际组织中出现了中国水泥的代表,出现了中国水泥企业的声音。中国水泥工业取得的成就得到国际社会的认可,受到了国际同行的尊重,改变了过去中国水泥的国际形象。

各位代表,过去五年行业取得的成绩来之不易,这些成绩归功于党中央和国务院的正确领导,归功于全国水泥工业战线广大干部、职工的共同奋斗,中国水泥协会的工作也促进了中国水泥工业持续快速健康发展。

5年来,我国水泥工业全面落实中央的各项决策部署,深入贯彻科学发展观,努力化挑战为机遇,积极采取各种措施,尽力减少不利影响,坚定信心,全力做好保增长、调结构、保稳定各项工作,为实现水泥生产平稳增长,满足国家基础建设和重点工程、农田水利、交通运输以及房地产建筑市场的需求,对促进我国国民经济的平稳较快发展和改善民生做出了巨大的历史贡献,中国水泥工业跃上了一个新台阶。这一时期成为行业历史上发展速度最快、结构调整最明显、技术和质量效益提升幅度最大的时期。我国改革开放取得的重大成就和变化,在水泥行业的发展中得到充分印证和体现。这5年,是中国水泥行业积极应对挑战、经受重要考验的5年,也是行业跨越发展最为辉煌的5年。水泥行业取得如此跨越式的发展成就,用“翻天覆地”来形容一点也不为过,几代水泥人的梦想现已变为实现。

回顾5年的行业的发展历程,我们更加深刻地体会到:针对水泥行业产能过剩的局面,促进水泥行业健康持续发展,必须宏观调控政策不放松,严格审批新上项目;必须提高准入门槛,加力淘汰落后产能;必须加强研发创新技术升级,增强企业发展后劲;必须提高产业集中度,提高市场议价能力;必须转变发展方式,延伸去企业产业链。我们要做好四个兼顾勇担社会责任。一是水泥行业发展与宏观经济发展相兼顾;二是企业利益与行业利益兼顾;三是企业发展与股民利益兼顾;四是行业的发展要实现好与快的兼顾。五年来的发展实践,我们获取了有益的经验,在行业今后发展的进程中,需要我们继续坚持并不断探索总结。

第二部分　五年来协会工作的回顾

2007年12月,中国水泥协会召开了第六届会员代表大会,进行了换届选举,修订了协会章程,选举了协会理事、常务理事、协会领导。本届理事会认真履行协会章程,践行服务宗旨,为政府、行业和企业做好事、办实事。做了大量有益于行业健康发展的工作。中国水泥协会承担起历史责任,做了一系列有益探索。

一、做好政府参谋助手,全力提升协会地位和影响力

5年来,中国水泥协会一直在努力谋求当好政府管理部门的参谋和助手,上情下达,下情上报,参政议政,建言献策,服务政府。平时注意保持与政府主管部门的沟通。汶川地震后,受工信部委托,雷前治会长带领调研小组,前往地震灾区实地考察,起草了“地震灾区恢复建设的水泥工业规划调整意见”,得到了工信部和国务院领导的重视。针对各地新型干法水泥新线建设投资过大过快的现象,及时提出了“控制总量,适度发展的意见”,为国家工信部提供“汶川地震后重建水泥工业和生产力布局的政策建议”。

受工信部委托协会与规划院共同完成了《产业政策评估报告》、《产业政策修订说明》和新版《水泥产业政策》报批稿。受工信部委托，起草了《水泥工业准入条件》草案。这个《准入条件》已正式发布并实施。

协会组团完成日本、韩国水泥工业城市废物利用的政策和技术考察工作后，写出了《考察报告》。张人为和雷前治两人联名向发改委、工信部、环保部、财政部提交了报告。就中国水泥工业开展处置工业废物和城市垃圾提出政策建议。针对水泥产能过剩的趋势，国家发改委产业协调司和中国水泥协会联合发文，对华东六省一市和全国分区 100 家水泥企业抽样调查，雷前治会长被国家发改委聘为调研组组长奔赴华东六省一市实地进行调研。在深入基层开展调查研究的基础上，起草了由国务院办公厅颁发的《关于抑制部分行业产能过剩和重复建设引导产业健康发展的若干意见的通知》（国发【2009】38 号）文件的水泥工业部分内容文稿。该文件为抑制水泥产能过剩、重复建设问题，为推进水泥行业结构调整进行了宏观调控。

协会向国务院有关部委提交了《关于支持我国水泥窑协同处置废弃物的政策建议》。该《建议》引起了国务院有关部委的高度重视。

协会牵头邀请有关专家到广东省深入企业调研，在广泛提取企业意见的基础上，为广东省发改委、工信委提交《广东省“十二五”水泥工业发展调研报告》，提出“十二五”期间广东省水泥工业发展的政策建议，并被省政府采纳。

这一时期，协会还向发改委和工信部提交了《重点支持 60 家大型水泥企业发展运行情况》报告；为工信部产业政策司完成了《水泥工业组织结构调整专报稿》；接受工信部原材料司委托，组织起草完成《水泥工业兼并重组实施意见》；向工信部原材料司上报《水泥助磨剂准入条件》等。

协会通过大量的调查研究，掌握了行业发展第一手情况，受到了政府部门的信任，承接政府部门委托的有关工作，协助政府加强和改善行业管理，发挥出参谋助手、桥梁纽带的作用，为促进中国水泥行业平稳健康发展作出了贡献！

二、积极反映会员诉求，努力为企业创造良好发展环境

反映会员诉求是协会的职责和主要任务。企业与政府的沟通，企业与社会的沟通，企业之间互相的沟通，需要协会来牵线搭桥，传递呼声，反映诉求，这是协会最重要的一项工作。针对行业产能过剩不断恶化的局面，协会向国家发改委投资司提议《关于修订水泥投资项目核准权的建议》，建议加强水泥项目核准权的管理，避免各地出现的滥批项目现象。

针对财政部财税（2008）156 号《关于资源综合利用及其他产品增值税政策的通知》中存在的问题，协会及时向各省市自治区发函，征求意见，后发送专文向财政部和发改委反映行业意见。2009 年 12 月 29 日财政部、国家税务总局《关于资源综合利用及其他产品增值税政策的补充的通知》（财税[2009]163 号），修正了原 156 号文的掺兑废渣比例计算公式，保护了水泥企业利用废渣的积极性。

去年以来，媒体频频报道，国家将大幅提高水泥行业氮氧化物排放标准，水泥企业纷纷来电咨询反映，协会高度重视企业的诉求，组团出国考察发达国家水泥企业的标准、设备和排放现状。由协会会长、秘书长带队到环保部拜访，与科技标准司领导座谈，把欧洲水泥企业氮氧化物现行标准、减排技术应用、企业实际生产数据进行了详细介绍，并明确提出中国水泥协会对氮氧化物排放标准的修订意见。

协会的反映诉求对于维护企业权益、促进行业发展有着重要意义。协会同政府、企业的关系状况，以及协会自身能力水平的高低，都影响其反映诉求作用的发挥。因此，要使协会充分发挥其反映诉求的作用，不但要正确处理行业协会与政府、与企业的关系，我们还在不断加强协会自身的能力建设。

三、积极参与各类标准、规范的制修订，扩大行业话语权

伴随着行业的发展和技术的进步，行业标准、规范体系在不断改进完善，对促进行业技术进步以及整个产业的转型升级将起到越来越重要的作用。标准规范是水泥行业实施科学管理的基础，是实施科技发展战略的重要内容，也是行业协会扩大话语权的重要途径。

近 5 年来，协会先后陆续完成了国家下达的《水泥工厂节能设计规范》的组织编写任务；组织完成国家标准《水泥单位产品能源消耗限额》（GB 16780－2007）；完成《水泥行业清洁生产技术推行方案》；参与环保部《水泥工业污染防治技术政策》、《水泥工业污染防治最佳可行技术指南》（水泥 BAT）、《低碳水泥认证标准》的起草和论证工作；向工信部原材料司上报《水泥助磨剂质量管理规程》；参与修订《水泥工业大气污染物排放标准》；参与《水泥企业安全生产标准化评定标准》的审查；协会与国家发改委、中国建材研究总院与美国能源署专家联合启动中美政府合作项目“中国水泥工业节能减排和替代原燃料利用综合项目”；参与修改国家水泥技术和产品出口指南和《国家重点节能技术推广目录》；参与国家发改委对《外商投资产业指导目录（2007 版）》修订工作；为工信部节能司组织起草《水泥工业重点节能环保技术推广目录》；为国家发改委西部司提出“关于西部地区新增鼓励产业目录意见”；参加了《环境标志产品——低碳水泥标准研究》课题研究制定；参与《工业炉窑 CO_2 减排及污染物协同控制潜力研究》……。由中国水泥协会组织编写的《水泥工厂节能设计规范》荣获国家技术监督总局、全国标准化委员会颁

发的2010年中国标准创新贡献奖。协会在这方面做了大量工作,代表企业,代表行业发挥了重要作用。

四、充分发挥协会服务职能,积极搭建沟通交流平台

中国水泥协会是由全国水泥及相关行业的企业、科研、设计、建设、流通及教育等单位自愿组成的全国性社会经济团体。由于会员有各种各样不同要求、不同需求,因此协会充分发挥自身的优势和服务功能,搭建各种不同的平台为会员交流服务。

第一,搭建政府与企业、国内与国际沟通交流平台。每年一届的"中国国际水泥峰会"已经成为水泥行业最具影响力的峰会。峰会为全球水泥行业搭建了一个沟通和交流平台,让同行们共同分享行业的智慧与经验。原"东亚水泥论坛"在中国水泥协会的积极倡议下,更名为"亚洲水泥论坛",这是一个由中国水泥协会与亚洲多国水泥协会和企业轮流主办的论坛。论坛是亚洲水泥行业非政府组织之间的协商对话平台,它消除了很多水泥出口贸易摩擦,增进了各国之间友谊,同时也扩大了中国水泥技术和装备在亚洲各国的影响力。中国水泥协会积极参加世界水泥可持续发展组织CSI和APP组织活动,推动中国水泥工业的国际化。中国水泥协会已是CSI组织的合作者,中国已有五家大型水泥企业加入了CSI组织,中国水泥在世界同行中的发言权和影响力在增强。APP水泥工作组是亚太地区清洁生产和大气合作组织,中国水泥协会是中国政府APP水泥工作组成员之一,在国际项目合作中发挥了重要作用。另外,支持中国申办2015年"第十四届国际水泥化学会议",协会作为主要支持单位,并促成申办成功。

第二,建立协商对话机制,促进行业健康发展。通过联合、兼并、重组,水泥产业的集中度大幅提升,大企业集团在行业发挥着越来越大的作用。协会每年都定期召开会长扩大会议、和市场形势分析会,并组织召开了两次中国水泥行业大型企业领导人圆桌会议(简称:C12+3会议)。C12+3峰会是水泥行业一种创新的协商机制,大型水泥企业领导人面对面,友好协商,平等对话,交流探讨大家共同关心的话题。除了开会之外,协会领导还经常与大企业领导座谈对话,就行业发展的重大问题商讨解决办法。目前,大企业在水泥市场中拥有话语权,没有协会积极推动,在大企业之间协调,2011年行业效益的取得是不可能的。

第三,加快企业技术创新,促进行业绿色转型。技术创新是企业发展的动力,是行业发展的灵魂。5年来,协会组织召开了几十次各类技术交流研讨会,比较突出的有"中国水泥企业总工程师论坛"。"总工论坛"到今年为止,已经连续举办了5届,面对多变的市场和激烈的竞争,企业面临严峻挑战,而在技术创新方面,总工程师无疑具有举足轻重的作用。总工程师是行业技术发展的灵魂,充分发挥总工及广大技术人员的作用,对提高水泥企业的综合竞争力具有重要意义。协会每年都发文表彰一批年度优秀总工程师,把行业最优秀的技术人才凝聚在一起,充分发挥总工程师的聪明才智,通过论坛技术交流形式,促进行业科技创新迈上新台阶!

第四,与各地协会建立良好合作关系,充分发挥媒体宣传舆论作用。我们每年召开一次"各省市水泥协会会长秘书长联席会议",通过定期召开联席会议的形式,通报全国和各地行业发展近况,交流协会经验,探讨发展动向,进行政策和市场分析。加强各中国水泥协会与各地协会之间联系与沟通,相互学习借鉴经验,研究探索水泥行业发展的新经验、新方法,不断推进水泥行业的健康发展。另外,中国水泥协会每两年与部分省市水泥协会举办"泛珠三角水泥峰会",共同讨论区域水泥工业发展问题。

舆论宣传是推动工作创新的重要载体。协会高度重视媒体引导工作,围绕中心、服务行业,促进媒体宣传工作在行业发展中发挥了重要作用。协会目前拥有媒体《中国水泥》杂志、数字水泥网、《中国水泥年鉴》三大媒体,它们已经成为协会的品牌、窗口。除了上述协会主办的媒体外,我们还结交了一大批包括CCTV、经济日报等中央媒体的记者,团结了一批行业的媒体以及企业内部报刊、网站宣传工作者,发挥各类媒体作用,做好行业的宣传舆论工作,为水泥行业健康发展发挥重要作用。

第五,加强协会组织建设,完善协会服务功能。按照协会章程,5年来,我们增补了企业领导为协会副会长4人,增补了企业为常务理事单位若干,还增补了副秘书长,为协会增添新生力量,发展壮大协会组织。协会秘书处成立了政策调研、对外联络、财务资产、信息市场、人事培训、技术中心、会议展览、标准质量共八个职能管理部门。为了更好地促进水泥工业节能减排、循环经济的发展,我们成立了"中国水泥协会环保和资源综合利用专业委员会"。中国水泥协会助磨剂分会、特种水泥分会、矿山专业委员会完成了换届工作。另外,筹备设立了中国水泥电子交易网,正在组织公布中国水泥出口价格指数,以应对今后的海外反倾销风险,同时加强水泥出口的行业自律行为。

协会修订完善部分规章制度和管理办法。为了规范管理,协会对各项规章制度和管理办法进行了修订和完善,制定出台了《协会会议和展览暂行管理办法》、《水泥产业区域荣誉称号认定暂行管理办法》、《协会战略合作伙伴管理办法》等,以期规范和提高服务产品的质量。这些制度办法的推行使得协会开展相关工作有法可依、有章可循,科学化规范化管理的程度有了较大提高。

中国水泥协会注重协会品牌建设,协会拥有自己独特的标识,我们特别强化协会视觉识别系统建设,在会展活动的

背板、文集、台签、代表证等载体上统一使用协会标识。另外，协会信纸、信封、公函、手提袋等也都有规范的协会标识识别系统。通过协会标识向社会公众主动地展示与传播，使公众更好地识别并留下独特良好的印象，以此在协会的各类社会活动中不断提升协会在行业和社会上的影响力。

5年来，在协会工作过程中，我们有几点体会：

一是为政府服务、为企业服务。搞好双向服务是协会的生命线。协会要发挥桥梁和纽带作用，服务政府要贯彻科学发展观，落实相关的产业政策；服务会员要反映企业诉求，建言献策，促进行业健康发展。这样协会才能具有生命力。

二是坚持深化改革，不断开拓创新。办好协会要坚持开拓创新，这样协会才有发展前途。协会要靠服务，靠影响力，要创造性地开展工作，想企业所想办企业所盼，同时要做到指导不领导，积极不越位。这样协会才能具有凝聚力。

三是深入调查研究，在行业中有所作为。做好调查研究是协会工作的基本功，协会要经常深入企业，准确把握行业的运行脉搏，做好基础理论研究工作。要做到为企业建言有数，为政府献策有据。这样协会才能具有影响力。

四是坚持协商、协调、协作的工作方法。行业内各种利益冲突时，协会作为行业的社团组织，只有加强同方方面面的协调、协作和自律，树立科学态度，讲究工作艺术，才能提高办事效率，把工作做好。这样协会才能具有战斗力。

各位代表：回顾过去5年，协会工作取得的每一个成绩和进步，都得益于广大企业的支持，凝聚着会员单位的智慧和汗水。在此，我代表中国水泥协会，向全体会员、理事、常务理事、副会长们，向奋斗在水泥行业战线的广大干部、职工表示崇高的敬意！向所有关心支持水泥行业发展的同志们、朋友们，表示衷心的感谢和崇高的敬意！

第三部分　未来形势展望及几点建议

水泥工业是国民经济的基础原材料产业，也是国家经济水平和综合国力的一个标志。水泥工业水泥产业是一个被拉动型产业，它的发展受到国家基础建设投资的影响，与公路、铁路、民航、港口码头、水库大坝、农田水利、建筑房地产等行业密切相关。

温总理在今年的《政府工作报告》中明确提出了水泥行业要“控制增量，优化存量，推动企业兼并重组，提高产业集中度和规模效益”。这为水泥行业可持续发展指明了方向。针对我国水泥行业已经出现全面产能过剩现状，中国建筑材料联合会、中国水泥协会5月发出了《认真落实政府工作报告精神，坚决遏制水泥新增产能，加快水泥转型升级的倡议书》。坚决遏制新增产能，是一场巩固改革开放以来水泥工业发展成果的保卫战，是维护全行业所有水泥企业共同利益的明智举措，是为长远发展留出提升技术、节能减排空间的长期利益所在。

低迷的宏观经济环境正令水泥企业经历一场严峻考验，健康平稳发展任务十分艰巨。2012年，根据复杂多变的国际政治经济环境和国内经济运行新情况新变化，中央确定了经济工作“稳中求进”的总基调，根据最近发布的三季度经济数据看，国民经济正向着宏观调控的预期目标发展。水泥行业9月份的数据也出现回升转好迹象。

我们对未来几年展望如下：

——水泥进入全局产能过剩，低速发展微利年代。受国际国内经济形势大环境影响，以建设投资拉动为主导的增长将发生改变，水泥市场需求呈现饱和与过剩。在“十二五”期间，期待水泥需求仍旧维持每年两位数的增幅已不现实，今后中国水泥需求将呈低速增长的态势。

——产业集中地不断提高，大企业成为市场主角。通过重组联合、兼并发展的方式，目前水泥生产力布局框架也基本形成，区域市场核心企业已经初步确立，基本取得区域市场控制权，大企业区域布局已见轮廓。

——产业链不断扩展延伸，多元化发展成趋势。随着水泥市场的激烈竞争，企业将逐步转变依靠单一水泥产品规模来取胜市场的传统发展方式，加快拓展骨料市场，混凝土及制品，以及统筹发展研发设计、工程服务、商储物流等生产性服务业，做大相关多元产业，增强企业综合竞争能力。

——产业转型升级，向环境友好型产业转型。从粗放型转向集约型升级，从低附加值转向高附加值升级，从高能耗高污染转向低能耗低污染升级，从“两高一资”产业逐步向清洁生产并消纳废弃物的环保产业转变。

2012年，中国水泥行业面临着调整的压力，但我们相信市场近期的震荡并非是发展的拐点，全行业在经过市场的洗礼后，将会更加趋于理性和健康，步入更高层次的发展阶段。

未来几年，世界经济复苏的不稳定性不确定性因素仍然很多，我国经济以及水泥行业保持平稳发展既具备诸多有利条件又面临不少困难和挑战。未来几年，整个水泥行业的发展是长期向好的。我们既要有信心又不能盲目乐观，我们要突出把握好稳中求进的工作总基调，既保持行业的平稳较快发展，更要在加快经济转型和深化改革上取得新进展和新突破，为行业更长时期、更好效益的发展创造条件。

几点建议：

——沉着应对行业的产能过剩，既不悲观也不盲目乐观。今年上半年水泥市场的低迷是经济环境的反应，也是行业理性回归的表现，在“十二五”期间，无论市场如何起伏动荡，希望水泥企业都要保持一种冷静客观的心态，做好市场协同，保持行业平稳健康发展。

——紧跟国家产业政策，加大自主创新力度。水泥市场的繁荣与国家产业政策息息相关，我们要时刻关注和把握国家宏观经济政策的调整与变化，充分理解和利用国家颁布的扶持和鼓励性的相关政策，从中寻找企业发展的机遇和契机。同时，自身更要不断加强自主创新能力的建设，通过技术创新、服务创新、管理创新，不断向国际先进技术水平迈进。

——延伸产业链，寻找新的增长点。向上下游两头发展。从矿山综合利用、砂石骨料，到混凝土搅拌站以及水泥制品满足市场多样化需求，在提升产品的附加值方面下工夫，加快向服务型制造转变，努力建立为用户提供依托产品的服务或整体解决方案，满足用户的多元化、个性化需求，实现行业的转型升级和可持续发展。

——开拓国际市场，实施走出去战略。经过十多年的发展，中国水泥技术装备工程总承包进军国际市场已取得了长足的进步，已经有部分水泥生产企业在海外投资建厂，希望未来有更多的水泥企业走出国门，进行投资建厂探索，积累经验，培养人才，为将来行业的可持续发展打好基础。

——加强行业自律，遵守行业规范。行业自律和规范问题多年来一直备受关注和争议。在需求疲软而企业普遍追求市场份额的背景下，企业之间恶性竞争打价格战，这种非理性竞争策略将降低行业整体的利润空间，影响了行业的可持续发展，透支企业的长期发展。我们应将企业利益融入行业利益之中，只有维护好行业的利益，企业才能获得更好的发展。

——替企业代言，为行业服务。近年来，随着重组兼并、行业结构的调整，企业数量、协会会员的数量越来越少。协会要顺应形势的变化而转变工作重点。大型企业集团要通过协会的平台维护行业的利益，协会要进一步转变工作作风，通过深入为企业服务而达到为行业服务的目的。

各位代表：

新一届理事会的任务很重，各项工作量很大，也有一定的难度。要想作好工作，必须依靠上级政府和联合会的指导，各会员企业的大力支持，依靠协会全体工作人员的积极努力和创造性的工作。

我们相信新的一届理事会一定能够抓住机遇，与时俱进，求真务实，承前启后，开拓创新。承担起行业赋与的重任，为中国水泥行业更加健康的发展做出新的贡献！

以上报告望请各位代表审议并提出宝贵意见。

谢谢大家！

★该篇文章是作者在2012年10月31日召开的中国水泥协会第七次会员代表大会上的工作报告。

水泥企业发展混凝土势在必行★

It is imperative to develop concrete by cement enterprises

王艳南

Wang Yannan

预拌混凝土与水泥的一体化经营已经成为了国际水泥巨头统一的选择方式。这个观点得到了拉法基(中国)混凝土事业部总监柯雄的认同。他在会上的发言中，分别从战略层面和运作层面上对水泥企业的混凝土“一体化”做了定义，并解释说一体化要求在不同产品线之间强有力的协调，同时，一体化不只是销售水泥的渠道，更多的是扮演更好的支持集团达成战略目标的角色(对市场和客户需求的认识，差异化的机会)。柯雄认为，一体化能够帮助水泥企业稳定市场，但不能解决市场结构的问题。也就是说，在结构化的水泥市场中，一体化可以起到稳定市场或者防御性的作用，但是在非结构化的市场中，一体化不是一个有效的手段。

在大型国际水泥企业中，发展混凝土业务几乎是一种必然选择。据中国水泥研究院行业分析师王艳南介绍，世界水泥企业前6强全部涉足混凝土业务，预拌混凝土销量排名前十名中前9强全部都是水泥巨头。从收入结构来看，各水泥企业预拌混凝土业务收入占比在21％～38％之间，平均约为25％。

而在中国国内，近几年水泥企业发展混凝土的步伐不断加快，表现出了你追我赶的趋势。从产量上看，2011年商品混凝土产量前5名中有3家是水泥企业。从产能上看，先是冀东超过金隅，后来塔牌超过冀东，如今南方、中联超越了华润。

南方水泥2012年在混凝土业务方面取得了跨越式的发展，至年底混凝土产能将达到1.8～2.0亿立方米，年销售约3000万方。南方水泥常务副总裁张剑星在做交流时表示，中国建材旗下四大板块(公司)均涉足商混业务，而南方水泥发展商混业务被提上日程也不过是2年时间，真正发展期则只有1年时间。张剑星介绍说，公司在发展业务的过程中，碰到过很多问题，也积累了不少经验，不久前公司还专门针对发展混凝土业务问题开了个大型研讨会，结论很明确，那就是要坚持水泥和混凝土“两条腿”走路。

一、关键在于“如何行”

前有国际水泥企业的示范效应，后有国内企业自身的实践成就，与会者基本能够在“要不要”这个问题上达成共识，那就是可以做，关键是“有没有能力做，如何才能做好”的问题。在交流的过程中，区域选择、应收账款回收和人才储备是被大家反复提及的三个重点所在。

（一）必须对区域市场做研究

混凝土是个比水泥更短腿的产品，合理运输半径只有20～50公里，产业的区域化特征就更加明显，而由于各地区的市场规模和增长潜力不一，所以，区域选择就从根本上决定了企业发展混凝土业务效益水平。冀东水泥副总经理李占军认为，充分研究区域和市场，做到谋定而后动，是水泥企业发展混凝土业务的条件之一。与此同时，区域选择还涉及到另一层面的企业发展战略问题。张剑星在分享南方水泥发展经验时，第一点便是强调要研究区域市场，构建核心区域，然后可以通过混凝土业务往原本没有水泥业务的区域延伸。北方水泥副总裁张明江则表示，从三、四线城市向中心城市发展，走“农村包围城市”的道路是公司的战略路线。中国水泥研究院行业分析师王艳南则在其所作的《水泥企业发展混凝土业务分析》报告中，结合具体数据分析了区域经济发展水平和混凝土发展水平及空间的差异性，并结合实际案例交流了不同区域战略选择的特点。

（二）严格防范应收账款风险

拖欠款问题是混凝土行业的一个突出问题。参与交流的多数与会嘉宾都特别强调了这一问题的严重性。张剑星指出，应收账款风险是水泥企业发展混凝土业务的主要风险之一。中建商混总经理吴文贵提醒大家，表面上混凝土业务的毛利率不低，但如果应收账款太高，企业运营的资金成本会大幅提升。李占军认为，当前社会存在信誉难题，混凝土企业“清现”成本太高，并且风趣的说大家要发展的是“三求混凝土”，求市场，求付款，求见面；此外，他还提醒大家，与政府间的关系好坏可能会直接影响到应收账款的难以程度。华新水泥混凝土与骨料董事长刘效锋认为，目前混凝土行业的这种应收账款难问题不应该长期持续，企业必须在商业模式上做出改变。

（三）储备好相关的人力资源

21世纪，最宝贵的是人才，如果有了人才，那诸多问题就有希望迎刃而解。李占军表示，水泥企业发展混凝土业务首先要解决好混凝土人才问题，商混业务比水泥业务更加复杂，具有服务行业的特征，这一点在销售环节表现突出。因此，有没有高水平的管理人才，有没有一个会营销、善收帐的业务团队至关重要。刘效锋认为，目前我国混凝土人才储备落后，高级技术人才和管理人才短缺，实践出人才，而国内发展商混的历史还不够长，缺少足够的时间来培养人才。金圆水泥总裁方跃亮则称，混凝土业务对公司有吸引力，但他又担心发展不好，根本原因就在于缺少合适的人才。

此外，与会嘉宾还就资金实力保障、收购小型民营企业时的呆坏账与土地合规性以及物流等问题做了交流，更有对大企业之间合作发展、完善相关法律法规等方面的呼吁。孙芹先秘书长表示，中国混凝土与水泥制品协会已经就大家提到的诸多问题作出了很多努力，并将继续付诸更多的实际行动。

二、坚定信心，保持耐心

在会议的最后，中国混凝土与水泥制品协会徐永模会长从行业特点以及技术、战略、管理等多方面给本次研讨会做了总结。徐会长认为，水泥企业做产业链延伸，实行一体化战略是一种必然趋势。虽然混凝土行业目前面临赊销、拖欠款和质量等问题，但这些问题在水泥行业也曾发生过，甚至当初水泥行业面临的问题比当前混凝土行业局面更糟糕一些。徐会长勉励大家，水泥企业发展混凝土是一个不断学习的过程，企业在做战略选择的时候要有坚定的信心并在实施过程中保持足够的耐心。同时，徐会长表示，未来销售和物流一体化可能是一种新的商业模式，大家可以一起积极探索。

★该篇文章发表于2013年1月8日《中国建材报》

我国跻身世界水泥强国路线图★

The roadmap of China ascending to strong cement countries in the world

◎中国水泥协会高级顾问　高长明

Gao Changming　Senior consultant of China Cement Association

改革开放30多年以来，我国水泥工业与全国形势一样取得了巨大的发展和技术进步，但因当初的基础十分薄弱，

100多年以前曾盛行于世、早就该淘汰的立窑水泥竟仍占有全国水泥总量的80%左右，干法中法窑和湿法长窑水泥约分别占7%和13%。国际先进水平的预分解窑(我国称其为新型干法窑)在我国还是一片空白。

1990年我国水泥产量为2.1亿吨，而2012年已达22亿吨以上，约占全球总产量的60%，更重要的是新型干法水泥的比例猛升到93%，中空窑、湿法窑均已淘汰，立窑水泥尚剩7%，全部淘汰指日可待。全国平均的水泥生产技术指标，主要是熟料热耗、水泥综合电耗和劳动生产率大幅提升，达到了国际先进水平。在成套水泥装备的设计制造供销领域，可以满足我国自身发展的需求。在过去的7～8年内，我国已向世界50多个国家和地区成套出口了约150条新型干法水泥生产线，水泥年产能近2.7亿吨，平均约占国际成套水泥装备市场(除中国外，下同)的36%。这些水泥生产线均运行良好，为我国水泥工业赢得了国际声誉，同时也树立了一些中国企业的品牌，中国水泥行业国际竞争力日益增长，凸显了由水泥大国转型提升为水泥强国的发展趋势。

那么，何谓世界水泥强国？其衡量标准是什么？我国水泥界自己先要有所考虑和准备，通过研讨达成共识，明确目标，共同努力。本文旨在提出若干初步构想，抛砖引玉，谨供商榷。

所谓世界水泥强国，国际上并没有明确的标准。这只是一个笼统的概念或是一种世界各国都公认的称谓而已。水泥强国在国际条文上并没有任何义务和权利，一切都基于该国本身的实力与水平、行动与效果，以及世人心目中对他们的形象评价；而且始终是动态的，随着时空的变化而变化的。例如当今世界一般公认的水泥强国大致为德国、法国、瑞士、丹麦、美国、日本等。

笔者认为，要实现我国水泥工业由大变强，跻身世界水泥强国之列，我们须要做好两个层面的工作。一个是国内的，把我们自己的事情做扎实、做好、做优；另一个是国际的，要全面主动地参与国际水泥行业的主要机构、组织及各项活动，逐步赢得对国际事务的话语权和影响力。

坚决淘汰落后产能，2～3年内立窑水泥全面出局，完成水泥窑型结构的转型换代，新型干法窑占比趋于100%。

水泥生产最主要的技术经济指标在5年内要有显著提高，总体上升到一个新水平。通过对较老(2004年以前投产的)生产线的技改升级，更新换代，使其各项指标由全国平均水平提升到如今的全国先进水平；通过对较新投产生产线的科技创新，完善优化，组合集成，更新升级，使其各项指标进一步提高，创出更新更高的水平。

我国现今水泥工业生产技经指标与世界水泥强国之间尚有一定差距，其中差距较大的为：一是水泥总体品质不高。32.5级水泥比例太大，混合材掺入量太多，熟料系数太低，我国实物水泥1.36吨才相当于国际平均品质水泥的1吨。这些都应予以改正。二是大型水泥公司应该向社会公众提交的年度社会责任报告、环境报告和能源消耗报告严重缺失。至今只有中建材、中材、华新等几家提交了年度社会责任报告。这是很不够的。三是对污染物排放的控制种类不齐全，缺少了27项，亟须补充制定国家标准。同样，水泥企业原料矿山复垦制度也有待国家标准的出台。水泥生产操作与管理方面的自动化和智能化尚须提升到一个新的台阶。此外，产业集中度太低；水泥窑协同处置可燃废弃物——替代燃料的替代率几乎为零；基层员工完全没有带薪年假；工伤事故不透明等，都是需要大力改进的方面。

必须强调，现今我国最重要的应该是水泥等级(品质)结构的大调整，因其涉及水泥—混凝土—建筑行业之间的利益分配及国家土建标准修订等一系列问题，如何科学地确定一个兼顾历史、现实与未来，以及国家与各有关行业利益的最佳平衡点，政府的决策和引导是关键，完成这项大调整可能需要5年或更多时日。

但是在熟料热耗、水泥综合电耗、粉尘、SO_2、NO_x排放控制和全员劳动生产率等方面，我国已达到了国际先进水平，尤其是余热发电，我国的采用率和吨熟料发电量已超越发达国家，而且在国际市场上已显露了实力。不过由丹麦史密斯公司提供的6000t/d水泥窑的卡琳娜(Kalina)循环余热发电系统正在巴基斯坦和阿联酋两家水泥厂的安装之中，该系统是否能后来居上，将余热发电提升到一个更新的水平，尚需拭目以待。

一、国际市场成套水泥装备生产线销售份额

近年来，我国在国际市场成套水泥装备生产线销售份额已达36%～38%，这是按水泥产能计的。如果按EP(工艺设计、全套装备供应和技术服务)的合同金额计，我国的份额就将下降到20%多一点，有的业主还规定部分关键设备要从欧洲进口。如果按净利润计，恐怕就会降到10%以下了(尚未扣除各种风险损失)。因为我国打进这个市场的营销策略原本就是“多供价廉、薄利多销”。其他老牌的水泥装备供应商只提供EP，而我国大多是提供EPC，多了一项水泥厂的全部土建工程设计与施工，是一套完整的“交钥匙”工程。所以，我国在国际市场上所赚取的这点利润是十分辛苦的。干了很多EPC项目，付出了大量人力、物力、财力、环境、能源、资源等代价，换回的只是一份辛苦钱。

如果说“薄利多销”是我国打进国际市场所必须经历的一个过程，那么今后我们应该可以而且必须转向市场经济所推崇的“优质优价，利益最大化”经营理念，优质优价是品牌和信心的表现。相反，中国产品如果物美而价太廉则是一种自我贬值，得不偿失。笔者相信，我国成套水泥装备即使以后不再那么便宜，仍然会有一定的国际市场份额，这样才能

逐步提高利润率，巩固市场地位，才是世界一流水泥装备供应商应有的风范。

其实逐步转向“优质优价”的问题，中材国际前几年就已经意识到了，而且正在改进之中，需要审时度势，把握好时机和分寸，不能操之过急。我国真正能够像老牌供应商那样实现利益最大化(少干而纯利不减多少)那样，恐怕尚须时日。

二、世界水泥 BAT(最佳实用技术)知识产权中的权重

德国和欧盟的权威机构每隔一段时间就会公布一批经审核认可的水泥 BAT 项目，进入 BAT 目录的项目大都具有不同程度的知识产权属性，是经过生产实践检验后，公正地推荐给用户经济、先进又十分实用的技术。因此该 BAT 权重实质上就是原创性科技创新能力的量化指标。

有朝一日，我国的水泥技术项目能在该 BAT 目录中享有一定的权重，就可以从这一个侧面证明我国不愧为世界水泥强国。或许有人会问，我国不是也拥有专利、鉴定、评选、授奖等，为什么以外国的 BAT 为准？这里并非笔者妄自菲薄，实在是苦于我国当今的实际情况，良莠不齐，鱼目混珠，诚信不足，有时使人不知所从，难以准确判断。期盼我国真正拥有自主知识产权的项目能早日进入德国 BAT 目录，而且日益增长其权重。之后，当我国的 BAT 目录享有世界公认的权威性与公信力时，我们进一步的任务才是超越和引领世界水泥工业。显然，这项任务比前一项提高国际市场净利润份额的难度要大得多，需要加倍努力。

三、国际水泥行业主要机构或组织中的席位、话语权与影响力

我国应该在水泥行业主要国际机构或组织中占有有一定的席位，参与各种工作及其活动，讨论协商或拟定政策，甚至决策，逐渐赢得话语权，发挥影响力。

近一个多世纪以来，水泥行业主要国际机构或组织一直都是由欧洲主导(或垄断)的。联合国世界企业可持续发展理事会(WBCSD)所属的水泥可持续发展倡议组织(CSI)的历届负责人全都是欧美人士担任。当前，我国首先要处理好与实为辖及世界水泥，但又名为欧洲水泥统计局(Cembureau)之间的互相接触交往与交流合作关系。或许可以通过 CSI 来启动这一工作。但是从长计议，当条件成熟时，我国是否要考虑发起成立世界水泥工业协会这样名正言顺的国际机构，犹如世界玻璃工业协会那样。这些都是需要有一个通盘的思考与谋划。

当今世界上有两个十分重要的国际水泥技术大会，一个是美国电气与电子工程师学会(IEEE)所属的水泥专业委员会和美国波特兰水泥协会(PCA)共同主办的，每年在美国举办一次，2012 年为第 54 届，参会人数一般约 800 人，提交论文约 30 篇，大会内容涉及水泥生产过程的各个领域，以水泥工艺、机械装备和自动化、智能化为主。另一个是德国水泥工厂联合会(VDZ)和《国际水泥—石灰—石膏》(International ZKG)杂志社联合主办的，每 10 年左右召开一次，预计 2020 年前后将举办第七届大会，每届大会的主题报告(1 人)和专题报告(5 人)均邀请世界级专家学者撰写宣讲，对各议题回顾过去 10 年的成果，展望未来 10 年的发展。指导价值高，时效性长，尤其是对许多新兴国家的引领作用更显著、更实用。审评入选的论文约 50 篇，参会人数超过 1000 人。这是当今世界最权威、最高水平的水泥生产技术大会，已有 60 年的历史，每届都在 VDZ 和 ZKG 所在地、德国水泥科技圣地——杜塞多夫市举行。

“两会”是我国进入和了解国际水泥技术及高级专家的重要窗口，然而 30 多年来却极少在“两会”上见到我国水泥界人士的身影，这种情况应该抓紧改变。

在媒体方面，我国至少要筹备创办 1～2 份英文版水泥期刊和网站，重点报道我国和世界水泥工业的现状和发展、重大新闻、科技成果、国际会议等，广泛开展国际交流与合作，建立人脉网络，提升国际影响力。

四、创建世界级跨国水泥公司

我国海螺和中建材水泥集团，虽然在国内水泥年产量已分别接近 3 亿吨，但在海外的产量仍有待开拓扩大，才能跻身世界跨国水泥巨头。这与我国当今“走出去”战略是一致的。我国一些大型水泥集团已经开展了这方面的工作，取得了较好的效果和经验。如今的任务就是在掌握好投资环境和投资效益的前提下，采取各种投融资方式，尽可能地规避风险，较快地扩大海外水泥产能和产量。相对而言，这项工作我国可能还比较熟悉，具有一定经验，成效也可能会稍快一些。

不言而喻，为了开拓做好做实做优上述国内外的各项工作，我国亟须一大批高素质、有经验的专业人才队伍，要从高等教育开始，建立实践锻炼和继续深造相辅相成的人才培训机制，造就可持续发展的人才梯队，以适应我国提升为世界水泥强国及不断发展之需。没有相当数量的合格人才，这项系统工程是难以办成办好的。

为了早日实现我国跻身世界水泥强国的目标，以上所阐述的各项工作内容可能比较广泛，要求也比较高。很明显这些并非所有的世界水泥强国都必须达到或能够做到的，只要大部分做到了也就可以获得世人的公认。

应该指出，在世界水泥强国中唯独德国已经基本上全面达到了上述各项“标准”。实践表明，半个世纪以来，在水泥工业诸多重要领域中，德国经常是先行者。假如一定要有一位“领头羊”的话，人们都会很自然地把德国视为诸强之首，仅此而已。事实上，国际水泥界对这一“领头羊”的称号并不太在意，行胜于言嘛。我们要向德国看齐，主要目的是树立一个具体的标杆，构筑一个总体框架，以利全盘部署，有效推进。

现如今，老牌的世界水泥强国的确感到了来自中国的竞争压力，他们的应对策略之一，就是投我所好，夸大吹捧我们的“功绩”和“强大”，期望多少可以对我们起到一些麻痹作用。与此同时，在他们心里却另有一番盘算，那就是我国花了很大力气和代价，干了不少工程项目，但最后从他们那里分享到的纯利份额却很少（＜10%）。这种竞争方式是难以持久的。更重要的是我国自主研发、创新的机制亟待根本性改革，研发投入偏少，原创性科技创新能力的成长壮大尚需一定时日。加之我国至今基本上仍在国际重要机构和组织的门槛之外……所以，他们似乎还可以不必真的那么“紧张”。不管他们的真实意图如何，其实这种流露对我国确是一个很好的提醒：我国跻身世界水泥强国是一项十分艰巨的综合性系统工程，是在一个全世界时空范围内的质的飞跃，需要更大的智慧和更坚韧的毅力，难度不可低估，实属任重道远。我们充满信心，一定能完成这一光荣而艰巨的历史使命。

中国作为一个新崛起的经济大国，许多第二产业都面临由大变强的转型。通过全国约100万水泥行业员工的创新与拼搏，在我国重化工行业中率先5～6年跻身世界水泥强国是很有可能的，但想象水泥行业会一枝独秀、遥遥领先于其他重化工行业的概率不会太高。毕竟每一个行业的由大变强都必须依赖于国家综合实力、绿色GDP、公民福利与生活水平等方面作为支撑的，这是一个整体的国家效应的体现，并非某一个行业单独奋斗所能胜任的。

★该篇文章发表于2013年1月15日《中国建材报》

第二篇

综　述

2011～2012年　各省水泥工业概况

各省水泥工业概况

Cement industry profile in each province

北京市

Beijing

2011 年

【概况】 2011 年北京建筑开复工面积 1.8 亿平方米；混凝土产量 6 000 多立方米；砂石用量 12 000 万立方米；水泥总需求量 2 692 万吨左右；其中，北京水泥销售量 900.2 万吨；外埠进京水泥销售量 1 791.8 万吨；散装水泥 1 391.8 万吨，占水泥总需求量的 78%；袋装水泥 400 万吨，占水泥总需求量的 15%左右。

现北京金隅集团在北京地区拥有 80%以上的水泥生产控制能力，并发展成为跨地区跨行业的企业集团。

河北冀东水泥股份有限公司一直是外埠进京水泥的主力，2011 年进京水泥 450 万吨左右，约占外埠进京水泥的 25%。

近年来，两大水泥集团在水泥市场营销共创共赢的思想理念上达成了共识，对稳定北京地区水泥市场起到了积极作用。

2011 年是"十二五"的开局之年，在国家产业结构调整政策的影响下，北京水泥生产企业逐年减少，截止到 2011 年 12 月底北京水泥在生产企业仅剩 12 家(其中还有 3 家将在 2012 年退出)，全年累计生产熟料 780 万吨；生产水泥 911.2 万吨；其中：散装水泥 850 万吨，袋装水泥 56.2 万吨，水泥散装能力可达 93%以上；

1.水泥行业结构调整初步完成

按照国家的产业政策和首都经济快速发展的要求，北京市的水泥行业基本完成产品的结构性调整。2009 年 3 月 30 日由北京市工业促进局等 7 局委联合下发了《关于北京市高污染、高耗能、高耗水小水泥企业有序退出的实施意见》(工促发[2009]76 号)和北京市经济和信息化委员会([2010]147 号)关于淘汰落后产能(水泥 202 万吨)企业名单的公告文件，又淘汰了除新型干法以外的 11 家工艺落后的小水泥生产企业(其中含燕山水泥厂)。北京水泥企业从 2006 年的 45 家减少到了现在的 14 家水泥企业。同时，北京新港水泥有限公司和赛阳特种水泥厂，根据北京门头沟区建设休闲含氧区规划主动退出北京水泥行业，至此北京水泥生产企业仅剩 12 家。北京水泥行业"十一五"期间共淘汰退出水泥企业 33 家；等量置换和淘汰落后水泥生产能力 600 万吨左右，使北京保留水泥企业中的前 4 家大型水泥企业，生产集中度达到了近 70%。基本改变了北京水泥行业小企业众多、产能低下、落后企业僵而不死、大企业大而不强的局面。

2.水泥行业工艺水平在全国处于领先

北京水泥行业新型干法水泥生产能力已达北京水泥总产量的 90%以上。近 50%的企业建有低温余热发电机组，装机容量 30 兆瓦左右。立磨、辊压机、高压变频节电器得到普遍应用；协同焚烧垃圾、处置城市废弃物、处理污泥在全国一直处于领先地位。根据最新《建材行业淘汰落后生产工艺装备和产品指导目录》(2010 年本)要求，北京仅有 10%的企业存在部分不符合要求的落后生产工艺装备。

3.节能减排取得的成果显著

北京水泥行业在北京市政府有关部门下发政策的指导下，通过各种技术改造、采用先进的工艺装备等措施，提前完成能耗降低 20%的要求。节能：熟料节煤 24 万吨、水泥节电 4.5 亿千瓦时、节水 150 万吨；减排：淘汰落后水泥生产能力 600 万吨，减少粉尘排放 1 200 吨，CO_2减排 160 万吨，综合利用工业废渣 300 万吨。

4.北京水泥市场得到良好的发展

"十一五"初期，在京销售的水泥企业都会感受到企业销售一直处于"五高、两低、一艰难"的境地。"五高"：水泥产量大幅度提高；水泥销量大幅度提高；水泥销售收入大幅度提高；水泥成本大幅度提高；拖欠水泥货款大幅度提高。"两低"：水泥销售价格低；水泥销售利润低。"一艰难"水泥企业现金流量急剧减少，资金周转十分艰难。据不完全统计"十一五"期间拖欠应收货款高达 14 亿元之多。造成"五高两低一艰难”的困境，其主要原因是水泥市场的供大于求；有关部门管理不到位；水泥企业之间的无序竞争。通过协会和营销例会会员多年的共同努力，保证了首都重大工程建设所用优质水泥的供应；企业货款回收率达到了90%以上，企业经济效益有了明显好转，基本稳定了北京的水泥市场，扭转了企业间恶性竞争的局面。

5.企业集团迅速扩大，集团之间共创共赢，互利互惠的局面正在逐步形成

随着国家水泥产业政策的调整，企业迅速发展成为大型企业集团，现北京金隅股份有限公司水泥产能已达到4 000万吨，在北京地区的水泥企业产能达到了800万吨左右，占到了北京水泥产能的80%。唐山冀东水泥股份有限公司水泥产能已达到9 000万吨，在北京的水泥销售量达到了400万吨左右。

北京金隅集团、冀东水泥公司已成为北京水泥市场的主力军，在京销售水泥近1 200万吨，占北京水泥需求量的60%以上。企业经营理念正在发生根本的转变，理念：从千方百计挤垮竞争对手，转变为共创、共赢、共同发展；经营方式：从过去的“五抢”，即：抢市场、抢资金、抢人才、抢资源、抢地盘，到现在的以资产为纽带，讲诚信、求合作、比质量、谋发展，促进了北京乃至华北地区水泥市场的平稳发展。

【协会主要工作】

1.制定完善北京水泥行业“十二五”规划

协会根据国家和北京市产业政策，结合长期调研掌握情况，确定了北京水泥行业“十二五”规划基本思路：以调整布局，适应建设世界城市，转变经济发展形式，促进节能减排，开发低碳经济为指导思想；以符合国家产业政策，指导行业发展方向，有利于促进企业集团壮大和社会效益共存，连续性与创新性结合为原则。主要内容是：一个坚持，即坚持科学发展观；中心任务是：实现“两个转变”，即从资源消耗型向处置工业废弃物的城市依赖型转变，从环境污染型向清洁生产的城市环境净化器转变，实现环境、社会、经济效益的有机结合。目的是：促进企业集团健康发展；水泥市场秩序稳定；协会工作不断创新。最终实现总量控制在900万吨；节能水平全部达到北京市地方标准要求；逐步淘汰不适宜北京世界城市发展要求的落后产能；全面推广使用现有成熟的节能减排新技术。

2.继续组织开好营销例会

2011年1月7～8日在北京世纪金源香山商旅酒店，召开了2011年北京水泥协会会长会暨营销高峰论坛研讨会。

应邀出席会议的有中国水泥协会、河北省建材工业协会、天津市建材业协会、北京市工业经济联合会、北京建材联合会五个协会单位领导。参加会议的市政府有关部门有，北京市住建委、北京市发改委、北京市经信委、北京市技术监督局。这次参会有50多家单位，参会代表70多人，是北京水泥行业协会邀请单位和出席代表最多的一次峰会。

3.促进大型企业之间的合作与发展

2011年2月11日在北京建材行业联合会和北京水泥行业协会的促进下，北京金隅集团与冀东发展集团的领导进行了会晤，共叙友情。双方表示将在北京、河北和天津从水泥、混凝土、房地产乃至股市金融全方位推动合作，充分体现两大集团共同的利益，通过共同打拼，实现双赢。两大集团今后应当定期探讨、研究发展战略，带动京津冀乃至环渤海地区的发展，并成立了高层联络机制进行互访。

4.积极配合建材联合会共同组织开展《水泥企业质量管理规程》和《水泥准入暂行管理办法》的授权申请工作

在工信部和中国建材联合会联合发布新的《水泥企业质量管理规程》后参加了工信部和中国建材联合会在西苑饭店组织召开的宣贯会，并组织北京市水泥行业有关的6名人员，参加了中国建材联合会在沈阳举办的《水泥企业质量管理规程》审查员资格培训班，并全部取得了审查员资格。同时向市经信委提出了新的授权申请，并将前5年开展的水泥企业质量管理审查工作情况进行了汇报，得到了市经信委对协会所做工作的充分肯定，并将工信部《水泥准入暂行管理办法》的组织工作一同委托给了协会。

5.完成了与市安监局签定的《北京市建材行业安全审计项目技术服务合同》审计工作

自2009年协会完成了协助市安监局开展水泥行业安全审计项目之后，给市安监局留下了深刻的印象。今年市安监局又委托水泥协会签定了《北京市建材行业安全审计项目技术服务合同》。

2011年10月19～28日北京水泥行业协会又受北京市安全生产监督管理局委托，组织专家对北京市建材行业进行了安全生产审查评估抽查。现场审查和安全评估报告都受到了市安监局的好评。

6.积极配合建材联合会完成了以下工作

(1)利用两个多月的时间，通过深入企业实地调研、走访专家、参阅技术文件，初步完成了新北水水泥有限责任公司的《北京新北水水泥有限责任公司余热发电运行情况与熟料电耗高于国家水泥能源消耗标准的调研》和北京市排水行业《关于利用水泥窑处置城市污泥制作建材产品可行性调研》的两个课题。为促进金隅水泥的可持续发展奠定了基础。

(2)完成了对北京市混凝土行业基本情况的调研工作。在调研过程中得到了水泥协会金隅混凝土企业等广大会员单位的大力支持。

(3)积极配合建材联合会与北京矿业协会合作完成了退出的水泥和矿山企业闲置土地与资源的调研工作。

(4)完成了水泥行业5家“诚信企业”和2家“知名品牌”

的推荐、复审工作。

7.加强北京水泥协会与河北省、天津市协会间的相互交往、相互支持与协作

为企业服务、稳定北京及华北地区的水泥市场秩序，北京水泥协会还与河北省、天津市协会间保持着经常联系，促进多领域合作与相互支持。

8.配合市住建委散办完成了新的北京市水泥产品市场准入工作

提高了北京市水泥产品市场准入的门槛，对于稳定北京市水泥产品市场起到了积极作用。

9.坚强协会自身建设，促进水泥行业自律

在胡中甲会长的带领下协会秘书处坚持每周一会学习政策文件、沟通思想，研究工作方案和布置工作，使协会养成了开会有记录、工作有安排、落实有检查、方案有新意的工作习惯。对于促进水泥行业自律，使水泥营销例会、水泥化验室合格证等行业自律工作形成了延续有深度，拓展有宽度，管理有力度的长效自律机制。

2012 年

【概况】 2012 年北京商品房建筑施工面积 1.312 2 亿平方米；混凝土产量 6378 万立方米；水泥总需求量 2 500 万吨左右。外埠进京水泥 1 622 万吨左右。

2012 年北京水泥在生产企业仅剩 8 家，多数在北京金隅集团旗下。全年累计生产熟料 646.1 万吨；生产水泥 877.9 万吨；其中地，散装水泥 795 万吨，袋装水泥 83 万吨，水泥散装能力可达 95%以上；

河北冀东水泥股份有限公司一直是外埠进京水泥的主力，2012 年进京水泥 500 万吨左右，约占外埠进京水泥的 20%。

1.水泥行业结构调整初步完成

北京水泥行业结构调整从 2006 年的 45 家，减少到 2012 年年底的 8 家水泥企业。等量置换和淘汰落后水泥生产能力 600 万吨左右，使北京保留水泥企业中的前 4 家大型水泥企业生产集中度达到了 70%。基本改变了北京水泥行业小企业众多、产能低下、落后企业僵而不死、大企业大而不强的局面。

在此期间“金隅”、“冀东”完成了企业整合的集团化管理；集团又初步完成了发展商品混凝土、外加剂等与水泥相关的延伸产业链；促进企业向环保型、产业多元化、市场国际化方向转型。

2.水泥行业工艺水平在全国处于领先

北京水泥行业新型干法水泥生产能力已达北京水泥总产量的 98%以上。近 70%的企业建有低温余热发电机组，装机容量 26MW 以上。立磨、辊压机、高压变频节电器得到普遍应用；协同焚烧垃圾、处置城市废弃物、处理污泥在全国一直处于领先地位。

3.节能减排取得了显著成果

北京水泥行业在北京市政府有关部门下发政策的指导下，通过各种技术改造、采用先进的工艺装备等措施，提前完成能耗降低 20%的要求。节能：熟料节煤 24 万吨、水泥节电 4.5 亿千瓦时、节水 150 万吨；减排：置换、淘汰落后水泥生产能力 600 万吨，减少粉尘排放 1 200 吨，CO_2减排 160 万吨，综合利用工业废渣 1 200 万吨。特别是北京金隅集团旗下的北京水泥厂有限责任公司、北京琉璃河水泥厂有限责任公司处置城市危险废弃物、生活垃圾焚烧飞灰走协同处置道路获得国家发改委、环保局的认可和肯定，也为水泥企业推动企业产业转型升级和绿色转型树立了榜样。

4.北京水泥市场得到良好的发展

“十一五”初期，在京销售的水泥企业都会感受到企业销售一直处于“五高、两低、一艰难”的境地。造成以上困境的主要原因是：水泥市场供大于求，水泥企业之间进行无序竞争。通过协会和营销例会会员多年的共同努力，保证了首都重大工程建设所用优质水泥的供应，企业货款回收率达到了 90%以上，企业经济效益有了明显好转，基本稳定了北京的水泥市场，扭转了企业间恶性竞争的局面。

5.企业集团迅速扩大，集团之间共创共赢，互利互惠的局面正在逐步形成

随着国家水泥产业政策的调整，企业迅速发展成为大型企业集团，现北京金隅集团水泥产能已达到 4 500 万吨，在北京地区的水泥企业产能达到了 877.9 万吨左右，占到了北京生产企业水泥产能的 90%。唐山冀东水泥集团产能已突破 1 亿吨，在北京的水泥销售量达到了 500 万吨左右。

企业经营理念正在发生根本的转变，在理念上：从千方百计挤垮竞争对手，转变为共创、共赢、共同发展；在经营方式上：从过去的“五抢”，即抢市场、抢资金、抢人才、抢资源、抢地盘，到现在的以资产为纽带，讲诚信、求合作、比质量、谋发展，促进了北京乃至华北地区水泥市场的平稳发展。

【协会工作情况】

1.发挥协会自身优势，积极参与行业管理

(1)由北京水泥行业协会配合五省市建材协会，于 6 月 13 日在辽宁丹东召开 2012 年环渤海地区建材行业五省市水泥高峰论坛，通过举办这次环渤海地区水泥高峰论坛使区域内的水泥企业建立了广泛联系，为今后在环渤海五省市形成区域市场和大物流，共谋水泥发展奠定了基础。

(2)在 2012 年 7～9 月间，北京水泥行业协会受北京市

经信委委托与北京市水泥质量监督检验站共同开展贯彻落实《水泥企业质量管理规程》和《水泥准入》工作。在原化验室合格证管理的基础上，按《水泥企业质量管理规程》新增内容的要求，完成了对主任、质量控制的重点岗位人员进行全员培训换证(共 204 人)；建立化验室主任备案管理和企业质量月报、年报上报管理等工作。并对 8 家北京水泥企业化验室，进行了现场实地核查。北京 8 家水泥企业化验室全部达到了通过的标准。

2.采取多种形式，热情为企业服务

(1)2012 年协助中国水泥协会全国优秀总工程师评选工作，北京琉璃河水泥有限公司的周志平同志，获得全国优秀总工程师称号。

(2)积极推荐企业参加环渤海五省市“诚信企业”和“知名品牌”的评选。鹿泉金隅鼎鑫水泥有限公司、张家口金隅水泥有限公司、赞皇金隅水泥有限公司、金隅水泥节能科技发展有限公司、天津振兴水泥有限公司、金隅水泥经贸有限公司等 18 家企业获得环渤海五省市诚信企业称号；积极推荐环渤海五省市“知名品牌”工作，“金隅水泥”、“冀东水泥”、“通达浇注料”、“鼎鑫水泥”、“振兴水泥”等获得环渤海五省市知名品牌称号。

(3)协会独立组织开展了水泥市场营销会、化验室验收、职工技能鉴定、信息交流等工作；参与了生产许可证审查、专项调研、评选、咨询服务；在北京建材行业联合会的指导下配合完成了绿色建材、质量登录、名牌产品等共 12 项工作，逐步形成了常效、常态的行业管理机制。

3.通过多种会议活动形式，提高协会凝聚力

协会召开的会议形式多样，有营销会、研讨会、联谊会、座谈会等形式；会议内容丰富多彩，有工作报告、企业经验介绍、重大工程项目、新技术应用、国家和北京最新水泥及相关行业的产业政策、行业发展规划等重要内容，使参会代表能在一个轻松愉快的气氛中与相关政府部门领导直接相互沟通，了解政策精神，反映企业实际情况；会员之间相互交流，取长补短；与有关协会秘书处之间相互沟通、征求意见，提高秘书处服务工作的质量，感受到协会是会员之家的温馨。

4.完成协会换届工作，产生新一届领导集体

北京水泥行业协会于 2012 年 12 月 21～22 日在北京市昌平区金隅凤山培训中心分别召开了北京水泥行业协会第七届第九次会长会和第八届会员(换届)大会。

北京水泥行业协会第八届理事会由会长段建国、副会长刘文彦、赵向东、赵雍、姜英武、王季文等 22 人组成。姚立伟、赵虎奎分别当选为秘书长和监事长。

【协会重点工作】

第一，努力贯彻国家水泥发展规划，认真做好行业协调工作。

在工信部印发的《建材工业“十二五”发展规划》文件精神中提出的基本原则之一，仍是坚持总量控制。加快推进联合重组，调整产品结构，淘汰落后产能。

协会要发挥行业协调作用，做好产业和产品两方面的结构调整，用网络和信息化管理，促进企业管理升级的协调工作。帮助退出的会员单位反映困难，争取政策支持、项目转产、设备转让、技术人员分流；对保留企业的水泥质量、安全生产管理进行行业监督检查，提出改进建议，提供咨询和帮助；参与开展“诚信企业”“绿色建材”“知名品牌”“质量登录”等行业评比、协调活动。落实“十二五”发展规划，促进水泥行业平稳、健康的发展。

第二，要延伸水泥产业链，促进企业转型发展。

北京水泥行业的产业链已经延伸到了混凝土、外加剂等行业中，但深入得不够，在相关的行业中缺少掌控力，缺少话语权。因此，延伸水泥产业链应加大向国家重点发展的相关产业延伸力度。即水泥产业向终端产品(水泥制品、建筑等行业)延伸；不适宜发展的企业向新型环保产业(协同或集中处置废弃物)转型发展。在北京地区协会的工作要向水泥的相关行业延伸，加强与相关协会的往来；在华北地区应用建立协会秘书长联谊会的形式，加强协会之间的联系，为“走出去”的企业进行铺垫。

第三，推动科技成果转换，促进行业节能减排。

落实水泥“十二五”规划重点节能推广装备技术(低温余热发电、变频调速、立磨、辊压机、烟气脱硫、碳储存技术、利用水泥窑协同处置城市废弃物)的使用；为企业传统产品向环保产品转化和升级换代进行调研、提供咨询服务；做好化学需氧量、氨氮排放量、PM2.5 减排的技术研究，加快科技成果的转化等技术交流的组织工作；积极宣传推广会员企业的节能减排科技成果和优质产品，与企业紧密依托，互利互惠，共同促进行业节能减排水平的提高。

第四，加强行业自律，稳定水泥市场良好秩序。

现在水泥产业链已经延伸进了混凝土、外加剂、矿山、砂石骨料等行业。加强水泥行业自律，关注相关行业发展十分必要。要在水泥市场营销会的基础上吸收更多的水泥和有关企业参加，并与混凝土和相关的会员企业联合，共同维护与水泥相关的市场秩序，使北京水泥营销市场更加良好。

第五，坚持协会办会宗旨，提高“两个服务”质量。

协会要把提高“两个服务”质量落实到实处。

1.为企业服务

建立畅通的多层次、相互的信息沟通渠道。协会可为企业搭建企业之间、企业与政府、企业与各省市协会相互沟通的信息平台；开展科技成果推广、专业培训、资质认定、竞赛组织推荐等活动的促进平台；在中国水泥协会的领导下，加强为“走出去”的企业与各地协会之间相互交往，特别是“金隅”和

“冀东”等大集团向外发展，开展多领域的项目合作服务。

同时，开展国际学术交流，参加大型国际会议、组织专业性的参观、考察、调研等活动，为水泥企业开展国际贸易打好基础。

2.为政府服务

宣传贯彻国家相关的法律法规；承办政府有关职能部门的项目委托；听取企业诉求，开展行业及相关产业的情况调研，为制定行业发展规划献计献策；开展行业协调服务，加强行业自律。在与现有5个委办局有业务往来的基础上，开展全方位的承办委托业务。

天津市

Tianjin

2011年

【概况】

1.天津市场需求虽好但价格表现一般

自2009年起随着滨海新区开发力度加大，天津固定资产投资赶超北京。据统计，2009年和2010年天津固定资产投资分别为5 006亿元和5 896亿元，超过北京147亿元和980亿元。

在强劲固定资产投资拉动下，天津水泥需求高达2 500万吨左右，产能800万吨，实际产量770万吨，每年有近1 700万吨左右缺口，除河北以外，山东、安徽、辽宁等地的水泥和熟料也有进入。

近两年北京水泥没有新增供给，天津新增800多万吨水泥粉磨能力，河北新增产能也相继投放，天津市场竞争压力逐渐加大，需求虽好但价格一直低于北京市场，目前两地价格相差80元/吨。

2.受货币紧缩政策影响，水泥需求减弱

受国家持续货币紧缩政策影响，天津市多数重点工程项目因资金短缺，出现缓建、停建等现象，包括滨海新区建设也在适当放缓。

4月11日，央视《新闻联播》节目以“天津滨海新区：‘一降一升’从重增速转向重民生”为题进行报道。报道称，最近，7个完全符合国家环评标准的项目，在天津滨海新区被要求重新修改设计方案。首批7个“回炉”的项目尽管开工时间平均推迟了一个月，但和最初方案相比，单位能耗和水耗分别降低了15%和5%。

刚刚通过的天津滨海新区“十二五”发展规划，主动调低了生产总值指标。其中GDP年均增长为17%以上，比“十一五”年均增速降低了5.5个百分点。民生指标则是有增无减，今年，区财政用于教育、医疗的支出同比增长都在40%以上，用于住房、养老保险等社会保障的支出同比增幅高达200%。

受房地产调控、货币紧缩政策影响，水泥需求量明显减弱。据某企业相关人员介绍，去年同期水泥市场供不应求，日发货量可达5 000吨以上，而今年仅在3 000吨左右；5月份混凝土搅拌站因资金短缺开工率较低，有的搅拌站拖欠货款高达2亿，已被迫停产。

3.大企业时代到来

随着山东崇正集团200万吨、山东山水集团200万吨、“大连天瑞”400万吨粉磨站的相继投产，天津水泥市场由“金隅”和“冀东”为主导的格局逐渐被改变，进入大企业的竞争时代，中小企业的份额将会越来越少，市场竞争也会更加有序。更由于唐山地区淘汰落后产能及拉闸、限电等一系列举措导致进入天津市场的外埠水泥企业由近200家缩减至不到100家。大企业之间的竞争比较合理，比小企业乱打市场好很多，十年前的水泥市场都是“商标自选、袋重自定、价格面议”，这些情况都是通过大企业的成长而慢慢改变的。

2012年

【概况】 第一，2012年是天津市“十二五”规划实施承上启下的重要一年，是实现科学发展、和谐发展率先发展的关键一年，也是天津市建设规模较大的一年，天津市大发展、大建设的良好局面，给广大水泥企业提供了广阔的市场。

但是，近两年天津新建了许多水泥厂，截止至2011年末水泥产能已突破2 000万吨，市场竞争演变成单纯的价格竞争。水泥市场价格已成为全华北地区的洼地，除个别企业外，全行业处于不盈利甚至亏损状态。去年春节过后，因燃煤、电力价格上调，水泥熟料价格大幅上涨，熟料到位价和本地水泥出厂价已形成倒挂。因此，为了规范天津水泥市场，保证水泥产品质量，提高预拌混凝土质量，保证建筑质量和安全，保证市场供应的稳定有序，避免同行业恶性竞争，满足建筑市场需求，水泥行业的主流企业联合起来，在协会的引领、把握和监督之下，实施行业自律，走自我管理、自我规范、自我完善、自我发展、共同进步的自律之路，并于 2 月 14 日召开了天津市水泥企业自律第一次会议，并向企业发出倡议：严格企业自律，规范竞争行为，维护正常的市场秩序；各水泥生产企业要严格按照国家标准组织生产，严格控制自身的水泥品质管理，保证水泥质量始终稳定；为了促进天津市水泥行业健康协调发展，加强行业管理，规范市场秩序，推进行业自律机制，避免不正当竞争，建议在天津市建材协会的领导和监督下，规范水泥行业行为。

自第一次会议之后至今已召开了 20 多次水泥自律会议，在协会的引领和监督之下所有会员企业积极参与，大家集思广益，求同存异，共同铸就了今天的成绩。四届轮值主席团主席尽职尽责，深入会员单位调研，组织专家进行产品抽检，为水泥自律的长足发展出谋划策。

第二，由天津市建材业协会与混凝土协会共同举办的水泥、混凝土行业高层论坛会议于 2013 年 1 月 29 日在静海召开。参加会议的有建材业协会、混凝土协会的领导及水泥、混凝土行业的几大骨干企业，两行业达成共识，共同引领水泥及混凝土行业走出低谷，走上可持续发展的良性道路，开创融通、携手、合作、共赢的新局面。

第三，天津市建材业协会在册备案的水泥企业共 124 家，其中 24 家为本市企业，为保证天津市水泥市场的良性发展，自 2012 年 11 月 29 日至 12 月 12 日天津市建材业协会会同质检二十一站对水泥专业委员会在册的具备生产条件的 124 家水泥企业进行一年一度的统一产品抽样，产品合格率达 99%。

第四，2012 年 7 月 3 日、4 日分别根据“天津市水泥实业”及“天津天旺崇正水泥”提交的化验室合格证申请书，水泥专委会会同天津市经济和信息化委员会及二十一站的专家根据《水泥企业质量管理规程》中对实验室的具体要求对企业进行实地考察，经过对软、硬件设施的综合评定决定发放《水泥企业化验室合格证》。

河北省

Hebei Province

2011 年

【概况】 2011 年，河北省水泥产量 14 272 万吨，同比增长 12.3%；水泥熟料产量 6 075 万吨，同比增长 25.9%；预分解窑水泥熟料产量 5 772 万吨，同比增长 39.6%，占全部水泥熟料的比重达到 95%，同比提高 7 个百分点。水泥总产量居全国第四位，占全国比重 6.85%。

2011 年，河北省水泥行业入统企业共 236 家，比 2010 年减少近百家。其中有 35 家亏损，相比 2010 年小幅下降。资产合计 802 亿元，同比上升 23.0%；主营业务收入 592 亿元，同比上升 32.6%；利润总额 62.6 亿元，同比上升 22.7%；利税总额 84 亿元，同比上升 25.2%。

【经济运行特点】

1.水泥固定资产投资下降

相比河北省整体建材行业和其他主要建材分行业，只有水泥行业固定资产投资下降。2011 年，河北省水泥行业完成投资 94 亿元，同比下降 24%。

2.多重因素导致下半年水泥价格下滑

2011 年全年，河北省水泥价格高于 2010 年。其中水泥平均售价(含税)为 326 元/吨，高于去年平均售价 6 元/吨，PO42.5 水泥平均价格为 352 元/吨，高于上年平均售价 8 元/吨。但受国家宏观调控政策和 7.23 动车事故影响，2011 年河北省水泥价格从 8～9 月份开始一路下滑，到年底下滑了 30～40 元。见下图。

2011年2月-12月河北省水泥价格走势图

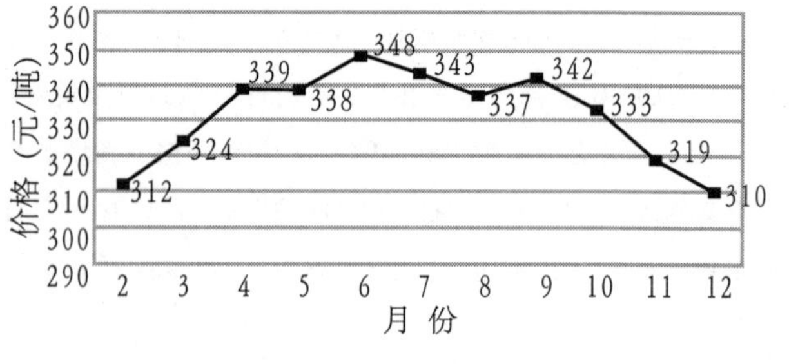

3.淘汰落后成效显著，产品结构不断优化

2011 年，河北省水泥工业淘汰落后水泥产能工作力度持续增大，全年共淘汰落后熟料产能 205 万吨，落后水泥产能 2 491.8万吨，合计 2 696.8 万吨，完成了工信部下达给河北省的淘汰落后水泥产能 2 500 万吨的目标任务，产业结构得到进一步优化。2011 年河北省新型干法水泥熟料比重达到 95%，比去年同期提高 7 个百分点。

2012 年

【概况】 2012 年，河北省水泥产量 13 258 万吨，同比下降 7.6%；水泥熟料产量 6 384 万吨，同比增长 3.9%；预分解窑水泥熟料产量 6 082 万吨，同比增长 4.1%，占全部水泥熟料的比重达到 95.3%，同比微涨 0.3 个百分点。水泥总产量居全国第五位，占全国比重 6%。

2012 年，河北省水泥行业入统企业共 236 家，其中有 63 家亏损，相比 2011 年上升 61.5%。资产合计 933 亿元，同比上升 13.7%；主营业务收入 561 亿元，同比下降 5.8%；利润总额 25.3 亿元，同比下降 58.9%；利税总额 47.7 亿元，同比下降 42.5%。

【经济运行特点】

1. 水泥固定资产投资继续下降

2012 年，河北省水泥行业完成投资 84 亿元，在 2011 年下降的基础上继续下降，同比下降 10.2%。

2. 水泥价格继续下滑

由于市场总体供大于求，企业间竞争激烈，2012 年河北省水泥价格延续 2011 年下半年水泥价格下滑的趋势继续下滑，企业经营难度较大。2012 年，全省水泥平均售价(含税)为 295 元/吨，比 2011 年全年平均价格下滑 32 元/吨。见下图。

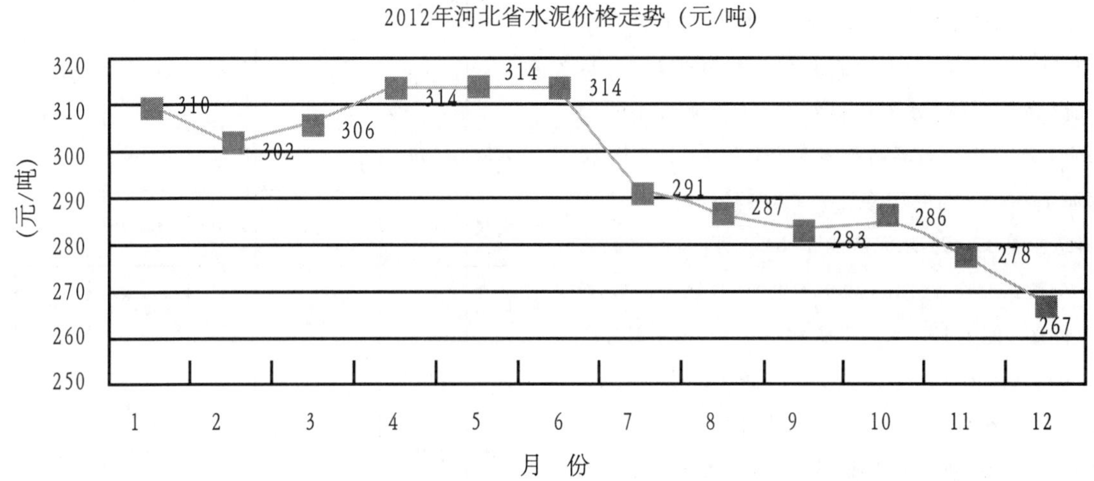

3. 燃煤价格回落

2012 年，全省水泥企业燃煤平均购进价格为 643 元/吨，同比下降 92 元/吨，下降幅度为 12.5%。

河北省建筑材料工业协会简介

河北省建筑材料工业协会成立于 1989 年 7 月。协会坚持为河北省建材工业发展服务，为会员单位服务，为政府服务，充分发挥政府与企业之间的桥梁和纽带作用。积极开展全省建材行业的调查研究，撰写行业发展报告和政策建议报告；指导各专业协会、各市协会、分会开展工作；开展行业统计和经济运行分析；出版《河北建材会讯》和河北建材行业网的维护更新，提供多方面信息服务；负责全省建材企业化验室管理以及全省建材行业重点岗位人员培训和上岗证的发证和管理；开展建材行业的行检、行评；加强行业自律，建立行业自律性管理约束机制，维护公平竞争和市场秩序；制定本行业质量规范、服务标准；为会员单位出具公信证明；组织会员企业开拓国内外市场相关工作；向政府及有关部门反映行业诉求，提出有关行业发展和立法等方面的意见或建议；参与行业规划、行业标准、产业政策的研究制定，组织贯彻实施并进行监督；对行业内重大项目投资、技术改造、产业布局、结构调整进行前期论证；参与行业资质认证、事故认定等相关工作；行业驰名商标、著名商标、名牌产品等培育与推荐；建材产品进入建筑市场备案申请材料的审核；环渤海五省市诚信企业、知名品牌的评审工作等。

会长：葛旭东

副会长：张增光、曹田平、王长林、陈鹰、李竹林、李延明、王树林、宋社平、胡玉振、赵卷英、申庆山、江俊永、梁占绪、蔡汝强、武增海、田文、陈增现、田海奎、连杰、赵士军、闫国建、贾增军、王彦庆、杨拥民、周成耀、李怀江、宋建国、赵启刚、王季文、张振秋、张生运

秘书长：武增海(兼)

副秘书长：陈新顺 彭拥军 王铁军 孙建勋

监事会主席：冯志宏

地址：河北省石家庄市合作路 129 号

邮政编码：050051

电话：(0311)87042331(兼传真)/85020038/85020039

山西省

Shanxi Province

2011 年

【概况】 2011 年,是"十二五"开局之年,也是山西水泥行业实现跨越发展开门红的一年。山西省水泥工业系统坚持以科学发展观统领全局,紧紧围绕省委省政府转型跨越发展这个战略目标,全面促进了水泥工业产业结构的优化调整、产业升级、技术进步和全行业的快速健康发展,全面完成了上年的既定目标。

【行业经济运行情况】 截止到 2011 年底,全省共有水泥企业 226 户(其中:水泥生产企业 126 户,粉磨站 100 户),熟料总产能 5540.8 万吨,水泥总产能 12 256 万吨(熟料折合成水泥产能 7 203 万吨,粉磨站产能 5 053 万吨)。其中,新型干法水泥企业 58 户,共 70 条生产线,熟料产能 4 757 万吨,占熟料总产能 85.4%,水泥产能 6 184.1 万吨,占水泥总产能 85.4%;湿法窑企业 3 户,共 4 条生产线,熟料产能 57 万吨,占熟料总产能 1.1%,水泥产能 74.1 万吨,占水泥总产能 1.1%;预热器回转窑企业 12 户,共 13 条生产线,熟料产能 120.5 万吨,占熟料总产能 2.2%,水泥产能 156.7 万吨,占水泥总产能 2.2%;机立窑企业 53 户,共 64 条生产线,熟料产能 606.3 万吨,占熟料总产能 11.3%,水泥产能 788.1 万吨,占水泥总产能 11.3%;粉磨站 100 户,水泥生产能力 5 053万吨。

2011 年,全省规模以上水泥产量 4 035.6 万吨,同比增长 13.1%,高于全国 11.7%的增速;其中强度等级 42.5 以上水泥(含 R 型)848 万吨,同比增长 18.1%。水泥熟料产量 3 068.9 万吨,同比增长 29.1%,明显高于全国平均 11%的增速;其中预分解窑(新型干法)水泥熟料 2 606.4 万吨,同比增长 47.2%。

2011 年各市水泥及熟料产量完成情况表

地市	水泥产量(万吨)			熟料产量(万吨)		
	2011 年	所占比例(%)	排名	2011 年	所占比例(%)	排名
全省	4 035.6	100		3 068.9	100	
太原	588	14.5	3	401.4	13.1	4
大同	644	16	2	561.5	18.3	1
阳泉	145.8	3.6	10	103.2	3.4	10
长治	309.9	7.7	6	227.2	7.4	6
晋城	135.5	3.4	11	166.9	5.4	7
朔州	279.5	6.9	7	330.8	10.8	5
忻州	172.3	4.3	9	110.3	3.6	9
吕梁	407.6	10	5	467.1	15.2	2
晋中	201.7	5	8	158.7	5.2	8
临汾	430.3	10.6	4	101.7	3.3	11
运城	721	18	1	440.1	14.3	3

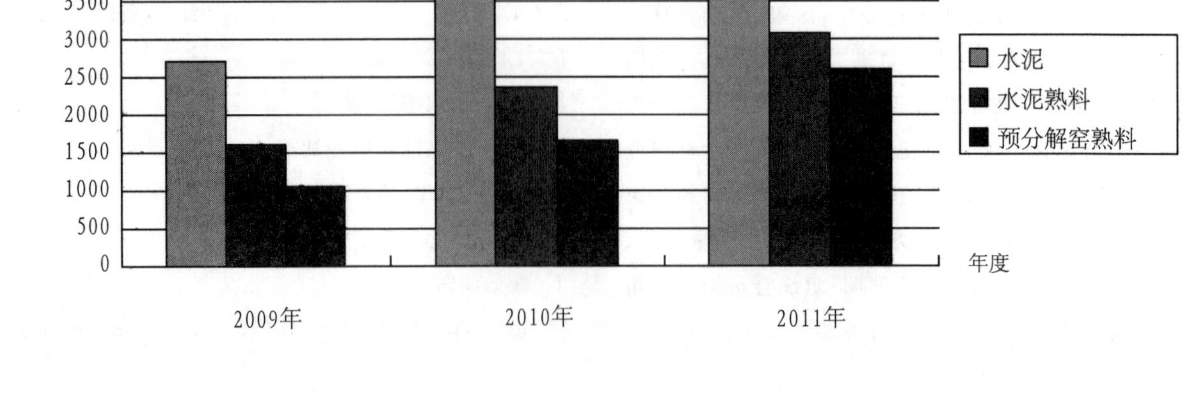

2011年底全省水泥企业产能前25名情况如表

地　市	企业名称	熟料产能(万吨)	水泥产能(万吨)	所占比例(%)	排　名
大　同	大同冀东水泥有限责任公司	310	403	5.6	1
吕　梁	山西华润福龙水泥有限公司	310	403	5.6	2
阳　泉	阳泉冀东水泥有限责任公司	223	290	4	3
运　城	冀东海天水泥闻喜有限责任公司	186	241.8	3.4	4
运　城	山西省新绛威顿水泥有限责任公司	186	241.8	3.4	5
大　同	大同市云中水泥有限责任公司	155	201.5	2.8	6
朔　州	大同煤矿集团建材有限公司	155	201.5	2.8	7
朔　州	朔州金圆水泥有限公司	155	201.5	2.8	8
吕　梁	山西吉港水泥有限公司	155	201.5	2.8	9
晋　中	智海企业集团榆次水泥分公司	155	201.5	2.8	10
忻　州	山西吉港冠宇水泥有限公司	155	201.5	2.8	11
太　原	太原市广厦水泥有限公司	124	161.2	2.2	12
长　治	潞城市卓越水泥有限公司	124	161.2	2.2	13
太　原	太原狮头水股份泥有限公司	108.5	141.1	2	14
太　原	太原金圆水泥有限公司	99.2	129	1.8	15
晋　城	晋城山水水泥有限公司	99.2	129	1.8	16
晋　城	山西陵川金隅水泥有限公司	93	120.9	1.7	17
太　原	山西双良鼎新水泥有限公司	77.5	100.8	1.4	18
朔　州	山西神固水泥有限责任公司	77.5	100.8	1.4	19
阳　泉	山西亚美建筑工程材料有限公司	77.5	100.8	1.4	20
阳　泉	山西南娄集团股份有限公司	77.5	100.8	1.4	21
临　汾	山西中条山新型建材有限公司	77.5	100.8	1.4	22
晋　城	高平市维高水泥有限公司	77.5	100.8	1.4	23
忻　州	河曲县中天隆水泥有限公司	77.5	100.8	1.4	24
运　城	山西龙门五色石建材有限公司	77.5	100.8	1.4	25
合　计		3412.9	4437.4	61.7	

【经济运行的主要特点】

1.工业生产保持快速增长

2011年，山西省建材工业产值及工业增加值增速在全国各省市区中位居前列，保持强劲的增长势头。主要原因有二方面：一是得益于全国及山西省势头良好的经济发展环境。2011年山西省固定资产投资仍保持28.1%的增长速度，增速位居全国前列，房地产开发投资也保持33.4%的增长，有效拉动了建材工业产销量的增长。二是得益于近几年山西省建材工业的大量资金投入建设与快速发展。2009年以来山西省建材工业累计完成固定资产投资总额超过400亿元，这段时期资金投入规模之大，带来如此迅猛的发展势头是过去从未有过的。大规模的投入建设促进了山西省几个重点建材行业产业结构、技术结构、产品结构和企业组织结构的快速优化调整和经济运行质量的明显好转。尤其是水泥工业，近三年的投资建设规模达170亿元，故其产业发展势头最为迅猛。

2.供需矛盾日趋显现

由于近几年建材工业发展势头过于迅猛，在超过市场需求的增长的情况下，必然会出现供大于求，产销衔接不上的现象。近两年来，全省各地建成投产的新型干法水泥生产线有24条，新增水泥生产能力接近3 100万吨，而同期淘汰的落后水泥产能约2 000万吨，致部分地区产品市场供大于求现象日益突出，产品售价出现低迷和下滑，部分企业被迫停窑限产。2011年全省水泥产品产销率仅为92.67%，比上年降低了4.25个百分点。

3.行业整体经济效益显著好转

水泥工业利润总额4.61亿元，占全省建材工业利润总额的47.7%，比上年的1.08亿元增长2.27倍。反映出通过近二年来水泥产业结构明显的优化调整和企业的兼并联合重组，企业市场竞争实力明显增强，盈利能力大幅提高，重点大型水泥企业的产能发挥基本都能保持在正常生产的状态。

4.固定资产投资逐步回落，回归理性

2011年水泥行业完成投资52.96亿元，同比下降15.27%。

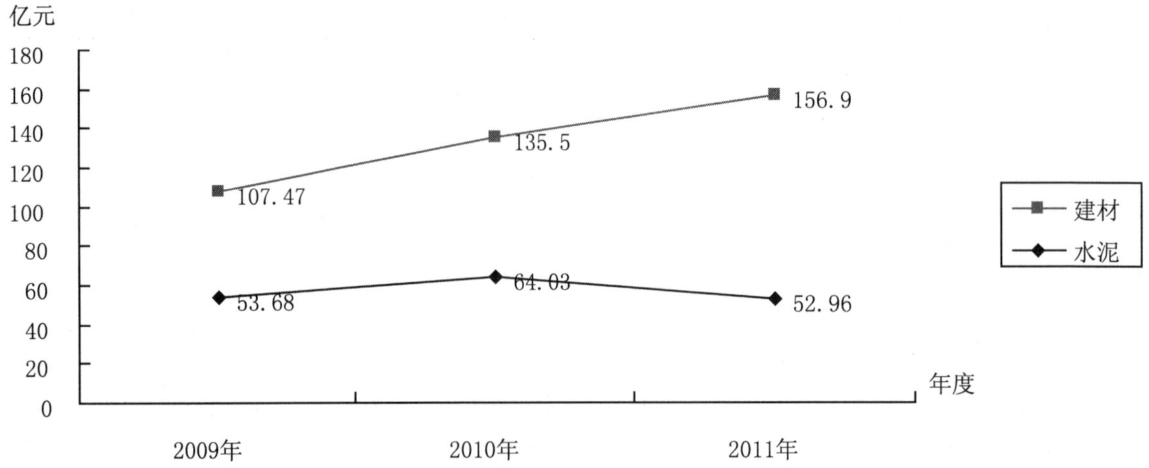

【转型跨越发展的思路及主要举措】 紧紧围绕山西省委、省政府转型跨越发展这个中心，我们的发展思路是：加快发展方式的转变，着力推进产业升级，加大淘汰落后工作力度，加快节能降耗推进步伐，着力推进企业整合重组，进一步提高全行业和企业整体竞争能力，实现山西省水泥工业快速健康发展。对山西省水泥工业的转型发展，重点采取以下措施：

1.继续加大淘汰落后产能工作力度，为水泥工业良性发展留出空间

在“十二五”末，彻底淘汰日产2 000吨以下水泥熟料生产线，约1 000万吨的水泥产能。

2.加快推进节能降耗步伐，实现万元工业增加值综合能耗的大幅度下降

一是把好新建企业全部使用节能新工艺、新技术、新设备关；二是对现有日产2 000吨以上生产线促其进行节能技术改造；三是制定出台山西省水泥产品能耗限额标准和耐火材料、加气混凝土等地方能耗限额标准，这些标准都严于国家标准，促使企业技术进步；四是开展水泥产品能效对标活动。

3.推进企业整合重组，形成大企业大集团

山西省已把水泥工业整合重组作为重点工作，目前山西省五大产业集群——晋北、晋西北、晋中、晋南和晋东南已初步形成，以河北冀东、山东山水、华润集团等为代表的大企业大集团整合重组的大幕已经拉开，在“十二五”末将分别形成2 000万吨左右的产能，将占全省水泥总产能80%左右的份额，采取不同形式的合作方式，全力促进全省水泥行业的有序健康发展。

4.推进优势企业资源综合利用、减免税优惠政策的落定，提高企业市场竞争能力和良性发展能力

5.加强技术创新能力建设

构建以企业为主体，产、学、研相结合的技术创新体系和政府扶持、行业协会指导和社会各方面广泛参与的技术咨询服务体系，组建成立山西省水泥行业技术中心，整合行业科研、人才、检测、资金等资源，努力解决全行业发展中的技术瓶颈。

6.整合资源，提高资源综合利用效率

山西省煤矿多、电厂多、钢铁厂多、非金属矿资源非富，充分利用好煤矸石、粉煤灰、炉渣等资源变废为宝，产生更大的经济效益。

7.加强行业指导、监督工作

作为行办、协会，认真贯彻落实国家和山西省产业政策是我们义不容辞的责任，在产业区域布局、项目监管、淘汰落后、节能减排、质量管理、区域协作等方面要加大指导、监管工作力度，积极主动开展工作，推动行业健康发展。

2012 年

【概况】 2012 年，面对复杂多变的经济环境，全省建材行业积极贯彻落实省委、省政府稳增长的一系列举措，积极应对要素价格上涨，财务成本增加，环境约束加大，市场竞争压力加大等新挑战，努力加大节能减排、技术进步和管理创新力度，虽行业整体经济效益出现一定幅度下滑，但行业经济运行总体仍保持平稳发展态势。

【行业经济运行情况】 全省水泥产量 4 917 万吨，同比增长 19.41％，分别占全国 2.2％、中部六省 8.3％，排名第 20 位、第 6 位。水泥熟料产量 3 269.1 万吨，同比增长 2.69％；其中预分解窑熟料产量完成 2 986.3 万吨，同比增长 12.14％。

2012 年各市水泥及熟料产量完成情况

地市	水泥产量(万吨)			熟料产量(万吨)		
	2012 年	所占比例(％)	排名	2012 年	所占比例(％)	排名
全省	4 917	100		3 269.1	100	
太原	646.6	13.3	3	360.8	11	3
大同	658.8	13.5	2	508.1	15.6	2
阳泉	259.9	5.5	9	254.1	7.8	8
长治	417.8	8.7	5	262.5	8	6
晋城	232.8	4.9	10	257.7	7.9	7
朔州	409.2	8.5	6	314.8	9.6	5
忻州	101.3	2.4	11	66.8	2	11
吕梁	642.2	13.2	4	527.3	16.1	1
晋中	369.3	7.7	8	170.8	5.2	9
临汾	384.8	7.9	7	88.2	2.7	10
运城	694.7	14.3	1	317.9	9.7	4

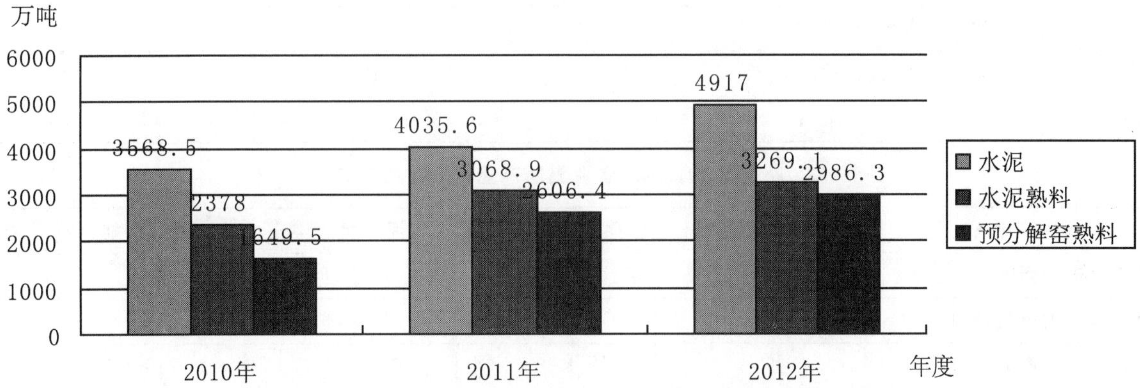

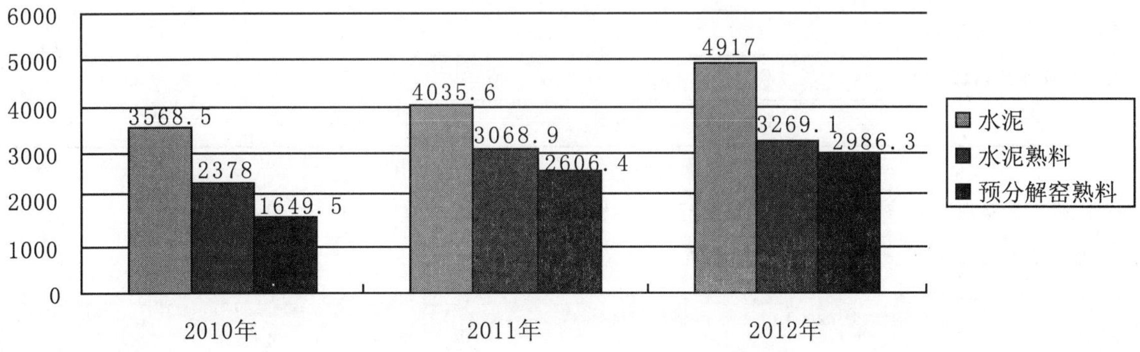

2012 年底全省水泥企业产量前 10 名情况

地　市	企业名称	熟料产量(万吨)	水泥产量(万吨)	所占比例(％)	排名
大同	大同冀东水泥有限责任公司	333.3	330	17	1
运城	威顿水泥集团有限责任公司	200	300	15.6	2
吕梁	山西华润福龙水泥有限公司	285	266	13.7	3
运城	冀东海天水泥闻喜有限责任公司	189	233	12	4

续 表

地 市	企业名称	熟料产量(万吨)	水泥产量(万吨)	所占比例(%)	排名
吕梁	山西吉港水泥有限公司	143	189	9.7	5
忻州	山西吉港冠宇水泥有限公司	130	150	7.7	6
朔州	朔州金圆水泥有限公司	116	148	7.6	7
晋中	智海企业集团榆次水泥分公司	113	118	6.1	8
朔州	大同煤矿集团建材有限责任公司	130.1	106.3	5.5	9
大同	大同市云中水泥有限责任公司	90	100	5.2	10
合计		1 729.4	1 940.3	100	

2012 年底全省水泥企业产能前 10 名情况如

地市	企业名称	熟料产能(万吨)	水泥产能(万吨)	所占比例(%)	排名
大同	大同冀东水泥有限责任公司	310	403	15.7	1
吕梁	山西华润福龙水泥有限公司	310	403	15.7	2
阳泉	阳泉冀东水泥有限责任公司	223	290	11.3	3
运城	威顿水泥集团有限责任公司	186	241.8	9.5	4
大同	大同市云中水泥有限责任公司	173.6	225.7	8.8	6
运城	冀东海天水泥闻喜有限责任公司	155	201.5	7.8	5
朔州	大同煤矿集团建材有限公司	155	201.5	7.8	7
朔州	朔州金圆水泥有限公司	155	201.5	7.8	8
晋城	晋城山水合聚水泥有限公司	155	201.5	7.8	9
吕梁	山西吉港水泥有限公司	155	201.5	7.8	10
合计		1 977.8	2 571.2	100	

2012 年底全省水泥企业集团产能前 6 名情况如

企业名称	熟料产能(万吨)	占熟料总产能(%)	水泥产能(万吨)	占水泥总产能(%)	排名
冀东水泥山西大区(4 户)	796.8	30.9	1035.8	30.9	1
山西山水水泥有限公司(4 户)	455.7	17.6	592.4	17.6	2
华润水泥山西大区(3 户)	393.8	15.2	511.9	15.2	3
金隅水泥山西大区(4 户)	372	14.4	483.6	14.4	4
吉港水泥有限公司(2 户)	310	12.1	403	12.1	5
金圆水泥有限公司(2 户)	254.2	9.8	330.5	9.8	6
合 计	2 582.5	100	3 357.2	100	

全省水泥工业完成投资 57.7 亿元，占全省行业总投资比重的 20.2%，同比增长 8.87%，而全国水泥工业完成投资增速为－4.17%。

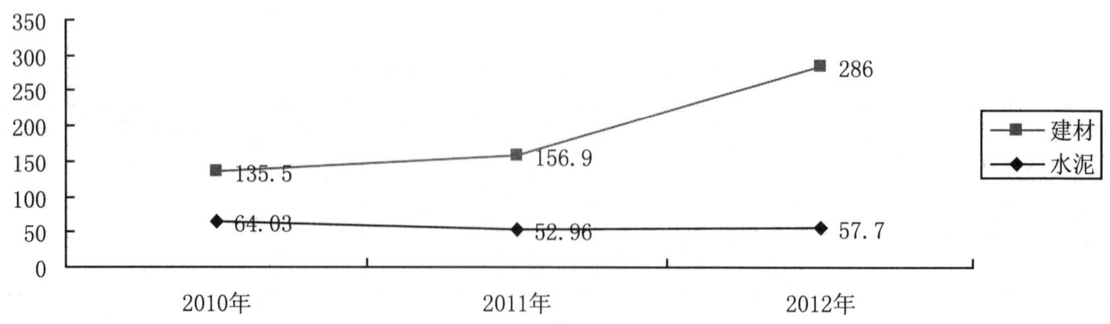

【推进结构调整 提升产业素质】 2012年全省建成投产新型干法水泥生产线8条，新增水泥产能1 100万吨，水泥总产能达到7 100万吨。新型干法水泥占有率达98%，已基本完成“十二五”目标。全省有30家水泥小企业进行了升级改造，均形成了60万吨以上的粉磨能力。为水泥工业结构调整和升级做出了贡献。全年共淘汰落后水泥产能2 310万吨，涉及企业113户。2013年还将建成12家，新增产能2 000万吨，水泥工业的结构调整将全面完成。

【转变增长方式 实现节能增效】 2012年，全省建材工业实现节能量约50多万吨标准煤。水泥工业余热利用的推广应用，得到企业普遍认可。全省有13户企业18条新型干法水泥生产线建成余热发电站，总装机容量118MW，年可发电8亿千瓦时，目前多家企业在改建中。主要污染物排放总体呈明显下降趋势，其中烟粉尘排放量和SO_2排放量年平均下降10%以上。全行业全年综合利用各类工业固体废弃物超过1 500万吨，其中粉煤灰、煤矸石综合利用率均达到30%以上，电厂脱硫石膏等工业废弃物也得到有效利用。利用水泥窑协同处置工业废弃物、有毒有害废弃物、城市垃圾的工程试验在陆续启动，脱硝处理工程正在实施建设中。

山西省建材主管部门机构情况

一、山西省建筑材料工业行业管理办公室(简称省建材行业办)

主要职责：

1.负责全省建材行业的规划、协调、管理与服务

在省经委的领导下，贯彻落实国家和省有关方针、政策、法规；根据省经委确定的总体发展规划，研究拟定建材行业专业发展规划，促进行业结构调整，规划引导行业合理布局；组织制订行业规章和技术标准；协调行业内部关系，维护公平竞争秩序；研究行业发展中的重大问题，向有关部门提出政策建议；掌握和分析行业生产动态，汇集、分析和发布行业经济技术和市场信息，提供信息咨询服务；促进建材资源综合利用，负责全省墙体材料革新与推广、管理工作，推进新型建材及制品的开发和推广应用；指导国有企业改革和组织结构调整。

2.省建材行业办下设2个部：综合部、行业管理部。

3.核定省建材行业办行政编制6名。(略)

4.设置建材离退休人员管理处，负责原建材局机关离退休人员的管理和服务工作，并对本行业离退休人员管理工作进行指导、协调、督促、检查。

(据山西省机构编制委员会晋编字[2000]8号《关于省经贸委行业管理办公室机构编制的通知》)。

(据山西省人民政府办公厅晋政办发[2004]63号《山西省人民政府办公厅关于印发山西省经济委员会职能配置内设机构和人员编制方案的通知》)。

山西省建筑材料工业行业管理办公室主任：郭世刚

副主任：顾俊忠

离退休人员管理处处长：张玲俐

电话：0351－4427640

二、山西省建材工业协会

山西省建材工业协会设置四个部和八个专业委员会，分别是：人事财务部、信息服务部、咨询服务部、综合部和水泥、平板玻璃、新型墙材、涂料、高岭土、防水材料、陶瓷和耐火材料、保温材料八个专业委员会。

山西省建材工业协会会长：郭世刚

秘书长：党朝旭

地址：山西省太原市红沟路129号

邮政编码：030013

电话：0351－4425718

传真：0351－4425718

网址：www.sxjcw.gov.cn

内蒙古自治区

Inner Mongolia Autonomous Region

2011～2012年

【概况】 2011年，全区水泥工业生产、销售继续实现了同步增长。全区规模以上水泥企业水泥产量6 396.47万吨，同比增长21.20%，增速比上年回落7.55个百分点。水泥产量占全国的比重3.10%，在全国排第16位。2012年，内蒙古区统计规模以上的水泥企业120家，水泥产量5 872.1万吨，比上一年同比下降8.20%；销售收入240.45亿元，实现利润总

额14.83亿元，销售利润率6.17%。然而内蒙古的产能过剩已不可避免，如何突破是重大课题。在连续增长20多年后，首次出现负增长，主要原因是房地产调控和市场需求下滑所致。

2011年，从全区水泥工业生产情况看，地区发展不平衡。全区12个盟市中，增长最快的地区是兴安盟、呼和浩特市和赤峰市，分别达到142.99%、43.56%和38.52%。全区水泥产量最多的是鄂尔多斯市，达到了937.80万吨。乌兰察布市和巴彦淖尔出现了负增长。

2011年全区各盟市规模以上企业水泥产量表

地区	水泥产量(万吨)	增长率(%)	地区	水泥产量(万吨)	增长率(%)
呼和浩特市	728.60	43.56	呼伦贝尔市	643.00	37.43
包头市	442.50	2.60	兴安盟	160.00	142.99
乌海市	230.00	32.59	锡林郭勒盟	601.00	8.67
赤峰市	745.00	38.52	乌兰察布市	578.70	−3.21
通辽市	888.80	18.04	巴彦淖尔市	160.70	−9.63
鄂尔多斯市	973.80	18.19	阿拉善盟	243.50	29.20
全 区合计	6 396.50	21.20			

2011年，虽然受煤炭等原、燃材料价格上涨和水泥价格下滑的影响，全区水泥行业利润仍然保持了同步增长。全年规模以上水泥企业实现利润19.03亿元，同比增长17.05%，在全国排第16位。

2011年，全区淘汰落后水泥产能217万吨，新型干法水泥生产能力的比重达到了90%以上，高于全国平均水平。此外，水泥行业企业兼并、重组步伐加快，企业组织结构得到明显改善，除冀东水泥集团之外，先后有中国建材集团、山水集团、中材集团等国内大型水泥企业(集团)落户内蒙古自治区，使全区水泥工业集中度进一步提高，促进了内蒙古自治区水泥行业节能减排工作取得明显成效。

一、水泥工业发展思路

1. 发展思路

B全区水泥工业发展的指导思想是：坚持以发展促调整，以市场为导向，以产业优化升级为中心，以技术创新和科技进步为途径，加速淘汰落后技术和产品，坚决制止低水平重复建设和盲目投资，加快用预分解窑技术改造落后工艺的步伐，促进产业结构优化。推进企业重组、改制，支持大企业、大集团发展壮大，提高竞争力。节约并合理利用资源和能源，加大资源综合利用的力度，加强环境保护，促进自治区水泥工业可持续发展。

2. 发展重点

今后水泥工业的发展要贯穿四条主线：

一是控制新增水泥产能，执行等量淘汰落后产能的原则，发展新型干法水泥，到2012年，使全区新型干法水泥的比重提高到95%以上。

二是改造一批企业。对于“十一五”期间未列入淘汰计划的机立窑企业，要按照产业政策和技术政策的要求进行技术改造，改造的重点是提高产品质量，提高劳动生产率，降低能耗，减少污染。

三是淘汰一批落后生产能力。按照“等量淘汰”或“超量淘汰”的原则，通过发展新型干法水泥生产线，继续淘汰产品质量不稳定，环保不达标的落后水泥。

四是水泥工业要向节能、利废、环保型发展迈出重要步伐。在现有生产线上进行余热发电、粉磨系统节能改造；鼓励应用其他节能技术和设备，如高压大功率电机变频调速技术、低压损、高保温预热器技术和高效粉磨系统技术；开发和利用处置工业废弃物、城市污泥及垃圾技术；加大工业废渣的综合利用能力，如电石渣制水泥、粉煤灰、煤矸石、脱硫石膏综合利用等。

二、主要产品产量

2011～2012年全区水泥及主要制品产量表

产品名称	计量单位	2011年		2012年	
		本年累计	累计增长(%)	本年累计	累计增长(%)
硅酸盐水泥熟料	吨	38 986 768	34.24	3 499.3	−1.8
水　泥	吨	63 964 708	21.2	5 872.1	−2.2
商品混凝土	立方米	11 212 707	86.47	1 250	25.3
水泥混凝土排水管	千米	314.94	47.26	278.7	−25.1
水泥混凝土压力管	千米	300.75	78.94	163.3	−54
水泥混凝土电杆	根	353 951	9.78	455 852	67.2
预应力混凝土桩	米	94 254	35.98	1 375	−98.5

辽宁省

Liaoning Province

2011 年

【概况】 2011 年，是“十二五”的开局之年，国内外宏观经济环境复杂多变，辽宁水泥行业广大干部职工一道，审时度势，趋利避害，万众一心，克服和化解了由于多变形势和各种增支减利因素的影响，保持了生产、销售、投资、效益的平稳增长。

截止到 2011 年末，全省水泥企业 220 多户，其中规模以上企业 149 户，实现主营业务收入 287.6 亿元，实现利税 29.4 亿元；水泥产能 8 000 多万吨，产量 5 690 万吨，占全国总产量的 2.76%，在全国各省区水泥行业中产量位居到第 17 位。新型干法水泥企业 36 户，新型干法生产线 46 条。新型干法水泥产量占水泥总产量的 95%，国内前 15 位大型水泥集团有 6 户在辽宁投资建厂。全省前 10 位重点企业产能超过全省产能 60%以上。大连、本溪、辽阳、铁岭和朝阳 5 市为全省主要水泥生产区域，水泥产量占全省水泥产量 60%以上。

【结构调整】 全省水泥工业“总量控制，上大压小，等量淘汰”的基本思路，大力发展新型干法水泥，通过产业政策扶持及辅以相应的经济和法律手段，加速落后产能的退出。全行业结构调整步伐加快，产业、产品和组织结构进一步优化。

2011 年国家和省财政淘汰落后产能补贴企业 103 户，其中有 79 户水泥企业享受补助支持，占 77%，补贴金额 8 000 多万元，共淘汰落后产能 1 630 万吨，全面完成了国家下达的淘汰落后产能任务，实现全省水泥落后产能（熟料）基本淘汰。

2011 年全省水泥行业由高耗能型结构正逐步向节能型转变。全省新型干法水泥比重超过 90%，“山水”“天瑞”“冀东”“亚泰”和“金刚水泥”已完成在辽宁的布点建线，以大鹰水泥为代表的辽宁水泥企业近几年也得到了快速发展，大连、辽阳、本溪、铁岭等地已成为全省重要的水泥熟料生产基地，占全省新型干法水泥熟料总产量的 70%，企业生产集中度进一步提高。在不断提高工艺技术装备水平的同时，企业规模化、集团化进一步提升。大型企业集团竞争格局已现雏型，形成了一批知名的如大鹰水泥、山水工源等一批具有一定竞争能力的大型企业集团。同时这些大企业集团也在不断发挥自身优势，实施跨地区的企业兼并和重组，进一步推动全行业集约化程度的提高。

【固定资产投资】 水泥行业由于受宏观调控的影响，固定资产投资下降，2011 年水泥行业固定资产投资完成 52.7 亿元，同比下降 10.65%。

【节能减排】 2011 年全省新型干法水泥企业积极采用纯低温余热利用技术进行余热发电，其中有 6 条余热发电生产线投入运行，在建的 4 条带余热发电生产线将陆续竣工投产，年可节约煤耗 40 万吨标煤，也大幅度减少氮氧化物的排放。同时采用变频、辊压机等节能技术和设备，节能效果和效率得到大幅度提高。全省水泥行业有 100 多户企业享受固体废弃物综合利用免税政策，共利用各种工业固体废弃物 1000 多万吨；水泥行业利废占全省工业固体废弃物消纳量的 30%以上。大幅度减少 CO_2、SO_2 的排放，对水泥行业实现节能减排意义重大。

【辽宁水泥工业重要事件】

第一，2011 年，按照辽宁省委、省政府的统一部署，辽宁省建材工业“十二五”规划编制工作全面完成，规划就水泥工业在“十二五”期间的发展提出明确指导性意见，对辽宁水泥工业的发展有重要的指导意义。规划由辽宁省经济和信息化委员会负责编写，由孟宪红、王善东和宋波等三位同志执笔。

第二，大连水泥集团公司生产的 A、G 级油井水泥采用国际标准通过了了现场验收。

经过公司申请、大连市技术监督局批准，大连水泥集团公司生产的 A、G 油井水泥被列入《2009 年大连市采标验收计划》当中，按计划进行了验收活动。这次采标验收是公司特种水泥由二水厂生产后的第一次验收，也是油井水泥执行新版国家标准 GB10238－2005 后的第一次验收。按照国家采标验收管理办法中“等同或修改采用国际标准的产品才能列入采标验收对象”的规定，公司生产的油井水泥属于修改采用国际标准。采标合格证书有效期为 5 年，在这五年期间，公司可以在油井水泥出厂包装袋、散装卡片及产品介绍书中印制采标标志。

第三，辽宁省委书记、省人大常委会主任王珉对亚泰建材铁岭公司进行参观考察。

王珉表示,“十二五”是辽宁经济发展重要的战略机遇期,亚泰集团铁岭水泥有限公司应抓住机遇、真抓实干,再创生产经营新高潮。王珉对亚泰集团水泥产业及亚泰建材铁岭公司所取得的成绩给予了高度评价,并鼓励铁岭公司树立更高发展目标,用科技增强自身竞争力,用诚信拓展产品市场占有率,不断谋求企业更大发展空间。

亚泰集团副董事长、副总裁徐德复就亚泰集团水泥产业现状及公司未来发展前景向王珉做了简要介绍,铁岭公司董事长陈亚春就铁岭公司改制后的生产经营、企业管理以及生产经营情况向王珉做了汇报。

第四,本溪县被确定为全省农村推散示范县。该县从使用环节入手,加大农村散装水泥推广使用的力度,符合国务院提出的发展散装水泥的战略措施,是实现低碳生产、节能减排、保护环境、节约资源的重要方法。

其主要做法是:在碱厂镇建立散装水泥配送中心。以碱厂镇为中心,依托本溪市广源建筑材料有限公司,利用得天独厚的地理环境,辐射方圆半径在百公里内的本溪县、桓仁县、清原县、新宾县、宽甸县等农村散装水泥的使用,重点是农村城镇化建设,水泥制品企业生产需要,较大规模水泥销售点及部分国家重点项目施工水泥的需求。

加大行政管理力度,积极开展城区“禁现”工作。本溪县通过招商引资建成两座凝土搅拌站。整合散装水泥设备设施,提高综合配套能力。

第五,小野田水泥致力于建设都市环保型绿色企业。日本太平洋水泥公司总经理德植桂治一行前来大连,就大连小野田水泥有限公司启用环保新技术等事宜与有关部门磋商。德植桂治在与市长李万才会面时表示,大连“小野田”将秉承“创建生态企业,真诚服务城市”的环保理念,不断降低资源、能源消耗,实现绿色发展,建设与大连生态环境相适应的都市型环保绿色企业。

太平洋水泥公司是日本最大的水泥生产企业,有着130多年的发展历史,在生产运行、节能减排、废弃物处理、资源综合利用等方面积累了丰富的经验,该公司也是大连小野田水泥有限公司的最大股东。目前,大连“小野田”已引进太平洋水泥公司的废弃物循环利用技术,通过高温水泥窑,将废弃物进行无害化处理,作为水泥生产工艺中的原料和燃料加以利用。李万才说,大连市委、市政府高度重视环境保护工作,始终坚持环境优先和“环境立市”理念,以环境革命促进科学发展,以环境升级提升城市竞争力,以环境优化打造和谐优美的生态宜居城市。大连的良好环境,不仅提高了市民的生活质量,提升了城市的知名度,也促进了经济社会与环境的和谐发展,为构建资源节约型、环境友好型、生态文明型社会,实现新一轮大发展奠定了坚实基础。李万才说,在加快推进全域城市化进程中,我们将继续推进绿色发展,提高环境质量,弘扬生态文明。希望更多的在连企业能够积极发展循环经济、低碳经济,主动节能减排,自觉承担社会责任和义务。

第六,辽宁省葫芦岛市淘汰水泥落后产能50万吨。2011年葫芦岛市淘汰落后产能分别为:兴城市宁远水泥有限公司、兴城市九龙水泥有限公司、兴城市旧门水泥厂机立窑各1台。淘汰落后产能是落实节能降耗的重要措施和行动,市委、市政府对淘汰落后产能工作高度重视,出台了淘汰落后产能工作考核办法。考核办法涉及18个行业的淘汰落后产能工作,淘汰落后产能目标任务、责任考评、考核结果将作为各县(市)区及开发区领导班子和领导干部绩效考核评价的重要依据。未完成考核的,将对该地区实施项目“区域限批”,暂停对该地区项目的环评、核准和审批;提出限期整改工作措施,整改不到位的,由监察机关依据有关规定追究该地区有关责任人的责任;对未按期淘汰落后产能的企业,环保部门将吊销排污许可证,金融机构不得提供任何形式的新增授信支持,投资管理部门不予审批、核准新的投资项目,国土资源管理部门不予批准新增用地,相关管理部门不予办理生产许可证,已颁发生产许可证、安全生产许可证的要依法撤回,对未按规定淘汰落后产能、被地方政府责令关闭或撤销的企业,限期办理工商注销登记或依法吊销工商营业执照。

第七,2011年12月30日,辽宁省辽阳市人民政府办公室关于印发《辽阳市水泥产业“十二五”发展规划》的通知。作为辽宁水泥的主要产区,该规划的出台,为破解水泥产业发展瓶颈,促进全市水泥产业结构优化升级,推动水泥工业健康发展,具有现实意义。

第八,辽宁本溪大力发展散装水泥节能减排成效显著。2011年,辽宁本溪市散装水泥办公室全面贯彻国家“从使用环节入手,大力发展散装水泥”方针政策,把促进与发展有机地结合起来,使本溪市散装水泥事业得到快速发展。去年,本溪市实现散装水泥供应量123.2万吨,累计实现水泥生产销售300.35万吨,水泥散装率实现41%,节能减排成效创综合效益7392万元。

发展散装水泥不仅可以有效保护环境、节约能源、减少粉尘废弃物排放,同时还可以保护生态环境,缓解社会发展的资源环境压力。本溪市散装水泥使用主要有混凝土生产、水泥制品生产以及销往外市三个方面。由于生产和利用散装水泥节省包装消耗、减少损耗、循环利用工业废渣、减少排放等因素,本溪市2011年生产散装水泥共可节约标准煤1.89万吨,减少粉尘排放1.24万吨,减排二氧化碳5.5万吨、二氧化硫41.07吨,取得了十分明显的节能减排效果。

2012 年

【概况】 截止到2012年末，全省水泥企业213户，其中规模以上企业144户，水泥产能8 000多万吨，2012年全省水泥产量5 710万吨，占全国总产量的2.61%，在全国各省区水泥行业中产量位居到第18位。新型干法水泥企业43户，新型干法生产线53条。新型干法水泥产量占水泥总产量的95%。

2012年全省水泥熟料产量3 691万吨，其中新型干法水泥熟料产量3 623万吨，占水泥熟料总产量的98.15%。在建生产线6条(6户企业)，熟料产能900万吨。2012年全省水泥熟料生产能力5 903万吨。人均熟料产能1 145千克，处于全国平均水平以下。

国内前15位大型水泥集团有6户在辽宁投资建厂。全省前10位重点企业产能超过全省产能60%以上。大连、本溪、辽阳、铁岭和朝阳5市为全省主要水泥生产区域，水泥产量占全省水泥产量60%以上。

【结构调整】 全省水泥工业“总量控制，上大压小，等量淘汰”的基本思路，大力发展新型干法水泥，通过产业政策扶持及辅以相应的经济和法律手段，加速落后产能的退出。全行业结构调整步伐加快，产业、产品和组织结构进一步优化。

2012年国家和省财政淘汰落后产能补贴企业22户，补贴金额1 476多万元，共淘汰落后产能472万吨，全面完成了国家下达的淘汰落后产能任务，实现全省水泥落后产能(熟料)基本淘汰。

2012年全省水泥行业由高耗能型结构逐步向节能型转变。全省新型干法水泥比重超过90%，“山水”“天瑞”“冀东”“亚泰”和“金刚水泥”已完成在辽宁的布点建线，以“大鹰水泥”为代表的辽宁水泥企业近几年也得到了快速发展，大连、辽阳、本溪、铁岭等地已成为全省重要的水泥熟料生产基地，占全省新型干法水泥熟料总产量的70%，企业生产集中度进一步提高。在不断提高工艺技术装备水平的同时，企业规模化、集团化进一步提升。大型企业集团竞争格局已现雏型，形成了一批知名的如“大鹰水泥”、“山水工源”等具有一定竞争能力的大型企业集团。同时这些大企业集团也在不断发挥自身优势，实施跨地区的企业兼并和重组，进一步推动全行业集约化程度的提高。

【节能减排】 2012年全省新型干法水泥企业积极采用纯低温余热利用技术进行余热发电，有4条余热发电生产线投入运行，年可节约40万吨标煤，也大幅度减少氮氧化物的排放。同时采用变频、辊压机等节能技术和设备，节能效果和效率得到大幅度提高。全省水泥行业有100多户企业享受固体废弃物综合利用免税政策，共利用各种工业固体废弃物1 000多万吨；水泥行业利废占全省工业固体废弃物消纳量的30%以上。大幅度减少CO_2、SO_2的排放，对水泥行业实现节能减排意义重大。

辽宁省经济和信息化委员会建材处

地址：辽宁省沈阳市北陵大街45－2号723房间
联系人：孟宪红
邮编：110032
电话：024－86896280
邮箱：mengxho@126.com
手机：13066681658

黑龙江省

Heilongjiang Province

2011 年

【概况】 2011年规模以上水泥企业82家，比上年的89家减少7家。2011年在市场需求的拉动下，水泥工业快速发展。2011年是水泥工业产量高速增长，市场价格稳步回升，经济效益明显提高的历史最好的一年。

水泥产量高速增长。2011年，水泥产量4 320万吨，同比增长22.7%；新型干法熟料产量1596万吨，同比增长34.33%。

经济效益明显提高。水泥行业实现利润27.32亿元、利税总额39.90亿元，同比分别增长103.84%和82.91%，销售收入利润率14.81%、利税率21.64%。2011年创经济效益历史最好水平。

水泥结构进一步优化。2011 年水泥工业结构调整力度加大，主要表现在：淘汰落后产能步伐加快，2011 年共淘汰落后水泥生产能力 304 万吨，加上“十一五”期间淘汰落后水泥产能 679.2 万吨，“十一五”以来共淘汰落后水泥产能 983.6 万吨。新型干法熟料比重提高，2011 年末，全省新型干法熟料产能达 2012 万吨，占熟料总产能的 90.5%，比 2005 年提高 28.2 个百分点，产能是 2005 年的 2.1 倍。

技术装备水平显著提高。日产 2 000 吨以上新型干法水泥生产线由 2005 年的 5 条，增加到 2011 年的 17 条，其中日产 5 000 吨 5 条，日产 2 500 吨 7 条。日产 2 000 吨以上新型干法熟料产能占的比例，由 2005 年的 50.2%，提高到 2011 年的 81.2%。新型干法水泥生产线规模扩大，单条生产线平均规模，由 2005 年的 53.2 万吨，提高到 2011 年的 71.9 万吨，提高 35.2%。

企业兼并整合速度加快、集中度提高。中国建材集团北方水泥公司、吉林亚泰集团兼并整合黑龙江水泥市场和企业速度加快，仅 2011 年北方水泥先后兼并整合新型干法水泥熟料生产线达 11 条，熟料产能 920.7 万吨，占全省新型干法熟料产能的 45.8%。北方水泥和亚泰集团水泥两大企业新型干法熟料产能达 1376.4 万吨，产业集中度达 68.0%。

2011 年虽然取得很大成绩，但也还存在一些问题，主要有：

一是新型干法水泥熟料有缺口，自给不足，长期依靠从外省购入。2011 年从外省购入量约 700 万吨。人均新型干法熟料产能远低于《水泥准入条件》中人均 900 公斤限额指标。2011 年全省人均新型干法熟料产能 525 公斤，人均新型干法熟料产量 416 公斤。二是落后水泥熟料产能仍有 211 万吨。若加上小型分解窑（日产 600～1 200 吨）熟料产能，总量达 598 万吨。三是水泥结构不合理。水泥粉磨站产能占的比例达 49.5%。四是哈尔滨市等区域水泥产能过剩问题较为突出。五是盲目投资、重复建设，未批先建、边批边建的问题，在粉磨站新改扩建中时有发生。

【经济运行】 2011 年是“十二五”计划的第一年，在国家宏观经济政策的拉动下，黑龙江省固定资产投资增幅达 35%以上，城市基础设施建设、城市化建设、房地产开发建设规模均超过“十一五”时期，在全省固定资产投资的拉动下，建材市场需求量和价格稳定增长。主要建材产品产量，各项经济指标均创全省历史最好水平，经济运行的质量和效益明显提高。

水泥工业是建材主导行业，主要经济指标约占整个建材工业的一半。2011 年全省水泥工业完成各项经济指标均好于整个建材行业，并创历史最好水平。

1.工业增加值、工业总产值等产销指标增幅高于全国平均水平

2011 年全省规模以上 82 户水泥企业完成：工业增加值 62.85 亿元，同比增长 66.5%；产品销售率 98.85%，同比增长 4.65%。

2.水泥、熟料及新型干法熟料产量增加

2011 年 82 户规模以上企业生产水泥 4320 万吨，同比增长 22.7%（全国 11.7%）；40 户熟料生产企业熟料产量 1751 万吨，同比增长 19.49%（全国 11.0%）；18 户新型干法熟料企业生产熟料 1596 万吨，同比增长 34.33（全国 19.0%），分解窑熟料产量所占比重 91.14%，高于全国 86.32%水平。

3.实现利润、利税总额增长，亏损企业亏损额下降

82 户规模以上水泥企业实现利润总额 27.32 亿元，同比增长 103.04%；实现利润总额 39.90 亿元，同比增长 82.91%；亏损企业 14 户，亏损额 0.54 亿元，同比下降 18.18%。

4.产成品、应收帐款净额、三项费用增加

2011 年水泥行业产成品占用资金 3.90 亿元，同比增长 17.09%；应收账款净额 13.51 亿元，同比增长 30.09%；三项费用 16.88 亿元，同比增长 42.39%。

5.资产负债率下降

2011 年水泥行业资产负债率 59.35%，同比下降 2.52 个百分点。

2011 年黑龙江省水泥工业主要经济指标一览表

单位：亿元

	水泥行业		
	1—12 月 实际	上年 同期	增长率%
企业个数（个）	82	89	
工业增加值	62.85	43.24	45.34
工业总产值	194.92	122.51	59.10
产品销售率（%）	98.85	94.46	4.65
主营业务收入	184.41	130.36	41.46
亏损企业数（个）	14	12	16.67
亏损企业亏损额	0.54	0.51	−18.18
利润总额	27.32	13.46	103.04
利税总额	39.90	21.81	82.91
应收账款净额	13.51	10.39	30.09
产成品	3.90	3.33	17.02
资产总计	218.27	174.38	25.17
负债总计	129.55	107.90	20.06
从业平均人数（人）	22 841	22 214	2.82

【结构调整】 2011年是水泥结构调整转型级的启动之年。面对水泥产能过剩、淘汰落后产能比重较大的形势，在国家淘汰落后产能、调整结构、推进企业兼并整合的政策指引下，全省水泥结构调整取得新成效。

1.水泥工业结构调整步伐加快

按照黑龙江省建材工业“十二五”发展规划，在“控制总量、调整结构、淘汰落后、优化布局”的发展原则指导下，水泥工业结构调整步伐加快。

淘汰落后水泥产能进程加快。2011年全省共淘汰落后水泥窑产能304万吨，涉及24家水泥企业，淘汰落后水泥中空窑、机立窑生产线30条。

新型干法熟料比重提高。到2011年末，新型干法熟料产能达2012万吨，占全部熟料产能的比重达90.5%，同比提高10.9个百分点。

2.水泥企业兼并整合取得新进展

中国建材北方水泥兼并整合黑龙江省水泥市场和企业速度加快。2011年先后兼并整合了:黑河关鸟河水泥有限责任公司(2 500t/d)、牡丹江天马水泥有限公司(2 500t/d)、黑龙江宾州水泥有限公司(5 000t/d×2)、黑龙江省兴隆水泥有限公司(1 000t/d)、黑河市恒基水泥有限公司(1 200t/d),5家水泥企业，新增新型干法熟料产能533.2万吨，2011年末北方水泥旗下的新型干法熟料生产线达11条，熟料总产能920.7万吨，占全省新型干法熟料总产能的45.8%。同时，北方水泥兼并整合浩良河水泥、北疆集团水泥、鸡西城海水泥的工作也已取得实质性进展，有望在2012年完成整合工作。2012年北方水泥将拥有新型干法水泥生产线17条，熟料生产能力达1385.7万吨，占全省新型干法熟料产能的比例将达到68.9%。

水泥产业集中度提高。2011年末，北方水泥、亚泰集团水泥、浩良河水泥、北疆水泥四家企业新型干法熟料产能为1655.4万吨(水泥产能2628万吨)，产业集中度达82.30%。

【水泥出口】 2011年全省累计出口水泥3.12万吨，出口商品金额317.32万美元，同比增长16.69%。

【散装水泥】 2011年全省散装水泥供应量1 750.44万吨，同比增长28.36%;水泥散装率41.54%，同比增长2.66个百分点；预拌混凝土产量2 300万立方米，同比增长43.0%;干粉砂浆产量28万吨，同比增长75%。全省专项资金收缴3 300万元，证收率84%，散装水泥铁路运输量8.25万吨，新建农村散装水泥供应网点18个。

黑龙江省散装水泥取得突出成绩，与省散装水泥办公室努力工作分不开。2011年重点完成了以下几方面工作。1、协助商务部于2011年9月21日在哈尔滨召开全国散装水泥工作暨推广预拌砂浆现场会。2、组织召开全省促进散装水泥发展电视、电话会议暨《黑龙江促进散装水泥发展条例》宣贯会议。3、积极出台配套政策，先后出台了《关于下达“十二五”期间全省水泥散装率和散装水泥使用率的通知》(黑工信原发(2011)336号)、《关于散装水泥专项资金征收标准等有关问题的通知》(黑财综(2011)108号)，为“十二五”全省散装水泥又好又快发展奠定了基础。4、编写“促进散装水泥发展条例”释义培训教材，加强“条例”宣传力度，有针对性发送“条例”单行本到省直机关、事业单位、社会团体和企业，同时充分发挥《散装水泥》杂志的传媒作用(该杂志是全国唯一公开发行的行业杂志)。

【水泥行业投资】 据统计，2011年黑龙江省水泥制造行业完成投资37.21亿元，同比增长7.35%。

2012年

【概况】 2012年全省规模以上水泥企业86家，水泥产量3 883万吨，同比下降10.77%;熟料产量1 808.6万吨，同比增长3.26%。其中预分解窑熟料1 678万吨，同比增长5.13%。

产业结构和集中度。产业结构进一步优化，2012年淘汰落后水泥窑4条，淘汰水泥产能41.4万吨，2006～2012年共淘汰落后水泥产能1 020万吨，新型干法熟料比例达91.7%，同比提高1.2个百分点。产业集中度提高，2012年中国建材北方水泥先后兼并整合了西钢集团浩良河水泥、省北疆集团水泥、鸡西城海水泥等大中型水泥企业，熟料总生产能力达1 386万吨(2011年为920.7万吨)，占全省比例68.9%(2011年为45.8%)。2012年末中国建材北方水泥和吉林亚泰水泥两大水泥企业熟料产能集中度达82.3%，水泥集中度达55.6%。

水泥行业投资。2012年全省水泥行业完成投资额32.7亿元同比下降12.24%。

【经济运行】 2012年是“十二五”计划的第二年，受全省公路建设三年决战结束，房地产新开工项目减少等多种因素影响，水泥产量同比下降10.77%。另外，在固定资产投资中，虽然总量增长30%以上，但投资结构发生变化，大型产业项目投资比重大增，基本建设投资相对减少，万元固定资产投资消耗水泥量下降。尽管如此，整个水泥工业经济运行的质量和效益仍然平稳向前发展。

1.主要经济效益指标稳步增长

主要经济效益指标创历史最好水平。主营业务收入

180.6 亿元同比增长 1.30%，利润总额 32.4 亿元同比增长 22.92%，利税总额 45.41 亿元同比增长 16.62%。

2.经济运行中的问题

亏损企业数量亏损额增加。水泥行业亏损企业 21 家同比增加 6 户；亏损企业亏损额 1.51 亿元同比增长 287.18%。

产成品、应收账款净额、存货增加。水泥行业：产成品占用资金 5.23 亿元同比增长 29.78%，应收账款净额 20.11 亿元同比增长 91.59%，存货 27.96 亿元同比增长 12.23%。

三项费用增加。营业费用、管理费用、财务费用同比增加。水泥行业产量下降，但三项费用增加，三项费用分别同比增长 4.54、29.49%和 72.83%。

资产负债率增加。水泥行业 2012 年资产负债率 65.85%，比 2011 年(59.35%)增加 6.5 个百分点。

2012 年全省水泥工业经济指标完成情况，详见附表 1。

2012 年黑龙江省建材工业经济指标表

指标名称	单位	水泥行业		
		2012 年	2011 年	增长率±%
企业数	个	86	82	
工业总产值	亿元	206.02	191.86	7.38
产品销售率	%	91.94	97.68	－5.88
主营业务收入	亿元	180.60	178.28	1.30
亏损企业数	个	21	15	
亏损企业亏损额	亿元	1.51	0.9	287.18
利润总额	亿元	32.44	26.39	22.92
利税总额	亿元	45.41	38.94	16.61
应收几款净额	亿元	20.12	10.50	91.59
产成品	亿元	5.23	4.03	29.78
存货	亿元	27.96	24.91	12.24
资产总计	亿元	263.80	210.79	25.15
负债总计	亿元	173.71	122.61	41.68
从业平均人数	人	21 225	21 448	

【结构调整】 2012 年全省水泥产业结构调整步伐进一步加快。淘汰落后产能，优化产业结构取得新进展。

1.水泥结构调整向深层次发展

一是淘汰了 4 条落后水泥窑生产线，淘汰落后水泥产能 41.4 万吨。二是淘汰直径 3.0 米以下水泥磨进度加快，省工信委先后核准一批水泥粉磨站技术改造项目，淘汰落后小水泥磨的进度加快。三是生产工艺技术装备水平提高。四是节能减排清洁生产水平提高。五是产业集中度提高。北方水泥先后兼并整合了西钢集团浩良河水泥、齐齐哈尔北疆水泥和城海水泥等一批在中型企业，新型干法熟料产能达 1386 万吨，占全省的比例由 2011 年的 45.8%提高到 68.9%。吉林亚泰和北方水泥两大企业熟料产能集中度达 82.3%，水泥集中度达 55.6%。

【散装水泥】 2012 年全省水泥市场需求量减少。规模以上水泥企业水泥产量 3 883 万吨，同比下降 10.77%。由于工作主动，措施得力，全省完成散装水泥供应量 1 690.14 万吨，水泥散装率达 43.64%，同比增加 2.1 个百分点。全省实现专项资金收入 3 200 万元，完成专项资金投资 1 200 万元，散装水泥铁路运输量 6.8 万吨(新增运量 1.8 万吨)，散装水泥设施综合配套能力达 2 600万吨(新增 600 万吨能力)。

2012 年散装水泥重点完成的工作，一是加强行业管理工作。理顺工作加强管理，建立健全工作目标三级考核机制，基本完成散装水泥组织机构网络建设。二是加强政策配套工作。加快《黑龙江省促进散装水泥发展条例》相关配套政策进程，省工信委发布了《关于印发＜关于"十二五"期间加快散装水泥发展指导意见＞的通知》(省工信原发[2012]88 号)文件，省财政厅、工信委发布实施了《关于散装水泥专项资金征收标准等有关问题的通知》(黑财综[2012]176 号)文件，上述配套政策的发布和实施，为"十二五"散装水泥又好又快发展奠定了基础。三是抓好预拌混凝土、预拌砂浆的推广应用。重点抓了县一级预拌混凝土和全省预拌砂浆的推广应用。全省预拌砂浆"禁现"的试点示范工作取得阶段成果，为全省预拌砂浆全面"禁现"打下基础。四是推进农村散装水泥应用。贯彻落实商务部《关于加快农村推广散装水泥的指导意见》，重点组织开展了农村预拌混凝土的建站工作，并积极扶持省农垦总局和森工总局系统开展预拌混凝土搅拌站的"禁现"试点。存在的主要问题，预拌混凝土产能过剩问题突出。哈尔滨、大庆等省辖市搅拌站盲目投资重复建设问题严重，如不严格控制总量、合理布局，产能过剩的矛盾将更加突出。

【水泥出口】 2012 年全省出口水泥 1.74 万吨，出口金额 223.34 万美元，同比下降 47%。水泥主要出口俄罗斯。

上海市

Shanghai

2011 年

【概况】 上海水泥生产厂家(有生产许可证的)有 9 家,熟料生产厂家 1 家,中转水泥厂家约 12 家。

2011 年全市生产水泥 811.26 万吨,同比下降 3.95%。熟料产量 44.76 万吨,同比下降 8.45%。外省市进沪水泥 1 356.19万吨,同比下降 9.94%。中转水泥 194.37 万吨,同比上升 37.13%。生产掺合料 315.68 万吨,同比下降 2.84%。

2011 年我国 GDP 完成 471 564 亿元,增速为 9.2%左右,上海实现 GDP 19 195.69 亿元,同比增长 8.2%,在各省区市榜单里分列倒数第二。其中,第一产业增加值 124.94 亿元,比上年下降 0.7%;第二产业增加值 7 959.69 亿元,增长 6.5%;第三产业增加值 11 111.06 亿元,增长 9.5%。房地产业实现增加值 1 019.68 亿元,同比降 2.4%。全社会固定资产投资 5 067.09 亿元,同比增长 0.3%,其中非国有经济投资 3191.61 亿元,增长 8%;工业投资 1 282.91 亿元,增长 0.2%;房地产开发投资 2 170.31 亿元,同比增长 9.6%。城市基础设施投资 1 157.34 亿元,同比下降 16%。本市 2011 年水泥用量为 2 167 万吨,同比下降 7.79%。

2011 年全国房地产新增贷款 1.26 万亿元,较上一年下降 38%,占新增贷款总额的 16.9%,较上年下降 8.5 个百分点。全国水利建设投资共落实资金 3 452 亿元,中央水利投资 1141 亿元。地方水利投资 2 311 亿元。

2011 年我国新增人民币贷款 7.47 万亿元,同比少增 3 901亿元。2011 年全国水泥产量 20.63 亿吨,同比增长 16.1% 。

2011 年上海全社会固定资产投资 4 350.5 亿元,比上年同期下降 0.9%,其中,工业投资 1 106.37 亿元,下降 1.8%;房地产开发投资 1 995.79 亿元,比上年同期增长 9.3%。2011 年上海实现了 22 万套开工、26.6 万套全面建成的保障性住房建设目标。京沪高铁上海段、东方体育中心、崇启通道、吴淞口国际邮轮港等已全面建成投入运行。轨道交通有 78 个车站开工建设,38 座车站结构封顶。一批市郊工程如 S26 公路延伸段、S6 公路、军工路越江隧道等都完成了节点目标。松卫公路等 18 条区域对接道路已开工建设,申江南路等 10 条道路已基本建成,为计划的 100.0%;完成郊区集约化供水管网 111.2 公里,为计划的 106.9%;关闭中小水厂 10 家,为计划的 100.0%;完成郊区县农村村庄改造 113 个,为计划的 113.0%;新建 40 所幼儿园,为计划的 100.0%。

2012 年

【概况】 上海水泥生产厂家(有生产许可证的)有 9 家,熟料生产厂家 1 家,中转水泥厂家约 12 家。

2012 年上海市生产水泥 793.33 万吨,同比下降 2.21%。熟料产量 41.93 万吨,同比下降 6.32%。外省市进沪水泥 1 567.23 万吨,同比上升 15.56%。中转水泥 193.48 万吨,同比下降 0.48%。生产掺合料 486.72 万吨,同比上升 54.18%。

2012 年上海市国内生产总值 20 101.33 亿元,比上年同期增长 7.5%,其中第一产业增加值 127.8 亿元,增长 0.5%,第二产业增加值 7 912.77 亿元,增长 3.1%,第三产业增加值 12 060.76 亿元,增长 10.6%。全社会固定资产投资 5 254.38 亿元,比上年同期增长 3.7%,其中,非国有经济投资 3 399.14 亿元,增长 6.5%;工业投资 1 292.61 亿元,增长 1.1%。房地产开发完成投资 2 381.36 亿元,比上年增加 9.7%,房地产开发投资占全社会固定资产投资的 45.3%,比上年提高 2.5 个百分点,其中商品住宅投资 1 451.94 亿元,比上年增加 3.8%,占总开发投资的 61%,办公楼投资 262.85 亿元,增长 13.7%,占 11%,商业营业用房投资 293.75 亿元,增长 24.4%,占 12.3%。2012 年上海市商品房施工面积 13 249.97万平方米,比上年增长 2.1%,其中商品住宅的面积 8 315.68 万平方米,下降 0.8%。2012 年上海市商品房新开工地面积 2 724.05 万平方米,比上年下降 0.8%,其中商品住宅新开工面积 1 563.39 万平方米,下降36.8%。2012年上海市房地产开发企业到位资金5 316.93亿元,比上年增长14.9%。2012年全年上海完成预拌混凝土5 598万立方米,比上年同期上升4.43%,2012年本市水泥用量2 360.56万吨,同比增长8.91%。

江苏省

Jiangsu Province

2011年

【概况】 2011年,全省有水泥企业数260家,其中新型干法企业数27家,

JT窑企业4家,立窑企业数4家,粉磨站企业221家,特种水泥企业4家。全年水泥产量15 202万吨,水泥工业总产值629.00亿元,完成投资额48.79亿元。

1.产能及产量

2011年,江苏省现有水泥粉磨产能22 300万吨,淘汰落后粉磨产能约700万吨,实际生产水泥15 202万吨,与上年相比累计增长-5.0%,占全国水泥总产量的7.29%,居全国第二位;熟料产能约6 250万吨,其中新型干法占95.50%以上,水泥熟料产量5 484万吨,与上年相比累计增长-12.0%,占全国水泥熟料总产量的4.20%,居全国第十一位,其中:新型干法水泥熟料产量4 961万吨,占全国新型干法水泥熟料总产量的4.40%,居全国第十位,占全省熟料总产量的90.46%。全年出口水泥235万吨,与上年相比累计增长-32.71%。

2.产业结构及技术装备

水泥熟料产能主要集中在常州、南京、无锡、徐州、镇江5个市,大约占全省总产能的94%以上。水泥粉磨产能主要集中在常州、无锡、徐州、盐城、南京、镇江、苏州7个市,占全省总产能的75%;

2011年,全省水泥企业平均水泥生产规模90万吨/年,熟料生产企业平均熟料生产规模200万吨/年,其中新型干法水泥熟料企业平均熟料生产规模为220万吨/年。

2011年,全省淘汰日产1 500吨、日产1 000吨生产线各一条,新投产新型干法生产线日产5 000吨2条,现有新型干法水泥企业27家,新型干法熟料生产线49条,其中有87.75%的生产线采用了纯低温余热发电技术,发电机组总能力达316MW。

2011年,全省淘汰落后水泥磨58台,现有水泥磨480余台,其中3.0米(不含)以下水泥磨数量大约占34%,其产能约3 300万吨。从水泥磨规格看,3.0米以上磨主要以3.2米、3.8米、4.2米为主,占3.0米以上磨总数的80%,其产能占90%。

3.产值及利润

2011年,全省水泥工业总产值629.00亿元,与上年相比累计增长19.64%,占全国水泥工业总产值的6.55%。全年完成利税总额106.7亿元,与上年相比累计增长66.28%;利润总额72.20亿元,与上年相比累计增长77.11%。

2012年

【概况】 2012年,全省有水泥企业数245家,其中新型干法企业数27家,

JT窑企业3家,粉磨站企业212家,特种水泥企业3家。全年水泥产量17 030万吨,水泥工业总产值683.31亿元,完成投资额41.70亿元。

1.产能及产量

2012年,江苏省现有水泥粉磨产能22 100万吨,淘汰落后粉磨产能约650万吨,实际生产水泥17 030万吨,与上年相比累计增长11.7%,占全国水泥总产量的7.00%,居全国第一位;熟料产能约6810万吨,其中新型干法占95.81%,熟料产量6137万吨,与上年相比累计增长14.5.0%,占全国熟料总产量的4.59%,居全国第九位,其中:新型干法熟料产量5 552万吨,占全国新型干法熟料总产量的4.59%,居全国第十位,占全省熟料总产量的90.47%。全年出口水泥251万吨,与上年相比累计增长6.77%。

2.产业结构及技术装备

水泥熟料产能主要集中在常州、南京、无锡、徐州、镇江5个市,大约占全省总产能的95%以上。水泥粉磨产能主要集中在常州、无锡、徐州、盐城、南京、镇江、苏州7个市,占全省总产能的74%;

2012年,全省水泥企业平均水泥生产规模91万吨/年,熟料生产企业平均熟料生产规模220万吨/年,其中新型干

法水泥熟料企业平均熟料生产规模为230万吨/年。

2012年，全省淘汰日产1 500吨以下生产线2条，新投产新型干法熟料生产线2条(产能465万吨)，现有新型干法水泥企业27家，新型干法熟料生产线49条(不含4条已停未拆生产线)，其中有88.75%的生产线采用了纯低温余热发电技术，发电机组总能力达334MW。

2012年，全省淘汰落后水泥磨35台，淘汰产能约500万吨，现有水泥磨460余台。

3.产值及利润

2012年，全省水泥工业总产值683.31亿元，与上年相比累计增长3.69%，占全国水泥工业总产值的6.98%。全年完成利税总额84.38亿元，与上年相比累计增长－21.68%；利润总额51.02亿元，与上年相比累计增长－29.75%。

江苏省镇江市

Zhenjiang City, Jiangsu Province

2011～2012年

【概况】 2011年是我国第“十二五”规划的开局之年，在这一年里镇江市水泥协会在省建材协会和市经信委有关部门的指导下，经过和会员单位的共同努力，克服了很多不利因素，加强协会内部协调，强化管理，取得了一定的成绩。镇江市水泥生产企业共生产熟料860万吨，其中新型干法熟料830万吨，水泥约1 450万～1 500万吨左右，实现利润十亿元以上。其中水泥三巨头：江苏鹤林，生产熟料300多万吨，水泥500万吨以上，实现利润5亿；“句容台泥”，生产熟料350万吨以上，水泥300万吨，实现利润4个亿；江苏联合，生产熟料150多万吨，实现利润超亿元；而且句容台泥、“江苏鹤林”两家低温余热发电2.3亿千瓦时，节能减排成效显著。另外，“江苏联合”低温余热发电项目已招标成功，开始建设，预计2012年取得成果。这样镇江市新型干法线已全部采用余热发电新技术。

2012年度，受国内外经济形势不景气影响，镇江市水泥行业承受了新世纪以来的第二个严酷、艰苦的考验，有不少企业出现亏损，生产停顿，产品滞销。有部分企业停产超过三个月，特别是中小粉磨企业受到严重的冲击，水泥价格最低时降至200元/吨(325等级)左右。

九月下旬以后价格有所回升，2012年度，全市熟料生产基本与上年持平，新型干法产量在820万吨左右，其他约40万吨，水泥产量1 400万吨左右，比上年略有下降。

2012年度，在中国水泥协会江苏省建材行业协会及省市信经委的帮助和指导下，继续大力贯彻国务院、国家发改委、工信部的有关政策、法规，水泥生产企业准入等文件精神，深入开展淘汰落后生产力，节能减排，环境治理推广低温余热发电，中粒粉磨技术，降低水泥生产成本，取得了一定成效，为镇江市水泥企业生存、发展做了一些有益的工作。

【2011年协会工作】

一、继续宣贯国家行业有关政策法规

继续做好国务院、国家发改委、工信委等有关部门关于淘汰落后生产力，即Φ3.0米以下机立窑和2012年底淘汰落后Φ3.0米以下球磨机的工作。

积极配合省经信委、宣贯工信部2011年新颁发执行的水泥企业《质量管理规程》及《水泥企业准入条件》等。

二、继续做好水泥产品质量保证及正常管理工作

1. 根据苏材协[2011]14号《关于继续开展全省水泥企业质量自律检查工作的通知》，并在省协会6月24日召开紧急会议后，于6月28日召开了全市21家水泥企业化验室主任会议。按照省协会的要求进行了具体布置，并于7月11日至16日共分两批，四个检查组对21家水泥企业进行质量自律检查；8月上旬，按省协会要求上报所有检查资料及检查工作小结。各水泥企业总体质量自律工作尚好，900分以上有8家；850分以上有9家；750分以上4家。没有低于750分的。足见质量基础工作受到足够重视。

2. 积极组织水泥企业按照要求，参加省质检站组织的水泥品质指标和水泥化学分析大对比活动。品质指标大对比中镇江市有4个企业获优胜：“句容台泥”“镇江江源”“镇江润扬”和“镇江船山”二厂。五个企业获全合格：“江苏鹤林”“江苏北固”“江苏联合”“镇江光华”及“江苏美联”。化学分析大对比中，有11个企业获优胜：“江苏联合”“镇江金山”“镇江润扬”“江苏远东”“镇江光华”“镇江雩山”“镇江江源”“句容台泥”“句容天龙”“镇江船山”二厂；有三个企业获全合格：“镇江东昌”“丹阳红垒”“江苏美联”。因此获双优胜单位三个即：“句容台泥”“镇江江源”“镇江船山”二厂。

3. 继续做好水泥企业统一的化验室台账、原始记录的供应管理工作。

4. 积极为企业提供质量、信息、价格动态及技改前期准备工作，尽量满足企业的合理要求。

5. 继续加强省内外兄弟协会联系，交流各种信息，及时提供给各会员单位，为会员单位省内外考察、学习、观摩提供必要帮助。

三、积极配合政府和有关部门交办的工作

1. 四月，根据市经信委的要求，在调查摸底后，编写了《关于镇江市水泥行业(十二五)期间发展的初步设想》。

2. 对镇江市粉磨线、站进行调查，进行分类，制订出淘汰和改建的初步计划。

3. 积极派专家对已淘汰的落后产能验收。

4. 派专家对南京京江水泥厂和三龙水泥厂的淘汰做验收工作。

5. 积极参加“镇江建材”新项目的审查工作。

6. 积极参加镇江市法制办和经信委对市散装水泥条例重新修订和评价工作。

7. 积极参加市经信委、市住建局组织的预拌砂浆推广工作。

【2012 年协会工作】

一、落实工信部水泥准入条件公告

春节刚过，协会配合市信委的要求在江苏鹤林水泥公司会议室召开所有水泥生产企业负责人会议，积极宣贯工信部落实水泥准入条件公告，要求各水泥企业在三月份上报所需材料。

2 月底 3 月初，配合市信委派专家到句容台泥、江苏鹤林、江苏联合、江苏美联、丹阳盘隆、丹阳红垒六家水泥生产企业落实水泥准入条件公告要求，进行现场咨询指导。积极配合省建材质检站对全省水泥企业化验室主任、工艺员、质检员、统计员的统一培训，为水泥企业准入条件做前期准备。协会及时通知企业化验室组织人员分批参加培训。

二、积极配合政府和有关部门交办的工作

4 月中旬，协会协助市经信委行业处，邀请省经信委李继峰、方燕雅副处长，对江苏联合水泥有限公司、江苏鹤林水泥有限公司、江苏雲山水泥有限公司进行产业调整咨询工作。

6 月下旬，接省水泥协会和省经信委通知，组织四名同志江苏远东刘洪斌、江苏北固的杨松林、江苏鹤林的吕承、江苏联合的陆为民参加省质量自律评审员和省化验室合格证检查审核员的培训工作。

7 月 1 日，召开化验室主任会议，布置认真贯彻省水泥协会和省信委化验室合格证管理办公室要求的质量自律检查标准和化验室评审考核评定标准；并请杨松林同志根据培训要求，对照标准，逐条进行讲解和辅导，要求各化验室对照标准做好企业自查工作。

8 月中旬，省建材行业协会，布置评选“全国建材行业先进集体，先进工作者和劳动模范”，协会积极配合市人力资源社会、保障局、市经信委、经过由上而下推选，三个部门统一思想，最后推荐“江苏建华”管桩为全国建材行业先进集体。“丹阳盘隆水泥”王辉林、“江苏鹤林”谈德明为先进工作者和劳动模范参加全省选拔。

协助市经信委行业处，做淘汰落后生产工艺的企业工作，并派专家参加经信委有关部门对淘汰落后生产工艺进行验收。

派专家参加市节能中心对扬中大地水泥有限公司新磨生产线的节电工程验收。

9 月中旬，参加市质监局、市经信委召开的质量提升工程活动，进一步落实和推进建材和水泥标杆企业的工作达到落实，为下年评选打下基础。

积极推动水泥企业参加省建材质检上的水泥化验室物理检验、化学检验；镇江市 20 个企业参加(除“扬中大地”化学分析权批未报结果)。

浙江省

Zhejiang Province

2011 年

【概况】 2011 年是“十二五”开局之年，在 4 万亿投资的带动下浙江省水泥工业得到了较快的发展。全省水泥工业克服成本上升、用电紧张、产能过剩等一系列困难，坚持行业自律和市场协同，全年水泥市场行情先扬后抑，总体呈现量价齐升、良好发展的态势，水泥价格、利润等指标大幅回升，实现了水泥价格的合理回归，创出浙江省水泥行业迄今为止最好的业绩。全年生产水泥 12 122 万吨，比上年增长 7.5%；生产熟料 6 245 万吨，同比增长 4.64%。全年实现利

润 88.27 亿，同比增长 129.27%。（见表 1、表 2）

表 1　2006—2011 年浙江省水泥产量、新型干法水泥产量增长情况一览表

年份	十一五					十二五
	2006	2007	2008	2009	2010	2011
水泥产量（万吨）	9 947	10 546	10 207	10 796	11 275	12 122
增长速度（%）	12.4	6.0	−3.2	7.2	4.4	7.5
新型干法水泥产量（万吨）	9 606	10 371	10 077	10 784	11 275	12 122
新型干法水泥比例（%）	96.6	98.3	98.7	99.9	100	100

浙江省水泥工业在“十一五”末通用水泥已经全部实现新型干法生产。2011 年水泥产量增长速度比 2010 年多约 3 个百分点，浙江水泥需求已趋稳定，产量增速低于全国水泥产量的增速实属正常，2011 年浙江省水泥产量的排名维持在第 7 位。

2011 年浙江省散装水泥量 9 279 万吨，排名全国第三。散装率 76.34%，位居全国各省区前列。

全省预拌混凝土仍加快发展，2011 年预拌混凝土产量 14 123 万立方米，同比增长 28.71%。

表 2　2011 年主要经济指标

指　标	2011 年实绩	同比增长（%）
销售产值（亿元）	534.18	37.37
主营业务收入（亿元）	539.89	34.27
主营业务成本（亿元）	424.32	23.61
利润总额（亿元）	88.27	129.27
税金总额（亿元）	31.71	73.56
企业总数（个）	191	−17.67
亏损企业数（个）	12	−64.71
全部职工平均人数（人）	35728	−9.31

2011 年全省人均水泥产量为 2 219 公斤，较全国人均产量 1 528 公斤高出 45%；全省的人均累积消费量已达 25 吨左右，较全国人均累积消费量 16.5 吨，高出 51%；可以预料浙江地区水泥需求的拐点即将出现。

【生产能力与淘汰落后产能】　和全国水泥行业情况相同，水泥熟料产能过剩是长期困扰浙江省水泥工业的主要问题。在省水泥协会的组织下全行业坚持多年的节能限产，仅 2011 年全省有组织的新型干法窑生产线停产累计达 59 天，加上企业因涨库、故障自行停产和环保、电力部门另行要求停产的天数，2011 年全省新型干法窑、水泥磨的运转率一般不超过 70%。

按照 38 号文件精神，浙江省已不审批新的水泥熟料生产线项目，在淘汰小型水泥磨建设大型磨机时，实施产能的等量置换、减量置换，防止水泥生产能力的增长。据浙江省淘汰落后产能工作协调小组办公室 2011 年 4 月公告，全省 2011 年共淘汰落后水泥磨机 93 台、水泥粉磨产能 1 015.4 万吨，涉及企业 42 家。

2011 年全省没有新的水泥熟料生产线和水泥粉磨产能投产。

截止至 2011 年底，全省共保有通用水泥熟料生产线 87 条。其中日产 5 000 吨的大型生产线的产能占总产能的 47%，约占全部生产线总数 1/4。虽然日产 2 000 吨以下小型生产线数量上占生产线总数 36%，产能约占 16.56%。但 2011 年有不少日产 2 000 吨以下小型生产线因效能差而全年停产，未生产熟料。（见表 3）

表 3　2011 年生产线规模、数量、产能

生产线规模	条数	设计产能（万吨/年）	实际产能（万吨/年）	产能比重（%）
2 000 吨/日以下	31	1 200	1 440	16.56
2 500 吨/日	34	2 635	3 162	36.37
5 000 吨/日	22	3 410	4 092	47.07
合计	87	7 245	8 694	100

注：表内设计产能按设计日产量年生产 310 天计算，实际产能按设计产能的 120%计。

截至 2011 年底，全省熟料产能为 8 694 万吨，水泥产能为 16 794 万吨；实际生产熟料 6 245 万吨，生产水泥 12 122 万吨。（见表 4）

表 4　2011 年全省各市生产线数量以及熟料、水泥产能和产量

地　区	生产线数量（条）	熟料设计产能（万吨）	熟料实际产能（万吨）	熟料产量（万吨）	水泥产能（万吨）	水泥产量（万吨）
全　省	87	7 245	8 694	6 244.91	16 794	12 122.3

续 表

地　区	生产线数量（条）	熟料设计产能（万吨）	熟料实际产能（万吨）	熟料产量（万吨）	水泥产能（万吨）	水泥产量（万吨）
杭州市	18	1 971	2 365.2	1 652.4	2 919	2 030.59
湖州市	18	1 683	2 019.6	1 524.99	2 229	1 380.87
嘉兴市	7	336.5	403.8	234.39	2 362	1 806.30
绍兴市	10	592.0	710.4	585.95	1 880	1 327.18
金华市	13	1 025.5	1 230.6	910.79	2 295	1 684.05
衢州市	20	1 559.5	1 871.4	1 232.78	2 654	1 929.38
宁波市	1	77.5	93	103.61	1 430	1 303.81
台州市					425	300.43
丽水市					495	311.86
舟山市					75	40.82
温州市					30	7.01

【提高行业集中度】 经过数年的企业组织结构调整，行业集中度得到较大提高。目前全省水泥企业规模较大的企业集团有五家，分别是南方水泥、红狮集团、海螺集团（浙江区域）、红火集团、江山虎集团。南方水泥有限公司自2007年9月成立四年多来，坚持“联合重组、优化布局、市场协同、管理整合、技术进步”的发展方针，公司规模迅速壮大，陆续进行了大规模的兼并重组，已经成为全省最大的企业集团。南方水泥、红狮集团、海螺集团（浙江区域）、红火集团、江山虎集团等5家企业的熟料产能约占全省熟料产能的3/4左右；水泥产能占全省水泥产能1/2以上。但是粉磨企业“低、小、散”的格局没有很大改观，2011年全省约130家粉磨企业生产水泥6 500万吨，每家粉磨企业实际年平均产量仅50万吨，甚至低于工信部“水泥行业准入条件”规定的年产60万吨的门槛。

【市场销售与行业自律】 由于全省熟料和水泥产能利用率仅70%左右，浙江水泥市场长期处于供过于求的局面，以致“浙江现象”成了产能过剩、恶性竞争的代名词。2011年全省水泥行业通过协会搭建共商平台，南方水泥、红狮集团、海螺集团、红火集团、江山虎集团5大企业集团带头维护水泥市场秩序，力求通过行业自律、节能限产来控制产能发挥、平衡稳定市场，从而避免恶性竞争。在省水泥协会的组织下，全年至少召开8次全省行业自律工作领导小组联席会议，专门研究落实节能限产等相关事宜。2011年全省水泥市场实现了产销两旺，销售市场平稳有序。

【产品质量与科技进步】 为摸清全省水泥质量和水泥企业的基本情况，省水泥协会多年坚持开展水泥质量和行业情况调查，2011年继续编印《2010年浙江省水泥质量调查资料》、《浙江省水泥行业调查资料（2010年）》。6月底省水泥协会召开全省水泥企业化验室主任会议，李辛龙会长作“提高质量，适应社会需求”的报告；总结2010年度质量工作；并邀请预拌混凝土行业专家作“水泥与混凝土性能关系”的报告。在省质量技术监督局召开许可证产品行业协会座谈会上，省水泥协会崔小明秘书长介绍了水泥质量和质量管理现状。配合中国水泥协会电石渣代替石灰石生产水泥的调查，省水泥协会报送了巨泰建材公司以巨化公司干法电石渣为原料的日产1 600吨生产线的情况。

为减少温室气体排放、提高混凝土使用等级和降低水泥生产总量，提高42.5及以上等级水泥产量比例是重要途径之一，但关键措施是修订各种工程的设计和施工规范。因此提高工程使用水泥等级这项工作必须由政府部门和有关单位进行积极推动和精心组织，这对水泥业和建筑业界都是非常有意义的，具有很高的经济与社会效益。省水泥协会通过各种途径呼吁提高工程使用水泥等级，以适应低碳经济的要求。目前全省生产的通用水泥，新型干法水泥已达100%，42.5及以上等级水泥产量进一步增长，比例已经达49%，比2010年提高了5个百分点。（见表5、表6）

省水泥协会作为省科协成员单位，积极参加省科协的各项活动，申报学术活动项目，参加学会工作会议和学会干部培训。

表 5 2011 年各品种、强度等级水泥产量及比例

品种及等级	52.5 硅酸盐水泥	52.5 普通水泥	42.5 普通水泥	42.5 复合水泥	32.5 复合水泥	管桩水泥	海工水泥	白水泥
产量（万吨）	36.54	121.72	4970.61	735.58	6243.78	17.95	48.8	4.89
%	0.30	1.00	40.81	6.04	51.26	0.15	0.40	0.04

表 6 2006～2011 年 42.5 等级以上水泥占通用水泥比例情况

年份	"十一五"					"十二五"
	2006	2007	2008	2009	2010	2011
32.5(%)	72.1	70.7	65.6	61.3	56.0	51.0
42.5(%)	27.9	29.3	34.4	38.7	44.0	49.0

【节能减排】 水泥行业中节能效果最显著的是推广新型干法窑纯低温余热发电，全省日产 2 500 吨以上的新型干法熟料生产线已经全部安装纯低温余热发电装置，年可节能标准煤近 100 万吨。浙江省政府以浙政发〔2011〕30 号文表彰节能先进，水泥行业受到表彰的有湖州南方水泥有限公司等 5 家企业和 3 个先进个人。2011 年全行业能源消耗继续保持稳定，各项能耗指标与 2010 年基本持平(见表 7)。

省水泥协会参加了省发改委资源环境处召开的能源领域碳排放座谈会。在省发改委资源环境处召开碳排放清单编制座谈会上，省水泥协会汇报了水泥工业碳排放情况，二氧化碳减排措施及效果。参加了省能源标准化委员会召开的会议，审定地方标准《水泥单位产品能耗限额及计算方法》修订稿。

表 7 2011 年与 2011 年能耗指标对比表

年 份	熟料标煤耗 kg/t	熟料综合电耗 kWh/t	熟料综合能耗 kg/t	水泥综合电耗 kWh/t	水泥综合能耗 kg/t	粉磨企业水泥电耗 kWh/t
2010	111.4	64.5	119.5	80.6	82.1	34.3
2011	109.3	64.4	115	80.1	82.7	35.2

进一步开展利用水泥窑处置工业废弃物。除"宁波科环""富阳南方""绍兴南方""德清南方"处理工业废渣、污泥项目早已投入正常运行外，"桐庐南方"、"富阳钱潮"等企业也相继参与水泥窑协同处置污泥等。为降低氮氧化物排放，水泥行业脱硝势在必行，省水泥协会邀请浙江大学热工研究所介绍水泥窑废气脱硝技术，为即将实施的水泥窑废气脱硝作好技术准备。

【其他工作】 一是召开浙江省水泥协会换届大会。2011 年 12 月 30 日召开了第六届会员代表大会，产生了新一届理事会，李辛龙继续当选为会长。中国水泥协会雷前冶会长等到会祝贺并讲话，指出浙江省在全国率先发展新型干法窑，成为全国水泥行业的领先者。为解决因产能过剩而产生的恶性竞争，浙江省又率先实行行业自律，加强市场协同，使水泥价格得到了合理回归。二是配合政府部门完成统计、培训、调研等工作。省水泥协会承担政府委托的行业统计工作，完成了 2011 年的定期报表和 2010 年年报。召开全省水泥工业统计工作会议，总结 2010 年的统计工作，布置 2011 年年报和 2012 年的定期报表，表彰优秀统计员和统计工作做得较好的企业，评选先进统计工作者 10 名，表扬企业 20 个。继续举办水泥企业统计员继续教育培训。应省经信委的要求，编写《浙江省水泥产业竞争力发展报告》，送交省工经联汇编出版《浙江省工业和信息化发展竞争力报告(2011)》。参与省经信委讨论浙江省建材工业("十二五")规划。配合中国建材联合会《建材行业淘汰落后产能现状调查分析和相关政策》课题研究，应中国建材联合会的要求，省水泥协会提交了淘汰落后产能的经验材料。三是积极参加中国水泥协会举办的各项活动和会议。2011 年省水泥协会参加中国水泥协会会长扩大会议、秘书长联席会议。四是继续开展协会间的交流沟通。加强了与长三角地区行业协会的沟通，并与省内杭州、宁波、绍兴等协会保持联系，促进行业自律工作。

2012 年

【概况】 2012 年，在经济增长速度放缓、水泥需求下降、行业新增产能集中释放、产能过剩进一步加剧的背景下，浙江省水泥行业效益相比 2011 年经历了“冰火两重天”。在需求不足和产能过剩的双重作用下，全省水泥产量增速出现了负增长，水泥市场行情步入低谷，直至四季度才略有回升，全省水泥企业经受了自 2008 年金融危机爆发以来最严峻的考验。

2012 年浙江省水泥行业和各级水泥协会一起继续坚持行业自律、节能限产来积极应对产能过剩，尽管行业利润下降幅度较大，但利润总额仍处于历史较好水平。全年实现销售产值 419.37 亿元，利润 34.64 亿元(见表 1)。

2012 年全省水泥产量 11 540 万吨，同比减少 582 万吨，增长－4.8%；生产熟料 5 670 万吨，同比减少 575 万吨，增长－9.2%；浙江省水泥产量的全国排名比 2011 年靠前 1 位，位于第 6 位(见表 2)。

全省散装水泥供应量 8 893.41 万吨，同比减少 385.24 万吨，增长－4.15%，继续排名全国第三。全省水泥散装率 76.86%，同比提高 0.52 个百分点，位居全国各省区前列。

全省预拌混凝土产量有所减少，2012 年预拌混凝土产量 13 934.38 万立方米，同比减少 188.53 万立方米，增长－1.33%。

表 1　2011～2012 年主要经济指标对比表

指　标	2011 年实绩	2012 年实绩	同比增长(%)
销售产值(亿元)	534.18	419.37	－21.49
主营业务收入(亿元)	539.89	420.97	－22.03
主营业务成本(亿元)	424.32	364.67	－14.06
利润总额(亿元)	88.27	34.64	－60.76
税金总额(亿元)	31.71	21.12	－33.40
企业总数(个)	191	181	－5.24
亏损企业数(个)	12	33	175.00
全部职工平均人数(人)	35 728	35 589	－0.39

表 2　2006～2012 年浙江省水泥产量、新型干法水泥产量增长情况一览表

年　份	“十一五”					“十二五”	
	2006	2007	2008	2009	2010	2011	2012
水泥产量(万吨)	9 947	10 546	10 207	10 796	11 275	12 122	11 540
增长速度(%)	12.4	6.0	－3.2	7.2	4.4	7.5	－4.80
新型干法水泥产量(万吨)	9 606	10 371	10 077	10 784	11 275	12 122	11 540
新型干法水泥比例(%)	96.6	98.3	98.7	99.9	100	100	100

【生产能力与淘汰落后产能】 截至 2012 年底，浙江省水泥粉磨企业有 134 家，熟料生产企业 61 家(不计白水泥、特种水泥企业)；共拥有水泥熟料生产线 87 条，其中日产 5 000吨生产线 22 条，日产 2 500 吨生产线 34 条，日产 2 000 吨以下生产线 31 条。2012 年日产 2 000 吨以下小型生产线 19 条因种种原因已停产或半停产。全省水泥粉磨实际产能约 1.68 亿吨，水泥熟料实际产能约 0.87 亿吨(见表 3)。

据浙江省淘汰落后产能工作协调小组办公室 2012 年 4 月公告，全省 2012 年共淘汰落后水泥磨机 53 台、水泥粉磨产能 721 万吨，涉及企业 28 家。

2012 年浙江省严格执行国务院 38 号文，停止审批新生产线项目，全省没有新增水泥熟料生产线和水泥粉磨产能。

表 3　2012 年全省各市生产线数量以及熟料、水泥产能和产量

地区	生产线数量(条)	熟料产能(万吨)	熟料产量(万吨)	水泥产能(万吨)	水泥产量(万吨)
全　省	87	8 694	5 764.41	16 794	11 424.17
杭州市	18	2 365.2	1 526.88	2 919	1 984.48
湖州市	18	2 019.6	1 347.26	2 229	1 343.25
嘉兴市	7	403.8	182.87	2 362	1 648.82
绍兴市	10	710.4	507.01	1 880	1 202.39

续　表

地区	生产线数量(条)	熟料产能(万吨)	熟料产量(万吨)	水泥产能(万吨)	水泥产量(万吨)
金华市	13	1 230.6	852.32	2 295	1 612.01
衢州市	20	1 871.4	1 240.83	2 654	1 714.37
宁波市	1	93	107.44	1 430	1 288.11
台州市				425	284.86
丽水市				495	312.64
舟山市				75	33.24
温州市				30	0

注：表内熟料产能按设计产能的120%计。水泥产量按行业统计口径计。

【提高集中度】　“十二五”在国家经济转型、产业结构调整的大背景下，为加强水泥行业的资源配置、节能减排、行业自律等工作，浙江省水泥行业必须加快“优化存量，兼并重组”的步伐。经过数年的产业结构调整，行业集中度有了一定提高，但全省水泥企业数量众多、平均规模偏小仍未从根本上改观，水泥产能集中度依然不高。2012 年，“南方水泥”、红狮集团进一步开展“兼并重组”工作，通过合并、股权收购、资产收购、资产置换、债务重组等多种方式，实施强强联合、兼并改造困难企业和中小企业，实现产能合理布局。其中，南方水泥有限公司在做大做强水泥、熟料主业的基础上兼并重组上下游关联企业，整合发展预拌砂浆、商品混凝土等产业，促进了企业生产一体化发展。

按熟料产能计，目前全省水泥企业规模最大的企业集团是南方水泥，其次是红狮集团、第三是海螺集团(浙江区域)，红火集团、江山虎集团并列第四。其中“南方水泥”熟料产能 4 519.8 万吨，约占全省熟料产能 52.1%；红狮 1 078.8 万吨，占 12.4%；“海螺”372 万吨，占 4.28%，“江山虎”、“红火”各 316.2 万吨、各占 3.64%，这 5 家企业熟料产能占 72.44%。到 2012 年末，“南方”、“红狮”、“海螺”等 5 家企业的水泥产量约占 57.2%。

【市场销售与行业自律】　2012 年，由于水泥需求下降，新增产能集中释放，产能过剩导致市场供求矛盾进一步加剧。华东地区是水泥熟料高产区，浙江省周边水泥产区凭借水路、陆路低价大量进入，使产能过剩现象雪上加霜。从年初起全省水泥、熟料价格一路下跌，甚至跌到 2008 年金融危机时的水平；个别企业、特别是新增产能的企业为多占市场份额，价格战硝烟再起。2012 年浙江省水泥销售市场总体呈现供过于求、效益下滑的态势，全年行业实现销售产值 419 亿元，同比下降 115 亿元，增长约－21.5%。

浙江水泥行业多年的实践证明：解决产能过剩唯一可行的办法就是节能限产，即把行业的水泥、熟料产量控制在与市场需求相当的水平上，力求供需平衡，才能使水泥、熟料价格得到合理回归，才能使水泥企业取得较好的效益。2012 年在省水泥协会的组织下，继续开展行业自律、节能限产，得到了广大企业，尤其是“南方”等几大集团的积极响应，全年全行业共组织 7 次节能限产，新型干法窑生产线停产累计达 95 天，粉磨企业只在低谷电时段生产。由于节能限产和需求下降，2012 年全省水泥、熟料产量各同比下降 4.8%和 9.2%。产能控制也导致运转率下降，新型干法窑平均运转率为 68%左右、水泥磨平均运转率为 65%左右。2012 年浙江省开展的行业自律、节能限产对稳定“长三角”地区水泥市场起到了一定作用。

【产品质量与科技进步】　2012 年省水泥协会和全省水泥企业继续狠抓水泥质量管理。省水泥协会坚持每年进行质量调查工作和行业关键岗位培训。2011 年版的《浙江省水泥行业调查资料》由省经信委建冶金煤炭办公室和省水泥协会共同编制，报送有关部门，以便有关部门领导对水泥行业情况分析和相关决策时作参考依据；2012 年配合省工业产品生产许可证办公室举办共计六期的“浙江省水泥企业关键岗位人员生产许可证理论知识培训班”工作，此项工作因行业重视、组织得力，得到省生产许可证办公室的表扬；为了更好地贯彻落实“水泥企业质量管理规程”和提高窑操作员的业务水平，按经信委建冶煤行业办的要求，于 2012 年 6 月、7 月和省建材协会合作进行了中控窑操作员上岗证培训工作。2012 年度列入省科协学术交流类项目是“水泥窑废气脱硝技术研讨会”，项目于 8 月份完成，向省科协提交了项目总结。根据《关于下达 2012 年度重点产品质量评价与风险监控任务的通知》(浙质监发[2012]76 号)文件的要求，在浙江省内组织开展了水泥产品中水溶性六价铬质量安全风险监测工作，这项工作由省质量技术监督局所属省质量检测科研院承担，我省各水泥企业积极配合。在 9 个地区的水泥企业抽取的 197 批次检测样品中，按欧盟限量值的要求，合格率只有 16.8%，存在较大的质量安全风险。省协会参加了“2012 年浙江省水泥产品中水溶性六价铬质量安全风险评估报告”的评审工作，提出了建议和要求，以供标委会制订水泥中水溶性六价铬限量标准作参考。

为促进浙江省水泥行业的科技进步，按省科协"自然科学学术奖评审"要求，在水泥行业内进行了论文评选工作，上报的论文共9篇，经评选获奖论文共5篇10人，其中一等奖1篇(1人)，二等奖2篇(4人)，三等奖2篇(5人)，推荐上报一等奖论文"无烟煤在南方水泥的利用"(南方水泥有限公司陈幼荣)参加省级评选，经省级专家评审后，获2012年度浙江省自然科学学术奖二等奖。

为了使浙江省水泥综合能耗进一步降低，必须研制开发新的技术措施。2012年，省协会支持和帮助浙江邦业科技有限公司研制开发《新型干法水泥稳定生产智能控制系统》，通过在广德洪山南方水泥有限公司的回转窑上进行一年的工业性试用后，效果较为显著，组织召开了科学技术成果鉴定会，在进一步完善后，可考虑推广应用。

提高42.5及以上等级水泥产量比例对降低水泥、熟料产量，节约能源、资源消耗，减少温室气体排放具有积极意义。目前全省生产的通用水泥，新型干法水泥早已达100%，42.5及以上等级水泥产量进一步增长，比例已经接近49%，比2011年提高了0.5个百分点(见表4、表5)。

表4　2012年各品种、强度等级水泥产量及比例

品种及等级	52.5 硅酸盐水泥	52.5 普通水泥	42.5 普通水泥	42.5 复合水泥	32.5 复合水泥	海工水泥	白水泥	装修水泥
产量(万吨)	58.38	125.84	4 488.83	890.16	5 812.36	32.35	12.53	4.71
比例(%)	0.51	1.10	39.29	7.79	50.88	0.28	0.11	0.04

表5　2006～2012年42.5等级以上水泥占通用水泥比例

年份	"十一五"					"十二五"	
	2006	2007	2008	2009	2010	2011	2012
32.5(%)	72.1	70.7	65.6	61.3	56.0	51.6	51.1
42.5(%)	27.9	29.3	34.4	38.7	44.0	48.4	48.9

【节能减排】　在环境、能源约束日趋严格的形势下，对"两高一资"(高能耗、高污染和资源消耗型性)产业的水泥行业来说，节能减排是行业工作的重中之重。浙江省水泥企业高度重视节能技术改造和节能降耗工作，使水泥行业的能源单耗总体水平低于全国平均水平，并呈逐年略降的趋势。以现行的水泥单位产品能耗限额的国家标准和省地方标准考核，约90%以上企业达到标准中限定值的要求。全省凡具备条件的新型干法生产线已全部配有纯低温余热发电装置。2012年各企业继续推广节能技术，节能降耗成效显著。全省熟料综合能耗113.9千克标煤/吨，水泥综合电耗79.2千瓦时/吨，水泥粉磨电耗34.5千瓦时/吨等指标，与2011年相比总体上略有下降(见表6)。

表6　2011年与2012年能耗指标对比表

年份	熟料标煤耗 kg/t	熟料综合电耗 kWh/t	熟料综合能耗 kg/t	水泥综合电耗 kWh/t	水泥综合能耗 kg/t	粉磨企业水泥电耗 kWh/t
2011	109.3	64.4	115	80.1	82.7	35.2
2012	109.0	63.4	113.9	79.2	82.8	34.5

但浙江省水泥行业污染物排放总体情况不尽人意，从目前测定数据看，我省的氮氧化物等达标排放率均高于全国平均水平。为确保完成"十二五"氮氧化物减排目标任务，有效控制区域大气复合污染，改善空气环境质量，省环保厅在2012年12月下发《关于做好水泥企业氮氧化物减排工作的通知》(浙环发[2012]83号)，要求"确保氮氧化物窑尾排放浓度在350毫克/标立方米以内，严格控制氨逃逸不超过国家规定限值，扎实推进水泥氮氧化物排放总量控制"。省环保厅还于2012年10月在江山南方等水泥企业进行了脱硝示范项目，并召开了现场会，在试点的基础上逐步推进全省水

泥行业的脱硝工作。省协会就如何开展水泥行业脱硝一直和省外协会及省内有关企业研究、探讨，并参与了"浙江省水泥行业氮氧化物减排核查技术细则"的讨论。为配合中国科学院《应对气候变化的碳收支认证及相关问题》的课题研究，浙江省水泥协会组织安排了 4 家全能企业的 7 条生产线，3 家粉磨企业和 1 家白水泥企业予以配合，使他们能顺利完成课题研究报告，为政府有关部门作决策提供依据。

全省水泥行业利用水泥窑处置工业废弃物工作继续稳步推进。

【其他工作】 一是加强行业统计工作。浙江省水泥协会受上级部门委托进行水泥行业的统计已 11 年。2012 年完成了 2011 年年报和 2012 年的定期报表。2012 年 11 月全国建材工业统计工作会议上，省水泥协会被评为"2012 年度建材工业统计工作先进集体"。在 12 月召开的全省水泥行业统计工作会议上，表彰了 10 名优秀统计工作者、表扬了 20 家企业。二是完成政府部门布置的涉及水泥行业有关工作。为实现国家"十二五"碳强度下降目标和分解落实各省、区的考核指标，配合省发改委温室气体清单编制的数据填报工作，省协会于 2012 年 11 月按时完成了各项调查数据的填报工作。按省经信委要求完成了《浙江省工业和信息化发展竞争力报告(2012)》的编写工作以及对水泥行业企业所得荣誉的调查。三是参加省民政厅、省经信委法规处、省工经联、科协组织的协会工作会议和有关培训班、经验交流论坛等各种活动。四是按照国务院 38 号文件精神及时制止水泥产能的盲目扩张。经向省经信委反映，坚决制止"豪龙"续建日产 4 000吨生产线项目。五是继续开展协会间的交流沟通。加强了与"长三角"地区行业协会的沟通，2012 年省协会经常就行业自律相关工作和周边省市协会沟通、探讨，以促进"长三角"地区自律工作的开展和华东地区水泥市场的稳定。

浙江省水泥行业主管部门简介

机构名称：浙江省经济信息委员会建材冶金煤炭行业管理办公室

工作职责：组织拟订并实施建材、钢铁、有色金属、黄金、稀土、煤炭行业产业政策、发展规划和技术规范；做好本行业经济运行分析和产业信息发布，协调行业发展中的重大问题和事项；组织实施行业准入；落实本行业淘汰落后生产能力工作；协同培育本行业企业大集团、行业龙头和重点骨干企业，参与本行业重大工业建设项目投资的有关工作；负责煤炭生产、经营企业资质管理。

主　任：戴迪荣

地　址：浙江省杭州市体育场路 479 号

邮　编：310007

电　话：0571—87058259

传　真：0571—87058139

安徽省

Anhui Province

2011 年

【概况】 水泥产业是安徽省的优势产业，具有良好的发展前景。安徽省沿江流域蕴藏有上百亿吨的水泥用石灰石资源，为大力发展新型干法水泥，在沿江建设大型新型干法水泥熟料基地提供了条件。2011～2012 年，安徽水泥工业加快调整产业结构，控制增量，优化存量，实现了全省水泥工业持续健康发展。

1.2011 年主要产品产量及利税等情况

水泥 9 357 万吨，同比增长 17.6%；水泥熟料 10 903 万吨，同比增长 8.7%；商品混凝土 4 230 万 m^3，同比增长 22.4%；全省散装水泥供应量完成 5 561 万吨，同比增长 27.7%；水泥散装率 60.4%。全省水泥工业总产值 537.4 亿元，同比增长 58%；利润 115.5 亿元，同比增长 123.2%，增幅在全国水泥行业位居第八位，但水泥行业利润总额绝对值全国第一；利税总额 146.8 亿元，同比增长 118.5%，利税总额绝对值全国第一。全省水泥行业完成固定资产投资 77.3 亿元，同比增长 3.5%，增幅居全国第十位。

2.安徽省首套水泥脱硝工程在"铜陵上峰"投入运行

"上峰水泥"作为国家重点支持的水泥企业 60 强之一，公司十分重视环境保护工作，坚决贯彻国家对环保工作的要求，积极引起先进适用技术，采取各种有效措施，落实减排任务。从 2006 年开始，公司已将"节能减排增效"列入每年生产经营的方针目标。继 2007 年开始上马余热发电、2008 开展节能变频改造项目之后，2010 年又开始了对低氮燃烧等新技术新工艺的研究和探索，2011 年完成了低氮燃烧技术的改造，并取得了良好的效果；为省内同行业开展脱硝减排氮氧化物提供了借鉴，在行业内起到示范带动作用。“铜陵上峰”一线脱硝技改项目是安徽省首套水泥生产线脱硝工程，也是上峰水泥集团水泥窑烟气脱硝示范工程，由中国中材国际工程股份有限公司总包。项目调试过程中，通过对分解炉的改造和对操作人员在运行操作上的指导，可使一线大规模减排氮氧化物，系统脱硝效率可达 62.7%左右，排放水平可控制在 240 毫克每标准立方米，一线每年可脱除氮氧化物 1 800 吨，达到同行业先进水平。

2012 年

【概况】 全年完成水泥产量 10 869.8 万吨，同比增长 16.3%；水泥熟料产量 11 312 万吨，同比增长 2.3%；商品混凝土 5 597 万立方米，同比增长 16.4%；散装水泥供应量完成 6 801 万吨，同比增长 22.3%；水泥散装率 62.6%。全省水泥工业总产值 499 亿元，同比下降 7.7%；利润 47.7 亿元，同比下降 58.8%；利税总额 71.1 亿元，同比下降 51.9%；利润总额及利税总额绝对值在全国均居第四位。全省水泥行业累计完成固定资产投资 63.4 亿元，同比下降 18%。

1.中国建材集团与安徽海螺集团签署“战略合作协议”

为促进经济增长方式的转变，搭建建材企业间优势互补、资源共享的战略平台，实现双方互利共赢，2012 年 12 月 4 日，中国建材集团与安徽海螺集团在安徽芜湖签署了“战略合作协议”。这一事件意义超越两家企业自身。这一合作体现了大集团高度的责任感，在当前行业经济效益下滑，产能过剩的市场大环境下，企业之间既是竞争对手，也是合作伙伴。对促进行业经济增长方式的转变，推动水泥行业结构调整、区域市场整合、技术创新、节能减排以及稳定地区市场价格等都具有重要意义。

2.“海螺水泥”排名“最受尊敬上市公司”第 6 位

在国内外复杂严峻的经济形势下，安徽海螺集团多年抓管理、练内功形成的一套现代企业管理体系呈现出强劲的应对能力。2012 年，海螺集团生产熟料 1.58 亿吨，生产水泥 1.51 亿吨，同比分别增长 15.6%和 16.5%；水泥、熟料净销量达 1.91 亿吨，同比增长 16.8%。全年产销型材 49.88 万吨，同比增长 9.7%。全集团实现含税销售收入 806.9 亿元；利税总额 124.3 亿元，实现利润 83.52 亿元。在由国内 70 家公募和 5 家主要的私募基金公司的 200 位基金经理参加评选的 2012 年“最受尊敬上市公司”年度评选榜单中，“海螺水泥”排名第 6 位，比上一年的第 17 位上升了 11 个位次；海螺集团 2012 年营收利税率稳居全国建材行业榜首，吨水泥产品营利能力远高于行业平均水平，是中国建材行业唯一入选 50 家“最受尊敬上市公司”的企业。

3.安徽水泥网正式开通上线运行

由安徽省水泥协会主办的安徽水泥网（www.ahssn.com）于 2012 年 10 月 15 日开通上线运行。安徽水泥网是安徽省水泥行业门户网站，以服务水泥企业构建行业信息枢纽为己任，面向水泥行业及相关单位提供行业新闻、企业动态、生产技术、政策法规等，定期进行市场行情分析、评论和预测，为水泥行业乃至相关单位提供全方位的信息资讯服务。安徽水泥网与国家工业和信息化部、中国建筑材料联合会、安徽省经济和信息化委员会、安徽省质量技术监督局、合肥水泥研究设计院、中国水泥网、数字水泥网、海螺水泥网等网站友情链接。11 月 6 日，安徽省经信委专门召开了安徽水泥网上线新闻发布会，向中央驻皖和省内近 20 家新闻媒体通报安徽水泥网上线运行情况并接受媒体采访。该网站的开通上线运行，为省水泥协会的会员、全省水泥行业企业提供了一个便捷、互动的网络交流学习平台。

4.配合中科院开展水泥生产线排放系数抽样调查

根据中国水泥协会的安排，安徽省水泥协会积极配合中国科学院地理科学与资源研究所完成由国家发改委下达、中科院承担的战略性先导专项《应对气候变化的碳收支认证及相关问题》，其子课题“水泥生产的排放”。配合该所在全省范围内选择不同生产工艺的生产线对石灰石原料、生料、熟料、燃料等取样，收集相应生产线的无形数据和物性数据资料。为支撑我国参与国际气候变化谈判，构建我国水泥生产自有的碳排放系数体系，编制全国水泥碳排放清单提供了科学依据。

安徽省水泥协会情况简介

会　长：张德山

常务副会长：申晓林

副会长：李江北、包　玮、汪鹏飞、单　磊、丁楠生、王彪、朱洪贵、朱晓明、祖登云、阎春海、高允连、何毅仁、田余庆、俞　峰、张义彬、刘卫东、杨　琼、吴其友、王　璧、吴华峰、王国武

秘书长：李江北（兼）

副秘书长：刘功顺、徐明侠、陈延

办公地址：安徽省合肥市益民街 17 号富华大厦 5 楼

联系电话：0551－62621786　　邮政编码：230001
传　真：0551－62621482　　Email：ahssn@yahoo.cn

福建省

Fujian Province

2011～2012年

【概况】 福建省水泥工业深入贯彻落实科学发展观，认真落实国家、省有关水泥工业结构调整的有关政策，坚持以市场为导向，以产业优化升级为中心，加快结构调整步伐，在发展中推进调整，在结构调整中促进发展，进一步转变发展方式，加强总量控制，加快淘汰落后产能，全省水泥工业健康发展迈上新的台阶。

一、生产平稳增长，产业结构提升

2011年全省水泥总产量为6721万吨，年增长17.1％，其中新型干法水泥产量比重为80％，规模以上企业107家，完成销售总产值273亿元，全行业利润总额21.83亿元，比上年增长190.3％，税金总额11.51亿元，比上年增长68％。

2012年全省水泥总产量为7438万吨，年增长7.9％，其中新型干法水泥产量比重为90％以上，产业结构得到了提升，规模以上企业115家，完成销售总产值277亿元，全行业利润总额7.06亿元，比上年增长－69.3％，税金总额10.55亿元，比上年增长－8.3％。

二、加强结构调整，加快淘汰落后产能

福建省认真贯彻落实《国务院关于进一步加强淘汰落后产能工作的通知》（国发〔2010〕7号）精神，认真完成国家工业和信息化部下达淘汰落后产能的目标任务。2011年全省淘汰水泥落后产能138.8万吨，2012年全省淘汰水泥落后产能990.5万吨，累计淘汰落后水泥产能3969多万吨，超额完成了国家和省政府下达淘汰落后水泥产能的目标任务。主要做法：

1.加强领导

为了加强淘汰落后产能组织协调工作，福建省政府参照《国务院办公厅关于淘汰落后产能工作部际协调小组组成人员的通知》（国办函〔2010〕72号），成立了“福建省淘汰落后产能工作厅际协调小组”（闽政办〔2010〕192号），省经贸委主任担任组长，成员有省经贸委、发改委、财政厅等省直18个厅级单位、21位厅级领导，协调小组办公室设在省经贸委。各设区市、县政府对淘汰落后产能工作的目标、任务也作了层层分解和组织落实，淘汰落后产能任务比较重的设区市龙岩市、三明市，也相应成立专门协调机构。

2.分解目标任务

2011年、2012年国家工信部下达福建省淘汰落后产能目标任务后，立即召开各重点行业年度淘汰落后产能工作专门会议，研究将目标任务分解至各县（区、市），落实淘汰落后产能具体企业名单。根据国家工信部和福建省政府部署，要求以设区市政府为主体，负责将淘汰落后产能企业名单于当年7月底前在当地主流媒体或政府网站向社会公告；当年9月底前，将本年度计划淘汰的落后产能全部关停；当年11月底前，将落后产能的主体设备、生产线全部拆除，并完成各项善后工作。

3.严格市场准入

贯彻落实国家工信部、发展改革委以及福建省政府的行业调整振兴规划，严格执行国家产业政策、产业准入条件，切实抑制产能过剩。支持优势企业通过兼并、收购改造落后产能企业。在建设用地、能源消耗、污染物排放、安全生产等方面严格按照政策规定执行。2011年度和2012年度福建省没有审批和核准新建、改建、扩建水泥项目。

4.实施政策措施

一是对落后产能企业执行差别电价。对水泥行业落后产能全面执行差别电价，差别电价加价增加的收入全额专项用于水泥产业结构调整。二是严格水泥生产许可证管理，水泥行业列入淘汰名单的，不再换发新的生产许可证。积极配合省质监局按照国家质监总局和国家发改委下发《关于工业产品生产许可证工作中严格执行国家产业政策有关问题的通知》（国质检监联［2006］632号）精神把好水泥产品生产许可证换发工作的产业政策关。三是加强监督检查和执法处罚力度。各设区市政府在当地媒体公示本地区年度淘汰落后产能企业名单、落后工艺设备和淘汰时限，以加强社会监督。实行年度考核问责制，加大执法处罚力度，对未按期淘汰落后产能的企业在排污许可、信贷资金、项目审批、土地审批、生产许可、工商登记、电力供应等实行限制措施。

5.做好职工安置

福建省明确了淘汰落后产能企业是安置职工的主体。劳动和社会保障部门指导、督促企业在淘汰落后产能工作中制定职工安置方案，依法处理劳动关系，保证职工合法权益，维护社会稳定。对淘汰落后产能企业分流出来的失业人员，劳动和社会保障部门认真及时地为失业人员办理失业登记、社会保险接续、档案寄存、再就业服务。明确了淘汰落后产能企业的安全生产责任，依法收缴民爆物品、妥善处置放射源，确保关闭淘汰落后产能企业实现安全关闭和淘汰。银行业依法妥善处理企业各项债权、债务，有效地防范和化解金融风险。

6.加强检查考核

对淘汰落后产能企业进行现场监督检查和验收，主要调动各地市政府的力量。在企业关闭停产时，进行关闭验收，当场收缴工商营业执照、生产许可证、排污许可证和税务登记证，切断生产用电。企业必须在6个月之内完成设备拆除，待设备拆除后，县级结构调整办公室再一次现场验收，收缴放射源、易燃易爆品。县（市）的验收情况书面报告市级结构调整办公室，验收时都有填写验收登记表备查。

三、加强水泥投资项目管理

严格控制新建水泥生产线项目。按照“等量淘汰”的原则，加强总量控制，合理引导省内重点企业根据我省经济建设需求，有序、适度地建设水泥项目，抑制产能过剩和低水平重复建设。原则上不再核准新布点的新型干法水泥项目，投资新建或改扩建水泥（熟料）生产线、水泥粉磨站，要符合国家《水泥行业准入条件》等产业政策和规定，符合我省建材工业发展规划，符合资源、环境、市场需求和经济发展等情况，用地必须符合土地供应政策和土地使用标准。重点支持布局合理、石灰石资源有30年以上保证、符合国家鼓励的水泥窑协同处置城市生活垃圾、污泥和工业废弃物综合利用示范生产线建设。

四、推动企业并购重组

着力培育和扶持发展重点骨干水泥企业做大做强。鼓励支持重点骨干水泥企业兼并重组现有水泥企业，进一步提高行业生产集中度。鼓励支持重点骨干水泥企业兼并重组已核准而建设进度严重滞后的项目，促进已核准项目尽快建成投产。

五、加强节能减排

加快技术进步，支持企业采用先进成熟、节能环保型技术装备，鼓励企业实施改善品种、提高质量、节能降耗、环境保护等方面的技术提升与改造。鼓励企业利用粉煤灰、高炉矿渣、煤矸石等工业废弃物为原料，应用新型干法水泥低温余热发电技术和大型高效粉磨技术，加强低热值燃料、可燃废弃物的应用，降低能源消耗水平，减少污染物排放。

福建省经济贸易委员会原材料工业处

主要职责：

承担钢铁、有色、黄金、稀土、石化、化工、建材等的行业管理工作，协调解决行业发展中的重大问题；组织实施产业政策，拟订相关行业的发展战略、中长期规划、年度计划及产业政策建议，引导行业布局，促进技术进步与结构调整；负责承办我省《禁止化学武器公约》的有关事务，按规定负责管理有关监控化学品的生产、销售、储存、使用等；依法负责农药产品生产、经营许可证的发放和管理；负责指导新型墙体材料发展应用管理和散装水泥的监督管理工作；组织协调、指导全省稀土综合开发和合理利用；负责起草相关行业地方性法规和政府规章；制订行业技术规范和标准；负责行业经济技术信息统计、汇集、整理和发布工作；依法承担相关行业有关安全生产监督管理工作。

地址：福州市省府路1号工交大院11号楼四层

邮编：350001

传真：0591－87569054

联系电话：0591－87569054

福建省龙岩市

Longyan City, Fujian Province

2011年

【概况】 龙岩市是“中国水泥产业基地”之一。在经历了行业旺销利好的2010年之后，2011年龙岩市水泥行业整体态势呈现产业结构进一步优化、市场走势前高后低，资源能源制约加大、产能过剩压力趋显的特点。

1.产量增速回升，新型干法产能比重大幅上升且贡献突出

全市水泥产量3 296万吨，占全省水泥总产量50％略

强，比去年增长12%，增速在过去二年连续持小幅增长后再次回升到两位数增长。现价产值130亿元，为建材产业去年在全市十大产业基地产值排名中实现第4位，作出了重要贡献。其中全市新型干法企业完成水泥产量达到2 400万吨，占比73%，比上年增产18.8%，8家企业销售收入达5亿以上，其中"漳平红狮"、"福建塔牌"和龙麟集团3家企业达10亿以上。上交税金7.2亿元，实现利润10.1亿元，利税贡献大，产值利税率高于上年5个百分点。漳平红狮水泥公司上交税金和实现利润双过两个亿，保持在全市行业第一位。

2.淘汰落后与兼并整合并举，生产集中度进一步提高

年内淘汰关闭机立窑企业3家，淘汰落后产能30万吨，完成了市政府下达的年度淘汰任务。年内先后建成投产了"华润(龙岩岩山)"、"华润(永定龙潭)"和龙麟集团三线3条日产5 000吨熟料新型干法水泥生产线，新增新型干法熟料产能465万吨。年内"华润水泥"并购了"漳平振鸿水泥"，"华润水泥"在龙岩市的熟料产能达到530万吨，促使福建省和龙岩市水泥生产集中度进一步提高。

3.水泥市场复杂多变，水泥价格前高后低

2010年4季度全省水泥旺销利好态势延续到2011年春节前，故多数企业实现开门红。春节前后一段出现常规性水泥价格下滑，自节后复工直至4月底，水泥市场需求恢复旺盛，价格出现过3次上调，为企业赢得了利润。但自5月1日至16日连续半个月下中到大雨，5月下旬之后，水泥价格开始下跌。6、7月起，随着国家实施经济调控和金融信贷紧缩，投资乏力，尤其是交通基础设施投资资金锐减，部分项目工程停工或缓建，水泥市场需求受严重影响。直至4季度，全省没有出现往年的销售旺季。其原因除经济金融政策的影响外，还有下半年全省新建成投产6条新型干法生产线的新增产能释放，和省外水泥大量入闽挤占市场的因素。据龙岩市资深水泥销售行家报称，仅"海螺水泥"全年进入福建省的水泥就超过700万吨。在宏观调控政策和省内外各种因素的影响下，2011年水泥市场形势可以说是跌宕起伏、复杂多变，进而出现旺季价格下滑，部分企业效益下降。

4.节约资源、节能减排，发展循环经济力度加大、成效显著

受水泥生产原燃材料等各项成本因素不断上涨以及国家加大节能减排力度的推动，2011年龙岩市水泥行业进一步开展节约资源、节能减排，各新型干法企业积极应用和创新新工艺、技术和装备：通过提高熟料质量，努力增加混合材用量，年内新增"春驰新丰""漳平振鸿"两企业被省经贸委确认为资源综合利用企业；"振鸿""蓝田""闽福"3企业的4条日产2 500吨熟料线单台窑熟料产量均超过97万吨，超出设计产能25%以上，其中振鸿公司产量超过百万吨，吨熟料标煤耗105千克，达到2010年在全行业公布的全国新型干法水泥企业能效标杆指标水平；龙麟集团三线在全省行业率先引进应用生料在线元素分析仪、菲斯特计量秤，并率先在分解炉安装烟气脱硝装置；新丰公司实施窑尾收尘电改袋技改，闽福公司实施原料磨技改等三新应用，极大地改善了生产线工况和环保水平。全市9家企业已投运的纯低温余热发电厂，努力改善管理，提高运行质量，去年合计发电4.5亿千瓦时，比上年增发45%，并逐渐积累了在不影响工艺工况条件下提高吨熟料发电量的经验。

发展散装水泥，也是节约资源、节能减排的一项重大举措。2011年全市水泥企业生产(供应)散装水泥1 408万吨，比上年增长14.5%，发散量已达全市水泥总产量的58.7 %。

5.资源能源困惑，上半年曾发生外购石灰石价格暴涨的现象

由于历史的原因，龙岩市水泥企业，包括部分新型干法企业半数没有自备矿山或自有矿山资源不足，无法满足企业生产。全市水泥主产区的新罗区、永定县中小型石灰石矿多数掌握在私人手中。石灰石依靠外购无疑是水泥生产企业的一大弊端。去年1月30日，市政府发布通告，为开展龙岩中心城市小溪河水环境污染整治，自2月1日起对小溪河上游流域所有非煤矿山实施停产整改，整改至验收复产安排至6月份完成。由于此流域石灰石供给涉及新罗区曹溪和适中两个主产区，给该区域5家新型干法企业和10多家机立窑水泥企业造成原料供给紧张，也引发新罗区外供石灰石价格的猛涨，涨幅最大一次为5月中旬每吨20元。部分水泥企业外购石灰石单价已达到70元，漳平振鸿公司购买新罗区石灰石价格一度高达80多元。6月份出差到龙岩市的中国水泥协会副会长兼秘书长孔祥忠听说后称之为全国最高价石灰石。尽管之后价格有所下调，但仍影响至年底石灰石外购到厂价维持在60元上下，对水泥生产成本影响甚大。因而，解决部分新型干法企业备足自有矿山应视为促进水泥企业公平竞争和行业可持续发展的重大问题而引起地方政府和企业的高度重视。

虽然龙岩市是福建省产煤大市，年煤产量在1 200万吨左右。但全市拥有120万千瓦规模的火力发电和3 500多万吨水泥产能，以及大批化工企业等高耗煤产业，由此导致近年煤炭价格的居高不下且资源保障程度对水泥行业的保运行、降成本、争效益影响至关重要。2011年大工业用电的两次上调价格也促使水泥生产成本的进一步提高。

2012 年

【概况】 正如年前召开的中央经济工作会议所指出的“过去的一年,不平衡、不协调、不可持续问题仍然突出,经济增长下行压力和产能过剩的矛盾有所加剧,企业生产经营成本上升和创新能力不足的问题并存,经济发展与资源环境的矛盾依然突出”。2012 年,龙岩市水泥工业与全国同行业一样,遭遇了产能过剩、价格低迷、利润下滑的困境。尽管年初预测到困难严重,全市行业努力应对,保持了产量的增长,但行业运营状况,尤其效益仍然低于预期。

一、2012 年行业运行情况

1.新型干法熟料和水泥产量增幅较高,但产能发挥率走低。行业整体效益下降

全市水泥产量 3 094 万吨,比上年增长 15.8%(注:该数据为市统计局调整上年数据后发布的)。其中全市 14 家新型干法企业 21 条生产线共生产熟料 2 417.8 万吨、水泥 2 617.5 万吨,比上年度分别增长 24.05%和 21.45%;全市 6 家独立粉磨企业生产水泥 80 万吨,新型干法水泥产量已占全市产量的 90%,比上年增长 16 个百分点。而全市机立窑企业生产水泥仅 300 多万吨,比上年减少近一半,且其中约三分之一的产量系采购旋窑熟料生产的。显示全市水泥行业产业结构进一步优化,落后产能进一步削减。2012 年新型干法熟料和水泥产量实现较高增长的主要原因:一是 2011 年 4 季度和 2012 年年初新建成投产了华润水泥和龙麟集团共 4 条大型生产线,增产熟料约 400 万吨;二是春驰集团新丰公司灾后复产,当年同比增产熟料 120 万吨。从新型干法企业产能发挥率看,若市场无阻,满负荷发挥产能,全市 21 条生产线每月可产熟料 240 万吨、水泥 300 万吨,以年生产 11.5 个月测算,2012 年龙岩市新型干法企业熟料产能发挥率为 88%,水泥产能发挥率为 76%,显示全年度水泥市场供过于求较为严重。水泥售价低迷,严重影响到行业效益。2012 年全市水泥行业上交税金实现 6.3 亿元,与上年基本持平,实现利润 2.64 亿元,比上年下降 71%,而水泥产量仍有 15.8%的增长,显示出由于产品销售价格下降导至全年产量增长与产值、税金、利润增幅的反差大。而行业内的机立窑落后产能企业则整体发生亏损。

2.市场竞争加剧,售价频频下跌,行业产能过剩显现

过去一年福建省全社会固定资产投资增长实现 25%,全省和龙岩市开展“五大战役”促成了各项基础设施和城镇化建设均保持了较高的规模,全省水泥需求量比上年仍有约 6%的增长。但由于福建省 2011 和 2012 年新建成投产和复产近 10 条新型干法生产线产能的释放,全省水泥实际产能足以满足本省需求且有余,而以海螺、万年青为主的省外大型水泥企业又利用其原材料成本优势和江海倒运的低运费优势,向福建省倾销水泥和熟料,致使全省 2011 年水泥严重供大于求。加上本省行业内部分企业,在市场低谷阶段缺乏协同自律意识,进而加剧了市场竞争和售价下跌。5～7 月期间,龙岩市水泥(熟料)售价连续出现 5 次下跌。经过 9～10 月仅 2 个月难得的止跌回升后,在 11～12 月传统的销售旺季又接连 3 次降价,全市新型干法企业水泥和熟料出厂价处于成本价边缘,部分无法自供矿石的企业出现经营亏损。

3.积极推行技术改造、节能减排、循环经济,成效显著

2012 年,龙岩市水泥行业积极开展技术改造和节能减排,并取得显著成效。年内华润水泥(龙岩曹溪)公司对原一线实施技改、春驰新丰公司结合灾后修复对原生产线实施技改均取得了增产提质的明显效果;全市日产 2 500 万吨及以上生产线吨熟料标煤耗和吨熟料电耗平均达到 111.41 千克和 60.32 千瓦时,吨水泥综合电耗 86.7 千瓦时,比上一年度呈较大幅度下降,达到低于国家颁布的水泥企业能耗限额标准水平。其中福建塔牌和华润(漳平)两公司的可比熟料综合煤、电两耗,以及漳平红狮公司的可比熟料综合电耗达到我国新型干法生产线能效标杆指标值。全市除个别外的绝大多数日产 2 500 吨熟料以上生产线的可比水泥综合电耗值达到国内先进水平。全市日产 2 500 吨及以上规模熟料生产线配套的 18 台纯低温余热发电机组 2012 年合计发电 6.6186 亿千瓦时,比上年增发 51.5%,此循环经济项目为龙岩市水泥企业节能减排,节约生产成本带来了显著效益。

为实现国家“十二五”规划提出的重点推进氮氧化物治理,削减大气污染物排放目标,2012 年龙岩市水泥行业在经营效益欠佳,资金短缺的困难情况下,努力落实省环保厅在福建省水泥业提前实施脱硝技改的部署。年内全市日产 4 500吨以上规模熟料生产线全面进行脱硝改造,且基本竣工投运。其中福建龙麟集团三线脱硝工程于 5 月份建成并达标投运,是全省水泥行业首家完成者,受到省环保厅通报表彰和奖励。全市其他拥有日产 2 500 吨熟料生产线企业也都完成脱硝技术方案选择并与相关环保工程公司签约,将于 2013 年内完成脱硝技改,实现达标排放。

2012 年 12 月,国家发改委、环保部、财政部、人力资源与社会保障部联合发布《关于表彰“十一五”期间全国节能减排先进集体先进个人的决定》,龙岩市水泥行业福建龙麟集团

有限公司荣获“全国节能先进集体”殊荣。

2012 年全市水泥行业生产(供应)散装水泥 1 580 万吨,比上年增长 12%,发散率达到 60%,再创历史新高,是本行业节约资源、节能减排的又一成果。

江西省

Jiangxi Province

2011 年

【概况】 2011 年,在省委、省政府的正确领导下,全省水泥行业深入贯彻落实科学发展观,通过优化产业结构、节能减排、联合重组,整个行业发展势头良好,主要经济指标大幅增长,经济运行状态是历史上最好年份之一 。

一、全年水泥行业经济运行各项指标完成情况

全省水泥产量 6 932 万吨,同比增长 13.4%;全省水泥行业完成工业增加值 100 亿元,同比增长 24.5%;全省水泥行业实现主营业务收入 328.9 亿元,同比增长 54.8%;全省水泥行业实现利税 65.8 亿元, 同比增长 1.1 倍;实现利润 48.4 亿元,同比增长 1.2 倍。

二、主要产品价格

全省水泥平均价格(不含税)330 元/吨,总体高于 2010 年 40 元/吨,市场需求也好于 2010 年。价格运行平稳,特别是上半年价格坚挺,表现出淡季不淡的特点。

单位: 元/吨

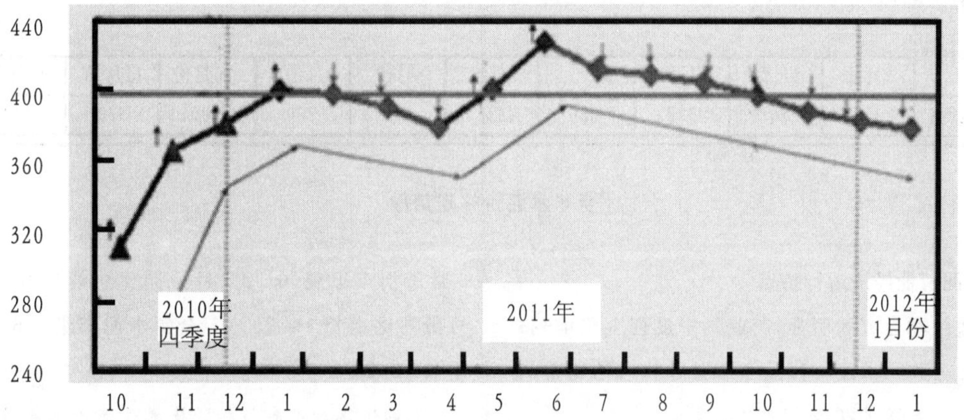

江西省2011年水泥综合含税均价走势图

三、产业集中度进一步提高

截至 2011 年底,江西万年青水泥股份有限公司水泥总产能 1 500 万吨;江西南方水泥有限公司水泥总产能 1 800 万吨;海螺集团水泥总产能 600 万吨;江西亚东水泥有限公司水泥总产能 800 万吨,红狮水泥控股集团水泥总产能 600 万吨。上述四家企业总产能达到 5 300 万吨,占全省水泥产能的 74%,产业集中度居全国前列。

四、节能减排成效不断显现

新型干法水泥占全省水泥总产能的比重同比提高 3 个百分点,随着新型干法水泥比重的提高及高效节能管磨等节能技术的推广,水泥行业的单位能耗进一步降低。全省水泥行业平均水泥综合能耗 93.6 公斤/吨,同比降低 9.0%;万元产值能耗 2.17 吨标煤,同比降低 8.1%。江西省日产 2 000 吨以上水泥生产线全部配备了纯低温余热发电设备,余热发电站达 30 个,装机容量突破 300MW,每年可发电 23 亿度,节约能源 85 万吨标煤。

五、协会作用积极发挥

水泥协会积极引导行业企业开展自律活动,初步形成了市场有序竞争的格局,避免了以往行业内部以降价为主要竞争手段、相互残杀、损害行业整体利益的现象,也使全年水泥价格没有出现大起大落,保持了平稳。

六、项目建设顺利推进

全年共有四条日产 5 000 吨水泥项目投产,新增水泥产能 800 万吨;日产 12 000 吨的特大型水泥项目三个初选址、石灰石资源考察和建设企业的初选均完成。全省水泥行业投资完成额 46.8 亿元,同比仅下降 16.1%。

2012 年

【概况】 2012 年，全省水泥行业积极应对宏观政策调整、产品价格下降、市场不振等不利形势，在省委、省政府的正确领导下，深入贯彻落实科学发展观，通过优化产业结构、节能减排、联合重组，整个行业经济运行状态呈现企稳向上的发展势头，主要经济指标稳定增长。

一、全年水泥行业经济运行各项指标完成情况

全省水泥产量 7 639 万吨，同比增长 10.2%；全省水泥行业完成工业增加值 97.2 亿元，同比下降 2.8%，实现主营业务收入 324.1 亿元，同比下降 2.08%，实现利税 52.2 亿元，同比下降 22.2%，实现利润 35.7 亿元，同比下降 28%。

二、主要产品价格

2012 年全省水泥价格走势为 1～5 月份剧烈下滑、6～9 月份持稳、10 月份后拉升三个过程（见表一），全省水泥年平均价格（不含税）306 元/吨，总体比 2011 年下降 24 元/吨。

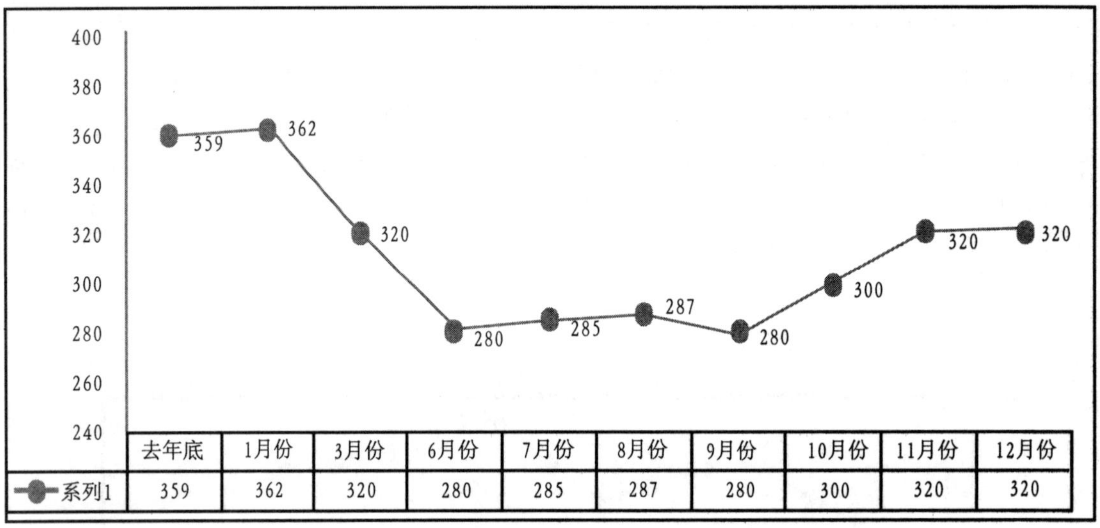

全年水泥价格走势图

三、全年水泥行业经济运行特点

水泥工业重组联合成效明显，产业集中度列全国前列；水泥行业主营业务收入占建材行业主营业务收入的比重从 2005 年的 62.1%，下降到 2012 年的 29.2%；

1.全年水泥产量走势前降后升，同比呈现明显“v”字形

上半年水泥产业效益下滑的主要原因：一是 2011 年底 5 条 4 500 吨生产线投产，1 000 万吨新增产能的释放加剧了市场压力；二是 1～5 月份持续阴雨天气造成市场疲软，企业效益大幅度下降；三是受房地产宏观政策调整影响，水泥产量锐减。最高值为 3 月份同比下降 9.47%，6 月份拐点出现，6～12 月份同比全线拉升，最高值为 12 月份同比增长 19.95%。全年水泥产量 7 639 万吨，同比增长 10.2%。

2.淘汰落后产能与加强技术改造手段并用，节能减排的成效明显

新型干法水泥快速发展。到 2012 年底为止，全省共有新型干法水泥生产线 57 条，新型干法水泥生产能力占全省总水泥产能的 96%，熟料总产能 5 452 万吨，水泥总产能 7 789 万吨（具体见表二）。日产 4 000 吨及以上规模生产线的产能占全部新型干法水泥产能的 59%。

全省新型干法水泥生产线基本情况表

生产线规模	数量(条)	熟料产能(万吨)	水泥产能万吨)	备注
小于 2 000 吨/日	15	547	781	1、年生产天数为 320 天； 2、水泥熟料比例为 70%
2 000～3 000 吨/日	20	1 584	2 263	
3 000～4 000 吨/日	1	112	160	
4 000 吨/日及以上	21	3 209.6	4 585	
合　计	57	5 452	7 789	

随着新型干法水泥比重的提高及高效节能管磨等节能技术的推广，水泥行业的单位能耗进一步降低。全省水泥行业平均水泥综合能耗 93.6 公斤/吨，同比降低 9.0%；万元产值能耗 2.17 吨标煤，同比降低 8.1%。江西省日产 2 000 吨以上水泥生产线全部配备了纯低温余热发电设备，余热发电站 40 个，装机容量突破 300MW，每年可发电 23 亿度，节约能源 85 万吨标煤。

四、经济运行中存在的主要问题

水泥产业发展后劲不足，生产增量空间严重不足

根据一年运行情况分析，江西省水泥行业发展潜在两个危机：一是 2012 年水泥总产量为 7 639 万吨，已接近新型干法水泥总生产能力 7 789 万吨；水泥和熟料产量首次在江西出现背离现象，水泥产量增长 10.2%，而熟料产量增幅下降 4.4%。这说明外省熟料产品大量进入我省，熟料产量与水泥发展不同步，出现不支撑水泥发展的苗头。二是 2009 年 9 月以来江西省没有新核准的水泥建设项目，投资完成额同比减少 11 亿元，首次出现负增长。

山东省

Shandong Province

2011 年

【概况】 2011 年山东省规模以上水泥企业 253 家，水泥产量 1.52 亿吨，同比增长 2.71%；水泥熟料 9 387 万吨，同比下降 2.06%；销售收入 841.7 亿元，同比增长 30.76%；利税 141.5 亿元，增长 67.46%；利润 97.7 亿元，增长 83.61%；出口水泥 301.6 万吨，同比降低 21.63%，创汇 1.79 亿美元，同比降低 0.83%；出口熟料 6 517 吨，同比降低 79.09%，创汇 81.7 万美元，同比降低 37.45%。固定资产投资完成 55.95 亿元，同比降低 18.88%。

一、结构调整产业转型升级步伐加快

组织编制了《山东省水泥工业“十二五”发展规划》，并抓好规划的落实，以规划促发展，以规划促调整。全年淘汰落后产能 1 395 万吨，超额完成目标任务。有 4 条新型干法水泥生产线建成投产，新增熟料产能 450 万吨。2011 年预分解窑熟料完成 8 017 万吨，占全省熟料总量的 85.4%，同比增长 5.19 个百分点。“山水”和“中联”两大水泥集团在省内的水泥产能达到 8 000 万吨以上，占全省新型干法水泥产能的比重超过 60%。大企业进军混凝土行业的力度加大，“中联”在全省 13 个地市着手进行商品混凝土业务整合，山水集团注册成立山东山水建筑材料有限公司，以促进商品混凝土及水泥制品等产业发展。在产业链延伸进程中，大企业集团优势凸显。

二、节能减排工作继续推进

总结水泥企业能效对标经验，组织专家编写《水泥企业能效对标手册》和山东省地方标准《水泥企业能效对标指南》，建立了对标指标体系，确立了对标基本要求和内容，规范了水泥企业的对标活动。在省政府节能办组织召开的全省节能认证暨能效对标工作座谈会上，建材行业作为先进典型介绍和推广了水泥行业对标工作经验，《水泥企业能效对标指南》的实施，规范了行业对标活动。

2011 年全省发展散装水泥 9 225 万吨，创历史最高水平，水泥散装率达到 60.62%，同比增长 3.25 个百分点。折算节约标煤 211.96 万吨，减少粉尘排放 92.71 万吨，减少二氧化碳排放 551.09 万吨，减少二氧化硫排放 1.8 万吨，减少水泥损失 415.13 万吨，实现综合经济效益 41.51 亿元，为完成行业节能减排目标做出贡献。

三、质量管理工作再上新台阶

根据《水泥企业质量管理规程》，结合山东实际，组织修订了《山东省水泥企业产品质量对比验证检验管理办法》、《山东省水泥强度检验用砂管理办法》、《山东省新型干法水泥熟料质量评价办法》和《山东省水泥质量管理统一表式管理办法》等管理办法，由省经信委发布实施。以水泥企业化验室合格证的换发工作为重点，抓好《规程》及办法的实施。全年评审考核水泥企业 226 家。相关办法的发布实施及化验室评审考核工作的开展，有力地提升了全省水泥行业质量管理水平。

2012 年

【概况】 2012 年山东省规模以上水泥企业 241 家，水泥产量 1.57 亿吨，同比增长 4.42%；水泥熟料 9 050.52 万吨，

同比降低 3.79%；销售收入 838.47 亿元，同比增长 1.05%；利税 124.39 亿元，降低 10.47%；利润 82.16 亿元，降低 14.53%；出口水泥 288 万吨，同比降低 4.5%，创汇 1.75 亿美元，同比降低 2.05%；出口熟料 1.08 万吨，同比增长 65.6%，创汇 138.29 万美元，同比增长 69.22%。固定资产投资完成 82.64 亿元，同比增长 47.7%。

一、结构调整持续推进

2012 年淘汰落后水泥产能 4 318 万吨（其中粉磨能力 3 891.5万吨、水泥熟料 426.5 万吨），超额完成国家下达的任务。全省水泥行业大企业集团积极发挥优势，引领行业向上下游延伸产业链。“中联水泥”通过收购经营性资产的方式，在全省 13 个地市进行商品混凝土业务整合，商混产能目前超过 1 亿立方米。2012 年底“中联”在鲁南投资 2 850 万元建设的年产 240 万吨砂石骨料生产线投产，成为山东水泥生产企业向上下游延伸产业链的典范。沂州集团成立了沂州混凝土公司，有力地促进了商品混凝土及水泥制品等产业的发展。目前，中联水泥、山水集团（山东省内）水泥熟料产能占全省水泥熟料总产能近 60%，产业集中度不断提高。

二、节能减排工作扎实有效

借力水泥行业准入，开展了水泥行业能效评价和清洁生产工作，截止到年底，完成对 60%水泥窑的热工标定工作，同时开展了水泥磨机的电耗检测工作。全年有 36 家企业通过省经信委自愿性清洁生产审核。全省已经建成投产的新型干法水泥生产线基本都配套建设了水泥窑纯低温余热发电装置。2012 年全省发展散装水泥 9788.88 万吨，居全国第二位，散装率达到 63.62%，同比增长 2.26 个百分点。折算节约标煤 224 万吨，减少粉尘排放 98 万吨，减少二氧化碳排放 585 万吨，减少二氧化硫排放 1.9 万吨，减少水泥损失 440 万吨，创综合经济效益 44 亿元。

三、行业管理工作规范展开

严格依据水泥企业准入条件，经过初审和专家复核，全省 11 家企业的 15 条新型干法熟料生产线获得准入，规范了企业在土地、环保、节能、安全、质量等方面的行为。严格贯彻执行《水泥企业质量管理规程》，继续开展化验室评审考核工作，受理了 44 家水泥企业化验室合格证申请，发放合格证 37 家，规范了企业的质量行为。严格执行安全生产法规，全省重点水泥企业获得安全生产标准化三级以上证书的超过 50%，规范了企业安全生产行为。

河南省

Henan Province

2011 年

【概况】 全省水泥生产企业 214 家，12 月份产量完成 1 172万吨，同比增长 16.76%；1～12 月份累计产量 13 766 万吨，累计同比增长 19.04%。继山东（15 219 万吨）、江苏（15 202 万吨）、四川（14 432 万吨）、河北（14 272 万吨）之后，位居全国第五位。

表 1　2011 年 1～12 月份各市水泥产量 单位：万吨

地市名称	本月产量	本月增长率（%）	累计产量	累计增长（%）	企业个数
郑州市	168.48	−0.87	2 152.76	2.9	33
开封市	10.20	165.91	87.14	54.03	3
洛阳市	64.61	13.96	745.60	29.03	12
平顶山市	102.26	20.32	1 103.38	−0.94	12
安阳市	140.95	30.24	2 158.75	64.09	2
鹤壁市	40.00	89.82	447.08	13.08	2
新乡市	130.20	40.72	1 359.23	35.17	2
焦作市	66.38	36.91	618.50	11.43	1
濮阳市	7.60	−46.48	109.38	−10.71	1
许昌市	44.57	0.2	479.15	0.42	0
漯河市	4.01	25	41.21	60.98	1
三门峡市	40.88	23.27	553.31	32.32	7
南阳市	137.03	8.11	1 545.24	15.87	6
商丘市	36.82	−14.55	334.49	−28.95	7
信阳市	67.14	7.76	722.40	10.69	2
周口市	14.19	−29.34	270.60	2.91	4
驻马店市	67.09	34.7	630.33	33.48	4
合计	1 171.55	16.76	13 766.02	19.04	14

2011年1～12月份水泥企业完成工业总产值653.23亿元，比去年同期增长54.03%；销售产值642.96亿元，同比增长61.46%；产品销售率98.43%；全省水泥企业固定资产投资完成额74.16亿元，同比增长2.55%；完成利税总额98.12亿元，同比增长67.67%；利润总额69.60亿元，同比增长77.86%；企业亏损17个，企业亏损额1.20亿元，同比减少31.43%。

【重点工程】

安阳中联日产5 000吨水泥熟料生产线投产

2011年1月18日，安阳中联日产5 000吨新型干法水泥熟料生产线点火投产，该项目投资7.2亿元，配套建设纯低温余热发电，该生产线是一条集高效、节能、环保、利废于一体的现代化新型干法水泥熟料生产线，年生产优质熟料180万吨，水泥260万吨，年发电量6 111万千瓦时。

安阳中联水泥有限公司是中国建材集团水泥板块——中国联合水泥集团有限公司旗下的核心企业之一，其前身为河南安阳海工水泥厂。该企业地处安阳县境内，地理位置优越，矿产资源丰富，有着得天独厚的区位优势、资源优势和战略优势。秉承中国建材集团"善用资源、服务建设"的核心理念，积极倡导"创新、绩效、和谐、责任"的企业文化，以"团结拼搏、锐意创新、争创一流"的企业精神，科学规划企业未来，以更加优秀的经营业绩，服务社会、回报社会。

"豫龙同力"日产4 500吨水泥熟料生产线二期投产

2011年1月19日，驻马店市豫龙同力水泥有限公司二期日产4 500吨生产线点火投产。该项目投产后，豫龙同力水泥可实现年生产规模600万吨，实现销售收入16亿元，成为豫南地区最大的水泥生产企业。

豫龙同力水泥有限公司是由河南同力水泥股份有限公司和市投资公司共同投资建设的现代化大型水泥生产企业，是河南省实施水泥结构调整的重点建设项目，也是驻马店市委、市政府确定的重点建设项目。公司成立于2003年8月，一期工程已于2005年5月25日点火投产，二期工程于2010年3月1日正式开工建设。两期工程全部建成投产后，各项生产经营指标将居于全国领先水平。

"河南永安"日产5 000吨水泥熟料生产线投产

2011年2月，河南永安水泥有限责任公司日产5 000吨水泥熟料生产线点火试生产，该生产线设计产能为年产水泥熟料155万吨、成品水泥260万吨，采用新型干法水泥生产新工艺、丹麦史密斯公司的立磨作为原料粉磨设备、德国西门子公司的DCS系统作为计算机控制系统、国内先进的大型大布袋除尘器作为环保设备，真正做到了技术成熟、系统安全、节能环保、运行稳定；该项目被列为河南省"十一五"重点项目、工业废渣综合利用项目，是国家发展循环经济的鼓励支持类项目。每年可利用煤矸石10余万吨、粉煤灰70余万吨、脱硫石膏1万吨，余热发电6 000余万千瓦时。

河南永安水泥有限责任公司是河南省大峪沟煤业集团和巩义市二电厂合资6.8亿元，共同兴建的一个现代化水泥企业。位于巩义市工业示范区芝田镇，毗邻310国道，东距省会郑州80公里，西距古都洛阳65公里，位居"郑汴洛城市工业走廊"中心地带，地理位置十分优越。生产线投产以后，满足了周边地区对高端水泥的需求，有力地推动了地方经济发展，增加了社会就业率。

"禹州锦信"日产5 000吨水泥熟料生产线投产

2011年3月，禹州市锦信水泥有限公司日产5 000吨新型干法水泥熟料生产线点火，年可生产优质熟料180万吨、通用水泥120万吨、发电6 700万千瓦时的产能。

禹州市锦信水泥有限公司是"杭州锦江"与"河南正泰"共同出资兴建的大型新型干法水泥生产企业。公司位于禹州市苌庄，座落于S325省道旁，西距苌庄乡政府所在地300米，紧邻永登高速苌庄站，距郑州市区100公里，距登封、禹州市区30公里，交通十分便利。

"焦作千业"日产4 500吨水泥熟料生产线二期投产

2011年3月30日，焦作千业日产4 500吨水泥熟料生产线二期一次点火试车成功。该生产线采用具有国际先进技术水平的带五级悬浮预热器(DD炉)的窑外分解干法水泥生产工艺，由中央控制室通过DCS系统进行全程控制，原燃料及生料采用均化措施，主要主机设备和计量设备由国外进口。

焦作千业水泥有限责任公司是焦作地区最大的水泥生产企业，厂区占地600余亩，矿山面积3 000余亩，一期日产5 000吨干法水泥熟料生产线，于2006年2月26日开工建设，2007年2月建成投产，经过几年的生产经营，已经奠定了焦作地区水泥行业龙头企业的地位。第二条日产4 500吨熟料新型干法水泥生产线于2010年全面开工建设，2011年3月建成投产，千业水泥已达到日产水泥熟料1万吨，成为豫北地区最大的水泥生产企业之一。公司拥有先进的质量控制、检验设备，建立了完善的安全生产、销售、质量、物流管理制度。通过了质量管理体系、职业健康安全管理体系和环境管理体系认证。水泥质量、节能降耗及消烟除尘指标均达到了先进水平。

河南孟电集团日产5 000吨水泥熟料生产线六期投产

2011年6月，河南孟电集团日产5 000吨水泥熟料生产线六期顺利点火。

河南孟电集团是以河南孟电热力有限公司为母公司组建起来的，以电力、水泥、房产为主导产品的大型现代化企业集团。现拥有固定资产近50亿元，职工3 000余人。河南孟电集团水泥有限公司隶属河南孟电集团，位于辉县市孟庄镇工业园区，占地750余亩，固定资产12亿元，员工1300余人，其中专业技术人员300余人。现有2条日产1 000吨、2

条日产 3 000 吨、1 条日产 4 500 吨、1 条日产 5 000 吨 6 条新型干法旋窑生产线，年产量可达 600 万吨。是全国较大的新型干法水泥生产基地。主要生产优质“孟电”牌 P·O42.5、P·O52.5 和中热硅酸盐水泥。

“沁阳金隅”日产 2 500 吨综合利用电石渣熟料生产线投产

2011 年 12 月 31 日，沁阳金隅日产 2 500 吨综合利用电石渣水泥熟料生产线顺利点火成功。该生产线于 2011 年 4 月 16 日正式开工建设，经过 8 个半月的艰苦努力，实现了点火目标，创造了同行业同类生产线自开工到点火时间最短的纪录。该生产线目前是全国最大的电石渣制水泥生产线，是典型的循环经济和低碳经济示范线。生产线所有设备均采用 DCS 集散控制系统，生产过程全部实现自动化，工艺和设备均达到国内先进水平，

沁阳金隅水泥有限公司成立于 2010 年 3 月，位于沁阳市沁北工业集聚区，由北京金隅股份有限公司和昊华宇航化工有限责任公司共同出资组建，是“北京金隅”在河南投资的首家水泥企业。项目采用国际上先进的窑外分解工艺，利用昊华宇航公司排放的工业废渣电石渣为原料，年消耗电石渣 113 万吨，粉煤灰、脱硫石膏等沁北工业区的其他工业废渣 40 万吨，与常规石灰石水泥生产线相比不仅消纳大量电石渣，而且每年少排放二氧化碳 50 余万吨。投产后预计年产高标号水泥 100 万吨，水泥熟料 77.5 万吨，年销售收入约 3 亿元，年创利税 6 000 万元，提供就业机会约 200 人。具有较好的经济效益和巨大的社会效益，符合国家产业结构调整的要求，具有广阔的市场和发展前景。

【重要活动】

1.编制了《河南省“十二五”水泥工业发展规划》(征求意见稿)

《规划》初稿已于去年年底通过了工信厅组织的专家初步论证工作，根据专家组意见，协会今年重新对规划进行了修改，补充完善了新的内容，基本完成了《规划》(征求意见稿)。

协会在接到省工信厅编写《河南省“十二五”水泥工业发展规划》任务后，专门成立了规划编写组，通过调研省内多家重点水泥企业，在总结“十一五”期间河南省水泥取得的显著成效及在发展过程存在的问题的基础上，提出了我省水泥工业“十二五”期间的总体发展思路、发展目标、行业任务以及相应的保障措施，为政府相关职能部门对行业发展正确引导、宏观调控提供准确可靠指导依据。

2.组织开展全省水泥企业化验室合格证换证工作

水泥产品质量直接关系到建筑、构筑物的安全，关系到人民生命财产的安全，工信部新颁布的《水泥行业准入条件》要求水泥(熟料)企业要按国家颁发的《水泥企业质量管理规程》建立完善的化验室，并取得化验室合格证，河南省大部分水泥企业化验室合格证 2011 年底即将到期，配合省工信厅协会全面开展全省水泥企业化验室的换发证工作。制定了全省水泥企业化验室换发证工作管理办法，开展企业咨询服务、申报资料的初步审查工作，针对企业申报资料中存在的问题提出了具体的修改意见，同时对申报国家建筑材料联合会化验室合格证的企业进行登记备案工作。

2012 年

【概况】 全省水泥生产企业 215 家，12 月份产量完成 1 341万吨，1～12 月累计产量 14 934 万吨，累计同比增长 13.40%。继江苏(17 030 万吨)、山东(15 739 万吨)之后，位居全国第三位。

表1　2012 年 1～12 月各市水泥产量　　单位：万吨

地市名称	本月产量	本月增长率(%)	累计产量	累计增长(%)	企业个数
郑州市	216.31	28.39	2 321.56	7.84	31
开封市	15.44	51.43	117.09	34.38	3
洛阳市	64.69	0.12	824.83	10.63	11
平顶山市	127.66	24.83	1 285.33	16.49	11
安阳市	99.21	−29.61	1 479.26	−31.48	22
鹤壁市	43.54	8.86	473.39	5.59	12
新乡市	162.95	25.15	1 825.06	34.27	21
焦作市	74.02	11.51	718.48	16.17	11
濮阳市	8.30	9.21	115.92	5.99	2

续　表

地市名称	本月产量	本月增长率(%)	累计产量	累计增长(%)	企业个数
许昌市	102.61	130.22	913.22	90.59	17
漯河市	3.65	−8.94	45.30	9.92	1
三门峡市	28.20	−31.02	665.56	20.29	7
南阳市	172.50	25.88	1 833.45	18.65	27
商丘市	48.73	32.36	411.99	23.17	7
信阳市	68.92	2.64	747.89	3.53	11
周口市	12.34	−13.04	147.64	−45.44	2
驻马店市	74.34	10.79	693.56	−12.29	14
省直辖县级	10.93	−47.49	234.77	−23.64	5
合计	1 340.99	15.28	14 934.31	8.01	215

2012 年 1～12 月全省水泥企业完成工业总产值 720.83 亿元，比去年同期增长 9.24%；销售产值 709.03 亿元，同比增长 9.22%；产品销售率 98.36%；出口 19594 吨，累计增长 26.41%，出口金额 3 788.15 万元，累计增长 49.59%；出口交货值 2 106 万元，同比增长 22.59%。固定资产投资完成额 57.31 亿元，同比下降 22.72%；完成利税总额 91.29 亿元，同比增长 2.19%；利润总额 63.86 亿元，同比增长 3.69%；企业亏损 20 家，企业亏损额 1.08 亿元，同比下降 10.86%。利税和利润总额位居全国第二位，占全国利税和利润总额的 8.41%和 9.72%。

【重点工程】

河南锦荣水泥有限公司二期日产 4 500 吨生产线点火投产

6 月 29 日，河南锦荣水泥有限公司二期工程点火投产。该公司新型干法水泥项目设计日产 4 500 吨熟料生产线 2 条、总投资约 11 亿元。其中一期工程投资约 5.5 亿元，采用国内先进的新型干法水泥生产工艺和窑尾纯低温余热发电技术，年产熟料 139.5 万吨，水泥生产能力达 180 万吨，发电量 6 000 万千瓦时。二期工程于 2011 年 5 月 19 日开工建设，该项目全部建成投产后，可形成水泥生产能力 400 万吨，余热发电 1.2 亿千瓦时，新增销售收入 9 亿元，实现利税 3.5 亿元，将成为豫西及黄河金三角地区规模较大的水泥生产企业。

天瑞集团禹州水泥公司二期日产 5 000 吨生产线点火投产

2012 年 9 月，天瑞集团禹州水泥有限公司浅井分公司(禹州二期)日产 5 000 吨生产线点火投产。公司二期工程项目位于禹州市浅井乡北董庄与陈垌村交汇处，总投资 6.9 亿元，主要工程包括一条日产 5 000 吨新型干法水泥熟料生产线和一座 9MW 纯低温余热电站，项目建成投产后，可年生产水泥 200 多万吨，发电量 1.2 亿千瓦时，实现销售收入 4 亿多元，利税 1.2 亿元。

【重要活动】

一、组织完成《“十二五”河南省建材工业节能减排专项规划》编制工作

节能是我国经济和社会发展的一项长远战略方针，也是当前一项极为紧迫的任务。为指导全省建材工业开展节能降耗，推动节能型社会建设，实现“十二五”节能目标，促进能源可持续利用和经济社会可持续发展，根据《河南省国民经济和社会发展第十二个五年规划纲要》，受省工信厅委托协会负责组织撰写《“十二五”河南省建材工业节能减排专项规划》。协会在广泛深入企业调研、认真听取行业专家意见的基础上，已经全部完成《规划》的编制，已经省工信厅正式发布实施。

二、竞标参与河南省新型工业化发展研究课题

协会竞标参与了省政府委托省工信厅组织的河南省新型工业化发展研究的子课题《河南省建材及新型建材产业发展研究》，现已通过了工信厅组织的专家初步论证工作，协会根据专家提出的意见进一步修改完善，并提交最后报批稿，该研究将为政府相关职能部门对河南省建材及新型建材工业的发展宏观调控、科学引导提供准确可靠指导依据。

三、积极配合上级主管部门的推荐评选活动

1. 根据中国水泥协会《关于组织评选“2011 年全国水泥企业优秀总工程师”的通知》要求，协会认真做好河南地区 2011 年度全国水泥企业优秀总工程师的申报工作。

2. 根据人力资源部和社会保障部、中国建材联合会《关于评选全国建材行业先进集体、先进工作者和劳动模范的通知》(人社部函[2012]238 号)精神，认真做好河南省评选推荐工作。

四、对建材行业国家职业资格证书实现全国联网查询

为促进建材行业职业技能鉴定工作，提高证书管理水平和服务水平，防止和打击假冒职业资格证书行为，维护国家职业资格证书的权威性和严肃性，根据人力资源和社会保障部《关于做好职业资格证书查询系统建设工作的通知》要求，国家建材职业技能鉴定指导中心对历年证书数据进行了整理汇总并上报人力资源社会保障部，经过反复协调技术支持单位等一系列工作后，目前，2010 年前在国家建材行业职业技能鉴定指导中心取得的国家职业资格证书已实现全国联网查询。2010 年后的数据正在逐步更新。

湖北省

Hubei Province

2011 年

【概况】 2011 年，湖北水泥工业呈平稳健康发展态势，在水泥总产量增长趋缓的情况下，实现经济规模的快速扩张和经济效益不断攀升，主要经济指标创历史最好水平。截止到 2011 年底，全省规模以上水泥企业 131 家，从业人员 3.78 万人；其中新型干法水泥生产企业 41 家，预分解窑水泥熟料生产线 60 条，新型干法水泥熟料年生产能力 6 000 万吨。全年水泥工业实现总产值 452.55 亿元，同比增长 61.65%（以下皆为同比增长），工业增加值增长 27.20%，超过全国平均增长率 4.53 个百分点。销售产值 435.27 亿元，增长 40.74%。全省水泥总产量 9 343 万吨，增长 10.3%，（采用湖北省统计局数据）居全国第 8 位；其中水泥熟料产量 5 724 万吨，增长 6.78%，居全国第 10 位；预分解窑熟料产量 5 152 万吨，占水泥熟料总产量的 90.01%，超过全国平均水平 3.71 个百分点。

【经济运行特点】

1.水泥月产量波动小于往年

全年月产量基本稳定在 850 万吨左右，除 1～2 月份外，4 月产量 773 万吨，全年最低；12 月产量 972 万吨，全年最高。水泥熟料月产量震幅高于水泥月产量，除 1～2 月外，7 月产量 372 万吨，全年最低；12 月产量 570 万吨，全年最高。按照水泥熟料产量与水泥产量比例推算，全年由省外输入湖北的水泥熟料约 1 000 万吨左右，进一步抑制了湖北水泥熟料产能发挥。

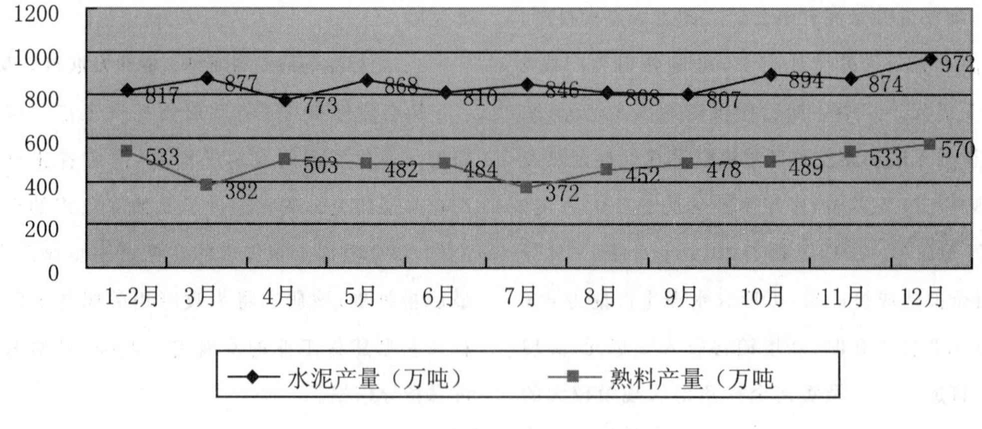

2011 年湖北省水泥及熟料月产量走势图

2.经济效益大幅攀升

湖北水泥工业全年共实现利润 49.67 亿元，增长 154.67%，高于全国平均增长率 87.6 个百分点，占全省建材工业利润总额的 45.13%；实现利税 70.31 亿元，增长 112.87%，高于全国平均增长率 54.94 个百分点，占全省建材工业利税总额的 42.62%。

3.水泥工业投资比重持续下降

2011 年，湖北水泥工业完成投资 52 亿元，增长率 6.33%；占全省建材工业投资总额的 9.3%，比上年下降 4.31 个百分点。建筑砌块、石材工业非金属矿物制品、建筑陶瓷和卫生陶瓷、水泥制品与砼结构构件等行业投资绝对额已超过水泥工业。

【主要问题】

1.水泥工业产能过剩局面没有根本改观

受市场需求不足和外省大量输入水泥熟料的双重影响，湖北水泥窑线企业产能发挥约70%左右，而近期长江沿线陆续有新的水泥生产线投产，将有可能打破包括湖北在内的长江沿线水泥市场暂时维持的供需平衡。

2.水泥工业经济效益有下行趋势

主要表现为水泥价格逐步回落，通用水泥平均出厂价由6月341元/吨下降到12月328元/吨；规模以上水泥企业利润由9月全年最高7.1亿元，下降到12月2.2亿元，接近全年最低盈利水平。

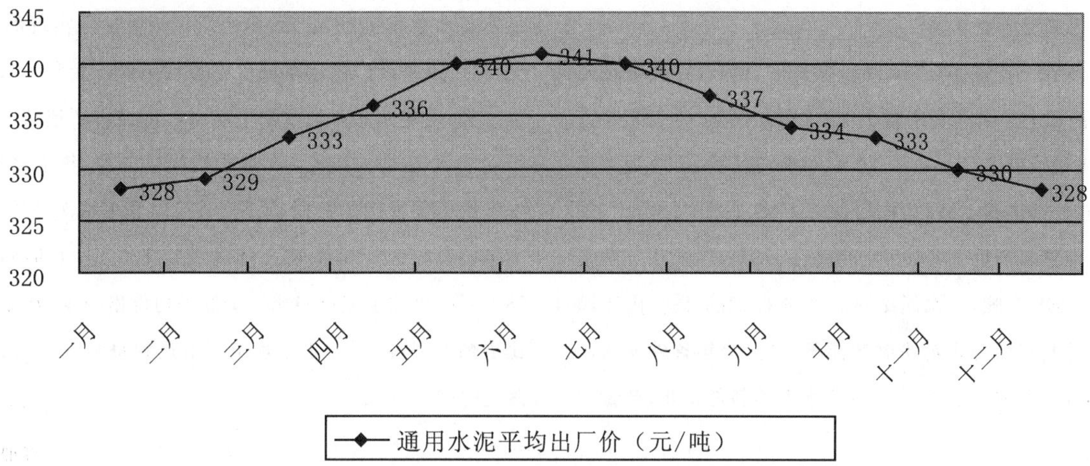

2011年湖北通用水泥平均出厂价走势图

3.产业集中度偏低

2011年，湖北规模以上水泥企业131家，除窑线企业和特种水泥企业外，仅粉磨企业就有87家，由于宏观经济环境及其他因素影响，企业兼并重组进展迟缓，完成兼并重组的企业数少于上年。

【湖北名牌】　11月14日，湖北省实施质量兴省战略工作领导小组办公室、湖北省质量协会发布公告，华新水泥股份有限公司生产的保垒牌水泥；来凤县金凤建材工业有限责任公司生产的金凤牌水泥；大冶尖峰水泥有限公司生产的尖峰牌水泥；湖北钟厦水泥股份有限公司生产的钟厦牌水泥；崇阳县昌华实业有限公司生产的慧安牌水泥等5家水泥企业产品被评为2011年度湖北名牌。

【淘汰落后产能】　11月21日，省经信委、省发改委、省物价局、华中电监局组织专家对“湖北省第二批执行差别电价企业名单”进行复审，武汉市黄陂区木兰水泥粉磨制造有限公司、黄石市秀嘉水泥有限公司等20家水泥企业被列入限制类名单。12月29日，湖北省淘汰落后产能工作领导小组办公室发布《湖北省2011年度淘汰落后产能验收情况公告》，全省共淘汰落后水泥产能299.8万吨，共涉及丹江口市湖北乐门水泥有限公司、竹山县康华建材有限公司等16家企业，共关闭和拆除机立窑19座，旋窑4座，磨机20台。

【科技创新】　11月15日，2011年度“华新杯”全国建材行业技术革新奖评审会评审结果公布，华新水泥股份有限公司提交的“水泥窑协同处置三峡漂浮物”项目获技术开发类一等奖。

2012年

【概况】　2012年，湖北省水泥工业规模以上企业144家，从业人员41 034人，水泥产能约1.2亿吨。全省现有新型干法水泥熟料生产线60条，年新型干法水泥熟料产能6 300万吨；现有其他窑型水泥熟料产能600万吨。全省水泥粉磨企业87家，粉磨企业水泥产能约2700万吨。

【经济运行情况】　受宏观经济增速放缓、房地产调控力度加大、水泥市场需求疲软等不利影响，湖北省水泥工业经历了近三年最为困难的时期，主要表现为产能过剩进一步加剧，水泥价格持续下跌，企业库存增加。但随着四季度国家稳增长政策效应逐步显现，水泥价格结束连续8个月单边下行之势，出现企稳反弹的回暖迹象。全年水泥工业走势主要有以下特点：

1.经济增长速度减缓

2012年，全省规模以上水泥企业共实现工业总产值

524.92 亿元，增长 5.39%；实现销售产值 521.13 亿元，增长 5.84%，分别低于上年 56.26、34.9 个百分点。由于开年后，水泥价格一路走低，致使水泥工业产值、产量走势出现背离，在产量稳步增长的形势下，产值增长率却不断下降，由 1～2 月累计增长 33.88%，下降到 1～10 月－5.12%的最低点，年底虽然小幅回升，但水泥工业产值增长率已是 2008 年以来的最低水平。

2.水泥产量再创新高

全年水泥总产量 10 515 万吨，增长 11.09%，首次破亿吨大关，其中 12 月当月水泥产量 1 026 万吨，连续 3 个月超千万吨，为历史记录所未有。黄石、宜昌、鄂州、荆门 4 市水泥产量过千万吨，分别达到 1 598 万吨、1 272 万吨、1 240 万吨、1 085 万吨。水泥熟料产量 6 203 万吨，增长 9.18%；其中预分解窑熟料产量 5698 万吨，占水泥熟料总产量的 91.86%。由于湖北省水泥熟料产能与水泥粉磨产能不匹配，全年省外输入水泥熟料约 800 万吨。全省 12 个生产水泥熟料的市州，产量增长的有 7 个市州，产量下降的有 5 个，其中孝感、鄂州、荆门下降幅度较大，分别下降了 35%、13.57%、9.26%。

3.经济效益大幅下滑

全年共实现利润 35.33 亿元，比上年减少 14.24 亿元，增长率为－28.73%；实现利税 65 亿元，比上年减少 8.12 亿元，增长率为－11.1%。湖北省水泥工业赢利状况受产销平衡、市场变化、季节和天气等诸多因素影响起伏较大，其中 6 月份实现利润 0.29 亿元，全年最低；10 月份实现利润 5.98 亿元，全年最高。全年水泥价格呈现下跌—企稳—反弹—回落走势，自年初始全省水泥平均出厂价经历了连续 8 个月下行，9 月出现企稳迹象，10 月开始快速反弹，年末略有回调。据省经信委发布的数据，强度 32.5 的鄂东水泥平均出厂价，由年初每吨 320 元降至 8 月份每吨 230 元，下降幅度达到 28.13%，每吨水泥价格比一季度平均价格减少 70 元；9 月环比小幅上涨，10 月水泥平均出厂价达到每吨 310 元，12 月回落至每吨 290 元。

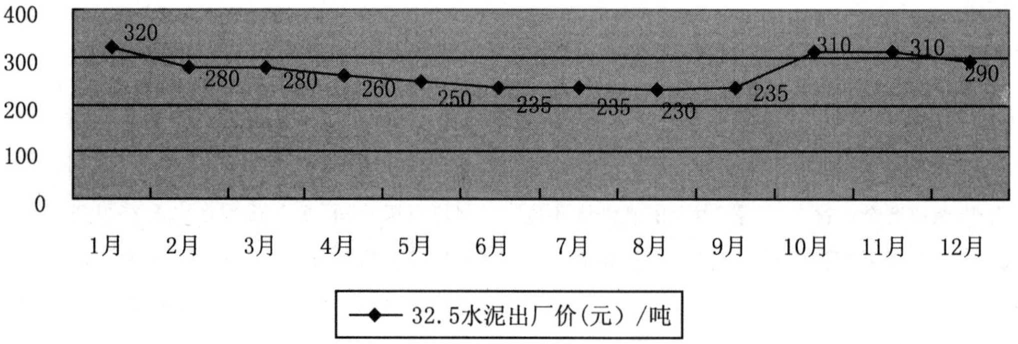

2012 年 1～12 月鄂东水泥出厂价走势图

4. 水泥工业投资由降转升。全年水泥工业完成投资 52.14 亿元，同比增长 0.94%，改变连续两年投资持续下降局面。水泥工业投资结构已发生较大改变，由产能扩张为主，转为节能减排和发展循环经济为主。主要投资在三个方面：一是水泥窑余热发电项目，湖北省发改委当年先后核准及调整了“华新长阳”、“黄冈亚东”、“华新房县”、“黄石四棵”、“黄石成美”、“阳新娲石”6 个余热发电项目；二是加大了资源综合利用方面的投资，湖北省发改委核准了“华新水泥”投资 1.5 亿元的武汉市生活垃圾预处理及水泥窑资源综合利用项目。同时，由“华新水泥”投资 3 000 多万元建设的武汉龙王嘴污泥处置项目于 8 月建成投产，这表明湖北省水泥窑协同处理城市垃圾已经进入产业化运营阶段；三是阳新娲石水泥有限公司日产 4 000 吨、湖北建始泰丰水泥有限公司日产 2 500 吨两条新型干法水泥熟料生产线分别于 3 月和 10 月投产，新增新型干法水泥熟料产能 201.5 万吨。

【兼并重组】 3 月 29 日，葛洲坝集团水泥公司与松滋双七水泥有限公司举行联合重组签约仪式，共同出资组建具有独立法人资格的葛洲坝松滋水泥有限公司。12 月 21 日，葛洲坝集团水泥有限公司与湖北钟厦水泥有限公司签订《资产重组框架合同》，双方拟共同出资在湖北省钟祥市双河镇设立“葛洲坝钟厦水泥有限公司”。其中，湖北钟厦水泥有限公司以部分与水泥生产相关的经营性非货币资产出资，占钟祥公司 49%的股权；葛洲坝集团水泥有限公司以货币出资，占钟祥公司 51%的股权。截止到 2012 年底，葛洲坝集团水泥有限公司独资和控股的新型干法水泥熟料生产线 14 条，水泥熟料产能 1 417 万吨；水泥产能 2 100 万吨。

【淘汰落后】 12 月 26 日，湖北省淘汰落后产能工作领导小组办公室发布《湖北省 2012 年淘汰落后产能检查验收公告》，全年共关停水泥机立窑生产线 14 条，淘汰落后水泥熟料产能 156 万吨；关停水泥粉磨机组 18 套(台)，淘汰落后水泥产能 237 万吨。

【循环经济】 2 月 28 日,“华新水泥”“赤壁市城市生活垃圾预处理及水泥窑资源综合利用一体化项目”正式开工。该项目总投资 9 700 万元,设计日处置城市生活垃圾能力 500 吨。截止到 2012 年底,“华新水泥”在湖北省建成投产的城市生活垃圾、市政污泥和三峡漂浮物处理项目共 7 个,年生活垃圾、市政污泥处理能力 88 万吨,年三峡漂浮物处理能力 15 万立方米。

湖南省

Hunan Province

2011 年

【概况】 2011 年,全省水泥产量突破 9 000 万吨,达 9 328 万吨,同比增长 13.8%;增幅与全国基本持平;生产熟料 5 779 万吨,增长 7.65%,其中新型干法熟料产量 4 331 万吨,同比增长 12.8%;水泥企业区域协同取得良好效果,全省水泥企业均实现盈利,全年实现主营业收入 410.2 亿元,同比增长 39.6%;实现利税总额 59.3 亿元,利润总额 38.5 亿元,创历史最好水平。2011 年全省水泥工业完成投资 75.4 亿元,投产新型干法水泥生产线 6 条,新增熟料产能 740.9 万吨。全省已投产新型干法水泥生产线 57 条,新型干法熟料产能达到 5 778.4 万吨(折合水泥产能 7 512 万吨),新型干法水泥熟料产量占全部水泥熟料产量的比例达 74.98%,同比提高 10.3 个百分点;新型干法水泥产能释放呈快速增长之势,水泥工业由立窑水泥一统天下的局面大幅改观,行业技术结构、组织结构、区域布局得到优化,整体素质进一步提高。

2011 年,全省共完成散装水泥供应量 4 825.64 万吨,全国排名第 10 位;与上年同期相比增加 748.19 万吨,增长速度为 18.35%;水泥散装率达到 52.29%,首次超越全国平均散装率,全国排名第 11 位;散装率同比提高 5.43 个百分点,提高至全国排名第 7 位。2011 年全省预拌混凝土高速发展,全年新增预拌混凝土生产企业 88 家,总数已达 210 家;年搅拌生产能力为 11 765 万立方米,同比增加 5 955 万立方米;2011 年实际生产预拌混凝土 4 168 万立方米,同比增加 1 658万立方米,增速达 66.06%。

2012 年

【概况】 2012 年,全省水泥产量达 10 530.2 万吨,同比增长 13.24 %;增幅高于全国平均 7.5 个百分点;生产熟料 5 785.4万吨,同比下降 3.4%,其中新型干法熟料产量 4 743.8万吨,同比增长 4.8 %,占全部水泥熟料产量的比例为 82%,比上年增长 7 个百分点。水泥工业完成投资 80.8 亿元,同比增长 7.2%。2012 年全省投产的新型干法水泥生产线 8 条,新增熟料产能 995.1 万吨,同比提高 17.2 个百分点。2012 年底全省已投产新型干法水泥生产线 65 条,新型干法熟料产能达到 6 773 万吨(折合水泥产量 8 806 万吨)。水泥排水管、水泥电杆、商品混凝土产量增幅均在两位数以上。湖南省已步入新型干法水泥为主的时代。

2012 年全省共完成散装水泥供应量 5 417.13 万吨,全国排名第 10 位;与上年同期相比增长 591.49 万吨,增速为 12.26%,高于全国增速 1.6 个百分点;水泥散装率为 51.86%,全国排名第 16 位。

2012 年湖南省已建成 2 条普通干混砂浆生产线,另有 6 条生产线在建,全省共推广应用预拌砂浆 66 万吨。

2012 年全省预拌混凝土持续发展,全年新增预拌混凝土生产企业 89 家,总数达 299 家;年搅拌生产能力为 16 145 万立方米,同比增加 4 380 万立方米;2012 年实际生产预拌混凝土 5 033 万立方米,同比增加 865 万立方米,增速达 20.75%。

2012 年全省新增散装水泥发放库 25 座,中转库 4 座,固定接收库 29 座,新增散装水泥专用汽车 183 辆,流动罐 259 个,混凝土搅拌车 1 039 辆,混凝土泵车 160 辆,干混砂浆运输车 1 辆,干混砂浆移动筒仓 8 个,干混砂浆背罐车 1 辆,全省拥有散装水泥铁路专用车辆 633 节,年综合发散能力达 7 000万吨。

广东省

Guangdong Province

2011 年

【概况】

一、生产规模

到 2011 年底，全省共有水泥生产企业 286 家（含粉磨站），水泥生产能力 15 000 多万吨；目前，全省共有熟料生产企业 201 家，熟料总生产能力 9 725 万吨。其中，新型干法水泥熟料生产能力 6 554 万吨，占总生产能力 67.4%。水泥粉磨站 85 家，水泥生产能力 6 400 多万吨。

二、实际产量

1.水泥熟料

2011 年广东省水泥熟料产量为 8 497 万吨，居全国第四位。其中新型干法水泥熟料的实际产量 6 525 万吨，占全省熟料总产量的 77%。

2.水泥产量

2011 年，全省水泥实际产量 12 735 万吨，居全国前六位。

三、水泥销售

2011 年全省共消耗水泥约 13 500 万吨。其中珠江三角洲地区水泥消费量约占全省总消费量的 70%；外地水泥输入广东约 2 000 万吨（含熟料），主要来源于广西自治区。

四、淘汰落后水泥产能

2011 年在超额完成“十一五”淘汰落后水泥产能的基础上，全省继续淘汰落后水泥产能 378 万吨。

五、经济效益

2011 年规模以上的水泥企业完成工业总产值 649 亿元，销售总值为 620 亿元，出口交货值 1.998 亿元，实现利润约 52.46 亿元。

六、水泥企业兼并重组

中国建材湖南南方水泥集团投资 7.5 亿元重组韶关昌山水泥有限公司。

2012 年

【概况】

一、生产规模

到 2012 年底止，全省共有水泥生产企业 253 家（含粉磨站），水泥生产能力 18 200 万吨。全省共有熟料生产企业 151 家，熟料总生产能力 9 272 万吨。其中，新型干法水泥熟料生产能力 7 236 万吨，占总生产能力 78.05%。水泥粉磨站 102 家，水泥粉磨生产能力 8 200 万吨。

二、实际产量

1.水泥熟料

2012 年，全省熟料产量 7 355 万吨，居全国第五位，其中新型干法水泥熟料的实际产量 6 426 万吨，占全省熟料总产量的 87.4%。

2.水泥产量

2012 年，全省水泥实际产量 12 250（统计口径 11 861）万吨，居全国第六位。

三、水泥销售

2012 年全省共消耗水泥约 13 500 万吨。其中珠江三角洲地区水泥消费量约占全省总消费量的 70%；外省输入广东水泥约 1 300 万吨、熟料 740 万吨，主要来源于广西自治区。

四、淘汰落后水泥产能

2012 年全省继续淘汰落后水泥产能 1 135 万吨。

五、经济效益

2012 年统计了规模以上的水泥企业 226 家，完成工业总产值 549.27 亿元，销售总值为 523.8 亿元，出口交货值 17685 万元，实现利润约 25.84 亿元。

六、水泥企业兼并重组

中国建材投资公司并购翁源县中源发展有限公司日产 4 000吨新型干法水泥生产线。

广东省水泥行业主管部门

广东省经济和信息化委员会原材料工业处

联系人：梁荣英调研员

联系地址：广州市吉祥路 100 号

邮政编码：510030

电话：020－83133292

传真：020－83135886

广西壮族自治区

Guangxi Zhuang Zu Autonomous Region

2011 年

【概况】　2011 年全区水泥总产量 7 275 万吨，比上年增长 14.38%，其中旋窑水泥产量 6 109.25 万吨(含粉磨站产量 626.61 万吨)，比上年增长 22.3%，占 2011 年水泥总产量的 83.9%(旋窑水泥产量占水泥总量比例创新高)；比例比上年提高 5.4%，立窑水泥产量 1 166 万吨，比上年下降 14.69%，占 2011 年水泥总产量的 16.03%(立窑水泥产量占水泥总量比例再一次明显萎缩)。熟料总产量 7 004 万吨，比上年增加 19.11%，其中旋窑熟料产量 6 315 万吨，比上年增加 28.25%，占 2011 年熟料总产量的 90.16%；立窑熟料产量 689 万吨，比上年下降 27.85%，占 2011 年熟料总产量的 9.83%。水泥区外销量 2 053 万吨，出口销量 13 万吨。

一、新型干法水泥产能

"十一五"期间，新型干法水泥生产线发展迅猛，2011 年新型干法水泥生产线由 2006 年的 17 条增至 51 条。水泥产能由 2 144 万吨/年增至 8 290 万吨/年，占水泥总产能由 37.3%增至 73.42%。

二、新型干法水泥产量

新型干法水泥产量由 2006 年的 1723 万吨/年增至 6 109 万吨/年，占水泥总产量由 53.06%增至 83.9%。

三、新型干法水泥在建、拟建产能

在建、拟建新型干法生产线 15 条，产能 2 599 万吨/年.

四、落后水泥产能淘汰情况

"十一五"期间，淘汰落后水泥生产能力累计达到 1 015 万吨，超额完成了国家下达的淘汰落后产能 848 万吨的任务。

五、2011 年行检基本情况

1.出厂水泥质量

2011 年，全区出厂水泥质量合格率达到了 100 %；强度等级 42.5 以上高标号水泥产量为 5 295 万吨，占全年出厂水泥总量的 72.78%，比上年略有上升。

2.能源消耗及废料综合利用

能耗统计，按照 GB16780－2007 标准统计，从统计结果看，2011 年，全区水泥企业平均可比熟料综合煤耗 107 千克标煤/吨，可比水泥综合电耗 81 千瓦时/吨，可比熟料综合能耗 111 千克标煤/吨，可比水泥综合能耗 85 千克标煤/吨。符合 GB16780－2007 标准能耗限额限定值要求。部分指标达到 GB16780－2007 标准能耗限额先进值。能耗指标与 2010 年相比基本持平。

在工业废料综合利用方面，在保证产品质量的前提下，合理利用工业废料，全年共计使用各种废料 1238 万吨，占全年水泥掺量的 17.56%，与上年基本持平。极大缓解了广西工业废料排放带来的压力，为社会环境治理做出了应有的贡献。

3.经营状况

2011 年，全区水泥企业实现销售收入 247.116 2 亿元，比上年提高 18.90%；利润总额 37.074 2 亿元，比上年提高 19.64%；利税总额 45.804 0 亿元，比上年提高 26.27%，各项指标均比上年有提高，但增长幅度明显下降。这主要是 2011 年原材料价格上涨，加上产能过剩，售价提不起来。但从检查结果看，各市之间、各企业之间存在着较大的差异，旋窑企业普遍经营情况良好，而立窑企业举步维艰，如梧州市 2011 年利润总额负增长(－11.8 万元)，5 家企业有 4 家企业亏损；百色市 13 家企业有 8 家亏损；河池市 11 家企业有 7 家亏损。全区 143 家立窑企业(含粉磨站 40 家)有 59 家企业亏损。

2011 年度广西企业 100 强名单(水泥企业)

排名	企业名称	营业收入(万元)
29	柳州正菱集团有限公司	419 576
68	广西登高集团有限公司	126 742
69	广西鱼峰水泥股份有限公司	122 313
76	兴安海螺水泥有限责任公司	108 883

2012 年

【概况】　到 2012 年底，全区共有水泥生产企业 198 家，水泥生产能力 11 239 万吨，其中新型干法水泥生产能力 8 790万吨，占全区总产能 78.20%。

2012 年全区水泥产量(统计局数据)9 864.06 万吨，增长 13.1%；保持两位数增长；水泥利润总额 35.74 亿元，比上年同期下降 20.97%，在全国水泥利润总额排名前 5 位。

2012 年新型干法水泥生产线新增 2 条，新增产能 400 万吨，增速明显下降。全区落后水泥产能淘汰 1630.1 万吨。

新型干法水泥在建、拟建产能仍在扩大，目前在建项目 10 条生产线，水泥产能 1 679.58 万吨/年，拟建项目 6 条生产线，水泥产能 1 200 万吨/年，在建、拟建产能共 2 879 万吨，占 2012 年底全区总产能 25.61%。

海南省

Hainan Province

2011 年

【概况】 2011 年，海南省全省生产水泥 1 508 万吨。主要水泥生产企业有海南华盛天涯水泥有限公司、华润水泥(昌江)有限公司、海南昌江鸿启实业有限公司叉河水泥分公司。

海南华盛天涯水泥有限公司有 3 条新型干法水泥熟料生产线及配套粉磨站，水泥产能达到 600 万吨/年，是海南省最大的水泥生产企业。

华润水泥(昌江)有限公司的前身为国投海南水泥有限公司。2011 年，华润水泥(昌江)有限公司有 3 条新型干法水泥熟料生产线及配套设施，水泥产能达到 400 万吨/年，是海南省第二大的水泥生产企业。

海南昌江鸿启实业有限公司叉河水泥分公司有 2 条新型干法水泥熟料生产线及配套粉磨站，水泥产能达到 200 万吨/年，是海南省第三大的水泥生产企业。

【淘汰落后产能】 2011 年，海南省完成淘汰的落后产能有：立窑水泥 78 万吨。其中，拆除立窑水泥生产线 8 条。

2012 年

【概况】 2012 年，海南省 2012 年全省生产水泥 1 672 万吨。海南省主要水泥生产企业有海南华盛天涯水泥有限公司、华润水泥(昌江)有限公司、海南昌江鸿启实业有限公司叉河水泥分公司。其中华盛水泥拥有 4 条新型干法水泥熟料生产线及配套粉磨站，水泥产能达到 1 000 万吨/年。6 月 28 日，海南华盛天涯水泥有限公司日产 10 000 吨水泥熟料生产线建成投产。

重庆市

Chong Qing

2011 年

【概况】

一、重庆主要宏观指标

项　　目	全国指标	同比增长(%)	重庆指标	同比增长(%)	占全国比重(%)	重庆在全国排名
地区生产总值(GDP)亿元	471 564	9.20	10 011	15.4	2.12	
人均 GDP(美元/人)[注]	5 450		5 357	23.51		12
全社会固定资产投资(亿元)	301932.85(不含农村农户)	23.80	7 631.8	30.00	2.44	17
房地产开发投资(亿元)	61 739.78	27.90	2 015.09	24.20	3.26	14

注：1 美元=6.45 元人民币

二、重庆水泥指标

1.统计指标与全国相比

项　　目	全国指标	同比增长(%)	重庆指标	同比增长(%)	占全国比重(%)	重庆在全国排名
水泥产量(万吨)	206 316.43	16.12	4 926.16	9.69	2.39	19
水泥工业总产值(亿元)	8 710.01	41.51	168.02	45.19	1.93	20
水泥销售总收入(亿元)	8 331.05	40.35	161.72	50.86	1.94	20
水泥利润总额(亿元)	933.20	92.58	3.32	140.49	0.36	27
销售利润率(%)	11.20	3.04	2.05	0.76		31
累计应收账款(亿元)	566.81	28.37	9.86	20.20	1.74	19
统计企业数量	3 847		91		2.37	20
亏损企业数量	691	17.96(占比)	35	38.46(占比)	5.07	9

2.调研与统计两大指标比较

项　目	2011 年 12 月	与市统计指标相比增加	2011 年全年	与市统计指标相比增加
熟料产量(万吨)	344	147	3 911	485
水泥产量(万吨)	356	23	5 053	127

注:2012 年 2 月 13 ～14 日,协会办公室电话调研 21 个企业的相关负责人。据调研了解为配合节能减排指标完成,有两个区的水泥企业 2011 年 11 月、12 月都未报熟料和水泥产量;为配合 GDP 指标完成,有的企业被统计多报了。

3.旺季不现产量被减

年　份	月　　产　　量(万吨)												全年合计
	1	2	3	4	5	6	7	8	9	10	11	12	
2009	237	196	283	295	287	301	301	291	301	309	351	386	3538
2010	223	331	307	348	357	376	355	368	399	415	485	527	4491
2011	417	242	442	426	423	486	442	465	476	434	318	332	4926

说明:表中数据来自市统计局

4.价格"扭"曲线,年终归零

①从水泥品种价格看:

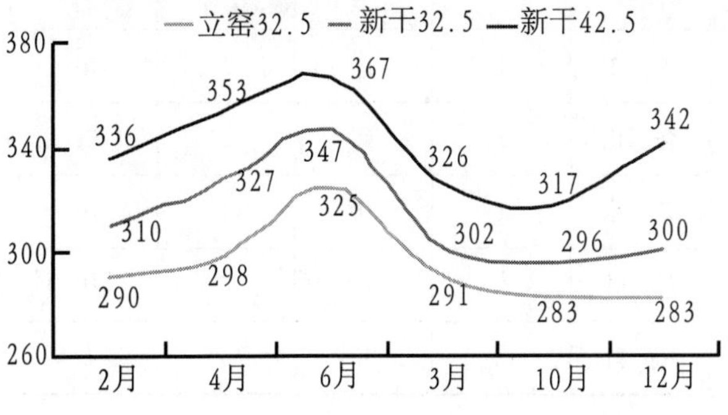

②从区域及水泥品种价格看:

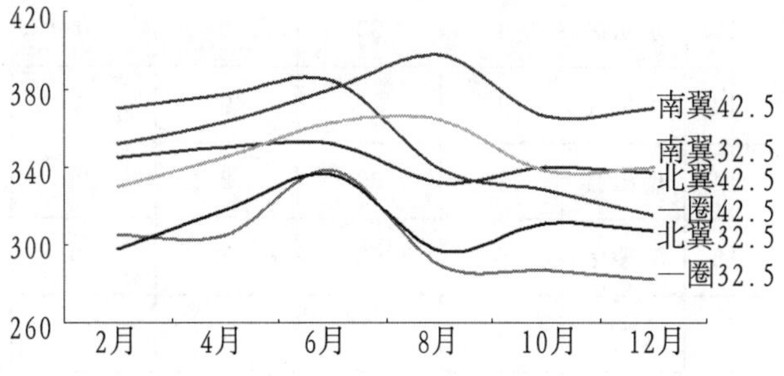

5."8 投 8 停"值得深思

2011年，全市8条新型干法生产线建成点火投产，然而有8条新型干法生产线熄火停窑(简称“8投8停”现象)

①2011年投产点火线

规模(t/d)	生产线(条)	熟料产能(万吨)	水泥产能(万吨)
2 500	1	78	110
3 200	2	200	280
5 000	5	778	1 100
4 238	8	1 056	1 510

②2011年熄火停窑线

规模(t/d)	生产线(条)	熟料产能(万吨)	水泥产能(万吨)
1 000	1	31.0	40
1 200	2	74.4	110
2 500	3	232.5	330
3 200	1	99.2	140
5 000	1	155.0	220
合计	8	592.1	840

说明：两个表中数据来自协会调研。产能阶段性过剩特征明显，“8投8停”就是证明。但为理性释放产能、减少能源消耗奠定了基础。

6.2011年：重庆市“一圈两翼”立窑产能及淘汰落后产能分布

序号	地区	2011年产能及企业分布		2011年淘汰产能及企业分布		序号	地区	2011年产能及企业分布		2011年淘汰产能及企业分布	
		企业数量	产能(万吨)	企业数量	产能(万吨)			企业数量	产能(万吨)	企业数量	产能(万吨)
重庆市		60	966	43	624	北翼合计		23	320	12	139
一圈合计		31	571	22	394	16	万州区	3	28	0	0
1	大渡口	1	30	1	10	17	云阳县	6	84	0	0
2	九龙坡	1	10	1	30	18	开县	1	10	7	64
3	沙坪坝	1	10	3	78	19	梁平县	3	30	1	10
4	北碚区	0	0	2	40	20	垫江县	1	10	2	25
5	巴南区	3	68	1	8	21	忠县	0	0	1	30
6	万盛区	1	10	0	0	22	丰都县	3	40	0	0
7	南川区	7	76	1	8	23	奉节县	2	30	0	0
8	綦江县	2	20	0	0	24	巫山县	2	40	0	0
9	江津区	1	20	3	100	25	巫溪县	1	40	1	10
10	合川区	4	140	0	0	26	城口县	1	8	0	0
11	铜梁县	2	45	1	25	南翼合计		6	75	9	91
12	永川区	1	30	0	0	27	黔江	1	10	0	0
13	大足县	1	20	0	0	28	酉阳	1	10	1	10
14	璧山县	1	30	2	25	29	秀山	1	10	2	31
15	涪陵区	5	62	7	70	30	彭水	1	10	1	10
						31	石柱	0	0	5	40
						32	武隆	2	35	0	0

说明：表中淘汰落后产能及企业数量中包括：人已走、窑未拆，等政策、复产困难的企业。

7.2011 年：重庆市“一圈两翼”新干投产线及在建线分布

序号	地区	企业数量	生产线(条)	平均规模(t/d)	产能(万吨/年)		序号	地区	企业数量	生产线(条)	平均规模(t/d)	产能(万吨/年)	
					熟料	水泥						熟料	水泥
重庆市		35	55	3 132.73	5 345	7633	北翼合计		6	13	3 930.77	1 584	2 243
一圈合计		20	32	3 146.88	3 124	4490	15	万州区	1	2	3 750	233	330
1	大渡口	1	3	1 867	174	260	16	开县	1	2	3 300	102	140
2	南岸区	1	2	2 250	140	210	17	丰都县	1	2	5 000	310	440
3	北碚区	1	2	2200	136	205				3▲	5 000	465	660 (2012 年上半年投产)
4	沙坪坝	1	1▲	3 200	99	140	18	忠县	1	2	5 000	310	440
5	万盛区	1	1	5 000	155	220	19	梁平	1	1▲	5 000	155	220
6	綦江县	1	2	2 500	155	220	20	奉节	1	1	300	9.0	13
7	南川区	1	1	2 500	78	110	南翼合计		9	10	2 050	637	900
8	江津区	3	5	2 780	431	620	21	黔江	2	1	1 200	37	55
9	合川区	5	8	3 450	856	1 215				1▲	2 500	78	110 (2012 年一季度投产)
10	永川区	1	1	5 000	155	220	22	酉阳	1	1	2 500	78	110
11	铜梁县	1	2	3 750	233	330	23	秀山	2	2	1 750	109	150
12	璧山县	1	1※	5 000	155	220	24	彭水	1	2	2 500	155	220
13	长寿区	1	2	3 250	202	300	25	石　柱	2	2	1 900	118	165
14	涪陵区	1	1※	5 000	155	220	26	武　隆	1	1	2 000	62	90

注：“▲”2011 年末在建线；共 6 条，水泥熟料产能 797 万吨，水泥产能 1 130 万吨“※”该县区只统计了一条新型干法线(因日产 1 200 吨和日产 1 000 吨线已不可恢复)；重庆新干企业数量按区县分布计算。

三、节能减排利废数据

各种利废(万吨)	其中		余热发电占生产线比例(%)	余热发电(万 kWh)	节约能源	减排(万吨)		
	城市生活污水厂污泥	工业污染土　壤			标准煤(万吨)	CO_2	SO_2	NO_x
1 377	5.0	2.0	72	66 637	26.92	66.44	2.00	1.00

四、水泥企业产量排名

2011 年排前 5 名企业为：

第一名　拉法基瑞安(北京)技术服务有限公司重庆分公司；第二名　重庆科华控股集团公司；第三名　重庆小南海水泥厂；第四名　东方希望重庆水泥有限公司；第五名　台泥重庆水泥有限公司。

【认真履职　务实服务】 2011 年，是实施“十二五”规划开局年，是重庆水泥产能集中释放年，也是水泥工业为创全国模范卫生城市做出重大贡献之年，转型调结构和克难攻坚年。一年来，重庆水泥工业经过全体员工的拼博和奋斗，成效较为显著。全年新线投产 8 条，新增产能 1 510 万吨，全市水泥产能达到 7 570 万吨，同比增长 9.7%；其中，新型干法产能 6 503 万吨，同比增长 48.0%，占总产能的 87.1%；立窑产能 966 万吨，占总产能的 12.9%。据国统资料，水泥产量 4 926.16 万吨，同比增长 11.96%；根据协会调研统计，水泥产量 5 053 万吨，同比增长 14.8%；其中，新型干法水泥产量约为 4 632 万吨，同比增长 44.8%；占全年水泥总产量的 91.7%；立窑水泥 421 万吨，占总量的 8.3%。其他在节能降耗、资源综合利用、淘汰落后产能、企业联合重组等均取得显著成效。

2011 年，水泥生产持续发展，产品结构更趋合理，产业结构更加优化。重庆市水泥协会在新型干法水泥超常规快速发展,水泥产能增速远超市场增速,产能过剩越来越严重,水泥行业合理的经济效益受到严重制约的市场格局下,付出了比往年更大的精力,耐心细致地做了大量的工作,充分发挥了协会的桥梁纽带作用,反诉维权作用,自律协调作用,务实服务作用。在引导行业平稳健康发展上,做了一些看得见摸得着的工作。

参与“规划、标准”等起草工作

1.承担了起草《重庆市水泥工业“十二五”发展规划》的工作

根据市经信委建材[2010]2 号文件,即《重庆市经济和信息化委员会关于开展“十二五”建材工业有关专项发展规划编制工作的通知》,明确要求重庆市水泥协会负责编制《重庆市水泥工业“十二五”发展规划》。协会历时一年半,多次易稿,并于 2011 年 7 月中旬正式上报市经信委。

2.主要承担了制定《重庆市水泥单位产品能源消耗限额标准》起草工作

根据中德政府间的有关合作协议:为推进重庆高耗能行业能耗限额新标准的制定和实施,重庆市水泥协会主动与重庆市节能技术中心、德国技术合作公司合作,在大量调研基础上,承担了制定《重庆市水泥单位产品能源消耗限额标准》的起草工作。为办好这项工作,参加中德有关“制标”培训 6 次,召开有关专家座谈会 10 余次,听取专家建议 110 人次,经过近 8 个月的编撰,于 2011 年 6 月上报市质监局。并于 7 月 15 日在网上开始公开征求意见一个月。据悉,2011 年 9 月通过政府网站正式发布,编号为 DB50/403—2011 的新标准从 2011 年 10 月 1 日实施。这是重庆市水泥行业颁发的第一个地方行业标准。

3.参与了重庆市人民政府办公厅《关于印发重庆市水泥工业发展和结构调整实施意见》的制定和修改

4.参与了由市环保局编写的《重庆市大气污染综合排放标准》(草稿)讨论工作

2011 年 10 月 28 日,重庆市水泥协会公开提出了脱离实际,恐难兑现的结论建议。严肃指出:重庆“新标准”(草稿)中“指标”,不但比欧盟排放标准高,而且比国家标准高;不但比我国排放标准执行最好的北京市的标准高,而且还比沿海发达地区广东的排放标准高很多。按照重庆“新标准”(草稿),企业大量的设备投入由谁买单? 并提出了修改的建议。协会发言有理有据,有事有数,被编撰人员所接受,决定采纳协会建议,对“新标准”作了进一步修订。

5.承担了市经信委交办的《结构调整政策宣贯会》

2011 年 11 月 15 日,受市经信委委托,90%以上的企业参加了宣贯会,使参会企业明确淘汰落后产能是历史的必然,明确了淘汰政策、补偿标准、申报程序、申报要求。达到了重庆水泥和谐发展的目的。

二、坚持反映诉求,维护企业利益

1.反映行业呼声,维护行业健康发展

根据企业核准新线,加剧重庆产能过剩的担心,重庆市水泥协会在 2010 年多次向政府有关部门提出停止核准水泥新项目后,2011 年先后撰写论文和建议:《重庆水泥走进“四大”新时期》、《泛珠水泥概况与发展形势》,提出重庆水泥阶段过剩的问题,分别在全国有一些影响的水泥峰会上发言;在《中国水泥》杂志、《中国建材报》上发表;在数字水泥网、中国水泥网、水泥商情网、中国水泥人网等刊出。影响政府政策关注水泥科学发展、健康发展。2011 年重庆市经信委的第 1 号文件,已明确“重庆不再核准水泥新增产能”。从 2009 年 4 季度起,市政府基本上停止了对新线技改水泥项目核准。

2.反映企业呼声,维护企业正当权益

为消除落后产能企业“淘汰落后产能无补偿”的担忧,在 2010 年向市政府连续多次递交《重庆市淘汰落后产能的若干建议》后,2011 年初,在提交政府有关部门汇报材料中,提出了企业以“盼奖励资金市政府也应配套”为中心的“五盼”的诉求,并提出:“重庆作为最年轻的直辖市……已名扬四海、威震全球。淘汰落后水泥产能,市政府出点钱,以奖代补应属情理之中”。在协会坚持反映诉求下,2011 年 3 月和 4 月,重庆市政府颁发了渝府发[2011]38 号和渝办发[2011]95 号文件,落实了“淘汰落后产能地方补偿标准”。

3.为参与创模,鼓励支持协同处置

2011 年 1 月 17 日市经信委分管领导李山林主任就 2010 年 10 月协会向市政府呈递的《重庆市主城区城市污水处理厂污泥处理处置实施方案的建议》批示:“请建材处办理,并将利用水泥窑协同处置固体废弃物作为今年的重点工作来推进”;2011 年 4 月 28 日市政府第 99 次常务会议作出决定,重庆主城区污泥处置 80%以水泥窑协同处置方式为主,并确定了重庆市主城区 6 个处置污泥的水泥企业名单,处置污泥补贴从 100 元/吨,提高到 163 元/吨。2011 年 11 月 18 日,重庆市水务集团分别与重庆主城区 3 个水泥企业(重庆“小南海”、“拉法基瑞安地维”和“重庆富皇”)签定了《污泥处置服务合同》。

4.反映企业诉求,维护企业名誉

2010 年下半年以来,根据 10 多户企业反映,不服重庆市计量质量检测研究院采用《铬渣污染治理环境保护技术规范(暂行)》(HJ/T301－2007)的指标,判定水泥中六价铬含量超标,得出检验结论“为不合格”,企业名誉受到极大影响。协会立即向市经信委和国家有关部门作了反映。2011 年 1 月 6 日,市经信委收到全国水泥标准化技术委员会(2011)水标委便字 002 号,即对“关于水泥中六价铬含量超标问题判定的技术咨询函”的回复:“目前水泥行业还没有标准或规范规定铬渣不能替代原料用于制备水泥生料……”。行业内的反映得以平息。2011 年 11 初，协会又陆续收到多户企业反映：重庆市计量质量检测研究院依据《2011 年第三季度水泥不定期监督抽查实施方案（节选）》，判定水泥中水溶性六价铬项不符合要求，再次判定结论："为不合格、属严重不合格"。为此，协会以重水协[2011]22 号，即《关于水泥产品质量判定标准的请示》，在市经信委建材工业处的大力支持下，分别于 12 月 8 日和 12 月 22 日已直接呈送黄市长和童小平副市长。12 月 26 日，协会收到童小平副市长的批示："请庆轩同志（市政府副秘书长）协调一下，一方面是质量安全，一方面是企业名誉。"协会在收到批示后，于 12 月 26 日立即召开了有相关企业负责人近 30 人参加的"维护行业利益座谈会"，共商呼吁执行国家颁布的水泥标准。

三、坚持不懈引导行业自律

2011 年 1～5 月，因受限电影响，水泥市场趋稳向好，5 月 31 日协会在合川召开的三届六次常务理事（扩大）会议上，协会乐观地以"把握形势，给力自律，增强信心，迎接'春天'"为题作了汇报。而进入 6 月中旬以后，用电放开，近两年建成投产的 17 条新线产能开始集中性释放，供需严重失衡，水泥市场一路走低。引导企业限产减量，推动行业自律工作，成为协会工作一项重要任务。

1.在协会的引导和推动下，2011 年 2 月 17 日，由"涪陵华新"发起，渝东片区 8 户企业主动召开"自律启动会"，共同为水泥价值回归达成共识。

2.2011 年 7 月 19 日，重庆主城区部分大型水泥企业主要负责人共 37 人，由邱会长主持，在协会会议室召开了"节能减排，避峰度夏，让电于民座谈会"，大家积极倡议主动节能减排、让电于民。

3.2011 年 7 月 23 日，包括湖北在内三峡库区 10 多户大型水泥企业主要负责人和营销负责人共 30 多人，在万州凯莱酒店召开"迎峰度夏，让电于民座谈会"。

4.2011 年 11 月 2 日，重庆主城区 6 大企业主要领导，相约协会，参加《寻解座谈会》，共觅"治剩"良策。大家主动自报"停窑减产"时间，研究水泥市场"价值回归"办法。

5.2011 年 12 月 16 日，重庆 11 户大型水泥企业主要负责人，齐聚海南，参加协会召开的"重庆市大型企业形势分析会"。多数参会企业自担责任，自加压力，自报"停窑"时间，自己签字划押，自选监督自律组长。

四、积极牵线搭桥，推进联合重组

为使企业联合重组迈出实质性步伐，协会分别向一些有意愿联合重组的企业，推荐有实力的"海螺""中联"等。并多次助推企业走联合之路。2011 年 4 月 8 日，"中国联合水泥"控股 90％收购"铜梁金江水泥"；2011 年 11 月 2 日，海螺水泥集团成功收购重庆风麟水泥有限公司；2011 年 11 月 10 日，"中国建材"联合重组"重庆科华"正式签署协议。终于使重庆停滞多年的联合重组迈出新步伐。

五、加强区域合作，成功举办"泛珠"峰会

"泛珠"水泥峰会，是国内具有较大影响的区域性水泥论坛，是搭建政府部门、行业协会和水泥企业沟通交流平台。根据中国水泥协会和"泛珠"水泥峰会组委会的要求和安排，重庆市水泥协会于 2011 年 9 月 26～28 日，在维景国际大酒店成功举办"第三届'泛珠'区域水泥峰会"。10 个省区市和香港、澳门等水泥（建材）主管部门、协会和企业精英 200 多位代表出席会议。中国水泥协会、国家工信部产业政策司、中国建材联合会水泥生产许可证审查部等主要领导和嘉宾亲临会议并讲话；重庆市经信委副主任吴光、重庆市民政局社团管理局长刘韵秋光临会议指导并讲话。会议达到了探讨区域水泥产业合作，磋商行业发展热点，推进企业兼并重组的目的。为确保会议成功，重庆市水泥协会进行了反复论证，精心策划，细心准备，认真安排，缜密组织，创造了参会人数、单位、规格、规模"四个之最"。通过"'泛珠'峰会"的承办，不但大幅提升了协会的能力和水平，而且，进一步增强了协会的影响力。受到有关部门和领导高度评价。

六、服务新探索，办好企业专项服务

1.为 10 多个企业推荐水泥先进适用新技术。

2.为多个企业撰写了"可行性研究报告"和完善企业各种管理制度、规章制度。

2011 年，协会以高度的责任心、使命感，认真履职，务实服务，以高效快捷的工作，进一步增强了对政府部门的影响力，对会员企业的凝聚力，对社会群众的感召力，2011 年，重庆市水泥协会被重庆市民政局再次评为"重庆市全市性行业协会先进集体"。

根据国家统计局 69 户规模以上企业统计，水泥产量 5443.4 万吨，同比增长 16.8％。而根据协会调研 92 户水泥企业统计，生产水泥熟料 3948 万吨，同比增长 15.1％；生产水泥 5276 万吨，同比增长 4.4％：其中，新型干法水泥 5035 万吨（含粉磨产量 354 万吨、立窑粉磨产量 225 万吨），同比增长 8.7％；占水泥总产量的 95.4％。立窑水泥产量 241 万吨，同比下降 4.3 个百分点，占水泥总产量的 4.6％。

2012 年

【概况】　2012 年，在经济下滑压力加大的背景下，重庆经济发展交出了令人满意的"答卷"。GDP、固定资产投产、房地产开发投资分别达到 11 459 亿元、9 380 亿元和 2 508.35亿元，同比分别增长 13.6%、22%、和 24.5%，比全国平均增长水平分别高出 5.8 个、2.3 个和 8.3 个百分点。

水泥属被拉动的产业，它的发展跟着固定资产投资走，2012 年重庆水泥在激烈的市场竞争中，点燃自己，与生态文明建设共舞，同样值得回眸铭记：

水泥产能首次下降。年底水泥总产能 7 600 万吨，同比减少 7.32%。淘汰产能 870 万吨，同比增长 82.39%。

水泥产量 5276 万吨，同比增长 4.4%。本市水泥消费量 4 612 万吨左右，同比减少 3.78%。合川产量突破千万。合川水泥产量 1 062 万吨，同比增长 32.8%。

自愿停窑抑制过剩。全年 9.5 条生产线自愿停窑，减少熟料生产 766 万吨。

千方百计拓展市场。38 家企业拓展周边市场，销往市外水泥 815 万吨，销熟料 162 万吨。

循环经济生态建设立功。新型干法吨熟料标煤耗 112 千克，同比下降 3.45%；余热发电 10.73 亿千瓦时，年节约标煤 42 万吨，年分别减少 CO_2、SO_2、NO_x 排放为 104 万吨、3.1 万吨和 1.56 万吨；水泥行业资源综合利用各种废弃物 1 580万吨，并利用水泥窑协同处置城市生活污水厂污泥 10.5 万吨；12 个企业 17 条生产线建设“分级燃烧＋SNCR”脱硝装置，为贯彻 D1350/418－2012《重庆市大气污染物综合排放标准》奠定了坚实基础。

行业效益巨额亏损。水泥全行业亏损 1.05 亿，名列全国榜首，其根本原因：产能过剩、供给过剩、竞争过度、价格离谱。

综上所述：2012 年重庆水泥实现了社会效益和环境效益的统一，却留下了经济效益严重缺失的遗憾。

2012 年，全行业在节能减排、转型升级有了突破性进步。全市日产 2 000 吨以上新型干法水泥熟料生产线共计 44 条，37 条已建成投运余热发电。全年共余热发电 10.73 亿千瓦时，以此计算全年减少灰渣排放 28 206 吨，节约标煤 418 948 吨，/减少 CO_2排放 1 033 889 吨，减少 SO_2排放 31 110 吨，减少 NO_x 排放 15 555 吨。新型干法吨熟料平均标煤耗达到 112 千克，比上年下降 4 千克，仅此一项，全年节约标煤 15 488吨。全行业主动担当社会责任，利用水泥窑协同处置城市污水处理厂的污泥 100 500 吨，协同处置被污染土壤 4 000 吨；资源综合利用城市各种废弃物 1 580 万吨；建设“分级燃烧＋SNCR”脱硝装置 17 套，为贯伤 DB50/418—2012《重庆市大气污染物综合排放标准》，使水泥企业 NO_X 排放浓度达到 350 毫克/标立方米，奠定了基础。

2012 年，遏制新增产能 400 万吨，抑制供给过剩 1 000 万吨；淘汰落后产能 870 万吨，创历史之最。

【认真履职 务实服务】 2012 年，在水泥市场“趋冷”，行业发展环境“趋劣”，企业节能减排“趋严”的格局下，重庆市水泥协会辨证看、务实办，认真履职，把服务企业作为协会工作第一要务，抓住企业最棘手、诉求最强烈的问题，优质服务，喜见成效，彰显了协会价值和影响力。

一、加大宣传，为水泥企业正名摇旗呐喊做贡献

为摘掉长期戴在水泥企业头上“三高”(高能耗、高排放、高污染)帽子，改变社会对水泥“浓烟滚滚黑山烈水”的印象，大力宣传水泥企业在转变发展方式、调整结构、节能减排和实现可持续发展上取得的显著成绩，重庆市水泥协会在全国各水泥网站、《中国水泥》杂志、《中国建材报》等媒体，先后刊发了《三大法宝引领水泥科学发展》、《重庆水泥伴直辖成长——转型升级中的重庆水泥》等文章，动员记者要在《重庆日报》、《重庆商报》刊发行业节能减排、节能降耗、清洁生产的正面文章，例如：《“拉法基瑞安”与重庆共同成长》；《重庆海螺水泥厂像花园一样》；《重庆水泥行业脱硝工程建设紧锣密鼓》等。

二、参与政策制订，为推进行业科学有序发展做贡献

渝办发[2012]62 号文件，即《重庆市人民政府办公厅关于重庆市水泥工业发展和结构调整的实施意见》，是推进重庆水泥工业结构调整、转型升级、创新发展的指导性文件，具有现实性和可操作性。重庆市水泥协会从始至终参与调研、起草和修订工作，为重庆水泥工业的科学发展做了实实在在的工作。

三、以会代训，为引导水泥企业脱硝降氮正确决策做贡献

水泥企业脱硝，在国家新的水泥工业大气污染排标未制订、脱硝技术路线不成熟、脱硝鼓励政策不明确的情况下，企业有许多困惑和疑问时，重庆市水泥协会联合《水泥在线》网于 2012 年 6 月 26 日至 27 日在重庆维景大酒店共同举办了“2012’西部水泥脱硝技术研讨峰会”，参加峰会的有重庆水泥企业法人、专业技术人员近 40 人，以及云南、贵州、四川等省市水泥企业共计 180 余人。峰会特邀中国水泥协会、环保部标准所专家和全球知名脱硝专家瑞士 Waltisberg 先生，以及德国 ERC 公司总经理 Huber 先生，着重介绍了欧洲脱硝标准以及欧洲对脱硝工艺、技术设备的选择案例，对脱硝所带来的二次污染等问题也提出了解决办法，国内脱硝专业公司代表，就国内脱硝设计、设备制造和施工运行等，进行了研讨，达到了以会代训的目的，抓住了企业的急需和即用，为企业了解脱硝降氮机理和选择工艺技术路线做贡献。

四、反映企业诉求，为维护企业合法权益做贡献

反映诉求之一：所谓水泥中六价铬含量超标问题，为企业挽回名誉，免遭质监局无理罚款做贡献

2012年3月5日，重庆市质监局召开了有区县19个质监局负责人、有关专家、教授、大型企业和市水泥协会的代表座谈讨论会，协会秘书长马泽民采用PPT视频投影形式，做了“关于应按‘国家标准’判定水泥产品质量合格与否的报告”的专题发言，公开指出“不能用HJ/T301－2007和GB2762－2005《食品中污染物限量》的标准作为检测水泥产品质量的标准，只能用GB175－2007《通用硅酸盐水泥》标准判定水泥产品质量合格与否”。赢得了与会人员认知。并达成共识：决定由市质监局和市经信委共同撰写报告。这是协会为企业维护权益所作的一件实事，为企业赢得了信誉、赢得了市场，为企业挽回名誉、免遭质监局无理罚款做出了贡献。

反映诉求之二：关于重庆水泥工业氮氧化物排放标准问题，为科学修订和企业操作性强的《重庆市大气污染物综合排放标准》做贡献

正当重庆主城区2012年1月1日起，执行DB50/251～2007《重庆市水泥工业大气污染物排放标准》之际，2012年3月，协会从网上搜到《重庆市大气污染物综合排放标准》（送审稿）和《重庆市大气污染物综合排放标准编制说明》（送审稿）。内容涉及主城区（NO_x 和颗粒物排放浓度为250毫克/标立方米）和影响区（NO_x 排放浓度为350毫克/标立方米）的水泥企业认为：排放标准偏严过高，恐难达到《标准》（送审稿）要求。协会于2012年4月20日以重水协[2012]06号，即“关于科学修订重庆市水泥工业大气污染物综合排放标准的请示报告”分别呈报凌月明副市长和重庆市环保局；6月27日在重庆召开的有环保部环标起草人参加的“2012’西部水泥脱硝技术研讨峰会”上，协会马泽民秘书长以题为《水泥脱硝义不容辞 企业企盼三大支撑》的文章，详细阐述了水泥企业的困惑、疑问和企盼，提出了科学制订标准的建议，得到环保部和重庆市环保局有关部门认可。

反映诉求之三：关于重庆水泥企业执行《重庆市环境保护条例》的问题，为引导企业依法缴纳排污费，减轻不合理负担做贡献

2012年4月以来，协会收到反映：一条日产5 000吨生产线（2011年水泥产量208.5万吨），排污费征管部门按物料衡算法计算，企业上缴了粉尘排污费120.7万元，该企业与《重庆市环境保护条例》第四十五条的规定对照，多缴粉尘排污费113万元。为保护企业合法权益，协会于2012年5月7日向全市水泥企业书面发出：温馨告诫会员企业要用法律保护自身合法权益。指出重庆市环保部门以2004年4月5日发布的从2004年1月1日起执行的渝环发[2004]43号收费文件，已于2007年9月1日起施行《重庆市环境保护条例》后停止执行，“条例”第45条规定：“核定排污费时，对已安装污染源自动监控设备的，以自动监控设备监测的数据为依据，未安装的，以随机监测结果为依据”。

2012年11月10日，协会在集中企业诉求基础上，撰写了《关于依法核定和征收粉尘排污费，减轻水泥企业负担》的报告，报送了重庆市政府副市长凌月明，并抄送市人大法治委、市政府法制办和重庆市经信委。

重庆市治理向企业乱收费乱罚款和各种摊派工作领导小组办公室（简称市减负办）获得信息后非常重视，于2012年11月20日，专门召开了有市建材处、水泥协会秘书长以及14户大型水泥企业的主要领导参加的座谈会，具体听取企业的呼声和建议；又于11月29日，市减负办根据《2012年重庆市减轻企业负担专项行动实施意见》有关开展企业负担状况调研情况，召开了有法制办、市环保局有关部门负责人和市建材处、市水泥协会的领导参加的“沟通信息会：协调水泥行业生产企业反映核定和征收其粉尘排污费中存在的问题；了解重庆市制定并即将实施的《重庆市大气污染物综合排放标准》中涉及氮氧化物排放浓度控制指标的情况。在会议取得共识成果基础上，2012年12月10日市减负办向市减负办领导小组报送了《关于解决我市水泥生产企业普遍反映环保有关问题的意见》的报告。

五、尽管行业自律协调难，但协会仍在努力推

受国家宏观调控和水泥市场需求的影响，2012年开局，水泥市场异常“寒冷”，水泥价格筑底低走，企业效益遭遇重创。一年来，水泥协会尽心搞好协调协同，尽力引导企业诚信自律，尽职组织大企业积极参与，尽责避免价格大战。

1.一季度停窑限产协调协同会，会上统一认识好，会后统一行动也好

2012年1月13日，“一小时经济圈”14户大型水泥企业主要负责人和营销负责人，在协会召开“稳中求进，节能减排，赚钱才是硬道理的迎春座谈会”。经过讨论，形成共识：控制总量，减少供给，搞好自律。在自愿申报企业停窑时间后，签字画押。

2.二季度“分水岭”协调协同会，会上统一认识好，会后统一行动难

6月14日，协会召开了“一小时经济圈”和比邻省部分企业“12＋1”的座谈会。会议主题：“分析形势，协调沟通，节能减排，提高效益”，企业主要负责人和营销负责人30多人参加了会议。经过激烈争论和讨论，参会人员达成一致共识。然而会后具体操作时，特别困难！

四川省

Sichuan Province

2011 年

【概况】 2011 年，四川省认真贯彻省委“高位求进，加快发展”的工作基调，着力强化投资拉动和产业支撑，全省经济保持平衡较快发展，质量效益不断提升。2011 年全省地区生产总值(GDP)突破 2 万亿元，达到21 026.7 亿元，比上年增长 15%；全社会固定资产投资突破 1.5 万亿元，达到 15 141.6 亿元，比上年增长 17.7%，增速比上年提高 4.7 个百分点。2011 年全年生产水泥14 044万吨，同比增长 24.39%；257 户规模以上企业实现销售收入 392.57 亿元，同比增长 39.86；盈亏相抵后的利润总额 16.77 亿元，同比增长 42.10%；利税总额 32.38 亿元，同比增长 32.03%。由于投资拉动水泥需求，水泥行业产销两旺，实现了产量、销售收入和利税持续二位数增长，水泥工业发展的质量和效益取得令人欣喜的成绩。

1.在转变水泥工业发展方式上取得新进展

2011 年，四川省投产新型干法生产线 12 条，年新增熟料产能 1 240 万吨，年新增水泥产能 1 660 万吨。2011 年末全省有新型干法生产线 106 条，年熟料产能 9 293.8 万吨，年水泥产能 12 266万吨。由于新型干法水泥产能开始能满足市场需求，市场机制和市场手段发挥作用见成效，落后产能以较快速度退出水泥行业。据抽样调研，新型干法水泥产量占总产量比重超过 90%，落后产能的水泥产量占总产量比重不足 10%。

2.产量

2011 年，全省水泥产量 14 044 万吨，同比增长 24.39%。四川省 2011 年 1～12 月水泥产量如下表：

单位：吨

区域名称	12 月	比上年同期增长(%)	1～12 累计	比上年同期增长(%)	企业数(个)
全省	11 132 143	2.78	14 0441 583	24.39	257
阿坝	14 400	69.17	62 400	−66.84	2
巴中	279 643	119.79	2 688 935	15.51	6
成都	10 937 65	−0.73	13 287 958	27.77	5
达州	1 034 145	5.05	12 920 724	5.03	24
德阳	1 084 842	45.20	10 417 823	31.61	19
甘孜	6 577	187.46	859 116	3.84	3
广安	784 873	55.15	7 560 784	48.43	11
广元	360 653	−45.59	8 198 078	71.22	10
乐山	1 837 984	2.70	20 800 129	19.82	23
凉山州	502 877	−6.64	5 505 891	7.26	15
泸州	447 497	−19.78	4 965 425	13.59	12
眉山	839 960	11.67	10 566 933	31.99	19
绵阳	808 581	151.23	9 701 530	90.76	23
内江	895 244	−20.31	12 419 593	−2.58	24
南充	55 247	254.38	643 849	−6.78	4
攀枝花	33 008	−32.10	392 998	−35.10	2
遂宁	79 998	153.53	832 694	71.97	3
雅安	319 177	297.00	3 228 335	74.12	8
宜宾	577 352	2.22	7 746 461	43.4	27
资阳	76 320	−46.10	3 989 143	8.84	9
自贡	0	−100.00	3 652 784	−0.14	8

3.企业数量减少 91 个，行业集中度得到提高

2011 年末，四川省规模以上企业 257 个，同比减少 91 个，降幅达 26.2%。规模以上企业平均年产水泥由 2010 年 38.01 万吨，增加到 54.65 万吨，同比增长 43.8%。

由于企业个数大幅度减少，企业平均年产水泥产量大幅提升，使四川省水泥行业集中度得到切实提高。

4.“中建材”在成都成立西南水泥有限公司，开启了四川省水泥行业联合重组，提高行业集中度、加快行业结构调整的新篇章。2011 年 12 月 15 日，中国建材西南水泥有限公司正式揭牌成立，当时已重组了年产能千万吨级利森集团及“东森”、“沽竹”等公司，并与川煤集团签署了合作框架协议。西南公司成立对推动四川省水泥行业联合重组，调整行业产业结构，优化资源配置，提高行业集中度，淘汰落后产能，构建平衡、有序的市场竞争环境，提高省水泥行业发展质量和效益意义巨大。

2012年

【概况】 2012年，四川省认真贯彻省委“稳定增势、高位求进、加快发展”的工作基调，把稳定增长放在突出位置，全省经济延续了近几年快速发展的好势头。2012年全省实现地区生产总值(GDP)23 849.8亿元，按可比价格计算，比上年增长12.6%；全年完成全社会固定资产投资18 038.9亿元，比上年增长19.3%，增速比上年提高1.6个百分点。2012年全年生产水泥13 342.1万吨，同比增长1.8%；245户规模以上企业实现销售收入467.71亿元，同比增长0.87%；盈亏相抵后的利润总额27.43亿元，同比增长0.81%；利税总额46.02亿元，同比增长1.37%。2012年对全国水泥行业来说，是不平凡的一年，是转折的一年，行业实现销售收入8833亿元，同比增长0.06%；实现利润657亿元，下降32.81%，水泥行业告别了高速增长时期，进入到平稳低速增长期。我省水泥行业销售收入、特别是利润同比增长，水泥工业发展的质量和效益取得了令人欣慰的成绩。

1.为提高水泥工业发展的质量和效益打下了扎实的物质基础

2012年，四川省投产新型干法生产线7条，年新增熟料产能759.5万吨，年新增水泥产能987万吨。2012年末全省有新型干法生产线112条，年设计熟料产能10 056.4万吨，其中日产4 000吨及以上生产线占50.25%；年设计水泥产能13 073.3万吨。由于新型干法水泥产能完全能满足市场需求，市场机制有效发挥作用，落后产能快速退出水泥行业，落后产能的水泥产量占总产量比重不足5%；同时新型干法水泥产能中，日产4 000吨及以上生产线占50%以上，为提高四川省水泥工作发展的质量和效益打下了扎实的物质基础。

2.淘汰落后产能成绩显著

2011年末，四川省有规模以上企业257个，到2012年减少到180个，同比减少77个，降幅30.0%。

由于落后产能企业主要依靠市场机制离开水泥行业，确保了淘汰落后产能工作平稳、有序推进，没有发生一件社会不稳定事件。落后产能淘汰，同时又使企业集中度得到切实提高。

3.2012年是四川省水泥行业兼并重组取得重大进展的一年

2012年中国建材西南水泥有限公司在四川成立了西南水泥川北运营中心、西南水泥川南运营中心，嘉华特种水泥集团公司，强势发力加快在四川省水泥行业兼并重组，到2012年末麾下有水泥企业44户，设计水泥产能4 224万吨，占四川省新型干法水泥设计产能的32.3%。星船城公司兼并重组了攀枝花市“钢城瑞丰”、“钢城瑞达”二公司，兼并了宜宾瑞兴实业公司，兼并了眉山市仁寿建宝公司共四户企业，设计水泥产能460万吨；海螺公司兼并了巴中市四川南威公司，设计水泥产能100万吨；华新公司兼并了万源市大巴山公司，设计水泥产能40万吨。

四川省产能排名前八位企业西南公司、峨胜公司、星船城公司、海螺公司、拉法基公司、红狮公司、亚东公司、华新公司八户企业设计水泥产能(不含粉磨站)9 034万吨，占全省新型干法水泥设计产能69.1%。

通过2012年水泥行业兼并重组，对全省水泥行业调整行业产业结构，优化资源配置，转变发展方式，提高行业集中度，抑制产能严重过剩，构建平稳、有序的市场竞争环境，提高行业发展质量和效益将起到十分重要的作用。

贵州省

Guizhou Province

2011年

【概况】

一、工业强省战略

为加快贵州经济发展，2010年11月8日，中共贵州省委、贵州省人民政府决定实施工业强省战略，省政府确定建材是“十二五”重点发展的十大产业之一。

2011年初，省人民政府办公厅印发《贵州省“十二五”建材工业发展规划》，提出到2015年，全省建材产业总产值达到400亿以上，累计完成投资250亿以上，主要产品水泥产量 8 000 万吨以上，水泥散装率达 45%左右……建材工业利用各种工业固体废弃物 3 000 万吨以上。

贵州省经济和信息化委员会编制了《贵州省"十二五"水泥工业发展规划》，进一步明确贵州省水泥工业发展目标：

1.到 2015 年，水泥产量达 1 亿吨，力争达到 1.5 亿吨；水泥散装率达 45%左右。

2."十二五"期末，新型干法水泥产能占总产能的比重力争达到 90%以上；

3."十二五"末，采用低温余热发电的新型干法水泥生产线力争占 80%以上；

4."十二五"末，全省水泥企业平均能耗指标：可比熟料综合煤耗 115 千克标煤/吨，可比水泥综合电耗 93 千瓦时/吨；

5.2015 年利用各种工业固体废弃物达 1 500 万吨以上；

全省各州、市、县，积极招商引资，大办工业园区，能大量利用工业废弃物的水泥厂，往往是工业园区的主要项目。

二、2011 年，全省共生产水泥 5 000.19 万吨，同比增加 35.32%，全省水泥供需基本平衡

三、结构调整

1.全省 2011 年内，共淘汰落后水泥产能 337 万吨。

2.新投产的全是新型干法生产线，2011 年共有 11 条，产能合计 1 360 万吨。

四、节能降耗

1.截止到 2011 年底，全省共有 13 条新型干法水泥生产线配置了纯低温余热发电，总装机容量为 86MW。

2.2011 年，贵州省管理最好的 5 条日产 2 500 吨及以下的新型干法水泥生产线，吨熟料标煤耗算术平均值为 98.82 千克，吨水泥综合电耗均值为 90.07 千瓦时，比 2009 年省内最好的 5 条生产线，能耗均值（吨熟料标煤耗 119.17 千克，吨水泥综合电耗 110.72 千瓦时）下降了 17.1%和 18.6%。

五、全省水泥产能结构及分布见下表

行政区域	机立窑产能（万吨）	小旋窑产能（万吨）	新型干法窑产能（万吨）	合计产能（万吨）
贵阳市	280	15	880	1 175
遵义市	306.8	2	1 000	1 308.8
安顺市	172.8		440	612.8
六盘水市	58.6		500	558.6
毕节市	193	20	800	1 013
铜仁市	106.8		480	586.8
黔南州	153		1 260	1 413
黔西南州	176.4		260	436.4
黔东南州	125.6	10	300	435.6
合计	1 573	47	5 920	7 540

六、兼并重组及外资并购

1.继 2010 年 5 月，台湾水泥股份公司并购香港"昌兴矿业"在中国大陆地区除安徽"巢东水泥"之外的全部水泥产业，位于贵州省安顺市平坝县的贵州安顺昌兴水泥有限责任公司更名为台泥（安顺）水泥有限公司之后，2011 年 3 月，"台泥国际"投资 1 167 万美元买下位于贵州省关岭布依族苗族自治县的"港安水泥"65%股权；2011 年 7 月，"台泥"全资收购香港瑞安集团在贵州的凯里瑞安建材有限公司。

2.中国建材股份有限公司于 2011 年 10 月 24 日，收购黔南州惠水泰安水泥有限公司和黔西南州泰安水泥有限责任公司，2011 年 10 月 31 日收购福泉利森水泥有限公司，2011 年 11 月 31 日收购贵州三都润基水泥有限公司。

3.2011 年 11 月，安徽海螺集团控股贵州六矿瑞安水泥有限公司。

2012 年

【概况】 贵州省水泥工业 2012 年在纷争中发展，脱硝、协同和收购兼并、联合重组是贯穿全年的主题词。

一、结构调整

1.2012 年，全省淘汰落后产能 545 万吨。贵州省经济和信息化委员会 2012 年 11 月 16 日，公示了 2013 年淘汰落后产能计划，其中涉及水泥 50 家企业，63 条机立窑生产线，产能合计 633 万吨。实际上，公示中不少机立窑及部分生产许可证有效期到 2014 年的机立窑，在 2012 年是处于停窑或半停窑状态。

2.全年共有 7 条新型干法水泥生产线投产，其中日产 5 000吨的有 4 条，全部产能合计 1 120 万吨。

二、产量和市场

1.2012 年，全省水泥产量 6 100 万吨，较上年增长 22%。

2.贵阳、安顺、黔南三地在水泥需求淡季，出现大面积库满停窑，其余市、州，产销平衡，一派繁荣景象。由于贵州的社会经济发展，处于高速增长期，就全省、全年而言，供需总体是平衡的。

3.市场协同

2012 年春节前，在供需平衡的情况下，贵阳却是全国省会城市水泥价格最低的洼地，水泥企业在竞争中猛打价格战是根本原因。节后，工地仍然一片冷清，到 3 月份，仍不见市场明显复苏，贵阳、黔南、安顺不少水泥企业库满停窑。现实促使了大家坐下来沟通。市场协同问题,从此频繁出现在水泥行业人士的言语中。

水泥企业地理位置不同,规模不同,设备不同,管理理念不同,企业文化不同,集团公司考核指标不同……太多的不同,造成难以协同,2012 年就在如何协同?谁来协同?协同什么的争执中流淌过去。

三、脱硝

贵州省环境保护厅 2012 年 4 月 13 日印发了《关于加快推进火电行业和水泥行业脱硝设施建设的函》。根据环保部与省政府签订的《贵州省"十二五"主要污染物总量削减目标责任书》,到 2015 年,全省氮氧化物排放总量须在 2010 年基础上削减 9.8%;环保部核定贵州省 2011 年氮氧化物排放量较 2010 年增长 12.24%,(其中水泥行业增长 53.63%),未降反增。为确保完成减排目标,省政府与各市、州签订《"十二五"主要污染物总量减排目标责任书》,对实现氮氧化物控制目标的重点领域:火电和水泥,不论现役还是新建,均要求实施脱硝建设,落实到具体项目,分时段完成。

贵州的水泥企业从未接触过脱硝工程,从 4 月份起,大家议论纷纷,转而外出学习、考察,脱硝因而成为热点话题。

四、协同处置废弃物

1.遵义三岔拉法基瑞安水泥有限公司协同处置生活垃圾

《遵义三岔拉法基瑞安水泥有限公司替代衍生燃料(RDF)项目》于 2011 年 8 月 4 获省环保厅批文后开始实施。项目总投资 3 100.50 万,依托水泥厂日产 5 000 吨熟料新型干法旋窑,协同处理生活垃圾 500 吨/日,其中垃圾衍生燃料(RDF)220 吨/日,垃圾由遵义市欣环公司有偿提供。2012 年 2 月 25 日投料试运行。

2.贵定海螺盘江水泥有限责任公司协同处置生活垃圾

2011 年 1 月 30 日,贵定县人民政府和贵定海螺盘江水泥有限责任公司正式签署了《贵定县利用水泥窑处理城市生活垃圾项目合作框架协议》,贵定县人民政府出资 8 060 万元,贵定海螺盘江水泥公司用日产 5 000 吨熟料的水泥生产线协同处理垃圾,2012 年 11 月 23 日,正式点火投运,年处理生活垃圾 6.6 万吨。

重庆市环境监测中心对项目主要环保指标进行了检测,各项指标远低于国家标准控制范围,除氯收尘机出口二噁英排放浓度 0.016 纳克/标立方米,窑尾烟囱出口二噁英排放浓度 0.00162 ngTEQ/Nm3。

省领导辛维光、王富玉、林明达、唐世礼、宋璇涛、慕德贵及省政府相关部门负责人,州、市、县领导,相继到现场考察、调研。

五、兼并收购、联合重组

1.中国建材股份有限公司 2012 年收购了瓮安县玉山水泥有限公司、贵州纳雍隆庆乌江水泥有限公司、贵州清镇西南水泥有限公司、贵州沿河西南水泥有限公司、贵州广宇水泥有限公司、遵义恒聚水泥有限公司、贵州威宁西南水泥有限公司、贵州科特林水泥有限公司、贵州紫云永昌水泥有限公司、贵州中城水泥有限公司、贵州梵净山金顶水泥有限公司、贵州汇瑞水泥有限公司、贵州渝贵水泥有限公司和贵州织金西南水泥有限公司。

2.中国建材股份有限公司和贵州黔桂集团组建贵州黔桂西南建材有限公司,"中国建材"持股 49%;贵州黔桂西南建材有限公司持有贵州黔桂三合水泥有限责任公司 96%股权、贵州黔桂金州建材有限公司 100%股权、贵州金久水泥有限公司 100%股权。

贵州省水泥工业主管部门

贵州省水泥工业主管部门:贵州省经济和信息化委员会

地址:贵州省贵阳市中华北路 187 号

邮编:550004

水泥工业的方方面面,由省经信委相关处室(规划与投资处,资源综合利用处,产业政策处,节约能源处等)管理,日常工作由省经信委原材料工业处管理。

云南省

Yunnan Province

2011 年

【概况】 云南水泥工业紧紧把握将云南建设成为面向西南开放桥头堡上升为国家战略的历史契机,着力转变发展方式,加快调整优化产业结构,行业发展不断取得新的成绩。2011 年,全省共有水泥生产企业 233 户,其中,建有完整生产线的企业156户，日产700吨及以上规模新型干法水泥企业75户，生产线100条，新型干法水泥熟料生产能力5 851万吨，新型干法水泥比重达到84.20%，为“十二五”开好局，起好步夯实了基础。

一、产量

2011年，全省累计生产水泥6 788.88万吨，比上年净增1 002.74万吨，同比增长17.33%，高出全国增长率5.63个百分点。水泥产销率98.33%，同比下降0.03个百分点。

1.各州市产量

全省16个州市中，有15个州市的水泥产量较上年增长。其中，增幅超过全省平均水平的有昆明市、普洱市、丽江市、保山市、临沧市、红河州、文山州和迪庆州(详见表1)。

表1　云南省2011年分州市水泥产量　(单位:万吨)

行政市	产 量	增长率(%)	自治州	产 量	增长率(%)
昆　明	1 233.82	30.12	大　理	942.79	12.61
曲　靖	1 203.20	6.70	红　河	524.09	19.98
玉　溪	823.57	9.84	文　山	377.10	19.73
昭　通	328.79	10.24	德　宏	186.09	8.17
丽　江	320.92	27.99	楚　雄	106.24	1.92
保　山	276.67	38.27	西双版纳	35.24	8.46
普　洱	256.21	18.70	怒　江	15.79	—19.32
临　沧	91.58	53.07	迪　庆	66.17	258.26

2.重点企业产量

全国重点水泥企业(集团)云南拉法基瑞安建材投资有限公司和云南昆钢水泥建材集团合计生产水泥1 758.10万吨，比上年净增247.47万吨，占全省水泥总量的25.90%，同比下降1.02个百分点。其中：

云南拉法基瑞安建材投资有限公司生产水泥874.05万吨，同比增长0.66%。水泥产量占全省总量的12.87%，同比下降2.14个百分点。

云南昆钢水泥建材集团生产水泥884.05万吨，同比增长37.64%。水泥产量占全省总量的13.02%，同比提高1.92个百分点。

3.骨干企业产量

全省水泥行业骨干企业中，红塔滇西水泥公司产量突破233万吨，昆钢嘉华水泥建材公司产量超过226万吨，继续领跑全行业。远东水泥公司产量达到211万吨，首次进入领跑阵容。三户领跑企业合计产量671.17万吨，占全省总量的9.89%。

跟跑企业产量在120～200万吨之间，企业户数由上年的8户增加至10户。按照产量由高至低的顺序排列依次为：宇恒水泥公司、红河水泥公司、红狮水泥公司、东骏水泥公司、保山嘉华水泥公司、曲靖嘉华水泥公司、壮山水泥公司、大理水泥集团、刘总旗水泥公司、华新水泥昭通公司、合计产量1 541.02万吨，占全省总量的22.70%。全省年产量超百万吨的17户企业名单及排名详见表2。

表2　云南省2011年水泥产量超百万吨企业　(单位:万吨)

排名	企　业　名　称	产　量	备　注
1	云南红塔滇西水泥股份有限公司	233.17	
2	昆钢嘉华水泥建材公司	226.15	
3	云南远东水泥有限责任公司	211.85	
4	曲靖宣威宇恒水泥有限公司	195.03	含所属粉磨站产量
5	云南国资水泥红河有限公司	190.92	含所属粉磨站产量
6	宜良红狮水泥有限公司	176.61	
7	云南国资水泥东骏有限公司	157.27	
8	保山昆钢嘉华水泥建材股份有限公司	153.53	
9	曲靖昆钢嘉华水泥建材股份有限公司	142.59	
10	云南壮山实业有限公司	138.54	
11	大理水泥(集团)有限公司	134.15	
12	云南活发集团刘总旗水泥有限公司	126.77	
13	华新水泥(昭通)有限公司	125.61	
14	云南兴建水泥有限公司	119.88	
15	思茅建峰水泥有限公司	119.70	
16	大理三德水泥有限公司	116.31	
17	云南剑川水泥有限公司	102.31	含所属粉磨站产量

4.散装水泥

2011年,全省散装水泥供应量达2 303.36万吨,比上年净增506.03万吨,同比增长28.15%,高出全国散装水泥增长率9.28个百分点。散装率达35.67%,同比提高3.61个百分点,低于全国16.11个百分点。全省散装水泥供应量增长率高于水泥产量增长率11.82个百分点,继续保持平稳发展的良好势头。

5.出口水泥

在充分满足省内市场供给的同时,根据周边国家需求,沿边企业积极组织水泥产品出口。据省级以上口岸(不含边贸)统计,2011年,全省出口水泥23.52万吨,同比下降20.2%。

6.与全国行业对比

2011年,云南水泥熟料产量和水泥产量持续稳定增长。熟料产量和水泥产量在全国均排名第14位,西部排名仅次于四川、广西,列第3位,双双排位与上年保持一致(西部排名情况详见表3)。

表3　2011年云南省水泥熟料及水泥产量西部排名对照表

排序	熟料产量(万吨)			水泥产量(万吨)		
	省份	产量	增长率(%)	省份	产量	增长率(%)
1	四川	8 937	7.0	四川	14 432	12.4
2	广西	6 856	20.50	广西	8 740	16.4
3	云南	4 625	15.12	云南	6 789	17.33

二、主要经济指标

在水泥产量持续稳定增长的同时,全行业主要经济指标完成向好。但由于原燃材料购进价格上涨幅度过大,生产成本和各种费用不断攀升,水泥出厂价格未能同步提价,致使企业经济效益有所下滑。统计期内,全省主营业务收入在2 000万元以上独立核算(以下简称规模以上)水泥企业累计完成——

工业总产值(现价)203.13亿元,同比增长28.02%,占全省建材工业行业工业总产值的76.92%。

工业增加值70.25亿元,同比增长17.70%,占全省建材工业行业增加值的78.47%。

产品销售产值199.70亿元,同比增长27.99%,占全省建材工业行业销售产值的77.59%。

主营业务收入199.15亿元,同比增长23.45%。

利税总额21.60亿元,同比下降7.38%。

利润10.90亿元,同比下降19.77%。

三、产品价格

全省水泥产量一路上扬的同时,水泥平均出厂价格(含税)小幅波动。

一季度,全省通用水泥平均出厂价格(含税)341元/吨,为全年最高值,同比下调2元,环比上扬6元;二季度平均出厂价格(含税)有所下滑,降至335元/吨,同比高出8元,环比下降6元;三季度平均出厂价格继续走低,仅为327元/吨,同比提高16元,环比下降8元,降至全年最低价;四季度平均出厂价格止跌反弹,升至337元/吨,同比提高2元,环比提高10元。全年平均出厂价格335元/吨,比上年提高6元/吨(详见表4)。

表4　2011年云南省水泥平均出厂价格一览表　单位:元

	一季度	二季度	三季度	四季度	全年均价
2011年	341	335	327	337	335
2010年	343	327	311	335	329

以昆明为中心的滇中水泥市场需求持续增长,但出厂价格却难与成本费用上涨而同步调价。滇西市场产销两旺,出厂价格较为平稳。滇东北、滇南等地市场持续向好,但随着新增产能投放市场,出厂价格逐步下行。全年高出全省平均出厂价格的州市主要有昭通、普洱、保山、德宏、版纳等。低于全省平均出厂价格的州市集中在昆明、玉溪、曲靖、楚雄、文山、红河等。

水泥出口创汇1 741.56万美元,较上年降低17.03%,吨水泥平均出口价格74.05美元,较上年提高2.83美元。

四、结构调整

1.行业投资

2011年,多元化投资主体在全省水泥工业行业固定资产投资再创新高,全年完成固定资产投资63.18亿元,同比增长19.13%,增幅高出全国平均水平27.42个百分点,占全省建材工业行业固定资产投资的44.78%,是历年来投资金额最多的一年。行业投资在全国同行业排名第8位,西部排名仅次于新疆、内蒙古、四川列第4位。全国排名比上年跃升8位,西部排名跃升2位(详见表5)。

表5　2010～2011年云南省水泥工业固定资产投资西部排名对照表

序号	2010年			2011年		
	省份	金额(亿元)	增长率(%)	省份	金额(亿元)	增长率(%)
1	四川	129.36	—36.18	新疆	98.59	93.10
2	内蒙古	89.58	23.72	内蒙古	81.07	2.18
3	广西	81.47	21.26	四川	73.65	—46.38
4	贵州	80.25	23.28	云南	63.18	19.13
5	陕西	75.77	13.56			
6	云南	61.25	19.91			

2.项目建设

2011年，共有15条日产1 500～3 000吨新型干法水泥熟料生产线在滇中、滇西、滇南、滇东南、滇西北等9个州市的不同区域竣工投产，新增熟料生产能力1 053万吨。新增熟料产能减去淘汰产能，净增976万吨，是产业结构调整以来，新型干法水泥熟料产能增量最多的一年。其中，玉溪市以强劲的后发态势奋力追赶，当年竣工投产新型干法水泥生产线6条，新增水泥熟料生产能力420万吨。“华新水泥”在景洪建设的日产2 500吨生产线如期运行，填补了西双版纳州无新型干法水泥生产线的空白，全省拥有新型干法水泥生产线的州市增至14个。

3.淘汰落后

根据全省“十一五”淘汰落后水泥生产能力目标任务计划，在各级建材行业主管部门和企业的共同努力下，2011年全省共拆除昭通、玉溪、保山3市5户企业的7条生产线，其中，立窑3条，小干法旋窑4条，淘汰落后水泥生产能力102.6万吨，产业结构继续优化。

五、循环经济

1.废渣利用

2011年，水泥行业大力推进节能减排，积极发展循环经济，能源利用效率和资源综合利用率进一步提高。全行业消纳冶金、化工、火电、煤炭及相关行业的各类矿渣、磷渣、电石渣、粉煤灰等各类工业废弃物和城市建筑垃圾2 164万吨，较上年增长28.96%。

2.节电技改

全行业积极开展节电技术改造，主要通过与云南电网公司节约用电服务中心合作，采用政府专项资金以“EMC”合同能源管理模式，重点对高温风机、窑头排风机、煤磨排风机、窑头排风机、水泥磨循环风机、水泥磨选排风机进行节电技术改造，吨水泥电耗平均降低10%以上，节能效果显著。

3.余热发电

余热发电技术进一步推广运用。华新东川水泥公司、元江永发水泥公司日产2 500吨熟料生产线配套建设4.5MW纯低温余热发电装置顺利并网发电。远东水泥公司建成的13.5MW余热发电装置同时包容了三条新型干法生产线，是全省水泥行业最大余热发电装置。

六、央企入滇

实施“央企入滇”、“民企入滇”取得积极成果。全国最大的综合型建材产业集团——中国建筑材料集团有限公司继成功兼并重组云南四户新型干法水泥生产企业后，省人民政府与之共同签署了战略合作框架协议。根据协议，中国建材集团将与省内大型水泥企业共同整合云南水泥产业，建设水泥产业生态园，提高水泥产业集中度；与省相关企业开展合作，推进云南建材行业调整产业结构、转变发展方式；与省内高等院校、科研院所合作，共同承担国家和地方重大科研及咨询项目，推动相关科技成果的转化应用；在云南设立绿色建筑材料国家重点实验室、云南工业废弃资源再利用实验室，建立多元化人才引进、交流、培养、使用机制，为中小企业提供技术支持。此外，“华润水泥”、“海螺水泥”等强企、名企在云南的兼并重组也卓有成效，进一步促进了大企业、大集团的快速成长。

七、行业发展主要特点

“十二五“开局之年，云南水泥行业按照省委、省政府”稳中求进“的总体要求，紧抓机遇，积极进取，取得显著成效，行业发展呈现以下主要特点：

1.行业整体实力明显增强

为适应经济社会发展和统计工作的需要，2011年起始，国家对有关统计口径进行了新的调整。按照新口径，规模以上工业企业统计门槛大幅提高，全省水泥工业企业达规数量较上年减少46户。在规模以上企业数量减少近四分之一的情况下，全省水泥工业规模以上企业经济总量继续扩张，不仅弥补了因规模以上企业数量减少造成的减量，而且持续保持了强劲的上冲态势，工业增加值、主营业务收入分别比上年增长17.70%和27.99%，行业整体实力进一步增强。

2.兼并重组有序推进

根据国务院《关于促进企业兼并重组的意见》(国发[2010]27号)精神，在全省各级职能部门、行业协会的大力支持和推动下，大企业、大集团充分发挥骨干和领军作用，有力地推动着水泥行业跨地区、跨所有制的兼并重组。本土优势企业昆钢水泥建材集团继续扩大战果，固滇中，拓滇西，进滇南，属下企业不断增加，生产能力迅速增量。中国建材集团积极实施“央企入滇”发展战略，一举将滇中、滇西南片区的四户企业收归麾下，熟料设计产能扩容达435万吨，水泥生产能力和水泥产量稳步挺进云南三甲。“华新水泥”通过并购、建设的两条新线分别在滇西北和滇西南竣工投产，在云南片区的整体实力明显增强。“华润水泥”旗开得胜，成功收购“大理三德水泥”。“海螺水泥”将文山壮乡水泥公司顺利兼并，浙江尖峰集团整合“思茅接力”，全面承担日产3 000吨新线及余热发电项目建设。其他强企、名企也争相挺进云南，行业兼并重组成效显著。

3.企业集团快速成长

2011年，随着一批大企业在异地建设的新的生产线建成投产，随着兼并重组的有力推进，全省水泥企业集团的数量和规模大幅提高。云南活发集团、云南昊龙集团分别建设的日产2 500吨生产线相继投产；“大理三德水泥”在两地建设的两条日产2 500吨生产线顺利建成；“华新水泥”在滇西北、滇西南分别建设的日产2 000吨生产线如期投产；中国建材集团、海螺集团、华润集团等在云南兼并重组的成功实施……使全省水泥行业的发展进一步提速，有力地推动着企业集团的快速成长，新成长的企业集团有了与“十一五”以来形成的“拉法基瑞安”与“昆钢水泥”建材两大集团相提并论的实力和资本。水泥行业前10户企业的生产集中度提高至26.90%。

4.水泥工业生产格局呈现新变化

随着全省水泥工业产业结构调整取得新的成绩，水泥工业生产格局呈现出新的变化。2011年昆明市水泥产量一路飙升，一举突破1 000万吨大关，以1 233.82万吨的高产夺魁，同比增长30.12%，重新荣归云南霸主的地位。大理州水泥产量一路冲高，取代玉溪位列全省第三。昆明、曲靖、大理、玉溪四大水泥主产区产量超过全省水泥总量的61%。迪庆水泥产量高位增长，全省排名跃升2位，结束了长期垫底的状况，为加快云南藏区经济社会发展所需基础性原材料提供了有力的保障。

2012年

【概况】 机遇与挑战并存的2012年，云南水泥工业行业认真贯彻落实云南省委、省政府提出的稳增长、冲万亿、促跨越发展目标，积极应对新的挑战，有效化解各种困难，着力提高经济增长质量，水泥产量持续快速增长，经济指标大部向好，行业发展取得新的成绩，较好地保持了全行业经济运行持续稳定的良好态势。

【产量】 2012年，全省累计生产水泥熟料5 408.75万吨，同比增长16.93%。其中，新型干法水泥熟料4 362.29万吨，同比增长24.04%，占全省水泥熟料产量的80.65%，较上年提高4.62个百分点。累计生产水泥8 013.8万吨，比上年净增1 224.95万吨，增长18.04%。

散装水泥供应量2 646.04万吨，同比增长14.88 %，散装率33.02%，同比降低0.03个百分点，与上年基本持平。

四大产区产量——

昆明1 544.15万吨，同比增长25.15%；曲靖1 242.36万吨，同比增长3.25 %；大理1 102.43万吨，同比增长16.93 %；玉溪999.60万吨，同比增长21.37 %，分别占全省总量的19.27%、15.50%、13.76%和12.47%。

六个区域产量——

滇中区域（昆明、曲靖、玉溪、楚雄）累计生产3 924.73万吨，同比增长16.57%，占全省总量的48.97%。

滇西区域（大理、保山、临沧、德宏）累计生产1 778.37万吨，同比增长18.79%，占全省总量的22.19%。

滇东南区域（文山、红河）累计生产989.31万吨，同比增长9.78 %，占全省总量的12.35%。

滇西北区域（丽江、怒江、迪庆）累计生产485.03万吨，同比增长20.39 %，占全省总量的6.05%。

滇东北区域（昭通）累计生产475.42万吨，同比增长44.60%，占全省总量的5.93%。

滇南区域（普洱、西双版纳）累计生产360.97万吨，同比增长23.85 %，占全省总量的4.50%。

集团公司产量——

昆钢水泥建材集团水泥产量首次突破1 000万吨大关，达1 000.13万吨，同比增长13.10%，连续两年保持全省第一；紧随其后的云南西南水泥公司生产水泥856.72万吨；排名第三位的云南瑞安建材投资有限公司生产水泥824.72万吨，同比下降5.64%。

10强企业（单一企业）产量——

单一企业产量按照由高至低的排列顺序，10强企业排名见下表。

序号	企　　业	产量（万吨）	增长（%）
1	宜良红狮水泥有限公司	289.59	63.97
2	昆钢嘉华水泥建材有限公司	219.82	－3.11
3	云南红塔滇西水泥股份有限公司	208.86	－6.85
4	云南远东水泥有限公司	163.06	－23.03
5	云南东骏水泥有限公司	159.14	－1.19
6	曲靖昆钢嘉华水泥有限公司	155.77	9.24
7	保山昆钢嘉华水泥有限公司	153.44	0.06
8	丽江永保水泥有限公司金山分公司	146.63	173.41
9	云南活发集团刘总旗水泥有限公司	145.46	14.74
10	蒙自瀛洲水泥有限责任公司	135.40	0.07

10强企业共计生产水泥1 777.17万吨，同比增长4.78 %，占全省水泥总量的22.18%。前3户企业组成的领跑方阵产量均在200万吨以上，共计生产水泥718.27万吨，同比增长8.55%。排在第4～10位的7户跟跑企业产量均超过135万吨，共计生产水泥1 058.90万吨，同比增长2.36%。

10强企业中，昆钢集团3户；“西南水泥”2户；拉法基瑞安集团1户；活发集团1户；本土优势企业2户；浙商企业2户。

按区域划分，昆明 3 户；曲靖 2 户；玉溪 1 户；保山 1 户；丽江 1 户；大理 1 户。

【出口】 据海关统计，2012 年，云南省省级及国家级口岸共计出口水泥 14.27 万吨(不包括边境贸易)，较上年下降 39.33%；吨水泥出口均价 68.72 美元，较上年降低 5.33 美元。水泥出口量和吨水泥出口价均创近 5 年来新低。

【价格】 2012 年，全省水泥产品出厂价格(含税)总体保持了相对平稳的态势，各地出厂价格随行就市，逐季小幅波动。

1～12 月，全省通用硅酸盐水泥平均出厂价格(含税) 319.51 元/吨，同比降低 3.26%。一季度吨水泥平均出厂价格 327.01 元，同比降低 4.10%，环比降低 3.00%。其中，普通硅酸盐 42.5 级水泥最高出厂价 552.10 元，最低出厂价 270.50 元；矿渣硅酸盐 32.5 级水泥最高出厂价 430.50 元，最低出厂价 221.71 元；复合硅酸盐 32.5 级水泥最高出厂价 401.84 元，最低出厂价 232.55 元。

二季度与一季度相比，水泥出厂价格稳中有升，吨水泥出厂价格 329.62 元，环比提高 0.80%。其中，普通硅酸盐 42.5 级水泥最高出厂价 537.03 元，最低出厂价 282.30 元；矿渣硅酸盐 32.5 级水泥最高出厂价 434.89 元，最低出厂价 215.33 元；复合硅酸盐 32.5 级水泥最高出厂价 394.55 元，最低出厂价 239.20 元。

进入传统意义上的淡季，三季度水泥出厂价格逐月走低，吨水泥平均出厂价格 315.68 元，同比降低 3.46%，环比降低 4.23%。其中，普通硅酸盐 42.5 级水泥最高出厂价 483.65 元，最低出厂价 282.27 元；矿渣硅酸盐 32.5 级水泥最高出厂价 357.00 元，最低出厂价 213.37 元；复合硅酸盐 32.5 级水泥最高出厂价 351.83 元，最低出厂价 199.07 元。

四季度以来，产量增幅强劲，但是 10 月、11 月并未出现量价齐升的预期，出厂价格依然不温不火。直到收官之月，价格才有所反弹。虽然多数区域水泥出厂价格有所回升，但由于前 2 个月价格走势不佳，拖累整个季度水泥平均出厂价格整体下行。四季度吨水泥平均出厂价格 305.71 元，同比降低 7.96%，环比降低 3.16%。其中，普通硅酸盐 42.5 级水泥最高出厂价 483.81 元，最低出厂价 264.75 元；矿渣硅酸盐 32.5 级水泥最高出厂价 365.96 元，最低出厂价 209.66 元；复合硅酸盐 32.5 级水泥最高出厂价 327.18 元，最低出厂价 198.99 元。

2012 年云南省水泥平均出厂价格(含税)一览表

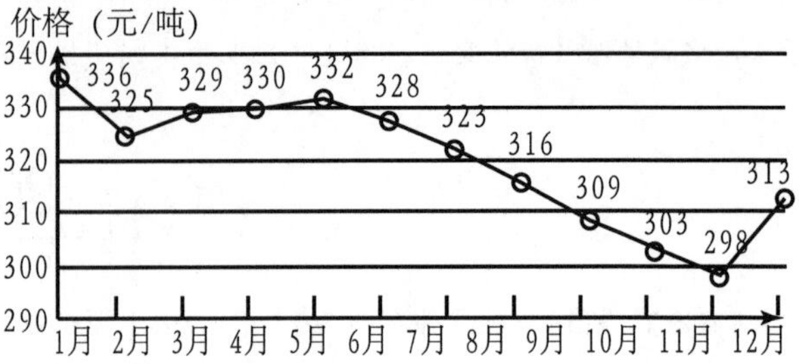

水泥出厂价格高于全省均价的地区主要有普洱、保山、大理、德宏、版纳、香格里拉等州市，低于全省均价的地区主要有昆明、曲靖、玉溪、楚雄、红河、文山等州市。

【效益】 在水泥产量持续稳定增长的同时，全省全部主营业务收入在 2000 万元以上独立核算(以下简称规模以上)水泥企业累计完成——

工业增加值按可比价格计算，同比增长率 9.5%。

工业总产值(现价) 249.42 亿元，同比增长 22.79%，占全省建材工业总产值的 71.67%。

产品销售产值 241.18 亿元，同比增长 22.77%，占全省建材工业销售产值的 72.13%。

产品销售率 96.70%，同比下降 1.50 个百分点，高于全省建材工业产品销售率 0.62 个百分点。

主营业务收入 235.61 亿元，同比增长 16.48%，占全省建材工业主要业务收入的 72.99%。

利润 8.14 亿元，同比下降 26.19%；利税 20.66 亿元，同比下降 5.83%。

全省规模以上水泥企业亏损 69 户，比上年同期增加 12 户，亏损面占规上企业数的 46 %。亏损企业亏损额 5.63 亿元，比上年同期扩大 1.6 倍。

2012 年云南省规模以上水泥工业主要经济指标一览表

	工业总产值		主营业务收入		利　润		利　税	
	亿 元	增长率(%)	亿 元	增长率(%)	亿 元	增长率(%)	亿 元	增长率(%)
2011 年	203.13	28.02	202.27	23.45	11.03	−19.77	21.94	−5.92
2012 年	249.42	22.79	235.61	16.48	8.14	−26.19	20.66	−5.83

【投资】 2012 年，云南水泥工业投资在全省建材工业投资中呈现增速减缓、占比下降的趋势。1～12 月，水泥工业完成投资 46.41 亿元，同比下降 26.54%，高于全国水泥工业投资平均降幅 22.37 个百分点，投资额占全省建材工业投资总

额的 29.25%，比上年降低 15.53 个百分点。全年有 13 条新型干法水泥生产线分别在昆明、曲靖、玉溪、普洱、昭通、丽江、红河、德宏等不同区域建成投产，新增熟料设计产能 1 158万吨，日产规模在 1 500～5 000 吨不等。

【对比】 云南水泥工业 2012 年经济运行态势总体平稳，产量持续快速增长，经济指标完成情况大部向好，行业发展取得新的成绩。与全国同行业对比：水泥产量增幅高于全国 10.64 个百分点，水泥产量在全国和西部排名分别列第 12 位和第 3 位，全国排名与上年相比上升 2 位，西部排名与上年齐平；水泥工业固定资产投资降幅高于全国水泥工业投资平均降幅 22.37 个百分点，在全国和西部排名分别列第 17 位和第 7 位，排名较上年分别靠后 9 位和 3 位（西部排名情况详见下表）。

2012 年云南水泥产量及投资额西部排名对照表

序号	水泥产量（万吨）			水泥工业投资（亿元）		
	省份	产　量	增长率（%）	省份	金　额	增长率（%）
1	四川	13 400	－6.1	新疆	121.31	23.04
2	广西	9 964	14.00	内蒙	64.14	－20.88
3	云南	8 013.83	18.04	陕西	52.70	8.69
4				贵州	52.35	－10.17
5				四川	51.99	－29.40
6				广西	49.02	－13.48
7				云南	46.41	－26.54

【技术革新】 围绕产业升级和技术进步，云南水泥行业技术革新活动进一步开展。经企业申报，由云南省建材行业技术革新奖励委员会组织专家评审，共评出 2012 年度云南省水泥行业技术革新成果一等奖 1 项，鼓励奖 1 项。

一等奖：YC 型节能均化搅拌仓（获奖单位：云南省建材科研设计院）。该成果将水泥企业生产环节使用的大型粉料储存均化库由过去的混凝土倒锥结构改进为钢结构的 YC 型节能搅拌仓。该节能型搅拌仓具有防止堵料、扩大仓内容积、延长物料混合搅拌时间、改善物料均化效果、降低能耗的功效。同时，自重轻、施工周期短、节约耗材和成本，便于推广应用。

鼓励奖：日产 2 500 吨预热预分解系统的改造（获奖单位：云南远东水泥有限责任公司）。该成果针对企业 Φ4m×60m 预热预分解窑烧劣质煤以来产量偏低，分解炉缩口易结皮，窑系统运转率偏低，熟料质量不稳定等现状，采取了一系列有针对性的技术改造措施，使熟料质量稳步提高，混合材掺量进一步加大，取得了较好的节能效果和经济效益，值得同类企业借鉴。

企院合作方面，云南省蒙自瀛洲水泥有限责任公司与中国建材研究总院合作，开发研究完成的“利用冶金化工废渣高效制备水泥熟料的研究与示范”项目，获得 2012 年度全国建材行业科技进步二等奖。

【节能减排】 2012 年，全省水泥行业积极推进节能减排，大力发展循环经济，资源综合利用率进一步提高。全行业消纳冶金、化工、火电、煤炭及相关行业的各类矿渣、磷渣、电石渣、粉煤灰等各类工业废弃物和城市建筑垃圾 2 475 万吨，较上年增长 14.37%。

曲靖昆钢嘉华水泥建材有限责任公司率先在省内新型干法水泥回转窑上实施烟气脱硝技术改造，脱硝装置于 11 月 19 日正式投入运营，取得了降低氮氧化物总排放量 60% 和降低二氧化硫总排放量 8% 的良好效果。当年，全省共有 21 户新型干法水泥企业开始实施脱硝技术改造。

【标准编制】 为使云南大量产出的工业废弃物磷石膏变废为宝，进一步搞好资源综合利用，云南省建材工业行业协会牵头，以云南省建材科研设计院为主体，云南国资水泥红河有限公司、云南云天化国际化工股份有限公司、云南创兴建材新技术有限公司和云南富强高新材料有限公司等企业参与研究和编制完成的《改性磷石膏水泥缓凝剂标准》（DB53/T396－2012），经中华人民共和国国家质量监督检验检疫总局同意备案（备案号：33570－2012），云南省质量技术监督局于 2012 年 3 月 15 日发布，5 月 1 日正式实施，为磷石膏的有效利用提供了技术支撑，为生产和使用磷石膏的企业提供了产品质量监控依据，能够更加有效地从源头上保证建材产品的质量和安全。

【存在问题】 面对 2012 年复杂多变的经济形势，云南水泥工业行业坚定信心，迎难而上，强管理、提质量、拓市场、降成本，生产经营和行业发展取得新的业绩。与此同时，全行业经济增长的质量还有待全面提高，影响经济增长质量的主要原因表现在——

1. 产能过剩加剧无序竞争

2010 年至 2012 年，全省每年新增水泥熟料设计产能均在 1 000 万吨以上，累计新增熟料设计产能 3 451 万吨。而淘汰的落后产能仅为 798 万吨，不及新增产能的 24%，净增熟料设计产能 2 653 万吨。尽管近年来市场需求旺盛，产销衔接较好，但由于新增产能过快过大，企业之间，区域市场之间的竞争明显加剧，一些地区供大于求矛盾突出，企业间竞相降低产品出厂价格，高产出低价值现象十分普遍。一些地区由于市场容量有限，当新的产能投放后，不得不超出水泥的经济运输半径，进行较大范围的跨区流动。不仅增加了运输成本，而且加剧了其他区域的市场竞争，多数地区的水泥产品平均出厂价格长期在较低价位徘徊，直接影响了企业和行业的经济效益。同时，企业的市场竞争力有所削弱，2012年与上年相比，60%以上企业的产量均比上年有不同程度减少，降幅最大的达24%。

2. 企业主营业务成本增幅过快。

近年来，由于进厂原燃材料、动力价格、人工费用等持续上涨，致使企业主营业务成本不断增加。2012年上半年全行业主营业务收入增长10.62%，主营业务成本增长18.50%，高于主营业务收入7.88个百分点。同时，企业财务费用高位运行，同比增长29.60%，其中，利息支出增长32.73%。1～12月，全行业主营业务收入增长18.76%，主营业务成本增长23.42%，高于主营业务收入4.66个百分点。企业财务费用6.96亿元，同比增长28.89%，其中，利息支出6.27亿元，同比增长29.55%。

3. 统计工作存在人为干扰。

全省水泥工业企业按照统计制度改革的要求，自2012年始全面实行“一套表”联网直报。但在实际操作中，一些地方政府统计部门为了增加地方GDP总量，一些地方工业主管部门为了表明当地已实现工业倍增计划，强行要求企业在上网直报前，先要将上报数据送交统计部门和工业主管部门“审核”修正，对工业总产值、主营业务收入等相关数据进行放大处理，并一再要求企业计算工业增加值。对电耗、煤耗等能源消耗指标则要求企业进行下调，只有审核修正过的数据方能上网报送。部分企业为了表明本企业为发展地方经济作出的贡献，也有意调高相关指标数值。按照国家统计局的规定，企业无需计算增加值，但在地方相关部门的要求下，企业不得不上报增加值。由于没有统一的标准，有的企业用生产法，有的企业用收入法，算出的数据难以反映企业的真实情况，企业之间也没有可比性。由于未能客观反映企业生产经营的真实情况，使得省级政府统计部门和行业协会对企业上报的相关数据不得不进行必要的核实和查证，不仅影响了行业经济运行质量，而且增加了工作的难度和工作量。

西藏自治区

Tibet Autonomous Retion

2011～2012年

【概况】 西藏自治区水泥生产企业分布在拉萨、山南、日喀则、昌都、阿里五地市，水泥产品主要有普通硅酸盐水泥、复合硅酸盐水泥、中热硅酸盐水泥、低碱硅酸盐水泥以及根据用户要求生产的高标号或专用水泥，产品质量和技术性能均达到国家标准要求。

2011年底，全区建有各类水泥生产线14条(含新型干法水泥生产线4条)，从业人员3660余人，设计年生产能力共计368万吨(其中新型干法水泥熟料生产线产能210万吨，占总设计产能的57.1%；需淘汰的立窑和湿法窑产能158万吨，占总产能的42.9%)。2011年全区规模以上工业企业完成水泥产量234.91万吨，同比增长7.2%。

截止2012年底，全区水泥生产企业9家。全区水泥生产企业实际产量286.67万吨，其中立窑实际产量79.11万吨，新型干法水泥熟料产量207.56万吨，新型干法水泥产量占全部水泥产量的72.4%。实现产值18.67亿元、利润3.2亿元。随着拉萨、日喀则、昌都等地新型干法水泥熟料生产线技改或新建项目的逐步实施，新型干法水泥比重进一步增加，产品种类不断增多，为全区基础设施建设和民生项目的实施提供了重要支撑和保障。

【水泥产业结构调整】 与全国水泥行业相比，西藏自治区水泥总体上不仅未出现产能过剩的情况，而且现有产能还不能满足地方经济发展建设需要。国家有关部门对西藏自治区的实际情况给予了充分的理解和支持，《国务院办公厅关于印发〈支持西藏经济社会发展若干政策和重大项目的意见〉的通知》(国办函〔2010〕62号)，以及国家工业和信息化部与西藏自治区人民政府签订的部区合作协议中都明确指出“适度支持西藏发展新型干法水泥和石材、新型环保建材”。

为深入贯彻中央第五次西藏工作座谈会议精神，落实《国务院关于支持西藏经济社会发展若干政策和重大项目意见》所提出的战略部署和具体任务，以及工业和信息化部与西藏自治区人民政府签订的部区合作协议，根据《水泥行业准入条件》、《产业结构调整指导目录(2011年本)》等相关产业政策及全区水泥工业发展实际，西藏自治区一方面根据实际情况和发展需要，加大产业结构调整工作力度，鼓励和支持符合国家产业政策的新型干法水泥生产线适时适度开工建设；另一方面依据“上大关小”、“产能置换”和相关工作要求，制定了“十二五”淘汰水泥落后产能计划，在新建新型干法水泥生产线项目建设的同时，认真开展水泥领域淘汰落后产能的工作，确保总量均衡和适度增长，确保新上项目和淘汰落后产能各项工作有序衔接。

【重点项目】 2012 年 6 月 6 日 经西藏自治区政府会议研究决定，由中国建材集团甘肃祁连山股份公司联合西藏自治区三家水泥企业，建设 2000 吨/日新型干法水泥生产线签订合作协议，12 月完成项目(一期工程)可行研究报告的预审。

2012 年 9 月 18 日 祁连山水泥公司决定与西藏金哈达实业(集团)有限公司、西藏堆龙东嘎水泥厂和西藏祁连山水泥粉磨有限公司签署《合作协议书》，共同以现金方式出资设立西藏中材祁连山水泥有限公司，以该公司为主体建设西藏年产 120 万吨干法水泥生产线项目。

【协会活动】

2011 年：

1.组织编制完成了《西藏自治区“十二五”时期建材业发展规划》，经自治区人民政府审核并发布。

2.组织开展《水泥质量管理规程》宣贯会暨业务培训会议，开展相关业务的学习和交流的同时，还对培训内容进行了现场考核，考核合格后，由中国建筑材料联合会颁发化验室评审员资格证书(12 人)，自治区工业和信息化厅颁发化验室主任证书(16 人)、化验室质量统计员证书(13 人)、化验室检验人员资格证书(18 人)，进一步规范和加强了水泥企业质量管理工作。

3.配合中国建筑材料工业联合会完成了西藏祁连山水泥粉磨有限公司、西藏阿里高争水泥有限公司的《水泥企业化验室合格证》审核工作，依照有关规范要求，颁发了《水泥企业化验室合格证》。

【协会活动】

2012 年：

1.根据《水泥企业质量管理规程》组织人员对拉萨、日喀则、昌都三地(市)申请化验室合格证换证的五家水泥企业进行现场审核，并颁发了新的化验室合格证。

2.根据《工业和信息化部关于印发水泥行业准入公告管理暂行办法的通知》(工信部原〔2011〕406 号)要求，组织西藏水泥企业开展行业准入公告申请工作，华新水泥(西藏)有限公司 2000 吨/日新型干法水泥熟料生产线、西藏高争建材股份有限公司 2000 吨/日新型干法水泥熟料生产线(一、二线)，经工信部审核，符合水泥行业准入条件，现已公告。

行政管理机构

西藏自治区水泥行业主管部门为西藏自治区工业和信息化厅原材料工业处。

主要职责：承担钢铁、石油化工、煤化工、有色、黄金、建材、装备、民爆等行业的行业管理工作，拟订相关行业发展规划、政策并组织实施；指导企业加强安全生产管理，参与重大安全生产事故的调查、处理；按照国家和自治区规定，承担有关项目行业准入管理(预核准)、结构调整和产业升级、规定权限内的项目审核、核准和备案工作；拟订重要原材料年度生产指导性或指令性计划等。

地址：拉萨市娘热路 20 号

邮编：850000

电话：0891－6322722

传真：6324102

陕西省

Shaanxi Province

2011 年

【概况】 2011 年全省水泥产量 6 430.63 万吨，同比增长 17.7%[1]。水泥产量占全国水泥总产量的 3.1 %[2]；全年生产熟料 4 234.37 万，同比增长 19.43 %，占全国水泥熟料产量 3.24 %；熟料产量排全国第 15 位；其中预分解窑熟料 3 789 万吨，占熟料总产量的 89.48 %。全省水泥行业完成工业总产值 218.6 亿元，同比增长 25.23 %。

【淘汰落后产能】 2011 年，通过进一步加大对淘汰水泥落后产能目标任务考核工作力度和落实差别电价等措施，淘汰落后产能工作取得较好效果，全年总计淘汰落后水泥产能 222 万吨。2009～2011 年三年全省总计淘汰水泥落后产能

1 333.9万吨。截止 2011 年底，全省新型干法水泥熟料产量比例达到 89.48 %。

【兼并重组与集约化生产】 2011 年 8 月，安徽海螺水泥股份有限公司与陕西众喜水泥(集团)有限公司签署战略合作协议并收购其资产，使海螺集团在陕西的年产能达到 1 100万吨以上。尧柏特种水泥集团公司于 4 月份与韩城市阳山庄水泥公司达成并购，从而使该公司在陕西形成十个生产基地，年产能达到 1 200 万吨以上。目前，全省已有尧柏、冀东、海螺三个年产能超过千万吨的水泥企业，为陕西省水泥产业发展起到了带动作用。

【技术进步和项目建设】 5 月 28 日，由中国工程院院士、西安建筑科技大学校长徐德龙团队开发的水泥高固气比悬浮预热预分解技术通过了省科技厅组织的技术鉴定。该技术多项指标达到国际领先水平，具有我国自主知识产权。该技术开发对于进一步提高我国水泥工业节能减排水平具有重要意义。

礼泉海螺水泥公司 2 条日产 4 500 吨新型干法水泥生产线点火投产；陕西尧柏特种水泥集团有限公司汉中西乡县的日产 2 500 吨新型干法生产线竣工投产；陕西声威特种水泥公司日产 3 200 吨熟料新型干法水泥项目建成投产。商洛尧柏龙桥水泥有限公司(二线)日产 4 000 吨熟料新型干法水泥带低温余热发电项目开工建设；铜川声威集团三期日产 5 000吨熟料新型干法水泥带低温余热发电项目开工建设。2011 年全年新增新型干法水泥产能 600 多万吨。

【中国水泥协会领导视察尧柏特种水泥集团有限公司】

5 月下旬，中国水泥协会会长雷前治和协会副秘书长兼数字水泥总裁刘作毅到尧柏特种水泥集团有限公司视察。雷会长一行现场考查了该公司西安蓝田分公司水泥生产线和余热发电站，充分肯定了企业近几年的发展成绩，鼓励企业再接再厉，再创新辉煌。

【先进单位及个人】 3 月份省委、省政府发布表彰发展非公有制经济先进集体和先进个人的决定，陕西铜川声威公司被授予“陕西省优秀民营企业”称号；陕西声威建材集团公司董事长赵顺湘荣获“陕西省杰出民营企业家”称号。

【行业管理】 4 月 12～13 日，陕西省工信厅在西安召开专题会议，宣贯《准入条件》和《水泥企业质量管理规程》并在全省水泥行业全面落实实施。根据《水泥企业质量管理规程》要求，9 月份和 10 月份分别对全省 137 名化验室主任和 73 名统计员进行培训考核，并颁发了《任职资格证书》。

数据来源：

[1]陕西统计年鉴 2012 陕西省统计局 国家统计局陕西调查总队

[2]中国建材数量经济监理学会 . 2012 年统计年报(2012 年 1～12 月). 内部资料

2012 年

2012 年，陕西省水泥工业保持了快速发展的态势，产业结构得到进一步优化，节能减排、资源综合利用取得较好的成绩。

【概况】 2012 年全省水泥产量 7 552.71 万吨，同比增长 16.28%[1]。水泥产量排全国第 14 名，名次和 2011 年持平；占全国水泥总产量的 3.4 %；全年生产熟料 4363 万吨，同比增长 3.04 %；占全国水泥熟料总产量 3.27 %；熟料产量排全国第 16 位，名次比 2011 年下降 1 位；熟料总产量中，新型干法水泥熟料占比 93.44%，较 2011 年提高 3.96 个百分点[2]。水泥产量增长速度较快的是：铜川市、渭南市、榆林市和商洛市；产量增速下降的有：西安市、宝鸡市。各市水泥产量增长情况见表 1。

2012 年各市水泥产量及增长情况

产品名称	累计产量(吨)	累计增长率(%)
全省	75 527 106.38	16.28
西安市	5 341 554.67	－8.72
铜川市	19 486 568	43.92
宝鸡市	10 442 288	－1.79
咸阳市	11 320 316	0.56
渭南市	8 103 611.63	32.09
延安市	0	0
汉中市	6 647 078	7.68
榆林市	3 904 852.78	29.64
安康市	7 077 517	7.09
商洛市	3 203 320.3	52.33

【淘汰落后产能】 2012 年，陕西省淘汰落后水泥产能工作效果显著。按照省政府办公厅《陕政办发〔2007〕1 号》文件目标要求，到 2010 年，全省淘汰水泥落后产能 1000～1500 万吨。据统计，2007～2010 年全省实际淘汰落后产能 2 224.5万吨，超额完成省政府确定的目标任务；2011～2012 年全省淘汰落后产能合计 547.2 万吨。截止 2012 年，全省累计淘汰水泥落后产能 2 771.7 万吨；新型干法水泥熟料占

比达到93.4%，形成了以新型干法水泥为主的产业体系。

【兼并重组与集约化生产】 2012年，水泥行业兼并重组进一步加快，区域优势企业初步形成。继2011安徽海螺水泥股份有限公司与陕西众喜水泥（集团）有限公司达成战略合作协议并收购其资产、尧柏特种水泥集团公司与韩城市阳山庄水泥公司达成并购协议以后，2012年，尧柏水泥先后和陕西实丰水泥、陕西富平水泥有限公司达成并购协议，涉及产能400万吨，使该公司在陕西水泥产能达到近2 000万吨，成为全省最大的水泥生产企业；尧柏水泥在新疆、贵州省区建有生产基地，拥有十七条新型干法水泥生产线，年产高标号水泥2 500万吨，产能在全国排15位。集团公司在中国水泥协会第七次会员代表大会上顺利当选为副会长单位。

【技术进步和项目建设】 商洛尧柏龙桥水泥有限公司（二线）日产4 000吨熟料新型干法水泥带低温余热发电项目建成投产。该项目集中了当前水泥行业主要新技术、新装备，主要包括：熟料烧成采用两档支撑的超短窑、新一代单系列五级预热器和分解炉、第四代篦冷机、大推力燃烧器、辊压机生料终粉磨、水泥立式辊磨等。

陕西生态水泥股份有限公司富平2条日产4 500吨熟料新型干法水泥生产线开工建设。该项目采用西安建筑科技大学粉体工程研究所高固气比悬浮预热预分解技术——XDL水泥熟料煅烧新工艺装备、第四代篦冷机，生料、水泥和矿渣粉磨均采用立式辊磨等工艺技术装备。项目计划2013年底前建成投产。

【协会工作】 水泥行业自律工作进一步加强，行业初步形成健康发展机制。2011年，受国家宏观调控政策影响，一些重大项目出现缓建和停建，加之水泥行业原材料价格上涨以及新增产能集中释放等因素，导致水泥市场供大于求，水泥价格大幅下滑，市场出现严重的无序竞争现象，企业盈利水平跌入低谷，全年水泥行业呈现产量大幅增长，企业利润大幅下降的现象，致使2011年全省水泥行业利润增长率一直徘徊在全国倒数几名的位置，到年底排全国倒数第一。进入2012年，随着水泥行业集中度的进一步提高，水泥企业认识到行业无序竞争的危害，在省水泥协会的支持和协调下，各主要水泥企业实行了有序的限产工作，同时，进一步规范企业的经营行为，严防恶性竞争，保证行业健康有序发展。2012年，在全国水泥行业全年利润增长同比下降32.81%的同时，我省水泥行业全年实现利润同比增长78.24%，利润增速排全国第一。

数据来源：

[1]陕西省工业和信息化厅．陕西省工业经济运行监测月报（2012年1～12月）．内部资料

[2]中国建材数量经济监理学会．2012年统计年报（2012年1～12月）．内部资料

甘肃省

Gansu Province

2011年

【概况】 2011年水泥生产、投资、项目建设、产能高速增长。水泥企业完成工业总产值107亿元，同比增长26.02%，工业增加值同比增长26.76%。保持了较高的增长速度。水泥制造资产完成固定投资52亿元，同比增长74.99%，增速比同期加快69.3个百分点，水泥制品业投资28.3亿元，同比增长153.75%，增速比同期加快1.9个百分点。有7条新型干法水泥生产线投产，形成熟料产能705万吨，全省水泥熟料产能达到3 200万吨，增长29%，保持了较高的增速。全社会累计生产水泥2 747万吨（统计公报数），同比增长13.78%；规模以上商品混凝土330万立方米，同比增长14%；散装水泥完成941万吨，同比增加195万吨，增幅为26%，散装率达到33.6%。散装水泥量保持了较快增长，为甘肃省节约资源、保护环境、节能减排做出了贡献。水泥工业在产业结构调整、发展方式转变、节能减排等方面继续取得进步，新型干法水泥熟料比重达到74%。水泥工业生产集中度大幅提高，“祁连山”、“甘肃海螺”、“中材白银”、“甘肃京兰”发展壮大，成为甘肃水泥工业的主力军。

【存在的主要问题】 水泥行业生产继续保持了高速增长，但经济运行中出现了一些突出问题：水泥供需矛盾加剧。水泥高速增长的投资造成产能急剧增加，加之铁路建设项目减缓，使甘肃水泥市场供过于求，供需矛盾加剧。从下半年开始水泥销售困难，企业库存增加，水泥价格急速下滑，利润下降。水泥工业经济运行质量随着产能的集中释放而下降，形势不乐观。水泥生产增速与利税增长形成反差，工业总产

值、工业增加值、销售产值同比大幅增长，但利税总额却下降，亏损企业增加，亏损额增长，增产不增效的问题显露，投入产出不成比例。水泥产品产销不平衡，出现了水泥库存大幅增加，水泥在建材工业的比重大，其产销率的下降直接影响全行业产品销售率。货款拖欠严重，应收账款净额及其增长率过高。全年应收账款净额比实现的利润总额还多，而且货款拖欠仍有继续扩大的趋势。销售赊账过多，势必影响企业正常的生产经营和行业的健康发展。成本大幅增加，挤压行业利润严重。水泥工业成本增加和利润下降形成鲜明对比。

【水泥项目建设情况】 2010年底以前投产的有32条新型干法水泥生产线(其中两条700吨已淘汰)，新型干法水泥熟料生产能力1 750万吨。2011年投产7条计700万吨熟料生产能力，还有近800万吨落后生产能力，在建(含举行开工仪式)项目有15条计1 800多万吨熟料生产能力。2011年甘肃省水泥市场已出现产能过剩的潜在危机，寄希望于淘汰落后产能腾出部分水泥增量市场。如果在建和核准的项目大量实施，甘肃省水泥市场将出现严重过剩。2011年甘肃省新型干法水泥生产线建设情况见下表：

2011年投产项目

	企业名称	生产线规模(吨/日)	熟料产能(万吨)	投产日期
1	甘肃三易水泥有限责任公司	3 000	90	2011.01
2	中材甘肃(天水)水泥有限责任公司	2 500	75	2011.03
3	甘谷祁连山漳县水泥有限公司	3 000	90	2011.03
4	兰州甘草水泥集团公司二线	2 500	75	2011.05
5	甘肃京兰水泥有限公司	5 000	150	2011.05
6	甘肃省临夏州金德公司太子山水泥厂	2 500	75	2011.05
7	平凉海螺水泥有限公司二线	5 000	150	2011.06
合计			705	

【调整结构 转变发展方式】 2011年协会以积极探索、求真务实的工作态度，为政府有关部门和企业服务，努力发挥协会的作用，积极贯彻国家建材产业政策，引导建材行业科学发展。针对甘肃省水泥工业的发展现状、存在的问题及未来的发展趋势等方面进行深入讨论分析。同时对水泥工业节能减排、结构调整、淘汰落后产能等问题，统一认识、达成共识，为水泥工业持续稳定健康发展起到积极推动作用。召开省建材行业协会会长扩大会议、甘肃省建材行业发展研讨及现场交流会。邀请中国建材联合会会长乔龙德，中国工程院院士、西安建筑科技大学校长徐德龙等出席研讨会议。来自甘肃建材行业70多家企业的150人参加会议。乔龙德在会上作了重要讲话，他全面分析了我国建材工业"十二五"期间面临的主要挑战，并提出了今后的主要任务，还分析了甘肃建材工业的发展现状，并着重阐述了甘肃建材"十二五"时期要做好的主要工作。中国工程院院士、西安建筑科技大学校长徐德龙以中国建材工业生态化为主题，从节能减排、可持续发展、水泥工业生态化、高固气比水泥熟料煅烧工艺、建筑陶瓷工业生态化、墙体材料工业生态化等几个方面进行了专题讲座。数字水泥网总裁刘作毅作了全国水泥发展形势的讲座。"甘肃祁连山"、平凉海螺水泥有限公司、平凉新世纪建材有限公司等企业在大会上进行交流发言。会议代表还现场参观了平凉海螺水泥有限公司、平凉新世纪建材有限公司等企业。为推动甘肃水泥工业发展、加快水泥工业结构调整、实现发展方式的转变进行了积极的探索。

【行业协调自律服务】 深入企业调研，研究分析水泥市场，专题解决问题。协会根据水泥企业要求，在白银、兰州、临夏、定西等地分别召集重点水泥企业市场营销工作座谈会。听取各水泥企业对2011年生产经营情况的介绍，认真分析2011年全省和兰州、白银等地区的水泥市场，在形成一致共识的基础上，提出了进一步做好销售工作和提高企业经济效益的主要措施。努力抓好全省水泥企业质量管理工作。召开全省水泥企业质量工作会议，邀请省工信委原材料处、环境资源处、省发改委产业协调处、省质监局质量监督处等业务处室领导出席，来自全省90多户水泥企业的120多位代表参加了会议。对水泥企业化验室换、发证工作、产品质量检查和对比验证检验情况进行全面总结，进一步明确了当前和今后抓好企业产品质量工作的重点和任务。同时，对水泥生产企业产品质量检查中排名前十位的企业予以表彰授牌，授予永登祁连山水泥有限公司等排名一至五位的企业"产品质量优胜单位"，授予平凉海螺水泥有限责任公司等排名六至十位的企业"产品质量优良单位"，授予兰州甘草环保建材股份有限公司等排名前五位的企业"对比验证先进企业"。举办《水泥企业质量管理规程》宣贯学习培训班。为了加强水泥企业的质量管理，规范企业内部生产过程质量控制，确保出厂水泥和水泥熟料产品质量，保证新规程的顺利实施，经省工信委同意，省建材行业协会举办新规程宣贯学习培训班。结合水泥企业现状，对《水泥企业质量管理规程》、《水泥企业化验室基本条件》和《水泥产品质量对比验证检验管理办法》如何认真贯彻执行作了详细的讲解和要求，对全省水泥企业化验室验收存在的问题进行分析总结。全年培训 69 家水泥企业分管质量的领导和化验室主任约 80 人。协会在行业协调自律服务方面积极探索并取得显著成效。

2011 年分地区水泥产量

产品名称	累计产量	累计增长率(%)	企业个数
水泥(吨)	27 968 231.15	17.76	61
兰州市	5 685 611.54	3.74	9
嘉峪关市	1 595 577.14	−7.82	4
金昌市	19 18569	0.14	1
白银市	3 989 218	21.15	11
天水市	3 445 874.69	8.81	7
武威市	389 669.1	−19.9	2
张掖市	1 522 464.66	18.05	7
平凉市	3 280 765.91	15.89	5
酒泉市	556 230	42.11	4
庆阳市	282 912	−7.83	2
定西市	1 647 320	211.36	4
陇南市	2 140 030.7	65.11	2
临夏回族自治州	137 053.6	−41.69	1
甘南藏族自治州	876 934.81	19.88	2

2012 年

【概况】 2012 年，面对宏观经济增速放缓，市场需求低迷，价格下滑，成本增加的严峻形势，甘肃省水泥行业控制总量，着力推进结构优化升级，改造提升产业技术、规模，进一步加强节能减排和资源综合利用工作，加大落后水泥产能淘汰，实现了水泥行业平稳运行。2012 年水泥工业实现工业总产值 135 亿元，同比增长 25.31%，销售产值 122 亿元，同比增长 22.38%，产品销售率 90.24%，同比降低 2.16 个百分点；生产水泥 3515 万吨，同比增长 27.97%。保持了较高的增长速度。完成固定资产投资 55 亿元，同比增长 0.5%，增速放缓。水泥制品业投资 9.6 亿元，同比减少 46.57%。2012 年底新型干法生产线 40 条，水泥熟料生产能力 2 640 万吨；机立窑等落后生产线 38 条，熟料生产能力 415 万吨。2012 年有 2 条新型干法水泥生产线投产，形成熟料产能 195 万吨，淘汰 409 万吨，全省水泥熟料产能达到 3 050 万吨，减少 7.06%。规模以上商品混凝土 608 万立方米，同比增长 30.6%；散装水泥完成 1210 万吨，同比增加 269 万吨，增幅为 28.6%，散装率 33.5%，散装水泥量保持了较快增长。水泥工业在控制总量、淘汰落后、产业结构调整、发展方式转变、节能减排等方面继续取得进步，新型干法水泥比重达到 88%。水泥工业生产集中度大幅提高，“祁连山”、“平凉海螺”、“白银中材”、“甘肃京兰”等企业生产、经营、管理能力水平继续提升，企业不断发展壮大并主导甘肃水泥工业的发展。

【水泥工业运行情况及特点】 水泥工业产值产量较快增长，主营业务收入继续增长 24%，但利润却大幅下滑。工业产品销售率低于上年，也低于全国平均水平。水泥制品主营业务收入和利润总额分别增长约 49% 和 969%。水泥工业结构调整继续取得进展，新型干法熟料占水泥熟料的比重提高到 86%。2012 年甘肃省水泥行业积极响应国家水泥结构调整产业政策，以甘肃祁连山水泥公司、海螺水泥等水泥熟料企业为主体，实施生产规模化和产业升级，同时淘汰落后机立窑生产线，甘肃省水泥产业布局和产业结构进一步优化，集中度进一步提高。2012 年积极推进全省水泥企业进行重组整合，发挥优势企业在资本运营、技术创新、经营管理、品牌和市场开拓等方面的优势，促进产业的集中化、大型化、基地化，带动行业的发展。甘肃祁连山水泥集团重组夏河安多水泥公司及安水余热发电公司、张掖巨龙建材公司，甘肃寿鹿山水泥公司与安徽海螺、甘肃祁连山水泥集团商谈战略重组事宜。

2012 年水泥工业主要指标完成情况

序号	指　　标	2012 年	同比增长%
1	工业增加值(亿元)	135	25.31
2	利税总额(亿元)	10.38	−34.14
	其中：利润总额(亿元)	4.9	−51.15
3	新型干法水泥生产线(条)	40	5.26
4	水泥生产能力(万吨)	3 900	−5.47
	其中：新型干法水泥生产能力(万吨)	3 430	6.16
5	水泥熟料生产能力(万吨)	3 050	−7.06
6	新型干法水泥比重(%)	88	12.3
7	水泥产量(万吨)	3 515	27.97
8	商品混凝土(万立方米)	608	30.6

【存在问题】 2011年下半年开始水泥销售市场疲软，水泥价格急剧下滑，企业库存大幅增加，至2012年1季度，加上季节大部分水泥企业处于停产半停产状态，水泥工业经济运行质量随着产能急剧释放而下降。2012年，我省水泥行业产量大幅增加、价格同比下滑、利润大幅走低。生产增速和利税增长出现反差。工业总产值和销售产值增长都在20%以上，但利润下降50%以上。企业成本大幅增加，挤压行业利润。随着煤、电等原燃料和人工成本的不断上涨，导致企业成本大幅增加，加之新上项目贷款增加，资金运营成本随之增加，利润下降明显，投入产出不成比例。货款拖欠严重，应收账款增长率过高。2012年水泥应收账款净额14亿元，同比增加1.5亿元；利润6亿，同比减少了51%。销售应收账款过多，特别是商砼站欠款严重。2012年9月，随着兰州新区被批复为第五个国家级新区、兰州市轨道交通的开工建设，铁路建设资金逐步到位，水泥市场需求明显增加，水泥价格止跌回升，水泥销售出现好转，库存大幅减少。

【重点企业及项目】

1.甘肃祁连山水泥集团公司是甘肃省最大的水泥制造企业和西北地区特种水泥生产基地，属国家重点支持的12户大型水泥企业集团之一，2012年公司年水泥生产能力已达到2 000万吨。该公司产销水泥总量达到1 340万吨，实现营业收入42.48亿元、经营利润2.25亿元，在宏观经济和行业经济下滑的情况下，主要经营指标继续保持了较好水平。

2012年经营指标完成情况

主要经营指标	2012年目标	2012年完成	同期	增减(%)
生产水泥(万吨)	1 386.00	1 342	1 150	17.43
销售水泥(万吨)	1 386.00	1 341	1 134	18.18
熟料产量(万吨)	1 140.00	1 147	1 038	10.52
商混产销量(万方)	110.00	60.20	61.67	−2.38
工业总产值(亿元)	45.00	46.58	39.22	18.77
工业增加值(亿元)	12.00	12.81	11.88	7.97
营业收入(亿元)	42.70	42.48	36.25	17.18
利润总额(亿元)	2.50	2.25	4.49	−49.72

近年来，该公司积极响应国家水泥结构调整产业政策，通过并购重组、新建项目、淘汰落后、产业延伸以及节能减排等措施，加快对甘肃省水泥产业区域布局，推动全省水泥产业结构优化调整步伐。2012年，中材集团甘肃祁连山水泥集团股份公司完成总投资约17亿元(含青海)，其中：完成固定资产投资13.29亿元，股权投资3.4亿元。主要建设项目：酒钢宏达日产4 000吨干法水泥生产线及配套8MW余热发电项目建成投产；甘谷祁连山7.5MW、青海祁连山4.5+7.5MW、永登祁连山7.5MW、定西、青海湟中两个年产80万方商砼项目建成投产；在建古浪日产4 500吨、漳县二期日产4 500吨两条干法水泥生产线预计于2013年4月点火、定西100万吨水泥粉磨项目正在稳步推进；完成了重组夏河安多水泥公司及安水余热发电公司65%股权项目的工商变更登记工作，重组张掖巨龙建材公司26%股权事宜除工商变更外其余工作均已完成。以上投产和并购项目使得该公司水泥产能达到2 030万吨，余热发电总装机容量达到59MW，商品混凝土产能达到305万立方米的规模。另外，甘肃祁连山水泥集团对其它已立项项目进行重点环节攻关，一是取得成县二期项目环评批复文件，已具备开工条件；二是正在协调玉门项目办理采矿证及用电报批工作，已具备开工条件。三是继续落实张掖项目矿山资源工作。

2.平凉海螺水泥有限责任公司隶属于安徽海螺集团公司，现拥有两条日产4 500吨熟料生产线、4台直径4.2×13米带辊压机联合粉磨系统以及2×7.3MW纯低温风冷余热发电系统。项目总投资15亿元，一期生产线2009年10月投产；二期生产线于2011年6月投产。投产后熟料产能达到270万吨，水泥产能达到440万吨。项目建成投产率先填补了西北地区没有日产4 500吨大型干法生产线的空白，实现单线和单厂规模最大；把平凉市资源优势、市场优势、环境优势和海螺技术优势、规模优势、品牌优势很好的结合起来，转化为经济优势、竞争优势，促进了平凉市经济发展，对推动甘肃水泥工业结构调整，淘汰落后产能具有重要意义。

2012年分地区水泥产量(中国建材联合会提供数据)

产品名称	累计产量(吨)	累计增长率(%)	企业个数
水泥	36 650 594.83	31.95	62
兰州市	8 471 741.13	46.51	10
嘉峪关市	1 781 905.64	11.68	4
金昌市	2 021 335	5.36	1
白银市	5 351 737.42	30.36	11
天水市	3 882 916.06	12.68	6

续　表

产品名称	累计产量（吨）	累计增长率（%）	企业个数
武威市	900 900	131.2	2
张掖市	2 134 323.1	34.22	8
平凉市	3 258 973.25	−0.66	5
酒泉市	993 141	69.96	4
庆阳市	611 551	116.16	2
定西市	2 650 815	60.92	3
陇南市	3 003 611.23	40.35	3
临夏回族自治州	172 094	25.57	1
甘南藏族自治州	915 551	4.4	2

甘肃省建材工业协会

地　　址：甘肃省兰州市广场南路51号统办一号楼10层
邮政编码：730000
电子邮箱：gsjcxbb@126.com
办公室电话
刘志强 副会长（0931）8850667
丁小平 副会长（0931）8850517
秘　书　处　（0931）8960233
行业工作处　（0931）8960235　　8850622
综　合　处　（0931）8850541

青海省

Qinghai Province

2011年

【概况】 截止2011年底，全省水泥生产企业15家，年实际产量1 042.99万吨，比2010年增长30.5%，首次突破千万吨大关。水泥企业主要分布在西宁、海东、海西地区，总资产约73亿元。水泥总设计能力2 120万吨，其中新型干法回转窑15条，设计能力1 900万吨，占总设计能力的90%。

2011年青海省水泥工业以国家政策为向导，将水泥工业发展与资源综合利用和本省建材工业节能减排相结合，大力引进低碳、环保的生产线。使全省水泥产业的竞争力得到提高。2011年全省散装水泥供应量再创历史新高达到467万吨，水泥散装率达到44%，全省预拌混凝土使用量达550万立方米，节约水泥包装袋9 348万条，节约优质木材16.4万立方米，减少二氧化碳排放16.52万吨，减少粉尘排放1.8万吨，减少水泥损失18.37万吨，折合标准煤9.92万吨。

青海省水泥工业通过对生产线的改进，引进新技术，淘汰落后生产工艺。技改一条年综合利用15万吨工业废弃物（电石渣）烧制水泥熟料的生产线项目，于2011年7月份正式投产。该项目符合当今低碳排放的要求，是资源化最成熟、最经济的方法，既可以节约水泥生产所用的天然石灰石资源，降低水泥生产成本，又可以减少二氧化碳的排放和废物堆放等造成的环境污染，切实保护周边环境，从而也在很大程度上弥补我省因水泥产业结构调整，小水泥立窑淘汰所带来的水泥市场供应份额不足，开创青海省利用电石渣生产水泥的技术的先例，具有良好的经济效益。

2012年

【概况】 2012年青海水泥企业有17家、产能达2 270万吨。截止到2012年9月全省已建水泥生产线27条，新型干法生产线有16条，有8条水泥生产线安装余热发电装置。

【存在的问题】 水泥供大于求：受其市场经济影响，2012年水泥价格连续走低、平均价格同比下降了8.1%，由于销售困难、致企业库存量增加，十月后部分企业开始停产检修，企业经营面临历史最艰难时期。

【节能减排】 青海省经委为严控新建产能、减少资源能源消耗和工业污染排放。采取惩罚性电价，控制高载能项目建设，将节能考核责任纳入各地区及省属企业业绩考核目标体系等配套措施。积极推进节能技术改造，组织实施了62个节能、节水、资源综合利用以及清洁生产等项目，通过召开现场会等形式，强化余热发电、烟气回收等节能技术推广应用。并着手制定了《进一步控制高耗能产业无序发展和过快增长的若干政策和措施》。

宁夏回族自治区

Ningxia Hui Autonomous Region

2011 年

【概况】 2011 年，自治区水泥行业：生产 1 455.46 万吨，同比增长 6.5%。生产熟料 1 168 万吨，增长 17.8%。实现工业产值 50 亿元，利润 4.05 亿元，下降 50.35%。完成投资 9.08 亿元，下降 34.8%。新型干法比例达到 89%，比全国平均水平高 2.7 个百分点。预拌混凝土：供应量 1 015.19 万立方米。同比增长 23.44%。实现销售收入 26.18 亿元，实现利润 1.08 亿元，实现工业总产值 36.24 亿元，完成工业增加值 6.52 亿元。全区散装水泥供应量 593.69 万吨，同比增长 22.57%，水泥散装率达到 39.8%，同比提高 4.12 个百分点。

【结构调整】 胜金水泥、平罗恒达日产 2 500 吨熟料生产线分别于 1 月、5 月份投产。西夏天杰 4.2 米水泥磨，石嘴山赛马 3.8 米水泥磨机，胜金、东盛鑫 3.5 米磨机，瀛海天祥、贺兰金山、贺兰祥建等一批 3.2 米磨机投产。宁夏首届"宁夏企业 100 强"评选中，宁夏建材集团有限责任公司排在第 16 位，宁夏瀛海集团实业有限公司排第 74 位，宁夏胜金水泥有限公司排在 76 位。

【淘汰落后】 彻底拆除了"胜金"、"吴忠水泥"、"固原长征"、"华泰鑫"共 6 台机立窑 85 万吨产能。全面完成国家下达的年度任务。

【节能工作】 水泥行业全面开展余热发电、辊压机改造、变频电机改造工程。全区年耗能万吨标煤以上工业企业吨水泥熟料综合能耗同比下降 1.85%。自治区人民政府表彰了一批节能先进单位和个人。

【行业景气度明显下滑】 经历三年连续高速增长之后，2011 年，水泥产量增速从 2010 年的 28.8%下降到 2011 年的 6.5%。水泥企业利润下降 50%左右。混凝土行业利润率也快速下滑。企业资金周转普遍困难。

【宁夏建材集团】 12 月，宁夏赛马实业股份有限公司以新增股份换股吸收合并大股东宁夏建材集团有限责任公司。合并后，于 12 月变更名称为"宁夏建材集团股份有限公司"，股票简称变更为"宁夏建材"。这是宁夏回族自治区区第一个吸收合并控股股东的重点工业企业。

2012 年

【概况】 2012 年宁夏回族自治区水泥产量 1 605 万吨，增长 155 万吨，增长 8.5%。水泥行业产能继续释放，行业景气度继续下滑，处于近几年最低水平。水泥企业 48 户，其中熟料生产企业 28 家，共 29 条(台)生产线，熟料产能 1 900 万吨，折合水泥产能 2 600 万吨。熟料企业中新型干法生产线 29 条，熟料产能 1 762 万吨，占全部熟料产能的 90%。粉磨站 20 户，粉磨能力 1 500 万吨。

【散装水泥】 2012 年全区散装水泥供应量为 798.79 万吨，同比增长 205 万吨，增幅达 34.55%；水泥散装率为 50.38%，占到了全区水泥总量的一半。

【淘汰落后】 淘汰了宁夏太西水泥有限责任公司、宁夏中卫市太青山水泥制造有限公司、中卫市海原兴盈水泥厂、宁夏华泰鑫水泥(集团)有限公司、宁夏建成建材有限责任公司共 8 台立窑，水泥产能 100 万吨。

【重点项目】 宁夏建材集团银川兰山 1 条日产 4 500 吨水泥熟料生产线、太阳山 1 条日产 2 000 吨水泥熟料生产线投产。宁夏天元锰业 1 条日产 4 500 吨水泥熟料生产线开工建设。

【行业准入】 宁夏建材集团银川基地 1 条日产 4 500 吨水泥熟料生产线、2 条日产 2 500 吨水泥熟料生产线、1 条日产 2 300 吨水泥熟料生产线共四条生产线被工信部列入第一批行业准入公告名单。

【兼并重组】 宁夏赛马混凝土扩股吸收合并宁夏最大的混凝土公司——宁夏科进砼业有限公司。合并后名称变更为宁夏赛马科进混凝土有限公司。注册资本为 25 500 万元，其中宁夏建材集团股份有限公司持有公司 51％的股权，宁夏科进砼业有限公司持有公司 49％的股权，年商品混凝土产能达 750 万立方米。

【驰名商标】 宁夏建材集团“赛马”品牌被评为中国驰名商标。这是本区内建材企业第一个获得的“中国驰名商标”的品牌。宁夏建材集团股份有限公司是宁夏水泥龙头企业，产销量占全区的一半。公司共有多个品牌产品，其中“赛马”、“青铜峡”、“六盘山”等品牌多次被评为宁夏名牌产品。

【水泥脱硝】 国家环保部将宁夏确定为水泥脱硝项目示范省区。宁夏西夏水泥有限责任公司日产 2 500 吨新型干法水泥熟料生产线空气分级燃烧＋SNCR 技术脱硝工程等一批水泥脱硝项目开工建设并投产。

新疆维吾尔自治区

Xinjiang Uygur Autonomous Region

2011 年

【概况】 截至 2011 年底，全区共有水泥企业 88 家，总资产 221 亿元，从业人员 2.13 万人。拥有各类水泥生产线 119 条，生产能力 3 500 万吨(其中电石渣水泥生产线 8 条，生产能力 660 万吨)，其中新型干法水泥生产线 41 条，生产能力 2 630 万吨，占总生产能力的 75％，比上年提高 12 个百分点，比“十五”末提高了 46 个百分点，略低于全国 80％的平均水平。

【发展特点】 一是水泥建设项目投资高速增长。水泥建设项目完成投资 43.37 亿元，同比增长 77.33％；建成投产水泥生产线 14 条，新增水泥供应能力 1 145 万吨。

二是水泥产量高速增长。2011 年水泥产量 3 172 万吨，同比增长 32.11％。

三是水泥单位能耗继续下降。

水泥行业能效对标取得实质进展，效果显现，单位产品能耗明显下降。2011 年吨熟料标准煤耗 126 千克，较 2010 年水平下降 10.9 千克，降幅 8.0％。2011 年吨水泥综合能耗 108.7 千克/标煤，较 2010 年水平下降 9.2 千克，降幅 7.8％。2011 年能效对标考核数据显示，51％的企业水泥综合能耗同比有不同程度的下降，40％的粉磨站水泥综合电耗同比下降。日产 2 000 吨及以上新型干法生产线熟料综合煤耗达标率 54.5％，比上年同期提高 7.8 个百分点；日产 2 000 吨以下生产线熟料综合煤耗达标率 36.5％，比上年同期提高 5 个百分点。

【项目建设】 全年共投产水泥生产线 14 条，新增生产能力近 1 000 万吨，是历史上增长速度最快的一年，大批日产 3 000 吨及以上，最大日产 5 000 生产线开工建设。据统计，2011 年在建和预计开工建设的新型干法水泥项目 32 个，新增生产能力 3 700 万吨，其中地方核准 26 个，生产能力 3 030 万吨；兵团核准 6 个，生产能力 670 万吨。

【淘汰落后】 淘汰水泥落后产能 91 万吨。

2012 年

【概况】 截止到 2012 年底，全区共有水泥企业(含水泥粉磨站)100 家(含兵团，下同)，从业人员 3 万人，企业总资产近 400 亿元；拥有各类水泥生产线 128 条，形成总生产能力 7 500万吨，其中新型干法水泥比重由 2009 年的 62.1％提高到 91.2％，超过全国平均水平，总体装备水平处于全国领先地位；产业集中度 56％，“天山股份”、“青松建化”和“南岗建材”等大企业、大集团几乎全部实现了新型干法生产线装备。

【发展特点】 随着建设的 45 条高标准、高水平的新型干法水泥生产线的相继建成投产，自治区地、州、市首府所在地和 30 个重要县、市都有了日产 2 000～5 000 吨新型干法水泥生产线；产业布局趋于合理，产业结构明显改善和优化；区内水泥供应能力显著增强，市场供求矛盾得到明显缓解，保障了自治区重点工程，尤其是民生工程建设的需要，2010～2011 年因大量的建设项目集中开工，市场供不应求造成水泥价格飙升、建设工程造价明显上涨的局面已不复存在。而今复合 32.5 水泥价格已回落到 270 元/吨的较低水平，较上年降低了 60 元，较 2011 年最高峰降低了近 200 元，惠及自治区民生工程、重点工程建设，节约建设资金约 5 亿元。新一轮水泥项目的建设投产对保障该时期水泥市场供应、抑制过高的水泥价格发挥了积极有效的作用。

【处置固体废弃物】 利用电石渣、煤矸石、粉煤灰、炉渣和矿山废石、尾矿等工业固体废弃物占全区工业固体废弃物利用总量的40%左右。尤其是电石渣利用成效显著，已建成PVC配套100%电石渣水泥生产线10条，总产能725万吨，目前还有1条日产熟料2 500吨生产线在建，电石渣生产水泥综合利用规模和水平处于国内领先地位。

【淘汰落后】 淘汰水泥落后产能117万吨。

新疆维吾尔自治区建筑材料行业管理办公室简介

主要职责：

(一)研究拟定自治区建材工业发展战略和行业规划，提出发展自治区建材行业的方针、政策；推进行业结构调整，引导行业合理布局。

(二)研究提出自治区建材工业的行业法规，组织制定行业管理规章、技术标准；汇集、分析和发布行业经济技术信息，提供信息咨询服务。

(三)协调行业内部关系，维护公平竞争秩序；掌握、分析自治区建材行业生产动态，向有关部门提出政策建议；促进建材资源综合利用，推进新型建材及制品的开发的推广应用；组织有关的自治区建材行业经济技术合作与交流。

(四)指导直属国有建材企事业改革和结构调整，指导自治区国有建材企业扭亏解困、减员增效和实施再就业工程。

(五)负责自治区发展散装水泥、新型墙材和建筑节能工作；协助有关部门做好自治区非金属矿资源勘察、开采的监督管理工作。

(六)承办自治区人民政府和自治区经济贸易委员会交办的其他事项。

地址：新疆乌鲁木齐市光明路26号建设广场写字楼11楼

邮编：830002

电话：0991－8860708

传真：0991－8860713

第三篇

标准、专利、科技成果

水泥标准

Cement standard

2011 年

水泥行业标准

Cement industry standard 2011

2011 年 1 月 14 日，国家标准化管理委员会发布 2011 年第 2 号公告，批准《水泥回转窑热平衡、热效率、综合能耗计算方法》等 2 项建材国家标准，这 2 项标准于 2011 年 11 月 1 日起实施。

序号	标准号	标准名称	代替标准号	实施日期
456	GB/T 26281—2010	水泥回转窑热平衡、热效率、综合能耗计算方法		2011—11—01
457	GB/T 26282—2010	水泥回转窑热平衡测定方法		2011—11—01

2011 年 6 月 16 日，国家标准化管理委员会发布 2011 年第 9 号公告，批准《烧结多孔砖和多孔砌块》等 12 项建材国家标准。其中，有关水泥行业 3 项标准于 2012 年 2 月 1 日起实施。

序号	标准号	标准名称	代替标准号	实施日期
93	GB/T 26565—2011	水泥基绝热干混料		2012—02—01
94	GB/T 26566—2011	水泥生料易烧性试验方法		2012—02—01
95	GB/T 26567—2011	水泥原料易磨性试验方法(邦德法)		2012—02—01

2011 年 7 月 20 日，国家标准化管理委员会发布 2011 年第 10 号公告，批准《水泥标准稠度用水量、凝结时间、安定性检验方法》等 26 项建材国家标准。其中，有关水泥行业 3 项标准于 2012 年 3 月 1 日起实施。

序号	标准号	标准名称	代替标准号	实施日期
1	GB/T 1346—2011	水泥标准稠度用水量、凝结时间、安定性检验方法	GB/T 1346—2001	2012—03—01
40	GB/T 26748—2011	水泥助磨剂		2012—03—01
43	GB/T 26751—2011	用于水泥和混凝土中的粒化电炉磷渣粉		2012—03—01

2011 年 12 月 30 日，国家标准化管理委员会发布 2011 年第 23 号公告，批准《轻集料混凝土小型空心砌块》等 26 项建材国家标准。其中，有关水泥行业 3 项标准于 2012 年 10 月 1 日起实施。

序号	标准号	标准名称	代替标准号	实施日期
397	GB/T 27976—2011	水泥工业管磨装备		2012—10—01
398	GB/T 27977—2011	水泥生产电能能效测试及计算方法		2012—10—01
399	GB/T 27978—2011	水泥生产原料中废渣用量的测定方法		2012—10—01

2011年12月20日，工业和信息化部发布2011年第43号公告，批准《水冷管式换热器》等1081项行业标准(标准编号、名称、主要内容及实施日期)及19项有色、冶金行业标准样品，其中建材行业标准92项，有关水泥行业标准14项，现予以公告。

序号	标准编号	标准名称	标准主要内容	代替标准	采标情况	实施日期
	JC/T 845—2011	水泥工业用辊压机	本标准规定了水泥工业用辊压机的产品规格、要求、试验方法、检验规则、标志、包装、运输和贮存。 本标准适用于水泥工业用辊压机。	JC/T 845—1999		2012—07—01
	JC/T 833—2011	水泥工业用堆取料机 技术条件	本标准规定了水泥工业用堆取料机的技术要求、试验方法、检验规则、标志、包装运输和贮存。 本标准适用于圆型预均化堆场对松散物料进行存取的水泥工业用堆取料机。	JC/T 833—1998		2012—07—01
	JC/T 834—2011	水泥工业用堆料机 技术条件	本标准规定了水泥工业用堆料机的技术要求、试验方法、检验规则、标志、包装运输和贮存。 本标准适用于预均化堆场对松散物料进行堆料的水泥工业用卸料车式堆料机和悬臂带式堆料机。	JC/T 834—1998		2012—07—01
	JC/T 835—2011	水泥工业用取料机 技术条件	本标准规定了水泥工业用取料机的技术要求、试验方法、检验规则、标志、包装运输和贮存。 本标准适用于预均化堆场对松散物料进行取料的水泥工业用桥式斗轮取料机、桥式刮板取料机和悬臂刮板取料机。	JC/T 835—1998		2012—07—01
	JC/T 879—2011	水泥工业用离心通风机技术条件	本标准规定了水泥工业用离心通风机的要求、试验方法、检验规则及标志、包装、运输和贮存。 本标准适用于含尘浓度不大于$100g/m^3$(标态)的离心通风机。	JC/T 879—2001		2012—07—01
	JC/T 2048—2011	袋装水泥装车机	本标准规定了袋装水泥装车机的型式、型号与基本参数、技术要求、试验方法、检验规则及标志、包装、运输和贮存。 本标准适用于袋装水泥汽车或火车用装车机。			2012—07—01

续表

序号	标准编号	标准名称	标准主要内容	代替标准	采标情况	实施日期
	JC/T 2049—2011	汽、火车用水泥熟料散装机	本标准规定了汽、火车用水泥熟料散装机的产品型式，标志与基本参数、技术要求、试验方法、检验规则、标志、包装、运输与贮存。 本标准适用于汽、火车用水泥熟料散装机。			2012—07—01
	JC/T 607—2011	火车用水泥散装机	本标准规定了火车用水泥散装机的型式，标记与基本参数、技术要求、试验方法、检验规则、标志、包装、运输与贮存。 本标准适用于火车用水泥散装机。	JC/T 607—1995		2012—07—01
	JC/T 608—2011	汽车用水泥散装机	本标准规定了汽车用水泥散装机的型式，标记与基本参数、技术要求、试验方法、检验规则、标志、包装、运输与贮存。 本标准适用于汽车用水泥散装机。	JC/T 608—1995		2012—07—01
	JC/T 609—2011	水泥散装设备 电动流量控制阀	本标准规定了水泥散装设备 电动流量控制阀的型式、标记与基本参数、技术要求、试验方法、检验规则、标志、包装、运输与贮存。 本标准适用于建材工业用电动流量控制阀。	JC/T 609—1995		2012—07—01
	JC/T 610—2011	水泥散装设备 气动开关阀	本标准规定了水泥散装设备 气动开关阀的型式标记与基本参数、技术要求、试验方法、检验规则、标志、包装、运输与贮存。 本标准适用于建材工业用气动开关阀。	JC/T 610—1995		2012—07—01
	JC/T 2050—2011	水泥工业用旋转滑片压气机	本标准规定了水泥工业用旋转滑片压气机的术语和定义、型号及基本参数、技术要求、试验方法、检验规则、标志、包装、运输和贮存。 本标准适用于公称排气压力不大于0.32MPa的单级、注油、水冷、旋转滑片压气机			2012—07—01
	JC/T 2090—2011	聚合物水泥防水浆料	本标准规定了聚合物水泥防水浆料(简称JJ防水浆料)的术语和定义、分类和标记、一般要求、技术要求、试验方法、检验规则、标志、包装、运输与贮存。 本标准适用于建筑工程用的聚合物水泥防水浆料。			2012—07—01
	JC/T 984—2011	聚合物水泥防水砂浆	标准规定了聚合物水泥防水砂浆(简称JF防水砂浆)的术语和定义、分类和标记、一般要求、技术要求、试验方法、检验规则、标志、包装、贮存与运输。 本标准适用于建筑工程用的聚合物水泥防水砂浆。	JC/T 984—1995		2012—07—01

2012 年

水泥行业标准

Cement industry standard 2012

2012 年 12 月 28 日，工业和信息化部发布第 70 号公告，批准《道路运输液体危险货物罐式车辆紧急切断阀》等 681 项行业标准(标准编号、名称、主要内容及起始实施日期见附件)，其中：建材行业标准 94 项现予以公布。建材行业标准由中国建材工业出版社出版。

附件：681 项行业标准编号、名称、主要内容等一览表(节选水泥部分)

681 项行业标准编号、名称、主要内容等一览表(节选水泥部分)

标准编号	标准名称	标准主要内容	代替标准	采标情况	实施日期
JC/T 2104—2012	水泥工业用耐磨件堆焊通用技术条件	本标准规定了水泥工业用耐磨件堆焊的术语和定义、技术要求、检验方法、技术文件及标志、包装、运输和贮存。 本标准适用于水泥工业用立磨、辊压机等设备耐磨件的新品堆焊制造、磨损后的堆焊再制造及耐磨板的堆焊制造。			2013—06—01
JC/T 820—2012	水泥工业用空气输送斜槽	本标准规定了水泥工业用空气输送斜槽(简称空气斜槽)的术语和定义、型号及基本参数、要求、试验方法、检验规则、标志、包装、运输和贮存。 本标准适用于输送含水量不大于 1%的粉状物料空气斜槽。	JC/T 820 — 1988 (1996)		2013—06—01
JC/T 2105—2012	水泥工业用单边双传动减速机	本标准规定了水泥工业用单边双传动减速机(包括本体、慢驱和大齿圈)的型式、型号与基本参数、要求、试验方法、检验规则及标志、包装、运输和贮存。 本标准适用于水泥工业用单边双传动减速机。			2013—06—01
JC/T 699—2012	水泥制品用钢筋混凝土管钢筋骨架滚焊机	本标准规定了水泥制品用钢筋混凝土管钢筋骨架滚焊机的术语和定义、产品分类、技术要求、试验方法、检验规则、标志、包装、运输和贮存。	JC/T 699—1998		2013—06—01

续表

标准编号	标准名称	标准主要内容	代替标准	采标情况	实施日期
		本标准适用于水泥制品用钢筋混凝土管钢筋骨架滚焊机，也适用于预应力混凝土管桩钢筋骨架滚焊机、锥形混凝土电杆钢筋骨架滚焊机、预制钢筋混凝土方桩钢筋骨架滚焊机。			
JC/T 2123—2012	耐火浇注料标准脱模时间试验方法	本标准规定了耐火浇注料标准脱模时间的术语和定义、原理、设备、取样和制样、试验步骤、结果计算和试验报告。 本标准适用于耐火浇注料的测定。			2013—06—01
JC/T 2126.1—2012	水泥制品工艺技术规程　第1部分：混凝土与钢筋混凝土排水管	本部分规定了混凝土和钢筋混凝土排水管产品制造过程中的原材料、生产工艺、质量控制、标志、储存和运输等技术要求。 本标准适用于制造符合GB/T 11836及JC/T 640的钢筋混凝土排水管和顶进施工法用钢筋混凝土排水管。			2013—06—01
JC/T 2126.2—2012	水泥制品工艺技术规程　第2部分：预应力混凝土管	本部分规定了预应力混凝土管制造过程中的原材料、混凝土、管芯缠丝制管工艺、振动挤压制管工艺、产品检验、质量控制、标志、贮存和运输等技术要求。 本部分适用于制造符合GB 5696的承插式预应力混凝土管。			2013—06—01
JC/T 2126.3—2012	水泥制品工艺技术规程　第3部分：预应力钢筒混凝土管	本部分规定了预应力钢筒混凝土管制造过程中的原材料、生产工艺、修补、质量控制、标志、贮存与运输等要求。 本部分适用于按GB/T 19685标准生产的预应力钢筒混凝土管(PCCP)。			2013—06—01
JC/T 2126.4—2012	水泥制品工艺技术规程　第4部分：自应力混凝土输水管	本部分规定了自应力混凝土输水管生产用原材料、生产工艺、水压检验、缺陷整修、质量控制、产品检验、标志、贮存和运输等技术要求。 本部分适用于按GB 4084制造的自应力混凝土管；使用自应力水泥制造其他管材，亦可参照采用。			2013—06—01

续表

标准编号	标准名称	标准主要内容	代替标准	采标情况	实施日期
JC/T 2126.5—2012	水泥制品工艺技术规程　第5部分:环形混凝土电杆	本部分规定了环形混凝土电杆生产用原材料、生产工艺、产品贮存及运输等技术要求。 本部分适用于按GB/T 4623标准生产的环形预应力混凝土电杆、环形部分预应力混凝土电杆和环形钢筋混凝土电杆。			2013—06—01
JC/T 2126.6—2012	水泥制品工艺技术规程　第6部分:先张法预应力混凝土管桩	本部分规定了先张法预应力混凝土管桩生产用原材料、生产工艺、检验、标志、贮存与运输、产品合格证等要求。 本部分适用于按GB 13476制造的先张法预应力混凝土管桩。其他离心成型的先张法预应力混凝土桩可参照执行。			2013—06—01
JC/T 2126.7—2012	水泥制品工艺技术规程　第7部分:硅酸钙板/纤维水泥板	本部分规定了硅酸钙板/纤维水泥板制造过程中的原材料、生产工艺、深加工、运输、包装与贮存、检验、标志、合格证等技术要求。 本部分适用于按JC/T 412.1、JC/T 412.2、JC/T 564.1和JC/T 564.2生产的硅酸钙板/纤维水泥板。			2013—06—01
JC/T 870—2012	彩色硅酸盐水泥	本标准规定了彩色硅酸盐水泥的术语和定义、分类、原材料、技术要求、试验方法、检验规则及包装、标志、运输和贮存。 本标准适用于彩色硅酸盐水泥。	JC/T 870—2000		2013—06—01
JC/T 2152—2012	复合硫铝酸盐水泥	本标准规定了复合硫铝酸盐水泥的术语和定义、组分与材料、强度等级、技术要求、试验方法、检验规则、包装、标志、运输与贮存。 本标准适用于复合硫铝酸盐水泥。			2013—06—01
JC/T 2153—2012	水泥泌水性试验方法	本标准规定了水泥泌水性试验方法的方法原理、仪器设备、试验步骤、数据处理、结果表示等。			2013—06—01

续表

标准编号	标准名称	标准主要内容	代替标准	采标情况	实施日期
		本标准适用于通用硅酸盐水泥的泌水性试验。			
JC/T 2157—2012	低膨胀透明微晶玻璃	本标准规定了低膨胀透明微晶玻璃的分类与标记、要求、试验方法、检验规则、包装、标志、运输和贮存。 本标准适用于浮法或压延工艺生产的 $Li_2O-Al_2O_3-SiO_2$ 系统的低膨胀透明微晶玻璃。			2013—06—01
JC/T 2159—2012	水泥窑系统用特种耐火胶泥	本标准规定了水泥窑系统用特种耐火胶泥的技术要求、试验方法、检验规则、包装、标志、运输、储存及质量证明书。 本标准适用于由矾土熟料细粉、结合黏土和改性无机溶胶为主要原料制成的水泥窑系统用特种耐火胶泥。主要用于碱性耐火砖和铝硅质耐火砖的砌筑。			2013—06—01
JC/T 2160—2012	水泥窑用高强莫来石浇注料	本标准规定了水泥窑用高强莫来石耐火浇注料的技术要求、试验方法、检验规则、包装、标志、运输和储存及质量证明书。 本标准适用于水泥窑用的以烧结莫来石为主要原料，掺适量铝酸盐水泥及外加剂混合而成的耐火浇注料。			2013—06—01
JC/T 2162—2012	预应力混凝土桩安全生产要求	本标准规定了先张法预应力混凝土桩的安全基础管理、设备及安全设施、工艺安全操作、作业场所与职业健康安全等安全生产要求。 本标准适用于采用离心成型工艺制造的先张法预应力混凝土桩生产企业的安全生产管理。			2013—06—01
JC/T 2163—2012	混凝土外加剂安全生产要求	本标准规定了混凝土外加剂安全生产的术语和定义、一般要求、核心要求等。 本标准适用于采用化学合成工艺和复合生产工艺的混凝土外加剂生产企业及安全生产管理等。			2013—06—01

2012年12月31日，国家质量监督检验检疫总局、国家标准化管理委员会发布2012年第41号公告，批准《锚链涂漆和标志》等722项国家标准和47项国家标准样品，其中，有关水泥行业3项标准，现予以公布。

序号	标准号	标准名称	代替标准号	实施日期
251	GB 18445—2012	水泥基渗透结晶型防水材料	GB 18445—2001	2013—11—01
265	GB/T 19139—2012	油井水泥试验方法	GB/T 19139—2003	2013—07—01
360	GB/T 28996—2012	涂装水泥刨花板		2013—06—01

2012年12月31日，国家质量监督检验检疫总局、国家标准化管理委员会发布2012年第42号公告，批准《电站锅炉 蒸汽参数系列》等169项国家标准。其中，有关水泥行业3项标准，现予以公布。

序号	标准号	标准名称	代替标准号	实施日期
22	GB 16780—2012	水泥单位产品能源消耗限额	GB 16780—2007	2013—10—01
108	GB/T 29422—2012	水泥化学分析废液的处理方法		2013—08—01
109	GB/T 29423—2012	用于耐腐蚀水泥制品的碱矿渣粉煤灰混凝土		2013—08—01

水泥专利

Cement patent

2011年

水泥专利

Cement patent 2011

201120276265.6　篦床重载荷运动磨损间隙补偿结构
201120555135.6　篦式冷却机导向装置
201120003017.4　篦床推料棒上的压块固定结构
201110218133.2　篦床重载荷运动磨损间隙补偿结构
201120412037.7　篦冷机矮墙高强耐磨快换预制件
201110339608.3　篦冷机及篦冷机模块
201120423639.2　篦冷机及篦冷机模块
201110339595.X　篦冷机模块
201120424635.6　篦冷机模块
201120483608.6　篦式冷却机
201110191169.6　不锈钢尾渣和矿渣的再利用方法
201110453298.8　采用降失水剂的高强低密度水泥浆
201110151014.X　超低碱硅酸盐水泥及其生产方法
201110392697.8　超深冻结孔固管封水的缓凝水泥浆液
201120274395.6　成球机
201110041368.9　带有余热发电的水泥生产线物料烘干温度控制方法及装置
201110040034.X　低钙飞灰于常温胶结方法
201120398407.6　低阻力无漏料篦板
201110074603.2　地面用AC系水泥基自流平砂浆及制备方法
201110033845.7　电石渣高比例配料五级预热器窑外分解生产水泥熟料工艺方法
201120152733.9　废弃水泥砂浆循环处理系统
201120483623.0　分别粉磨生产水泥的系统
201120287896.8　分解炉撒料装置
201110168361.3　粉煤灰提铝残渣的脱碱方法
201110181202.7　粉煤灰提铝残渣水泥
201120237738.1　风量自调节篦板梁
201110289507.X　改进的水泥速凝剂制作方法
201110157538.X　改性氯氧镁水泥制品及其制备方法
201120158923.1　干法固硫吸硫集成煅烧水泥熟料系统
201120020152.X　干法水泥窑分立式风道结构
201110356060.3　钢渣粉胶凝材
201110057462.3　钢渣复合粉及其制备方法
201110360592.4　钢渣矿渣水泥
201110052449.9　高掺粉煤灰水泥生产工艺及粉磨工艺
201110185092.1　高纯铝酸钙水泥的加工工艺
201110070270.6　高固气比预热预分解水泥熟料煅烧工艺及设备
201110374505.0　高活性复合粉
201110273337.6　高活性水泥熟料、高活性水泥和早强水泥组合物
201110329224.3　高活性水泥熟料和高活性水泥
201110324054.X　高抗折水泥基灌浆料
201110298308.5　高密实度的真空灌浆水泥浆体及其制造方法
201110166680.0　高效水泥配方
201110232673.6　高效新型篦板
201110143708.9　高性能大坝硅酸盐水泥
201110420518.7　固硫灰水泥基自流平材料
201110120438.X　含改性三聚氰胺减水剂的水泥基灌浆材料及其制备方法
201110244696.9　含铬铝渣的资源化利用方法

201110087505.2	含聚醚型羧酸类减水剂的水泥基灌浆材料及其制备方法
201110087540.4	含聚酯型羧酸类减水剂的水泥基灌浆材料及其制备方法
201180014972.0	含氯废料的水泥原料化处理方法和处理装置
201180030477.9	含水石膏灰泥—水泥组合物和其用途
201110087539.1	含有氨基磺酸盐减水剂的水泥基灌浆材料及其制备方法
201110087534.9	含有改性萘系减水剂的水泥基灌浆材料及其制备方法
201110087536.8	含有改性萘系减水剂的水泥基灌浆材料及其制备方法
201110276233.0	化学激发镁渣—矿渣基地质聚合物胶凝材料及其制备方法
201110338845.8	缓凝水泥浆液
201110338871.0	缓凝水泥浆液置换冻结孔泥浆封水方法
201110143055.4	基于铝酸盐水泥和钢渣的快硬早强结构加固材料
201110178576.3	基于模糊智能控制和最优化方法的预粉磨系统控制方法
201110330190.X	集合式烘干分选球磨回转煅烧窑
201120414212.6	集合式烘干分选球磨回转煅烧窑
201110037425.6	碱激发胶凝材料化学成分的控制方法
201110132550.5	建筑垃圾再利用生产水泥产品的方法
201110127389.2	降失水剂组合物、包含它的水泥组合物、制备方法及用途
201110028112.4	节能环保两磨一烧法铁矿无焦炼铁暨水泥熟料生产工艺
201110238409.3	具有超强型耐热钢钢带的预热器旋筒风筒内筒
201110324498.3	具有稻壳的环保水泥砂浆
201110081056.0	抗裂、耐久的水泥基弹性防护砂浆及其制备方法
201180039242.6	可再分散于水中的聚合物粉末在改善水泥或干砂浆的储存稳定性中的用途
201110215876.4	矿山充填用高炉水淬渣胶凝材料及其制备方法
201180021886.2	来自水泥厂的汞排放的降低
201110233054.9	冷却机风流量自动调节阀
201110087758.X	立磨用无阀自锁风进料新工艺及其进料装置
201120100896.2	立磨用无阀自锁风进料装置
201110213727.4	立式辊磨回转下料器
201120270555.X	立式辊磨回转下料器
201110387782.5	利用半干法脱硫废渣制备砌筑水泥的方法
201110229225.0	利用钒渣制得的水泥熟料
201110178408.4	利用废弃电路板非金属粉末制备环保型水泥砂浆的方法
201110105061.0	利用工业废渣综合配方水泥混合物及制备方法
201110208145.7	利用垃圾生产水泥的方法
201110270341.7	利用锂云母硫酸法提锂渣制备低碱度硫铝酸盐水泥的方法
201110460679.9	利用气淬钢渣和脱硫石膏生产钢渣水泥的方法
201110029962.6	利用双效反应器结合水泥生产处理废气的方法及其系统
201110003077.0	利用水泥生产废气烘干和处置污泥的方法
201110003094.4	利用水泥生产废气烘干和处置污泥系统
201110041435.7	利用水泥窑实现联产的方法
201110190977.0	利用碳钢渣和矿渣制作的胶凝材料及其使用方法
201110397845.5	磷酸镁水泥用氧化镁及其制备方法和磷酸镁水泥
201180038127.7	氯旁路粉尘及废气的处理方法及处理装置
201180030575.2	氯旁路灰尘的处理方法及处理装置
201120033775.0	氯旁通系统
201110033508.8	氯旁通系统和氯旁通抽气气体的处理方法
201110429293.1	纳米自洁纤维增强水泥制品及其生产方法
201110199805.X	耐高温碱矿渣胶凝材料及其制备方法
201110217903.1	耐磨水泥砂浆、耐磨地坪及其制备方法
201110460377.1	气淬钢渣和高炉渣复合掺合料及其制备方法
201110294050.1	桥梁伸缩缝及薄壳结构高标号混凝土专用复合胶凝材
201110204562.4	全废渣低温急剧煅烧高标号水泥熟料方法
201110332094.9	柔性聚合物水泥防水砂浆
201180013447.7	乳酸盐活化的水泥和活化剂组合物
201110183958.5	渗透结晶型水泥基防水胶浆
201120185358.8	设置在冷却机上的液压推杆装置
201110425775.X	生态型低水泥基饰面砂浆
201110071741.5	使用卧式旋风筒实现的外循环式高固气比分解反应器
201110349763.3	适用于膨胀岩地区铁路路基基床的水泥基防水抗裂材料
201180022266.0	水泥厂的汞排放的减少
201120200458.3	水泥超细磨内防堵塞隔仓板

201180009505.9　水泥促进剂
201120195807.7　水泥粉磨系统
201110185843.X　水泥基灌浆材料及其制备方法
201110396612.3　水泥基聚合物防水砂浆及其制备方法
201110174304.6　水泥基迁移型钢筋阻锈涂料
201110183917.6　水泥基柔性防水胶浆
201110316717.3　水泥基透光材料及其制备方法
201110128632.2　水泥基无收缩灌浆砂浆
201120189115.1　水泥冷却系统
201120180456.2　水泥磨筛板
201120113395.8　水泥生产配料控制系统
201110096262.9　水泥生产配料控制系统及控制方法
201110005446.X　水泥生产中一体化褐煤催化轻度热解提质集成系统及工艺
201120438119.9　水泥生料输送系统除铁装置
201110280225.3　水泥熟料
201110083633.X　水泥熟料的制造方法
201110328935.9　水泥熟料的制造方法
201110083625.5　水泥熟料的制造装置及制造方法
201180013078.1　水泥熟料烧成物及其制造方法
201110152384.5　水泥微膨胀超早强改性剂及其使用方法
201120081939.7　水泥窑余热发电废水回收利用装置
201110076059.5　水泥窑预热器用陶瓷内筒挂片
201120086116.3　水泥窑预热器用陶瓷内筒挂片
201110033867.3　水泥用合成胶乳及其制备方法
201110256138.4　水泥制造方法
201180027238.8　水泥组合物和水泥组合物的制造方法
201110188237.3　水性环氧水泥砂浆
201180029124.7　水硬性粉体的制造方法
201110215473.X　陶瓷内筒挂片
201110076067.X　陶瓷内筒挂片组件
201120086095.5　陶瓷内筒挂片组件
201110189762.7　提高含钛高炉渣活性的方法
201180027129.6　通过借助于含氟活性物料的泥浆改性而用于具有“易洁”性质材料的含水泥的混合物
201120439075.1　稳流强冷篦板
201120195686.6　稳流行进式水泥熟料冷却机
201120552371.2　污泥处理设备
201120480149.6　污泥调理脱水处理处置系统
201110383531.X　污泥调理脱水处理处置系统及方法
201120079596.0　污泥预处理与水泥窑综合利用的系统
201110317990.8　新型篦式冷却机
201120397889.3　新型篦式冷却机
201120166445.9　新型干法水泥窑预热器碳化硅陶瓷内筒挂板
201120142858.3　新型煤化工造气循环水污泥资源化处理装置
201180011051.9　修补用水泥混合材、使用该修补用水泥混合材的修补用水泥组合物及修补用水泥砂浆材料
201120152637.4　旋风预热器
201110118481.2　选矿废弃的尾矿硅粉作为制作硅酸盐水泥原料的应用
201110385259.9　窑头外投料煅烧高活性混合材的方法和设备
201110243703.3　一种白水泥的制备工艺
201110072800.0　一种白水泥搅拌装置
201110034070.5　一种白云石镁水泥复合通风管道及其制造方法
201120374177.X　一种篦冷机篦板
201110338277.1　一种篦板、篦冷机模块及篦冷机
201120425934.1　一种篦板、篦冷机模块及篦冷机
201110002200.7　一种篦床推料棒上的压块固定结构
201110337865.3　一种篦冷机
201120425813.7　一种篦冷机
201120374163.8　一种篦冷机传动机构的密封设备
201110428990.5　一种篦冷机的控制系统
201120535975.6　一种篦冷机的控制系统
201110339438.9　一种篦冷机及篦冷机模块
201120424242.5　一种篦冷机及篦冷机模块
201110337864.9　一种篦冷机模块
201120423637.3　一种篦冷机模块
201110337861.5　一种篦冷机模块及篦冷机
201110117338.1　一种丙烯酸酯乳液改性水泥基快速修补砂浆
201110155141.7　一种丙烯酸酯乳液改性水泥基修补砂浆
201110050706.5　一种超轻发泡水泥材料的制作工艺
201110389083.4　一种超轻泡沫水泥混凝土及其制备方法
201110114675.5　一种赤泥复合硅酸盐砌筑水泥的生产方法
201110383320.6　一种赤泥直接浆液配料生产硫铝酸盐水泥的工艺
201110004513.6　一种赤泥制备道路硅酸盐水泥的方法
201110097225.X　一种催化还原磷石膏制硫酸联产水泥的方法
201110331296.1　一种单组份聚合物水泥防水砂浆材料
201120484281.4　一种低碱水泥生产过程中窑灰外排、回收装置
201110123300.5　一种低碱微膨胀中热硅酸盐水泥及其生产

方法
201110295239.2 一种低密度复合发泡水泥及其制备方法
201110121212.1 一种低能耗、低排放水泥及其制备方法与应用
201110390013.0 一种低热复合胶凝材料
201110383108.X 一种低热微膨胀水泥
201110023609.7 一种低收缩碱矿渣水泥组合物及其制备方法
201110029290.9 一种地源热泵用水泥基灌浆材料
201120258690.2 一种电石渣制水泥旁路放风冷却装置
201110332271.3 一种垫层用水泥基自流平
201110093611.1 一种发泡水泥
201110338490.2 一种防漏风的篦冷机模块
201120423636.9 一种防漏风的篦冷机模块
201110337530.1 一种防漏风漏料的篦冷机及篦冷机模块
201120422835.8 一种防漏风漏料的篦冷机及篦冷机模块
201110337601.8 一种防漏风漏料的篦冷机模块
201120424183.1 一种防漏风漏料的篦冷机模块
201110403018.2 一种防渗水水泥
201110241104.8 一种防水砂浆及其制造方法
201110424059.X 一种氟石膏制备硫酸和水泥的方法
201110431189.6 一种复合电炉磷矿渣粉及其制备方法
201110459281.3 一种复合改性石膏型高性能生态水泥及其制备方法
201110187926.2 一种复合固体激发剂及由其制备的硅铝质胶凝材料
201110031546.X 一种复合硫铝酸盐水泥基自流平材料及其制备方法
201120143464.X 一种复合陶瓷挂板
201110024914.8 一种复合型碱激发低碳水泥及其制备方法
201110084652.4 一种复合早强型水泥混合材
201120094267.3 一种改进的混合均化机
201110077811.8 一种改性高炉渣水泥固化体及其处理铬渣的方法
201110400744.9 一种改性集料及水溶性环氧树脂—磷铝酸盐水泥混凝土
201110411027.6 一种改性油井水泥及其制备方法和生产线
201110151889.X 一种干法水泥生产用节煤矿化剂及其应用
201110085793.8 一种高活性再生粉体及其制备方法
201110035668.6 一种高抗裂地面用水泥基自流平干粉砂浆
201110313085.5 一种高强度、低裂度水泥稳定级配碎石及其制备方法
201110061036.7 一种高速公路路基缓凝水泥
201110068146.6 一种高效降氮脱硝的水泥生产方法
201110035352.7 一种高效节能环保的水泥制造机组
201120035458.2 一种高效节能环保的水泥制造机组
201110371572.7 一种高效节能矿渣微粉的制备方法
201110352840.0 一种高效水泥基压电材料及其合成方法
201110437388.8 一种高粘改性水泥砂浆及其制造方法
201110112798.5 一种工业废物焚烧炉渣与水泥窑共处置的预处理方法
201110375150.7 一种贯入式水泥混凝土材料及其制备方法和用途
201110112796.6 一种含烃类有机物污泥与水泥窑共处置的预处理方法
201110151123.1 一种核电站核岛专用高性能水泥及其制备方法
201110428366.5 一种后张法预应力管道灌浆料
201110057272.1 一种火山灰性混合材及其制备方法和应用
201110135584.X 一种基于硅酸盐水泥的抗流挂保温砂浆
201110004103.1 一种基于循环流化床炉底渣的胶凝材料制备方法
201110394108.X 一种碱激发碳酸盐复合胶凝材料及其制备方法
201110070540.3 一种建筑工程用水泥砂浆
201110335985.X 一种建筑垃圾渣粉水泥桩及其地基处理方法
201110152799.2 一种建筑预拌干混砂浆用水泥混合料及其使用方法
201110055226.8 一种胶凝材料粉煤灰－水泥及生产方法
201110126061.9 一种节能型复合白水泥
201110354580.0 一种聚合物改性早强修补砂浆及其制备方法与应用
201120528988.0 一种可调节的水泥窑篦冷机取热口
201120528991.2 一种可调节的水泥窑篦冷机取热口控制系统
201110109317.5 一种可吸附重金属离子的水泥基材料
201110030886.0 一种快干水泥砂浆及其制备方法
201110292058.4 一种快速修复水泥
201110123585.2 一种矿粉助磨增强剂
201110320844.0 一种矿渣粉钢渣稳定类材料
201110056920.1 一种垃圾焚烧废气利用环保节能装置
201110027258.7 一种垃圾焚烧生产水泥的方法和装置
201110050194.2 一种类地聚合物水泥及其制备方法
201120293983.4 一种冷却机在线检修装置
201120152360.5 一种离线式管道分解炉
201110372224.1 一种利用赤泥、铝土矿选尾矿生产聚合胶凝材料的方法

201110405630.3 一种利用低品位高岭土制备地质聚合材料的方法
201110332913.X 一种利用低品位工业废渣代替铁质原料生产硅酸盐水泥熟料的方法
201110224420.4 一种利用工业废渣生产水泥的技术及制备方法
201110333444.3 一种利用工业废渣在5000吨/日干法窑上生产特低碱硅酸盐水泥熟料的方法
201110405626.7 一种利用膨润土制备地质聚合材料的方法
201110132911.6 一种利用铜尾矿制备水泥的尾矿资源化处理方法
201110218531.4 一种利用盐湖碳酸锂副产氧化镁制备的磷酸镁水泥
201110193105.X 一种联产硫酸、水泥的制碱工艺
201110449184.6 一种磷石膏制备硫酸和水泥的方法
201110124858.5 一种硫铝酸盐水泥复掺混合材固化放射性废树脂的方法
201110022529.X 一种煤矸石煅烧制造水泥掺合料的煅烧方法
201110203199.4 一种煤矸石活性混合材制备方法
201110071241.1 一种漂浮物预处理与水泥窑综合利用系统
201120079515.7 一种漂浮物预处理与水泥窑综合利用系统
201110326107.1 一种热态保温处理钢渣制备类水泥熟料的工艺方法
201110398608.0 一种熔融钢渣调质改性处理方法
201110054811.6 一种生产白水泥的方法
201110383109.4 一种生产低热微膨胀水泥的方法
201110240737.7 一种生活垃圾无害化处理方法和应用
201110428161.7 一种生态型胶凝材料
201110040086.7 一种石灰硅砂硅酸盐水泥及其在管桩生产中的使用技术方法
201210381401.7 一种石灰炉渣水泥及其制备方法
201110141157.2 一种使用NaAlO2促凝剂水泥固化放射性废树脂的方法
201110147105.6 一种使用废砖制作水泥材料的方法
201110417501.6 一种使用高含水量硫酸钙废料代替石膏生产水泥的方法
201110130860.3 一种使用萘系减水剂水泥固化放射性废树脂的方法
201110244193.1 一种适用水泥生产节能和增效的添加剂及制备方法
201110257129.7 一种水解动物血粉水泥发泡剂及其用于制备轻质水泥
201110110465.9 一种水泥板材及其制备方法
201120127053.1 一种水泥闭路粉磨系统
201120141647.8 一种水泥粉磨系统
201110116560.X 一种水泥粉磨系统及方法
201120346198.0 一种水泥粉磨系统及其液体水泥助磨剂加料设备
201110042683.3 一种水泥复合保塑助磨剂及使用方法
201110390903.1 一种水泥混凝土及其膨胀剂和制备方法
201110114890.5 一种水泥混凝土路面快速修补材料及其制备方法
201110316993.X 一种水泥混凝土循环再生方法
201110148564.6 一种水泥活性混合材与混凝土活性掺合料的制备方法
201110453598.6 一种水泥基灌浆材料及其制备方法
201110403066.1 一种水泥基速凝型高水废弃泥浆用固化剂
201110027985.3 一种水泥基特种灌浆料
201110297374.0 一种水泥基自流平砂浆
201120391520.1 一种水泥加工的设备
201110076341.3 一种水泥浆的快速研磨方法
201110070272.5 一种水泥抹灰砂浆
201120375238.4 一种水泥球磨机
201120381412.6 一种水泥生产用料耙行走轮滴油装置
201110273458.0 一种水泥生料粉磨活化剂的制备方法
201110030062.3 一种水泥生料及其配比方法
201110085180.4 一种水泥生料均化库
201120098211.5 一种水泥生料均化库
201110177349.9 一种水泥熟料及其制备方法
201120099917.3 一种水泥熟料冷却篦冷机的组合篦板
201110256478.7 一种水泥熟料烧成系统
201120325687.8 一种水泥熟料烧成系统
201120084369.7 一种水泥熟料生产线协同处置生活垃圾的系统
201110097847.2 一种水泥助磨剂及其制备方法
201110125208.2 一种提高磷石膏基水泥抗碳化性能的方法
201110374682.9 一种脱硫废渣复合胶凝材料及其制得的砂浆
201110449185.0 一种脱硫石膏制备硫酸和水泥的方法
201110072497.4 一种外循环式高固气比分解炉系统工况监控方法
201110219837.1 一种微波加热超早强水泥混凝土铺面修补材料及制备方法
201110071327.4 一种污泥预处理与水泥窑综合利用的方法及其系统
201120079528.4 一种污泥预处理与水泥窑综合利用的系统
201120079631.9 一种污泥预处理与水泥窑综合利用系统

201110071245.X 一种污染土的水泥窑协同处理方法
201120079626.8 一种污染土的水泥窑协同处理系统
201120079641.2 一种污染土水泥窑协同处理的系统
201110035650.6 一种无骨料水泥基灌浆材料
201110064055.5 一种无收缩水泥灌浆料
201110426678.2 一种纤维复合磷铝酸盐水泥及其浆体和混凝土的制备方法
201110365102.X 一种消除铬污染的水泥及其制备方法以及一种治理水泥铬污染的方法
201120288932.2 一种新型的水泥物料打散机装置
201110066716.8 一种新型水泥基保温干粉的配方设计
201120288867.3 一种新型水泥智能化配料系统装置
201110140777.4 一种新型纤维增强型镁水泥的制备方法
201110071622.X 一种悬浮态外循环式高固气比分解反应器
201110084231.1 一种以非煅烧脱硫石膏为主要成分的水硬性复合胶凝体系
201110067100.2 一种以建筑垃圾作为水泥原料的再生方法
201110181925.7 一种以造纸废渣生产的高活性微粉或水泥及其制备方法
201110159124.0 一种银行金融设备用超高性能水泥基复合材料及其制备方法
201110209603.9 一种银行金融设备用高抗钻水泥基复合材料及其制备方法
201120419109.0 一种应用于垃圾焚烧飞灰制备水泥中的水洗除氯一体化装置
201110159809.5 一种用工业废渣生产建筑胶凝剂的工艺方法
201110428145.8 一种用油页岩废渣制备水泥熟料的方法
201110077094.9 一种用于矿山充填的高含水泥浆固化剂及其使用方法
201110428986.9 一种用于水泥生产生料均化库库底充气控制系统
201120535974.1 一种用于水泥生产生料均化库库底充气控制系统
201110116557.8 一种用于水泥稳定碎石的水泥
201120321008.X 一种用于推动篦式冷却机的阻流篦板
201120309606.5 一种用于制备水泥的漂白设备
201110318613.6 一种用作水泥混合材的活化玄武岩粉及其制备方法
201110432515.5 一种由半焦替代部分粘土的水泥熟料制备方法
201120421228.X 一种油砂、油母页岩综合利用的设备
201110334962.7 一种油砂、油母页岩综合利用方法及其设备
201120090536.9 一种原料配料及粉磨安全逻辑控制装置
201110021487.8 一种早强型低强度自填充水泥砂浆及其制备方法
201110271405.5 一种造纸工业废泥制备氧化钙胶凝材料的方法
201110000114.2 一种制备水泥的方法及由其制备的水泥
201120032493.9 一种制备新型镁水泥原料的装置
201110340537.9 一种综合利用铋熔炼产出的铜锍、炉渣的工艺
201110338179.8 一种组成篦冷机的篦冷机模块
201120425652.1 一种组成篦冷机的篦冷机模块
201110147838.X 以石灰作为水泥原料的制备水泥方法
201110307407.5 用废弃混凝土制备水泥熟料的方法
201110005227.1 用废渣代替石灰石配料在水泥窑上煅烧水泥熟料的方法
201110111281.4 用硅酸盐和硫铝酸盐水泥混合物固化放射性废树脂的方法
201110252853.0 用建筑废弃物制备的建筑用再生胶凝材料及其制备方法
201110392704.4 用于冻结孔固管封水的缓凝水泥浆液
201120163238.8 用于水泥粉磨工艺流程的设备连接装置
201120145921.9 用于水泥回转窑预热器的内筒
201110428963.8 用于水泥生产弧形阀下料的控制系统
201120535964.8 用于水泥生产弧形阀下料的控制系统
201120088720.X 用于水泥熟料煅烧的节能装置
201110363104.5 用于水泥中的钛石膏和秸秆黑灰处理方法
201120419944.4 预热器悬挂式内筒结构
201120067844.X 预热器旋风筒内筒
201110062116.4 预热器旋风筒内筒及其制备方法和其专用陶瓷挂片
201120067851.X 预热器旋风筒内筒及其专用陶瓷挂片
201110298512.7 预应力工程用水泥浆体及其制造方法
201110416626.7 预应力孔道一次灌浆用浆体制备方法
201110373402.2 再生水泥及其制造方法
201110306637.X 在水泥应用中稳定性改进的苯乙烯丁二烯基可再分散聚合物粉末
201110140076.0 增钙热干化结合水泥回转窑处理及处置污泥的方法和系统
201180029485.1 窄粒度分布的水硬性水泥－SCM 掺混物及其制备方法
201120243112.1 助磨剂投加设备
201110184587.2 转动式粒状物料冷却机
201110373376.3 自粉化熟料矿渣硅酸盐水泥及其制备方法
201110332292.5 阻燃型聚合物水泥防水灰浆
201110337602.2 组成篦冷机的篦冷机模块
201120425648.5 组成篦冷机的篦冷机模块

2012年

水泥专利

Cement patent 2012

201220221811.0 篦冷机矮墙预制件
201220052026.7 篦冷机液压缸限位装置
201220219808.5 篦式冷却机篦板
201220219767.X 篦式冷却机防漏料篦板
201210138645.2 把粒化高炉钛矿渣制成活性矿渣粉的工艺方法
201210230676.0 半圆摆推块式高温熟料的输送和冷却装置
201210038903.X 苯胺法生产对苯二酚产生的废锰泥的处理方法
201220067273.4 步进式篦冷机活动篦床的列间密封装置
201210221128.1 采用工业固体废物生产低碱硅酸盐水泥的方法
201210266785.8 掺超细水泥的活性粉末混凝土
201210266869.1 掺超细水泥的经济型活性粉末混凝土
201210266936.X 掺超细水泥的施工便捷型活性粉末混凝土
201210542517.4 超高强铁尾矿砂水泥基灌浆料及其制备方法
201210042653.7 超强度水泥
201210531139.X 承重保温抗裂型棉花秸秆水泥基砌块及其制备方法
201210139906.2 打散装置、锤式烘干破碎机及电石渣熟料的制备方法
201210305520.4 带有用于三次风管的滑块的熟料窑
201210111869.4 低碱抗硫型道路硅酸盐水泥及其生产方法
201220416466.6 电厂循环流化床锅炉污泥掺烧综合利用系统
201210547075.2 多孔氯氧镁水泥基光催化功能材料及其制备方法
201210337464.2 飞灰－渗滤液的协同处理方法
201220497279.5 沸腾式液化水泥分解炉
201220176985.X 分解炉SC室撒料盘
201210290871.2 粉煤灰复合水泥
201210270973.8 复掺石灰石和沸石的高标号通用硅酸盐水泥
201210019713.3 复合石膏水泥生产新工艺
201220299013.X 复合水泥冷却机
201210234315.3 干法乙炔联产电石渣水泥工艺及装置
201210017058.8 钢渣道路水泥及其制备方法
201210017077.0 钢渣复合微粉及其制备方法
201210017105.9 钢渣砌筑水泥及其制备方法
201210400461.9 高钙菱镁轻烧粉制备氯氧镁水泥制品的方法
201220139979.7 高氯离子废渣生料煅烧硅酸盐水泥熟料的装置
201220219800.9 高强度预热器内筒挂板
201210093641.7 高强混凝土多组分水泥混掺工艺技术
201220003510.0 高效冷却机密封装置
201210002464.7 高效冷却机通风装置
201220003405.7 高效冷却机通风装置
201210066241.7 高延性水泥基复合材料预拌方法
201210259274.3 公路建设用缓凝水泥的参数配比
201210115357.5 公路水泥混凝土路面薄层罩面修复施工方法
201210465034.9 固井时使用的铝酸盐水泥的配制方法
201210593736.5 固硫灰渣的资源化利用方法
201210011334.X 固体危险废物水泥窑协同处置工艺
201220497356.7 过滤型水泥分解炉
201210510567.4 含有脱硫石油焦灰渣掺合料的发泡水泥
201210510960.3 核电专用硅酸盐水泥及其生产方法
201210452172.3 基于环保、节能、安全的水泥生产周期在线监测控制方法
201210221049.0 碱矿渣发泡水泥制品及其制备方法
201210281177.4 碱矿渣水泥制备的干混预拌砂浆及其制备方法
201210221777.1 建筑工程中外露钢筋防锈水泥浆及处理方法

201210323490.X 建筑垃圾再生微粉的活化方法
201210030707.8 秸秆灰生产低温水泥熟料的方法
201220486807.7 节能式水泥分解炉
201210169948.0 节能型干法水泥窑高温熟料冷却机
201220244858.9 节能型干法水泥窑高温熟料冷却机
201220013868.1 具有热风系统的水泥磨装置
201210117537.7 聚合物水泥基复合管道及其制备方法
201210234826.5 聚合物水泥基自流平灌浆材料
201210113973.7 可控性粘土水泥防渗加固膏浆
201220271974.X 冷却机出口装置
201210409555.2 利用低品位氧化锌矿与铅锌尾矿联产硫酸、水泥和氧化锌粉的方法
201210336112.5 利用电解锰渣和赤泥生产水泥的方法
201210243405.9 利用废渣氟石膏和赤泥制备硫铝酸盐特种水泥熟料的方法
201210444605.0 利用建筑垃圾作为原料组分烧制的水泥熟料及其烧制工艺
201210444279.3 利用建筑垃圾做混合材生产的硅酸盐水泥及其制备工艺
201210175105.1 利用立式水泥窑处理污泥的方法
201210409028.1 利用铅锌尾矿生产水泥的方法
201210535834.3 利用石粉碎秸秆生产水泥工艺
201210536547.4 利用石灰石矿山剥离土生产水泥工艺
201210360497.9 利用水撼法制作水泥稳定砂砾的方法
201210464084.5 利用水泥与有机硫化物固化-稳定化重金属污染底泥的方法及所得固化体的应用
201210409026.2 利用酸浸锰渣和含硫矿渣联产硫酸、水泥和碳化砖的方法
201210274870.9 利用钛石膏和电石渣制高钙硫铝酸盐或高硫熟料的方法
201210221127.7 利用铁矿石选矿尾矿在水泥中配料生产道路硅酸盐水泥的方法
201210221129.6 利用玄武岩在水泥中配料生产矿渣硅酸盐水泥的方法
201210221130.9 利用转炉钢渣生产抗硫酸盐水泥的方法
201210052914.3 裂缝自修复水泥基材料添加剂及其使用方法和水泥基材料
201210017243.7 硫磷酸盐水泥
201210017253.0 硫磷酸盐水泥保温砂浆或保温板
201210008894.X 硫铝酸盐海工水泥及其制备方法
201210482885.4 铝酸盐水泥的制备方法
201210216756.0 镁氯水泥中使用的复合改性剂及其应用
201210248006.1 亲水基纳米 SiO_2 复合速凝水泥浆液的制备方法
201210425112.2 轻质化学发泡水泥材料及其制备方法
201210275422.0 轻质绝热发泡水泥及其制备方法
201220578227.0 三级压力式喷嘴
201210110095.3 生产水泥熟料的方法和设备
201210115934.0 使用绿泥和玄武岩作混合材料的复合硅酸盐水泥
201210248940.3 使用氯化钠提高氢氧化钠激发矿渣胶凝材料强度的方法
201210364515.0 使用盐湖溶液提高氢氧化钠激发矿渣胶凝材料强度的方法
201210447752.3 使用页岩替代粘土质生产的水泥熟料及其生产工艺
201210486644.7 适用于快凝快硬磷酸镁水泥体系的缓凝剂及其使用方法
201220497297.3 数控型水泥分解炉
201220505826.X 水泥粉磨系统
201210198426.3 水泥混凝土脱空板注浆专用水泥基乳化沥青复合材料
201210360204.7 水泥基自流平砂浆
201220486782.0 水泥净化分解炉
201220014273.8 水泥磨原料输送系统
201220500166.6 水泥收尘分解炉
201220063114.7 水泥熟料篦冷机用全封闭油浴型往复运动式支撑装置
201210043473.0 水泥熟料篦冷机用全封闭油浴型往复运动式支撑装置
201220271961.2 水泥熟料冷却机篦板单元
201210045146.9 水泥熟料冷却机用双活动阀片式无级风量调节器
201220064550.6 水泥熟料冷却机用双活动阀片式无级风量调节器
201220326268.0 水泥熟料生产线协同处置垃圾系统
201210233389.5 水泥熟料生产线协同处置垃圾系统及方法
201210083221.0 水泥熟料窑外预分解系统
201220119114.4 水泥熟料窑外预分解系统
201210314369.0 水泥窑三次风管弯头用耐磨浇注料
201210136957.X 水泥窑外预分解窑尾系统及其工艺
201210136956.5 水泥窑外预分解窑中稀有元素的收集装置和收集方法
201220262370.9 陶瓷耐热钢复合挂片
201210329251.5 铜熔池熔炼炉炉渣的回收利用方法
201210279490.4 外墙防火、保温泡沫水泥材料及其生产方法
201210510958.6 微膨胀中热硅酸盐水泥及其生产方法
201210342458.6 污泥处理系统
201210036031.3 无收缩大流态水泥砂浆专用胶晶及水泥砂浆
201210056675.9 无熟料矿渣水泥及其生产方法
201210425036.5 无砟轨道维修用复合水泥基快凝干料和砂

浆及其制作方法
201210297634.9　纤维水泥复合土
201210184706.9　向矿渣微粉中添加脱硫灰的装置及使用该装置添加脱硫灰的方法
201220407706.6　斜槽式水泥水冷却器
201210115358.X　新旧水泥混凝土界面粘结剂及使用该粘结剂进行界面粘结的施工方法
201210398305.3　新型干法水泥窑熟料生产线及其脱硝工艺方法
201220500100.7　旋流式水泥分解炉
201210114599.2　一种 52.5 级钢渣硅酸盐水泥及其制备方法
201210320534.3　一种 $\gamma-C_2S$ 高炉渣的处理方法
201210561388.3　一种白度可控的干混饰面砂浆的生产方法
201210292578.X　一种白水泥、硫酸的生产方法
201210580470.0　一种白水泥熟料漂白工艺及设备
201220307902.6　一种篦冷机辅助降温装置
201210363137.4　一种篦冷机传动轴密封装置
201210388185.9　一种丙烯酸镁－超细水泥复合灌浆材料及其制备方法
201210386435.5　一种不锈钢除尘灰含碳压块冷固成型粘结剂及成型方法
201210279919.X　一种采用污水厂磷酸钙污泥制备水泥的技术
201210179337.4　一种掺有低温稻壳灰的水泥基无收缩灌浆材料及使用方法
201210252060.3　一种超高性能水泥基材料及其制备方法
201210216961.7　一种超强度硅酸盐的水泥胶合剂及其制备方法
201210235669.X　一种城镇污泥增钙钝化后进行水泥窑协同处置的方法
201210008215.9　一种从蛇纹石中提取易水化含有活性氧化镁的无机凝胶材料的方法
201210238413.4　一种单组分碱激发水泥的制备及其使用方法
201210002225.1　一种单组分聚合物水泥防水浆料
201210321600.9　一种道面低温快速修补砂浆及其制备方法
201210410858.6　一种低温煅烧制备常温养护单组份碱激发水泥的方法
201210546856.X　一种多孔水泥基光催化材料及其制备工艺
201210326193.0　一种多用回转干法均化炉
201220451124.8　一种多用回转干法均化炉
201210106109.4　一种矾土基尖晶石浇注料及其制备方法
201210439782.X　一种防冻水泥及其制备方法
201210331117.9　一种防福建土楼夯土墙受风雨侵蚀的彩色水泥砂浆涂料
201210200974.5　一种防辐射水泥熟料矿物相体系的制备方法
201210323316.5　一种废弃加气混凝土砌块活化的方法
201220207510.2　一种废渣生产水泥熟料的配料系统
201210479421.8　一种粉煤灰水泥
201210127984.0　一种封孔结构及封孔方法及封孔用膨胀水泥
201210097551.5　一种复合胶凝材料及其制备方法
201210207921.6　一种复合磷渣粉的制造方法
201220527776.5　一种改进的水泥熟料篦冷机的热风管道
201210170218.2　一种改性拜耳法赤泥的生产方法及改性拜耳法赤泥的应用
201210124003.7　一种改性聚合物水泥防水砂浆
201210511700.8　一种改性硫氧镁水泥
201210201359.6　一种改性锰渣水泥掺合料制备复合硅酸盐水泥的方法
201210126836.7　一种改性再生胶凝材料的制备方法
201210510979.8　一种高掺量高炉渣水泥及其制备方法
201210155442.4　一种高活性复合微粉及生产方法和用途
201210211517.6　一种高活性矿渣微粉及其制备方法
201210003537.4　一种高结石率水泥浆的配方
201210547171.7　一种高岭土基耐高温自修复砂浆
201210403083.X　一种高镁微膨胀低热水泥及其制备方法
201210326603.1　一种高强度大流动无收缩水泥浆的配制与应用方法
201210401653.1　一种高强度水泥
201210001878.8　一种高强度水泥的制备方法
201210003538.9　一种高强度水泥浆的配方
201210174414.7　一种高强镁质粉煤灰无熟料水泥
201210069935.6　一种高铁低品位铝土矿的综合利用方法
201210472788.7　一种铬渣中六价铬的提取及残余铬渣无害化处理方法
201210287164.8　一种工业副产石膏制水泥联产硫酸的煅烧方法及装置
201220400232.2　一种工业副产石膏制水泥联产硫酸的煅烧装置
201210201053.0　一种含赤泥或煤矸石的早强型水泥混合材制备方法
201210474796.5　一种含高分子化合物的偏高岭土基土聚水泥的制备方法
201210542201.5　一种黑色复合硅酸盐水泥及其生产方法
201210587750.4　一种环保粉状水硬性无机胶凝材料
201210083511.5　一种环保型 C－KSV 分解炉
201220118596.1　一种环保型 C－KSV 分解炉
201210520659.0　一种环保型水泥基复合材料
201210022401.8　一种活性贝利特硫铝酸盐水泥熟料及其制备方法

201210082866.2 一种基于矿渣的胶凝材料及其制备方法和应用
201210315400.2 一种将含氟污泥制备氟铝酸盐水泥的方法
201210301372.9 一种将含氟污泥制备硫铝酸盐水泥的方法
201210055898.3 一种金属尾矿制作大掺量水泥活性混合材的方法
201210289150.X 一种聚合物水泥基片材的制备方法
201210145260.9 一种抗冲耐磨砂浆
201210441843.6 一种抗裂改性水泥及其制备工艺
201210008871.9 一种快干水泥砂浆及其制备方法
201210128015.7 一种快硬早强水硬性胶凝材料的制备方法
201210254966.9 一种矿渣钢渣复合微粉
201210219312.2 一种矿渣立磨助磨活化剂及其复配方法
201210089945.6 一种垃圾处理方法及用于垃圾处理的无烟囱机立窑装置
201210087842.6 一种垃圾焚烧废气利用环保节能装置
201210234522.9 一种垃圾焚烧灰渣处置方法及实施系统
201220327966.2 一种垃圾焚烧灰渣处置系统
201210174452.2 一种利用赤泥和磷石膏生产硫铝酸盐水泥熟料的方法
201210031710.1 一种利用赤泥生产水泥熟料的方法
201210034615.7 一种利用电石渣制水泥的方法
201220049484.5 一种利用电石渣制水泥的装置
201210425922.8 一种利用焚烧飞灰制备硫铝酸盐水泥原料的方法及硫铝酸盐水泥的配方
201210062094.6 一种利用高铝粉煤灰制备高贝利特－硫铝酸盐水泥熟料的方法
201210072490.7 一种利用固硫灰制备水硬性胶凝材料的方法
201210016263.2 一种利用钾长石同时生产水泥和窑灰钾肥的装置和方法
201210002870.3 一种利用金矿尾矿为原料制备普通硅酸盐水泥的方法
201210471790.2 一种利用金属选矿废渣生产快凝水泥的方法
201210552084.0 一种利用密闭环形煅烧炉生产水泥并捕集CO_2的方法及设备
201210336111.0 一种利用镍铬渣制备水泥的方法
201210267874.4 一种利用轻质颗粒制备的化学发泡水泥建材及其制备方法
201210023107.9 一种利用硬石膏煅烧生产水泥和硫酸的方法
201210505558.6 一种利用造纸白泥、页岩和煤矸石混烧制成的水泥混合材
201210437989.3 一种粒化高炉矿渣液体复合助磨剂及其制备方法
201210044692.0 一种联接及密封装置
201220064033.9 一种联接及密封装置
201210144992.6 一种两级分解物料预烧水泥熟料煅烧系统及其工艺
201210131329.2 一种磷酸镁水泥灌浆料
201210408576.2 一种磷渣超硫酸盐水泥及其制备方法
201210369667.X 一种菱镁高强水泥板及其制备方法
201210024546.1 一种硫铝酸镁水泥
201210409304.4 一种硫铝酸盐发泡水泥
201210220754.9 一种硫铝酸盐水泥及其生产方法
201210234041.8 一种铝塑包装废物资源化利用为硅酸盐水泥铝质校正剂的方法
201210283702.6 一种煤矸石活化物和新型无熟料胶凝材料及其制备方法
201210155423.1 一种煤矸石综合利用的多产品清洁生产方法
201210243611.X 一种纳米改性硅酸盐水泥基饰面砂浆及其制备方法
201210346602.3 一种纳米改性水泥基耐磨材料
201210122411.9 一种膨胀煤矸石硅酸盐水泥的制备方法
201210341792.X 一种片麻岩水泥及其制备方法
201210579481.7 一种轻质高抗裂水泥混凝土
201220247149.6 一种伸缩量可调节并具有导流功能的撒料盘
201210416290.9 一种水泥的制备方法
201220472294.4 一种水泥高效冷却器
201210437276.7 一种水泥工业用降低NO_X排放的分解炉
201210224049.6 一种水泥混凝土机场道面快速修补材料
201210180396.3 一种水泥混凝土建造物的修复材料及其制备方法
201210184673.8 一种水泥基材料增强剂及其制备方法
201210458156.5 一种水泥基灌浆料的生产方法
201210078075.2 一种水泥基结构修补砂浆及制备方法
201210293341.3 一种水泥基自流平干混砂浆
201210146190.9 一种水泥生产过程不完全燃烧碳化物在线监测控制方法
201210173912.X 一种水泥生产中的能源分级利用系统
201220250442.8 一种水泥生产中的能源分级利用系统
201210020385.9 一种水泥熟料的冷却方法
201210525441.4 一种水泥熟料及制备方法
201220499627.2 一种水泥窑预热器用陶瓷内筒挂片结构
201210314679.2 一种水泥原料
201210381401.7 一种石灰炉渣水泥及其制备方法
201210174439.7 一种提钒尾渣制备硅酸盐水泥熟料的方法
201210045616.1 一种提高钢渣水泥早期强度的方法
201210293564.X 一种铁还原及水泥制备的方法

201210478611.8 一种脱除硫酸盐的电解锰渣制备普通硅酸水泥的方法
201210071267.0 一种外墙防水用白水泥的配制方法
201210145495.8 一种尾矿充填用的氟石膏基胶凝材料及其制备方法
201210210492.8 一种尾矿微粉硅酸盐水泥的制备方法
201210331479.8 一种新型绿色注浆用超细水泥
201210309700.X 一种新型耐久性硅酸盐水泥胶合剂及其制备方法
201210046438.4 一种新型水泥熟料生产线生料均化库自动均化装置
201220066769.X 一种新型水泥熟料生产线生料均化库自动均化装置
201210289375.5 一种性能可调节的水泥胶合剂
201210441315.0 一种循环流化床煤气化排灰资源化利用的装置及使用方法
201210248446.7 一种窑外分解干法水泥窑热碳还原脱硝技术
201210485871.8 一种硬硅钙石增强发泡水泥及其生产方法
201210452229.X 一种用电厂粉煤灰生产水泥的配方
201210452230.2 一种用电厂粉煤灰生产水泥的配方
201210452668.0 一种用电厂粉煤灰生产水泥的配方
201210266300.5 一种用镍炉渣生产水泥的方法
201210121803.3 一种用水拌合的新型氯氧镁水泥
201210381402.1 一种用陶土制品废弃物为主要原料来制备耐酸水泥的方法
201210429952.6 一种用于干法回转窑水泥生产的富氧供应工艺
201210317295.6 一种用于建筑物修补的水泥基钢渣砂修补料
201210517127.1 一种用于矿渣水泥的助磨剂
201210583256.0 一种用于旋风预热器的喷腾型换热风管
201210510945.9 一种油井水泥及其生产方法
201210509492.8 一种有机化工废水生化处理后剩余污泥的无害化处理方法
201210011331.6 一种在水泥窑中协同处置含氟污泥的方法
201210424696.1 一种制备快硬早强水泥熟料的方法
201210197536.8 用灰白色泥灰岩制作的加固土建筑遗址的胶凝材料
201210364731.5 用硫酸镁溶液提高氢氧化钠激发矿渣胶凝材料强度的方法
201210120806.5 用于全尾砂胶结充填的凝胶材料
201210116506.X 用造纸污泥和磷石膏制造的水泥
201210062571.9 油基超细水泥浆及其制作方法
201210510944.4 中热硅酸盐水泥熟料及其生产方法
201210489955.9 中热水泥的比表面积控制方法
201210255459.7 自防水硫铝酸盐水泥及其混凝土的制备方法

科技成果

Technical achievement

2011 年

Year 2011

2011 年度中国建筑材料联合会·中国硅酸盐学会建筑材料科学技术获奖项目(节选水泥部分)

Award items of building material technology of Chinese Ceramic Society, China Building Material Federation 2011 (excerpt from cement section)

基础研究类

序号	项目名称	建议等级	主要完成单位	主要完成人
1	矿物掺合料在水泥基材料水化硬化过程中的作用机理	二	清华大学	阎培瑜、王　强、韩建国、刘数华、王甲春

科技进步类

序号	项目名称	建议等级	主要完成单位	主要完成人
1	HFCG160 大型辊压机及粉磨系统节能技术的研究开发	一	合肥水泥研究设计院	包　玮、张永龙、王学敏、杜明星、熊焰来、胡俊亚、王志凌、许瑞康、董立珂、徐从战、王　庆、王虔虔、许瑞超、周　强、杨铁燕
8	煤粉立式磨粉磨技术及装备	二	合肥中亚建材装备有限责任公司、合肥水泥研究设计院	张志宇、邓小林、杨成钢、李晓光、叶卫东、袁凤宇、王国庆、周　飞、李金荣、张新江
11	HRM2800S 矿渣立式磨装备及技术	二	合肥水泥研究设计院、合肥中亚建材装备有限责任公司	李　翔、邓小林、李晓光、王国庆、袁凤宇、屠　威、华兆林、谭凤林
17	袋除尘系统在篦冷机除尘中的应用研究	二	合肥水泥研究设计院、中国联合水泥集团有限公司、平顶山新洁源环保有限责任公司、厦门三维丝环保股份有限公司	王　健、穆璐莹、冀亚琼、刘剑华、宋玉安、吴　刚、徐祖文、施　勇、向晋华、罗祥波
19	KGP 新型水泥熟料辊式破碎机的开发	三	南京凯盛国际工程有限公司	徐　靖、李安平、陈新平、王　洲、徐连春
25	燃煤电厂煤泥烘干炉尾气用防爆型、高湿、大风量袋除尘器的研究	三	合肥水泥研究设计院	吴　刚、穆璐莹、施　勇、王　健、徐祖文
26	新型干法水泥窑用湿法喷涂料及施工技术的研究与应用	三	通达耐火技术股份有限公司	孙伙长、陈超群、马　龙、辛　健、占华生
28	年产 5 万吨速凝剂生产线工艺技术研究	三	焦作市筑王水泥有限责任公司、河南理工大学	张永发、杜云宽、王智祥、褚金照、杨　英

2011年度"华新杯"全国建材行业技术革新奖获奖项目(节选水泥部分)

Award items of technical innovation prize in national building material industry, "Huaxin Cup" 2011(excerpt from cement section)

A类:技术改造类

序号	项目名称	主要完成单位及证书编号	主要完成人及证书编号
二等奖			
1	鲁南中联2×2500t/d水泥熟料生产线节能减排技改工程	北京凯盛建材工程有限公司(2011—A2—01—D01)	佟贵山(2011—A2—01—G01) 马明亮(2011—A2—01—G02) 毛 露(2011—A2—01—G03) 谢吉优(2011—A2—01—G04) 姜敬宝(2011—A2—01—G05)
2	ERP/MES/DCS集成信息系统	甘肃祁连山水泥集团股份有限公司(2011—A2—02—D01)	脱利成(2011—A2—02—G01) 李春明(2011—A2—02—G02) 高旭东(2011—A2—02—G03) 田毅杰(2011—A2—02—G04) 陈怀先(2011—A2—02—G05)
4	LV选粉机在进口FLS立式磨上的研究与应用	山东东华水泥有限公司(2011—A2—04—D01)	王 勇(2011—A2—04—G01) 王进虚(2011—A2—04—G02) 樊润田(2011—A2—04—G03) 胡庆银(2011—A2—04—G04) 邓 强(2011—A2—04—G05)
6	无人值守自动计量管理系统	枣庄中联水泥有限公司(2011—A2—06—D01)	吕凤奇(2011—A2—06—G01) 闫明光(2011—A2—06—G02) 王广东(2011—A2—06—G03) 孙晋才(2011—A2—06—G04)
7	节能环保型天然气脱硫石膏煅烧工艺及控制系统设计	北新集团建材股份有限公司(2011—A2—07—D01)	张羽飞(2011—A2—07—G01) 杨小东(2011—A2—07—G02) 任有欢(2011—A2—07—G03) 刘永肖(2011—A2—07—G04) 江 涛(2011—A2—07—G05)
9	双线循环式石灰石索道控制系统改造	天水祁连山水泥有限公司(2011—A2—09—D01)	尚再国(2011—A2—09—G01) 董立玮(2011—A2—09—G02) 魏成平(2011—A2—09—G03) 徐敦水(2011—A2—09—G04) 潘正奎(2011—A2—09—G05)
三等奖			
1	窑系统节能降耗综合技术改造	北京强联水泥有限公司(2011—A3—01—D01)	卢 勇(2011—A3—01—G01) 徐海军(2011—A3—01—G02) 杨 明(2011—A3—01—G03)

续表

序号	项目名称	主要完成单位及证书编号	主要完成人及证书编号
2	生料粉磨系统增产节能新技术的研发和创新	伊犁南岗建材(集团)有限责任公司伊犁水泥厂 (2011—A3—02—D01)	车蜀涛(2011—A3—02—G01) 袁献忠(2011—A3—02—G02) 方仁玉(2011—A3—02—G03)
3	利用钒渣生产优质水泥熟料	邓州中联水泥有限公司 (2011—A3—03—D01)	焦长春(2011—A3—03—G01) 丁俊杰(2011—A3—03—G02) 孟　军(2011—A3—03—G03)
4	圈流工艺生产矿渣微粉关键技术的开发	济源市国泰微粉科技有限公司 (2011—A3—04—D01)	贾保栓(2011—A3—04—G01) 宁　霞(2011—A3—04—G02) 段竹青(2011—A3—04—G03)
5	篦冷机系统节能技术改造	中材株洲水泥有限责任公司 (2011—A3—05—D01)	贾相华(2011—A3—05—G01) 王军梅(2011—A3—05—G02) 韩战义(2011—A3—05—G03)
6	水泥窑窑头燃烧器装置系统节能技术改造	中材亨达水泥有限公司郁南分公司 (2011—A3—06—D01)	崔　锦(2011—A3—06—G01) 李小明(2011—A3—06—G02) 张宝民(2011—A3—06—G03)
7	环保型搅拌站的建设与产业化应用	上海建工材料工程有限公司 (2011—A3—07—D01)	吴德龙(2011—A3—07—G01) 钱　彪(2011—A3—07—G02) 顾斌华(2011—A3—07—G03)

B 类:技术开发类

一等奖			
1	利用水泥窑协同处置垃圾焚烧飞灰工程化关键技术研究	北京市琉璃河水泥有限公司 (2011—B1—01—D01)	赵向东(2011—B1—01—G01) 周治平(2011—B1—01—G02) 张国亮(2011—B1—01—G03) 黄　岚(2011—B1—01—G04) 王　树(2011—B1—01—G05)
2	水泥窑协同处置三峡漂浮物	华新水泥股份有限公司 (2011—B1—02—D01)	李叶青(2011—B1—02—G01) 王焕忠(2011—B1—02—G02) 胡贞武(2011—B1—02—G03) 王加军(2011—B1—02—G04) 张　江(2011—B1—02—G05) 周致远(2011—B1—02—G06)
7	S—Cooler 冷却机研制	成都建筑材料工业设计研究院有限公司 (2011—B1—07—D01)	敬清海(2011—B1—07—G01) 蔡顺华(2011—B1—07—G02) 朱战岭(2011—B1—07—G03) 宋　谦(2011—B1—07—G04) 王向明(2011—B1—07—G05) 魏玉波(2011—B1—07—G06) 黄　伟(2011—B1—07—G07)

续表

序号	项目名称	主要完成单位及证书编号	主要完成人及证书编号
二等奖			
1	5000t/d水泥熟料生产线降低氮氧化物改造工程	天津水泥工业设计研究院有限公司（2011－B2－01－D01） 中材湘潭水泥有限责任公司（2011－B2－01－D02）	刘明伟（2011－B2－01－G01） 袁耀玉（2011－B2－01－G02） 左志红（2011－B2－01－G03） 唐新宇（2011－B2－01－G04） 沈序辉（2011－B2－01－G05）
16	新型干法水泥窑用干法喷涂技术的研究与应用	通达耐火技术股份有限公司（2011－B2－16－D01）	孙伙长（2011－B2－16－G01） 马　龙（2011－B2－16－G02） 陈超群（2011－B2－16－G03） 李燕京（2011－B2－16－G04） 辛　健（2011－B2－16－G05）
17	水泥企业能源管理系统	山东东华水泥有限公司（2011－B2－17－D01）	王　勇（2011－B2－17－G01） 李明良（2011－B2－17－G02） 彭金龙（2011－B2－17－G03） 徐　路（2011－B2－17－G04） 祁秀芹（2011－B2－17－G05）

C类:技艺工法类

二等奖			
1	提高挤压联合闭路粉磨系统台产及混合材掺量	阜阳中联水泥有限公司（2011－C2－01－D01）	刘　辉（2011－C2－01－G01） 杜文峰（2011－C2－01－G02） 唐士建（2011－C2－01－G03） 王世银（2011－C2－01－G04）
2	余热发电带水泥窑孤网运行	鹿泉金隅鼎鑫水泥有限公司（2011－C2－02－D01）	周成耀（2011－C2－02－G01） 马树立（2011－C2－02－G02） 董月旺（2011－C2－02－G03） 王培华（2011－C2－02－G04） 冯军民（2011－C2－02－G05）
三等奖			
1	φ4.6×(10＋3.5)m生料磨端板裂纹焊接处理	鹿泉金隅鼎鑫水泥有限公司（2011－C3－01－D01）	周成耀（2011－C3－01－G01） 马树立（2011－C3－01－G02） 董月旺（2011－C3－01－G03）
2	砻糠替代煤作为烘干燃料	德清新市南方水泥有限公司（2011－C3－02－D01）	顾文荣（2011－C3－02－G01） 宋美法（2011－C3－02－G02） 孙根田（2011－C3－02－G03）
3	堆取料机工业无线控制系统	枣庄中联水泥有限公司（2011－C3－03－D01）	贾书伟（2011－C3－03－G01） 刘　鑫（2011－C3－03－G02） 葛全伟（2011－C3－03－G03）
4	V7型真空接触器宽电压模块的技术改造	华润水泥（龙岩曹溪）有限公司（2011－C3－04－D01）	邱振康（2011－C3－04－G01） 林　辉（2011－C3－04－G02） 朱建勇（2011－C3－04－G03）

续表

序号	项目名称	主要完成单位及证书编号	主要完成人及证书编号
6	生产设备点检信息综合管理系统	枣庄中联水泥有限公司（2011－C3－06－D01）	贾书伟（2011－C3－06－G01） 刘　鑫（2011－C3－06－G02） 杨名计（2011－C3－06－G03）
8	降低双转子破碎机出料粒度、稳定生产的方法	枣庄中联水泥有限公司（2011－C3－08－D01）	祝仰庭（2011－C3－08－G01） 王广东（2011－C3－08－G02） 李理国（2011－C3－08－G03）
10	粉煤灰定量给料电子皮带秤稳流装置的开发	西峡中联水泥有限公司（2011－C3－10－D01）	苗振国（2011－C3－10－G01） 孙书强（2011－C3－10－G02） 杨　静（2011－C3－10－G03）
11	篦冷机风机漏油处理	洛阳黄河同力水泥有限责任公司（2011－C3－11－D01）	李小英（2011－C3－11－G01） 李小强（2011－C3－11－G02） 黄卫东（2011－C3－11－G03）
12	浇注料预制块用于耐火材料维修	天瑞集团水泥有限公司（2011－C3－12－D01）	张兵喜（2011－C3－12－G01） 顾俊星（2011－C3－12－G02） 张志强（2011－C3－12－G03）
16	水泥包装过程中的防伪编码喷涂技术与应用	洛阳黄河同力水泥有限责任公司（2011－C3－16－D01）	杨　旭（2011－C3－16－G01） 陈克政（2011－C3－16－G02） 郭文洁（2011－C3－16－G03）
18	液力耦合器快速拆卸工具	南阳中联卧龙水泥有限公司（2011－C3－18－D01）	张小虎（2011－C3－18－G01） 林国刚（2011－C3－18－G02） 柳俊林（2011－C3－18－G03）
20	给煤机及原煤破碎改造	河南省豫鹤同力水泥有限公司（2011－C3－20－D01）	冯士国（2011－C3－20－G01） 赵子良（2011－C3－20－G02） 朱瑞琴（2011－C3－20－G03）
21	水泥窑余热发电取风工艺的研究应用	天瑞集团水泥有限公司（2011－C3－21－D01）	井献玉（2011－C3－21－G01） 董振坤（2011－C3－21－G02） 陈向阳（2011－C3－21－G03）
22	滑履磨滑履严重损伤现场修复	苏州中材建设有限公司（2011－C3－22－D01）	程双喜（2011－C3－22－G01） 王建强（2011－C3－22－G02）

2011年中国建材工程建设优秀工程勘察奖获奖单位和个人名单表（节选水泥部分）

List of award units and individuals of excellent project survey prize of Chinese building material projects construction 2011 (excerpt from cement section)

一等奖：(3项)

序号	单位名称	获奖项目名称	参加人员名单
2	建材成都地质工程勘察院	四川亚东水泥有限公司彭州矿山长带运机岩土工程详细勘察	孔文健、胡胜华、黄文勇、丁　文、王　勐、周士林、龙远平
4	浙江中材工程勘测设计有限公司	浙江长兴锦龙水泥有限公司2×5000t/d水泥熟料生产线	周春平、周东升、张东望、吴国建、祝永庆、尹畅平、朱正进、周雪梅、胡友社、杜红阳
7	建材桂林地质工程勘察院	华润水泥（封开）有限公司长皮带廊道工程岩土工程详细勘察	张永闯、李爱军、全德威、唐月桂、贺行良、张彩民、张高攀、吴兆文、冯　亮、姜大伟

二等奖:(4 项)

序号	单位名称	获奖项目名称	参加人员名单
1	建材广州地质工程勘察院	华润水泥(封开)有限公司熟料水泥生产线长皮带廊C2标段岩土工程详细勘察	成华雄、吴超源、邱东平、刘志鹏、林汉伟、黄国松、吴 畅、张 海
2	建材广州地质工程勘察院	华润水泥(封开)有限公司码头(一期)工程施工图设计阶段工程地质勘察	成华雄、吴超源、吴 畅、刘志鹏、黄国松、杨洪东、邱东平、张 海
6	湖南建材地质工程勘察院	湖南海螺5000t/a熟料+120万t/a水泥生产线技改工程	汤 平、蒋丽云、陈培根、段 伟、杨文雅、曾小春、邹之衍、黎新民
22	建材成都地质工程勘察院	四川亚东水泥有限公司矿山长带运机沿线土建结构防护工程	杜晓东、陈 强、杨 波、温洪云、王 忠、肖勇军、陈光辉、张晓杰

三等奖:(4 项)

序号	单位名称	获奖项目名称	参加人员名单
1	西安建材地质工程勘察院	冀东海德堡(泾阳)水泥厂厂址及矿山工程勘察	徐 鹏、王星辉、范百鸣、张建设、吴立明、吴景龙、李向阳、严良森
4	湖南建材地质工程勘察院	临湘海螺水泥有限公司5000t/d水泥熟料生产线工程	汤 平、蒋丽云、陈培根、段 伟、邹之衍、曾小春、杨文雅、张建才
5	中国建筑材料工业地质勘查中心湖南总队	湖南省涟源市斗笠山水泥石灰岩矿区地形测量项目	易常波、杨文雅、徐少富、肖龙江、程 明、黎新民、蒋丽云、张桂良
8	合肥建材地质工程勘察院	皖维公司水泥粉磨车间后山坡边坡工程岩土工程勘察报告	贺炎九、黄生伍、裴吉溢、张学应、肖天阳

建材行业第十次优秀工程咨询成果奖项目、单位和主要人员获奖名单表(节选水泥部分)

List of award items, units and main individuals of the tenth excellent projects consultation achievement prize in building material industry (excerpt from cement section)

(一等奖 11 项)

序号	申报单位	项目名称	主要人员名单
3	天津水泥工业设计研究院有限公司	新疆天山水泥股份有限公司2×5000t/d熟料水泥生产线一期水泥窑协同处理污泥工程项目申请报告	隋明洁、高 文、张建国、李英明、王秀龙、梁晓琳、付金凤、郭建设、张殿辉、张 平、李文桑
4	成都建筑材料工业设计研究院有限公司	库车天山水泥有限责任公司5000t/d熟料水泥生产线工程项目申请报告	王善修、袁曙光、任 刚、曹 华、黄文刚、朱秀丽、唐 伟、刘 云、毛 丹、余先林、韩春娥、雎菊蓉

续表

序号	申报单位	项目名称	主要人员名单
10	中国中材国际工程股份有限公司	新疆庆华环保建材有限公司综合利用工业废渣生产水泥工程可行性研究报告	吕文平、倪晓奋、崔君娜、陈　蕾、张莉莉、李建军、胡观利、朱　刚、王桂凤、周　惠、吉　斌
11	中国中材国际工程股份有限公司	东方希望重庆水泥有限公司二期3×4800t/d新型干法水泥熟料生产线可行性研究报告	熊建华、于　洋、王　宏、崔君娜、赵永生、殷少波、邓　勇、潘立群、戴　宇、路似钢、陶　琍、吴　正
14	南京凯盛国际工程有限公司	安县中联水泥有限责任公司4500t/d熟料水泥生产线技改工程项目申请报告	李红染、叶水良、顾积锋、张歌昌、高　辉、毛丽娟、曾　剑、吴志根、郑　艳、乌日娜、张　焱
15	南京凯盛国际工程有限公司	德阳森恒新型建材有限公司磷石膏综合利用30万吨水泥缓凝剂项目可行性研究报告	吴秀生、黄义大、方旭彬、张　琦、黄志文、相华委、钟海波、刘晓娜、季玉春、于　红、郑　艳、华　慧
16	新疆凯盛建材设计研究院(有限公司)	克州青松水泥公司年产260万吨熟料新型干法水泥生产线技改工程(配套纯低温余热发电)可行性研究报告	陆　军、俞　捷、吴新辉、吴国勇、吴磊(小)、胡凯、史　涛、刘　彬、侯智山、朱明胜、顾　明、俞晓英
17	天津仕敏工程建设监理技术咨询有限公司	泉头集团枣庄金桥旋窑水泥有限公司水泥厂项目监理	王向东、刘国炳、刘德山、王士民、程立中、杜宪良、路广峰、高　山
18	北京凯盛建材工程有限公司	滦县磐石水泥有限公司4000t/d新型干法水泥熟料生产线项目可行性研究报告	马明亮、李文秀、魏文荣、佟贵山、武　力、赵玲彩、聂　臻、王　琪、杜秉成、申庆旭、姚　俊、宋宁宁
19	安徽海螺建材设计研究院	《阳春海螺水泥有限责任公司5500t/d+12000 t/d熟料水泥生产线暨纯低温余热发电工程》项目可行性研究报告	周金波、汪克春、梅世江、孔园园、余　生、李家发、王其辉、吴少龙、李晓娟、周　鑫、盛赵宝、马　伟
23	南京凯盛国际工程有限公司南京凯盛开能环保能源有限公司	华新水泥(西藏)有限公司1000+2000t/d熟料生产线余热发电工程	宋纪元、屠正瑞、杨宏宜、侯宾才、金　骥、方　明、王　阳、王朝雄、刘木堂、杭松华、戴国华、何张陈

(二等奖20项)

序号	申报单位	项目名称	主要人员名单
3	合肥水泥研究设计院	鄂尔多斯电力冶金股份有限公司利用电石渣2500t/d熟料水泥生产线可行研究报告	马　林、唐根华、周宏建、李　强、张　飞、张　立、项小芳、孙　蓉、阮宏松、胡春静、纵振海、胡　光
5	天津水泥工业设计研究院有限公司	江西亚东水泥有限公司第五条水泥生产线6000t/d扩建工程项目申请报告	王芳协、高　文、王建平、梁晓琳、梁太平、洪　卓、张淑英、吴志明、白　波

续表

序号	申报单位	项目名称	主要人员名单
6	天津水泥工业设计研究院有限公司	喀什天山水泥有限责任公司 4000t/d 水泥生产线扩建工程项目申请报告	宋寿顺、高　文、潘新庆、李英明、周　凯、郭建设、李　江、季建军、刘永刚、宣铁群
7	成都建筑材料工业设计研究院有限公司	泸州赛德水泥有限公司 4600t/d 熟料新型干法水泥生产线工程项目申请报告	毛胜荣、王慧生、田天培、徐文一、赵建涛、黄文刚、陈文卓、翟　静、徐　梅、党剑飞、李世军、睢菊蓉
8	河南建筑材料研究设计院有限责任公司	林州市电力水泥有限责任公司 4500t/d 熟料带纯低温余热发电生产线项目申请报告	吉振敢、卢文运、朱向红、储　峰、杨勇伟、李忠文、曹德生、侯　羽、杨艳娟、王　立、李士超、秦　超
9	河南建筑材料研究设计院有限责任公司	新乡市振新水泥有限公司西石圪节石灰石矿山开采及运输项目水保方案报告书	查少翔、张伟伟、程　浩、王才梅、鲁然英、芦新建、谢　磊、王鹏飞、郭　威
11	甘肃省建材科研设计院	甘肃张家川新天德新型干法特种水泥生产有限公司 4000t/d 新型干法特种水泥生产线技改工程(带低温余热电站)项目申请报告	李京肃、贾雪霞、王志军、薄立新、张雨成、唐玲博、朱　琳、赵彦凯、马景萍、李　扬
12	武汉建筑材料工业设计研究院有限公司	兰州甘草环保建材股份有限公司 5000t/d 水泥熟料生产线带 9MW 纯低温余热发电项目可行性研究报告	苏林强、盛红亮、万宇超、崔锡舰、李彦彩、李朝峰、杜雅琴、易　琳、张思慧、蒋　伟、袁小美、杨　盛
14	武汉建筑材料工业设计研究院中材节能股份有限公司	亚泰通化水泥股份有限公司 2500t/d 水泥熟料生产线纯低温余热发电工程可行性研究报告	李　勇、李　随、许　琴、张　飞、张国平、桂小宣、张晶莹、陈旭东、祝　强、张向辉、冯　帅、张培毅
15	中国中材国际工程股份有限公司	哈密天山水泥有限责任公司 5000t/d 熟料水泥生产线工程项目申请报告	倪建忠、王　宏、吕文平、张红松、刘　宇、贾源森、李　骏、路似钢、仇乐乐、潘立群
16	中国中材国际工程股份有限公司	克州天山水泥有限责任公司 5000t/d 熟料水泥生产线工程项目申请报告	熊建华、倪建忠、王　宏、宋顺利、吴加刚、罗仙月、黄　锋、吉　斌、李　骏、周　璐、殷东良、陈　蕾
17	中国建筑材料规划研究院	广州越秀水泥集团有限公司中长期发展规划	盛晓宁、都兴田、高全胜、孔　安、石红卫
20	南京凯盛国际工程有限公司	山东省平邑归来庄金矿 4500t/d 熟料水泥生产线带配套纯低温余热发电节能环保综合工程项目申请报告	朱晓彬、俞剑瑞、吴志根、王天保、叶水良、王爱莲、周　皞、冯　琴、石红霞、于　红、郑　艳、乌日娜
21	南京凯盛国际工程有限公司	湖南南方常德南方水泥有限公司 4500t/d 熟料新型干法水泥生产线工程项目申请报告(兼可行性研究报告)	邱贤枣、叶水良、吴志根、薛　春、沈国动、张歌昌、胡小庆、季玉春、顾彬彬、黄丽江、孙小萌、倪　健
23	新疆凯盛建材设计研究院(有限公司)	库车青松水泥公司年产 300 万吨新型干法水泥改扩建项目(配套纯低温余热发电)可行性研究报告	张　翼、侯向群、陆　军、吴　磊、慕明莉、俞晓英、史　涛、李明涛、顾　明、鲁雪艳、吴新辉、张　玲
25	天津仕敏工程建设监理技术咨询有限公司	昌江华盛天涯水泥有限公司 5000t/d 水泥熟料生产线三期建设工程监理	王向东、闫　清、李　谋、蒯文森、谭水生、邢桂海、钟　楠
26	北京凯盛建材工程有限公司	七台河北方水泥有限公司年产 150 万吨水泥粉磨站建设项目可行性研究报告	马明亮、佟贵山、杨临风、时红霞、唐玉娇、宋宁宁、马爱明、张　楠、杨莉明、张彦涛、于吉龙、王　岩

续表

序号	申报单位	项目名称	主要人员名单
27	安徽海螺建材设计研究院	《建德海螺利用水泥工业新型干法窑协同处置化工危险废物工程》可行性研究报告	张长乐、汪克春、梅世江、李大明、杨旺生、轩红钟、田文刚、盛赵宝、杨长青、李东祥、刘庆生、陈竹松
28	安徽海螺建材设计研究院	《贵定县利用水泥工业新型干法窑处理生活垃圾工程》项目可行性研究报告	张长乐、汪克春、梅世江、李大明、徐　刚、盛赵宝、杨旺生、轩红钟、杨长青、李永志、周　鑫、郑役文
29	安徽海螺建材设计研究院	《宿州海螺水泥有限责任公司2×4500t/d熟料水泥生产线暨纯低温余热发电工程》项目申请报告	周金波、徐　刚、戎　斌、崔云飞、张中建、江　斌、刘明同、吴少龙、赵　玮、张宗起、罗　钊、张春辉

(三等奖5项)

序号	申报单位	项目名称	主要人员名单
2	合肥水泥研究设计院	江西兴国赣兴水泥有限公司4500t/d熟料生产线扩建工程项目申请报告	张钊锋、徐萍丽、刘召春、赵玉明、王江涛、周　磊、吴和香、武青山、张　明、陆树标、解姗姗
3	甘肃省建材科研设计院	景泰景顺特种水泥有限公司利用工业废渣年产60万吨水泥粉磨站项目可行性研究报告	景　国、徐向开、薄立新、程　岩、张雨成、李京肃、陶超群、张建平、荣　秋、袁　静、吴　丹
4	武汉建筑材料工业设计研究院中材节能股份有限公司	北川中联水泥有限公司余热发电工程(9MW)可行性研究报告	王建峰、曲　贺、张向辉、刘世忠、刘学军、田　雷、吕月昭、王佳杰、赵国荣、董春玲、邹军辉、王海路
6	蚌埠玻璃工业设计研究院	淮海中联水泥有限公司1#窑熟料生产线节能降耗环保综合技改工程	王殿元、孙明俊、杜振勇、方建军、张维勋、马　睿、张宏军、曹　雷
7	南京凯盛国际工程有限公司南京凯盛开能环保能源有限公司	临沂中联水泥有限公司5000t/d熟料生产线自备电厂纯低温余热发电工程	宋纪元、屠正瑞、杨宏宜、侯宾才、金　骥、方　明、王　阳、王朝雄、刘木堂、杭松华、戴国华、何张陈

建材行业第十五次优秀工程设计奖获奖项目和单位名单表(节选水泥部分)

List of award items and units of the fifteenth excellent projects design prize in building material industry (excerpt from cement section)

一等奖(38项)

序号	项目名称	设计单位	参加人员名单
1	常山江山虎水泥有限公司5000t/d熟料新型干法水泥生产线工程	南京凯盛国际工程有限公司	吴秀生、王　安、方旭彬、周月君、栗博宇、张　琦、冯　琴、戴志轩、王　永、毛丽娟、丁　杰、卓海龙、曾　剑、郑　艳、黄新文、顾桂华、毛式祥、徐水清

续表

序号	项目名称	设计单位	参加人员名单
2	冀东海天水泥闻喜有限责任公司资源综合利用 5000t/d 新型干法水泥生产线工程	南京凯盛国际工程有限公司	朱晓彬、徐　文、翁福洲、俞剑瑞、周月君、魏西森、刘晓娜、高　辉、王　永、季玉春、毛丽娟、曾　剑、于　红、郑　艳、黄新文、吴志根、傅绍广、孙小萌
3	沙特北方水泥公司 6000t/d 熟料水泥生产线工程	合肥水泥研究设计院	朱大来、许京法、姚　强、胡知群、单钜程、朱文兵、徐泽泉、张华伟、朱　兵、蔡干婴、刘万常、王仕群、张　华、吴德雨、蔡华锋、杨清峰、叶震球、高　敏
4	宝鸡市众喜金陵河水泥有限公司 5000t/d 熟料新型干法水泥生产线工程	合肥水泥研究设计院	王春广、时　洁、张宏图、蒋少钦、徐泽泉、唐　玮、阮宏松、吴和香、谌凡琪、成　建、单钜程、汤铁松、曹百言、孙　蓉、杨大志、贾　亚、庞海峰、何维帅
5	平凉海螺水泥有限公司 4500t/d 水泥熟料生产线工程	成都建筑材料工业设计研究院有限公司	袁明德、刘　利、贺顺荣、黄　敏、黄向东、付家伟、张志明、贾如平、郝汝青、李　燕、刘　云、方　华、阳　旭、黄　锐、冯惠兰、粟晨香
6	曲靖昆钢嘉华水泥建材有限公司 4000t/d 水泥生产线工程	成都建筑材料工业设计研究院有限公司	苑春雨、陈　波、邓文明、王慧生、李　洪、周　尊、康　麟、陈文卓、唐　伟、戴力立、李常平、李　波、常　岷、文　涛、宋雪波、朱战岭
7	天瑞集团郑州水泥有限公司 10000t/d 熟料水泥生产线工程	中国中材国际工程股份有限公司	夏　晖、赵睿敏、周二动、吕满根、朱建平、陆誌怡、张　峰、汪光宁、殷东良、王大海、潘立群、丁苏东、徐安民、李静霞
8	台泥（贵港）水泥有限公司 4×6000t/d 熟料水泥生产线	中国中材国际工程股份有限公司	李连君、闫振龙、韩雪峰、杨万纲、贺　烽、高红缤、陈　燕、孙德群、陶　琍、孙　杰、王大海、吴晶晶、王振宁、郭乃峰、张祥龙、程　刚、李元春、张红松
9	沙特水泥公司（SCC）2×10000t/d 熟料水泥生产线工程	中国中材国际工程股份有限公司	邢　涛、潘　闯、赵美江、蔡玉良、易建荣、黄　平、潘　轶、吉　斌、孙亚非、朱建平、吴昌义、温广进、丁晓龙、潘　洞、祁彦立、彭　轶、俞　刚、沈　蕾
10	阿尔博安庆白水泥有限公司 40 万 t/a 熟料白水泥生产线建设工程	天津水泥工业设计研究院有限公司	宋寿顺、王芳协、俞为民、刘寿绵、赵　李、孙　伟、彭学平、刘保良、丛培泽、项　阳、夏　浩、肖全贵、闫　虹、张万昌、宋立平、郭天代、陈世虎、于恩禄

续表

序号	项目名称	设计单位	参加人员名单
11	河北燕赵水泥有限公司4000t/d新型干法熟料生产线工程	天津水泥工业设计研究院有限公司	宋寿顺、王芳协、王万生、尹志成、赵东岚、曹汉红、赵苗跃、刘国强、刘　箴、张万昌、付金凤、廖正彪、于恩禄、邢登伦、张殿辉、鲁　鹏、欧阳俊
12	广州水泥厂环保迁建工程处置工业、生活污泥配套(设施)工程	天津水泥工业设计研究院有限公司	宋寿顺、杨耀东、胡芝娟、沈序辉、郑金召、郭丽荣、李　江、刘清柏、宣铁群、韩久威、郝丽香、陈世虎
13	华新水泥(赤壁)有限公司4000t/d熟料生产线余热发电工程	南京凯盛开能环保能源有限公司	宋纪元、屠正瑞、侯宾才、杨宏宜、方　明、王　阳、刘木堂、孙政军、王朝雄、王　静、杭松华、李　帧、戴国华、陈海涛、王　雪、刘　山、肖玉峰、冯　强
14	铜陵市利用水泥工业新型干法窑处理生活垃圾2×300t/d工程	安徽海螺建材设计研究院	郭文叁、何承发、张长乐、汪克春、李大明、罗　钊、程　占、梅世江、徐　刚、李群峰、郎曼奇、袁绍林、倪和平、庞世钦、李东祥、田文刚、汪　瑛、杨长青
15	泰国暹罗水泥KK345熟料线配套22600KW纯低温余热发电工程	安徽海螺建材设计研究院	何承发、张长乐、夏贤清、屈　军、肖　艳、唐宗义、周　湘、余　生、林　森、李晓娟、陈　园、李东祥、张春辉、王其辉、李家发、赵米晗、赵峰娃、刘永涛
16	鲁南中联水泥有限公司2#窑生产线节能减排技术改造工程	北京凯盛建材工程有限公司	马明亮、毛　露、佟贵山、谢吉优、姜敬宝、叶海东、陆松伦、李曙光、马建新、王立杰、马爱明、崔星太、扬振军、袁亮国、佟立金、王克东、颜　棣、郭晓斌

二等奖(25项)

序号	项目名称	设计单位	参加人员名单
1	葛洲坝荆门水泥有限公司5000t/d熟料新型干法水泥生产线工程	浙江中材工程设计研究院有限公司	刘治岗、张金鲁、沈　伟、孙士清、叶晓红、杨　椿、严迪英、张淑莲、李　杰、孙灿华、阮建杭、孔　敏、吴　蓉、曹　睿、殷建光、倪国宪、王俊杰、王治军
3	溧阳市宏峰水泥有限公司3×5000t/d新型干法水泥(含纯低温余热发电)生产线技改工程	南京凯盛国际工程有限公司	朱光喜、邱贤枣、张辉江、徐　文、吴　晓、张歌昌、吴军夫、俞剑瑞、沈国动、顾桂华、刘晓义、潘鑫祥、刘海波、李春晖、刘海云、王权华、石红霞、于　红

续表

序号	项目名称	设计单位	参加人员名单
4	四川金顶(集团)峨眉山特种水泥有限公司4500t/d新型干法水泥熟料生产线工程	成都建筑材料工业设计研究院有限公司	金志胜、徐以华、孙仁广、唐　莹、李雅丽、万敬泰、李　波、熊　彬、吴玉萍、冯惠兰、骆　实、章娅云、唐　伟、宋　谦、肖　勇、戴力立
5	四川华蓥山广能集团蓥峰水泥公司4000t/d熟料新型干法水泥生产线资源综合利用与环境保护技改工程	成都建筑材料工业设计研究院有限公司	骆　渝、冯建领、任　刚、廖泽君、贾如平、张　雄、张克帅、董式群、张　磊、蔡顺华、栗晨香、方　斌、牛国瑞、曹　华、刘忠宝、刘晋蜀
6	安徽中广源水泥有限公司5000t/d水泥熟料生产线暨余热发电工程	中国中材国际工程股份有限公司	周贤光、贺　烽、张　峰、卢仁红、洪求文、边田中、沈　蕾、唐　剑、马永跃、周　惠、朱忠民、吕文平、胡观利、李　骏、王成昌、仇乐乐、邓国平
7	江苏鹤林水泥有限公司6000t/d熟料水泥生产线工程	中国中材国际工程股份有限公司	张　峰、潘　炯、丁苏东、贺　烽、胡　锐、程　刚、马建英、王新峰、马永跃、温广进、熊建华、朱忠民、张莉莉、穆加会、许　文、殷昭波
8	华润水泥(封开)有限公司7×5500t/d熟料水泥生产线配套石灰石长胶带输送工程	中国中材国际工程股份有限公司	倪建忠、张毅华、耿　丽、王　锟、邓　勇、施增新、毛成杰、陆　平、彭剑峰、潘文俊、李　刚、王和平、钟鹏飞、韦明高、林创明
9	卫辉市春江水泥有限公司4500t/d熟料带纯低温余热发电水泥生产线工程	河南建筑材料研究设计院有限责任公司	卢文运、许文杰、高国防、储　峰、曹德生、李银保、吉振啓、王　琦、金国典、王志杰、李忠文、王　立、张　波、屈浩然、解少红、杨　勇、杨勇伟、杨　健
12	广东清新一期2×5000t/d熟料水泥生产线工程	安徽海螺建材设计研究院	周金波、岳　鑫、汪克春、余　生、周长华、李　烨、张中建、鲍文华、李东祥、田素琴、孔园园、徐　刚、周贤葆、王怀伟、吴少龙、刘明同、高　峰、徐宝林
13	临湘海螺水泥有限公司5000t/d熟料水泥生产线工程	安徽海螺建材设计研究院	张长乐、周金波、汪克春、张中建、周长华、江　斌、韩　彦、李祥超、李瑞锋、张春辉、田素勤、王怀伟、李　俊、倪玉华、刘明同、文　翔、屈　军、李东祥
14	天瑞荥阳10000t/d熟料线配套18MW纯低温余热发电工程	安徽海螺建材设计研究院	夏贤清、屈　军、孙静莉、张　庆、鲍文华、林　森、崔云飞、李东祥、张春辉、罗　钊、考传利、李　娜、刘明同、文　翔、王　志、李祥超、庞世钦、朱明涛

续表

序号	项目名称	设计单位	参加人员名单
16	清水河蒙西水泥有限公司5000t/d新型干法水泥熟料生产线建设工程	内蒙古建材科研设计院	王景平、闫俊斌、单兴顺、何复瑞、陈君峰、刘贵森、贺开俊、刘林俊、彭　飞、李俊清、李树军、赵晓玲、包继平、郝德全、胡洪涛、马　健、王威祥、贺小明
17	阿荣旗蒙西水泥有限公司5000t/d熟料生产线工程	天津水泥工业设计研究院有限公司	隋明洁、陈东明、陈冬珍、赵苗跃、曹汉红、李东水、郭丽荣、刘遵义、张万昌、张志忠
18	安康市尧柏水泥有限公司4000t/d熟料新型干法水泥生产线工程	天津水泥工业设计研究院有限公司	隋明洁、陈增福、雷书清、王建礼、吴振华、侯龙华、梁　栋、谢小云、郭丽荣、王晨光、钟　杰、项　阳、刘继红、戎冀军
19	贵州金久水泥有限公司4500t/d熟料水泥生产线工程	洛阳水泥工程设计研究院有限公司	赵万红、赵迎朝、代家聚、王进中、李卫平、莫向杰、张日华、艾建立、张仲英、符群安、韩长海、董红宾、秦新岭、张虎堂、关宏涛、卢　坡、王群红、叶建华
20	河南淅川淅水集团有限公司3000t/d熟料新型干法水泥生产线工程	洛阳水泥工程设计研究院有限公司	代家聚、牛华民、卢　坡、董红宾、秦新岭、张虎堂、张明森、胡领军、缪祥来、王明琪、王　伟、王群红、江仁杰、刘维涛、肖套伟、范庆东、赵国哲、赵　鹏
21	阿曼水泥公司日产4000吨水泥熟料生产线二次扩建工程	中国建材装备有限公司	沈建龙、高　超、王雪梅、孙　勇、侯淑玲、侯勋伟、杨　鑫、杨明友、郭余庆、杨艳丽、王晓研、唐薇薇、李淑跃、刘洪根、黄　旭、温振海、白　洋、王静晓
22	江西印山台水泥有限公司5000t/d熟料水泥生产线(配套10MW余热发电)工程	合肥水泥研究设计院	阮宏松、曹百言、曹隆祥、黄　臻、杨大治、丁奇生、彭克金、李伟明、丁大海、林　成、方　明、许　琼、唐徐宁、章明朗、刘永丽、范五一、程　健、蒋守锋
23	三亚华盛水泥粉磨有限公司年产200万吨水泥粉磨站建设工程	合肥水泥研究设计院	王志凌、王虔虔、江海涛、谢定芬、王　庆、唐　玮、孙　蓉、徐从战、周　强、韩修铭、王　青、许瑞超、陈代彦
24	惠州市光大水泥企业有限公司2×5000t/d熟料生产线余热发电工程	南京凯盛开能环保能源有限公司	宋纪元、屠正瑞、侯宾才、杨宏宜、方　明、王　阳、刘木堂、孙政军、王朝雄、王　静、杭松华、李　帧、戴国华、陈海涛、王　雪、刘　山、肖玉峰、冯　强

续表

序号	项目名称	设计单位	参加人员名单
25	越南富新水泥有限公司 1300t/d 熟料生产线工程	江苏省建筑材料研究设计院有限公司	蔡钟东、李海豹、陈　明、徐　萍、桂璐璐、孙立萍、黄永平、王　群、蒋松武、王　汀、刘　涛、陈扬峰、王　强、周　俊、郁　超、龚玉庆、史　红
26	青海金鼎水泥有限公司 2500t/d 新型干法水泥生产线工程	江苏省建筑材料研究设计院有限公司	姚成家、朱　伟、马　军、崔占伟、黄　海、程广进、姜树森、顾秋云、祁　佳、及松松、仝　红、龚　健、杨丽娜、张仕虎、桂　敏、许　帆、徐　萍、桂璐璐
27	新疆青松建化本部 3000t/d 新型干法水泥生产线工程	新疆凯盛建材设计研究院	侯向群、陆　军、俞晓英、吴新辉、张　伟、蒋　涛、张　昕、吴国勇、轩新军、顾　明、白玮琳、史　涛、吴　磊、吴磊(小)、杜育文、梁小彬、任元成、赵丽娟
28	乌兹别克斯坦 Yangi－U13，300t/d 水泥粉磨站工程	北京凯盛建材工程有限公司	马明亮、佟贵山、迟法春、王　琪、赵玲彩、叶海东、时红霞、姚　俊、陈翠霞、文　凯、巢江咏、齐溪浙、苏　纲、张惠登、张树伟、林　毅、张晶晶、李长春
29	南吉尔吉斯水泥厂 2500t/d 水泥生产线工程	北京凯盛建材工程有限公司	马明亮、迟法春、叶海东、赵玲彩、申庆旭、马建新、齐　跃、程希禄、付根茂、陈翠霞、陆松伦、齐溪浙、张　皎、王　鑫、曹玉波、杨红彩、王　岩、王英帆

三等奖(8 项)

序号	项目名称	设计单位	参加人员名单
1	蒙西水泥有限公司 5000t/d 水泥熟料生产线建设工程	内蒙古建材科研设计院	刘耀利、王景平、闫俊斌、何复瑞、彭　飞、单兴顺、陈君峰、刘贵森、贺开俊、王美英、李树军、赵晓玲、包继平、郝德全、胡洪涛、高　祥、樊　磊、丁志峰
2	常德中材牛力水泥有限公司 2500 吨熟料新型干法水泥生产线工程	浙江中材工程设计研究院有限公司	刘治岗、徐建荣、沈　伟、倪国宪、孙士清、刘　捷、李　杰、孙灿华、王　珊、范玉智、李　林、张　彤、李立明、张建红、殷建光、任潇宇、吴　蓉、李稳稳
4	湖南金大地材料股份有限公司 10MW 纯低温余热电站工程	合肥水泥研究设计院	阮宏松、曹百言、曹隆祥、黄　臻、丁奇生、李伟明、丁大海、曹发祥、张建刚、胡凤兵、石　峰

续表

序号	项目名称	设计单位	参加人员名单
5	越南 LUKS3000t/d 水泥熟料生产线工程	河南建筑材料研究设计院有限责任公司	巴太斌、付振洲、刘　丽、朱向红、闫光启、杨宝英、王　金、魏守清、彭建谋、穆义文、张国富、程晓东、卢留洋、杨高平、李蕾蕾、季　娟、慎建军、苏永章
7	华新水泥西藏二期 2000t/d 水泥生产线工程	江苏省建筑材料研究设计院有限公司	朱　伟、姚成家、马　军、祁　佳、龚　健、程广进、姜树森、顾秋云、崔占伟、及松松、赵　娜、黄　海、杨丽娜、刘　波、徐　冬、王　屾、陈　智、柯俊权
8	新乡市振新水泥有限公司日产 3000 吨熟料生产线工程	洛阳水泥工程设计研究院有限公司	代家聚、牛华民、卢　坡、董红宾、秦新岭、张虎堂、张明森、胡领军、缪祥来、王明琪、王　伟、王群红、江仁杰、刘维涛、肖套伟、范庆东、赵国哲、赵　鹏
9	新乡市振新水泥有限公司 6MW 纯低温余热发电工程	洛阳水泥工程设计研究院有限公司	王进中、蒋　军、高晓莉、张会杰、唐占甫、秦新岭、张虎堂、张明森、胡领军、崔艳华、王群红、王明琪、王　伟、江仁杰、刘维涛、肖套伟、赵国哲、赵　鹏
12	金昌水泥(集团)有限责任公司 2500t/d 电石渣水泥熟料生产线 4.5MW纯低温余热发电工程	武汉建筑材料工业设计研究院有限公司	杨顺德、苏林强、熊　伟、程顺义、黄　威、盛红亮、彭子信、李　哲、蒋　伟、杨　盛、向孟飞、谈晓宏、李朝峰、张　枫、杜雅琴、叶奎贤、崔锡舰、胡　曦

2012 年

Year 2012

2012 年度中国建筑材料联合会·中国硅酸盐学会建筑材料科学技术奖获奖项目（节选水泥部分）

Award items of building material technology of Chinese Ceramic Society, China Building Material Federation 2012 (excerpt from cement section)

技术发明类

序号	项目名称	获奖等级	主要完成单位及证书编号	主要完成人及证书编号
2	水泥—沥青材料复合与性能调控制备成套技术及在高铁工程应用	一等	武汉理工大学 (2012—F—1—02—D01) 湖北国创高新材料股份有限公司 (2012—F—1—02—D02)	王发洲(2012—F—1—02—R01) 胡曙光(2012—F—1—02—R02) 李　悦(2012—F—1—02—R03) 高　涛(2012—F—1—02—R04) 丁庆军(2012—F—1—02—R05) 张运华(2012—F—1—02—R06)

科技进步类

序号	项目名称	获奖等级	主要完成单位及证书编号	主要完成人及证书编号
1	大坝工程用 MgO 微膨胀中热水泥工业化制备与控制技术及应用开发	一等	中国建筑材料科学研究总院 (2012—J—1—01—D01) 中国长江三峡集团公司 (2012—J—1—01—D02) 葛洲坝集团水泥有限公司 (2012—J—1—01—D03) 华新水泥股份有限公司 (2012—J—1—01—D04) 湖南石门特种水泥有限公司 (2012—J—1—01—D05)	姚　燕(2012—J—1—01—R01) 李文伟(2012—J—1—01—R02) 倪竹君(2012—J—1—01—R03) 王显斌(2012—J—1—01—R04) 胡银华(2012—J—1—01—R05) 李瑞林(2012—J—1—01—R06) 胡贞武(2012—J—1—01—R07) 徐合林(2012—J—1—01—R08) 陈喜忠(2012—J—1—01—R09) 刘　云(2012—J—1—01—R10) 成希弼(2012—J—1—01—R11) 李来芳(2012—J—1—01—R12) 岳云德(2012—J—1—01—R13) 刘文长(2012—J—1—01—R14) 黎锦清(2012—J—1—01—R15)
2	高能效熟料烧成关键技术与装备的研究和开发	一等	合肥水泥研究设计院 (2012—J—1—02—D01)	张自力(2012—J—1—02—R01) 何　平(2012—J—1—02—R02) 莫昌发(2012—J—1—02—R03) 李　松(2012—J—1—02—R04) 刘春杨(2012—J—1—02—R05) 万善奎(2012—J—1—02—R06)

续表

序号	项目名称	获奖等级	主要完成单位及证书编号	主要完成人及证书编号
2	高能效熟料烧成关键技术与装备的研究和开发	一等	合肥水泥研究设计院 (2012—J—1—02—D01)	巩晓亮(2012—J—1—02—R07) 崔洪坤(2012—J—1—02—R08) 徐松柏(2012—J—1—02—R09) 许平娟(2012—J—1—02—R10) 姚　强(2012—J—1—02—R11) 唐宪国(2012—J—1—02—R12) 汪厚平(2012—J—1—02—R13) 华　俊(2012—J—1—02—R14) 李程伟(2012—J—1—02—R15)
3	粉煤灰计量与控制系统工艺和装备研究	一等	合肥水泥研究设计院 (2012—J—1—03—D01)	周　啸(2012—J—1—03—R01) 贾桂森(2012—J—1—03—R02) 陈苏琦(2012—J—1—03—R03) 魏　铸(2012—J—1—03—R04) 丁长征(2012—J—1—03—R05) 李新跃(2012—J—1—03—R06) 周　达(2012—J—1—03—R07) 李　杰(2012—J—1—03—R08) 刘　刚(2012—J—1—03—R09) 黄庆华(2012—J—1—03—R10) 金　磊(2012—J—1—03—R11) 朱春启(2012—J—1—03—R12)
4	行进式稳流冷却机的研制与应用	一等	中材装备集团有限公司 (2012—J—1—04—D01) 天津水泥工业设计研究院有限公司 (2012—J—1—04—D02)	梁　栋(2012—J—1—04—R01) 李明飞(2012—J—1—04—R02) 陶从喜(2012—J—1—04—R03) 彭学平(2012—J—1—04—R04) 黄云苓(2012—J—1—04—R05) 刘智涛(2012—J—1—04—R06) 刘劲松(2012—J—1—04—R07) 向东湖(2012—J—1—04—R08) 李　亮(2012—J—1—04—R09) 朱金波(2012—J—1—04—R10)
5	特殊原、燃料条件下日产万吨级熟料烧成系统开发与应用	一等	中国中材国际工程股份有限公司 (2012—J—1—05—D01)	蔡玉良(2012—J—1—05—R01) 潘　洞(2012—J—1—05—R02) 丁苏东(2012—J—1—05—R03) 孙德群(2012—J—1—05—R04) 邢　涛(2012—J—1—05—R05) 夏之云(2012—J—1—05—R06) 黄　平(2012—J—1—05—R07) 潘　轶(2012—J—1—05—R08) 赵美江(2012—J—1—05—R09) 吉　斌(2012—J—1—05—R10) 朱建平(2012—J—1—05—R11) 丁晓龙(2012—J—1—05—R12) 曹烈英(2012—J—1—05—R13) 宫　绚(2012—J—1—05—R14)

续表

序号	项目名称	获奖等级	主要完成单位及证书编号	主要完成人及证书编号
6	国家节能减排水泥示范线技术与装备的研发及应用	二等	天津水泥工业设计研究院有限公司(2012—J—2—01—D01) 中材装备集团有限公司(2012—J—2—01—D02)	俞为民(2012—J—2—01—R01) 陶从喜(2012—J—2—01—R02) 梁 栋(2012—J—2—01—R03) 柴星腾(2012—J—2—01—R04) 彭学平(2012—J—2—01—R05) 聂文海(2012—J—2—01—R06) 刘 箴(2012—J—2—01—R07) 许 芬(2012—J—2—01—R08) 胡芝娟(2012—J—2—01—R09) 李明飞(2012—J—2—01—R10)
12	HCG纯余热发电系统开发设计与应用	二等	合肥水泥研究设计院(2012—J—2—07—D01)	阮宏松(2012—J—2—07—R01) 曹百言(2012—J—2—07—R02) 曹隆祥(2012—J—2—07—R03) 李伟明(2012—J—2—07—R04) 黄 臻(2012—J—2—07—R05) 姚 强(2012—J—2—07—R06) 丁大海(2012—J—2—07—R07) 杨中舒(2012—J—2—07—R08) 程敢胜(2012—J—2—07—R09) 曹发祥(2012—J—2—07—R10)
15	大型水泥窑强热震部位用抗剥落耐侵蚀耐火浇注料制备技术及应用	二等	瑞泰科技股份有限公司(2012—J—2—10—D01)	袁 林(2012—J—2—10—R01) 赵洪亮(2012—J—2—10—R02) 陈雪峰(2012—J—2—10—R03) 王杰曾(2012—J—2—10—R04) 曾鲁举(2012—J—2—10—R05) 刘锡俊(2012—J—2—10—R06) 王俊涛(2012—J—2—10—R07) 叶亚红(2012—J—2—10—R08) 张金龙(2012—J—2—10—R09) 李 艳(2012—J—2—10—R10)
18	降低水泥窑氮氧化物排放的技术开发及应用	二等	中材国际环境工程(北京)有限公司(2012—J—2—13—D01) 天津水泥工业设计研究院有限公司(2012—J—2—13—D02) 中材湘潭水泥有限责任公司(2012—J—2—13—D03)	胡芝娟(2012—J—2—13—R01) 刘明伟(2012—J—2—13—R02) 唐新宇(2012—J—2—13—R03) 沈序辉(2012—J—2—13—R04) 王军梅(2012—J—2—13—R05) 郑金召(2012—J—2—13—R06) 俞 刚(2012—J—2—13—R07) 赵利卿(2012—J—2—13—R08) 李 惠(2012—J—2—13—R09) 董 涛(2012—J—2—13—R10)

续表

序号	项目名称	获奖等级	主要完成单位及证书编号	主要完成人及证书编号
20	水泥立式辊磨终粉磨技术开发与应用	二等	天津水泥工业设计研究院有限公司 (2012—J—2—15—D01) 中材装备集团有限公司 (2012—J—2—15—D02)	柴星腾(2012—J—2—15—R01) 聂文海(2012—J—2—15—R02) 刘子河(2012—J—2—15—R03) 刘　箴(2012—J—2—15—R04) 尚桂来(2012—J—2—15—R05) 姚丕强(2012—J—2—15—R06) 胡　斌(2012—J—2—15—R07) 曾　荣(2012—J—2—15—R08) 石国平(2012—J—2—15—R09) 蔡晓亮(2012—J—2—15—R10)
22	新型干法水泥窑高温带耐火砖无铬化配套技术的研究与产业化	二等	通达耐火技术股份有限公司 (2012—J—2—17—D01) 武汉科技大学 (2012—J—2—17—D02) 巩义通达中原耐火技术有限公司 (2012—J—2—17—D03)	李　楠(2012—J—2—17—R01) 冯运生(2012—J—2—17—R02) 鄢　文(2012—J—2—17—R03) 李　平(2012—J—2—17—R04) 韩兵强(2012—J—2—17—R05) 王林俊(2012—J—2—17—R06) 李燕京(2012—J—2—17—R07) 高长贺(2012—J—2—17—R08) 张德义(2012—J—2—17—R09) 周新功(2012—J—2—17—R10)
25	电石渣制水泥规模化应用技术及装备研究	三等	成都建筑材料工业设计研究院有限公司 (2012—J—3—02—D01) 中材装备集团有限公司 (2012—J—3—02—D02) 中材成都重型机械有限公司 (2012—J—3—02—D03)	陈　涛(2012—J—3—02—R01) 文柏鸣(2012—J—3—02—R02) 高　敏(2012—J—3—02—R03) 敬清海(2012—J—3—02—R04) 何明生(2012—J—3—02—R05)

2012年度“北新建材杯”全国建材行业技术革新奖获奖项目(节选水泥部分)

Award item bulletin of technical innovation prize in national building material industry, “Beixin Building Material Cup” 2012

A类:技术改造类

序号	项目名称	项目主要完成单位(证书号略)	项目主要完成人(证书号略)
		二等奖	
4	甘肃祁连山水泥集团招标网	甘肃祁连山水泥集团股份有限公司	李春明、何万霞、陈怀先、田毅杰、魏凤媛
10	在生料中掺入磷渣煅烧水泥熟料	北川中联水泥有限公司	谢　健、许致纲、魏　宁、张继堂、郭宜鸿
		三等奖	
2	1#水泥磨开路闭路灵活两用技术	中材湘潭水泥有限责任公司	刘明伟、昌正江、邓炼高

续表

序号	项目名称	项目主要完成单位(证书号略)	项目主要完成人(证书号略)
3	φ4×60m窑系统节能减排技术改造	鲁南中联水泥有限公司	王克东、郭晓斌、于维明
4	降低熟料温度，提高吨熟料发电量	中国联合水泥集团有限公司南阳分公司	陈清顺、张志刚、刘　宾
5	篦冷机改造	曲阜中联水泥有限公司	朱应新、刘占军、宋晓军
6	防止N－MFC分解炉压床的改造	中国联合水泥集团有限公司南阳分公司	田子谦、刘　彬、李学信
8	原料立磨磨内改造	安徽广德南方水泥有限公司	段振洪、王建良、张　斌

B类:技术开发类

序号	项目名称	项目主要完成单位(证书号略)	项目主要完成人(证书号略)
	一等奖		
1	12000t/d水泥生产线用电除尘器开发	河南中材环保有限公司	侯广超、苗鹰育、赵　刚、李　克、杨春荣
2	水泥窑预热器纳米陶瓷内筒	洛阳鹏飞耐火耐磨材料有限公司	贾玉川、孙庚辰、王书正、杨建森、王书伟、姜明莉
13	水泥行业标准编码系统	宁夏建材集团股份有限公司	王玉林、梁春晓、黄　生、汪洪波
	二等奖		
9	旁路放风生产低碱水泥熟料并利用其余热发电	阿克苏天山多浪水泥有限责任公司	杨兆祺、王振芳、李志旺、沈　欣、朱晓明
23	水泥回转窑辐射热能绿色回收利用装置	重庆金九水泥有限公司	靳树勋、李　鸿、雷镇源
24	水泥窑筒体辐射热回收技术的开发与应用	宁夏中宁赛马水泥有限公司	李卫东、贺宗林、万　彬、陈　正、宋自平
29	资产与设备维护信息系统	山东东华水泥有限公司	贾　忠、王　勇、李明良、王进虚、冯玉梅
31	采用大型新型干法线生产低碱微膨胀中热水泥	四川峨胜水泥集团股份有限公司	耿辉勤、罗方跃、许晓英、王　燕、谭承林
32	水泥企业设备检测诊断与信息管理系统	郑州煤炭工业集团龙力水泥有限责任公司	桑海峰、范中祥、刘建峰、罗鹏飞、李明珠
	三等奖		
4	纯无烟煤在5000t/d熟料生产线煅烧的研究与应用	筠连川煤水泥有限责任公司	杨再成、李　毅、万长均

C类:技艺工法类

	一等奖		
2	2000t/d熟料生产线延长窑砖使用寿命项目	鹿泉金隅鼎鑫水泥有限公司	周成耀、马树立、谌玉双、罗荣树、张国庆、李志勇、郭宏昌

续表

序号	项目名称	项目主要完成单位(证书号略)	项目主要完成人(证书号略)
		二等奖	
2	史密斯 Duoflex 燃烧器节油改造	通辽中联水泥有限公司	刘　强
3	水泥窑协同处置污泥和物料中重金属的测定	天津水泥工业设计研究院有限公司	时玉珍、刘　乔、陈志辉、张雪梅、刘旭月
5	余热发电锅炉内导流装置	淅川中联水泥有限公司	李金红、吴红印、石振伟、付建华、孙路平
7	大型风机叶轮现场修复技术	山东东华水泥有限公司	邓　强、胡庆银、王进虚、李明良、樊润田
		三等奖	
1	在新型干法生产线批量生产高抗硫酸盐硅酸盐水泥	永登祁连山水泥有限公司	李生钰、张世英、刘　锋
4	空腔爆破在露天矿中、深孔爆破中的革新应用	宁夏青铜峡水泥股份有限公司矿山分厂	赵晓东、贺占云、贾文波
5	回转窑轮带全石墨块自动润滑装置	郏县中联天广水泥有限公司	林金利、李文裴、于守仁
6	水泥回转窑三次风阀优化改造	曲阜中联水泥有限公司	刘占军、何芳喜、裴永生
7	7200t/d 立磨选粉机回料系统技术改造	济宁中联水泥有限公司	杨洪军、高　杰、汪会坤
8	中卸磨卸料仓水泥半成品取样器	曲阜中联水泥有限公司	王文成
10	提高辊压机联合水泥粉磨系统台时产量的措施	连云港中联水泥有限公司	刘士安、王庆生、高启新
14	余热电站浓水再回收改造项目	宁夏青铜峡水泥股份有限公司	李国梁

2012 年度建材行业优秀工程勘察奖获奖单位、项目和个人(节选水泥部分)

Award units, items and individuals of excellent project survey prize of building material industry 2012 (excerpt from cement section)

一等奖:(1 项)

序号	单位名称	项目名称	参加人员
1	建材成都地质工程勘察院	北川中联水泥有限公司石灰石预均化堆场边坡治理及南侧滑坡防治工程	黄文勇、杜晓东、陈　强、杨　波、王　忠、陈光辉、肖勇军、金宇航、李光明

二等奖:(4 项)

序号	单位名称	获奖项目名称	参加人员名单
2	江苏建材地质工程勘察院	安徽无为磊达水泥股份有限公司 3×4500t/d 新型干法水泥熟料生产线(一期工程)岩土工程勘察	胡泽华、王　伟、蒋　敏、徐以松、林　瑶、徐　斌、张伯文、刘　学、姜伏刚、程树宝

续表

序号	单位名称	项目名称	参加人员
11	建材太原地质工程勘察院	山西潞城卓越水泥有限责任公司4000t/d水泥熟料生产线工程岩土工程勘察	赵新发、赵景勋、李满喜、李金虎、赵书平、霍剑锋
16	沈阳建材地质工程勘察院	辽阳天瑞水泥有限公司拟建厂区工程勘察	王　丹、孙晓东、吴志坚、陈科平、张福忠、韩合军、王　庆
21	苏州开普岩土工程有限公司	宁夏吴忠太阳山2×2000t/d油井水泥生产线一期岩土工程技术咨询及人工挖孔、CFG桩工程	马元海、蒋柏文、尚志宇、李小鹏、王淑新、王金勇、杨海鹏、武峰亮

三等奖:(3项)

序号	单位名称	获奖项目名称	参加人员名单
2	西安建材地质工程勘察院	礼泉海螺水泥有限公司生产区、厂前区、石灰石输送廊道、矿山办公楼工程地质勘察	徐　鹏、权讲利、王星辉、吴景龙、李向阳、严良森、张学领
5	中国建筑材料工业地质勘查中心山西总队	山西省岢岚县羊圈会水泥灰岩详查地形测量项目	王志文、石成刚、任连生、闫　昞、汤瑞斌、马海军、黄福忠、杜铁伟、王　超、李　庆
6	武汉建材地质工程勘察院	华新水泥股份有限公司秭归4500t/d水泥熟料生产线项目码头工程	谢豪辉、何传聪、黄治平、严少堂、王友军、黄如生、张国爱、沈仁学、袁子龙、陈　蕾

2012年度国家建材工程建设优质工程奖名单(节选水泥部分)

Award list of excellent projects of national building material project construction 2012 (excerpt from cement section)

序号	项目名称	获奖单位
1	安徽巢东水泥股份有限公司一期二线5000t/d熟料生产线工程	承建单位:苏州中材建设有限公司
2	东方希望重庆水泥有限公司5×4800t/d新型干法水泥生产线A线工程	承建单位:苏州中材建设有限公司
3	涿鹿金隅水泥有限公司4000t/d熟料生产线技改工程	承建单位:河北省第四建筑工程公司
4	江苏华尔润集团有限公司余热利用发电工程	承建单位:河南省安装集团有限责任公司
5	四川国大水泥股份有限公司石灰石矿山工程	承建单位:兖州中材建设有限公司
6	淮南舜岳水泥有限责任公司2×120万吨水泥粉磨技改工程	承建单位:中国十五冶金建设集团有限公司
7	广元广旺卢家坝水泥有限责任公司石灰岩矿山工程	承建单位:中国建筑材料工业建设西安工程有限公司
8	华润水泥(封开)有限公司二期2×4500t/d水泥熟料生产线工程	承建单位:中国中材国际工程股份有限公司邯郸工程建设分公司 参建单位:中铁十九局集团第一工程有限公司
9	都江堰拉法基水泥有限公司石灰石矿山3#—5#胶带机输送工程	承建单位:天津矿山工程有限公司

建材行业第十六次优秀工程设计奖获奖结果（节选水泥部分）

Awarding result of the 16th excellent project design prize in building material industry (excerpt from cement section)

一等奖：(40 项)

序号	申报单位	项目名称	参加人员
1	中国新型建筑材料工业杭州设计研究院	沙特 ASK 石膏公司年产 2000 万平方米纸面石膏板生产线	施存有、黄孙恺、赵元义、彭晓晋、王维勃、解　勇、楼珍干、翟跃忠、郑　宏、顾一稼、裘燕春、翁丽芬、韩　进、关建强、张晓红、季　平、沈　刚
2	中国新型建筑材料工业杭州设计研究院	漳州旗滨玻璃有限公司 600t/d 在线 Low－E 镀膜玻璃生产线	程　华、郁少勇、邵景楚、林岩忠、汤小慧、官立民、黄利光、郑　宏、沈丽婷、顾一稼、裘燕春、马伟学、翁丽芬、王思习、王　琳、吴加锋、马月文、管苏建
3	河南建筑材料研究设计院有限责任公司	重庆拉法基瑞安参天水泥有限公司 4600t/d 新型干法水泥生产线工程	卢文运、许文杰、李银保、朱向红、刘　丽、潘世全、彭建谋、穆义文、刘宏伟、陈贺义、王志杰、马祥喜、曹德生、杨勇伟、严昭君、颜妍、慎建军、徐朋君
4	新疆凯盛建材设计研究院（有限公司）	新疆天业（集团）有限公司 40 万吨/年聚氯乙烯配套 2×2000 吨/日电石渣制水泥项目	侯向群、李洪洲、朱明胜、谌良峰、张　昕、史　涛、俞晓英、吴新辉、顾　明、俞　捷、李长安、邵　军、吴　磊(大)、张　伟、郅　辉、刘　彬、李明涛、任忠堂
5	中材科技股分有限公司	邢台金牛玻纤有限公司 1＃无碱玻纤池窑生产线冷修扩能	于守富、孙振海、唐秀凤、黄健健、唐　宇、朱　宣、赫孟合、武其银、张健辉、李卫军、袁美芹、王林华、付良恩、曹春来、朱　芳、蔡兰群、冯　旭
6	中材科技股分有限公司	金川集团热电公司锅炉烟气脱硫除尘工程	崔云寿、孙振海、曹　伟、张建辉、刘　春、张海军、秦心平、石明杨、田　昊、陈玉春、李茂林、樊　苑
7	山东中材工程有限公司	中材高新材料股份有限公司年产 60000 条精细熔融石英陶瓷辊生产线的工程设计	吴翠珍、陈敏健、刘　军、吕　锋、崔永臣、崔素珍、李宪景、程之强、王忠波、张　栋、刘铁艳、张　静、张艳侠、崔海波、王　民、王昌军、宗瑜婷、翟宝森
8	山东中材工程有限公司	中材高新材料股份有限公司年产 20000 柱等静压成型高压瓷绝缘子生产线扩建工程的工程设计	闫法强、李　勇、徐晓婷、崔素珍、薛汝霞、张艳侠、刘铁艳、宗瑜婷、欧阳胜林、郭志军、刘克动、王　民、李明德、崔海波、张　静、桑建华、吴忠慰、刘艳梅
9	天津水泥工业设计研究院有限公司	贵州惠水新金龙水泥有限公司技改工程	徐培涛、俞为民、杨耀东、尹志成、曹汉红、陶翠林、刘云庆、王　薇、郭丽荣、张万昌、于恩禄
10	天津水泥工业设计研究院有限公司	山西大同煤炭集团有限公司 4500t/d 熟料新型干法水泥生产线	陈增福、孙金亮、吴志明、陈冬珍、王红君、董会哲、吴俊萍、王晨光、赵国强、张　平、张志忠、李　东、马军龙、岳建忠、解月林、阮云燕

续表

序号	申报单位	项目名称	参加人员
11	西安凯盛建材工程有限公司	陕西省汉阴县功力节能建材制品有限公司年产1亿块烧结页岩制品工程设计	李惠娴、焦静辉、樊建利、杨　璞、马载红、孙　洁、申书良、李玉新、石　松、杨　冬、杨　立
12	北京建都设计研究院有限责任公司	阳泉金隅通达高温材料有限公司15万吨/年优质矾土基均质耐火原料生产线一期工程	秦翻萍、孟繁成、张宝华、王殿金、李　娟、王　准、温宗宝、魏俊勇、宁　倩、傅慧敏、卫鹏美、刘海峰、燕　飞
13	中国建材国际工程集团有限公司	浮法玻璃新技术国家重点实验室工程	彭　寿、甘胜保、殷长宏、王　巍、胡家斌、陈　靖、刘敢刚、耿　键、史　辉、陶　坤、陶　金、彭丹丹、徐安生、陈荣欣、李来军、李华东、周　翔、张宝玲
14	中国建材国际工程集团有限公司	沙河安全实业有限公司浮法七线工程	彭　寿、王宗伟、孙仕忠、谢义成、汪凤祥、褚　勇、陆　莹、杨义仿、朱世明、陈剑英、单承宇、何　奎、段　谦、周　桥、齐向前、周旭东、李　锋、褚　刚
15	中国建材国际工程集团有限公司	信义芜湖优质浮法玻璃和太阳能光伏玻璃生产线	吴　晓、聂英祥、汪　敏、梅红锦、茅力佐、陈济丰、计君飞、刘尧龙、李明智、郭保革、邓　力、韩永福、王永钢、朱　慧、王正清、褚刚、陈　军、陈小牛
16	中国建材国际工程集团有限公司	河源南玻15万t/a低铁砂生产线改扩建工程	彭　寿、茆令文、葛承全、段树桐、于永琪、彭善志、吴建新、张跃英、魏光耀、王　巍、胡家斌、贾维仁、刘　超、朱三东、刘宏伟、李春雷、谢恩俊、荆小伟
17	山东省建材工业设计研究院	淄博日强水泥有限公司年处理30万吨钢渣、年产60万吨矿渣粉，年产120万吨复合水泥生产线	靳志刚、陈艳生、童　岩、王乐亮、王华民、宋文远、张　前、张家敦、宋　力、刘金华、刘祥斌、李宗华、高树海、商华锋、王　参、巩政、于小兵、李云超
18	北京凯盛建材工程有限公司	哈萨克斯坦梅纳拉尔3000t/d熟料水泥生产线	马明亮、谢吉优、佟贵山、武　力、陈为尚、邢　玉、叶海东、陶春广、杨临风、张树伟、张彦涛、陈翠霞、罗洪秦、马爱明、王博、蔺元鹏、张　楠、谢　颖
19	北京凯盛建材工程有限公司	越南新光2500t/d熟料水泥生产线	马明亮、魏文荣、佟贵山、武　力、金仁哲、陈为尚、周人飞、叶海东、赵玲彩、王志宇、聂　臻、江　华、陈翠霞、邢　玉、张静、曹玉波、薛维杰、冯胜猛
20	上海市建筑材料工业设计研究院	上海恩梯恩精密机电有限公司产业基地建设工程	毛坚正、邓溯秋、潘　昞、佟孝琪、陈粮钢、王丽娟、陆　嫣、魏　玮、陈　杰、陆　萍、杨青梅、张美梅、屠中伟、于蓓丽
21	安徽海螺建材设计研究院	济宁海螺一期5000t/d熟料水泥生产线工程	张长乐、汪克春、周树强、孔园园、轩红钟、江　斌、刘明同、程　占、王怀伟、张春辉、罗勤桂、赵　玮、姚成莲、谢林坡、崔云飞、倪玉华、王天新、王道连

续表

序号	申报单位	项目名称	参加人员
22	安徽海螺建材设计研究院	礼泉海螺一期 2×5000t/d 熟料水泥生产线工程	张长乐、周金波、徐　刚、梅世江、李东祥、李祥超、田文刚、刘中林、刘永涛、余　生、李家发、李　俊、王其辉、王　志、李永志、王晨旭、张彦杰、杜金龙
23	中国中材国际工程股份有限公司	沙特利雅得水泥公司(RCC)5000t/d 熟料水泥生产线二期工程	张三红、潘　炯、侯清发、张　峰、陶　莉、池圣汉、方　荣、汪光宁、王新峰、董维标
24	中国中材国际工程股份有限公司	安哥拉罗安达 2×5000t/d 熟料水泥生产线一期工程	夏　晖、朱裕亮、常晋东、刘高尔、洪求文、吕满根、陈喜峰、徐　菁、赵永生、汪光宁、王大海、周　斌、贺　峰、温广进
25	中国中材国际工程股份有限公司	句容台泥水泥有限公司二期扩建工程暨余热发电工程	李连君、韩方学、朱　刚、杨万纲、闫振龙、宋顺利、胡观利、贺　烽、李野光、程　刚、江　燕、孙　杰、陶　琍、高弘缤、陈振源、张桂芝
26	南京凯盛开能环保能源有限公司	华新水泥(黄石)有限公司 2200＋5700t/d 熟料生产线余热发电工程	宋纪元、屠正瑞、侯宾才、杨宏宜、方　明、王　阳、刘木堂、孙政军、王朝雄、王　静、杭松华、李　帧、戴国华、陈海涛、王　雪、刘　山、肖玉峰、冯　强
27	秦皇岛玻璃工业研究设计院	金堆城洛阳节能玻璃有限公司年产 500 万 m^2 Low－E 镀膜玻璃生产线及配套项目	卢志安、杨　健、杨建社、高国义、田晓云、陈绍勇、杨铁军、秦宏伟、邱淑华、董秉辉、蔡　欣、李文洁、王心见、张晓琴、王玉梅、王伟峰、谷铁军
28	秦皇岛玻璃工业研究设计院	秦皇岛嘉隆高科实业有限公司电光源玻璃生产线办公楼	张　芳、王天栋、余应寿、李冰心、孟凯英、汪越英、王　娜、秦宏伟、杜新建、陈耀华、马素云、许天舒、赵利平、刘晓燕、龙德忠、汤久升、李文洁、张卫功
29	成都建筑材料工业设计研究院有限公司	新疆米东天山水泥有限责任公司 150 万吨/年(2×2000t/d)电石渣制水泥综合利用工程	吴　宏、沈　咸、金志胜、黄　敏、高　敏、张红涛、谷胜余、高荣玖、陈文卓、唐　伟、刘　建、黄　洋、毛　丹、何明生、牟文勋、程雪云、李柏林、张　磊
30	成都建筑材料工业设计研究院有限公司	河北省武安市新峰水泥有限责任公司 2×4800t/d 熟料生产线及配套 2×12MW 纯低温余热发电系统扩建工程	刘晓宁、毛胜荣、李　洪、孙仁广、党剑飞、郭　敏、唐　敏、张克帅、骆　实、刘国玖、唐　伟、戴力立、黄　伟、蔡顺华、粟晨香、刘忠宝、张　勤、周立新
31	中国环境科学研究院	年产 3000 万块电解锰渣蒸压砖生产线工程	周长波、段　宁、朱宁芳、于秀玲、王积伟、裴倩倩、杜　兵、欧阳朝斌、汪南方、张桂芹、杨海潮、吴宏江、王　璠、刘长志、蔡如钰、潘涔轩、孟俊利、降林华
32	南京凯盛国际工程有限公司	四川利森建材集团有限公司 4500t/d 熟料新型干法水泥生产线	吴秀生、梅志平、方旭彬、张爱民、陈新华、谢伏惠、武　彬、刘晓娜、吴海刚、赵　杨、张汉文、季玉春、王权华、卓海龙、黄丽江、王国成、陈新平、乌日娜

续表

序号	申报单位	项目名称	参加人员
33	南京凯盛国际工程有限公司	南京中联水泥有限公司4500t/d熟料生产线工程	高爱国、黄义大、谷湖江、相华委、王天保、谭　论、罗　超、冯　琴、张　杰、宋利华、毛丽娟、李春辉、吴行秋、关锐锋、章小宝、孙小萌、王盛伟、崔永飞
34	南京凯盛国际工程有限公司	安阳中联水泥有限公司4500t/d熟料水泥生产线技改工程	罗立波、翁福洲、王爱莲、谢承刚、冯　琴、石红霞、徐　文、吴行秋、田大伟、梁　哲、崔恒波、陈艳征、周　喆、徐　成、李　刚、孙　峰、刘晓义、居成杰
35	苏州中材非金属矿工业设计研究院有限公司	溧阳中材重型机器有限公司厂房及办公楼、综合楼	滕永勤、王　彦、鲁小春、李莹雪、沈浩忠、王栉枫、周菊平、杨冬勇、邱依伦、赵　琦、吴文英、赵影芝、李雪峰、郑金涛、丁苓华、钱　强、胡润华、毛伟中
36	浙江中材工程设计研究院有限公司	伊拉克苏莱曼尼亚5300t/d熟料水泥生产线二线	刘治岗、杨　椿、王俊杰、顾君晖、严迪英、沈　伟、张淑莲、李　杰、孙灿华、阮建杭、倪国宪、陈　佳、胡一成、翁海兰、高希昕、刁　斐、、姜力波、张祥杰
37	武汉建筑材料工业设计研究院有限公司	天津滨海天筑永利建材有限公司年产60万M^3粉煤灰加气混凝土砌块(板材)生产线及附属工程	丁亚斌、熊敏勋、李宏魁、杜雅琴、李朝峰、莫　莉、邓　军、易　琳、郝　羽、苏林强、邓大梅、白　锋、崔锡舰、杨君君、王红伟、李文波、向孟飞、王　芳
38	武汉建筑材料工业设计研究院有限公司	越南协富股份公司年产500万M^2无石棉硅酸钙板生产线工程	吴卫平、白　锋、龙　飞、汪汉洪、刘勇勇、李宏魁、易　琳、蒋伟、苏林强、夏惠凤、邓大梅、殷中华、王　超、王红伟、刘金胜、刘　文、张　涛、胡　曦
39	苏州中材非金属矿工业设计研究院有限公司	北海高岭科技有限公司　年产60万吨高岭土采选工程	蔡　建、曾伟能、段小爱、陈天锡、杨增良、韩映炜、邵建兵、刘志朋、桂明遐、汪　磊、鲁小春、陈建平、王　磊、杨　王、王栉枫、蒋苏华、黄　韬、周伟华
40	中材节能股份有限公司	江苏汉天水泥有限公司纯低温余热发电工程(9MW)	魏连有、胡希栓、曲　贺、贵小宣、杨　镇、王　林、张晶莹、曹　伟

二等奖(49项)：

序号	申报单位	项目名称	参加人员
1	中国新型建筑材料工业杭州设计研究院	贵州毕节江天水泥有限公司3200t/d新型干法水泥生产线	顾金土、应　浩、林　翀、刘威琼、苏　杰、胡奕庆、陶　玮、夏志华、俞卫良、厉夏仙、许朝云
2	中国新型建筑材料工业杭州设计研究院	重庆市石柱科华水泥有限公司资源综合利用3600t/d水泥生产线	顾金土、俞卫良、林　翀、王烨江、张海军、应　浩、凌云海、夏志华、厉夏仙
4	河南建筑材料研究设计院有限责任公司	阿尔巴尼亚 FUSHE－KRUJE 水泥厂1号线工程3300t/d	许文杰、卢文运、李银保、阎光启、刘　丽、孔德强、杨宝英、郭腾云、李润国、彭建谋、季　娟、解少红、巫　山、陈贺义、万　朋、刘　冬、潘世全、曹晓润

续表

序号	申报单位	项目名称	参加人员
10	天津水泥工业设计研究院有限公司	龙里红狮水泥有限公司 5000t/d 熟料水泥生产线建设工程	王芳协、雷　鸣、杜继平、高　德、王秀龙、夏　浩、杨爱民、李金海、李俊义、万　莉、闫　虹、刘景允、张志忠、谢宪中、张　进、陶翠林、高　山
11	天津水泥工业设计研究院有限公司	甘肃祁连山水泥集团股份有限公司永登项目 4500t/d	雷　鸣、孙　伟、杜继平、高　德、王　伟、赵国强、陈冬珍、杨玉华、陈世虎、杨东华、刘景允、张志忠、李华军、李生钰、李　岳、侯龙华、李　波、包永刚
14	湖南省建筑材料研究设计院有限公司	衡阳金山水泥有限公司 2×2500t/d 电石渣新型干法旋窑水泥生产线一期工程	李增平、吴春宏、粟道兵、曾必华、程和信、孙德红、陈晓佳、李志勇、戴建琪、段丽梅、张常德、林　健、熊清华、叶伟斌、王静淑、杨麓峥、宋泽炎、谢细亮
17	湖南省建筑材料研究设计院有限公司	祁阳海螺水泥有限责任公司曾家巷石灰岩矿采矿工程	李　清、徐炎明、余洪亮、陈小兵、曾庆福、李树红、侯　慧、王旭凯、谭　亮、申　超、王　怀、晏福遐、夏新宇
23	山东省建材工业设计研究院	柳州市强实科技有限公司利用工业废渣年产 120 万吨矿渣粉、200 万吨水泥粉磨站项目	靳志刚、陈艳生、童　岩、王乐亮、王华民、宋文远、张　前、张家敦、李红旗、贾新华、高树海、商华锋、王　参、宫涛、杨　嵩、于小兵、魏　伟、王　磊
26	北京凯盛建材工程有限公司	鲁南中联水泥有限公司 1# 窑生产线节能减排技术改造工程	马明亮、毛　露、佟贵山、姜敬宝、叶海东、陆松伦、马建新、张春霞、王立杰、马爱明、张晶晶、刘　爽、杨华伟、谢　颖、卢建强、陈翠霞、王长燕、薛维杰
27	北京凯盛建材工程有限公司	山西南娄 2500t/d 熟料水泥生产线	马明亮、王统寿、王业华、佟贵山、姜敬宝、叶海东、杨临风、田耀鹏、任宇霞、凌学敏、齐溪浙、张春霞、王　嵋、张树伟、杨红彩、王儒杰、薛维杰、赵　亮
28	安徽海螺建材设计研究院	广安昌兴一期 4500t/d 熟料水泥生产线工程	周金波、徐　刚、张中建、岳　鑫、盛赵宝、周　湘、孔园园、罗　钊、周长华、王广要、瞿淑靖、张东升、舒重敬、文　翔、周　鑫、叶　飞、李永志、邓立超
29	安徽海螺建材设计研究院	祁阳海螺一期 4500t/d 熟料水泥生产线工程	汪克春、鲍文华、张宗起、刘中林、郭　净、刘明同、袁绍林、邵明军、陶逸海、郎曼奇、李晓娟、王晨旭、田素勤、徐高峰、王成杰、尹群超、刘永涛、姚成莲
30	安徽海螺建材设计研究院	全椒海螺一期 5000t/d 熟料水泥生产线工程	徐　刚、郎曼奇、鲍文华、王其辉、徐宝林、王桂雪、孙　侠、史艳想、王丽娟、陈业松、倪和平、赵　玮、崔云飞、杨旺生、张宗见、周　阳、朱明涛、吴少龙

续表

序号	申报单位	项目名称	参加人员
31	山东联创建筑设计有限公司	临朐山水水泥有限公司阳城矿区工程设计	马冀春、孔庆杰、廉　杰、李　勇、周　健、王　晖、郑茂兴、陈明磊、王京伟、张文强、王圣文、高红杰、邹童童
32	中国中材国际工程股份有限公司	河北太行水泥股份有限公司4500t/d水泥生产线技改工程	赵中泉、李怀江、孟凡兴、刘　宇、杨伟清、徐国军、倪群芳、韩瑞帮、张永生、梁　杰、陶　琍、杨东杰、周　斌、李　俊、潘立群、刘　磊、王东书
33	中国中材国际工程股份有限公司	四川德胜集团水泥有限公司4600t/d熟料水泥生产线技改工程	倪建忠、赵永生、吴加刚、周　蕾、李　旭、杨道昌、吉　斌、陈　淮、倪群芳、张志宏、白天衡、李　黎、路似钢、温广进、程立明、潘立群、王文林、许凤春
34	中国中材国际工程股份有限公司	东方希望重庆水泥有限公司2×4800t/d熟料水泥生产线工程	于　洋、程千里、汤　礼、姚　云、刘旭东、王屹峰、施增新、赵永生、路似钢、温广进、邓　勇、潘立群、潘　炯、潘庭有、周少敏
35	南京凯盛开能环保能源有限公司	安县中联水泥有限公司4500t/d熟料水泥生产线技改工程	屠正瑞、侯宾才、杨宏宜、方　明、王　阳、刘木堂、孙政军、王朝雄、王　静、杭松华、李　帧、戴国华、陈海涛、王　雪、刘　山、肖玉峰、冯　强
36	南京凯盛开能环保能源有限公司	江西南方万年青水泥有限公司 6＃窑5000t/d熟料生产线余热发电工程	宋纪元、屠正瑞、侯宾才、杨宏宜、方　明、王　阳、刘木堂、孙政军、王朝雄、王　静、杭松华、李　帧、戴国华、陈海涛、王　雪、刘山、肖玉峰、冯　强
38	成都建筑材料工业设计研究院有限公司	安徽铜陵海螺水泥有限公司四期12000t/d水泥熟料生产线	黄向东、李国秀、黄　敏、张克帅、何明生、李　燕、邹　旭、刘兆荣、张才云、陆乔发、何俊奎、万敬泰、周　尊、程宏伟、周立新、李自彬、谈丁丁、曾鲁庆
39	南京凯盛国际工程有限公司	平邑中联水泥有限公司4500t/d熟料水泥生产线节能环保综合工程	朱晓彬、俞剑瑞、梅志平、王爱莲、张爱民、李　刚、徐　康、冯　琴、周　皞、宋利华、石红霞、石　柱、关锐锋、郑　艳、陈新平、吴志根、梁　哲、乌日娜
40	南京凯盛国际工程有限公司	湖南常德南方水泥有限公司4500t/d熟料新型干法水泥生产线工程	邱贤枣、叶水良、吴志根、沈国动、薛　春、王爱莲、张歌昌、胡小庆、季玉春、顾彬彬、黄丽江、孙小萌、倪　健、陈艳征、谷湖江、陈昌柏、芮祚华、刘永昌
41	南京凯盛国际工程有限公司	江西南方水泥有限公司上高4500t/d熟料水泥生产线	李红染、王　安、翁福洲、魏西森、杨佳巍、冯　琴、胡小庆、朱建桃、刘海云、彭　辉、于　红、吴志根、郑　艳、缪晶晶、陈艳征、康　宇、孙小萌、谷湖江

续表

序号	申报单位	项目名称	参加人员
43	合肥水泥研究设计院	云南三江水泥有限公司 云龙县丹梯石灰岩矿建设工程	武青山、张　翔、李　忠、和立忠、何王海、荚小平、沈晋国、孙　蓉、邱　锐、吴和香、项小芳、胡　光、解姗姗、吴恒金、孙嘉茹
44	浙江中材工程设计研究院有限公司	镇康水泥建材有限公司日产2000吨熟料新型干法水泥生产线	张金鲁、徐建荣、陈熊熊、孙士清、严迪英、阮建杭、孙灿华、沈　伟、张淑莲、郎建辉、倪国宪、王　峰、李　林、范玉智、张建涛、孔敏、朱晓文、张少亮
46	中材节能股份有限公司	湘潭中材牛力水泥有限公司低温余热发电工程(9MW)	李　勇、曲　贺、李随、杨　镇、许　琴、刘学军、阎素岭、邹军辉、祝　强、高连海、吕月昭、田　雷、韩东祥、陶军普、陈旭东
47	中材节能股份有限公司	泰水泥Lampang水泥有限公司低温余热发电工程(9MW)	李　勇、杨　镇、王建峰、曹　伟、许　琴、刘学军、阎素岭、张国平、祝　强、高连海、吕月昭、田　雷、赵国荣、陈旭东
48	内蒙古建材科研设计院	内蒙古蒙西水泥有限公司4000t/d新型干法水泥熟料生产线9MW余热发电工程	刘耀利、王景平、李树军、闫俊斌、王威祥、王占山、郝德全、胡洪涛、赵智峰、王建鹈、孔范平、卢美龙、陈黎明、赵晓玲、李宇静、刘何宝、强海龙
49	内蒙古建材科研设计院	内蒙古天皓水泥有限公司日产4500吨水泥熟料生产线建设工程	刘耀利、王景平、闫俊斌、王威祥、姜彦海、胡洪涛、于志锋、贺小明、邬华强、樊　磊、罗宏宇、郝德全、马　健、高　翔、李树军、贠启、吴　强

三等奖(3项)：

序号	申报单位	项目名称	参加人员
1	中国新型建筑材料工业杭州设计研究院	约旦NJCC3000t/d水泥粉磨站	程　华、俞卫良、崔登国、邵咏庆、王思习、张海军、吴加锋、黄知广、管苏建、马伟学
2	河南建筑材料研究设计院有限责任公司	重庆拉法基瑞安参天水泥有限公司5000t/d新型干法水泥生产线工程办公楼	孙伟通、侯晓宁、万　朋、刘博文、杨瑞梁、颜　妍、杨高平、常　永、张慧怡、赵金龙、李士超、苏永章、王　越、马　玲
5	山东省建材工业设计研究院	单县山水水泥有限公司100万t/a水泥粉磨站	王乐亮、王华民、王敬臣、李金运、高树海、黄胜昌、刘美玲、王　参、巩　政、卫　建、贾新华、鲍　亮、高　宁、崔冬梅、刘仕栋、李云超

建材行业第七次优秀工程总承包奖获奖项目名单(节选水泥部分)

Award item list of the seventh excellent project turnkeycontract prize in building material industry (excerpt from cement section)

一等奖:

序号	项目名称	获奖单位	获奖等级	参加人员
1	安县中联水泥有限公司4500t/d熟料水泥生产线技改工程	南京凯盛国际工程有限公司	一等	王　涛、颜忠国、李红染、徐宜玲、李安平、倪　健、吴　晓、占国平、阎庆德、张凤刚、叶水良、季玉春、高　辉、顾积峰、王建功、谭　论、周　喆、杨　毅、马云辉、许和庆、王　凯、梁克亮、胡　琼、周长进
2	桂林南方水泥有限公司2×4000t/d熟料水泥生产线技改一期工程	南京凯盛国际工程有限公司	一等	李建东、谷湖江、罗立波、倪永明、吴稀政、李安平、徐　翔、杨　毅、吴　为、王　凯、何洪普、陈　波、仇　江、吴荫尹、王　安、吴军夫、吴　晓、张辉江、邱士泉、章小宝、张　焱、陈声远、邬银斌、魏兆学、秦彩运
3	阿尔博安庆白水泥有限公司40万t/a熟料白水泥生产线建设工程	天津水泥工业设计研究院有限公司	一等	徐培涛、俞为民、李振兴、孙　伟、杨　爽、黄　喆、遇　楠、戴千根、朱向国、姜　兵、王　涛、魏震宇、陈　辉、曹嘉平、刘寿绵、赵　李、刘保良、丛培泽、项　阳、华怡婷、陈世虎
4	都江堰拉法基水泥有限公司三线扩建项目矿山工程	天津水泥工业设计研究院有限公司	一等	雷　鸣、肖军贵、肖全贵、赵　森、张万利、郑德喜、刘清柏、张久丽、刘孔军、杨小波、王克捷、周杰华、陈昆龙、魏田义、朱向国、李运潮
5	叙利亚 AI Badia Cement 5000t/d新型水泥生产线总承包项目	中材建设有限公司	一等	彭建新、石稳龙、汪代文、李　华、李高伟、高　星、李岁柱、林　东、薛玉龙、李　宁、冉茂军、贾海峰、牟永兵、廖仕良、孟祥卓、孙泽山、郭永生
6	塞浦路斯 Vassiliko 水泥厂	中材建设有限公司	一等	王　晖、王玉武、曾幼兵、郭建伟、赵　虎、应建丰、李永亮、王斯瑶、李　军、丁贤科、蓝传鹏、郑　旺、诸小平、肖　迪、贺小明、徐亚宾
7	武安市新峰水泥有限公司2×4800t/d水泥熟料生产线及配套2×12MW纯低温余热发电系统扩建工程	成都建筑材料工业设计研究院有限公司	一等	侯新荣、苏继君、郝武阳、彭卫东、赖正基、王永军、罗淑萍、刘　磊、黄孟清、黄春平、李小波、申明镜、毛胜荣、陈　旭、蹇魏巍、陈宏名、杨先文、高　勇、郑家福、孙仁广、唐　敏、刘国玖

续表

序号	项目名称	获奖单位	获奖等级	参加人员
8	句容台泥水泥有限公司二期5000t/d熟料水泥生产线EPC总承包工程	中国中材国际工程股份有限公司	一等	夏之云、费向野、李连君、梅苏良、马祖生、姜金德、闫振龙、沈公望、闻乙群、种正江、赵克勤、向　辉、刘立杰、卢　帅、佘龙星、王有宁、崔君娜
9	沙特利雅得水泥公司(RCC)二期5000t/d熟料水泥生产线EPC总承包工程	中国中材国际工程股份有限公司	一等	费向野、张秀德、张圣湲、张三红、单树林、董维标、袁正宇、侯清发、池圣汉、丁　磊、李　林、吴　波、方　荣、王春周、沈公望、胡竞荣、马　威、赵　捷
12	沙特AL—JOUF5000t/d水泥熟料生产线项目	中国建材国际工程集团有限公司蚌埠玻璃工业设计研究院	一等	冯建华、王丛笑、单　旭、吴秀生、刘加荣、刘　镭、张敬峰、路　纲、张东亮、韩　颖、杜荣鹏、徐守群、郭祥义、李德恩、张　峰、石　卉、李惠忠、鲍晓玲、官　敏、邱贤枣、李红染、王　东、王　安、刘　津、吴　晓、方　华、卓海龙、缪晶晶、曾　剑
13	越南宜山5800t/d水泥生产线工程	中国建材国际工程集团有限公司蚌埠玻璃工业设计研究院	一等	彭　寿、冯建华、苏学勇、吴秀生、朱光喜、刘永昌、薛　春、王权华刘祖华、邹宏刚、徐宜玲、吴行秋、彭　亮、鲍晓玲、唐　超、卜　阳、展红炜、徐连春、徐　文、刘晓娜、韦清轶、程　立、张成伟、张　军、隋　明、顾桂华
14	泰国SCG南邦5500t/d水泥生产线余热发电项目	中材节能股份有限公司	一等	张　奇、魏文华、王　毅、朱　理、王　品、侯跃光、杨　镇、赖铁刚、高金钟、王晓健、高永红、江向东、张金鹏、安军伟、杨维山、郭　洁、王福禄、张译文、郭　欣
15	华新金龙水泥有限公司4000+2500t/d水泥熟料生产线余热发电工程	南京凯盛开能环保能源有限公司	一等	屠正瑞、金　骥、杨宏宜、肖玉峰、华　松、郑永植、冯　强、杨吟斌、王双刚、朱卫波、赵正清、周卫平、周建军、陈锦和、何张陈

二等奖：

序号	项目名称	获奖单位	获奖等级	参加人员
1	成都中联水泥有限公司废矿渣及废粉煤灰资源综合利用技改项目	南京凯盛国际工程有限公司	二等	王　涛、颜忠国、李红染、徐宜玲、吴荫尹、倪　健、占国平、腾　飞、王　凯、马云辉、梁克亮、沙富强、陈富春、李连军、许　可、石　柱、顾积峰、徐　文、高　辉、毛丽娟

续　表

序号	项目名称	获奖单位	获奖等级	参加人员
2	哈萨克斯坦标准水泥日产2500吨	天津水泥工业设计研究院有限公司	二等	王芳协、徐松林、朱向国、杜继平、蔡　淳、王宝付、孙建林、蒽森海、石崇宝、魏　晶、孙　洁、张殿辉、陈通跃、梁太平、宣轶群、张　倩、于进月
3	越南松涛水泥厂2500TPD工程	天津水泥工业设计研究院有限公司	二等	孙金亮、米建敏、孙　建、刘　骏、周履平、王宝付、操鹏程、杨红梅、许佳全、于浚哲、吴志明、冯绍新
4	阿尔巴尼亚TITAN项目(3300吨/天水泥生产线)	中材建设有限公司	二等	刘剑英、顾进军、林　东、孙小永、韦　涛、周立东、高　星、李岁柱、魏建永、肇启文、金宏锋、杨　楠、刘建顺、程晓娟、张海霞、高洪昌
5	台泥(英德)水泥有限公司二期2×6000t/d熟料水泥生产线EPC总承包工程	中国中材国际工程股份有限公司	二等	夏之云、费向野、牛延林、李连君、成鸿昌、闫振龙、杨万纲、闻乙群、张与雄、夏敬贤、马祖生、沈公望、种正江、朱忠辉、韩雪峰、张祥龙、高红缤、宋顺利
7	南吉尔吉斯水泥厂2500t/d水泥生产线	中国建材国际工程集团有限公司、蚌埠玻璃工业设计研究院	二等	金永学、王　博、陈育芳、马明亮、魏文荣、迟法春、叶海东、林海斌、赵玲彩、申庆旭、马建新、齐　跃、杨临风、聂　臻、程稀禄、陆松伦、齐溪浙、董　宁、王　真、王　鑫、张　皎
10	重庆拉法基水泥有限公司7.5MW余热发电工程	中材节能股份有限公司	二等	魏文华、葛立武、朱　理、王　品、刘　宵、曲　贺、赖铁钢、高金钟、王晓健、徐长莹、侯跃光、江向东、侯良岩、杨维山
11	都江堰拉法基水泥有限公司9MW余热发电工程	中材节能股份有限公司	二等	张　奇、陈　伟、刘　霄、曲　贺、赖铁钢、高金钟、苗安光、侯良岩、楚国强、岳　君、葛　阳
14	贵州凯里瑞安建材有限公司2500t/d水泥熟料生产线余热发电工程	南京凯盛开能环保能源有限公司	二等	宋纪元、肖玉峰、赵正瑞、郑永植、郑振兴、刘开拓、胡　良、高春燕、夏祥明、杨义全、史效武、陈锦和、钱群辉、王建立
15	巢湖铁道水泥有限公司4500t/d熟料生产线余热发电工程	南京凯盛开能环保能源有限公司	二等	金　骥、侯宾才、肖玉峰、方　明、王福义、王　阳、彭家青、冯　强、杜运坦、杨义权、孙政军、杭松华、高春燕、强旭鹏、周建军、刘　鸿

三等奖：

序号	项目名称	获奖单位	获奖等级	参加人员
1	中材汉江水泥股份有限公司2500t/d熟料水泥生产线技改工程	天津水泥工业设计研究院有限公司	三等	陈增福、刘　波、李彭生、杨恒波、董　哲、杨耀东、高振刚、孙建林、韩晓伟、魏震宇、戴　浚、王靖文、郑德喜、马守京、李　涛、杨勇、张　磊
2	中材天山(云浮)水泥有限公司9MW纯低温余热发电工程	中材节能股份有限公司	三等	刘春燕、周少宗、刘曙生、李　随、李世刚、刘雯雪、刘永彬、张广志、卢　俊、肖文娜
4	金昌水泥(集团)有限责任公司2500t/d电石渣水泥熟料生产线4.5MW纯低温余热发电工程总承包项目	武汉建筑材料设计研究院	三等	叶奎贤、盛红亮、程顺义、白人安、胡学帆、殷国桥、杨　盛、李轶男、蒋　伟、苏林强、杨君君、郝　羽、杜雅琴、莫　莉、向孟飞、崔锡舰

第八篇

企业篇

企业篇

Enterprises

企业明星录

Enterprise Star Catalogue

全球优秀水泥及混凝土专业制造商——中国联合水泥集团有限公司

Excellent professional manufacturer of cement and concrete in the world —China United Cement Group Co. Ltd.

【企业概况】 中国联合水泥集团有限公司(以下简称"中国联合水泥")成立于1999年6月,是国务院国资委管理的大型央企——中国建筑材料集团有限公司的核心企业,香港H股上市公司——中国建材股份有限公司的重要业务板块,国家重点扶持的特大型水泥集团。

中国联合水泥拥有全资及控股大型水泥制造企业60余家、大型商品混凝土平台企业20余家,分布于山东、江苏、河南、河北、安徽、山西、内蒙古、北京等省市自治区。水泥年产能1亿吨,商品混凝土年产能2亿立方米,总资产500亿元人民币,员工2.5万人,形成了在全球的规模领先地位。

中国联合水泥秉承中国建材"善用资源、服务建设"的企业使命,以"全球优秀的水泥及混凝土专业制造商"为愿景,倡导"创新、绩效、和谐、责任"的核心价值观,积极建设"创新绩效型、资源节约型、环境友好型、社会责任型"四型企业,致力于为客户提供高品质绿色环保的建材产品。

中国联合水泥坚持以专业化的制造技术、专家化的管理手段确保高品质产品的生产;坚持以完善的市场保障系统、专情化的服务理念对消费者负责;坚持推进低碳化生产经营方式,打造绿色环保产业,履行企业公民的社会责任;坚持在企业良性发展的同时,持续关注员工健康和福利,实现企业与员工共同成长。

"CUCC"是中国联合水泥产品的统一商标,产品品种涵盖了各种强度等级及性能的通用水泥、特种水泥和商品混凝土。

记　事

2012年3月18日 由中国建材自行设计、自主安装,具有中国建材自主知识产权的徐州中联二期日产10 000吨新型干法水泥熟料生产线投产达标。

徐州中联

2012年3月22日 中国联合水泥承办了中国建材联合会和中国水泥协会组织召开的"中国水泥行业大型水泥企业领导人圆桌会议(C12+3峰会)"。在峰会上,中国建材"价本利"经营理念及"行业利益高于企业利益,企业利益孕育于行业之中"的价值观赢得业界广泛认同。最终,15家大型水泥企业的高层达成共识,将加强行业自律,共促健康发展。

2012年3月22日 中国联合水泥与江宁区人民政府战略合作签约暨南京中联混凝土有限公司揭牌仪式在江宁举行。宋志平董事长与江苏省委常委、南京市委书记杨卫泽共同为南京中联混凝土有限公司揭牌。

2012年 中国联合水泥共联合重组了194家商混企业,新增商混产能1.9亿立方米。此外,还与200余家商混企业签署了合作意向书,合计年产能超过2亿立方米。

2012年4月24日 在江苏省节能工作会议上,徐州中联被评为"江苏省节能先进企业"。

2012年6月13日 鲁南中联通过一级安全标准化审核验收,成为全国建材行业第一家通过安全标准化验收的企业。

2012年 中国联合水泥共有43家企业通过一级安全标准化审核验收,通过率达到100%。中国联合水泥成为全国建材系统第一家通过安全标准化验收的集团公司。

2012年6月19日 中央电视台财经频道为推出以"企

业整合，提高资源利用效率”为主题的特别节目《国企社会责任报告》到枣庄中联进行采访。

2012 **年** 7 **月** 1 **日**　中国联合水泥承办了由中国建材组织召开的“强化基础管理现场会”。

2012 **年** 7 **月** 9 **日**　在 2012 年度“鹏飞杯”河南省建材行业技术革新奖竞赛活动中，中国联合水泥获得一等奖 6 项，二等奖 11 项，三等奖 10 项。

2012 **年** 8 **月** 20 **日**　在文化部中国文化管理学会、企业文化管理专业委员会主办的“首届企业生态文化建设现场经验交流会”上，鲁南中联荣获“2012 年全国职工文化建设先进单位”和“2012 年全国生态文化建设先进单位”称号。

2012 **年** 9 **月** 1 **日**　中国联合水泥与长青国际投资有限公司签署《蒙古国水泥项目合作框架协议》。该项目是中国企业在蒙古国建设的第一个水泥项目，建成后将解决蒙古国水泥短缺问题，带动相关产业的发展，对增进中蒙两国友谊，加强经济合作起到积极的促进作用。

徐匡迪视察徐州中联

2012 **年** 10 **月** 8 **日**　第十届全国政协副主席、中国工程院名誉院长徐匡迪到徐州中联视察指导，中国建材集团总经理姚燕陪同视察。

2012 **年** 10 **月** 23 **日**　国资委第三巡视组到中国联合水泥总部巡视调研。崔星太董事长代表中国联合水泥领导班子作了题为《转变发展方式，深化管理整合，打造全球优秀水泥及混凝土专业制造商》的工作汇报。

2012 **年** 11 **月** 9 **日**　中国联合水泥总部通过了由国建联信认证中心审核的 ISO9001－2008 质量管理体系认证，成为水泥行业第一家管理型公司通过质量管理体系认证的企业。

2012 **年** 11 **月** 21 **日**　中国联合水泥在国家水泥质量监督检验中心举办的 2012 年度“中联杯”全国第十三次水泥品质指标检验大对比中，所属企业共有 22 家获得了表彰。其中：德州中联获得特等奖，其余单位分获全优奖及优良奖。

2012 **年** 12 **月** 5 **日**　山东泉兴中联水泥有限公司成立揭牌仪式在山东枣庄隆重举行。宋志平董事长与枣庄市委副书记、市长张术平共同为山东泉兴中联水泥有限公司成立揭牌。

链接：2012 **年**　中国联合水泥共联合重组了 25 家水泥企业，新增熟料产能 1021 万吨，新增水泥名义产能 1327 万吨，新增实际水泥产能 2674 万吨。此外，还与 40 余家企业签署了合作意向书。

2012 **年** 12 **月** 8 **日**　在中国建筑材料企业管理协会组织召开的全国建材企业管理创新年会暨全国建材企业管理现代化创新成果发布会上，中国联合水泥申报的《大型水泥企业以可持续发展为导向的转型升级战略与实施》荣获创新成果一等奖。

2012 **年** 12 **月** 22 **日**　在由中国企业联合会、国务院国资委企业改革局、工业和信息化部产业政策司和中小企业司共同主办，全国企业管理现代化创新成果审定委员会负责组织的第十九届全国企业管理现代化创新成果征集活动中，中国联合水泥申报的《基础建材工业企业转型升级战略的实施》荣获一等奖。

2012 **年**　中国联合水泥配套余热发电装机容量 253MW，可发电 11.7 亿 kWh，约节约标准煤 37.82 万吨，减少二氧化碳排放 96.91 万吨，减少二氧化硫排放 7815 吨，减少粉尘排放 1210 吨。

2012 **年**　中国联合水泥完成的投资 50 万元以上的技改项目共有 48 项，总投资 2.17 亿元，预计每年可节约成本 5022 万元。

2012 **年**　中国联合水泥共新申请专利 92 项，其中 1 项为发明专利，其余为实用新型专利，共有 35 项专利申请获得授权。目前中国联合水泥累计拥有 132 项专利，其中发明专利 4 项。

全国特种水泥生产基地——新疆天山水泥股份有限公司

Special cement production base of China— Xinjiang Tianshan Cement Co. Ltd.

【企业概况】　新疆天山水泥股份有限公司是以募集方式设立的上市公司（证券简称：天山股份　证券代码：000877），是国务院国资委管理的中国中材集团控股的大型水泥企业集团。公司成立于 1998 年 11 月，2012 年 12 月 30 日总资产为 191.60 亿，其前身是国家大型企业。

公司是以生产、销售、研发“天山”牌等通用、特种水泥及商品混凝土为主的企业，是西北地区最大的水泥生产厂家之一、最大的油井水泥生产基地和全国重要的特种水泥生产基地。公司目前是疆内首家通过产品质量和质量体系双认证的水泥生产企业，是新疆水泥行业被中国质量协会和中国建筑协会授予“质量满意产品”称号的企业，被中国质量协会用户委员会评为“全国用户满意”的企业，自治区环保治理“一控双达标”的首家水泥企业，被国家列为扶优扶强的八大水泥企业之一、国家第一批“两型”企业创建试点企业。

公司设有自治区级技术中心、博士后工作站，能够根据市场所需组织研发各品种水泥的生产，公司先后研制开发了20多个水泥品种，日常储备30多个品种的生产能力。

公司下设东疆事业部、北疆事业部、南疆事业部、华东事业部、巴州事业部、米东事业部、销售总公司7个事业部(公司),40余家分子公司。公司遵循“凝聚坚强、创造卓越”的企业精神和“责任、和谐、创新”的管理理念，以“为用户提供最好的产品和服务，把天山股份做成全国最好的水泥企业之一”为发展思路，通过资源优化配置，产品结构调整、市场资源整合，所属企业在新疆、江苏发展迅速，公司2012年水泥控制产能约3258万吨，商品混凝土产能为1140万方，产品广泛应用于华东、华南、新疆各项大型工程、重点工程建设，成为具有核心竞争力的大型水泥企业集团。

随着深入贯彻落实党的十八大和中央新疆工作座谈会会议精神，新疆迎来了新一轮的大建设，大发展，大开放的又一时期，天山股份也将为新疆水泥行业加快发展提供更广阔的市场空间。天山股份珍视机遇，抓好落实，充分发挥自身优势，着力推动高起点，高水平，高效益发展，“围绕优势资源转换战略，加快产业布局；围绕循环经济，把握水泥行业发展的新机遇；加快自身结构调整”。以“成本为核心，以利润为导向；精细管理，提升核心竞争力；责任为先，持续打造和谐、创新的高效能团队”，天山股份将为实现中国梦想努力奋斗。

2011年记事

1月6日　天山股份阿克苏多浪公司日产3200吨水泥熟料项目投产，并实现达标达产。

1月27日　天山股份被自治区安全生产委员会评为2010年度安全生产目标管理先进单位。

3月　公司提升机尾轮密封装置、移动装车机、耐火砖背架三项实用新型专利获得国家知识产权局授权。

3月18日　天山股份召开了《天山股份八项水泥工程开工新闻发布会》，自治区党委常委、自治区副主席库热西·买合苏提等参加了发布会。

3月28日　天山股份电石渣2条日产2000吨生产线投产运行。

4月　由国家大型科技型企业中材国际投资的无害化日处置450吨生活垃圾及180吨城市污泥示范线项目在溧阳正式动工建设。

2011年　天山股份主持的《100%湿排电石渣替代石灰石新型干法2×2000吨/日水泥产业化开发应用》项目获得自治区科技进步奖三等奖。

5月6日　中共中央政治局常委、中央政法委书记周永康莅临天山股份哈密天山公司调研。

5月30日　天山股份荣获2011年度自治区建材行业质量管理小组活动优秀企业。

5月30日　天山股份荣获2011年度自治区建材行业质量管理小组活动优秀企业，二分厂、一分厂QC成果分别取得自治区建材行业第24次QC成果现场发布一等奖，所在QC小组荣获2011年全国建材行业优秀质量管理小组称号。天山股份和静公司化验室获得了自治区三等奖。

7月5日　自治区副主席库热西·买合苏提，昌吉州党委副书记、州长刘志勇等领导莅临天山股份阜天山项目检查指导工作。

7月11～14日　在全国建材行业第二十六次质量管理代表会议上，天山股份塔里木分公司机电车间QC小组荣获优秀奖。

8月15日　天山股份喀什天山公司日产4 000吨熟料水泥生产线点火成功，并当月实现达产达标。

8月15日　天山股份屯河公司被国家人力资源和社会保障部、中华全国总工会、中国企业联合会/中国企业家协会、中华全国工商业联合会共同授予“全国模范劳动关系和谐企业”称号。

8月16日　天山股份若羌天山水泥有限公司日产3 000吨熟料水泥生产线项目举行了隆重的开工奠基仪式。

9月1日　天山股份叶城天山公司日产4 000吨项目投产，并于当月实现达产达标。

9月2日　天山股份哈密天山公司4.5兆瓦发电项目并网发电。

10月12日　天山股份布尔津公司4.5兆瓦发电项目并网发电。

10月18日　天山股份伊犁天山公司4500吨/日熟料水泥生产线项目投产。

10月20日　天山股份宜兴天山公司化验室在江苏省“2011年全省水泥品质指标检验大对比”中获得“全优单位”称号。

11月5日　天山股份富蕴水泥公司、溧水天山公司荣获全国第十三届水泥品质大对比特等奖，金波水泥公司、沙湾天山公司荣获“全优单位”称号。

12月29日　天山股份顺利通过国家环保部环保核查。

2012年记事

1月4日　天山股份喀什分公司日产2 000吨熟料生产线7.5兆瓦余热发电项目并网发电。

1月8日　天山股份被中国合作贸易企业协会、中国企业改革与发展研究会、中国企业信用评价中心联合授予“中国AAA级信用企业”荣誉称号。

1 月 17 日 天山股份被自治区安全生产委员会评为 2011 年度安全生产目标管理先进单位。

3 月 天山股份特种水泥厂动力车间被中央企业团工委评为“青年文明号”。

3 月 20 日 天山股份多浪公司被新疆维吾尔自治总工会授予“模范职工之家标兵”称号。

3 月 28 日 天山股份屯河公司日产 4 000 吨熟料水泥生产生产线开工建设。

4 月 25 日 天山股份江苏天山公司被江苏省建材行业协会评为“江苏省建材行业综合十强企业”称号，江苏天山公司、溧阳天山公司被授予“江苏省建材行业先进集体”称号。

4 月 26 日 天山股份哈密天山日产 5 000 吨熟料水泥生产线项目投产。

4 月 26 日 天山股份北疆事业部被自治区总工会授予“开发建设新疆奖状”。

5 月 10 日 天山股份搬迁项目达坂城 2 条日产 5 000 吨熟料水泥窑协同处置污泥工程项目开工建设。

5 月 15 日 天山股份吐鲁番天山日产 2 500 吨熟料水泥生产线项目投产。

6 月 5 日 天山股份哈密新天山 QC 小组荣获“全国建材行业质量管理小组”称号，二分厂中控室自动化组、仪表组分别荣获“全国建材行业信得过班组”称号；天山股份荣获 2012 年自治区建材行业“质量管理小组活动优秀企业”。

6 月 27 日 天山股份库车天山日产 5 000 吨熟料水泥生产线项目投产。

7 月 27 日 天山股份再次通过 21315 国际质量信用等级 AAA 评审。

8 月 15 日 自治区建材行办吕志坚主任、地区经贸委总会计师唐总一行前来喀什公司进行参观调研。

8 月 29 日 天山股份洛浦日产 3 200 吨熟料水泥生产线项目水泥磨投产。

9 月 18 日 天山股份天山水泥公司二分厂中控室自动化仪表组荣获 2012 年“全国质量信得过班组”荣誉称号。

9 月 19 日 天山股份无锡天山水泥顺利通过印度尼西亚官方 SNI 资格认证。

9 月 20 日 阜康项目一期日产 2 500 吨电石渣熟料生产线正式点火。

10 月 8 日 天山股份阜康天山 3 条日产 2 500 吨熟料水泥生产线一期电石渣制水泥项目投产。

10 月 9 日 天山股份苏州 100 万吨水泥粉磨站搬迁项目建成投产 。

10 月 16 日 自治区人社厅党组书记田文、自治区人社管理局局长杨勇一行莅临叶城公司对劳动用工情况进行调研。

10 月 天山股份获得 2012 年“全国实施用户满意工程”先进单位称号。

10 月 天山股份荣获 2012 年“中联杯”全国第十三次水泥化学分析大对比“全优单位”。

11 月 6 日 股份公司撰写的《以技术创新为导向的水泥企业研发能力建设》征文荣获 2012 年度全国建材行业企业管理现代化创新成果二等奖。

11 月 天山股份阿克苏天山公司的“旁路放风生产低碱水泥熟料并利用其余热发电”项目获 2012 年度自治区科技进步三等奖；荣获全国建材行业技术革新二等奖。

12 月 20 日 天山股份“天山”牌商标被自治区工商局授予“新疆著名商标”。

12 月 31 日 洛浦天山公司窑系统投料试生产。届时，洛浦天山公司 3200t/d 熟料水泥生产线全线投产运营。

多业并举、科工贸一体的国际化企业集团——冀东发展集团有限责任公司

The integrated internationalized enterprise group of multi industry, technology and trade development — Jidong Development Group Co. Ltd.

【企业概况】 冀东发展集团有限责任公司是中国建材行业的大型骨干企业，是中国水泥行业国家政策重点支持的 12 家全国性大型水泥集团之一，公司前身河北省冀东水泥集团有限责任公司，是 1996 年 9 月在河北省冀东水泥厂的基础上经河北省人民政府批准、按照现代企业制度组建的国有独资公司，始建于 1979 年。在建厂 30 周年之际，企业更名为冀东发展集团有限责任公司。2010 年 8 月，冀东发展集团有限责任公司改制成为国有控股公司(国有股占 90%)。公司“盾石”商标为中国驰名商标。公司现拥有 50 家控股子公司、4 家合营公司、4 家联营公司，总资产 381 亿元，已建成水泥熟料生产线 45 条，水泥年产能 1 亿吨，是一个以水泥生产为主业，集干粉砂浆、水泥外加剂、水泥助磨剂、商品混凝土等新型建筑材料为一体的大型绿色环保型建材企业集团。

2011 年，是冀东发展集团有限责任公司(简称冀东发展集团)“十二五”规划开局之年，我公司确定了“以建材为主，多业并举、科工贸一体的国际化企业集团”目标，进一步转变发展方式和赢利模式，拓展新的发展空间，切实提升企业核心竞争力，抓好革新、改造挖潜，加大收购、兼并、整合力度，扩大水泥板块国内区域领先优势，迅速推进海外产能扩张，加速骨料、商品混凝土及其制品板块的全面崛起，推动装备工程板块的发展转型，加快壮大房地产板块；积极培育矿业板块，发展国际、国内贸易，推进科工贸一体化发展转型，增

强集团综合竞争力和可持续发展能力。

2011年集团公司实现营业收入205亿元，实现利润总额20亿元，胜利跻身中国企业500强，荣获“2011年河北百强企业”、“河北省工业化与信息化融合示范单位”、“河北省劳动争议预防调解示范企业”和“2011年中国企业文化建设优秀单位”等荣誉称号。

截止2012年底，公司拥有120多家企业、3家上市公司，总资产560亿元、水泥年产能超过1.18亿吨，位居国内三甲、国际前七，装备制造年能力达到8万吨。形成了一个涵盖水泥、混凝土、装备工程、房地产，涉足砂石骨料及建材制品、矿业、贸易物流、海外发展等跨行业、跨区域、跨所有制、跨国界的综合性企业集团。2012年，冀东发展集团公司成功跻身中国企业500强，荣获“2012年度全国企业文化建设十大典范组织”称号，唐山冀东水泥股份有限公司继续荣膺“上市公司500强”；唐山冀东装备工程股份有限公司获得“中国建材最具成长性100强企业和中国建材500强”殊荣。

【冀东发展集团实现产品结构调整新突破】 2012年，冀东发展集团有限责任公司通过战略和市场双博弈，力促行业协同，改变竞争格局，实施水泥差异化营销战略，实现了产品结构调整的突破，为来年经济效益提高奠定了坚实基础。

面对供求失衡的市场格局，在辽宁、吉林、湖南等具备行业自律共识的区域，以区域市场主导者的身份引领横向协同；在京津冀产能严重过剩的区域，放手拼搏，统一限产增效，为实现主业增效提供了坚实保证。以外加剂、激发剂、改性高强材料为基础的材料科研取得重大突破，为水泥、商混等深度开发研制、竞争力提高奠定了坚实基础。PC 、PS非商混用水泥开发取得突破，带动了原有水泥生产组织方式、物流管理方式、营销方式、原辅材料组织方式的全面变革。使集团的区域布局优势、营销网络优势、物流成本优势、研发优势、营销队伍优势、资源集合优势转化成现实生产力，为冀东发展集团迅速打开PC、PS非商混用水泥市场，全面覆盖建筑、家装、农村、小城镇市场，提高市场份额，释放产能，增强竞争能力和赢利水平，奠定了基础。

【冀东发展集团实现多业并举的产业结构新突破】 2012年，冀东发展集团有限责任公司面对危机与困局，冀东上下众志成城、共克时艰，果断实施一系列应对危机的措施，在危机中抓住机遇，在发展中破解难题，在奋进中凝聚合力，多业并举、转型跨越取得了显著的成效。

1.水泥板块项目稳增

2011年，冀东水泥股份公司在运转率、台时产量等KPI指标上狠下功夫，避免和减少了设备故障和事故，同时科学合理安排设备检修，在提产改造等方面加大投入。

2011年，唐山冀东水泥股份有限公司(简称冀东水泥股份公司)水泥板块工程建设有滦县二期、阿旗、烟台、启新迁建、璧山、江津、合川、包头、阳泉总共9个在建项目顺利投产(含配套的纯低温余热发电项目)；共有10个技改项目开工建设。

2011年，水泥板块全年实现营业收入159亿元，同比提高42%；完成熟料产量5371万吨，水泥产量5868万吨，同比分别提高27.5%、24.1%；年产能突破一亿吨；年余热发电能力达到21亿度。全年共实施节能减排项目51个，其中余热发电减排二氧化碳155.9万吨，节约标煤56.1万吨。本年度，冀东水泥股份公司荣获河北省“双三十”节能减排目标考核优秀单位和河北省“十一五”节能优秀单位称号。2012年，水泥板块年产能达到1.18亿吨。

2.商混板块销量显著

2011年，混凝土板块严格按照“流程化、标准化、专业化、精准化”的工作要求，全面贯彻“规划、管理、指导、督促”的工作方针，取得优异成绩。全年完成混凝土产量1050万立方米，同比提高140%；实现营业收入35.5亿元，同比提高176%；实现利润3.2亿元，同比提高7倍，较好地完成预算指标。本年度，共完成新建、并购项目11个，新增产能750万立方米。混凝土企业达到41家，搅拌站达到52个，总产能达到3 130万立方米，到2012年产能达到3 600万立方米，生产规模跃居全国首位。

3.装备工程板块重整上市

2011年，装备工程板块紧跟市场脉搏，深入开展企业改革，积极推进组织变革，有效整合研发市场营销资源；重新制定盾石机械职能定位，实现管理流程再造；改革营销管理架构，推进事业部管理模式；建立营销资源共享机制。

1月5日 唐山陶瓷取得中国证监会《关于核准唐山陶瓷股份有限公司重大资产重组方案的批复》(证监许可2010[1946]号)。8月18日装备工程股份公司举行揭牌仪式，公司正式成立。成为唐山市第一家装备制造业上市公司。此外，日彰风机项目一期完工，盾石机械公司扩能搬迁项目和华海风能公司风电装备制造项目稳妥推进。在引进、消化吸收先进技术的同时，装备工程股份公司自主研发、专利技术和专有技术数量增加、能力增强。2011年，盾石电气就获得20余项国家专利，其中研发的新型母线槽产品获得国家发明专利。河北建材设计院获得生活垃圾、污泥、水泥联产系统工程共3项国家专利。冀东发展集团与奥地利利岑、德国客锐飞帆、日本太平洋水泥等国际知名企业结成经济技术联盟。

装备工程板块全年完成机械制造产量5.8万吨；制造电气盘柜3220面，同比提高17.5%。实现营业收入22.9亿元，同比提高25%，利润总额1.1亿元。

4.房地产板块开拓外围市场

2011年，盾石地产公司在唐山市区内土地储备面积已达3500余亩(233.33公顷)。完成唐山惠民园66万平方米安置房项目的辅助设施建设、景观建设；金岸·世铭小区19万平方米项目竣工，小区道路和景观建设正在施工。

盾石地产稳步开拓外围市场，先后考察烟台和石家庄等城市。成立了石家庄盾石房地产开发有限公司，注册资本1亿元人民币。启动了唐山青苹果、冶金矿山西北厂区、石家庄宋村、保定南市区等地产项目。

本年度，水泥工业博物馆暨启新1889文化创意产业园一期工程的启新广场和博物馆展陈中心基本建成；博物馆二期主体工程竣工；金岸·红堡一期项目有序推进。全年完成房地产开发面积41.7万平方米，实现营业收入8.1亿元。

5.矿业板块

2011年，矿业板块组建了冀东古冶矿业公司，注册资本达1 000万元。收购唐山宏林煤矿并签订了框架协议；与开平煤矿达成收购意向；对煤矿、石灰石矿、矾土矿等资源展开调研，矿业板块的规划及相关工作正在逐步展开。

2012年，集团正式兼并重组唐山宏林煤炭公司，成立冀东古冶煤炭矿业公司，积极推进一号矿井的整合改造。

6.砂石骨料板块

砂石骨料板块组建了事业部及涞水、泾阳、玉田三个建材工业园，编制了"十二五"发展规划各项目前期报批等工作全面铺开。2012年，砂石骨料板块玉田新型建材分公司完成生产线建成投产，年产能达到500万吨；

7.贸易板块

贸易板块开辟了内蒙伊泰集团、陕西陕煤集团的煤炭直采渠道，开辟了华能国际、华润电力、魏桥电厂等煤炭外销渠道，取得了自营商品的进出口权。同时完成盾石商贸山西分公司、冀东发展(香港)国际公司的方案准备。2011年，贸易板块全年实现营业收入3.43亿元，利润总额910万元。2012年，贸易板块年营业收入达18亿元。

8.海外板块

海外板块全面展开，开展了赞比亚、刚果(金)、马拉维、卢旺达、加纳等非洲项目的前期工作；成立了朝鲜、缅甸、斯里兰卡等项目部，亚洲项目已有雏形。冀东装备工程公司先后与中国化学工程集团所属的中国天辰工程公司合作，共同承揽了"越南朱莱纯碱股份有限公司年产20万吨纯碱EPC项目"，实现上市公司成立以来海外项目"零"的突破；与德国客锐飞帆公司、奥地利利岑公司签订了组建合资公司协议。

【冀东发展集团科技创新成果显著】 冀东发展集团有限责任公司高度重视科技创新工作，大力实施"科技兴业"战略，坚持依靠科技创新提高企业核心竞争力，通过解放思想，转变观念，开展创新活动，体现科技创新主体功能；建立研发机构，建设创新平台，打造研发团队，提供组织保证；加大投入，搭建平台，主攻课题，取得了显著的研发成果。

2011年，股份公司研制成功了核电专用水泥，填补了产品空白。盾石电气公司全年获得20余项国家专利，其中新型母线槽产品获得了国家发明专利。盾石机械公司自主研发设计的新产品JGM－113辊式磨煤机及JLMS－24.3水泥预粉磨用立式辊磨机通过省级新产品鉴定，达到了国内先进水平。日彰风机公司已经具备独立完成大型水泥熟料生产线主风机设计制造能力，其产品部分应用于滦县公司，为企业年降低风机运行成本1 000多万元。装备研发中心在煤粉秤、原料立磨、水泥立磨、矿渣立磨、辊压机、钢段磁力筛分机等大型水泥生产线系列主机设备研发上取得了新的成果。河北建材设计院申请的"实施快速扫描集装箱内货品电子标签系统"获国家实用新型专利，生活垃圾、污泥、水泥联产系统工程专利项目申报了河北省科技攻关计划项目。冀东混凝土公司成功推广了骨料预加水工艺改造，每方混凝土平均节约成本2.5元，完成了不掺混合材水泥(简称P·Ⅱ水泥)研发工作。

2012年，冀东发展集团共承担省级科技项目2项、市级科研项目4项，共有3个装备设备项目和一个混凝土预湿骨料技术通过科技成果鉴定。开发完成了P.Ⅱ型水泥配制混凝土技术，代替普通硅酸盐水泥配制混凝土技术。公司所属单位共发表论文7篇，获得专利授权15项，新申请专利12项。2012年12月，水泥商品上的"盾石"及图商标，被河北省工商管理总局延续认定为河北省著名商标；2012年5月，集团新VI标识JIDD，被国家工商总局商标局注册为商标，并核定使用。唐山盾石机械制造公司研发的JLM1－46.4水泥工业用立式辊磨机荣获河北省科学技术三等奖；2012年，唐山盾石电气公司研发的智能电网和风力发电系统中节能母线槽的开发及应用项目，荣获中国机械科学技术奖二等奖。

【践行节能减排　推动绿色发展】 2011年，股份公司共实施节能减排项目51个，其中：股份公司余热发电全年减排二氧化碳155.9万吨、节约标煤56.1万吨；唐山分公司完成一厂一线原料磨技改和二厂高压变频电机节电技改等节能减排技改项目，全年水泥综合能耗93.18千克标准煤，超额完成年度考核目标。内蒙古亿利公司和冀东三友公司在负荷运转前提下，每年将实现碳减排收益3050万元。股份公司全年利用工业各种工业固体废弃物2500万吨。扶风公司等8家企业实现了脱硫石膏100%替代天然石膏。

在节能减排技术改造方面，冀东水泥坚持推广使用变频节电和纯低温余热发电技术。截止2011年底，冀东水泥共有8家企业安装低压节电器131台，12家公司安装高压变频器23台，2011年全年共节约电力4 362.6万千瓦时；共投产纯低温余热发电机组31台(套)，总装机容量超过297MW，2011年累计发电16.4亿度，相当于节约标煤59万多吨，减少CO_2排放150万多吨。同时，在氮氧化物减排方面，冀东水泥已经与日本、德国、美国等多家技术单位进行交流与合作，积极进行技术储备。

【倡导科学环保　推行清洁生产】 近年来，冀东水泥通过引入完整的环境管理方法，完善细化管理内容，强化环境意识、提高自我约束力，有效的提升了公司环境管理水平。

目前，公司现有的生产线均符合国家环保要求，项目可研充分考虑环保设计和环保投入，严格履行环境影响评价制度和"三同时"制度；现有的生产企业废气治理、噪声控制、废水处理等主要环保设施建设齐全、严格标准，运行稳定，真正实现了工业生产的经济效益、社会效益和环境效益的统一。

【发展循环经济　创建资源节约型企业】 在提高资源综合利用水平方面，冀东水泥坚持建设循环经济项目，按照“减量化、资源化、再利用”的原则，最大限度地利用工业废弃物，实现少排放甚至零排放。

冀东水泥与冶金、电力、化工、煤炭等行业形成循环经济链条；综合利用石灰石废石、砂岩尾矿、铁矿石尾矿、钢渣、矿渣、磷石膏、脱硫石膏、粉煤灰、煤矸石等十几种工业废渣；通过科学开采和优化配料方案，实现了矿山剥离废石利用率100%。“十一五”期间，冀东水泥处理工业废渣近5000万吨，2011年公司废渣利用总量达2500万吨，与2010年相比增加39%，水泥企业作为循环经济产业链上的重要一环，真正发挥了工业城市“清道夫”的作用。

加强环境保护和可持续发展，是企业提高竞争力、提升经济效益的重要途径，是企业积极回报社会、促进社会和谐的必然选择，是践行科学发展观的具体体现。“十二五”期间，冀东水泥将继续按照科学发展观的要求，认真贯彻落实各级政府要求，通过技术创新、科学管理，努力打造资源节约型、环境友好型企业，积极为社会做出贡献。

【冀东发展集团实现抢占资源新突破】 2012年7月17日，冀东发展集团有限责任公司与唐山燕东集团签订框架合作协议，冀东发展集团正式收购燕东集团水泥生产线，并对唐山区域矿山进行整顿，牢牢掌握对唐山及周边地区水泥市场的整合主动权。它标志着，冀东发展集团围绕以直接市场竞争为主，向以资源竞争为主转变，实现了抢占资源上的新突破。

同时，冀东发展集团积极整合砂石骨料矿产资源，在重点区域利用混凝土业务规模和增量集中布局，推进了玉田、北京哲君等10个新建和收购项目。既抢占不可再生的矿产资源形成自身发展优势，也保证了混凝土原料的稳定来源，为平衡市场价格、提高混凝土竞争力创造了条件。

此外，公司努力控制和开发矿渣资源，完成了唐山地区的规划，配合PC、PS非商混用水泥布局，形成有效战略支撑。启动了与国丰钢铁合作建设的鑫研公司200万吨矿渣粉项目。

【冀东发展集团多个项目建成投产】 2012年，冀东发展集团有限责任公司大力实施项目带动发展战略，以秦岭、永吉、玉田、伊东等多产业多个项目的建成投产，实现多元化、多业并举、转型跨越式发展。

2012**年**2**月**28**日**　冀东发展集团玉田骨料制品建材园项目开工，6月，一期工程建成投产。3月24日，冀东水泥永吉有限责任公司第一条日产4500吨新型干法水泥熟料生产线顺利通过达标考核。5月8日，陕西秦岭水泥（集团）股份有公司新建4500t/d水泥熟料生产线顺利通过72小时达产考核。9月28日，伊东冀东水泥2500t/d熟料电石渣制水泥生产线一次点火成功。这些新项目的建成，标志着冀东发展集团多元化发展又迈出了坚实的步伐，同时为唐山市转方式、调结构、科学发展、争先进位作出了项目示范。

【冀东水泥2012年度资本市场融资取得重大进展】 唐山冀东水泥股份有限公司2012年在资本市场融资取得了长足发展，募集资金48.65亿元。融资所得资金，全部用于冀东水泥各公司发展，尤其在河北省的子公司项目建设和企业持续发展，有力带动整个唐山市区乃至河北省经济持续增长，实现了在资本市场融资的跨越式发展。

冀东水泥依托上市公司这个平台，完善公司法人治理结构，规范运作，广开渠道，积极融资；以董事会为治理核心，提高公司战略决策水平；以战略先行，保证企业发展方向正确；以结构优化，保证有效行使权力；以规范运作，保证各项决策有效实施；以机制创新，提高管控能力；以和谐发展，担负社会责任；以管理体制创新为保证，促进企业运营发展；以运营机制创新为手段，提高企业管理水平；以上市公司强大的融资能力，初步形成公司战略布局。

【中国水泥工业博物馆】 冀东发展集团有限责任公司高度重视保护中国水泥工业历史文化遗产，其投资建成的中国水泥工业博物馆南区暨启新1889文化创意产业园于2012年8月1日对外开放。1889文化创意产业园是唐山市第一个最大的退二进三项目，也是百年启新整体搬迁改造最具特色的一部分。园区由冀东发展集团有限责任公司投资，旗下唐山盾石房地产有限责任公司承建，计划投资3.5亿元，占地面积94.5亩，建筑面积7.1万平方米。截止年底，二期工程竣工，博物馆南区对外开放。

2012年8月9日，河北省委常委、副省长聂辰席（左一）在唐山市市长陈国鹰（右一）等市领导、冀东发展集团党委书记、董事长张增光（中）的陪同下，视察中国水泥工业博物馆暨启新1889文化创意产业园。他对冀东发展集团建设产业园和高度重视中国水泥工业历史文化遗产的表现与传承的精神给予了充分的肯定。

2011年记事

1月8日　中国近代工业博物馆暨启新记忆文化创意产业园开工奠基仪式在启新水泥原址举行。该项目填补我国作为世界第一水泥生产大国在水泥工业历史研究和传播方面的空白。

2 月 10 日　冀东发展集团有限责任公司股份制改造揭牌仪式举行。中共唐山市委书记王雪峰，副书记、市长陈国鹰，副市长辛志纯以及唐山市直有关单位的主要负责人出席仪式。(图为中共唐山市委书记王雪峰(左)和市委副书记、市长陈国鹰(右)共同为集团公司揭牌。)

2 月 10 日，冀东发展集团有限责任公司股份制改造揭牌仪式在南湖维景国际酒店隆重举行。

2 月 26 日　曹妃甸新区 2011 年首批重点项目集中签约开工仪式在曹妃甸装备制造区举行。集团公司董事长张增光、总经理王晓华分别代表华电曹妃甸海上风力发电示范项目和中非冀东建材总部基地项目与曹妃甸新区管委会签约。

2 月　河北省建材设计研究院获国家知识产权局颁发的《发明专利证书》，正式授权"生活垃圾与污水联合处理工艺(专利号:ZL201010132010.2)"科研成果为国家发明专利权。

3 月 10 日　冀东发展集团与浙江中控战略合作北方基地揭牌，浙江中控技术有限公司董事长金建祥与冀东发展集团董事长张增光参加揭牌仪式。

4 月 8 日　唐山冀东水泥股份有限公司与内蒙古伊东集团东兴化工有限责任公司在内蒙卓资县签订日产 2 500 吨熟料电石渣制水泥生产线合作框架协议。

4 月 22 日　中国建材联合会会长乔龙德来冀东发展集团进行调研，指出：冀东发展集团勇担国家建材行业发展历史重任，引领国际建材行业发展潮流。

5 月　冀东发展集团在石家庄召开的河北省庆祝"五一"国际劳动节暨建功立业表彰大会上，荣获"河北省五一劳动奖状"。

9 月 15 日　唐山冀东水泥股份公司与内蒙古伊东集团东兴化工有限责任公司，在伊东集团举行合资合同暨合资公司章程签订仪式，内蒙古伊东冀东水泥有限公司成立。

9 月 30 日　唐山冀东装备工程股份有限公司与中建材(北京)环保工程发展有限公司合作签字仪式在唐山宾馆举行，成立冀东国际工程有限公司，向海外发展迈出重要一步。

10 月 25 日　中共唐山市委书记王雪峰，市委副书记、市长陈国鹰，副市长李国忠等领导到唐山市重点建设项目之一的中国水泥工业博物馆暨启新 1889 文化创意产业园视察参观。

11 月 12 日　冀东发展集团有限责任公司再获全国企业文化建设优秀单位。

2012 年记事

2 月 8 日　冀东发展集团公司在唐山南湖维景国际酒店，分别与太平洋水泥(中国)投资有限公司、日本太平洋工程技术株式会社、中控科技集团有限公司，北京威克莱焊接材料有限公司及和泓房地产开发有限公司签订节能环保合作项目协议。

2 月 28 日　冀东发展集团有限责任公司玉田骨料制品建材园项目开工典礼在玉田县大安镇小白山项目现场举行。它是冀东发展集团打造千亿元收入集团的重要举措，标志着冀东发展集团以项目带动发展战略又迈出了坚实的一步。

4 月 20 日　冀东发展集团公司与新加坡新兴栈集团签署《框架合作协议》和《房地产项目合作开发意向书》。目前，双方合资的新冀贸易私人有限公司已经成立，各项工作即将全面启动。

6 月 16 日　秦岭水泥新建日产 4500 吨水泥熟料生产线投产竣工仪式正式举行。仪式由铜川市人民政府副秘书长付护省主持。中国水泥协会副会长、秘书长孔祥忠，陕西省建材联合会会长、陕西省建材工业协会会长苗高社等在主席台前排为项目竣工投产进行了剪彩。

8 月 9 日　河北省委常委、副省长聂辰席(左一)在唐山市市长陈国鹰(右一)等市领导、冀东发展集团党委书记、董事长张增光(中)的陪同下，视察中国水泥工业博物馆暨启新 1889 文化创意产业园。他对冀东发展集团建设产业园和高度重视中国水泥工业历史文化遗产的表现与传承的精神给予了充分的肯定。

9 月 21 日　河北省省长张庆伟到唐县冀东水泥有限责任公司调研，省长助理、秘书长尹亚力，省工信厅厅长王昌，保定市委书记许宁，市长李谦，市委常委、常务副市长赵常福，市委常委、秘书长李志刚，副市长、公安局长潘静苏陪同调研。唐县县委书记李军辉、县长杨小宁、副县长刘福根，冀东发展集团董事长张增光，冀东水泥冀中南大区总经理陈士功、副总经理孙建勋等陪同。

11 月 24～26 日　中外企业文化 2012 珠海峰会上，冀东发展集团有限责任公司荣获"2012 年度企业文化建设十大典范组织"称号。图为中国企业文化名誉理事长王大明(左一)颁奖，冀东发展集团有限责任公司总经理、党委副书记王晓华(左二)领奖。它标志着冀东发展集团企业文化建设得到专业机构的认可和肯定，荣膺中国十大典范组织行列。

构建可持续发展企业——拉法基瑞安水泥有限公司

Establishing sustainable development enterprise—Lafarge Ruian Cement Co. Ltd.

【企业概况】 拉法基瑞安水泥有限公司于2005年11月9日正式成立，它集合了世界建筑材料行业的领袖企业拉法基集团和香港瑞安建业各自在中国的水泥资产，是中国西南地区水泥行业的领军企业。

拉法基瑞安总部位于北京，下设重庆、四川、贵州和云南四个分公司。截至2012年底，共拥有30个水泥工作场所，年产能3千万吨；4个混凝土工作场所，年产能2百万立方米；1个骨料工作场所以及一个烘干工作场所和1个墙体材料工作场所，约8 000名员工。

秉承将创造价值、保护环境、保护自然资源、节约能源与技术创新相结合的战略方针，拉法基瑞安自成立以来一直致力于企业与社会、环境的和谐发展。公司将健康与安全放在首位，并坚持以客户为中心、重视员工的成长、注重与各利益相关方共同发展。同时，与拉法基集团致力于创新和可持续建筑的战略保持一致，拉法基瑞安还将通过创新的产品和系统解决方案为中国的城镇化发展做贡献。

2012年6月，拉法基集团发布2020可持续发展远景目标，提出到2020年实现34项新的可持续发展远景目标。随着拉法基集团宣布该远景目标，公司的可持续发展事业进入了一个新阶段。作为拉法基集团的重要市场之一，拉法基在中国也将可持续发展作为公司的核心目标，与内、外利益相关方进行积极的沟通与对话，咨询他们对公司的期待以及能够为社会作出的贡献，最终制定了既符合拉法基集团相关标准又遵守中国政府相关规定的可持续发展远景目标，以展示拉法基集团致力于在中国长期发展的决心和信心。

拉法基瑞安在可持续发展上的承诺包括构建社区、构建可持续世界和构建循环经济。而所有这些承诺的目标就是：不断提高我们的绩效，同时推动整个建筑材料行业及该行业在社会中的发展。我们坚信，我们的可持续发展方法可以与其它行业参与者共同分享和相互促进；同时，我们也要与其它行业内的企业携手合作，在可持续发展领域确立统一的理解并传达统一的声音，并为能在可持续发展方面为中国水泥行业作出贡献感到骄傲。

【构建社区】

无论是水泥厂、混凝土搅拌站还是矿山，拉法基瑞安都致力于对其进行长期的投资与发展。因此，我们对工作场所周边的社区具有特殊的责任。不仅如此，拉法基瑞安还坚信，一个公司，如果其政策和经营实践在提高其自身竞争力的同时，还能改善周边社区的社会经济条件，该公司就能取得更大的成功。这包括为应对当地健康、住房、教育和就业等挑战制定的具体解决方案等内容。拉法基瑞安在当地的每一个工作场所都有责任制定并实施使拉法基瑞安和所在社区均受益的项目，以推动当地社会经济的发展。这是拉法基集团以及拉法基瑞安志在为当地社区作出纯正面贡献的主要内容。

一、健康与安全

确保员工健康与安全是拉法基瑞安的重中之重。这是公司包括最高管理层在内所有员工的基本原则。多年以来，我们不断提高公司生产运营的安全水平，制定人人都清晰的安全管理标准和规章制度，并明确对管理层、员工和合同方的责任。同时，通过培训、现场指导等方式帮助员工了解如何以安全的方式开展各项工作，从而通过自身负责任的行为，为营造和维护一个健康安全的环境做出贡献。公司的《健康与安全规定》还强调对健康与安全规定的遵守将作为雇用条件之一和职业发展的一项标准。

1. 制定以风险为基础的管理方法，加强当地的健康与安全管理

根据拉法基集团的健康与安全管理体系，拉法基瑞安从2012年初开始实施基于风险的管理方法。由中国区统一评估其在健康与安全方面的风险，进行优先排序，然后按照拉法基集团的标准、良好实践和相关指南加以解决。这一方式充分考虑了各分公司的需求、问题和重点，使其在管理健康与安全方面有了更大的责任和自主权。同时，为了帮助各地更好的实施该管理方法，拉法基集团于2012年10月初发布了健康与安全矩阵图，为各个国家的管理层识别健康与安全问题和差距，定义整改行动路线和实施良好实践提供了一个清楚的框架。

此外，为了最大程度的鼓励员工积极参与到健康与安全活动中，拉法基瑞安连续五年在每年的6月份举行健康安全月活动，让公司的每一个部门、每一个员工都参与进来，提高大家的健康安全意识，以降低其风险行为。同时，公司还通过邀请家庭成员、合同方、客户、供应商、社区和地方政府机构等其他利益相关方参与到健康安全月的相关活动中，展示公司对他们的健康与安全的关注以及致力于为其提供一个健康、安全的工作环境的承诺。

2. 可视、可感知领导力

为了树立作为领导者的可信度，管理层在安全方面必须要做到言行一致，并长期坚持。他们在安全方面的示范作用能帮助下属不断改进安全行为，并完成安全绩效指标。拉法基瑞安为帮助各管理层加强其在安全方面的领导力，设计并组织了一些项目以提高管理层对安全工作的参与度，并展示其安全领导力。每一个管理层的上级、下级和同事每年还可通过360°安全领导力行为调查对其安全行为进行评估，从而帮助公司确认管理层在安全行为方面的差距，以便给出相应的指导。

2012年，拉法基瑞安的管理层共开展了15 037次可视、可感知领导力行为。

3. 制定全面的职业健康方案

2012年，拉法基制定了职业健康方案，为其实现健康工作环境和预防职业疾病的目标提供支持。拉法基瑞安也根据公司的具体情况制定相应的健康工作重点和目标。

4. 积极参与安全标准化达标工作

为了进一步加强工贸行业企业的安全生产工作，国家安监局于2012年3月在全国进行安全生产标准化的推广活动，旨在通过安全标准化建设，进一步改善企业的安全生产条件、提高安全管理水平、强化安全基础管理，从而有效防范和遏制生产安全事故。作为行业的安全领先企业，拉法基瑞安被国家安监总局选定为国家的23家一级典型示范创建企业，拉法基瑞安也是这23家工业企业中惟一一家外资企业。

自安全标准化达标工作开展以来，公司的高层管理团队高度重视，成立了中国区安委会领导下的项目推进组，各个分公司总裁亲自挂帅，工业总监及厂长直接参与，各个部门积极行动，全员参与；同时也把能否达标作为各级管理人员年度的主要考核指标。截至2012年底，四川双马下属都江堰厂和云南分公司旗下的东骏厂通过终审率先获得安全标准化一级认证。

二、员工发展

1. 持续关注人才培养

2012年，拉法基瑞安继续关注人才培养，并投入相应的资金用于员工培训。同时，创建学习型组织也是公司长期发展战略的重要组成部分。在拉法基集团的指导下，拉法基瑞安在往年工作的基础上，继续开发和提供各种培训资源和渠道，更加完善了公司的培训体系。针对不同的员工群体，公司提供了相应的培训和发展项目，主要有：融入集团、领导力提升项目以及各类技术培训项目，包括学校工厂、水泥专业人员发展项目、水泥大师及混凝土专业培训等多种多样的培训课程。这些培训为持续提高管理人员、技术人员以及一线员工的工作技能提供了强有力的支持和保障，增强了员工的工作积极性，同时也为员工今后的职业发展拓宽了道路。

除培训外，公司还通过其他学习形式来发展员工，包括在岗学习、在项目中学习、在线学习及辅导员辅导等，建立了员工个人发展计划机制，以此来管理和支持员工在公司内部的职业发展。结合年度绩效评估，公司每年回顾一次员工个人发展计划的制定和执行情况，为员工个人的工作、技术、专业和在公司的发展确定短期、中期和长期的发展目标。

2. 尊重员工多元化

在培养员工方面，公司还特别重视促进员工多元化和包容性，包括持续提高女性管理者的比例。公司鼓励和支持聘用来自不同地域、具有不同文化背景和不同职业生涯的员工，不分男女，一视同仁。同样，我们努力为员工尤其是女性提供激励性的职业发展，使他们有机会在不同部门担任不同的工作。在我们这个传统上由男性主导的行业，公司已有28.8%的员工为女性员工，女性管理人员的比例达到了17.5%，公司的目标是到2020年将这一比例提高到35%。

除此之外，公司还非常注重员工的本地化，因为本土人才对本土市场和文化背景有深度理解，这为公司带来了发展优势。截止2012年底，公司约8 000名员工中，除24名为外籍员工之外，其余全是中国大陆本地员工，员工本地化率达到99.6%；同时，公司旗下的所有工厂中，约95%以上的员工来自于当地社区，为当地社区的经济发展做出了贡献。

3. 组织架构重组

拉法基集团在2012年进行了组织架构的重组，并将关注点重新放在了我们的核心业务，即水泥、骨料和混凝土业务上。新的组织架构使得公司可以更加关注市场和客户的需求，通过创新加快企业的发展。同时，还可以加强不同业务部门之间的合作，加快决策过程，从而进一步提高工作效率。与拉法基集团保持一致，拉法基瑞安也对中国区的组织架构进行了重组，将分公司和职能部门的具体职责和责任进行了明确的分工和安排，以实现更加紧密的团队协作，从而为客户提供更好的产品和服务。

4. 健全的人力资源社会责任政策

公司认为，与人力资源管理有关的相关政策、决定、行为是公司社会责任的一个重要组成部分。2009年1月，公司颁布了《拉法基瑞安人力资源社会责任政策》，从员工的薪酬福利、聘用与离职、健康安全、人权和社区经济发展等方面规定了公司在人力资源管理过程中应当承担的社会责任，以促进公司和社区的可持续发展。

公司的员工聘用政策旨在培养人才和提高效率，减少工作岗位是我们的最后选择。拉法基瑞安的员工聘用政策遵循以下原则：

• 与利益相关方开展对话：包括员工、员工代表、工会代表、当地政府部门。

• 加强团结，支持推动人员的内部流动，对离职员工采取灵活的措施，实行内部安置和安排新工作等。

同时，公司还为员工制定了完善的薪酬福利政策，为员工足额缴纳各项法定社会保险，如：养老、医疗、工伤、生育、失业等，社会保险覆盖率达到100%。公司所属各工厂还根据企业自身发展及经营状况，向员工提供各种福利，如节日及生日祝福、免费员工餐厅、免费班车，雇主责任险、健身卡等。公司还制定了相关的弹性工作制政策，员工可按照与公司商定的上下班时间，根据自我需要进行调节。这为孕期和哺乳期员工，提供了很好的保障。

除此之外，公司总部及所属工厂全部成立了工会。在制定、修改或者决定有关劳动报酬、工作时间、休息休假、劳动安全卫生、保险福利、职工培训及劳动纪律等直接涉及员工利益的规章制度或者重大事项时，公司均先征求工会的意见和建议，通过平等协商确定，以维护员工的合法权益。

在人权和平等工作方面，公司尊重和维护拉法基集团、中国政府加入的有关人权的国际公约，严格遵守《劳动法》《劳动合同法》《妇女权益保障法》等法律法规。公司颁布的《人力资源社会责任政策》明确规定：坚决杜绝使用童工和强迫劳动；在涉及聘用、报酬、培训机会、升迁、解职或退休等事项上，公司反对基于种族、社会等级、国籍、宗教、身体残疾、性取向、工会会员、政治归属和年龄的任何歧视行为。

三、企业社会责任与社区发展

1. 与社区建立伙伴关系

过去几年来，拉法基瑞安不断建立并实施有效方法来识别利益相关方并与其进行交流与互动。同时通过为管理人员提供相应培训来提高他们在利益相关方管理方面的技能和水平。截至2012年底，拉法基瑞安旗下所有分公司的管委会成员和工厂厂长均参加了利益相关方管理培训。这为公司和生产场所进一步了解社区，并与社区建立可持续的合作关系奠定了良好的理论基础。贵州的顶效厂和四川的珙县厂更是领先一步，将拉法基集团在利益相关方管理方面的科学体系与模式和当地的具体情况相结合，与利益相关方、所在社区保持定期、透明的沟通，征询他们的反馈意见，制定详细的利益相关方管理方案，在与社区建立互利共赢的合作伙伴关系的同时实现和谐发展。

2. 推动当地社会经济发展

拉法基瑞安希望通过积极参与生产经营所在地的社会活动，展示公司积极承担社会责任的意愿及能力，并成为当地社会经济发展的推动者，特别是在创造就业机会、教育、健康、城市发展和环境保护方面。每年，我们的工厂都会针对当地社区的需要开展一系列活动。例如，为社区的儿童提供道路安全教育活动，与当地政府机构共同合作开展教育技能培训等。公司还鼓励员工参与可以使当地社区收益的项目，如生物多样性、水资源保护、健康或当地的就业工程等。这些项目既更具针对性、又能对当地业务产生积极影响，从而更好地体现我们的企业社会责任。

【构建可持续世界】

城镇化是人类在21世纪面临的最大挑战之一。到2020年，世界人口的三分之二将居住在城镇。因此，环境将成为社会挑战的核心。从健康、生活质量到气候变化、废弃物管理和能源消耗，这些都是拉法基瑞安在日常经营中时刻关注的议题。公司将通过设计更具生态效益与成本效益的产品和解决方案，以及可持续的采购程序，帮助解决这些问题。公司还与建筑链上的其他企业以及当地组织和机构开展合作，推动创新以及可持续建筑实践的发展和实施。

一、可持续建筑

1. 充满机遇的发展领域

“可持续建筑”是一种建筑方式，它关注建筑对于环境、社会和经济的影响。作为可持续发展的一个分支，可持续建筑所涵盖的范围不仅是建筑材料、建筑物本身，还更加关注建筑物在生命周期内的能源消耗，最终达到可持续发展的目标。

建筑的可持续性十分复杂并且需要各个层面的配合，拉法基以50年为周期来考虑大多数住宅建筑生命周期的能源平衡。研究发现，建筑物使用环节中的能耗用量占其整个寿命能耗用量的80%，其余的20%则用在建筑材料、建筑构造、维修和终结（如拆除和回收）过程中。如果气候、建筑类型和耐用年限不同的话，这个比例也会发生变化。

为了将可持续建筑从理念发展到切实可行的实践中，拉法基将建筑业所面临的挑战联系起来，将可持续建筑战略重点定位在三个方面：

减少建筑材料在生产过程中的碳排放和节能减排；

应对建筑在节能领域中的挑战，如在建筑的施工和使用中采用新型保温隔热材料，运用现代技术提高能源的有效利用；

从整个建筑成本方面进行考虑，开发使用起来快捷、简便和安全的新产品和新的建筑方案，和低成本的建筑方式，以此实现减少建筑物生命周期的整体成本。

2. 协调资源 加强合作

作为全球发展最快的市场之一，中国在包括建筑行业在内的各个行业均取得了飞速发展。在过去的几年中，中国的大多数城市都发生了翻天覆地的变化，很多新的基础设施和楼宇不断涌现。如今，随着中国经济的快速发展，以及城镇化进程的加快，能源需求量也在不断加大，而日益增长的能源需求对中国来说是一个巨大的挑战。在“十二五”规划中，国家工业和信息化部明确了建材行业的总体发展思路，并重点强调应积极发展节能环保型建材。

拉法基瑞安认为，应对可持续建筑和发展节能建筑的挑战需要各方的共同努力。因此，我们与建筑价值链上的其他参与者合作，包括建筑师、工程设计公司、不动产开发商和世界一流的研发中心与大学。同时，拉法基瑞安还与中国可持续发展工商理事会（CBCSD）、世界自然基金会中国分部（WWF China）、水泥可持续发展倡议组织（CSI）、中国建材联合会和中国水泥协会以及中国水泥标准委员会、中国标准化协会等开展不同层面的合作与交流，积极推广可持续建筑的解决方案与标准。

3. 因地制宜进行创新，满足当地市场需求

拉法基瑞安在进行创新时会充分考虑产品的安全要求和当地的具体需求，因为这些要求和需求会因具体的环境制约条件、文化习惯、社会需求的不同而相差很大。2012年，公司旗下的重庆分公司就根据重庆当地的具体需求开发出具

有针对性的创新建筑体系，以应对重庆城市快速发展的挑战，同时符合当地的能效监管要求。

公司的创新得到了集团研发中心的支持。拉法基的研发中心位于法国里昂，是世界建筑材料领域领先的研发中心，汇聚了约240位建筑材料领域杰出的研发人员。他们与集团在各地的技术中心和建筑研发实验室（拉法基集团于2011年9月在中国重庆设立了其首家可持续建筑研发实验室）共同合作，开发满足当地具体需求的建筑产品和解决方案，以应对这些重要市场的建筑发展趋势。

随着研发工作在中国的不断推进，拉法基瑞安的目标是根据中国西南地区的材料和条件，为当地的建设开发更轻、更强、更美观的创新建材，提供更快、更新、更生态友好的可持续建筑创新方案，如既方便易用，又持久耐用的产品，以提高建筑施工的速度和质量。与此同时，利用水泥窑的独特工艺优势，无害化协同处置城市固废，使西南地区的城镇化建设具有更小的生态影响和碳足迹、更低的能耗和建设成本、更多的可持续建筑与生态园区。

【构建循环经济】

拉法基确信，不同产业之间可以建立共生关系。一个企业产生的废物可以被其他企业直接或经过预处理后用作可替代燃料或可替代原料，从而节约并保护自然资源。过去三十年来，拉法基集团已将这一理念付诸实践，为全社会废弃物的资源化利用、无害化处置与减少排放做出了坚实的努力与贡献，其全球业务的环境足迹也随之不断减小。

为应对全球城镇化的快速发展和自然资源的不断消耗所带来的全新挑战，拉法基更新了其构建循环经济的承诺。其目标是通过在气候、水、原料和能源等重要领域的持续改进，为人类和地球做出纯正面贡献。而上述领域对平衡生态系统、农业、人居环境和经济增长都是必不可少的。

作为中国西南地区水泥行业的领导者，拉法基瑞安将秉承拉法基集团构建循环经济的理念，在集团的整体指导和规划下，结合中国的具体情况，为水泥行业及整个建筑价值链树立榜样，并为推动循环经济和创造人类可持续发展的未来作出贡献。

一、节约资源与能源

在中国，拉法基瑞安积极开展利用可替代燃料的相关工作。截至2012年底，拉法基瑞安所有工厂都利用工业废渣和尾矿作为可替代原料，节约并保护了大量的自然资源。超过一半以上的水泥厂利用废弃物作为可替代燃料，其中包括蘑菇渣、酒渣等碳中和生物质替代燃料。拉法基瑞安重庆分公司的南山工厂、地维工厂和特水工厂利用水泥窑协同处置城市污水处理厂污泥，年处置能力近10万吨，不仅解决了填埋相应污泥的占地难题，而且避免了专门建设焚烧场的巨额投资、煤耗和二恶英污染风险，同时减少了相应的二氧化碳排放，得到了当地政府和社区的好评。地维工厂的有机污染土协同处置项目共无害化处置污染土3万多吨，避免了填埋处置的二次污染风险与专门焚烧的额外能耗与大气污染，为城市的“净地”供应提供了保障。拉法基瑞安贵州分公司三岔工厂的RDF（市政垃圾衍生燃料处理）项目每年资源化利用生活垃圾近3万吨，年节约原煤消耗近2万吨，为城市生活垃圾的减量化、资源化利用与无害化处置做出了不可替代的贡献，同时也为水泥工业在城市生态中发挥分解者的功能做出良好示范。

二、保护生态环境

拉法基瑞安承诺保护环境与人类健康，努力减缓气候变化，保护自然。公司的目标是实现环境绩效的持续改进。为此，我们将努力提高资源能源的利用效率，使“三废”的产生与排放最小化，同时积极保护历史文化遗产、自然风貌和生物多样性。

1. 二氧化碳与大气排放

对于拉法基瑞安而言，管理好排放不仅是其工业表现和环境管理的一个重要方面，而且是其对当地社区和公共健康的核心责任。这也是公司将减排作为2020可持续发展远景目标重要内容的原因所在。

由于大力提高窑的能效性，增加可替代燃料的使用量，拉法基瑞安在2012年每生产一吨水泥的二氧化碳排放量较1990年减少了29.5%。这也是公司长期关注工业绩效的结果：

提高窑的能效性；

努力加快向非化石燃料的过渡；

产品开发和创新，带给市场低碳水泥解决方案。

2012年，拉法基瑞安旗下的重庆南山厂和地维厂、云南富民厂以及四川双马旗下的都江堰厂凭借在产品质量、清洁生产、单位产品能耗、产品散装率、生产企业污染物排放以及矿山生态恢复计划和对可替代原燃料利用率等方面的卓越业绩成为中国首批环境标志低碳水泥产品认证示范企业。（首批共有14家企业）

2. 减排

全球城镇化发展趋势对公众健康提出了新的挑战，大气污染尤其令人忧虑。拉法基瑞安认识到通过对自己排放的良好管理能够对这一现象产生积极的影响。过去的几年内，拉法基瑞安从环境保护的实践中积累了丰富的经验，并在诸多方面取得了骄人的业绩：

减少粉尘排放：2005年—2012年间，吨熟料粉尘排放降低90%。

减少氮氧化物排放：2005年—2012年间，吨熟料氮氧化物排放降低63%。

减少二氧化硫排放：2005年—2012年间，吨熟料二氧化硫排放降低94%。

降低产品的二氧化碳排放量：采取系列措施最小化产品的碳足迹。

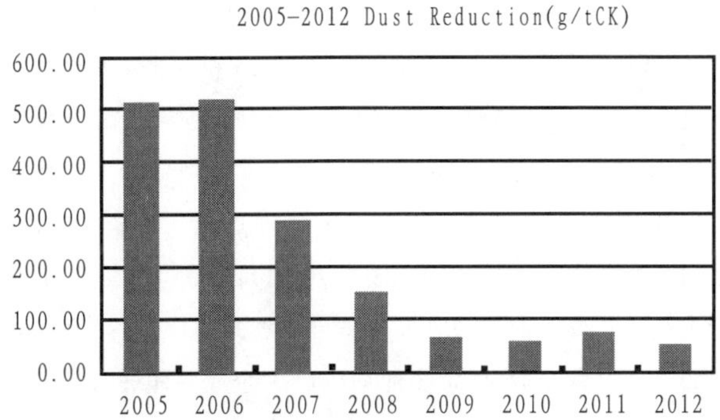

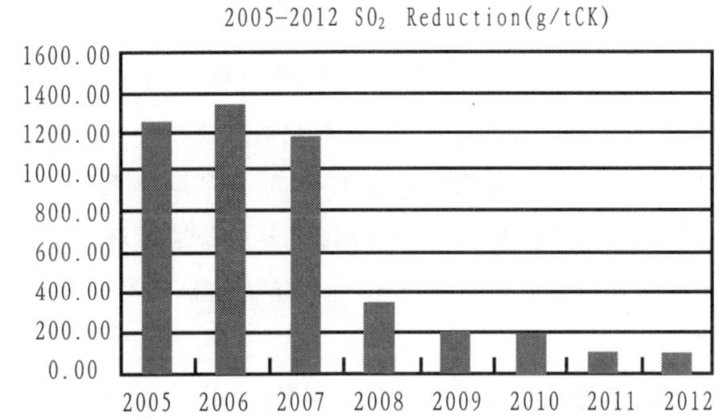

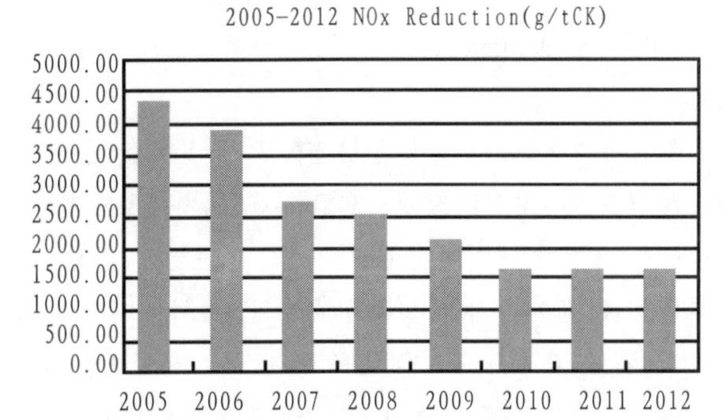

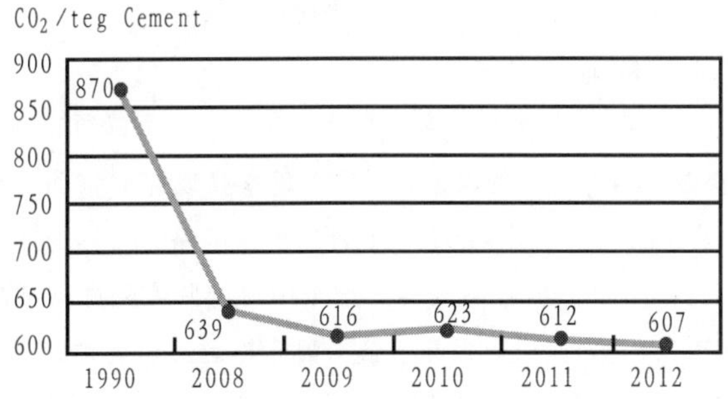

3. 生物多样性和矿山生态恢复

2012 年初，拉法基集团完成了生物多样性管理方案(BMP)模板，以帮助各生产场所制定和管理生物多样性方案。根据建议，2013 年世界自然基金会将使用生物多样性管理方案模板，并在拉法基的协助下，制定出任何企业或组织都可以使用的通用模板，以帮助他们制定生物多样性管理方案。2012 年，拉法基瑞安根据该管理模板对旗下的矿山进行敏感性筛查，并根据筛查结果，对位于四川都江堰和珙县的环境敏感矿山制定了生物多样性发展计划。

矿山生态恢复是拉法基瑞安致力于生态保护的重要工作之一。通过编制矿山恢复计划并严格按计划实施，不仅可以在进行矿山作业的同时最小化对矿区植被、生态和景观的影响，缩短矿山生态恢复周期，减轻水泥产品的生态足迹，同时还可以增加碳汇，为减缓气候变化作贡献。

截至 2012 年底，拉法基瑞安共为旗下 88％的矿山制定了矿山生态恢复计划。不仅如此，四川都江堰厂、重庆南山厂和云南的东骏厂还领先一步，进行矿山生态恢复计划的具体实施工作。截至 2012 年底，公司累计投入资金超过一亿元，用于矿山水土保持、植被恢复等项目。共复原了 40 多种植被，总数超过 50 万株，使得矿山在被开采之后仍然能焕发勃勃生机。

就拉法基瑞安水泥而言，2012 是一个变革之年。随着年初拉法基集团宣布机构重组，拉法基瑞安也将之前的业务分支合并为以一个拉法基为概念的、以国家为基础的组织架构，并将公司关注的重点重新放在其核心业务，即水泥、骨料和混凝土业务上。这一新的架构使公司更加关注市场和客户的需求，通过创新加快企业的发展。同时，也加强了不同业务部门之间的合作，提高了工作效率。此外，除极个别项目外，公司还完成了集团在“2012 可持续发展远景”中设定的目标，并根据集团在 2012 年发布的“2020 可持续发展远景”着手制定了中国区的下一步远景目标。

拉法基瑞安将坚持在中国市场的长期发展，同时将尊重当地文化和为社区做贡献做为发展的前提。拉法基瑞安还承诺秉承将创造价值、保护环境、保护自然资源、节约能源与专业技术相结合的战略方针，致力于企业与社会、环境的和谐发展。公司的目标是成为员工首选的公司、客户首选的供应商以及受社区欢迎的伙伴。

SINOMA:见证中国创造

属于世界的 SINOMA——中国中材国际工程股份有限公司

SINOMA: Witness China creation World belonging SINOMA——SINOMA

中国企业走向国际市场，需要面对全球化竞争能力的考验，作为全球唯一一家具有完整水泥工程产业链的公司，中材国际以“专业化技术服务＋重大装备制造＋系统集成服务”的工程总承包商业模式，形成了竞争对手难以模仿的技术水平高、综合成本低、工期短、质量优、服务好的核心竞争力。

2013 年 4 月 8 日　沙特水泥公司(SCC)董事会成员兼首席执行官 Garni 先生不远万里来到北京，向中材国际递交一份特殊的礼物——一份刊有该公司被欧洲权威媒体评为中东地区水泥行业领先企业的杂志。"选择 SINOMA 作为总承包商是我人生中最英明的决定之一。事实证明,SCC 与 SINOMA 之间超越合作伙伴的良好关系,成就了 SCC 今天所取得的成就"。Garni 先生表示。

故事还要从 2005 年说起,当年 12 月 14 日,中材国际与沙特水泥公司(SCC) 签约总承包 Hofuf 水泥厂两条万吨水泥生产线,合同金额 5.8 亿美元,是世界水泥工业装备制造与供货、工程建设行业历史上单笔金额最大的项目,也是中国工程业在海外取得的最大的工程总承包项目之一。

中材国际最终以优质的项目质量,顺利地完成了这一备受国际行业瞩目的工程。今天,随着中材国际迈向全球市场步伐的加快,翻开中材国际业务全球分布图,可以发现,这样的项目已经在全球各地遍地开花。

目前海外业务占到中材国际业务量的 70%以上。中材国际已完成和正在建设的国外水泥生产线 120 余条,累计涉及美国、西班牙、意大利、俄罗斯、法国、沙特、巴西、南非、埃及、阿联酋、印度、尼日利亚、多米尼加、厄瓜多尔等近 70 个国家和地区 ,基本完成全球化市场分布,成为国际水泥技术装备、工程市场的主要服务商。

凭借完整的水泥工程产业链以及稳定运行的全过程系统集成服务能力,中材国际工程总承包业务一直保持着强劲的增长势头。2012 年在执行工程总承包项目近百个(条),连续五年保持了国际市场份额全球第一的骄人业绩。

2012 年公司国外工程总承包项目收入、毛利分别占公司总承包业务收入和毛利的 61. 5%和 67.8%,完成了国际水泥技术装备工程市场的整体布局。同时,以工程为载体,带动了公司自有知识产权成套技术装备的出口以及我国水泥装备业的整体发展。中国水泥工艺生产装备参与国际水泥市场的竞争,促使新建水泥生产线成本大幅度下降,从以往的 200 美元/吨水泥以上,下降至 150 美元/吨水泥以下,基建时间也明显缩短,体现了中国企业参与国际竞争带给世界人民的贡献,这其中,中材国际发挥了积极推进的作用。

1.体现中国竞争力

让中材国际在全球市场所向披靡的制胜法宝,就是工程总承包业务模式,即所谓的交钥匙工程,根据业务特点和自身核心资源优势,灵活地采用不同的模式。

一是设计—采购—施工工程总承包。负责水泥生产线的工程设计、土建工程、设备制造与供货、机电设备安装、生产线调试及考核验收的系统性服务,对工程项目的质量、安全、工期、造价全面负责。

二是设计—采购工程总承包。负责水泥生产线的工程设计和采购工作,在施工、安装及调试阶段向业主提供咨询服务,工程施工部分由其他承包商承包施工。

这种高度系统性资源整合及创新能力,成为中材国际引以为傲的核心竞争力之一。现在中材国际的海外合同,80%以上来自于这种极具市场思维的 EPC 模式,在取得巨大成就的同时,中材国际的产品和服务,顺理成章地走向了高端化和精细化,随之企业的美誉度在全球业界也得以广泛传播。

"EPC 的服务方式在中国水泥新增产能的投资中,在中材国际业务中所占的比例不断上升,进度控制、成本控制、质量控制三个要素的优势使得中材国际'交钥匙工程'在国内市场上从民营企业、外资企业向国际大企业集团转移。"一位水泥行业资深人士如此评价中材国际的拉动效应。

业务模式的创新,首先是建立在管理的创新和发展基础之上的,中材国际的总承包模式下,公司总部、工程板块、装备制造板块对项目管理进行了精细化的职能划分,形成了分工明确,运作有序、科学合理的组织体系及其运作模式。

坐落在北京的中材国际总部,主要从营销管理、安全管理及审计监督等方面实施管控,并将实施结果列入年度经营业绩考核。

作为工程总承包业务实施主体的南京、天津、成都三个工程板块,负责所承担工程总承包项目的运作和管理,包括设计、采购、土建、调试以及人力资源的调配、资金和资源运用等。

具有自主知识产权的装备制造板块,是工程板块开展工程总承包业务的主要供应商。2011 年 3 月,中材国际把遍布各地的 20 多个建材生产制造单位进行有序整合,成立了中材装备集团,形成了水泥装备研发设计、材料采购、产品制造、市场营销,售后服务一体化平台,减少了内部竞争,提高了资源配置效率,提升了公司在装备制造方面的核心优势和竞争能力。

2.全球运营真功夫

2013 年 1 月,中材国际四届十二次董事会审议通过了并购印度 LNVT 公司的议案,4 月 11 日就高效完成收购 LNVT 公司股权交割,历经了 9 个月以市场战略为目标的印度公司并购项目初步告一段落。这是中材国际海外并购战略迈出的第一步,同时也揭开了公司国际化运营和全球资源有效配置的新篇章。

2013 年 3 月,在南非德班举行的金砖国家领导人会议上,南非总统祖马宣布金砖国家工商理事会正式成立。中国国家主席习近平表示,希望工商界看到金砖国家工业化、城镇化、信息化、农业现代化进程释放的强劲能量和巨大市场机会,把自身发展同金砖国家经济发展结合起来,加强同金砖国家政府与企业间的合作,共同推动金砖国家经济发展。中材国际董事长王伟应邀出席大会并推举为金砖国家首届工商理事会中方理事。这是对中材国际积极推动国际化发展的肯定,也是公司坚定"走出去"战略的结果,在全体中材国际人看来,更是一种荣誉和激励。

"中材国际的全球化运营不同于一般中国企业,它有着自己独特的优势和特点,这一点对于其他中国企业来说也是非常值得借鉴的。”原国家建材局的老领导对笔者表示。

其一是起点高。目前国内大多数工程企业项目多集中在亚洲、非洲、南美洲等欠发达国家和地区，而中材国际较早时间就高起点地进入了美国、西班牙、意大利、法国、俄罗斯等欧美发达国家。

其二是合作伙伴综合实力强。中材国际承接的国际项目多是拉法基 、Holcim 等世界重要的跨国水泥生产商所投资的，诸如世界最大的水泥生产商之一拉法基在赞比亚、南非、尼日利亚、越南、厄瓜多尔等国家投资的项目都是由中材国际进行建设的，中材国际和拉法基公司也正在成为全球战略合作伙伴。

其三是技术性能高。中材国际在欧洲和北美的项目性能指标和环保指标均达到欧美发达国家要求，中国新型干法水泥技术达到国际先进水平，获得国际认可。

其四是自主知识产权装备大量出口。中材国际在国际上承接的工程 70％～100％的技术装备是自主研发制造出口的，一改中国公司简单劳务出口形象。

其五是中材国际所承接的国际项目都是以总承包的模式进行的，占据了行业制高点。

其六是速度快（建设周期短），在项目建设保质保量的前提下，与国际同行业相比，同样规模和标准的项目建设周期缩短三分之一，相应的是建设成本减少四分之一。

多年的全球化实务运作，中材国际已经形成了一套与全球化运营相适应的创新业务模式，随着公司发展，这种创新业务模式的内涵会更加科学更加丰富。

“拥有自主知识产权和创新体系是中材国际的核心优势；产品的高端化、精细化满足了市场和客户的需求，品牌的美誉度使得合作伙伴充分信任‘sinoma’信赖‘sinoma’；全球范围内的整合资源能力成为‘sinoma’‘走出去’核心利器。”业内资深人士如斯评论。

中材国际认识到，只有站在产业链、价值链的高端谋划发展，才能较好地顺应趋势，才能打造符合高端市场要求的核心业务模式，通过差异化战略提高市场竞争力。中材国际实现全球运营的路径就是充分发挥业务模式和产品属性高端化优势，以总成本领先的差异化战略参与全球竞争。

以优秀的商业模式打造竞争力。作为全球唯一一家具有完整水泥工程产业链的公司，通过国际市场较量，中材国际已经在全球市场占有很大优势，而中材国际引以自豪的优势之一，是自身拥有完整的新型干法水泥产业链资源，并据此向业主提供 EPC（工程设计＋ 装备供货＋ 工程建设）总承包系统集成服务。在这个系统集成服务中，积极吸收国际先进技术和项目本土的人力资源，通过采取国际化的优势资源组合，利用最少的成本，为业主和企业本身产生最大的效益，并由此实现真正的精细化管理，做到工期最短、质量最高、成本最低、服务最好。中材国际创新的在全球范围内“交钥匙工程”模式，成就了其全球最大的水泥工程系统集成服务商的地位。

以高品质的品牌服务提升竞争力。品牌代表高技术、高质量，还代表优质服务。中材国际倾力打造性价比最高的中国标准与品牌，不但注意技术和管理的一流，还非常注意后续服务，注重给业主带来服务的附加值，强化了品牌效应，赢得了业主信任，品牌优势又在国际市场竞争中发挥了事半功倍的效果。

以履约能力和履约质量保障竞争力。通过加强项目精细化管理，强化对项目实施过程各节点控制，提升项目实施的本土化水平，强化对本土资源的利用和管理能力，提升工程设计、现场施工、装备制造、物流运输的一体化管理水平，保证了项目履约整体质量、工期和服务水平的大幅提升。

3.创新管控模式

一流的工程质量，既是综合技术实力的体现，也是科学管理的结晶。总包业务模式下，极大地拉长了公司的管理链条。如何实施科学高效的管理，成为中材国际面临的重大挑战之一。

中材国际认识到，建设与实施内部控制体系，是实现全球化运营战略的有效保障，强有力的风险控制能力成为市场竞争的后盾。工程总承包业务成功与否不仅取决于企业市场竞争力的培养，还要受到经营中面临的各项风险的约束，能否有效的进行风险管控，直接决定着企业的成长空间。中材国际成立以来高度重视风险管控工作，特别是对境外工程总包项目实施全过程、全环节风险管理，针对不同国别地域制定相应风险管控策略，不断强化安全、稳定、防恐和应急管理工作。

2009 年，中材国际启动了全面风险管理和内部控制体系建设工作，遵循“由点到面、循序渐进、逐步深化”的体系建设思路，对工程项目管理流程进行了全面梳理，完善了相关管理制度，形成了工程项目管理流程的风险汇总表、风险控制矩阵、流程图及职责不相容表，实现了工程总承包业务风险管理工作的规范化、体系化和系统化，推动了工程总承包项目管理水平和风险防范能力有效提升。

中材国际在创新管控方面有一套制度体系，组织机构设置体系，授权、决策体系，整个制度体系在企业的高速发展和正常运行方面起着重要的指导性、约束性作用。对于制度，中材国际这么几句高度概括：“写下应该做的”（就是建立制度）；“按写的去做”（就是执行制度）；“记上已经做的”（就是建立控制、评价体系）。这几句话对制度的建立执行、审核、追究，对各个分子公司具有指导和约束作用。

武守富总裁对公司总包项目管控作了这样的说明：“公司在全球同时建设的项目众多，业主的需求也是多样的，就需要有一套控制体系来保障项目的有效执行。比如，设计方案是保证项目质量最重要的一部分，因为方案一定，主要的设备选型就定了，钢结构混凝土的量就定了，很大程度上可以说是工厂的性能就定了。生产线的产量、质量、原燃材料、动力消耗等都和工程设计有直接关系的，是最重要的。在此方面，公司包括公司前身已经有几十年的积累了，在设计、审核方面都有一套严格的标准和规范。设备采购又是一重要环节，它的造价占到总工程量的差不多一半，公司从设备标书的编制、采购、发运再到现场服务也有严格的责任和权利划分。还有一部分是土建施工、调试，都有完整的规范。公司总部则重点从营销管理、安全管理及审计监督等方面实施管控，旗下的南京、天津、成都三个工程板块结合业务特点和各自优势，形成了富有特色的管控模式，对工程总承包项目进行有效的科学管控。”

中材国际（南京）采取大集团战略，小核算体系的管控模式，通过签署内部分割协议，明确中材国际（南京）总部、分（子）公司、项目部的职责分工和项目成本控制目标。总部负责总包项目的设计 、设备采购 、设备物流，负责对项目实施情况跟踪检查和考核。所属分（子）公司负责工程施工 、负责派出项目经理和组建项目部。项目经理与总部签定项目承包责任书，明确项目成本及各项责任。

与南京板块的做法不同，中材国际（天津）公司 EPC 项目管理采取了矩阵式组织结构，分别从公司相关部门抽调人员，以项目经理、安全经理、技术经理、采购经理、现场经理、商务经理等组成项目管理团队，在项目经理的统一领导下全面负责项目设计、供货、施工、试生产服务各环节的协调管理，总部职能部门根据职责分工，对项目部的工作进行指导、监督、协调和服务，充分发挥公司整合全过程资源优势。

成都板块采取了自主开发网上运行的工程设计管理系统和工程总承包管理系统，覆盖了与总包业务有关的所有部门和流程环节，实现对国内外工程总包项目过程控制、动态管理。工程总承包项目实行项目经理责任制，组建项目部，对工程建设实行全过程管理控制。总部工程管理部在各工程项目中履行管理职责，负责采购、监造、物流、土建、安装、计划、合同及费用控制、试运行等工作。生产质保部及各专业所适时配置专业技术人员参加项目组并负责工程技术支撑工作。

同时各板块还开展经常针对不同内容的风险自查活动，细化流程管理，强化对各类风险的评估，并将风险内控理念、方法应用到业务活动全过程。

写在最后

当前，中国企业走向国际已呈蔚然气象，但其中的大多数企业缺乏全球化的资源整合能力和管理控制能力，则是不争的事实，造成了大量中国企业在“走出去”的过程中碰壁不断，交了不少冤枉的学费，对全球化运营仍然一知半解。

中材国际的经验表明，中国企业走向国际化运营，不但要有技术创新、业务创新作为基础保障，更要有全球化的运营和管控能力，相较而言，后者甚至是更不可缺失的核心竞争力。

中材装备：瞄准高端 比肩德国

SINOMA equipment：Aim at high—end，forereach Germany

2011 年初，中材集团和中材国际从战略高度对所属与装备产业相关的研发设计、市场营销、加工制造、售后服务相关的业务、机构、人员、财务、资产或股权等进行整合，以原天津水泥工业设计研究院有限公司为平台更名组建中材装备集团有限公司（以下简称“中材装备”）。在中材集团及中材国际的正确指导和大力支持下，中材装备历经一年多的组建、整合、改革、运行，取得了令人瞩目的经营业绩，实现了企业发展的良好开局。

1.组建——演绎创新思考

中材装备是中国中材集团旗下的中国中材国际工程股份有限公司按专业化分工原则、集旗下全部装备资源组建的从事装备产业的高新技术企业，在优化组织结构和提高资源配置效率的基础上，通过整合中材国际内装备业务范围内的研发设计、市场营销、产品制造、售后服务及其相关机构、人员、财务、资产等，全力打造集基础理论研究、装备开发设计、机电设备加工制造、设备成套、技术咨询服务、备品备件供应、国际贸易和物流于一体的专业重型装备产业集团，致力于构建完整产业链条，掌握关键资源，健全服务体系，提供增值服务，加快业务转型，发挥人才、技术、品牌、信誉和资产等的综合优势，为顾客提供重大技术装备和解决方案，提供全方位、全过程的超值服务创造价值。中材装备集团的组建成立，标志着中材集团及中材国际为做大做强做精装备业务，在进一步深化企业内部改革和资源整合，优化产业结构和资本结构，增强持续发展能力和发展空间，扩大资本的控制力和品牌影响力，打造具有一流国际竞争力的产业集团迈出了重要一步。

由于历史原因，中材集团技术装备业务分散在不同的业务板块，造成投资分散，投资效益较差；企业分散，企业数量多，具有综合制造能力强的大型企业少；产品分散，同质生产产品多，专业化生产产品少；品牌分散，不能形成统一的技术标准和品牌效益；资源分散，重复研发，重复投人，资源利用率较低。因此，中材集团及中材国际各级领导对内部专业化整合的思路由来已久，并进行了精心的组织策划。组建中材装备，就是将分散在各板块的装备研发设计、市场营销、产品制造、售后服务、备品备件等相关的业务、机构、人员、财务、资产或股权重组后进入中材装备集团，在优化组织结构和资源配置的基础上，构建集团的管控体系，形成统一的装备研发设计、技术标准、产品品牌、制造销售、备品备件和售后服务体系。可以说，组建中材装备是中材集团及中材国际为高端装备制造业新一轮跨越式发展作出的基础性制度安排，契合国家高端装备制造业的发展方向，显示了集团领导层决策的战略前瞻性。

中材集团董事长谭仲明指出，未来五年，中材集团制定的总体战略发展的指导思想是：以科学发展观统揽全局，坚持“创一流企业”目标，坚持“创新型、国际型、价值型”企业定位，坚持高成长型、高回报型、战略型新兴产业定位，坚持培育较强发展实力、较大产业规模、优秀自主知识产权、知名国际品牌，把集团建设成为具有较强国际竞争力的企业集团。中材装备集团的组建成立，是落实集团未来五年战略发展规划的重要举措，对于促进中材集团的战略发展，调整产业结构，解决中材国际装备产业各板块的分散问题以及进一步提高技术装备的国际竞争力，均具有十分重要的意义。宋寿顺表示，成为新时期中材国际核心竞争力的体现，在“十二五”后及今后促进并支撑中材国际乃至中材集团的发展，既是中材集团及中材国际的期望，更是中材装备理应肩负的使命和责任。

事实证明，中材集团及中材国际这一促进企业持续高效发展、推进增长方式快速转变、打造装备制造基业长青的创新举措是正确和成功的，中材装备成立一年来所取得成绩就是把中材集团及中材国际创新思考演绎成为战略经典的最好明证！宋寿顺告诉记者，2011 年是中材装备集团组建的伊始之年，根据中材集团和中材国际对中材装备的发展定位和总体部署，公司深入贯彻落实科学发展观，以“专业品质，高端制造，打造国际一流装备产业集团”为发展战略，以建立“专业化分工、协同高效”的集团运行体系为重点，努力化解新班子、新成员、新形势、新要求带来的压力和挑战，公司上下齐心协力，攻坚克难，在内部资源和管理分散、发展和定位无序、与高端品质对标不到位的小环境下，在外部水泥行业宏观调控和增长方式改变、国际国内市场萎缩的大环境下，一手抓整合重组，积极推进资源整合与集团管控体系建设，努力提升管理水平；一手抓生产经营，克服重重困难积极应对市场挑战，努力保持生产经营稳定，依靠管理创新和业务模式创新实现良好开局，资产规模达到 68 亿元，合同额超过 70 亿元，实现销售收入 62 亿元，为公司今后持续健康发展奠定了良好基础。

2.整合——*改革运行模式*

中材装备成立之初由 3 个机械设计研究所、12 个制造基地、8 个专业产品子公司、2 个区域公司组成。宋寿顺表示，中材装备成立以来，面临着资源和管理有待进一步形成合力、发展和定位有待进一步协同明晰、技术和产品有待进一步提升品质等主要问题，把原来分散在各板块管理的“各自为政、各自为战”的非专业化机械制造企业有效整合为专业化的装备产业集团，并建立起集团一体化的研发体系、营销体系、加工制造体系和售后服务体系，是中材装备各项工作的重中之重。因此，宋寿顺提出必须坚持以确保为顾客提供持续优化改进的高端专业产品、资源协同实现企业效益最大化、专业化分工、扁平化管理、战略管理和精细化管理并举为原则，把“建立专业化分工、协同高效的集团运行体系”作为中材装备现阶段更加务实的工作目标，同时多次强调各项管理工作必须以“有效性、符合性”为前提，坚持“一个剧本唱戏”，通过改革管理模式与业务模式以一体化的管控体系提升中材装备的核心竞争力。

建立以服务为核心的专业化市场营销体系。宋寿顺一直强调，作为企业而言，我们需要通过服务市场、服务社会来实现企业的自身价值。国内市场方面在未来 15～20 年内水泥消费会维持在 20 多亿吨的需求，同时 2000 年前建设的水泥生产线，从资源的综合利用、效率的提升、能耗的降低、环境生态化的要求等方面都存在较大的提升空间和市场需求；国际市场方面未来一段时间内，新增合同规模仍将保持在 5000～6000 万吨，需要通过高水平的技术和本地化的管理，实现与国际水平对标和参与高端市场竞争。这些都对中材装备提出了新的更高的要求。中材装备的成立既符合了市场要求，又使得原来各自为政的个体形成合力，大大增强了市场竞争力，并能更好地服务高端市场。把分散的不能形成实力的装备能力从技术角度提供系统解决方案，通过专业装备实现价值，这种模式是国际上的通行模式，这不是从无到有的转变，而是从有到优的跨越。多年来中材装备一直在提供水泥工程技术装备服务，现在要将这个定位拓宽、拓展，在立足于水泥工业技术装备的同时树立行业服务、专业服务的理念，由以前的“行业技术装备供应商”向“专业技术装备供应商”拓展，也就是实现由“行业的装备”变成“专业的装备”，并借此同国际接轨，更好地服务客户。

建立以持续创新为核心的专业化研发体系。宋寿顺认为，改革开放以来，特别是在最近的十几年，我们做出了巨大的成绩——以自主知识产权的工程设计和成套技术装备建设起来的我国水泥工业是全球规模和现代化的代表；在技术路线方面，尽管我们做了很多原创性的工作，但是在特殊的市场大环境和总体需求下，实际上更多的是消化吸收国际先进技术和装备并实施本土化，才形成了企业的产品和市场供给。可以说，无论是我们的技术进步，还是技术装备规模的大型化，都是改革开放和经济发展对水泥工业的需求所驱动的，中国企业过去一直处于卖方市场条件。但是，在今天和未来的市场需求变化和竞争格局中，必须考虑到水泥行业今后的走势，“从粗放型的规模增长向质量、效益型的经济增长方式的转变”已成为业内的共识。因此，必须要在研究市场、认识市场的基础上，去适应市场，进而力求能够把握市场，以此来制定和实施企业的可持续发展战略。科技是第一生产力，创新是企业发展的不竭动力，建立并高效运行集团一体化专业研发体系是满足客户需求和实现企业可持续发展的关键。为此，中材装备力求全方位配置研发资源、发挥研发整体优势、提高产品开发效率，积极探索建设专业化研发团队的新模式，通过矩阵模式把专业人才以专业产品研发平台的组织形式组合起来，把有限的优质资源整合起来发挥更大的作用和效率。中材装备组建的以专业产品为特征的12家技术装备研究所，主要工作就是与竞争对手进行对标，确定自身位置和对手优势所在，朝着比肩德国的战略要求，提出发展路线图，同时跟进研发，统一集团的标准规范，与国际接轨，满足市场需求。

建立以品质为核心的专业化建工制造体系。为充分发挥中材装备集团的制造资源优势，推进“专业品质，高端制造”进程，提升品牌价值，中材装备着眼于对加工制造的集团化管理，实行产品专业化分工制造机制，从“小而全”、“各自为战”向集团“产品专业化分工”、“功能集中”转变。定位每个企业都有一项或几项主导优势产品作为重点发展方向，便于实现模块化生产，可以使各公司集中精力在技术、装备上打造自己的拳头产品，提升产品品质和技术服务，提高效率并降低成本，从而保证对客户的承诺。宋寿顺特别强调，“质量是企业的生命”，质量涉及产品实现的全方位，全过程，加工制造只是我们产品实现的一个环节。中材装备的质量定位是：专业品质，高端制造，国际一流。中材装备必须是一个对社会负责任的企业，现在提倡的“节能、环保、绿色、生态”是一个有社会责任感企业对其产品应有的定位，中材装备要符合和适应社会进步和发展对于产品质量的新要求，不应该着眼于机会市场，而是要在承担社会责任的同时实现企业的价值；同时，中材装备必须是一个始终保持高端定位的企业，要服务于水泥行业“从粗放型的规模增长向质量效益型的转变”，要引领我们所服务的行业的技术进步，肩负起作为技术装备提供商的社会责任，企业的质量定位必须要与企业愿景和价值取向相吻合。

建立以客户需求为核心的培训与售后服务体系。宋寿顺认为产品有两个属性：基本属性——在符合相关标准规范的前提下具有使用功能；附加属性——文化和产品提供的愿景。在基本属性达到的前提下，附加属性就成为一个非常重要的属性。不同国家和地区制造的产品，会带有不同的文化色彩，体现不同的价值，表达生产商不同的愿景。“产品”的范围包括：产品本身、相应的技术文件、培训、技术指导和售后服务等方面。必须认识到培训和售后服务是把好产品用好的最重要环节。中材装备积极与西方企业对标，建立统一的标准化的培训和售后体系，对各分子公司现有资源进行系统和一体化管理，通过标准化、差异化、超值化的服务来使客户获取期待之外的服务，从而提升装备集团的服务品牌及竞争力。目前以马来西亚HUME项目、祁连山项目、金隅项目、中材萍乡项目等为切入点的集团统一培训和售后服务工作已开展，并得到了客户的认可。

3.发展——打造国际品牌

宋寿顺介绍，中材装备的业务定位是技术装备集成系统解决方案的供应商、提供商。当前一段时期内，中材装备的产品和业务定位包括以下三大内容：

一是水泥技术装备及其纵向延伸。这是中材装备最为基础最为重要的产品和业务之一，我们要以“持续创新”为支撑，提供更先进的技术装备，促进行业的技术进步和发展。业内专家认为，未来的十五年，甚至二十年，中国的水泥消费量仍将保持现有水平并且略有提升。对于这个规模庞大且在未来十五至二十年仍将长盛不衰的国内水泥制造业，技术创新进步、更新改造、淘汰落后和售后服务等领域无疑蕴含着巨大的市场需求，只要能够不断提供持续创新的技术、装备产品和优良的服务，就能服务和引领水泥制造业的技术进步和增长方式的转变，推动水泥制造业的节能降耗和绿色环保生态化发展，那水泥行业就仍然是一个朝阳行业。因此，必须抓住为水泥制造业服务这个传统业务毫不动摇。

二是核心技术产品的横向拓展。中材装备拥有破碎设备、粉磨设备、水泥烧成设备、环保设备、输送与计量设备、电气设备等关键装备、新型装备、节能装备，拥有完整的具有自主知识产权的1000～12000t/d系列规模的新型干法水泥技术装备，实现了大量实用性成果和配套装备的广泛成功应用。产品在保持全球水泥工程技术装备领域的主导地位和市场份额的基础上，已成功进入钢铁、冶金、矿山、电力、煤炭、化工、环保等行业。因此，继续大力推进技术装备、技术产品从行业产品向专业产品的转变，不断以技术创新推动中国装备制造业技术进步与装备国产化，实现装备在大型化、高可靠性、低投资、节能降耗和满足环保要求等方面与国际先进水平的接轨是中材装备努力的方向之一。

三是新产业、新业务的拓展。在中材集团及中材国际的大力支持下，中材装备拟以多种投融资方式安排资金，通过直接投入或横向并购，增强公司的核心制造能力，向其他领域装备制造业务拓展，装备制造业务将由传统的水泥装备业务向高端、重型机械制造行业发展，为国内外新老客户提供大型化、成套化、系列化技术装备，为各工程平台提供技术、装备及服务支撑。

在中材集团和中材国际的总体目标指导下，中材装备的发展战略是：专业品质，高端制造，形成具有自主知识产权和国际竞争力的企业品牌，打造“创新型、国际型、价值型”高端装备产业集团。完善水泥装备的纵向延伸，形成水泥装备大型化、成套化、高端化系列产品；加快新产业装备业务的横向拓展，为公司新业务的发展提供强大的装备制造创新平台；同时把非水泥业务装备制造领域业务作为重要的拓展方向，使其向综合性、全球化、高技术的重型装备高端制造企业集团转型。在提升产品质量方面，要求与国际一流质量对标，推行缔造“国际一流”品质的质量管理战略。到2015年，中材装备的目标是实现主营业务销售收入不低于180亿元，净利润不低于 20 亿元，从目前的单一行业发展到 3 个以上的行业，境外业务占 50%以上，发展成为在国内有相当水平和国际知名品牌的重型、高端装备产业集团。

4.中材装备集团背景资料简介：

2011 **年** 1 **月** 8 **日** 中材国际以天津院有限公司为平台，组建中材装备；

2011 **年** 3 **月** 4 **日** 天津水泥工业设计研究院有限公司更名为中材装备集团有限公司；

2011 **年** 3 **月** 22 **日** 中材装备举行挂牌仪式；

2011 **年** 4 **月** 28 **日** 设立中材装备北京分公司；

2011 **年** 6 **月** 13 **日** 设立中材装备成都子公司；

2011 **年** 6 **月** 17 **日** 设立中材装备南京分公司；

2011 年 7 月，原天津院有限公司下属天津重机、粉体、控制工程、计量、钢结构、新技术等 10 家企业的名称完成变更，“仕名”等字号全部变更为“中材”字号；

2011 年 8 月，完成溧阳中材、扬州中材股权收购；

2011 年 9 月，完成唐山中材股权收购及装备集团增资工作；

2011 年 12 月，完成上饶中材、河南中材环保股权收购。

中国混凝土机械行业领导者——徐州徐工施维英机械有限公司

Leader of Chinese concrete machinery industry——Xuzhou Xugong SCHWING Machinery Co. Ltd.

【企业概况】 徐州徐工施维英机械有限公司（简称徐工施维英）是徐工集团核心支柱企业之一，位于享有“中国工程机械之都”之称的徐州。企业自成立以来，始终保持倍增发展的速度，是徐工集团面向“十二五”规划的重点投入板块，也是中国混凝土机械行业最具成长性和最具竞争力的企业。

徐工施维英是全球最大的混凝土机械制造企业，产业基地占地千余亩，精益制造能力和水平全面领先行业。徐工施维英始终以“为客户创造最大价值”为导向，致力于为客户提供成套化的混凝土机械解决方案，致力于构建混凝土机械的全产业链发展平台，致力于混凝土及混凝土机械的可持续发展，形成以混凝土机械成套设备和干混砂浆成套设备两大系列为主体、涵盖混凝土行业上下游产业链的最强大、最完善的产品阵容，主打产品有：混凝土搅拌站、混凝土搅拌运输车、混凝土泵车、车载式混凝土泵、拖式混凝土泵、混凝土喷浆车、干混砂浆搅拌站及运输车、背罐车、粉粒物料运输车等。

“传承经典，创新超越”。25 年创新发展，铸就了徐工施维英最深厚的产业积累。上个世纪 80 年代，徐工成功开发出中国第一台混凝土泵车、第一台混凝土搅拌运输车和第一套混凝土搅拌站，开创了中国混凝土产业发展之先河。25 年发展历程中，徐工始终秉承“安全、环保、可靠、领先”的研发理念，始终追求产品完美品质与卓越性能的深度融合，始终基于对客户需求的深度理解，全面致力于以技术创新和产品升级为建设施工领域提供卓越装备。25 年发展历程中，徐工混凝土机械产品多次荣获机械部科技进步大奖，众多专利技术引领产业发展迈向新的巅峰，徐工混凝土泵车被列为国家级“火炬”推广产品。

以精益制造开创中国装备制造工业文明。徐工施维英在行业内率先引进精益生产组织模式，以 ERP、SAP 为平台，全面引入 MES 智能化生产管理系统，全方位实现技术、制造、信息、物流、管理的有机结合和智能化控制。全面推行精益六西格玛管理，实现生产全过程的精密、严格控制，形成了混凝土机械行业内独一无二的品质保障。

以“聚焦客户”为中心，为客户提供全价值链保障。徐工施维英在国内目前已建成近 30 家 6S 店，拥有 200 多家区域保障中心，三包内备件储备超过 1 亿元；到 2015 年将建成近 40 家 6S 店和 600 余家区域保障中心，形成覆盖所有地级市甚至县城的完善的营销服务网络。在全球，徐工施维英已构筑起覆盖 110 多个国家和地区的全球营销网络，竭诚为全球客户提供全方位、立体化服务保障。

立足全球，放眼未来。在徐工集团“超千亿、国际化、世界级”战略目标指引下，徐工施维英将融汇全球最尖端的研发技术及制造工艺，整合全球营销网络，凝聚起更强大的力量，崛起为全球最优秀、最具影响力和价值创造力的混凝土机械成套装备和一体化解决方案供应商！

2011 年全国投产新型干法水泥生产线

New type dry process cement production lines put into production in China in 2011

据中国水泥协会初步统计，2011 年全国新投产新型干法水泥生产线 166 条，全年新增设计水泥熟料产能 2.02亿吨。其中：日产 4 000 吨及以上生产线 87 条，占新增水泥熟料总产能的 69.2%；日产 2000 吨及日产 4 000 吨以下生产线 78 条，占新增水泥熟料总产能的 30.57%；日产 1 500 吨生产线 1 条，仅占新增水泥熟料总产能的 0.23%。2011 年全国各大区新增的设计水泥熟料产能分别为：华北：4 219.10 万吨；东北：542.50 万吨；华东：4 603.50万吨；中南：3 245.70 万吨；西南：4 792.60 万吨；西北：2 743.50 万吨。

2011 年全国已投产新型干法生产线统计汇总

规 模(t/d)	1 000～1 500	2 000～2 500	3 000 及以上	4 000 及以上	5 000 以上	合计
生产线数(条)	1	67	16	6	81	171
熟料能力(万 t/a)	46.5	5 006.5	1 550	744.0	13 196.7	20 543.70
占熟料总产能比(%)	0.23	24.37	7.54	3.62	64.24	100.00

2011 年全国投产新型干法生产线统计(按地区)

Statistics of new type dry process production lines put into production in China in 2011 (by region)

总序号	序号	企业名称	建设地点	建设规模	投产日期
	一	北京			
		0 条生产线(0 万吨熟料/年)		0	
	二	河北			
1	1	鹿泉市曲寨水泥有限公司	河北石家庄市贾庄	5 000	2011.12
2	2	灵寿县中山水泥有限公司	河北石家庄市灵寿县	5 000	2011.09
3	3	冀东水泥滦县有限公司二线	河北唐山滦县	5 000	2011.01
4	4	平泉县冀东水泥有限公司一线	河北承德市平泉县卧龙镇	2 500	2011.11
5	5	承德天宝水泥有限公司	河北承德宽城县龙须门镇骆驼厂村	5 000	2011.11
6	6	唐山圣龙水泥有限公司	河北唐山党峪镇金山工业园	5 000	2011.01
7	7	唐山弘也水泥有限公司	河北唐山市玉田	2 500	2011.01
8	8	邢台建德水泥有限公司	河北邢台县南石门镇台底村西	2 500	2011.02
9	9	临城福石水泥有限公司	河北邢台市临城县西北 7 公里	3 000	2011.09
10	10	邯郸大桥水泥有限公司	河北邯郸市武安市热电厂东	2 500	2011.12
11	11	武安新峰水泥有限公司三线	河北邯郸武安午汲镇	5 000	2011.06
12	12	顺平县金强水泥有限公司	河北保定市顺平县安阳乡贾各庄村	5 000	2011.02
13	13	武军水泥有限责任公司	河北秦皇岛市昌黎县朱各庄镇	2 500	2011.10
		13 条生产线(1565.5 万吨熟料/年)		50 500	
	三	山西			
14	1	阳泉冀东水泥有限公司	山西阳泉市杨家庄乡黑土岩村	7 200	2011.12
15	2	山西华润福龙水泥有限公司二线	山西吕梁市柳林县雅沟村	5 000	2011.05
16	3	阳城山水水泥有限公司	山西晋城市阳城县凤城镇岳庄村	5 000	2011.06
17	4	河曲山水水泥有限公司	山西忻州市河曲县沙泉乡双神堂村	2 500	2011.08
18	5	吉港冠宇水泥有限公司二线	山西忻州保德县尧洼乡	2 500	2011.07
19	6	山西晋汇南白水泥有限公司	山西忻州市阳曲县南白村	2 000	2011.08

续　表

总序号	序号	企业名称	建设地点	建设规模	投产日期
20	7	潞城卓越水泥有限公司	山西长治市潞城市史迴乡闫李庄村	3 000	2011.05
21	8	山西新绛威顿水泥公司三线	山西运城新绛县泽掌镇	2 500	2011.06
22	9	山西龙门五色石建材有限公司	山西运城市河津市龙门村	2 500	2011.09
		9 条生产线(998.2 万吨熟料/年)		32 200	
	四	内蒙古			
23	1	内蒙天皓水泥有限公司二线	内蒙呼市清水河县城关镇	6 000	2011.07
24	2	内蒙清水河蒙西水泥有限公司一期	内蒙呼市清水河县喇嘛湾镇工业园	5 000	2011.03
25	3	鄂尔多斯蒙西建材有限公司二线	内蒙鄂尔多斯市鄂托克旗棋盘井镇	5 000	2011.08
26	4	内蒙黄河工贸集团千峰水泥公司	内蒙乌海市海勃湾区	5 000	2011.03
27	5	乌海庆华水泥有限公司	内蒙乌海市乌达区	2 500	2011.12
28	6	包头冀东水泥有限公司一线	内蒙包头市达尔罕茂明安联合旗	5 000	2011.12
29	7	内蒙阿旗山水水泥有限公司二期	内蒙赤峰阿鲁科尔沁旗双胜镇	5 000	2011.12
30	8	赤峰喀喇沁山水水泥有限公司二线	内蒙赤峰喀喇沁旗朱营子镇	2 500	2011.12
31	9	内蒙乌兰耐曼水泥有限公司二线	内蒙通辽耐曼旗大沁他拉镇	2 500	2011.12
32	10	内蒙恒旺热电青山水泥公司	内蒙巴彦淖尔盟乌拉特后旗	2 500	2011.12
33	11	内蒙同达建材公司巴彦淖尔分公司	内蒙巴彦淖尔盟乌拉特前旗	5 000	2011.09
34	12	内蒙民宇水泥有限公司一线	内蒙乌兰察布市商都县	2 500	2011.12
35	13	内蒙民宇水泥有限公司二线	内蒙乌兰察布市商都县	2 500	2011.12
36	14	中盐吉兰泰盐化集团水泥有限公司	内蒙阿拉善盟阿左旗	2 500	2011.04
		14 条生产线(1658.5 万吨熟料/年)		53 500	
	五	辽宁			
37	1	辽阳天瑞水泥有限公司二线	辽宁辽阳市文圣区庆阳工业园区	5 000	2011.04
		1 条生产线(155.0 万吨熟料/年)		5 000	
	六	吉林			
		0 条生产线(0 万吨熟料/年)		0	
	七	黑龙江			
38	1	亚泰集团哈水阿城公司一线	黑龙江哈尔滨阿城区松峰山镇新明矿	5 000	2011.12
39	2	黑龙江省小岭水泥厂二线	黑龙江哈尔滨阿城区小岭镇	2 500	2011.12
40	3	佳木斯北方水泥有限公司三线	黑龙江佳木斯桦南县石头河子镇	5 000	2011.05
41	4	齐齐哈尔市浩源水泥有限公司	黑龙江齐齐哈尔市	2 000	2011.11
		4 条生产线(449.5 万吨熟料/年)		14 500	
	八	江苏			
42	1	中联南京水泥有限公司	江苏南京市江宁区淳化镇	5 000	2010.07
43	2	江苏信宁新型建材有限公司	江苏南京浦口星甸镇	5 000	2011.08
44	3	溧阳市新金峰水泥有限公司	江苏常州市溧阳市周城镇	5 000	2011.12
		3 条生产线(465.0 万吨熟料/年)		15 000	
	九	浙江			
45	1	建德海螺水泥有限公司二线	浙江杭州建德市李家镇	5 000	2011.01
		1 条生产线(155.0 万 t 熟料/年)		5 000	
	十	安徽			
46	1	芜湖海螺水泥有限公司三期 A 线	安徽芜湖繁昌县	12 000	2011.12

续 表

总序号	序号	企业名称	建设地点	建设规模	投产日期
47	2	铜陵海螺水泥有限公司五线	安徽铜陵市郊区	12 000	2011.12
48	3	池州海螺水泥有限公司六线	安徽池州市牛头山镇	5 000	2011.12
49	4	安徽巢湖铁道水泥有限公司	安徽巢湖市含山县林头镇	5 000	2011.03
50	5	怀宁上峰水泥有限公司一线	安徽安庆怀宁县	5 000	2011.12
51	6	淮北矿业集团水泥有限公司	安徽淮北市杜集区	5 000	2011.12
52	7	安徽珍珠凤阳中都水泥有限公司二线	安徽滁州凤阳县	5 000	2011.12
		7 条生产线(1519.0 万吨熟料/年)		49 000	
	十一	福建			
53	1	福建龙麟集团福龙水泥厂三线	福建龙岩市新罗区曹溪镇	5 000	2011.06
54	2	华润水泥(岩山)有限公司	福建龙岩新罗区岩山乡	5 000	2011.08
55	3	华润水泥(永定)有限公司一期	福建龙岩永定县龙潭镇	5 000	2011.08
56	4	华润水泥(龙岩燕石)有限公司	福建龙岩新罗区燕石镇	5 000	2011.12
57	5	永安市谋成水泥发展有限公司二线	福建永安市小陶镇	3 500	2011.10
58	6	福建金牛水泥有限公司四线	福建三明市将乐县古镛镇玉华村	5 000	2011.09
59	7	安溪三元岩水泥有限公司二线	福建泉州市安溪县金谷镇	5 000	2011.06
60	8	明溪明狮水泥有限公司	福建三明市明溪县雪峰农场	3 500	2011.08
		8 条生产线(1147.0 万吨熟料/年)		37 000	
	十二	江西			
61	1	江西赣州红狮水泥公司一线	江西赣州市会昌县	5 000	2011.04
62	2	宜春丰城南方水泥有限公司	江西宜春丰城	5 000	2011.04
63	3	江西抚州南方水泥有限公司	江西抚州市南城县	4 000	2011.04
64	4	江西正大水泥有限公司	江西萍乡市上栗县福田镇	5 000	2011.12
		4 条生产线(589.0 万吨熟料/年)		19 000	
	十三	山东			
65	1	微山山水水泥有限公司	山东济宁市微山县	5 000	2011.10
66	2	聊城山水水泥有限公司	山东聊城市	2 500	2011.06
67	3	平邑中联水泥有限公司	山东临沂市平邑县	5 000	2011.07
68	4	东平中联美景水泥有限公司	山东泰安市东平县梯门乡	5 000	2011.12
69	5	山东彼那尼荣安水泥有限公司	山东日照市莒县东莞镇	6 000	2011.03
		5 条生产线(728.5 万吨熟料/年)		23 500	
	十四	河南			
70	1	河南同力驻马店豫龙水泥公司二线	河南驻马店确山县	5 000	2011.01
71	2	禹州锦信水泥有限公司	河南许昌市禹州市	5 000	2011.02
72	3	焦作千业水泥有限公司二线	河南焦作市	5 000	2011.02
73	4	河南永安水泥有限公司	河南郑州巩义市工业示范区芝田镇	5 000	2011.03
74	5	河南孟电集团水泥公司六线	河南新乡市辉县市孟庄镇工业园	5 000	2011.06
		5 条生产线(775.0 万吨熟料/年)		25 000	
	十五	湖北			
		0 条生产线(0 万吨熟料/年)		0	
	十六	湖南			
75	1	湖南金大地材料股份有限公司	湖南怀化市靖州市	3 200	2011.06

续　表

总序号	序号	企业名称	建设地点	建设规模	投产日期
76	2	祁阳海螺水泥有限公司	湖南永州市祁阳县	5 000	2011.06
77	3	永州莲花水泥有限公司二线	湖南永州市宁远县舜陵镇莲花塘	5 000	2011.09
78	4	湖南衡阳南方水泥有限公司二期	湖南衡阳祁东县天洞源工业区	5 000	2011.03
79	5	娄底国产实业水泥有限公司	湖南娄底涟源市斗笠山镇丰瑞村	5 000	2011.10
80	6	湘西自治州成美建材有限公司	湖南湘西州龙山县	2 500	2011.11
		6条生产线(796.7万吨熟料/年)		25 700	
	十七	广东			
81	1	华润水泥(封开)有限公司四线	广东肇庆市封开线长岗镇	5 000	2011.04
82	2	翁源中源发展有限公司中源水泥厂	广东韶关翁源县	5 000	2011.06
83	3	广东广英水泥公司三线	广东清远市清新县石潭镇	5 000	2011.10
84	4	中材罗定水泥有限公司一线	广东罗定平塘镇	5 000	2011.11
85	5	广东蕉岭县龙腾旋窑(油坑建材)有限公司一线	广东梅州蕉岭油坑工业基地	5 000	2011.12
		5条生产线(775.0万吨熟料/年)		25 000	
	十八	广西			
86	1	广西武鸣红狮水泥有限公司一线	广西南宁武鸣县宁武镇	4 000	2011.12
87	2	广西兴业海螺水泥有限公司二线	广西玉林市兴业县葵阳镇	5 000	2011.10
88	3	广西华润水泥(陆川)有限公司一期	广西玉林陆川县珊罗镇	5 000	2011.10
89	4	广西华润水泥(武宣)有限公司一期	广西来宾武宣县桐岭镇	5 000	2011.10
90	5	广西华润水泥(上思)有限公司二线	广西防城港市上思县思阳镇	5 000	2011.10
91	6	广西尖峰虎鹰水泥有限公司二期	广西河池东江工业园区	5 000	2011.12
		6条生产线(899.0万吨熟料/年)		29 000	
	十九	海南			
		0条生产线(0万吨熟料/年)		0	
	二十	重庆			
92	1	科华集团重庆石柱水泥公司一线	重庆石柱县大歇镇双会村	5 000	2011.04
93	2	冀东江津水泥有限公司二线	重庆江津油溪镇	3 200	2011.05
94	3	台泥合川水泥有限公司二期	重庆合川盐井镇建梁村	5 000	2011.10
95	4	冀东水泥合川有限公司一线	重庆合川区草街镇大庙村	5 000	2011.04
96	5	冀东重庆璧山水泥有限公司	重庆璧山县河边镇	5 000	2011.04
97	6	重庆海螺水泥有限公司二线	重庆忠县乌杨镇青岭村	5 000	2011.04
98	7	重庆九鑫集团水泥公司一线	重庆酉阳县龙江重工业园区	2 500	2011.05
		7条生产线(951.7万吨熟料/年)		30 700	
	二十一	四川			
99	1	四川德阳利森水泥有限公司二线	四川德阳什邡洛水镇	5 000	2011.03
100	2	达州海螺水泥有限责任公司二线	四川达州大竹县石河镇	5 000	2011.05
101	3	四川广元海螺水泥项目二期	四川广元市朝天区大巴口	5 000	2011.07
102	4	广安腾辉华峰水泥有限公司	四川广安市广安区桂兴镇桂南路	2 500	2011.03
103	5	台泥(广安)水泥有限公司一线	四川广安市广安区前锋镇集建村	5 000	2011.05
104	6	资中川威集团新船城项目三线	四川内江资中县铁佛镇	5 000	2011.10

续 表

总序号	序号	企业名称	建设地点	建设规模	投产日期
105	7	四川东森集团水泥有限公司	四川乐山市峨边县沙坪镇	2 500	2011.03
106	8	四川夹江规矩特性水泥有限公司	四川乐山市夹江县焉城镇迎春北路	2 000	2011.05
107	9	四川长宁红狮水泥有限公司	四川宜宾市长宁县硐底镇治平村	5 000	2011.12
108	10	天全线二郎山水泥有限公司一线	四川雅安天全县始阳镇	2 500	2011.12
109	11	甘孜州泸定桥水泥有限公司	四川甘孜州泸定县冷则啧镇	2 500	2011.12
110	12	西昌锦屏水泥有限公司二线	四川凉山州冕宁县泸沽镇	2 500	2011.12
		12 条生产线(1379.5 万吨熟料/年)		44 500	
	二十二	贵州			
111	1	钟山水矿鑫晟水泥有限公司一线	贵州六盘水市钟山区老鹰山镇	2 500	2011.06
112	2	贵州大方永贵建材有限公司	贵州毕节大方县东关乡	2 500	2011.02
113	3	威宁润基水泥有限公司	贵州毕节地区威宁县草海镇冒水村	3 200	2011.04
114	4	织金黔贵水泥有限公司	贵州毕节市织金县三甲乡小木嘎村	2 500	2012.12
115	5	贵州台泥(安顺)水泥有限公司一线	贵州安顺平坝县	4 000	2011.05
116	6	关岭港安水泥有限公司	贵州安顺市关岭市	2 500	2011.12
117	7	贵州中电投绥阳水泥有限公司	贵州遵义市绥阳县蒲场镇	3 000	2011.12
118	8	贵州瑞溪水泥发展有限公司	贵州遵义市正安县瑞溪镇	2 500	2011.06
119	9	贵州道真宏业水泥有限公司	贵州遵义市道真市阳溪镇	2 000	2011.12
120	10	惠水泰安水泥有限公司	贵州黔南州惠水县大坝乡	7 500	2011.06
121	11	长顺凯峰水泥有限公司	贵州黔南州长顺	2 500	2011.10
122	12	福泉利森水泥有限公司	贵州黔南州福泉市凤山镇	3 200	2011.12
		12 条生产线(1174.9 万吨熟料/年)		37 900	
	二十三	云南			
123	1	宜良金珠水泥有限公司二线	云南昆明市宜良县北古城镇	2 500	2011.08
124	2	大理鹤庆三德水泥有限公司二线	云南大理鹤庆县辛屯镇	2 500	2011.07
125	3	大理弥渡三德建材工业有限公司一线	云南大理州弥渡县寅街镇蔡家地村	2 500	2011.11
126	4	云南会泽县金塬建材有限公司	云南曲靖市会泽县城西郊以礼坪	2 500	2011.10
127	5	建材峨山宏峰建材公司	云南玉溪市峨山县双江镇小街	2 000	2011.11
128	6	华宁玉珠水泥有限公司三线	云南玉溪市华宁县宁州镇	3 000	2011.06
129	7	新平鲁奎山水泥有限公司	云南玉溪新平杨武镇	2 000	2011.05
130	8	刘总棋水泥厂	云南玉溪市大营街	2 500	2011.03
131	9	玉溪元江永发水泥有限公司	云南玉溪元江县江东社区漫林永发路	2 500	2011.09
132	10	宝山湾甸勐亚水泥有限公司	云南宝山市昌宁县湾甸乡下甸村	2 000	2011.10
133	11	丽江永保水泥有限公司五线	云南丽江市古城区金山乡文化村	5 000	2011.06
134	12	华新迪庆水泥有限公司	云南迪庆香格里拉县上江乡	2 000	2011.01
135	13	华新景洪水泥有限公司	云南西双版纳州景洪市勐罕镇	2 000	2011.11
136	14	昭通巧家白鹤滩水泥有限公司	云南昭通市巧家县新华镇逸博六村	2 500	2011.06
137	15	云南富宁县富州水泥公司	云南文山富宁县板仓乡	1 500	2011.09
138	16	德宏弘安水泥有限公司	云南德宏州潞西市遮放镇	2 500	2011.10
		16 条生产线(1224.5 万吨熟料/年)		39 500	
	二十四	陕西			
139	1	海螺礼泉水泥项目一期一线	陕西咸阳市礼泉县烟霞镇	5 000	2011.02
140	2	海螺礼泉水泥项目一期二线	陕西咸阳市礼泉县烟霞镇	5 000	2011.05
141	3	陕西汉中西乡尧柏水泥有限公司	陕西汉中西乡县杨河镇	2 500	2011.05
142	4	吴堡县黄河水泥厂技改项目	陕西榆林吴堡县宋家川镇	2 500	2011.11
143	5	陕西北元化工集团水泥有限公司二线	榆林市神木锦界工业园区	3 000	2011.12
		5 条生产线(558.0 万吨熟料/年)		18 000	
	二十五	甘肃			

续　表

总序号	序号	企业名称	建设地点	建设规模	投产日期
144	1	甘肃临洮三易水泥有限公司	甘肃定西市临洮县中铺工业园区	3 000	2011.01
145	2	平凉海螺水泥有限公司二期	甘肃平凉市崆峒区峡门乡	5 000	2011.06
146	3	临夏金德物业公司太子山水泥厂	甘肃临夏州和政县	2 500	2011.05
147	4	兰州甘草水泥集团公司公司二线	兰州兰州市榆中县甘草店镇	2 500	2011.05
148	5	文县祁连山水泥有限公司	甘肃陇南市文县石鸡坝乡新关村上河坝	2 000	2011.12
		5 条生产线(465.0 万吨熟料/年)		13 000	
	二十六	青海			
149	1	海西化工建材股份有限公司	青海德令哈市	2 500	2011.02
150	2	共和县金和水泥有限公司	青海海南州共和县恰卜恰镇	2 500	2011.09
151	3	青海金鼎水泥有限公司二线	海东地区乐都县	2 500	2011.08
		3 条生产线(232.5 万吨熟料/年)		7 500	
	二十七	宁夏			
152	1	宁夏赢海天祥建材有限公司四线	宁夏中卫市中宁县瀛海工业园区	3 200	2011.11
153	2	宁夏胜金水泥有限公司	宁夏中卫市宣和镇	2 500	2011.01
154	3	平罗恒达水泥有限公司	宁夏石嘴山市平罗	2 000	2011.05
		3 条生产线(238.7 万吨熟料/年)		7 700	
	二十八	新疆			
155	1	青松建化塔城乌苏市水泥项目	新疆塔城地区乌苏市石化工业园区	3 000	2011.06
156	2	青松建化阿克苏水泥有限公司二线	新疆阿克苏地区园林	2 500	2011.06
157	3	新疆天基水泥有限公司	新疆阿克苏地区阿温联盟工业园区	3 000	2011.06
158	4	伊犁天山水泥有限公司	新疆伊犁州察布查尔锡伯县伊南工业园	5 000	2011.08
159	5	阿克苏天山多浪水泥公司喀什分公司	新疆喀什疏附县浩罕乡土夏木帕夏村	4 000	2011.12
160	6	阿克苏天山多浪水泥公司叶城分公司	新疆喀什地区叶城县	4 000	2011.08
161	7	莎车上海建材隆基水泥有限公司	新疆喀什莎车县工业园区	2 500	2011.09
162	8	喀什飞龙水泥有限公司	新疆喀什地区喀什市北部	2 500	2011.05
163	9	喀什疏勒新森水泥有限公司	新疆喀什地区疏勒县	2 500	2011.07
164	10	喀什英吉沙雅森水泥有限公司	新疆喀什地区英吉沙县	2 500	2011.01
165	11	图木舒克市前海水泥有限公司	新疆喀什地区图木舒克市	2 000	2011.06
166	12	新疆金龙水泥有限公司	新疆伊犁州察布查尔锡伯县伊南工业园	4 000	2011.12
167	13	特克斯鑫疆建材有限公司	新疆伊犁州特克斯县呼吉尔特蒙古乡	2 500	2011.04
168	14	伊犁霍城三山水泥公司	新疆伊犁州霍城县清水河镇	3 000	2011.09
169	15	哈密弘毅水泥有限责任公司	新疆哈密市	5 000	2011.09
170	16	博州精河昆仑水泥有限公司	新疆博尔塔拉州精河县非金属工业园	2 500	2011.11
171	17	乌恰县新森水泥有限公司一线	新疆克孜勒苏柯尔克孜州乌恰县	2 500	2011.10
		17 条生产线(1643.0 万吨熟料/年)		53 000	
	二十九	西藏			
		0 条生产线(0 万吨熟料/年)		0	
	总计	171 条生产线(20543.7 万吨熟料/年)		662 700	
2011 年投产 171 条线,熟料产能为:662 700×310 天=20 543.7 万吨/年。					

2011年新建部分重点大型水泥生产线项目

Some newly built key large cement production line projects in 2011

东方希望重庆5条日产4 800吨生产线A线点火

1月11日，由苏州中材建设有限公司承建的东方希望重庆水泥有限公司5条日产4 800吨熟料水泥生产线A线一次性点火成功。

该项目由东方希望集团投资30亿元，分二期建设：一期A线已建成点火、B线即将点火，二期C、D、E线基础施工火热进行中。在该项目的过程中有二大亮点：一是世界首台新型双边缘传动立式生料辊式磨的安装调试成功，该设备在目前的负荷试车中运行正常；二是3台大风机的调试、运行成功（窑尾高温风机、生料循环风机、窑尾排风机的拖动方式由汽轮机替代高压电机），目前均运行正常。

云南省华新迪庆日产2 000吨新型干法熟料生产线成功点火

1月11日，华新迪庆公司日产2 000吨新型干法水泥熟料生产线成功点火，华新迪庆公司全体员工与施工单位代表等300余人参加了点火仪式。点火仪式由该公司副总经理杨罗太主持。

华新迪庆公司于2009年8月正式组建，新生产线于2009年9月动工兴建。该公司投产后，将为金沙江流域水电梯级开发提供中热水泥，使迪庆地区拥有自己的高品质水泥产品，为加快推进云南省水泥工业结构调整和产品升级，促进迪庆经济和社会发展做出重要贡献。

陕西礼泉海螺两条日产5 000吨生产线点火

1月14日，“礼泉海螺”两条日产5 000吨水泥熟料生产线在陕西礼泉烟霞镇项目基地正式投产。

礼泉海螺水泥项目是2010年咸阳市重点建设项目，总投资43亿元，是礼泉县有史以来最大的招商引资项目。在各方的共同努力下，经过15个月紧张施工，投资21亿元的日产5 000吨新型干法优质水泥熟料生产线2条、年产440万吨水泥粉磨系统、18兆瓦纯低温余热发电站1座、110kV变电站1座，和生产生活设施建成。二期将投资22亿元，建设日产12 000吨新型干法优质水泥熟料生产线1条，年产560万吨水泥粉磨系统、20兆瓦纯低温余热发电站1座。项目建成后，每年可产优质水泥1 000万吨以上，实现销售收入38亿元，增加财政收入5亿元，年减排二氧化碳20万吨，可直接、间接安置劳动力5 000多人，礼泉也将成为中国西北最大的水泥生产基地。

甘肃临洮三易水泥日产3 000吨生产线投产

1月15日，甘肃三易水泥有限责任公司日产3 000吨水泥生产线点火仪式在临洮县中铺工业园举行。

该项目总投资5.1亿元，年计划实现销售收入3.4亿元，利税1.2亿元。项目投产后，年可利用粉煤灰等固体工业废渣20多万吨，年节标准煤19 274吨，减排废弃24%左右。

昆钢镇康日产2 000吨生产线顺利达产达标

1月18日，昆钢镇康日产2 000吨水泥项目竣工达产庆典暨新型墙体材料项目开工仪式在南伞水泥厂举行。

昆钢镇康日产2 000吨水泥项目（镇康水泥建材有限公司）是昆钢控股有限公司下属云南昆钢水泥建材集团有限公司投资新建项目，总投资3.79亿元人民币，是临沧市第一条新型干法水泥熟料生产线，也是中缅边境的第一条日产2000吨新干法生产线，水泥日产超过3 000吨，整条生产线实现了达产达标。项目于2009年6月开工建设，2010年7月全面试车成功，8月进入试生产。10月18日实现了整条生产线达标达产，11月转入商业运营当月即实现利润240万元，11月至12月实现利润逾千万元，缴纳各项税费约900万元，取得了较好的社会和经济效益，为云南桥头堡建设和镇康经济建设做出了积极贡献。

唐山圣龙水泥日产4 000吨生产线投产

1月19日，唐山圣龙水泥有限公司日产4 000吨熟料新型干法水泥生产线正式建成。

唐山圣龙水泥有限公司是唐山黎河实业有限公司水泥分公司迁建的新生企业。该项目总投资7亿元，设计日产4 000吨熟料，年产熟料155万吨。投产后，年可实现销售收入10亿至15亿元。

贵州大方永贵建材日产2 500吨水泥项目点火

1月28日，贵州大方永贵建材公司日产2 500吨熟料水泥生产线比原计划点火目标提前60天一次点火成功。大方县县委书记、县长卢林，永贵能源开发有限责任公司总经理、大方永贵建材董事长朱俊福，公司总经理许立群共同点燃了胜利的火把，由公司副总经理肖战定顺利完成了回转窑点火。这标志着公司从项目建设阶段正式进入试生产阶段。

自2010年3月份项目动工以来，大方永贵建材全体员工用创业者的激情书写着“拓山志”。他们以坚定的信念、顽强的毅力克服了建设场地高差大、典型的喀斯特地貌、地下溶洞多等复杂的地质结构条件和夏季雨涝、冬季持续冻雨雪凝等恶劣天气，抢进度、抓质量、保安全。历经323天紧张施工，最终实现了水泥生产线提前点火试生产。刷新了云贵高原地区同规模水泥生产线14个月的建设速度，创造了11个月的建设奇迹。

清水河蒙西日产5 000吨生产线投产

2月1日，清水河蒙西一期日产5 000吨新型干法水泥熟料生产线成功投产，揭开了清水河蒙西发展历程中新的篇章。一期工程投产是“蒙西水泥”的重要里程碑，并为早日建成年产500万吨水泥熟料产业基地努力拼搏，争取做出贡献。

山西南娄集团日产2 500吨水泥线投产

2月14日，由北京凯盛承担工程设计及预热器等关键设备供货的山西南娄集团日产2 500吨熟料生产线项目顺利点火投料，经过数天的调试运行目前生产运转正常，生产的熟料各项指标达到设计要求，粉尘排放符合国家标准。

该生产线采用了公司最新研发的新一代RSP预热器系统，有效地解决了该厂原燃料里有害元素碱、氯、硫含量均高、燃料采用无烟煤、海拔高等技术难题。

四川利森什邡公司二期日产4 500吨项目点火

3月11日，四川利森集团什邡分公司二期日产4 500吨新型干法水泥生产线项目在四川省什邡市洛水镇点火投产。

该项目由南京凯盛水泥设计院设计，总投资9亿元人民币，配套建设有纯低温余热发电站、年输送能力达600万吨的10公里皮带长廊和石灰石矿山、利森技术及培训中心和利森公寓建设。项目被列入四川省2009年重大建设项目和德阳市灾后重建重点项目。

青海互助金圆二期日产4 000吨生产线点火

3月12日，青海互助金圆水泥有限公司二期日产4 000吨新型干法水泥熟料生产线点火投产。

青海互助金圆水泥有限公司是金圆控股集团响应国家产业结构调整，发展循环经济，实施中西部发展战略投资建设的大型水泥生产企业之一，是金圆控股集团公司“扩大区域水泥产能，做大做强水泥主业”之主要布点单位。公司一期工程日产3 200吨新型干法熟料生产线总投资为3.5亿元，已于2009年5月建成投产。互助金圆两条熟料生产线世界高海拔地区最大的新型干法熟料生产线，也是目前青海省最大规模的新型干法熟料生产线。

蒙西清水河年产500万吨熟料基地一期工程投产

3月12日，内蒙古蒙西水泥集团蒙中区清水河年产500万吨熟料生产基地一期日产4 500熟料生产线暨年产200万吨水泥生产线顺利投产。

蒙中区清水河年产500万吨熟料生产基地是蒙西水泥集团投资建设的大型水泥生产企业之一，也是其内蒙古中部的主要布点单位。本项目投产后，蒙西水泥集团的水泥生产能力达到了1 400万吨，是目前内蒙古自治区最大的水泥生产企业。

天山股份八个水泥项目齐开工

3月18日，新疆天山水泥股份有限公司在乌鲁木齐、哈密、克孜勒苏柯尔克孜自治州、和田等地的8项水泥工程同时开工，8个项目总投资51.38亿元。

此次开工建设的8项工程既有西北地区第一条利用水泥窑处置城市污泥、垃圾的科技创新项目，也有南疆、东疆片区第一条日产熟料5 000吨的大型水泥生产线，还有北疆片区的水泥结构挑战项目。所有项目都采用最先进的生产装备和工艺及节能减排技术。

甘肃祁连山水泥2条日产4 500吨生产线在古浪开工

3月22日，甘肃祁连山水泥集团股份有限公司日产2条日产4 500吨干法水泥生产线在古浪县开工建设。

祁连山水泥集团日产2条日产4 500吨吨新型干法水泥生产线项目由甘肃祁连山水泥集团股份公司建设，主要包括2条日产4 500吨新型干法水泥生产线，配套建设装机容量2×7.5MW纯低温余热发电机组，并淘汰落后的日产400吨立筒预热器窑和1 000吨水泥生产线。项目计划总投资14亿元，项目建成后年可实现销售收入12亿元，利税2.4亿元。

中材国际(天津)总承包华润长治日产4 500吨生产线开工

3月28日，由中国中材国际工程股份有限公司天津公司总承包的华润水泥(长治)有限公司日产4 500吨新型干法水泥熟料生产线项目开工建设。

该项目采用了目前最先进、最成熟可靠的新型干法窑外分解技术，将大量采用天津公司的新技术新装备，突出节能降耗的特点。项目总承包范围包括石灰石破碎至水泥成品出厂的一条完整的日产4 500吨熟料水泥生产线的设计、供货、施工及调试至达标达产。

华润水泥(武宣)2条日产4 500吨熟料项目一期投产

3月29日，华润水泥(武宣)有限公司2条日产4 500吨熟料新型干法水泥生产线项目一期工程正式点火投产。

该项目规划分期建设2条日产4500吨熟料新型干法水泥生产线，并同时配套建设9MW纯低温余热发电项目。生产线由国内设计实力最强的天津水泥工业设计研究院设计，采用当今国际最先进的旋风预分解窑新型干法水泥生产工艺技术，选用先进、成熟、可靠的设备，部分关键设备、部件从国外进口，采用中央控制室集散控制系统，实现了整个生产流程的自动化。

重庆海螺一期第二条日产4 500吨熟料生产线顺利点火投产

4月6日，重庆海螺公司第二条日产4 500吨水泥熟料生产线顺利点火投产。

重庆海螺公司一期二线4500t/d熟料生产线自开工以来得到了集团和股份公司的大力支持。项目建设过程中，集团公司领导、股份公司领导多次亲临公司帮助解决问题，并委派大批专业骨干、技术专家支援建设，充分利用区域支援，确保了生产线的顺利点火。

贵州三岔拉法基日产4 600吨熟料水泥生产线项目建成投产

4月7日，由中国中材国际工程股份有限公司天津公司总承包的遵义三岔拉法基瑞安水泥有限公司日产 4 600 吨熟料水泥生产线建成投产。

中材国际(天津)签尧柏水泥 4.8 亿总承包合同

4 月 7 日，中国中材国际工程股份有限公司天津分公司与陕西尧柏特种水泥集团有限公司在西安签署了和田尧柏水泥有限公司日产 4 500 吨熟料水泥生产线项目工程建设总承包合同，合同总金额 4.8 亿元。这是新疆于田县近年招商引资的最大项目。

和田尧柏项目是尧柏集团响应国家西部大开发和中央关于新疆跨越式发展号召的具体举措，全面采用中材国际(天津)开发的具有国际先进水平和我国自主知识产权的技术和装备，项目生产线综合性能和可靠性高，是名副其实的绿色环保的标杆项目。

贵州威宁年产 150 万吨水泥厂落成投产

4 月 23 日，威宁自治县润基水泥有限公司日产 3 500 吨生产线投产，年产值 4.8 亿元。

该公司坐落于威宁县金钟镇工业园区，是威宁县招商引资的重大项目之一，也是毕节地区的重点项目。项目总投资 3.5 亿元，公司拥有一条年产 150 万吨新型干法水泥生产线，采用了国际先进的窑外分解工艺，是现代水泥生产企业最新环保型工厂。公司投产后，将为威宁优化产业结构，促进就业，解决内部需求，推动地方经济发展起到很大的推动作用，为威宁“两年提速”发展的目标注入了新的活力。

礼泉海螺第二条日产 4 500 吨水泥熟料生产线点火

4 月 29 日，礼泉海螺一期第二条日产 4 500 吨水泥熟料生产线成功点火。

礼泉海螺一期第二条生产线的成功点火，标志着礼泉海螺项目建设在胜利的道路上又迈出了坚实的一步，进一步夯实了集团西部战略发展的基础。礼泉海螺公司上下一定再接再厉，在集团公司和区域的正确引导和统筹管理下，力争早日实现二期 12 000 吨水泥熟料生产线的开工建设和点火投产，为集团西部发展战略和西部水泥产业结构调整作出应有的贡献。

重庆九鑫集团年产 300 万吨水泥项目投产

5 月 9 日，重庆九鑫集团年产 300 万吨新型干法水泥项目点火投产仪式在重庆酉阳自治县龙江重工业园举行。

该项目于 2009 年 5 月落户该县龙江重工业园，是目前国内设计最流畅、设备最合理、自动化程度最高的水泥生产线。项目总投资 10 亿元，可实现年产值 12 亿元，创利税 2 亿元，提供 500 余个就业岗位。

青海祁连山水泥有限公司二线日产 4 500 吨水泥生产线投产

5 月 12 日，青海祁连山水泥有限公司举行了二线日产 4 500吨水泥生产线竣工点火投产仪式。项目建成投产后，青海祁连山年产能规模将达到 300 万吨，为青海公司实现青藏市场发展目标奠定了坚实基础，是祁连山“两圈两带”区域布控战略浓墨重彩的一笔，也是集团实施西部战略所取得的又一重要成绩。

该项目是祁连山跨省建设的第一条日产 4 500 吨生产线，自 2009 年 10 月开工建设以来，全体项目建设者克服高寒、高海拔的恶劣气候，抢工期，赶进度，历时 400 多天，圆满完成了建设投产目标。

甘肃京兰水泥日产 4 600 吨熟料水泥线点火

5 月 15 日，甘肃京兰水泥有限公司日产 4 600 吨熟料水泥生产线点火仪式在兰州市榆中县举行。甘肃京兰水泥有限公司是湖北京兰水泥集团下属的一家子公司，属兰州市招商引资重点企业。公司溢价 3 800 万元收购了已破产的原榆中县水泥厂。淘汰了原厂两条总产能 12 万吨的立窑水泥生产线，投资 6 亿元在原厂址兴建一条日产 4 600 吨的新型干法熟料水泥生产线，

祁连山玉门 2 条日产 4500 吨新型干法水泥生产线项目

5 月 18 日，“祁连山玉门”2 条日产 4 500 吨新型干法水泥生产线项目奠基开工。

该项目是祁连山水泥集团贯彻实施甘肃省“工业强省”战略和中材集团西部扩张战略，加快优化河西走廊水泥产业布局的一项重要战略举措。项目建成后，玉门祁连山公司将成为酒泉地区产能规模最大的水泥生产企业，必将有力推动地方工业经济更好更快发展，实现企业与地方政府的互惠、共赢。

冀东重庆江津完整线日产 3 200 吨生产线达产

5 月 21 日，冀东水泥重庆江津有限责任公司二线日产 3 200吨熟料生产线顺利通过 72 小时达产考核。从投料到达产，江津公司共用时 5 天 11 小时 49 分，创造了冀东水泥熟料生产线达产新纪录。

泰安水泥年产 400 万吨水泥生产线点火投产

5 月 23 日，贵州惠水泰安水泥有限公司举行点火投产典礼。该项目总投资 15.6 亿，占地 2 400 亩，采用世界先进技术，具有低能耗，产量高，成本低，污染小，清洁环保等特点。项目预计实现年销售收入 12 亿，净利润 2.5 亿，上缴税收 1.5 亿，直接或间接解决就业 2000 人。此外，该生产线配套有 16 兆瓦的余热发电项目，日处理 600 吨的污泥焚烧项目及日处理 350 吨的垃圾焚烧项目。

达州海螺二期日产 4 500 吨熟料生产线点火

5 月 27 日，达州海螺公司隆重举行二期日产 4 500 吨水泥熟料生产线点火投产仪式。“达州海螺”二期熟料生产线的成功点火，将大大增强“海螺水泥”在川渝区域市场竞争力和影响力，有利于进一步掌控水泥市场话语权，加强区域行业结构调整，推动集团新一轮建设发展。

安徽淮北年产 100 万吨水泥生产线投产

5 月 27 日，淮北相淮水泥有限责任公司所属的淮北矿务局水泥临涣工业园项目正式投产，这标志着淮海集团建材板块的发展建设进入到一个新的水平。

淮北相淮水泥有限责任公司是淮海集团相山水泥公司全资子公司，是淮海集团“十二五”发展规划的重点项目。该项目占地面积为6万平方米，一期工程计划投资7 500万元，年设计产能100万吨水泥，综合利用临涣工业园的废渣可达40多万吨，二期工程建成后年废渣综合利用将达到80至90万吨。

中建材佳木斯北方日产4 500吨新型干法生产线投产

5月28日，“中建材北方水泥”佳木斯日产4 500吨水泥熟料生产线。

该生产线采用目前国内最先进、成熟的新型干法窑外预热分解生产工艺，生产过程全部实现自动化在线控制，具有系统先进、工艺合理、节能环保的特点，采用高效、低耗、环保、循环经济型生产工艺生产。

该项目总投资近6.5亿元，投产后水泥年产能规模将达到500万吨，余热发电7 000万千瓦时，年新增销售额4.9亿元，年新增地方税收4 000万元。

甘肃和政新型干法水泥生产线投产

5月30日，甘肃和政县太子山水泥厂120万吨新型干法水泥生产线点火投产。

太子山水泥厂位于和政县循环经济产业园区内，计划投资7亿元，采用先进的窑外分解生产工艺，建设两条日产3 000吨新型水泥熟料生产线，并带两条4.5兆瓦纯低温余热发电。

总投资12亿元台泥安顺一期工程投产

5月31日，台泥安顺一期工程顺利竣工投产，贵州省副省长孙国强、中国水泥协会会长雷前治出席点火仪式。

台泥安顺项目总投资12亿元人民币，完全建成后将形成年产优质水泥400万吨的生产能力，同时利用余热发电，预计年发电量1.3亿度，并为当地带来800余个劳动就业岗位。

青海共和县金河水泥日产2 500吨生产线投产

6月2日，青海省共和县金河水泥有限公司举行年产100万吨新型干法水泥生产线竣工投产仪式，标志着海南州建材工业发展又迈进新的一步。

共和县金河水泥有限责任公司日产2 500吨熟料新型干法窑外分解水泥生产线，配套装机容量为4.5兆瓦纯低温余热发电，项目总投资2.8亿元，项目全部投产后实现年产值3亿元，年创税1亿元，同时解决就业200多人。

冀东璧山水泥日产4 500吨生产线正式投产

6月2日，冀东水泥璧山有限公司生产线点火成功，这标志着作为璧山县四大重点项目之一的冀东水泥股份公司璧山项目正式投入生产。

冀东水泥股份有限责任公司在璧山县投资建设日产4 500吨熟料纯低温余热发电项目，被重庆市政府列为重点项目和璧山县政府四大重点项目之一。该项目总投资8亿元，占地20.6公顷，冀东水泥项目投产后，年生产水泥200万吨，发电量7 200万度，可实现销售收入6亿元以上，税收4 000万元以上，解决就业人数达到300人，对进一步优化璧山的产业结构，带动工业经济快速发展起到重要作用。

冀东水泥合川日产4 600吨熟料生产线一期点火

6月8日，冀东水泥合川日产4 600吨熟料生产线成功点火。

该项目投资15亿元，生产线设备由冀东水泥集团自行设计，水泥窑、篦冷机、辊压机、水泥磨等大型主机设备全部实现了自主研发制造，设备国产化率99%以上。试生产的同时，配套建设的10兆瓦纯低温余热发电机组也将开始发电，大规模利用工业废渣，实现节能、降耗、减排，其年发电6200万千瓦时的“温余热电”将全部用于水泥生产。

山西新绛威顿水泥日产4 500吨熟料生产线投产

6月12日，由邯郸中材建设有限公司承建的山西省新绛威顿水泥有限责任公司日产4 500吨水泥熟料生产线二期工程顺利点火成功。

该项目位于山西省新绛县泽掌镇，项目总投资5.4亿元人民币，是山西新绛威顿水泥有限责任公司继2001年8月建成投产的日产1 000吨水泥熟料生产线后，又投资建设的日产4 500吨水泥熟料生产线第二期工程，新增年产200万吨优质水泥的生产能力。

贵州瑞溪水泥日产2 500吨新型干法水泥生产线点火投产

6月12日，贵州瑞溪水泥日产2 500吨新型干法水泥生产线的点火仪式在贵州省正安县瑞溪镇燕子坝举行。

该项目由贵州瑞溪水泥发展有限公司实施，公司注册资金8 800万元，该水泥厂的建成点火投产是该县突破工业化的标志性项目，填补了正安县无规模工业企业的空白。该项目建成后，可年产水泥120万吨，年产值可突破3.5亿元，年可创税3 000万元，年可实现利润5 000万元，可解决社会就业人员300余人，将对正安经济社会的发展起到积极的推动作用。

广东翁源中源水泥日产3 850吨熟料生产线投产

6月12日，由天津公司设计并提供主机设备的广东省韶关市翁源县中源水泥厂日产3 850吨熟料生产线正式竣工。

该条生产线由当地民营企业家共同投资建设，总投资5.5亿元人民币，采用了天津公司自主研发制造的第三代TTF窑尾预热器系统和第四代篦冷机。

河北武安新峰水泥第二条日产4 800吨生产线点火

6月16日，由邯郸德鹏机械设备有限责任公司负责安装的河北武安新峰水泥第二条日产4 800吨熟料生产线点火成功。

该生产线位于河北武安市，自去年12月16日开始建设，总投资人民币10个亿左右。

甘肃山丹铁骑公司年产120万吨水泥线奠基

6月16日，甘肃省张掖市山丹县山丹新型工业区内彩球高悬、龙腾狮跃、礼炮震天，山丹铁骑水泥有限责任公司日产2 500吨新型干法水泥生产线奠基仪式隆重举行。

该项目是采用国内外最先进的新型干法窑外分解生产工艺建设的一条日产2 500吨新型干法水泥生产线，并配套建设纯低温余热发电站项目，总投资3.5亿元。

湖南靖州金大地日产3 000吨水泥生产线点火

6月22日，湖南靖州金大地水泥有限责任公司日产3 000吨新型干法水泥生产线举行点火仪式。

该项目于2009年9月由湖南金大地材料股份有限公司投资开工建设，生产线由矿山开采、石灰石破碎、4.96公里原料皮带机输送、熟料烧成、水泥粉磨、余热发电及水电供给系统等组成，固定资产总投资达3.89亿元。

甘肃平凉海螺二期日产4 500吨生产线投产

6月24日，平凉海螺水泥公司二期日产4 500吨熟料生产线点火投产，这标志着甘肃省最大的2条日产4 500吨新型干法水泥熟料生产线项目全部建成投产。

该项目总投资15亿元，分两期进行，建设2条日产4 500吨新型干法熟料生产线、440万吨水泥磨粉和18兆瓦余热发电系统。

冀东启新水泥日产5 000吨项目正式投产

6月26日，冀东启新水泥项目正式竣工投产，具有120多年历史的启新水泥厂搬迁改造项目迈出重要一步。

冀东启新水泥项目位于古冶区，总投资7.8亿元，年生产水泥250万吨、可综合利用工业废渣60万吨，发电7 200万度，年可实现销售收入6亿元，新厂的产能、效益比老启新翻一番以上。冀东启新水泥项目2009年10月开工建设，2010年10月点火进入试生产阶段，创造了唐山大型水泥项目建设速度新纪录。

湖南益阳海螺日产4 500吨生产线奠基

6月30日，益阳海螺水泥有限公司新型干法水泥生产线工程奠基典礼在安化县仙溪镇大墩村隆重举行。

该项目由安徽海螺集团有限公司投资兴建，主厂区占地600余亩，规划建设2条日产4 500吨新型干法水泥熟料生产线，并配套建设年产500万吨水泥粉磨和装机1.8万千瓦纯低温余热发电项目，总投资16亿元。项目全部建成后，生产规模将达到年产熟料360万吨、水泥500万吨、发电1.38亿度，缴纳税收2亿元以上，成为湖南省先进的现代化环保型水泥熟料生产线。

新疆青松建化克州水泥日产6 000吨生产线开工

7月1日，新疆克州青松水泥有限公司日产6 000吨熟料水泥生产线项目正式破土开工。该项目是合肥水泥研究设计院与新疆青松建材化工(集团)股份有限公司第一个合作项目，同时也是合肥院院进军新疆的第一个项目，对于合肥院在新疆乃至西北地区的发展具有重要的战略意义。

大理三德水泥鹤庆二期日产2 500吨生产线点火

7月4日，由苏州中材总承包的大理三德水泥公司鹤庆二期日产2 500吨熟料生产线一次性点火成功。

鹤庆二期日产2 500吨熟料生产线是苏州中材在云南的第二条EPC项目，从开工到投产，仅用了一年的时间，效率之高，速度之快，得到了三德集团董事局高新平主席的充分肯定和认可，同时也赢得了云南省、大理州、鹤庆县各级政府的一致好评。

青海盐湖海纳化工日产4 600吨熟料水泥项目点火

7月8日，由苏州中材建设有限公司承建的盐湖海纳化工有限公司日产4 600吨熟料水泥生产线顺利点火。

青海盐湖海纳项目地处海拔2500米的青藏高原，项目部克服了高原特殊的气候条件及地理环境，最终顺利完成了回转窑年内合龙的计划。

内蒙古千峰水泥一期日产4 800吨熟料生产线投产

7月10日，黄河工贸集团千峰水泥1#熟料生产线项目正式投入生产。

该项目总投资9亿元，占地面积8万平方米，生产工艺采用国内最先进的5级旋风预热窑外分解技术，配套纯低温余热发电装置。两条线全部建成投产后，可年产熟料350万吨，回收余热发电量1.2亿度。项目可利用固废尾矿和工业废渣废料，有效实现资源循环综合利用，为建设资源节约型、环境友好型企业打下了坚实的基础。

明狮水泥公司日产2 500吨生产线竣工

7月17日，福建明溪县明狮水泥有限公司日产2 500吨的熟料水泥生产线完成烘窑，正在投料试产。该项目总投资4.3亿元，其中固定资产投资约4.17亿元，用地25.378公顷，是三明市的重大项目之一。该项目位于明溪县雪峰农场伍厝，采用新型干法预分解生产工艺，建设一条带9 000kW纯低温余热发电的日产2 500吨熟料水泥生产线，年可产熟料148.5万吨、水泥200万吨，年发电量为6 048×104kWh，年供电量为5 564×104kWh。

新疆疏勒县日产2 500吨水泥生产线点火

7月26日，新疆疏勒县新森水泥有限责任公司日产2 500吨水泥生产线点火仪式举行。

疏勒县新森水泥项目总投资5.6亿元，项目占地面积350亩，建筑面积9万平方米，注册资本1.2亿元，计划建设两条生产线，年产可达200万吨熟料水泥，两条线建成投产后年产值可达8亿元以上，年利税达到9 000万元以上，为当地提供500余个就业岗位。一期项目建成投产，日产熟料水泥可达2 500吨，年产100万吨。该项目采用新型干法预分解生产技术和纯低温余热发电技术，引进建设日产2 500吨熟料带余热发电水泥生产线，年产水泥熟料77.50万吨，水泥约100万吨，年发电量为30 960 000千瓦时，年供电量为28 480 000千瓦时。主要生产P.O52.5水泥9.40万吨，P.O42.5水泥65.80万吨，P.C32.5水泥18.80万吨。

广元海螺水泥项目竣工投产

7 月 30 日，广元海螺水泥项目全面竣工暨广元海螺塑编项目一期工程投产仪式在朝天区大巴口工业园举行，标志着朝天区震后引进的最大工业项目建成投产。

该项目总投资 1 亿元，一期工程投资 4000 万元，年产水泥化工编织袋 2 亿条。项目全部建成投产后，可年产 6 亿余条塑料编织袋，为海螺集团在川、陕、甘、黔、渝等地项目提供配套服务。

华润水泥福建新罗、永定两项目点火投产

8 月 3 日，龙岩市分别在新罗岩山和永定龙潭，同时举行"华润水泥"2 个项目的点火仪式。这标志着"华润"在龙岩市打造千万吨级水泥生产基地迈出了实质性的步伐，是华润集团走进海西、支持帮助闽西老区发展的重要成果，也是进一步深化"华润"龙岩全面合作的新起点。

华润水泥(龙岩)有限公司于 2009 年 3 月正式成立，项目总规划为一条带 9 000 千瓦纯低温余热发电的日产 4 500 吨熟料水泥生产线，投产后年产熟料 140 万吨，水泥 200 万吨，产值约 6 亿元，实现利税约 1 亿元，余热发电年发电量为 6 000 万度。华润水泥(永定)有限公司成立于 2009 年 12 月，总规划为两条带 9 000 千瓦纯低温余热发电的日产 4 500 吨熟料水泥生产线，两期项目全部建成后年产熟料 310 万吨，水泥 400 万吨，产值约 10 亿元，实现利税约 1.6 亿元，余热发电年发电量 12 000 万千瓦时。

江苏信宁建材日产 4 800 吨熟料水泥项目点火

8 月 6 日，由中国中材国际工程股份有限公司(南京)总承包的江苏信宁新型建材有限公司日产 4 800 吨熟料带余热发电水泥生产线在合同期内顺利点火。

该工程项目位于江苏省南京市浦口区星甸镇石窑村，由江苏信宁新型建材有限公司投资，总投资额约 5.85 亿人民币，项目由中材国际(南京)采用 EPC 总承包方式建设。项目于 2010 年 1 月 6 日正式开工，合同工期为 21 个月。

喀什天山日产 4 000 吨熟料线窑点火

8 月 15 日，新疆天山股份有限公司喀什天山公司日产 4 000吨熟料水泥生产线点火。

该生产线于 2010 年 8 月 26 日正式破土动工建设，12 个月的施工建设，除去新疆冬天不能施工的月份，喀什天山的项目建设再次创下了"天山股份速度"。

湖南永州莲花二期日产 4 000 吨生产线点火投产

8 月 15 日，湖南永州莲花水泥二期日产 4 000 吨干法水泥生产线点火投产，标志着该企业年生产能力将达 250 万吨。

该生产线投资 5 亿元，同时配有 9.5 兆瓦纯低温余热发电项目，采用国际先进的新型干法水泥生产线窑外分解技术、国际国内一流环保技术装备和集成式计算机工艺控制操作系统，具有综合成本低、资源综合利用率高、环保清洁生产等特点。生产污水实现"零排放"，各项生产技术指标均达到国际领先水平。投产后，年产值可达 8 亿元，年创税收 5000 万元，提供就业岗位 1 000 多个。

新疆若羌族天山水泥日产 3 000 吨熟料项目开工奠基

8 月 16 日，由新疆天山水泥股份有限公司投建的"若羌天山水泥有限责任公司日产 3 000 吨熟料水泥生产线项目"在若羌县城区以东循环生态工业园举行项目奠基仪式。

该项目由新疆天山水泥股份有限公司在若羌县投资 4.48亿元，建设一条日产 3 000 吨新型干法水泥熟料生产线并配套 6 000 千瓦低温余热发电机组，实现年产 93 万吨熟料、120 万水泥的产能。

伊犁天山水泥有限责任公司日产 4 500 吨水泥生产线点火

8 月 18 日，投资 7.5 亿元的伊犁天山水泥有限责任公司日产 4 500 吨水泥熟料生产线正式点火烘窑。该线是目前新疆范围内规模最大的水泥熟料整装生产线。点火后，该项目也进入单机试车和联动试车的重要阶段。

新疆叶城天山水泥日产 4 000 吨熟料生产线点火

8 月 21 日，叶城天山水泥有限责任公司日产 4 000 吨水泥熟料生产线点火仪式举行。

该生产线的主要市场定位是配合叶城县地区水泥工艺结构调整，填补由于落后生产能力淘汰形成的市场空白，同时满足当地日益增长的优质新型干法水泥需求。

河北临城福石水泥日产 3 000 吨熟料生产线点火

9 月 7 日，合肥水泥研究设计院承建的河北临城福石水泥有限公司日产 3 000 吨水泥熟料生产线正式点火。

江西南城南方水泥日产 4 800 吨熟料生产线正式点火投产

9 月 8 日，江西南城南方水泥日产 4 800 吨熟料生产线正式点火投产。

江西南城南方水泥有限公司由中国建材集团投资兴办，项目选址南城县上唐镇，项目投资 6.5 亿元，占地 400 亩，主要生产水泥成品及商品熟料。企业达产达标后，可年产 200 万吨水泥，实现销售收入 8 亿元，解决 350 余人就业。

江西丰城南方水泥公司日产 5 000 吨水泥熟料生产线投产

9 月 9 日，江西丰城南方水泥有限公司日产 5 000 吨水泥熟料生产线举行开工点火仪式。项目总投资 7 亿元，采用目前最先进的新型干法窑外分解工艺，配有 9 兆瓦纯低温余热发电系统和年产 200 万吨水泥磨粉生产线。

河北灵寿县日产 4 500 吨生产线投产

9 月 18 日，河北省重点项目灵寿县中山水水泥有限责任公司日产 4 500 吨新型干法生产线竣工投产。该项目总投资 6.2 亿元，占地 300 亩，项目三期工程投产后，可实现年销售收入 7.28 亿元，利税 1.02 亿元。每年节约标煤 1.21 万吨，消耗工业废渣 7 万吨左右，降低二氧化硫排放 1724 吨，降低二氧化碳排放 3 万吨，主要污染物粉尘排放减少 441 吨。

黑龙江鹤岗鑫塔水泥日产 2 500 吨熟料生产线投产

9 月 21 日，鹤岗鑫塔水泥有限责任公司日产 2 500 吨熟料生产线竣工仪式在鹤岗市举行。

鹤岗鑫塔水泥有限公司年产 100 万吨水泥生产线项目，项目总投资 3.8 亿元，采用国内先进的干法水泥生产工艺和新技术，综合利用矸石电厂和热电厂的工业废渣，有效地解决了工业废料对环境的污染。新厂建设后熟料产量达每天 2500 吨，年生产水泥 100 万吨，达产后，年可实现销售收入 3 亿元，利税 6 000 万元。

四川川威水泥星船城日产 4 000 吨熟料新型干法水泥生产线竣工投产

9 月 26 日，星船城日产 4 000 吨熟料新型干法水泥生产线竣工投产。该项目是资中县与川威集团为做大做强水泥产业的又一个重大项目。

该项目包括一条日产 4 000 吨熟料新型干法水泥生产线、一条 9 兆瓦的余热发电项目，项目总投资超过 10 亿元，项目建成后将新增新型干法水泥 240 万吨，新增产值 7 亿元，新增利税 1.5 亿元。项目采用目前最先进的新型干法窑外分解生产工艺，从矿山破碎到水泥出厂，全线采用自动化程度高的 DCS 控制系统，大大提高了劳动生产率，一期和三期全部投产后，人均年产近 10 000 吨。在设备的选型上，生料制备采用立磨、核心的技术装备中采用了高效率、可燃烧无烟煤的分解炉、水泥制成采用了辊压机和球磨机的联合粉磨系统，同时大型的传动设备全部配备了变频器，可大大降低生产能耗，节约能源。项目每年采用工业废渣 70 万吨以上，如威钢的钢渣、水淬矿渣、工业废石膏等。

中材国际(南京)承建国产实业湖南线点火

10 月 1 日，由中材国际工程股份有限公司(南京)承建的国产实业(湖南)水泥有限公司日产 4 500 吨熟料水泥及余热发电生产线顺利点火，标志着该项目取得了重要阶段性成果。该项目位于娄底市斗笠山镇处于湖南中西地区，环境条件较差，项目部克服多重困难，确保工程进度，实现了如期点火。

福建谋成水泥年产 100 万吨生产线点火

10 月 14 日，福建谋成水泥发展有限公司年产 100 万吨新型干法旋窑水泥生产项目(二期)点火投产。随着该项目生产线的投产运行，永安市旋窑水泥产能将达到 800 万吨，标志着该市向打造海西旋窑水泥生产基地的目标又迈出了坚实的一步。

贵州长顺凯峰水泥日产 2 500 吨生产线投产

10 月 18 日，贵州长顺凯峰水泥有限责任公司日产2 500 吨熟料新型干法水泥生产线在长顺县威远工业园区举行点火投产仪式。

该项目总投资 3.6 亿元，占地 328 亩，项目建成后年产水泥 120 万吨，年产值可达 4.6 亿元、税收 4 600 万元、利润 6 600万元，将带动就业包括钢球钢锻坯、纸袋、煤场、煤矸石、石灰石矿山、运输业等 2000 余人就业，被省发改委、省经信委确定为省重点项目。

蒙西水泥日产 4 000 吨熟料生产线正式投产

10 月 18 日，鄂市建材公司日产 4 000 吨新型干法熟料生产线成功投产，揭开了鄂市建材发展历程中崭新的一页。

作为蒙西水泥集团在西部区全力打造的年产 500 万吨熟料生产基地的重要项目，自 2010 年 3 月 18 日开工建设以来，公司上下团结一心，边生产、边建设，克服了工期紧、任务重、施工难度大等诸多困难，合理优化工艺方案、严抓工程建设质量与施工安全，历经一年多的艰辛建设，如期投产运行。

广东清远广英水泥日产 5 000 吨项目点火

10 月 25 日，由苏州中材承建的广东清远广英水泥有限公司日产 5 000 吨熟料水泥生产线技改工程成功点火。

据了解，广东清远项目是继日产 2 500 吨熟料水泥生产线之后第二次与广英水泥公司合作。由于各种原因前期土建施工过于缓慢。8 月底电缆及桥架全部到齐，具备大规模施工条件；9 月中旬总降开始送电，项目施工步入高峰期，此时正值暑季，高温炎热，项目部精心组织、加班加点，一个月时间完成大部分电缆敷设、接线、调试等工作。

华润水泥(陆川)项目一期工程正式竣工投产

10 月 27 日上午，华润水泥(陆川)有限公司两条日产 4 500吨熟料新型干法水泥生产线一期工程竣工投产。

华润水泥(陆川)项目总体规划建设两条日产 4 500 吨熟料的水泥生产线，投资总额 13.5 亿元，采用目前世界上最先进的新型干法窑外分解生产工艺，建设两条配备 9 000 千瓦纯低温余热发电的新型干法水泥生产线。项目投产后，每条生产线年产熟料 148.5 万吨，年产商品熟料 26.5 万吨，年产水泥 160 万吨，余热发电年产发电量为 6 048×104 千瓦时，年供电量为 5 564×104 千瓦时。

广西兴业海螺水泥二期日产 4 000 吨生产线点火投产

10 月 27 日，广西省兴业县海螺水泥 2 条日产 4 000 吨新型干法水泥熟料生产线二期项目正式点火投产。

该项目总投资 8 亿元，建成投产后兴业海螺水泥公司年产销规模将达 500 万吨，年销售收入可达 12 亿元，为地方上缴利税约 1.2 亿元，新增就业岗位 1 000 多个。

中材罗定日产 4 500 吨水泥熟料线点火

10 月 28 日，中材罗定水泥有限公司日产 4 500 吨水泥熟料生产线点火。

中材水泥罗定项目一期日产 4 500 吨熟料水泥生产线总投资 7.6 亿元，于 2010 年 10 月开始建设，项目提前两个月完成建设任务。该项目包括一条日产 4500 吨熟料生产线、二套水泥粉磨系统和纯低温余热发电机组，采用新型干法预分解生产工艺，引进国际上先进的分析仪进行质量控制；同时，项目二期两条 5000 吨生产线已完成矿山资源的勘察工作和项目可研报告、水土保持方案的编制，正在开展环境影响评价和配套矿山权证的办理工作。项目投产后，每年可生产优质熟料 170 万吨，优质水泥 200 万吨，实现年销售收入 7.5 亿元，可上缴各种税费 7 000 万元。

新疆昆仑水泥年产百万吨项目投产

10 月 31 日，新疆精河县昆仑水泥一期年产 100 万吨新型水泥干法水泥生产线工程投产。据了解，该工程投资 3.2 亿元，采用了先进的新型干法工艺技术，实行计算机网络集散控制，技术指标符合《水泥工业产业发展政策》中的能耗指标要求。该项目投产后，年生产水泥可达 100 万吨，可实现销售收入 3 亿元、利税 3 000 万元、安排 300 人就业。

新疆乌苏青松日产 3 000 吨水泥生产线投产

11 月 2 日，新疆乌苏青松建材公司日产 3 000 吨新型干法水泥生产线项目在乌苏市石化工业园竣工投产。此项目是中电投乌苏热电项目的配套项目，由新疆青松水泥有限责任公司与中电投新疆能源有限公司共同出资 4.5 亿元兴建，设计产能为熟料 90 万吨、水泥 120 万吨。

池州海螺三期第三条日产 4 500 吨水泥生产线投产

11 月 11 日，池州海螺三期第三条日产 4 500 吨水泥熟料生产线点火仪式举行。

该项目在工艺设计、设备成套、环保设施等方面均在原有基础上采取最新的科技成果，进一步优化，做到工艺更先进、装备更可靠、运转更高效。其中先期建设的两条生产线分别于 2007 年 12 月和 2008 年 3 月份建成投产，第三条生产线建成投产后，公司年产能将达到 1 150 万吨。

中材国际(南京)承建芜湖海螺 A 线投产

12 月 18 日，中材国际(南京)邯郸工程建设分公司承建的海螺集团 2 条日产 12 000 吨熟料水泥生产线 A 线点火投产。

芜湖海螺 2 条日产 12 000 吨熟料水泥生产线位于安徽省芜湖市繁昌县，是海螺集团规划建设的沿江千万吨级水泥熟料基地之一，项目自 2010 年 11 月底开工建设，是目前世界上规模最大、技术最先进的熟料生产线。2 条日产 12 000 吨熟料水泥生产线窑尾框架安装作业面最高达 145 米、体积 32 米×42.8 米、重量 5 000 余吨、混凝土浇灌 1 800 立方米，ϕ7.2/6.2 米×96 米回转窑堪称目前世界上直径最大、重量最重。单节窑皮重 100 多吨窑基础近 10 米高。

祁连山文县年产 100 万吨水泥线建成投产

12 月 20 日，祁连山文县年产 100 万吨新型干法水泥生产线投产仪式在文县石鸡坝乡新关村举行。该项目总投资 4.5 亿元，充分利用当地丰富的石灰石资源，并能消化工业废渣，符合国家资源综合利用、产业结构调整和环境保护等相关产业政策。

包头科技公司一期日产 6 000 吨水泥熟料生产线竣工点火

12 月 27 日，东方希望包头科技公司一期日产 6 000 吨水泥熟料生产线顺利实现竣工点火烘窑。

包头科技公司一期日产 6 000 吨水泥熟料生产线于 2011 年 3 月 26 日开工建设，在东方希望集团和片区领导的指导和关怀下，公司全体干部员工在“安全、质量、进度、成本、效益”十字方针的指引下，经过 9 个月的奋战，克服恶劣天气等不利因素的影响，迎难而上、积极进取，按照既定目标实现了成功点火、烘窑。

华新红塔水泥西双版纳日产 2 000 吨生产线投产

12 月 28 日，云南西双版纳第一条由华新红塔水泥(景洪)有限公司投资建设的日产 2 000 吨新型干法水泥熟料生产线正式投产。

华新红塔水泥(景洪)有限公司是由华新水泥股份有限公司和云南红塔滇西水泥股份有限公司强强联合合资建设的水泥企业。公司在原落后的湿法水泥生产线基础上进行技改，采用最先进的新型干法水泥工艺，总投资 4.2 亿元，年可生产水泥 100 万吨，将满足西双版纳各项建设事业对各种水泥的需求。

2012年全国投产新型干法水泥生产线

New type dry process cement production lines put into production in China in 2012

据中国水泥协会初步统计，2012年全国新投产新型干法水泥生产线124条，全年新增水泥熟料设计产能1.6亿吨，其中：日产10 000吨及以上生产线3条，占新增水泥熟料总产能的6.58%；日产4 000～8 000吨生产线75条，占新增水泥熟料总产能的70.47%；日产2 000～4 000吨生产线45条，占新增水泥熟料总产能的22.81%；日产1 500吨生产线1条，仅占新增水泥熟料总产能的0.29%。

因此，截止2012年底，全国新型干法水泥生产线1 637条，设计熟料产能达16亿吨。

2012年全国各大区新增的设计水泥熟料产能分别为：华北：2 802.4万吨；东北：77.5万吨；华东：3 372.8万吨；中南：3 369.7万吨；西南：2 889.2万吨；西北：3 534万吨。其中：新疆、安徽、河北、湖南四省区位居新增熟料设计产能前四位。

2012年全国已投产新型干法生产线统计汇总

规 模(t/d)	1 500	2 000～2 500	3 000及以上	4 000及以上	5 000以上	合计
生产线数(条)	1	33	12	15	63	124
熟料能力(万t/a)	46.5	2 495.5	1 159.4	1 860.0	1 0484.2	1 6045.60
占熟料总产能比(%)	0.29	15.55	7.23	11.59	65.34	100.00

2012年全国投产新型干法生产线统计(按地区)

Statistics of new type dry process production lines put into production in China in 2012 (by region)

总序号	序号	企业名称		建设地点	建设规模	投产日期
	一	北京				
		0条生产线(0万吨熟料/年)			0	
	二	河北				
1	1	河北兴隆福成水泥公司二线	福成集团	河北承德市兴隆县李家营乡	2 500	2012.03
2	2	河北京兰水泥有限公司	湖北京兰	河北保定市易县高村乡西水冶村	5 000	2012.04
3	3	涞水冀东水泥有限公司	冀东水泥	河北保定市涞水县永阳镇	7 200	2012.05
4	4	唐山曙光实业集团有限公司	曙光实业	河北唐山古冶区	5 000	2012.05
5	5	河北汇源集团燕南水泥公司	汇源集团	河北唐山古冶区	4 000	2012.08
6	6	石家庄中通建材有限公司	中通建材	河北石家庄藁城	2 500	2012.08
7	7	沙河市双基水泥有限公司	双基水泥	河北邢台市沙河	4 000	2012.08
8	8	河北宣化金隅水泥有限公司一线	北京金隅	河北张家口宣化	2 500	2012.08

续 表

总序号	序号	企业名称		建设地点	建设规模	投产日期
9	9	赞皇金隅水泥有限公司三线	北京金隅	河北石家庄赞皇县五马山工业园	5 000	2012.10
10	10	鑫普水泥有限公司	鑫普水泥	河北邢台市临城县	3 000	2012.12
		10 条生产线(1261.7 万吨熟料/年)			40 700	
	三	山西				
11	1	泽州山水(合聚)水泥有限公司	山水集团	山西晋城市泽州县金村镇司家掌村	5 000	2012.04
12	2	广灵县富成水泥有限公司	富成水泥	山西大同广灵县蕉山乡杜庄村	4 000	2012.06
13	3	运城中联水泥有限公司	中联水泥	山西运城市盐城区	5 000	2012.07
14	4	山西星原水泥有限公司	星原水泥	山西临汾市襄汾县	3 200	2012.08
	5	山西左权金隅水泥有限公司	金隅集团	山西晋中市左权县五里堠村	2 500	2012.09
16	6	太谷恒达煤气化有限责任公司	太谷恒达	山西晋中市太谷县侯城乡桃园堡村	2 000	2012.09
17	7	山西中兴水泥有限公司	中兴水泥	山西吕梁市孝义市	2 500	2012.11
18	8	山阴县炫昂建材有限公司	山阴炫昂	山西朔州市山阴县北周庄工业园区	2 500	2012.12
19	9	蒲县龙祥建材有限公司	蒲县龙祥	山西临汾市蒲县黑龙关镇	2 500	2012.12
		9 条生产线(905.2 万吨熟料/年)			29 200	
	四	内蒙古				
20	1	东方希望包头科技公司一期	东方希望	内蒙包头市	6 000	2012.01
21	2	鄂伦春旗鑫昌泰吉文水泥有限公司一期	鑫昌泰集团	内蒙呼伦贝尔市鄂伦春自治旗	4 000	2012.10
22	3	内蒙黄河工贸集团千峰水泥公司二线	黄河工贸	内蒙乌海市海勃湾区	5 000	2012.11
23	4	内蒙双欣环保材料新华水泥公司	双欣环保	内蒙鄂尔多斯鄂托克旗蒙西高新区	3 000	2012.11
24	5	内蒙伊东冀东水泥有限公司	冀东水泥	内蒙乌兰察布卓资县旗下营镇伊东卓资工业园	2 500	2012.11
		5 条生产线(635.5 万吨熟料/年)			20 500	
	五	辽宁				
25	1	辽宁海成市第一水泥厂		辽宁鞍山市海城市	2 500	2012.06
		1 条生产线(77.5 万吨熟料/年)			2 500	
	六	吉林				
		0 条生产线(0 万吨熟料/年)			0	
	七	黑龙江				

续　表

总序号	序号	企业名称		建设地点	建设规模	投产日期
		0 条生产线(0 万吨熟料/年)			0	
	八	江苏				
26	1	徐州中联水泥有限公司二线	中联水泥	江苏徐州北郊	10 000	2012.02
27	2	徐州龙山水泥有限公司一期	徐州龙山	江苏徐州市贾汪区	5 000	2012.02
		2 条生产线(465.0 万吨熟料/年)			15 000	
	九	浙江				
		0 条生产线(0 万 t 熟料/年)			0	
	十	安徽				
28	1	淮海集团相山水泥有限公司	淮海集团	安徽淮北市杜集经济区	5 000	2012.03
29	2	怀宁上峰水泥有限公司二线	上峰水泥	安徽安庆怀宁县	5 000	2012.04
30	3	安徽赢浦金龙水泥有限公司三线	中材水泥	安徽巢湖市居巢区散兵镇	5 000	2012.04
31	4	芜湖海螺水泥有限公司三期 B 线	海螺集团	安徽芜湖繁昌县繁阳镇代冲村	12 000	2012.05
32	5	滁州全椒海螺水泥有限公司二线	海螺集团	安徽滁州全椒县十字镇化龙村	5 000	2012.05
33	6	池州海螺水泥有限公司(三期)七线	海螺集团	安徽池州市牛头山镇	5 000	2012.05
34	7	宿州海螺水泥有限公司一线	海螺集团	安徽宿州市埇桥区曹村镇闵贤村	5 000	2012.06
35	8	安徽大江水泥有限公司二线	南方水泥	安徽巢湖市庐江县冶父山镇	5 000	2012.07
36	9	安徽珍珠凤阳中都水泥有限公司三线	珍珠集团	安徽滁州凤阳县	5 000	2012.07
37	10	淮北矿业集团华塑股份水泥厂	淮北矿业	安徽滁州市定远县	2 500	2012.12
		10 条生产线(1689.5 万吨熟料/年)			54 500	
	十一	福建				
38	1	福建大田鑫城水泥有限公司	鑫城水泥	福建三明市大田县广平镇下坪工业区	2 500	2012.03
39	2	福建安溪三元集发水泥有限公司	三元集发	福建泉州市安溪县湖头工业园区	5 000	2012.05
40	3	福建水泥股份有限公司建福水泥厂	福建水泥	福建三明市永安市曹远镇	5 000	2012.08
41	4	福建泉州美岭水泥有限公司二线	永春美岭	福建泉州市永春县坑仔口镇	3 800	2012.11
		4 条生产线(505.3 万吨熟料/年)			16 300	
	十二	江西				
42	1	江西兴国赣兴水泥有限公司	兴国赣兴	江西赣州市兴国县梅窖镇	5 000	2012.06
		1 条生产线(155.0 万吨熟料/年)			5 000	
	十三	山东				
43	1	山东申丰水泥集团三线(枣庄沃丰二线)	申丰水泥	山东枣庄峄城区王庄乡	5 000	2012.03

续　表

总序号	序号	企业名称		建设地点	建设规模	投产日期
44	2	滕州中联水泥有限公司	中联水泥	山东枣庄滕州市羊庄镇中顶山村	5 000	2012.04
45	3	肥城米山水泥有限公司	肥城米山	山东泰安市肥城市桃园镇米山岭	4 000	2012.05
46	4	栖霞市兴昊水泥有限公司	兴昊水泥	山东烟台市栖霞市	4 000	2012.12
		4 条生产线(558.0 万吨熟料/年)			18 000	
	十四	河南				
47	1	沁阳金隅水泥有限公司	北京金隅	河南沁阳沁北昊华区	2 500	2012.01
48	2	河南锦荣水泥有限公司三门峡二线	河南锦荣	河南三门峡陕县张茅乡	5 000	2012.06
49	3	天瑞禹州中锦水泥有限公司二线	天瑞集团	河南许昌市禹州市	5 000	2012.12
		3 条生产线(387.5 万吨熟料/年)			12 500	
	十五	湖北				
50	1	阳新娲石水泥有限公司	湖北娲石	湖北黄石市阳新县富池镇老渡口	4 000	2012.04
51	2	湖北泰丰水泥有限公司一线	泰丰水泥	湖北恩施建始县工业区	2 500	2012.10
		2 条生产线(201.5 万吨熟料/年)			6 500	
	十六	湖南				
52	1	湖南远大水泥有限责任公司	远大水泥	湖南株州攸县网岭镇	5 000	2012.02
53	2	湖南衡阳金山水泥有限公司二期	金山水泥	湖南衡阳石鼓区松木工业园	2 500	2012.06
54	3	古丈南方水泥有限公司	南方水泥	湖南湘西州古丈县	2 500	2012.09
55	4	湖南安仁南方水泥有限公司	南方水泥	湖南郴州安仁县	3 200	2012
56	5	江华海螺水泥有限公司	海螺集团	湖南永州市江华瑶族自治县	5 000	2012.10
57	6	衡阳市红狮水泥有限公司	红狮水泥	湖南衡阳市	5 000	2012.12
58	7	吉港康达(湖南)水泥有限公司	吉港康达	湖南郴州市宜章县太平里乡小溪村	4 000	2012.12
59	8	嘉禾南岭水泥有限公司一线	南岭水泥	湖南郴州市嘉禾县	4 000	2012.12
60	9	华新水泥(冷水江)有限公司	华新集团	湖南娄底市冷水江市	5 000	2012.12
		9 条生产线(1122.2 万吨熟料/年)			36 200	
	十七	广东				
61	1	惠州光大水泥集团龙江厂一线	惠州光大	广东惠州市龙门县龙江镇	5 000	2012.01
62	2	惠州光大水泥集团龙华厂二线	惠州光大	广东惠州市龙门县龙江镇	5 000	2012.06
63	3	新丰越堡水泥有限公司一线	新丰越堡	广东韶关市新丰县回龙镇	5 000	2012.08
64	4	新丰越堡水泥有限公司二线	新丰越堡	广东韶关市新丰县回龙镇	5 000	2012.12
65	5	华润水泥(罗定)有限公司一期	华润水泥	广东云浮市罗定市朗塘镇	5 000	2012.08

续 表

总序号	序号	企业名称		建设地点	建设规模	投产日期
66	6	河源和兴水泥有限公司	河源和兴	广东河源市东源县上莞镇	4 000	2012.11
		6条生产线(899.0万吨熟料/年)		29 000		
	十八	广西				
67	1	南方水泥(横县)有限公司一期一线	南方水泥	广西南宁横县横州镇周塘村	5 000	2012.02
68	2	南方水泥(横县)有限公司一期二线	南方水泥	广西南宁横县横州镇周塘村	5 000	2012.06
		2条生产线(310.0万吨熟料/年)			10 000	
	十九	海南				
69	1	浙江恒昌集团海南金路水泥有限公司	金路水泥	海南省儋州市八一总厂	2 500	2012.01
70	2	华盛天涯昌江水泥有限公司四线	华盛天涯	海南昌江县叉河镇叉河工业区	12 000	2012.06
		2条生产线(449.5万吨熟料/年)			14 500	
	二十	重庆				
71	1	东方希望黔江水泥有限公司	东方希望	重庆黔江区正阳镇	2 500	2012.06
72	2	丰都希望重庆水泥公司三期C线	东方希望	重庆丰都县湛普镇燕子村	5 000	2012.09
73	3	丰都希望重庆水泥公司二期D线	东方希望	重庆丰都县湛普镇燕子村	5 000	2012.06
		3条生产线(387.5万吨熟料/年)			12 500	
	二十一	四川				
74	1	四川双马宜宾水泥制造有限公司二线	拉法基瑞安	四川宜宾市珙县巡场镇塘坝村	2 500	2012.04
75	2	四川邻水红狮水泥有限公司二线	红狮水泥	四川广安邻水县四海乡大塘村	5 000	2012.08
76	3	四川兰丰水泥有限公司二线	兰丰水泥	四川彭州市桂花镇庆桂路中段	5 000	2012.11
77	4	四川泸州赛德水泥有限公司	台泥水泥	四川自贡泸州叙永县震东乡	5 000	2012.12
78	5	昭觉金鑫水泥有限责任公司	金鑫水泥	四川凉山州昭觉县竹核乡大温泉村	2 500	2012.05
79	6	宁南县白鹤滩水泥有限公司	白鹤滩水泥	四川凉山州宁南县松新镇	2 500	2012.12
		6条生产线(697.5万吨熟料/年)			22 500	
	二十二	贵州				
80	1	贵州毕节江天水泥有限公司	毕节江天	贵州毕节市梨树镇	3 200	2012.04
81	2	贵阳海螺盘江水泥有限公司二线	海螺集团	贵州贵阳清镇市站前街	5 000	2012.04
82	3	遵义海螺水泥有限公司一线	海螺集团	贵州遵义市董公寺	5 000	2012.10
83	4	贵州台泥(安顺)水泥有限公司二期	台泥水泥	贵州安顺平坝县	4 000	2012.06
84	5	从江明达水泥有限公司一线	广东明达	贵州黔东南从江县	2 500	2012.09

续　表

总序号	序号	企业名称		建设地点	建设规模	投产日期
85	6	贵州黔桂金州建材有限公司	黔桂水泥	贵州黔西南兴义市清水河镇工业园	5 000	2012.10
		6 条生产线(765.7 万吨熟料/年)			24 700	
	二十三	云南				
86	1	昭通得云水泥建材有限公司	得云建材	云南昭通市威信县	4 000	2012.02
87	2	昆钢大关水泥有限公司	昆钢水泥	云南昭通市大关县寿山镇	2 500	2012.07
88	3	保山龙陵海螺水泥有限公司	海螺集团	云南保山龙陵县黄草坝工业园	2 500	2012.03
89	4	宜良红狮水泥有限公司二期	红狮水泥	云南昆明市宜良县北古城镇先觉村	5 000	2012.05
90	5	丽江永保水泥有限公司总厂三线	西南水泥	云南丽江市永胜乡期纳镇满官村	3 000	2012.05
91	6	云南师宗明驰建材有限公司	西南水泥	云南省曲靖市师宗县丹凤镇	2 000	2012.02
92	7	云南远东亚鑫水泥有限公司一期	西南水泥	云南曲靖市宣威市羊场镇	2 500	2012.04
93	8	陆良宇东水泥有限公司	陆良宇东	云南曲靖市陆良县	1 500	2012.06
94	9	易门县中瑞(集团)建材有限公司	中瑞水泥	云南玉溪市易门县六街镇	2 500	2012.05
95	10	弥勒县河湾水泥制造有限公司	弥勒河湾	云南红河州弥勒县	2 000	2012.09
96	11	云南云维宝山有机化工公司电石渣项目	云维集团	云南保山市施甸县	3 000	2012.12
97	12	云南普洱尖峰水泥有限公司	尖峰水泥	云南普洱市思茅区	3 000	2012.12
		12 条生产线(1038.5 万吨熟料/年)			33 500	
	二十四	陕西				
98	1	陕西秦岭水泥股份有限公司	冀东水泥	陕西铜川耀州区耀县	5 000	2012.06
99	2	陕西铜川声威建材公司三线	声威集团	陕西铜川黄盈镇	5 000	2012.06
100	3	铜川凤凰建材有限公司一线	凤凰水泥	陕西铜川市耀州区董家河镇	5 000	2012.08
101	4	陕西商洛丹凤尧柏水泥有限公司二线	西部水泥	陕西商洛丹凤县商镇	2 500	2012.03
		4 条生产线(542.5 万吨熟料/年)			17 500	
	二十五	甘肃				
102	1	祁连山酒钢集团宏达建材有限公司	祁连山水泥	甘肃酒泉市嘉峪关市工业园	5 000	2012.09
103	2	玉门祁连山水泥有限公司一线	祁连山水泥	甘肃酒泉市玉门市	5 000	2012.10
		2 条生产线(310.0 万吨熟料/年)			10 000	
	二十六	青海				
104	1	青海盐湖钾肥水泥有限公司一线	盐湖钾肥	青海西宁湟中县甘河滩工业园	5 000	2012.06
		1 条生产线(155.0 万吨熟料/年)			5 000	

续 表

总序号	序号	企业名称		建设地点	建设规模	投产日期
	二十七	宁夏				
105	1	中材青铜峡水泥股份公司油井水泥二线	宁夏建材	宁夏吴忠市太阳山开发区	2 000	2012.05
106	2	中材宁夏赛马实业水泥公司四线	宁夏建材	宁夏银川贺兰山套门沟	5 000	2012.05
		2 条生产线(217.0 万吨熟料/年)			7 000	
	二十八	新疆				
107	1	哈密天山水泥有限公司	天山股份	新疆哈密市	5 000	2012.03
108	2	库车天山水泥有限公司	天山股份	新疆阿克苏市库车县北郊	5 000	2012.06
109	3	吐鲁番天山水泥有限公司	天山股份	新疆吐鲁番市大河沿镇	3 000	2012.06
110	4	阜康天山水泥股份有限公司一线	天山股份	新疆昌吉州阜康市	2 500	2012.09
111	5	洛浦天山水泥有限公司	天山股份	新疆和田地区洛浦县	4 000	2012.12
112	6	库车青松水泥有限公司	青松建化	新疆阿克苏地区库车县北郊新村	5 000	2012.06
113	7	青松建化克州水泥有限公司	青松建化	新疆克孜勒苏柯尔克孜州阿图什市	6 000	2012.07
114	8	新疆蒙鑫水泥有限公司一期	蒙鑫水泥	新疆昌吉州奇台农场	5 000	2012.06
115	9	新疆圣雄能源开发有限公司	圣雄能源	新疆吐鲁番市托克逊县圣雄工业园	5 000	2012.06
116	10	托克逊三川水泥有限公司	三川水泥	新疆吐鲁番市托克逊县	5 000	2012.06
117	11	焉耆秦龙建材有限公司	秦龙建材	新疆巴音郭楞蒙古州焉耆县七个星镇	3 000	2012.06
118	12	新疆喀什山水水泥有限公司一期	山水集团	新疆喀什英吉沙县依格孜也尔乡	5 000	2012.04
119	13	喀什红旗水泥有限公司	红旗水泥	新疆喀什市	2 500	2012.09
120	14	和田尧柏水泥有限公司一线	尧柏水泥	新疆和田于田县工业园	5 000	2012.08
121	15	吉木萨尔县天宇华鑫水泥开发有限公司	西部建设	新疆昌吉吉木萨尔县	3 000	2012.08
122	16	新疆大唐鼎旺水泥有限公司二期	奇台大唐	新疆昌吉州奇台县三个庄子乡	4 000	2012.10
123	17	新疆金晖兆丰能源股份有限公司	金晖兆丰	新疆阿克苏拜城县重化工工业园区	2 500	2012.08
124	18	博兰中博水泥有限公司	博兰水泥	新疆博乐塔拉蒙古自治州博乐市城南	4 000	2012.12
		18 条生产线(2309.5 万吨熟料/年)			74 500	
	二十九	西藏				
		0 条生产线(0 万吨熟料/年)			0	
	总计	124 条生产线(16045.6 万吨熟料/年)			517 600	
2012 年投产 126 条线,熟料产能为:517 600×310 天=16 045.6 万吨/年。						

2012年新建部分重点大型水泥生产线项目

Some newly built key large cement production line projects in 2012

广东惠州光大二期A线点火

1月10日，广东惠州光大水泥二期A线顺利点火。

光大水泥是广东光大企业集团有限公司旗下的子公司。光大水泥已拥有3条日产5 000吨新型干法水泥生产线。

申丰集团日产4 000吨限料生产线点火投产

2月份，山东申丰水泥集团有限公司日产4 000吨水泥熟料生产线点火试生产。

该项目建设地位于枣庄市峄城区，项目总投资3.46亿元。项目建成达产后，年可产水泥熟料128万吨，预计年实现销售收入2.07亿元，利润7488.5万元，利税2 520.25万元，同时可新增加300多个就业岗位。届时，申丰水泥集团的总产能将突破1 100万吨，对推进枣庄地区水泥产业结构调整和优化升级、促进水泥工业健康发展、带动地方经济又好又快发展具有重要意义。

河北顺平县金强水泥日产4 000吨生产线投产

2月7日，河北保定顺平县最大工业生产性项目金强水泥有限公司日产4 000吨新型水泥熟料生产线建成投产。

该项目一期投资6.7亿元，主要建设1条日产4 000吨新型干法水泥生产线，配套建设10兆瓦纯低温余热电站及必要的辅助生产、生活设施。

中材国际(南京)承建沙特SPCC二线投料成功

2月9日，中材国际(南京)承建的沙特SPCC二期日产5 000吨熟料水泥生产线投料生产。在经过一天的平稳运转后，产出近4 000吨熟料。

陕西富平2条日产4 500吨水泥生产线项目开工

2月25日，陕西富平2条日产4 500吨熟料新型干法水泥生产线项目开工建设，该项目工程总投资18.64亿元。最突出方面是在主要技术和产品结构定位上，采用了中国工程院院士、西安建筑科技大学校长徐德龙团队发明的，拥有我国自主知识产权的高固气比悬浮预热分解技术为核心生产工艺，该技术列入“国家重点节能技术推广目录”，入选2012年国家科技支撑计划项目，被评为中国高校十大科技进展之一，是回转窑水泥熟料煅烧技术一次新的重大突破。

广西金鲤首条生产线投产

2月29日，广西金鲤水泥有限公司一期工程第一条日产4 500吨新型干法水泥生产线点火投产，同等规模的另一条生产线预计于5月点火投产，配套建设的水泥粉磨站、专用码头、余热发电厂也将一同投入运营。

“广西金鲤”是南方水泥与中信集团澳门水泥合资兴建的大型水泥企业，规划建设年产600万吨熟料水泥基地，分两期建设，其中一期工程建设二条日产4 500吨新型干法水泥生产线，并配套建设18兆瓦纯低温余热发电工程及6个2 000吨级专用码头工程。

安徽相山日产5 000吨生产线投产

3月29日，淮海集团相山水泥公司日产5 000吨熟料新型干法生产线正式点火投产。

该项目位于杜集经济开发区内，占地160亩，总投资为4.1亿元，于2011年1月开工建设。项目投产后可年产熟料190万吨，发电6 000万千瓦时，综合利用粉煤灰、石英砂、尾砂等各类工业废渣45万吨。

贵阳海螺二期日产4 500吨水泥熟料生产线点火

4月11日，贵阳海螺盘江有限责任公司2条日产4 500吨水泥熟料(余热发电)生产线点火仪式在站街镇隆重举行。

该项目2011年4月20日正式开工建设，并于2011年10月完成土建工程进入设备安装阶段。完成投资3亿元，2012年4月将按期点火投产。项目全部建成后，可吸纳当地劳动力近1 000人，每年可实现利税近5亿元，公司产能、原燃材料需求、物流量等都将成倍增长，将进一步带动地方物流、电力、金融等行业的发展，经济效益和社会效益更加显著。

山东彼那尼荣安日产6 000吨水泥生产线竣工点火

4月17日，中信重工机械股份有限公司总承包的印度彼那尼集团公司与山东荣安集团共同出资注册成立的合资公司山东彼那尼荣安水泥有限公司二线水泥工程顺利竣工点火。

此次竣工点火的彼那尼荣安二线总包项目，包括1条日产6 000吨水泥熟料生产线、1个年产100万吨水泥粉磨站和配套的12兆瓦余热发电项目。

中材安徽水泥日产4 500吨熟料生产线顺利点火投产

4月18日，中材安徽水泥日产4 500吨熟料生产线C线总包工程顺利点火投产。该项目是继一期250万吨粉磨站总承包工程之后苏州中材承建的一条日产4 500吨熟料生产线总承包工程。

华润水泥龙岩雁石日产5 000吨项目点火投产

4月21日，华润水泥雁石项目日产5 000吨新型干法水泥熟料生产线正式点火。该项目位于福建省龙岩市雁石镇，是华润水泥在福建省投资新建的第三条大型新型干法水泥熟料生产线。

英吉沙山水水泥2条日产5000吨生产线正式投产

4月28日，山东省重点援疆项目英吉沙山水水泥有限公司日产两条5 000吨新型干法熟料水泥生产线熟料正式下线。

该项目总投资14.2亿元，包括熟料水泥生产线、9兆瓦纯低温余热电站，配套建设年产100万吨的水泥粉磨生产线等。目前已完成投资8.2亿元，全部建成后可实现年产新型干法水泥熟料160万吨、水泥100万吨，年发电量6 000万度，年销售收入4.5亿元，利税8 000万元，解决当地就业人口400人。

河北矿峰水泥2条日产4 000吨生产线(二期)点火

4月29日，曲寨水泥集团河北矿峰水泥有限公司2条日产4 000吨熟料水泥生产线二期工程顺利点火。

河北矿峰二期2条日产4 000吨熟料水泥生产线工程承建范围包括矿山破碎到熟料储存的机电设备安装工程，点火仪式的顺利举行，标志着河北矿峰水泥厂二期项目重大里程碑工作完成，开始进入试生产阶段。也标志着中材国际工程公司对河北矿峰水泥有限公司生产服务工作也正式开始。

海螺两条新线投产

5月10日，“芜湖海螺”第二条日产12 000吨生产线建成投产，标志“芜湖海螺”三期工程全面竣工投产；5月8日“全椒海螺水泥”二期日产4 500吨生产线顺利点火，15日达产达标。

吐鲁番天山水泥日产3 000吨熟料生产线顺利点火

5月16日，由苏州中材总承包的吐鲁番天山水泥2条日产3 000吨熟料水泥生产线顺利点火成功。

该项目位于新疆吐鲁番市大河沿镇，作为新疆天山股份重点项目、苏州中材重点总承包项目，双方都给予了很多关注和支持，项目部全体工作人员争取早日完成熟料线正常生产、熟料线达产达标及水泥磨系统如期投产的目标，公司在新疆地区水泥工程市场的拓展作出应有的贡献。

山东肥城米山日产4 000吨熟料线竣工点火

5月17日，山东省肥城米山日产4 000吨熟料新型干法水泥生产线的工地上，米山公司为熟料线举行竣工庆典仪式。

该项目由日产4 000吨熟料线、6兆瓦余热发电及年产150万吨水泥粉磨系统组成，均由合肥院设计并进行部分关键主机设备的成套。熟料线先行建设，余热发电和水泥粉磨系统配套跟进。

滕州中联日产5 000吨生产线点火

5月28日，中国联合水泥斥资6.9亿元建设的一条日产5 000吨水泥生产线点火。

滕州中联位于中联水泥山东运营区重要熟料生产基地鲁南中联和枣庄中联之间，距离两地均不到50公里，在中联水泥山东区的布局上来说，具有重要的意义。另外，公司还自备储量为1.46亿吨的高品位矿山，使公司在资源方面具有了绝对的竞争优势。在生产技术方面，采用了带窑外分解技术的新型干法水泥生产工艺。

江西宝华山集团兴国赣兴水泥有限公司日产4 500吨水泥熟料生产线正式投产

6月11日，江西宝华山集团兴国赣兴水泥有限公司日产4 500吨水泥熟料生产线项目正式投产。

该项目投资6亿元兴建日产4 500吨水泥熟料生产线项目，采用目前世界上最先进的新型干法窑外预分解生产工艺，并配套9兆瓦纯低温余热发电，是一条集高效、节能、环保于一体的国内先进熟料生产线，项目投产后可实现年主营业务收入6亿元，新增200多个就业岗位。

秦岭水泥新线投产

6月16日，陕西秦岭水泥(集团)股份有限公司新建日产4 500吨水泥熟料生产线，配套9兆纯低余热发电项目顺利投产，该项目年产水泥熟料140万吨，年发电6 764万千瓦时，年水泵工业废渣45万吨，节煤2.4万吨，节电6 300万千瓦时，为企业取得显著经济效益。

宿州海螺一期日产4 500吨生产线点火

6月16日，由中国中冶所属中国十七冶集团有限公司参建、中冶华天工程技术有限公司监理的宿州海螺有限责任公司一期日产4 500吨水泥熟料生产线工程顺利点火，标志着皖北地区最大、最先进的现代化水泥生产线正式投产。

该工程位于安徽省宿州市埇桥区，包含2条日产4 500吨水泥熟料生产线、440万吨/年水泥粉磨系统及18兆瓦配套余热发电等子项工程。工程采用当今世界最先进的新型干法预分解生产工艺，各项能耗指标、环保指标均达到国际领先水平，对加快产能升级，增加地方就业岗位有巨大的促进作用，对加快安徽振兴皖北发展战略有积极的推动作用。

河南锦荣水泥二期日产4 500吨生产线点火

6月29日，由中材国际南京公司苏州子公司承建的河南锦荣水泥有限公司日产4 500吨水泥熟料生产线二期项目顺利点火。

据悉，该项目位于河南省三门峡市区东约20km陕县张茅乡，是苏州子公司与河南锦荣的第二次合作，项目经理部最终以“高质量、高标准、高速度、零事故”完成了全部工程建设任务，实现了熟料线的顺利点火投产。

台泥（安顺）二期日产 4 000 吨水泥熟料生产线点火

6 月 29 日，由中国中冶所属中国十七冶集团有限公司参建的台泥（安顺）水泥有限公司二期日产 4 000 吨水泥熟料生产线工程顺利点火投产。

台泥（安顺）水泥项目位于贵州省安顺市平坝县，总规模为 2 条日产 4 000 吨的新型干法配套纯低温余热发电水泥生产线。项目由台湾水泥股份有限公司（简称“台泥”）投资兴建，是贵州省省级重点建设项目及第四批拉动内需保增长项目，并因台泥公司独特的环保理念和技术，被纳入贵州省发改委和经信委等量淘汰落后产能、节能减排循环经济项目。其中，中国十七冶集团承担该项目土建工程，主要包括 2 条 4000 吨/日水泥熟料生产线，矿山破碎及输送、生料库、原料粉磨系统以及粉磨站等十余子项。

安徽大江日产 4 500 吨新型干法水泥熟料生产线点火

7 月 1 日，安徽大江股份有限公司隆重举行日产 4 500 吨新型干法水泥熟料生产线点火仪式。

安徽大江水泥二期工程是安徽省“861”工程项目，项目总投资 3.6 亿元，采用先进成熟的设备和技术，利用原有场地采取优化设计，系统整体装备处于国内外领先水平，同步配套余热发电工程，集节能减排、循环经济和清洁生产于一体。该项目的点火投产，使公司总投资规模超过 7 亿元，将实现年产高品位水泥熟料 230 万吨。

新疆克州青松水泥日产 6 000 吨生产线点火

7 月 13 日，青松集团克州青松水泥有限责任公司日产 6 000吨熟料新型干法水泥生产线在克州阿图什重工业园区点火。

新疆克州青松水泥有限责任公司年产 260 万吨（6000t/d 熟料线）熟料新型干法水泥生产线项目是合肥院承接的大型 EPC 交钥匙工程，在院领导及工程公司领导的关怀和支持下，在有关部门、分包商的密切配合下，现场项目部同仁艰苦努力，克服工期短、冬季施工难等各方面因素，圆满实现既定目标。该 EPC 项目从开工到点火仅一年时间，创造了院总包项目最快施工纪录。

和田尧柏水泥日产 4 500 吨生产线成功点火

7 月 29 日，和田尧柏水泥公司日产 4 500 吨熟料水泥生产线成功点火。

和田公司此次成功点火标志着近 17 个月的项目建设已接近尾声，即将进入试生产阶段。同时，和田公司将充分发挥当地自身优势，强化经营管理，在和田乃至新疆这片辽阔的地域上大展宏图，勇创辉煌，为集团公司跨越式发展战略奠定坚实的基础。

四川邻水红狮二期日产 4 000 吨水泥生产线点火

8 月 10 日，红狮控股集团邻水红狮二期日产 4 000 吨熟料新型干法水泥生产线举行点火仪式。

该项目的窑头、窑尾大型高效环保除尘设备，是由中材环保设计、生产制造并承接施工安装的。该套高效环保除尘设备，应用了中材环保引进并持续研发，始终保持行业内领先技术水平的鲁奇型电收尘技术。

西部建设天宇华鑫日产 3 000 吨水泥生产线点火投产

8 月 28 日，西部建设所属吉木萨尔县天宇华鑫水泥开发有限公司日产 3 000 吨新型干法水泥生产线（配套纯低温余热发电）点火投产。

该项目位于新疆吉木萨尔县北三台循环经济工业园，采用具有国内先进水平的新型干法预分解生产工艺，先期建设一条带 6 000 千瓦纯低温余热发电的日产 3 000 吨熟料水泥生产线，年产水泥 120 万吨。

中材国际（天津）承建酒钢宏达项目点火

9 月 19 日，由中材国际天津公司承建的酒钢宏达日产 5 000吨熟料水泥生产线一次性点火成功。

该项目自 2011 年 3 月 15 日开工建设，投产后将充分利用废料、废渣为辅助原料，对促进甘肃省嘉酒地区节能减排将具有重要意义，并使祁连山酒钢宏达水泥产能迈上了一个新台阶。

遵义海螺盘江公司首条 4 500 吨熟料生产线点火

9 月 28 日，遵义海螺盘江公司首条日产 4 500 吨熟料生产线点火仪式隆重举行。

遵义项目首条生产线建成投产后，将为集团公司在西部的发展增添新的血液，将进一步提升海螺水泥在贵州水泥市场的主导话语权，把握黔北大发展的市场机遇。同时可有效地活跃地方经济，推动地方经济发展方式的转变，促进区域内水泥行业结构调整。

贵州金州建材 240 万吨水泥熟料线点火

9 月 30 日，贵州黔桂金州建材有限公司（以下简称“金州建材公司”）年产 240 万吨水泥熟料生产线点火仪式隆重举行。

水泥熟料生产线的点火，标志着烧成系统进入烘窑阶段，即将带料试生产。项目投产后，可实现年产水泥 240 万吨，余热发电 6 696 万千瓦时；实现年销售收入 5.12 亿元，年纳税 0.86 亿元；每年可综合利用粉煤灰、脱硫石膏等工业废弃物 80 多万吨，可节约标准煤 2.5 万吨，减少二氧化碳排放量 2.4 万吨。

合肥院承担设计的福建泉州美岭水泥生产线顺利投产

10 月 21 日，福建泉州美岭水泥有限公司日产 3 800 吨水泥熟料生产线顺利建成并实现投料试生产。

该生产线全部采用福建当地产无烟煤作为燃料。设计中，针对原料、燃料的特点，合肥院为该生产线配套研发了采用多喷腾型分解炉的单系列五级旋风预分解系统。生产实践表明，该系统布置紧凑，系统内风速均匀、积料少，易于操作和控制，完全满足了生产需要。生产线还配套了采用合肥院技术生产的无烟煤细磨机，出磨粒度控制在 80mm 筛余<0.5%。一系列新技术的成功采用，合理有效的利用了当地资源，降低了生产成本，为社会、为企业创造了效益。

贵州六盘水豪龙水泥有限公司举行日产 4 800 吨熟料水泥生产线点火

10 月 28 日，贵州六盘水豪龙水泥有限公司日产 4 800 吨熟料水泥生产线点火仪式隆重举行。

豪龙水泥有限公司日产 4 800 吨熟料新型干法水泥生产线及配套 9MW 纯低温余热发电项目总投资约 7.36 亿元。该项目为浙江豪龙控股集团在贵州省投资建设的第三条水泥生产线，项目建成后每年生产水泥成品为 200 万吨，每年可消耗粉煤灰、硫酸渣、矿渣、脱硫石膏等工业废渣76.46万吨，预计可以为当地增加 600 个以上的就业岗位，项目的建成投产将充分利用工业固废，实现产业链合理延伸，推动六盘水循环经济、低碳经济、绿色经济的历程。

湖南江华海螺日产 4 500 吨水泥熟料线投产

10 月 28 日，江华海螺水泥有限公司日产 4 500 吨新型干法水泥熟料生产线正式投产。

该项目是海螺集团在湖南投资新建的第 7 个项目，项目的建成对于整合区域资源、合理规划区域产能布局具有重要意义。该项目自 2011 年 8 月 12 日开工建设以来，到现在建成投产仅一年多时间。项目一期工程建设 1 条日产 4 500 吨新型干法水泥熟料生产线、年产 320 万吨水泥粉磨系统和 900 万瓦余热发电项目，总投资约 9 亿元，每年可创造利税 1 亿元。

华塑股份水泥厂生产线顺利投产

12 月 5 日，位于安徽省滁州市定远县的华塑股份水泥厂首条日产 2 500 吨新型干法熟料生产线点火庆典在这里隆重举行。

华塑水泥厂由淮北矿业集团所属的华塑股份公司投资，利用电石渣和其它固体废料生产水泥，是一个循环经济项目。2011 年 5 月，淮北矿业和海螺集团达成协议，由海螺集团进行托管，对华塑水泥厂进行统一管理，负责全厂的生产经营。

华新水泥冷水江公司日产 4 500 吨熟料线投产

12 月 24 日，华新水泥(湖南冷水江)有限公司日产4 500 吨新型干法熟料水泥生产线竣工投产。

华新水泥(冷水江)有限公司日产 4 500 吨新型干法熟料水泥生产线项目，由华新水泥股份有限公司与冷水江波月水泥有限公司合资兴建。该项目拥有国内先进水平的原料及水泥立磨粉磨系统，以及先进成熟的余热发电系统。项目正式投产后，年产水泥 200 万吨，预计年创利税 1.2 亿元。同时，该项目计划新增利用水泥窑协同处理城市生活垃圾、综合利用工业废弃物等环保业务。

山西左权金隅项目点火投产

12 月 28 日，由中材国际公司承建的山西左权金隅综合利用废渣日产 5 000 吨(一期日产 2 500 吨熟料)新型干法水泥生产线项目正式点火。

回顾从建厂初期至今，一路走来，虽然在项目建设过程中遇到了不少困难，但是在公司领导及各部门的关心支持下，项目部全体员工兢兢业业、不畏艰难、努力拼搏，如期履约，顺利按期点火。2012 年 10 月初，熟料线完成全部低压设备调试，12 月初完成了水泥线低压设备调试，12 月 13 日总降送电，项目部全体员工加班加点、争分夺秒完成全部高压设备的单机试车和熟料线各子项联动，圆满地实现了点火目标。

四川泸州叙永赛德水泥项目点火

12 月 30 日，位于叙永县震东乡总投资 7 亿余元的赛德水泥项目正式点火，标志着该项目全面建成。

该项目是省市重点项目，建设规模为日产 4 600 吨新型干法水泥熟料生产线。该项目主要是利用震东乡境内优质的石灰石作为生产水泥的最佳原料，生产、加工各种强度等级的水泥和预拌混凝土产品、水泥制品，在生产过程中大量使用工业废渣、废料，做到资源综合利用和节能环保。

宁南白鹤滩水泥熟料线投产

12 月 30 日，在原松新糖业有限公司的旧址上，新建成的四川省宁南县白鹤滩水泥有限责任公司日产 2 500 吨、年产百万吨熟料新型干法水泥生产线正式点火投产。

宁南县白鹤滩水泥有限责任公司是宁南工业“一区四组团”松新建材及相关产业组团的龙头企业。项目总投资 5 亿元，可实现年销售收入 5 亿元，增加值 2.5 亿元，税收 5000 余万元，新增就业 300 余人。该企业目标市场是白鹤滩巨型水电站，同时辐射会东、金阳、普格、云南巧家等周边地区。

新疆洛浦天山水泥日产 3 200 吨生产线点火

12 月 31 日，天山股份位于新疆和田地区的全资子公司洛浦天山水泥日产 3 200 吨干法熟料水泥生产线项目点火投入试生产。天山股份该项目实际总投资 7.1 亿元，生产线完全投产后，平均年产熟料 99.2 万吨，水泥 136 万吨，年均利润约 4850 万元。

第五篇

记事篇

2011～2012年 大事记

2011～2012年 环球信息

中国水泥大事记

Memorabilia of China Cement

2011年大事记

Chronicle of events in 2011

一月

4日 由中国建材联合会主持的“陕西阳山庄日产2 500吨水泥熟料高固气比悬浮煅烧新工艺成果汇报会”在北京中国建材大厦召开。与会领导、专家在详细听取了成果汇报的基础上，对此项技术给予了充分肯定，认为该工艺构思新颖、过程简洁可靠，同时投资省、热效率高，对于改造中国现有新型干法生产线、进一步提高全国水泥工业的整体能源利用水平具有重要意义。

5日 中国水泥协会副会长兼秘书长孔祥忠率副秘书长王郁涛、副秘书长张建新等拜会中材集团董事长谭仲明。孔祥忠副会长感谢中材集团多年来对协会工作的大力支持，并代表雷会长向谭仲明董事长表示衷心的感谢。

6日 重庆市经信委发布消息，为抑制水泥行业产能过剩和重复建设，即日起，重庆停止批准新建水泥熟料生产线项目。

6日 广东省水泥行业协会在肇庆封开召开第五届理事会暨会长办公会。

8日 2011年北京水泥协会会长会暨营销高峰论坛研讨会在北京举行，出席会议代表单位有北京市发改委、经信委、住建委、技监局，中国水泥协会、天津水泥协会、河北水泥协会、北京工经联、北京建材联合会，以及来自京津冀等地的水泥企业共50多名代表出席。

8日 中国中材集团有限公司与江苏溧阳市政府签订利用水泥窑无害化协同处置生活垃圾日处理500吨示范线项目。该示范线可日处理500吨城市生活垃圾，年处理总量为18.25万吨，相关装备在溧阳中材重型机器有限公司制造。

8日 中国水泥工业博物馆暨启新记忆文化创意产业园在唐山正式开工，项目计划总投资3.5亿元，位于唐山市启新水泥厂旧址，占地面积约94.5亩，建筑面积5.1万平米，计划总投资3.5亿元。是唐山市“退二进三”重点项目、“唐山十大标志性建筑”之一。

9日 由天津水泥工业设计研究院有限公司作为第一完成单位的“十一五”国家科技支撑计划课题“水泥窑协同处理污泥的技术研究及应用”通过中国建材联合会技术成果鉴定。专家委员经过认真评议讨论后认为“水泥窑协同处理污泥的技术研究及应用”课题技术成果的主要技术经济指标达到国际领先水平。

9日 黑龙江省水泥协会召开第三届会员代表大会，选举产生了新一届领导集团。上一届的水泥协会会长于灵彦继续当选新一届协会会长。

10日 中材集团宣布组建中材国际装备集团有限公司。宋寿顺任董事长、吴选民任总经理、方芳任党委书记。原天津中天仕民科技集团公司、“中材唐山重机”等均为中国中材国际装备集团有限公司成员单位，总部设在北京。

11日 2010锦诚耐火·首届中国水泥工业中控操作技能大比武颁奖仪式在昆明云安会都隆重举行，为中控操作技能大比武划上华丽而圆满的句号。

12日 中国建筑材料集团有限公司2011年工作会议在北京召开。这次会议全面贯彻落实了党的十七届五中全会、中央经济工作会议和国资委央企负责人会议精神，总结回顾集团“十一五”和2010年的工作，分析当前形势，研究提出“十二五”总体思路，部署2011年工作。

13日 由“南方水泥”申报的《水泥企业区域性大规模重组整合》获得国家级企业管理现代化创新成果一等奖。该奖项由国务院国资委、工信部和中国企业联合会发起，全国企业管理现代化创新成果审定委员会组织实施。

13日 由山东众森建材科技有限公司承担的2010年山东省技术创新项目——“大掺量石灰石复合水泥专用助磨剂”在济南通过了专家鉴定。专家一致认为，该项目拓宽了废物利用途径，促进节能节减排，有利于环境保护；产品设计合理，性能可靠，经用户使用反映良好，具有较好的经济效益和社会效益;主要技术指标达到了国内同类产品领先水平。

14 日　国家科学技术奖励大会在人民大会堂隆重召开,其中,由中国建材联合会推荐的由济南大学程新教授等人完成的"硫铝酸(钡)钙基特种水泥的制备技术及海工工程应用"项目获国家技术发明二等奖,武汉理工大学、湖北大学等单位完成的"钢管高强混凝土膨胀控制与制备技术及其在大跨度结构的应用"项目获得国家科学技术进步二等奖。

15 日　我国目前规模最大的高固气比水泥生产线——甘肃三易水泥有限责任公司日产 3 000 吨高固气比水泥生产线,在甘肃临洮县中铺工业园区点火。

21 日　"金隅股份"吸收合并"太行水泥"方案和北京金隅股份有限公司的首发申请获得证监会发审委审核通过,港股"金隅股份"回归 A 股 IPO 闯关成功,确定 1 月 27 日为上市流通日。

25～26 日　中国建材集团合肥水泥研究设计院承建的非洲最大的水泥厂:苏丹阿特巴拉日产 5 300 吨水泥厂和柏柏尔日产 5 000 吨水泥厂分别于尼罗河东西两岸举行隆重竣工典礼。其中,阿特巴拉日产 5 300 吨水泥项目为非洲最大规模生产线,柏柏尔日产 5 000 吨水泥项目则在非洲创造了多项行业第一,包括横跨尼罗河 3.5 千米的物料输送系统及绵延 4.5 千米的输送长皮带、立磨研磨水泥系统、世界一流水泥自动装车系统及苏丹首个火车水泥发运系统。项目得到了苏丹总统巴希尔和业主们的高度评价,竣工标志着合肥院的国际化经营战略取得了重大突破,将极大的促进苏丹经济的发展。

31 日　中国中材国际工程股份有限公司天津分公司与华润水泥控股有限公司在北京签署了山西长治日产 4 500 吨新型干法水泥熟料生产线项目工程总承包合同,合同金额暂定为 5.812 8 亿元。这是中材国际天津分公司成立后承接的第一个工程大单,也是华润水泥第一个水泥工程总承包项目。

二月

4 日　由中材建设有限公司承建的欧洲目前最大的水泥熟料生产线——塞浦路斯 VASSILIKO 水泥厂回转窑顺利点火。该项目对"中材建设"开辟欧洲水泥建设市场将起到重要作用。

22 日　成都建筑材料工业设计研究院有限公司与海德堡水泥集团 Scancem InternationalDA 签署了 Scantogo 日产 5 000 吨熟料生产线工程总承包意向函。该项目位于多哥境内 Tabligbo 地区。项目总金额为 1.49 亿美元+820 万欧元。

28 日　"南方水泥"姚季鑫副董事长、肖家祥总裁一行在北京开会期间拜访了中国水泥协会,双方还就一些水泥市场、国际往来、技术交流、合作事宜流等问题进行了交谈。

三月

1 日　中国建材国际工程集团有限公司与阿塞拜疆标准公司在巴库签署建设高加索地区最大水泥厂的 EPC 工程承包合同。

由中国建材工程集团承建的日产 5 000 吨水泥生产线位于阿塞拜疆首都巴库市,项目由中国建材工程集团总承包,北京凯盛承担设计与设备供货。

22 日　中材集团整合资源结出新硕果——中国中材装备集团有限公司在北京举行挂牌仪式。此次整合是以"中材国际"旗下的天津水泥工业设计研究院有限公司为整合平台,范围包括"中材国际(天津)"、"中材国际(南京)"、成都建筑材料工业设计研究院有限公司、中国建材装备有限公司等 21 家单位和机构。

25 日　山东省利用水泥窑处置废弃物项目在淄博启动,全省 1200 万吨危险废物有望得到资源化、无害化处理。

26 日　河北省鹿泉市金隅鼎鑫水泥有限公司日产 5 500 吨二档短窑水泥熟料生产线通过了中国建筑材料联合会组织的专家组验收,被评定为国内首条新型干法水泥熟料生产节能减排示范线。

26 日　由中国企业联合会、国务院国资委企业改革局、工信部产业政策司和中小企业司主办的 2011 年全国企业管理创新大会在北京召开。会上发布了第十七届国家级企业管理创新成果,中国建材股份有限公司旗下企业南方水泥有限公司申报的《水泥企业区域性大规模重组整合》荣获本届国家级企业管理现代化创新成果一等奖。

四月

9 日　郏县中联日产 4 500 吨熟料水泥生产线环保设施顺利通过河南省环评验收。经监测,其颗粒物、SO_2 等污染物排放量均未超出河南省环境保护厅批复中污染物排放总量的标准。

11 日　工业和信息化部原材料工业司在北京召开淘汰水泥落后产能工作座谈会。中西部省(区、市)及新疆兵团工业和信息化系统主管水泥工业的同志参加了会议。原材料工业司贾银松巡视员出席会议并就水泥工业淘汰落后产能提出了具体要求。

11 日　由中国建材联合会混凝土外加剂分会主办的中国混凝土外加剂发展趋势研讨会在北京召开。来自全面各地的外加剂企业近 160 人参加了会议。

12 日　国产第一台立波尔窑水泥熟料生产线(半干法工艺生产线)在福建水泥股份有限公司永安生产基地顺利拆除完毕。该窑是新中国成立后国内生产的第一台立波尔窑,也是全国最后一台被拆除的立波尔窑,标志着我国水泥工业发展史上一个时代的终结。

13日 中国中材国际工程股份有限公司在尼日利亚拉各斯与丹格特(Dangote)集团签署了7条水泥生产线EPC工程和1项水泥粉磨站EPC工程总承包合同,合同金额14.26亿美元。这是中材国际继2008年以来与Dangote集团的又一次深度合作。此前,中材国际已承建该集团4条生产线工程,涉及项目金额近9亿美元。

此次签订的项目包括尼日利亚Ibese2条日产6000吨水泥生产线、Obajana1条日产6000吨水泥生产线的EPC工程,刚果(布)、加蓬、坦桑尼亚3条日产3000吨水泥生产线和埃塞俄比亚1条日产3000吨水泥生产线加配套粉磨站EPC工程,以及喀麦隆1项年产100万吨水泥粉磨站EPC工程。

14日 中国水泥协会六届四次理事大会在北京举行。发改委原材料司陈恺民处长和工信部产业政策司袁克兰处长到会,解读"十二五"水泥发展规划制定情况。

15日 由中国水泥协会和中国贸促会建材分会主办的"2011中国国际水泥峰会"在北京召开。会议主题为:协同处置 健康安全。协同处置。

14～16日 第十二届中国国际水泥技术及装备展览会在北京展览馆举行。

16日 中共中央政治局委员、中共北京市委书记刘淇,中共北京市委副书记、市长郭金龙到金隅集团新北水公司调研。刘淇一行听取了金隅集团党委书记、董事长蒋卫平,北京市政府专家顾问、中国建材联合会副会长徐永模,新北水公司经理赵雍等关于金隅集团及所属企业转变经济发展方式、不断创新发展循环经济、实现整体可持续发展等情况的汇报和介绍,对金隅集团依托自主创新,大力发展循环经济的成果给予充分肯定。

18日 以印度尼西亚国会议长马尔祖基为首的印度尼西亚国会代表团一行24人,在全国人大财政经济委员会副主任委员牟新生、全国人大常委会办公厅外事局副局长王文、天津市人大常委会副秘书长杨辉春等的陪同下,到中国中材国际工程股份有限公司天津分公司考察。此次访问对于推动"中材国际"天津公司在印尼有关项目的开展将产生积极作用。

18～20日 混凝土外加剂新进展与工程应用研讨会暨第十一届中国土木工程学会混凝土及预应力混凝土分会混凝土外加剂专业委员会年会在无锡召开。来自全国各地混凝土外加剂的科研、生产、高等院校及施工单位的90余名专家、学会委员和代表参加了会议。

20日 中美政府合作项目"中国水泥工业节能减排和可替代原燃料的利用项目"研讨会在中国水泥协会召开。双方就APP中美合作项目"中国水泥工业节能减排及可替代原燃料的利用项目"的相关议题进行了广泛深入的研讨。

28日 中材节能股份有限公司被中国全国总工会授予全国五一劳动奖状。

五月

10日 工业和信息化部公布了工业行业2011年淘汰落后产能目标任务,涉及钢铁、焦炭等18个行业累计数亿吨落后产能今年必须淘汰。根据工信部要求,水泥行业淘汰落后产能目标任务13 355万吨。

10日 中国水泥协会环保和资源综合利用专业委员会在南京成立,本次大会由中国水泥协会主办,中材科技股份有限公司协办。

10日 中国建材联合会会长乔龙德一行专程赶赴浙江,来到"南方水泥"深入调查研究。在连续15小时的调研中,乔龙德先后来到"南方水泥"区域公司——湖州南方水泥有限公司,听取"湖州南方"总裁林国荣的工作汇报;深入"湖州南方"所属企业"槐坎南方"了解生产运行情况;在杭州与"南方水泥"管理团队座谈,并听取"南方"总裁肖家祥的工作汇报。

10日 "中国水泥协会环保和资源综合利用专业委员会成立大会暨中国水泥环资论坛"在南京举行。

11日 江西省水泥协会成立大会暨揭牌仪式在南昌隆重举行,江西省建材集团党委书记、总经理刘明寿被选为江西省水泥协会会长。江西省水泥协会的成立标志着江西省水泥行业走上了自我约束、相互监督、携手共进的自律性管理轨道,必将积极推动江西省水泥行业持续、健康发展。

18日 青松集团乌市2条日产7 500吨、克州1条日产6 000吨 新型干法水泥生产线带低温余热发电项目在新疆乌鲁木齐市达板城区隆重开工奠基。

19日 "中材国际"天津公司(原天津水泥工业设计研究院有限公司)申报的"白水泥生产技术"荣获"2011节能中国十大新技术应用奖"。由"中材国际"天津公司建成的安庆阿尔博新型干法白水泥生产线年产熟料40万吨、白水泥60万吨,是全球最大的白水泥生产线之一,是我国新型干法白水泥制造技术的一座里程碑,在我国白水泥史上写下了浓墨重彩的一笔。

23～25日 中国建材联合会副会长、中国水泥协会会长雷前治到陕西对尧柏特种水泥集团企业进行考察调研,并参加了陕西省水泥协会召开的陕西省部分大中型水泥企业座谈会。

27日 中国建材集团所属中国建材国际工程集团有限公司和俄罗斯倍利德塔水泥公司在上海就俄罗斯远东地区结雅市日产5000吨的水泥项目总承包合同举行了签字仪式。

该项目是中国建材国际工程集团有限公司继阿塞拜疆日产5 000吨水泥总包项目之后承接的又一条国际水

泥工程总承包项目，也是中国建材国际工程集团有限公司在相继实施并完成吉尔吉斯斯坦日产 2500 吨、乌兹别克斯坦日产 2500 吨、哈萨克斯坦日产 3000 吨水泥项目之后进军俄罗斯及独联体国家水泥工程市场的新的大型水泥总承包工程。

六月

23～25 日 由中国水泥协会主办，中材矿山建设有限公司、沃尔沃建筑设备（中国）有限公司、阿特拉斯·科普柯协办的“中国水泥矿山生产经营模式及加强矿山地质工作论坛”在天津滨海新区召开。

25 日 由合肥水泥研究设计院承建的埃塞俄比亚 Messebo 水泥厂日产 3 000 吨水泥熟料生产线举行隆重的竣工典礼。该项目 2008 年 11 月开工是合肥院在埃塞俄比亚承接的第一个总承包项目，是合肥院开拓埃塞俄比亚市场的里程碑之作。

26 日 唐山启新水泥“退二进三”暨“冀东启新”水泥项目竣工投产工作报告会，在河北省唐山市古冶区举行。“冀东启新”日产 5 000 吨新型干法熟料水泥生产线项目竣工投产，“启新”老厂原址上中国水泥工业博物馆暨启新文化创意产业园项目正在紧张建设之中。

七月

5 日 在“南方水泥”召开的上半年工作会议上，“南方水泥”隆重推出了“南方”品牌。

7 日 美国《财富》正式公布 2011 年世界 500 强企业排行榜，中国建筑材料集团有限公司（CNBM）首次进入世界 500 强，位列第 485 位。在以水泥为主业的企业中，位于爱尔兰 CRH、法国拉法基、瑞士 Holcim 之后的第四位。

7 日 在西班牙马德里第 13 届国际水泥化学大会（ICCC）的闭幕会上，大会主席 Angel Palomo 宣布：中国获得第 2015 年第 14 届 ICCC 举办权。ICCC 被誉为国际水泥学术界的“奥林匹克”，中国硅酸盐学会和中国建筑材料科学研究总院 20 年内曾五次申办，终于成功，中国几代水泥科技工作者几十年来的夙愿得以实现。

11 日 工信部按照《国务院关于进一步加强淘汰落后产能工作的通知》（国发[2010]7 号）和《关于下达 2011 年工业行业淘汰落后产能目标任务的通知》（工信部产业[2011]161 号）要求，各省（区、市）已将 2011 年 18 个工业行业淘汰落后产能目标任务分解落实到企业，并将淘汰落后产能企业名单在当地政府网站和媒体上进行了公告。

19 日 国内首家水泥博物馆在北京金隅集团琉璃河水泥有限公司（简称琉水）落成并开馆迎宾。同时该公司配套建设的水泥文化园也已竣工并向公众开放。

八月

8 日 由中国中材国际工程股份有限公司总承包（EPC）建设的沙特阿拉伯延布水泥公司日产 10 000 吨熟料水泥生产线正式点火投入试运行。

8 日 由中国水泥协会、中国建筑材料联合会科技部联合主办的第四届中国水泥企业总工程师论坛暨全国水泥企业总工程师联合会年会在青海省西宁市召开。

10 日 新疆维吾尔自治区发改委针对当前各地出现的水泥产能盲目扩张和重复建设的势头，出台《关于抑制水泥行业盲目扩张和重复建设引导水泥行业健康发展的指导意见》。

13 日 由新疆建材行办、河南省建材工业协会共同组织的河南省水泥企业管理经验援疆座谈会在乌鲁木齐召开。

18 日 冀东装备工程股份有限公司成立并举行揭牌仪式。中国水泥协会副会长、秘书长孔祥忠出席并做重要讲话。他在讲话中充分肯定了冀东发展集团近年来在跨越发展、多元化发展方面取得的成绩和行业地位。

九月

7 日 豪瑞集团全球总裁阿克曼·马库斯一行来到中国水泥协会，拜会了雷前治会长、孔祥忠秘书长，双方进行了友好、坦诚的交谈。

8～10 日 中国水泥协会、广东省水泥行业协会联合组成调研组，联合调研组的主任专家为中国水泥协会雷前治会长，专家组成员有国家工业与信息化部产业政策司处长袁克兰，中国建材规划院刘长发院长，中国水泥协会副会长、秘书长孔祥忠，中国国际工程咨询公司冶金建材部副主任左振军，广东省建材协会会长吴一岳，广东省工信委原材料处副处长梁荣英，广东省水泥协会常务副会长李黎。

13 日 “中材节能”股份有限公司顺利完成泰国京都水泥余热发电项目并签署项目关闭协议。泰国京都（SIAMCITY）水泥公司是世界着名水泥集团 HOLCIM 旗下的泰国子公司。“中材节能”履约的是当前世界上唯一两条日产 10 000 吨水泥生产线余热发电 EPC 总承包合同。合同内容全部以国际通用的菲迪克（FIDIC）条款为依据组成，相关技术指标要求先进，自动化控制水平极高。项目管理完全采用欧洲的管理模式。

15 日 华新水泥股份有限公司在塔吉克斯坦投资的年产 100 万吨新型干法水泥生产线项目开工奠基。该项目是塔吉克斯坦第一条新型干法水泥生产线项目，也是华新水泥股份有限公司走出国门的第一个水泥生产线项目，

21 日 “中材节能”与“施耐德电气”在北京签署了全球战略合作协议，双方将在全球范围内共享市场和技术信息。

"中材节能"总裁胡也明、施耐德电气集团中国区副总裁叶良侠分别代表双方在协议上签字。

27 日　第三届泛珠三角水泥峰会在重庆成功举行，每两年一届的"泛珠水泥峰会"是中国南部大泛珠区域水泥界最具影响力的盛会。本次峰会主题："发展规划，区域合作"。

29 日　由中材集团旗下中材节能股份有限公司承建的土耳其 Akcansa 水泥公司 CNK 水泥窑余热发电项目竣工，这是土耳其历史上第一个余热发电项目，是中材节能在土耳其承建的第一个余热发电项目。项目投产后，通过利用废气余热，每年可发电 10 500 万千瓦时，每年可减少 6 万吨二氧化碳排放量。

30 日　正在伊斯坦布尔视察的土耳其国家宪法委员会主席 Metin KLC 会见了来访的中材集团董事长谭仲明一行。

十月

8 日　由中材节能股份有限公司承建的 NUH CIMENTO 项目，作为欧洲第一大水泥厂的余热发电工程，正式开始土建施工。

该项目装机容量 18 兆瓦，该项目由两条日产 3 000 吨以及一条日产 7 000 吨水泥生产线构成，是中材节能在土耳其承建的最大 EPC 工程。

11 日　中国水泥协会会长雷前治应土耳其水泥制造商协会会长穆斯塔法的邀请，率中国水泥协会代表团一行 5 人赴土耳其进行友好访问，并出席了在伊兹密尔市举行的"土耳其第 11 届水泥技术研讨会"及庆祝土耳其水泥工业诞生 100 年周年的盛大庆祝活动。

14～18 日　正在欧洲出访的国务院国资委副主任邵宁在中材集团董事长谭仲明的陪同下考察了中材集团承建的匈牙利 NOSTRA 水泥厂项目，并听取了中材集团中东欧典型项目汇报。

18 日　国家环境保护部副部长周建、北京市副市长洪峰一行在北京市环保局局长陈添和金隅集团党委书记、董事长蒋卫平的陪同下，到金隅新北水公司视察调研。周建和洪峰一行听取了蒋卫平关于"金隅"发展历程、节能减排和循环经济成果、城市固体废弃物和危险废弃物处置等情况的汇报。

20 日　中国水泥协会助磨剂分会第二次会员大会暨 2011 年水泥助磨剂年会在安徽合肥召开。

21 日　中国中材国际工程股份有限公司天津公司与甘肃祁连山水泥集团股份有限公司签署了古浪日产 4 500 吨新型干法水泥生产线工程和漳县日产 4 500 吨新型干法水泥生产线工程项目总承包合同。

25 日　"中国建材股份"在北京举行"哈佛商学院案例发布会"，由哈佛大学约瑟夫·鲍尔教授和 GA·邓乃文研究员联合撰写的"中国建材：推动中国水泥产业发展"案例正式出版，"中国建材"在中国水泥行业的并购整合经验进入美国哈佛大学商学院的案例库。

27 日　"江西南方"商品混凝土企业联合重组签约仪式在江西南昌举行。这是"中国建材"全力推进商品混凝土发展，有效整合江西商品混凝土的一个重大举措。

31 日　由中材节能股份有限公司承建的阿联酋 UNION CEMENT COMPANY（简称"UCC"）15 兆瓦余热发电项目举行开工仪式。该项目是"中材节能"在国外的第二个万吨水泥生产线余热发电项目，也是"中材节能"在中东地区的第一个余热发电项目。

十一月

1 日　中国水泥工业的技术先驱、一代宗师、中国建筑材料工业规划研究院原总工程师、教授级高工、国务院政府特殊津贴享受者、"十一五"水泥行业终身成就奖获得者、离休干部陆宗贤同志因病医治无效，在北京逝世，享年 103 岁。遗体告别仪式于 2011 年 11 月 9 日上午 10 点在八宝山殡仪馆竹厅举行。

9 日　为加快水泥工业转型升级，走中国特色的新型工业化道路。依据《国民经济和社会发展第十二个五年规划纲要》和《工业转型升级规划》，工业和信息化部制定的《水泥工业"十二五"发展规划》正式发布。

11～17 日　中国硅酸盐学会水泥分会第三届学术年会暨第十二届全国水泥和混凝土化学及应用技术会议在四川绵阳西南科技大学举行，会议的主题是"工业废渣促进水泥及混凝土可持续发展"。

17 日　天津天瑞水泥有限公司 400 万吨粉磨站在滨海大港港西街建成投产，并成为目前天津市规模最大的粉磨站。该项目的投产对于"天瑞水泥"进入天津市场具有举足轻重的战略意义，也将对于天津水泥市场的格局产生重要影响。

19～20 日　由中国水泥协会主办、《中国水泥》杂志社举办的"第二届全国水泥行业媒体研讨会"在都江堰举行。

23 日　安徽省发改委发布消息称"海螺水泥"与香港昌兴物料（国际）有限公司在印度尼西亚合资建设年产 155 万吨水泥生产线项目，项目总投资额约 4 亿美元，其中"海螺水泥"投资约 3.78 亿美元。

20～23 日　中国建材联合会名誉会长张人为、中国水泥协会副会长兼秘书长孔祥忠一行视察"华润水泥"。

24 日　中材国际（南京）与伊拉克 GULF RESEARCH DEVOLEPMENT（GRD）公司在伊拉克苏莱曼尼亚市签署日产 5 000 吨水泥熟料生产线总承包合同（EPC 项目），合同金额 1.8 亿美元。

30 日　俄中水泥峰会在莫斯科国际展览中心隆重举行。峰会会议围绕中俄两国在水泥行业的产业政策、发展规划、技术创新、节能减排、标准制度和经济合作等方面进行了广泛交流，共同分析了两国水泥行业发展面临的形势与挑战，深入探讨了两国合作的领域和前景。

十二月

2 日　应江苏三信环保设备有限公司董事长戴亚楠先生的邀请，中国水泥协会会长雷前治前往北京顺义区生活垃圾综合处理厂进行参观考察。

3 日　北京金隅集团技术中心北京建筑材料科学研究总院与江苏科行集团在江苏盐城就水泥窑氮氧化物减排成功签署战略合作协议。

12 月中旬 中信重工机械股份有限公司与山水集团签订日产 12000 吨水泥生产线主机合同。其中包括 ϕ6.2×92 米水泥窑和两台 LGM5024 水泥原料立磨。

10 日　由中国水泥协会、湖北省水泥工业协会联合主办的“2011 年中国水泥协会会长扩大会议”在武汉隆重举行。本次会议以“分析预测市场，探讨转变方式”为主题。

15 日　由中国建材股份有限公司携手北京“华辰普金”、“上海圳通”、“深圳京达”共同设立西南水泥有限公司在成都宣告成立。至此，“中国建材”酝酿已久的西南大联合、大重组终于开局落子，拉开了整合西南水泥市场的大幕。

15 日　中材国际(南京)与 PALANCA CIMENTOS.S.A 公司在巴西圣保罗市正式签订了安哥拉 Lobito 日产 5 000 吨水泥生产线 EPC 工程总承包合同，合同金额 2.574 亿美元。

16 日　冀东发展集团有限责任公司玉田骨料制品建材园项目在唐山市玉田县举行签约仪式。这是“冀东”转变发展方式，拓展产业链，增强竞争力的一个重大举措。

23 日　“天瑞水泥”在港交所挂牌上市，募集资金逾 5 亿美元。

27 日　中国建材检验认证股份有限公司创立揭牌仪式在京举行。这是中国建筑材料科学院整合集团内检验认证资源，联合战略合作伙伴，共同发展设立的。

30 日　浙江省水泥协会六届一次会员代表大会在杭州萧山第一世界大酒店举行。中国水泥协会会长雷前治高度赞扬了浙江水泥行业在 2011 年取得的进步，称之为“新浙江现象”。

2012年大事记

Chronicle of events in 2012

一月

4日　国家发改委公布了《国家重点节能技术推广目录（第四批）》（发改委公告 2011 年第 34 号），西安建筑科技大学“高固气比水泥悬浮预热分解技术（XDL 水泥熟料燃烧新工艺）”位列其中。

9日　中国中材集团有限公司所属中材节能股份有限公司与 CEMEX 集团（菲律宾）SOLID 水泥公司签署了余热发电投资协议。该项目是中材节能的第一个国外投资项目，同时也是中国余热发电行业第一个国外投资项目，是中材集团践行“走出去”战略的重要里程碑，对行业发展有着重要意义。本次签约项目为 SOLID 公司 1 条日产 3500 吨水泥熟料生产线配套余热电站，装机规模为 6 兆瓦。

10日　世界水泥可持续发展倡议组织（以下简称CSI）中国区首次工作组会议在北京中材国际大厦举行。会议由中国水泥协会、CSI 中国办公室、中材集团共同组织召开。CSI 中国区 5 个会员单位中国建筑材料集团，中国中材集团，华润水泥控股有限公司，天瑞集团，吉林亚泰集团和外资在华公司 Holcim、Lafarge、Italcementi、太平洋水泥和 CRH 的联络代表及参加工作组的成员以及中国水泥协会、中国建筑材料科学研究总院的近 50 名代表出席了会议。

CSI 中国区首席联系官李娟女士向与会代表首先介绍了 CSI 总部的工作机制，以及现有 9 个工作组的工作内容，并结合中国实际提出成立“CSI 中国区四个工作组”，分别是：气候保护、原燃料利用、健康与安全、矿山恢复与生物多样性工作组，各成员企业均派员参加四个工作组的活动内容。会议选举产生了各工作组的联席主席。各工作组分组讨论了 2012 年工作计划和主要工作内容，至此，CSI 中国区各工作组的工作正式启动。

11～12日　中国建筑材料集团有限公司 2012 年工作会议在北京召开。会议全面贯彻落实了党的十七届六中全会、中央经济工作会议和中央企业负责人会议精神，回顾总结了中国建材集团 2011 年的工作。

17日　据国家质检总局国质检科（2011）662 号文件批复，铜川市申报建设国家水泥质检中心获正式批准，这将填补我国西部地区没有国家级水泥检测服务平台的空白。

二月

3日　中材国际南京公司总承包华润水泥（方山）有限公司日产 5 000 吨熟料生产线的全同签署仪式在深圳举行。

该项目位于山西省吕梁市方山县，工程总承包范围为从石灰石破碎至水泥包装及装车的设备材料采购运输、土建施工、安装施工、调试试生产（不含石灰石矿山开采工程及余热发电）。合同总金额近 5.8 亿元，工期为桩基工程开工后 16 个月熟料线投产。

9日　中日水泥窑氮氧化物减排技术交流会在金隅集团北京建筑材料科学研究总院有限公司召开。此次交流，有利于中国水泥企业了解日本同行业成功技术经验，共同践行环保理念，推进氮氧化物减排先进技术在中国水泥行业的应用。

14日　中共中央、国务院在北京人民大会堂举行 2011 年度国家科学技术奖励大会，国家领导人胡锦涛、温家宝、李长春、李克强等出席大会并为获奖代表颁奖。2011 年度国家科学技术奖励共授奖 374 个项目和 10 名科技专家。合肥院“大型新型干法水泥生产线粉磨关键装备的研发与应用”成果荣获国家科技进步二等奖。

14日　由 DANGOTE 集团投资、“中材国际”承建的撒哈拉以南非洲最大水泥厂 DANGOTE 水泥厂举行落成仪式。

该项目位于尼奥贡州伊贝斯，由 DANGOTE 集团投资，中国公司中材国际承建，总投资 10 亿美元，拥有两条年产各 300 万吨的水泥生产线。

18日　“2012 年北京水泥行业协会会长扩大会议”在北京隆重召开。此次会议是一次交流的盛会，通过交流北京水泥市场的走向和行业的营销策略，研讨水泥企业间的合作途径，探索在产能过剩的情况下，如何做好市场协同，节能减排，限产增效，更好地迎接新挑战。本次会议将对京津冀地区水泥市场的平稳、和谐、健康发尽其所有起到积极促进作用。

三月

2日　华新水泥股份有限公司在武汉市的第一个垃圾

预处理环保项目——“华新”武汉城市生活垃圾预处理及水泥窑资源综合利用一体化项目在武汉市阳逻开发区陈家冲正式破土动工。

该项目是武汉市重点工程项目和实现城乡垃圾集中无害化、减量化、资源化处理的民生工程。项目分为垃圾预处理工厂生产线和水泥窑综合利用协同处置生产线两个部分，总投资1.7亿元，分两期建设，一期日处置垃圾500吨，二期规划日处置垃圾1 000吨。

13日 中材国际天津公司与意大利水泥集团在其总部贝加莫签署了保加利亚DEVNYA日产4 000吨熟料生产线总承包合同，项目签约金额1.19亿欧元，是天津公司在欧盟成员国的第一个完整意义的总承包项目。

22日 中国建筑材料集团和南京市江宁区签约成立南京中联混凝土公司，整合重组13家预拌混凝土企业和23个生产站点。新生产基地采用全封闭生产管理，每年为南京提供一亿立方米商品混凝土，同时还将彻底恢复这一带的山水环境。

22日 由中国建材联合会、中国水泥协会联合主办，中国联合水泥集团有限公司承办的“中国水泥行业大型水泥企业领导人圆桌会议”(C12＋3峰会)在南京举行。此次会议，与会企业领导人的意见和达成的共识将对“十二五”水泥行业的发展产生积极的影响，也是中国水泥协会为推动行业结构调整、加速转型升级的一次重要活动。会议还通过了《中国水泥行业大型企业领导人圆桌会议规则》，使得今后的圆桌会议更加规范化、制度化。

22日 中材国际天津公司在塞内加尔首都达喀尔与Les Cement水泥公司签署了贝宁共和国NOCIBE日产3 600吨熟料的水泥生产线EPC合同。项目总签约金额为1.803亿欧元，是一个完整的EPC交钥匙工程。

26日 工业和信息化部党组成员、总工程师朱宏任表示，工信部2012年将积极推进企业兼并重组，促进企业做强做大，以汽车、钢铁、水泥、电解铝、稀土等行业为重点，充分发挥市场机制作用，推动优势企业强强联合、跨地区兼并重组、境外并购和投资合作，促进形成一批主业突出、技术领先、管理卓越、社会责任意识强、具有国际竞争优势的大企业大集团。

此外，工信部还将鼓励有实力的企业收购国外品牌，积极推进实施质量和品牌战略，全面增强企业竞争力。

27日 中国建设银行、安徽海螺集团签署《战略合作协议》。为落实刚刚闭幕的两会精神，响应国家提出的金融机构支持实体经济发展的要求，建设银行总行提议与“海螺”签订总额300亿元战略合作协议。

28日 第13届中国国际水泥技术及装备展览会在北京展览馆隆重开幕，来自50多个国家和地区的300余家水泥装备企业齐聚北京，共话水泥新发展。

29日 由中国水泥协会、中国贸促会建材分会共同主办的2012年中国国际水泥峰会于在北京隆重召开。2012年中国国际水泥峰会的主题为“延伸水泥产业链，促进企业转型升级”。

四月

8日 由中国水泥协会主办，中国水泥电子交易网承办的“中国水泥相关产业发展及水泥营销模式创新研讨会”在泉城济南隆重召开。来自全国各地的百余名水泥、混乱凝土、设备等相关行业的领导、专家、企业代表齐聚一堂，共同围绕着“推进水泥两化融合，促进行业低碳营销模式”这一主题展开了深入、全面的探讨。

9日 新疆青松建材化工(集团)股份有限公司投资21亿元人民币，在乌鲁木齐市达坂城区祁家沟内新建了西北最大水泥生产线2条日产7 500吨新型干法水泥熟料生产线(配套建设2台15兆瓦纯低温余热发电机组和2台日处理300吨生活垃圾处理系统)。

10日 湖南南方水泥集团与潭州水泥有限公司成功实现并购，由他们联合组建的湘潭南方新型建材工业园正式落户高新区。湘潭南方新型工业园将由核心园区和各生产基地组成，承担着技术研发、成果转化、市场开拓等功能。

18日 美国《福布斯》杂志发布了2012年全球企业2 000强，“海螺水泥”榜上有名，位列2 000强第936位，较上年度前进201位，这也是安徽省企业首次进入1 000强序列。

14～25日 受世界水泥可持续发展倡议组织(CSI)邀请，中国水泥协会和CSI中国办公室组织各CSI中国成员企业赴欧洲对水泥窑协同处置进行深度技术考察。此次考察团由中国水泥协会副会长兼秘书长孔祥忠担任团长，来自CSI中国成员企业和国际公司在华企业的代表共计29人参加了此次考察。参团单位包括：中国建材集团(“中联水泥”、“北方水泥”、“南方水泥”、“西南水泥”、中国建筑材料研究总院、合肥水泥研究设计院)、中材集团(“中材水泥”、“天山水泥”、“中材国际”)、“华润水泥”、“天瑞水泥”、“亚泰水泥”、“华新水泥”、“豪瑞”(中国)和CRH(中国)。

27日 河南首条利用新型干法水泥生产线协同处置生活垃圾示范工程投产。该工程利用水泥系统的高温气体焚烧垃圾，灰渣则作为水泥原料使用，日处理垃圾500吨。

29日 “中材国际”天津公司总承包的新疆“青松建材”2条日产7 500吨生产线一期EPC总承包项目举行签字仪式。

五月

6日 中国建筑材料联合会、中国水泥协会联合发布的《认真落实政府工作报告精神坚决遏制水泥新增产能加快水泥转型升级的倡议书》指出：“当前我国水泥行业产能已经出现全局性、全方位的过剩，一部分水泥企业部分生产线已限产、停产，竞争加剧，企业效益明显下滑。但是，另一方面，新增产能却屡禁不止，目前仍在新建的新型干法水泥生产线210条，将新增熟料产能3亿吨”。

12日　“华新水泥”与珠海市水务集团正式签署珠海市生活垃圾无害化、资源化处理利用生态工厂项目合作协议。珠海环保项目拟投资1.5亿元，垃圾处置规模为1 000吨/日，采取BOT的合作模式。该项目投产后，将处置珠海市三分之一的生活垃圾。

15日　中国建材股份有限公司（下称“中国建材”）重庆区域总部重庆西南水泥有限公司在山城重庆两江新区挂牌成立。至此，“中国建材”奠定了整合重庆水泥市场的坚实基础，宣告在云贵川渝三省一市的水泥战略布局正式成型。

17日　财政部公示科技成果转化项目拟支持单位名单，“中材国际”“城市生活垃圾资源化处理和无污染处置成套设备开发级产业化”榜上有名。财政部拟支持的科技项目从2011年的169项目增加到2012年的301项。

17日　华润公司与福建龙岩签约旋窑水泥二期项目，总投资11.5亿元，建设日产1万吨生产线。

24日　“中国建材西南水泥”并购四川“康巴水泥”合作签约仪式在成都举行，该日产2 000吨生产线配套年产90万吨粉磨设施，带3.5兆瓦纯低温余热发电项目。投产后年产100万吨优质水泥，是甘孜州最大水泥企业。

27日　第二代新型干法水泥技术创新与研发目标研讨会在江苏南京中材国际公司举行，来自中国建材联合会、中国水泥协会、中国建材机械工业协会、北京工业大学、南京工业大学、南京院、天津院、合肥院、成都院、中材装备、南京凯盛、海螺水泥、冀东水泥、南方水泥、中联水泥等各大科研单位和生产企业的专家、学者、总工汇聚一堂，探讨新型干法水泥技术的发展趋势。

27日　由中国中材国际工程股份有限公司承担的“特殊原、燃料条件下日产万吨级熟料烧成系统开发与应用”项目，通过了由中国建材联合会组织的科技成果专家鉴定。与会专家认为，该技术成果对于我国水泥工业技术进步、节能减排、资源综合利用具有重要的推动作用，综合技术水平居国际领先地位。

27日　湖北省武汉市首个市政污泥环保处置项目在龙王嘴污水处理厂正式开工。项目总投资3 000万元，处置能力为300吨/日，是华新水泥股份有限公司继宜昌、黄石市政污泥处置项目后在湖北省投资的第三条污泥环保处置线，预计当年8月建成投产。届时，武汉市1/3的市政污泥可通过水泥窑协同处置技术，进行“无害化、稳定化和资源化”处置。

29～30日　世界水泥可持续发展倡议组织（以下简称CSI）首期中国区健康与安全第三工作组研讨会在云南昆明召开。本次会议由CSI中国办公室组织，拉法基瑞安水泥承办，华润水泥控股有限公司、中国建筑材料集团、河南天瑞集团、华新水泥股份、陕西富平水泥、大连小野田水泥有限公司、海德堡水泥集团、老城堡集团、太平洋水泥、中国建材研究总院及中国建材检验认证公司近50余名代表出席了此次会议。

六月

1日　国务院发展研究中心主任李伟一行在中材集团副总经理张海陪同下，考察了中材集团承建的匈牙利水泥厂项目。李伟充分肯定和高度评价了集团海外工程建设板块近几年成功“走出去”所取得的骄人业绩，他指出，匈牙利项目的成功实施，展示了中材集团的实力和风采，展示了中材集团的组织能力和管理水平，值得认真总结和全面推广。

8日　全国政协常委、国务院参事蒋明麟一行到“金隅鼎鑫”“赞皇水泥”考察和调研，陪同蒋明麟研的有河北省建材协会会长葛旭东、秘书长武增海、中国水泥协会副秘书长、《中国水泥》杂志总编辑张建新等。

12日　中国水泥协会孔祥忠秘书长会见了德国技术合作公司（GTZ）毛雷博士（Dr. Winfried Schuneider）一行，就中德合作项目水泥窑协同处置农药废弃物的技术和项目进行交流。毛雷博士介绍了公司与华新水泥公司合作的情况，希望今后加强与协会的交流合作。

13日　“枣庄中联”对“德坤建材”进行优化重组，计划分两期投资，其中一期计划通过技术改造，整合现有资源，优化产业结构，实现年产水泥80万吨，二期投资2亿元，通过扩大规模、转型升级，实现年产水泥200万吨。

26日　中国西部水泥有限公司与意大利水泥集团在西安举行了股权交割仪式暨战略合作座谈会。根据协议，中国“西部水泥”将在未来的发展中利用自身采购业务平台帮助意大利水泥开展其在中国乃至全球备件采购业务，意大利水泥集团将利用其国际依靠的水泥生产技术和管理经验帮助中国“西部水泥”提高技术和管理水平。

27日　“三岔拉法基”项目业主拉法基瑞安水泥有限公司向中材国际天津公司颁发了FAC证书，该证书于2012年6月1日正式生效。该成果的取得是拉法基集团与天津公司成功合作又一典范之作，为今后与“拉法基”的战略合作奠定了坚实的基础，为公司发展添上了浓墨重彩的一笔！

30日　中国建筑材料联合会在北京组织召开了“十二五”国家科技支撑计划“水泥窑炉粉尘及氮氧化物减排关键材料及应用技术开发”项目实施启动会。

七月

3日　水泥可持续发展倡议行动组织（以下简称CSI）中国区气候保护工作组首期二氧化碳减排交流会在内蒙古锡林浩特召开。本次会议由CSI中国办公室和CSI中国区第一工作组共同组织，由锡林浩特中联水泥公司承办。中国联合水泥集团有限公司、河南天瑞集团、华新水泥股份有限公司、华润水泥控股有限公司、大连小野田水泥有限公司、中国中材国际工程股份有限公司/中材研究院、“老城堡中国”、中国建材研究总院及中国水泥协会的十余名代表出席了此次会议。

6日 全国特种水泥技术研讨会暨2012年中国水泥协会特种水泥分会年会在中国建材科学研究总院绿色建筑材料国家重点实验室大楼报告厅举行。

13日 为做好能效水平对标活动，山西省经信委在太原组织召开了水泥行业能效水平对标活动实施方案专家研讨会。会议邀请了高校、企业、行业协会、科研机构等20余位行业内专家，对能效对标实施方案进行了全面、深入的讨论和研究。

13日 合肥水泥研究设计院（简称合肥院）中建材（合肥）粉体技术装备有限公司开发的，由两套HFCG180－160辊压机配套一台ϕ4.6×14.5米开流水泥粉磨系统在合肥院总承包的新疆克州青松日产6 000吨水泥熟料生产线顺利投产。该生产线的投产标志着世界上单套产量最大的水泥成品粉磨系统得到成功应用，并且该粉磨系统电耗指标同时达到了当今国际先进水平。

25日 由中国建筑材料科学研究总院承担的“十二五”国家科技支撑计划“高强中热核电专用水泥的制备及核电工程混凝土关键技术的研究与应用”课题在连云港启动。

26～27日 第五届中国水泥企业总工程师论坛暨全国水泥企业总工程师联合会年会在徐州开元名都大酒店隆重召开。会议由中国水泥协会主办，水泥企业的总工程师们齐聚一堂，共同交流和探讨行业科技创新、技术进步，引领行业发展的经验。

27日 中国建筑材料联合会在北京召开2012年上半年建材行业经济运行分析会。会议研究分析了建材行业及各主要产业2012年上半年经济运行情况，就行业发展和经济运行中存在的主要问题、共性问题和前瞻性问题，在结合行业实际的基础上，提出了相应的对策和措施。

八月

7日 中国铸造协会常务副理事长兼秘书长张立波、专职副理事长支晓恒、常务副秘书长荣丽辉、副秘书长范琦等一行六人拜会中国水泥协会。

9～10日 中国建材联合会会长乔龙德、中国水泥协会会长雷前治来到中国水泥行业的领军企业安徽海螺集团进行调研。

21日 国务院发布《节能减排“十二五”规划》（以下简称《规划》）。

27日 位于广东省清远市英德市（县级市）的英德龙山水泥有限责任公司27日发生爆炸。为广东英德市望埠镇龙山采石厂矿区加油车加油时走火，而旁边正好是炸药库，因而引发炸药爆炸事故。

28日～9月1日 由中国水泥协会主办，卡特彼勒（中国）投资有限公司、阿特拉斯·科普柯（上海）贸易有限公司、上海山美重型矿山机械有限公司、浙江志高机械有限公司支持赞助，珠江水泥有限公司协办的“第六届中国水泥矿山年会暨水泥矿山产业延伸、节能减排技术论坛”在广州市珠江宾馆隆重召开。

九月

1日 中国企业联合会、中国企业家协会发布“中国企业500强”榜单，6家水泥企业榜上有名。分别是：中国建筑材料集团有限公司、安徽海螺集团有限责任公司、中国中材集团有限公司、北京金隅集团有限责任公司、冀东发展集团有限责任公司、天瑞集团有限公司。

1日 中国联合水泥与长青国际投资有限公司签署《蒙古国水泥项目合作框架协议》。该项目是中国企业在蒙古国建设的第一个水泥项目，建成后将解决蒙古国水泥短缺问题，带动相关产业的发展，对增进中蒙两国友谊，加强经济合作起到积极的促进作用。

2日 中国中材集团有限公司董事长、党委副书记，中国中材股份有限公司董事长谭仲明同志在境外工作途中因突发心脏病医治无效，于北京时间2012年9月2日20时30分逝世，终年59岁。

3日 “冀东水泥”下属重庆合川公司水泥窑脱硝项目一次性通过连续运转48小时达标考核。该项目是冀东发展集团水泥窑烟气脱硝示范工程，达到同行业先进水平。

3～6日 水泥可持续发展倡议行动组织（CSI）第六届年度论坛首次落地中国。本届论坛由CSI的主要成员—华润水泥控股有限公司（以下简称“华润水泥”）与瑞士豪瑞集团分别在中国广州和北京两地共同承办。这是CSI首次在中国举行年度论坛，主题为“协同处置，绿色发展”。

20日 中国建筑材料联合会会长乔龙德一行到“中材国际”调研。乔龙德对“中材国际”的下一步发展提出三点意见：一是对外转移产能、扩展经营模式，做水泥行业的排头兵；二是加大技术创新、认真做好新型干法水泥生产技术第二轮研究，增强公司高新技术产业化实力，做水泥行业的主力军；三是做好节能减排、倡导绿色经济，做水泥行业的领跑者。

25～26日 中美氮氧化物总量控制国际研讨会在云南昆明召开。会议由国家环境保护部污染物排放总量控制司主办，环境保护部环境规划院承办。中国水泥协会副会长兼秘书长孔祥忠应邀在研讨会上作了《积极推进中国水泥行业氮氧化物减排》专题报告。

28日 “冀东水泥”新建项目“伊东冀东水泥”日产2 500

吨熟料电石渣制水泥生产线一次点火成功。伊东冀东水泥是由冀东水泥与内蒙古伊东集团东兴化工公司共同出资成立的合资子公司。

30日　合肥院与北方水泥有限公司共同承担的德全汪清水泥有限公司日产5 000吨水泥熟料生产线烟气脱硝系统正式投入试运行，标志着合肥院与“北方水泥”正式跃身水泥行业烟气脱硝业务领域。该系统是东北地区第一条水泥窑采用的烟气脱硝系统，也是中国建材集团具有自主知识产权的第一条水泥窑脱硝系统。

十月

8日　合肥水泥研究设计院与印度尼西亚泛亚集团在印尼普禾加多市签署日产5000吨水泥生产线总承包合同。该项目位于印度尼西亚普禾加多市市郊，是泛亚集团涉足印尼水泥行业的第一个项目。

12日　中国建材联合会倡导成立的第二代新型干法水泥技术研发领导小组和工作小组在天津召开第一次全体会议。乔龙德会长亲自担任技术研发领导小组组长。第二代新型干法水泥技术的创新与研发，标志着我国水泥工业开启了一个引领、超越世界水平的新时代。

17日　“金隅股份”与华新水泥股份有限公司就利用水泥生产线对生活垃圾进行无害化、生态化处置和资源化利用签订战略合作协议，利用双方优势，共同推进北京市生活垃圾无害化、生态化处置和资源化利用。

19日　锦诚耐火·2012全国水泥行业中控操作技能竞赛冠军争夺赛在郑州煤炭工业集团龙力水泥有限责任公司举行。

19日　中国水泥协会副会长、秘书长孔祥忠会见了巴西沃托兰廷水泥(Votorantim)CEO Erik Madsen一行，双方就中巴项目的合作进行友好交流。

19日　中国水泥协会副会长兼秘书长孔祥忠接见日本太平洋水泥福田社长、后藤董事长、公关部董晓光女士、内藤部长代表一行，双方就加强中国水泥行业可持续发展进行沟通交流。

24日　由国家工业和信息化部组织的工业废弃物生产水泥熟料工艺新技术成果鉴定会在宁夏石嘴山市惠磊建材公司召开。经严格审定项目研制报告，一致认为，宁夏石嘴山市惠磊建材公司百分之百利用电石渣、双氰胺渣等工业废弃物作为原料，用工业废水替代全部成球生产用水，成功生产硅酸盐水泥熟料，在国内外均属首创。

27～28日　由中国硅酸盐学会水泥分会主办，绿色建筑材料国家重点实验室、中国硅酸盐学会水泥分会水泥化学及物化测试专业委员会承办，中国建材总院水泥科学与新型建筑材料研究院等单位协办的中国硅酸盐学会水泥分会第四届学术年会在北京举行。

29日　由中材装备集团有限公司提供成套主机设备的赞皇金隅水泥公司三期日产2 000吨水泥熟料技改项目竣工投产。该项目采用多套新一代装备，是新技术与装备的样板工程，其中选用的180－170生料终粉磨辊压机是中材装备集团首次推出的最大生料辊压机，投料运行以来运转正常，有力提升了中材装备相关产品的综合能力，具有重要的里程碑意义。

31日　中国水泥协会第七次会员代表大会在京隆重召开。大会选举产生了中国水泥协会第七届理事会，圆满完成了各项议程；中国建筑材料联合会会长乔龙德任中国水泥协会第七届理事会会长，雷前治任名誉会长，孔祥忠任常务副会长兼秘书长。

十一月

3日　中国水泥协会常务副会长兼秘书长孔祥忠到山西省长治市潞城卓越水泥有限公司考察调研。

6日　环境保护部发布出《水泥工业大气污染物排放标准》等4项国家水泥环境保标准征求意见稿，其中水泥颗粒物排放和氮氧化物排放指标大幅提升，从中可以看出国家对改善环境质量的决心和压力，水泥企业必须积极应对。

6日　国内首条飞灰工业化处置示范线竣工典礼在北京金隅琉璃河水泥有限公司举行。

6日　首批14家水泥企业日前获得中国环境标志低碳产品认证证书，标志着以高耗能、高排放作业方式为主体的水泥行业绿色转型全面启动。在首批企业中，包括“海螺”、“中国建材”、“中材”、“冀东”、“拉法基”、“华新”等知名企业。

12～14日　由中国水泥协会、河南省建筑材料工业协会主办，《中国水泥》杂志承办，天瑞集团水泥有限公司协办的“第三届全国水泥行业媒体研讨会”在河南省汝州市天瑞中州国际饭店隆重召开。

14日　中材国际天津公司在厄瓜多尔的Guayaquil和Holcim厄瓜多尔水泥公司签署了Holcim GU3项目日产4 500吨熟料的水泥生产线总承包合同。

项目的总签约金额为1.55亿美元，范围从辅料破碎到熟料输送入熟料库，包括设计、采购、土建、安装和调试等所有的工作，是一个EPC交钥匙工程。

17日　由湖北大学、武汉市天沭科技发展有限公司研发设计的我国首条矿渣与水泥集成粉磨生产线，在山东省枣庄市顺兴水泥集团顺兴新型建材有限公司建成投产。该项目是湖北大学产学研成果与枣庄市淘汰落后水泥产能良性互动结出的硕果，同时实现了水泥粉磨领域的重大技术突破，首创水泥粉磨生产线既能高效粉磨矿渣又能高效粉磨水泥的先例，具有高效节能、产品指标高、粉尘噪音排放低等特点。

19日　全国能源基础与管理标准化技术委员会、中国建筑材料联合会联合全国水泥标准化技术委员会在北京组织召开了《水泥单位产品能源消耗限额》国家标准审查会并通过审查。

27 **日**　中国建材联合会、中国水泥协会乔龙德会长莅临西南水泥有限公司检查指导工作。中国水泥协会副会长、"西南水泥"总裁赵静涧，党委书记、执行副总裁田野，执行副总裁白彦，副总裁薄克刚等公司领导热情接待了乔龙德会长。

十二月

4 **日**　国资委第三巡视组组长韩修国一行到合肥水泥研究设计院巡视调研。周云峰院长作题为《改革创新谋发展凝心聚力促和谐》的工作汇报。针对合肥院发展，韩修国组长提出了三点要求：一是要进一步制定战略发展目标；二是要加大科研投入，实现第二步转型；三是要利用现代管理观念，实现合肥院管理的提升。

4 **日**　中国建材集团与安徽海螺集团在芜湖签署了"战略合作协议"。中国水泥行业最大的两家企业开展合作，搭建优势互补、资源共享的战略平台，实现强强联合、互利共赢，这对水泥行业发展来说，具有非常重要的意义。

7 **日**　电监会出台《关于规范水泥窑低温余热发电机组并网运营的意见》，对规范水泥窑低温余热发电机组并网运营提出要求。水泥窑低温余热发电机组所发电量实行"自发自用"，不纳入电网统一销售，电网企业不得自行规定向水泥窑低温余热发电机组收费。

12 **日**　"CCTV 中国经济年度人物颁奖盛典"在北京隆重举行。中国建材集团董事长、中国医药集团董事长宋志平凭借 2012 年在行业整合、市场化经营、商业模式创新等方面取得的突出业绩而入选。他带领中国建材集团通过联合重组获得规模优势，通过管理整合提升盈利水平，通过技术进步实现节能减排，通过市场协同抑制恶性竞争。宋志平的当选，不仅是对他个人经营思想和成功实践的充分肯定，也是对中国建材集团成长为世界级企业并引领行业实现科学发展的充分肯定。

18 **日**　中材节能股份有限公司成功签约马来西亚首个余热发电总承包项目——马来西亚 YTL 水泥公司 Perak－Hanjoong 水泥工厂余热发电工程。该项目是利用马来西亚 YTL 水泥公司 Perak－Hanjoong 水泥工厂废热建设的余热发电项目，装机规模为 12 兆瓦。

环球信息

Global Information

2011年环球信息

Global information in 2011

巴林水泥生产企业将统一提高水泥价格

据巴林海湾日报 2011 年 1 月 2 日报道，巴林水泥企业计划集体提高水泥价格，目前普通 50 千克袋装水泥价格将升高 33%，达到每袋 1.6 第纳尔（约合 4.3 美元），抗腐蚀水泥将升高 32%，达到每袋 1.65 第纳尔（约合 4.4 美元）。目前，巴林商工部已紧急召集各水泥企业代表开会，讨论应对措施。

伊朗拟在塔吉克斯担建造两座水泥厂

据《亚洲快讯》1 月 5 日报道，伊朗公司拟在塔建造两座水泥厂。塔能源工业部建议伊郎公司考虑四个砂质黏土矿区，工厂选址的具体情况待谈判结束后才能知晓。按计划单个水泥厂的产能为每年一百万吨，伊朗方面的投资额为 3 亿美元。

现在在塔吉克斯坦共有六个大中型水泥厂在运营，其中最大的是"塔水泥"，但是只有一半的企业开工。

意大利推出透明水泥：筑成墙体可透光

1 月 7 日，意大利水泥集团（Italcementi）的建筑师们把特殊树脂与一种新混合物结合在一起，制成透明水泥。采用这种水泥建成的建筑物，整面墙就像个巨大的窗户，阳光能穿透墙体射进室内，这样就可减少室内灯光使用量，从而节省能源。

透明水泥的里面有很多小孔，这些小孔可在不破坏建筑物结构的整体性的前提下，令阳光投射进来。靠近看，这些宽度接近 2 到 3 毫米的缝隙组成令人难以置信的图案，从远处看，它们跟普通混泥土没有什么不同。但是在阳光明媚的日子，利用这种材料建成的建筑物内会是另一番景象，阳光穿透墙上的光孔射进室内，整个墙面看起来就像个大窗户。

迄今为止仅有一座建筑物使用了透明水泥——2010 年中国上海世博会的意大利馆，不过它已经证明透明水泥能够省电，使用这种材料的建筑物，白天室内不用开灯。18 米高的意大利馆，大约 40% 的墙面采用了意大利水泥集团的材料，该公司用 189 公吨新材料制成 3 774 块透明板和半透明板。每块透明板大约有 50 个孔，透明度接近 20%。半透明板的透明度大约是 10%。

尼日利亚在喀麦隆投资水泥厂

1 月 7 日，喀麦隆商务部长姆巴尔加 • 阿坦加纳 • 吕克 • 马瓜尔会见了尼日利亚 Aliko Dangote 集团公司代表，双方就在喀麦隆建设水泥厂事宜进行了会谈。

Aliko Dangote 集团公司拥有非洲最大的水泥生产企业，向多个非洲国家出口水泥，同时该公司还在阿尔及利亚、南非、坦桑尼亚、津巴布韦、塞内加尔、加纳、贝宁、科特迪瓦、加蓬、刚果（布）建有水泥厂。该集团公司预计投资 1 亿美元在喀麦隆建设新的水泥厂。

中国建南亚高铁计划引爆建材需求 老挝水泥告急

老挝地方媒体《万象时报》（Vientiane Times）1 月 11 日发表文章说，中国计划修建东南亚高速铁路网的计划引爆了沿线国家对建材的需求。文章中说，老挝国内已经出现水泥供应紧张，预计今年将进口至少 350 万吨水泥才能保证南亚高铁老挝段的顺利建设。

报道中援引老挝最大建材生产商 Lao Cement Production Group 副总经理 Inpone Phathananoulack 的话说："老挝国内目前仅有 6 家水泥生产商，即使开足马力生产也无法满足南亚高铁老挝段建设的需求。"他说："项目施工方已经通知我们需要购买大约 350 万吨水泥，我们根本没有能力办到。"

中国老挝和泰国已经决定投资 70 亿美元修建连接云南和曼谷的高速铁路，这条总长 421 千米的高铁是中国修建东南亚高速铁路网计划的一部分，该工程将于今年4月动工计划2015年建成。

为了降低运输成本项目施工方希望在老挝本地采购水泥，虽然目前老挝国内水泥产量有限但质量已经达到国际标准可以满足高铁建设需求。

据中国经济网了解，老挝国内目前仅有6家水泥生产厂家，总产量每年约为120万吨，仅能满足南亚高铁老挝段建设对水泥60%的需求。

阿尔及利亚近期将进口45万吨水泥

为满足国内大量建设项目需求，打击市场投机，阿尔及利亚水泥工业集团GICA下属建材销售公司SODISMAC发布45万吨袋装水泥采购的国际招标，要求投标企业在2011年2月10日开标日之前提供各项投标材料。

由于阿国内水泥供应不足，加之大量投机行为导致市场价格波动，GICA在2010年已进口大量水泥，并欲投资上亿美元扩大国内水泥产能。此次进口除主要供应阿中部地区建设之外，同时也是为了应对法国拉法基水泥厂在阿市场的竞争。拉法基目前在阿拥有两个水泥厂(位于M'SILA和SIG)，以及MEftah水泥厂30%的股份。

阿尔及利亚继续增加水泥进口量

2011年1月份，在SODISMAC公司招标进口80万吨水泥后，君士坦丁Hamma Bouziane水泥公司(SCHB)又在全球招标进口35万吨水泥，阿尔及利亚近期进口的水泥量达到115万吨。

两个水泥进口公司均属于阿尔及利亚水泥工业集团(IPAC)，2010年该集团进口同量水泥供应市场，以控制水泥价格上涨和投机行为。

目前国营水泥厂增加产能的计划进展缓慢，私营和外国投资也停滞不前，大量进口水泥可暂时稳定市场价格，但增加了使用成本和国家外汇的使用。

缅甸政府批准新建20家私营水泥厂

2011年1月，缅甸《新闻周刊》报道：为了实现“进口商品替代”的方针，缅政府近期批准新建20个私营水泥厂。获准新建水泥厂的20家私营企业集团包括麦斯公司、突公司、亚洲世界公司、犹斯那公司等。

一位水泥方面的专家说，目前进入缅甸水泥最多的国家是泰国，已建立的水泥厂在技术和机器设备方面依赖最多的也是泰国。在市场上国外进口水泥种类很多，重要的是水泥质量要达标。

另一位水泥专家吴梭乃说，国家建设需要水泥，在内比都建设过程中就已突出反映出来。另外，实现“进口替代”这也是国家的基本方针。

一位有关方面负责人说，所有已获准建立的水泥厂需要联合成立一个团体组织，统一规范技术，建立一个化验室确保质量。

阿曼水泥公司第三条水泥熟料生产线点火

1月15日，由中国建材装备有限公司以EPC方式承接的阿曼水泥公司日产4 000吨水泥熟料第三条生产线顺利点火成功。

据了解，该条生产线运用了国际最新型干法水泥生产技术，关键设备为具有我国自主知识产权的六级悬浮预热器技术，以天然气为燃料，生产线自动化控制技术水平极高，并全部采用国际领先的技术和设备。该生产线的建成将使阿曼水泥公司熟料产能增加一倍，达到8 000吨/日，从而使水泥产量提高到8 500吨/日。

塔吉克斯水泥年需求量递增

2011年2月，塔经济发展和贸易部称，塔建设领域目前水泥需求量超过100万吨，随着经济发展，每年将增长40%。2010年塔进口水泥50万吨，自产水泥28.8万吨，供需缺口较大。

据悉，塔目前共有6家水泥厂，最大水泥厂为国有《塔吉克水泥厂》，设计生产能力110万吨，2010年实际生产26万吨。2011年上半年将有2家小型水泥厂投产，年生产能力分别为7万吨和10万吨。

尼日利亚Dangote集团在塞内加尔建设一座水泥厂

尼日利亚Dangote集团3月宣布，该公司决定投资5亿美元，在塞内加尔首都达喀尔建设一座年产百万吨的水泥厂，除供应塞国内市场外，还将出口到邻近的马里、几内亚和冈比亚等国。

据悉，Dangote水泥公司于2010年10月在尼股票交易所公开上市，其生产项目遍布尼日利亚、加纳、塞内加尔、赞比亚、喀麦隆和南非等国，该公司计划在2015年之前将总体生产规模提高到年产水泥4 600万吨。

约旦放开水泥厂进口燃料和石油焦

据报道，约旦工贸部3月份决定允许约旦当地水泥厂从外国进口工业燃料和石油焦。该措施旨在降低约旦水泥厂的生产成本，增强其竞争力。

此前，只有约旦炼油厂可以进口各类石油衍生品。新政策实施后，欲从外国进口上述原料的水泥厂还需要到约旦能源和矿产资源部办理进口许可。

安哥拉拟对水泥贸易设进口配额

据《安哥拉日报》3月9日报道，安哥拉拟对水泥贸易设进口配额，安政府已成立水泥委员会，目前正准备相关法律文件。

安工业国务秘书加布里埃尔向媒体表示，此举不是为了保护本国生产，因为市场是面向所有经济人的，但是这将有利于增加安国产水泥供应。

目前，安哥拉每年的水泥缺口约为420万吨。预计2013至2015年，南宽扎、本戈和本格拉省的水泥厂陆续投产，安国内水泥产量将大幅增长。至2017年，安水泥年产量可达到1200万吨，不仅能够满足内需，还可出口创汇。

俄罗斯水泥价格倍增

俄罗斯从2011年3月起水泥价格激增，到6月份价格已增长2倍，达6 000卢布/吨(约合215美元/吨)，预计8月达10 000卢布/吨。

巴基斯坦水泥业呼吁政府减税

据巴基斯坦《国家报》3月17日报道，全巴基斯坦水泥制造商协会(APCMA)日前发布的一份新闻稿称，目前巴22家水泥产中已有4座倒闭，剩下18家的也因巨额损失而处于崩溃边缘。该协会呼吁政府通过减税措施解决巴水泥业面临的困难。

报道称，巴水泥业主要面临煤炭、电力、柴油、包装、运输等生产成本与日俱增的挑战。市场竞争激烈和各大水泥厂扩大产能则使得水泥厂商难以将成本增长压力转移给消费者。此外，巴水泥业面临的巨大压力还来自政府赋税。据估计，巴水泥售价中约30%为政府税收，为南亚地区最高。为此，APCMA呼吁巴政府降低水泥业税赋，帮助该行业走出困境。

日本灾后重建水泥缺口将达千万吨

3月21日，多位水泥行业人士判断，灾后日本水泥供需曲线必将逆转，改变自1996年至今产量一路下滑、供大于求的局面。

据统计，2010年日本共有18家水泥企业，共计水泥产能6147.7万吨；震前日本为水泥净出口国，2009年日本净出口水泥及熟料约1 000万吨。并据分析，参照2009年四川省灾后重建启动时水泥需求增幅46%，假定日本灾后水泥需求增幅为40%。对照2010年日本水泥产能6147万吨发现，今明两年日本水泥供应缺口在1 000万吨左右。

叙利亚国有企业水泥总产量达565万吨

2011年3月，据叙利亚工业部统计，叙六家国有水泥厂水泥总产量已达565万吨，净利润达41亿叙镑(约合8723万美元)。几年前，叙利亚颁布法令，准许国有企业按规定向员工发放红利以促进生产效率的提高，这一手段有效的提高了叙国有企业效益。

全球水泥消费量将创下新高

伦敦2011年4月6日电 /美通社亚洲/ —— 总部位于英国的《International Cement Review》(国际水泥评论)刚刚宣布发布其最新的《Global Cement Report》(全球水泥报告)，后者是一项400页的全球水泥行业分析和预测，并且以异常丰富的细节覆盖了160多个国家。

这份新报告大体上的意思是，全球水泥消费量增长在2008年下挫了2.4%，为28.3亿吨，但是此后恢复到2009年的29.98亿吨，2010年更是增至32.94亿吨，后两年的年增长率分别为5.9%和9.9%。到2012年，全球水泥消费量预计将达到创纪录的38.59亿吨。

中国目前在全球水泥数据统计中独占鳌头，2010年的消费量为18.51亿吨，几乎是2004年水平的两倍，全球第二大消费国印度在2010年则消耗了2.12亿吨。第三大消费国美国的消耗量降至6900万吨。

2010年全球水泥和熟料的交易量为1.5亿吨，其中海运贸易的交易量预计为1.05亿吨。5000万吨熟料已经包含在以上国际贸易总数之中。

土耳其现已成为全球领先的水泥和熟料出口国，2010年的销售量为1900万吨，超过中国近1700万吨的创纪录出口销售量。泰国则以1400万吨的出口量位居第三。

孟加拉国现已成为全球最大的水泥和熟料进口国，2010年的交货量超过了1200万吨。交货量为700万吨的尼日利亚和近600万吨(较2006年的3600万吨有所下降)的美国则位列其后。

拉法基(Lafarge)继续以14.12亿吨的全球水泥销售量和158.84亿欧元的营业额占据领头羊的位置，Holcim(霍尔希姆)则以13.67亿吨的水泥销售量和156.91亿欧元的营业额位居第二。海德堡水泥(HeidelbergCement)依然名列第三，紧随其后的是西麦斯(CemEX)、Italcementi(意大利水泥集团)和Buzzi Unicem。不过Holcim已经在全球水泥产能领域取得了领先地位,其产能达到了 2.12 亿吨,比拉法基高出 1 100 万吨。

《Global Cement Report》还提供各国的水泥预测,包括直到 2012 年的消耗量、产量以及进出口量。

墨西哥研发出耐用环保水泥

4 月份,墨西哥国立理工学院的科学家表示他们已经研发出多种更坚固、更耐用、更环保且更经济的水泥。

科学家们希望利用此项以地质聚合物(一种既具有有机物、陶瓷、水泥的特点,又具有独特优异性能的新型凝胶材料———本报注)为基础的技术,使新型水泥在不久的将来替代目前建筑业普遍使用的波特兰水泥。

领导此项研究的何塞·伊万·埃斯卡兰特·加西亚指出,早在 13 年前科学家就开始致力于生产尽可能环保的水泥,并使之替代波特兰水泥。

他表示,每生产 1 千克波特兰水泥就会制造相同质量的二氧化碳,即全球每年生产 25 亿吨水泥的同时,就会排放出占全世界 8%以上的污染气体。

埃斯卡兰特·加西亚表示,制造水泥的过程中之所以会产生二氧化碳,是因为需要使用燃料在高炉内加热石灰石直至 1450 摄氏度才能获得水泥的主要成分———石灰,并且必须除去石灰石当中的碳元素,而这些加工步骤会导致大量二氧化碳被排放到大气当中。

因此,他表示以地质聚合物为基础生产水泥将非常有利于保护环境,因为可以将污染气体的排放减少 80%。此外,这种水泥不使用碳酸钙制造,加热温度仅需 750 摄氏度,而且在生产过程中还可以加入一些无需经过任何加工的工业废料。

埃斯卡兰特·加西亚认为,这种水泥具有三大优势:首先是技术优势,因为利用地质聚合物可以制造更加坚固耐用的水泥;其次是经济优势,由于加热温度较低,所以可以节省将近 50%的燃料;第三是环保优势,因为在生产过程中排放的污染气体较少,而且使用工业废料有利于保护自然资源。

科学家们希望能够尽快将这种新型水泥投入市场,并取得比实验中更好的使用效果。

菲律宾一季度水泥销售同比下降 6.7%

据菲律宾《星报》4 月 18 日报道,菲水泥生产商协会(CEMAP)公布,一季度水泥销售 380 万吨,比去年同期下降 6.7%。CEMAP 主席奥多涅兹表示,一季度水泥销售下降是恢复正常,由于台风造成的灾害,去年一季度水泥销售异常强劲。全年水泥销售 155 万吨,创历史新高。目前水泥生产企业产能利用率为 60%至 65%。来自企业方面的消息称,由于煤炭和燃油价格上涨,水泥生产企业目前处于亏损状态。尽管生产成本增加,但由于需求下降,水泥生产企业降低了销售价格,每袋水泥从去年 11 月份的 215 比索至 220 比索降至目前的 200 比索以下。

沙特工商部严格遏制水泥价格上涨

据沙特利雅得报经济 4 月 19 日报道:面对近几天水泥价格在沙特一些地区的大幅增长,沙特工商部迅速做出了反应,采取监测和具体行动,以遏制水泥价格的恶性增长,进而稳定国内的经济发展。

自从沙特颁布法令解决居民住房问题后,沙特国内市场对水泥的需求增加了。但是工商部强调,市场当前并不存在水泥短缺的问题。

喀麦隆北部地区水泥供应严重不足

5 月,喀麦隆北部大区出现水泥供应严重不足的情况,水泥零售商哄抬物价的事件时有发生。据了解,目前在喀麦隆北部大区首府加鲁阿市,一袋 50kg 水泥出库价为 5 450 非郎,但在某些零售商那里,价格已涨至 8 500 非郎。加鲁阿市水泥仓库每天向市场投放 16t 水泥,但实际每天需求量却高达 50～65t,水泥供需严重不平衡是导致水泥价格飞涨的主要原因。据喀麦隆北部大区官员介绍,当地仅有的一座水泥厂“Figuil”,为 50 年前所建造。该厂产能不足,设备老化严重。另外根据一项不成文的规定,该厂每年还要将水泥产量的 50%转售给邻国乍得。

据悉,鉴于事态的严重性,喀麦隆北部大区政府已召集当地水泥厂、水泥仓库和水泥零售商开会商讨对策。会议初步同意一袋 50kg 水泥零售统一价格为 6000 非郎。

巴基斯坦 10 个月出口 765 万吨水泥

据巴基斯坦《新闻报》5 月 4 日报道,全巴基斯坦水泥制造商协会(APCMA)统计数据显示,本财年前 10 个月(2010 年 7 月至 2011 年 4 月)巴共生产水泥 2 572.2 万吨,同比下降 8.71%;国内水泥销量 1 806 万吨,同比下降 6.76%;出口水泥 765 万吨,同比下降 11.46%。

APCMA 发言人称,由于部分水泥厂完全关闭,目前巴水泥业产能仅为 4 113.5 万吨,比最高时低 300 万吨,其中北部地区水泥厂贡献 83.3%(3426.4 万吨)。此外,目前巴水泥行业产能利用率仅为 74.86%,是 2003～2004 财年以来的最低水平。该发言人呼吁巴政府免征每包超过 50 卢比(1 美元约合 85 卢比)的消费税,以保持水泥产品现有价格,从而增强国际市场竞争力。

泰国 4 月水泥价格指数增幅 14.5%

据泰国《世界日报》5 月 13 日报道,泰国商业部 2011 年 4 月份建材价格指数报告,调查曼谷及周边地区 131 类产品,建材价格指数为 119,同比提高 4.5%,月比微增 0.6%。2011 年 1~4 月平均指数同比走高 5.8%。

报告显示,4 月指数月比提高 0.6%,因为钢铁价格指数增幅 0.7%,水泥价格指数增幅 1.2%,其它建材价格指数增幅 1.5%。指数已经是连续 6 个月提高,因为修路、建桥、灾后重建等工程增加,而且受国际原油价格提高影响。

4 月份建材价格指数同比提高 4.5%,其中钢铁指数增幅 6.3%,水泥指数增幅 14.5%,其它指数增幅提高 5.3%。因为 2011 年建材生产成本比 2010 年增加,而且工程量也增加,市场需求提高导致价格提升。

2011 年 1~4 月泰国平均指数提高 5.8%,其中钢铁指数增幅 11.9%,水泥指数增幅 10.6%,其它 4%,主因是建材生产成本提高。

巴沙大坝项目建设有助于提高水泥产销量

据巴基斯坦《每日时报》5 月 29 日报道,预计巴沙大坝(DiaMEr Bhasha Dam)项目建设每年消耗 500 万吨水泥,将极大提高巴国产水泥产销量。巴水泥业已经在国内市场站稳脚跟,巴沙大坝建设还将使水泥厂进一步削减生产成本,抵消出口下滑带来的不利影响。其中,预计福吉水泥厂将从巴沙大坝建设中获益最多,因为该公司长于从中国承包商获得订单。

据悉,亚洲开发银行已正式决定为巴沙大坝提供 45 亿美元资金。该大坝建成后将极大提高储水能力和水电装机容量,并有力促进巴经济发展。

中企欲大规模投资赞比亚水泥市场

6 月据《国际商报》报道,赞比亚竞争和消费保护委员会对外界称,中国企业拟斥资 5 亿美元在赞比亚东方省和西北省建立水泥生产厂。该委员会主任 BrianLingela 表示,赞比亚水泥市场目前行业需求存在较大缺口,投资潜力很大。该项投资将有利于增强赞比亚水泥行业的生产竞争,拉动当地经济快速发展。

巴基斯坦水泥业亏损 14 亿卢比

据巴基斯坦《每日时报》6 月 3 日报道,全巴基斯坦水泥制造商协会(APCMA)日前发表声明称,本财年前 3 季度(2010 年 7 月至 2011 年 3 月)巴水泥行业累计亏损达 14 亿卢比(1 美元约合 85 卢比)。同期巴仅有 3 家水泥厂盈利,其中 2 家位于卡拉奇港口附近。该声明同时呼吁巴政府采取措施挽救该行业。

声明指出,巴水泥业亏损的主要原因是包括煤炭、柴油、燃油、电力、水泥纸袋、利息、交通等在内的生产投入支出增加。目前市场水泥价格仅为 375 至 385 卢比每袋,与不断增加的成本极其不符。

牙买加要求水泥进口商申请许可证

6 月,因牙买加与多米尼加共和国的贸易争端,牙工商部长萨姆达要求所有水泥进口商申请许可证,水泥进口商因之受挫。牙买加最大的水泥进口商 ARC 公司,因大多数水泥从多米尼加共和国进口,五月份已因此损失潜在收入 1 亿牙元。除此之外,该公司还要承担与供应商、运输商之间的违约责任。另一方面,加勒比水泥公司水泥销售收入 2006 年以来下降 14%。该公司将之部分归咎于从多米尼加共和国和美国进口倾销水泥。

印度 ACC 公司水泥年产量将达到 3 000 万吨

6 月,水泥和预拌混凝土公司——印度 ACC 宣布,在公司的扩建项目完成后,水泥年产能将达到 3 000 万吨。据悉,该扩建项目包括在 Wadi 的日产 12 500 吨水泥窑以及在 Chanda 的一条新的日产 7 000 吨熔渣生产线。

"我们的产品生产能力正随着公司不断扩建而增大。于 2010 年 9 月在 Wadi 动工的日产 12500 吨水泥窑是世界上最大的水泥生产窑,而这扩建的两个项目都配有火力发电机组。"ACC 的 CEO Kuldip Kaura 如是说。

另外,ACC 的能源效率控制也有好转。渣块处理,可替代燃料的使用以及原材料空燃比(Air Fuel Ratio)的降低都减少了二氧化碳的排放。

海德堡在哈萨克斯坦投资 2 亿元建水泥厂

6 月 27 日,国际大型建材生产企业一德国海德堡公司(HeidelbergCeMEnt)投资约 2 亿欧元在哈萨克斯坦西部曼吉斯套州建设新的"里海"水泥厂。

海德堡公司董事长科恩表示,"里海"水泥厂将在曼吉斯套州舍特比镇落成,预计 2013 年可投产。水泥厂将采用先进工艺设备生产无公害节能的新型干法水泥,年可生产水泥 100 万吨,且生产能力还可能扩大 1 倍。该项目可为哈萨克斯坦社会提供 400 个就业岗位。

目前,海德堡公司已经投入 7 000 余万欧元进行前期基础设施建设，包括公路铁路铺设，舍特比站翻新，电力线延伸及作业基地建设等。

海德堡公司成立于1874年，总部位于德国海德堡。是世界最大的惰性材料生产企业，其水泥、混凝土生产世界领先，该公司2005年开始加入哈萨克斯坦市场。

2012年越南将新增投产水泥生产项目55个

据越南《劳动报》7月1日报道，根据建设部2011～2020年阶段水泥工业发展规划草案，2011年，各水泥生产企业的总功率预计达7 200万吨。在增加生产的同时，对能源和自然资源的消耗总量也在不断攀升。以平均每吨水泥耗电100千瓦时计算，则6 800万吨水泥，总耗电量达68亿千瓦时左右。根据发展规划，至2012年，越南将新增加投产水泥生产项目55个，新增设计总功率6 696万吨。2020年全行业累计设计总功率将达1.2952亿吨。

俄罗斯水泥价格大幅上涨

6月30日，俄罗斯建筑商协会主席尼古拉·科什曼近日在俄新社举行的新闻发布会上说，俄罗斯水泥价格从3月开始上涨了一倍，达到每吨6 000卢布。2011年8月份水泥价格可能将超过每吨1万卢布。他同时表示，“需要询问生产商，水泥这么涨价同哪些因素有关”。他指出，价格上涨的原因可能在于水泥运输车不足。科什曼形容市场情况最为“糟糕”。他强调，水泥这么涨价可能引发俄罗斯对土耳其和中国等外国水泥的需求。

阿尔及利亚未来4年水泥产量可望增加

7月，阿尔及利亚水泥工业集团(GICA)负责人向媒体透露，为了确保新的五年规划期间大型基础设施建设项目(公路、高速公路、水坝和住房)对水泥的需求，阿政府已决定投资1 500亿第纳尔(约合20亿美元)对现有水泥厂生产线进行改扩建，使水泥产量从目前的年产1 130万吨达到2015年的2 000万吨。

水泥工业集团下属的五家水泥厂将进行生产扩建工程，包括艾因.戴穆尚省的Beni Saf水泥厂、马斯卡拉Zahana水泥厂、布利达Meftah水泥厂、塞迪夫Ain Kebira水泥和什莱夫Oued Sly水泥厂 。目前，水泥工业集团正在就上述水泥厂改造项目事与合作伙伴谈判并完成最终的工程合同文件。

巴基斯坦水泥销量同比下跌8%

据国外媒体报道，巴基斯坦水泥工业协会(APCMA)7月宣布，该国国内和国际市场的水泥销量都出现下滑。2010年至2011年财政年度会议上的数据显示，这一年中巴基斯坦的水泥销量仅为3 138万吨，而此前一年的水泥销量达到3 420万吨，同比下跌8%。

牙买加加勒比水泥公司将停产18个月

据《集锦者报》8月5日报道，牙买加加勒比水泥公司负责人在年会上宣布，由于特多水泥公司债务重组，决定将其牙买加分公司一加勒比水泥公司暂停生产18个月。

该负责人表示，截至2011年3月，加勒比水泥公司负债运营资金为10亿牙元，长期债务将达到23亿牙元。同时，公司现有现金和等价物低于7100万牙元，并且由于经济不景气和水泥倾销导致2011年第一季度亏损2.49亿牙元。据统计，加勒比水泥公司年产180万吨，但去年只销售了74万吨，因此公司处于产能过剩的状态，急需开拓新市场。

特多水泥公司过去一直面临着资本紧缩和进口水泥导致的市场份额下降的困境。截至2011年3月，公司负债运营资金为13.8亿特多币(约合2亿美元)。2011年5、6月份特多水泥公司曾多次与债权人就债务重组方案进行磋商并接近达成一致。

越南水泥消费量减少水泥企业面临困境

8月，越南水泥协会称，由于当地建筑工程的减少，2011年越南国内水泥消费量可能会低至5250万吨。国内消费量和出口市场的不景气，加剧了原本就存在的产能过剩问题。到7月中旬，越南共销售2600万吨水泥，而预期消费量为5 450万吨至5 600万吨，这个数字只占到预期消费量的45%。

据统计，越南现有110条水泥生产线，每年的设计产能可达到6 400万吨，但是，大多数水泥厂并不能完全发挥其产能，因此，预计每年的水泥产量可达到5 700万吨。

该协会称，越南每年的水泥贮藏量在400万吨至500万吨之间。为了弥补当地不断下滑的水泥量和通货膨胀的压力，水泥生产商正在努力促进出口，但是，目前水泥的运输成本比较高，出口价格比较低。

越南将强制实行水泥厂余热发电

据越南政府网站8月30日报道，越南政府总理日前批准的《2011～2020年，面向2030年越南水泥工业发展规划》对水泥厂余热发电做出新的强制规定。主要是：对于日产2 500吨以上熟料的水泥厂，新上马项目(2011年8月29日以后签署设备供应合同)必须同时投资建设废气余热发电系统，利用工业废弃物和垃圾为燃料的项目除外；已投产和在建(2011 年 8 月 29 日前签署设备供应合同)项目也必须补充建设废气余热发电系统并于 2015 年前发电。

对于日产 2 500 吨以下水泥熟料的项目,鼓励研究投资建设废气余热发电系统,并在 2015 年前完成由立窑改回转窑的技术改造。

厄立特里亚格代姆水泥厂投产

厄《形象报》9 月 3 日报道，厄立特里亚格代姆水泥厂厂长乌代告诉厄新闻社,该水泥厂已正式投产,平均日产 1 000 吨优质水泥。截至目前,已向全国各地建筑公司提供了 11 000吨水泥,并创造了 300 个工作岗位。

乌代解释说,水泥厂的主要目标是满足厄政府和大众工程项目的需要,工程项目建设拖期及水泥价格上涨的主要原因就是因为缺少水泥,今后这一问题将不复存在。他还表示水泥厂选址在格代姆具有很多有利条件,其中之一就是那里拥有丰富的合格原料。

最后,乌代还不忘提醒政府和管理机构制定相应规定,保证公众能以合理的价格购买水泥。格代姆水泥厂系使用我 3.5 亿元人民币优惠贷款由中国新时代工程公司承建的。

瑞士水泥大量使用替代燃料

瑞士水泥行业重视环保,严格限制水泥行业粉尘和污染物排放,排放标准为:氮氧化物<500 毫克/标立方米，二氧化硫<500 毫克/标立方米，粉尘<20 毫克/标立方米;瑞士不交 CO_2排放税;

瑞士水泥行业大量使用替代燃料以降低水泥生产成本,替代燃料使用率为 50%以上,部分厂可达近 70%。替代燃料的品种有:废旧轮胎、塑料、纸浆(含 50%水分)、废旧木材、污泥(含 8%水分)、溶剂、废油及部分生物质燃料等。在瑞士,政府实行“谁污染,谁付费”的原则,使用替代燃料的工厂可获得较高的补贴。

缅甸拟将湿法水泥厂改为干法生产

据缅甸水泥技术专家吴棱奈说,为了节约能源,准备将湿法水泥厂改造为干法生产。缅甸全国共有 14 个水泥厂,多数是湿法生产,产量不能完全满足需求,消耗的能源也大。缅甸每年水泥生产能力应该是 600 万吨,但实际只有 200 万吨。

KBZ 工业有限公司的顾问说,水泥生产所使用的燃料湿法的比干法的多,干法生产的产量也比湿法的高 4～5 倍。

专家介绍,现在国内产量不够,开始从泰国进口。如果将现有的 17 条湿法生产线都改为干法,将为国家节省很多能源。据悉,9 月份,政府将组织私营企业就湿法改干法召开技术研讨会。

中俄合资水泥厂在南萨哈林斯克市投产

9 月 12 日,中俄合资的水泥厂在南萨哈林斯克市正式投产。

该工厂位于俄萨哈林州首府南萨哈林斯克市郊区,由黑龙江省龙兴瑞凯进出口有限公司与俄罗斯混凝土服务生产建设公司共同出资建设,中方投资 143 万美元,占股 51%,俄方投资 137 万美元,占股 49%。工厂采用全自动生产线及先进的环保技术。一期工程设计年产量为 15 万吨水泥。熟料、石膏等生产原料将自中国和韩国进口。

该工厂的建成将满足萨哈林州三分之一的水泥需求。

华新塔吉克斯坦年产 100 万吨新型干法水泥生产线项目开工

9 月 15 日,华新水泥股份有限公司走出国门的第一个水泥生产线项目——华新塔吉克斯坦年产 100 万吨新型干法水泥生产线项目,在塔吉克斯坦哈特隆州亚湾市举行了隆重的开工奠基仪式。该项目由华新水泥股份有限公司控股子公司华新中亚投资(武汉)有限公司与塔吉克斯坦亚湾水泥公司合资建设,不仅是塔吉克斯坦第一条新型干法水泥生产线项目,也是迄今为止塔吉克斯坦投资额最大的项目。项目总投资 1 亿美元,将采用当今世界先进的新型干法预分解技术,并秉承华新绿色环保理念,将项目打造成循环经济的样板性工程,各项生产指标和环保指标均达到世界先进水平。

项目计划 2012 年年底投产,建成后将达到年产 90 万吨熟料、100 万吨水泥的规模。届时,该项目不仅将成为塔吉克斯坦水泥工业的标杆,也将为拓展中塔经济合作领域和深化两国友谊作出贡献。

中材国际(南京)承建尼日利亚 IBESE 项目 B 线点火

9 月 16 日,中材国际(南京)承建的尼日利亚 IBESE 项目 B 线点火成功。IBESE 项目部、业主方及参建单位参加点火仪式。

中材国际(南京)IBESE 项目位于尼日利亚最大港口城市拉各斯西北 100 公里,是中材国际迄今为止在非洲以 EPC 模式总承包建设的第一个重大项目,同期建设 2 条日产 6000 吨熟料水泥生产线。

中非基金参与投资的水泥厂在埃塞俄比亚正式投产

新华网亚的斯亚贝巴 10 月 1 日,由中非发展基金和中国江苏其元集团联合投资的埃塞俄比亚东方水泥厂 1 日在埃塞俄比亚顺利点火投产。

中国江苏其元集团董事长卢其元在投产仪式上说，这是中国企业在埃塞俄比亚投资规模最大的项目，总投资额为7 000万美元，项目建成后将日产水泥2 300吨，能极大缓解埃塞水泥供应紧张的局面，同时为埃塞创造500多个就业机会。

该项目自2009年10月立项施工以来，项目施工组克服重重困难，全力组织项目实施，历时2年，刷新了中国企业在埃塞实施大型同类工程的多项纪录。

尼日利亚 Dangote 集团签署7.5亿美元水泥投资合同

据尼日利亚当地媒体报道，10月份尼最大的生产企业Dangote集团分别与刚果共和国和埃塞俄比亚签署了合同额为3.5亿和4亿美元水泥投资合同。该集团负责人Dangote表示，Dangote集团的发展目标是到2015年实现水泥年产量达到5000万吨。

伊朗：INIDRO 组织在9国承建水泥厂

据伊朗《经济报》报道，伊朗矿业发展和革新组织（INIDRO）负责人介绍，伊朗在水泥生产业已取得了宝贵经验，伊朗INIDRO组织已经在9个国家承包建设水泥厂。9个国家包括：委内瑞拉、古巴、尼日利亚、玻利维亚、厄瓜多尔、叙利亚、阿尔及利亚、伊拉克和利比亚。

沙特前三季度水泥销售增加

沙特水泥2011年前三季度销售1 031万吨，同比增长7%，9月份水泥销售337万吨，同比增长29%。

伊朗将在国外建水泥厂

伊朗近年在水泥生产业取得成功经验，IMIDRO组织已经在9年国家承包建设水泥厂。其中包括：委内瑞拉、古巴、尼日利亚、玻利维亚、厄瓜多尔、叙利亚、阿尔及利亚、伊拉克和利比亚等9个国家。

刚果（布）政府宣布2012年建设4座水泥厂

刚果（布）政府发言人比安弗尼·奥基米10月7日在部长会议上宣布，刚果（布）政府计划2012年在南部地区大洋铁路沿线的黑角、多里集、马丁古、明都里等城市兴建四座水泥厂。

奥基米说，刚果（布）目前有一座水泥厂—刚果（布）新水泥厂，由刚方和中国合资建成。但这座水泥厂年产量为25万吨，离刚果（布）100万吨的年市场需求量还有不小的差距。另外，奥基米还宣布了2012年在东北部城市马夸建一座陶瓷厂和在首都布拉柴维尔建一座铝加工厂的计划，并宣布政府“将大力开采蕴藏在扎纳加地区（位于西南部）的铁矿”。

奥基米说，2012年下半年，将保证至少一半位于布拉柴维尔工业区的企业实现正常生产，这些企业的发展将使刚果（布）的GDP增长率达到10%。同时他也指出，根据国际货币基金组织预测，2012年刚果（布）GDP的增长率是7.5%，而2011年为8%。

意大利 Italcementi 水泥第三季度利润下滑

意大利Italcementi集团11月7日发布的年报显示，2011年第三季度，该集团的纯利润下滑了51.7%，即2 500万欧元。

Italcementi集团称，第三季度利润下滑是由营业成本和利率的不断变化造成的。

该集团在年报中称，虽然第三季度利润出现下滑，但由于今年公司在比利时、法国、北美、印度、摩洛哥以及泰国等市场的水泥销量呈现出良好的增长态势，因此，今年集团前三季度的利润从去年的1850万欧元增长到1.232亿欧元。埃及市场由于内乱、动荡等不稳定的政治因素，利润有所缩减。此外，该集团表示，集团将继续降低成本，期待2011年整年的纯利润有一个很大的提升。

越南公共投资减少致水泥业面临困难

据越南《投资报》11月17日报道，受国际金融危机和国内财政紧缩的影响，越南公共投资大幅减少，房地产业全面萎缩，当前越南水泥业发展遇到很大困难。

一是全国水泥总销量大幅下滑。通常越南月均水泥销售量为400万吨，但最近3个月水泥销量均只达350万吨。今年前10个月越南水泥销售量仅为3 910万吨，预计全年约为4 800～4 900万吨，比年度计划少500～700万吨，较2010年减少200万吨。

二是水泥生产企业市场萎缩，亏损较大。越南水泥生产企业，包括越南水泥总公司（VICEM）下属的各大著名水泥厂普遍出现市场萎缩，亏损压力很大。10个月来越南水泥总公司的市场份额已减少3%，亏损达2200亿越南盾（约合1050亿美元）。

三是生产投入成本增加。VICEM称，今年以来，越南油价已上涨32－43%，电费上涨15.28%，煤价上涨88%，无疑增加了水泥生产的投入成本。

四是偿还债务困难。VICEM董事长黎文终称，越南水泥项目通常以外汇形式投资，金融危机发生后银行加息，越盾贬值，已使回收成本和偿还债务成为企业的巨大负担。2011 年 VICEM 有 7 个水泥项目投产，但需偿还债务却达 32000 亿越盾(约合 1.52 亿美元)，相当于一个大型水泥厂的投资额。

五是弱小企业面临破产。由于房地产业不景气，很多水泥生产企业，特别是新投产的水泥厂经营十分困难。VICEM的代表认为，对较弱水泥企业而言宣布破产是一个值得考虑的方案，这是越南水泥业实现重组和优化的措施和趋势。

巴基斯坦水泥三季度出口停滞

伊斯兰堡 11 月 1 日电巴基斯坦水泥制造商协会(All Pakistan Cement Manufacturers Association)发布报告显示，巴基斯坦水泥出口在本财年(2011 年 7 月至 2012 年 6 月)第一个季度停滞不前，仅小幅增长 0.21%。报告称，经海路出口至不同国家和地区的水泥同比减少 24%，仅达 85.7 万吨。

报告称，出口停滞的主要原因包括电力、煤炭及运输等成本上涨。与此同时，陆上运输渠道也不畅通，如果 Wagha Attari 口岸开放，水泥出口将大幅增加。电力成本也在本财年第一季度增加 9%，且情况可能加剧。

但由于巴基斯坦水泥消耗增加，巴基斯坦水泥销售有所上升，增幅达 12.23%。巴基斯坦北部地区水泥销量达 423 万吨，南部地区销量为 94.5 万吨。

伊朗水泥前 8 个月产量过 4 000 万吨

伊朗日报 11 月 3 日消息，伊历前 8 个月，伊朗水泥产量达 4 130 万吨，与去年同期相比增长 13.7%。根据伊朗工矿部估计，由于人口的快速增长和建筑需求的持续上升，到 2021 年，伊朗国内水泥年均需求量约为 7 000 万吨。

巴基斯坦 10 月份水泥销量同比增长 0.74%

据巴基斯坦《国民报》11 月 4 日消息，全巴基斯坦水泥制造商协会公布的数据显示，2011 年 10 月巴水泥销量达 294.48万吨，其中国内销量 208.8 万吨，出口部分 85.68 万吨，分别同比增长 0.74%、增长 5.77%和下降 9.71%。

出口方面，10月对阿富汗水泥出口量从 2010 年的 52.96 万吨降至 48.94 万吨；对印度出口量从 4.3 万吨增长一倍至 9.0 万吨；通过海路出口量(不含印度)从 37.56 万吨降至 27.76万吨。

沙特东部水泥公司呼呈取消出口禁令

11 月份，沙特东部水泥公司扎米勒博士负责人表示，由于一些水泥公司扩建和 2008 年 6 月来沙特政府一直在实施的本地水泥出口禁令，目前沙特水泥市场没有供货短缺的现象，而且还出现供过于求。

扎米勒强调，虽然目前沙特有许多项目正在进行，但是仍不足以消耗掉水泥厂的产能，预计年底水泥公司的熟料库存量将达到 800 万吨，如果不取消出口禁令，将影响到公司的利润。

淡马锡有意购买印度一水泥公司股权

印度 Jaypee 集团属下的水泥公司 Jaiprakash Associates 准备将股权卖给包括新加坡淡马锡控股在内的投资者，以筹集资金偿还债务。

据路透社报道，Jaypee 集团已经同几个潜在投资者就有关脱售 Jaiprakash 股权事宜进行接触，并展开商谈。

该报道引述 Jaypee 集团董事经理高瓦尔(Manoj Gaur)的话指出，淡马锡控股是该集团已接触的其中一个投资者。

Jaiprakash 是印度第四大水泥商，这家公司的债务高达 80 亿美元，它希望通过脱售股权给投资者套现来偿还债务。

印度是全球仅次于中国的第二大水泥生产国，其总产能为 1.51 亿吨。随着印度政府对基础设施、房屋设施以及公路网络的需求激增，印度水泥业目前正以惊人的速度增长。

此外，印度的水泥生产预计将在 2011 和 2012 财政年度分别增加至 2.36 亿吨和 2.62 亿吨。

2013 年俄将降低水泥进口关税

俄国际文传电讯 12 月 7 日报道，俄政府承诺，入世后俄将降低水泥进口关税。目前水泥进口关税为 5%，2013 年将降至 3%。2013 年关税降至 3%的进口产品还包括花岗岩、斑岩、玄武岩、砂岩和其他建筑用石材。

伊朗水泥增产

伊朗《经济报》12 月 8 日报道：据伊朗工矿、商业部统计，2011 年 3～11 月份，伊朗生产水泥 5383 万吨，同比增产约 12%。据报道，3～11 月份，伊朗出口水泥量超过 700 万吨。

韩国水泥制造企业举步维艰

据《朝鲜日报》12 月 29 日报道，受原料价格连年上涨，需求日益减少等不利因素影响，韩水泥制造行业面临越卖越亏的窘境。据统计，截止今年 3 季度，包括双龙洋灰、东洋水泥等在内的韩国 7 大水泥制造企业，今年销售总额达 2.7 万亿韩元(约合 23.5 亿美元)，亏损 1721 亿韩元(约合 1.5 亿美元)。从生产量来看，2003 年、2009 年和 2010 年分别为6 000 万吨、5 000 万吨和 4 500 万吨，呈逐年递减之势。

2011 年亚美尼 Mika 水泥股份公司产量下降

2011 年全年，亚美尼亚“Mika 水泥”股份公司产量将达到 12～13 万吨，同比下降 15%～20%。产量下降的主要原因是建筑行业还未从经济危机的影响中完全恢复，而公司产品几乎全部在国内市场销售。

公司负责人表示，因为产品缺乏竞争力，无力开拓国外市场并开展出口业务。比如，俄罗斯索奇市在修建奥运项目，需要大量水泥，但是亚美尼水泥成本既高，加之运费昂贵，最终价格根本不具备竞争力。

喀麦隆水泥需求递增

近年来，喀麦隆水泥年均产量 150 万吨，年均需求量 250 万吨，需求量年均增长 8%，到 2020 年将达到 800 万吨，供求缺口主要靠进口，2011 年喀麦隆水泥进口量达 1 141 469吨。

2012年环球信息

Global information in 2012

埃塞俄比亚水泥价格有所回落

埃塞俄比亚工业部称，由于水泥厂数量上升到15个，所以水泥的成本明显下降了很多。Shimele称目前国内水泥产能已达到了784万吨，其中530万吨已经投放到市场。

据相关人十介绍，埃塞俄比亚已经发布了一个国外投资水泥项目许可，该项目禁令主要是为了避免不必要的竞争目前埃塞俄比亚已有超过40家水泥公司已经通过审批。目前有22家水泥公司正在积极建造工厂或已经开始进行经营操作。政府优先考虑的是支持那些通过审批但却还未开始经营业务的公司。

据埃通社报道，埃塞俄比亚工业部化工发展司长表示，目前埃塞已投产的水泥厂达15家，水泥价格已大幅下降，每公担(100千克)水泥价格从原先的500比尔下降至目前的240比尔。目前埃塞水泥年生产能力已达784万吨，预计本财年末将达1260万吨。

巴基斯坦水泥出口同比下降

伊斯兰堡1月13日电，据巴基斯坦水泥行业消息人士称，巴基斯坦水泥出口在本财年(2011年7月至2012年6月)上半年同比下滑近5%。

消息人士称，水泥出口在本财年上半年达到445.8万吨，低于上财年同期的467.2万吨。然而，2011年12月巴基斯坦水泥出口的数据显示，当月水泥出口有所回升，达到64.9万吨，比11月份增长5.2%，但同比下滑8%。

巴分析人士称，造成水泥出口下滑的原因是国际经济形势持续不佳，导致建设项目减少，因而对水泥的需求有所下降。但分析人士称，巴基斯坦对阿富汗和印度的水泥出口在本财年上半年大幅增加。目前，阿富汗和印度是巴基斯坦水泥出口的主要市场。

此外，本财年上半年，巴基斯坦突破了熟料零出口的局面。

2012年1月印度水泥发货量增长至2 040万公吨

据相关统计数据，2012年1月份印度水泥发货量增长了9.4%，受低基金率的推动，水泥出货已连涨3个月，而2011年1月份水泥发货增长率仅为1.1%。

2012年一月份水泥发货量由一年前的1 860万公吨增长到了2 040万公吨，根据水泥制造商协会和瑞士霍尔森集团公司的数据显示水泥生产增长了10.6%至2 060万公吨。2011年四月至七月西部市场水泥消费量增长17%、北部市场增长10%、中部增长8%、东部增长3%；安德拉邦水泥消费下降14%、加尔克汉德省下降8%、喜马偕尔邦下降6%、比哈尔下降4%。

印度南部市场在经历两年的疲软后首见增长，班加罗尔地区房地产需求旺盛，同时国家政府出资的项目也已经着手实施。印度南部最大的水泥制造商印度水泥公司市场总监称泰米尔纳德邦地区市场也在明显增长。设备利用率也由2011年一月的80%上升至82%。

尼日利亚结束进口水泥时代

据尼日利亚当地媒体2月报道，随着尼Dangote集团旗下的Ibese水泥厂即将投产，尼进口水泥的时代将彻底结束。Ibese水泥厂目前为非洲规模最大的水泥厂，现有两条生产线，年产水泥600万吨。计划以后还会增加2条生产线，产量将扩至1 200万吨每年，届时尼将成为水泥净出口国。

德国2012年水泥需求不变

德国《商报》2月1日报道，德国水泥工会(VDZ)当日在柏林表示，由于经济景气持续向好，预计德国今年水泥需求量将维持去年的2 800万吨水平不变。去年由于住房建设规模扩大，水泥需求增长13%。2011年1至11月份德国水泥生产行业营业额上涨7.4%。

越南拟暂缓投资新的水泥项目

据越南《投资报》2月15日报道，越南建设部建材司司长黎文到日前透露，鉴于国内水泥低迷，库存严重，越南建设部将作部分业主工作，建议他们暂缓投资新的水泥项目。黎文到称，目前越南很多水泥生产企业因财政费用过高经营亏损，其水泥项目总投资的80%依靠贷款，企业利润大多用于偿还债务。2012 年越南国内水泥销售的前景依然暗淡，预计停业的水泥企业将会进一步增多。

撒哈拉以南非洲最大水泥厂落成

2 月，撒哈拉以南非洲最大水泥厂 DANGOTE 水泥厂举行落成仪式。该项目位于尼奥贡州伊贝斯，由 DANGOTE 集团投资，中国公司中材国际承建，总投资 10 亿美元，拥有两条年产各 300 万吨的水泥生产线。尼总统乔纳森参加仪式并对 DANGOTE 集团致力于推动国家工业化发展、创造就业岗位予以高度赞扬。

印度五年规划水泥产能将达 4.79 亿吨

印度水泥计划委员会工作小组预测，到 2017 年即印度的第十二个五年计划末，印度的水泥产能将达到 4.79 亿吨。

工作小组已经向计划委员会递交了最终报告，准备 2012～2017 年的发展规划路线图，预计五年内水泥需求、产量和装机容量增长速度在 10%～11.75%之间。

印度水泥制造商协会会长称："预计扩张需要巨大的投资并且是一项艰巨的任务，水泥行业希望政府能够给予急需的基础设施支持，尤其是用铁路运输燃料、煤炭和物流的形式支持"。

印度的水泥生产能力已经达到了 3.23 亿公吨，超过了预计的 2.98 亿公吨。然而水泥消费却没有达到预期目标，虽然在 2004 年到 2009 年间以 10.5%的速度健康的增长，但是 2010 年 11 月消费增长速度仅为 4.9%。目前水泥的消费量还在下降仅为 3%。

在过去的一年半时间里，水泥需求的不景气导致了水泥需求与产能的严重不平衡，从而使水泥行业现有设备的利用率不断降低。

沙特政府确定水泥出厂价和销售价

3 月 9 日商务部网站报道：据沙特媒体报道，沙特商工部确定了水泥出厂价，每包为 12 里亚尔（3.2 美元），销售价为 14 里亚尔（3.73 美元），散装水泥价格为每吨 240 里亚尔（64 美元）。

沙特水泥产量到 2 月份年增长率为 13%，13 家工厂该月总产量为 440 万吨。

哈萨克 1～2 月水泥产量同比增长 13.1%

哈萨克国际文传电讯社阿拉木图 3 月 14 日讯，哈萨克国家统计署资料显示，今年 1－2 月哈萨克斯坦共生产水泥 73.74 万吨，比上一年同期增长 13.1%。

此外，同期硅酸盐砖及矿渣砖块产量为 7.47 万吨，同比下降 14.8%。

中部非洲国家发展银行向刚果布和喀麦隆贷款 190 亿非郎建水泥厂

3 月 14 日，中部非洲国家发展银行（BDEAC）董事会批准了刚果布和喀麦隆关于建设水泥厂的贷款申请。此次批准贷款总额为 190 亿非郎，除水泥厂外，还将用于其他建筑业项目和医疗卫生项目。

阿勒泰水泥首次出口蒙古

3 月 19 日，由新疆宏桥国际货运代理有限公司、新疆通达报关服务有限责任公司报检，阿勒泰地区富蕴水泥厂和青河县水泥厂生产的 42.5 普通硅酸盐水泥 3 500 吨、货值 247 500 美元，经检验检疫合格后，首次通过塔克什肯口岸出口蒙古国。

缅甸水泥进口递减

缅甸《商务周刊》3 月 26 日报道：缅甸从 3 月 11 日至 17 日一周内，从海运贸易渠道共进口了水泥 91 992 吨，与上一周的 13 万吨相比，减少了 38 000 吨。

巴基斯坦本财年前 9 个月水泥出口下降 7.76%

据巴基斯坦《新闻报》4 月 5 日报道，全巴基斯坦水泥制造商协会（APCMA）日前公布的数据显示，本财年前 9 个月（2011 年 7 月至 2012 年 3 月）巴水泥出口量为 624.3 万吨，较上一财年同期的 676.9 万吨下降 7.8%。其中，对阿富汗水泥出口下降 2%至 333.6 万吨，对印度水泥出口增长 26%至 48.3 万吨。2012 年 3 月巴出口水泥 62.5 万吨，较 2011 年 3 月的 82 万吨下降 23.8%。

APCMA 数据还显示，本财年前 9 个月巴国内水泥销量达 1738.6 万吨，较上一财年同期的 1604 万吨增长8.4%。2012 年 3 月水泥销量达 255 万吨，为有史以来单月最高水平。

尼日利亚提高水泥产能

为满足市场需求，尼日利亚通过新建、扩产方式提高水泥产能。

4 月中旬，据尼日利亚当地媒体报道，E－Block 公司 CEO Segun Jawando 表示，该公司计划在尼奥贡州投资建设一座年产 250 万吨的水泥厂，为尼新增 5 000 个就业岗位，并计划出口水泥至西非其他国家。

尼贸易和投资部国务部长 Samuel Ortom 表示，目前尼国内水泥年总产量为 1 200 万吨，仍无法满足 1 800 万吨的市场实际需求量。

据了解，目前，Dangote 水泥公司所属中的 Ibese 水泥厂日产量已由 2 月份的 1.2 万吨增长至 1.6 万吨，从而实现了该厂年产能达到 600 万吨的发展目标，成为非洲次撒哈拉沙漠地区最大的水泥厂。

越南前 5 个月出口水泥和熟料 250 万吨

据越南《物资价格与市场》杂志 6 月报道，越建设部统计，2012 年前 5 个月，水泥行业共出口水泥熟料和水泥 250 万吨。与全年出口目标 600～700 万吨相比，前 5 个月的出口量还很小。主要出口市场为老挝、柬埔寨、孟加拉和印尼。

2012 年 5 月份水泥产量为 485 万吨，前 5 个月总产量为 1 974 万吨，分别相当于年度计划和去年同期的 35.9%和 92.6%。5 月份水泥销售量为 478 万吨，前 5 个月总销售量为 1 956 万吨，分别相当于年度计划和去年同期的 35.6%和 92%。

日本灾后重建需求拉动水泥销售增长

《日本经济新闻》报道，日本水泥协会数据显示，5 月日本国内水泥销量为 340.9 万吨，同比增长 19.3%，连续 6 个月同比增长，时隔近 16 年首次实现 2 位数增长。与地震发生前的 2010 年 5 月相比，增长了 16%。东日本大地震灾后重建需求及都市再开发拉动是主要原因。

全国各地区销售均同比增长，除北海道及冲绳以外，均实现 2 位数增长。东北地区以道路及海岸设施重建需求为主，增长 67.1%；东京、神奈川地区以都市再开发需求为主，增长 14.2%。

白俄罗斯水泥粉磨系统投产运行

6 月 1 日，由中国中信建设有限责任公司(中信建设)为白俄罗斯承建的水泥粉磨系统建成投产，该项目是中白双密切合作的双一重大成果。

肯尼亚水泥行业产能不断扩大

两家大型水泥制造企业 Cemtech 有限公司和 Savannah 水泥公司 7 月在肯开建。其中 Savannah 由国际投资者与本地企业联合投资，预计年产水泥 150 万吨，建成后将成为肯最大水泥厂。近年，肯尼亚水泥行业产能扩张迅速，竞争不断加剧。据标准投资银行预测，受肯政府加大基础设施建设投入带动，未来三年内肯水泥行业增长速度有望达到 17%～30%。

意大利水泥上半年收入利润双双下跌

8 月份，意大利水泥集团公布了 2012 上半年度报告，报告披露了上半年期间的营业数据等，其中收入和利润双双下跌。该公司宣布，预计 2012 年下半年将会有所好转，大致情况与 2011 年较为相似。

2012 年上半年该集团综合收入为 22.9 亿欧元，去年同期综合收入为 24.4 亿欧元。其中，利息、税项、折旧及摊销前盈利为 3.29 亿欧元，2011 年上半年达 3.72 亿欧元。该集团的总利润与 2011 上半年 1.87 亿欧元相比，降幅较为明显，由于缺少了来自土耳其的部分业务，导致今年的利润跌幅较大。

2012 上半年水泥和熟料的销量为 23.5 万吨，与 2011 年同期相比降幅达 7.5%。主要由于欧洲中西部、埃及等地区水泥与熟料销量正在逐步下降；而亚洲的销售情况继续保持良好的态势，北美和保加利亚的销量正在复苏，预计该集团 2012 下半年销量将会有所增加。

意大利水泥集团表示，由于一些市场价格的复苏和欧元区的需求加大，上半年集团在北美的业绩有所好转。在一些新兴地区，印度与摩洛哥市场较为稳定，而埃及的销售情况仍然为负数，但比预期的情况要好得多。自从土耳其市场退出战略合作协议后，反而对中国的财务状况产生了积极的影响。

菲律宾上半年水泥销量增长 20%

据菲律宾《商业世界报》8 月 21 日报道，菲水泥制造商协会会长奥多内兹上周称，由于大量基础设施项目上马，上半年菲水泥销量达 954.6 万公吨，同比增长约 20%。奥称，上半年约 70%的水泥用于私营项目，30%用于公用事业，而由于今年菲政府将投入 3 000 亿比索用于基建，将带动下半年用于公用事业的水泥销量进一步走高。另根据菲国家统计局 6 月份公布，首都地区建筑材料零售价格同比增长 4.7%。

越南水泥生产销售同比下降 10%

据越南《劳动报》8 月 23 日报道，越南水泥协会称，水泥生产和销售同比回落。2012 年以来全行业水泥熟料产量为 2 550 万吨，水泥 2 430 万吨，同比下降 10%；销售 2 360 万吨，也下降 10%。投入成本增加，利润下滑。现在许多水泥企业债台高筑，如同彭水泥负债 4 500 万美元，太原水泥负债 5 900 万美元，锦普水泥累计负债 5 760 万美元，下龙水泥负债 5 240 万美元。

阿塞拜疆水泥建设项目将享受政策优惠

9 月初，阿塞拜疆政府批准向在阿塞拜疆速干水泥生产厂建设项目提供关税及税收优惠政策。

根据阿塞拜疆总理府 NO153 和 NO154 决议，对于日产熟料 5 000 吨或年产水泥 200 万吨以上的在阿速干水泥生产厂建设项目，其用于生产建设所进口的商品、材料及设备将免征关税及增值税。

该决议将于公布之日起 30 天后生效，其有效期至 2014 年 1 月 1 日。

阿塞拜疆的增值税为 18%。

二连浩特口岸水泥出口量增长

受蒙古国市场需求的拉动，2012 年以来内蒙古二连浩特口岸水泥出口呈现迅猛增长势头。今年 1～10 月，该口岸水泥出口量累计为 49.8 万吨，比去年同期增长 78.49%，较去年全年出口总量 30.5 万吨的增幅超过 63%，创下该口岸水泥历年出口量的最高水平。出口量迅猛增加的原因：一是蒙古国经济发展和基础建设需求强劲拉动了二连浩特口岸水泥的大量出口；二是水泥出口价格的上涨刺激企业出口，前 10 月二连口岸水泥出口平均价格为 50 美元/吨，较去年同期增幅 16.27%。

沙特水泥市场产销量快速增长

11 月份，沙特水泥行业发布报告称，沙特今年前十个月水泥产量 432 万吨，同比增长 7.5%。熟料产量 390 万吨，同比增长 9.2%。同期，沙特国内水泥销售量 355 万吨，同比增长 9%。受政府限制水泥出口影响，沙前十个月水泥出口 58 万吨，同比下降 55%。

中材节能承建豪瑞越南水泥厂余热发电项目竣工

11 月 9 日，由中国中材节能股份有限公司承建的瑞士豪瑞越南宏中水泥厂 7.5 兆瓦典礼在越南坚江省坚良县举行。中国驻胡志明市总领事翟雷鸣应邀出席，并与中材节能股份有限公司总裁胡也明、坚江省有关部门负责人、豪瑞集团领导，以及瑞士驻越南使领馆官员一道共同为项目竣工剪彩。

该项目是中国企业在越南承建的第一个水泥厂余热发电项目。项目于 2011 年 1 月签约总承包，内容包括工程设计、设备成套、土建安装、调试培训和操作指导。热力系统采用了中材节能的专利技术，机组的发电能力稳定在 7 000 千瓦以上，超过了原设计能力。项目于 2012 年 11 月 7 日通过性能考核，发电负荷、热效率、电站自用电率等均达到最高水平，各项指标是目前国内外余热发电水平的最好记录，受到了业主的高度评价。项目投入运行后每年可为水泥生产供电 5 125 万度，节约能源标煤约 1.8 万吨，相当于减少二氧化碳排放约 4.2 万吨，同时还将降低水泥生产的电耗和尾气含尘排放，对提高空气质量，保护环境具有重要意义。

牙买加水泥价格将再度上涨

受到期债务及能源价格上涨的影响，牙买加－加勒比水泥公司决定自 2013 年 1 月 7 日再次上调其生产的水泥产品价格，经过几次调整后，水泥产品价格平均涨幅将达到 16.5%。

据悉，加勒比水泥公司在过去三年中累计亏损达 56 亿牙元（约合 6200 万美元），今年三季度，公司营运资金从二季度的 6.1 亿牙元降至 4.27 亿牙元。此前，特多水泥公司（母公司）由于债务重组导致加勒比水泥公司暂停生产 18 个月，重组后，加勒比水泥公司将于本月底开始偿还债务。经过此次价格调整后，明年一季度公司收入有望增长 21%。

哈萨克斯坦水泥产量增长 13%

国际文传电讯社 12 月 13 日阿拉木图讯，哈国家统计署发布消息称，2012 年 1～11 月哈萨克斯坦水泥总产量超过 610 万吨，较上年同期增产 13%。同期硅质和矿渣砖产量近 102 万吨，较上年同期增长了 0.8%。

塞内加尔水泥销量有所下降

据塞内加尔经济和财政部经济预测和研究司统计数据显示，受目前马里局势影响，2012 年第三季度塞水泥销量比上一季度下降 19%，其中本地销量下降 11%，出口销量下降 5.7%。

但 2012 年前三季度累计销量比 2011 年同期仅下降 0.4%，其中水泥出口仅下降 2.4%，这得益于第一季度（马里局势动荡之前）的良好销量。

第六篇

统计数据

2011年统计数据

水泥及相关产业主要统计指标

水泥及商品混凝土产量

固定资产投资和生产能力

能源消耗

进出口

主要经济指标

2011年 统计数据

Statistics in 2011

水泥及相关产业主要统计指标

Main statistics and index of cement and related industry

1－1 水泥及相关产业主要统计指标

1－1 Main statistics and index of cement and related industry

指 标 名 称	计量单位	2010年	2011年	增长率(%)
主要产品产量				
水泥熟料	万 吨	118817	131630	10.8
预分解窑熟料	万 吨	96688	114306	18.2
其他窑型熟料	万 吨	22129	17324	－21.7
水泥	万 吨	187919	209395	11.4
商品混凝土(规模以上工业企业)	万立方米	58390	74271	27.2
水泥混凝土桩(规模以上工业企业)	万 米	25420	28071	10.4
水泥排水管(规模以上工业企业)	千 米	28694	34987	21.9
水泥压力管(规模以上工业企业)	千 米	3392	4007	18.1
水泥电杆(规模以上工业企业)	万 根	683	756	10.6
水泥专用设备(规模以上工业企业)	万 吨	111.8	85.4	－23.6
主要出口商品				
水泥熟料	万 吨	634	181	－71.4
水泥	万 吨	983	880	－10.5
水泥混凝土制品	万 吨	186	200	7.7
纤维增强水泥制品	万 吨	17.1	17.5	2.7
限额以上固定资产投资完成额				
水泥制造业	亿 元	1569	1439	－13.9
混凝土与水泥制品业	亿 元	1015	1516	40.1
规模以上企业能源消耗量				
水泥制造业	万吨标准煤		17976	
混凝土与水泥制品业	万吨标准煤		597	
规模以上水泥制造业主要经济指标				
企业单位数	个		3866	
资产总额	亿 元		10615	
主营业务收入	亿 元		9137	
利润总额	亿 元		1069	
规模以上混凝土与水泥制品业主要经济指标				
企业单位数	个		5126	
资产总额	亿 元		4259	
主营业务收入	亿 元		6064	
利润总额	亿 元		402	

注 释：

1.规模以上工业企业统计范围从2011年开始为年主营 业务收入2000万元及以上的工业企业。工业企业指独立核算法人工业企业，应同时具备以下条件：依法成立，有自己的名称、组织机构和场所，能够承担民事责任；独立拥有和使用资产，承担负债，有权与其他单位签订合同；独立核算盈亏，并能够编制资产负债表。

2.按 2011 年版《国民经济行业分类》(GB/T 4754—2011)：

水泥制造业指从事水泥熟料和水泥生产活动的工业企业。

混凝土与水泥制品业包括水泥制品制造、砼结构构件制造、石棉水泥制品制造、其他水泥制品制造，主要生产活动产品包括：

商品混凝土；水泥混凝土排水管、压力管、电杆、砖、瓦；预应力混凝土桩；钢筋混凝土井管、烟道管、相关钢筋混凝土管；遁构法施工用钢筋混凝土管片；水泥混凝土轨枕及铁道用混凝土制品；钢丝网架水泥夹芯板；混凝土路缘石；混凝土界石、墓碑；其他水泥混凝土制砖、瓦。

普通水泥混凝土板；水泥预制桁条；钢筋混凝土柱；钢筋混凝土梁；钢筋混凝土预制结构件；钢筋混凝土预制框架；其他水泥混凝土预制构件。

石棉水泥板；石棉水泥瓦；石棉水泥管；其他石棉水泥制品；纤维增强硅酸钙板(包括石棉硅酸钙板、无石棉硅酸钙板、其他纤维增强硅酸钙板)；无石棉纤维水泥制品(包括无石棉纤维水泥平板、无石棉纤维水泥披迭板、无石棉纤维水泥板预制复合墙板、无石棉纤维水泥波瓦、无石棉纤维水泥管、其他无石棉纤维水泥制品)。

纤维增强水泥制品。

3.产品产量统计范围为工业企业。

水泥熟料、水泥产量统计范围为全社会工业企业。

商品混凝土、水泥混凝土桩、水泥排水管、水泥压力管、水泥电杆和水泥专用设备产量统计范围为规模以上工业企业。

4.出口为海关统计。

海关统计范围为实际进出中华人民共和国关境的货物，包括保税仓库、保税区或经济特区进出境的货物、加工贸易进出口的货物、租赁期一年及以上的租赁贸易货物、外商投资企业进出口货物、国际间无偿援助的物资以及捐赠品。水泥进出口包括白色硅酸盐水泥、硅酸盐水泥、铝酸盐水泥及其他水泥。水泥混凝土制品进出口包括混凝土管、杆、板、桩，混凝土轨枕，混凝土预制结构件，水泥砖瓦及其他水泥混凝土制品。纤维增强水泥制品包括石棉水泥制品和无石棉纤维水泥制品。

5.限额以上固定资产投资指城镇和农村各种登记注册类型的企业、事业、行政单位及城镇个体户进行的计划总投资 500 万元及 500 万元以上的建设项目投资。投资完成额年增长率为剔除投资价格变动因素后的实际增长率。

6.从 2011 年开始，规模以上企业能源消耗量统计范围为年主营业务收入 2000 万元及以上工业企业和年能源消耗量 1 万吨标准煤及以上工业企业，规模以上主要经济指标统计范围为年主营业务收入 2000 万元及以上工业企业。

7.主要经济指标解释

资产总额：指企业过去的交易或者事项形成的、由企业拥有或者控制的、预期会给企业带来经济利益的资源。资产一般按流动性分为流动资产和非流动资产。其中流动资产可分为货币资金、交易性金融资产、应收票据、应收账款、预付款项、其他应收款、存货等；非流动资产可分为长期股权投资、固定资产、无形资产及其他非流动资产等。

主营业务收入：指企业确认的销售商品、提供劳务等主营业务的收入。

利润总额：指企业在一定会计期间的经营成果，是生产经营过程中各种收入扣除各种耗费后的盈余，反映企业在报告期内实现的亏盈总额。包括营业利润、补贴收入、投资净收益和营业外收支净额等。

水泥及商品混凝土产量

Cement and commercial concrete output

2－1　水泥产量

2—1　Cement output

2002年以来全国水泥产量（亿吨）

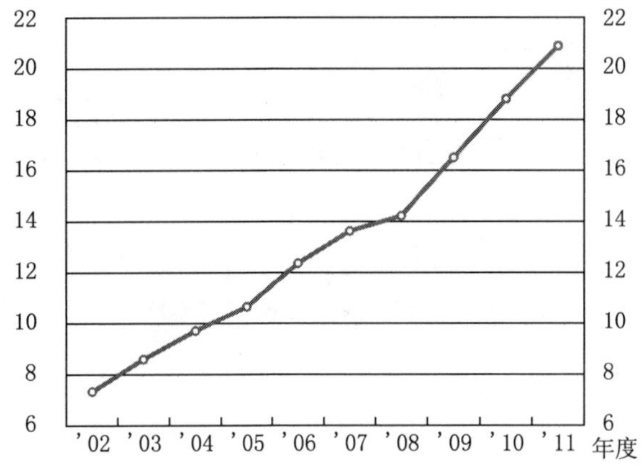

2002年以来全国水泥年增长率

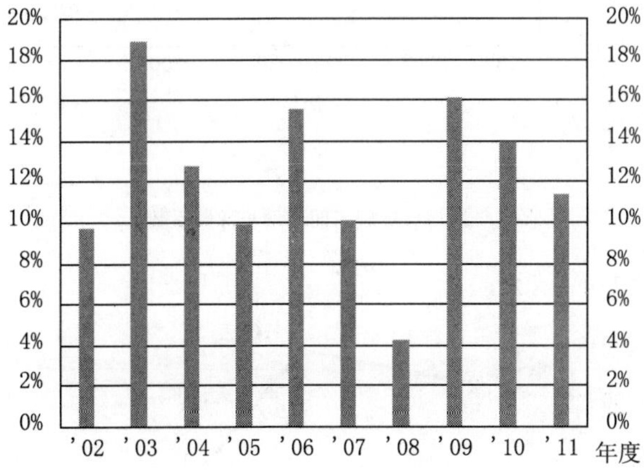

产量单位:万吨

年度(年)	产 量	增长率(%)
1949	66	
1978	6524	17.2
1989	21029	0.1
1990	20971	－0.3
1991	25261	20.5
1992	30822	22.0
1993	36333	17.9
1994	42119	15.9
1995	47591	13.0
1996	49212	3.4
1997	51276	4.2
1998	52706	2.8
1999	56105	6.4
2000	59319	5.7
2001	66104	11.4
2002	72535	9.7
2003	86271	18.9
2004	97300	12.8
2005	106885	9.9
2006	123611	15.6
2007	136117	10.1
2008	142010	4.3
2009	164863	16.1
2010	187919	14.0
2011	209395	11.4

年平均增长率:	
1949～2011年	14.3
1978～2011年	11.1
七五时期	10.1
八五时期	19.0
九五时期	4.1
十五时期	12.6
十一五时期	11.7
2002～2011年	12.9

注释:

本篇统计资料平均增长率均按累计平均法计算(以下各表同)。

2-2-1 水泥产量与全社会固定资产投资增长对比

2—2—1 Comparison of cement output to fixed assets investment growth in whole society

水泥产量与全社会固定资产投资年增长率

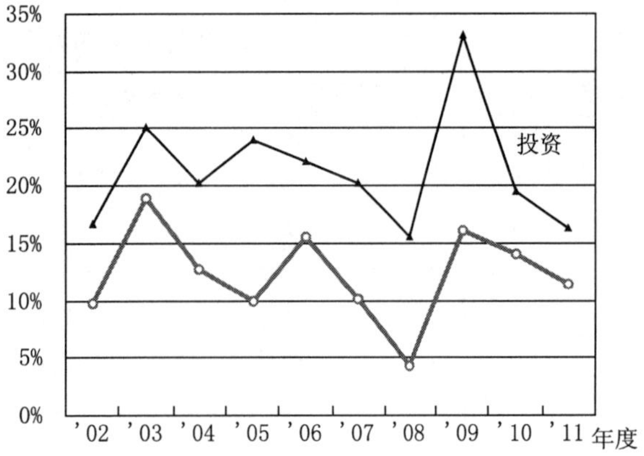

水泥与投资增长弹性系数

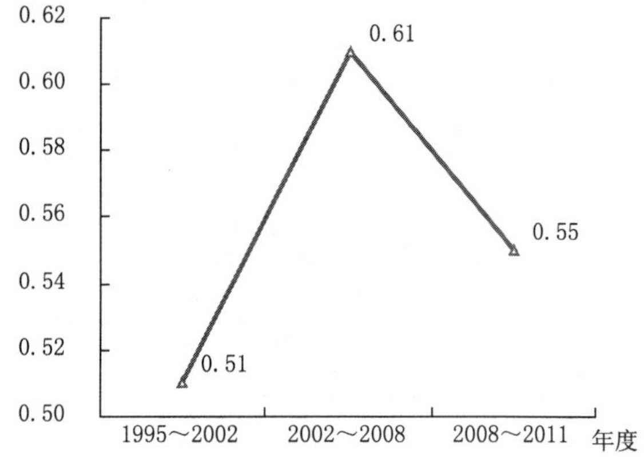

水泥产量与建筑安装工程年增长率

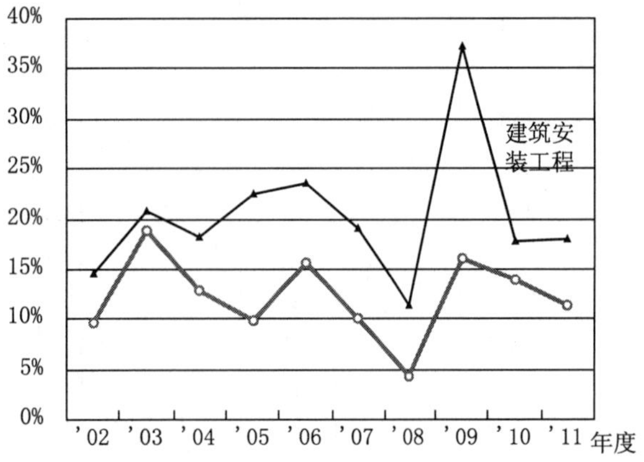

水泥与建筑安装工程增长弹性系数

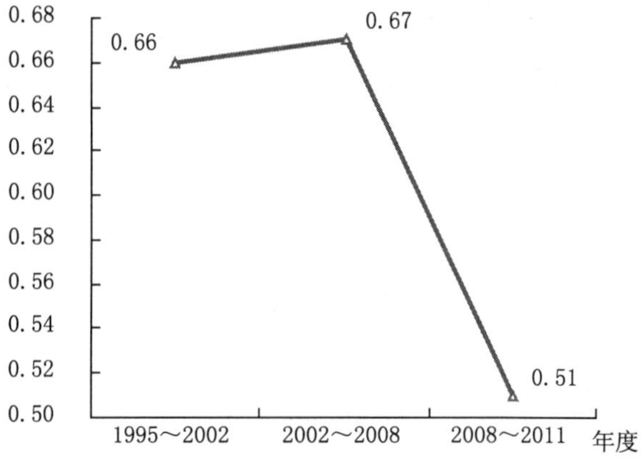

水泥产量与房屋施工面积年增长率

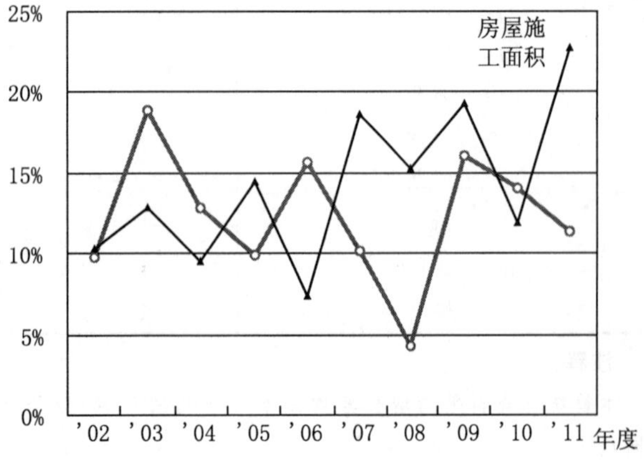

水泥产量与房屋施工面积增长弹性系数

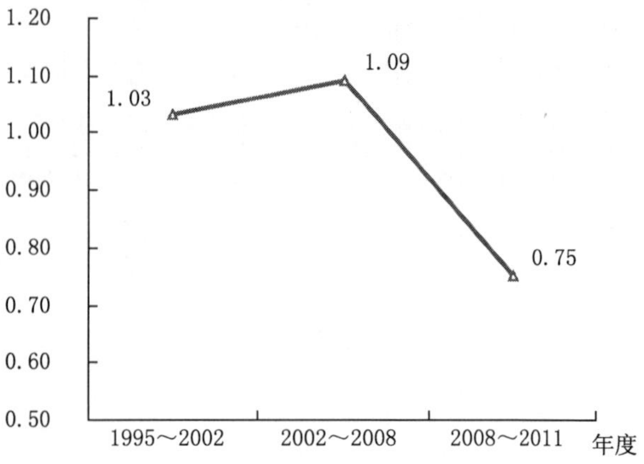

2－2－2　水泥产量与全社会固定资产投资增长对比

2—2—2　Comparison of cement output to fixed assets investment growth in whole society

年　度	全社会固定资产投资		其中建筑安装工程		房屋施工面积		水泥产量增长率(%)	水泥与投资增长弹性系数		
	完成额(亿元)	增长率(%)	完成额(亿元)	增长率(%)	完成(万平方米)	增长率(%)		投资总额	建筑安装工程	房屋施工面积
2002	43500	16.7	26579	14.6	304428	10.3	9.7	0.58	0.66	0.95
2003	55567	25.0	33447	20.7	343742	12.9	18.9	0.76	0.91	1.47
2004	70477	20.2	42804	18.2	376495	9.5	12.8	0.63	0.70	1.34
2005	88774	24.0	53383	22.5	431123	14.5	9.9	0.41	0.44	0.68
2006	109998	22.1	66776	23.5	462677	7.3	15.6	0.71	0.67	2.14
2007	137324	20.2	83518	19.0	548542	18.6	10.1	0.50	0.53	0.55
2008	172828	15.6	104959	11.3	632261	15.3	4.3	0.28	0.38	0.28
2009	224599	33.2	138758	37.3	754189	19.3	16.1	0.49	0.43	0.83
2010	(278122)	19.5	(171352)	17.7	(885173)	17.4	14.0	0.72	0.79	0.81
2010	251684		155581		844057					
2011	311485	16.2	200196	17.9	1035519	22.7	11.4	0.71	0.64	0.50
平均										
2002～2008		22.1		20.2		12.3	13.4	0.61	0.67	1.09
2008～2011		26.6		28.5		19.3	14.5	0.55	0.51	0.75

注　释：

1.全社会固定资产投资是以货币形式表现的在一定时期内全社会建造和购置固定资产的工作量以及与此有关的费用。按构成分为建筑安装工程、设备工具器具购置及其他费用。

建筑工程指各种房屋、建筑物的建造工程，又称建筑工作量。这部分投资额必须兴工动料，通过施工活动才能实现。

安装工程指各种设备、装置的安装工程，又称安装工作量。在安装工程中，不包括被安装设备本身价值。

2.1997～2010年，除房地产投资、农村集体投资、个人投资以外，投资统计的起点为50万元；自2011年起，除房地产投资、农村个人投资外，固定资产投资的统计起点提高至500万元。本表2010年的两组数据括号内为原口径数，未加括号的为调整后的新口径数(以下各表同)。

3.投资完成额增长速度均为扣除投资价格因素后的实际增长速度(以下各表同)。

4.房屋施工面积指年内施工的全部房屋建筑面积。包括年内新开工的面积、上年跨入本年继续施工的房屋建筑面积、上年停缓建在本年恢复施工的房屋建筑面积、本年竣工的房屋建筑面积以及本年施工后又停缓建的房屋建筑面积。多层建筑包括各层建筑面积之和。

5.水泥与投资增长弹性系数反映水泥产量增长速度与固定资产投资增长速度之间比例关系。如2008～2011年，全社会固定资产投资剔除价格变动因素的实际增长率每增长1个百分点，带动水泥产量增长0.55个百分点。

水泥与投资增长弹性系数计算方法为水泥产量增长速度与固定资产投资增长速度的比率。水泥与建筑安装工程增长弹性系数、水泥与房屋施工面积增长弹性系数计算方法相同。

2－3 全社会固定资产投资建设总规模

2—3 Total scale of fixed assets investment construction in whole society

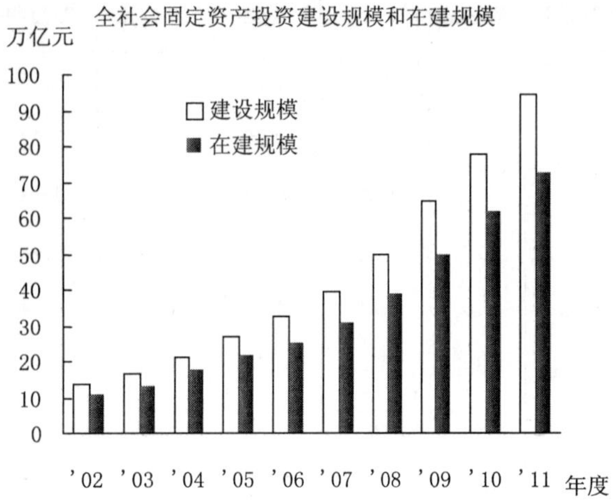

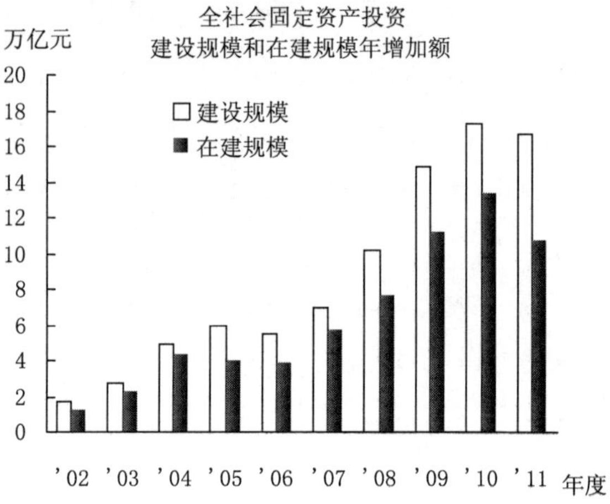

计量单位:亿元

年 度	建设总规模			在建总规模			在建净规模		
	建设规模	增长额	增长(%)	在建规模	增长额	增长(%)	净规模	增长额	增长(%)
2002	135313	17010	14.4	108684	13440	14.1	57506	8105	16.4
2003	163348	28035	20.7	131733	23049	21.2	69741	12235	21.3
2004	212275	48928	30.0	175653	43920	33.3	92728	22988	33.0
2005	270927	58652	27.6	215350	39697	22.6	116321	23592	25.4
2006	326298	55371	20.4	254062	38713	18.0	124873	8552	7.4
2007	396409	70111	21.5	310890	56828	22.4	150463	25590	20.5
2008	498441	102032	25.7	388122	77232	24.8	184517	34054	22.6
2009	647024	148583	29.8	500444	112322	28.9	246082	61566	33.4
2010	(819580)	172556	26.7	(634643)	134199	26.8	(309461)	63379	25.8
2010	777313			618982			301424		
2011	944675	167362	21.5	725708	106726	17.2	347241	45816	15.2

注 释:

1.建设总规模指年内所有施工项目的计划总投资。

2.在建总规模指年末所有在建项目的计划总投资。

3.在建净规模指年末所有在建项目建成投产尚需的投资总量,计算公式为在建总规模减法未投产项目(年末在建)累计完成投资。

2－4－1 全社会固定资产投资主要行业

2—4—1　Main industry of fixed assets investment in whole society

全社会固定资产投资主要行业比重

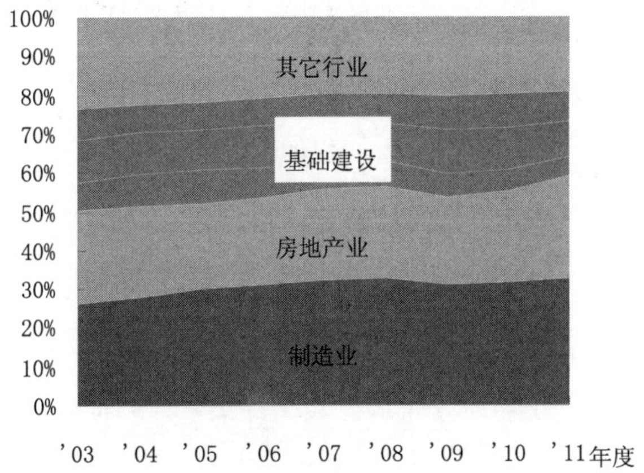

制造业固定资产投资年增长率

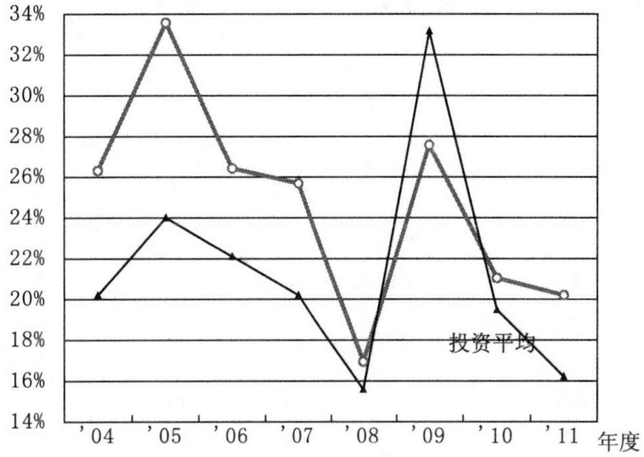

房地产业固定资产投资年增长率

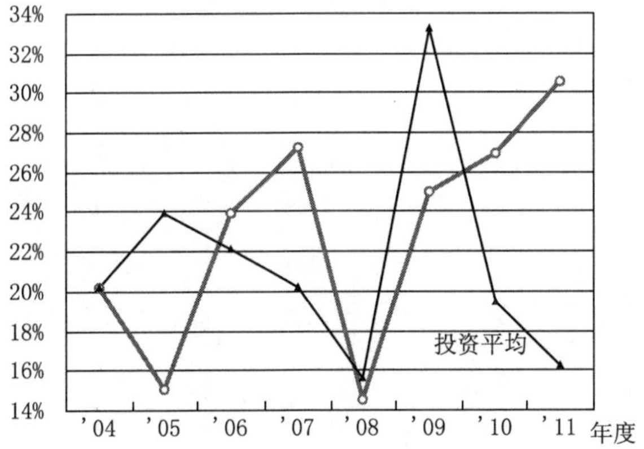

电力、热力、燃气及水生产和供应业
固定资产投资年增长率

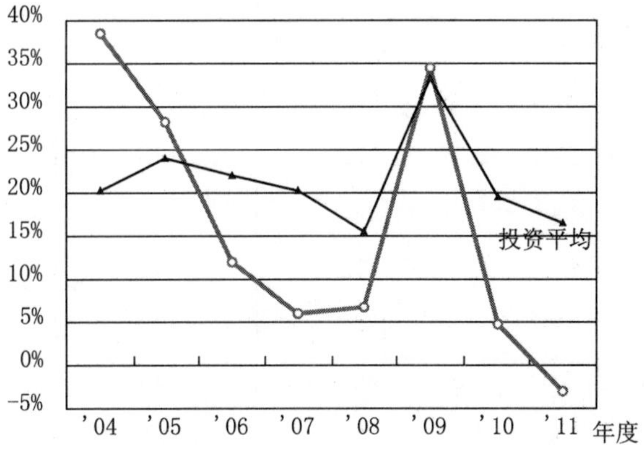

交通运输、仓储和邮政业
固定资产投资年增长率

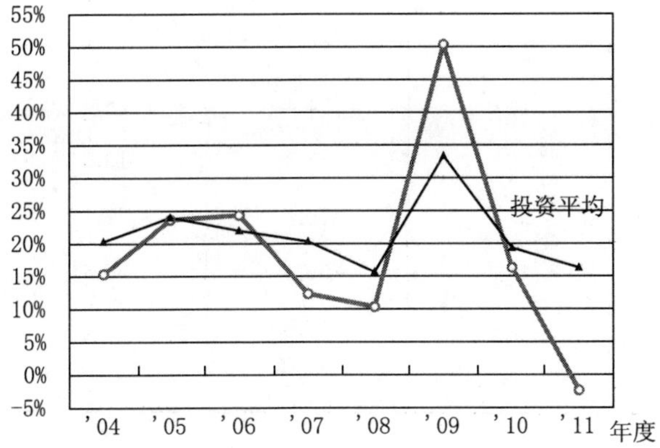

水利、环境和公共设施管理业
固定资产投资年增长率

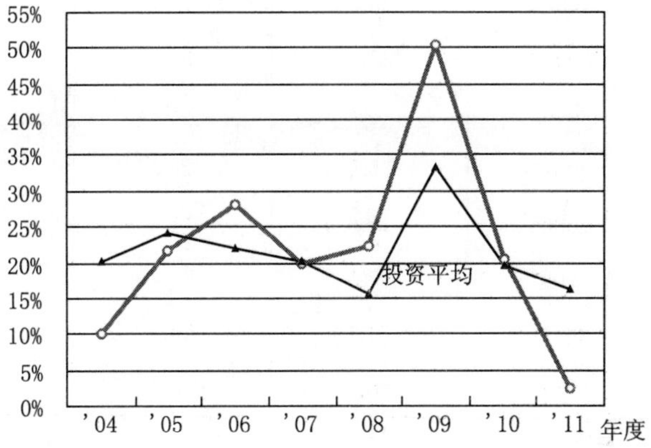

2－4－2 全社会固定资产投资主要行业

2—4—2 Main industry of fixed assets investment in whole society

计量单位：亿元

年 度	制 造 业	房地产业	基础建设固定资产投资合计	电力、热力、燃气及水生产和供应业	交通运输、仓储和邮政业	水利、环境和公共设施管理业
2003	14690	13143	14618	3962	6289	4366
2004	19585	16679	18513	5795	7646	5072
2005	26576	19505	23443	7554	9614	6274
2006	34090	24524	28876	8586	12138	8153
2007	44505	32439	33776	9468	14154	10154
2008	56702	40442	41556	10997	17024	13534
2009	70613	49359	59284	14435	24975	19874
2010	88619	64877	70582	15680	30074	24828
2011	102713	81686	67475	14660	28292	24523
比重(%)						
2003	26.4	23.7	26.3	7.1	11.3	7.9
2004	27.8	23.7	26.3	8.2	10.8	7.2
2005	29.9	22.0	26.4	8.5	10.8	7.1
2006	31.0	22.3	26.3	7.8	11.0	7.4
2007	32.4	23.6	24.6	6.9	10.3	7.4
2008	32.8	23.4	24.0	6.4	9.9	7.8
2009	31.4	22.0	26.4	6.4	11.1	8.8
2010	31.9	23.3	25.4	5.6	10.8	8.9
2011	33.0	26.2	21.7	4.7	9.1	7.9
增长率(%)						
2004	26.3	20.2	20.0	38.6	15.2	10.1
2005	33.6	15.1	24.6	28.3	23.8	21.8
2006	26.4	23.9	21.4	12.0	24.4	28.0
2007	25.7	27.3	12.6	6.1	12.2	19.9
2008	17.0	14.5	13.0	6.7	10.4	22.4
2009	27.6	25.0	46.2	34.5	50.3	50.5
2010	21.1	26.9	14.9	4.8	16.2	20.6
2011	20.2	30.6	—0.9	—3.0	—2.4	2.4

注 释：

基础建设固定资产投资包括电力热力燃气及水生产和供应业、交通运输仓储和邮政业、水利环境和公共设施管理业三个行业。

2－5 全国人口构成和人均水泥消费量

2—5 National population composition and per capita cement consumption

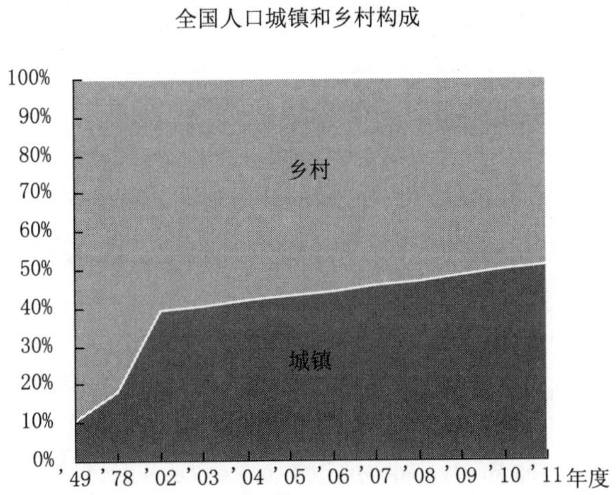

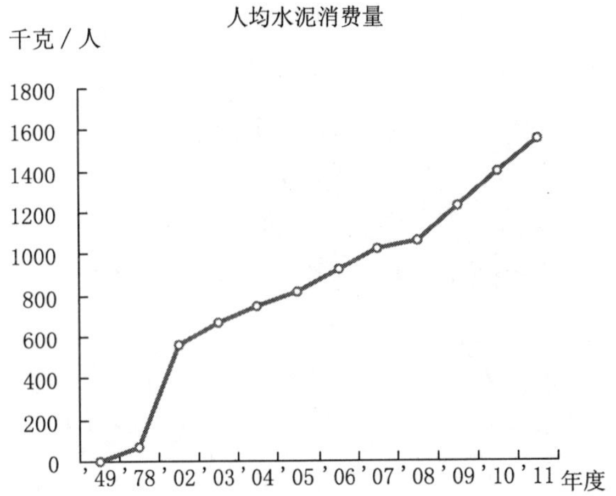

年度	年末总人口（万人）	城镇		乡村		人均水泥消费量（千克/人）
		人口数（万人）	比重（%）	人口数（万人）	比重（%）	
1949	54167	5765	10.6	48402	89.4	1
1978	96259	17245	17.9	79014	82.1	68
1980	98705	19140	19.4	79565	80.6	82
1985	105851	25094	23.7	80757	76.3	142
1990	114333	30195	26.4	84138	73.6	179
1995	121121	35174	29.0	85947	71.0	389
2000	126743	45906	36.2	80837	63.8	465
2002	128453	50212	39.1	78241	60.9	563
2003	129227	52376	40.5	76851	59.5	666
2004	129988	54283	41.8	75705	58.2	747
2005	130756	56212	43.0	74544	57.0	812
2006	131448	58288	44.3	73160	55.7	929
2007	132129	60633	45.9	71496	54.1	1022
2008	132802	62403	47.0	70399	53.0	1062
2009	133450	64512	48.3	68938	51.7	1233
2010	134091	66978	50.0	67113	50.1	1398
2011	134735	69079	51.3	65656	48.7	1552

注 释：

1.总人口中包括现役军人，按城乡分人口中现役军人计入城镇人口。

2.人均水泥消费量为当年水泥产量减净出口量除平均人口数。

2－6 水泥熟料产量

2－6 Cement clinker output

窑外分解窑水泥熟料产量比率

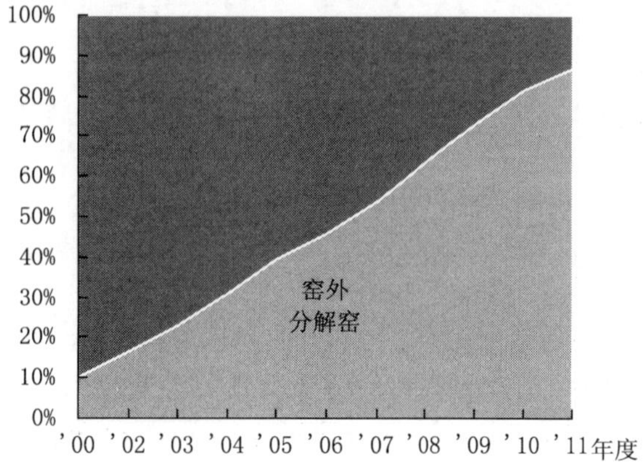

水泥熟料与水泥产量比率

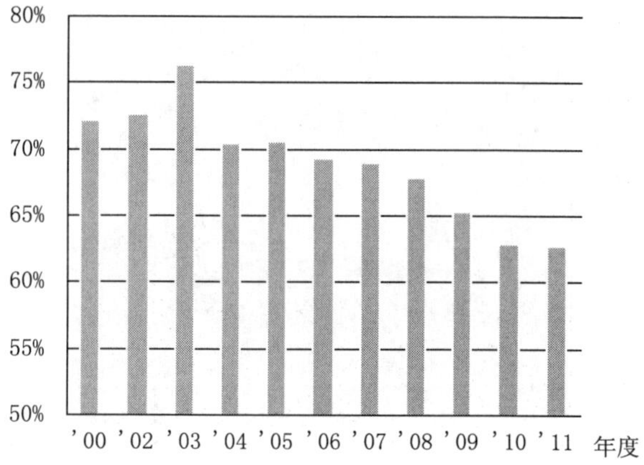

计量单位:万吨

年　度	水泥熟料				水 泥	增长率(%)	新型干法比率(%)	熟料与水泥比率(%)
	总　计	增长率(%)	窑 外 分解窑	增长率(%)				
2002	52515	10.0	8580	43.2	72535	9.7	16.3	72.6
2003	65703	25.1	14944	74.2	86271	18.9	22.7	76.3
2004	68437	4.2	21019	40.7	97300	12.8	30.7	70.4
2005	76472	11.7	30201	43.7	106885	9.9	39.5	70.6
2006	87328	14.2	40181	33.0	123611	15.6	46.0	69.3
2007	95668	9.6	51462	28.1	136117	10.1	53.8	69.0
2008	97701	2.1	61836	20.2	142010	4.3	63.3	67.9
2009	108408	11.0	78835	27.5	164863	16.1	72.7	65.3
2010	118817	9.6	96688	22.6	187919	14.0	81.4	62.9
2011	131630	10.8	114306	18.2	209395	11.4	86.8	62.8

注　释:

1.窑外分解窑水泥熟料即新型干法水泥熟料,是由窑外分解窑煅烧而产生的水泥熟料。

2.新型干法比例为窑外分解窑水泥熟料产量占水泥熟料产量的比重,是观察水泥生产工艺的重要指标。

3.熟料与水泥比率为水泥熟料产量减水泥熟料净出口量与水泥产量的比率,是观察水泥混合材掺加率的重要指标。

2－7 水泥产量地区分布

2—7　Distribution of cement output regions

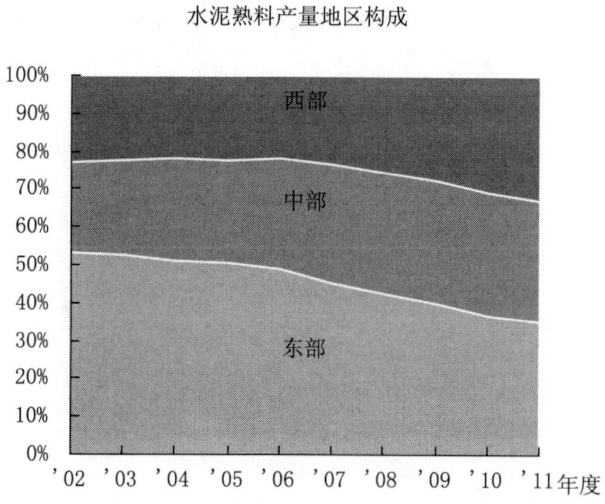

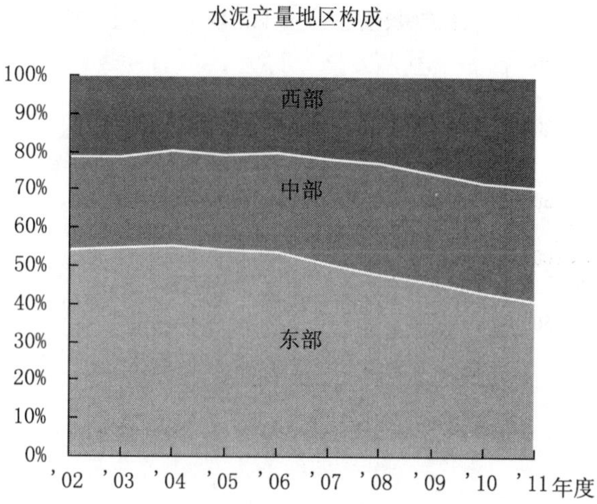

计量单位:万吨

年　度	水泥熟料			水　泥		
	东部地区	中部地区	西部地区	东部地区	中部地区	西部地区
2005	38501	20755	17217	58198	26631	22055
2006	42972	25210	19146	66173	32239	25199
2007	43183	30219	22266	68408	37812	29897
2008	41730	31228	24743	68329	40903	32778
2009	43005	35346	30057	75075	48104	41684
2010	43354	38501	36962	80815	54156	52947
2011	46257	41856	43517	86219	61325	61851
比重(%)						
2005	50.3	27.1	22.5	54.45	24.92	20.63
2008	42.7	32.0	25.3	48.12	28.80	23.08
2010	36.5	32.4	31.1	43.01	28.82	28.18
2011	35.1	31.8	33.1	41.2	29.3	29.5
增长率(%)						
2008	—3.4	3.3	11.1	—0.1	8.2	9.6
2009	3.1	13.2	21.5	9.9	17.6	27.2
2010	0.8	8.9	23.0	7.6	12.6	27.0
2011	6.7	8.7	17.7	6.7	13.2	16.8

注　释:

东部地区包括北京市、天津市、河北省、辽宁省、上海市、江苏省、浙江省、福建省、山东省、广东省、海南省;中部地区包括山西省、吉林省、黑龙江省、安徽省、江西省、河南省、湖北省、湖南省;西部地区包括内蒙古自治区、广西壮族自治区、重庆市、四川省、贵州省、云南省、西藏自治区、陕西省、甘肃省、青海省、宁夏回族自治区、新疆维吾尔自治区。

2－8 商品混凝土生产企业和产量

2—8 Commercial concrete production enterprises and output

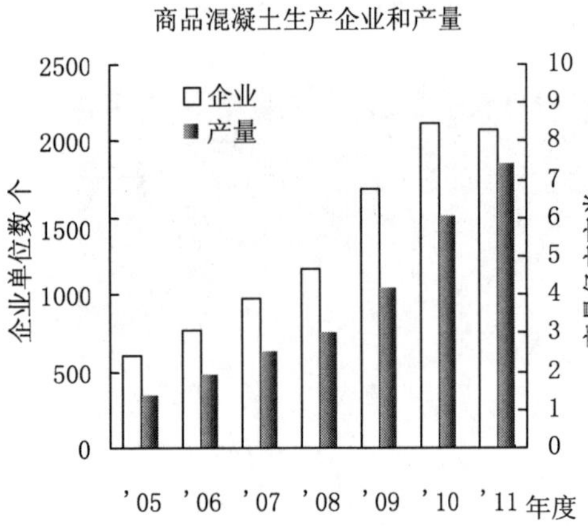

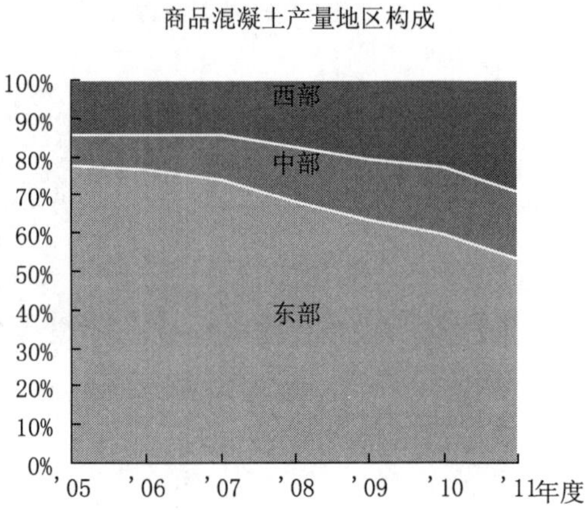

产量计量单位:万立方米

年 度	全　国			东部地区			中部地区			西部地区		
	企业	产量	增长(%)	企业	产量	增长(%)	企业	产量	增长(%)	企业	产量	增长(%)
2005	604	13529	23.3	407	10481	17.8	96	1143	49.4	101	1905	45.2
2006	771	19238	21.9	505	14778	18.5	129	1727	34.3	137	2733	35.5
2007	978	25142	23.5	617	18618	19.9	184	2880	38.2	177	3643	32.9
2008	1171	30179	14.7	702	20615	7.8	246	4215	34.0	223	5349	32.2
2009	1684	41690	21.6	978	26460	14.7	359	6482	27.3	347	8748	43.2
2010	(2113)	(60343)	32.3	(1120)	(36057)	23.0	(506)	(103270	49.0	(487)	(13959)	49.0
2010	1887	58390		991	34538		424	9657		472	14195	
2011	2075	74271	27.2	1046	39634	14.8	493	13018	34.8	536	21620	52.3

注　释:

1.商品混凝土指工业企业生产的以商品形式供给工程使用的预拌混凝土。

2.商品混凝土产量企业统计范围:2010 年以前为年主营业务收入 500 万元以上工业企业。2011 年以后为年主营业务收入 2000 万元以上工业企业。本表 2010 年的两组数据括号内为原统计范围,未加括号的为新统计范围。

2-9-1省区市水泥及商品混凝土产量

2—9—1 Cement and commercial concrete output of city, region and province

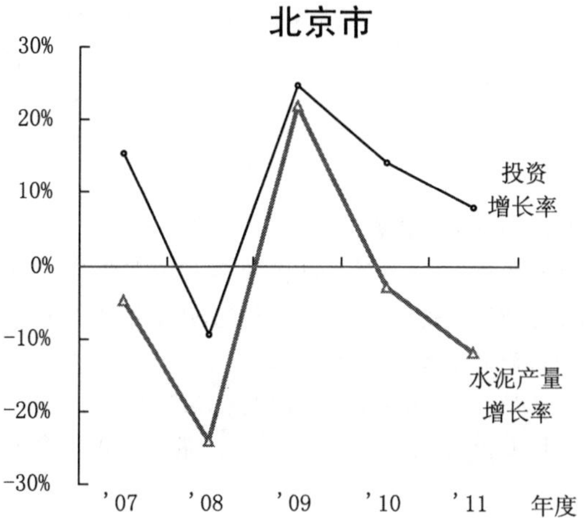

本地区固定资产投资

在建总规模 2.64 万亿元，比上年增长 14.3 %

本年完成固定资产投资 5579 亿元，比上年增长 8 %

水泥及商品混凝土产量

水泥产量 923 万吨，比上年下降 12 %

商品混凝土：企业数量增加 1 家，产量增长 15.8 %

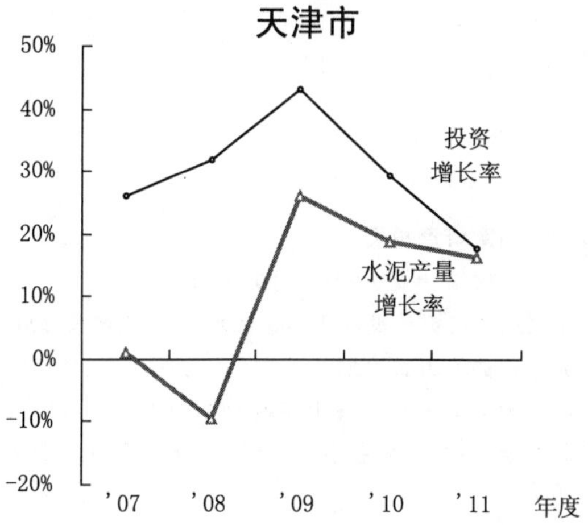

本地区固定资产投资

在建总规模 2.13 万亿元，比上年增长 28.9 %

本年完成固定资产投资 7068 亿元，比上年增长 17.7 %

水泥及商品混凝土产量

水泥产量 966 万吨，比上年增长 16.2 %

商品混凝土：企业数量增加 1 家，产量下降 4 %

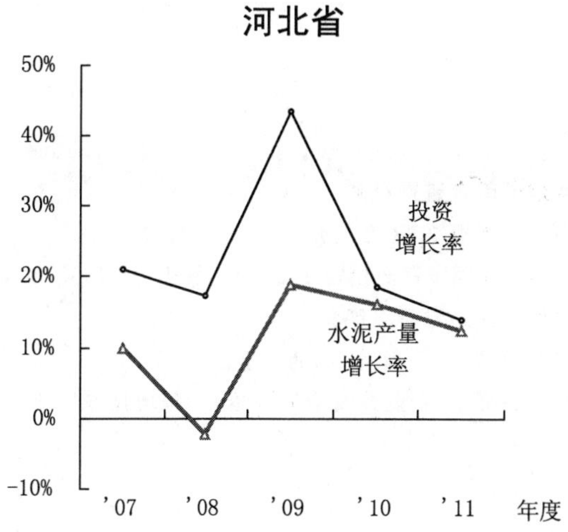

本地区固定资产投资

在建总规模 3.56 万亿元，比上年增长 31.1 %

本年完成固定资产投资 16389 亿元，比上年增长 13.8 %

水泥及商品混凝土产量

水泥产量 14346 万吨，比上年增长 12.3 %

商品混凝土：企业数量增加 7 家，产量增长 42.9 %

2－9－2 省区市水泥及商品混凝土产量

2—9—2 Cement and commercial concrete output of city, region and province

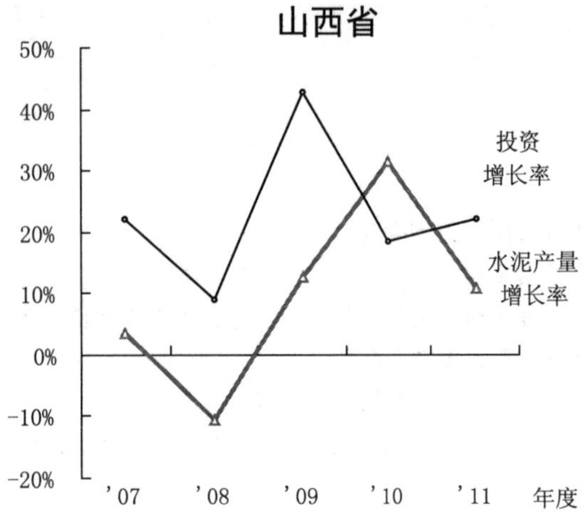

本地区固定资产投资

在建总规模 1.59 万亿元，比上年增长 18 %

本年完成固定资产投资 7073 亿元，比上年增长 22.2 %

水泥及商品混凝土产量

水泥产量 4063 万吨，比上年增长 10.7 %

商品混凝土：企业数量增加 1 家，产量增长 0.6 %

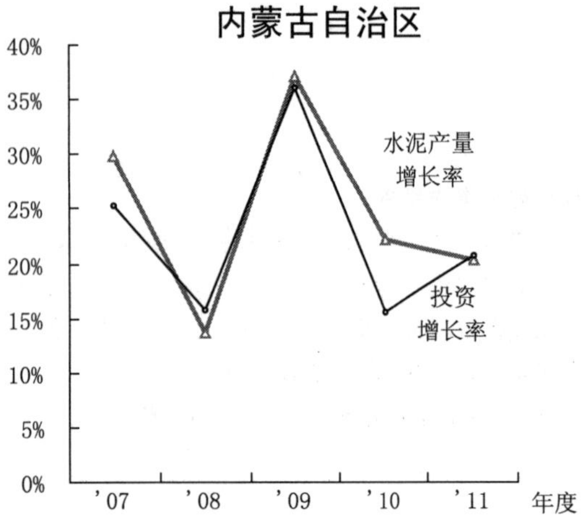

本地区固定资产投资

在建总规模 2 万亿元，比上年增长 15.9 %

本年完成固定资产投资 10365 亿元，比上年增长 20.8 %

水泥及商品混凝土产量

水泥产量 6583 万吨，比上年增长 20.4 %

商品混凝土：企业数量增加 6 家，产量增长 86.5 %

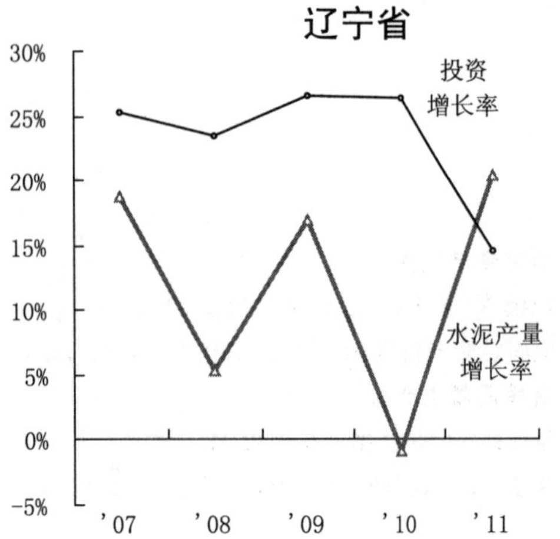

本地区固定资产投资

在建总规模 3.98 万亿元，比上年增长 27.1 %

本年完成固定资产投资 17726 亿元，比上年增长 14.5 %

水泥及商品混凝土产量

水泥产量 5757 万吨，比上年增长 20.3 %

商品混凝土：企业数量增加 2 家，产量增长 6.8 %

2－9－3 省区市水泥及商品混凝土产量

2—9—3　Cement and commercial concrete output of city, region and province

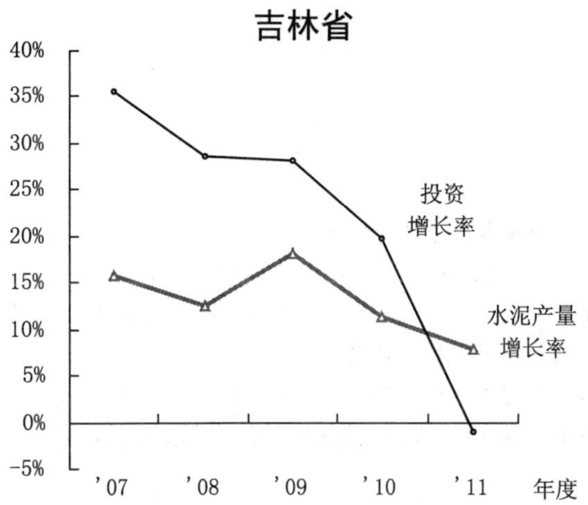

本地区固定资产投资

在建总规模 1.01 万亿元，比上年增长 32.3 ％

本年完成固定资产投资 7442 亿元，比上年下降 1 ％

水泥及商品混凝土产量

水泥产量 3325 万吨，比上年增长 7.9 ％

商品混凝土：企业数量增加 2 家，产量增长 155.6 ％

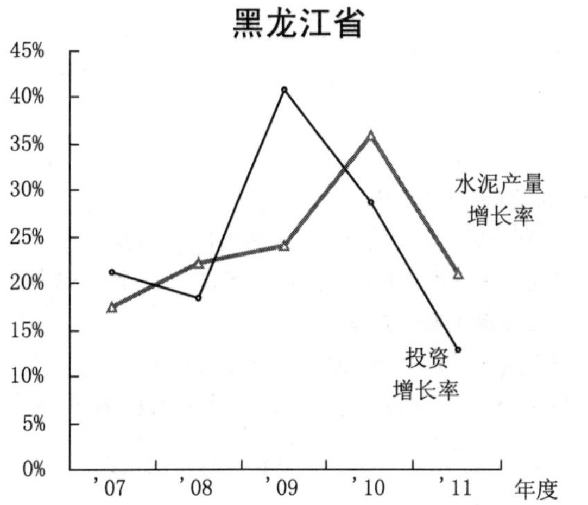

本地区固定资产投资

在建总规模 1.26 万亿元，比上年增长 26.3 ％

本年完成固定资产投资 7475 亿元，比上年增长 12.8 ％

水泥及商品混凝土产量

水泥产量 4351 万吨，比上年增长 21.1 ％

商品混凝土：企业数量增加 6 家，产量增长 53.5 ％

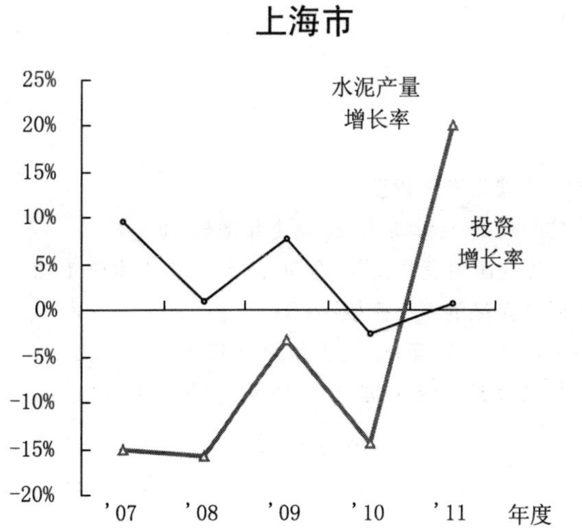

本地区固定资产投资

在建总规模 2.37 万亿元，比上年增长 3.9 ％

本年完成固定资产投资 4962 亿元，比上年增长 0.8 ％

水泥及商品混凝土产量

水泥产量 806 万吨，比上年增长 20.1 ％

商品混凝土：企业数量减少 0 家，产量下降 9.3 ％

2－9－4 省区市水泥及商品混凝土产量

2—9—4 Cement and commercial concrete output of city, region and province

江苏省

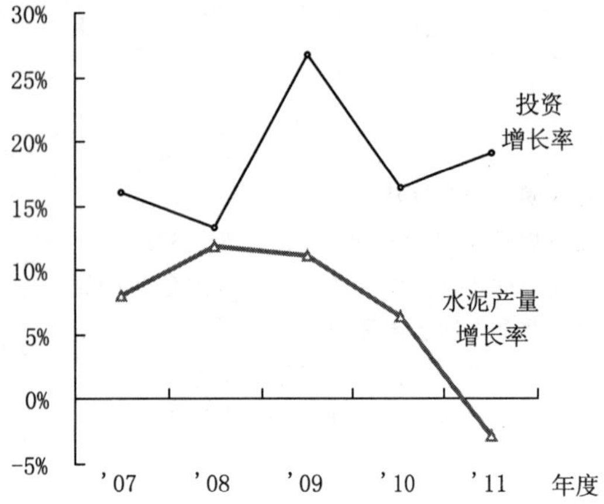

本地区固定资产投资

在建总规模 5.09 万亿元，比上年增长 22.2 %

本年完成固定资产投资 26693 亿元，比上年增长 19.1 %

水泥及商品混凝土产量

水泥产量 15253 万吨，比上年下降 2.8 %

商品混凝土：企业数量增加 4 家，产量增长 9.4 %

浙江省

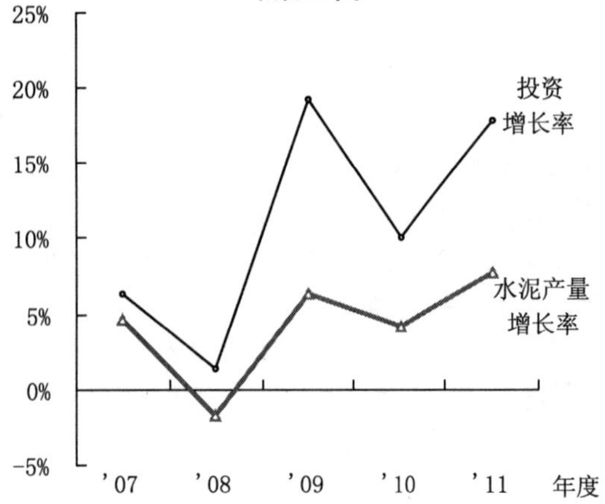

本地区固定资产投资

在建总规模 4.19 万亿元，比上年增长 24.8 %

本年完成固定资产投资 14185 亿元，比上年增长 17.8 %

水泥及商品混凝土产量

水泥产量 12201 万吨，比上年增长 7.7 %

商品混凝土：企业数量增加 12 家，产量增长 20.9 %

安徽省

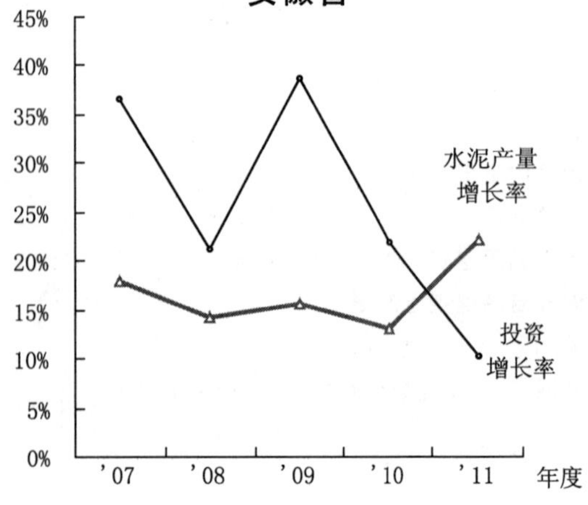

本地区固定资产投资

在建总规模 2.42 万亿元，比上年增长 16.9 %

本年完成固定资产投资 12456 亿元，比上年增长 10.3 %

水泥及商品混凝土产量

水泥产量 9862 万吨，比上年增长 22.2 %

商品混凝土：企业数量增加 18 家，产量增长 22.4 %

2－9－5 省区市水泥及商品混凝土产量

2—9—5　Cement and commercial concrete output of city, region and province

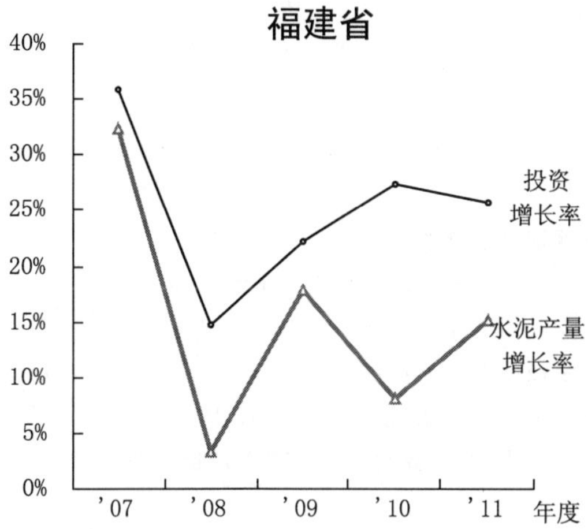

本地区固定资产投资

在建总规模 2.65 万亿元，比上年增长 8.5 %

本年完成固定资产投资 9911 亿元，比上年增长 25.8 %

水泥及商品混凝土产量

水泥产量 6810 万吨，比上年增长 15.1 %

商品混凝土：企业数量增加 5 家，产量增长 44.4 %

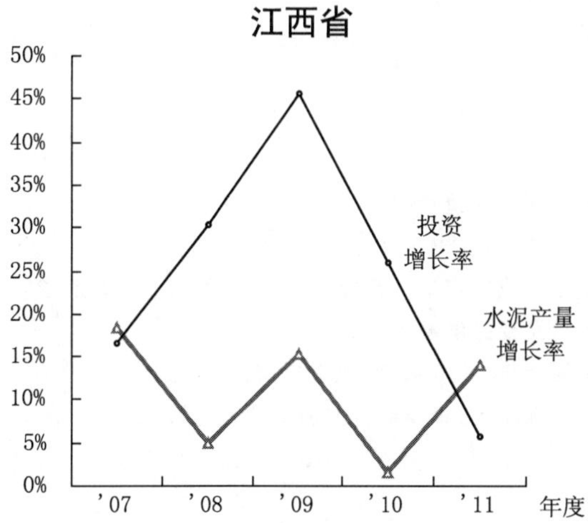

本地区固定资产投资

在建总规模 1.15 万亿元，比上年下降 0.2 %

本年完成固定资产投资 9088 亿元，比上年增长 5.6 %

水泥及商品混凝土产量

水泥产量 7132 万吨，比上年增长 13.9 %

商品混凝土：企业数量减少 0 家，产量增长 38.8 %

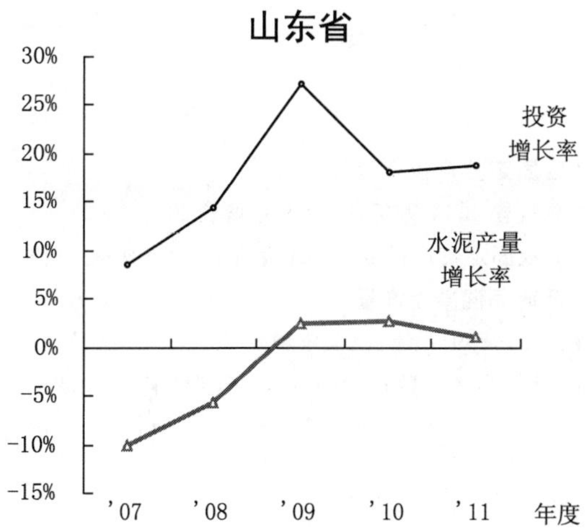

本地区固定资产投资

在建总规模 4.09 万亿元，比上年增长 6.5 %

本年完成固定资产投资 26750 亿元，比上年增长 18.8 %

水泥及商品混凝土产量

水泥产量 15073 万吨，比上年增长 1.2 %

商品混凝土：企业数量增加 22 家，产量增长 33.5 %

2－9－6 省区市水泥及商品混凝土产量

2—9—6 Cement and commercial concrete output of city, region and province

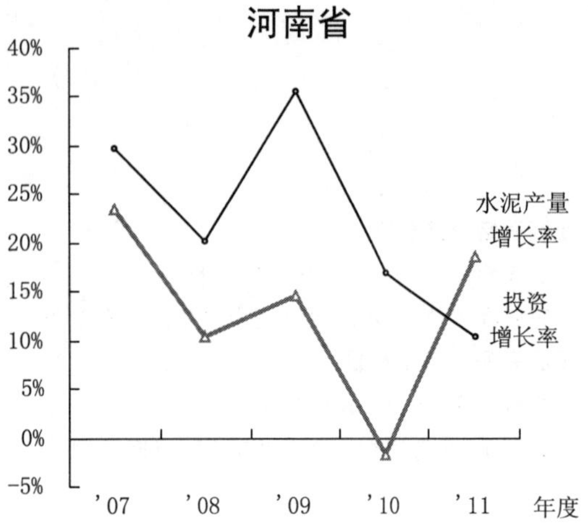

本地区固定资产投资

在建总规模 3.17 万亿元，比上年增长 34.8 %

本年完成固定资产投资 17769 亿元，比上年增长 10.3 %

水泥及商品混凝土产量

水泥产量 13826 万吨，比上年增长 18.6 %

商品混凝土：企业数量增加 24 家，产量增长 48.8 %

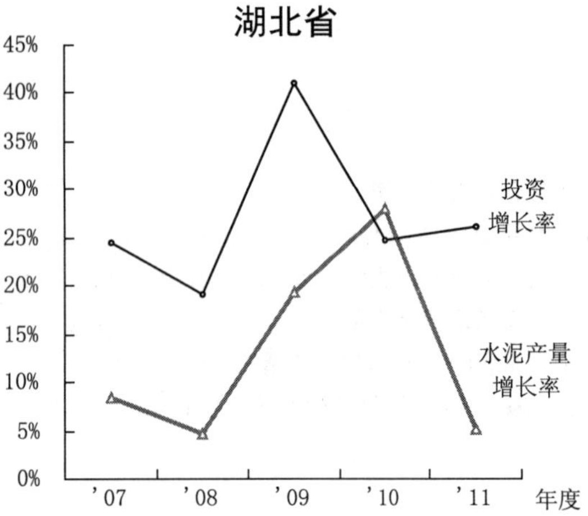

本地区固定资产投资

在建总规模 2.66 万亿元，比上年增长 19.9 %

本年完成固定资产投资 12557 亿元，比上年增长 26 %

水泥及商品混凝土产量

水泥产量 9466 万吨，比上年增长 5.1 %

商品混凝土：企业数量增加 9 家，产量增长 54.8 %

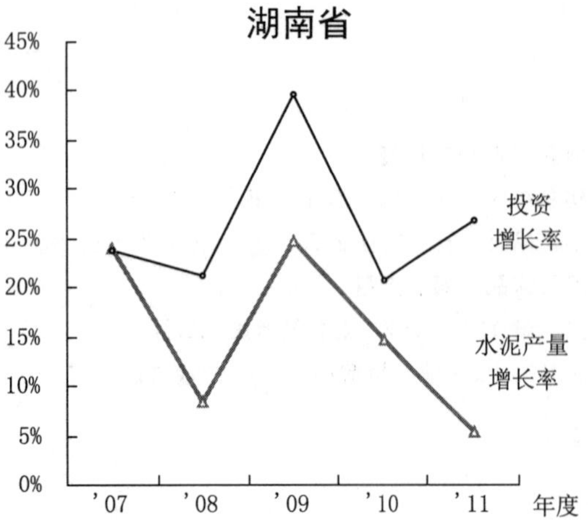

本地区固定资产投资

在建总规模 2.44 万亿元，比上年增长 26.1 %

本年完成固定资产投资 11881 亿元，比上年增长 26.7 %

水泥及商品混凝土产量

水泥产量 9299 万吨，比上年增长 5.4 %

商品混凝土：企业数量增加 9 家，产量增长 32.1 %

2－9－7 省区市水泥及商品混凝土产量

2—9—7 Cement and commercial concrete output of city, region and province

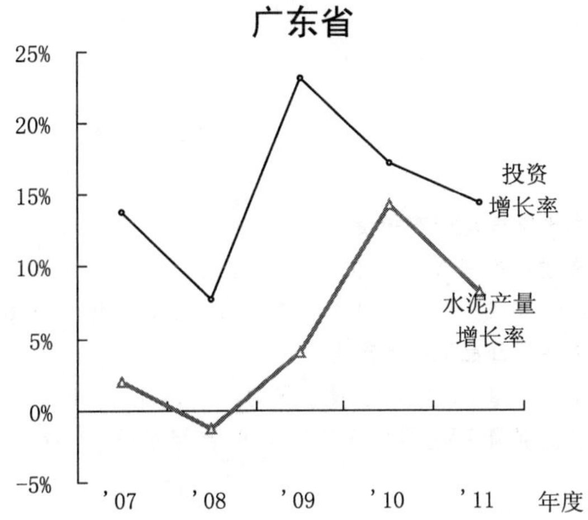

本地区固定资产投资

在建总规模 5.35 万亿元，比上年增长 15.7 %

本年完成固定资产投资 17069 亿元，比上年增长 14.4 %

水泥及商品混凝土产量

水泥产量 12562 万吨，比上年增长 8.2 %

商品混凝土：企业数量增加 1 家，产量增长 11.1 %

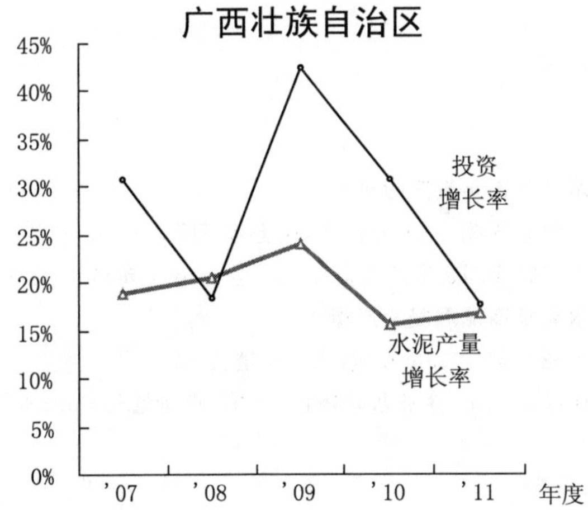

本地区固定资产投资

在建总规模 1.85 万亿元，比上年增长 12.6 %

本年完成固定资产投资 7991 亿元，比上年增长 17.8 %

水泥及商品混凝土产量

水泥产量 8789 万吨，比上年增长 16.9 %

商品混凝土：企业数量增加 8 家，产量增长 38.2 %

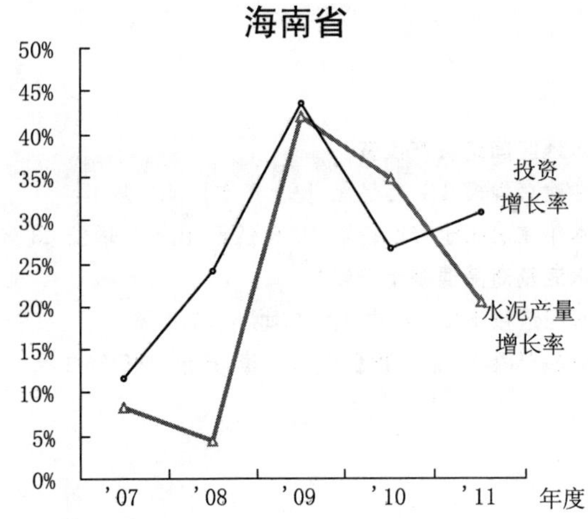

本地区固定资产投资

在建总规模 0.63 万亿元，比上年增长 45.5 %

本年完成固定资产投资 1657 亿元，比上年增长 30.7 %

水泥及商品混凝土产量

水泥产量 1522 万吨，比上年增长 20.4 %

商品混凝土：企业数量减少 0 家，产量增长 0.2 %

2－9－8 省区市水泥及商品混凝土产量

2—9—8 Cement and commercial concrete output of city, region and province

重庆市

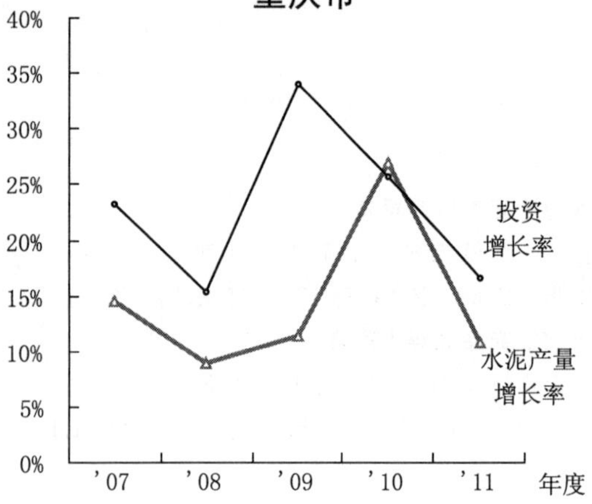

本地区固定资产投资

在建总规模 2.29 万亿元,比上年增长 6.7 %

本年完成固定资产投资 7473 亿元,比上年增长 16.6 %

水泥及商品混凝土产量

水泥产量 5121 万吨,比上年增长 10.8 %

商品混凝土:企业数量增加 7 家,产量增长 42 %

四川省

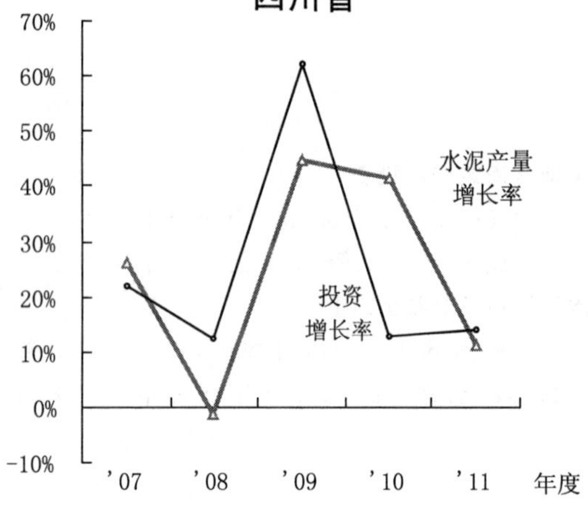

本地区固定资产投资

在建总规模 2.98 万亿元,比上年下降 3.8 %

本年完成固定资产投资 14222 亿元,比上年增长 13.9 %

水泥及商品混凝土产量

水泥产量 14296 万吨,比上年增长 11 %

商品混凝土:企业数量增加 22 家,产量增长 75.3 %

贵州省

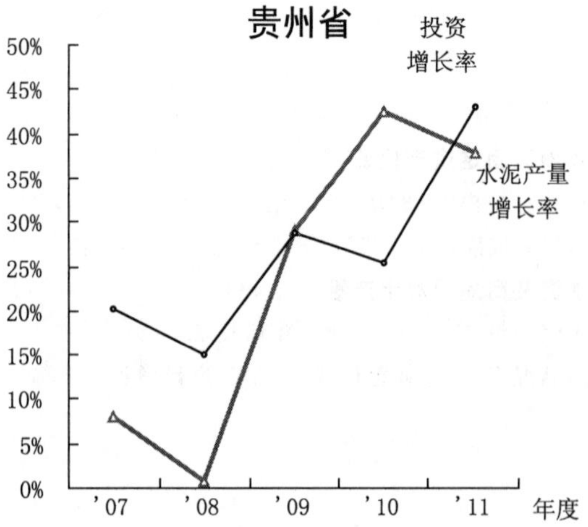

本地区固定资产投资

在建总规模 1.1 万亿元,比上年增长 4.6 %

本年完成固定资产投资 4236 亿元,比上年增长 43 %

水泥及商品混凝土产量

水泥产量 5251 万吨,比上年增长 37.8 %

商品混凝土:企业数量增加 5 家,产量增长 86.1 %

2－9－9 省区市水泥及商品混凝土产量

2—9—9　Cement and commercial concrete output of city, region and province

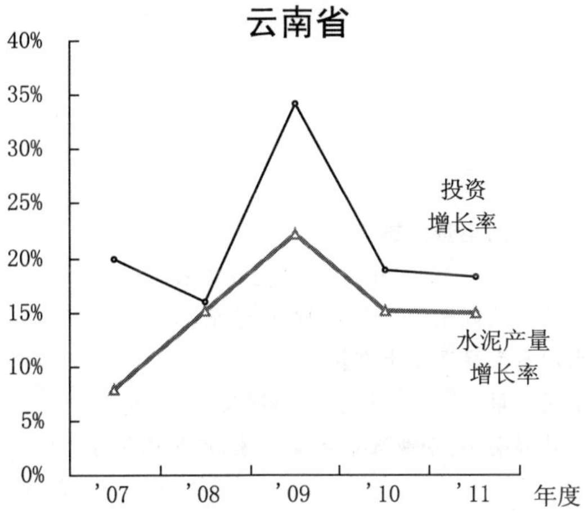

本地区固定资产投资

在建总规模 1.81 万亿元，比上年增长 2.6 %

本年完成固定资产投资 6191 亿元，比上年增长 18.3 %

水泥及商品混凝土产量

水泥产量 6656 万吨，比上年增长 15 %

商品混凝土：企业数量增加 5 家，产量增长 31.9 %

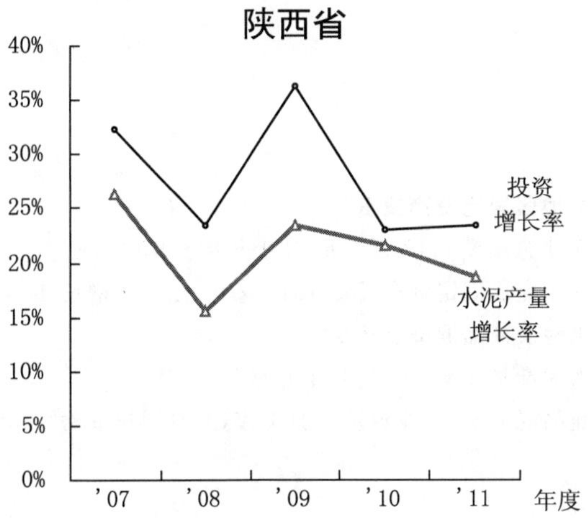

本地区固定资产投资

在建总规模 2.27 万亿元，比上年增长 17.6 %

本年完成固定资产投资 9431 亿元，比上年增长 23.5 %

水泥及商品混凝土产量

水泥产量 6538 万吨，比上年增长 18.6 %

商品混凝土：企业数量增加 7 家，产量增长 88 %

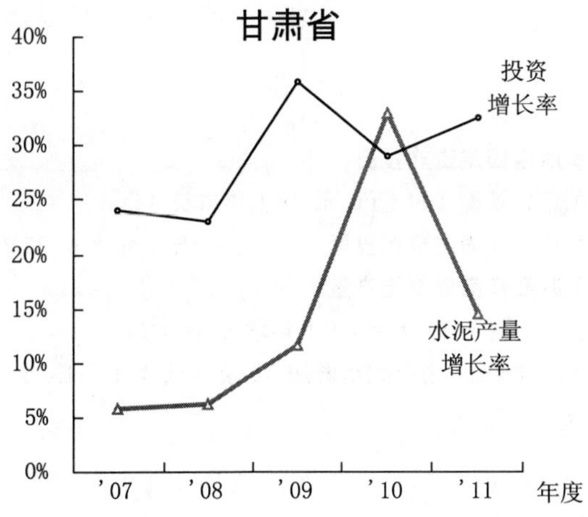

本地区固定资产投资

在建总规模 0.65 万亿元，比上年增长 13.8 %

本年完成固定资产投资 3966 亿元，比上年增长 32.5 %

水泥及商品混凝土产量

水泥产量 2778 万吨，比上年增长 14.5 %

商品混凝土：企业数量增加 1 家，产量增长 14.3 %

2－9－10 省区市水泥及商品混凝土产量

2－9－10 Cement and commercial concrete output of city, region and province

青海省

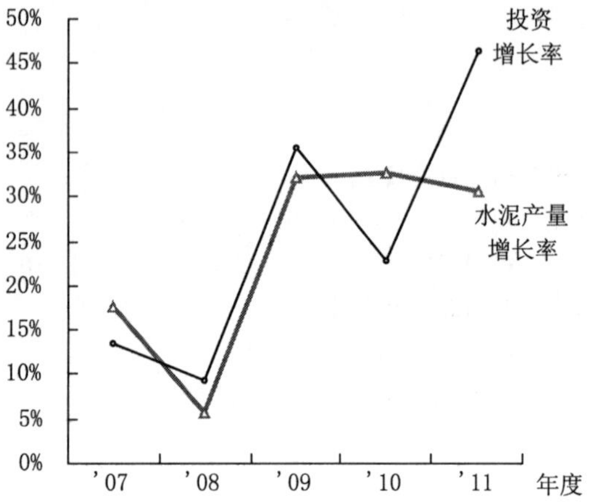

本地区固定资产投资

在建总规模 0.47 万亿元，比上年增长 43.2 %

本年完成固定资产投资 1436 亿元，比上年增长 46.5 %

水泥及商品混凝土产量

水泥产量 1058 万吨，比上年增长 30.5 %

商品混凝土：企业数量减少 0 家，产量增长 1.3 %

宁夏回族自治区

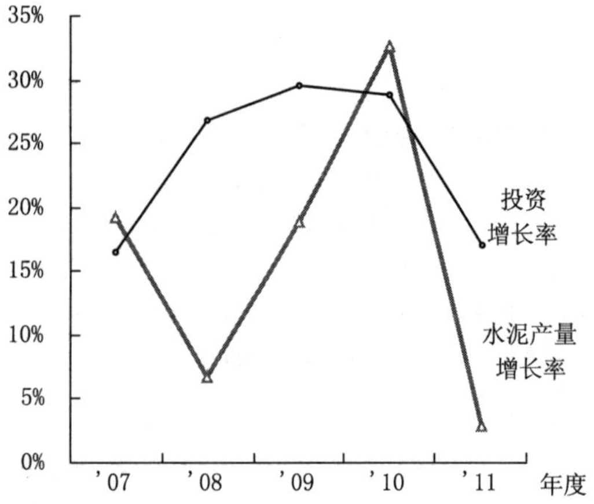

本地区固定资产投资

在建总规模 0.49 万亿元，比上年增长 15.2 %

本年完成固定资产投资 1645 亿元，比上年增长 17.1 %

水泥及商品混凝土产量

水泥产量 1463 万吨，比上年增长 2.9 %

商品混凝土：企业数量增加 1 家，产量增长 9.8 %

新疆维吾尔族自治区

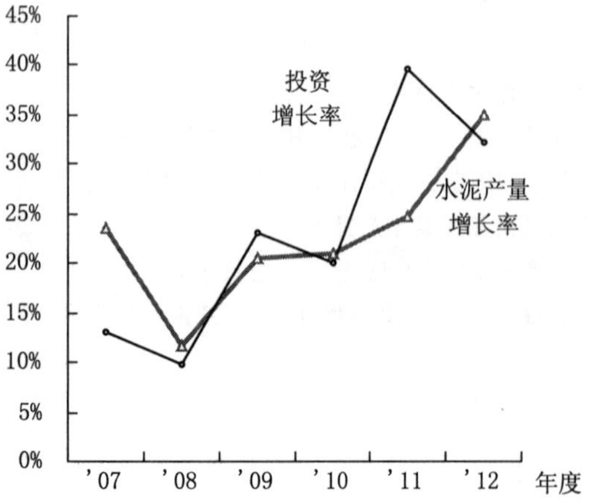

本地区固定资产投资

在建总规模 1.85 万亿元，比上年增长 42 %

本年完成固定资产投资 6159 亿元，比上年增长 32.2 %

水泥及商品混凝土产量

水泥产量 4161 万吨，比上年增长 34.9 %

商品混凝土：企业数量增加 32 家，产量增长 41.8 %

固定资产投资和生产能力

Fixed assets investment and production capacity

3－1　水泥制造业固定资产投资

3—1　Fixed assets investment in cement manufacture industry

1953~1978年水泥制造业固定资产投资
（1966~1974年为空白）

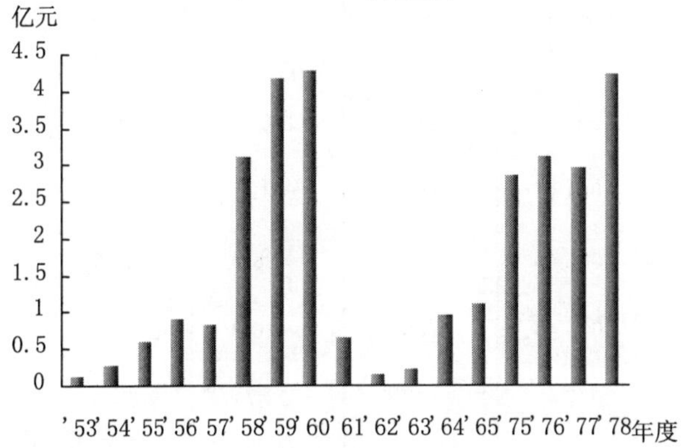

1979~2000年水泥制造业固定资产投资

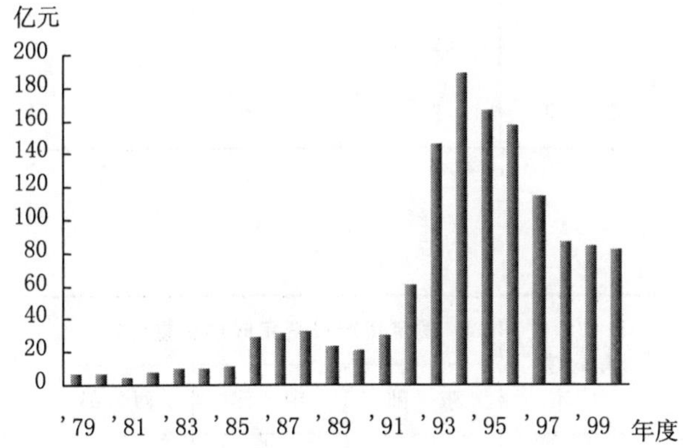

2001~2011年水泥制造业固定资产投资

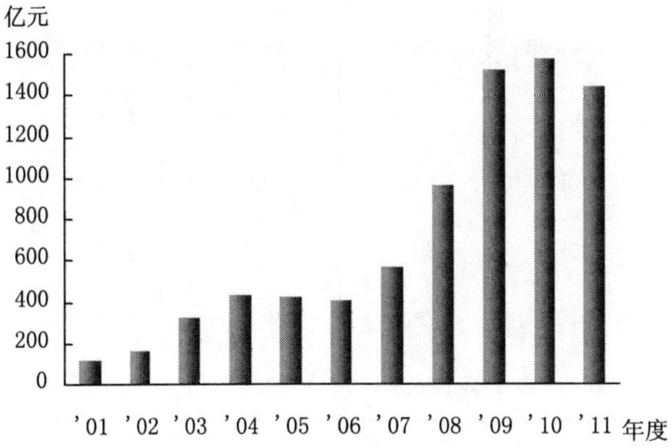

产量单位:万吨

年　度	固定资产投资完成额（亿元）	年增长率（%）
1953	0.12	
1978	4.22	
1981	4.67	
1983	9.90	
1995	166.65	－16.5
2000	81.68	－3.5
2001	113.97	39.0
2005	423.28	－3.9
2006	402.77	－6.3
2007	567.79	35.7
2008	964.35	56.0
2009	1520.97	61.6
2010	(1575.77)	－0.01
2010	1569.30	
2011	1439.26	－13.9
年平均增长率：		
九五时期		－16.6
十五时期		43.4
十一五时期		26.2
2000～2006年		37.6
2007～2011年		34.1

注释：

1.水泥制造业固定资产投资范围:1953～1984年为基本建设,1980年起分基本建设、更新改造和其他投资。1995～1996年,投资项目统计起点为5万元;1997～2010年为50万元;自2011年起为500万元。本表2010年的两组数据括号内为原口径数,未加括号的为调整后的新口径数。

2.增长率为剔除投资价格变动因素后的实际增长率,平均增长率按累计法计算(下同)。

3－2 水泥制造业国有控股和地区固定资产投资

3—2 Fixed assets investment of state owned holding and regions in cement manufacture industry

水泥制造业国有控股企业固定资产投资比重

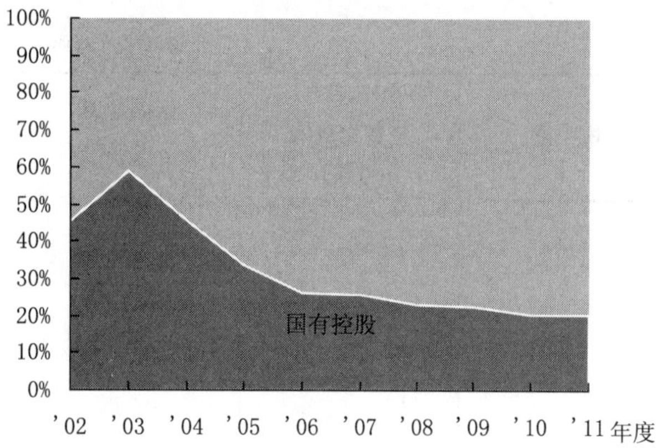

年　度	固定资产投资完成额（亿元）	年增长率（%）	占水泥制造业比重（%）
2002 年	72		45.4
2003 年	189	155.5	58.8
2004 年	197	－1.1	45.5
2005 年	142	－28.9	33.6
2006 年	106	－26.8	26.3
2007 年	147	33.7	25.9
2008 年	220	37.6	22.8
2009 年	345	60.5	22.7
2010 年	317	－11.2	20.1
2010 年	(301)		
2011 年	293	－9.0	20.3

水泥制造业东中西部地区固定资产投资比重

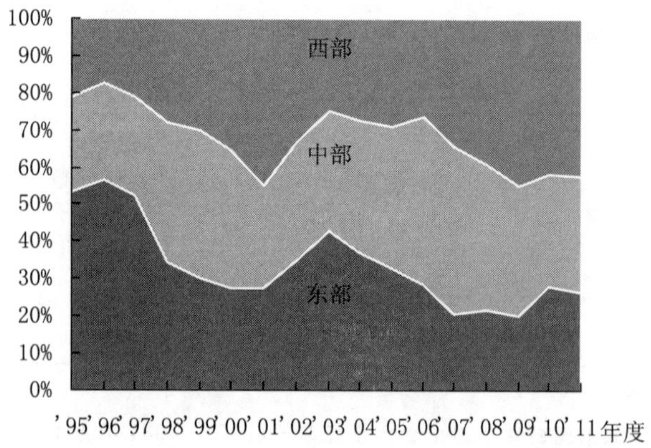

年　度	固定资产投资完成额比重（%）		
	东　部	中　部	西　部
1996 年	56.7	25.9	17.4
2001 年	27.5	27.5	45.0
2005 年	33.0	38.0	29.0
2006 年	28.6	44.7	26.6
2007 年	20.9	44.5	34.6
2008 年	21.8	39.3	38.9
2009 年	20.2	34.7	45.1
2010 年	28.1	29.9	42.1
2011 年	26.5	31.4	42.2

3－3 历年投资新增预分解窑生产线和生产能力

3—3 Newly added pre—decomposition kiln production lines and capacity investment over the years

1981～2000 年水泥制造业固定资产投资和当年新增预分解窑水泥熟料年设计能力

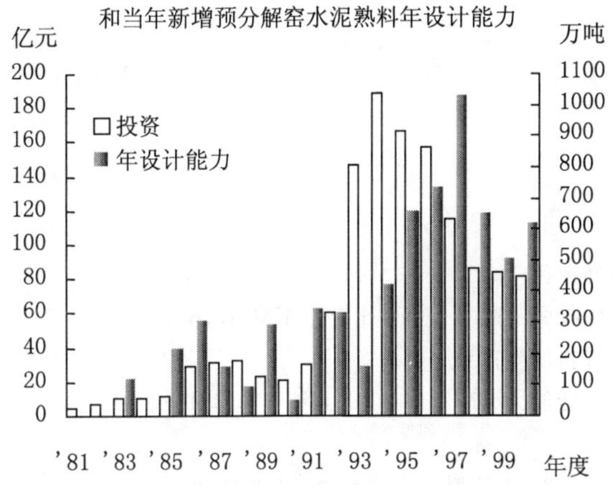

2001～2012 年水泥制造业固定资产投资和当年新增预分解窑水泥熟料年设计能力

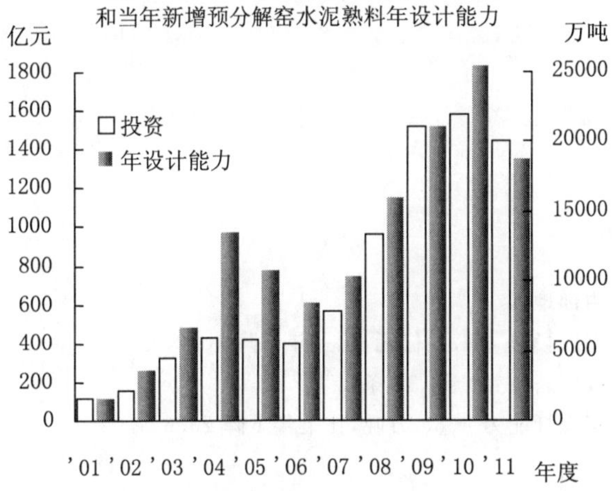

当年新增预分解窑生产线平均日产规模

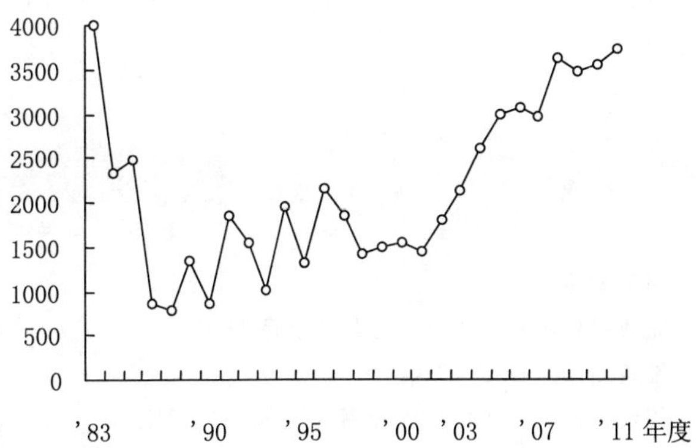

当年新增预分解窑生产线和水泥熟料年设计能力

年度（年）	生产线（条）	设计能力（万吨）	增长率（%）	平均规模（吨/日）
1983	1	124		4000
1985	3	217		2333
1990	2	53		850
1995	16	659		1328
2000	13	623		1546
2005	117	10825	－20.0	2985
2006	88	8370	－22.7	3068
2007	113	10357	23.7	2957
2008	143	16018	54.7	3613
2009	195	21018	31.2	3477
2010	232	25467	21.2	3541
2011	162	18726	－26.5	3729

累计新增预分解窑生产线和水泥熟料年设计能力

年 度（年）	投资（亿元）	生产线（条）	设计能力（万吨）
1981～2011	9221	1558	143064
1981～2000	1299	136	6716
2001～2006	1854	577	44762
2007～2011	6068	845	91586

注 释：

新增生产线指投资新建的预分解窑（即新型干法）生产线，年设计能力为水泥熟料生产能力，平均规模为日产水泥熟料能力。投资为水泥制造业固定资产资产投资完成额，包括水泥制造企业生产和非生产性投资。生产线包括水泥制造业以外投资兴建的生产线。下同。

3－4－1 主要地区投资新增预分解窑生产线

3－4－1 Newly added pre－decomposition kiln production lines investment of main regions

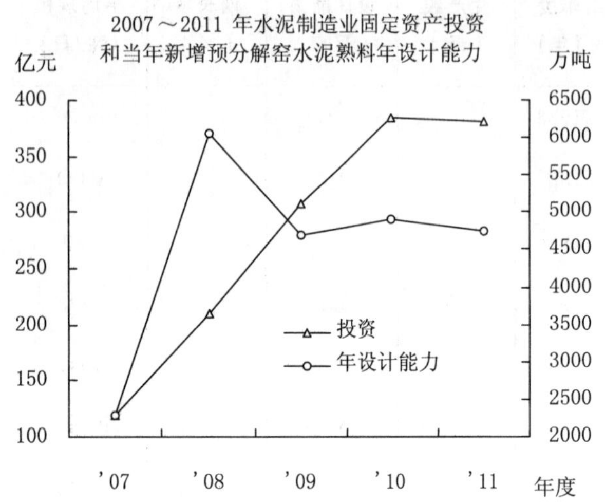

东部地区

完成投资 380.8 亿元，比上年下降 18.5 %

投资新增生产线 40 条

年设计能力 4752 万吨，比上年下降 3.1 %

2007～2011 年累计完成投资 1402 亿元

投资新增生产线 179 条，年设计能力 22701 万吨

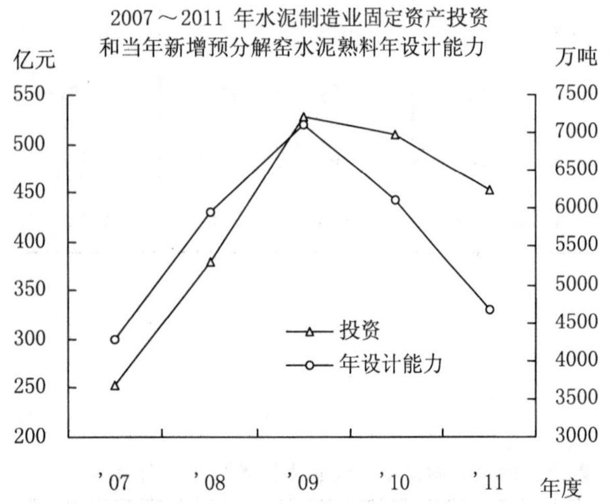

中部地区

完成投资 451.6 亿元，比上年下降 10.2 %

投资新增生产线 35 条

年设计能力 4680 万吨，比上年下降 23.6 %

2007～2011 年累计完成投资 2119 亿元

投资新增生产线 243 条，年设计能力 28169 万吨

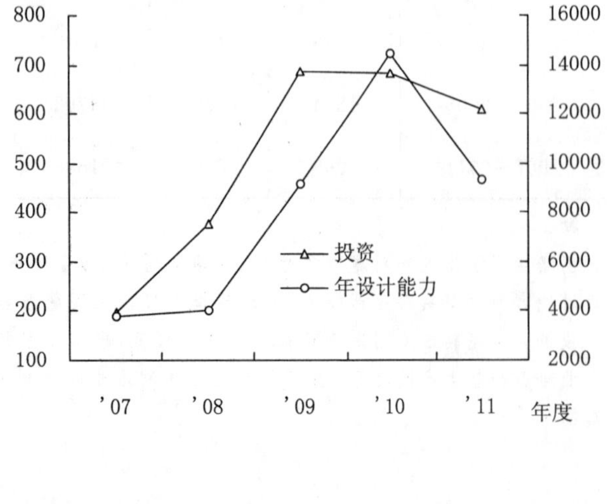

西部地区

完成投资 606.9 亿元，比上年下降 13.1 %

投资新增生产线 87 条

年设计能力 9294 万吨，比上年下降 35.6 %

2007～2011 年累计完成投资 2547 亿元

投资新增生产线 423 条，年设计能力 40715 万吨

3－4－2 主要地区投资新增预分解窑生产线

3—4—2　Newly added pre—decomposition kiln production lines investment of main regions

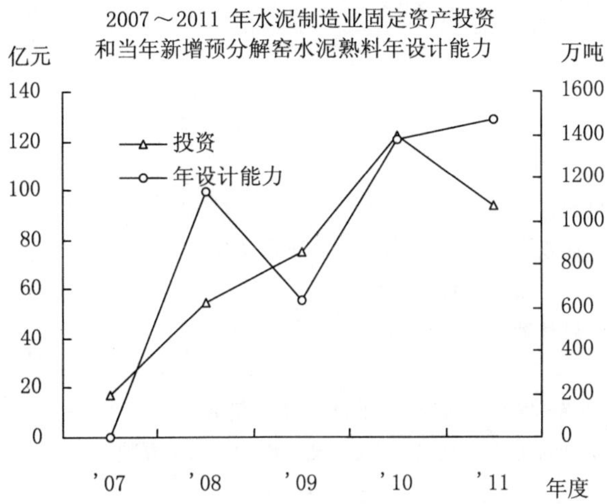

河北省

完成投资 93.6 亿元，比上年下降 28 ％

投资新增生产线 13 条

年设计能力 1466 万吨，比上年增长 6.8 ％

2007～2011 年累计完成投资 362 亿元

投资新增生产线 38 条，年设计能力 4607 万吨

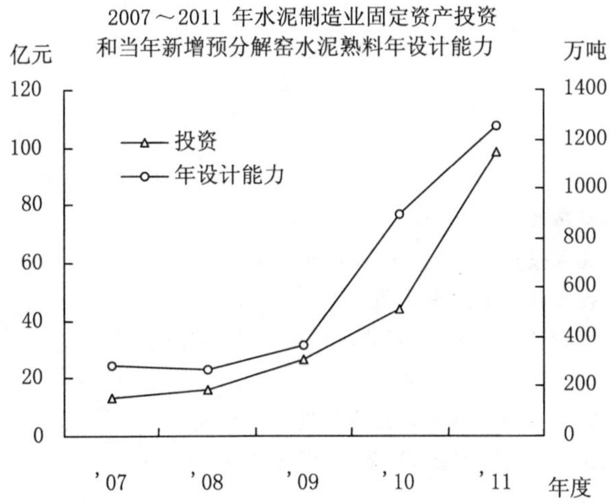

新疆维吾尔自治区

完成投资 98.6 亿元，比上年增长 80.3 ％

投资新增生产线 13 条

年设计能力 1256 万吨，比上年增长 40.1 ％

2007～2011 年累计完成投资 198 亿元

投资新增生产线 40 条，年设计能力 3066 万吨

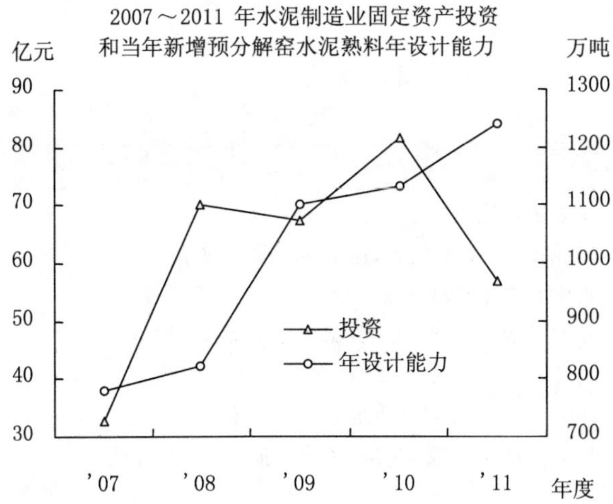

广西壮族自治区

完成投资 56.7 亿元，比上年下降 31 ％

投资新增生产线 9 条

年设计能力 1240 万吨，比上年增长 9.6 ％

2007～2011 年累计完成投资 308 亿元

投资新增生产线 37 条，年设计能力 5075 万吨

3－4－3 主要地区投资新增预分解窑生产线

3－4－3 Newly added pre－decomposition kiln production lines investment of main regions

2007～2011年水泥制造业固定资产投资
和当年新增预分解窑水泥熟料年设计能力

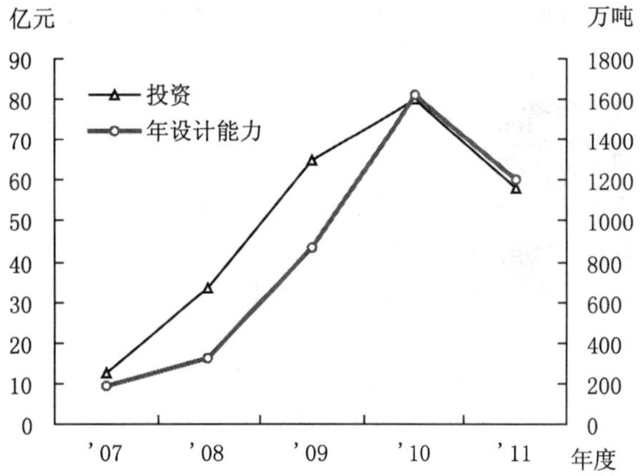

贵州省

完成投资 58.3 亿元，比上年下降 24.1 %

投资新增生产线 13 条

年设计能力 1206 万吨，比上年下降 25.5 %

2007～2011 年累计完成投资 250 亿元

投资新增生产线 48 条，年设计能力 4210 万吨

2007～2011 年水泥制造业固定资产投资
和当年新增预分解窑水泥熟料年设计能力

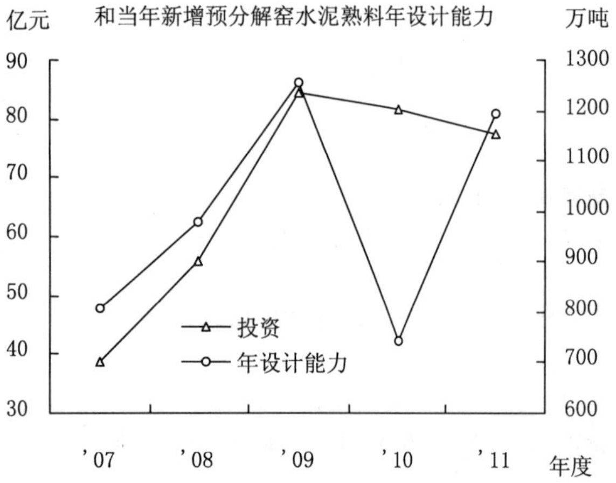

安徽省

完成投资 77.3 亿元，比上年下降 4.3 %

投资新增生产线 5 条

年设计能力 1194 万吨，比上年增长 60.4 %

2007～2011 年累计完成投资 338 亿元

投资新增生产线 33 条，年设计能力 4976 万吨

2007～2011 年水泥制造业固定资产投资
和当年新增预分解窑水泥熟料年设计能力

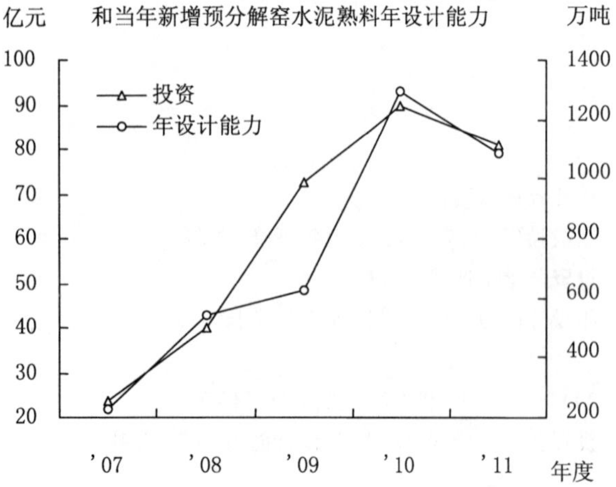

内蒙古自治区

完成投资 81.1 亿元，比上年下降 3.8 %

投资新增生产线 9 条

年设计能力 1085 万吨，比上年下降 16.3 %

2007～2011 年累计完成投资 307 亿元

投资新增生产线 35 条，年设计能力 3773 万吨

3－4－4 主要地区投资新增预分解窑生产线

3－4－4 Newly added pre－decomposition kiln production lines investment of main regions

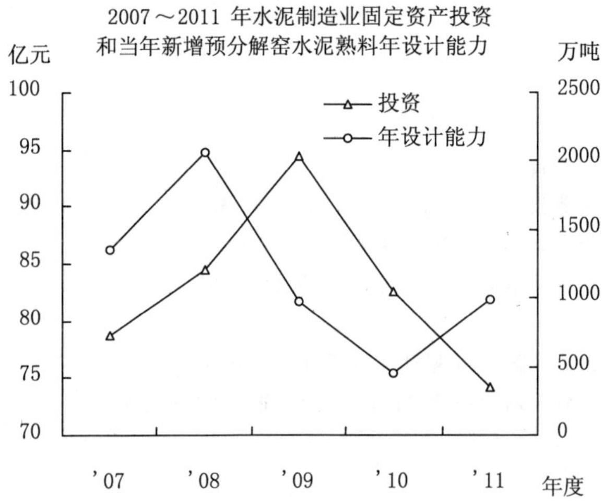

河南省

完成投资 74.2 亿元，比上年下降 4.5 ％

投资新增生产线 7 条

年设计能力 992 万吨，比上年增长 120.7 ％

2007～2011 年累计完成投资 414 亿元

投资新增生产线 43 条，年设计能力 5831 万吨

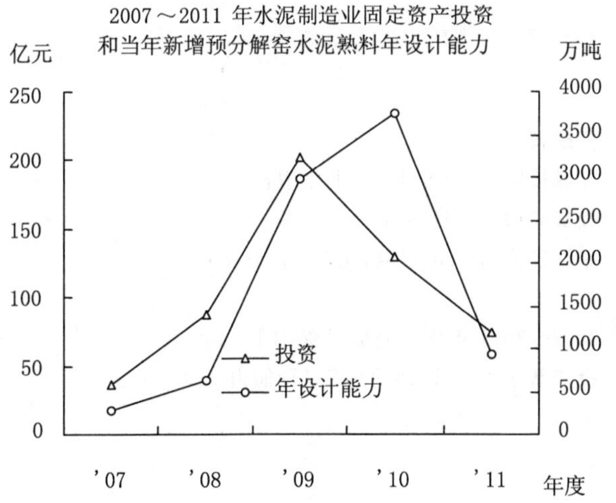

四川省

完成投资 73.6 亿元，比上年下降 50.9 ％

投资新增生产线 8 条

年设计能力 930 万吨，比上年下降 75.2 ％

2007～2011 年累计完成投资 529 亿元

投资新增生产线 88 条，年设计能力 8556 万吨

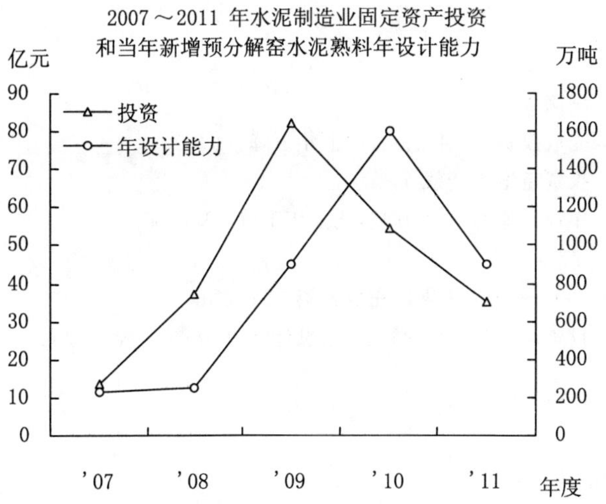

重庆市

完成投资 35.1 亿元，比上年下降 31.4 ％

投资新增生产线 7 条

年设计能力 905 万吨，比上年下降 43.3 ％

2007～2011 年累计完成投资 222 亿元

投资新增生产线 34 条，年设计能力 3881 万吨

3－4－5 主要地区投资新增预分解窑生产线

3－4－5 Newly added pre－decomposition kiln production lines investment of main regions

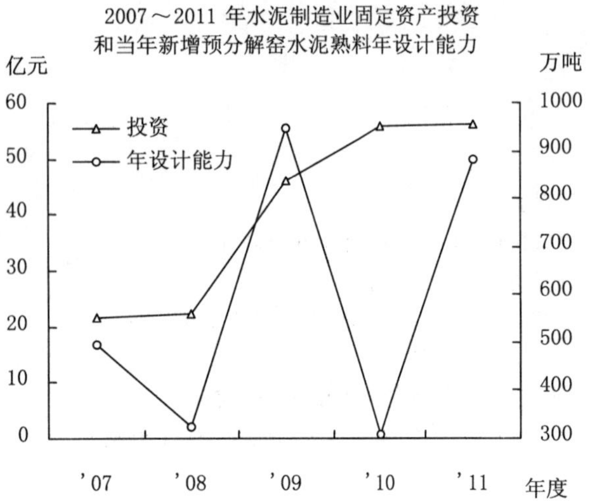

广东省

完成投资 56.2 亿元，比上年下降 33.4 %

投资新增生产线 7 条

年设计能力 884 万吨，比上年增长 185 %

2007～2011 年累计完成投资 202 亿元

投资新增生产线 23 条，年设计能力 2961 万吨

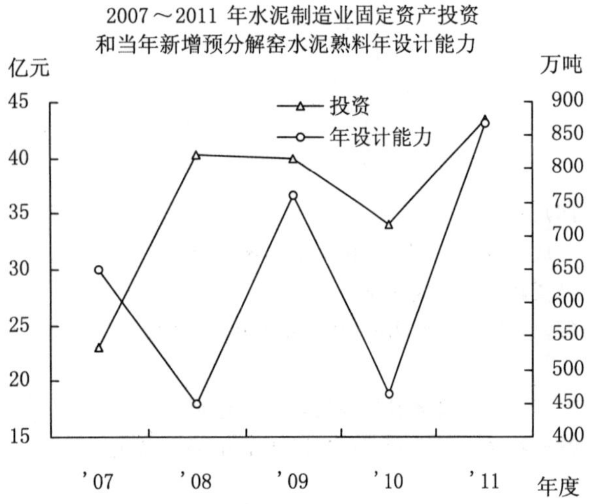

福建省

完成投资 43.5 亿元，比上年增长 17.5 %

投资新增生产线 8 条

年设计能力 868 万吨，比上年增长 86.7 %

2007～2011 年累计完成投资 181 亿元

投资新增生产线 28 条，年设计能力 3193 万吨

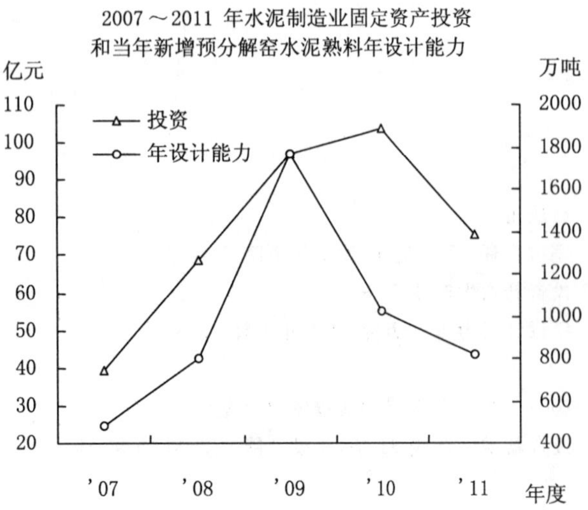

湖南省

完成投资 75.4 亿元，比上年下降 30.9 %

投资新增生产线 7 条

年设计能力 822 万吨，比上年下降 19.7 %

2007～2011 年累计完成投资 384 亿元

投资新增生产线 47 条，年设计能力 4886 万吨

3－4－6 主要地区投资新增预分解窑生产线

3—4—6 Newly added pre—decomposition kiln production lines investment of main regions

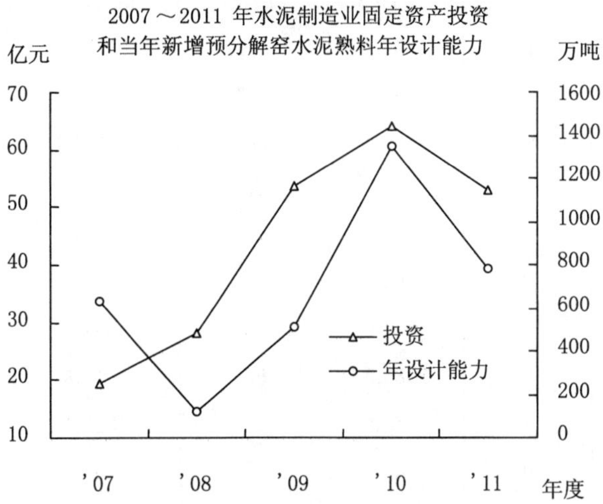

山西省

完成投资 53 亿元，比上年下降 19.7 %

投资新增生产线 8 条

年设计能力 784 万吨，比上年下降 41.8 %

2007～2011 年累计完成投资 218 亿元

投资新增生产线 39 条，年设计能力 3398 万吨

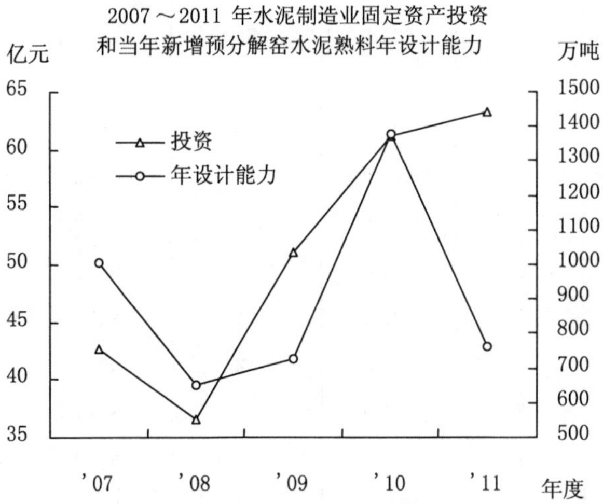

云南省

完成投资 63.2 亿元，比上年增长 13.8 %

投资新增生产线 10 条

年设计能力 760 万吨，比上年下降 44.9 %

2007～2011 年累计完成投资 255 亿元

投资新增生产线 62 条，年设计能力 4526 万吨

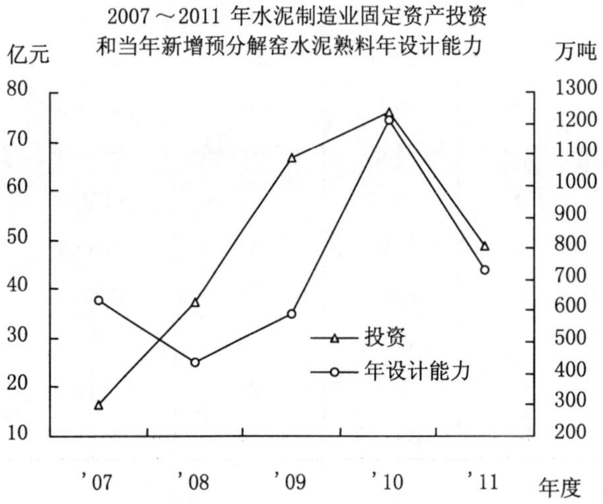

陕西省

完成投资 48.5 亿元，比上年下降 37.3 %

投资新增生产线 7 条

年设计能力 729 万吨，比上年下降 39.7 %

2007～2011 年累计完成投资 245 亿元

投资新增生产线 34 条，年设计能力 3596 万吨

3－5　省区市水泥制造业固定资产投资

3—5　Fixed assets investment of cement manufacture industry of city, region and province

地区名称	水泥制造业完成固定资产投资(亿元)				投资新增生产线		投资累计新增生产线	
	完成投资	增长率(%)	其中:国有控股企业		生产线(条)	年设计能力(万吨)	生产线(条)	年设计能力(万吨)
			完成投资	增长率(%)				
全国总计	14392591	－13.9	2926820	－9.0	162	18726.5	1558	143064.4
东部地区	3807919	－18.5	405795	－42.9	40	4752.3	482	47178.9
中部地区	4515992	－10.2	1129717	－6.3	35	4680.4	463	44977.3
西部地区	6068680	－13.1	1391308	7.3	87	9293.8	613	50908.2
北　京	3042	－81.0	3042	－81.0	0	0.0	13	722.3
天　津	95280	19.9	11000	3.0	0	0.0	4	217.0
河　北	936173	－28.0	94384	－76.7	13	1466.3	66	6810.7
山　西	529633	－19.7	68588	－32.0	8	784.3	63	4391.2
内蒙古	810677	－3.8	257621	71.1	9	1085.0	56	5015.8
辽　宁	527359	－16.2	42328	20.9	3	434.0	44	4529.1
吉　林	360443	82.6	20000	－2.7	0	0.0	29	2458.3
黑龙江	372149	－0.1	121352	31.6	3	285.2	27	1829.0
上　海	1580	—	0	—	0	0.0	5	170.5
江　苏	487935	6.2	33459	－28.3	4	604.5	59	6458.9
浙　江	143881	－21.7	12068	－70.1	1	46.5	96	7601.2
安　徽	773319	－4.3	483016	30.3	5	1193.5	88	10842.3
福　建	435351	17.5	16003	77.3	8	868.0	42	4042.4
江　西	468338	－22.6	122488	－24.5	4	589.0	53	4932.1
山　东	559475	－24.1	71312	－8.2	3	372.0	86	9017.9
河　南	741579	－4.5	65550	－26.4	7	992.0	81	8633.5
湖　北	516517	－0.9	125536	－8.3	1	14.9	62	5979.3
湖　南	754014	－30.9	123187	－47.2	7	821.5	60	5911.7
广　东	561833	－33.4	122199	77.2	7	883.5	59	6710.0
广　西	566589	－31.0	20554	－39.8	9	1240.0	54	6776.6
海　南	56010	3.8	0	—	1	77.5	8	899.0
重　庆	351267	－31.4	127991	4.9	7	905.2	49	4795.7
四　川	736452	－50.9	58033	－58.1	8	930.0	108	9678.2
贵　州	582806	－24.1	214753	29.5	13	1205.9	57	4557.0
云　南	631804	13.8	113238	11.4	10	759.5	98	6007.8
西　藏	9960	－65.5	3000	—	0	0.0	5	279.0
陕　西	484856	－37.3	161994	－27.0	7	728.5	53	4860.8
甘　肃	521371	67.1	124393	61.4	7	700.6	44	2768.3
青　海	296143	73.8	17900	－62.7	4	483.6	13	1094.3
宁　夏	90827	－39.3	29000	－49.2	0	0.0	22	1441.5
新　疆	985928	80.3	262831	49.7	13	1255.5	54	3633.2

注　释:投资累计新增生产线包括1983年以后建成投产的预分解窑生产线。

3－6 全国窑外分解窑生产线数量变动

3—6　The nationwide quantity change of outside kiln decomposition kiln production lines

2011年全国投资新建窑外分解窑生产线
日熟料生产能力规模比重

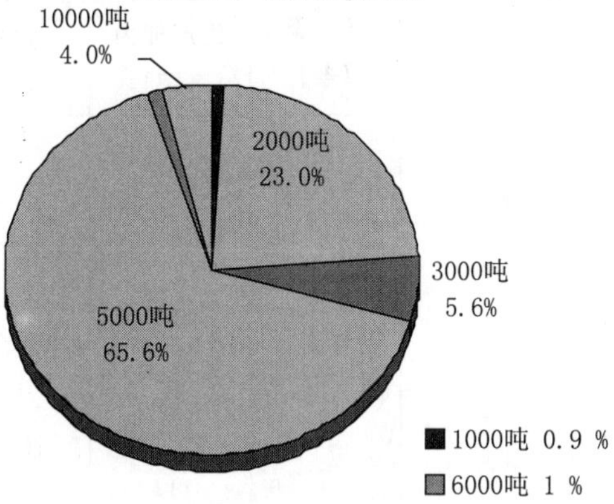

2011 年全国投资新建窑外分解窑生产线

按水泥熟料日生产能力分组	生产线数量(条)	熟料日生产能力	
		生产能力(吨)	比重(%)
总计	162	604080	
其中:4000 吨及以上	90	426100	70.5
1000 吨级	4	5180	0.9
2000 吨级	57	138700	23.0
3000 吨级	11	34100	5.6
5000 吨级	87	396100	65.6
6000 吨级	1	6000	1.0
10000 吨级	2	24000	4.0

2011年全国累计关停窑外分解窑生产线
日熟料生产能力规模比重

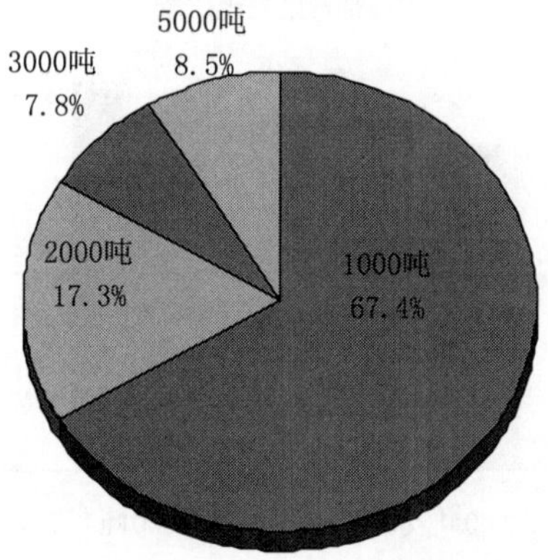

2011 年全国累计关停窑外分解窑生产线

按水泥熟料日生产能力分组	生产线数量(条)	熟料日生产能力	
		生产能力(吨)	比重(%)
总计	129	171000	
1000 吨级	109	113600	66.4
2000 吨级	13	29500	17.3
3000 吨级	4	13400	7.8
5000 吨级	3	14500	8.5

2007 年以后预分解窑生产线变动情况

生产线:条　生产能力:万吨

年　度	当年增加			当年关停		年末实际运营	
	新建生产线	复产生产线	实际能力	生产线	实际能力	生产线	实际能力
1983～2006	累计 713		累计 58024	累计 19	累计 624		
2006						694	57332
2007	113	1	11352	15	618	793	68066
2008	143	2	17587	28	1284	910	84370
2009	195	4	23295	22	1441	1087	106224
2010	232	5	27494	36	1904	1288	131814
2011	162	7	21709	28	1346	1429	152176
1983～2011	累计 1558		累计 158150	累计 129	累计 5974		

3－7 年末实际运营窑外分解窑生产线

3—7 The actual operation of outside kiln decomposition kiln production lines at the end of the year

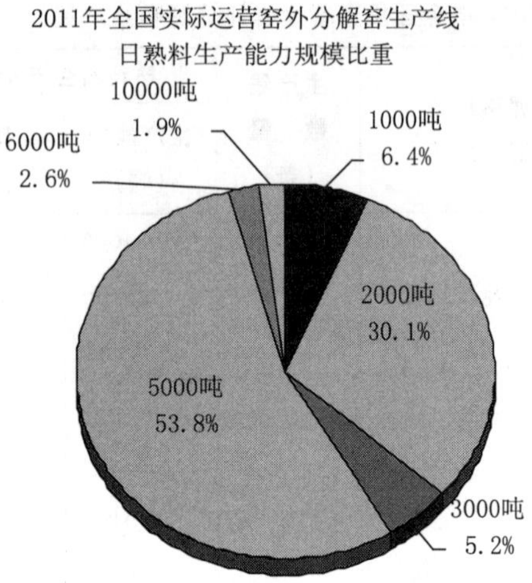

按水泥熟料日生产能力分组	生产线数量(条)	熟料日生产能力	
		生产能力(吨)	比重(%)
总计	1429	4455630	
其中:4000 吨及以上	540	2598400	58.3
1000 吨级	254	284930	6.4
2000 吨级	560	1339600	30.1
3000 吨级	75	232700	5.2
5000 吨级	513	2398200	53.8
6000 吨级	19	116200	2.6
10000 吨级	8	84000	1.9

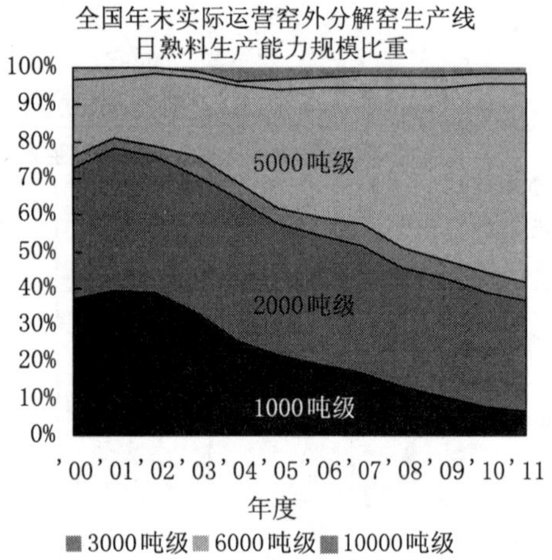

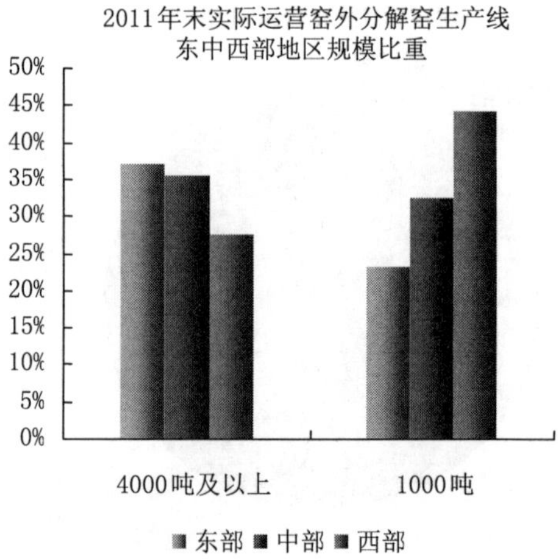

按水泥熟料日生产能力分组	东部地区		中部地区		西部地区	
	生产线(条)	能力比重(%)	生产线(条)	能力比重(%)	生产线(条)	能力比重(%)
总计	424		424		581	
其中:4000 吨及以上	199	66.9	185	65.1	156	44.6
1000 吨级	60	4.6	78	6.6	116	7.9
2000 吨级	151	25.6	143	24.4	266	39.1
3000 吨级	14	3.0	18	3.9	43	8.4
5000 吨级	190	62.8	172	57.2	151	42.8
6000 吨级	8	3.4	6	2.6	5	1.9
10000 吨级	1	0.7	7	5.2	0	0.0

3-8 水泥产品生产能力

3—8 Cement product capacity

指标名称	计量单位	2010年	2011年	增减
当年年末				
生产企业	个	4976	3811	−1165
水泥熟料生产能力	万吨	165278	172779	7501
预分解窑生产线	条	1288	1429	141
预分解窑生产能力	万吨	131814	152176	20363
其他熟料生产能力	万吨	33464	20603	−12862
水泥生产能力	万吨	278013	293380	15367
其中:粉磨企业	个	2201	1896	−305
粉磨企业水泥制备能力	万吨	105426	113828	8402
当年增加				
水泥熟料生产能力	万吨	29552	22783	−6769
预分解窑生产线	条	237	169	−68
预分解窑生产能力	万吨	27494	21709	−5786
其他熟料生产能力	万吨	2058	1074	−984
水泥生产能力	万吨	48351	44415	−3936
其中:粉磨企业	个	473	314	−159
粉磨企业水泥制备能力	万吨	19077	19424	347
当年减少				
水泥熟料生产能力	万吨	10257	15282	5025
预分解窑生产线	条	36	28	−8
预分解窑生产能力	万吨	1904	1346	−558
其他熟料生产能力	万吨	8353	13936	5583
水泥生产能力	万吨	9190	29049	19859
其中:粉磨企业	个	174	620	446
粉磨企业水泥制备能力	万吨	4471	15383	10913
主要比例关系				
当年年末预分解窑水泥熟料生产能力比重	(%)	79.8	88.1	8.3
当年年末水泥熟料与水泥生产能力比例	(%)	59.4	58.9	−0.6
粉磨企业水泥制备能力占水泥生产能力比重	(%)	37.9	38.8	0.9
能力利用率				
水泥熟料	(%)	76.3	77.9	1.5
预分解窑	(%)	81.2	80.5	−0.7
其他熟料	(%)	60.4	64.1	3.6
水泥	(%)	72.7	73.3	0.6
其中:粉磨企业	(%)	68.8	70.0	1.2

3－9－1 水泥产品生产能力变化

3—9—1 The change of cement product capacity

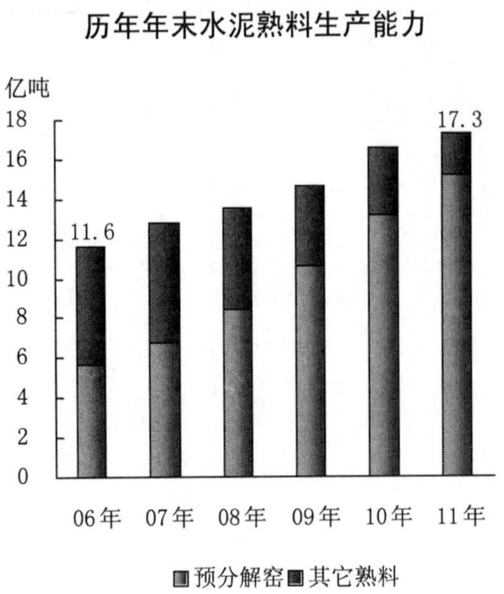

2011年末全国水泥熟料生产能力17.3亿吨，其中预分解窑生产能力15.2亿吨

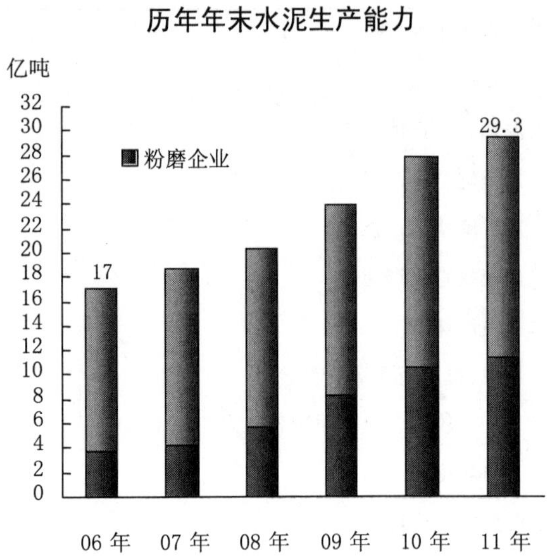

2011年末全国水泥生产能力29.3亿吨，其中粉磨企业水泥制备能力11.4亿吨

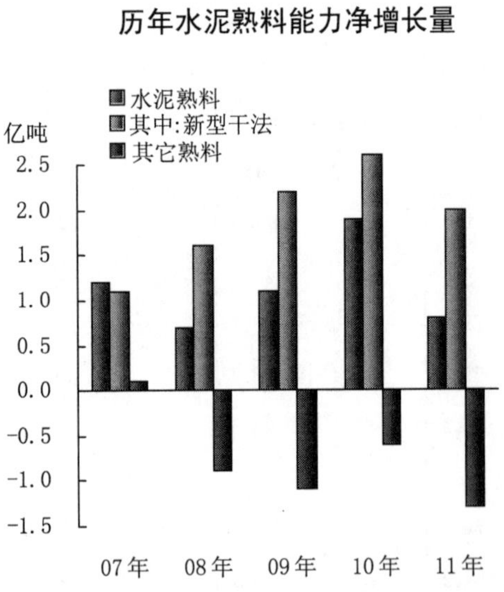

2011年末全国水泥熟料生产能力比上年净增7501万吨，其中预分解窑生产能力净增2.04亿吨，其他熟料能力净减1.27亿吨

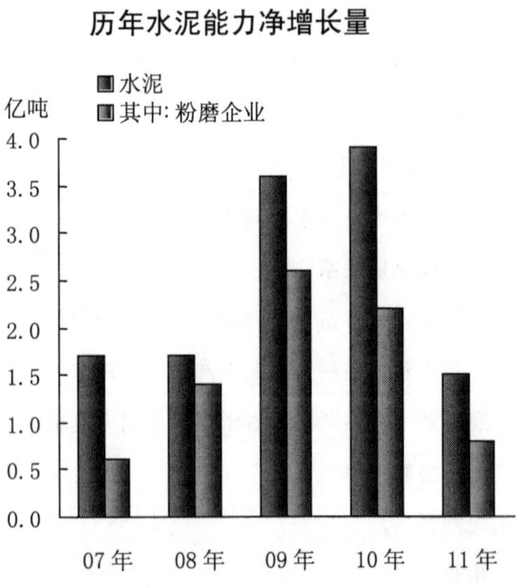

2011年末全国水泥生产能力比上年净增1.54亿吨，其中粉磨企业水泥制备能力净增8402万吨

3－9－2 水泥产品生产能力变化

3—9—2 The change of cement product capacity

历年增加熟料和水泥生产能力

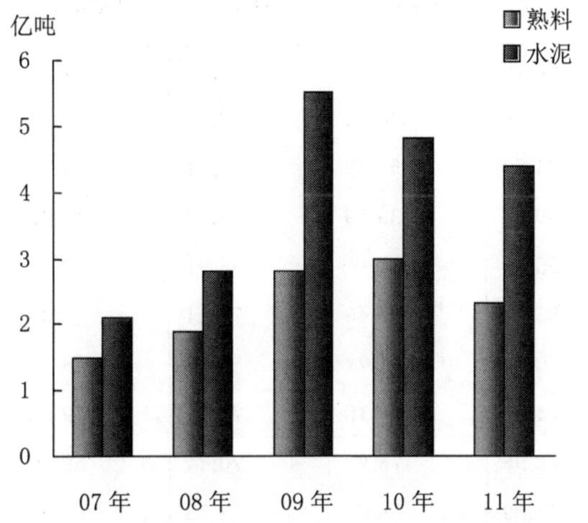

2007～2011 年全国累计增加水泥熟料生产能力 11.5 亿吨，其中预分解窑生产线 864 条，生产能力 10.1 亿吨；增加水泥生产能力 19.7 亿吨，其中粉磨企业数量 2081 家，水泥制备能力 8.1 亿吨(增加生产能力中含少量停产后又恢复生产能力)

历年减少熟料和水泥生产能力

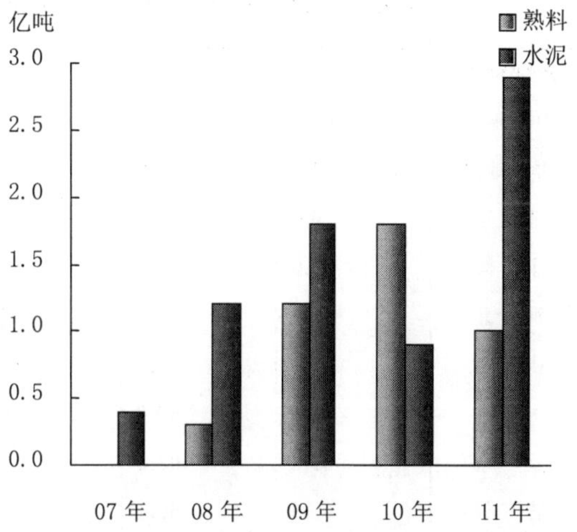

2007～2011 年全国累计减少水泥熟料生产能力 5.8 亿吨，其中预分解窑生产线 129 条，生产能力 6593 万吨，其他熟料 5.2 亿吨；减少水泥生产能力 7.3 亿吨，其中粉磨企业数量 1282 家，水泥制备能力 3.3 亿吨(减少生产能力中含少量停产后又恢复生产能力)

长三角地区

历年水泥熟料能力利用率

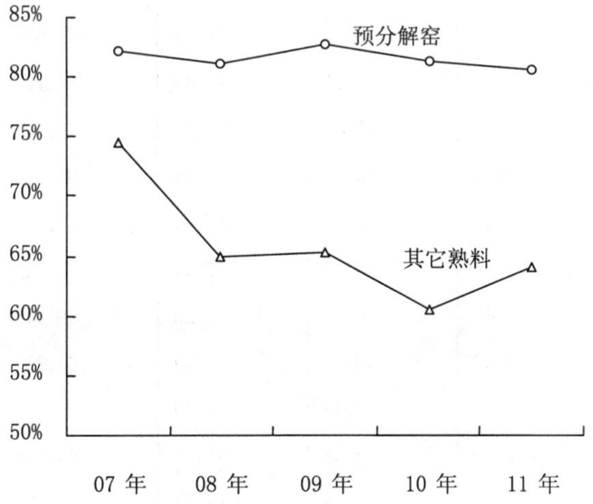

2011 年全国水泥熟料能力利用率 77.9 %，比上年上升 1.5 个百分点，其中预分解窑熟料能力利用率 80.5 %，比上年下降 0.7 个百分点，其他熟料能力利用率 64.1 %，比上年上升 3.6 个百分点

山东和黄淮海地区

历年水泥能力利用率

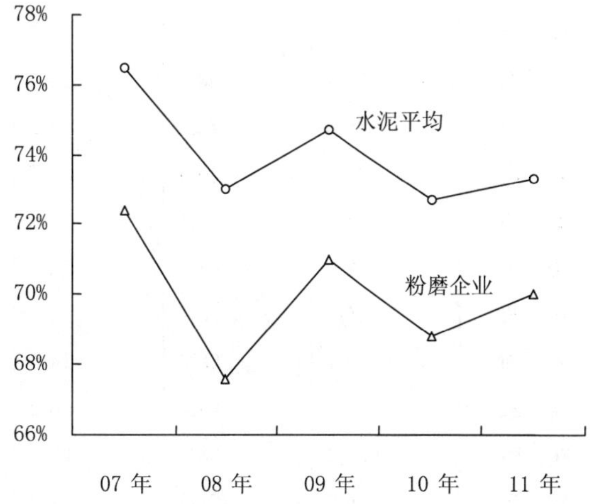

2011 年全国水泥能力利用率 73.3 %，比上年上升 0.6 个百分点，其中粉磨企业水泥制备能力利用率 70 %，比上年上升 1.2 个百分点

3－10 省区市水泥产品生产能力

3—10 Cement product capacity of city, region and province

%

地 区	年末4000吨以上生产线能力比重	年末水泥熟料与水泥生产能力比例	年末粉磨企业能力占水泥能力比重	水泥熟料能力利用率			水泥能力利用率	
				熟料	新型干法	其他熟料	水泥	粉磨企业
东部地区	66.9	50.2	51.7	80.96	85.10	60.48	75.57	71.14
中部地区	65.1	60.7	41.5	80.11	82.09	66.38	72.33	68.34
西部地区	44.6	68.2	19.9	72.96	74.53	65.89	71.24	69.40
北 京	0.0	68.6	0.4	98.92	99.56	36.59	79.22	16.67
天 津	0.0	10.7	85.3	95.35	95.35		76.91	67.07
河 北	67.1	43.4	57.6	79.02	85.04	33.40	77.14	73.93
山 西	37.1	61.2	27.1	70.64	70.46	71.77	56.58	48.65
内蒙古	54.0	60.0	52.6	75.73	74.26	96.15	77.24	79.52
辽 宁	81.0	63.2	49.6	78.96	78.96	78.94	70.44	59.59
吉 林	60.6	66.4	44.1	84.87	87.09	58.64	78.78	68.02
黑龙江	37.8	39.2	49.2	81.01	88.64	42.99	81.11	74.56
上 海	0.0	8.5	71.4	56.95	56.95		86.08	96.50
江 苏	76.3	36.1	66.1	73.06	76.75	46.15	72.21	66.25
浙 江	51.1	46.1	55.6	81.74	81.79	3.69	77.22	72.95
安 徽	79.8	89.4	53.4	90.34	91.27	63.15	74.82	64.94
福 建	56.1	63.2	30.8	87.37	92.08	76.89	75.91	69.42
江 西	57.6	63.3	35.8	79.83	83.22	64.64	73.06	73.08
山 东	70.6	55.4	49.5	79.86	83.92	62.75	72.32	68.24
河 南	79.5	46.7	56.1	76.42	74.21	103.87	70.79	68.24
湖 北	61.4	54.9	35.2	82.94	81.15	107.86	77.36	73.12
湖 南	57.8	61.4	22.1	70.38	78.01	54.04	69.89	72.87
广 东	74.9	63.5	34.7	83.53	94.31	60.17	80.59	84.10
广 西	86.8	72.2	24.7	82.11	86.98	55.85	76.47	69.84
海 南	66.7	60.9	75.8	92.70	100.38	14.65	92.94	92.21
重 庆	54.3	73.4	14.1	69.09	74.35	45.46	65.94	54.96
四 川	48.0	63.8	18.7	71.22	72.76	66.19	72.45	73.04
贵 州	26.6	76.7	4.4	69.97	67.48	76.46	71.25	40.34
云 南	13.1	68.3	14.0	71.40	71.89	68.25	70.19	61.02
西 藏	0.0	85.8	0.0	57.78	57.72	57.96	55.09	
陕 西	56.2	58.3	25.4	74.20	76.60	58.32	67.53	64.38
甘 肃	26.5	71.9	7.7	71.18	78.08	45.55	64.34	45.98
青 海	38.2	72.9	2.9	74.44	79.17	57.88	73.04	74.12
宁 夏	22.5	74.6	23.9	77.78	78.94	70.42	74.31	76.66
新 疆	17.5	77.7	7.1	66.53	58.28	99.80	66.83	50.26

3－11－1 水泥主要经济区域

3—11—1　Main economic areas of cement

长三角地区

水泥产量年增长率

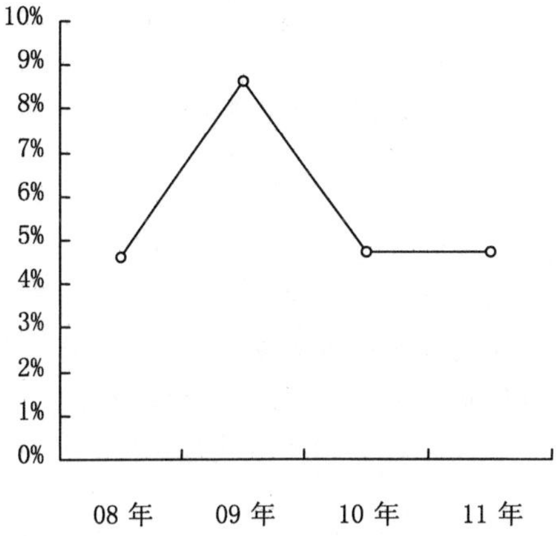

包括上海、浙江，江苏长江沿线以南的南京、无锡、常州、苏州、南通、扬州、镇江和泰州，安徽皖南的芜湖、铜陵、黄山、池州和宣城

水泥产量占全国总量 13.3 %
水泥熟料产量 20136 万吨，比上年增长 1.8 %
水泥产量 27660 万吨，比上年增长 4.7 %

水泥熟料生产能力 24623 万吨
水泥生产能力 37090 万吨
其中粉磨企业水泥制备能力 19886 万吨
水泥熟料能力利用率 84.4 %，比上年下降 0.8 个百分点
水泥能力利用率 74.6 %，比上年上升 1.7 个百分点

山东和黄淮海地区

水泥产量年增长率

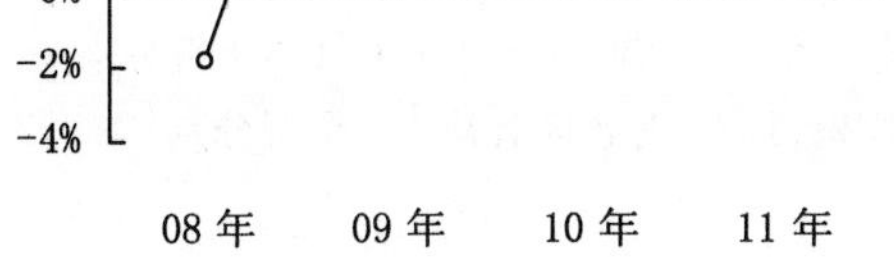

包括山东，江苏长江沿线以北的徐州、连云港、淮安、盐城和宿迁，安徽皖北的合肥、蚌埠、淮南、马鞍山、淮北、安庆、滁州、阜阳、宿州、六安和亳州

水泥产量占全国总量 12.1 %
水泥熟料产量 11635 万吨，比上年增长 1.5 %
水泥产量 25161 万吨，比上年增长 4.1 %

水泥熟料生产能力 14310 万吨
水泥生产能力 35197 万吨
其中粉磨企业水泥制备能力 21048 万吨
水泥熟料能力利用率 78.3 %，比上年上升 0.9 个百分点
水泥能力利用率 72.3 %，比上年下降 1.5 个百分点

3－11－2 水泥主要经济区域

3—11—2 Main economic areas of cement

两广地区

水泥产量年增长率

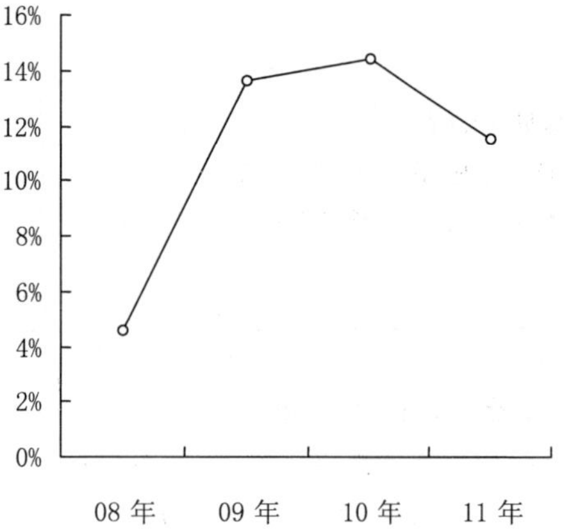

包括广东、广西

水泥产量占全国总量 10.2 %

水泥熟料产量 15283 万吨，比上年增长 8.6 %

水泥产量 21260 万吨，比上年增长 11.5 %

水泥熟料生产能力 18870 万吨

水泥生产能力 28048 万吨

其中粉磨企业水泥制备能力 8499 万吨

水泥熟料能力利用率 82.6 %，比上年上升 3.4 个百分点

水泥能力利用率 78.5 %，比上年上升 2 个百分点

中原地区

水泥产量年增长率

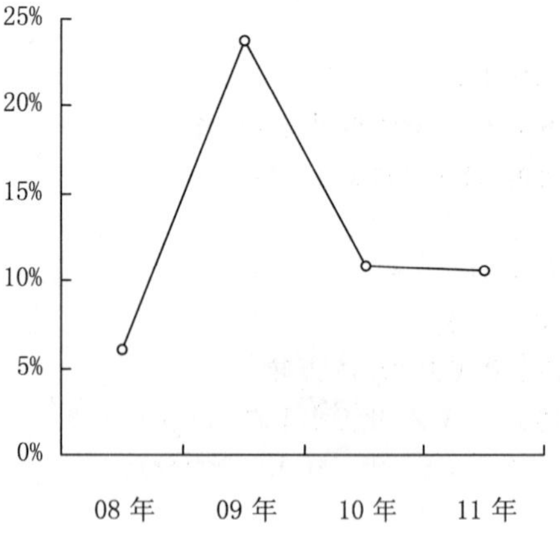

包括河南、湖北、湖南

水泥产量占全国总量 15.7 %

水泥熟料产量 18386 万吨，比上年增长 6.1 %

水泥产量 32602 万吨，比上年增长 10.6 %

水泥熟料生产能力 24535 万吨

水泥生产能力 46034 万吨

其中粉磨企业水泥制备能力 18543 万吨

水泥熟料能力利用率 75.9 %，比上年上升 1.8 个百分点

水泥能力利用率 72.3 %，比上年上升 1.3 个百分点

3－11－3 水泥主要经济区域

3—11—3　Main economic areas of cement

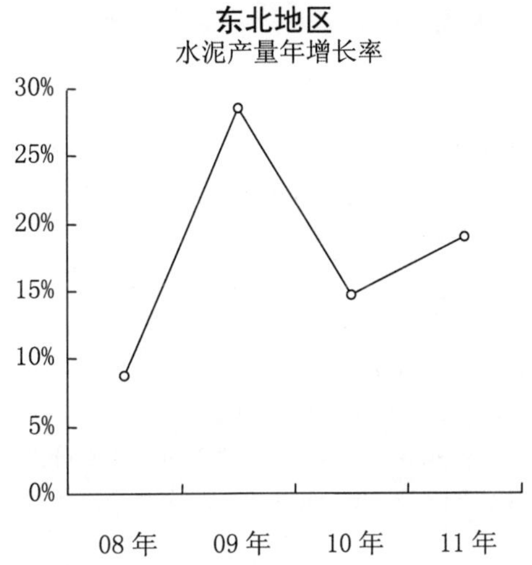

包括辽宁、吉林、黑龙江，内蒙东部的赤峰、通辽、呼伦贝尔、兴安和锡林郭勒

水泥产量占全国总量 7.8 %
水泥熟料产量 9361 万吨，比上年增长 13.7 %
水泥产量 16332 万吨，比上年增长 18.9 %

水泥熟料生产能力 12096 万吨
水泥生产能力 22168 万吨
其中粉磨企业水泥制备能力 10625 万吨
水泥熟料能力利用率 78.3 %，比上年上升 3.5 个百分点
水泥能力利用率 75.4 %，比上年上升 6.1 个百分点

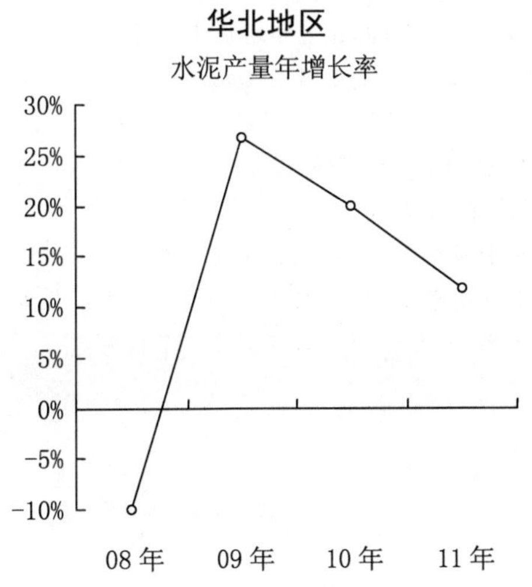

包括北京、天津、河北、山西，内蒙中部的呼和浩特、包头和乌兰察布

水泥产量占全国总量 10.5 %
水泥熟料产量 11041 万吨，比上年增长 26.7 %
水泥产量 21768 万吨，比上年增长 11.8 %

水泥熟料生产能力 15265 万吨
水泥生产能力 31730 万吨
其中粉磨企业水泥制备能力 16112 万吨
水泥熟料能力利用率 76.7 %，比上年上升 6.2 个百分点
水泥能力利用率 71.2 %，比上年下降 0.9 个百分点

3－11－4 水泥主要经济区域

3—11—4 Main economic areas of cement

闽赣两省

水泥产量年增长率

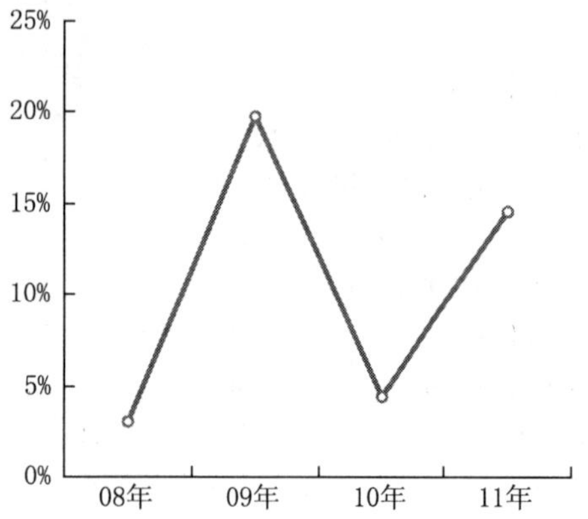

包括福建、江西两省

水泥产量占全国总量 6.7 %
水泥熟料产量 9959 万吨，比上年增长 15.1 %
水泥产量 13940 万吨，比上年增长 14.6 %

水泥熟料生产能力 12318 万吨
水泥生产能力 19465 万吨
其中粉磨企业水泥制备能力 6500 万吨
水泥熟料能力利用率 82.7 %，比上年上升 6.2 个百分点
水泥能力利用率 74.4 %，比上年上升 1.7 个百分点

西南地区

水泥产量年增长率

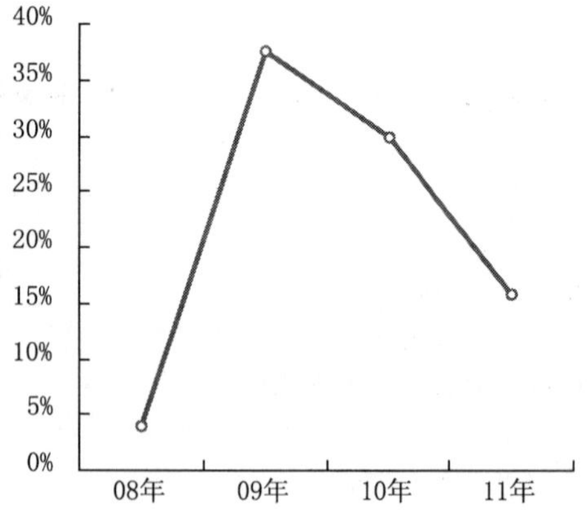

包括重庆、四川、贵州和云南

水泥产量占全国总量 15 %
水泥熟料产量 21560 万吨，比上年增长 16.2 %
水泥产量 31155 万吨，比上年增长 15.9 %

水泥熟料生产能力 30858 万吨
水泥生产能力 44895 万吨
其中粉磨企业水泥制备能力 6451 万吨
水泥熟料能力利用率 70.3 %，比上年上升 0.5 个百分点
水泥能力利用率 70.2 %，比上年下降 0.3 个百分点

3－11－5 水泥主要经济区域

3－11－5 Main economic areas of cement

西北地区

水泥产量年增长率

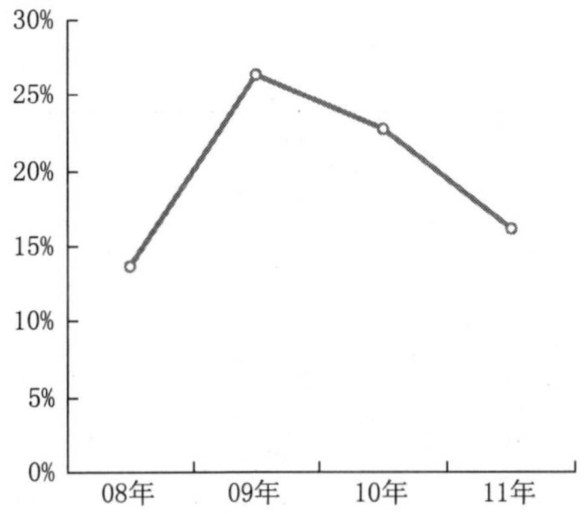

包括陕西、甘肃、青海、宁夏，内蒙西部的乌海、鄂尔多斯、巴彦淖尔和阿拉善

水泥产量占全国总量 6.5 %

水泥熟料产量 10020 万吨，比上年增长 23 %

水泥产量 13433 万吨，比上年增长 16.1 %

水泥熟料生产能力 14128 万吨

水泥生产能力 20974 万吨

其中粉磨企业水泥制备能力 4403 万吨

水泥熟料能力利用率 75.2 %，比上年上升 1.4 个百分点

水泥能力利用率 68.4 %，比上年下降 2.6 个百分点

新疆地区

水泥产量年增长率

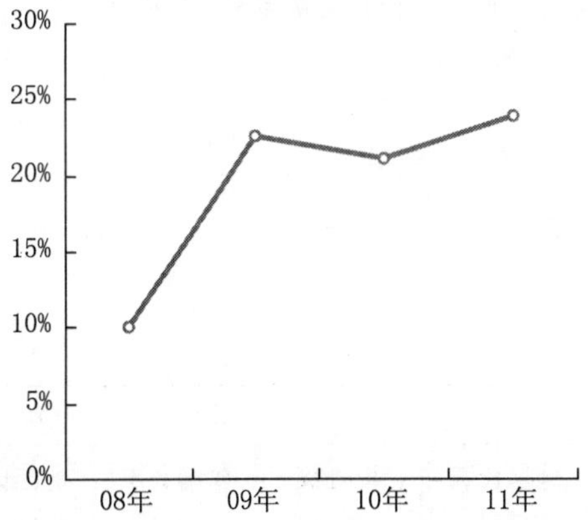

新 疆

水泥产量占全国总量 1.5 %

水泥熟料产量 2453 万吨，比上年增长 14.4 %

水泥产量 3062 万吨，比上年增长 23.9 %

水泥熟料生产能力 4313 万吨

水泥生产能力 5553 万吨

其中粉磨企业水泥制备能力 395 万吨

水泥熟料能力利用率 65.7 %，比上年下降 12.6 个百分点

水泥能力利用率 66.3 %，比上年下降 7.3 个百分点

3－12 混凝土与水泥制品业固定资产投资

3—12　Fixed assets investment of concrete and cement product industry

2001～2012年混凝土与水泥制品业固定资产投资

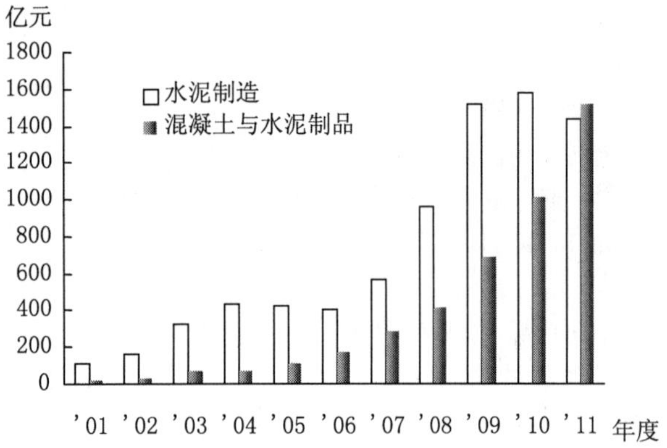

东中西部地区混凝土与水泥制品业固定资产投资

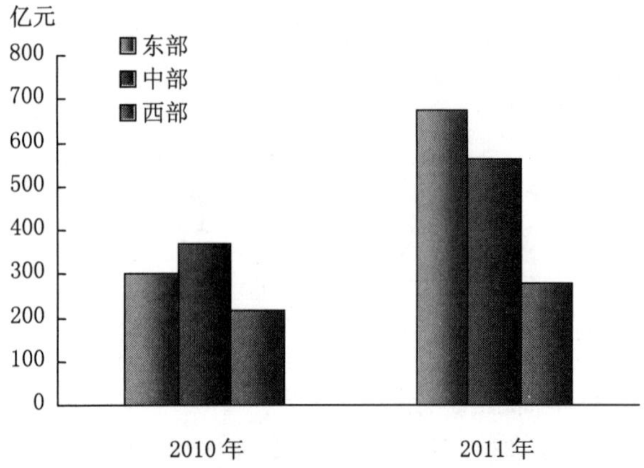

年　度	固定资产投资完成额（亿元）	年增长率（%）
1995	11.8	
2000	16.0	－12.2
2005	109.6	45.7
2006	172.4	55.0
2007	281.5	57.1
2008	418.8	36.6
2009	692.6	69.5
2010	(883.0)	23.0
2010	1015.4	
2011	1515.9	40.1

注　释：

1.混凝土与水泥制造业固定资产投资范围：包括水泥制品（含商品混凝土）、砼结构构件、石棉水泥及其他水泥制品制造企业的限额以上固定资产投资。1995～1996年，投资项目统计起点为5万元；1997～2010年为50万元；自2011年起为500万元。本表2010年的两组数据括号内为原口径数，未加括号的为调整后的新口径数。

2.增长率为剔除投资价格变动因素后的实际增长率。

年　度	东部地区			中部地区			西部地区		
	投资额（亿元）	年增长率（%）	地区比重（%）	投资额（亿元）	年增长率（%）	地区比重（%）	投资额（亿元）	年增长率（%）	地区比重（%）
2010	299.8	20.6	34.0	369.3	30.8	41.8	213.8	13.7	24.2
2011	675.7	39.2	44.6	561.1	51.4	37.0	279.1	23.2	18.4

能源消耗

Energy Consumption

4－1 水泥制造业能源消耗

4—1 Energy consumption of cement manufacture industry

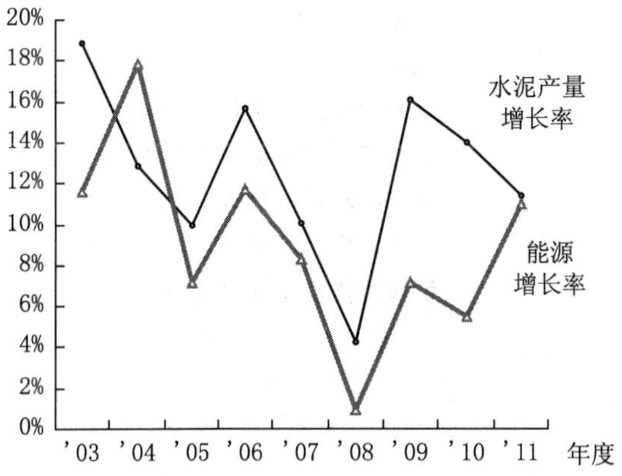

水泥产量 209395 万吨

比上年增长 11.4 %

能源消耗总量增长 11 %

水泥熟料产量增长 10.8 %

煤炭消耗量增长 10.5 %

电力消耗量增长 12.6 %

柴油消耗量下降 16.7 %

东部地区

水泥产量 86219 万吨

比上年增长 6.7 %

能源消耗总量增长 10.6 %

水泥熟料产量增长 6.7 %

煤炭消耗量增长 10.1 %

电力消耗量增长 7 %

柴油消耗量下降 3.9 %

中部地区

水泥产量 61325 万吨

比上年增长 13.2 %

能源消耗总量增长 10.8 %

水泥熟料产量增长 8.7 %

煤炭消耗量增长 9.5 %

电力消耗量增长 17.4 %

柴油消耗量增长 6.6 %

西部地区

水泥产量 61851 万吨

比上年增长 16.8 %

能源消耗总量增长 11.7 %

水泥熟料产量增长 17.7 %

煤炭消耗量增长 12 %

电力消耗量增长 14.6 %

柴油消耗量下降 38.4 %

注 释：

1.水泥和水泥产量统计范围为全社会。水泥制造业能源消耗统计范围为年主营业务收入 2000 万元及以上，以及年主营业务收入 2000 万元以下、年综合能耗 1 万吨标准煤及以上的水泥制造法人企业。2010 年及以前，年主营业务收入统计起点标准为 500 万元及以上。

2.能源消耗总量包括：原煤（无烟煤、炼焦烟煤、一般烟煤、褐煤）、洗精煤、其他洗煤、煤制品、焦炭、其他焦化产品、焦炉煤气、高炉煤气、转炉煤气、发生炉煤气、天然气（气态）、液化天然气（液态）、煤层气（煤田）、原油、汽油、煤油、柴油、燃料油、液化石油气、炼厂干气、石脑油、润滑油、石蜡、溶剂油、石油焦、石油沥青、其他石油制品、热力、电力，包括回收利用的余热余压，包括用于燃料的煤矸石、城市垃圾、生物质废料、工业废料以及其他燃料。能源消耗总量包括生产消耗和企业非生产性消费。

3.能源消耗总量中电力消耗采用电热当量计算法折算标准煤。电热当量计算法指电力按自身的热功当量换算成标准煤，采用的折标系数为 1 万千瓦时＝1.229 吨标准煤。

4.煤炭消耗包括原煤（无烟煤、炼焦烟煤、一般烟煤、褐煤）、洗精煤、其他洗煤及煤制品。

5.全国及西部地区水泥制造业能耗中包括西藏自治区，分省区市表未列示。

4－2－1　省区市水泥制造业能源消耗

4—2—1　Energy consumption of cement manufacture industry of city, region and province

北京市

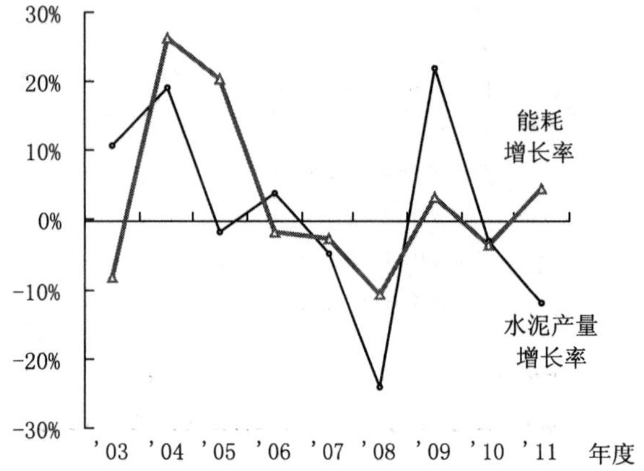

水泥产量 923 万吨
比上年下降 12 %
能源消耗总量增长 4.6 %
水泥熟料产量增长 7.4 %
煤炭消耗量增长 6.4 %
电力消耗量下降 4.8 %
柴油消耗量下降 22.3 %

天津市

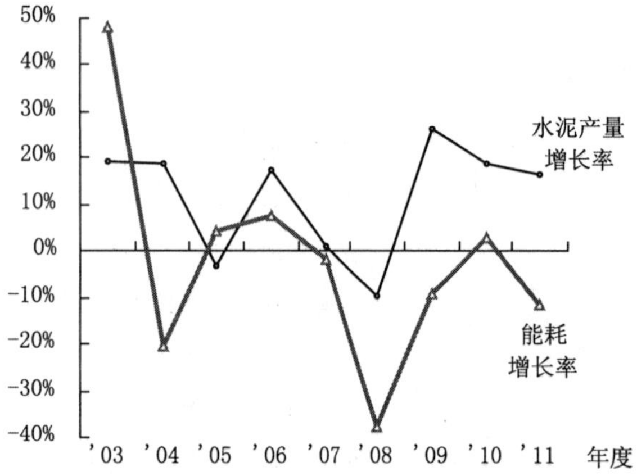

水泥产量 966 万吨
比上年增长 16.2 %
能源消耗总量下降 11.5 %
水泥熟料产量下降 20.5 %
煤炭消耗量下降 14.2 %
电力消耗量增长 3 %
柴油消耗量下降 26.3 %

河北省

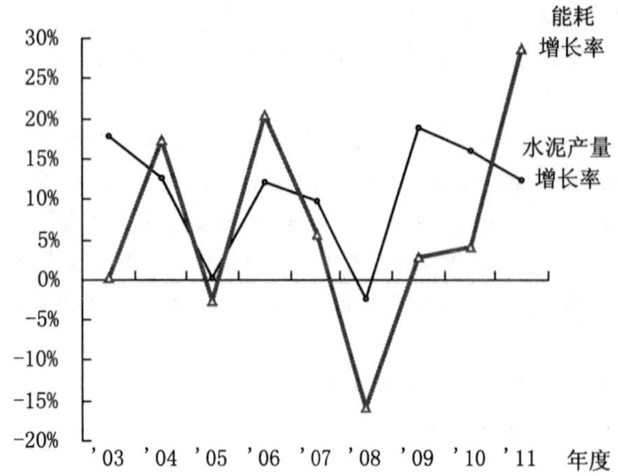

水泥产量 14346 万吨
比上年增长 12.3 %
能源消耗总量增长 28.7 %
水泥熟料产量增长 31.4 %
煤炭消耗量增长 23.8 %
电力消耗量增长 15.1 %
柴油消耗量下降 0.6 %

4－2－2 省区市水泥制造业能源消耗

4—2—2 Energy consumption of cement manufacture industry of city，region and province

山西省

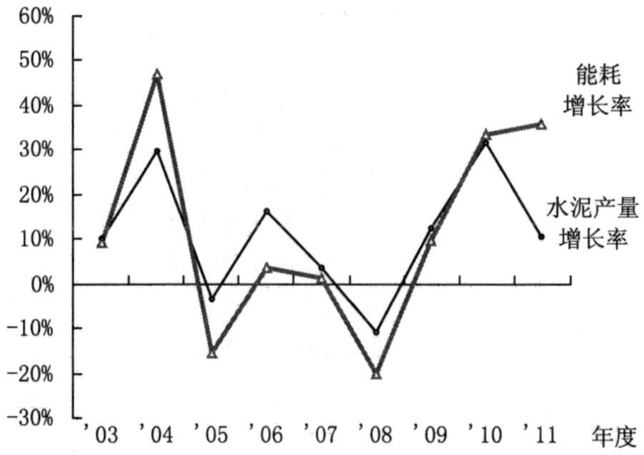

水泥产量 4063 万吨
比上年增长 10.7 %
能源消耗总量增长 35.9 %
水泥熟料产量增长 31 %
煤炭消耗量增长 39.5 %
电力消耗量增长 22 %
柴油消耗量增长 14.7 %

内蒙古自治区

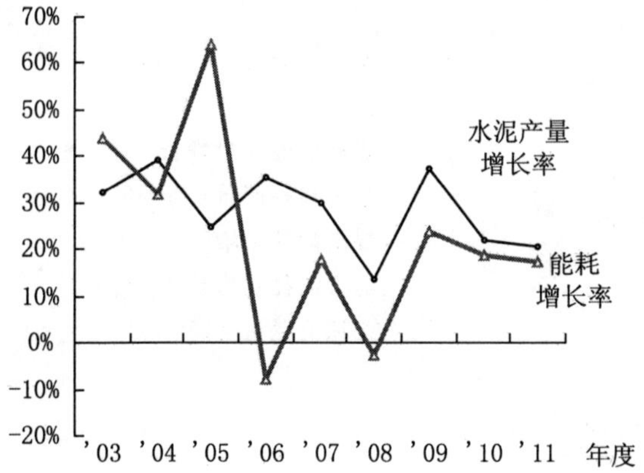

水泥产量 6583 万吨
比上年增长 20.4 %
能源消耗总量增长 17.5 %
水泥熟料产量增长 23.4 %
煤炭消耗量增长 13.6 %
电力消耗量增长 16.4 %
柴油消耗量增长 16.2 %

辽宁省

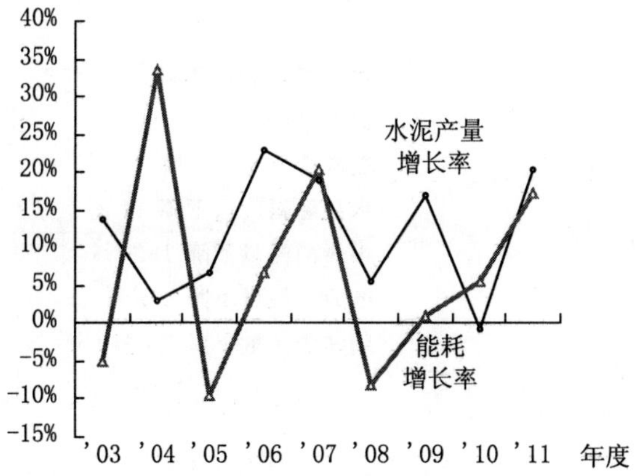

水泥产量 5757 万吨
比上年增长 20.3 %
能源消耗总量增长 17.2 %
水泥熟料产量增长 22.6 %
煤炭消耗量增长 17.7 %
电力消耗量增长 9.3 %
柴油消耗量下降 25.4 %

4－2－3 省区市水泥制造业能源消耗

4—2—3 Energy consumption of cement manufacture industry of city, region and province

吉林省

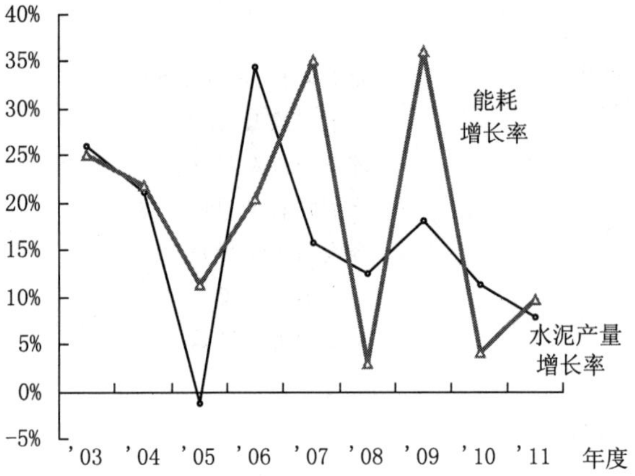

水泥产量 3325 万吨
比上年增长 7.9 %
能源消耗总量增长 9.8 %
水泥熟料产量下降 6.1 %
煤炭消耗量增长 7.6 %
电力消耗量增长 22.5 %
柴油消耗量增长 28.9 %

黑龙江省

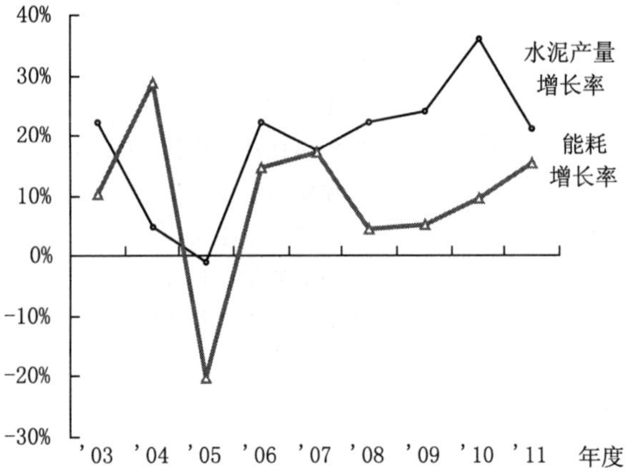

水泥产量 4351 万吨
比上年增长 21.1 %
能源消耗总量增长 15.4 %
水泥熟料产量增长 18.4 %
煤炭消耗量增长 17.1 %
电力消耗量增长 16.8 %
柴油消耗量下降 18.2 %

上海市

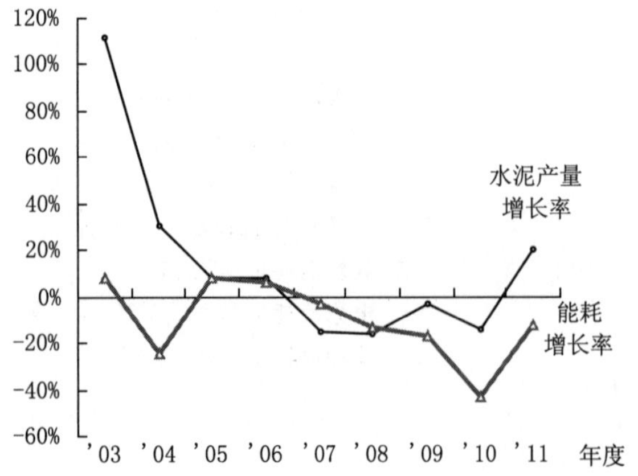

水泥产量 806 万吨
比上年增长 20.1 %
能源消耗总量下降 12.5 %
水泥熟料产量下降 14 %
煤炭消耗量下降 16.9 %
电力消耗量下降 4.8 %
柴油消耗量下降 25 %

4－2－4 省区市水泥制造业能源消耗

4—2—4 Energy consumption of cement manufacture industry of city, region and province

江苏省

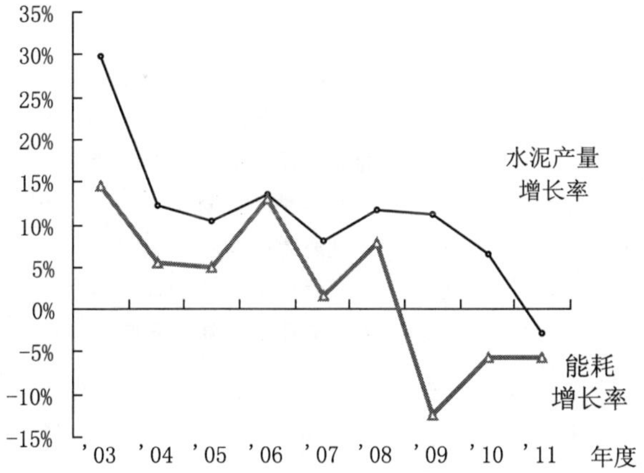

水泥产量 16565 万吨
比上年增长 8.6 %
能源消耗总量增长 0.1 %
水泥熟料产量增长 7.5 %
煤炭消耗量增长 0.4 %
电力消耗量增长 4 %
柴油消耗量增长 30.9 %

浙江省

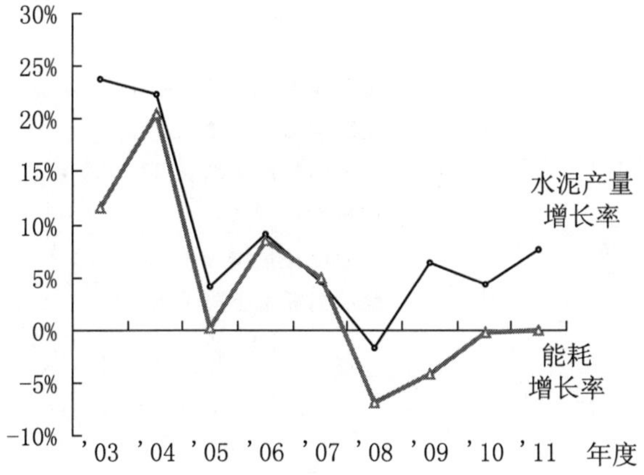

水泥产量 12201 万吨
比上年增长 7.7 %
能源消耗总量下降 0 %
水泥熟料产量增长 3.7 %
煤炭消耗量增长 0.3 %
电力消耗量增长 6.1 %
柴油消耗量下降 10.3 %

安徽省

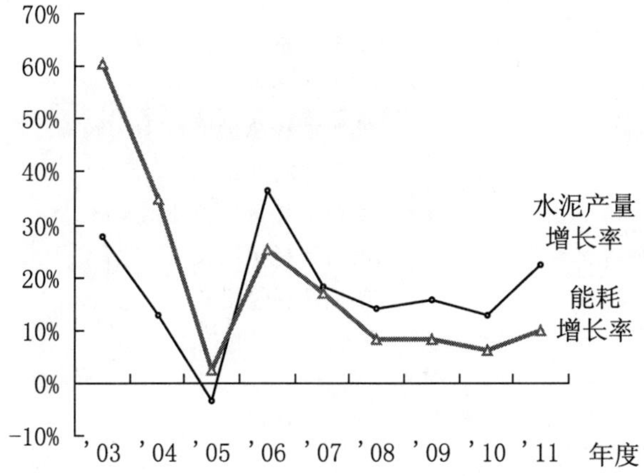

水泥产量 9862 万吨
比上年增长 22.2 %
能源消耗总量增长 9.8 %
水泥熟料产量增长 9 %
煤炭消耗量增长 8.9 %
电力消耗量增长 15.6 %
柴油消耗量增长 2 %

4－2－5　省区市水泥制造业能源消耗

4—2—5　Energy consumption of cement manufacture industry of city, region and province

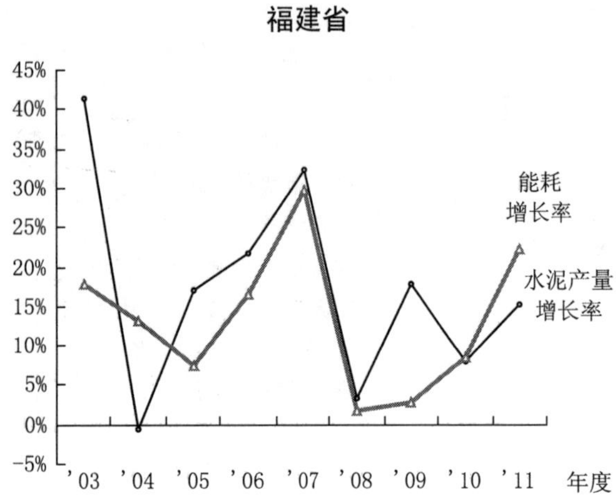

水泥产量 6810 万吨
比上年增长 15.1 %
能源消耗总量增长 22.1 %
水泥熟料产量增长 17.8 %
煤炭消耗量增长 23.1 %
电力消耗量增长 15.3 %
柴油消耗量下降 4.7 %

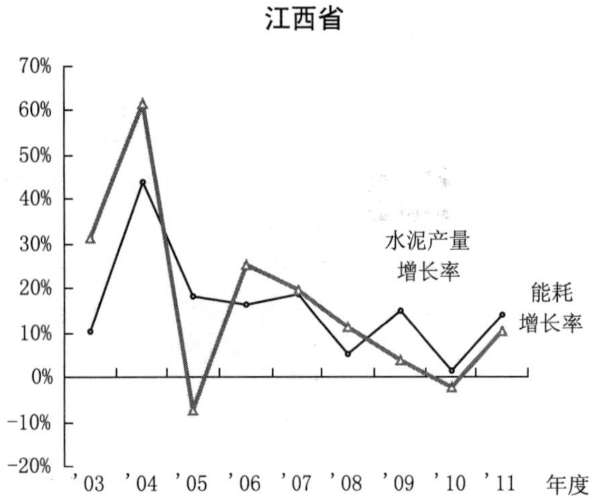

水泥产量 7132 万吨
比上年增长 13.9 %
能源消耗总量增长 10.3 %
水泥熟料产量增长 14.5 %
煤炭消耗量增长 7.7 %
电力消耗量增长 9 %
柴油消耗量下降 6 %

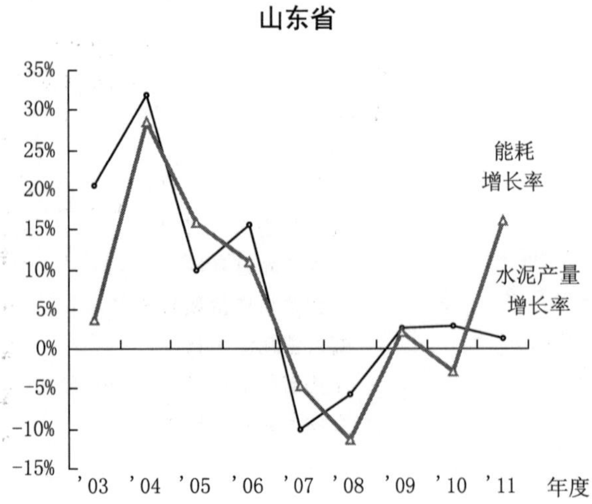

水泥产量 15073 万吨
比上年增长 1.2 %
能源消耗总量增长 16 %
水泥熟料产量增长 3.3 %
煤炭消耗量增长 13.6 %
电力消耗量增长 13.7 %
柴油消耗量增长 17.6 %

4－2－6 省区市水泥制造业能源消耗

4—2—6 Energy consumption of cement manufacture industry of city, region and province

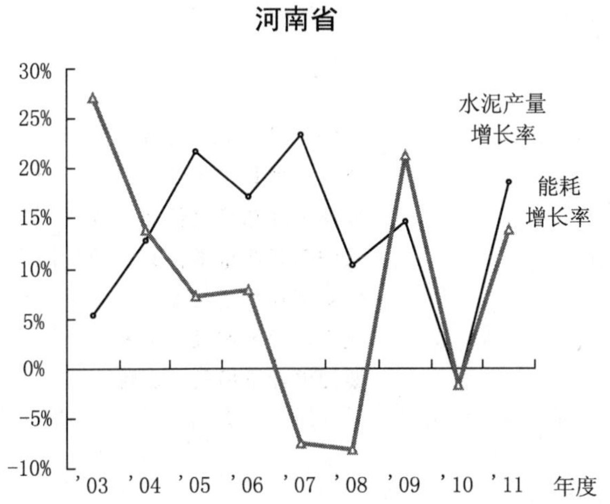

水泥产量 13826 万吨
比上年增长 18.6 %
能源消耗总量增长 13.8 %
水泥熟料产量增长 10.4 %
煤炭消耗量增长 10.8 %
电力消耗量增长 31.2 %
柴油消耗量增长 43.5 %

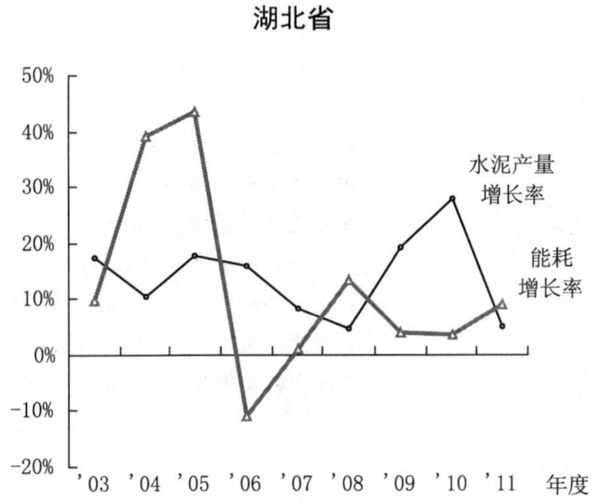

水泥产量 9466 万吨
比上年增长 5.1 %
能源消耗总量增长 9 %
水泥熟料产量增长 2.9 %
煤炭消耗量增长 8.6 %
电力消耗量增长 12.3 %
柴油消耗量增长 18.6 %

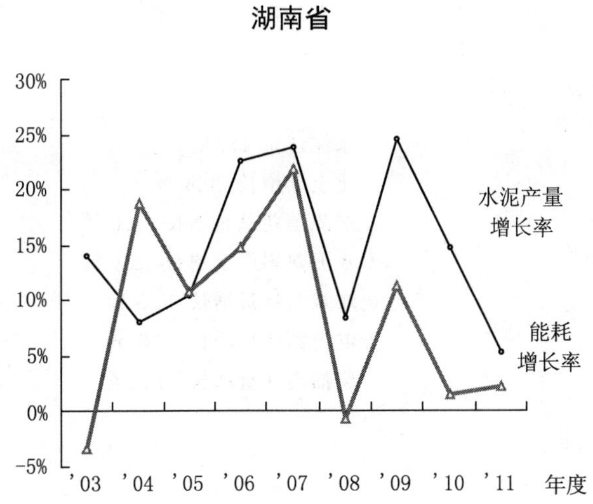

水泥产量 9299 万吨
比上年增长 5.4 %
能源消耗总量增长 2.2 %
水泥熟料产量增长 2.7 %
煤炭消耗量增长 0.1 %
电力消耗量增长 9.8 %
柴油消耗量下降 15.8 %

4－2－7　省区市水泥制造业能源消耗

4—2—7　Energy consumption of cement manufacture industry of city, region and province

广东省

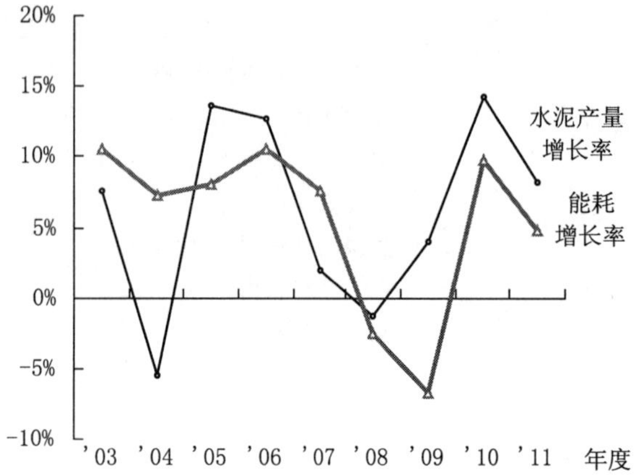

水泥产量 12562 万吨
比上年增长 8.2 %
能源消耗总量增长 4.7 %
水泥熟料产量增长 0.8 %
煤炭消耗量增长 5.7 %
电力消耗量增长 2.6 %
柴油消耗量增长 2.2 %

广西壮族自治区

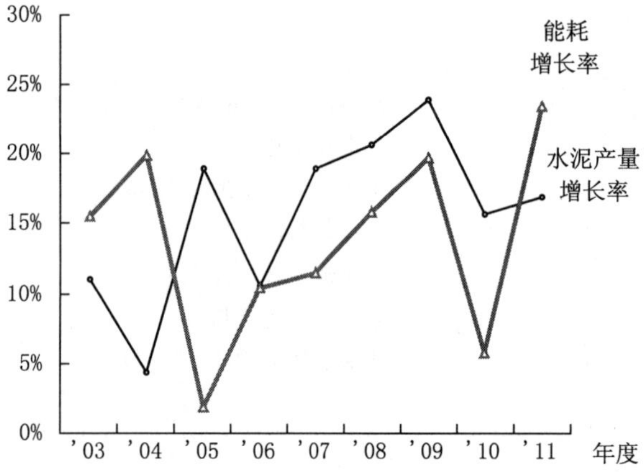

水泥产量 8789 万吨
比上年增长 16.9 %
能源消耗总量增长 23.5 %
水泥熟料产量增长 21.3 %
煤炭消耗量增长 23.6 %
电力消耗量增长 14.2 %
柴油消耗量增长 17.9 %

海南省

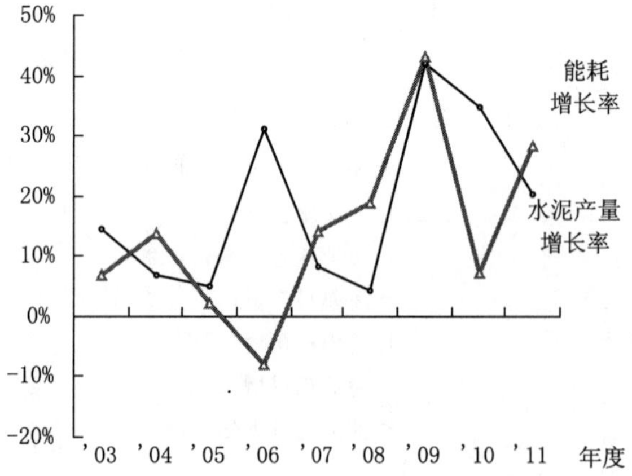

水泥产量 1522 万吨
比上年增长 20.4 %
能源消耗总量增长 28.1 %
水泥熟料产量增长 32.3 %
煤炭消耗量增长 30.2 %
电力消耗量增长 17.8 %
柴油消耗量增长 16.3 %

4－2－8 省区市水泥制造业能源消耗

4—2—8 Energy consumption of cement manufacture industry of city, region and province

重庆市

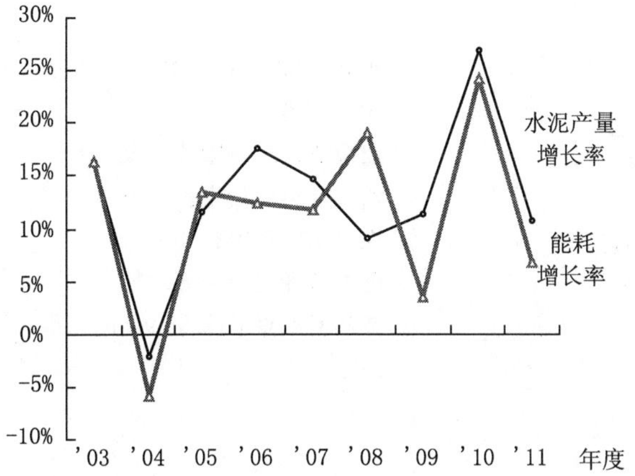

水泥产量 5121 万吨
比上年增长 10.8 %
能源消耗总量增长 6.7 %
水泥熟料产量增长 17.3 %
煤炭消耗量增长 7.4 %
电力消耗量增长 10.5 %
柴油消耗量增长 53.3 %

四川省

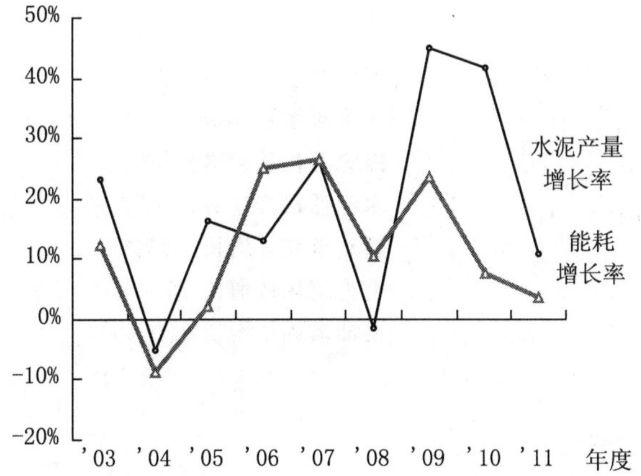

水泥产量 14296 万吨
比上年增长 11 %
能源消耗总量增长 3.6 %
水泥熟料产量增长 7.6 %
煤炭消耗量增长 2.4 %
电力消耗量增长 14.9 %
柴油消耗量增长 21 %

贵州省

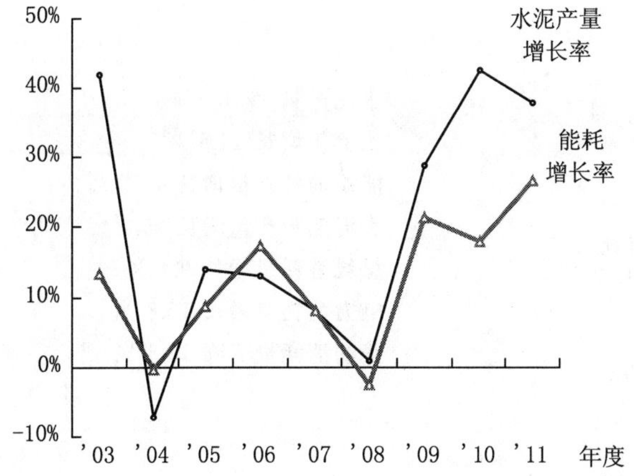

水泥产量 5251 万吨
比上年增长 37.8 %
能源消耗总量增长 26.7 %
水泥熟料产量增长 36.4 %
煤炭消耗量增长 27.1 %
电力消耗量增长 27.2 %
柴油消耗量增长 20.6 %

4－2－9　省区市水泥制造业能源消耗

4—2—9　Energy consumption of cement manufacture industry of city, region and province

云南省

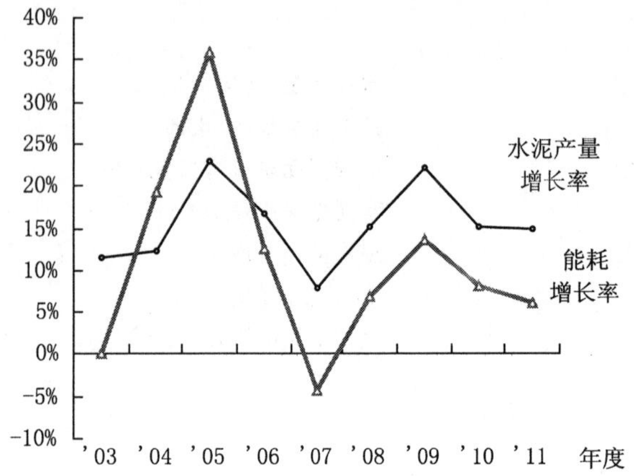

水泥产量 6656 万吨
比上年增长 15 %
能源消耗总量增长 6 %
水泥熟料产量增长 17.1 %
煤炭消耗量增长 10.5 %
电力消耗量增长 8.9 %
柴油消耗量下降 87.9 %

陕西省

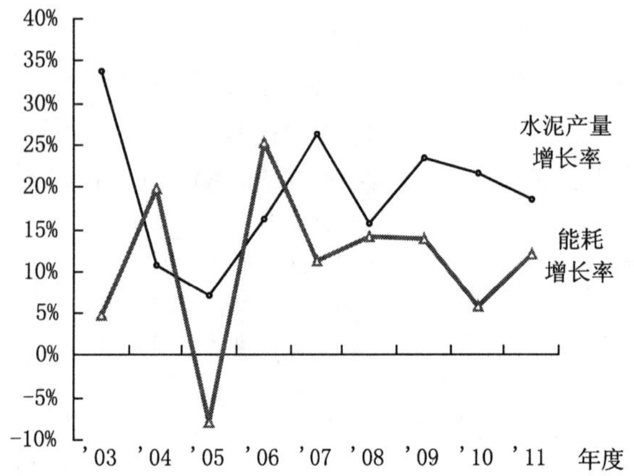

水泥产量 6538 万吨
比上年增长 18.6 %
能源消耗总量增长 12 %
水泥熟料产量增长 17.2 %
煤炭消耗量增长 12 %
电力消耗量增长 15.4 %
柴油消耗量增长 31.1 %

甘肃省

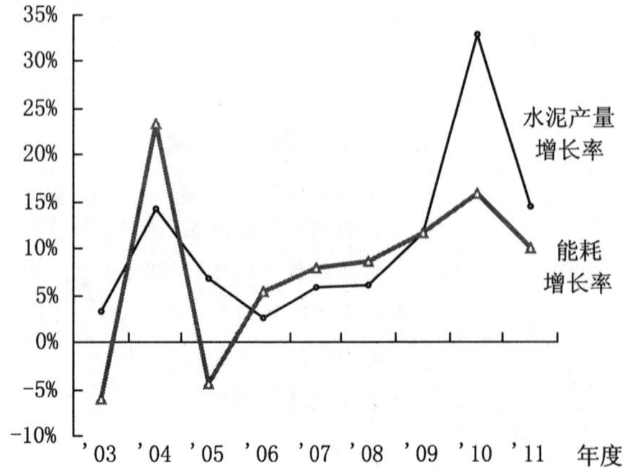

水泥产量 2778 万吨
比上年增长 14.5 %
能源消耗总量增长 10.1 %
水泥熟料产量增长 25.1 %
煤炭消耗量增长 9.4 %
电力消耗量增长 12.8 %
柴油消耗量下降 10.8 %

4－2－10　省区市水泥制造业能源消耗

4—2—10　Energy consumption of cement manufacture industry of city, region and province

青海省

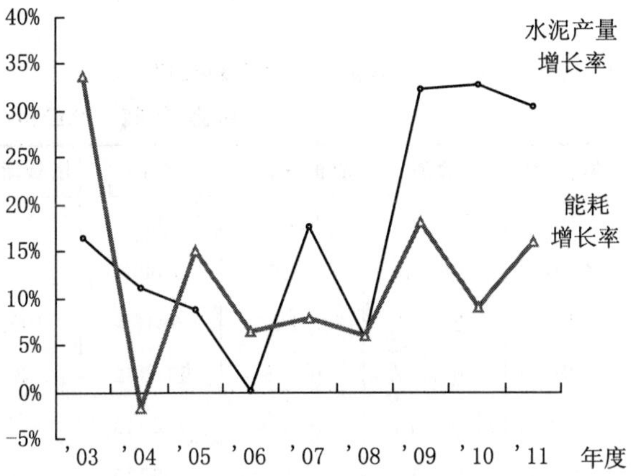

水泥产量 1058 万吨
比上年增长 30.5 %
能源消耗总量增长 16.1 %
水泥熟料产量增长 47.6 %
煤炭消耗量增长 16.9 %
电力消耗量增长 38 %
柴油消耗量增长 15 %

宁夏回族自治区

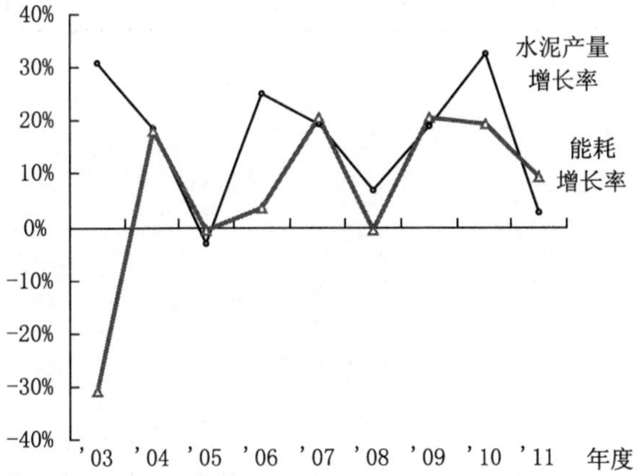

水泥产量 1463 万吨
比上年增长 2.9 %
能源消耗总量增长 9.4 %
水泥熟料产量增长 9.8 %
煤炭消耗量增长 13.3 %
电力消耗量增长 4.7 %
柴油消耗量增长 2.6 %

新疆维吾尔族自治区

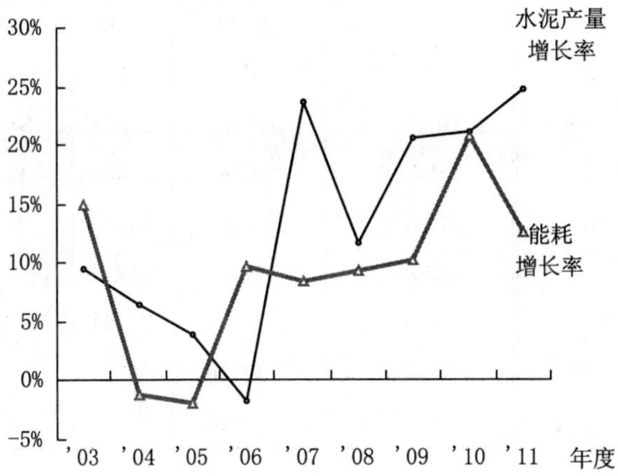

水泥产量 3085 万吨
比上年增长 24.8 %
能源消耗总量增长 12.6 %
水泥熟料产量增长 9.8 %
煤炭消耗量增长 13.3 %
电力消耗量增长 15.3 %
柴油消耗量下降 0.9 %

进　出　口

Import and Export

5－1　历年水泥和水泥熟料出口

5—1　Cement and cement clinker export over the years

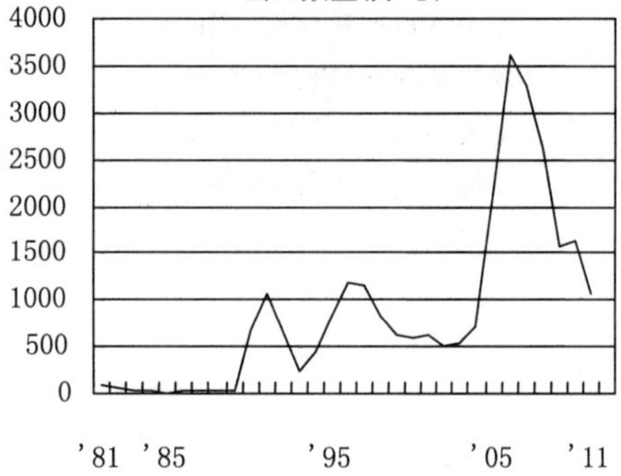

水泥和水泥熟料出口

数量:万吨　金额:万美元

年度(年)	数量	增长率(%)	金额	增长率(%)
1995	818.95	81.06	29807	90.00
2000	605.90	－4.68	18996	－5.45
2005	2215.73	214.54	68460	197.14
2006	3612.97	63.06	118062	72.45
2007	3300.75	－8.64	115043	－2.56
2008	2603.80	－21.11	109879	－4.49
2009	1561.13	－40.04	68719	－37.46
2010	1616.26	3.53	72307	5.22
2011	1060.98	－34.36	62035	－14.21

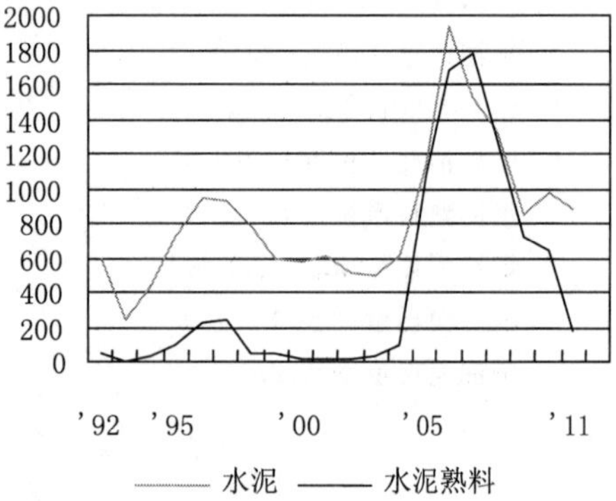

数量:万吨　金额:万美元

年度(年)	水泥出口				水泥熟料出口			
	数量	增长率(%)	金额	增长率(%)	数量	增长率(%)	金额	增长率(%)
1995	726.23	69.68	26914	79.40	92.72	281.56	2893	321.98
2000	582.46	－2.21	18427	－3.45	23.44	－41.43	569	－43.47
2005	1137.25	89.01	40602	100.99	1078.49	949.66	27858	881.38
2006	1940.71	70.65	72479	78.51	1672.26	55.06	45584	63.63
2007	1519.34	－21.71	60488	－16.54	1781.41	6.53	54555	19.68
2008	1323.23	－12.91	63056	4.25	1280.57	－28.11	46823	－14.17
2009	848.65	－35.86	42559	－32.51	712.48	－44.36	26160	－44.13
2010	982.71	15.80	49608	16.56	633.55	－11.08	22699	－13.23
2011	879.81	－10.47	52962	6.76	181.17	－71.40	9073	－60.03

5－2 历年水泥和水泥熟料进口

5—2 Cement and cement clinker import over the years

水泥和水泥熟料进口

数量:万吨 金额:万美元

年度(年)	数量	增长率(%)	金额	增长率(%)
1995	31.36	－76.62	1933	－73.23
2000	142.58	185.36	3475	135.22
2005	116.35	－56.41	4048	－47.77
2006	111.64	－4.05	3925	－3.03
2007	65.12	－41.67	2612	－33.46
2008	61.71	－5.24	2900	11.02
2009	81.97	32.84	3699	27.56
2010	178.51	117.76	7599	105.43
2011	240.53	34.75	11194	47.31

2011 年我国进口水泥熟料 155 万吨,价值 6665 万美元。其中从越南进口 139.2 万吨,价值 6018 万美元,进口金额占进口总值 90.3%;从日本进口 9.7 万吨,价值 387 万美元,进口金额占进口总值 5.8%。在国内收货地中,海南进口 84.5 万吨,价值 3580 万美元,进口金额占进口总值 53.7%;广东进口 35.1 万吨,价值 1513 万美元,进口金额占进口总值 22.7%;福建进口 24.5 万吨,价值 1132 万美元,进口金额占进口总值 17%。

2011 年我国进口水泥 85.6 万吨,价值 4529 万美元。其中从日本进口 67.5 万吨,价值 2754 万美元,进口金额占进口总值 60.8%;从中国澳门进口 9.5 万吨,价值 670 万美元,进口金额占进口总值 14.8%;从越南进口 7.2 万吨,价值 343 万美元,进口金额占进口总值 7.6%。

数量:万吨 金额:万美元

年度(年)	水泥进口				水泥熟料进口			
	数量	增长率(%)	金额	增长率(%)	数量	增长率(%)	金额	增长率(%)
1995	28.73	－78.17	1807	－74.31	2.63	6.09	126	－33.54
2000	3.63	－37.03	559	39.97	138.96	214.32	2916	170.53
2005	82.08	－25.62	3162	－20.05	34.27	－78.11	886	－76.66
2006	77.05	－6.13	2991	－5.40	34.59	0.93	934	5.46
2007	53.87	－30.09	2293	－23.33	11.25	－67.46	319	－65.91
2008	56.60	5.08	2709	18.13	5.10	－54.64	190	－40.21
2009	70.27	24.15	3338	23.21	11.7	129.2	361	89.45
2010	82.31	17.13	3873	16.03	96.20	722.16	3725	932.62
2011	85.56	3.95	4529	16.92	154.98	61.10	6664	78.90

5－3　水泥和水泥熟料出口价格变动趋势

5—3　The changing trend of cement and cement clinker export price

1992～2011年水泥出口
年均离岸价格(美元/吨)

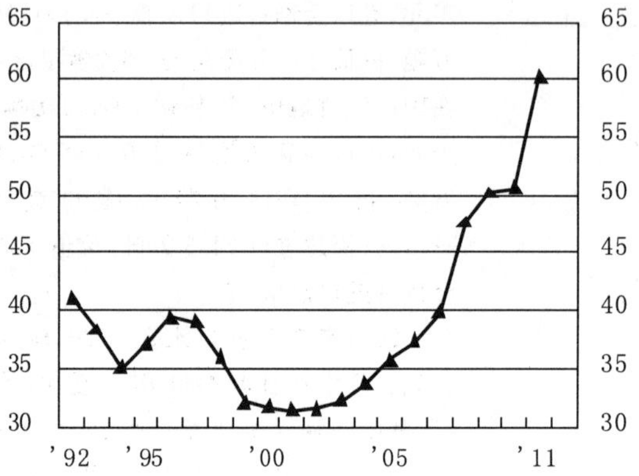

年　度	水泥年均离岸价格（美元/吨）
1995	37.06
2000	31.64
2001	31.35
2002	31.54
2003	32.23
2004	33.57
2005	35.70
2006	37.35
2007	39.81
2008	47.65
2009	50.15
2010	50.48
2011	60.20

1992～2011年水泥熟料出口
年均离岸价格(美元/吨)

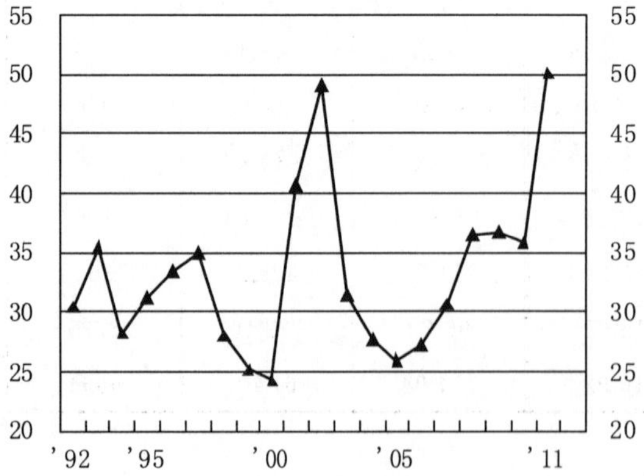

年　度	水泥熟料年均离岸价格（美元/吨）
1995	31.20
2000	24.26
2001	40.70
2002	49.04
2003	31.47
2004	27.63
2005	25.83
2006	27.26
2007	30.62
2008	36.56
2009	36.72
2010	35.83
2011	50.08

5－4－1 水泥出口主要发货地

5—4—1 Main shipping place of cement export

数量:吨 金额:万美元

地 区	数 量	增长(%)	金额	增长(%)	比重(%)
总计	8798052	—10.47	52963	6.76	100.00
山东省	3016128	—21.63	17865	—0.83	33.73
龙口	2047463	—1.90	11631	25.15	21.96
烟台	460954	—21.92	2665	—8.43	5.03
日照	323678	—67.91	1894	—58.55	3.58
临沂	139751	185.28	843	241.64	1.59
淄博	39083	23.00	786	35.58	1.48
江苏省	2350947	—32.71	12033	—20.43	22.72
苏州张家港	597554	—37.15	3318	—14.94	6.26
南京	561557	—0.94	2694	2.74	5.09
泰州	507632	—29.75	2038	—22.40	3.85
南通	477340	24.82	2767	47.96	5.22
镇江	107978	—58.84	575	—53.43	1.08
无锡	78907	—82.72	497	—75.90	0.94
连云港	19500	—64.55	125	—59.92	0.24
无锡宜兴	232	—99.36	9	—94.26	0.02
内蒙古自治区	773295	97.65	4534	118.35	8.56
锡林郭勒二连浩特	527190	67.25	2658	70.47	5.02
乌海	108473	225.61	1105	273.23	2.09
巴彦淖尔	68820	150.91	397	175.86	0.75
锡林郭勒	19250	840.17	98	1031.26	0.18
呼和浩特	15171	774.44	78	795.15	0.15
乌兰察布	13265	169.94	74	190.32	0.14
阿拉善	12490	177.77	68	234.43	0.13
鄂尔多斯	3345	—	18	—	0.03
呼伦贝尔满洲里	2481	119.75	18	152.39	0.03
呼伦贝尔	1625	1094.85	13	1437.92	0.02
安徽省	649021	123.48	3818	161.10	7.21
马鞍山	490537	69.10	2817	93.63	5.32
安庆	153084	52998.86	967	27417.93	1.83
广东省	649385	9.25	3802	22.63	7.18
东莞	369164	23.44	2093	40.10	3.95
广州	243188	3.13	1441	16.44	2.72
佛山	20272	3970.75	143	502.43	0.27
肇庆	13986	—73.75	96	—67.00	0.18
深圳	1837	—28.80	16	—32.75	0.03
北京市	345972	—8.73	2042	—5.81	3.86
海淀区	328749	—2.27	1909	—0.43	3.60
东城区	15384	—47.28	107	—39.74	0.20
西城区	1500	27.05	18	35.03	0.03
云南省	235165	—20.20	1742	—17.03	3.29
保山	107308	—6.86	920	—4.99	1.74
思茅	57533	43.84	367	60.30	0.69
临沧	49062	41.17	311	63.62	0.59
德宏	19734	—74.97	133	—75.01	0.25
天津市	30253	—8.36	1610	0.67	3.04
塘沽区	22341	—9.93	1440	—1.17	2.72
北辰区	1630	—	17	—	0.03

5－4－2 水泥出口主要发货地

5—4—2 Main shipping place of cement export

数量:吨 金额:万美元

地 区	数 量	增长(%)	金额	增长(%)	比重(%)
上海市	229448	372.00	1336	349.21	2.52
浦东	223669	857.88	1235	1218.64	2.33
青浦	1197	57.93	46	79.25	0.09
广西壮族自治区	115514	－18.44	648	－19.73	1.22
柳州	111879	12.05	627	16.16	1.18
贵港市	2595	－52.63	14	－59.25	0.03
丹东	27920	40.46	197	99.40	0.37
鞍山	24845	33026.00	214	28454.44	0.40
盘锦	9000	—	53	—	0.10
辽阳	6719	—	71	—	0.13
沈阳	5633	205.94	38	216.03	0.07
河北省	92143	357.61	600	157.49	1.13
唐山	70053	7281.82	346	3442.55	0.65
石家庄	17606	38.89	205	39.16	0.39
吉林省	81321	185.86	500	278.37	0.94
延边珲春	36113	1503.90	235	3070.19	0.44
白山	22422	50.45	107	81.59	0.20
延边	16268	156.17	119	214.65	0.22
通化	2194	170.86	12	268.05	0.02
延边延吉	2020	403900.00	14	53884.00	0.03
通化集安	1851	－47.31	11	－32.13	0.02
新疆维吾尔族自治区	46065	－43.55	460	－39.62	0.87
阿勒泰	22954	－32.40	161	－29.54	0.30
乌鲁木齐	11395	－59.66	153	－54.42	0.29
哈密	4087	－0.39	45	0.05	0.08
克拉玛依	3464	－13.39	77	－7.53	0.15
河南省	15500	20.70	406	45.68	0.77
郑州	10841	4.69	276	24.35	0.52
焦作	1305	—	20	—	0.04
黑龙江省	31150	78.60	317	42.08	0.60
大庆	11653	20.13	175	6.17	0.33
江黑河	9230	331.31	67	329.06	0.13
佳木斯同江	7070	253.50	52	292.03	0.10
哈尔滨	2252	79.85	15	37.20	0.03
四川省	19386	234.39	294	310.16	0.56
成都	11950	143.75	138	260.10	0.26
乐山	4540	614.96	94	237.04	0.18
浙江省	26540	－44.32	144	－48.94	0.27
诸暨	20000	－52.94	107	－53.10	0.20
杭州	6500	0.00	34	0.00	0.06
山西省	3498	－61.17	62	－51.92	0.12
阳泉	3061	－55.12	51	－46.19	0.10
湖北省	5030	－40.31	60	－24.47	0.11
荆门	1762	－76.82	21	－71.13	0.04
宁夏回族自治区	4366	－86.93	45	－87.08	0.09
宁夏银川	4366	－85.00	45	－85.15	0.09

5-5 水泥熟料出口主要发货地

5—5 Main shipping place of cement clinker export

数量:吨 金额:万美元

地 区	数 量	增长(%)	金额	增长(%)	比重(%)
总计	1811737	-71.40	9073	-60.03	100.00
安徽省	1581150	-73.65	5981	-69.67	65.92
安庆	449018	-80.73	1776	-76.78	19.57
铜陵	417242	-66.78	1573	-61.46	17.33
池州	414633	-64.94	1510	-61.77	16.64
芜湖	300256	-71.26	1122	-67.57	12.37
贵州省	25976	-3.86	924	5.92	10.18
贵阳	24968	-6.77	889	2.86	9.80
河南省	30175	35.33	693	21.29	7.64
郑州	6831	-10.54	189	-20.66	2.08
洛阳	836	30.83	25	21.27	0.28
平顶山	200	—	5	—	0.06
广东省	60806	6.88	359	-39.94	3.96
云浮	54155	0.00	296	0.00	3.26
南海	3394	-77.48	30	-77.41	0.33
佛山	2040	18.74	18	18.19	0.20
番禺	480	-97.32	4	-97.31	0.05
广州	411	-93.12	6	-89.75	0.06
肇庆	208	—	4	—	0.04
河北省	15144	1384.70	304	2005.66	3.35
唐山	10900	2079.90	219	2252.83	2.41
广西壮族自治区	58529	-20.93	256	-12.51	2.82
贵港	57088	-18.75	243	-8.19	2.68
南宁	1440	-55.84	13	-47.20	0.14
天津市	6987	637.94	234	670.79	2.58
塘沽区	4736	5743.06	183	4292.17	2.01
山东省	6517	-79.09	82	-37.45	0.90
烟台	5400	31.71	19	53.91	0.21
淄博	900	242.74	60	265.26	0.66
青岛	160	77.78	2	125.11	0.02
吉林省	12927	3.42	67	49.34	0.74
延边珲春	12927	3.42	67	49.34	0.74
山西省	3864	-42.17	48	-37.37	0.53
阳泉	2099	9.32	21	8.49	0.23
北京市	821	169.62	42	477.94	0.47
西城	670	215.93	32	512.97	0.35
海淀	146	—	11	—	0.12
上海市	595	165.27	36	74.10	0.40
宝山	234	0.00	17	0.00	0.18
辽宁省	4350	-29.16	31	47.80	0.34
大连	4050	-33.50	14	-28.80	0.16
内蒙古自治区	3844	987.49	15	1195.04	0.16
锡林郭勒	2869	—	10	—	0.11
锡林郭勒二连浩特	973	175.54	4	300.47	0.05
浙江省	15	9900.00	1	30050.00	0.01
宁波	15	—	1	—	0.01

5－6－1　水泥出口主要收货地

5—6—1　Main receiving place of cement export

数量:吨　金额:万美元

国家或地区	数量	增长(%)	金额	增长(%)	比重(%)
总　计	8798052	－10.47	52963	6.76	100.00
安哥拉	2722261	－13.56	15642	5.47	29.53
蒙古	816295	73.57	4882	77.10	9.22
中国香港	589186	5.25	3405	17.55	6.43
喀麦隆	575000	67.68	3287	99.78	6.21
刚果	592709	－20.30	3227	－0.58	6.09
美国	580847	－0.10	2979	3.82	5.63
加蓬	328810	29.31	1932	50.00	3.65
朝鲜	298635	158.78	1756	234.92	3.31
缅甸	235022	－19.00	1748	－16.12	3.30
俄罗斯联邦	243721	62.02	1630	89.08	3.08
日本	148091	16.78	1502	23.66	2.84
秘鲁	219983	88.31	1222	94.65	2.31
尼日利亚	257805	－18.60	1049	－11.14	1.98
中国台湾	234690	－78.41	1030	－74.57	1.94
澳大利亚	117725	－2.88	907	10.29	1.71
纳米比亚	136020	57.68	810	74.90	1.53
文莱	108300	95.48	681	113.99	1.29
印度	8472	35.29	487	36.37	0.92
民主刚果	81134	－19.27	482	－6.34	0.91
赤道几内亚	63014	－40.42	412	－21.83	0.78
中国澳门	59658	48.06	364	100.28	0.69
新加坡	63717	－59.69	332	－43.57	0.63
韩国	8616	－90.42	326	－45.65	0.62
加纳	43004	329.83	263	433.94	0.50
哈萨克斯坦	12490	－43.85	249	－37.96	0.47
伊拉克	12556	26.83	214	28.42	0.40
苏丹	40630	43.96	197	47.95	0.37
土库曼斯坦	16264	118.33	185	176.52	0.35
菲律宾	21441	18.25	179	－3.11	0.34
东帝汶	32824	43.29	177	39.35	0.33
巴布亚新几内亚	27116	49.56	173	33.87	0.33
泰国	4516	27.15	170	30.24	0.32
利比里亚	25000	5.76	154	26.32	0.29

5－6－2 水泥出口主要收货地

5—6—2 Main receiving place of cement export

数量:吨 金额:万美元

国家或地区	数量	增长(%)	金额	增长(%)	比重(%)
印度尼西亚	2307	3.72	107	－4.87	0.20
巴基斯坦	12722	－42.28	85	－35.92	0.16
马来西亚	2182	28.08	73	18.60	0.14
莫桑比克	10103	－73.21	70	－62.65	0.13
吉尔吉斯斯坦	5941	－61.71	59	－33.80	0.11
几内亚	4722	－96.98	56	－92.70	0.11
南非	957	－45.00	39	－57.14	0.07
马约特岛	6006	－46.61	37	－38.43	0.07
尼日尔	2037	－64.93	35	－62.62	0.07
阿根廷	2432	611.11	35	157.05	0.07
越南	2811	－51.31	32	－46.01	0.06
乍得	1700	－71.78	25	－70.84	0.05
伊朗	551	－40.89	22	－24.71	0.04
肯尼亚	3246	－59.38	22	－55.11	0.04
加拿大	1858	108.84	21	94.34	0.04
巴西	487	－99.10	16	－94.21	0.03
墨西哥	400	－12.28	15	－9.08	0.03
埃塞俄比亚	1802	－81.57	15	－77.36	0.03
老挝	2159	－66.39	15	－60.89	0.03
乌兹别克斯坦	880	269.29	12	255.12	0.02
土耳其	216	25.78	12	14.43	0.02
塔吉克斯坦	1975	－74.11	11	－78.21	0.02
新西兰	240	118.23	10	83.38	0.02
贝宁	480	－99.24	8	－97.28	0.02
哥伦比亚	1073	251.64	8	703.35	0.02
哥斯达黎加	378	－43.83	7	－29.39	0.01
意大利	166	0.00	7	0.00	0.01
斯里兰卡	101	93.28	6	79.37	0.01
吉布提	544	－53.82	5	－28.26	0.01
危地马拉	24	—	5	—	0.01
玻利维亚	160	—	4	—	0.01
英国	144	－82.70	4	－86.86	0.01
塞舌尔	491	－17.80	4	20.94	0.01
叙利亚	300	－91.43	3	－91.02	0.01

5－7 水泥熟料出口主要收货地

5—7 Main receiving place of cement clinker export

数量:吨 金额:万美元

国家或地区	数量	增长(%)	金额	增长(%)	比重(%)
总 计	1811737	−71.40	9073	−60.03	100.00
澳大利亚	293867	−26.18	1155	−23.49	12.73
孟加拉国	291463	−83.47	1121	−80.07	12.35
巴西	217143	5.20	833	17.43	9.19
秘鲁	195853	11.30	718	16.18	7.91
中国台湾	184954	−82.93	666	−80.95	7.34
比利时	151129	−45.09	657	−24.70	7.24
中国香港	110781	45.33	543	76.22	5.98
法国	14470	123.84	514	137.93	5.66
加纳	81271	−71.54	305	−69.05	3.36
埃塞俄比亚	69647	86.85	271	93.82	2.99
菲律宾	49102	−54.35	261	−26.87	2.88
墨西哥	5908	23.71	204	12.35	2.25
韩国	9334	65.14	185	63.70	2.04
美国	12690	71.18	158	24.33	1.75
荷兰	4492	2.62	122	11.51	1.35
日本	2722	12.07	112	49.90	1.24
越南	10188	−93.64	112	−81.76	1.23
肯尼亚	27003	−89.80	100	−88.66	1.10
瑞典	3100	88.56	100	101.79	1.10
印度尼西亚	2686	−99.12	100	−91.86	1.10
土耳其	2588	−37.77	98	−37.52	1.08
马来西亚	24893	−70.64	88	−74.43	0.98
俄罗斯联邦	2448	13885.71	84	69729.92	0.92
阿拉伯联合酋长国	2073	−40.01	76	111.23	0.84
泰国	6048	228.55	75	233.12	0.83
朝鲜	12927	3.42	67	49.34	0.74
埃及	1444	−99.23	61	−90.82	0.67
南非	2016	6918.97	55	8588.29	0.61
印度	1526	−99.27	48	−93.24	0.53
英国	1224	1468.23	43	1466.36	0.47
马达加斯加	9450	−42.40	33	−36.67	0.36
加拿大	872	−85.24	25	−80.97	0.28
苏丹	300	499.70	17	1537.96	0.18
西班牙	608	−99.81	15	−98.46	0.17
蒙古	3871	526.36	15	353.15	0.16
葡萄牙	859	−73.76	13	−74.63	0.14
意大利	240	−13.98	7	−9.46	0.07
伊朗	123	−71.48	5	−71.69	0.05
阿根廷	75	—	3	—	0.04
波兰	84	—	2	—	0.02
古巴	15	—	1	—	0.01
爱沙尼亚	20	—	1	—	0.01
拉脱维亚	20	—	1	—	0.01
缅甸	69	38.91	1	174.96	0.01

5－8－1 水泥及水泥制品出口总表

5—8—1 General table of cement and cement product export

商 品 名 称	数量(吨)	数量增长率(%)	金额(万美元)	金额增长率(%)
水泥	8798052	—10.47	52963	6.76
1.白色硅酸盐水泥	56792	—34.57	665	—19.72
2.硅酸盐水泥	8661920	—10.19	49354	7.51
3.铝酸盐水泥	52073	—0.12	2577	10.64
4.其他水泥	27267	—37.30	367	—32.65
水泥熟料	1811737	—71.40	9073	—60.03
水泥混凝土制品	1999721	7.71	80605	72.89
1.混凝土管、杆、板、桩等	441372	14.39	9222	94.25
2.混凝土轨枕	77491	341.26	1407	703.38
3.混凝土预制结构件	450040	—22.87	6835	—6.22
4.水泥砖瓦	636282	22.50	13552	42.48
①水泥建筑用砖及砌块	498525	25.41	4109	33.74
②人造石制砖、瓦、扁平石	103821	24.69	8115	52.37
③水泥或混凝土制砖、瓦、扁平石	33936	—12.13	1327	19.33
5.其他水泥混凝土制品	394536	12.65	49589	99.16
纤维增强水泥制品	175065	2.66	6345	16.61
1.石棉水泥制品	33286	71.24	1043	87.21
①石棉水泥瓦楞板	5083	—26.45	124	23.30
②石棉水泥片、板、砖、瓦	26261	140.52	600	74.99
③石棉水泥管子及管子附件	36	—68.82	49	196.84
④其他石棉水泥制品	1906	27.65	269	178.32
2.无石棉纤维水泥制品	141779	—6.16	5302	8.56
①无石棉纤维水泥瓦楞板	59	—91.17	3	—75.32
②无石棉纤维水泥片、板、砖、瓦	124497	—7.00	3938	3.20
③无石棉纤维水泥管子及管子附件	671	74.88	13	—1.73
④其他无石棉纤维水泥制品	16551	2.34	1348	29.46

5－8－2 水泥及水泥制品进口总表

5—8—2 General table of cement and cement product import

商品名称	数量(吨)	数量增长率(%)	金额(万美元)	金额增长率(%)
水泥	855612	3.95	4529	16.92
1.白色硅酸盐水泥	4705	14.09	175	4.93
2.硅酸盐水泥	842629	3.99	3707	19.00
3.铝酸盐水泥	7248	－3.36	543	7.49
4.其他水泥	1029	－15.19	104	20.34
水泥熟料	1549769	61.10	6665	78.90
水泥混凝土制品	35862	2.61	3522	6.10
1.混凝土管、杆、板、桩等	61	－92.18	51	－71.73
2.混凝土轨枕	0	0.00	0	0.00
3.混凝土预制结构件	6813	0.69	239	0.59
4.水泥砖瓦	22388	45.04	2460	36.63
①水泥建筑用砖及砌块	4294	100.51	143	13.18
②人造石制砖、瓦、扁平石	15788	36.81	2131	39.01
③水泥或混凝土制砖、瓦、扁平石	2306	31.46	185	31.72
5.其他水泥混凝土制品	6600	－44.87	772	－29.90
纤维增强水泥制品	5236	359.89	515	43.94
1.石棉水泥制品	1213	218.01	236	78.57
①石棉水泥瓦楞板	0	－76.39	0	51.05
②石棉水泥片、板、砖、瓦	1203	249.12	204	103.84
③石棉水泥管子及管子附件	3	－25.86	6	55.70
④其他石棉水泥制品	7	－78.24	26	－7.44
2.无石棉纤维水泥制品	4022	431.39	279	23.69
①无石棉纤维水泥瓦楞板	0	0.00	0	0.00
②无石棉纤维水泥片、板、砖、瓦	3981	460.69	265	82.11
③无石棉纤维水泥管子及管子附件	41	44781.52	13	469.13
④其他无石棉纤维水泥制品	0	－99.39	2	－97.34

5－9　历年水泥制品出口

5—9　Cement product export over the years

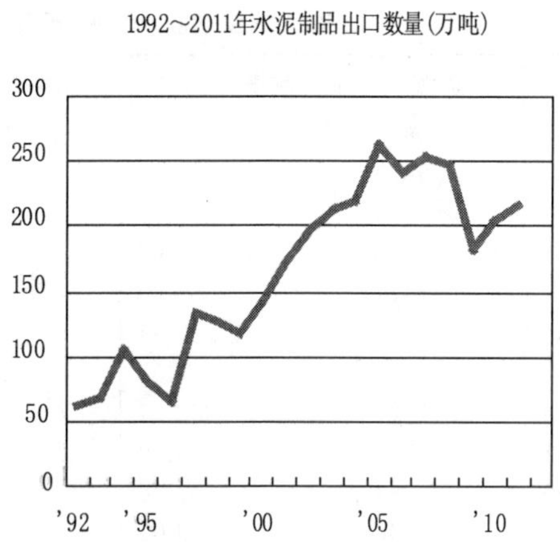

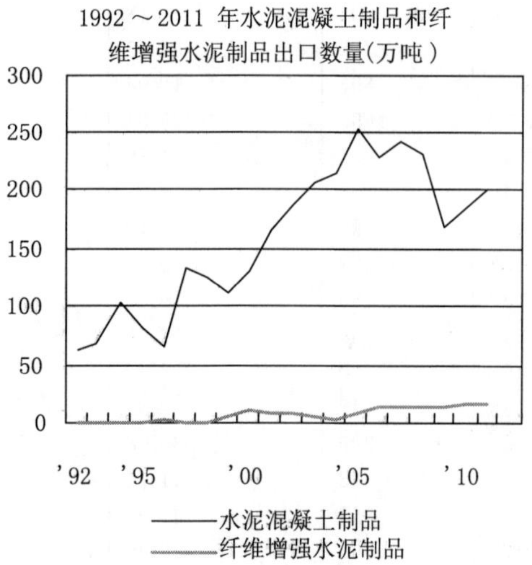

水泥制品出口

数量:吨　金额:万美元

年度(年)	数量	增长率(%)	金额	增长率(%)
1995	831766	－21.07	3657	－23.31
2000	1416504	19.96	7730	28.45
2005	2620528	20.09	24102	36.90
2006	2402519	－8.32	28436	17.98
2007	2538675	5.67	41083	44.47
2008	2457528	－3.20	56123	36.61
2009	1824997	－25.74	39797	－29.09
2010	2027094	11.07	52063	30.82
2011	2174785	7.29	86950	67.01

数量:吨　金额:万美元

年度	水泥混凝土制品出口				纤维增强水泥制品出口			
	数量	增长率(%)	金额	增长率(%)	数量	增长率(%)	金额	增长率(%)
1995	821441	－21.25	3334	－24.64	10325	－2.80	323	－6.34
2000	1309829	16.53	6305	14.84	106675	87.99	1425	170.05
2005	2532609	18.13	22360	34.52	87919	130.51	1743	77.19
2006	2275409	－10.16	25781	15.30	127111	44.58	2656	52.40
2007	2431835	6.87	38066	47.65	128268	0.91	4229	59.27
2008	2313278	－4.88	50710	33.22	144251	12.46	5413	27.99
2009	1693399	－26.80	34920	－31.14	131597	－8.77	4878	－9.89
2010	1856566	9.64	46622	33.51	170527	29.58	5441	11.55
2011	1999721	7.71	80605	72.89	175065	2.66	6345	16.61

5－10 水泥混凝土制品出口主要发货地

5—10 Main shipping place of cement concrete product export

数量:吨 金额:万美元

地 区	数量	增长(%)	金额	增长(%)	比重(%)
水泥混凝土制品	1999721	7.71	80605	72.89	100.00
广东深圳	682697	28.43	39822	159.40	49.40
福建泉州	74446	21.71	3706	31.67	4.60
广东省其他地区	23485	600.36	3390	520.66	4.21
广东佛山	46996	73.19	3275	55.40	4.06
广东广州	47471	9.65	2018	58.54	2.50
广东云浮	26310	－11.79	1955	－7.57	2.42
广东顺德	61482	92.04	1722	232.04	2.14
江苏南京	65324	225.31	1506	139.09	1.87
浙江嘉兴	12738	36.90	1292	32.08	1.60
广东东莞	219966	－42.45	1266	－59.07	1.57
广东中山	133525	21.99	1147	40.50	1.42
重庆九龙坡区	400	799.54	904	1475.21	1.12
广东南海	20133	23.00	901	16.48	1.12
福建漳州	7900	69.51	699	84.71	0.87
上海奉贤	51512	－22.77	695	－12.98	0.86
江苏苏州	7214	180.72	695	328.61	0.86
山东青岛	11407	9.40	651	35.89	0.81
浙江台州	3107	－3.49	594	14.25	0.74
广东惠州	19563	－53.51	590	－18.12	0.73
广东江门	40808	－14.82	588	－19.30	0.73
上海市其他地区	10771	－37.82	485	9.38	0.60
江苏苏州昆山	3234	52.34	464	109.56	0.58
山东日照	4595	42.68	460	36.06	0.57
辽宁大连	16385	－10.85	448	－2.52	0.56
江苏徐州	235	1322.24	399	28380.98	0.49
北京市其他地区	3915	－32.94	382	151.74	0.47
山东即墨	9723	33.36	363	46.96	0.45
重庆南岸区	111	－38.78	361	－28.59	0.45
福建厦门	3154	－62.71	348	8.91	0.43
上海浦东	16478	10.55	325	29.90	0.40
上海青浦	1569	60.91	299	89.24	0.37
北京西城	12583	214.75	296	116.11	0.37
河北沧州	6724	－22.91	294	53.03	0.36
广东清远	6293	269.66	262	297.05	0.32
北京宣武	14651	7002.59	259	4195.71	0.32
山西太原	14805	—	248	—	0.31
上海南汇	5320	180.52	239	519.48	0.30
广东番禺	70850	26.23	238	－23.10	0.30
上海松江	639	23.14	223	－11.16	0.28
河南郑州	3618	5213.07	221	24637.25	0.27
广东珠海	15413	－67.00	208	－13.19	0.26
广东揭阳	5191	－11.23	201	－21.41	0.25
河南省其他地区	3472	19.79	197	－12.73	0.24
广东肇庆	2375	－60.38	193	56.54	0.24
江苏常州	8473	35602.09	184	8669.15	0.23
四川成都	510	651.96	170	1975.76	0.21
江苏连云港	16163	594.70	161	166.05	0.20
天津武清区	2378	－2.86	160	16.30	0.20

5－11 纤维增强水泥制品出口主要发货地

5—11 Main shipping place of fiber reinforced cement product export

数量:吨 金额:万美元

地　区	数量	增长(%)	金额	增长(%)	比重(%)
纤维增强水泥制品	175065	2.66	6345	16.61	100.00
浙江慈溪	35020	－25.60	902	－16.01	14.22
广东佛山	22816	53.50	609	70.87	9.60
广东广州	12456	－23.39	558	－16.29	8.80
福建漳州	6233	7.15	519	23.11	8.18
江苏南京	6054	124.80	381	501.91	6.00
浙江宁波	8437	18.75	226	42.46	3.57
山东泰安	10528	52.08	224	58.92	3.54
广东深圳	3866	－39.05	218	28.27	3.43
江苏南通启东	2120	32.78	199	35.91	3.13
广东江门	6755	38.95	189	71.49	2.98
上海徐汇区	2171	122.99	181	131.80	2.85
广东顺德	1469	－36.56	153	12.71	2.41
江苏苏州吴江	5210	－13.98	152	－5.11	2.40
上海市其他地区	2173	41.41	150	84.95	2.36
广东中山	3131	－6.08	141	－19.39	2.22
河北省其他地区	4433	16.30	129	15.26	2.03
广东南海	4489	－55.82	123	－60.16	1.94
新疆伊宁	5762	26453.93	95	6523.31	1.50
广东惠州	147	—	58	—	0.92
江苏省其他地区	1940	27.03	57	27.35	0.90
安徽滁县	3174	238.87	55	340.07	0.86
浙江省其他地区	1353	－56.59	53	－24.27	0.83
上海浦东	177	－61.62	49	12.09	0.77
内蒙阿拉善	190	—	45	—	0.71
辽宁沈阳	1795	129.72	45	121.54	0.71
内蒙锡林郭勒二连浩特	4334	177.51	41	143.85	0.65
江西省其他地区	1719	－9.80	41	－11.28	0.65
山东青岛	294	34.04	36	272.46	0.57
湖北沙市	915	－11.04	32	－4.72	0.50
江苏常州	624	102.29	29	33.98	0.46
广东东莞	96	744.66	28	4433.13	0.45
浙江海宁	856	－40.12	27	－33.01	0.42
江苏南通	824	307.03	24	93.78	0.38
上海嘉定	237	－52.94	23	－49.75	0.37
上海闵行区	303	127.86	23	170.74	0.36
上海普陀区	244	285.15	23	291.37	0.36
北京市其他地区	549	149.84	21	8.24	0.33
江西宜春	885	－37.78	20	－20.07	0.32
浙江义乌	183	75.44	20	208.04	0.32
山东潍坊	572	－34.16	20	－16.49	0.31
浙江杭州	987	36.28	19	8.74	0.29

5－12 水泥混凝土制品出口主要收货地

5—12 Main receiving place of cement concrete product export

数量:吨 金额:万美元

国家或地区	数量	增长(%)	金额	增长(%)	比重(%)
水泥混凝土制品	1999721	7.71	80605	72.89	100.00
中国香港	1096417	1.65	13306	37.14	16.51
荷兰	21798	36.79	12996	181.54	16.12
美国	47339	12.98	12200	115.80	15.14
德国	7787	40.19	4929	212.31	6.11
日本	101506	25.76	4601	34.56	5.71
比利时	15732	75.74	3562	125.57	4.42
英国	16325	13.56	2155	78.12	2.67
加拿大	11464	11.51	2012	19.71	2.50
澳大利亚	23889	－62.18	1793	－15.10	2.23
韩国	47407	5.58	1786	10.60	2.22
法国	8246	37.12	1440	54.02	1.79
中国台湾	56210	12.91	1188	21.20	1.47
塞拉利昂	70454	2012876.43	1165	337358.97	1.44
西班牙	12258	21.29	1037	90.60	1.29
中国澳门	149841	20.83	956	25.61	1.19
意大利	6678	56.28	942	119.07	1.17
蒙古	51822	74.53	919	305.35	1.14
巴西	12965	94.97	890	103.83	1.10
印度	16069	8.23	802	4.06	1.00
瑞典	1992	－25.35	712	－5.62	0.88
沙特阿拉伯	5335	3.90	660	211.56	0.82
阿拉伯联合酋长国	10276	－4.81	573	37.27	0.71
马来西亚	10391	－43.48	561	23.98	0.70
土耳其	6470	98.51	556	219.00	0.69
俄罗斯联邦	26700	255.49	554	108.94	0.69
安哥拉	16471	318.07	497	242.36	0.62
新加坡	7212	－25.62	480	12.10	0.60
丹麦	775	－16.90	413	87.00	0.51
新西兰	10671	20.69	406	43.96	0.50
泰国	7778	23.99	388	－0.23	0.48
以色列	2187	－12.52	346	189.41	0.43
菲律宾	10177	－32.94	336	－11.37	0.42
巴拿马	870	45.24	329	122.58	0.41
越南	7828	366.87	274	214.85	0.34
印度尼西亚	4760	396.33	252	207.36	0.31
黎巴嫩	5040	14.84	250	25.07	0.31
缅甸	20228	0.82	247	21.71	0.31
墨西哥	1821	97.39	240	233.85	0.30
希腊	4444	－22.24	233	－11.32	0.29
南非	2140	125.13	229	141.42	0.28
赞比亚	3031	4662.01	183	8177.74	0.23
巴基斯坦	844	－41.02	176	192.39	0.22
朝鲜	9659	243.25	143	177.42	0.18
波兰	1083	22.06	141	47.10	0.17
哥伦比亚	1238	54.46	140	197.61	0.17

5－13－1 纤维增强水泥制品出口主要收货地

5—13—1 Main receiving place of fiber reinforced cement product export

数量:吨 金额:万美元

国家或地区	数量	增长(%)	金额	增长(%)	比重(%)
纤维增强水泥制品	175065	2.66	6345	16.61	100.00
阿拉伯联合酋长国	23513	－33.54	543	－33.66	8.56
中国香港	9533	－22.37	475	30.33	7.49
荷兰	5782	10.22	440	19.34	6.94
俄罗斯联邦	4873	3417.38	338	2194.34	5.32
韩国	9102	35.25	308	38.56	4.86
美国	6135	19.93	293	12.46	4.62
中国台湾	8084	－39.43	249	－30.60	3.93
新加坡	8174	－26.94	234	－30.24	3.68
英国	3576	26.69	214	73.76	3.37
智利	7006	2491.29	191	1767.59	3.01
沙特阿拉伯	7507	－10.40	176	－34.93	2.78
菲律宾	786	32.77	167	575.95	2.63
塞内加尔	4044	－29.90	166	－32.27	2.61
委内瑞拉	4687	10649.27	148	12672.03	2.34
马来西亚	2817	－20.85	128	－14.32	2.02
贝宁	5352	69.73	125	97.59	1.96
哈萨克斯坦	5876	1569.72	105	255.31	1.65
蒙古	5147	178.41	103	303.62	1.62
泰国	2717	－65.67	102	－33.35	1.61
澳大利亚	2181	100.20	94	77.13	1.48
加纳	4391	260.70	82	351.14	1.29
伊朗	2259	－35.47	73	－15.41	1.14
挪威	1526	39.33	65	29.24	1.03
朝鲜	3924	110.01	64	111.69	1.01
意大利	1749	－9.63	63	－2.71	1.00
越南	1119	－59.91	63	－53.72	0.99
苏丹	2950	551.66	63	112.73	0.99
比利时	986	37.06	61	16.03	0.96
印度尼西亚	726	－57.16	56	14.68	0.88
德国	581	－36.39	55	－24.39	0.87
多哥	2442	214.35	51	272.07	0.80
柬埔寨	446	—	45	—	0.70
阿尔及利亚	1774	－74.95	44	－71.82	0.70
安哥拉	1841	172.35	44	148.93	0.69
巴拿马	653	173.45	43	338.57	0.68
日本	735	175.48	39	78.01	0.61

5－13－2 纤维增强水泥制品出口主要收货地

5—13—2 Main receiving place of fiber reinforced cement product export

数量:吨　金额:万美元

国家或地区	数量	增长(%)	金额	增长(%)	比重(%)
印度	1053	333.86	36	385.03	0.57
叙利亚	1319	65.02	36	65.43	0.56
肯尼亚	118	－51.28	33	128.88	0.52
巴布亚新几内亚	795	19.00	31	2.73	0.49
土耳其	276	75.99	31	55.22	0.49
瑞典	604	－22.01	28	－12.72	0.45
民主刚果	98	55.81	28	288.65	0.44
丹麦	690	312.68	27	163.85	0.43
约旦	861	66.49	27	119.50	0.42
加拿大	507	－64.70	25	－57.72	0.40
埃及	478	52.53	25	100.08	0.39
新西兰	256	104.95	24	197.83	0.38
文莱	926	102.61	22	95.92	0.35
坦桑尼亚	549	241.45	22	201.80	0.34
奥地利	312	－64.28	22	－60.61	0.34
阿根廷	265	4801.72	21	9055.43	0.34
巴西	308	372.69	21	202.46	0.32
以色列	735	－75.86	20	－71.11	0.31
西班牙	416	313.16	19	312.64	0.30
南非	436	－56.63	18	－42.18	0.28
卡塔尔	330	－41.98	16	－14.83	0.25
中国澳门	60	411.66	16	3064.64	0.25
墨西哥	395	—	15	—	0.23
法国	389	91.94	14	43.92	0.22
伊拉克	468	104.89	14	－25.99	0.22
爱尔兰	360	314.63	13	321.78	0.21
马尔代夫	563	80.96	13	71.58	0.21
赤道几内亚	579	77.55	11	－4.61	0.18
塞舌尔	409	66.41	10	73.91	0.15
哥伦比亚	223	112.39	9	418.60	0.15
巴基斯坦	330	－25.99	9	－30.98	0.15
苏里南	389	－10.57	8	－18.52	0.13
塞浦路斯	322	100.53	8	26.87	0.12
黑山	19	—	7	—	0.12
缅甸	91	－78.38	7	－36.75	0.12
塔吉克斯坦	69	9031.13	7	4000.17	0.11
阿尔巴尼亚	235	—	7	—	0.11
巴林	165	－7.52	6	17.65	0.10

主要经济指标

Main economic indicator

6－1－1　水泥制造业规模以上企业主要经济指标

6—1—1　Main economic indicator of enterprises above designated size in cement manufacture industry

水泥制造业规模以上企业单位数

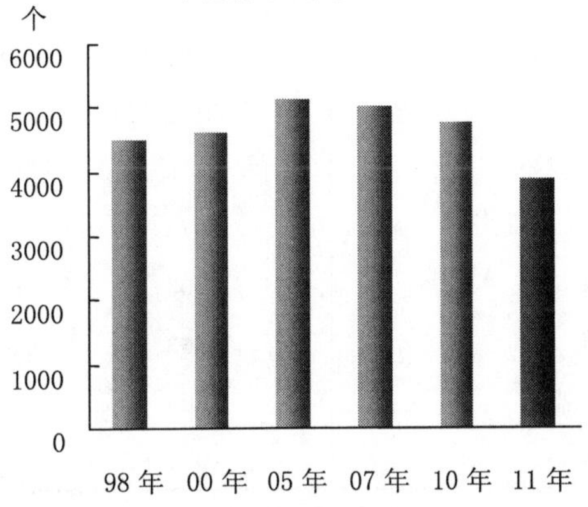

水泥制造业规模以上企业
主营业务收入

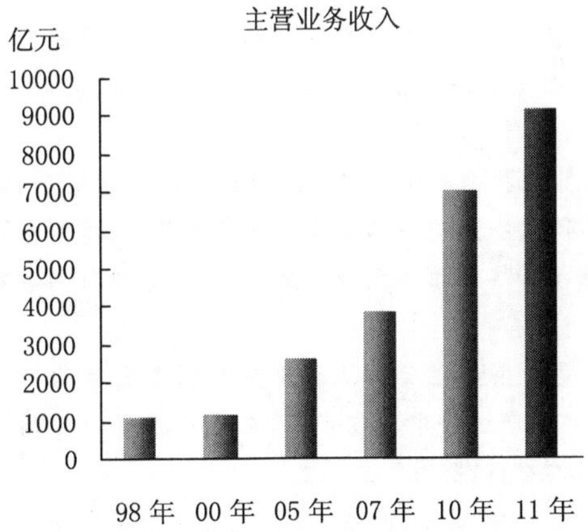

水泥制造业规模以上企业利润总额

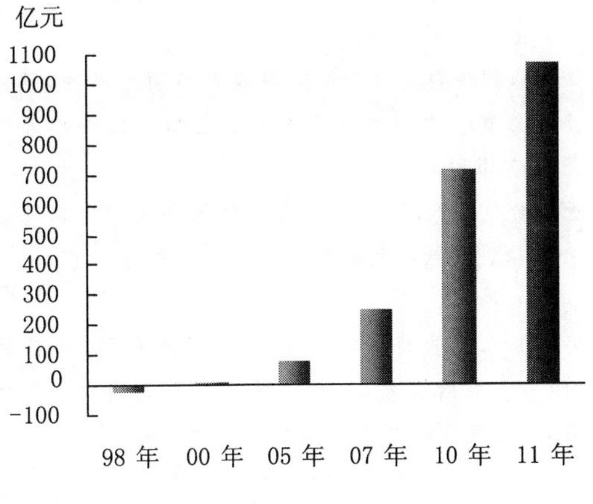

金额单位:亿元

指标名称	2010 年	2011 年
企业单位数(个)	4774	3866
其中:亏损企业(个)	963	619
主营业务收入	7019	9137
主营业务成本	5792	7331
主营业务税金及附加	49	63
主营业务利润	1179	1743
销售费用	172	206
管理费用	307	358
财务费用	126	191
其中:利息支出	119	182
费用总额	606	755
利润总额	712	1069
亏损企业亏损总额	37	40
净利润	612	889
应交增值税	305	397
利税总额	1066	1529

注　释:

1.水泥制造业规模以上企业:1998 年至 2006 年为全部国有和年主营业务收入 500 万元及以上的非国有水泥制造企业;2007 至 2010 年为年主营业务收入 500 万元及以上的水泥制造企业;从 2011 年开始,为年主营业务收入 2000 万元及以上的水泥制造企业。

2.主营业务收入、利润总额指标注释同前。

3.主营业务成本指企业经营主要业务所发生的成本总额。

4.主营业务税金及附加:指企业经营主要业务应负担的营业税、消费税、城市维护建设税、教育费附加等。

5.销售费用指企业在销售产品和提供劳务等日常经营过程中发生的各项费用以及专设销售机构的各项经费。管理费用指企业行政管理部门为组织和管理生产经营活动而发生的各项费用。财务费用指企业在生产经营过程中为筹集资金而发生的各项费用,包括利息支出(减利息收入)。费用总额指销售费用、管理费用和财务费用三项费用之和。

6.净利润为利润总额减应交所得税。

7.应交增值税指企业按税法规定,从事货物销售或提供加工、修理修配劳务等增加货物价值的活动本期应交纳的税金。

8.利税总额为企业利润总额与主营业务税金及附加、应交增值税之和。

6－1－2　水泥制造业规模以上企业主要经济指标

6—1—2　Main economic indicator of enterprises above designated size in cement manufacture industry

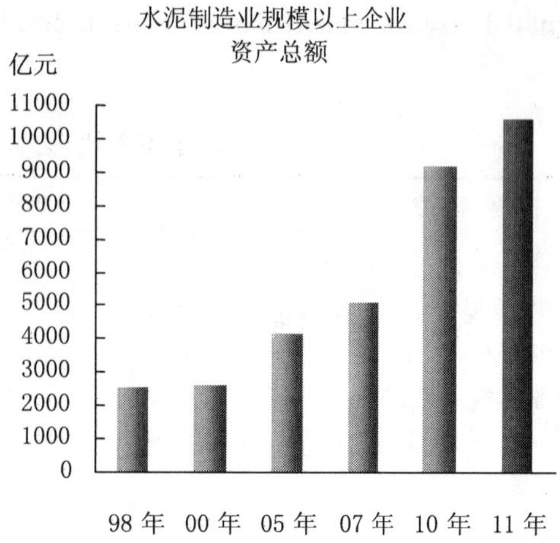

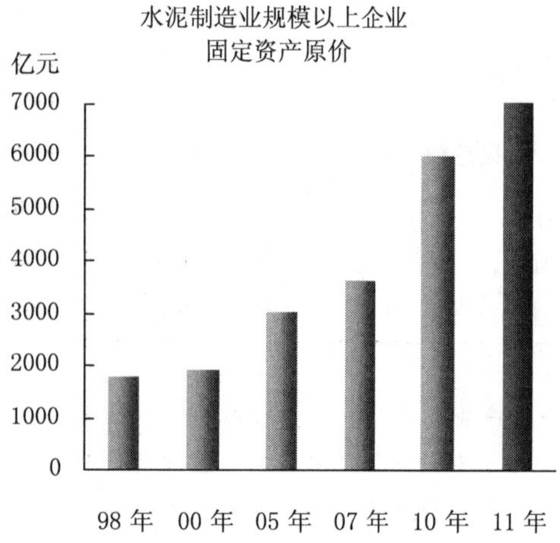

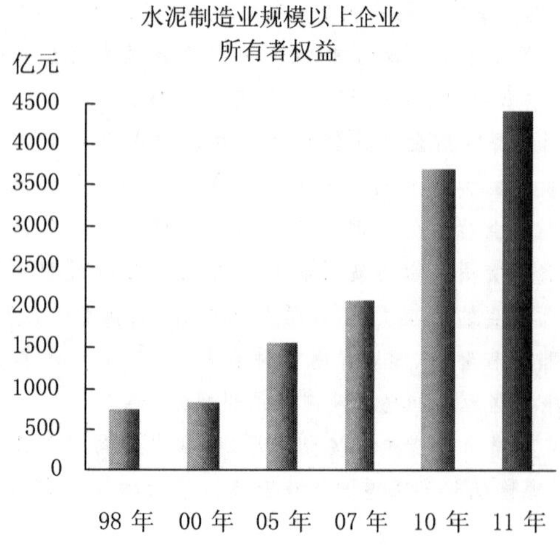

金额单位:亿元

指标名称	2010年	2011年
流动资产合计	3060	3780
其中:应收帐款	417	503
存货	628	786
其中:产成品	171	228
固定资产原价	6036	7042
累计折旧	1672	2069
资产总额	9203	10615
负债总额	5463	6193
所有者权益	3706	4404
实收资本	2051	2310

注　释:

1.资产总额注释同前。

2.流动资产指资产预计在一个正常营业周期中变现、出售或耗用,预计在资产负债表日起一年内(含一年)变现,自资产负债日起一年内交换其他资产或清偿负债的能力不受限制的现金或现金等价物。主要包括货币资金、应收票据、应收账款、存货等。

3.应收账款指企业在正常的经营过程中因销售商品、产品、提供劳务等业务,应向购买单位收取的款项,包括应由购买单位或接受劳务单位负担的税金、代购买方垫付的各种运杂费等。

4.存货是指企业在日常活动中持有以备出售的产成品或商品、处在生产过程中的在产品、在生产过程或提供劳务过程中耗用的材料、物料等。

5.产成品又称"成品",指在一个企业内已完成全部生产过程、按规定标准检验合格、可供销售的产品。

6.固定资产原价指固定资产的成本,包括企业在购置、自行建造、安装、改建、扩建、技术改造某项固定资产时所发生的全部支出总额。累计折旧指企业在报告期末提取的历年固定资产折旧累计数。

7.负债总额指企业过去的交易或者事项形成的,预期会导致经济利益流出企业的现时义务。负债一般按偿还期长短分为流动负债和非流动负债。

8.所有者权益即净资产,是资产扣除负债后由所有者享有的剩余权益。包括实收资本、资本公积、盈余公积、未分配利润等。

9.实收资本指投资者按照企业章程或合同、协议的约定,实际投入企业的资本,它是企业注册登记的法定资本总额的来源,它表明所有者对企业的基本产权关系。

6－2 水泥制造业规模以上企业主要经济成份

6—2 Main economic sector of enterprises above designated size in cement manufacture industry

水泥制造业规模以上企业实收资本构成

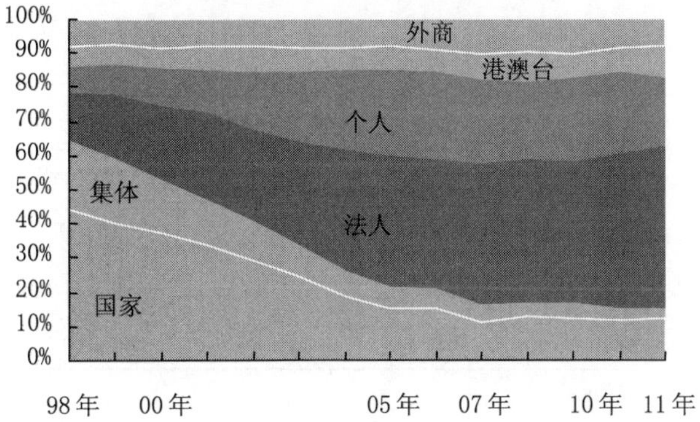

实收资本资本金构成

金额单位:亿元

实收资本 资本金分类	资本金	资本金构成 (%)
实收资本	2310	
国家资本金	286	12.4
集体资本金	68	2.9
法人资本金	1102	47.7
个人资本金	445	19.3
港澳台资本金	213	9.2
外商资本金	190	8.2

控股类型企业资产总额构成

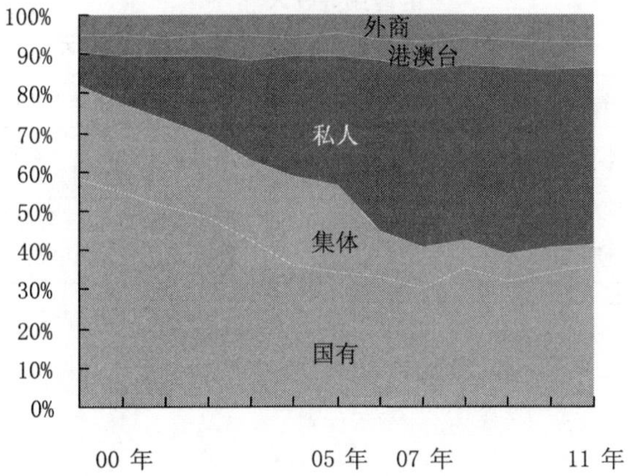

控股类型企业主营业务收入构成

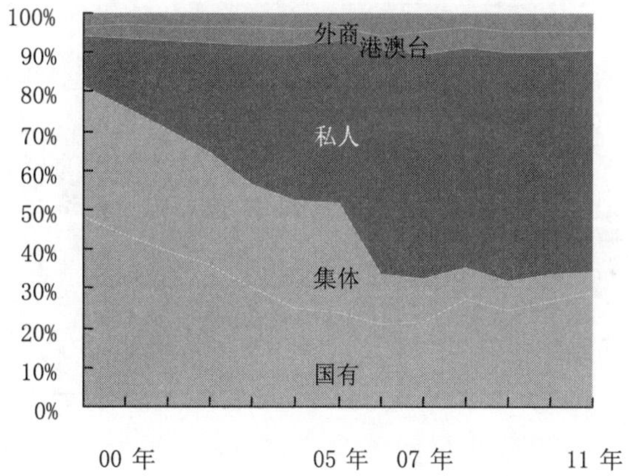

各控股类型企业主要经济指标

金额单位:亿元

控股类型	企业单位数(个)	资产总额	主营业务收入	利润总额
国有控股	515	3828	2651	421
集体控股	257	558	496	58
私人控股	2928	4821	5143	464
港澳台商控股	83	643	420	67
外商控股	83	766	427	59

控股企业利润构成

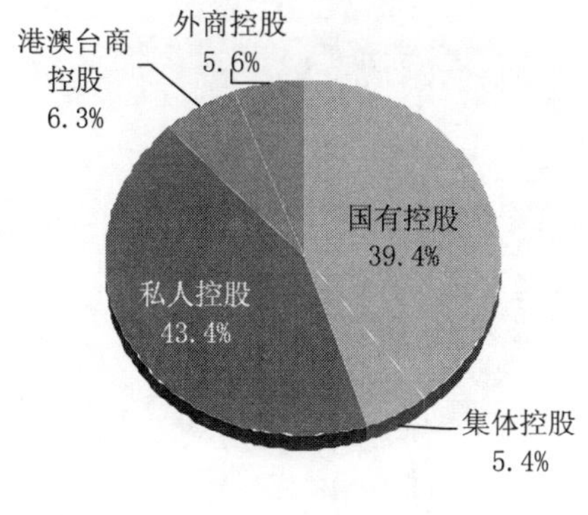

6－3　水泥制造业规模以上企业地区分布

6—3　Regional distribution of enterprises above designated size in cement manufacture industry

地区资产总额构成

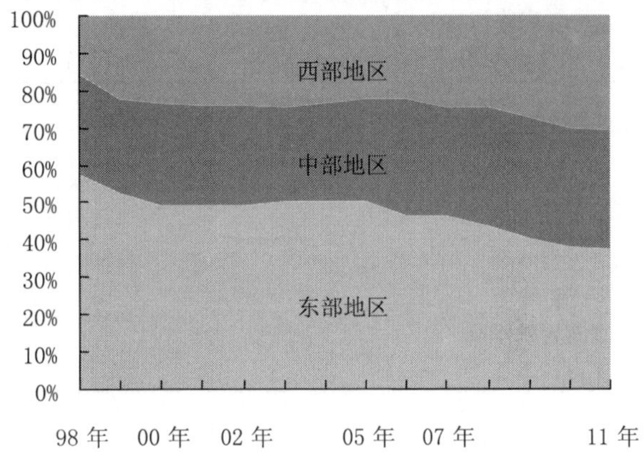

企业单位数量和资产总额

地区名称	企业单位数(个)	资产总额(亿元)	
		本　年	比重(%)
东部地区	1522	3969.5	37.4
中部地区	1178	3357.0	31.6
西部地区	1166	3288.6	31.0

地区主营业务收入构成

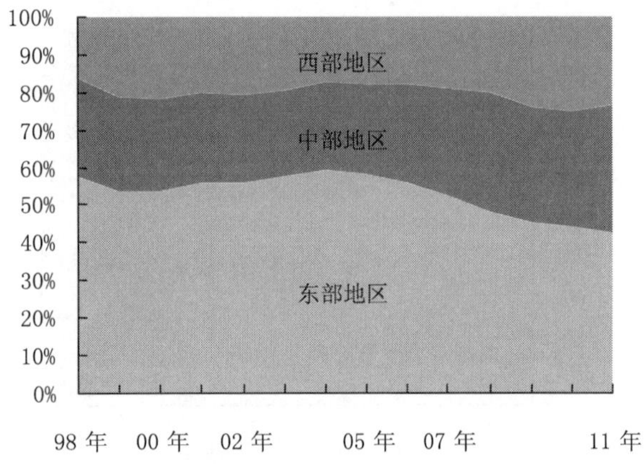

主营业务收入

金额单位:亿元

地区名称	本　年	增长(%)	比重(%)
东部地区	3868.1	32.6	42.3
中部地区	3151.0	49.8	34.5
西部地区	2117.9	25.9	23.2

地区利润构成

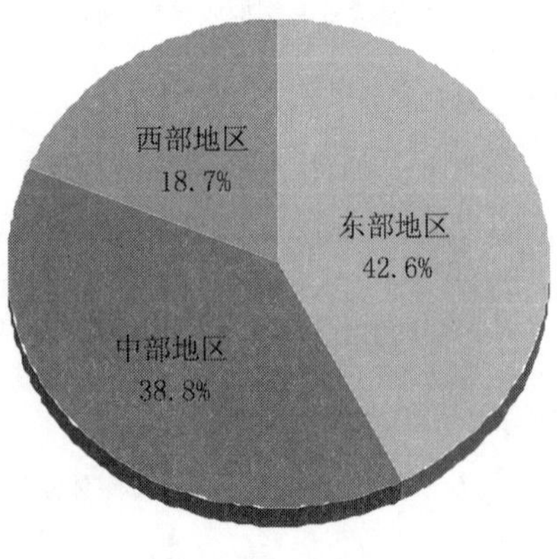

利润总额

金额单位:亿元

地区名称	本　年	增长(%)	比重(%)
东部地区	454.9	61.0	42.6
中部地区	414.3	123.2	38.8
西部地区	199.5	14.9	18.7

6－4－1 水泥制造业规模以上经济效益

6—4—1 Economic benefit of enterprises above designated size in cement manufacture industry

主营业务利润率（毛利率，%）

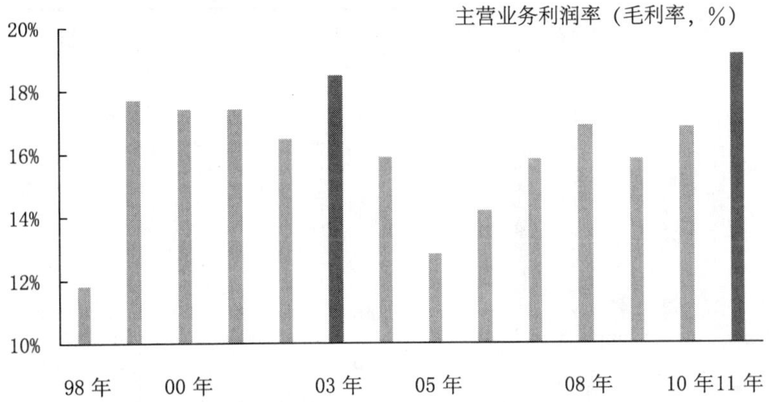

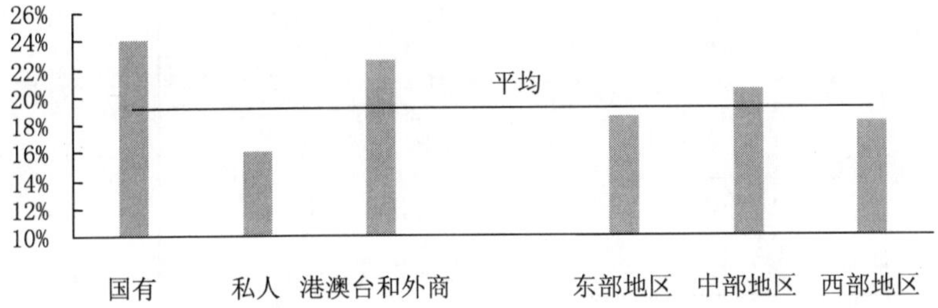

年份	指标
1998	11.8
2000	17.4
2003	18.5
2005	12.8
2007	15.8
2008	16.9
2009	15.8
2010	16.8
2011	19.1
企业	指标
国有控股企业	24.1
私人控股企业	16.1
港澳台和外商控股企业	22.5
地区	指标
东部地区	18.5
中部地区	20.5
西部地区	18.2

销售利润率（%）

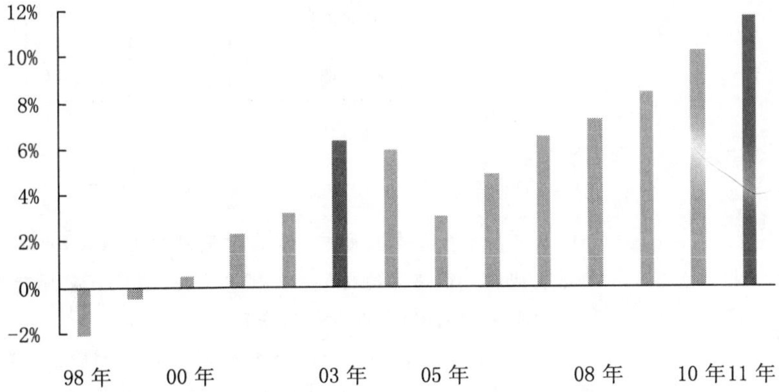

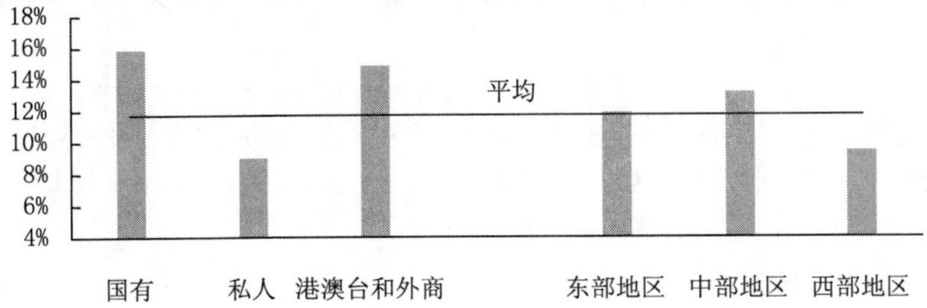

年份	指标
1998	－2.1
2000	0.5
2003	6.3
2005	3.0
2007	6.5
2008	7.2
2009	8.4
2010	10.2
2011	11.7
企业	指标
国有控股企业	15.9
私人控股企业	9.0
港澳台和外商控股企业	14.9
地区	指标
东部地区	11.8
中部地区	13.2
西部地区	9.4

6－4－2　水泥制造业规模以上经济效益

6—4—2　Economic benefit of enterprises above designated size in cement manufacture industry

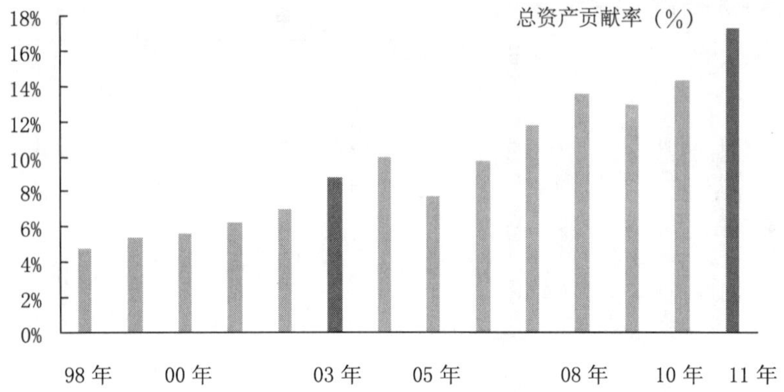

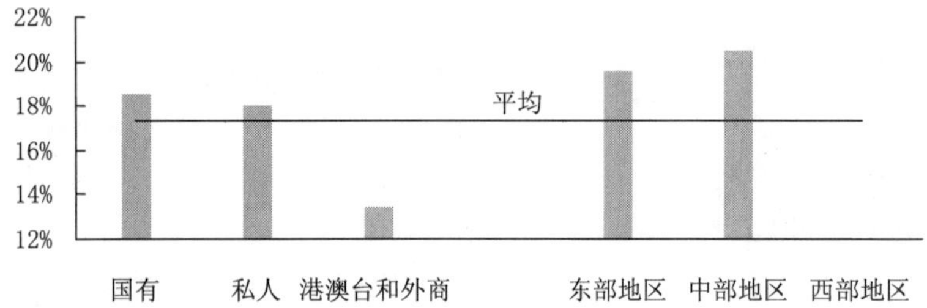

年份	指标
1998	4.8
2000	5.6
2003	8.8
2005	7.7
2007	11.8
2008	13.5
2009	12.9
2010	14.3
2011	17.3
企业	指标
国有控股企业	18.5
私人控股企业	18.0
港澳台和外商控股企业	13.4
地区	指标
东部地区	19.5
中部地区	20.5
西部地区	11.5

注　释：

1.主营业务利润率即毛利率：指企业报告期内主营业务利润同主营业务收入净额的比率，表明企业的单位销售收入所获的销售利润，反映企业主营业务的获利能力。

2.销售利润率：指企业报告期内利润总额与主营业务收入的比率，表明每百元主营业务收入的获利比率，反映企业盈利总水平。销售利润率体现了企业综合盈利能力和获利水平。销售利润率高，说明企业成本和费用低，总体获利水平高。

3.总资产贡献率：指报告期内利税总额、利息支出之和与平均资产总额的比率，综合反映行业或地区全部资产获取收益的水平和投入产出状况。

4.应收账款周转率反映企业应收账款的收款期，也是企业应收账款变现速度的指标。计算公式为：应收账款周转率＝主营业务收入/应收账款平均余额

5.存货周转率反映企业存货的周转速度。计算公式为：存货周转率＝(主营业务成本＋营业费用)/存货平均余额

6.流动资产周转率反映投入企业流动资金周转速度。计算公式为：流动资产周转率＝主营业务收入/流动资产平均余额

7.资产负债率指企业期末负债总额同资产总额的比率，表示企业总资产中通过负债筹集的数量，反映企业利用债权人提供的资金从事生产经营的能力，是衡量企业负债水平及风险程度的重要判断标准。

6－4－3　水泥制造业规模以上经济效益

6—4—3　Economic benefit of enterprises above designated size in cement manufacture industry

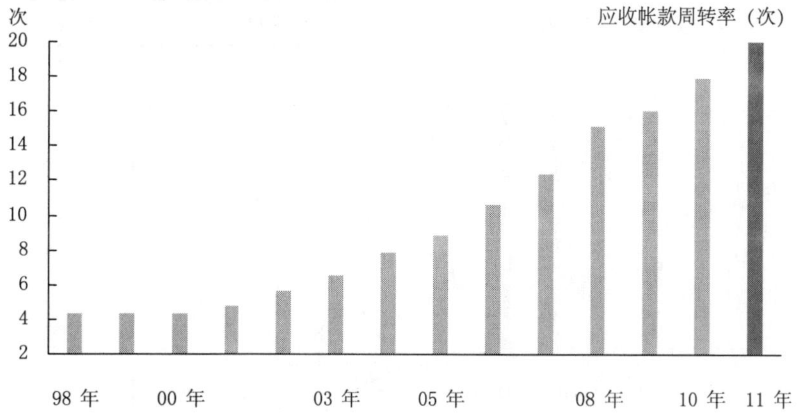

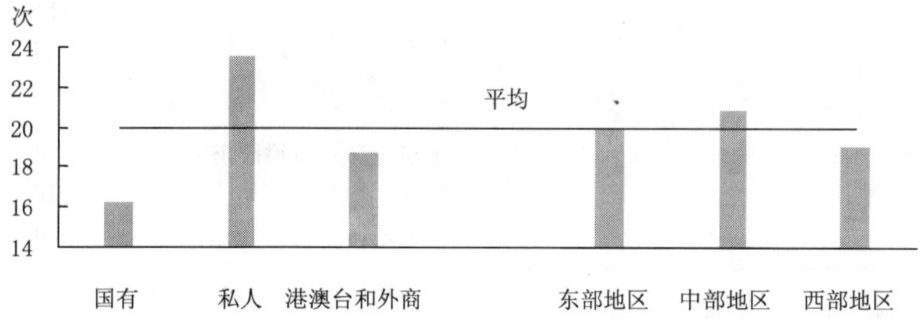

年份	指标
1998	4.3
2000	4.3
2003	6.5
2005	8.8
2007	12.4
2008	15.1
2009	16.0
2010	17.9
2011	20.0
企业	指标
国有控股企业	16.2
私人控股企业	23.5
港澳台和外商控股企业	18.7
地区	指标
东部地区	19.9
中部地区	20.8
西部地区	19.1

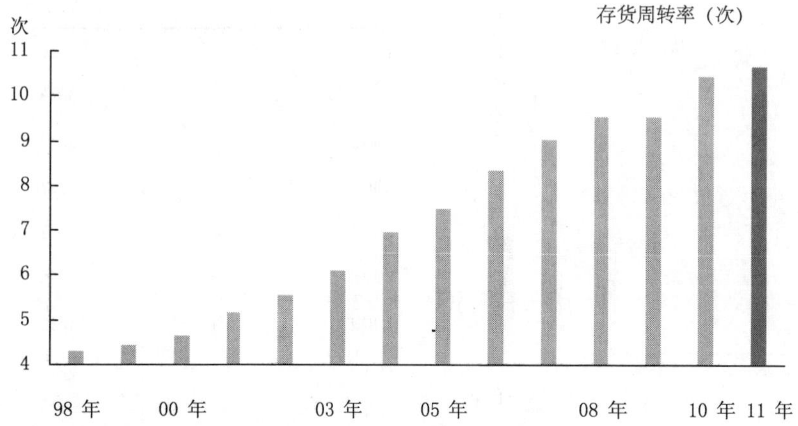

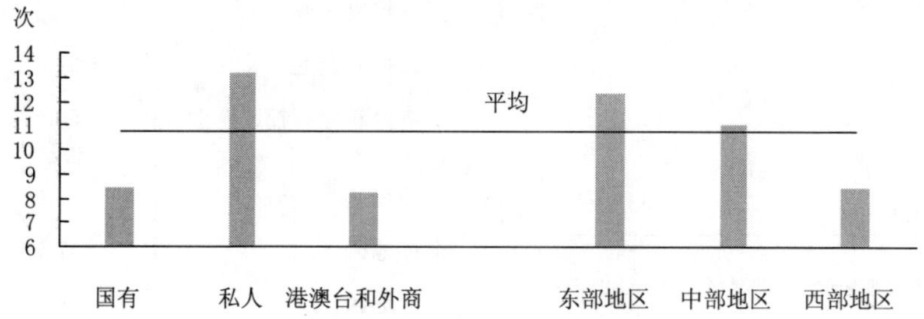

年份	指标
1998	4.3
2000	4.6
2003	6.1
2005	7.5
2007	9.0
2008	9.5
2009	9.6
2010	10.4
2011	10.7
企业	指标
国有控股企业	8.4
私人控股企业	13.2
港澳台和外商控股企业	8.2
地区	指标
东部地区	12.3
中部地区	11.0
西部地区	8.4

6－4－4　水泥制造业规模以上经济效益

6—4—4　Economic benefit of enterprises above designated size in cement manufacture industry

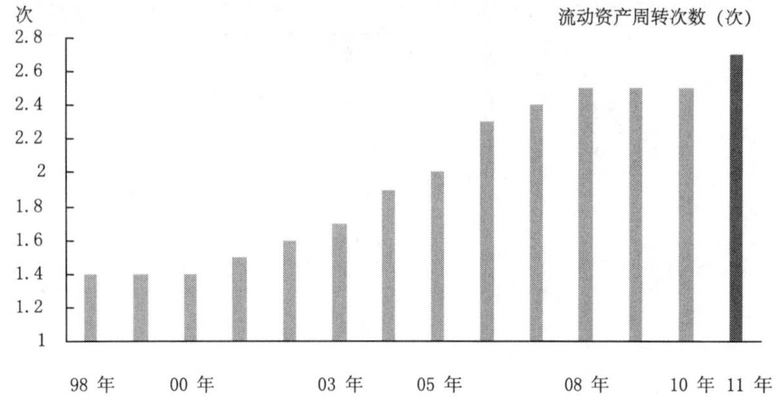

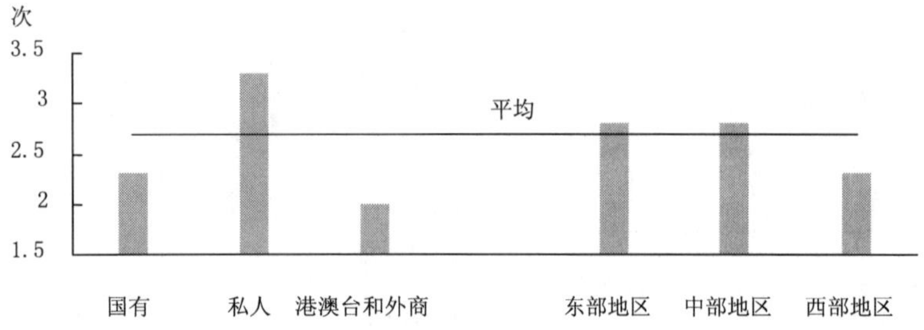

年份	指标
1998	1.4
2000	1.4
2003	1.7
2005	2.0
2007	2.4
2008	2.5
2009	2.5
2010	2.5
2011	2.7
企业	指标
国有控股企业	2.3
私人控股企业	3.3
港澳台和外商控股企业	2.0
地区	指标
东部地区	2.8
中部地区	2.8
西部地区	2.3

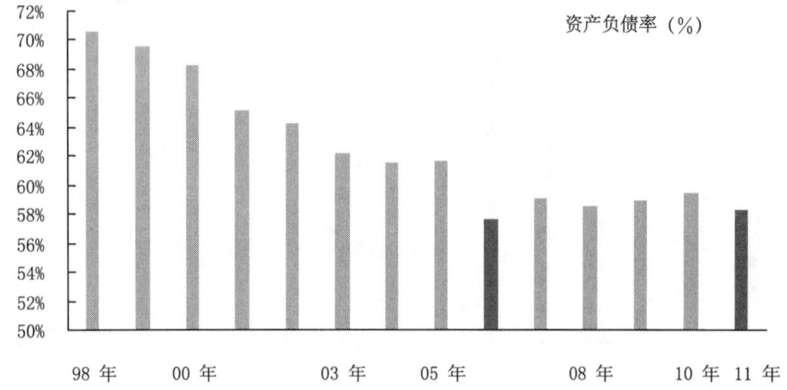

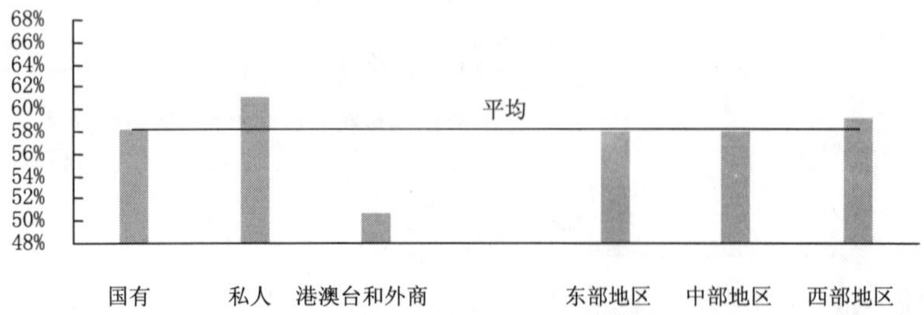

年份	指标
1998	70.6
2000	68.3
2003	62.2
2005	61.7
2007	59.1
2008	58.5
2009	58.9
2010	59.4
2011	58.3
企业	指标
国有控股企业	58.3
私人控股企业	61.0
港澳台和外商控股企业	50.6
地区	指标
东部地区	57.9
中部地区	57.9
西部地区	59.3

6－5 地区水泥制造业规模以上企业主要经济指标

6—5 Main economic indicator of enterprises above designated size in cement manufacture industry by region

金额单位:亿元

地区名称	企业单位数(个)	流动资产合计	资产总额	负债总额	主营业务收入	利润总额	销售利润率(%)
北京	11	23.3	50.6	22.6	34.1	5.2	15.3
天津	24	18.9	36.3	18.5	34.4	2.4	6.8
河北	233	242.9	820.2	502.6	595.6	65.2	10.9
山西	112	86.6	252.6	182.4	128.5	5.6	4.4
内蒙古	115	105.4	303.0	191.7	266.3	21.2	8.0
辽宁	147	109.4	325.7	212.7	290.7	24.6	8.5
吉林	64	249.0	480.7	311.1	445.3	39.5	8.9
黑龙江	85	97.6	211.3	119.7	182.3	27.7	15.2
上海	16	19.1	27.4	11.6	37.6	2.9	7.7
江苏	256	268.2	618.0	372.9	654.9	74.2	11.3
浙江	189	245.2	540.9	299.1	538.9	90.8	16.9
安徽	157	244.0	601.2	319.5	528.5	115.4	21.8
福建	124	102.1	253.8	159.9	314.8	23.6	7.5
江西	139	120.1	324.5	172.6	332.3	51.5	15.5
山东	285	274.7	709.6	364.7	828.8	99.9	12.1
河南	250	212.1	572.7	310.8	658.1	76.0	11.6
湖北	139	175.2	576.1	331.1	465.3	53.7	11.5
湖南	232	76.7	337.9	195.5	410.7	44.8	10.9
广东	222	192.0	508.5	292.8	463.2	55.3	11.9
广西	159	128.5	401.7	198.3	304.6	47.6	15.6
海南	15	37.9	78.6	41.3	75.1	11.0	14.6
重庆	90	96.6	342.1	237.6	175.5	8.2	4.7
四川	234	166.4	669.4	401.1	543.2	39.6	7.3
贵州	128	66.2	241.3	160.4	131.2	4.8	3.6
云南	143	109.5	345.3	214.2	201.9	14.4	7.1
西藏	10	11.1	26.0	9.8	12.5	2.8	22.7
陕西	116	74.9	279.1	174.2	191.6	14.2	7.4
甘肃	63	56.5	164.3	98.3	87.9	10.4	11.8
青海	17	23.8	73.9	48.5	32.1	5.1	15.8
宁夏	28	36.6	110.1	50.0	44.7	5.3	11.9
新疆	63	109.5	332.4	167.1	126.4	25.9	20.5

6－6　混凝土与水泥制品业规模以上企业主要经济指标

6—6　Main economic indicator of enterprises above designated size in concrete and cement product industry

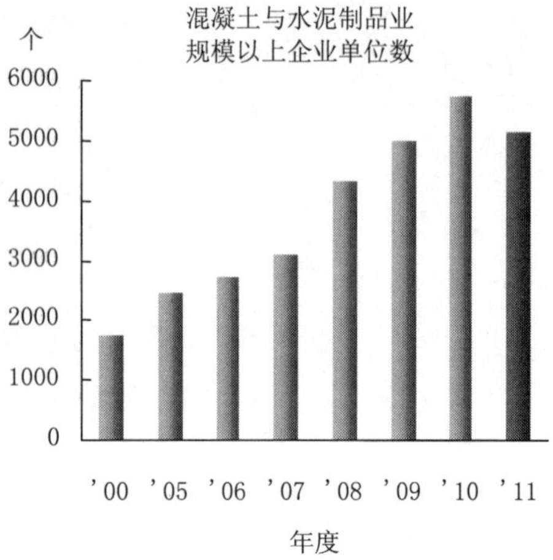

金额单位:亿元

指标名称	2010年	2011年
企业单位数(个)	5746	5126
流动资产合计	2089	2702
其中:应收帐款	829	1141
存货	339	406
其中:产成品	151	180
固定资产原价	1523	1931
资产总额	3436	4259
主营业务收入	4433	6064
利润总额	288	402
主营业务利润率(%)	13.8	14.1
销售利润率(%)	6.5	6.6
总资产贡献率(%)	17.6	21.1

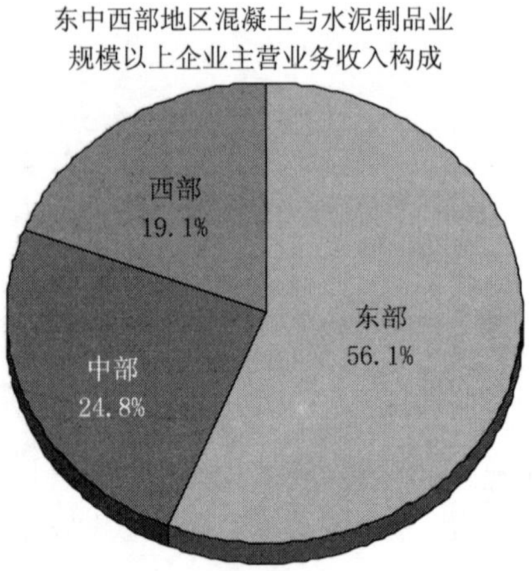

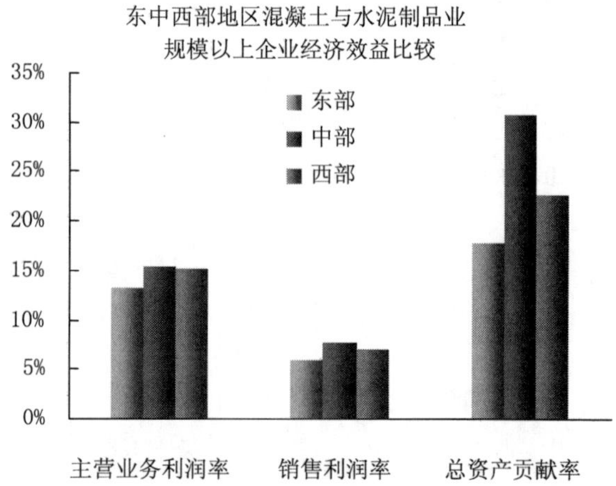

金额单位:亿元

指标名称	东部地区		中部地区		西部地区	
	指标	地区构成(%)	指标	地区构成(%)	指标	地区构成(%)
企业单位数(个)	3257	52.5	1769	28.5	1176	19.0
固定资产原价	1931	55.0	1062	25.2	486	19.9
资产总额	4259	62.3	2652	18.6	794	19.1
主营业务收入	6064	56.1	3404	24.8	1502	19.1
利润总额	402	50.8	204	28.7	115	20.6
主营业务利润率(%)	13.1		15.5		15.1	
销售利润率(%)	6.0		7.7		7.1	
总资产贡献率(%)	17.8		30.9		22.6	

第六篇

统计数据

2012年统计数据

水泥及相关产业主要统计指标

水泥及商品混凝土产量

固定资产投资和生产能力

能源消耗

进出口

主要经济指标

2012年

统计数据

Statistics in 2012

水泥及相关产业主要统计指标

Main statistics and index of cement and related industry

1－1 水泥及相关产业主要统计指标

1—1 Main statistics and index of cement and related industry

指标 名称	计量单位	2011年	2012年	增长率(%)
主要产品产量				
水泥熟料	万 吨	131630	132785	0.9
预分解窑熟料	万 吨	114306	122393	7.1
其他窑型熟料	万 吨	17324	10392	－40.0
水泥	万 吨	209395	221339	5.7
商品混凝土(规模以上工业企业)	万立方米	74271	89461	20.5
水泥混凝土桩(规模以上工业企业)	万 米	28071	26292	－6.3
水泥排水管(规模以上工业企业)	千 米	34987	39016	11.5
水泥压力管(规模以上工业企业)	千 米	4007	2755	－31.2
水泥电杆(规模以上工业企业)	万 根	756	895	18.4
水泥专用设备(规模以上工业企业)	万 吨	85.4	83.6	－2.0
主要出口商品				
水泥熟料	万 吨	181	276	52.2
水泥	万 吨	880	924	5.0
水泥混凝土制品	万 吨	200	252	25.8
纤维增强水泥制品	万 吨	17.5	18.6	6.2
限额以上固定资产投资完成额				
水泥制造业	亿 元	1439	1379	－5.2
混凝土与水泥制品业	亿 元	1516	1851	20.7
规模以上企业能源消耗量				
水泥制造业	万吨标准煤	17976	17563	
混凝土与水泥制品业	万吨标准煤	597	646	
规模以上水泥制造业主要经济指标				
企业单位数	个	3866	3786	－3.2
资产总额	亿 元	10615	11896	10.8
主营业务收入	亿 元	9137	8929	－3.4
利润总额	亿 元	1069	714	－33.9
规模以上混凝土与水泥制品业主要经济指标				
企业单位数	个	5126	6202	19.7
资产总额	亿 元	4259	5616	30.4
主营业务收入	亿 元	6064	7138	16.4
利润总额	亿 元	402	466	14.7

注 释:

1.规模以上工业企业统计范围从2011年开始为年主营 业务收入2000万元及以上的工业企业。工业企业指独立核算法人工业企业，应同时具备以下条件：依法成立，有自己的名称、组织机构和场所，能够承担民事责任；独立拥有和使用资产，承担负债，有权与其他单位签订合同；独立核算盈亏，并能够编制资产负债表。

2.按2011年版《国民经济行业分类》(GB/T 4754—2011)：

水泥制造业指从事水泥熟料和水泥生产活动的工业企业。

混凝土与水泥制品业包括水泥制品制造、混凝土结构构件制造、石棉水泥制品制造、其他水泥制品制造，主要生产活动产品包括：

商品混凝土；水泥混凝土排水管、压力管、电杆、砖、瓦；预应力混凝土桩；钢筋混凝土井管、烟道管、相关钢筋混凝土管；遁构法施工用钢筋混凝土管片；水泥混凝土轨枕及铁道用混凝土制品；钢丝网架水泥夹芯板；混凝土路缘石；混凝土界石、墓碑；其他水泥混凝土制砖、瓦。

普通水泥混凝土板；水泥预制桁条；钢筋混凝土柱；钢筋混凝土梁；钢筋混凝土预制结构件；钢筋混凝土预制框架；其他水泥混凝土预制构件。

石棉水泥板；石棉水泥瓦；石棉水泥管；其他石棉水泥制品；纤维增强硅酸钙板(包括石棉硅酸钙板、无石棉硅酸钙板、其他纤维增强硅酸钙板)；无石棉纤维水泥制品(包括无石棉纤维水泥平板、无石棉纤维水泥披迭板、无石棉纤维水泥板预制复合墙板、无石棉纤维水泥波瓦、无石棉纤维水泥管、其他无石棉纤维水泥制品)。

纤维增强水泥制品。

3.产品产量统计范围为工业企业。

水泥熟料、水泥产量统计范围为全社会工业企业。

商品混凝土、水泥混凝土桩、水泥排水管、水泥压力管、水泥电杆和水泥专用设备产量统计范围为规模以上工业企业。

4.出口为海关统计。海关统计范围为实际进出中华人民共和国关境的货物，包括保税仓库、保税区或经济特区进出境的货物、加工贸易进出口的货物、租赁期一年及以上的租赁贸易货物、外商投资企业进出口货物、国际间无偿援助的物资以及捐赠品。水泥进出口包括白色硅酸盐水泥、硅酸盐水泥、铝酸盐水泥及其他水泥。水泥混凝土制品进出口包括混凝土管、杆、板、桩，混凝土轨枕，混凝土预制结构件，水泥砖瓦及其他水泥混凝土制品。纤维增强水泥制品包括石棉水泥制品和无石棉纤维水泥制品。

5.限额以上固定资产投资指城镇和农村各种登记注册类型的企业、事业、行政单位及城镇个体户进行的计划总投资500万元及500万元以上的建设项目投资。投资完成额年增长率为剔除投资价格变动因素后的实际增长率。

6.2011年规模以上企业能源消耗量统计范围为年主营业务收入2000万元及以上工业企业和年能源消耗量1万吨标准煤及以上工业企业。从2012年开始，规模以上企业能源消耗量统计范围为年主营业务收入2000万元及以上工业企业。从2011年开始，主要经济指标统计范围为年主营业务收入2000万元及以上工业企业。

7.主要经济指标解释：

资产总额：指企业过去的交易或者事项形成的、由企业拥有或者控制的、预期会给企业带来经济利益的资源。资产一般按流动性分为流动资产和非流动资产。其中流动资产可分为货币资金、交易性金融资产、应收票据、应收账款、预付款项、其他应收款、存货等；非流动资产可分为长期股权投资、固定资产、无形资产及其他非流动资产等。

主营业务收入：指企业确认的销售商品、提供劳务等主营业务的收入。

利润总额：指企业在一定会计期间的经营成果，是生产经营过程中各种收入扣除各种耗费后的盈余，反映企业在报告期内实现的亏盈总额。包括营业利润、补贴收入、投资净收益和营业外收支净额等。

水泥及商品混凝土产量

Cement and commercial concrete output

2－1　水泥产量

2—1　Cement output

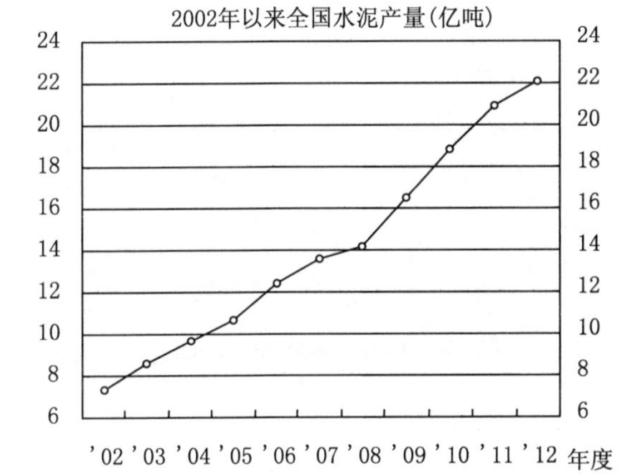

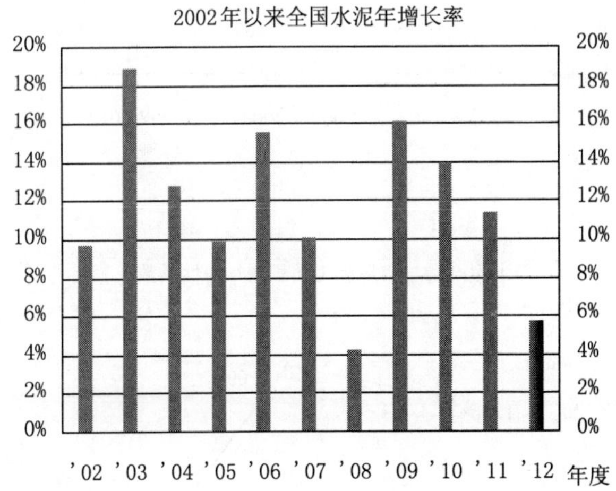

产量单位:万吨

年　度(年)	产　量	增长率(%)
1949	66	
1978	6524	17.2
1989	21029	0.1
1990	20971	－0.3
1991	25261	20.5
1992	30822	22.0
1993	36333	17.9
1994	42119	15.9
1995	47591	13.0
1996	49212	3.4
1997	51276	4.2
1998	52706	2.8
1999	56105	6.4
2000	59319	5.7
2001	66104	11.4
2002	72535	9.7
2003	86271	18.9
2004	97300	12.8
2005	106885	9.9
2006	123611	15.6
2007	136117	10.1
2008	142010	4.3
2009	164863	16.1
2010	187919	14.0
2011	209395	11.4
2012	221339	5.7

年平均增长率：

1949～2012 年	14.2
1978～2012 年	11.0
“七五”时期	10.1
“八五”时期	19.0
“九五”时期	4.1
“十五”时期	12.6
“十一五”时期	11.7
2002～2012 年	12.6
2010～2012 年	9.4

注释：

本篇统计资料平均增长率均按累计平均法计算(以下各表同)。

2－2－1　水泥产量与全社会固定资产投资增长对比

2—2—1　Comparison of cement output to fixed assets investment growth in whole society

水泥产量与全社会固定资产投资年增长率

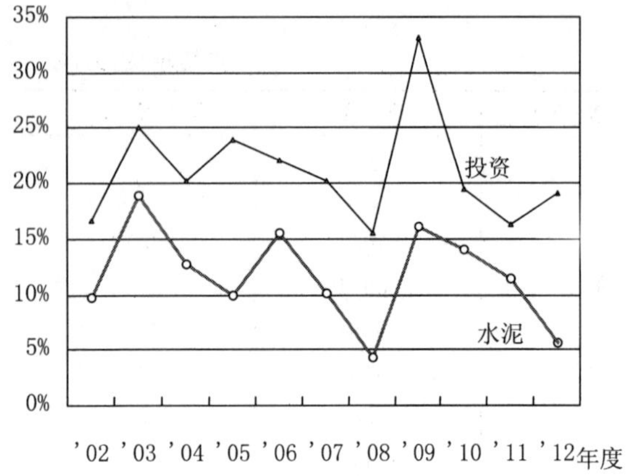

水泥与投资增长弹性系数

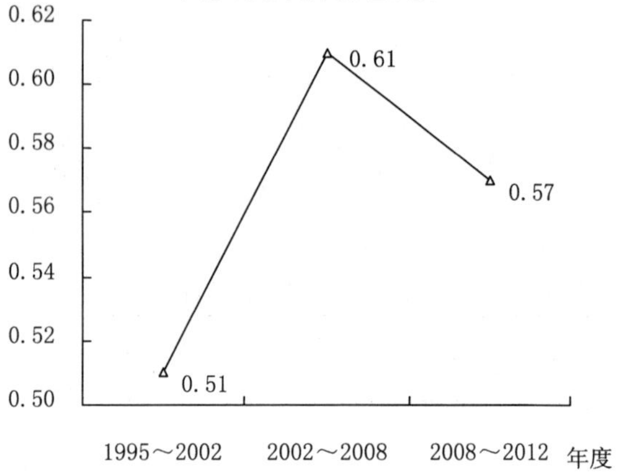

水泥产量与建筑安装工程年增长率

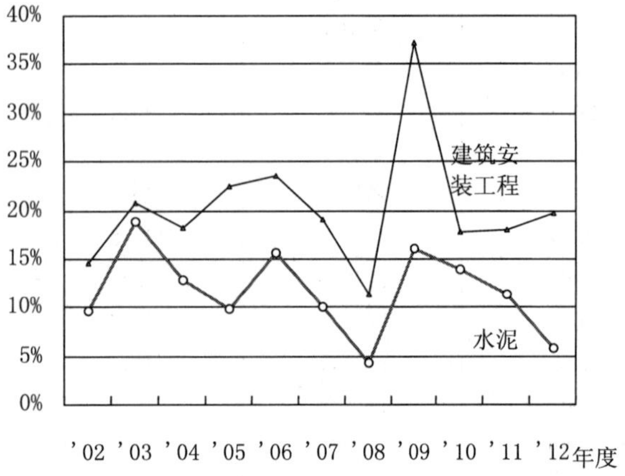

水泥与建筑安装工程增长弹性系数

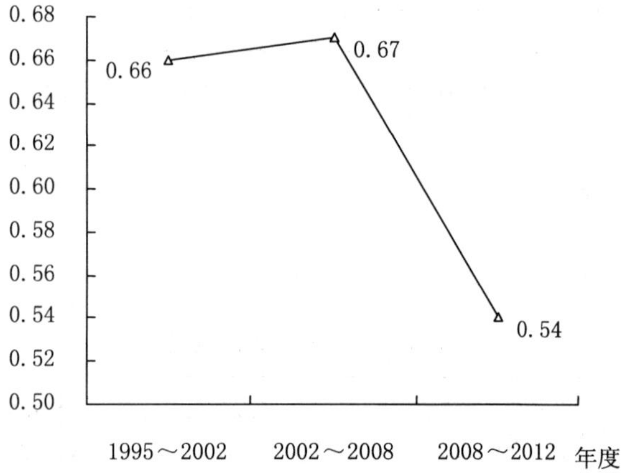

水泥产量与房屋施工面积年增长率

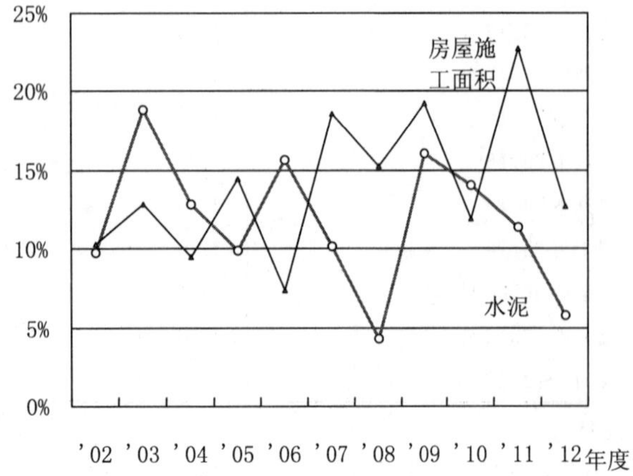

水泥产量与房屋施工面积增长弹性系数

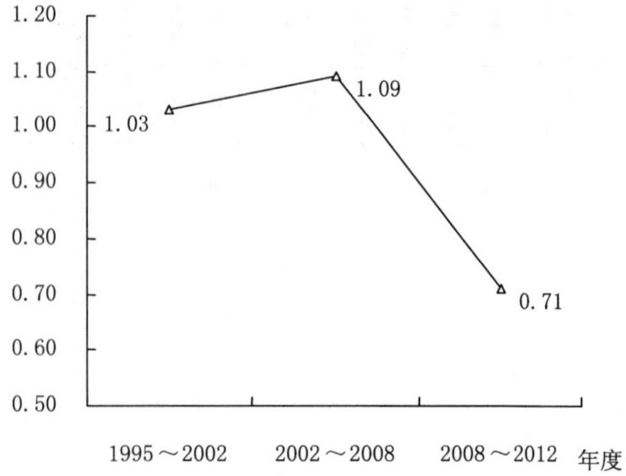

2－2－2　水泥产量与全社会固定资产投资增长对比

2—2—2　Comparison of cement output to fixed assets investment growth in whole society

年　度	全社会固定资产投资		其中建筑安装工程		房屋施工面积		水泥产量增长率(%)	水泥与投资增长弹性系数		
	完成额(亿元)	增长率(%)	完成额(亿元)	增长率(%)	完成(万平方米)	增长率(%)		投资总额	建筑安装工程	房屋施工面积
2002	43500	16.7	26579	14.6	304428	10.3	9.7	0.58	0.66	0.95
2003	55567	25.0	33447	20.7	343742	12.9	18.9	0.76	0.91	1.47
2004	70477	20.2	42804	18.2	376495	9.5	12.8	0.63	0.70	1.34
2005	88774	24.0	53383	22.5	431123	14.5	9.9	0.41	0.44	0.68
2006	109998	22.1	66776	23.5	462677	7.3	15.6	0.71	0.67	2.14
2007	137324	20.2	83518	19.0	548542	18.6	10.1	0.50	0.53	0.55
2008	172828	15.6	104959	11.3	632261	15.3	4.3	0.28	0.38	0.28
2009	224599	33.2	138758	37.3	754189	19.3	16.1	0.49	0.43	0.83
2010	(278122)	19.5	(171352)	17.7	(885173)	17.4	14.0	0.72	0.79	0.81
2010	251684		155581		844057					
2011	311485	16.2	200196	17.9	1035519	22.7	11.4	0.71	0.64	0.50
2012	374695	19.0	243618	19.7	1167238	12.7	5.7	0.30	0.29	0.45
平均										
2002～2008		22.1		20.2		12.3	13.4	0.61	0.67	1.09
2008～2012		23.5		24.8		18.7	13.3	0.57	0.54	0.71

注　释：

1.全社会固定资产投资是以货币形式表现的在一定时期内全社会建造和购置固定资产的工作量以及与此有关的费用。按构成分为建筑安装工程、设备工具器具购置及其他费用。

建筑工程指各种房屋、建筑物的建造工程，又称建筑工作量。这部分投资额必须兴工动料，通过施工活动才能实现。

安装工程指各种设备、装置的安装工程，又称安装工作量。在安装工程中，不包括被安装设备本身价值。

2.1997～2010 年，除房地产投资、农村集体投资、个人投资以外，投资统计的起点为 50 万元；自 2011 年起，除房地产投资、农村个人投资外，固定资产投资的统计起点提高至 500 万元。本表 2010 年的两组数据括号内为原口径数，未加括号的为调整后的新口径数(以下各表同)。

3.投资完成额增长速度均为扣除投资价格因素后的实际增长速度(以下各表同)。

4.房屋施工面积指年内施工的全部房屋建筑面积。包括年内新开工的面积、上年跨入本年继续施工的房屋建筑面积、上年停缓建在本年恢复施工的房屋建筑面积、本年竣工的房屋建筑面积以及本年施工后又停缓建的房屋建筑面积。多层建筑包括各层建筑面积之和。

5.水泥与投资增长弹性系数反映水泥产量增长速度与固定资产投资增长速度之间比例关系。如 2008～2012 年，全社会固定资产投资剔除价格变动因素的实际增长率每增长 1 个百分点，带动水泥产量增长 0.57 个百分点。

水泥与投资增长弹性系数计算方法为水泥产量增长速度与固定资产投资增长速度的比率。水泥与建筑安装工程增长弹性系数、水泥与房屋施工面积增长弹性系数计算方法相同。

2－3 全社会固定资产投资建设总规模

2—3 Total scale of fixed assets investment construction in whole society

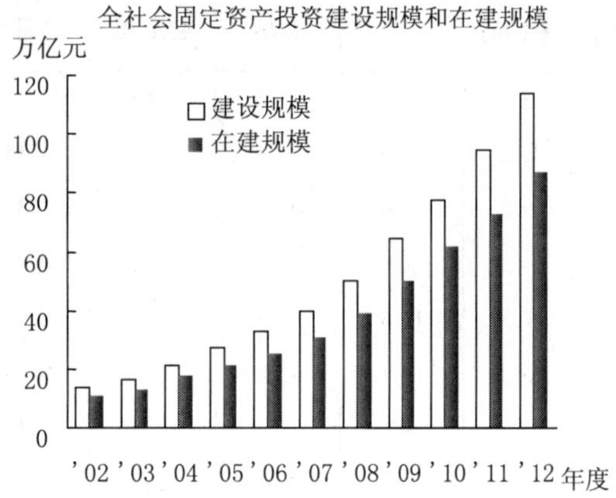

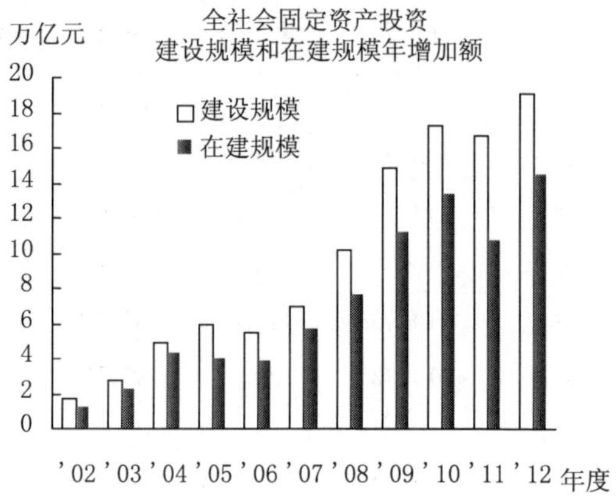

计量单位：亿元

年度(年)	建设总规模			在建总规模			在建净规模		
	建设规模	增长额	增长(%)	在建规模	增长额	增长(%)	净规模	增长额	增长(%)
2002	135313	17010	14.4	108684	13440	14.1	57506	8105	16.4
2003	163348	28035	20.7	131733	23049	21.2	69741	12235	21.3
2004	212275	48928	30.0	175653	43920	33.3	92728	22988	33.0
2005	270927	58652	27.6	215350	39697	22.6	116321	23592	25.4
2006	326298	55371	20.4	254062	38713	18.0	124873	8552	7.4
2007	396409	70111	21.5	310890	56828	22.4	150463	25590	20.5
2008	498441	102032	25.7	388122	77232	24.8	184517	34054	22.6
2009	647024	148583	29.8	500444	112322	28.9	246082	61566	33.4
2010	(819580)	172556	26.7	(634643)	134199	26.8	(309461)	63379	25.8
2010	777313			618982			301424		
2011	944675	167362	21.5	725708	106726	17.2	347241	45816	15.2
2012	1135913	191239	20.2	870229	144521	19.9	407020	59780	17.2

注释：

1.建设总规模指年内所有施工项目的计划总投资。

2.在建总规模指年末所有在建项目的计划总投资。

3.在建净规模指年末所有在建项目建成投产尚需的投资总量，计算公式为在建总规模减法未投产项目(年末在建)累计完成投资。

2－4－1 全社会固定资产投资主要行业

2—4—1　Main industry of fixed assets investment in whole society

全社会固定资产投资主要行业比重

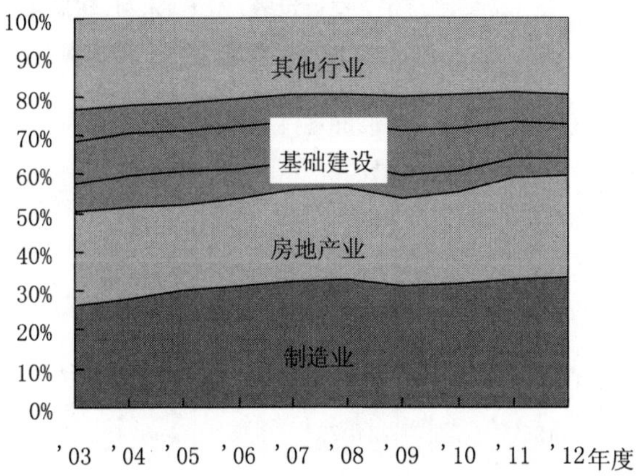

制造业固定资产投资年增长率

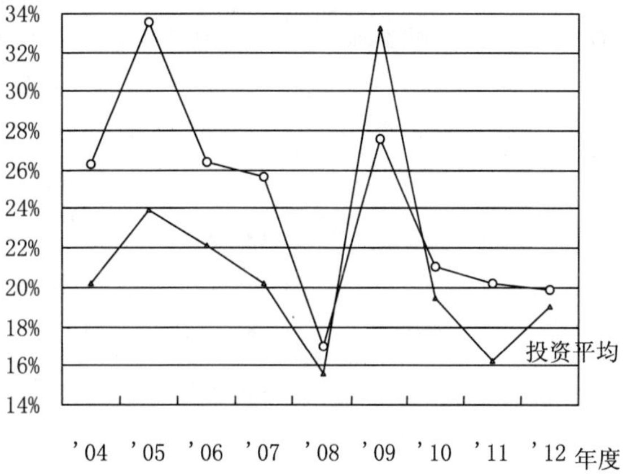

房地产业固定资产投资年增长率

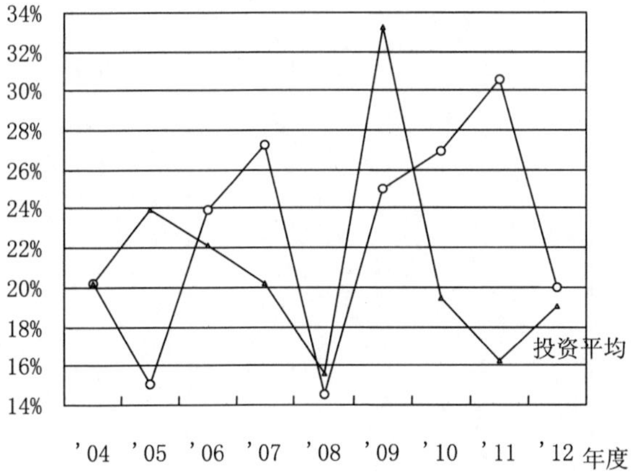

电力、热力、燃气及水生产和供应业
固定资产投资年增长率

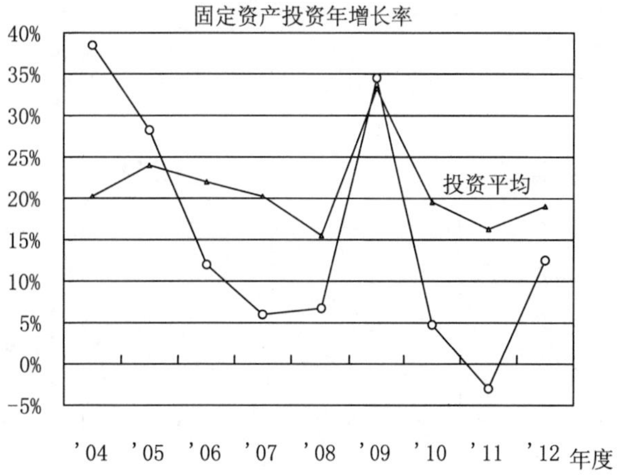

交通运输、仓储和邮政业
固定资产投资年增长率

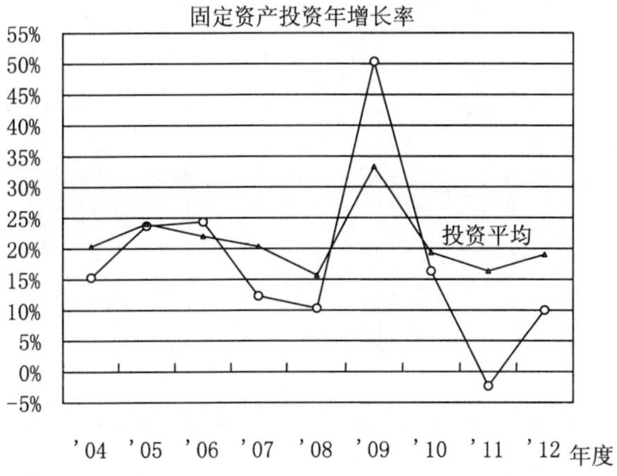

水利、环境和公共设施管理业
固定资产投资年增长率

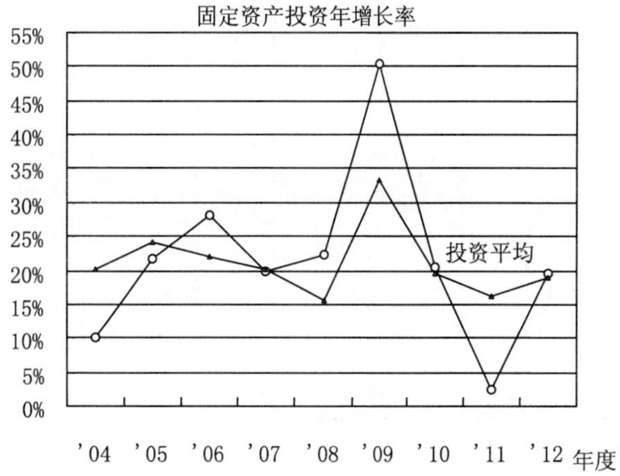

2－4－2 全社会固定资产投资主要行业

2—4—2 Main industry of fixed assets investment in whole society

计量单位:亿元

年度(年)	制造业	房地产业	基础建设固定资产投资合计	电力、热力、燃气及水生产和供应业	交通运输、仓储和邮政业	水利、环境和公共设施管理业
2003	14690	13143	14618	3962	6289	4366
2004	19585	16679	18513	5795	7646	5072
2005	26576	19505	23443	7554	9614	6274
2006	34090	24524	28876	8586	12138	8153
2007	44505	32439	33776	9468	14154	10154
2008	56702	40442	41556	10997	17024	13534
2009	70613	49359	59284	14435	24975	19874
2010	88619	64877	70582	15680	30074	24828
2011	102713	81686	67475	14660	28292	24523
2012	124550	99159	77739	16673	31445	29622
比重(%)						
2003	26.4	23.7	26.3	7.1	11.3	7.9
2004	27.8	23.7	26.3	8.2	10.8	7.2
2005	29.9	22.0	26.4	8.5	10.8	7.1
2006	31.0	22.3	26.3	7.8	11.0	7.4
2007	32.4	23.6	24.6	6.9	10.3	7.4
2008	32.8	23.4	24.0	6.4	9.9	7.8
2009	31.4	22.0	26.4	6.4	11.1	8.8
2010	31.9	23.3	25.4	5.6	10.8	8.9
2011	33.0	26.2	21.7	4.7	9.1	7.9
2012	33.2	26.5	20.7	4.4	8.4	7.9
增长率(%)						
2004	26.3	20.2	20.0	38.6	15.2	10.1
2005	33.6	15.1	24.6	28.3	23.8	21.8
2006	26.4	23.9	21.4	12.0	24.4	28.0
2007	25.7	27.3	12.6	6.1	12.2	19.9
2008	17.0	14.5	13.0	6.7	10.4	22.4
2009	27.6	25.0	46.2	34.5	50.3	50.5
2010	21.1	26.9	14.9	4.8	16.2	20.6
2011	20.2	30.6	−0.9	−3.0	−2.4	2.4
2012	19.9	20.0	13.9	12.5	9.9	19.5

注释:

基础建设固定资产投资包括电力热力燃气及水生产和供应业、交通运输仓储和邮政业、水利环境和公共设施管理业三个行业。

2－5 全国人口构成和人均水泥消费量

2—5　National population composition and per capita cement consumption

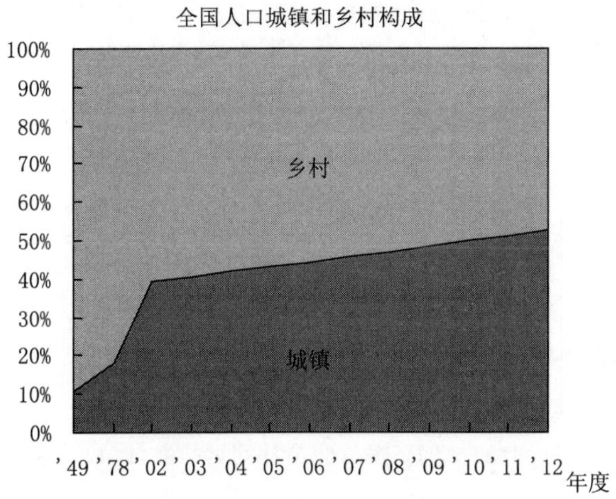

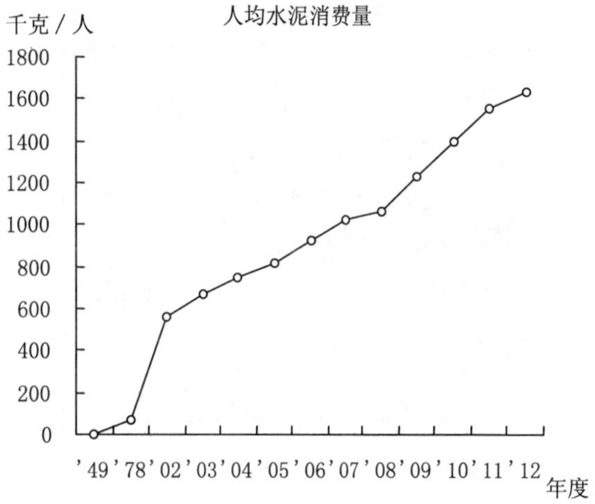

年　度	年末总人口（万人）	城　镇		乡　村		人均水泥消费量（千克/人）
		人口数（万人）	比重（%）	人口数（万人）	比重（%）	
1949	54167	5765	10.6	48402	89.4	1
1978	96259	17245	17.9	79014	82.1	68
1980	98705	19140	19.4	79565	80.6	82
1985	105851	25094	23.7	80757	76.3	142
1990	114333	30195	26.4	84138	73.6	179
1995	121121	35174	29.0	85947	71.0	389
2000	126743	45906	36.2	80837	63.8	465
2002	128453	50212	39.1	78241	60.9	563
2003	129227	52376	40.5	76851	59.5	666
2004	129988	54283	41.8	75705	58.2	747
2005	130756	56212	43.0	74544	57.0	812
2006	131448	58288	44.3	73160	55.7	929
2007	132129	60633	45.9	71496	54.1	1022
2008	132802	62403	47.0	70399	53.0	1062
2009	133450	64512	48.3	68938	51.7	1233
2010	134091	66978	50.0	67113	50.1	1398
2011	134735	69079	51.3	65656	48.7	1552
2012	135404	71182	52.6	64222	47.4	1632

注释：

1.总人口中包括现役军人，按城乡分人口中现役军人计入城镇人口。

2.人均水泥消费量为当年水泥产量减净出口量除平均人口数。

2－6 水泥熟料产量

2－6 Cement clinker output

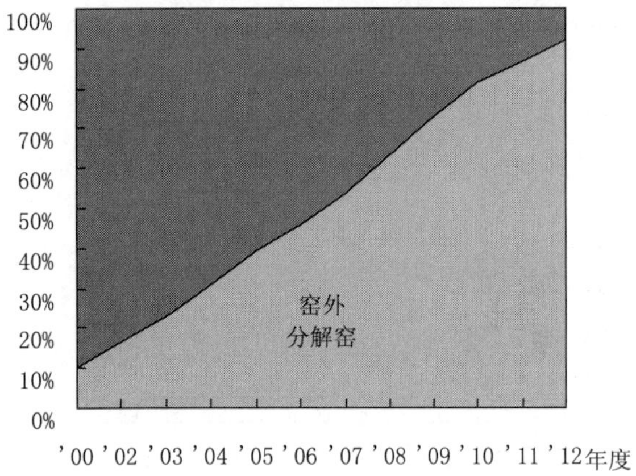

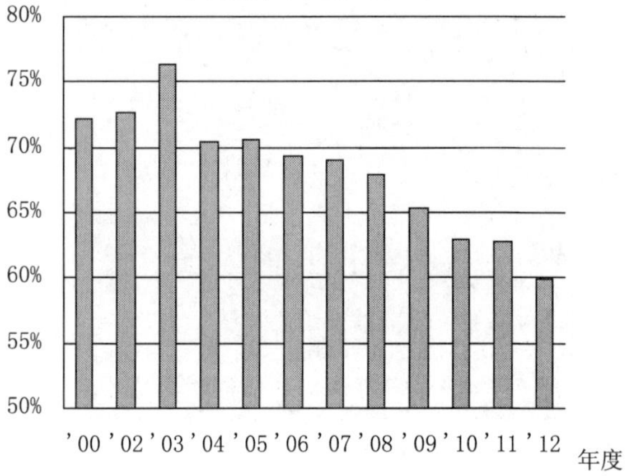

计量单位:万吨

年 度	水泥熟料				水 泥	增长率(%)	新型干法比率(%)	熟料与水泥比率(%)
	总 计	增长率(%)	窑 外 分解窑	增长率(%)				
2002	52515	10.0	8580	43.2	72535	9.7	16.3	72.6
2003	65703	25.1	14944	74.2	86271	18.9	22.7	76.3
2004	68437	4.2	21019	40.7	97300	12.8	30.7	70.4
2005	76472	11.7	30201	43.7	106885	9.9	39.5	70.6
2006	87328	14.2	40181	33.0	123611	15.6	46.0	69.3
2007	95668	9.6	51462	28.1	136117	10.1	53.8	69.0
2008	97701	2.1	61836	20.2	142010	4.3	63.3	67.9
2009	108408	11.0	78835	27.5	164863	16.1	72.7	65.3
2010	118817	9.6	96688	22.6	187919	14.0	81.4	62.9
2011	131630	10.8	114306	18.2	209395	11.4	86.8	62.8
2012	132785	0.9	122393	7.1	221339	5.7	92.2	59.9

注释:

1.窑外分解窑水泥熟料即新型干法水泥熟料,是由窑外分解窑煅烧而产生的水泥熟料。

2.新型干法比例为窑外分解窑水泥熟料产量占水泥熟料产量的比重,是观察水泥生产工艺的重要指标。

3.熟料与水泥比率为水泥熟料产量减水泥熟料净出口量与水泥产量的比率,是观察水泥混合材掺加率的重要指标。

2－7 水泥产量地区分布

2—7　Distribution of cement output regions

水泥熟料产量地区构成

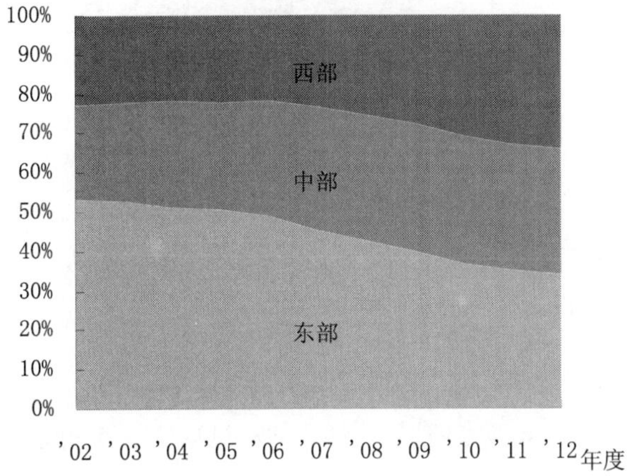

水泥产量地区构成

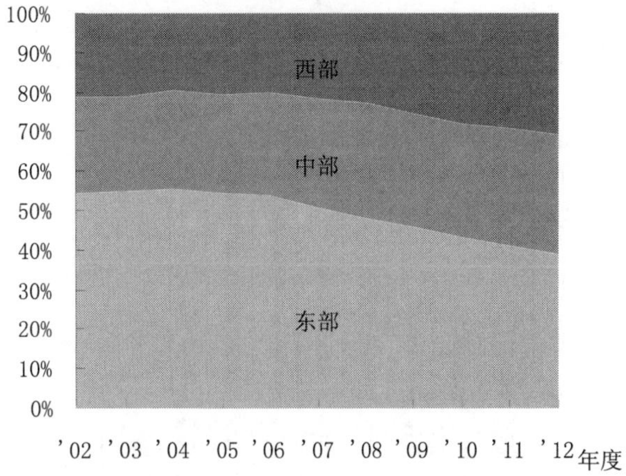

计量单位:万吨

年　度	水泥熟料			水　泥		
	东部地区	中部地区	西部地区	东部地区	中部地区	西部地区
2005	38501	20755	17217	58198	26631	22055
2006	42972	25210	19146	66173	32239	25199
2007	43183	30219	22266	68408	37812	29897
2008	41730	31228	24743	68329	40903	32778
2009	43005	35346	30057	75075	48104	41684
2010	43354	38501	36962	80815	54156	52947
2011	46257	41856	43517	86219	61325	61851
2012	44863	42738	45183	86215	66908	68217
比重(%)						
2005	50.3	27.1	22.5	54.45	24.92	20.63
2008	42.7	32.0	25.3	48.12	28.80	23.08
2010	36.5	32.4	31.1	43.01	28.82	28.18
2012	33.8	32.2	34.0	38.95	30.23	30.82
增长率(%)						
2008	－3.4	3.3	11.1	－0.1	8.2	9.6
2009	3.1	13.2	21.5	9.9	17.6	27.2
2010	0.8	8.9	23.0	7.6	12.6	27.0
2011	6.7	8.7	17.7	6.7	13.2	16.8
2012	－3.0	2.1	3.8	0.0	9.1	10.3

注释:

东部地区包括北京市、天津市、河北省、辽宁省、上海市、江苏省、浙江省、福建省、山东省、广东省、海南省;中部地区包括山西省、吉林省、黑龙江省、安徽省、江西省、河南省、湖北省、湖南省;西部地区包括内蒙古自治区、广西壮族自治区、重庆市、四川省、贵州省、云南省、西藏自治区、陕西省、甘肃省、青海省、宁夏回族自治区、新疆维吾尔自治区。

2－8 商品混凝土生产企业和产量

2—8 Commercial concrete production enterprises and output

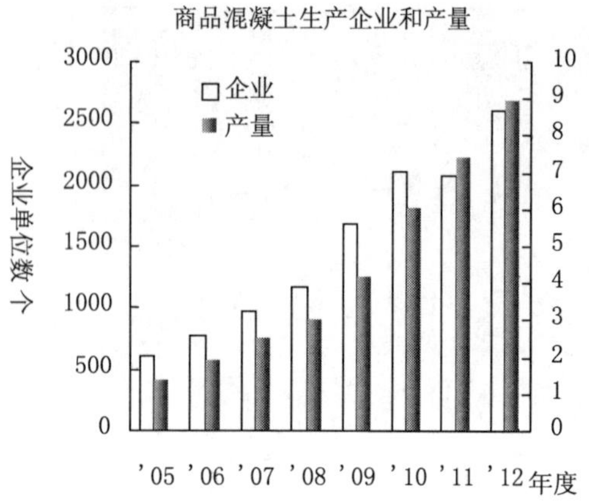

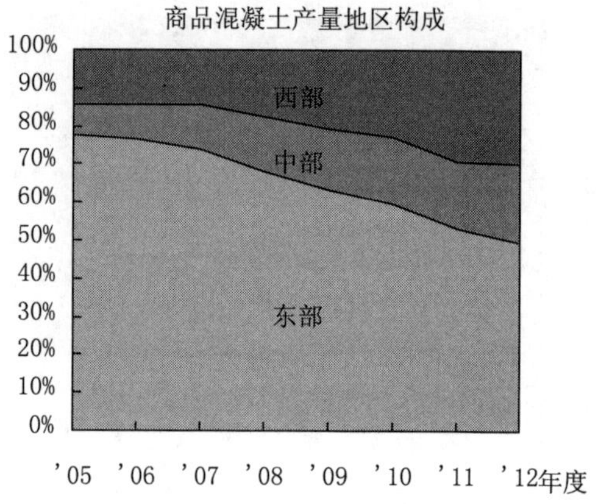

产量计量单位:万立方米

年 度	全 国			东部地区			中部地区			西部地区		
	企业	产量	增长(%)	企业	产量	增长(%)	企业	产量	增长(%)	企业	产量	增长(%)
2005	604	13529	23.3	407	10481	17.8	96	1143	49.4	101	1905	45.2
2006	771	19238	21.9	505	14778	18.5	129	1727	34.3	137	2733	35.5
2007	978	25142	23.5	617	18618	19.9	184	2880	38.2	177	3643	32.9
2008	1171	30179	14.7	702	20615	7.8	246	4215	34.0	223	5349	32.2
2009	1684	41690	21.6	978	26460	14.7	359	6482	27.3	347	8748	43.2
2010	(2113)	(60343)	32.3	(1120)	(36057)	23.0	(506)	(103270	49.0	(487)	(13959)	49.0
2010	1887	58390		991	34538		424	9657		472	14195	
2011	2075	74271	27.2	1046	39634	14.8	493	13018	34.8	536	21620	52.3
2012	2603	89788	11.0	1258	44645	1.1	659	18248	23.7	686	26894	22.5

注释:

1.商品混凝土指工业企业生产的以商品形式供给工程使用的预拌混凝土。

2.商品混凝土产量企业统计范围:2010年以前为年主营业务收入500万元以上工业企业。2011年以后为年主营业务收入2000万元以上工业企业。本表2010年的两组数据括号内为原统计范围,未加括号的为新统计范围。

2－9－1 省区市水泥及商品混凝土产量

2—9—1 Cement and commercial concrete output of city, region and province

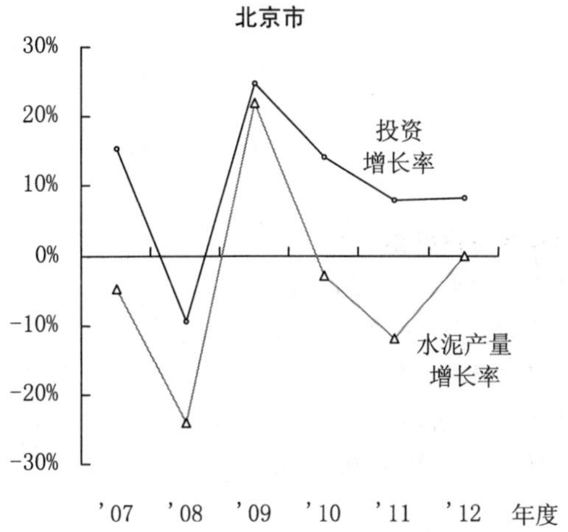

本地区固定资产投资

在建总规模 2.94 万亿元，比上年增长 11.3 %

本年完成固定资产投资 6112 亿元，比上年增长 8.2 %

水泥及商品混凝土产量

水泥产量 923 万吨，比上年下降 0.1 %

商品混凝土企业数量增加 5 家，产量增长 3.6 %

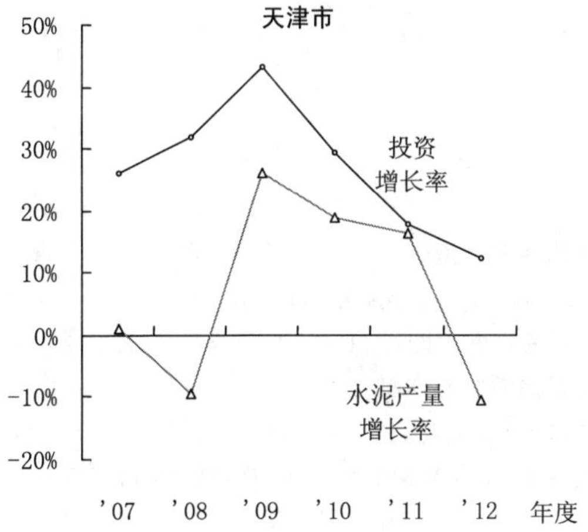

本地区固定资产投资

在建总规模 2.49 万亿元，比上年增长 17.2 %

本年完成固定资产投资 7935 亿元，比上年增长 12.3 %

水泥及商品混凝土产量

水泥产量 865 万吨，比上年下降 10.5 %

商品混凝土：企业数量增加 3 家，产量下降 12.7 %

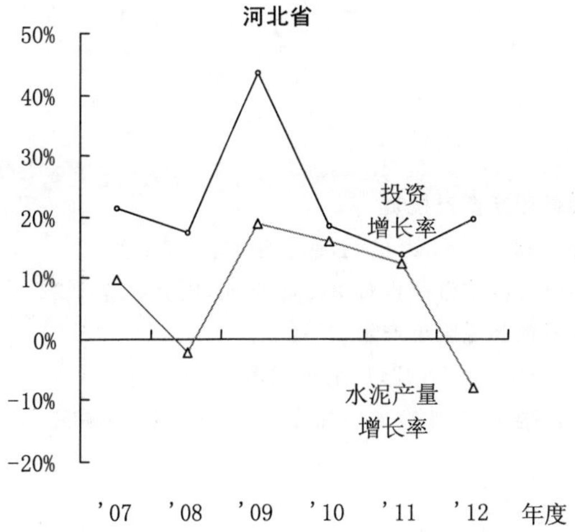

本地区固定资产投资

在建总规模 4.25 万亿元，比上年增长 19.4 %

本年完成固定资产投资 19661 亿元，比上年增长 19.6 %

水泥及商品混凝土产量

水泥产量 13171 万吨，比上年下降 8.2 %

商品混凝土：企业数量增加 16 家，产量增长 0.7 %

2－9－2 省区市水泥及商品混凝土产量

2—9—2 Cement and commercial concrete output of city, region and province

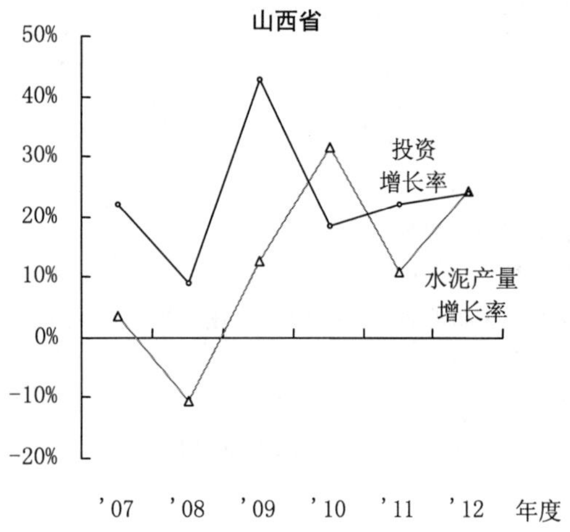

本地区固定资产投资

在建总规模 1.98 万亿元，比上年增长 24 %

本年完成固定资产投资 8863 亿元，比上年增长 23.8 %

水泥及商品混凝土产量

水泥产量 5042 万吨，比上年增长 24.1 %

商品混凝土：企业数量增加 5 家，产量下降 13.2 %

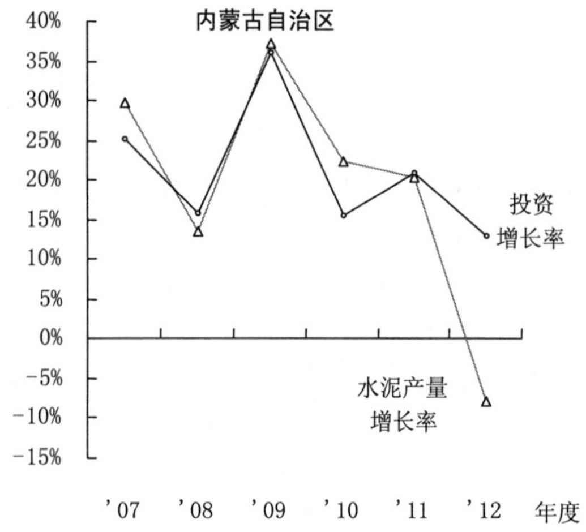

本地区固定资产投资

在建总规模 2.4 万亿元，比上年增长 20.1 %

本年完成固定资产投资 11876 亿元，比上年增长 12.8 %

水泥及商品混凝土产量

水泥产量 6070 万吨，比上年下降 7.8 %

商品混凝土：企业数量增加 6 家，产量增长 11.5 %

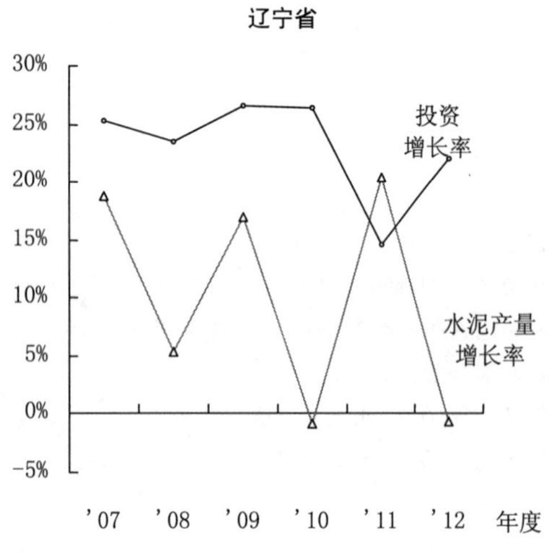

本地区固定资产投资

在建总规模 4.66 万亿元，比上年增长 17.1 %

本年完成固定资产投资 21836 亿元，比上年增长 22 %

水泥及商品混凝土产量

水泥产量 5725 万吨，比上年下降 0.6 %

商品混凝土：企业数量增加 8 家，产量增长 24.9 %

2－9－3 省区市水泥及商品混凝土产量

2—9—3 Cement and commercial concrete output of city, region and province

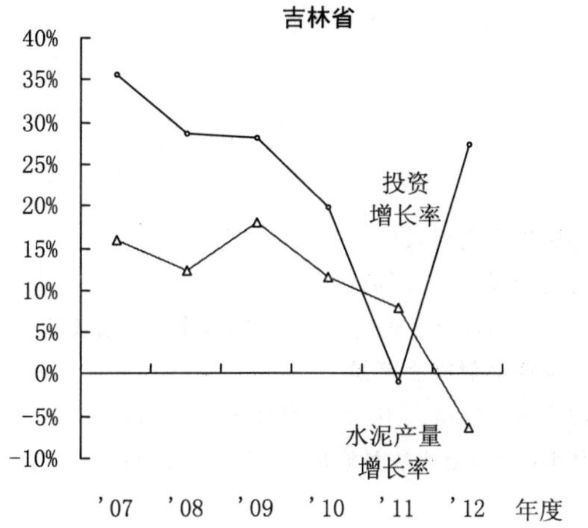

本地区固定资产投资

在建总规模 1.28 万亿元，比上年增长 26.3 %

本年完成固定资产投资 9512 亿元，比上年增长 27.4 %

水泥及商品混凝土产量

水泥产量 3112 万吨，比上年下降 6.4 %

商品混凝土：企业数量增加 6 家，产量增长 121.3 %

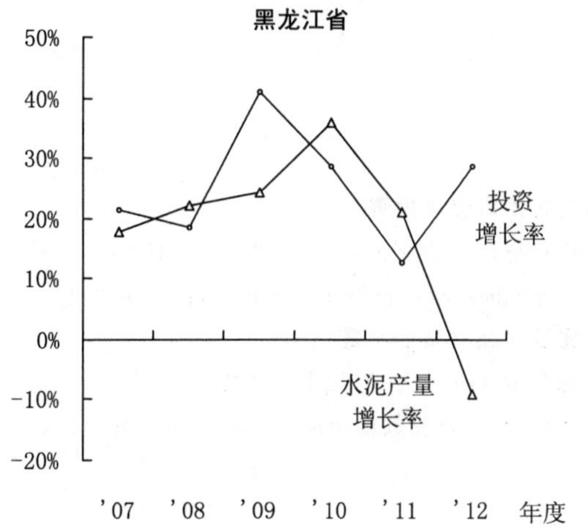

本地区固定资产投资

在建总规模 1.57 万亿元，比上年增长 24.7 %

本年完成固定资产投资 9695 亿元，比上年增长 28.6 %

水泥及商品混凝土产量

水泥产量 3948 万吨，比上年下降 9.3 %

商品混凝土：企业数量增加 6 家，产量增长 29.6 %

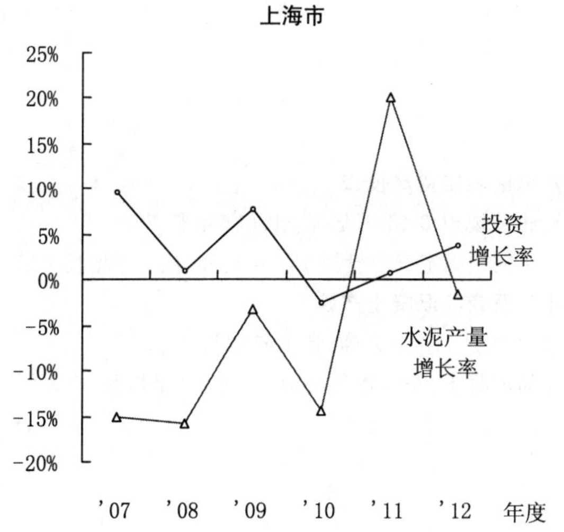

本地区固定资产投资

在建总规模 2.54 万亿元，比上年增长 7.1 %

本年完成固定资产投资 5118 亿元，比上年增长 3.7 %

水泥及商品混凝土产量

水泥产量 793 万吨，比上年下降 1.5 %

商品混凝土：企业数量增加 5 家，产量增长 1.1 %

2－9－4 省区市水泥及商品混凝土产量

2—9—4 Cement and commercial concrete output of city, region and province

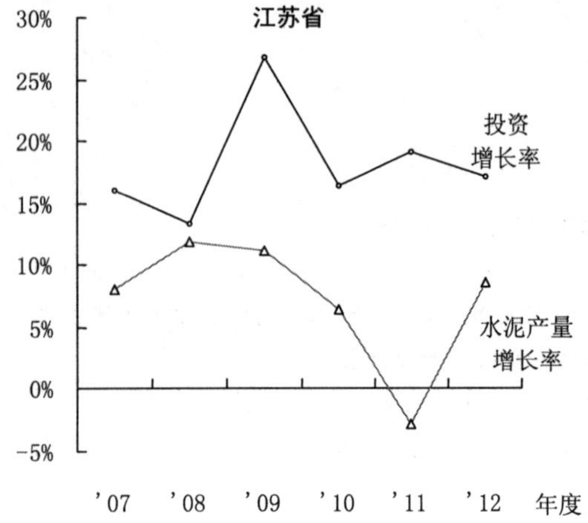

本地区固定资产投资

在建总规模 6.07 万亿元，比上年增长 19.1 ％

本年完成固定资产投资 30854 亿元，比上年增长 17.2 ％

水泥及商品混凝土产量

水泥产量 16565 万吨，比上年增长 8.6 ％

商品混凝土：企业数量增加 58 家，产量增长 23.5 ％

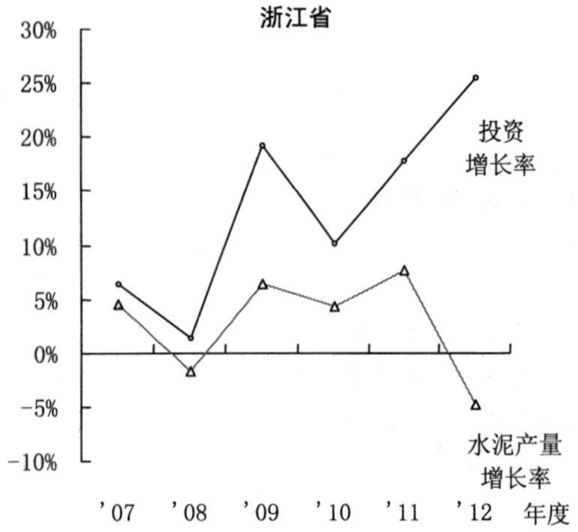

本地区固定资产投资

在建总规模 5 万亿元，比上年增长 19.3 ％

本年完成固定资产投资 17649 亿元，比上年增长 25.4 ％

水泥及商品混凝土产量

水泥产量 11617 万吨，比上年下降 4.8 ％

商品混凝土：企业数量增加 33 家，产量下降 0.2 ％

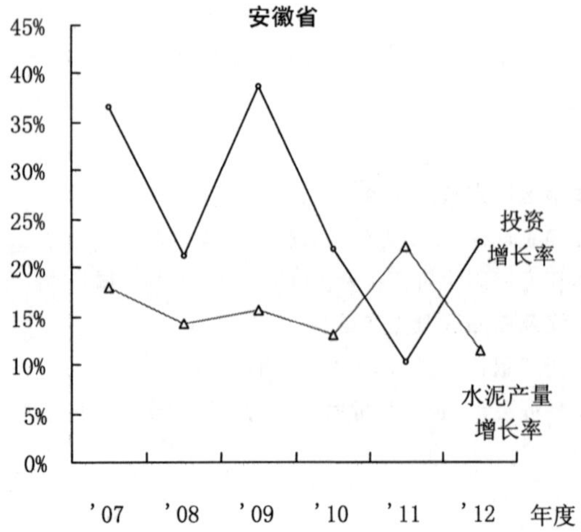

本地区固定资产投资

在建总规模 3.13 万亿元，比上年增长 29.5 ％

本年完成固定资产投资 15426 亿元，比上年增长 22.7 ％

水泥及商品混凝土产量

水泥产量 11001 万吨，比上年增长 11.5 ％

商品混凝土：企业数量增加 64 家，产量增长 32.3 ％

2－9－5 省区市水泥及商品混凝土产量

2—9—5 Cement and commercial concrete output of city, region and province

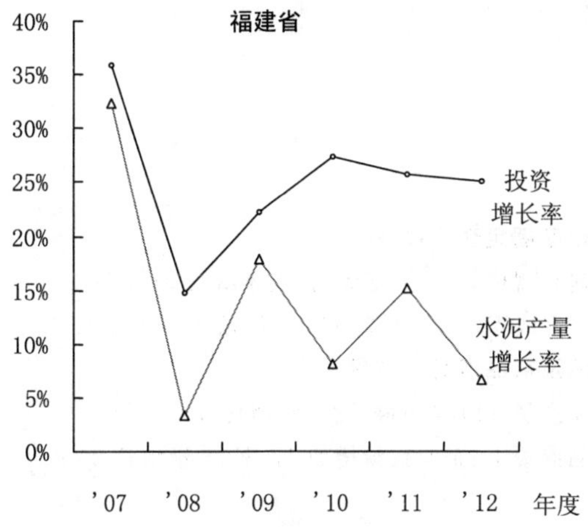

本地区固定资产投资

在建总规模 3.04 万亿元，比上年增长 14.5 %

本年完成固定资产投资 12440 亿元，比上年增长 25.1 %

水泥及商品混凝土产量

水泥产量 7260 万吨，比上年增长 6.6 %

商品混凝土：企业数量增加 36 家，产量增长 73.8 %

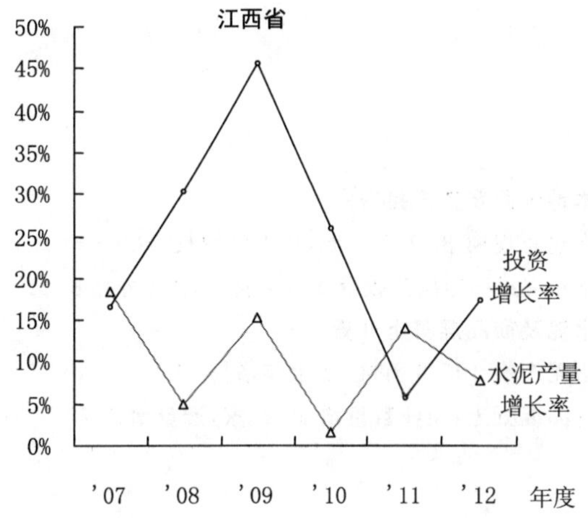

本地区固定资产投资

在建总规模 1.39 万亿元，比上年增长 20.5 %

本年完成固定资产投资 10774 亿元，比上年增长 17.4 %

水泥及商品混凝土产量

水泥产量 7689 万吨，比上年增长 7.8 %

商品混凝土：企业数量增加 21 家，产量增长 74.2 %

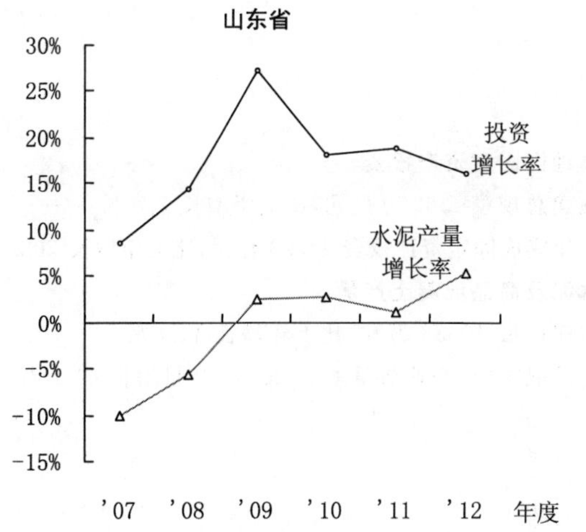

本地区固定资产投资

在建总规模 4.93 万亿元，比上年增长 20.7 %

本年完成固定资产投资 31256 亿元，比上年增长 15.9 %

水泥及商品混凝土产量

水泥产量 15864 万吨，比上年增长 5.2 %

商品混凝土：企业数量增加 39 家，产量增长 24.3 %

2－9－6 省区市水泥及商品混凝土产量

2—9—6 Cement and commercial concrete output of city, region and province

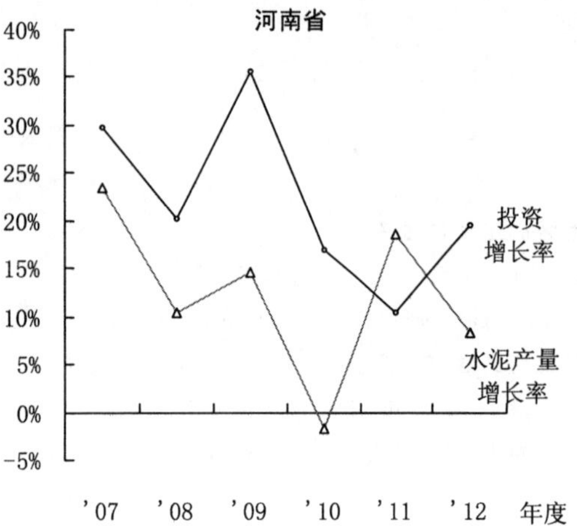

本地区固定资产投资

在建总规模 4.16 万亿元，比上年增长 31.3 %

本年完成固定资产投资 21450 亿元，比上年增长 19.5 %

水泥及商品混凝土产量

水泥产量 14971 万吨，比上年增长 8.3 %

商品混凝土：企业数量增加 17 家，产量增长 26.9 %

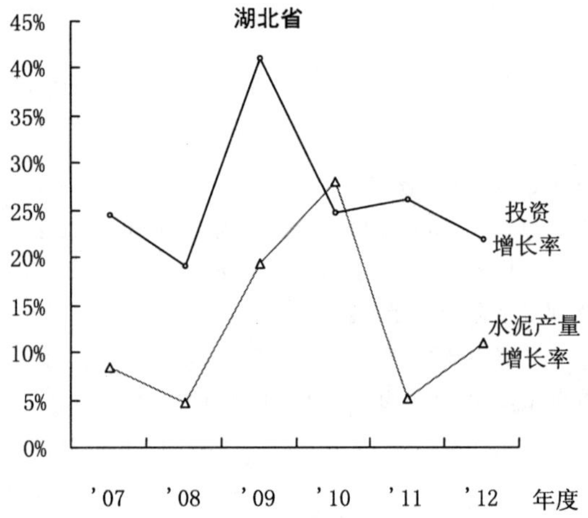

本地区固定资产投资

在建总规模 3.37 万亿元，比上年增长 26.9 %

本年完成固定资产投资 15578 亿元，比上年增长 21.9 %

水泥及商品混凝土产量

水泥产量 10506 万吨，比上年增长 11 %

商品混凝土：企业数量增加 22 家，产量增长 73.2 %

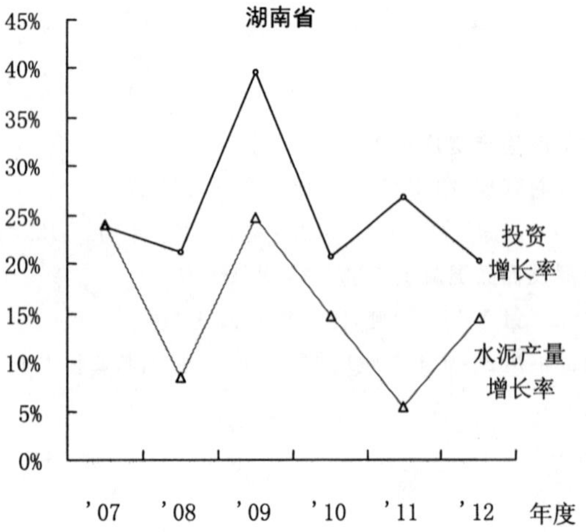

本地区固定资产投资

在建总规模 2.62 万亿元，比上年增长 7.7 %

本年完成固定资产投资 14523 亿元，比上年增长 20.2 %

水泥及商品混凝土产量

水泥产量 10638 万吨，比上年增长 14.4 %

商品混凝土：企业数量增加 25 家，产量增长 41.1 %

2-9-7 省区市水泥及商品混凝土产量

2—9—7 Cement and commercial concrete output of city, region and province

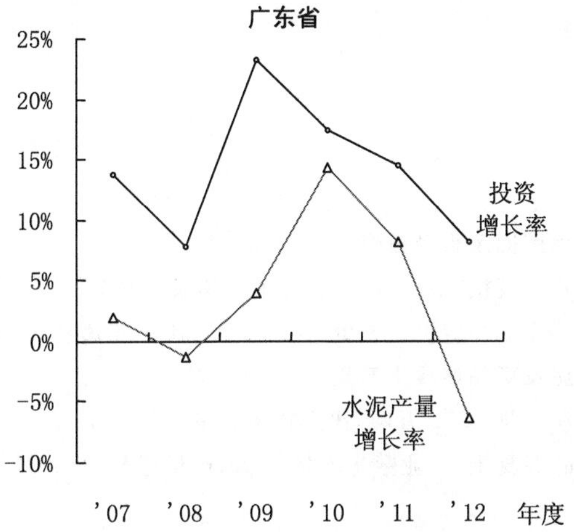

本地区固定资产投资

在建总规模 6.3 万亿元,比上年增长 17.6 %

本年完成固定资产投资 18751 亿元,比上年增长 8.2 %

水泥及商品混凝土产量

水泥产量 11759 万吨,比上年下降 6.4 %

商品混凝土:企业数量增加 8 家,产量下降 0.5 %

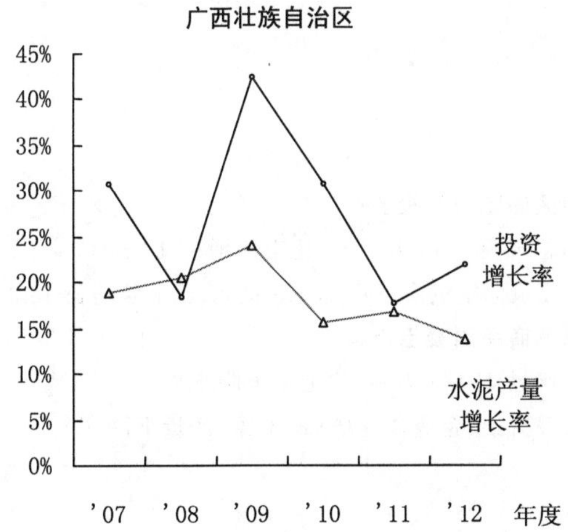

本地区固定资产投资

在建总规模 2.03 万亿元,比上年增长 9.8 %

本年完成固定资产投资 9809 亿元,比上年增长 22 %

水泥及商品混凝土产量

水泥产量 10002 万吨,比上年增长 13.8 %

商品混凝土:企业数量增加 11 家,产量增长 25.8 %

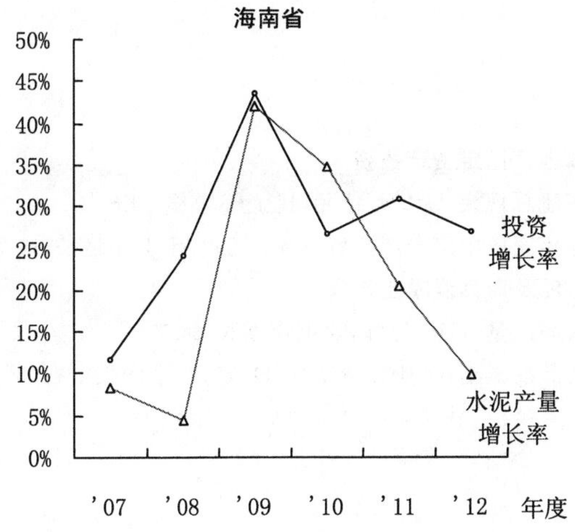

本地区固定资产投资

在建总规模 0.82 万亿元,比上年增长 31.1 %

本年完成固定资产投资 2145 亿元,比上年增长 26.9 %

水泥及商品混凝土产量

水泥产量 1673 万吨,比上年增长 9.9 %

商品混凝土:企业数量减少 0 家,产量下降 9 %

2－9－8 省区市水泥及商品混凝土产量

2—9—8 Cement and commercial concrete output of city, region and province

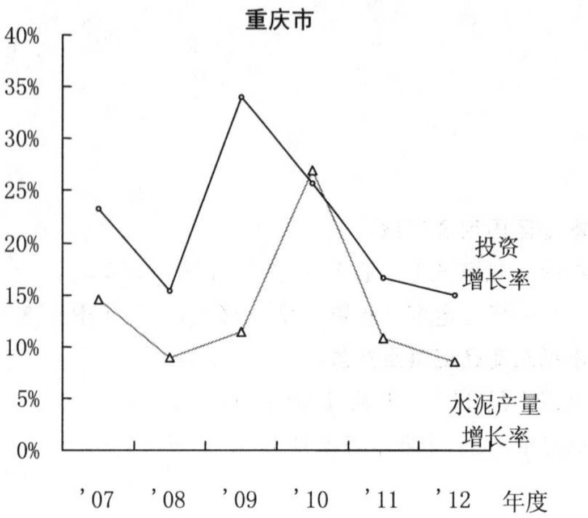

本地区固定资产投资

在建总规模 2.49 万亿元，比上年增长 8.5 %

本年完成固定资产投资 8736 亿元，比上年增长 14.9 %

水泥及商品混凝土产量

水泥产量 5550 万吨，比上年增长 8.4 %

商品混凝土：企业数量增加 9 家，产量增长 22.9 %

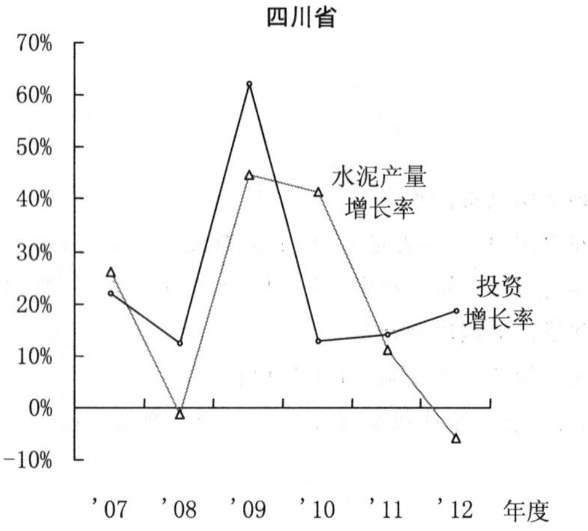

本地区固定资产投资

在建总规模 3.55 万亿元，比上年增长 18.8 %

本年完成固定资产投资 17040 亿元，比上年增长 18.6 %

水泥及商品混凝土产量

水泥产量 13473 万吨，比上年下降 5.8 %

商品混凝土：企业数量增加 11 家，产量下降 1.3 %

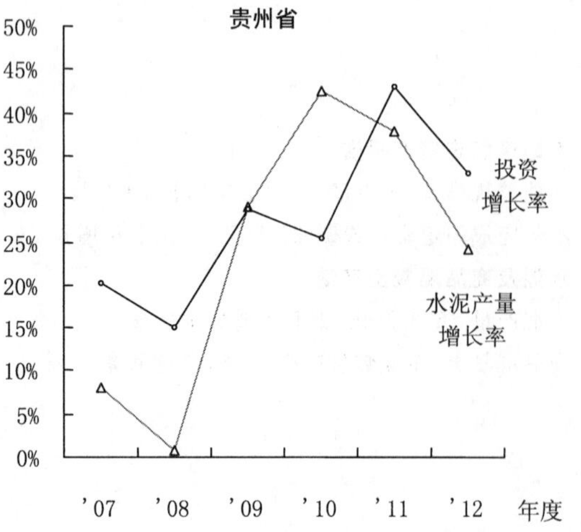

本地区固定资产投资

在建总规模 1.72 万亿元，比上年增长 56.6 %

本年完成固定资产投资 5718 亿元，比上年增长 33 %

水泥及商品混凝土产量

水泥产量 6516 万吨，比上年增长 24.1 %

商品混凝土：企业数量增加 11 家，产量增长 59.7 %

2－9－9 省区市水泥及商品混凝土产量

2—9—9 Cement and commercial concrete output of city, region and province

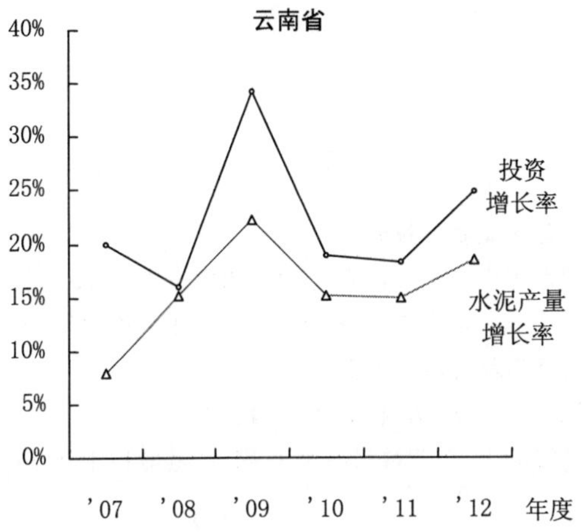

本地区固定资产投资

在建总规模 2.17 万亿元，比上年增长 20.1 %

本年完成固定资产投资 7831 亿元，比上年增长 24.8 %

水泥及商品混凝土产量

水泥产量 7879 万吨，比上年增长 18.4 %

商品混凝土：企业数量增加 12 家，产量增长 43.1 %

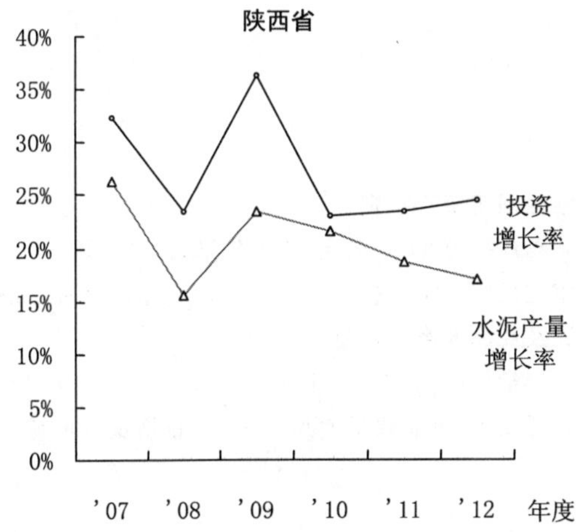

本地区固定资产投资

在建总规模 2.86 万亿元，比上年增长 26.1 %

本年完成固定资产投资 12045 亿元，比上年增长 24.5 %

水泥及商品混凝土产量

水泥产量 7645 万吨，比上年增长 16.9 %

商品混凝土：企业数量增加 42 家，产量增长 60.9 %

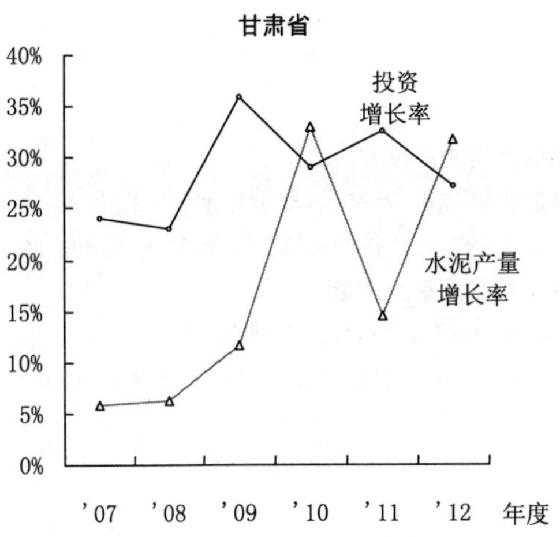

本地区固定资产投资

在建总规模 0.92 万亿元，比上年增长 41.5 %

本年完成固定资产投资 5145 亿元，比上年增长 27.1 %

水泥及商品混凝土产量

水泥产量 3659 万吨，比上年增长 31.7 %

商品混凝土：企业数量增加 12 家，产量增长 84.4 %

2－9－10 省区市水泥及商品混凝土产量

2—9—10 Cement and commercial concrete output of city, region and province

青海省

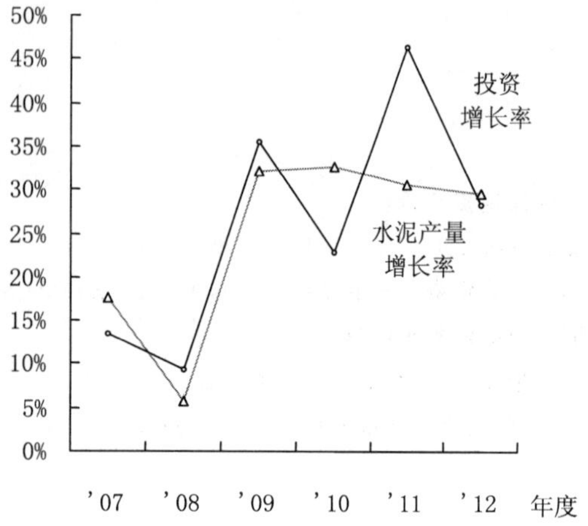

本地区固定资产投资

在建总规模 0.6 万亿元，比上年增长 27.5 %

本年完成固定资产投资 1883 亿元，比上年增长 28.3 %

水泥及商品混凝土产量

水泥产量 1371 万吨，比上年增长 29.6 %

商品混凝土：企业数量减少 0 家，产量增长 18.6 %

宁夏回族自治区

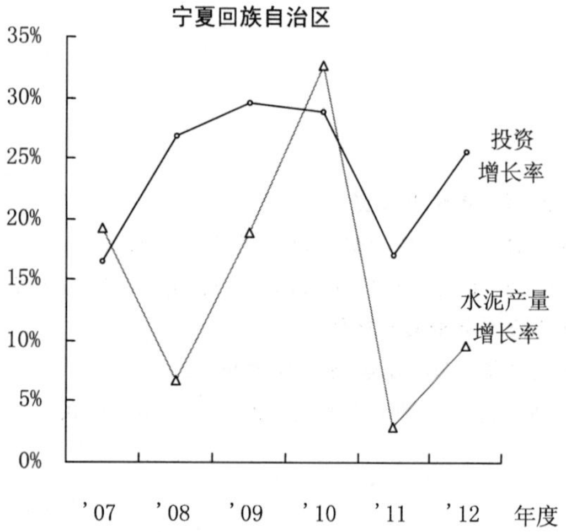

本地区固定资产投资

在建总规模 0.66 万亿元，比上年增长 36.5 %

本年完成固定资产投资 2097 亿元，比上年增长 25.6 %

水泥及商品混凝土产量

水泥产量 1605 万吨，比上年增长 9.7 %

商品混凝土：企业数量增加 4 家，产量增长 3.9 %

新疆维吾尔族自治区

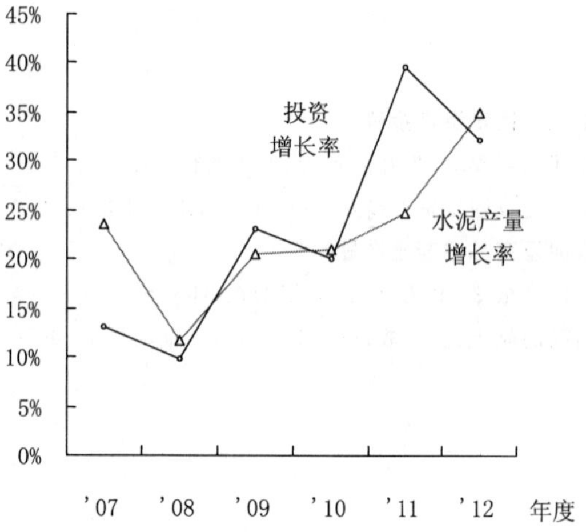

本地区固定资产投资

在建总规模 1.85 万亿元，比上年增长 42 %

本年完成固定资产投资 6159 亿元，比上年增长 32.2 %

水泥及商品混凝土产量

水泥产量 4161 万吨，比上年增长 34.9 %

商品混凝土：企业数量增加 32 家，产量增长 41.8 %

固定资产投资和生产能力

Fixed assets investment and production capacity

3－1　水泥制造业固定资产投资

3—1　Fixed assets investment in cement manufacture industry

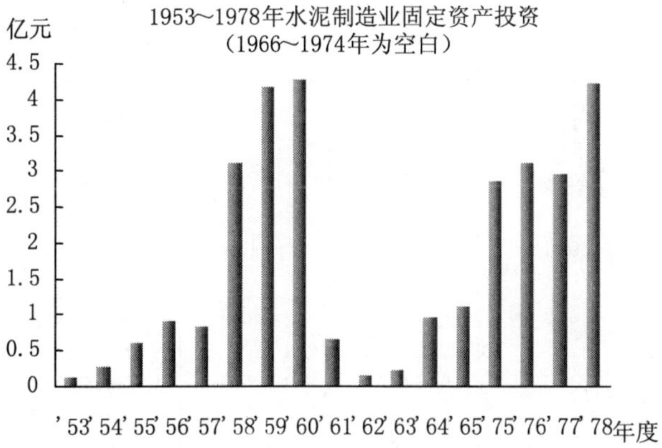

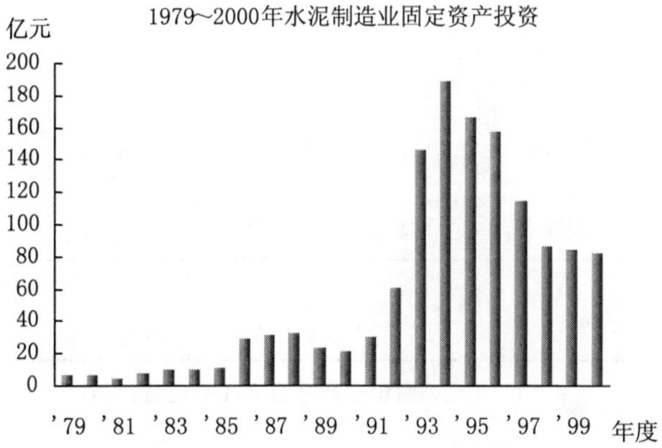

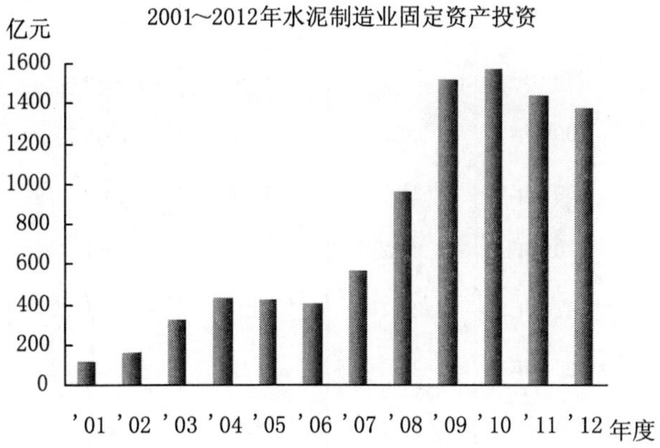

产量单位:万吨

年 度	产 量	增长率(%)
1953	0.12	
1978	4.22	
1981	4.67	
1983	9.90	
1995	166.65	－16.5
2000	81.68	－3.5
2001	113.97	39.0
2005	423.28	－3.9
2006	402.77	－6.3
2007	567.79	35.7
2008	964.35	56.0
2009	1520.97	61.6
2010	(1575.77)	－0.01
2010	1569.30	
2011	1439.26	－13.9
2012	1379.31	－5.2

年平均增长率：

"九五"时期	－16.6
"十五"时期	43.4
"十一五"时期	26.2
2011～2012 年	－11.2
2000～2006 年	37.6
2007～2012 年	29.0

注释：

1.水泥制造业固定资产投资范围:1953～1984 年为基本建设,1980 年起分基本建设、更新改造和其他投资。1995～1996 年,投资项目统计起点为 5 万元;1997～2010 年为 50 万元;自 2011 年起为 500 万元。本表 2010 年的两组数据括号内为原口径数,未加括号的为调整后的新口径数。

2.增长率为剔除投资价格变动因素后的实际增长率,平均增长率按累计法计算(下同)。

3－2 水泥制造业国有控股和地区固定资产投资

3－2 Fixed assets investment of state owned holding and regions in cement manufacture industry

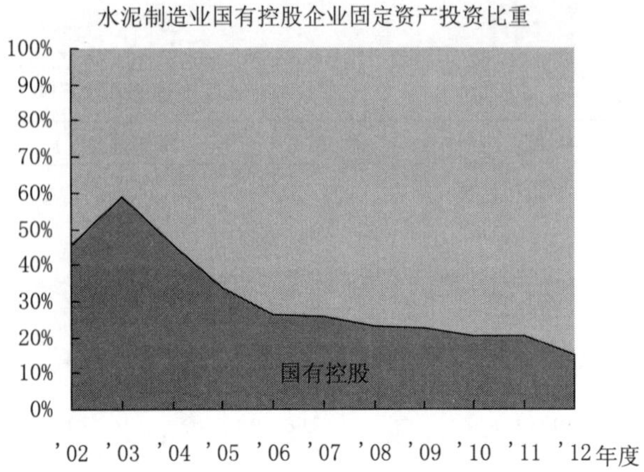

年　度	固定资产投资完成额(亿元)	年增长率(%)	占水泥制造业比重(%)
2002 年	72		45.4
2003 年	189	155.5	58.8
2004 年	197	－1.1	45.5
2005 年	142	－28.9	33.6
2006 年	106	－26.8	26.3
2007 年	147	33.7	25.9
2008 年	220	37.6	22.8
2009 年	345	60.5	22.7
2010 年	317	－11.2	20.1
2010 年	(301)		
2011 年	293	－9.0	20.3
2012 年	210	－29.2	15.2

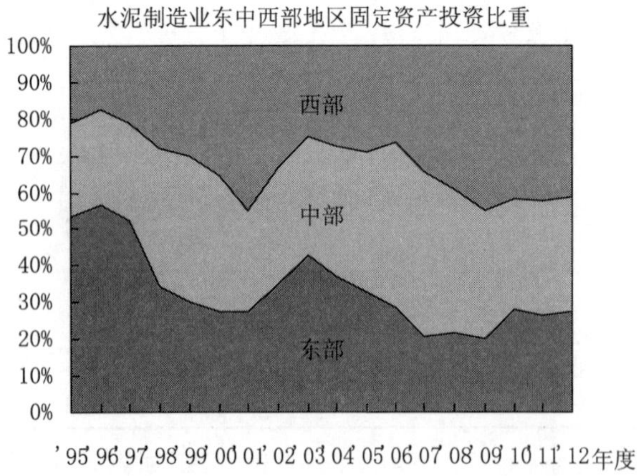

年　度	固定资产投资完成额比重(%)		
	东　部	中　部	西　部
1996 年	56.7	25.9	17.4
2001 年	27.5	27.5	45.0
2005 年	33.0	38.0	29.0
2006 年	28.6	44.7	26.6
2007 年	20.9	44.5	34.6
2008 年	21.8	39.3	38.9
2009 年	20.2	34.7	45.1
2010 年	28.1	29.9	42.1
2011 年	26.5	31.4	42.2
2012 年	27.4	31.2	41.5

3－3　历年投资新增预分解窑生产线和生产能力

3—3　Newly added pre—decomposition kiln production lines and capacity investment over the years

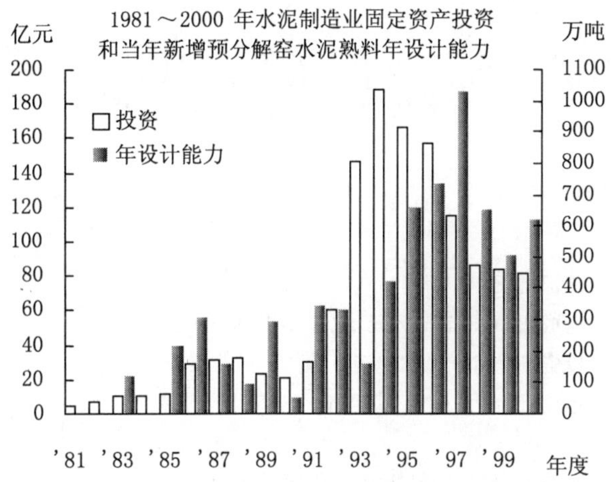

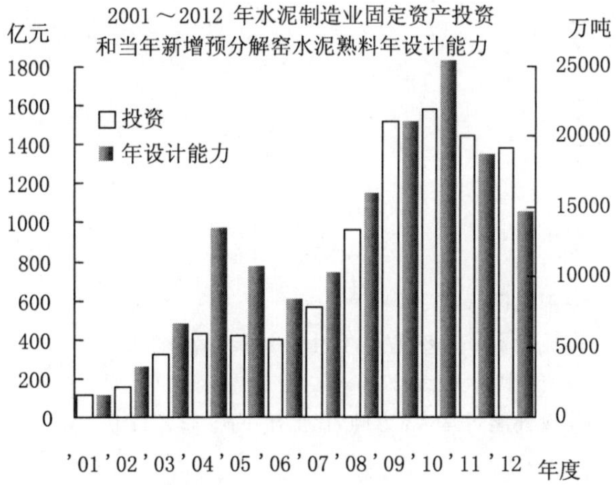

当年新增预分解窑生产线和水泥熟料年设计能力

年度	生产线（条）	设计能力（万吨）	增长率（%）	平均规模（吨/日）
1983	1	124		4000
1985	3	217		2333
1990	2	53		850
1995	16	659		1328
2000	13	623		1546
2005	117	10825	－20.0	2985
2006	88	8370	－22.7	3068
2007	113	10357	23.7	2957
2008	143	16018	54.7	3613
2009	195	21018	31.2	3477
2010	232	25467	21.2	3541
2011	162	18726	－26.5	3729
2012	121	14654	－21.7	3907

累计新增预分解窑生产线和水泥熟料年设计能力

年　度	投资（亿元）	生产线（条）	设计能力（万吨）
1981～2012	10600	1679	157718
1981～2000	1299	136	6716
2001～2006	1854	577	44762
2007～2012	7447	966	106239

注释：

新增生产线指投资新建的预分解窑（即新型干法）生产线，年设计能力为水泥熟料生产能力，平均规模为日产水泥熟料能力。投资为水泥制造业固定资产资产投资完成额，包括水泥制造企业生产和非生产性投资。生产线包括水泥制造业以外投资兴建的生产线。下同。

3－4－1 主要地区投资新增预分解窑生产线

3－4－1 Newly added pre－decomposition kiln production lines investment of main regions

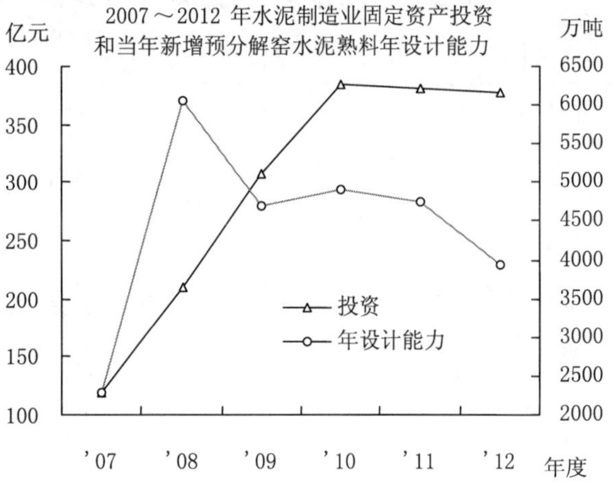

东部地区

完成投资 377.6 亿元，比上年下降 6.1 %

投资新增生产线 29 条

年设计能力 3934 万吨，比上年下降 17.2 %

2007～2012 年累计完成投资 1780 亿元

投资新增生产线 208 条，年设计能力 26635 万吨

中部地区

完成投资 429.8 亿元，比上年增长 0.2 %

投资新增生产线 27 条

年设计能力 3643 万吨，比上年下降 22.2 %

2007～2012 年累计完成投资 2549 亿元

投资新增生产线 270 条，年设计能力 31812 万吨

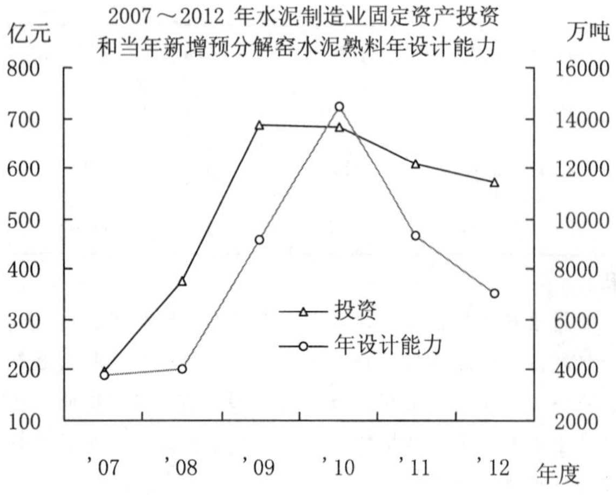

西部地区

完成投资 571.9 亿元，比上年下降 9.7 %

投资新增生产线 65 条

年设计能力 7077 万吨，比上年下降 23.8 %

2007～2012 年累计完成投资 3119 亿元

投资新增生产线 488 条，年设计能力 47793 万吨

3－4－2 主要地区投资新增预分解窑生产线

3－4－2 Newly added pre－decomposition kiln production lines investment of main regions

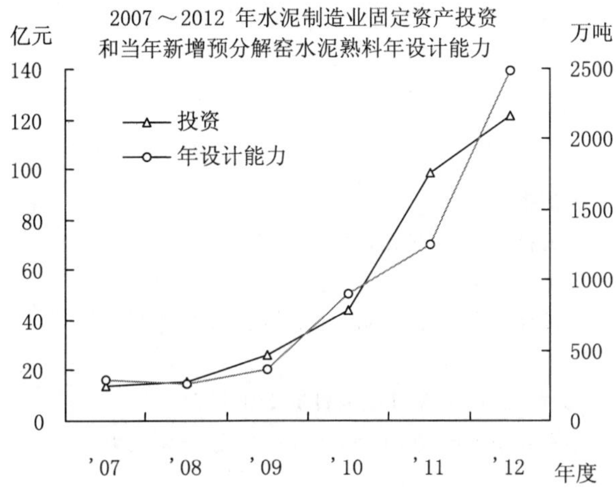

新疆维吾尔自治区

完成投资 121.3 亿元，比上年增长 22.4 %

投资新增生产线 22 条

年设计能力 2483 万吨，比上年增长 97.8 %

2007～2012 年累计完成投资 320 亿元

投资新增生产线 62 条，年设计能力 5549 万吨

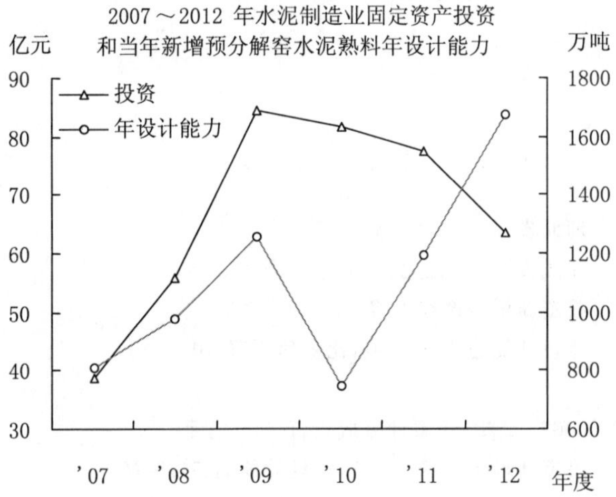

安徽省

完成投资 63.4 亿元，比上年下降 18.7 %

投资新增生产线 10 条

年设计能力 1674 万吨，比上年增长 40.3 %

2007～2012 年累计完成投资 401 亿元

投资新增生产线 43 条，年设计能力 6650 万吨

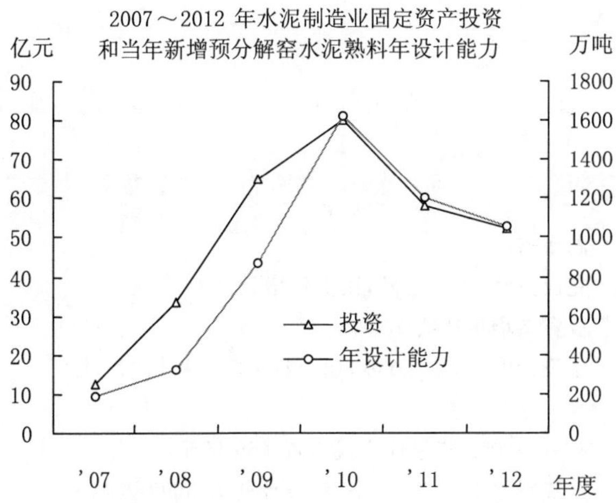

贵州省

完成投资 52.4 亿元，比上年下降 11.5 %

投资新增生产线 9 条

年设计能力 1054 万吨，比上年下降 12.6 %

2007～2012 年累计完成投资 302 亿元

投资新增生产线 57 条，年设计能力 5264 万吨

3－4－3 主要地区投资新增预分解窑生产线

3－4－3 Newly added pre－decomposition kiln production lines investment of main regions

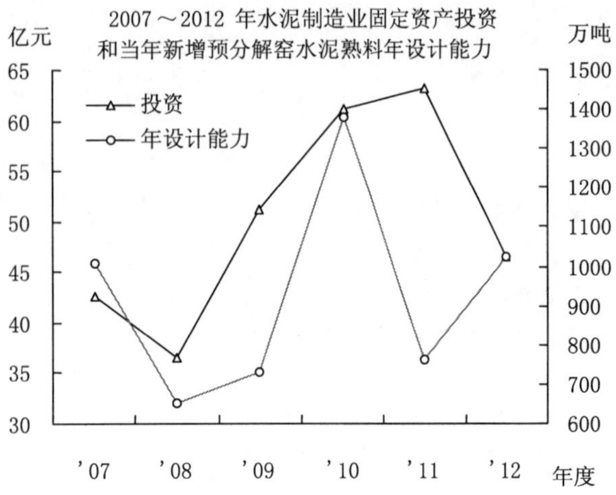

云南省

完成投资 46.4 亿元，比上年下降 27.5 %

投资新增生产线 11 条

年设计能力 1023 万吨，比上年增长 34.7 %

2007～2012 年累计完成投资 301 亿元

投资新增生产线 73 条，年设计能力 5549 万吨

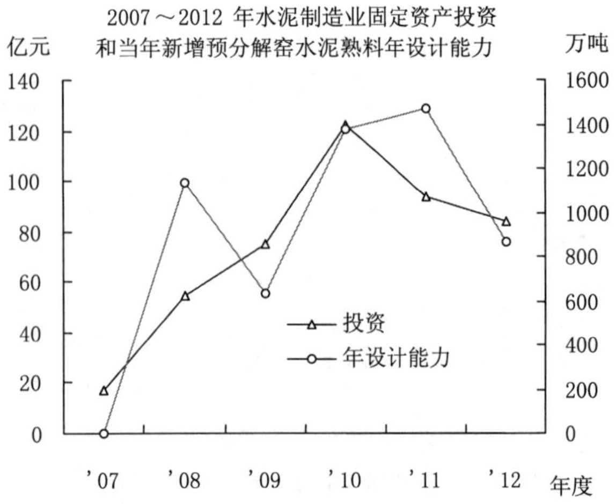

河北省

完成投资 84 亿元，比上年下降 10.5 %

投资新增生产线 9 条

年设计能力 868 万吨，比上年下降 40.8 %

2007～2012 年累计完成投资 446 亿元

投资新增生产线 47 条，年设计能力 5475 万吨

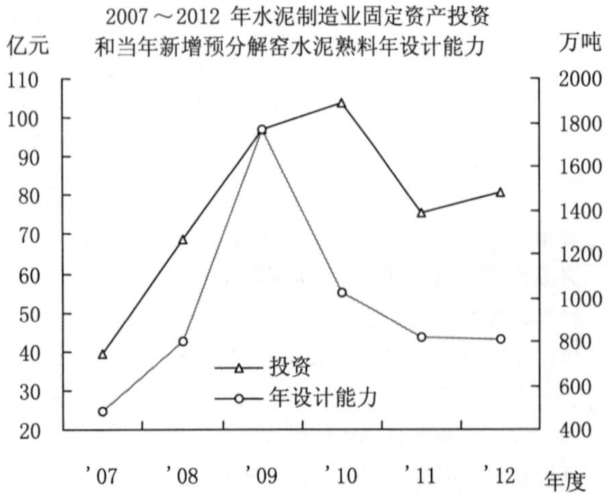

湖南省

完成投资 80.8 亿元，比上年增长 5.4 %

投资新增生产线 7 条

年设计能力 806 万吨，比上年下降 1.9 %

2007～2012 年累计完成投资 465 亿元

投资新增生产线 54 条，年设计能力 5692 万吨

3－4－4 主要地区投资新增预分解窑生产线

3—4—4 Newly added pre—decomposition kiln production lines investment of main regions

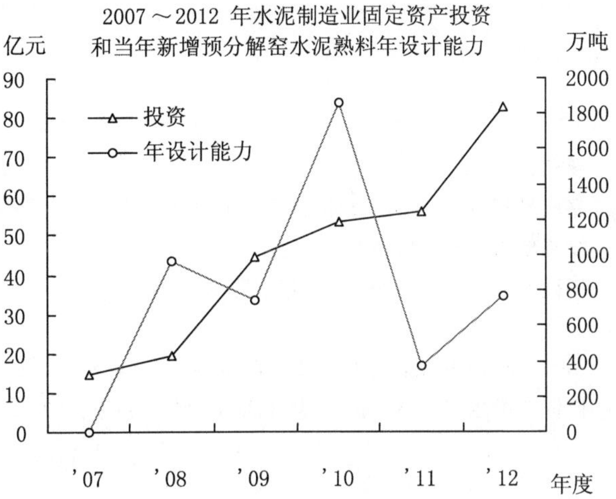

山东省

完成投资 82.6 亿元，比上年增长 46.5 %

投资新增生产线 6 条

年设计能力 763 万吨，比上年增长 105 %

2007～2012 年累计完成投资 270 亿元

投资新增生产线 35 条，年设计能力 4700 万吨

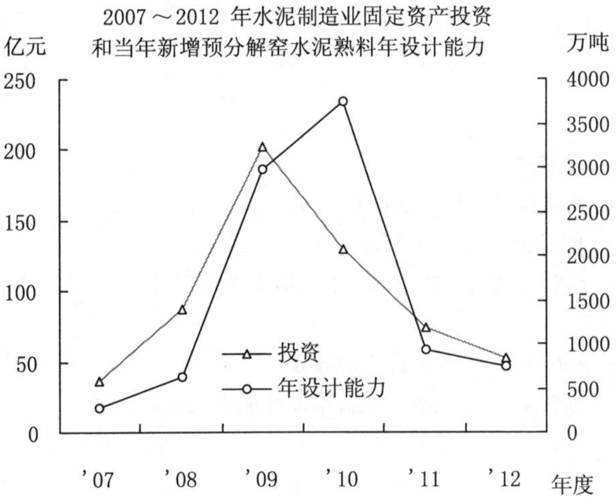

四川省

完成投资 52 亿元，比上年下降 30.1 %

投资新增生产线 7 条

年设计能力 747 万吨，比上年下降 19.7 %

2007～2012 年累计完成投资 581 亿元

投资新增生产线 95 条，年设计能力 9303 万吨

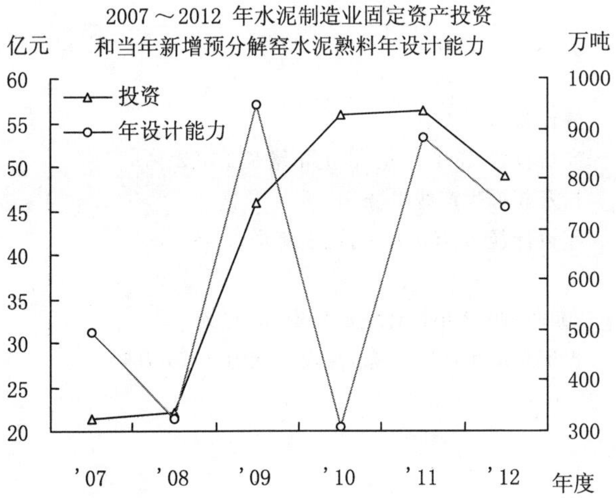

广东省

完成投资 48.8 亿元，比上年下降 14.4 %

投资新增生产线 5 条

年设计能力 744 万吨，比上年下降 15.8 %

2007～2012 年累计完成投资 250 亿元

投资新增生产线 28 条，年设计能力 3705 万吨

3-4-5 主要地区投资新增预分解窑生产线

3—4—5 Newly added pre—decomposition kiln production lines investment of main regions

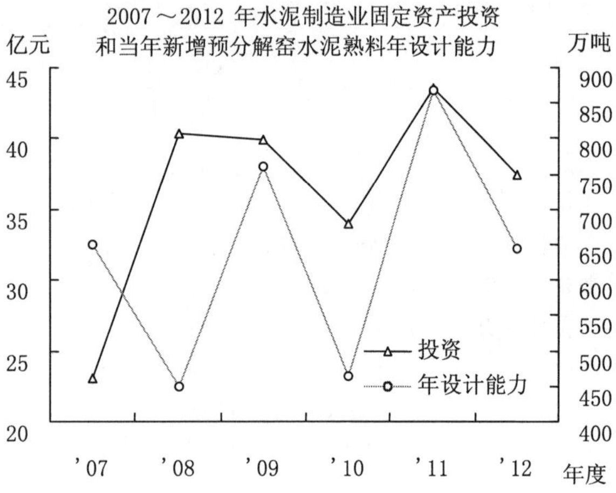

福建省

完成投资 37.5 亿元，比上年下降 14.1 %

投资新增生产线 5 条

年设计能力 645 万吨，比上年下降 25.7 %

2007～2012 年累计完成投资 218 亿元

投资新增生产线 33 条，年设计能力 3838 万吨

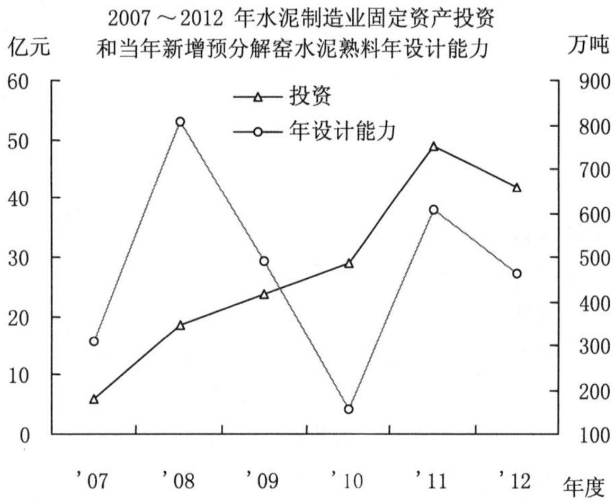

江苏省

完成投资 41.7 亿元，比上年下降 13.3 %

投资新增生产线 2 条

年设计能力 465 万吨，比上年下降 23.1 %

2007～2012 年累计完成投资 167 亿元

投资新增生产线 18 条，年设计能力 2830 万吨

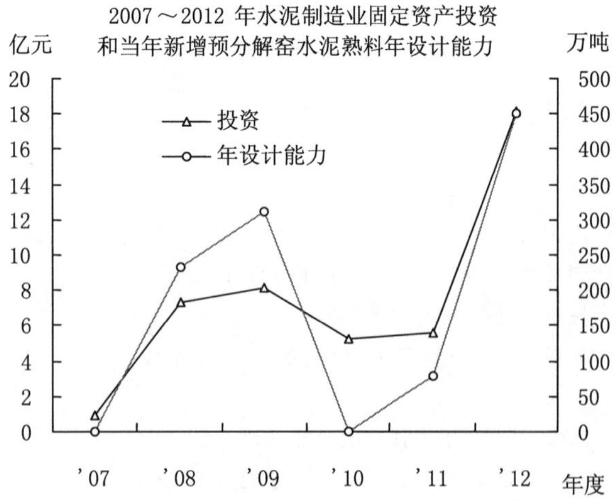

海南省

完成投资 18.1 亿元，比上年增长 216.2 %

投资新增生产线 2 条

年设计能力 450 万吨，比上年增长 480 %

2007～2012 年累计完成投资 45 亿元

投资新增生产线 7 条，年设计能力 1070 万吨

3－4－6 主要地区投资新增预分解窑生产线

3－4－6　Newly added pre－decomposition kiln production lines investment of main regions

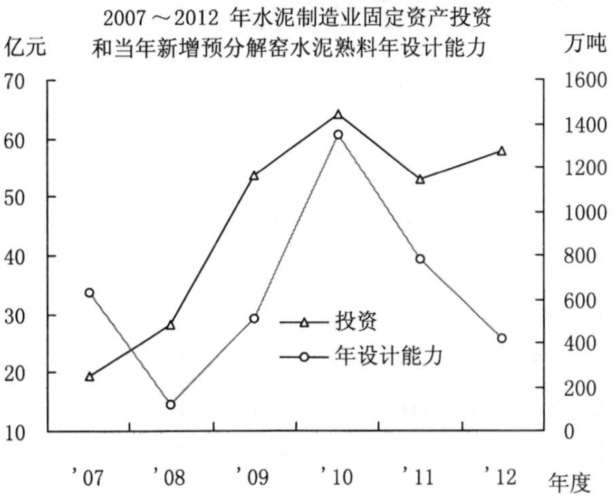

山西省

完成投资 57.7 亿元，比上年增长 7.6 %

投资新增生产线 4 条

年设计能力 419 万吨，比上年下降 46.6 %

2007～2012 年累计完成投资 276 亿元

投资新增生产线 43 条，年设计能力 3816 万吨

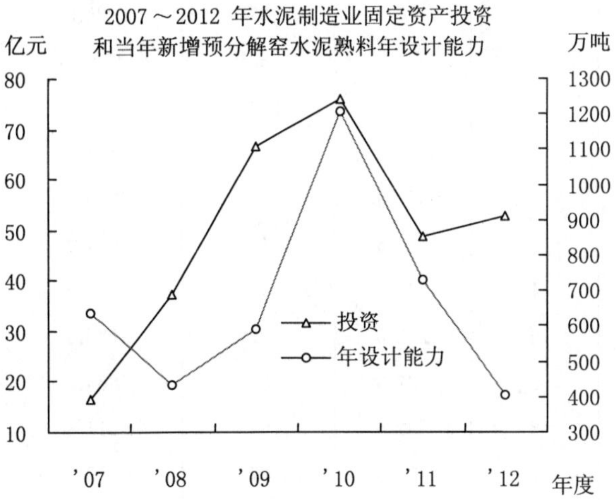

陕西省

完成投资 52.7 亿元，比上年增长 5.9 %

投资新增生产线 3 条

年设计能力 403 万吨，比上年下降 44.7 %

2007～2012 年累计完成投资 297 亿元

投资新增生产线 37 条，年设计能力 3999 万吨

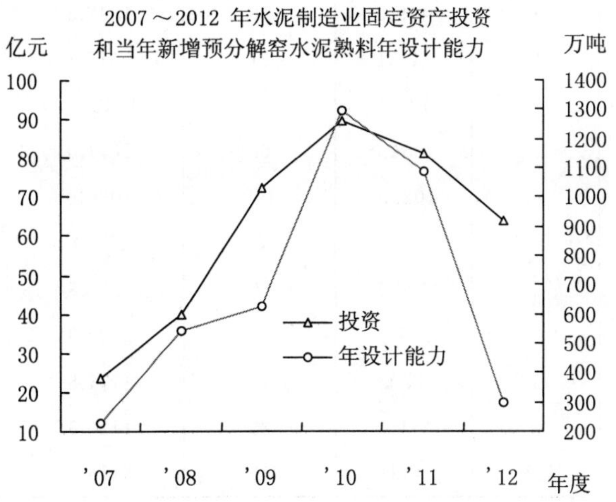

内蒙古自治区

完成投资 64.1 亿元，比上年增长 5.4 %

投资新增生产线 3 条

年设计能力 295 万吨，比上年下降 72.9 %

2007～2012 年累计完成投资 371 亿元

投资新增生产线 38 条，年设计能力 4067 万吨

3－5　省区市水泥制造业固定资产投资

3—5　Fixed assets investment of cement manufacture industry of city, region and province

地区名称	水泥制造业完成固定资产投资(亿元)				投资新增生产线		投资累计新增生产线	
	完成投资	增长率%	其中:国有控股企业		生产线(条)	年设计能力(万吨)	生产线(条)	年设计能力(万吨)
			完成投资	增长率%				
全国总计	13793068	－5.2	2096172	－29.2	121	14653.7	1679	157718.1
东部地区	3776362	－1.4	430632	5.4	29	3933.9	511	51112.8
中部地区	4297890	－5.8	570652	－50.0	27	3642.5	490	48619.8
西部地区	5718816	－7.1	1094888	－22.3	65	7077.3	678	57985.5
北京	16353	430.7	16353	430.7			13	722.3
天津	72000	－24.4					4	217.0
河北	840336	－10.5	109229	15.4	9	868.0	75	7678.7
山西	576637	7.6	96912	39.6	4	418.5	67	4809.7
内蒙古	641371	－22.1	65514	－75.0	3	294.5	59	5310.3
辽宁	366114	－31.2					44	4529.1
吉林	498944	37.9	41352	106.0	1	139.5	30	2597.8
黑龙江	326599	－12.9	59441	－51.4			27	1829.0
上海	5000	218.2	5000				5	170.5
江苏	417020	－13.3	14685	－55.5	2	465.0	61	6923.9
浙江	189186	32.5	12970	8.3			96	7601.2
安徽	634438	－18.7	160933	－67.0	10	1674.0	98	12516.3
福建	375126	－14.1	90282	462.5	5	644.8	47	4687.2
江西	358340	－24.2	51959	－58.0	1	139.5	54	5071.6
山东	826351	46.5	131378	82.7	6	762.6	92	9780.5
河南	573066	－23.5	20460	－69.1	2	232.5	83	8866.0
湖北	521394	－0.8	2806	－97.8	2	232.5	64	6211.8
湖南	808472	5.4	136789	9.2	7	806.0	67	6717.7
广东	488176	－14.4	48434	－61.0	5	744.0	64	7454.0
广西	490208	－14.0	26062	26.1	2	279.0	56	7055.6
海南	180700	216.2	2301		2	449.5	10	1348.5
重庆	310995	－13.0	72104	－44.6	2	220.1	51	5015.8
四川	519933	－30.1	21202	－63.8	7	747.1	115	10425.3
贵州	523540	－11.5	183218	－15.9	9	1054.0	66	5611.0
云南	464100	－27.5	66620	－42.0	11	1023.0	109	7030.8
西藏	13549	35.3	10949				5	279.0
陕西	526982	5.9	132413	－20.3	3	403.0	56	5263.8
甘肃	570470	7.2	135565	6.8	2	217.0	46	2985.3
青海	323309	6.8	14619	－20.1	1	77.5	14	1171.8
宁夏	121304	31.6	16793	－43.0	3	279.0	25	1720.5
新疆	1213055	22.4	349829	32.4	22	2483.1	76	6116.3

注释：投资累计新增生产线包括1983年以后建成投产的预分解窑生产线。

3－6 全国窑外分解窑生产线数量变动

3—6 The nationwide quantity change of outside kiln decomposition kiln production lines

2012 年全国投资新建窑外分解窑生产线
日熟料生产能力规模比重

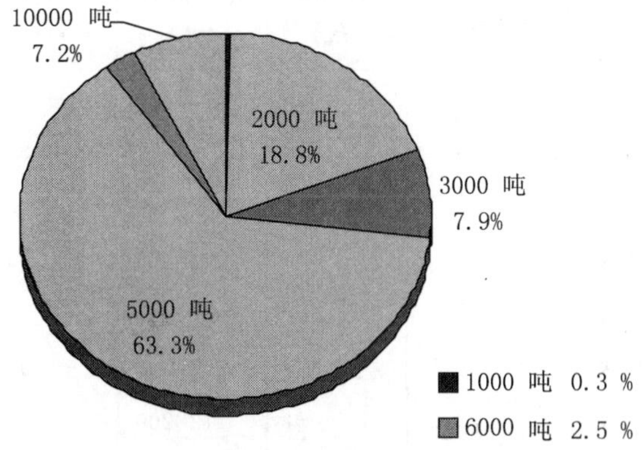

2012 年全国投资新建窑外分解窑生产线

按水泥熟料日生产能力分组	生产线数量（条）	熟料日生产能力	
		生产能力（吨）	比重（%）
总计	121	472700	
其中:4000 吨及以上	71	345100	73.0
1000 吨级	1	1200	0.3
2000 吨级	37	89000	18.8
3000 吨级	12	37400	7.9
5000 吨级	66	299100	63.3
6000 吨级	2	12000	2.5
10000 吨级	3	34000	7.2

2012 年全国累计关停窑外分解窑生产线
日熟料生产能力规模比重

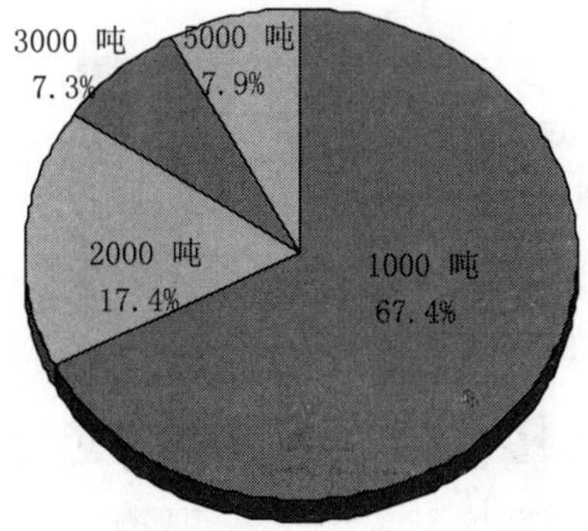

2012 年全国累计关停窑外分解窑生产线

按水泥熟料日生产能力分组	生产线数量（条）	熟料日生产能力	
		生产能力（吨）	比重（%）
总计	141	184000	
1000 吨级	120	124100	67.4
2000 吨级	14	32000	17.4
3000 吨级	4	13400	7.3
5000 吨级	3	14500	7.9

2007 年以后预分解窑生产线变动情况

生产线:条 生产能力:万吨

年 度	当年增加			当年关停		年末实际运营	
	新建生产线	复产生产线	实际能力	生产线	实际能力	生产线	实际能力
1983～2006	累计 713		累计 58024	累计 19	累计 624		
2006						694	57332
2007	113	1	11352	15	618	793	68066
2008	143	2	17587	28	1284	910	84370
2009	195	4	23295	22	1441	1087	106224
2010	232	5	27494	36	1904	1288	131814
2011	162	7	21709	28	1346	1429	152176
2012	121	2	16302	14	575	1538	167904
1983～2012	累计 1679		累计 174332	累计 141	累计 6428		

3－7 年末实际运营窑外分解窑生产线

3—7 The actual operation of outside kiln decomposition kiln production lines at the end of the year

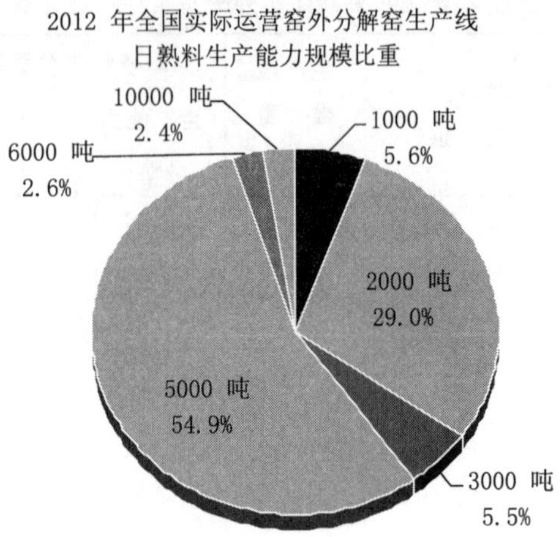

按水泥熟料日生产能力分组	生产线数量（条）	熟料日生产能力	
		生产能力（吨）	比重（%）
总计	1538	4915330	
其中：4000 吨及以上	611	2943500	59.9
1000 吨级	244	275630	5.6
2000 吨级	596	1426100	29.0
3000 吨级	87	270100	5.5
5000 吨级	579	2697300	54.9
6000 吨级	21	128200	2.6
10000 吨级	11	118000	2.4

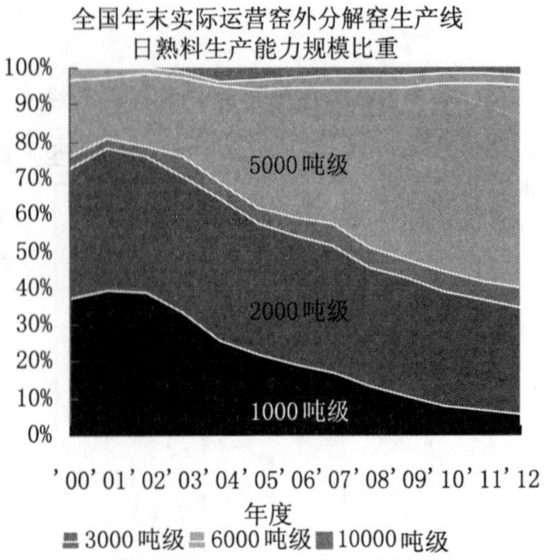

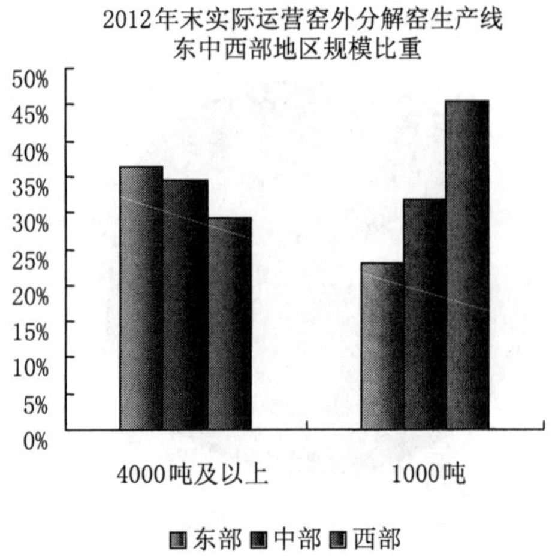

按水泥熟料日生产能力分组	东部地区		中部地区		西部地区	
	生产线（条）	能力比重（%）	生产线（条）	能力比重（%）	生产线（条）	能力比重（%）
总计	449		446		643	
其中：4000 吨及以上	220	68.4	204	66.7	187	46.9
1000 吨级	56	4.0	73	5.7	115	6.9
2000 吨级	158	24.7	151	23.9	287	37.0
3000 吨级	15	3.0	18	3.6	54	9.2
5000 吨级	209	63.2	189	58.2	181	44.9
6000 吨级	8	3.1	7	2.8	6	2.0
10000 吨级	3	2.0	8	5.6	0	0.0

3－8 水泥产品生产能力

3—8　Cement product capacity

指　标　名　称	计量单位	2011 年	2012 年	增　减
当年年末				
生产企业	个	3811	3507	－304
水泥熟料生产能力	万　吨	172779	180220	7441
预分解窑生产线	条	1429	1538	109
预分解窑生产能力	万　吨	152176	167904	15727
其他熟料生产能力	万　吨	20603	12316	－8286
水泥生产能力	万　吨	293380	307323	13943
其中:粉磨企业	个	1896	1918	22
粉磨企业水泥制备能力	万　吨	113828	122759	8931
当年增加				
水泥熟料生产能力	万　吨	22783	16842	－5941
预分解窑生产线	条	169	123	－46
预分解窑生产能力	万　吨	21709	16302	－5406
其他熟料生产能力	万　吨	1074	539	－535
水泥生产能力	万　吨	44415	32369	－12046
其中:粉磨企业	个	314	273	－41
粉磨企业水泥制备能力	万　吨	19424	16392	－3032
当年减少				
水泥熟料生产能力	万　吨	15282	9400	－5881
预分解窑生产线	条	28	14	－14
预分解窑生产能力	万　吨	1346	575	－771
其他熟料生产能力	万　吨	13936	8825	－5110
水泥生产能力	万　吨	29049	18426	－10623
其中:粉磨企业	个	620	249	－371
粉磨企业水泥制备能力	万　吨	15383	10759	－4625
主要比例关系				
当年年末预分解窑水泥熟料生产能力比重	%	88.1	93.2	5.1
当年年末水泥熟料与水泥生产能力比例	%	58.9	58.6	－0.3
粉磨企业水泥制备能力占水泥生产能力比重	%	38.8	39.9	1.1
能力利用率				
水泥熟料	%	77.9	75.2	－2.6
预分解窑	%	80.5	76.5	－4.0
其他熟料	%	64.1	63.1	－0.9
水泥	%	73.3	73.7	0.4
其中:粉磨企业	%	70.0	69.1	－0.9

3－9－1 水泥产品生产能力变化

3—9—1 The change of cement product capacity

历年年末水泥熟料生产能力

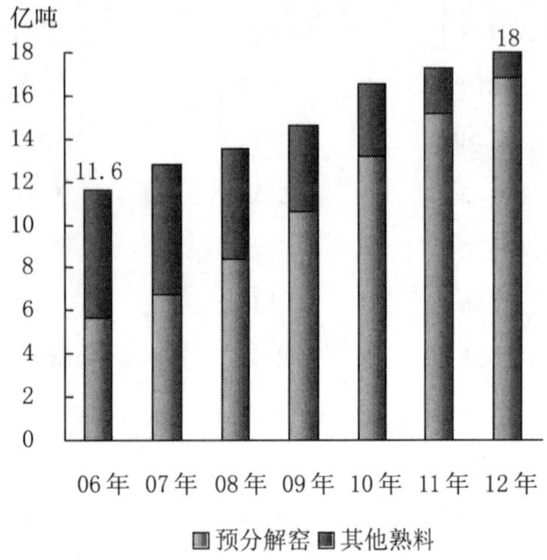

2012年末全国水泥熟料生产能力18亿吨，其中预分解窑生产能力16.8亿吨

历年年末水泥生产能力

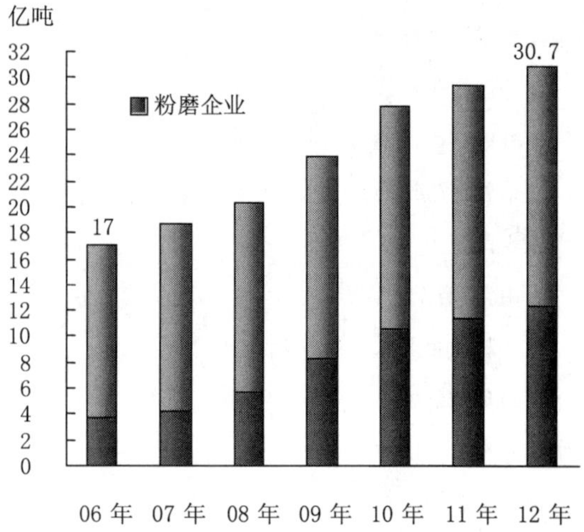

2012年末全国水泥生产能力30.7亿吨，其中粉磨企业水泥制备能力12.3亿吨

历年水泥熟料能力净增长量

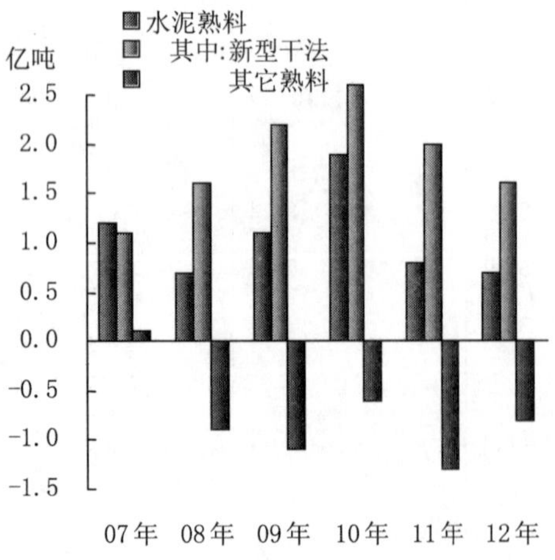

2012年末全国水泥熟料生产能力比上年净增7441万吨，其中预分解窑生产能力净增1.57亿吨，其他熟料能力净减8286万吨

历年水泥能力净增长量

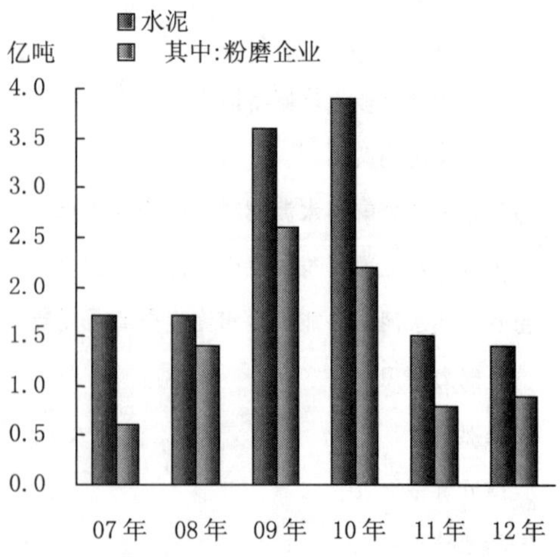

2012年末全国水泥生产能力比上年净增1.4亿吨，其中粉磨企业水泥制备能力净增8931万吨

3-9-2 水泥产品生产能力变化

3—9—2 The change of cement product capacity

历年增加熟料和水泥生产能力

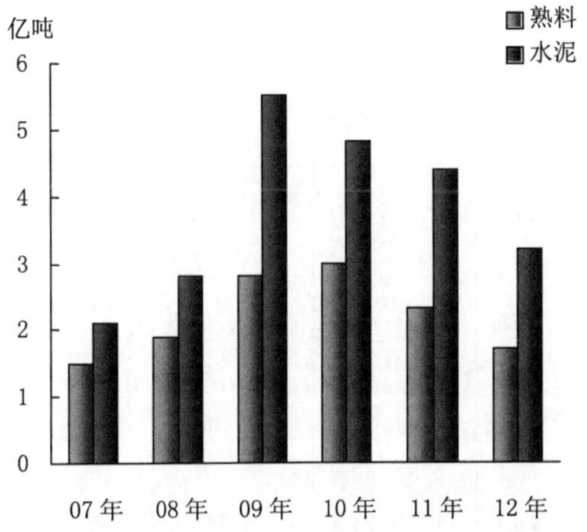

2007～2012 年全国累计增加水泥熟料生产能力 13.2 亿吨，其中预分解窑生产线 987 条，生产能力 11.8 亿吨；增加水泥生产能力 22.9 亿吨，其中粉磨企业数量 2354 家，水泥制备能力 9.7 亿吨（增加生产能力中含少量停产后又恢复生产能力）

历年减少熟料和水泥生产能力

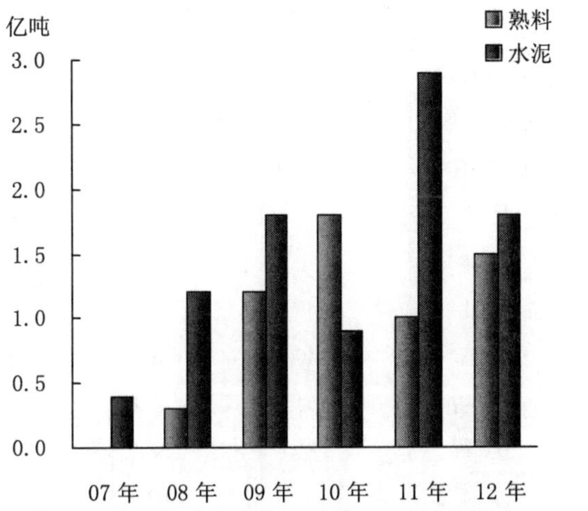

2007～2012 年全国累计减少水泥熟料生产能力 6.8 亿吨，其中预分解窑生产线 143 条，生产能力 7168 万吨，其他熟料 6 亿吨；减少水泥生产能力 9.1 亿吨，其中粉磨企业数量 1531 家，水泥制备能力 4.4 亿吨（减少生产能力中含少量停产后又恢复生产能力）

历年水泥熟料能力利用率

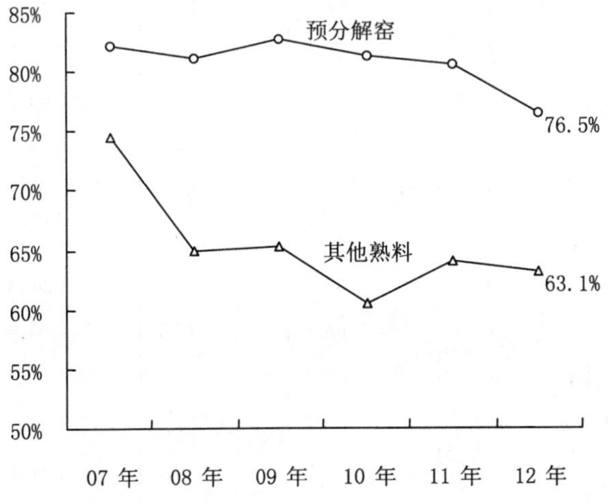

2012 年全国水泥熟料能力利用率 75.2 %，比上年下降 2.6 个百分点，其中预分解窑熟料能力利用率 76.5 %，比上年下降 4 个百分点，其他熟料能力利用率 63.1 %，比上年下降 0.9 个百分点

历年水泥能力利用率

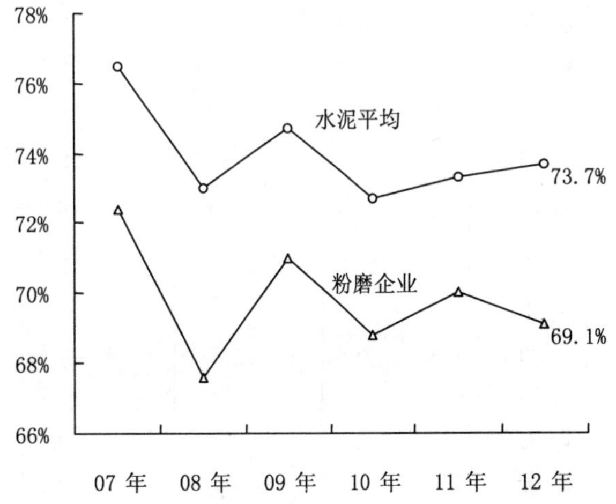

2012 年全国水泥能力利用率 73.7 %，比上年上升 0.4 个百分点，其中粉磨企业水泥制备能力利用率 69.1 %，比上年下降 0.9 个百分点

3－10 省区市水泥产品生产能力

3—10 Cement product capacity of city, region and province

(%)

地 区	年末4000吨以上生产线能力比重	年末水泥熟料与水泥生产能力比例	年末粉磨企业能力占水泥能力比重	水泥熟料能力利用率			水泥能力利用率	
				熟料	新型干法	其他熟料	水泥	粉磨企业
东部地区	68.4	50.1	52.2	77.5	78.9	64.3	74.7	70.0
中部地区	66.7	58.9	43.5	78.4	79.5	66.3	73.4	68.5
西部地区	46.9	68.7	21.8	70.5	71.6	60.1	72.8	67.3
北 京	0.0	66.5	2.1	86.6	84.7	182.2	80.1	58.4
天 津	0.0	10.0	86.2	105.9	105.9		55.9	48.8
河 北	65.9	47.5	56.7	74.6	75.2	62.9	69.8	63.8
山 西	40.7	59.7	24.0	66.2	68.0	45.0	63.9	50.9
内蒙古	54.4	57.5	54.3	63.9	63.3	77.1	64.8	67.8
辽 宁	81.6	58.7	50.7	73.8	75.2	50.8	70.9	57.8
吉 林	62.8	63.5	45.8	74.2	74.1	74.7	68.4	77.7
黑龙江	38.5	35.3	53.2	81.3	86.0	49.6	65.8	65.4
上 海	0.0	4.9	86.2	64.3	64.3		78.2	79.6
江 苏	78.0	37.2	64.4	75.5	74.8	84.7	79.7	75.7
浙 江	51.3	45.5	55.2	78.2	78.1	155.5	72.6	68.3
安 徽	81.9	90.3	53.5	84.6	84.4	93.5	73.1	62.8
福 建	58.0	60.4	32.9	83.5	88.1	62.3	77.2	71.9
江 西	58.8	56.7	43.1	78.0	79.3	67.9	73.1	70.3
山 东	72.9	56.1	49.4	78.9	78.5	82.4	76.6	73.3
河 南	79.2	47.1	54.5	78.0	76.9	100.9	74.4	66.4
湖 北	61.6	53.4	36.8	86.7	87.4	68.7	82.8	82.0
湖 南	59.4	56.0	29.7	70.4	73.4	59.5	74.1	74.6
广 东	77.5	57.9	38.6	74.5	80.8	47.5	73.6	71.9
广 西	87.0	68.9	28.4	81.9	84.9	52.7	79.9	75.5
海 南	71.9	83.3	76.6	92.7	94.1	0.0	88.7	89.3
重 庆	54.8	72.2	16.3	62.3	63.8	46.0	70.0	49.2
四 川	49.9	62.5	19.4	67.8	68.2	64.5	70.8	60.8
贵 州	34.9	75.3	7.1	72.5	74.0	64.6	77.7	61.4
云 南	17.0	68.7	17.1	73.8	75.0	60.1	74.1	62.3
西 藏	0.0	85.8	0.0	57.9	62.1	46.3	67.3	
陕 西	59.6	60.4	25.7	71.4	73.2	49.2	74.5	82.0
甘 肃	30.2	68.9	13.9	72.9	74.6	62.7	74.3	56.7
青 海	35.6	69.4	7.8	71.2	74.3	53.2	77.2	23.1
宁 夏	27.3	72.1	21.5	72.2	74.0	52.6	72.1	70.6
新 疆	34.7	97.8	8.4	63.9	63.3	68.1	66.7	67.9

3－11－1 水泥主要经济区域

3—11—1 Main economic areas of cement

长三角地区

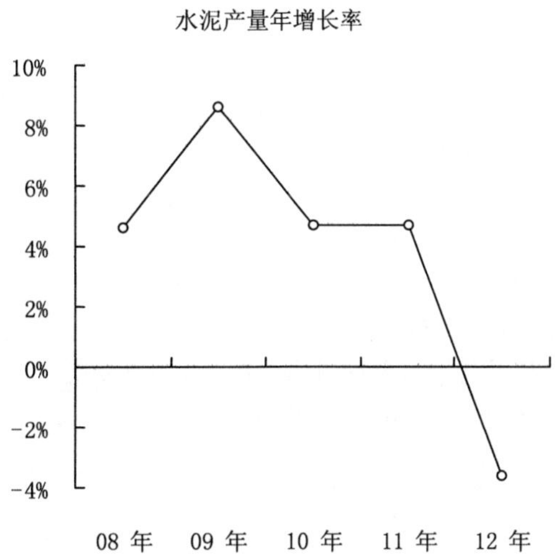

包括上海、浙江，江苏长江沿线以南的南京、无锡、常州、苏州、南通、扬州、镇江和泰州，安徽皖南的芜湖、铜陵、黄山、池州和宣城

水泥产量占全国总量 12.2 %
水泥熟料产量 18466 万吨，比上年下降 8.3 %
水泥产量 26665 万吨，比上年下降 3.6 %

水泥熟料生产能力 22981 万吨
水泥生产能力 35341 万吨
其中粉磨企业水泥制备能力 19091 万吨
水泥熟料能力利用率 81.2 %，比上年下降 3.2 个百分点
水泥能力利用率 76.5 %，比上年上升 1.9 个百分点

山东和黄淮海地区

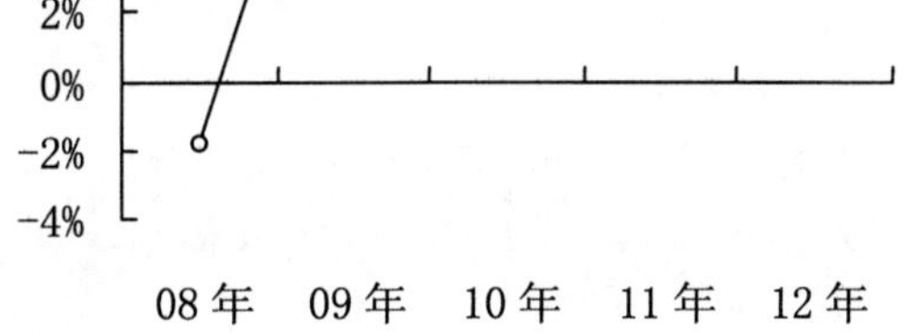

包括山东，江苏长江沿线以北的徐州、连云港、淮安、盐城和宿迁，安徽皖北的合肥、蚌埠、淮南、马鞍山、淮北、安庆、滁州、阜阳、宿州、六安和亳州

水泥产量占全国总量 13.1 %
水泥熟料产量 13339 万吨，比上年增长 14.6 %
水泥产量 28702 万吨，比上年增长 14.1 %

水泥熟料生产能力 18264 万吨
水泥生产能力 39499 万吨
其中粉磨企业水泥制备能力 22985 万吨
水泥熟料能力利用率 76.9 %，比上年下降 1.4 个百分点
水泥能力利用率 74.2 %，比上年上升 1.8 个百分点

3－11－2 水泥主要经济区域

3—11—2 Main economic areas of cement

两广地区

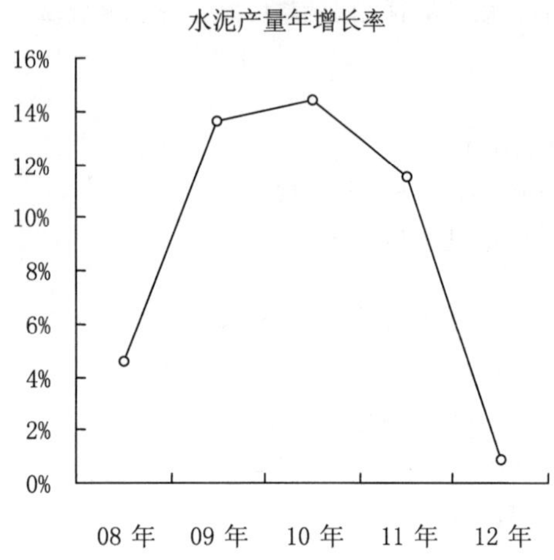

包括广东、广西

水泥产量占全国总量 9.8 %
水泥熟料产量 14223 万吨，比上年下降 6.9 %
水泥产量 21461 万吨，比上年增长 0.9 %

水泥熟料生产能力 18154 万吨
水泥生产能力 28939 万吨
其中粉磨企业水泥制备能力 9874 万吨
水泥熟料能力利用率 76.8 %，比上年下降 5.8 个百分点
水泥能力利用率 75.3 %，比上年下降 3.2 个百分点

中原地区

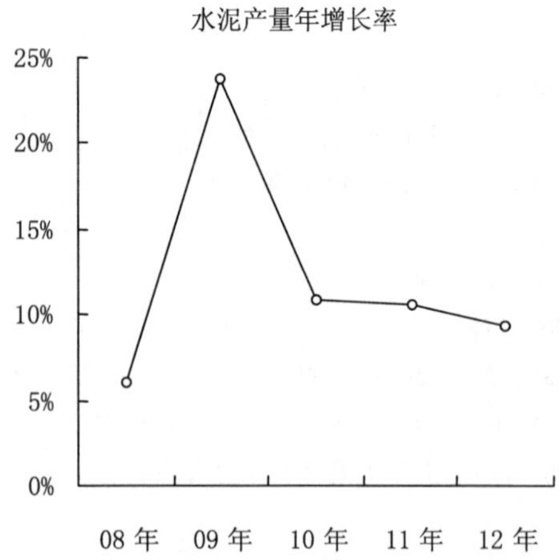

包括河南、湖北、湖南

水泥产量占全国总量 16.3 %
水泥熟料产量 19064 万吨，比上年增长 3.7 %
水泥产量 35679 万吨，比上年增长 9.4 %

水泥熟料生产能力 24924 万吨
水泥生产能力 48342 万吨
其中粉磨企业水泥制备能力 20327 万吨
水泥熟料能力利用率 77.1 %，比上年上升 1.1 个百分点
水泥能力利用率 75.6 %，比上年上升 3.3 个百分点

3－11－3 水泥主要经济区域

3—11—3　Main economic areas of cement

东北地区

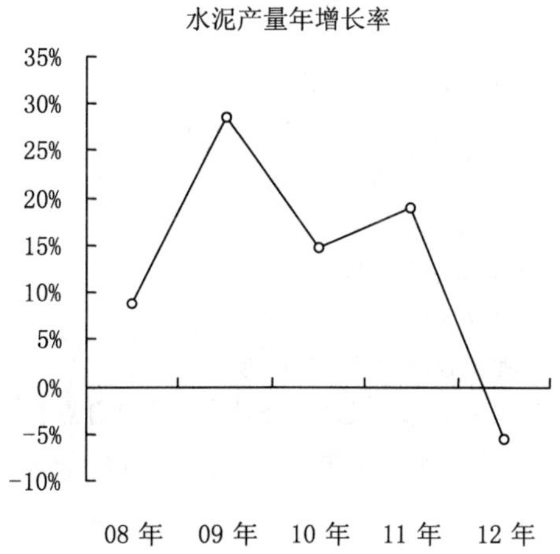

包括辽宁、吉林、黑龙江，内蒙东部的赤峰、通辽、呼伦贝尔、兴安和锡林郭勒

水泥产量占全国总量 7 %
水泥熟料产量 8861 万吨，比上年下降 5.3 %
水泥产量 15418 万吨，比上年下降 5.6 %

水泥熟料生产能力 11937 万吨
水泥生产能力 23640 万吨
其中粉磨企业水泥制备能力 11872 万吨
水泥熟料能力利用率 73.7 %，比上年下降 4.6 个百分点
水泥能力利用率 67.3 %，比上年下降 8.1 个百分点

华北地区

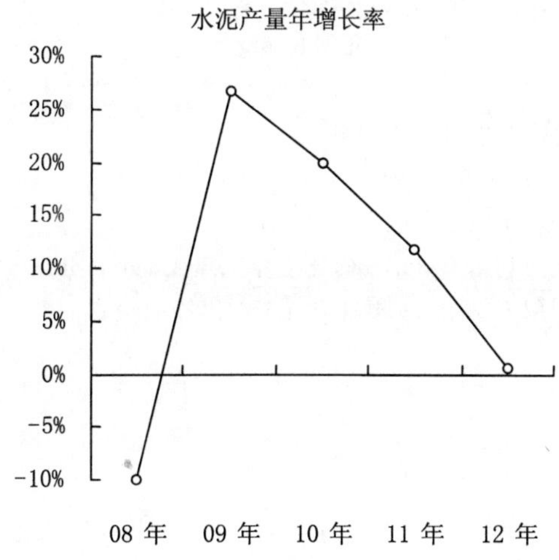

包括北京、天津、河北、山西，内蒙中部的呼和浩特、包头和乌兰察布

水泥产量占全国总量 10 %
水泥熟料产量 11184 万吨，比上年增长 1.3 %
水泥产量 21900 万吨，比上年增长 0.6 %

水泥熟料生产能力 16482 万吨
水泥生产能力 32720 万吨
其中粉磨企业水泥制备能力 16151 万吨
水泥熟料能力利用率 70.5 %，比上年下降 6.2 个百分点
水泥能力利用率 68 %，比上年下降 3.2 个百分点

3－11－4 水泥主要经济区域

3—11—4 Main economic areas of cement

闽赣两省

水泥产量年增长率

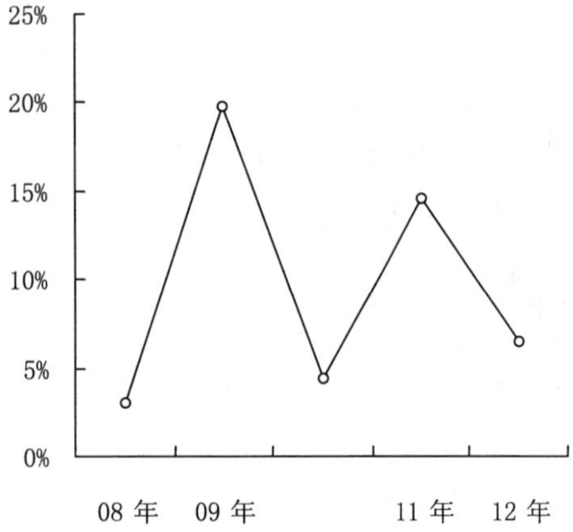

包括福建、江西两省

水泥产量占全国总量 6.8 %
水泥熟料产量 9688 万吨,比上年下降 2.7 %
水泥产量 14848 万吨,比上年增长 6.5 %

水泥熟料生产能力 11901 万吨
水泥生产能力 20372 万吨
其中粉磨企业水泥制备能力 7823 万吨
水泥熟料能力利用率 80 %,比上年下降 2.7 个百分点
水泥能力利用率 74.5 %,比上年上升 0.1 个百分点

西南地区

水泥产量年增长率

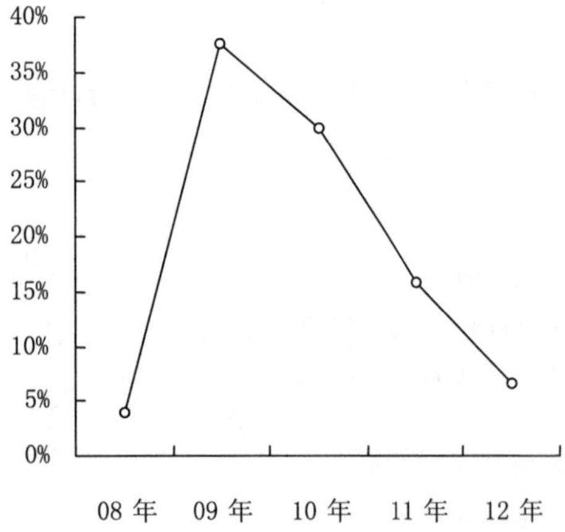

包括重庆、四川、贵州和云南

水泥产量占全国总量 15.1 %
水泥熟料产量 21611 万吨,比上年增长 0.2 %
水泥产量 33167 万吨,比上年增长 6.5 %

水泥熟料生产能力 32032 万吨
水泥生产能力 47057 万吨
其中粉磨企业水泥制备能力 7523 万吨
水泥熟料能力利用率 68.7 %,比上年下降 1.5 个百分点
水泥能力利用率 72.1 %,比上年上升 1.9 个百分点

3－11－5 水泥主要经济区域量

3—11—5　Main economic areas of cement

西北地区

水泥产量年增长率

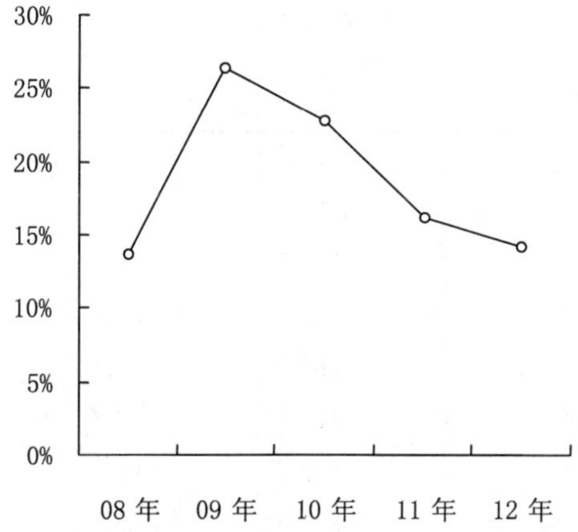

包括陕西、甘肃、青海、宁夏，内蒙西部的乌海、鄂尔多斯、巴彦淖尔和阿拉善

水泥产量占全国总量 7 %
水泥熟料产量 10190 万吨，比上年增长 1.7 %
水泥产量 15329 万吨，比上年增长 14.1 %

水泥熟料生产能力 14767 万吨
水泥生产能力 22090 万吨
其中粉磨企业水泥制备能力 5021 万吨
水泥熟料能力利用率 70.5 %，比上年下降 4.7 个百分点
水泥能力利用率 71.2 %，比上年上升 2.8 个百分点

新疆地区

水泥产量年增长率

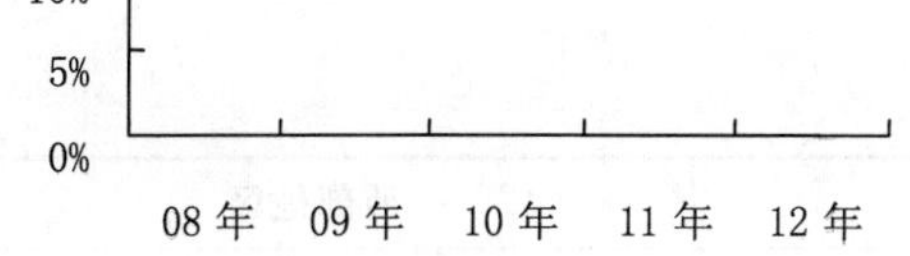

新　疆

水泥产量占全国总量 1.9 %
水泥熟料产量 3540 万吨，比上年增长 44.3 %
水泥产量 4161 万吨，比上年增长 35.9 %

水泥熟料生产能力 6773 万吨
水泥生产能力 6927 万吨
其中粉磨企业水泥制备能力 583 万吨
水泥熟料能力利用率 63.9 %，比上年下降 1.8 个百分点
水泥能力利用率 66.7 %，比上年上升 0.4 个百分点

3－12 混凝土与水泥制品业固定资产投资

3—12 Fixed assets investment of concrete and cement product industry

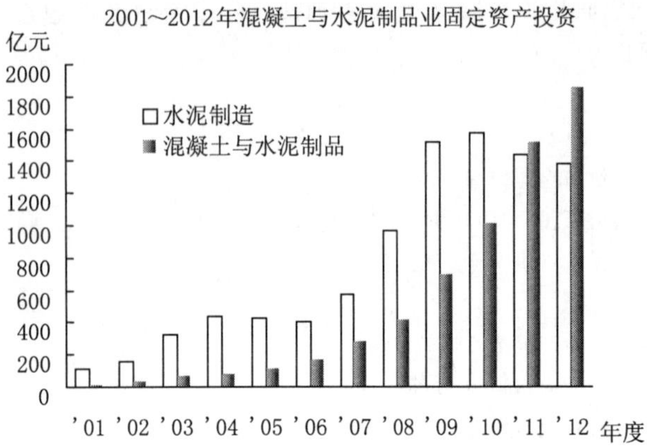

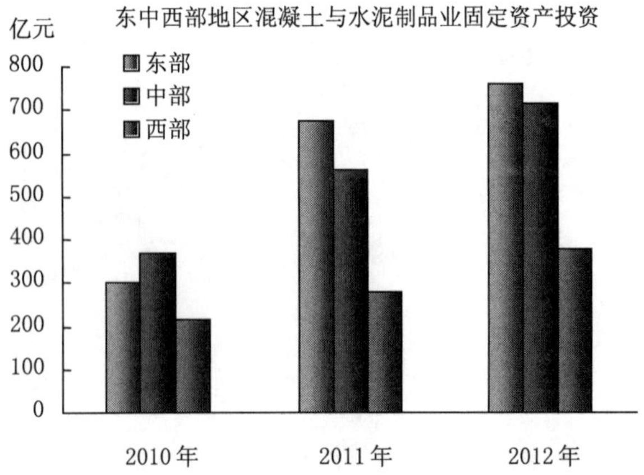

年　度	固定资产投资完成额（亿元）	年增长率（%）
1995	11.8	
2000	16.0	－12.2
2005	109.6	45.7
2006	172.4	55.0
2007	281.5	57.1
2008	418.8	36.6
2009	692.6	69.5
2010	(883.0)	23.0
2010	1015.4	
2011	1515.9	40.1
2012	1850.8	20.7

注释：

1.混凝土与水泥制造业固定资产投资范围：包括水泥制品（含商品混凝土）、混凝土结构构件、石棉水泥及其他水泥制品制造企业的限额以上固定资产投资。1995～1996年，投资项目统计起点为5万元；1997～2010年为50万元；自2011年起为500万元。本表2010年的两组数据括号内为原口径数，未加括号的为调整后的新口径数。

2.增长率为剔除投资价格变动因素后的实际增长率。

年　度	东部地区			中部地区			西部地区		
	投资额（亿元）	年增长率（%）	地区比重（%）	投资额（亿元）	年增长率（%）	地区比重（%）	投资额（亿元）	年增长率（%）	地区比重（%）
2010	299.8	20.6	34.0	369.3	30.8	41.8	213.8	13.7	24.2
2011	675.7	39.2	44.6	561.1	51.4	37.0	279.1	23.2	18.4
2012	758.3	12.1	41.0	714.4	26.0	38.6	378.1	33.5	20.4

能 源 消 耗

Energy Consumption

4－1　水泥制造业能源消耗

4—1　Energy consumption of cement manufacture industry

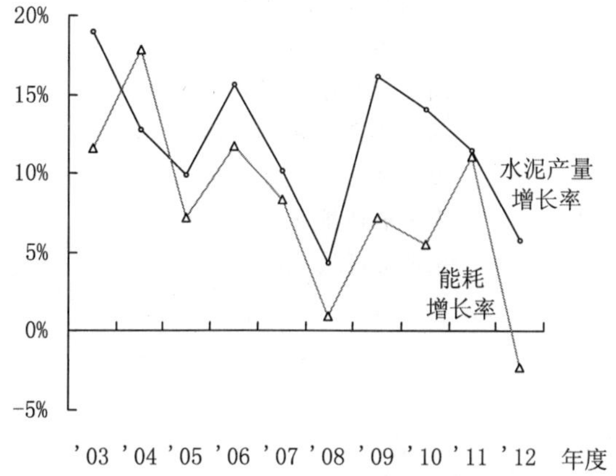

全国水泥产量 22.1 亿吨
比上年增长 5.7 %
能源消耗总量下降 2.3 %
水泥熟料产量增长 0.9 %
煤炭消耗量下降 3.7 %
电力消耗量下降 0.4 %
柴油消耗量增长 3.4 %

东部地区

水泥产量 8.6 亿吨
比上年下降 0.01 %
能源消耗总量下降 8.7 %
水泥熟料产量下降 3 %
煤炭消耗量下降 9.4 %
电力消耗量下降 5.1 %
柴油消耗量下降 0.6 %

中部地区

水泥产量 6.7 亿吨
比上年增长 9.1 %
能源消耗总量下降 0.2 %
水泥熟料产量增长 2.1 %
煤炭消耗量下降 2 %
电力消耗量下降 0.7 %
柴油消耗量下降 0.3 %

西部地区

水泥产量 6.8 亿吨
比上年增长 10.3 %
能源消耗总量增长 2.9 %
水泥熟料产量增长 3.8 %
煤炭消耗量增长 0.7 %
电力消耗量增长 5.2 %
柴油消耗量增长 11 %

注释：

1.水泥和水泥产量统计范围为全社会。2012 年水泥制造业能源消耗统计范围更改为年主营业务收入 2000 万元及以上水泥制造法人企业。2011 年水泥制造业能源消耗统计范围为年主营业务收入 2000 万元及以上，以及年主营业务收入 2000 万元以下、年综合能耗 1 万吨标准煤及以上的水泥制造法人企业。2010 年及以前，年主营业务收入统计起点标准为 500 万元及以上。

2.能源消耗总量包括：原煤（无烟煤、炼焦烟煤、一般烟煤、褐煤）、洗精煤、其他洗煤、煤制品、焦炭、其他焦化产品、焦炉煤气、高炉煤气、转炉煤气、发生炉煤气、天然气（气态）、液化天然气（液态）、煤层气（煤田）、原油、汽油、煤油、柴油、燃料油、液化石油气、炼厂干气、石脑油、润滑油、石蜡、溶剂油、石油焦、石油沥青、其他石油制品、热力、电力，包括回收利用的余热余压，包括用于燃料的煤矸石、城市垃圾、生物质废料、工业废料以及其他燃料。能源消耗总量包括生产消耗和企业非生产性消费。

3.能源消耗总量中电力消耗采用电热当量计算法折算标准煤。电热当量计算法指电力按自身的热功当量换算成标准煤，采用的折标系数为 1 万千瓦时＝1.229 吨标准煤。

4.煤炭消耗包括原煤（无烟煤、炼焦烟煤、一般烟煤、褐煤）、洗精煤、其他洗煤及煤制品。

5.全国及西部地区水泥制造业能耗中包括西藏自治区，分省区市表未列示。

4－2－1 省区市水泥制造业能源消耗

4—2—1 Energy consumption of cement manufacture industry of city，region and province

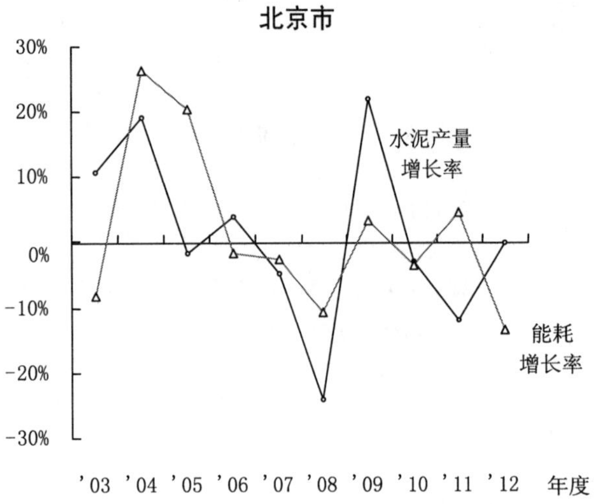

水泥产量 923 万吨
比上年下降 0.1 ％
能源消耗总量下降 13.5 ％
水泥熟料产量下降 14.1 ％
煤炭消耗量下降 16.9 ％
电力消耗量下降 9.3 ％
柴油消耗量增长 27.1 ％

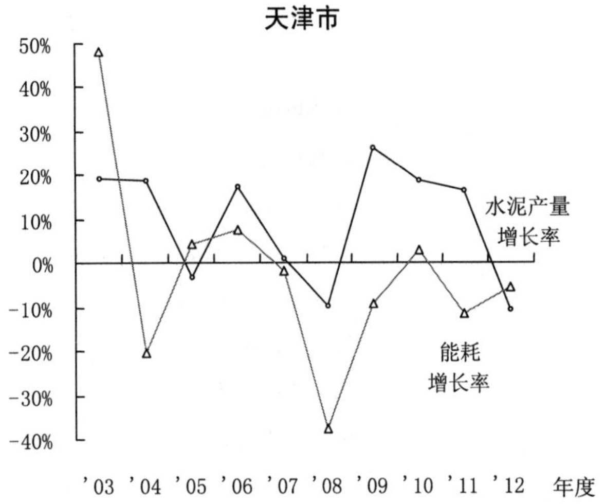

水泥产量 865 万吨
比上年下降 10.5 ％
能源消耗总量下降 5.5 ％
水泥熟料产量增长 0.4 ％
煤炭消耗量下降 4.9 ％
电力消耗量下降 13.7 ％
柴油消耗量增长 175.6 ％

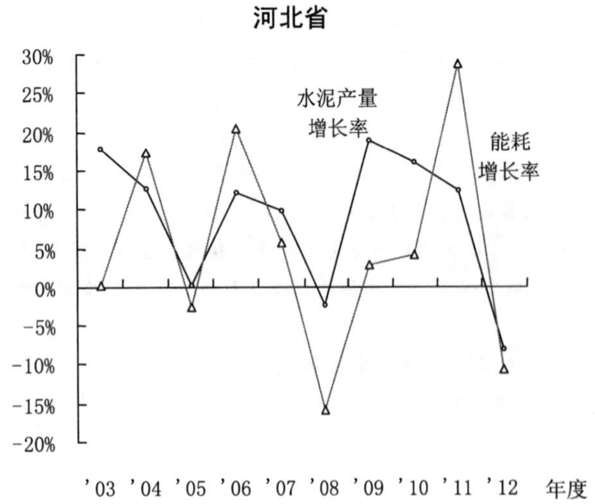

水泥产量 13171 万吨
比上年下降 8.2 ％
能源消耗总量下降 10.6 ％
水泥熟料产量增长 4.1 ％
煤炭消耗量下降 13.5 ％
电力消耗量下降 6.5 ％
柴油消耗量下降 4.4 ％

4－2－2　省区市水泥制造业能源消耗

4—2—2　Energy consumption of cement manufacture industry of city, region and province

山西省

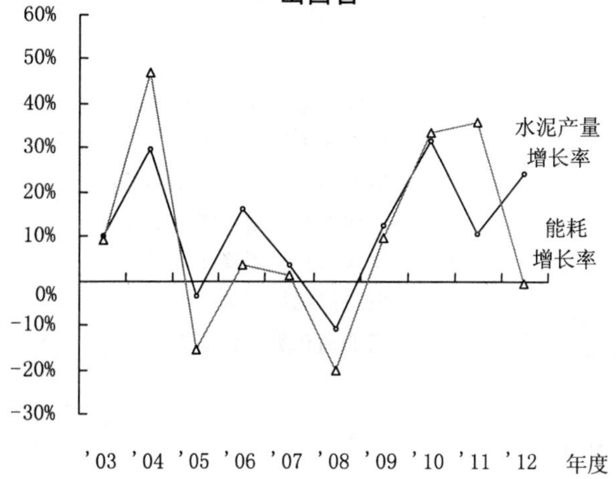

水泥产量 5042 万吨
比上年增长 24.1 %
能源消耗总量下降 0.5 %
水泥熟料产量增长 0.3 %
煤炭消耗量下降 3.6 %
电力消耗量增长 3.1 %
柴油消耗量下降 5.7 %

内蒙古自治区

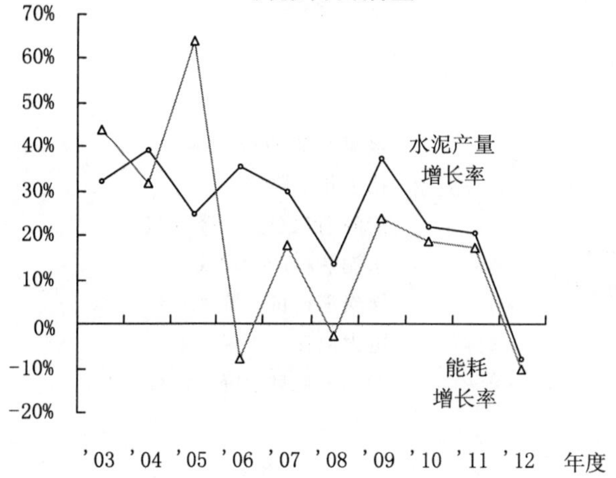

水泥产量 6070 万吨
比上年下降 7.8 %
能源消耗总量下降 10 %
水泥熟料产量下降 8.3 %
煤炭消耗量下降 11.5 %
电力消耗量下降 7.3 %
柴油消耗量增长 113.6 %

辽宁省

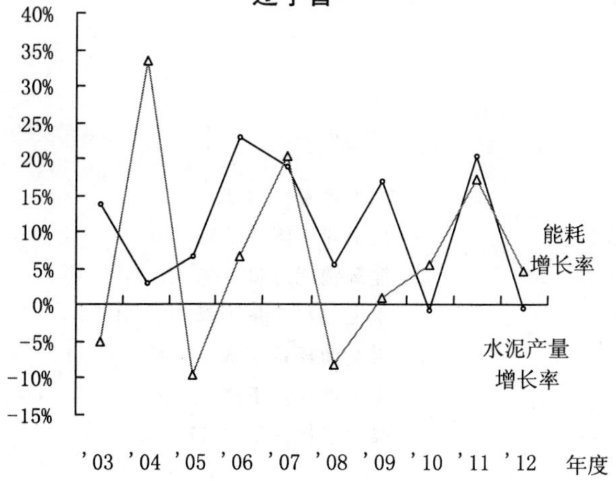

水泥产量 5725 万吨
比上年下降 0.6 %
能源消耗总量增长 4.6 %
水泥熟料产量下降 6.2 %
煤炭消耗量增长 5.1 %
电力消耗量增长 3.7 %
柴油消耗量增长 11 %

4－2－3　省区市水泥制造业能源消耗

4—2—3　Energy consumption of cement manufacture industry of city, region and province

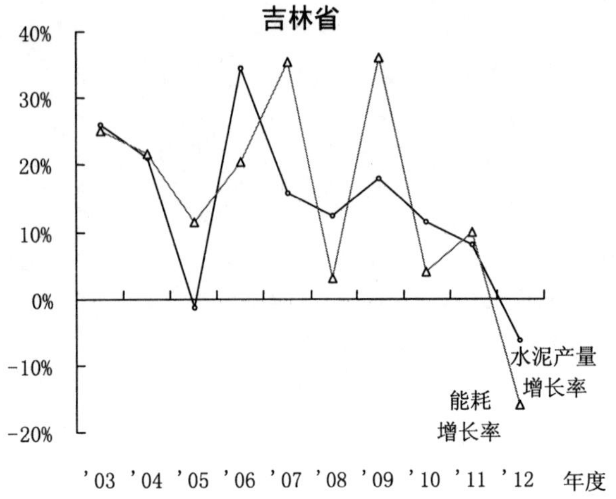

水泥产量 3112 万吨
比上年下降 6.4 %
能源消耗总量下降 16.1 %
水泥熟料产量下降 11.7 %
煤炭消耗量下降 19.8 %
电力消耗量下降 14.4 %
柴油消耗量增长 1 %

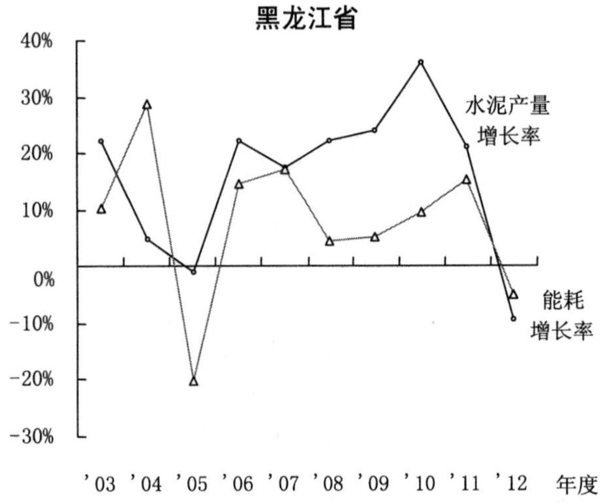

水泥产量 3948 万吨
比上年下降 9.3 %
能源消耗总量下降 5 %
水泥熟料产量增长 3.6 %
煤炭消耗量下降 4.1 %
电力消耗量下降 5.4 %
柴油消耗量下降 4.5 %

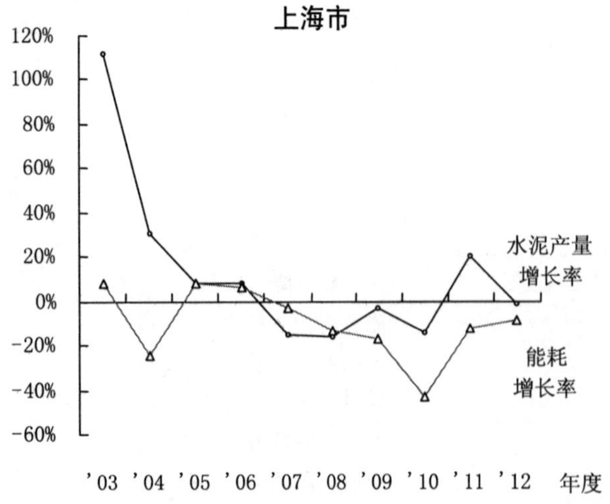

水泥产量 793 万吨
比上年下降 1.5 %
能源消耗总量下降 8.6 %
水泥熟料产量下降 10.8 %
煤炭消耗量下降 9.8 %
电力消耗量下降 3.6 %
柴油消耗量下降 17.2 %

4－2－4　省区市水泥制造业能源消耗

4—2—4　Energy consumption of cement manufacture industry of city，region and province

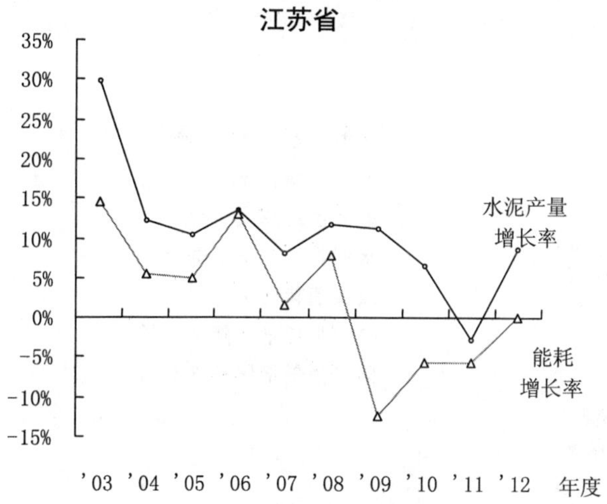

水泥产量 16565 万吔

比上年增长 8.6 %

能源消耗总量增长 0.1 %

水泥熟料产量增长 7.5 %

煤炭消耗量增长 0.4 %

电力消耗量增长 4 %

柴油消耗量增长 30.9 %

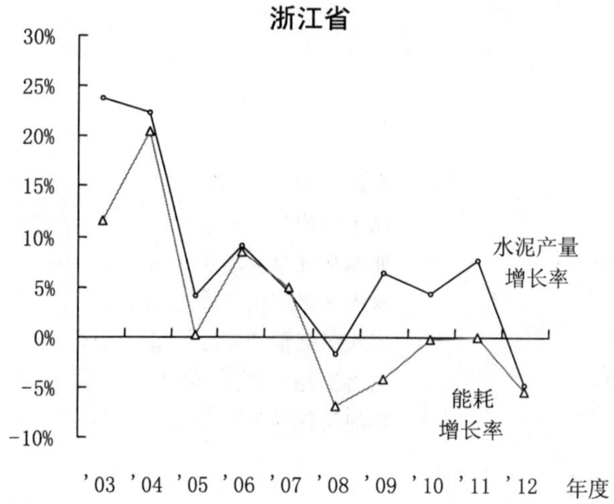

水泥产量 11617 万吨

比上年下降 4.8 %

能源消耗总量下降 5.5 %

水泥熟料产量下降 5.1 %

煤炭消耗量下降 5.4 %

电力消耗量下降 6.1 %

柴油消耗量下降 8.7 %

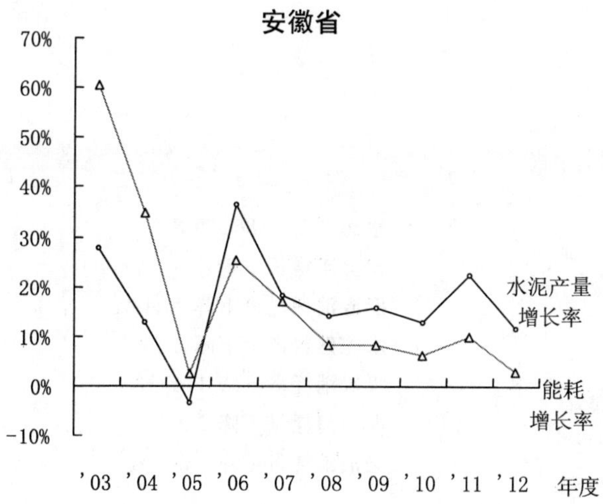

水泥产量 11001 万吨

比上年增长 11.5 %

能源消耗总量增长 2.8 %

水泥熟料产量增长 4.3 %

煤炭消耗量增长 1.8 %

电力消耗量增长 7.6 %

柴油消耗量增长 9.6 %

4－2－5　省区市水泥制造业能源消耗

4—2—5　Energy consumption of cement manufacture industry of city, region and province

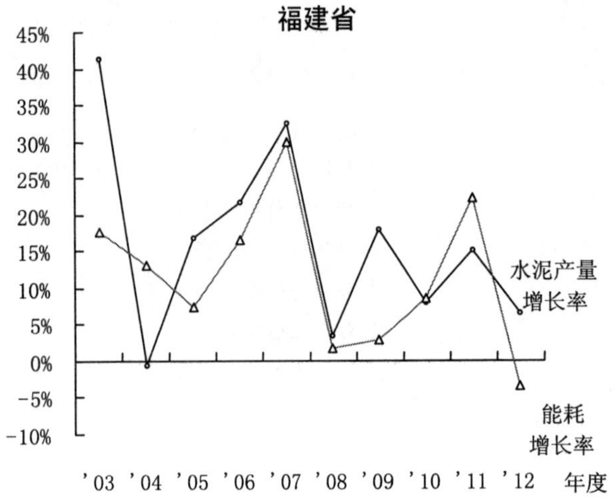

水泥产量 7260 万吨
比上年增长 6.6 %
能源消耗总量下降 3.5 %
水泥熟料产量下降 2 %
煤炭消耗量下降 4 %
电力消耗量下降 4.2 %
柴油消耗量增长 8.4 %

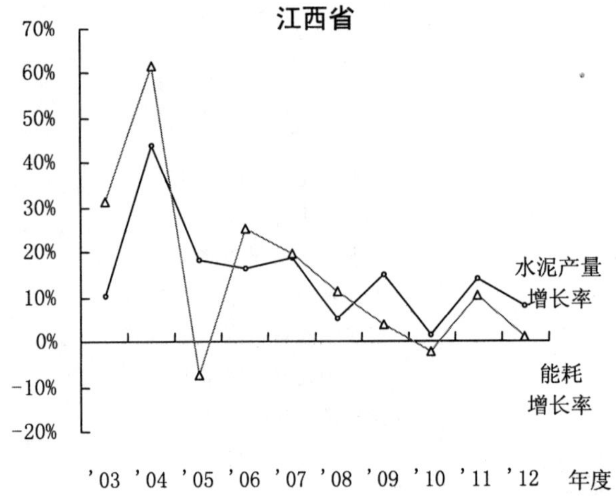

水泥产量 7689 万吨
比上年增长 7.8 %
能源消耗总量增长 1 %
水泥熟料产量下降 3.5 %
煤炭消耗量下降 1.4 %
电力消耗量增长 6.4 %
柴油消耗量下降 10.2 %

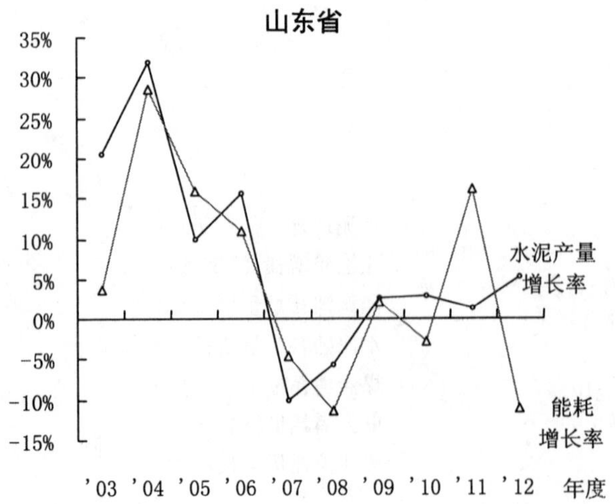

水泥产量 15864 万吨
比上年增长 5.2 %
能源消耗总量下降 11.1 %
水泥熟料产量下降 3 %
煤炭消耗量下降 11.5 %
电力消耗量下降 2.2 %
柴油消耗量下降 13.3 %

4－2－6 省区市水泥制造业能源消耗

4—2—6 Energy consumption of cement manufacture industry of city, region and province

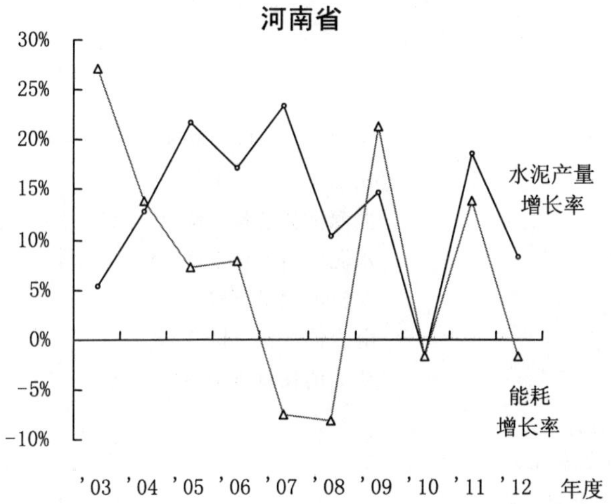

水泥产量 14971 万吨
比上年增长 8.3 %
能源消耗总量下降 1.7 %
水泥熟料产量增长 9 %
煤炭消耗量下降 1.1 %
电力消耗量下降 11.3 %
柴油消耗量下降 34.7 %

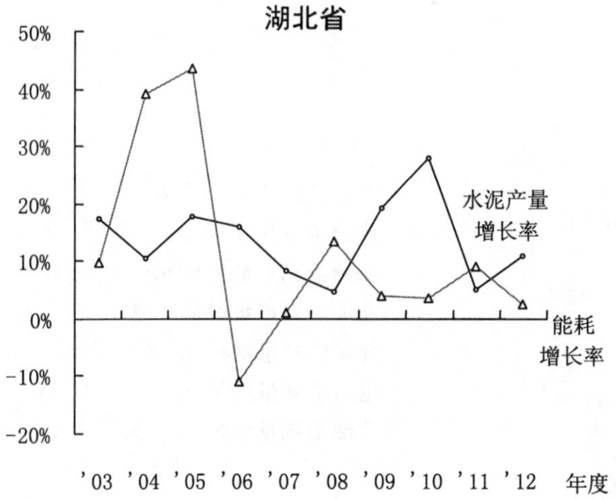

水泥产量 10506 万吨
比上年增长 11 %
能源消耗总量增长 2.6 %
水泥熟料产量增长 4.8 %
煤炭消耗量增长 0.7 %
电力消耗量下降 0.2 %
柴油消耗量增长 5.3 %

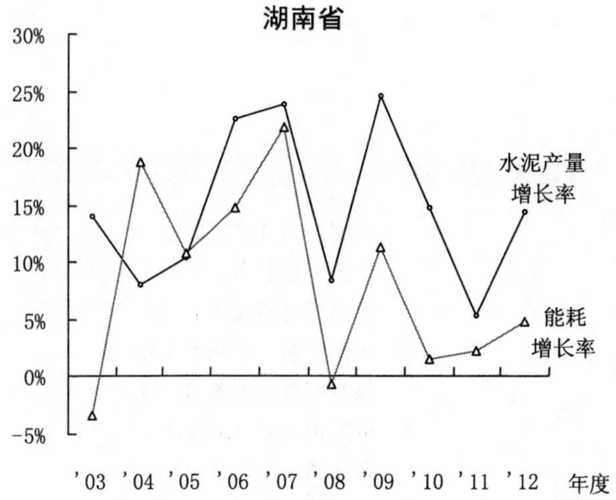

水泥产量 10638 万吨
比上年增长 14.4 %
能源消耗总量增长 4.8 %
水泥熟料产量下降 1.2 %
煤炭消耗量增长 2.6 %
电力消耗量增长 6.1 %
柴油消耗量增长 9.3 %

4－2－7 省区市水泥制造业能源消耗

4—2—7 Energy consumption of cement manufacture industry of city, region and province

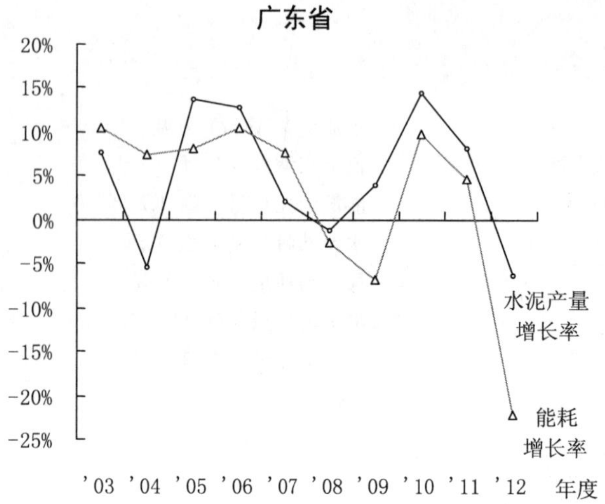

水泥产量 11759 万吨
比上年下降 6.4 %
能源消耗总量下降 22.1 %
水泥熟料产量下降 14.6 %
煤炭消耗量下降 22.8 %
电力消耗量下降 17.8 %
柴油消耗量下降 23 %

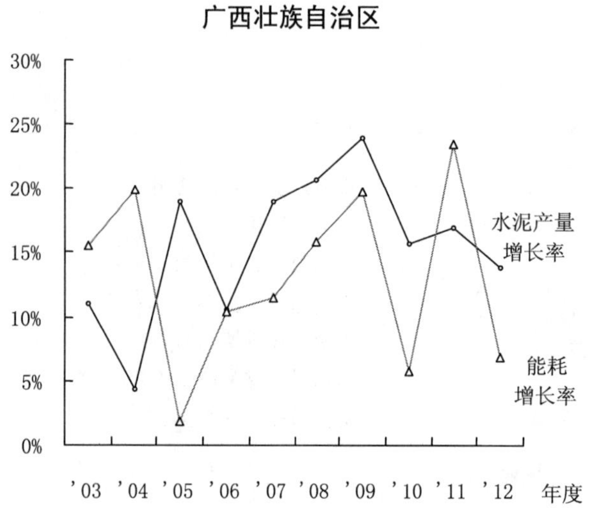

水泥产量 10002 万吨
比上年增长 13.8 %
能源消耗总量增长 6.8 %
水泥熟料产量增长 5 %
煤炭消耗量增长 4.6 %
电力消耗量增长 9.8 %
柴油消耗量增长 10.4 %

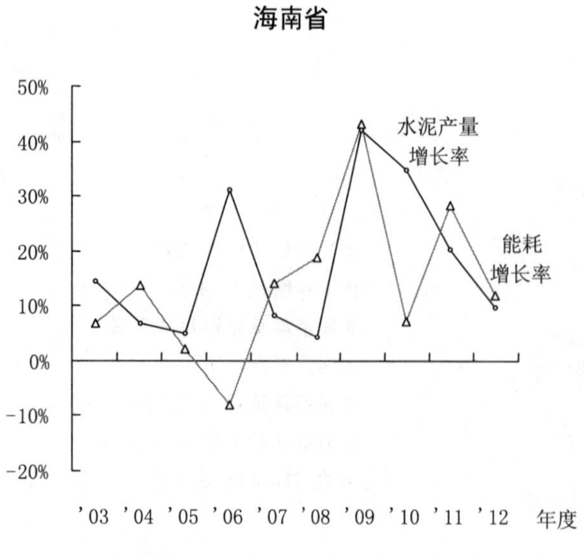

水泥产量 1673 万吨
比上年增长 9.9 %
能源消耗总量增长 12 %
水泥熟料产量增长 23.3 %
煤炭消耗量增长 12 %
电力消耗量增长 3.3 %
柴油消耗量增长 11.1 %

4－2－8 省区市水泥制造业能源消耗

4—2—8 Energy consumption of cement manufacture industry of city, region and province

重庆市

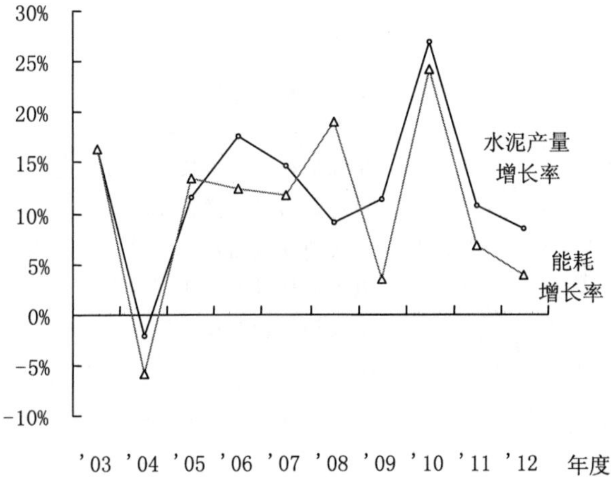

水泥产量 5550 万吨
比上年增长 8.4 ％
能源消耗总量增长 3.9 ％
水泥熟料产量下降 8.3 ％
煤炭消耗量下降 1.4 ％
电力消耗量增长 2 ％
柴油消耗量下降 21 ％

四川省

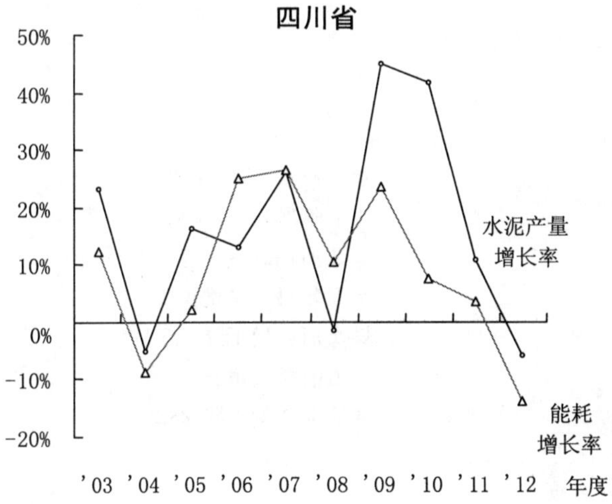

水泥产量 13473 万吨
比上年下降 5.8 ％
能源消耗总量下降 13.7 ％
水泥熟料产量下降 9.8 ％
煤炭消耗量下降 14.3 ％
电力消耗量下降 13.1 ％
柴油消耗量下降 5.3 ％

贵州省

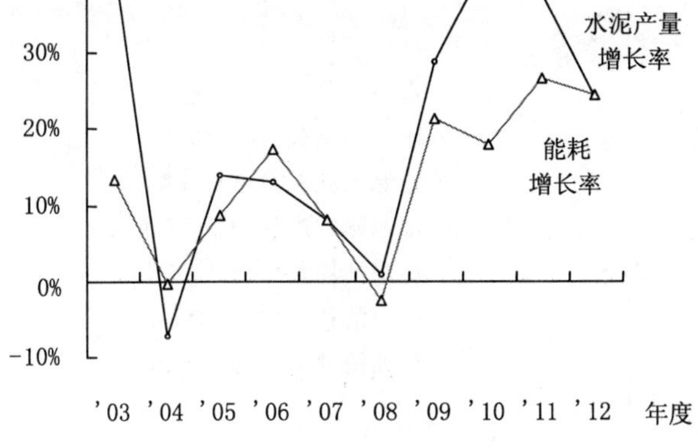

水泥产量 6516 万吨
比上年增长 24.1 ％
能源消耗总量增长 24.4 ％
水泥熟料产量增长 15.6 ％
煤炭消耗量增长 18.1 ％
电力消耗量增长 22.6 ％
柴油消耗量增长 17.6 ％

4－2－9 省区市水泥制造业能源消耗

4—2—9 Energy consumption of cement manufacture industry of city, region and province

云南省

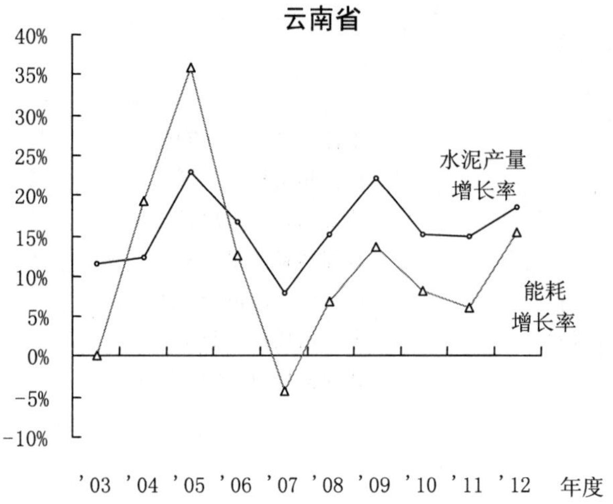

水泥产量 7879 万吨
比上年增长 18.4 %
能源消耗总量增长 15.4 %
水泥熟料产量增长 13.7 %
煤炭消耗量增长 13.4 %
电力消耗量增长 17.5 %
柴油消耗量增长 4.9 %

陕西省

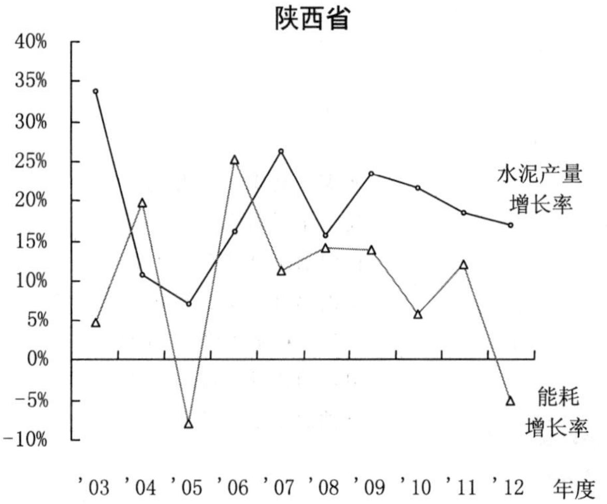

水泥产量 7645 万吨
比上年增长 16.9 %
能源消耗总量下降 5.1 %
水泥熟料产量增长 2.5 %
煤炭消耗量下降 7.5 %
电力消耗量增长 1 %
柴油消耗量下降 28.2 %

甘肃省

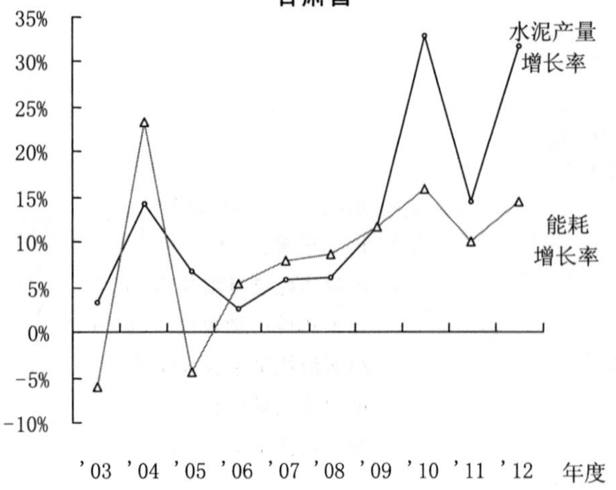

水泥产量 3659 万吨
比上年增长 31.7 %
能源消耗总量增长 14.4 %
水泥熟料产量增长 12.3 %
煤炭消耗量增长 13.9 %
电力消耗量增长 19.7 %
柴油消耗量下降 2.8 %

4－2－10　省区市水泥制造业能源消耗

4—2—10　Energy consumption of cement manufacture industry of city, region and province

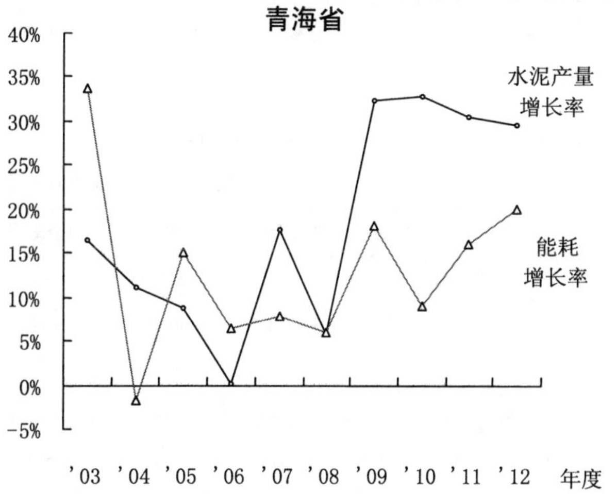

水泥产量 1371 万吨
比上年增长 29.6 %
能源消耗总量增长 19.9 %
水泥熟料产量增长 16.5 %
煤炭消耗量增长 24.7 %
电力消耗量增长 17.8 %
柴油消耗量增长 0.2 %

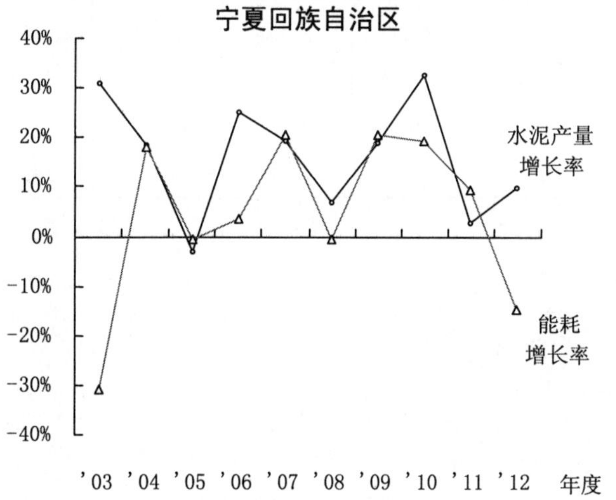

水泥产量 1605 万吨
比上年增长 9.7 %
能源消耗总量下降 14.8 %
水泥熟料产量增长 0.5 %
煤炭消耗量下降 17.1 %
电力消耗量下降 6.7 %
柴油消耗量下降 17.9 %

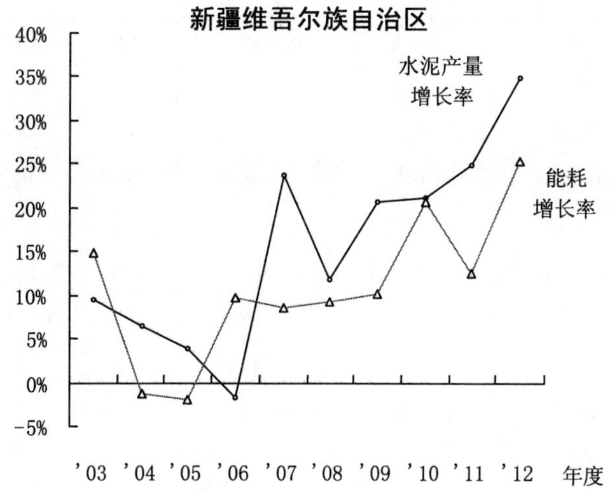

水泥产量 4161 万吨
比上年增长 34.9 %
能源消耗总量增长 25.4 %
水泥熟料产量增长 42.4 %
煤炭消耗量增长 22.6 %
电力消耗量增长 27.2 %
柴油消耗量增长 33.1 %

进　出　口

Import and Export

5－1　历年水泥和水泥熟料出口

5—1　Cement and cement clinker export over the years

1981～2012 年水泥和水泥熟料
出口数量（万吨）

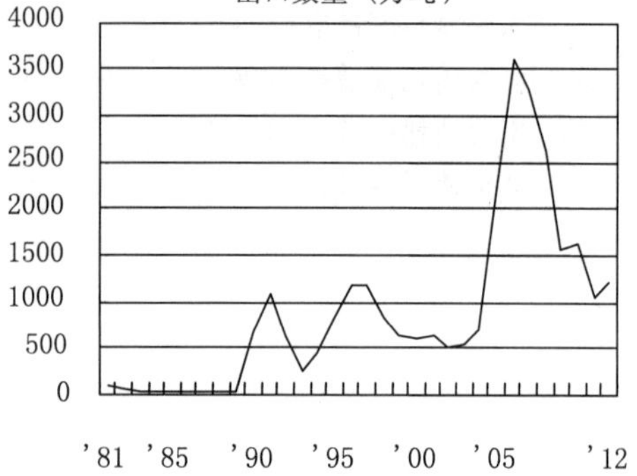

1992～2012 年水泥和水泥熟料
出口数量（万吨）

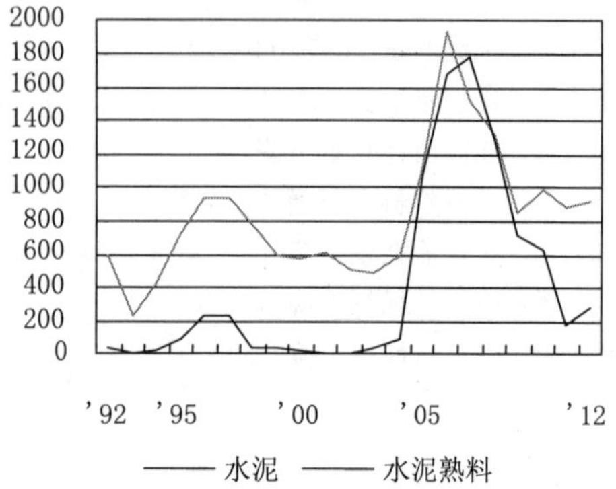

水泥和水泥熟料出口

数量:万吨　金额:万美元

年度	数量	增长率%	金额	增长率%
1995	818.95	81.06	29807	90.00
2000	605.90	−4.68	18996	−5.45
2005	2215.73	214.54	68460	197.14
2006	3612.97	63.06	118062	72.45
2007	3300.75	−8.64	115043	−2.56
2008	2603.80	−21.11	109879	−4.49
2009	1561.13	−40.04	68719	−37.46
2010	1616.26	3.53	72307	5.22
2011	1060.98	−34.36	62035	−14.21
2012	1199.68	13.07	68363	10.20

数量:万吨　金额:万美元

年度	水泥出口				水泥熟料出口			
	数量	增长率(%)	金额	增长率(%)	数量	增长率(%)	金额	增长率(%)
1995	726.23	69.68	26914	79.40	92.72	281.56	2893	321.98
2000	582.46	−2.21	18427	−3.45	23.44	−41.43	569	−43.47
2005	1137.25	89.01	40602	100.99	1078.49	949.66	27858	881.38
2006	1940.71	70.65	72479	78.51	1672.26	55.06	45584	63.63
2007	1519.34	−21.71	60488	−16.54	1781.41	6.53	54555	19.68
2008	1323.23	−12.91	63056	4.25	1280.57	−28.11	46823	−14.17
2009	848.65	−35.86	42559	−32.51	712.48	−44.36	26160	−44.13
2010	982.71	15.80	49608	16.56	633.55	−11.08	22699	−13.23
2011	879.81	−10.47	52962	6.76	181.17	−71.40	9073	−60.03
2012	924.01	5.02	56133	5.99	275.67	52.16	12229	34.08

5－2　历年水泥和水泥熟料进口

5—2　Cement and cement clinker import over the years

水泥和水泥熟料进口

数量:万吨　金额:万美元

年度	数量	增长率(%)	金额	增长率(%)
1995	31.36	－76.62	1933	－73.23
2000	142.58	185.36	3475	135.22
2005	116.35	－56.41	4048	－47.77
2006	111.64	－4.05	3925	－3.03
2007	65.12	－41.67	2612	－33.46
2008	61.71	－5.24	2900	11.02
2009	81.97	32.84	3699	27.56
2010	178.51	117.76	7599	105.43
2011	240.53	34.75	11194	47.31
2012	79.45	－66.97	4453	－60.22

2012 年我国进口水泥 48.9 万吨，价值 2067 万美元。其中从日本进口 48.9 万吨，价值 2067 万美元，进口金额占进口总值 54.9%；从中国澳门进口 14.9 万吨，价值 1066 万美元，进口金额占进口总值 28.3%。在国内收货地中，山东青岛进口 19.4 万吨，价值 1107 万美元，进口金额占进口总值 29.4%；广东珠海进口 14.9 万吨，价值 1069 万美元，进口金额占进口总值 28.9%；广东深圳进口 25.2 万吨，价值 712 万美元，进口金额占进口总值 18.9%。

2012 年我国进口水泥熟料 14.5 万吨，价值 687 万美元。其中从中国台湾进口 8 万吨，价值 361 万美元，进口金额占进口总值 52.5%；从越南进口 6.1 万吨，价值 265 万美元，进口金额占进口总值 38.6%。在国内收货地中，福建省进口 8 万吨，价值 361 万美元，进口金额占进口总值 52.5%；广东省进口 3.8 万吨，价值 163 万美元，进口金额占进口总值 23.8%；海南省进口 2.3 万吨，价值 100 万美元，进口金额占进口总值 14.5%。

数量:万吨　金额:万美元

年度	水泥进口				水泥熟料进口			
	数量	增长率(%)	金额	增长率(%)	数量	增长率(%)	金额	增长率(%)
1995	28.73	－78.17	1807	－74.31	2.63	6.09	126	－33.54
2000	3.63	－37.03	559	39.97	138.96	214.32	2916	170.53
2005	82.08	－25.62	3162	－20.05	34.27	－78.11	886	－76.66
2006	77.05	－6.13	2991	－5.40	34.59	0.93	934	5.46
2007	53.87	－30.09	2293	－23.33	11.25	－67.46	319	－65.91
2008	56.60	5.08	2709	18.13	5.10	－54.64	190	－40.21
2009	70.27	24.15	3338	23.21	11.7	129.2	361	89.45
2010	82.31	17.13	3873	16.03	96.20	722.16	3725	932.62
2011	85.56	3.95	4529	16.92	154.98	61.10	6664	78.90
2012	64.99	－24.04	3766	－16.84	14.46	－90.67	687	－89.69

5－3 水泥和水泥熟料出口价格变动趋势

5—3 The changing trend of cement and cement clinker export price

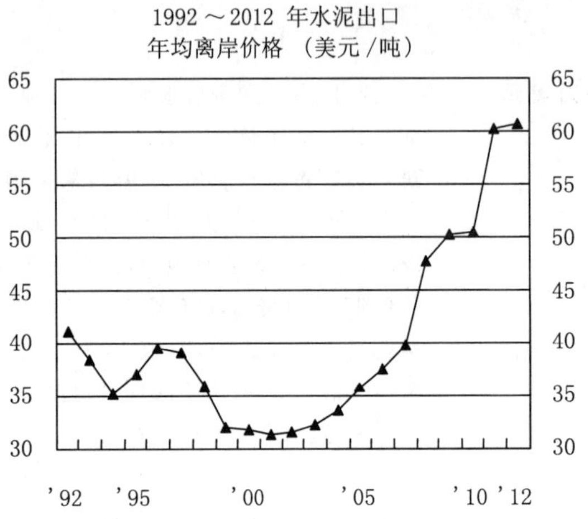

年　度	水泥年均离岸价格（美元/吨）
1995	37.06
2000	31.64
2001	31.35
2002	31.54
2003	32.23
2004	33.57
2005	35.70
2006	37.35
2007	39.81
2008	47.65
2009	50.15
2010	50.48
2011	60.20
2012	60.75

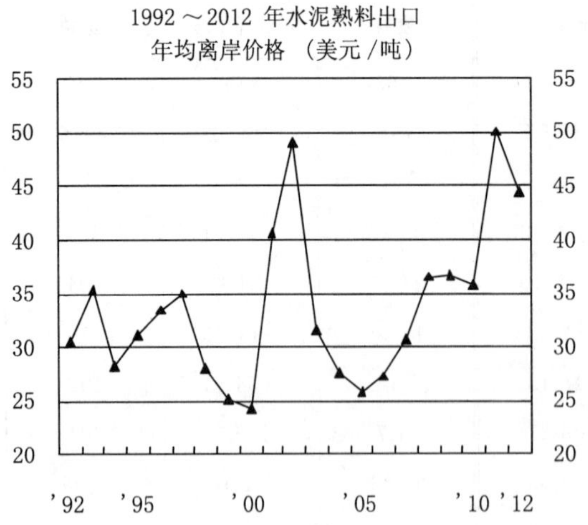

年　度	水泥熟料年均离岸价格（美元/吨）
1995	31.20
2000	24.26
2001	40.70
2002	49.04
2003	31.47
2004	27.63
2005	25.83
2006	27.26
2007	30.62
2008	36.56
2009	36.72
2010	35.83
2011	50.08
2012	44.36

5－4－1　水泥出口主要发货地

5－4－1　Main shipping place of cement export

数量:吨　金额:万美元

地　区	数量	增长(%)	金额	增长(%)	比重(%)
总计	9240148	5.02	56133	5.99	100
山东省	2880488	－4.50	17499	－2.05	31.17
龙口	1951954	－4.66	11254	－3.24	20.05
烟台	425322	－7.73	2394	－10.18	4.26
枣庄	278322	8463.75	1671	7841.11	2.98
日照	156929	－51.52	981	－48.21	1.75
淄博	34469	－11.81	872	11.04	1.55
临沂	19080	－86.35	128	－84.84	0.23
江苏省	2510089	6.77	13354	10.98	23.79
泰州	804378	58.46	3731	83.04	6.65
张家港	518186	－13.28	3018	－9.04	5.38
南通	450903	－5.54	2735	－1.17	4.87
南京	356099	－36.59	1740	－35.4	3.10
无锡	194648	146.68	1063	113.71	1.89
镇江	160537	48.68	868	50.99	1.55
连云港	21080	8.10	128	2.34	0.23
内蒙古自治区	1138742	47.26	6470	42.7	11.53
锡林郭勒二连浩特	926297	75.70	4857	82.73	8.65
乌海	84917	－21.72	877	－20.62	1.56
巴彦淖尔	50024	－27.31	269	－32.16	0.48
锡林郭勒	30745	59.71	176	79.96	0.31
阿拉善	23763	90.26	144	113.15	0.26
乌兰察布	10229	－22.89	56	－23.86	0.10
呼伦贝尔满洲里	8763	253.20	68	275.07	0.12
安徽省	697268	7.43	4193	9.81	7.47
安庆	332688	117.32	2065	113.45	3.68
马鞍山	324592	－33.83	1972	－29.97	3.51
芜湖	39900	—	152	—	0.27
广东省	664889	2.39	4102	7.87	7.31
东莞	395162	7.04	2330	11.31	4.15
广州	225342	－7.34	1462	1.51	2.61
佛山	30148	48.72	191	33.34	0.34
肇庆	4927	－64.77	33	－66.01	0.06
珠海	4244	561.43	38	547.65	0.07
江门	3929	1768.39	23	375.57	0.04
深圳	865	－52.92	23	39.83	0.04
上海市	604854	163.61	3359	151.35	5.98
浦东	603219	169.69	3301	167.29	5.88
青浦	813	－32.07	37	－19.87	0.07
天津市	23273	－23.07	1404	－12.84	2.50
塘沽区	18298	－18.10	1286	－10.66	2.29
和平区	124	－86.73	4	－86.39	0.01

5－4－2 水泥出口主要发货地

5－4－2 Main shipping place of cement export

数量:吨 金额:万美元

地 区	数量	增长(%)	金额	增长(%)	比重(%)
广西壮族自治区	192047	66.25	1096	69.06	1.95
柳州	161890	44.70	911	45.28	1.62
南宁	29178	2778.24	177	2784.05	0.32
贵港市	969	－62.65	8	－44.15	0.01
云南省	142669	－39.33	981	－43.69	1.75
临沧	102196	108.30	715	129.71	1.27
思茅	31996	－44.39	194	－47.03	0.35
保山	3797	－96.46	42	－95.38	0.08
大理	1704	170.05	11	172.96	0.02
北京市	109576	－68.33	669	－67.24	1.19
海淀	42720	－87.01	243	－87.28	0.43
密云	38500	0.00	228	0	0.41
东城	23190	50.74	125	17.57	0.22
朝阳	3712	436605.88	47	83235.84	0.08
河南省	19594	26.41	608	49.59	1.08
郑州	13327	22.94	409	48.19	0.73
焦作	1640	25.67	25	28.14	0.05
洛阳	418	317.94	15	306.19	0.03
濮阳	96	3146.64	4	2841.09	0.01
辽宁省	63620	－17.60	588	－5.41	1.05
丹东	51973	86.15	408	107.04	0.73
沈阳	2936	－47.88	26	－32.51	0.05
抚顺	2000	—	29	—	0.05
新疆维吾尔族自治区	59466	29.09	474	3.11	0.84
阿勒泰	31798	38.53	227	40.77	0.40
乌鲁木齐	9340	－18.04	91	－40.93	0.16
克孜	4647	200.39	23	194.5	0.04
喀什	4110	67.95	26	77.13	0.05
阿克苏	3001	—	17	—	0.03
昌吉	2360	—	49	—	0.09
哈密	2208	－45.98	24	－46.97	0.04
吉林省	63639	－21.74	424	－15.29	0.75
延边珲春	28695	－20.54	192	－18.19	0.34
白山	20115	－10.29	118	10.04	0.21
延边	9714	－40.29	80	－32.53	0.14
通化集安	3109	67.98	19	79.54	0.03
四川省	21687	11.87	324	10.1	0.58
成都	20755	73.69	277	100.35	0.49
乐山	500	－88.99	34	－63.65	0.06
黑龙江省	28328	－9.06	255	－19.56	0.45
大庆	9795	－15.94	112	－36.31	0.20
黑河	8614	－6.67	63	－6.4	0.11
佳木斯同江	5900	－16.55	51	－2.06	0.09
哈尔滨	2457	9.08	21	42.48	0.04

5－5 水泥熟料出口主要发货地

5—5 Main shipping place of cement clinker export

数量:吨 金额:万美元

地 区	数量	增长(%)	金额	增长(%)	比重(%)
总计	2756656	52.16	12229.4	34.8	100
安徽省	2463137	55.78	9587	60.3	78.39
安徽芜湖	1149020	282.68	4355	288.01	35.61
安徽铜陵	605554	45.13	2304	46.47	18.84
安徽安庆	418569	−6.78	1725	−2.85	14.11
安徽池州	260900	−37.08	1087	−27.98	8.89
河南省	23070	−23.55	659	−4.94	5.39
河南郑州	4027	−41.05	128	−32.3	1.05
河南洛阳	1302	55.74	34	34.12	0.28
广东省	154541	154.15	626	74.42	5.12
广东肇庆	70583	33875.13	293	7674.69	2.40
广东东莞	44061	881120	127	39481.5	1.04
广东珠海	23152	—	117	—	0.96
广东云浮	15968	−70.52	73	−75.24	0.60
贵州省	16157	−37.8	594	−35.7	4.86
贵州贵阳	15605	−37.5	573	−35.54	4.69
广西壮族自治区	31084	−46.89	154	−39.56	1.26
广西贵港市	28251	−50.51	132	−45.83	1.08
广西南宁	1374	−4.61	16	24.53	0.13
山东省	10792	65.6	138	69.22	1.13
山东龙口	5050	—	19	—	0.16
山东烟台	4184	−22.52	14	−24.9	0.12
山东淄博	1180	31.1	97	61.14	0.79
山东济南	262	—	7	—	0.05
山西省	14192	267.28	123	155.4	1.01
山西阳泉	3720	77.23	40	92.2	0.33
山西省其他地区	10472	493.31	83	203.36	0.68
河北省	5041	−66.71	114	−62.5	0.93
河北唐山	4751	−56.41	109	−49.99	0.89
河北保定	150	—	2	—	0.01
内蒙古自治区	28569	643.2	114	681.36	0.93
内蒙乌兰察布	28287	—	113	—	0.92
内蒙锡林郭勒二连浩特	282	−70.99	1	−68.65	0.01
天津市	2493	−64.32	73	−68.71	0.60
天津塘沽区	1082	−77.14	38	−79.1	0.31
天津市其他地区	1409	−37.41	35	−31.55	0.29
吉林省	5990	−53.66	33	−50.91	0.27
吉林延边珲春	5990	−53.66	33	−50.91	0.27
辽宁省	1403	−67.74	6	−81.44	0.05
辽宁大连	1350	−66.66	5	−66.62	0.04
辽宁丹东	53	—	1	—	0.01
浙江省	37	143.98	2	140.88	0.02
上海市	57	−90.36	2	−94.52	0.02
北京市	26	−96.88	1	−97.11	0.01
湖北省	32	—	1	—	0.01

5－6－1　水泥出口主要收货地

5—6—1　Main receiving place of cement export

数量:吨　金额:万美元

国家或地区	数量	增长(%)	金额	增长(%)	比重(%)
总计	9240148	5.02	56133.29	5.99	100
安哥拉	2066582	－24.09	11989.13	－23.35	21.36
蒙古	1190322	45.82	6867.07	40.66	12.23
刚果	941139	58.79	5016.4	55.43	8.94
新加坡	805491	1164.17	3803.86	1045.35	6.78
中国香港	565503	－4.02	3464.8	1.77	6.17
喀麦隆	494114	－14.07	3059.37	－6.94	5.45
加蓬	457242	39.06	2766.64	43.21	4.93
美国	388004	－33.20	2055.03	－31.02	3.66
日本	167746	13.27	1734.61	15.47	3.09
澳大利亚	221621	88.25	1551.84	71.01	2.76
俄罗斯联邦	197641	－18.91	1359.85	－16.57	2.42
缅甸	178173	－24.19	1203.62	－31.16	2.14
朝鲜	163327	－45.31	1111.45	－36.69	1.98
文莱	152487	40.80	982.63	44.30	1.75
民主刚果	157300	93.88	902.78	87.42	1.61
莫桑比克	166593	1548.97	895.03	1177.31	1.59
中国澳门	101120	69.50	709.24	94.60	1.26
纳米比亚	115000	－15.45	685.74	－15.29	1.22
赤道几内亚	94482	49.94	602.16	46.31	1.07
几内亚	109034	2209.23	551.62	887.13	0.98
印度	8786	3.71	524.76	7.81	0.93
加纳	72651	68.94	447.48	70.47	0.80
东帝汶	48862	48.86	293.49	66.07	0.52
韩国	15461	79.45	271.96	－16.66	0.48
土库曼斯坦	19893	22.31	262.65	41.78	0.47
苏丹	50775	24.97	256.07	30.10	0.46
印度尼西亚	25991	1026.36	231.9	116.82	0.41
伊拉克	14046	11.87	205.2	－4.19	0.37
哈萨克斯坦	8659	－30.67	199.71	－19.75	0.36

5－6－2　水泥出口主要收货地

5—6—2　Main receiving place of cement export

数量:吨　金额:万美元

国家或地区	数量	增长(%)	金额	增长(%)	比重(%)
秘鲁	35000	－84.09	199.7	－83.66	0.36
巴布亚新几内亚	31235	15.19	196.63	13.39	0.35
肯尼亚	40135	1136.27	154.48	617.78	0.28
巴基斯坦	25342	99.20	138.84	63.82	0.25
尼日尔	6200	204.31	122.98	249.89	0.22
乍得	9500	458.84	108.18	334.81	0.19
菲律宾	4552	－78.77	103.42	－42.12	0.18
塞拉利昂	18000	—	101.51	—	0.18
利比里亚	16426	－34.30	100.2	－35.01	0.18
泰国	2578	－42.92	96.56	－43.08	0.17
加拿大	9409	406.49	92.51	332.54	0.16
伊朗	1578	186.45	82.28	279.67	0.15
中国台湾	2809	－98.80	72.26	－92.98	0.13
乌兹别克斯坦	4714	435.90	59	400.94	0.11
马来西亚	1387	－36.45	51.26	－29.83	0.09
科摩罗	8000	799900.00	50.96	276843.48	0.09
巴西	978	100.87	40.99	157.46	0.07
墨西哥	908	127.04	34.98	131.65	0.06
塔吉克斯坦	6341	221.09	33.2	214.64	0.06
阿根廷	671	－72.41	31.32	－9.43	0.06
土耳其	475	119.76	29.15	149.00	0.05
越南	1346	－52.09	26.83	－16.66	0.05
吉尔吉斯斯坦	4217	－29.01	23.79	－59.50	0.04
古巴	150	—	18.79	—	0.03
南非	595	－37.85	16.82	－56.41	0.03
老挝	3956	83.23	16.36	12.13	0.03
阿拉伯联合酋长国	403	4040.08	12.75	1264.43	0.02
柬埔寨	384	2300.00	12.4	1622.61	0.02
意大利	172	3.64	11.06	53.96	0.02
新西兰	132	－45.06	9.37	－6.62	0.02
英国	192	33.33	9.26	125.05	0.02
吉布提	1117	105.24	9.22	79.57	0.02

5－7 水泥熟料出口主要收货地

5－7 Main receiving place of cement clinker export

数量:吨 金额:万美元

国家或地区	数量	增长(%)	金额	增长(%)	比重(%)
总计	2756656	52.16	12229	34.80	100
孟加拉国	862320	195.86	3230	188.24	26.41
肯尼亚	663103	2355.66	2500	2402.51	20.44
澳大利亚	316298	7.63	1437	24.40	11.75
巴西	350648	61.48	1378	65.35	11.27
中国香港	116852	5.48	507	－6.54	4.15
菲律宾	84874	72.85	323	23.67	2.64
印度	69674	4467.19	275	473.17	2.25
中国澳门	64046	—	229	—	1.88
韩国	9954	6.64	199	7.22	1.63
荷兰	6227	38.63	179	46.35	1.47
智利	44000	43999900.00	167	4399900.00	1.37
埃塞俄比亚	34430	－50.56	151	－44.43	1.23
日本	2901	6.57	146	29.87	1.19
瑞典	4048	30.58	133	32.95	1.09
法国	3639	－74.85	119	－76.75	0.98
墨西哥	3308	－44.00	116	－43.07	0.95
蒙古	28569	637.95	114	679.29	0.93
朝鲜	22594	74.78	103	54.05	0.84
阿拉伯联合酋长国	2717	31.07	102	34.70	0.84
美国	10497	－17.28	94	－40.46	0.77
莫桑比克	21999	—	84	—	0.68
加拿大	2327	166.79	80	213.81	0.65
南非	2349	16.52	67	21.51	0.55
俄罗斯联邦	6658	172.03	63	－24.75	0.52
越南	3696	－63.72	62	－44.84	0.50
比利时	2620	－98.27	59	－90.96	0.49
土耳其	1204	－53.48	46	－53.48	0.37
意大利	1442	500.67	45	562.99	0.37
埃及	908	－37.12	35	－42.90	0.28
泰国	920	－84.78	34	－54.83	0.28
印度尼西亚	897	－66.61	29	－70.61	0.24
马达加斯加	6934	－26.63	26	－21.75	0.21
葡萄牙	1358	58.09	23	78.35	0.19
英国	660	－46.07	23	－47.05	0.19
西班牙	624	2.63	15	－0.65	0.13
贝宁	518	—	11	—	0.09
沙特阿拉伯	225	21895.12	9	13799.40	0.08
中国台湾	228	－99.88	7	－98.87	0.06
罗马尼亚	70	—	2	—	0.02
安哥拉	160	77.78	2	890.33	0.02
乍得	27	—	1	—	0.01
伊朗	22	－81.85	1	－81.91	0.01

5－8－1　水泥及水泥制品出口总表

5—8—1　General table of cement and cement product export

商　品　名　称	数量(吨)	数量增长率(%)	金额(万美元)	金额增长率(%)
水泥	9240148	5.02	56133	5.99
1.白色硅酸盐水泥	97418	71.53	932	40.14
2.硅酸盐水泥	9067859	4.69	52142	5.65
3.铝酸盐水泥	53267	2.29	2732	6.04
4.其他水泥	21604	－20.77	327	－10.87
水泥熟料	2756656	52.16	12229	34.80
水泥混凝土制品	2516281	25.83	98347	22.01
1.混凝土管、杆、板、桩等	663457	50.32	11908	29.12
2.混凝土轨枕	52933	－31.69	1034	－26.55
3.混凝土预制结构件	691308	53.61	10993	60.83
4.水泥砖瓦	753738	18.46	18841	39.03
①水泥建筑用砖及砌块	601645	20.69	6257	52.27
②人造石制砖、瓦、扁平石	125553	20.93	11349	39.84
③水泥或混凝土制砖、瓦、扁平石	26540	－21.79	1235	－6.96
5.其他水泥混凝土制品	354845	－10.06	55572	12.06
纤维增强水泥制品	185973	6.23	7209	13.61
1.石棉水泥制品	42486	27.64	1212	16.21
①石棉水泥瓦楞板	8745	72.07	133	7.14
②石棉水泥片、板、砖、瓦	32451	23.57	859	43.03
③石棉水泥管子及管子附件	268	641.00	37	－24.89
④其他石棉水泥制品	1021	－46.41	183	－31.90
2.无石棉纤维水泥制品	143487	1.20	5997	13.10
①无石棉纤维水泥瓦楞板	4403	7334.46	137	3861.67
②无石棉纤维水泥片、板、砖、瓦	128589	3.29	4890	24.19
③无石棉纤维水泥管子及管子附件	51	－92.46	26	99.38
④其他无石棉纤维水泥制品	10444	－36.90	943	－30.03

5－8－2 水泥及水泥制品出口总表

5—8—2 General table of cement and cement product import

商 品 名 称	数量(吨)	数量增长率(%)	金额(万美元)	金额增长率(%)
水泥	649885	—24.04	3766	—16.84
1.白色硅酸盐水泥	4275	—9.13	195	11.73
2.硅酸盐水泥	637558	—24.34	2968	—19.93
3.铝酸盐水泥	6937	—4.30	513	—5.44
4.其他水泥	1114	8.21	89	—14.13
水泥熟料	144628	—90.67	687	—89.69
水泥混凝土制品	58542	63.24	5277	49.86
1.混凝土管、杆、板、桩等	18	—71.14	2	—96.91
2.混凝土轨枕	0	—	0	—
3.混凝土预制结构件	6713	—1.48	250	4.78
4.水泥砖瓦	47698	113.05	4464	81.50
①水泥建筑用砖及砌块	1530	—64.37	114	—20.00
②人造石制砖、瓦、扁平石	44226	180.12	4150	94.69
③水泥或混凝土制砖、瓦、扁平石	1943	—15.75	200	8.12
5.其他水泥混凝土制品	4113	—37.68	561	—27.33
纤维增强水泥制品	7439	42.09	655	26.97
1.石棉水泥制品	3542	191.96	243	2.93
①石棉水泥瓦楞板	12	5617.31	1	115.20
②石棉水泥片、板、砖、瓦	3523	192.78	212	3.84
③石棉水泥管子及管子附件	1	—54.98	5	—14.36
④其他石棉水泥制品	6	—15.39	26	—1.56
2.无石棉纤维水泥制品	3897	—3.12	412	47.28
①无石棉纤维水泥瓦楞板	0	—	0	—
②无石棉纤维水泥片、板、砖、瓦	3855	—3.17	373	40.74
③无石棉纤维水泥管子及管子附件	2	—94.58	7	—40.94
④其他无石棉纤维水泥制品	40	13913.19	32	1416.01

5－9　历年水泥制品出口

5—9　Cement product export over the years

1992～2012年水泥制品
出口数量(万吨)

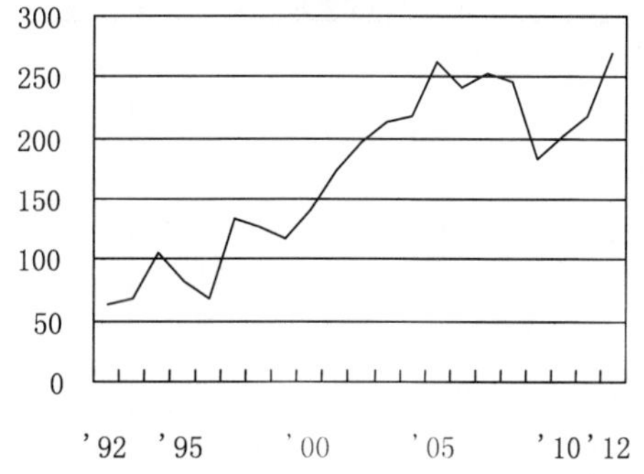

1992～2012年水泥混凝土制品和纤
维增强水泥制品出口数量(万吨)

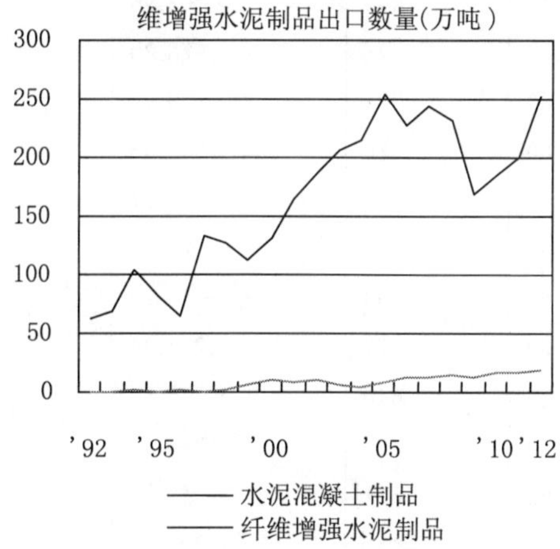

水泥制品出口

数量:吨　金额:万美元

年度	数量	增长率(%)	金额	增长率(%)
1995	831766	－21.07	3657	－23.31
2000	1416504	19.96	7730	28.45
2005	2620528	20.09	24102	36.90
2006	2402519	－8.32	28436	17.98
2007	2538675	5.67	41083	44.47
2008	2457528	－3.20	56123	36.61
2009	1824997	－25.74	39797	－29.09
2010	2027094	11.07	52063	30.82
2011	2174785	7.29	86950	67.01
2012	2702254	24.25	105556	21.40

数量:吨　金额:万美元

年度	水泥混凝土制品出口				纤维增强水泥制品出口			
	数量	增长率(%)	金额	增长率(%)	数量	增长率(%)	金额	增长率(%)
1995	821441	－21.25	3334	－24.64	10325	－2.80	323	－6.34
2000	1309829	16.53	6305	14.84	106675	87.99	1425	170.05
2005	2532609	18.13	22360	34.52	87919	130.51	1743	77.19
2006	2275409	－10.16	25781	15.30	127111	44.58	2656	52.40
2007	2431835	6.87	38066	47.65	128268	0.91	4229	59.27
2008	2313278	－4.88	50710	33.22	144251	12.46	5413	27.99
2009	1693399	－26.80	34920	－31.14	131597	－8.77	4878	－9.89
2010	1856566	9.64	46622	33.51	170527	29.58	5441	11.55
2011	1999721	7.71	80605	72.89	175065	2.66	6345	16.61
2012	2516281	25.83	98347	22.01	185973	6.23	7209	13.61

5－10 水泥混凝土制品出口主要发货地

5—10 Main shipping place of cement concrete product export

数量:吨 金额:万美元

地区	数量	增长(%)	金额	增长(%)	比重(%)
水泥混凝土制品	2516281	25.83	98347	22.01	100.00
广东深圳	807861	18.33	28623	－28.12	29.10
福建泉州	71262	－4.28	4072	9.89	4.14
广东东莞	267370	21.55	3741	195.55	3.80
广东广州	75383	58.80	2646	31.13	2.69
广东惠州	99697	409.62	2332	295.42	2.37
重庆江北区	7966	25048.15	1957	2003.65	1.99
广东云浮	29001	10.23	1876	－4.04	1.91
浙江嘉兴	16218	27.32	1707	32.12	1.74
江苏南京	57384	－12.16	1657	10.01	1.68
福建漳州	9121	15.45	1421	103.31	1.45
广东南海	15212	－24.44	865	－3.96	0.88
辽宁大连	16380	－0.03	798	78.20	0.81
上海青浦	5487	249.80	774	158.99	0.79
福建福州	56579	4905.69	736	1349.63	0.75
河南平顶山	41748	4139.54	724	4386.97	0.74
浙江台州	4066	30.89	723	21.84	0.74
广东顺德	15110	－75.42	693	－59.75	0.70
四川成都	25364	4876.38	667	291.96	0.68
广东江门	24378	－40.26	640	8.84	0.65
重庆渝北区	517	1704.18	592	1356.34	0.60
广东中山	75279	－43.62	577	－49.71	0.59
陕西西安	796	678.74	482	8390.27	0.49
江苏苏州昆山	4038	24.87	479	3.28	0.49
安徽合肥	2128	114.31	476	2237.30	0.48
广东番禺	82631	16.63	429	80.33	0.44
重庆南岸区	694	523.60	413	14.40	0.42
福建厦门	7183	127.73	409	17.54	0.42
辽宁沈阳	1672	47.12	331	1063.04	0.34
江西南昌	8363	98152.33	313	104138.24	0.32
重庆渝中区	940	1380.89	309	117.69	0.31
内蒙锡林郭勒二连浩特	44687	193.85	304	122.90	0.31
福建三明	10257	2011072.35	295	491095.33	0.30
新疆乌鲁木齐	607	－30.90	286	336.24	0.29
江苏无锡	10618	154.18	278	116.08	0.28
广东肇庆	2307	－2.85	272	41.17	0.28
浙江杭州	6618	80.01	257	82.85	0.26
黑龙江大庆	9367	45.55	246	189.23	0.25
重庆九龙坡区	264	－34.00	227	－74.86	0.23

5－11　纤维增强水泥制品出口主要发货地

5—11　Main shipping place of fiber reinforced cement product export

数量:吨　金额:万美元

地　区	数量	增长(%)	金额	增长(%)	比重(%)
纤维增强水泥制品	185973	6.23	7209	13.61	100.00
浙江慈溪	23440	－33.07	706	－21.79	9.79
广东佛山	25683	12.57	689	13.00	9.55
广东深圳	8472	119.13	532	144.28	7.38
浙江宁波	15432	82.91	483	113.34	6.70
广东广州	9325	－25.13	470	－15.78	6.52
福建漳州	4938	－20.77	426	－17.83	5.92
江苏苏州吴江	13714	163.23	363	138.15	5.04
安徽滁县	8978	182.91	177	225.18	2.46
江苏南通启东	1501	－29.20	170	－14.63	2.35
上海金山	3589	17268.57	155	10441.66	2.16
新疆伊宁	8624	49.66	153	60.66	2.12
广东江门	4935	－26.95	140	－26.09	1.94
山东泰安	5705	－45.81	131	－41.75	1.81
上海浦东	451	155.42	107	118.67	1.49
内蒙锡林郭勒二连浩特	10580	144.10	95	129.22	1.32
广东南海	2818	－37.23	92	－25.08	1.28
上海闵行区	1025	238.47	82	258.49	1.13
广东惠州	177	20.50	71	21.30	0.98
上海徐汇区	812	－62.58	70	－61.10	0.98
重庆江北区	136	631.51	62	952.49	0.86
广东中山	1393	－55.52	57	－59.44	0.79
广东顺德	593	－59.64	47	－69.34	0.65
江苏南京	1027	－83.04	46	－87.91	0.64
辽宁沈阳	992	－44.76	40	－10.77	0.56
江苏苏州张家港	1193	93.44	39	117.14	0.54
湖北沙市	1226	34.02	38	21.65	0.53
河北石家庄	1104	85.23	38	201.08	0.52
上海嘉定	309	30.82	32	37.72	0.44
浙江海宁	993	15.93	29	10.39	0.41
四川成都	31	4853.08	28	24264.16	0.39
吉林白山	652	24.33	27	374.54	0.37
浙江杭州	1075	8.99	26	40.48	0.36
北京海淀	178	266.79	21	1337.73	0.29
上海川沙镇	58	0.00	21	0.00	0.29
山东潍坊	511	－10.58	20	－0.44	0.27
浙江余姚	248	214.63	19	120.68	0.27
浙江义乌	101	－44.53	18	－8.94	0.25

5－12 水泥混凝土制品出口主要收货地

5—12 Main receiving place of cement concrete product export

数量:吨　金额:万美元

国家或地区	数量	增长(%)	金额	增长(%)	比重(%)
水泥混凝土制品	2516281	25.83	98347	22.01	100.00
中国香港	1290839	17.73	16989	27.67	17.27
美国	72310	52.75	14624	19.87	14.87
荷兰	23946	9.85	8205	−36.87	8.34
日本	94272	−7.13	4663	1.34	4.74
中国澳门	378241	152.43	4424	362.50	4.50
德国	10226	31.32	3536	−28.26	3.60
新加坡	14626	102.81	3142	554.59	3.19
澳大利亚	26882	12.53	2908	62.17	2.96
加拿大	13712	19.61	2752	36.77	2.80
英国	20917	28.13	2667	23.78	2.71
马来西亚	17266	66.17	1991	254.72	2.02
沙特阿拉伯	5716	7.15	1704	158.04	1.73
巴西	17208	32.72	1627	82.77	1.65
韩国	34519	−27.19	1625	−9.03	1.65
比利时	8001	−49.14	1570	−55.93	1.60
法国	7479	−9.30	1490	3.51	1.52
阿拉伯联合酋长国	4080	−60.30	1389	142.53	1.41
安哥拉	42800	159.85	1199	141.28	1.22
印度	7862	−51.07	1133	41.26	1.15
南非	4786	123.60	1082	372.25	1.10
西班牙	7413	−39.52	1046	0.83	1.06
中国台湾	34946	−37.83	964	−18.86	0.98
墨西哥	2536	39.26	962	300.42	0.98
印度尼西亚	60980	1181.22	955	279.39	0.97
蒙古	76615	47.84	837	−8.90	0.85
菲律宾	47133	363.13	769	129.15	0.78
塞拉利昂	42710	−39.38	751	−35.47	0.76
泰国	6718	−13.62	666	71.74	0.68
越南	15251	94.83	652	138.18	0.66
意大利	5676	−15.01	584	−37.96	0.59
智利	1869	15.76	517	383.07	0.53
新西兰	11146	4.45	509	25.21	0.52
加纳	1592	252.30	506	3814.07	0.51
巴拿马	876	0.67	488	48.31	0.50
波兰	1445	33.38	466	230.45	0.47
多哥	601	3501.68	458	34703.00	0.47
土耳其	4683	−27.62	443	−20.28	0.45
俄罗斯联邦	19135	−28.33	435	−21.46	0.44
以色列	4396	101.03	427	23.14	0.43
黎巴嫩	4317	−14.36	385	54.08	0.39
巴基斯坦	790	−6.39	252	43.19	0.26
伊拉克	2395	245.61	233	79.72	0.24
巴林	435	381.50	214	2916.10	0.22
约旦	640	−19.76	204	503.02	0.21
毛里求斯	815	101.56	202	491.30	0.21

5－13 纤维增强水泥制品出口主要收货地

5—13 Main receiving place of fiber reinforced cement product export

数量:吨 金额:万美元

国家或地区	数量	增长(%)	金额	增长(%)	比重(%)
纤维增强水泥制品	185973	6.23	7209	13.61	100.00
中国香港	13946	46.30	560	17.78	7.77
韩国	16997	86.74	520	68.88	7.22
新加坡	11353	38.90	393	68.25	5.45
荷兰	4844	－16.22	356	－19.05	4.95
澳大利亚	5091	133.44	347	268.89	4.82
沙特阿拉伯	10707	42.63	328	86.18	4.55
苏丹	11320	283.79	277	340.75	3.84
阿拉伯联合酋长国	11787	－49.87	275	－49.37	3.81
以色列	2403	226.80	270	1261.78	3.74
美国	3924	－36.04	247	－15.87	3.42
哈萨克斯坦	8905	51.55	168	59.61	2.32
中国台湾	5670	－29.86	166	－33.40	2.30
委内瑞拉	5563	18.69	155	4.73	2.15
英国	2428	－32.11	154	－27.89	2.14
马来西亚	2413	－14.36	150	17.14	2.08
加纳	6952	58.33	141	72.76	1.96
安哥拉	2786	51.35	140	217.58	1.94
智利	3505	－49.98	119	－37.64	1.65
丹麦	2906	321.15	112	308.31	1.55
墨西哥	583	47.65	110	640.35	1.53
越南	906	－19.01	105	66.56	1.45
德国	550	－5.34	103	85.44	1.42
蒙古	10709	108.06	96	－6.39	1.34
伊朗	2020	－10.54	91	25.27	1.26
南非	1168	168.00	85	385.75	1.18
意大利	2314	32.29	83	31.69	1.16
巴布亚新几内亚	2543	219.80	83	164.81	1.15
俄罗斯联邦	2764	－43.27	82	－75.59	1.14
土耳其	950	243.87	78	152.36	1.09
菲律宾	1762	124.20	75	－54.75	1.05
日本	1575	114.35	73	89.01	1.02
挪威	1478	－3.17	67	2.24	0.92
几内亚	103	87.77	66	5185.23	0.91

主要经济指标

Main economic indicator

6－1－1　水泥制造业规模以上企业主要经济指标

6—1—1　Main economic indicator of enterprises above designated size in cement manufacture industry

水泥制造业规模以上企业单位数

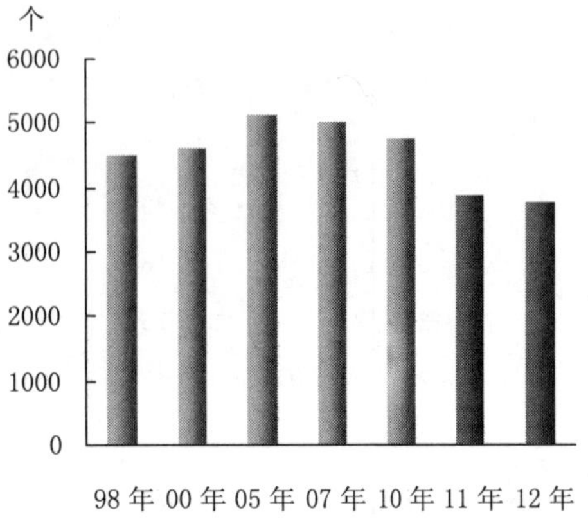

水泥制造业规模以上企业主营业务收入

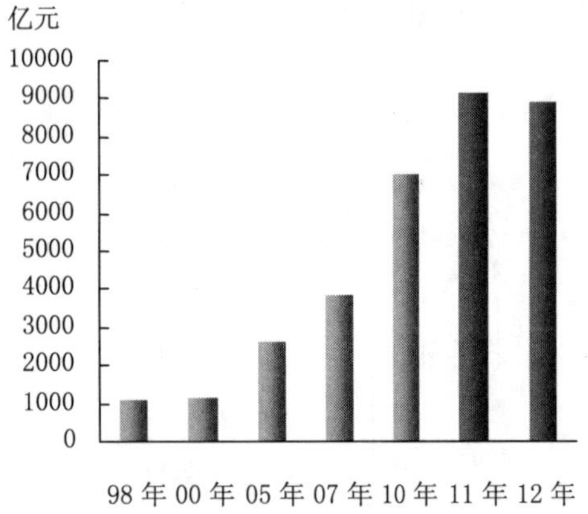

水泥制造业规模以上企业利润总额

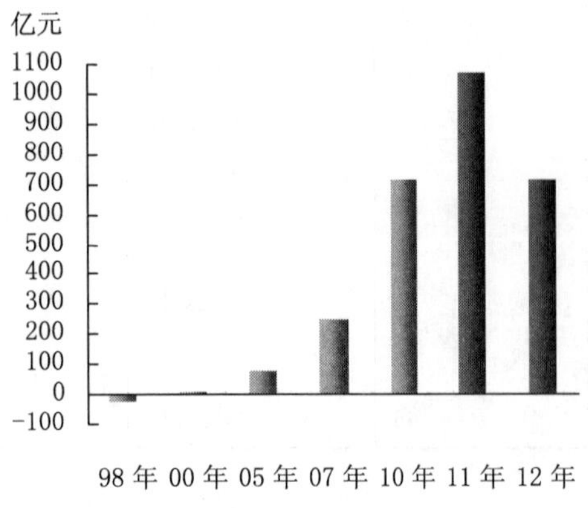

金额单位:亿元

指标名称	2011年	2012年	增长率(%)
企业单位数(个)	3866	3786	—
其中:亏损企业(个)	619	922	—
主营业务收入	9137	8929	2.3
主营业务成本	7331	7447	−1.6
主营业务税金及附加	63	65	−3.0
主营业务利润	1743	1416	23.0
销售费用	206	228	−9.3
管理费用	358	381	−6.2
财务费用	191	222	−14.2
其中:利息支出	182	219	−17.2
费用总额	755	831	−9.2
利润总额	1069	714	49.7
亏损企业亏损总额	40	79	−49.8
净利润	889	594	49.5
应交增值税	397	383	3.6
利税总额	1529	1162	31.6

注释:

1.水泥制造业规模以上企业:1998年至2006年为全部国有和年主营业务收入500万元及以上的非国有水泥制造企业;2007至2010年为年主营业务收入500万元及以上的水泥制造企业;从2011年开始,为年主营业务收入2000万元及以上的水泥制造企业。

2.主营业务收入、利润总额指标注释同前。

3.主营业务成本指企业经营主要业务所发生的成本总额。

4.主营业务税金及附加:指企业经营主要业务应负担的营业税、消费税、城市维护建设税、教育费附加等。

5.销售费用指企业在销售产品和提供劳务等日常经营过程中发生的各项费用以及专设销售机构的各项经费。管理费用指企业行政管理部门为组织和管理生产经营活动而发生的各项费用。财务费用指企业在生产经营过程中为筹集资金而发生的各项费用,包括利息支出(减利息收入)。费用总额指销售费用、管理费用和财务费用三项费用之和。

6.净利润为利润总额减应交所得税。

7.应交增值税指企业按税法规定,从事货物销售或提供加工、修理修配劳务等增加货物价值的活动本期应交纳的税金。

8.利税总额为企业利润总额与主营业务税金及附加、应交增值税之和。

6－1－2　水泥制造业规模以上企业主要经济指标

6—1—2　Main economic indicator of enterprises above designated size in cement manufacture industry

水泥制造业规模以上企业资产总额

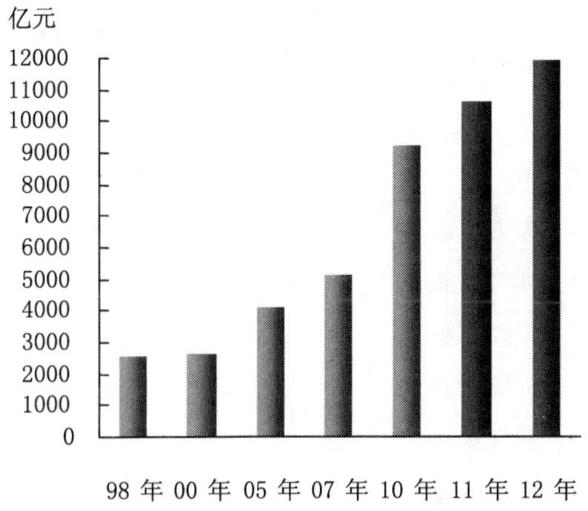

水泥制造业规模以上企业 固定资产原价

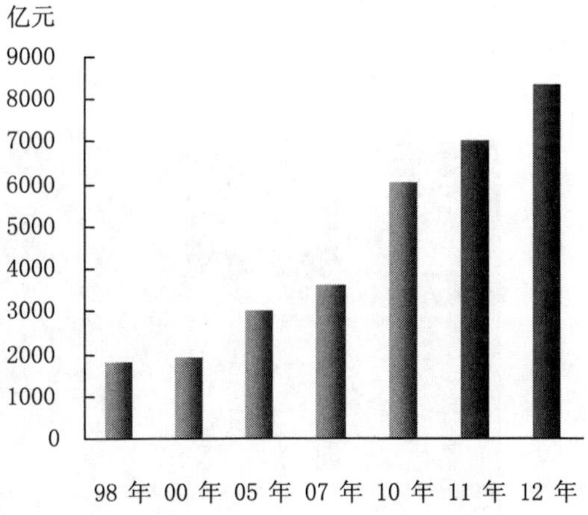

水泥制造业规模以上企业所有者权益

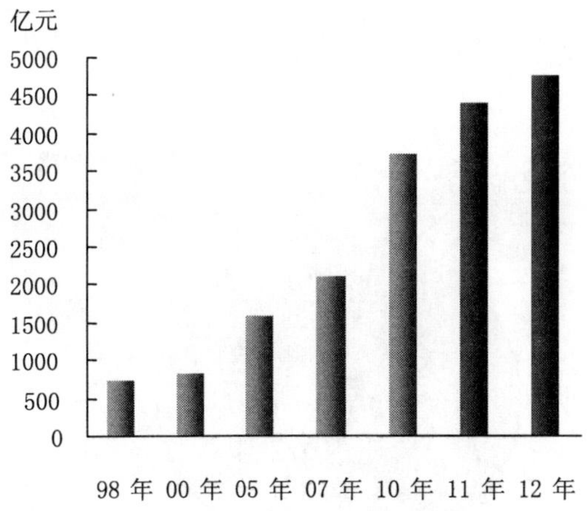

金额单位:亿元

指　标　名　称	2011 年	2012 年	增长率(%)
流动资产合计	3780	4223	11.7
其中:应收账款	503	642	27.8
存货	786	820	4.4
其中:产成品	228	237	4.2
固定资产原价	7042	8320	18.1
累计折旧	2069	2802	35.4
资产总额	10615	11896	12.1
负债总额	6193	7096	14.6
所有者权益	4404	4743	7.7
实收资本	2310	2530	9.5

注释:

1.资产总额注释同前。

2.流动资产指资产预计在一个正常营业周期中变现、出售或耗用,预计在资产负债表日起一年内(含一年)变现,自资产负债日起一年内交换其他资产或清偿负债的能力不受限制的现金或现金等价物。主要包括货币资金、应收票据、应收账款、存货等。

3.应收账款指企业在正常的经营过程中因销售商品、产品、提供劳务等业务,应向购买单位收取的款项,包括应由购买单位或接受劳务单位负担的税金、代购买方垫付的各种运杂费等。

4.存货是指企业在日常活动中持有以备出售的产成品或商品、处在生产过程中的在产品、在生产过程或提供劳务过程中耗用的材料、物料等。

5.产成品又称"成品",指在一个企业内已完成全部生产过程、按规定标准检验合格、可供销售的产品。

6.固定资产原价指固定资产的成本,包括企业在购置、自行建造、安装、改建、扩建、技术改造某项固定资产时所发生的全部支出总额。累计折旧指企业在报告期末提取的历年固定资产折旧累计数。

7.负债总额指企业过去的交易或者事项形成的,预期会导致经济利益流出企业的现时义务。负债一般按偿还期长短分为流动负债和非流动负债。

8.所有者权益即净资产,是资产扣除负债后由所有者享有的剩余权益。包括实收资本、资本公积、盈余公积、未分配利润等。

9.实收资本指投资者按照企业章程或合同、协议的约定,实际投入企业的资本,它是企业注册登记的法定资本总额的来源,它表明所有者对企业的基本产权关系。

6－2　水泥制造业规模以上企业主要经济成份

6－2　Main economic sector of enterprises above designated size in cement manufacture industry

水泥制造业规模以上企业实收资本构成

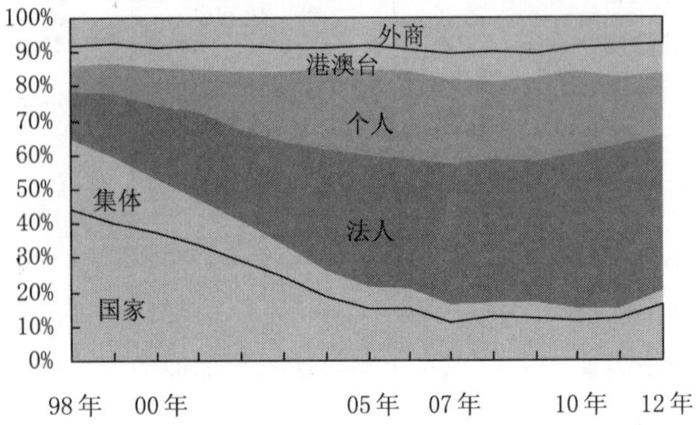

实收资本资本金构成

金额单位:亿元

实收资本资本金分类	资本金	资本金构成(%)
实收资本	2530	
国家资本金	413	16.3
集体资本金	100	4.0
法人资本金	1151	45.5
个人资本金	458	18.1
港澳台资本金	215	8.5
外商资本金	192	7.6

控股类型企业资产总额构成

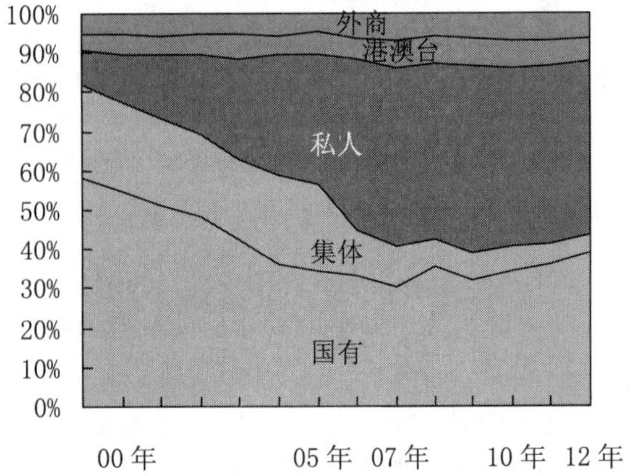

控股类型企业主营业务收入构成

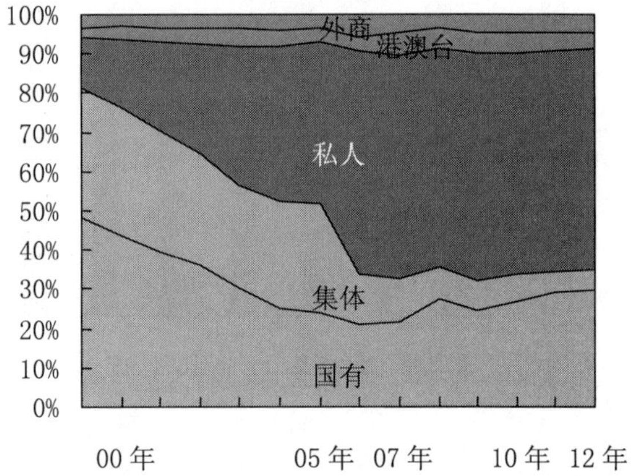

各控股类型企业主要经济指标

金额单位:亿元

控股类型	企业单位数(个)	资产总额	主营业务收入	利润总额
国有控股	574	4630	2646	259
集体控股	221	575	444	42
私人控股	2832	5236	5056	351
港澳台商控股	79	680	391	36
外商控股	80	776	393	26

控股企业利润构成

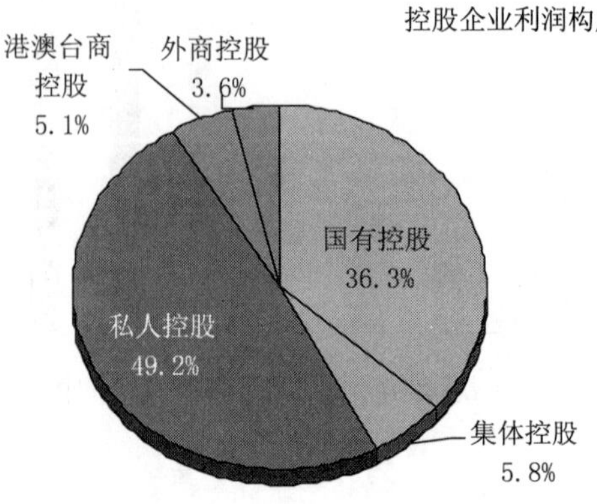

6－3 水泥制造业规模以上企业地区分布

6—3 Regional distribution of enterprises above designated size in cement manufacture industry

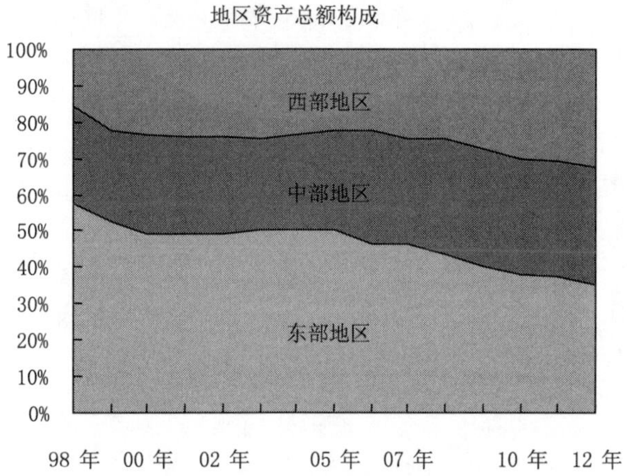

企业单位数量和资产总额

地区名称	企业单位数(个)	资产总额(亿元)	
		本 年	比重(%)
东部地区	1486	4212.4	35.4
中部地区	1183	3815.8	32.1
西部地区	1117	3868.1	32.5

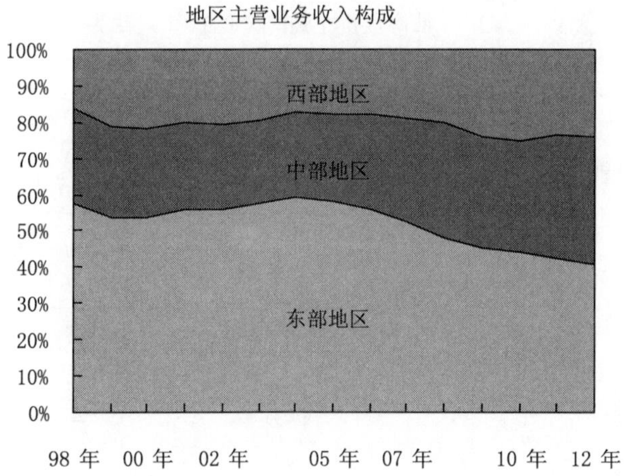

主营业务收入

金额单位:亿元

地区名称	本 年	增长(%)	比重(%)
东部地区	3625.2	－6.3	40.6
中部地区	3151.8	0.0	35.3
西部地区	2151.5	1.6	24.1

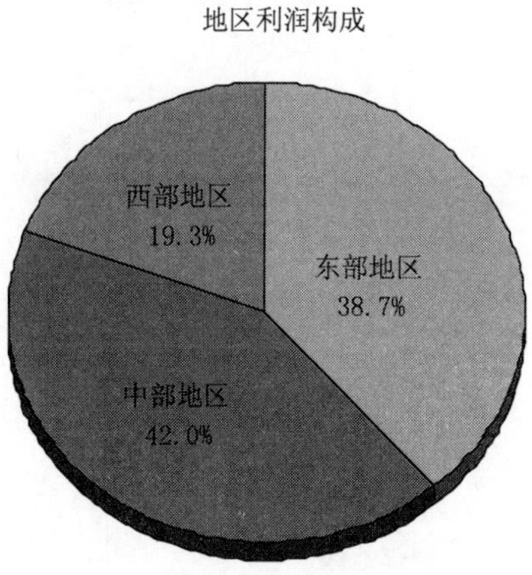

利润总额

金额单位:亿元

地区名称	本 年	增长(%)	比重(%)
东部地区	276.5	－39.2	38.7
中部地区	299.8	－27.6	42.0
西部地区	137.5	－31.1	19.3

6－4－1 水泥制造业规模以上经济效益

6—4—1 Economic benefit of enterprises above designated size in cement manufacture industry

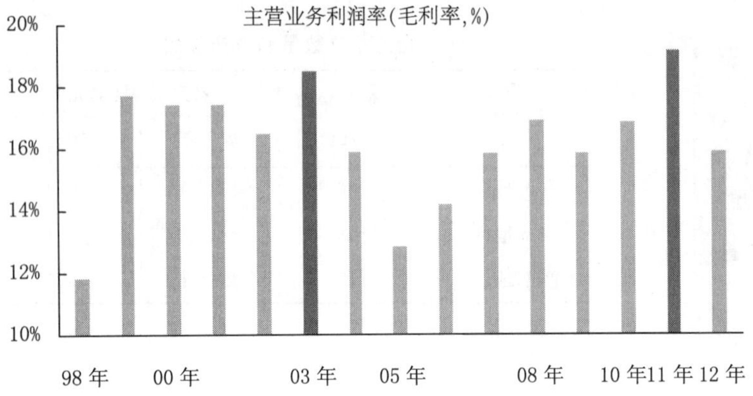

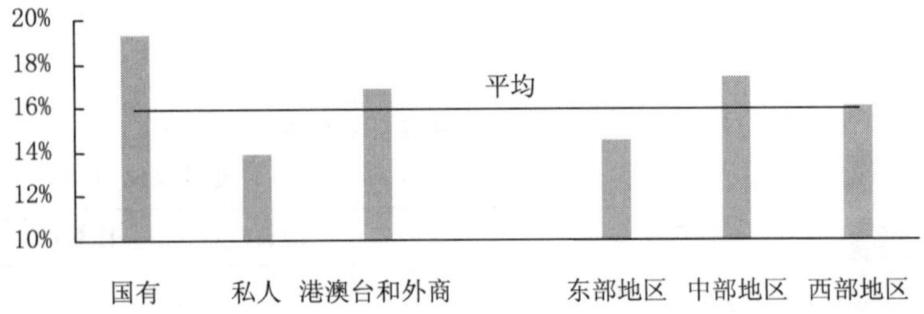

年份 企业 地区	指标
1998	11.8
2000	17.4
2003	18.5
2005	12.8
2007	15.8
2008	16.9
2009	15.8
2010	16.8
2011	19.1
2012	15.9
国有控股企业	19.3
私人控股企业	13.9
港澳台和外商控股企业	16.8
东部地区	14.5
中部地区	17.3
西部地区	16.0

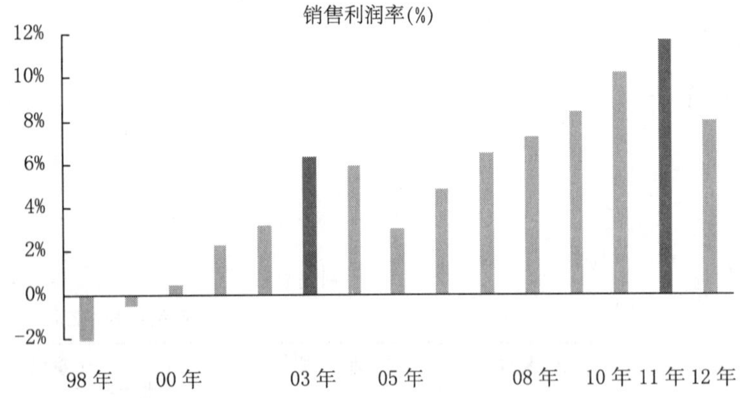

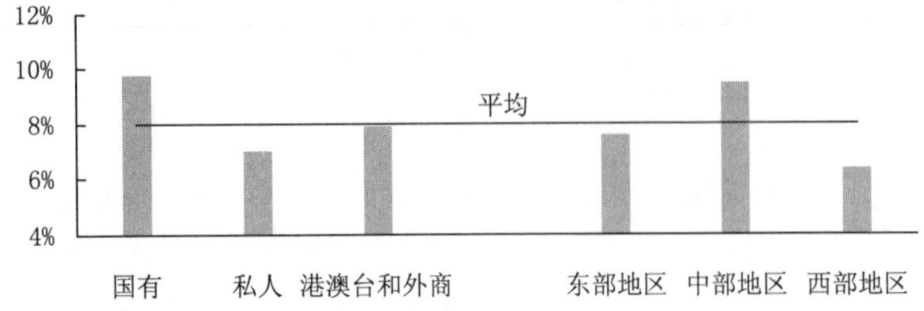

年份 企业 地区	指标
1998	－2.1
2000	0.5
2003	6.3
2005	3.0
2007	6.5
2008	7.2
2009	8.4
2010	10.2
2011	11.7
2012	8.0
国有控股企业	9.8
私人控股企业	7.0
港澳台和外商控股企业	7.9
东部地区	7.6
中部地区	9.5
西部地区	6.4

6－4－2　水泥制造业规模以上经济效益

6—4—2　Economic benefit of enterprises above designated size in cement manufacture industry

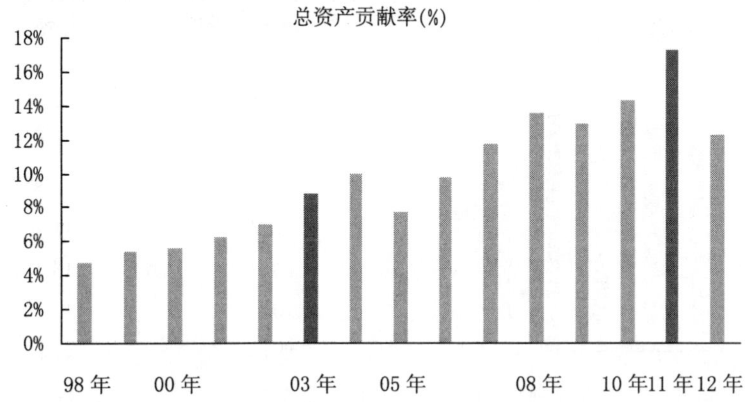

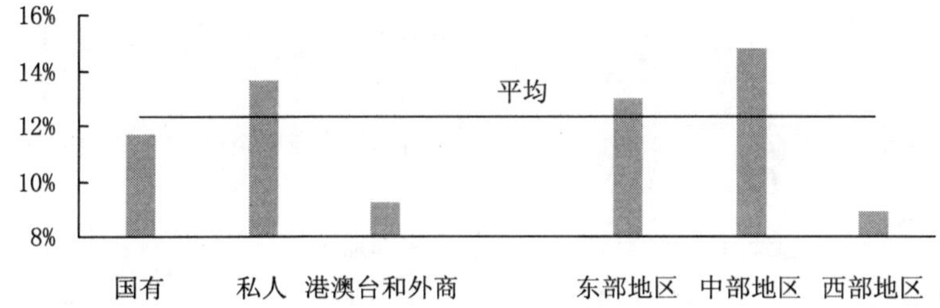

年份　企业　地区	指标
1998	4.8
2000	5.6
2003	8.8
2005	7.7
2007	11.8
2008	13.5
2009	12.9
2010	14.3
2011	17.3
2012	12.3
国有控股企业	11.7
私人控股企业	13.6
港澳台和外商控股企业	9.2
东部地区	13.0
中部地区	14.8
西部地区	8.9

注释：

1.主营业务利润率即毛利率，指企业报告期内主营业务利润同主营业务收入净额的比率，表明企业的单位销售收入所获的销售利润，反映企业主营业务的获利能力。

2.销售利润率：指企业报告期内利润总额与主营业务收入的比率，表明每百元主营业务收入的获利比率，反映企业盈利总水平。销售利润率体现了企业综合盈利能力和获利水平。销售利润率高，说明企业成本和费用低，总体获利水平高。

3.总资产贡献率：指报告期内利税总额、利息支出之和与平均资产总额的比率，综合反映行业或地区全部资产获取收益的水平和投入产出状况。

4.应收账款周转率反映企业应收账款的收款期，也是企业应收账款变现速度的指标。计算公式为：应收账款周转率＝主营业务收入/应收账款平均余额。

5.存货周转率反映企业存货的周转速度。计算公式为：存货周转率＝(主营业务成本＋营业费用)/存货平均余额。

6.流动资产周转率反映投入企业流动资金周转速度。计算公式为：流动资产周转率＝主营业务收入/流动资产平均余额。

7.资产负债率指企业期末负债总额同资产总额的比率，表示企业总资产中通过负债筹集的数量，反映企业利用债权人提供的资金从事生产经营的能力，是衡量企业负债水平及风险程度的重要判断标准。

6－4－3　水泥制造业规模以上经济效益

6—4—3　Economic benefit of enterprises above designated size in cement manufacture industry

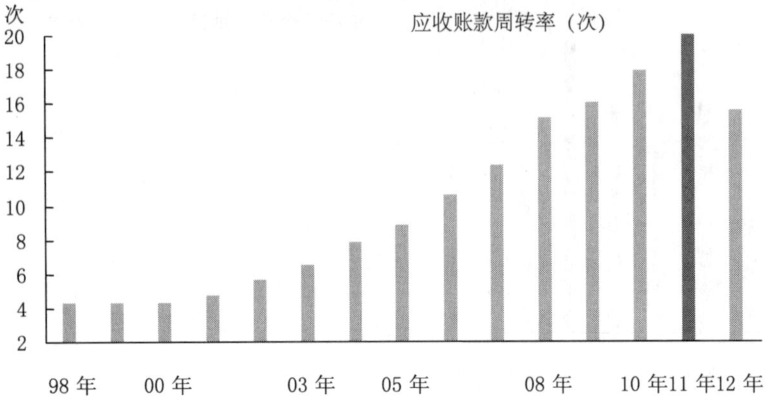

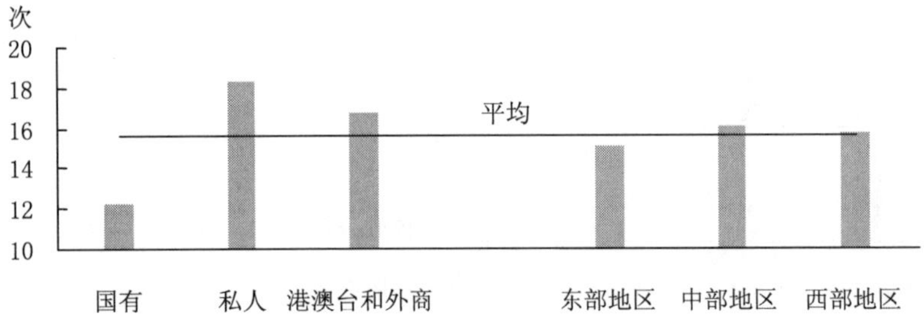

年份　企业　地区	指标
1998	4.3
2000	4.3
2003	6.5
2005	8.8
2007	12.4
2008	15.1
2009	16.0
2010	17.9
2011	20.0
2012	15.6
国有控股企业	12.2
私人控股企业	18.3
港澳台和外商控股企业	16.7
东部地区	15.1
中部地区	16.1
西部地区	15.7

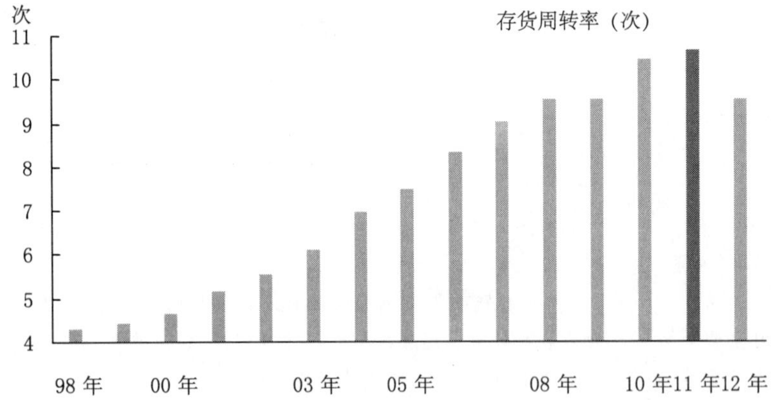

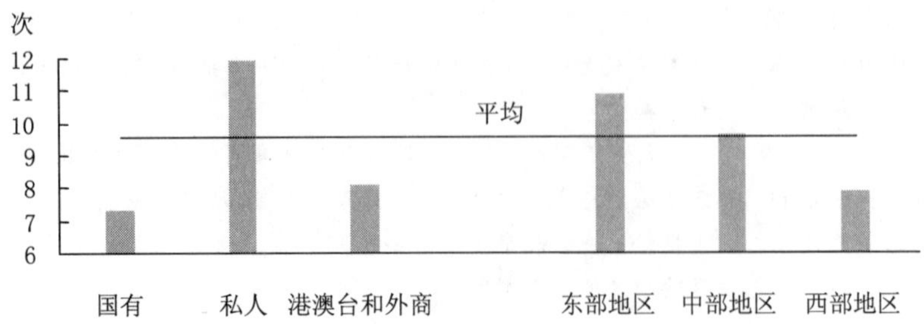

年份　企业　地区	指标
1998	4.3
2000	4.6
2003	6.1
2005	7.5
2007	9.0
2008	9.5
2009	9.6
2010	10.4
2011	10.7
2012	9.6
国有控股企业	7.3
私人控股企业	11.9
港澳台和外商控股企业	8.1
东部地区	10.9
中部地区	9.6
西部地区	7.9

6－4－4 水泥制造业规模以上经济效益

6—4—4 Economic benefit of enterprises above designated size in cement manufacture industry

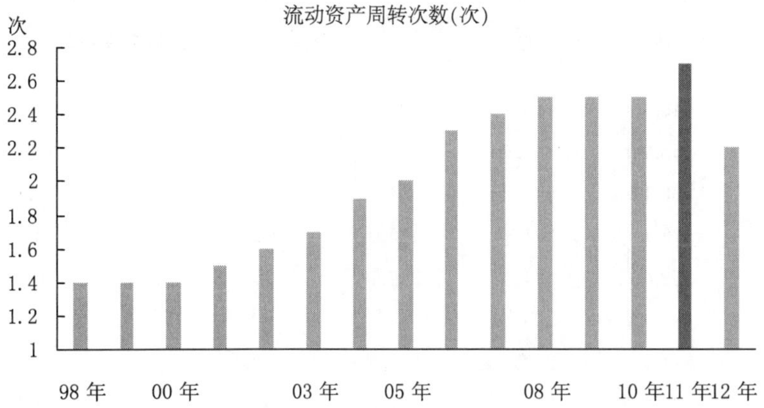

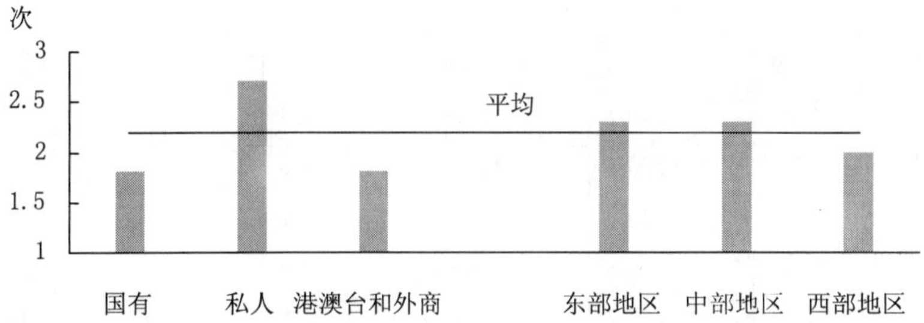

年份 企业 地区	指标
1998	1.4
2000	1.4
2003	1.7
2005	2.0
2007	2.4
2008	2.5
2009	2.5
2010	2.5
2011	2.7
2012	2.2
国有控股企业	1.8
私人控股企业	2.7
港澳台和外商控股企业	1.8
东部地区	2.3
中部地区	2.3
西部地区	2.0

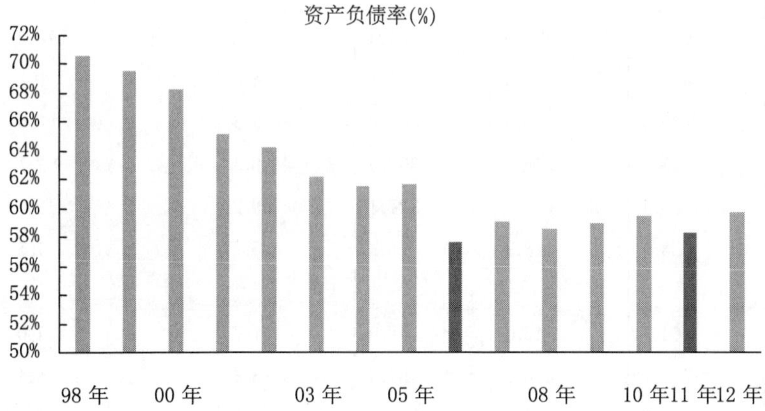

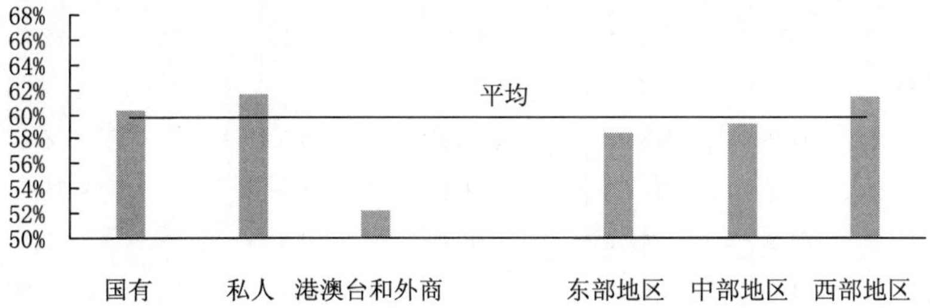

年份 企业 地区	指标
1998	70.6
2000	68.3
2003	62.2
2005	61.7
2007	59.1
2008	58.5
2009	58.9
2010	59.4
2011	58.3
2012	59.7
国有控股企业	60.3
私人控股企业	61.5
港澳台和外商控股企业	52.2
东部地区	58.4
中部地区	59.2
西部地区	61.4

6－5　地区水泥制造业规模以上企业主要经济指标

6—5　Main economic indicator of enterprises above designated size in cement manufacture industry by region

金额单位:亿元

地区名称	企业单位数(个)	流动资产合　计	资产总额	负债总额	主营业务收　入	利润总额	销售利润率(%)
北　京	8	18.2	45.8	18.8	26.4	0.0	0.0
天　津	24	32.7	58.0	30.2	42.1	4.8	11.4
河　北	229	273.1	938.1	596.2	564.5	27.9	4.9
山　西	109	97.0	278.1	204.3	135.0	2.9	2.1
内蒙古	115	117.9	352.0	234.3	241.1	16.1	6.7
辽　宁	151	129.5	371.9	237.1	329.9	28.7	8.7
吉　林	68	353.9	564.2	373.5	497.7	37.7	7.6
黑龙江	93	140.0	330.5	230.1	194.2	33.9	17.4
上　海	14	19.5	26.9	11.9	29.8	0.1	0.5
江　苏	253	249.4	625.3	395.7	648.8	51.3	7.9
浙　江	190	219.9	515.5	276.3	418.8	38.0	9.1
安　徽	172	219.7	601.0	330.5	486.6	46.1	9.5
福　建	110	98.9	285.4	180.3	270.9	8.6	3.2
江　西	137	125.0	348.2	178.7	325.7	40.3	12.4
山　东	288	300.5	723.1	367.5	817.8	83.1	10.2
河　南	235	284.7	698.5	359.7	631.8	65.2	10.3
湖　北	150	180.5	596.0	358.3	491.1	44.5	9.1
湖　南	219	84.3	399.3	224.0	389.7	29.3	7.5
广　东	205	185.7	533.5	298.4	399.9	28.2	7.1
广　西	147	133.9	419.5	197.2	327.4	39.2	12.0
海　南	14	40.8	88.9	48.2	76.3	5.7	7.5
重　庆	78	133.2	464.3	345.0	168.9	1.7	1.0
四　川	190	194.3	712.1	436.4	451.2	28.8	6.4
贵　州	129	71.2	304.2	217.4	163.7	3.2	2.0
云　南	148	116.7	395.7	261.4	241.2	9.8	4.1
西　藏	10	14.0	29.2	11.9	17.2	3.9	22.7
陕　西	113	72.5	291.2	188.2	226.3	18.5	8.2
甘　肃	64	62.1	187.4	107.3	101.1	5.0	5.0
青　海	19	25.7	76.2	47.5	38.4	0.8	2.1
宁　夏	26	38.0	111.5	50.8	39.0	－0.1	－0.2
新　疆	78	190.6	525.0	278.9	135.9	10.4	7.7

6－6 混凝土与水泥制品业规模以上企业主要经济指标

6—6 Main economic indicator of enterprises above designated size in concrete and cement product industry

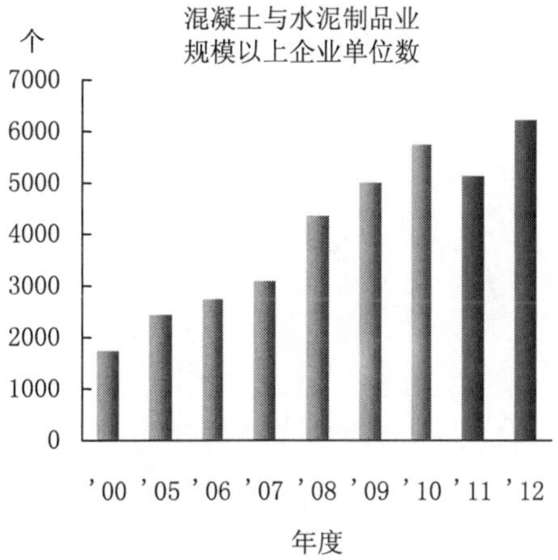

金额单位:亿元

指标名称	2011年	2012年	增减
企业单位数(个)	5126	6202	1076
流动资产合计	2702	3510	29.9%
其中:应收帐款	1141	1558	36.5%
存货	406	475	17.0%
其中:产成品	180	204	13.2%
固定资产原价	1931	2590	34.1%
资产总额	4259	5616	31.9%
主营业务收入	6064	7138	17.7%
利润总额	402	466	16.0%
主营业务利润率(%)	14.1	14.8	0.7
销售利润率(%)	6.6	6.5	－0.1
总资产贡献率(%)	21.1	17.4	－3.7

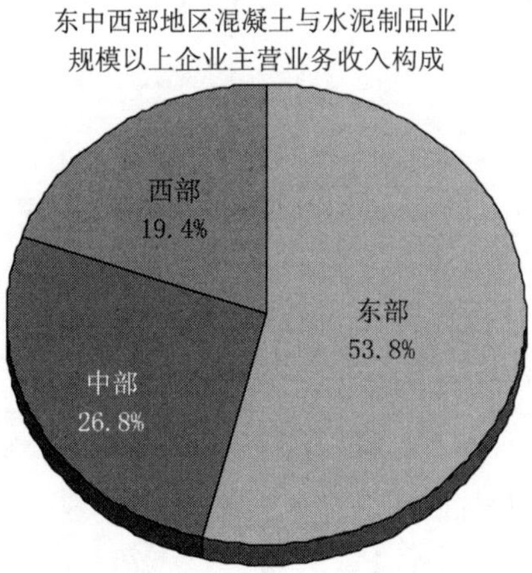

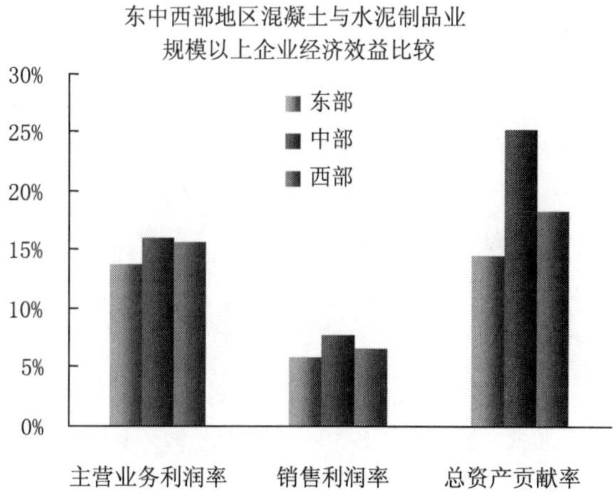

金额单位:亿元

指标名称	东部地区		中部地区		西部地区	
	指标	地区构成(%)	指标	地区构成(%)	指标	地区构成(%)
企业单位数(个)	3257	52.5	1769	28.5	1176	19.0
固定资产原价	2590	51.9	1343	29.2	757	18.9
资产总额	5616	60.7	3409	19.9	1116	19.4
主营业务收入	7138	53.8	3842	26.8	1915	19.4
利润总额	466	48.9	228	31.5	147	19.7
主营业务利润率(%)	13.8		16.1		15.7	
销售利润率(%)	5.9		7.7		6.6	
总资产贡献率(%)	14.6		25.3		18.3	

上海联合水泥有限公司

上海联合水泥有限公司成立于1993年12月31日，总投资6000万美元，注册资金2400万美元，其中外方投资者为香港联合国际工业上海有限公司，占股份60%；中方投资者为上海建筑材料（集团）总公司，占公司股份40%。公司拥有一条丹麦史密斯引进的日产2000吨熟料的新型干法水泥生产线，是国家重点扶植的60强水泥企业之一。公司主营业务为生产销售水泥及水泥熟料、水泥制品、新型胶凝材料。

2009年，因世博会路网配套项目建设需要，对上海联合水泥有限公司实施搬迁，同时根据上海水泥产业结构调整和产业升级的要求，发挥水泥回转窑协同处理城市污泥和工业废弃物的独特优势，上海建筑材料（集团）总公司控股企业和上海联合水泥有限公司根据上海市政府部门有关文件要求，各出资50%组建项目公司，在上海市浦东新区长江口南岸、张家浜入江口北岸的白龙港地区共同投资建设“上海建材资源综合利用示范基地”项目。

上海市白龙港沿江区域内分布有燃煤电厂、石油化工、化学工业、保税区、集装箱港区、生活垃圾处理设施、城市污水处理设施等企业。排出的主要固体废弃物为粉煤灰、脱硫石膏、炉渣、污泥、焚烧灰渣及各种危险废物。

根据上述固体废弃物的特征，上海建材资源综合利用示范基地项目结合水泥产业结构调整，借助上海联合水泥有限公司等水泥企业因世博会配套建设而动迁移地重建的契机，在上海白龙港地区建设现代化的水泥生产企业，着重将上述固体废物作为水泥生产的替代原料、替代燃料及水泥混合材，通过资源循环再利用，实现白龙港沿江工业园零排放的循环经济产业链。

项目设计采用了目前国际上先进的新型干法生产技术装备：熟料烧成两档窑、高效预分解系统、第四代高效篦式冷却机、大推力燃烧器，专用于焚烧可燃废弃物的新装备——热盘炉，粉磨系统实现无球化以降低噪音，高效的滤袋收尘，采用余热发电后的低温烟气间接干化污泥，污泥水分可降至30%，干化废气喷入窑内高温处理等。整体技术先进，能耗和排放等指标可达到国际先进水平，项目实现清洁生产，建筑风格与周边景观匹配，不仅可以成为上海的一个工业旅游景点，而且将为在全国大城市实施彻底安全无害化处置各类废弃物和资源综合利用提供示范作用。

该项目年处理工业及城市废弃物总量：228.41万t。其中：城市污泥：53万t/a（含水率80%）；粉煤灰：114.5万t/a；脱硫石膏：50万t/a；钢渣：10.91万t/a。

该项目产品总规模：378.8万t/a。其中：年产水泥：270万t/a，年产高性能掺合料：80.8万t/a，年产建筑石膏：28万t/a。吨产品消纳工业及城市废弃物：603kg/t产品。

项目建设内容规模：（1）建设2×4000t/d协同处置城市污泥及废弃物的新型干法水泥生产工艺线。（2）采用先进的无球粉磨技术，建设一条粉煤灰深加工生产线。（3）利用水泥窑余热，建设一条脱硫石膏深加工生产线。（4）利用水泥窑余热，配套建设2×7.5MW纯低温余热发电站。（5）建设年吞吐量约800万t的水运码头。

该项目选址位于长江入海口以西，水陆物流运输方便，且北面有黎明垃圾填埋场和外高桥电厂等，南面有白龙港污水处理厂和老港垃圾填埋场、御桥垃圾焚烧厂等，居民相对较少，各种废弃物相对集中，废弃物至水泥厂输送距离较短，具备废弃物集约化、资源再利用、处置彻底化、地区内循环的四大特点，并且以支撑该地区发展、服务辐射浦东新区为方向，建设具有产业耦合、低碳减排、集散收集的集约化功能。

按照占领循环经济制高点，做基业常青阳光企业的愿景，本公司将致力于通过水泥制造工艺来处置城市废弃物，使之成为都市产业链的重要环节，和城市相互依存，共同发展，相得益彰。

地址：上海市 浦东新区 张江 张东路1388号27幢02室　　邮编：201203
电话：8621-68796801　　邮箱：sac@sac-cement.com
传真：8621-38723527　　E-mail：www.sac-cement.com

我们
不仅仅生产建筑材料
更探寻点亮可持续建筑的生命之光

IDD™ 冀东装备

唐山冀东装备工程股份有限公司是是2011年由冀东发展集团公司所属的唐山盾石机械有限责任公司、唐山盾石建筑工程有限责任公司、唐山盾石筑炉工程有限责任公司和唐山盾石电气有限责任公司的资产置入唐山陶瓷股份公司后，成立的上市公司。

公司旗下拥有盾石机械、盾石电气、盾石建筑、盾石筑炉、飞帆冀东利岑、威克莱冀东等6家一级子公司和8家二级子公司。公司主要从事机械设备及备件、电气设备及备件、铸件及耐磨件生产，工业用和民用建筑工程，工业设备安装等业务，工业生产线维修及技改服务等业务。

公司被誉为“中国水泥装备制造行业领头羊”和“中国水泥机械的摇篮”，具备日产2000吨至12000吨新型干法水泥熟料生产线的国内和海外EPC工程服务能力和从工艺设计、装备制造、建安装、调试、保驾、维修、技改的立体“保姆式”服务能力。

公司秉承“以市场为先导，以技术创新推动产品结构调整和产业升级，实施产品创新、装备升级、管理优化、人设四大工程，走突出重点、局部超越的差异化发展战略”，具备水泥生产线设计、装备研制、建筑安装、维修服备件供应、承包生产能力，是国内一流、世界知名的装备制造商和工程服务商。

让世界更便捷！

山冀东装备工程股份有限公司

地址：河北省唐山市外环路北环经洪大厦
公司电话：0315-8055588
传真：0315-8055599
公司网址：www.jdzbgc.com

CUCC

传真:010-68138599 网址：www.cucc.com.cn

新疆天山水泥股份有限公司

XINJIANGTIANSHANSHUINIGUFENYOUXIANGONGSI

新疆天山水泥股份有限公司是以募集方式设立的上市公司（证券简称：天山股份 证券代码：000877），是国务院国资委管理的中国中材集团控股的大型水泥企业集团。公司成立于1998年11月，2012年12月30日总资产为191.60亿，其前身是国家大型企业。

公司是以生产、销售、研发“天山”牌等通用、特种水泥及商品混凝土为主的企业，是西北地区水泥生产厂家之一、最大的油井水泥生产基地和全国重要的特种水泥生产基地。公司目前是疆内首家通过产品质量和质量体系双认证的水泥生产企业，是新疆水泥行业被中国质量协会和中国建筑协会授予“质量满意产品”称号的企业，被中国质量协会用户委员会评为“全国用户满意”的企业，自治区环保治理“一控双达标”的首家水泥企业，被国家列为扶优扶强的八大水泥企业之一、国家第一批“两型”企业创建试点企业。

公司设有自治区级技术中心、博士后工作站，能够根据市场所需组织研发各品种水泥的生产，公司先后研制开发了20多个水泥品种，日常储备30多个品种的生产能力。

公司下设东疆事业部、北疆事业部、南疆事业部、华东事业部、巴州事业部、米东事业部、销售总公司等7个事业部（公司），40余家分子公司。公司遵循“凝聚坚强、创造卓越”的企业精神和“责任、和谐、创新”的管理理念，以“为用户提供最好的产品和服务，把天山股份做成全国最好的水泥企业之一”为发展思路，通过资源优化配置，产品结构调整、市场资源整合，所属企业在新疆、江苏发展迅速，公司2012年水泥控制产能约3258万吨，商品混凝土产能为1140万方，产品广泛应用于华东、华南、新疆各项大型工程、重点工程建设，成为具有核心竞争力的大型水泥企业集团。

随着深入贯彻落实党的十八大和中央新疆工作座谈会会议精神，新疆迎来了新一轮的大建设，大发展，大开放的又一时期，天山股份也将为新疆水泥行业加快发展提供更广阔的市场空间。天山股份珍视机遇，抓好落实，充分发挥自身优势，着力推动高起点，高水平，高效益发展，“围绕优势资源转换战略，加快产业布局；围绕循环经济，把握水泥行业发展的新机遇；加快自身结构调整”。以“成本为核心，以利润为导向；精细管理，提升核心竞争力；责任为先，持续打造和谐、创新的高效能团队”，天山股份将为实现中国梦想努力奋斗。

2011年3月18日上午，新疆天山水泥股份有限公司在乌鲁木齐、哈密、克孜勒苏柯尔克孜自治州、和田等地的8项水泥工程同时开工，8个项目总投资51.38亿元。自治区党委常委、自治区副主席库热西•买合苏提，自治区政协副主席、经信委主任王永明，中材集团党委书记于世良、中材股份总裁李新华等参加了在乌鲁木齐市举行的开工发布会。

2011年3月18日，中国水泥协会副会长孔祥忠莅临天山股份米东事业部米东天山公司视察指导工作。

2011年6月20日，中国建筑材料联合会会长乔龙德一行视察天山股份。图为合影留念。

地址：新疆乌鲁木齐市河北东路1256号天合大厦　　邮编：830013
电话：0991-6686781　　传真：0991-6686782

共创 共赢

冀东发展集团有限责任公司简介

冀东发展集团有限责任公司是国家建材行业大型骨干企业。目前，公司已经发展成为拥有冀东水泥、冀东装备、秦岭水泥3家上市公司和120家企业，分布在全国12个省区，总资产560亿元，涵盖水泥、混凝土、装备工程、房地产，涉足砂石骨料及建材制品、矿业、贸易物流、海外发展等跨行业、跨区域、跨所有制、跨国界的综合性企业集团。2012年，冀东发展集团公司成功跻身中国企业500强。

SINOMA 中国中材

中国中材国际工程股份有限公司

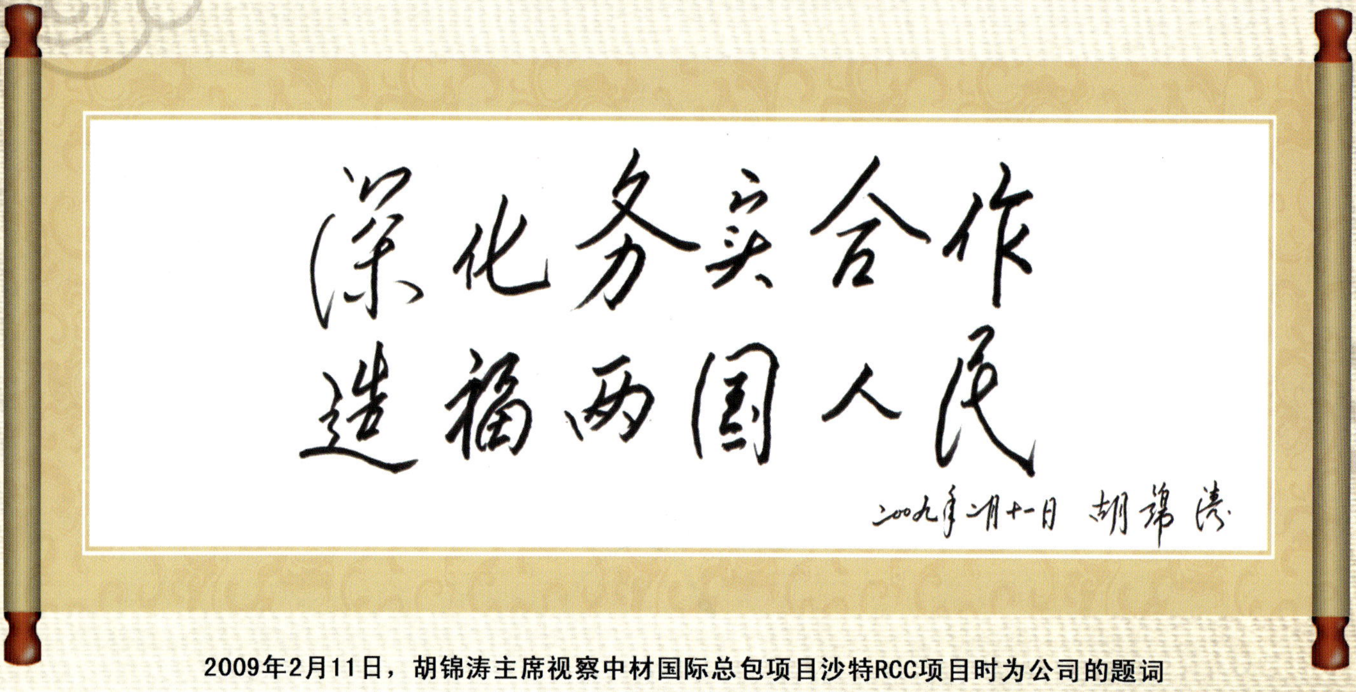

2009年2月11日，胡锦涛主席视察中材国际总包项目沙特RCC项目时为公司的题词

企业简介

中国中材国际工程股份有限公司（以下简称“中材国际”）是国资委所属中国中材集团旗下的上市公司。公司拥有完整的水泥工程产业链，具有自主知识产权的新型干法水泥技术达到国际先进水平。下属单位包括：中材国际南京，中材国际天津，成都院有限公司，中材装备集团有限公司等多家专业设计研究院、工程公司和装备制造公司。员工10000余人（其中管理及技术研发人员占40%），是目前全球领军的水泥工程系统集成服务商之一。

2005年前后，公司以EPC和EP总承包模式迅速走向了国际舞台，目前海外业务占到公司业务量的70%以上，公司已完成和正在建设的国外水泥生产线120余条，累计涉及美国、西班牙、意大利、俄罗斯、法国、沙特、埃及、阿联酋、印度、南非、尼日利亚、巴西等70多个国家和地区，基本完成了国际市场分布，成为国际水泥技术装备、工程市场的主要服务商，国际市场占有率连续五年居全球首位，成为中国中央企业“走出去”的典范。SINOMA品牌成为国际知名品牌。公司成立以来获得了多项荣誉，其中包括全国五一劳动奖状，国家科学进步二等奖，中央企业先进集体，最具成长性企业，全国工程总承包第一名等多项荣誉。习近平、胡锦涛等党和国家领导人先后视察了公司承建的总承包项目并题词。2013年3月25日，公司董事长王伟参加了金砖国家工商理事会暨五国领导人见面会，被推选为金砖国家成员国首届工商理事会理事。

——2012年大事记

1. 中材国际沙特RCC二期项目荣获中国建设工程鲁班奖。

2. 中材国际签华润水泥5.8亿总承包合同。

3. 中材国际SPCC二线和OBAJANA 三线顺利点火。

4. 中材国际荣获 “德勤中国风险智能榜”2011年度优秀企业。

5. 中材国际签署贝宁3600t/d总承包项目。

6. 中材国际签约保加利亚DEVNYA 4000TPD总承包项目。

7. 中材国际与巴拉圭YGUAZU水泥公司签署设计供货合同。

8. 中材国际伊拉克SCP项目部荣膺全国工人先锋号。

9. 中材国际荣获第八届董事会“金圆桌”优秀董事会奖。

10. 中材国际续签spcc3#扩建工程。

11. 2012年中材国际大型半移动破碎设备应用成果填补国内空白。

12. 中材国际荣获第五届中国央企（控股）上市公司最佳董事会奖。

13. 中材国际荣获2011年度金牛上市公司百强奖。

14. 中材国际与赛维LDK签署合作框架协议 。

15. 中材国际喜获“2012中国建材自主创新优秀贡献企业”荣誉称号。

16. 中材国际全面提升履约质量，全年共获得PAC、FAC证书18张。

大事记

专业品质

打造国际一流

专业产品

专业研发

SINOMA
中国中材

中国中材

Sinoma Technol

www.sinon

站

列混凝土泵车

C90 HBC90-I HBC100 HBC100-I HBC120 系列车载泵

机、柴油等不同配置选择系列拖泵

物料运输车系列，传承了徐工产品优良特质

行内最智能化的搅拌机械联合生产基地

行业内最先进的泵送机械研制基地

徐工建机办公大楼

售后服务团队 时刻准备着！

网上办公人员

徐工泵车和搅拌车在施工工地

中国工程机械出口第一大单 扬帆远航奔赴委内瑞拉

沈阳鑫航搅拌站 HB46A 泵车，搅拌车，正在为徐工双 180 搅拌站料仓浇筑混凝土

四川内江开发区施工 2 台 41 米 日野地盘

山东山水水泥集团有限公司

山东山水水泥集团有限公司（简称山水集团）前身为山东水泥试验厂，始建于1972年，是国内最早从事新型干法水泥生产的企业之一，也是国家重点支持的12户全国性大型水泥企业之一。2004年山水集团完成整体改制后，2005年引进摩根士丹利等国际财务资本，2008年在香港红筹股上市，是中国首家在香港红筹股上市的水泥企业。

山水集团总部设在山东省济南市，建有自己的技术研发中心，下属100多家子公司，分布在山东、辽宁、山西、内蒙、新疆等十几个省份，有员工2万多人，2012年水泥产能突破1亿吨，成为长江以北最大的水泥集团。在做大做强水泥主业的同时，山水集团致力于发展新型建材、山水机械、高品混凝土等产业。

香港上市

山水集团下属企业均通过ISO9001质量体系、ISO14001环境管理体系、OHSAS18001职业健康安全管理体系和ISO10012计量管理体系认证。“山水东岳”牌系列水泥被评为山东省著名商标、国家免检产品，荣获国家注册质量信用AAA金质标志，广泛应用于国家重点工程及铁路、公路、机场、房地产等基础设施建设，中标青岛奥运场馆、济南全运会场馆、京沪高铁、青岛海底隧道、海阳核电站、新农村建设、城市建设等工程，并成功出口美国、俄罗斯、欧洲、中东等国际市场。

20余年来，山水集团凭借其规模、管理、技术、品牌、资金、人才等综合优势，始终保持健康持续发展。期间，企业通过引入现代化的信息技术，现已全部实现生产控制自动化、生产过程数字化、产供销智能化、数据信息网络化；通过推广余热发电等先进节能减排技术，综合利用各类工业废渣废料，走出了一条资源节约、环境友好的路子；通过实施全面预算管理以及不间断地流程、制

地址：山东省济南市长清区崮山•山水工业园
邮编：250307
电话：0531-88360186
传真：0531-88360186
邮箱：bangongshi@shanshuigroup.com
网址：http://www.shanshuigroup.com

运用现代信息技术开发建设的集团调度监控中心

在共和国的旗帜下飞跃发展

度、机制创新，企业运行质量稳步提升，主要经济指标连年保持高速增长。“山水水泥”被评为最佳中型股票交易奖、恒生综合指数、恒生综合中型股指数、地方建筑业指数成分股、摩根环球标准指数之中国指数。

多年来，山水集团被授予山东省100强、山东60年60品牌、山东省改革开放30年功勋企业、山东省节能突出贡献企业、山东省管理示范企业、全国建材系统先进集体、全国五一劳动奖状、全国先进基层党组织、全国模范职工之家、中国500强等荣誉称号，曾荣获全国企业管理现代化创新成果一等奖。党委书记、董事长张才奎被授予山东省劳模、山东省技术拔尖人才、山东省省长质量奖、最受职工拥戴的山东企业领袖、全国建材系统劳模、中国建材行业改革开放30年代表人物、全国劳模、中国创业企业家、中国水泥杰出人物、中国高级职业经理人等荣誉称号，是第十届和第十一届全国人大代表。

借力资本市场

成就江北最大水泥集团

镇江市振发水泥外加剂有限公司

ZHENJIANG ZHENFA CEMENT ADDITIVE CO.,LTD.

水泥助磨剂
混凝土外加剂

江苏省镇江市振发水泥外加剂有限公司是专业研究和生产水泥高效助磨剂的科技型企业，自成立以来受到社会各界的关注，在水泥行业引起轰动，为水泥厂节约能源、降低成本、赢得良好的社会效益。XU 系列水泥高效助磨剂是获得国家专利的新型产品，科技含量高，无环境污染，目前已达到国内外领先水平，被有关专家誉为水泥行业的二次革命，并获得广大用户的认可和赞誉。

ZFP-103 水泥助磨剂

一、技术特性：

1、液体：浅棕色
2、比重：1.20±0.04
3、可降低 8~10% 的熟料，多掺 8~10% 的活性混合材。
4、符合水泥行业标准 JC/T667-2004《水泥助磨剂》。

二、使用方法及计量公式：

1、将本产品用计量泵按水泥产量的 0.1% 均匀的掺入水泥熟料或混合材料进入磨机即可。
2、计算公式：台时产量 ÷60（分钟）÷1.20（比重）= 分钟流量或台时产量 ×14.122= 分钟流量。

三、主要的技术性能和特点：

1、可提高磨机台时产量 5%~12%（根据所用混合材调整）。
2、提高水泥强度，3 天可提高 3-5MPa，28 天可提高 4-8MPa。
3、提高物料在磨机内的流动性，有效减少磨机过粉磨现象。消除物料对研磨机、衬板、隔仓板的粘附。
4、降低水泥的物料休止角，增加水泥流动度。减少水泥结库现象，同时提高水泥的发放、装车速度。
5、本产品不含有害物质，对粉磨设备和混凝土钢筋无锈蚀作用。
6、不影响水泥性能和混凝土对外加剂的适应性。

编号	名称	参入量
ZFP-102	液体助磨剂	0.03%
ZFP-103	液体助磨剂	0.1%
ZFP-106	混凝土外加剂	根据客户要求调配

部分用户单位

（名称不分前后）

徐州市诚意水泥有限公司
徐州市久久水泥有限公司
无锡胡埭水泥有限公司
兴化市板桥水泥有限公司

地　址：江苏省镇江市汝山乡孟村　　邮　编：212016　　传　真：86-511-85915680
联系人：高 峰　　手机：13952843333　15189189999　　电　话：86-511-85915678
网　址：http://www.zjzfkj.com　　E-mail：zjzfkj@163.com

SINOMA 中国中材

中材科技膜材料公司

国内规模大、品种全、技术优、服务佳的过滤材料生产基地

Environmental Technology Verification
Baghouse Filtration Products

Sinoma Science & Technology Co.,Ltd.
FT-806 Filtration Media
(Tested May 2011)

Prepared by

RTI International　　ETS Incorporated

Under a Cooperative Agreement with U.S.Environmental Protection Agency

Table 2.Baghouse Filtration Product Three-Run Average Test Results for SSTCL's FT-902 Filtration Media

Verification Parameter	At Verification Test Conditions
Outlet particle concentration at standard conditions[a] $PM_{2.5}$, g/dscm (gr/dscf) Total mass, g/dscf[b] (gr/dscf)	 <0.0000167c (<0.0000073) <0.0000167c (<0.0000073)
Average residual pressure drop (△P.cm w.g.(in. w.g.)	2.07(0.81)
initial residual △P. cm w.g. (in. w.g.)	2.05(0.81)
Residual △P increase. cm w.g.(in. w.g.)	0.03(0.01)
Filtration cycle time.s	253
Mass gain of test sample filter.g(gr)	0.12(1.90)
Number of cleaning cycles	85

a　Standard conditions: 101.3 kPa(14.7psia)and 20℃ (68 °F).
b　Total mass includes the mass of $PM_{2.5}$ and larger particles that passed through the fabric.
c　The measured value was determined to be below the detection limit of 0.0000167 grams per cubic meter. The detection limit is tor a 6-hour test and based on VDI 3926.

公司的覆膜滤料经过美国环保总局ETV测试，性能指标全面超过国外先进滤料，是您首选的高性能、高性价比的过滤材料。

◇粉尘控制＞99.9999%效率
◇ 稳定的低压差运行环境，节省运行成本
◇更有效清灰
◇延长了滤料使用寿命

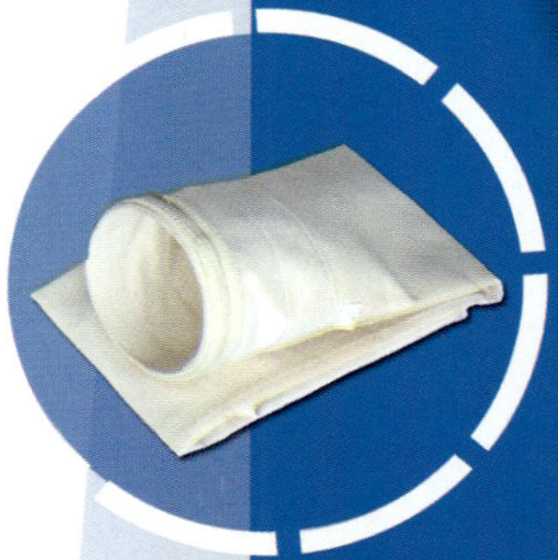

中材科技膜材料公司是由中材科技股份有限公司原过滤材料事业部、双威事业部组建成立的。公司主要从事环保过滤材料、电池材料、空气净化过滤材料以及功能性有机膜材料的研发、生产、销售和相关技术服务。公司拥有具有自主知识产权的膜材料技术，是南京市有机膜技术中心所在地。中材科技膜材料公司通过资源整合，将充分发挥已有的核心技术与运营经验，全面提升在环保过滤材料、电池材料及其它业务领域的自主创新与总体集成能力，通过技术创新和规模发展，成为国内外膜材料产业领域的一流企业。

公司掌握了玻璃纤维制造及其纺织、膜材料的制造及覆膜技术、高自动化复合毡制造技术及滤料基材后处理技术，形成了完整的产业链，并在南京江宁开发区建成了年产700万平方米过滤材料的基地，产品目前在国内200余条新型干法水泥生产线上应用，受到客户的普遍赞誉。

中材滤料，环保产业民族品牌！

公司地址：江苏省南京市江宁科学园区彤天路99号　　邮政编码：211112
电话：86-25-87186880　86-25-87186891　86-25-87186886　　传真：86-25-87186900

中国航空技术北京有限公司
AVIC INTERNATIONAL BEIJING COMPANY LIMITED

中国航空技术北京公司有限公司(简称中航国际北京公司)成立于1992年，是中国航空技术国际控股有限公司（www.avic-intl.cn ）的全资子公司，是中国航空工业集团公司（www.avic.com.cn）的成员单位。中航国际北京公司本部及投资企业共有员工近5000人。

经过20年的健康发展，中航国际北京公司建立了船舶业务和机电工程总承包业务两个核心业务板块。船舶业务主要包括船舶设计、制造和贸易。机电工程总承包业务主要包括水泥装备工程、机械车辆、石化和电力等方面。中航国际北京公司具有工程设计、装备集成、安装调试和现场管理等全价值链服务能力，能为客户提供整体解决方案。

中航国际北京公司始终瞄准国际市场，努力开拓水泥成套装备的出口业务和水泥工程总承包业务。中航国际北京公司水泥业务具备水泥装备工程设计、装备集成、土建安装、设备调试和运营管理等全价值链服务能力，能为客户提供整套解决方案。同时，广开融资渠道，积极尝试开展BT，BOT，EPCF等项目运作模式。中航国际北京公司与国内多家水泥设计院所和众多水泥装备制造企业建立了良好的合作关系，国外客户涉及越南、泰国、委内瑞拉、马来西亚、土耳其、肯尼亚和阿塞拜疆等国家，在国际市场上树立了良好的品牌形象和影响力。2011年2月23日，中航国际北京公司收购德国洪堡公司20%股权，成为该公司的第一大股东。德国洪堡公司成立于1856年，在法兰克福证券交易所上市，是世界水泥行业三大品牌之一，是水泥厂技术、装备和服务的全球引领者，具有水泥行业150多年的经验，以工艺设计和项目管理为核心竞争力。洪堡公司为水泥行业提供了广泛的产品和售后服务，同时也是水泥厂水泥粉磨和烧成工艺的节能环保产品的先驱者。自2011年中航国际北京公司与德国洪堡公司建立了独家战略合作关系后，双方发挥了各自的优势和协同效应，积极开拓国际市场，已经取得了丰硕的成果，目前双方合作的广度和深度正在不断扩大和深化中。

中航国际北京公司的愿景是“成为基业长青的国际一流企业”，我们愿与国内外新老朋友携手共进，共创美好未来。

地址：北京市朝阳区北辰东路8号北辰时代大厦8层　邮编100101
电话：（010）84971378　84971391　传真：（010）84971129
邮箱：jackzhao@caticbj.com.cn　zhaomin@caticbj.com.cn
官网：www.caticbj.cn　www.avicepc.com

合肥水泥研究设计院
HCRDI
HEFEI CEMENT RESEARCH & DEDIGN INSTITUTE
1
2
3
4
5
6
详情请登陆 www.hcrdi.
地址：安徽省合肥市望江东路60号 邮编：2300501
电话：0551-343251 3439135 传真：0551-3439135
Email: webmaster@hcrdi.com

HCRDI一直致力于

泥生产商提供全方位的服务

究设计院隶属中国建材集团，主要从事水泥生产工业的科技研发、装备制造、工程设计
等工作，致力于为水泥行业投资者提供一站式、全方位服务，是中国建材行业较为知名
口工程承包商之一，荣膺ENR国际工程承包商225强之列。

年的发展，合肥水泥研究设计院已经成为极具市场竞争力的高科技型企业，面对新的挑
门勇于开拓，积极进取，为使我院成为大型化、专业化和国际化的工程承包商和技术装
斗不息。

沙特阿拉伯纳吉兰6000t/d熟料生产线

俄罗斯LSR集团6000t/d熟料生产线

越南缘何5000t/d+1500t/d熟料生产线

4. 用于浙江虎山集团5000t/d熟料生产线的大型立式磨

5. 合肥院自主研发的辊压机

6. 苏丹阿特巴拉4800t/d熟料生产线

打造节能、环保、装备产业化领域，为国家循环经济作贡献！

安徽海螺川崎公司产业介绍

安徽海螺川崎公司是中国安徽海螺集团与日本川崎重工业株式会社合资设立的公司，现有三家企业。

公司以国家产业政策为导向，立足于资源节约综合利用，面向国内外高能耗行业的余热利用与开发，以振兴装备制造业为己任，秉承“为人类创造未来生活空间”的宗旨，全面促进我国节能环保装备制造业的发展。

我公司现已取得近35项发明与实用新型专利，被认定为国家高新技术企业，先后获得一项国家科技支撑计划项目、一项中国建筑材料联合会科学技术成果奖、联合国全球可再生能源领域最具投资价值奖“蓝天奖”，并通过了ISO9001质量管理体系、ISO14001环境管理体系、GB/T28001职业健康安全管理体系认证。

公司产品自2006年成立以来，迅速扩大至国内外22个省市，6个国家，公司产业范围已覆盖至：

（1）工业余热发电，如水泥、钢铁等冶金行业的余热发电等；

（2）节能立磨，如水泥原料立磨、水泥立磨、矿渣立磨、煤立磨等；

（3）利用水泥窑处理城市生活垃圾、污泥等；

（4）水泥大型装备成套，如预热器，第四代冷却机，辊压机等；

（5）耐热铸钢、耐磨铸钢等精密产品，耐磨堆焊处理等业务。

余热发电技术的开发与应用（截止2012年7月底，已在国内外拥有167套发电机组业绩

汽轮发电机厂房

窑头AQC锅炉

窑尾PH锅炉

CK节能立磨（截止2012年7月，累计销售原料、水泥、矿渣磨计88台）

水泥原料立磨

矿渣磨

世界首套利用水泥窑处理城市生活垃圾项目——铜陵CKK垃圾焚烧项目于2010年4月投入运行，各项环保指标优于国际标准

垃圾处理厂房外景

中央控制室

地址：安徽省芜湖市九华南路1007号
电话：0553—8398—652
0553—8398—672
传真：0553—8398—675
邮箱：ackmarket@126.com

水泥核心装备制造

装备制造基地

新型悬浮预热器

第四代篦冷机

大型辊压机

唐山中材重型机械有限公司

Sinoma-Tangshan Heavy Machinery Co., Ltd.

SINOMA 中国中材

唐山中材重型机械有限公司是中材装备集团有限公司控股的从事装备制造产业的高新技术企业。厂区位于河北省唐山市丰润区，拥有进出口贸易权。随着公司快速发展，中材重机已经成为业内装备制造主力生产厂。

在集团的专业化分工下，公司主要生产水泥生产线的各式管磨机、回转窑、立磨、堆取料机、辊压机等关键设备，以及与其配套的电气自动化集成产品，形成了中材重机完整的装备制造产品。

中材重机采用与国际接轨的DIN标准、IEC（国际电工委员会）和ISO等国际标准，建立了适应国际市场的质量技术控制标准体系和质量管理运行体系，通过了ISO9001:2008质量管理体系认证。电气产品获得低压电气产品CCC强制性认证和CE认证。公司的质量管理得到了国内外质量检测机构和全球知名企业的认可。

中材重机有完整高效的售后服务保障体系，拥有多年从事技术、生产、安装、调试服务的经验，可快速响应和系统化解决业主提出的产品和设备问题，并提供产品、设备的现场安装调试指导、操作培训，以及备品备件的供应服务。

立 磨

水泥磨

回转窑

圆形堆取料机

堆取料机电控

DCS系统

MCC

VCS

地址：河北省唐山市丰润区浭阳西大街　邮编：064000　电话：0315-5152960
传真：0315-5152961　网址：www.sinomazczj.com　邮箱：tszczj@sinoma-tec.cn

四川峨胜水泥集团股份有限公司

- 2011年3月，公司日产5000吨新型干法线生产低碱微膨胀中热硅酸盐水泥顺利通过国家级成果审查。
- 2011年4月，公司荣获"四川省政府质量管理奖"。
- 2011年6月3日，公司日产5000吨新型干法线生产低碱微膨胀中热硅酸盐水泥研究与应用项目通过省级鉴定，达到国际领先水平。
- 2011年9月，公司获得"四川省模范劳动关系和谐企业"称号。

余热发电站

技术中心

矿山灰石输送带

文艺晚会

四川峨胜水泥集团股份有限公司位于四川省峨眉山市九里镇，始建于1985年，是四川省单基地规模最大、集中度最高的水泥企业。公司占地1600余亩，资产42亿元，员工2500余人，有7条新型干法水泥生产线，年水泥总产能1100万吨，生产的"峨胜"牌通用硅酸盐水泥和热、道路等特种水泥被广泛应用于铁路、机场、公路、桥梁、水电及民用建筑，是溪洛渡、屏、大岗山等国家级重点水电工程水泥重点供应商，是世界第一高拱坝锦屏一级水电站主体大（305米高）中热水泥主供单位，连续多年获得"支持国家重点建设工程优秀供应商"称号，"全国建材行业先进集体"、"中国水泥产能50强企业"。

公司坚持科学发展，重视环境保护，以技术创新和管理创新助推企业全面进步。2010年，司成功实现产业结构调整，主动淘汰完所有机立窑水泥生产线，建成投产5条日产5000吨新型法水泥生产线，成为四川省首个千万吨级水泥生产基地。公司被列为"四川省大企业大集团培企业"、"国家资源节约型和环境友好型试点企业"。公司建立了产品与质量管理、环境和职健康安全管理综合体系，实施卓越绩效管理模式，推行标准化，建设四川省二级安全标准化山，实现企业管理科学化、精细化、标准化、人性化。企业建立了"产学研"合作模式，并依峨胜省级企业技术中心和千万元峨胜创新基金，在装备改进、新产品研发、节能降耗等多方面展创新，掌握了纯低温余热发电、矿山皮带势能发电、大型新型干法生产具有微膨胀特性中热酸盐水泥等多项核心技术，每年形成的创新成果达数十项，技术水平达到行业领先或国内先进，业核心竞争力和市场竞争水平逐年提升。

"十二五"期间，公司将充分发挥体制优势、人才优势、资源优势、市场优势，努力提升业管理水平、产品质量，做好市场开拓和客户服务，通过多元化发展模式，把企业做大做强，好地服务社会、促进地方经济发展和行业进步。

科学技术是第一生产力·自主创新是第一竞争力

峨胜九里厂区全貌

地　址：四川省峨眉山市九里镇　　电　话：0833-5573566　　传　真：0833-5573566

联系人：陈永军　13980279489　　邮　箱：emssngs@263.net　　网　址：http://www.esjt.com.c

广东塔牌集团股份有限公司

广东塔牌集团股份有限公司（证券简称：塔牌集团,证券代码：002233）地处粤东地区，总部位于梅州市蕉岭县，是一家以水泥为主业，跨区域、跨行业、多元化发展的大型水泥上市企业，是广东省极具规模和综合竞争力的水泥企业之一，是国家水泥工业结构调整重点支持60家大型水泥企业之一。

塔牌集团目前拥有12家全资子公司，形成“三大”水泥生产基地（广东惠州基地、广东梅州基地、福建武平基地），在职员工3550多人，资产总额52亿多元，净资产近35亿元，主业水泥生产规模1200万吨。2011年，公司水泥生产规模持续扩大，全年共生产水泥1196.94万吨、销售水泥1186.17万吨，较上年同期分别增长了11.28%、11.04%，保持广东省本土水泥企业领先的优势。

公司率先在广东省水泥行业通过了ISO9001质量体系认证、环境管理体系和职业健康安全体系，先后荣获“全国用户满意企业”、“中国建材百强企业”、“全国建材行业先进集体”、“广东省诚信示范企业”、“广东省百强民营企业”、“广东省优秀民营企业”；2011年，公司荣获“全国质量工作先进单位”、“2011年中国建材企业500强”、“2011年中国建材最具成长性企业”、“2011年广东省企业500强”、“广东省和谐劳动关系企业先进单位”、“广东省节能先进单位”、“全市先进民营企业”等国家和省、市级多项荣誉。公司拥有“塔牌”、“嘉应”、“粤塔”、“恒塔”四个品牌，其中“塔牌”水泥是“广东省名牌产品”、“广东省著名商标”，在粤东地区是广大用户的首选品牌，并畅销深圳、广州、东莞、惠州等珠三角发达城市，以及福建、江西毗邻省的部分地区，成为高速公路、水电大坝、铁路、机场和高层建筑等大型工程、重点工程和搅拌站市场指定专用建筑材料。

展望未来，塔牌集团将深入落实科学发展观，认真贯彻落实国家和省、市水泥产业政策，以经济效益为目的，以加快发展为主题，以科学管理为基础，以开拓市场为中心，以技术进步为动力，以企业文化为保障，发挥和利用企业优势，发展和壮大企业规模实力，增强和提升企业的核心竞争力，推进企业持续、快速和协调发展。

原广东省省长黄华华到塔牌视察（左五）

原广东省省长黄华华到塔牌考察时
与钟烈华董事长亲切交谈

广东塔牌集团股份有限公司

总部地址：广东省蕉岭县蕉城镇塔牌大厦
邮　　编：514100
电　　话：(0753)7887036
传　　真：(0753)7887233
邮　　箱：tp@tapai.com

长沙坚韧机械有限责任公司
CHANGSHA JIANREN MACHINERY CO.,LTD

单传动辊压机
专利号:200720063684.5

长沙坚韧机械有限责任公司是一家专业从事水泥建材及矿山机械研发、生产、销售为一体的企业，前身为从事水泥破碎设备研发20多年的长沙韧坚机械厂，公司位于长沙经济技术开发区。

在国家提倡节能降耗的背景下,公司先后投入1000多万元研发资金，并积极与中南大学的专家开展技术交流与合作，"单传动辊压机"产品研发于2007年获得圆满成功。国家专利局于2008年6月4日正式核发了“单传动辊压机”专利证书。

公司多次获得各级部门嘉奖，并于2011年5月荣获“全国水泥粉磨系统十佳技术与装备示范企业”，被授予奖牌和证书。

现通过多家使用单位生产实践证明：单传动辊压机的综合性能优越，辊压效果与双传动辊压机一致，并在节能方面大大超越国内外双传动辊压机。

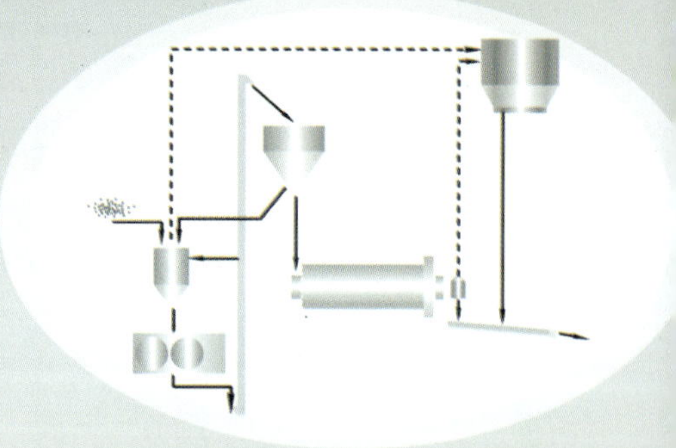

用途及使用范围

DG型系列单传动辊压机主要用于水泥熟料、矿渣、金属矿、非金属矿等物料的细碎。

性能特点：

结构优化：结构紧凑新颖，采用单传动低速运转，运行平稳，动辊运动通过齿系由定辊传递。

节能省电：只用一套动力传动即能满足细碎要求，比双传动辊压机节电45%以上。

运转率高：完善了入机异物的避让装置。动辊能灵活自如地避让入机坚硬异物，解决了双传动辊压机因某一传动故障而出现辊子剧烈磨损的弊病。

耐磨耐用：辊面采用新型耐磨焊材和先进技术进行均匀堆焊。

使用方便：安装工艺简单、设备易于维护。

技术参数

项目/参数/规格	DG1000*600	DG1200*500	DG1400*650
压辊直径mm	Φ1000	Φ1200	Φ1400
压辊宽度mm	600	500	650
最大入料粒度mm	50	50	50
出料粒度（平均）mm	带筛分,<5 (其中<2.5的占75%)	带筛分,<5 (其中<2的占80%)	带筛分,<5 (其中<2的占80%)
处理能力T/h	70-110	120-180	180-260
电机功率Kw	90	250	630
外形尺寸（长*宽*高）mm	3840*3220*1720	4700*6485*2485	9200*6320*3600

单传动辊压机用户实况

部分用户：

长沙五江建材实业有限公司
湖南炎陵县长兴水泥厂
湘乡市盘峰水泥有限公司
湖南长江水泥有限公司
衡阳市金雷建材有限公司
四川开江县达开水泥有限公司
河南安阳海皇水泥有限公司
河南南阳桐柏顺城水泥有限公司
山西公路构件厂
山西汾阳汾西水泥厂
山西海洋建材有限公司
湖北来凤县金凤建材工业有限公司
湖北孝昌宏阳水泥有限公司
广西贵港港桥水泥有限公司
广东佛岗亨地水泥有限公司
云南玉溪市龙潭水泥厂
吉林省永固水泥有限公司
四川达州国威水泥有限公司
江西泰昌水泥有限公司
河北沧州渤海水泥厂
安徽利辛县鸟巢水泥有限公司
安徽芜湖市泾县石山水泥有限公司
巢湖市金鹏水泥有限公司
安徽巢湖恒信建材有限公司

电话：0731-84033658 13975886658 传真：0731-84073658 www.csjianren.com

潞城市卓越水泥有限公司

2009年10月，卓越公司Ⅲ期工程——4000t/d熟料新型干法水泥生产线项目在潞城市史回乡闫李庄原冶炼工业园区奠基并正式开工建设。项目确立了以“高标准、高质量、高速度、低成本”为要求的“三高一低”建设总目标。

2011年2月，熟料生产线建成点火运行。依托公司强大的技术资源优势，迅速实现达产达标，φ4.3×62m旋转窑日产熟料4000-4100吨，熟料28天抗压强度平均达到63Mpa以上，可比熟料综合煤耗105kgce/t，可比熟料综合电耗58kwh/t。

2011年7月，水泥生产线建成投料运行，两套φ3.8×13m管磨配套170/110辊压机系统平均产量达到300t/h；2011年冬季技改后，平均产量达到360t/h，可比水泥综合电耗≤65kwh/t，可比水泥综合能耗≤72kgce/t，各项经济与技术指标处同行业同规模全国领先水平。

2011年10月16日，随着台时产量90吨矿粉系统建成投产，4000t/d熟料新型干法水泥生产线全线竣工投入运行，形成年产水泥300万吨的生产规模；加上老厂产能，卓越水泥总产能达到360万吨，成为晋东南地区较大的水泥生产企业。

2011年8月1日，公司与武汉理工大学联姻，合办建材研发中心揭牌仪式举行，自此，公司将依托武汉理工大学的科技资源优势和自身生产基地平台，广泛开展建材新技术研发，推进建材科技成果转化，为中国建材事业的科技发展与技术进步做出更大的贡献

地址：山西省潞城市史回乡闫李庄村北
邮编：047500
电话：0355—6956808
传真：0355—6956807

网址：WWW.lczysn.com 搜索

SHUNJIANG
舜江
中国驰名商标

瀛洲
ying zhou
云南省著名商标

蒙自瀛洲水泥有限责任公司

公司地址：云南省红河州蒙自市文澜镇陈家寨
联系电话/传真：0873-3861929　　邮编：661100

蒙自瀛洲水泥有限责任公司是宁波科环新型建材股份有限公司全资企业，隶属宁波市国资委控股的上市公司宁波富达股份公司（600724）。公司注册资本1亿元，员工340名，有一条2500t/d新型干法水泥生产线和一家水泥粉磨站，年产水泥能力180万吨。企业通过了质量管理体系、环境管理体系和职业健康安全体系认证，云南省清洁生产合格企业，拥有云南省名牌产品、云南省著名商标、红河州“质量走廊”创建活动“质量管理示范企业”等多项荣誉。

公司把“安全、环保、质量、效益”作为企业经营宗旨，坚持科技创新、突出节能环保、履行社会责任，在云南省水泥行业树立“质量最优、环境最美、效益最佳”的新形象。以“精、特、优”为目标，是国内68MPa以上高强熟料的生产研发基地，云南省“质量兴省”重点推荐的水泥企业。拥有62.5硅酸盐水泥的全系列通用水泥生产许可证，能针对特殊客户需求的生产免压蒸C80管桩水泥、桥梁高强水泥、高强泵送砼用水泥等各类高性能特种水泥，产品大量应用于铁路、公路、桥梁、水利、市政工程、商品混凝土和房地产项目等。

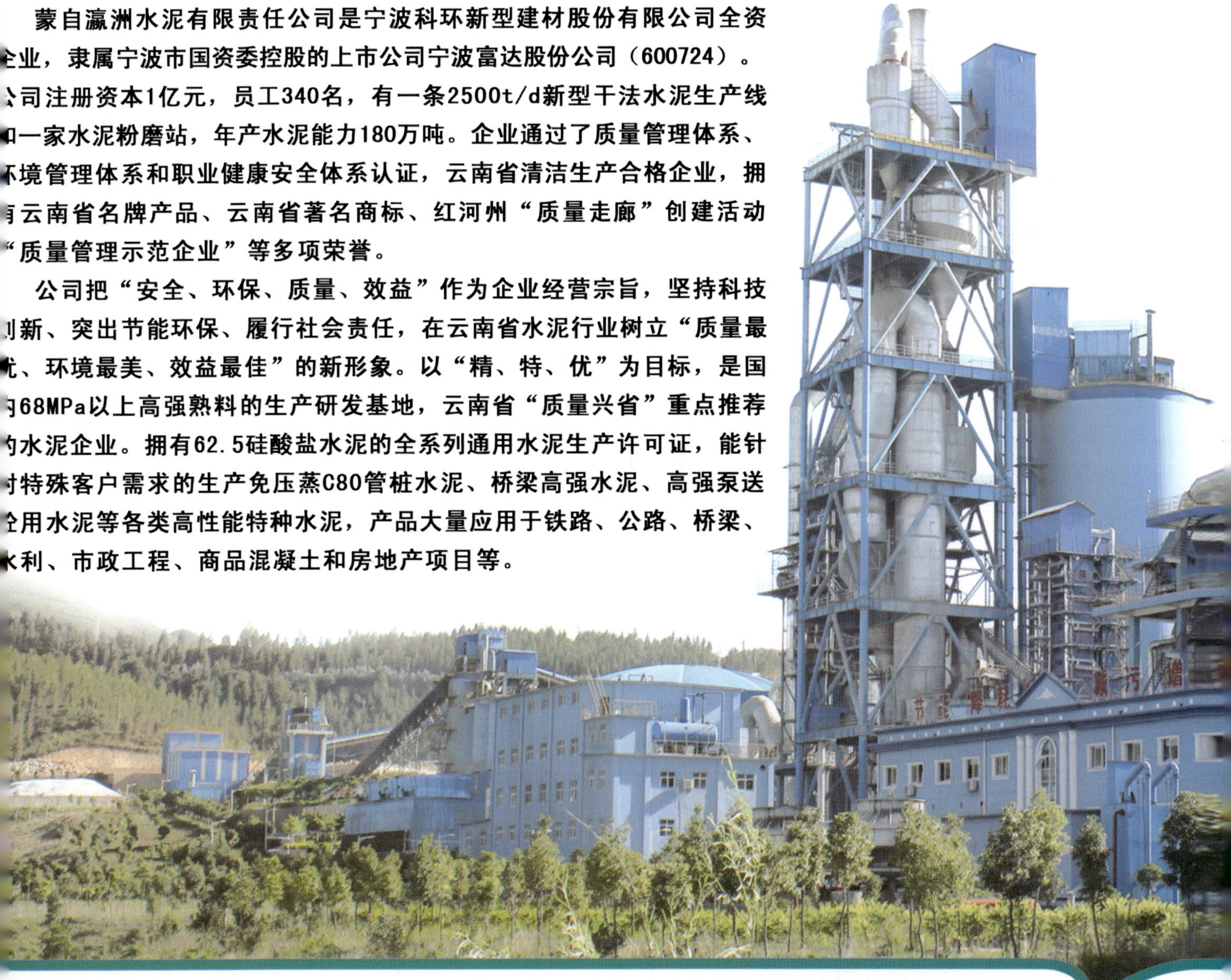

中国农业机械化科学研究院
Chinese Academy of Agricural Mechanization Sciences

超凡的耐磨性源于
先进的制造工艺+科学的材料配方
中国农业机械化科学研究院工艺材料研究所
为您提供高品质的耐磨复合钢板

材质	低碳钢基材+碳化铬耐磨合金层
常用规格 （基材厚度+合金层厚度）	6+4，6+6，8+3，8+4，8+5，8+6，10+5，10+10此外 也可根据用户要求制作
板幅规格	1400X1850，1400X2200，1400×3000，也可根据用户要求制作
合金层成分及金相组织	C:4-5%，Cr≥26%/马氏体基体+大量Cr_7C_3型碳化物
硬度	合金层宏观硬度 HRC55-65， 碳化物硬度，HV1400-1800
耐磨损性	是耐磨钢板的10倍左右，是碳钢的20-30倍
耐高温性能	普通型<600℃；高温型<1000℃
耐冲击性能	耐磨合金层与基材100%冶金结合，抗强烈冲击不脱落
可加工性	可焊接，切割，打孔，折弯，滚圆，热模压等
可连接性	可采用焊接螺栓，打孔穿螺栓，塞焊，镶焊等方法与被保护的设备或工件连接在一起
应用行业	水泥、选矿、炼铁、焦化、烧结、选煤、发电、港口、化工等

中国农机院耐磨复合钢板大事记

- 1985年10月，承担国家机械工业部下达的国家重大科技装备攻关项目。
- 1987年11月，通过国家机械工业部鉴定，填补国内耐磨复合钢板的空白。
- 1989年，为宝钢生产耐磨复合钢板300平方米，并卷制出渣管、用于水渣输送，在国内首家实现了工业应用。
- 2003年8月，二分厂投产。
- 2003年10月，开发出第三代耐磨复合钢板，并在冶金、建材、水泥行业获得高速推广。
- 2005年，开发出双面复合钢板、双层双面复合钢板、高温红硬耐磨复合钢板。
- 2006年3月，开始出口日本等国。
- 2006年10月，三分厂投产。
- 2007年5月，再次扩产，产能达到15000平方米/年，产销量居全国领先。
- 2010年迁入首钢红冶厂区

立磨内衬(部分钢制手柄已磨断，耐磨复合钢板完好如初)

原料磨刮料仓衬板

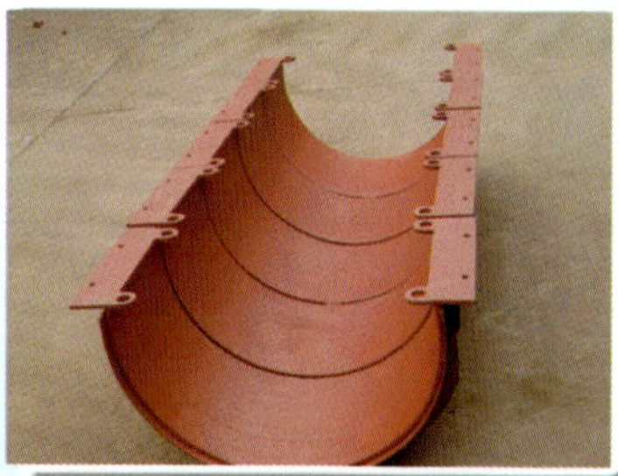

立磨用溜槽

导向叶片

耐磨复合钢板

为伯力休斯立磨制作的选粉机转子（ф4.2米）

地址：北京德胜门外北沙滩一号　邮编：100083　电话：010—64882539　传真：010-64862344　手机：13801315920

四川铁路集团水泥有限责任公司

ChuanTie 川铁 用心铸辉煌

四川省铁路集团有限责任公司董事长何兴江

四川铁路集团水泥有限责任公司总经理任绪孝

厂区全貌

职工之家

中控楼

中控室

余热发电场

关于公司

四川铁路集团水泥有限责任公司（以下简称川铁水泥）成立于2009年7月，注册资本2.58亿元；公司注册地：广安华蓥市广华大道工业园区；法定代表人：何兴江。公司项目总投资为7.36亿元，由四川省铁路产业投资集团有限责任公司及属下的四川省铁路集团有限责任公司共同出资建设。厂区占地360余亩，现有职工400人，于2010 年12月建成投产。项目年产水泥200万吨以上，预计可实现年销售收入6亿元以上、利税总额近亿元。

川铁水泥厂区位于华蓥市溪口镇回龙桥村，交通运输便利，区位优势显著。工厂距襄渝铁路庆华火车站0.2公里，距兰渝和襄渝交汇的高兴火车站15公里，距华蓥市30公里，广安城区40公里，至成都330公里，距重庆市120公里，距南充约120公里，到达州高速公路约160公里，处于川东北城市群和重庆市中心位置，以厂址为中心200公里范围可覆盖川东北城市群绝大部分地区及临近重庆地区。

公司主要水泥产品有P·C32.5(R)、P·O42.5(R)、P·O52.5(R)，中热、缓凝、砌筑等系列，主要为基础设施（铁路、公路、大坝、机场和核电）建设提供产品，此外还可根据客户需求生产特殊用途的水泥以及为广大农村市场提供所需的普通水泥。公司营销网络遍布省内外，主要销往广安、南充、遂宁、达州、重庆、成都、绵阳、内江等地，完善的营销网络和强大的物流保障将优质产品和一流服务送至千家万户。

未来五年，根据国家、省“十二五”规划要求，集团公司明确了到“十二五”末期的发展战略目标是：初步建成实力雄厚、行业地位突出、产业多元发展、市场竞争力较强的大型国有企业。今后五年，公司的发展战略目标是：通过新建或收购形式，总产能达500万吨，总资产20亿元以上，总收入10亿元，利润总额1.5亿元；员工队伍结构进一步改变，员工总数将达到1000人以上，文化、职称结构将得到较大改善。

地　址：四川省广安华蓥市溪口镇回龙桥村　　邮　编：638609
电　话：0826-4666666　　传　真：0826-4666698